제4판

발달심리학
전생애 인간발달

정옥분 지음

Developmental Psychology

학지사

4판 머리말

『발달심리학: 전생애 인간발달』은 2004년에 초판이 출간되었으며, 그 후 10년 만인 2014년에 개정판이 출간되었다. 그리고 5년 만에 3판을 출간했으며, 이번에 다시 5년 만에 4판을 출간하게 되었다. 이 책은 그동안 정말 많은 분들로부터 분에 넘치는 사랑을 받아 왔다. 그 감사한 마음을 어떻게 다 표현할 길이 없다. 꾸준히 이 책을 새롭게 다듬는 것으로 그 큰 사랑에 대한 조그마한 보답이 되었으면 하는 바람이다.

4판에서 특히 역점을 두어 보완한 부분은 2019년에 3판이 출간된 이후 지난 5년 동안 새로이 이루어진 국내외 연구와 관련된 부분이다. 전생애 인간발달의 각 단계와 영역에서 국내외에서 최근에 발표된 연구들을 될 수 있는 대로 많이 소개하고자 노력하였다.

특히 제2장 '인간발달의 이론' 중 Vygotsky의 이론을 교육현장에 적용하는 방법을 몇 가지 제시하였다. 첫째, 아동의 근접발달영역(ZPD)을 평가한다. 둘째, 아동의 ZPD를 교육에 적용한다. 셋째, 유능한 또래를 교사로 활용한다. 넷째, 아동의 혼잣말(private speech)을 적극 권장한다.

제8장 '유아기의 발달' 중 사회정서발달에서는 미디어와 스크린 타임에 관해 정리해 보았다. 오늘날 많은 아동들은 유아기 때부터 TV나 컴퓨터, 스마트폰 등을 사용하고 있다. 최근에 와서 TV나 DVD의 영향뿐만 아니라 비디오게임, 컴퓨터, 아이패드 등의 과도한 사용에 대한 경각심을 일깨우기 위해 '스크린 타임(screen time)'이라는 용어가 사용되고 있다. 최근 세계보건기구(World Health Organization: WHO)에서는 3~4세 유아가 하루에 1시간 미만의 '스크린 타임'을 갖도록 권고하였다.

제9장 '아동기의 발달' 중 사회정서발달에서는 학업성취도와 COVID-19에 관해 정리해 보았다. 2020년 COVID-19 팬데믹 상황에서 바이러스 확산을 막기 위해 미국을 비롯한 여러 나라에서 대면수업에서 비대면수업으로 전환하였다. 등교수업이 정상적으로 이루어지지 못함으로써 기초학력 미달 비율이 증가하는 등 학생들의 학업성취도가 떨어졌다는 사실이 우리나라 국가 공식지표로 확인된 바 있다. 뿐만 아니라 사회적 거리두기와 마스크 착용 일상화로 인해 팬데믹 현상은 아동의 사회정서발달과 교우관계에도 부정적인 영향을 미치는 것으로 나타났다.

제10장 '청년기의 발달' 중 '미디어와 청년' 편에서는 딥페이크에 관해 정리해 보았다. 딥페이크(Deepfake)란 인공지능 기술을 이용해 영상의 일부를 합성하는 기술, 혹은

그 결과물을 뜻한다. 딥페이크가 전 세계적으로 문제가 되는 이유는 인공지능의 딥 러닝 기술을 이용해 교묘하게 가짜를 만들어 내기 때문이다. 그리고 '이성교제' 편에서는 데이트 폭력에 관해 정리해 보았다. 최근 빈번하게 발생하고 있는 데이트 폭력은 이성교제의 심각한 문제로 대두되고 있다. 데이트 폭력은 이성교제 과정에서 한쪽이 가하는 폭력이나 위협을 말하는데 성폭행, 성희롱, 협박, 욕설, 납치, 살인 등 복합적인 범죄로 나타날 수 있다. 또한 '우리나라 청소년 비행의 현황'에 관해서는 2022년 『청소년 백서』를 중심으로 새로운 통계자료를 제시하였다.

제12장 중년기 '건강과 질병' 편에서는 미국심장협회(American Heart Association: AHA)에서 제안한 심혈관 질환 예방지침을 소개하였다. 이 예방지침은 심혈관 건강의 개선 및 유지를 위해 일반인들이 건강 체크리스트로 활용할 수 있도록 AHA가 제공하는 것이다.

제13장 노년기 '노화이론' 편에서는 텔로미어(telomere)에 관한 내용을 추가하였다. 텔로미어(말단소립)는 세포 속 유전자의 끝부분을 감싸고 있는 유전자 조각으로 염색체를 보호하는 기능을 하는데, 텔로미어의 길이는 생물학적 노화의 척도가 된다. 그리고 '건강관리와 질병' 편에서는 파킨슨병을 소개하였다. 파킨슨병은 신경전달물질인 도파민을 생산하는 중뇌의 신경이 노화함에 따라 발생하는 행동장애를 일컫는다.

4판의 편집업무를 꼼꼼히 챙겨 주신 편집부 김진영 부장님의 노고에 감사드리며, 그동안 『발달심리학: 전생애 인간발달』을 사랑해 주신 독자 여러분들께 깊은 감사를 드린다.

2024년 정월에
지은이 씀

3판 머리말

『발달심리학: 전생애 인간발달』은 초판이 출간된 지 10년 만인 2014년에 개정판이 출간되었으며, 5년 만에 다시 3판을 출간하게 되었다.

3판에서 특히 역점을 두어 보완한 부분은 2014년에 개정판이 출간된 이후 지난 5년 동안 새로이 이루어진 국내외 연구와 관련된 부분이다. 전생애 인간발달의 각 단계와 영역에서 국내외에서 최근에 발표된 연구들을 될 수 있는 대로 많이 소개하고자 노력하였다.

특히, 청년기 '불안장애' 편에서는 '신경지(neuroception)'라는 새로운 용어를 소개하였다. 신경지는 인지와는 다른 자율신경계의 무의식적인 반응으로 안전이나 위험을 감지하는 것을 의미한다. 만약 신경지에 문제가 발생하면 불안장애, 반응성 애착장애, 자폐스펙트럼장애, 주의력결핍 과잉행동장애 등의 발달장애가 나타날 수 있다. 또한 '우리나라 청소년 비행의 현황'에 관해서는 2017년 『청소년백서』를 중심으로 새로운 통계자료를 제시하였다.

중년기 '건강과 질병' 편에서는 동맥경화를 설명하기 위해 콜레스테롤을 LDL(Low-Density Lipoprotein Cholesterol)과 HDL(High-Density Lipoprotein Cholesterol)로 구분하여 좀더 상세히 서술하였으며, '대사증후군'이라는 질병을 새로 첨가하였는데, 대사증후군이란 비만, 고지혈증, 당뇨병, 고혈압 등 심뇌혈관 질환의 위험인자를 동시다발적으로 갖고 있는 경우를 말한다.

노년기 '감각기능의 변화' 편 시각의 변화에서는 백내장, 녹내장에 덧붙여 '황반변성'을 첨가하였는데, 황반변성이란 주변 시력은 정상이지만 중심 시력이 저하되는 시각장애로, 심할 경우 시력을 완전히 잃을 수도 있다. 또한 노년기에 흔히 발생하는 관절염은 골관절염과 류마티스 관절염으로 구분하여 좀더 상세히 서술하였다. 그리고 노년기 '인지변화'에서는 '옛날 기억'에 덧붙여 '미래 기억'을 첨가하였는데, 미래 기억이란 과거에 학습한 정보나 경험을 기억하는 것과 마찬가지로 의도한 행위를 실제로 수행하기 위해 해야 할 일을 기억할 필요가 있는데, 이런 유형의 기억을 '미래 기억'이라 한다.

3판의 편집업무를 꼼꼼히 챙겨주신 편집부 백소현 차장님의 노고에 감사드리며, 그동안 『발달심리학: 전생애 인간발달』을 사랑해주신 독자 여러분들께 감사드린다.

2019년 정월에
지은이 씀

개정판 머리말

『발달심리학: 전생애 인간발달』의 초판이 출간된 지 벌써 10년이라는 세월이 흘렀다. 이 책은 700쪽이 넘는 방대한 분량에도 불구하고 그동안 많은 분들로부터 꾸준한 사랑을 받아 왔다.

5부 17개 장으로 구성되었던 초판과는 달리 개정판에서는 4부 13개 장으로 새로이 구성해 보았다. 초판 제4부 '청년발달'의 4개 장을 1개 장으로 통합하여 제3부 '아동발달'에 포함시키면서 제3부를 '아동·청년발달'로 명명하였다. 그리고 마지막 제17장 '인생의 마무리'는 제13장 '노년기의 발달'에 포함시킴으로써 개정판은 모두 13개 장으로 구성되었다.

책의 분량을 대폭 줄여주기를 원하는 요청이 수차례 있었지만 이번 개정판에서도 책의 분량을 많이 줄이지 못했다. 생명의 시작에서부터 죽음에 이르기까지 전생애 인간발달을 다루다보니 책의 분량이 방대해질 수밖에 없었다.

개정판에서 특히 역점을 두어 보완한 부분은 2004년 초판이 출간된 이후에 새로이 이루어진 국내외 연구와 관련된 부분이다. 인간발달의 각 영역에서 국내외에서 최근에 발표된 연구들을 될 수 있는 대로 많이 소개하고자 노력하였다. 그 외에도 그동안 강의 등을 통해 보완이 필요하다고 생각되어 정리해 놓은 부분을 추가하였다. 그러나 아동이나 노인을 대상으로 한 연구에 비해 성인연구는 매우 미흡한 실정이라 성년기와 중년기 관련연구를 충분히 보완하지 못한 점이 아쉬움으로 남는다.

표지와 관련해서는 기존의 표지가 전생애 인간발달을 일목요연하게 표현해 준다는 생각에 이번 개정판에서도 초판의 그림을 그대로 사용하기로 결정하였다.

개정판의 편집업무를 꼼꼼히 챙겨 주신 편집부 이지혜 부장님의 노고에 감사드리며, 그동안 『발달심리학: 전생애 인간발달』을 사랑해 주신 독자 여러분들께 깊은 감사를 드린다.

2014년 여름에
지은이 씀

초판 머리말

발달심리학 또는 인간발달학은 인간의 전생애에 걸친 모든 발달적 변화과정을 연구대상으로 하는 학문이다. 종래에는 발달이라는 용어가 좁은 의미로 사용되어 수태에서 청년기에 이르는 상승적 변화만을 가리켰으나, 근래에는 보다 넓은 의미로 사용되어 청년기 이후 노년기에 이르기까지의 하강적 변화까지도 포함한다. 생명의 시작에서부터 죽음에 이르기까지 일생을 통해 발달이 이루어진다는 전생애 접근법은, 인생에서 어느 한 단계도 다른 단계보다 더 중요하거나 덜 중요하지 않다는 사실을 우리에게 시사해 주고 있다.

발달심리학은 인류학, 생물학, 가정학(인간생태학), 심리학, 사회학 등 다양한 학문분야에서 이루어진 연구성과들을 종합연구하는 다학제적 응용학문이다. 그러므로 어떤 특정한 한 가지 학문만이 인간발달을 완벽하게 설명한다는 것은 불가능하고 또 인간발달에 관한 축적된 지식체계는 다학제적 접근법에 의한 여러 학자들의 공동 노력에 의해 이루어진 것임을 명심해야 한다.

그동안 30년 가까이 인간발달학을 전공하면서 이러한 학문분야를 선택하게 된 행운에 늘 감사해왔다. 그러던 중 이번에 생명의 시작에서부터 죽음까지 전생애를 포괄하는 『발달심리학: 전생애 인간발달』을 집필하면서 다시 한 번 그 기쁨을 확인하였다. 한 가지 아쉬움이 있다면 저자가 좀더 일찍 인간발달학을 접했더라면 지금보다 훨씬 지혜롭고도 풍요로운 삶을 영위해 오지 않았을까 하는 점이다. 그런 의미에서 이 책의 독자들을 위해서는 전생애 인간발달에 관한 학문적 지식을 체계적으로 획득함은 물론이고 자신의 지난 삶을 허심탄회하게 되돌아보고, 또 앞으로의 삶을 보다 더 슬기로운 것이 되게 하는 데에 이 책이 조금이나마 도움이 되었으면 하는 마음 간절하다.

이 『발달심리학: 전생애 인간발달』은 모두 5부로 구성되어 있다. 제1부에서는 인간발달을 이해하기 위한 토대로서 전생애 인간발달의 개념, 인간발달의 이론, 인간발달의 연구방법 등을 다루었다. 제2부에서는 생명의 시작에 관한 것으로 인간발달의 유전학적 기초와 태내발달과 태내환경 그리고 출산과 신생아에 관해 다루었다. 제3, 4, 5부에서는 아동발달, 청년발달, 성인발달과 노화과정을 단계별로 정리해 보았다. 각 단계 내에서는 신체발달, 인지발달, 언어발달, 사회정서발달과 가족생활 등을 다루었다. 그리고 제5부의 마지막 장에서는 인간발달 과정을 마무리하는 단계라는 의미에서 죽음과 임종, 사별과 비탄, 인생의 회고 등에 관한 연구결과들을 정리해 보았다.

이 책이 출간되기까지 많은 분들의 도움을 받았다. 우선 이 책을 집필할 수 있도록 특별연구비를 지원해 주신 고려대학교 당국에 감사드리고, 20여 년 동안 저자의 인간발달 강의를 수강하고, 강의평가를 통해 피드백을 준 고려대학교 학생들에게도 고마운 마음을 전하고 싶다.

저자의 석사학위 논문작성을 지도해 주시고 학자로서의 귀감이 되어 주신 서울대학교 심리학과 차재호 명예교수님께 감사드린다. 그리고 미국 유학시절 저자를 제자로 받아 주시고, 능력 이상의 평가와 격려를 해 주시고 못난 제자를 항상 자랑스럽게 생각해 주셨던 지도교수 Robert Huebner 박사님께도 깊은 감사를 드린다.

또한 저자가 학지사에서 출간한 『아동발달의 이해』 『청년발달의 이해』 그리고 『성인발달의 이해』를 정리하여 『발달심리학: 전생애 인간발달』이라는 한 권의 책으로 묶어 출판하도록 권고하고 독려해 주신 학지사 김진환 사장님께 감사드린다. 그리고 벌써 몇 년째 저자의 여러 권의 저서가 세상에 나올 수 있도록 편집업무를 꼼꼼히 챙겨 주신 학지사 편집부의 최임배 부장님, 이지혜 과장님, 이세희 대리님의 노고에 감사드린다.

그동안 저자가 인간발달 관련 저서를 출간할 때마다 국내자료를 찾아 정리해 주거나 귀중한 사진자료를 제공해 주거나 많은 분량의 원고를 컴퓨터에 입력해 준 고려대학교 박사과정의 임정하, 황현주, 엄세진을 비롯한 여러 제자들에게도 고마운 마음을 전하고 싶다. 그리고 저자의 저서가 출간될 때마다 축하와 격려의 말씀을 주신 동료교수들과 친지 여러분께도 이 자리를 빌려 감사의 뜻을 전하고 싶다.

끝으로, 저자의 연구생활을 격려해 주고 저자의 저서가 세상에 나올 때마다 원고 정리 과정에서 충고와 조언을 아끼지 아니한 남편 권영성 교수와 함께 이 책이 세상에 나온 기쁨을 나누고 싶다.

2004년 5월에
지은이 씀

차례

제1부 인간발달 이해의 기초

제1장 인간발달의 본질

제2부 태내발달과 출산

제6장 출산과 신생아

제3부 아동 · 청년 발달

제7장 영아기의 발달

제4부 성인발달과 노화

제12장　**중년기의 발달**　557

인간발달 이해의 기초

오늘날 대부분의 심리학자들은 인간발달은 일생을 통하여 진행된다는 견해를 받아들이고 있다. 즉, 인간발달은 전생애를 포괄하여 생명의 시작에서부터 죽음까지 계속된다는 것이다. 종래에는 발달이라는 용어가 좁은 의미로 사용되어 수태에서 청년기에 이르는 상승적 변화만을 지칭하였으나, 근래에는 보다 넓은 의미로 사용되어 청년기 이후 노년기에 이르기까지의 하강적 변화까지도 포함한다.

일생을 통하여 발달이 이루어진다는 전생애 접근법은 우리에게 몇 가지 중요한 시사점을 던져주고 있다. 인간발달의 각 단계는 이전 단계에 의해 영향을 받고, 그리고 앞으로 다가올 단계에 영향을 미친다. 따라서 각 발달단계는 나름대로의 독특한 가치와 특성이 있다. 인생에서 어느 단계도 다른 단계보다 더 중요하거나 덜 중요하지 않다.

인간발달학은 다학문적 연구로서 인류학, 생물학, 가정학(인간생태학), 심리학, 사회학 등 다양한 학문분야에서 이루어진 연구성과들을 종합연구하는 응용학문이다. 따라서 어떤 특정한 한 가지 학문만으로 인간발달을 완벽하게 설명한다는 것은 불가능하므로, 인간발달에 관한 축적된 지식체계는 다학문적 접근법에 의한 여러 학자들의 공동노력에 의해 이루어진 것이다.

제1부에서는 인간발달을 이해하기 위한 토대로서 인간발달의 본질, 인간발달의 이론, 인간발달의 연구방법 등에 관해 살펴보기로 한다.

인간발달의 본질

발달과정

생물학적
과정

인지적
과정

사회
정서적
과정

노년기

중년기

성년기

청년기

아동기

유아기

영아기

태내기

인간의 발달과정은 시간이 경과함에 따라 아동이 양적 또는 질적으로 변화하는 과정이다. 양적인 변화는 크기 또는 양에서의 변화를 의미하며, 질적인 변화는 본질, 구조 또는 조직상의 변화를 의미한다.

인간발달과 관련된 개념으로 성장과 성숙, 학습이라는 개념이 있다. 성장(growth)은 신체의 크기나 능력이 증가하는 것으로 주로 양적인 변화를 의미한다. 이에 비해 성숙(maturation)은 유전적 요인에 의해 발달적 변화들이 통제되는 생물학적 과정을 말한다. 유아기의 빠른 성장과 사춘기의 2차 성징과 같은 변화들은 성숙에 기인한 것이다. 한편, 학습(learning)은 직접 또는 간접 경험의 산물로서 훈련이나 연습에 기인하는 발달적 변화를 의미한다. 외국어의 습득은 매우 특정한 훈련에 의존하는 학습된 행동이라고 할 수 있다. 인간의 발달은 성장, 성숙, 학습의 세 과정이 공존할 때 비로소 이루어진다. 즉, 일생을 통해 성장, 성숙, 학습에 의해 이루어지는 변화과정이 바로 인간발달이다.

인간발달은 대체로 세 영역으로 이루어지는데 생물학적 발달, 인지적 발달, 사회정서적 발달이 그것이다. 생물학적 발달은 신체적 변화와 관련된 것이다. 부모로부터 물려받은 유전인자, 뇌와 감각기관의 발달, 신장과 체중의 증가, 운동기능, 사춘기에 나타나는 호르몬의 변화 등은 모두 인간발달에 있어서 생물학적 과정의 역할을 반영한 것이다.

인지적 발달은 개인의 사고, 지능, 언어에서의 변화를 포함한다. 영아가 침대 위에 매달려 있는 온갖 종류의 모빌을 쳐다보는 것이나, 유아가 언어를 습득하는 것, 아동이 시를 암송하거나, 수학문제를 풀거나, 청소년이 영화배우나 가수가 되는 것을 상상해 보는 것 등은 인간발달에 있어서 인지적 과정의 역할을 반영한 것이다.

사회정서적 발달은 대인관계, 정서, 성격의 변화, 사회적 환경의 변화를 포함한다. 가족관계, 또래관계, 교사와의 관계 등은 인간발달에 있어서 사회정서적 과정의 역할을 반영한 것이다.

생물학적 발달, 인지적 발달, 사회정서적 발달은 서로 상호작용을 한다. 예를 들면, 아동이 신체적으로 어떻게 보이는가 하는 것이 그 아동이 자신에게 느끼는 감정에 영향을 미치고, 이것은 또한 친구관계에도 영향을 미친다. 추론능력은 다른 사람이 원하는 것이 무엇인가를 이해하는 능력에 영향을 미치고, 이것은 또한 대인관계에도 영향을 미친다. 확실히 발달과정은 복잡하게 서로 얽혀 있다. 생물학적 과정은 인지적 과정에 영향을 미치고, 인지적 과정은 사회정서적 과정에 영향을 미치며, 사회정서적 과정은 또 생물학적 과정에 영향을 미친다.

이 장에서는 전생애 인간발달의 개념, 인간발달의 단계, 인간발달의 쟁점에 관해 살펴보고자 한다.

1. 전생애 인간발달의 개념

Paul Baltes

　일생을 통하여 발달이 이루어진다는 전생애 접근법은 우리에게 몇 가지 중요한 시사점을 던져주고 있다. 인간발달의 각 단계는 이전 단계에 의해 영향을 받고, 그리고 앞으로 다가올 단계에 영향을 미친다. 따라서 각 발달단계는 나름대로의 독특한 가치와 특성이 있다. 인생에서 어느 단계도 다른 단계보다 더 중요하거나 덜 중요하지 않다.

　인간발달의 전통적 접근법에 의하면 출생 후 청년기까지는 변화가 극심하나 성인기에는 안정되고, 노년기에는 감소한다(Baltes, 1973; Baltes, Reese, & Lipsitt, 1980). 〈그림 1-1〉에서 보듯이 전통적 접근법에서는 유아기와 아동기를 강조하고, 성년기와 중년기에는 변화가 거의 없는 것으로 간주한다. 그와는 달리 전생애 접근법에서는 유아기의 중요성을 역시 인식하지만 그에 못지않게 성인기 전반의 변화도 중요하다고 본다(Schaie & Willis, 2016).

　전생애 발달의 개념과 그에 관한 연구에 몰두한 전생애 발달심리학자인 Baltes(1987,

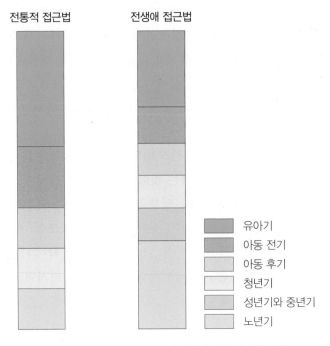

〈그림 1-1〉 전통적 접근법과 전생애 접근법의 발달과 변화에 대한 견해

2003)는 전생애 접근법의 몇 가지 중요한 특징을 다음과 같이 설명하고 있다.

1) 다중방향성(Multidirectionality)

전통적 접근법에서는 발달적 변화가 태아, 유아, 아동, 청소년에게서 나타나는 것으로 좀더 '성숙한' 형태로의 변화로만 생각되었다. 즉, 발달적 변화는 구조의 성장, 기능의 향상, 환경에 대한 적응력의 증가 등으로 특징지어졌다. 한편, 성인이 되면 더 이상 발달하는 것이 아니고 노화하는 것으로 여겨졌다. 노화는 상실, 기능의 쇠퇴를 의미한다. 전통적인 관점에서는 발달의 지향점은 성숙이며, 노화의 지향점은 죽음이라고 가정하였다.

그러나 전생애 접근법에 의하면 모든 연령에서의 발달은 성장과 감소를 동시에 포함한다(Gazes et al., 2020). 물론 아동의 경우는 대개 성장하는 방향으로 발달이 진행되지만 감소가 전혀 없는 것은 아니다. 그리고 성인기에는 발달의 방향이 점차 부정적인 측면(감소)으로 기울게 되고 많은 신체적 변화와 인지적 변화가 나타난다. 그러나 모든 능력이 전적으로 감소하는 것은 아니다. 예를 들어, 익숙지 않은 문제해결 능력 등은 감소하지만 어휘력과 같은 능력은 계속 증대한다. 그리고 지혜와 같은 새로운 특성들이 나타나기도 한다. 따라서 이러한 다중방향성을 고려하지 않고 인간의 발달을 일률적으로 성장 또는 쇠퇴의 도식으로만 생각하는 것은 인간발달의 특징을 제대로 이해하지 못한 것이다.

다시 말하면, 인간발달이 성년기까지는 성장하고 중년기에는 안정적이다가 노년기에 감소한다는 생각은 잘못된 것이다. 인간발달의 어떤 단계에서도 성장과 감소는 함께 존재하는 것이다.

더군다나 같은 연령대에서도 개인차가 있다. 예를 들어, 한 노인은 점점 해박한 지식을 갖게 되는 데 반해, 또 다른 노인은 나날이 건망증이 심해진다. 사실 연령이 증가하면서 개인차는 점점 더 심해진다(Morse, 1993). 일곱 살짜리 아동들보다 70세 된 노인들 간에 더 많은 개인차를 발견할 수 있다.

2) 유연성(Plasticity)

발달론자들은 오랫동안 빈곤이나 질병, 영양실조와 같은 결핍상태에 의해 아동의 발달이 손상을 입는다 하더라도, 그 후 환경이 개선되면 아동발달이 최적상태로 전환될 수 있다는 사실을 주장해 왔다. 이와 같은 유연성은 성인기에도 계속된다.

Ursula M. Staudinger

노년기에도 여러 가지 기술들이 훈련과 연습을 통해 크게 향상될 수 있는데 이것이 유연성이다(Dorrenbacher et al., 2020; Lee, Charles, & Almeida, 2021; Willis & Belleville, 2016). 예를 들면, 지적 능력을 상실한 노인들도 특별한 훈련과 연습을 통해 그러한 능력을 어느 정도 회복할 수 있다(Baltes, Smith, & Staudinger, 1992). 적응능력은 콘크리트 구조물처럼 굳어져 버린 것이 아니다. 그렇다고 해서 변화를 위한 잠재력이 무한한 것도 아니다.

3) 역사적 · 사회적 맥락(Historical and Social Context)

사진 설명: 경제공황으로 어려움을 겪고 있는 가족들

인간발달과정에서 인간은 역사적 · 사회적 환경에 영향을 주고받는다. 즉, 인간은 환경에 반응할 뿐만 아니라 상호작용하고 변화시키기도 한다(Cushner, McClelland, & Safford, 2015; Kerig, 2016). 오늘날 인간의 발달과정은 과거와 다를 뿐만 아니라 당대에도 사회적 변화에 의해 영향을 받는다. 즉, 전쟁과 같은 역사적 사건, 컴퓨터와 같은 과학 · 기술의 획기적인 발명, 여성해방운동과 같은 사회운동의 전개 등 사회적 변화에 의해 인간발달은 영향을 받는다.

Elder(1994)는 1930년대의 대공황이 아동발달에 미친 영향에 관한 연구를 통해 이 점을 생생하게 보여주었다. 이때의 경제위기는 어떤 아동들—특히 일자리를 잃어 자녀훈육에 일관성을 유지하지 못하는 아버지를 둔 아동 또는 아버지의 사랑을 받지 못한 아동들의 경우—에게 지속적으로 부정적인 영향을 주었다. 이 아동들은(특히 남자아이의 경우) 사춘기가 되었을 때 여러 가지 문제행동을 나타내었고, 성취동기가 부족하였으며, 학업성적이 떨어지고, 성인이 되었을 때에 변변한 직업을 갖지 못하였으며 결혼생활도 안정되지 못했다.

우리는 우리가 살고 있는 시대의 사회적 변화와 역사적 사건에 의해 영향을 받는 것이 확실하다. 21세기에는 가족구조의 변화, 남성과 여성의 역할 변화, 생명공학의 혁신으로 인해 20세기의 인간발달과는 그 양상이 크게 다를 것이다.

4) 다학문적 접근(Multidisciplinary Partnership)

인간발달은 세포의 생화학적 변화로부터 사회의 역사적 변화에 이르기까지 그것들로

표 1-1	인간발달연구의 다학문적 접근분야와 주요 관심사
학문분야	주요 관심사
인류학	**문화가 발달에 미치는 영향**: 자녀양육이나 노인봉양과 같은 사회적 관습이 문화에 따라 얼마나 다른가? 그리고 그 시사점은 무엇인가? 모든 문화에서 보편적으로 나타나는 발달적 측면이라는 것이 있는가?
생물학	**세포와 신체기관의 성장과 노화**: 한 개의 수정란이 어떤 과정을 통해 성숙한 인간으로 발달하는가? 인간의 신체기관은 연령이 증가하면서 그 기능에 어떤 변화가 오는가?
역사학	**시대에 따른 인간발달의 변화**: 각기 다른 시대에서 아동이나 노인으로 살아간다는 것은 어떤 의미를 갖는가? 오늘날의 가족은 19세기의 가족과 어떻게 다른가? 주요한 역사적 사건이 인간의 삶에 어떠한 영향을 미치는가?
가정학	**가족과 사회적 맥락에서의 발달**: 사회의 기본 단위로서의 가족의 본질은 무엇이며 가족관계는 개인의 발달과 적응에 어떻게 기여하는가?
심리학	**개인의 기능**: 정신능력, 성격특성, 사회적 기술 등은 연령에 따라 어떻게 변화하는가? 각 개인의 특성들은 얼마나 안정적이며 또 얼마나 변화하는가? 그 이유는 무엇인가?
사회학	**사회의 본질과 개인과 사회와의 관계**: 사회가 각기 다른 연령층의 사람들에게 기대하는 것은 무엇인가? 전생애를 통해서 사회제도 내에서 개인은 어떤 역할을 하는가? 사회기관과 그 변화에 의해 우리는 어떤 영향을 받는가?

출처: Sigelman, C., & Shaffer, D. (1995). *Life-span development* (2nd ed.). California: Brooks/Cole Publishing Company.

부터 많은 영향을 받는다. 따라서 어떤 특정 학문만으로 인간발달을 완벽히 설명한다는 것은 불가능하다. 인간발달을 제대로 이해하기 위해서는 각기 시각이 다른 다양한 분야의 학자들 간의 다학문적 접근이 필요하다. 예를 들어, 폐경이 주는 심리학적 영향을 완전히 이해하려면, 중년기 여성의 신체에서 일어나는 생물학적 변화뿐만 아니라 다른 문화에서는 이러한 현상을 어떻게 보는지 알아야 한다. 〈표 1-1〉은 인간발달과 관련이 있는 가장 대표적인 학문분야와 인간발달에 관한 그 분야의 주요 관심사를 보여준다.

2. 인간발달의 단계

인간발달을 좀더 쉽게 이해하기 위해 우리는 단계별로 접근할 수 있다. 인간발달의 단계는 대체로 태내기, 영아기, 유아기, 아동기, 청년기, 성년기, 중년기, 노년기로 나누는데, 그 대략적인 연령과 주요 발달내용은 〈표 1-2〉와 같다. 여기서 연령범위는 상당히 융통성이 있는 것이다. 어떤 단계는 그 시작과 끝이 분명하지만, 어떤 단계는 그

사진 설명: 계례식(전통 여성성년식)에서 술을 마시는 초 례장면(조선일보 DB사진).

렇지 못하다. 예를 들면, 영아기는 출생으로 그 단계가 시작되고, 유아기는 초등학교에 입학하 면서 끝난다. 반면, 아동기의 끝과 청년기 시작의 경계는 명확하지 않다. 왜냐하면 성숙의 가속화 현상으로 인해 이제 초등학교 고학년에서 사춘 기를 맞이하게 되는 경우가 많아졌기 때문이다. 지금까지는 일반적으로 초등학교를 졸업할 무렵 에 아동기가 끝나는 것으로 생각해 왔다. 언제 청 년기가 시작되는지를 결정하는 일도 쉬운 일이 아니지만, 언제 청년기가 끝나고 성인기가 시작 되는지를 결정하는 일은 더욱더 어렵다. 청년기 에서 성인기로 이행하는 시점은 시대에 따라 다 르고 문화에 따라 다르다. 우리나라에서는 현재 20세를 성인으로 인정하고 성년식을 갖는다(사진 참조).

표 1-2 인간발달의 단계와 주요 발달내용

단계	주요 발달내용
태내기 (수태~출생)	기본적인 신체구조와 기관이 형성된다. 신체의 성장이 일생 중 가장 빠른 속도로 이루어진다. 태내환경으로부터 크게 영향을 받는다.
영아기 (0~2세)	신생아는 의존적이기는 하지만 나름대로 다양한 능력을 가지고 있다. 출생 시에 모든 감각기관이 작용한다. 신체의 성장과 발달의 속도가 매우 빠르다. 학습능력과 기억력이 신생아기에도 형성된다. 생후 2년째가 되면 자아에 눈뜨기 시작한다. 첫돌 무렵에 부모에 대한 애착이 형성된다. 다른 아동에 대한 관심이 증가한다.
유아기 (2~6세)	운동기능과 체력이 신장된다. 자기중심적이다. 인지적 미성숙으로 인해 세상을 보는 눈이 비논리적이다. 놀이, 창의력, 상상력이 풍부하다. 자율성, 자기통제력이 증가한다. 친구의 중요성이 증가하지만 가족이 여전히 생활의 중심이 된다.

아동기 (6~11세)	신체의 성장이 느려진다.
	체력과 운동기능이 더욱더 신장된다.
	유아기의 자기중심성이 사라진다.
	기억력과 언어기능이 증가한다.
	자아개념이 발달한다.
	친구가 생활의 중심이 된다.
청년기 (11~20세)	신장과 체중이 급격히 성장하고 체형이 변화한다.
	성적 성숙이 이루어진다.
	추상적 사고가 가능하다.
	청년기의 자기중심성이 나타난다.
	자아정체감의 확립이 심각한 문제로 대두된다.
	또래집단이 형성되고 그 영향력이 커진다.
성년기 (20~40세)	신체적 건강이 최고조에 달하다가 서서히 감퇴하기 시작한다.
	지적 능력이 더 복잡해진다.
	친밀한 관계가 이루어진다.
	대부분의 사람들이 결혼하여 부모가 된다.
	직업을 갖게 된다.
	자아정체감이 계속해서 발달한다.
중년기 (40~65세)	신체적 건강과 정력이 감퇴하기 시작한다.
	여성들은 폐경을 경험한다.
	지혜와 실제적 문제해결 능력은 증가하지만 새로운 것에 대한 문제해결 능력은 저하한다.
	자녀를 돌보고 부모를 봉양하는 이중의 책임감으로 인해 스트레스가 발생한다.
	자녀들이 집을 떠나고 빈 둥지 증후군이 나타난다.
	삶의 의미를 찾는 것이 매우 중요한 일로 생각된다.
	중년기의 위기가 닥쳐 올 수 있다.
노년기 (65세 이후)	신체적 능력이 다소 감퇴하지만 대부분의 노인들은 건강하고 여전히 활동적이다.
	반응시간이 더디어져 여러 가지 기능에 영향을 미친다.
	지적 능력과 기억력이 감퇴한다.
	은퇴로 인해 수입은 감소하지만 여가시간은 많아진다.
	다가오는 죽음에 대비하여 삶의 목적을 찾을 필요가 있다.

출처: Papalia, D. E., & Olds, S. W. (1998). *Human development* (7th ed.). New York: McGraw-Hill.

1) 태내기

태내기는 수태의 순간부터 출산까지를 지칭하는 것으로, 태아가 어머니 뱃속에 있는 약 9개월간을 말한다. 이 기간에 정자와 난자가 결합한 하나의 세포는 빠른 속도로 하나의 생명체로 성장한다. 그러므로 태내기는 짧은 기간이지만 인간발달의 초석이 되는 중요한 시기이다. 기본적 신체구조와 기관은 이 시기에 형성된다.

2) 영아기

출생 후 24개월까지를 영아기라고 한다. 그중에서도 출생 후 첫 1개월을 신생아기라고 한다. 이 기간 동안 무력한 존재인 영아는 하나의 독립된 개체로서 성장할 준비를 하게 되며, 특히 신생아기는 태내환경과 상이한 새로운 환경에 적응해야 한다는 점에서 중요한 의미를 갖는다.

영아기는 발달의 여러 영역에서 급속한 성장이 이루어지는 시기이다. 뛰어다닐 수 있을 만큼 빠른 속도로 신체발달이 이루어지고, 다른 사람과 의사소통이 가능할 만큼 언어능력도 발달한다. 이후의 사회성발달을 위해 부모와 애착관계를 형성하는 것이 필요하며, 인지발달을 촉진시키기 위해 여러 감각에 대한 자극들이 필요한 시기이다.

3) 유아기

2세부터 초등학교 입학 이전까지의 시기를 유아기라고 한다. 유아기에는 인지능력이 발달하고 상상과 환상이 풍부해지는 시기이다. 또한 주변 환경에 대한 탐색이 활발해지고, 많은 어휘를 습득하여 다른 사람과의 의사소통도 활발해진다. 유아기에는 친구의 중요성이 증가하지만 가족이 여전히 생활의 중심이 된다.

4) 아동기

6세부터 11세까지의 초등학교에 다니는 시기를 아동기라고 한다. 생활의 중심이 가정에서 학교로 옮겨 감에 따라, 이 시기의 발달에서는 학교생활이 중요한 역할을 하게 된다. 학교생활을 통해 아동은 많은 사회적 관계를 형성하게 되며, 또래집단의 비중이 점차 커지게 된다.

5) 청년기

중학교 시기부터 20대 초까지를 청년기라고 하는데, 그 범위가 매우 넓어 청년 초기와 청년 후기로 구분하기도 한다. 흔히 청소년기라 부르는 청년 초기는 대략 중학생 시기로 대개 이때에 사춘기 변화가 일어난다. 청년 후기는 10대 후반에서 20대 초로 이성교제, 자아정체감 문제, 직업에 대한 관심이 주로 나타난다.

6) 성년기

20세부터 40세까지를 성년기라고 한다. 성년기에는 신체적 건강이 최고조에 달했다가 서서히 감퇴하기 시작한다. 대부분의 사람들은 성년기에 처음으로 직업을 가지게 되고, 결혼을 해서 부모 곁을 떠나며, 자녀를 낳아 기르는 등 중요한 변화를 겪는다.

7) 중년기

40세부터 65세까지를 중년기라고 한다. 중년기에는 신체적으로는 여성 폐경기, 남성 갱년기가 나타나고, 심리적으로는 '중년기 위기'를 경험하게 된다. 자녀들이 결혼해서 집을 떠난 후, '빈 둥지 증후군'이 나타나기도 한다. 중년기에는 자녀를 돌보고 부모를 봉양하는 이중의 책임감으로 인해 스트레스가 발생한다.

8) 노년기

65세 이후를 노년기라고 한다. 노년기에는 신체적 능력이 다소 감소하지만 대부분의 노인들은 신체적으로나 정신적으로 건강한 편이다. 자녀양육의 부담에서 벗어나고 직장에서 은퇴하여 개인적 관계에 더 많은 시간을 가질 수 있다. 그러나 노년기에는 신체적 노쇠와 은퇴에 적응하고, 변화하는 역할에 융통성 있게 대처하며, 생을 마무리 지을 준비를 해야 한다. 다시 말하면, 다가오는 죽음에 대비하여 삶의 목적을 가다듬을 필요가 있다.

3. 인간발달의 쟁점

이 절에서는 인간발달 전반에 걸쳐 제기되는 몇 가지 쟁점에 관해 논의하고자 한다. 중요한 쟁점들이 〈표 1-3〉에 제시되어 있다. 논의하게 될 쟁점들은 각각 인간발달의 본질에 관한 일반적 문제를 제기하게 될 것이다.

표 1-3 발달에 관한 중요한 쟁점들

쟁점	제기되는 문제
발달의 본질	발달과정에 영향을 미치는 주요 요인은 무엇인가? 유전인가, 환경인가?
발달을 유도하는 과정	발달의 주 원인이 되는 중요한 과정은 무엇인가? 성숙인가, 학습인가?
발달의 결정적 시기	발달에는 결정적 시기가 있는가? 그리고 결정적 시기는 발달속도와 어떻게 관련되는가?
발달의 형태	발달은 점진적이고 연속적인가? 혹은 비약적 단계로 이루어지는가?
초기경험과 후기경험의 중요성	발달에 있어서 초기경험이 중요한가? 아니면 후기경험이 중요한가?

1) 유전과 환경

인간발달이 유전에 의한 것인가, 아니면 환경에 의한 것인가에 관한 논쟁만큼 널리 알려진 논쟁은 없다. 이 두 요인을 서로 독립적인 것으로 인식하는 학자들에 의해 열띤 토론과 방대한 연구가 진행되어 왔지만, 유감스럽게도 그러한 논쟁은 문제를 분명하게 하기보다는 오히려 혼란을 초래하였다.

전성설(前成說)을 주장한 학자들은, 인간은 남성의 정자나 여성의 난자 안에 이미 완전한 형상을 갖추고 있는 것으로 믿었다. 따라서 수태 시에는 오로지 제한된 양적 변화만이 일어나고, 환경은 발달의 결과에 거의 영향을 미치지 않는 것으로 믿었다. 반면에 John Locke는 아동을 '백지상태(tabular rasa)'에 비유함으로써 생물학적 기초가 아닌 환경적 영향력만이 모든 발달적 변화를 설명할 수 있다고 가정하는 극단적인 환경론을 주장하였다.

그러나 지난 반세기 동안에 전개된 유전이냐 환경이냐를 둘러싼 격렬한 논쟁은 결국 심리학자들로 하여금 "환경적 요인과 유전적 요인 중 어느 것이 더 중요한가"라는 문제보다 "양자가 어떻게 상호작용하는가" 하는 문제가 더 중요하다는 것을 깨닫게 하였다.

일반적으로 인간발달은 유전과 환경의 상호작용의 결과라고 본다(Franzago et al., 2020). 개인의 인자형(因子型)은 표현형(表現型)을 절대적으로 제한한다. 예를 들어, 우리들 인간이 아무리 많이 먹는다고 하더라도 3m 이상 자랄 수 없는 것처럼 유전적 요인은 좀처럼 능가할 수 없는 성장의 한계를 설정한다. 반면, 환경적 요인은 유전적 잠재력이 실현될 수 있는 정도와 범위를 절대적으로 제한한다. 예컨대, 지능의 성장과 발달은 유전에 의해 그 대략적인 한계가 결정되지만, 환경에 의해 달라질 수 있는 여지도 많아서 보통 IQ점수도 15점 정도의 범위 내에서 변화가 가능한 것으로 보인다(임승권, 1994). 즉, 선천적 특성들이 잠재적 변화의 한계를 규정하지만, 이러한 한계는 적절한 환경이 뒷받침된 상태라야만 충분히 실현될 수 있다. 따라서 사회는 개인의 유전적 잠재력이 최대한으로 발휘될 수 있는 최적의 환경적 조건과 상황을 조성하도록 노력해야 한다(Salkind, 1985).

Neil Salkind

2) 성숙과 학습

인간의 발달과 관련하여 종종 제기되는 또 다른 쟁점은 성숙과 학습의 역할에 관한 것이다. 성숙과 학습에 관한 논쟁은 앞에서 논의한 유전과 환경의 영향에 대한 논쟁과도 유사하다. 유전과 환경의 논쟁이 인간발달에 영향을 미치는 요인의 소재(所在) 및 근원의 문제에 초점을 맞춘 것이라면, 성숙과 학습에 관한 논쟁은 어떤 기제와 과정을 통해서 인간발달에 변화가 일어나는가 하는 문제에 초점을 맞춘 것이라고 할 수 있다.

성숙은 유전적 요인에 의해 발달적 변화들이 통제되는 생물학적 과정을 말한다. 유아기의 빠른 성장과 사춘기의 2차 성징과 같은 변화나, 걷기 전에 서고, 두 단어를 말하기 전에 한 단어를 말하는 것과 같은 발달의 순서는 성숙에 기인하는 사건들로서, 종의 특성이지 특별한 연습이나 훈련의 결과가 아니다. 즉, 이들은 학습되지 않는 것들이다.

성숙론자들은 좋지 않은 환경이 인간발달을 저해하는 요인이 될 수는 있지만, 기본적으로 성장은 성숙에 의존한다고 믿는다. 반면, 학습론자들은 발달에서 경험의 중요성을 강조한다.

학습은 직접 또는 간접 경험의 산물이다. 학습은 훈련이나 연습에서 기인하는 발달적 변화를 말하며, 그 결과는 매우 개별적이고 특수하다. 예를 들면, 외국어의 습득이나 운전기술의 습득은 매우 특정한 훈련에 의존하는 학습된 행동이라고 할 수 있다.

성숙과 학습을 결합시킨 좋은 예로 아동과 양육자 간의 애착행동을 다룬 Bowlby(1969)와 Ainsworth(1979)의 연구를 들 수 있다. Ainsworth는 생의 초기에 특정한 사람과 애착을 형성하는 발달적 경향이 있다고 보았다. 이러한 경향은 유전적 계획표에 기인한 것으로 생각되며 성숙과정의 일부분으로 간주된다. 그러나 애착대상을 선택하는 것은 매우 특별하며, 많은 경우에 상황적으로 결정된다(Salkind, 1985).

사진 설명: John Bowlby(오른쪽)와 Mary Ainsworth(왼쪽)가 애착연구에 관해 논의하고 있다.

3) 연속성과 불연속성

행동주의적 접근과 같이 학습과 경험을 강조하는 발달론자들은 대부분 발달을 점진적이고 연속적인 과정으로 보며 성숙을 강조한다. 반면, 발달이 일련의 독립적이며 질적으로 다른 단계들로 구성된다고 믿는 단계이론가들은 발달을 불연속적인 과정으로 본다(〈그림 1-2〉 참조).

만일 변화가 여러 작은 점진적인 단계들에 의해 일어나고, 발달의 결과들이 비슷해

유아기　　　성인기

연속적 발달

유아기　　　성인기

불연속적 발달

〈그림 1-2〉 발달의 연속성과 불연속성

앞선 결과들과 질적으로 다르지 않으며, 동일한 일반법칙이 발달의 연속선상에 있는 모든 과정에 적용된다면, 인간발달은 연속적 과정으로 간주된다. 즉, 발달의 연속성을 주장하는 학자들은 인간발달을 수태에서 죽음까지 연속적이고 점진적이며 축적된 변화로 본다. 유아가 처음 말을 시작할 때 이것은 갑작스럽고 불연속적인 것으로 보이지만, 연속적 견해에서 보면 이것은 몇 주 또는 몇 달에 걸친 성장과 연습의 결과이다. 마찬가지로 사춘기 역시 보기에는 갑작스럽고 불연속적인 사건으로 보이지만, 이 또한 수년에 걸쳐 일어나는 점진적인 과정이다.

만일 변화가 갑작스럽게 일어나고, 앞선 변화들과 질적으로 상이하며, 발달적 변화에 대해 각기 다른 일반법칙이 적용된다면 발달은 불연속적 과정으로 간주될 것이다. 즉, 인간발달의 불연속성을 강조하는 학자들은 인간발달이 양적인 것이 아니라 질적으로 서로 다른 단계를 통해서 진행된다고 본다. 예를 들면, 추상적인 사고를 할 수 없었던 아동이 어느 날 추상적 사고를 할 수 있게 되고, 성인이 생식이 가능한 존재에서 어느 날 그렇지 못한 존재로 변하는 것이 그것이다. 이것은 양적이고 연속적인 변화가 아니고 질적이고 불연속적인 변화인 것이다.

유전과 환경의 논쟁이 다소 부자연스러운 양자택일의 문제인 것처럼 연속성–불연속성의 쟁점도 그와 마찬가지이다. 만약 상당 기간에 걸친 변화의 실제 곡선을 관찰한다면, 발달적 변화는 두 가지 형태를 결합한 모양으로 보일지 모른다(Salkind, 1985; Santrock, 1998).

4) 결정적 시기

모든 인간발달 이론들의 공통적 견해는 인간발달은 계속적인 변화라는 것이다. 이러한 변화들 중 어떤 것은 특정 시기에는 매우 빠르게 일어나지만, 다른 시기에는 느리게 일어나는 것 같다. 그러므로 발달심리학자들은 중요한 변수로서 변화속도의 차이에 관심을 갖는다. 예를 들면, 유아기와 청년기의 신체변화는 다른 어느 시기보다 빠른 속도로 진행되며 보다 미묘한 심리적 변화를 수반한다.

발달의 속도와 밀접하게 관련되는 쟁점은 발달의 결정적 시기가 정말로 존재하는가 하는 점이다. 결정적 시기라 함은 유기체를 둘러싼 내적·외적 사건들이 발달에 최대의 영향을 미치는 짧은 기간을 말한다.

인간에게 있어서 어떤 가설적인 결정적 시기에 외부의 자극이나 신체적 접촉 또는 음식에 대한 욕구를 인위적으로 박탈한다면, 윤리적인 문제가 발생하기 때문에 인간을 대상으로 결정적 시기를 연구한다는 것은 매우 어려운 일이다. 따라서 우연한 자연 발생적인 사건들로 인해 결정적 시기에 대한 가설을 검증할 수 있는 상황이 마련된다.

사진 설명: 이타드 박사와 빅터

19세기 초, 프랑스의 시골에서 발견된 빅터(사진 참조)라는 열두 살 난 소년의 이야기가 바로 그와 같은 경우이다. 그는 구제불능의 백치로 판명되어 동물과 같은 취급을 받은 후 이타드 박사에게 맡겨졌다. 이타드 박사는 빅터가 백치가 아니라고 확신하고서 그에게 언어훈련을 시켰다. 매일 집중적인 훈련을 통해서 다소 나아지는 기미는 있었지만 빅터는 끝내 언어를 익히지 못하였다. 이타드 박사가 확신한 바와 같이 만약 빅터가 정신지체아가 아님에도 불구하고 12세라는 나이에 언어를 습득하지 못한 것은 언어발달에 있어서 결정적 시기가 있다는 가설을 뒷받침하는 단적인 예가 될 수 있다. Lenneberg(1967)에 의하면 인간의 언어는 2세부터 사춘기에 이르는 시기 동안에 발달한다고 한다. 그렇다면 이러한 결정적 시기에 적절한 훈련을 받지 못한 것이 빅터가 언어를 습득하지 못한 이유가 될 수 있다.

John Money

결정적 시기에 관한 또 다른 예는 성역할 부여의 시기에 관한 것이다. John Money는 양성체(hermaphrodite)이거나 다른 결함으로 인해 자신의 생물학적 성과 반대로 양육된 아동들을 연구하였는데(Money & Ehrhardt, 1973), 생후 18개월까지는 심리적 성역할 부여에 있어 상당히 융통성이 있다고 결론지었다. 예를 들면, 생물학적으로 남성인 사람도 인생 초기의 강력한 훈련을 통해서 사회적 여성으로 사회화될 수 있다. 그러나 3~4세가 되면 사회화를 통해서 반대 성의 성역할을 획득하는 기회는 급격히 감소된다.

특정의 발달영역에는 결정적 시기라는 것이 확실히 존재한다. 그러나 이처럼 민감한 기간 동안에 일어나는 일들이 앞으로의 결과를 어느 정도까지 변화시킬 수 있는가 하는 문제는 여전히 연구해 보아야 할 문제이다(Salkind, 1985).

5) 초기경험과 후기경험의 중요성

만약 유아나 어린 아동이 생애 초기에 매우 불우한 환경을 경험했더라도 청년기 이후에 환경이 개선된다면 정상적인 발달을 할 수 있을까? 아니면 인생의 초기경험이 너무도 중요하고 결정적이어서 이후에 개선된 환경으로도 극복이 되지 않을 것인가? 초기경험과 후기경험의 중요성에 관한 논쟁은 오늘날에도 계속되고 있다(Easterbrooks et al., 2013; Thompson, 2015).

일찍이 플라톤은 유아기에 흔들 그네를 많이 탄 아이가 나중에 커서 훌륭한 운동선수가 된다고 믿었으며(Santrock, 1998), 생후 1년까지 유아가 따뜻하고 애정어린 보살핌을 받지 못하면 이후의 발달이 최적의 상태에 이르지 못한다고 믿는 학자들도 있다(Bowlby, 1989; Cassidy et al., 2011; Sroufe, 1996). 19세기 뉴잉글랜드의 목사들은 주일예배 때 부모들에게 지금 유아기 자녀들을 양육하는 방식이 그들 자녀의 미래 성격을 결정한다고 설교하였다.

이와 같이 초기경험의 중요성을 강조하는 것은, 인생은 계속되는 여정이기 때문에 한 개인의 심리적 특성은 그 근원을 더듬어 올라가 조사해 봄으로써 알 수 있다는 신념에 기인한다.

반면, 후기경험 주창자들은 인간의 발달은 조각상과 같이 불변하는 것이 아니라 조수의 간만처럼 끊임없이 변한다고 주장한다. 그들은 아동이나 청년은 발달이 이루어지는 동안 내내 매우 순응적이며 나중의 경험도 초기의 경험만큼 중요하다고 믿는다(Antonucci, Ajrouch, & Birditt, 2014).

아동기의 발달뿐만 아니라 전생애에 걸친 발달에 초점을 맞춘 전생애발달론자들은 지금까지 발달의 후기경험이 지나치게 간과되었다고 주장한다(Baltes, 1987). 그들은 초기경험이 인간의 발달에 중요하긴 하지만, 후기경험도 그에 못지않게 중요하다고 본다(Li, Ji, & Chen, 2014; Luo & Waite, 2014).

부모-자녀관계의 초기경험(특히 5세 이전)을 지나치게 강조하는 Freud를 신봉하는 서구 문화에서는 초기경험의 중요성을 지지하는 경향이 있다(Lamb & Sternberg, 1992). 그러나 이 세상의 모든 사람이 이것을 믿는 것은 아니다. 예를 들면, 많은 아시아 문화권에서는 6, 7세 이후에 겪게 되는 경험이 인간발달에 있어서 중요한 측면이라고 믿는다. 이러한 입장은 아시아에서는 아동들의 추론능력이 아동 중기에 발달한다고 믿는 오래된 신념으로부터 나온 것이다(Santrock, 1998).

이상의 모든 논쟁에서 어느 한편만을 지지한다는 것은 현명하지 못한 것이다. 왜냐하면 인간의 전생애를 통해 유전-환경, 성숙-학습, 연속성-불연속성, 초기경험-후기경험, 결정적 시기의 유무 중 어느 한쪽만이 발달에 영향을 미치는 것이 아니라 양자가 모두 발달에 영향을 미친다고 보아야 하기 때문이다.

예를 들면, 유전과 환경의 논쟁에서 인간발달에 중요한 역할을 하는 것은 유전과 환경 중 어느 한쪽이 아니고 양자의 상호작용이다(Loehlin, 1995). 남녀 청소년의 행동을

John Santrock

예로 들어보자(Feldman & Elliott, 1990). 유전적 요인이 신장과 체중, 사춘기 시작의 연령 등에서 남녀 간의 차이에 영향을 미친다. 즉, 여자가 남자보다 키가 작고, 체중이 덜 나가며, 더 일찍 사춘기를 맞이한다. 그러나 환경적 요인의 영향으로 우리가 예전부터 익히 알고 있는 남녀 간의 차이는 점점 사라지고 있다. 예를 들면, 예전보다 더 많은 여성이 수학이나 과학 분야에 종사하고 있고, 더 독립적으로 되어 간다. 또한 전세대에 비해 더 많은 여자 청소년이 흡연을 하고, 약물을 사용한다.

이와 같이 남녀 간의 유사점이나 차이점의 양상이 변하는 것은 어떤 현상을 유전적 요인이나 환경적 요인만으로 설명하려는 단순 논리는 현명하지 못하다는 사실을 뒷받침하는 것이다(Santrock, 1998).

인간발달의 이론

이론은 미래에 일어날 사건을 예측할 뿐만 아니라 과거에 일어났던 사건을 설명할 수 있는 논리적인 진술이다. 이론은 인간발달의 어떤 측면을 기술하는 데 필요한 정보를 수집할 때 길잡이가 된다.

많은 이론들이 인간발달에 관한 것을 설명하려고 한다. 그러나 지금까지 인간발달의 모든 측면을 설명할 수 있는 통합된 단일 이론은 없다. 어느 한 이론도 인간발달의 복잡하고 다양한 측면을 완벽하게 설명할 수는 없지만, 각 이론은 어느 것이나 나름대로 우리가 인간발달을 이해하는 데 상당한 기여를 한다. 바꾸어 말하면, 인간발달이론들은 인간발달과정의 이해에 기여하는 바가 제각기 다르다. 예를 들면, Piaget의 이론은 인지발달에 초점을 맞추고 있고, Erikson의 이론은 사회정서적 발달에 초점을 맞추고 있다. 이와 같이 두 이론은 인간발달의 각기 다른 측면을 강조하고 있기 때문에, Piaget 이론이 Erikson 이론의 대안이 될 수가 없다. 그 역도 마찬가지이다.

심지어 인간발달의 같은 측면을 다루는 이론일지라도 각기 다른 요인을 강조한다. 예를 들면, Bowlby의 애착이론은 아동의 사회적 행동을 이해하기 위해 아동과 양육자와의 애착관계를 우선적으로 관찰한다. 반면, 사회학습이론은 개개의 아동이 행하는 특정 행동에 관심을 갖는다. 그러나 각 이론들이 인간발달의 어떤 측면에 대해서 의견을 달리 하더라도, 대부분의 경우 이들 이론은 상반된다기보다 오히려 상호보완적이다. 즉, 다양한 이론들을 통해서 우리는 인간발달이라는 복잡하고 다양한 현상을 좀더 잘 이해할 수 있게 된다.

이 장에서는 정신분석이론, 인지발달이론, 성숙이론, 학습이론, 인본주의이론, 동물행동학적 이론, 생태학적 이론, 우리나라의 인간발달이론에 관해 살펴보고자 한다.

1. 정신분석이론

정신분석이론은 정신이 모든 인간행동의 기초가 된다는 가정하에 인간 내부의 충동적인 힘이나 인간의 행동에 영향을 주는 경험들을 밝히고자 하는 이론이다. 정신분석이론에 의하면 인간발달은 무의식적인 것이며, 우리의 행동은 단지 표면상 나타나는 특성일 뿐이다. 아동발달을 제대로 이해하기 위해서는 행동의 상징적인 의미를 분석해야 하고, 마음속에서 무슨 일이 일어나는지를 이해해야 한다. 정신분석이론은 또한 부모와의 초기경험이 아동발달에 지대한 영향을 미친다고 한다. 정신분석이론을 대표하는 Freud의 심리성적 이론과 Erikson의 심리사회적 이론을 살펴보기로 한다.

1) Freud의 심리성적 이론

Sigmund Freud (1856~1939)

'정신분석학의 아버지'라고 불리는 Sigmund Freud는 1856년 체코슬로바키아의 모라비아에서 태어났으나 일생의 대부분을 비엔나에서 보냈다. Freud의 지적 관심은 다방면에 걸친 것이어서 대학에 진학할 때 전공선택에 어려움을 겪었다. 그는 결국 의과대학에 진학하여 신경계통을 전공하였다.

인간의 본성에 관한 Freud의 이론적 가정은 인간에 대한 개념을 극적으로 변화시켰다. Freud는 종종 코페르니쿠스나 다윈의 영향력에 견줄 만한 20세기의 가장 중요한 사상가 중 하나로 손꼽힌다. Freud는 우리 인간이 믿고 있는 것처럼 인간은 이성적이고 논리적이며 지적인 존재가 아니라 비이성적이고 때로는 자신도 알지 못하는 숨겨진 무의식적 동기에 의해 영향을 받는 존재라는 점을 밝혔다. Freud는 중대한 심리적 본성이 이성이 아닌 욕망이라는 점을 시사하였다.

(1) 성격의 구조

Freud(1961)는 성격을 빙산에 비유하여 물 위에 떠 있는 작은 부분이 의식이고, 물속에 잠겨 있는 훨씬 더 큰 부분이 무의식이며, 파도에 의해 물표면으로 나타나기도 하고, 잠기기도 하는 부분이 전의식이라고 보았다(〈그림 2-1〉 참조).

여기서 의식은 자신이 주의를 기울이는 순간에 곧 알아차릴 수 있는 정신작용의 부분이고, 전의식은 주의를 집중하고 노력하면 의식이 될 수 있는 정신작용의 부분이며, 무의식은 자신이 전혀 의식하지 못하는 정신작용의 부분이다. 그는 또한 빙산의 대부분이 물속에 잠겨있듯이 성격의 대부분은 의식수준 아래에 존재한다고 믿는다.

Freud에 의하면 성격은 원초아(id), 자아(ego) 그리고 초자아(superego)로 구성되어 있다고 한다. 원초아는 성격의 가장

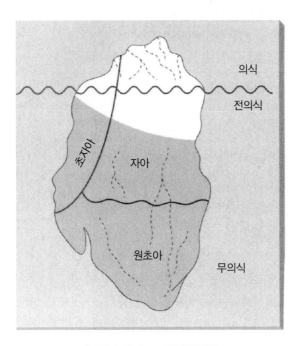

〈그림 2-1〉 Freud의 성격구조

원초적인 부분으로서 생물학적 본능으로 구성되어 있는데, 이 본능은 주로 성적이고 공격적인 것이다. 원초아는 전적으로 무의식 세계에 존재하며, 현실세계와는 접촉이 전혀 없다. 원초아는 쾌락원리(pleasure principle)에 의해 지배되는데, 이 원리는 쾌(快)를 최대로 하고 고통을 최소로 한다. 여기서 쾌는 긴장감소를 말한다.

그러나 우리는 자신의 충동만을 따라서 살 수는 없으므로 현실을 다루는 법을 배워야 한다. 이와 같이 즉흥적인 충동을 억제케 하고 현실을 고려하도록 하는 것이 바로 자아이다. 자아는 현실을 고려하므로 현실원리(reality principle)를 따른다.

옳고 그름에 대한 판단역할을 하는 것이 초자아이고, 초자아는 우리가 흔히 양심이라고 부르는 것과 자아이상으로 구성된다. 자신의 잘못한 행동에 대해 죄책감을 느끼는 것이 양심이고, 자신의 잘한 행동에 대해 자부심을 느끼는 것이 자아이상이다. 자아와 초자아는 의식 세계와 무의식 세계에 걸쳐 존재한다.

일반적으로 원초아와 초자아는 서로 상반된 목적을 추구하기 때문에 본능적 원초아와 이를 억제하려는 초자아 간에 긴장이 발생한다. 이때 자아의 중재역할이 제대로 발휘되지 못하면 갈등을 느끼는데 이것이 바로 불안이다. 이 불안은 매우 고통스럽기 때문에, 그것을 방어하는 기술을 발달시키게 되는데 이것이 방어기제이다.

(2) 인간발달의 단계

Freud(1933)는 인간발달의 단계를 구강기, 항문기, 남근기, 잠복기, 생식기의 5단계로 구분한다.

① 구강기(Oral Stage)

제1단계는 구강기로서 생후 1년까지가 이에 해당한다. 이 단계에서는 입과 구강부위가 쾌락의 주된 원천이 된다. 빨고, 마시고, 먹는 것뿐만 아니라 손가락이나 젖꼭지를 빨거나 입에 닿는 것은 무엇이든지 빠는 것과 같은 구강활동을 통해서 쾌락을 추구한다(사진 참조). 이 시기에는 자아가 발달되지 않은 상태로 남아 있고, 원초아는 현실에 대한 관심이나 다가올 수 있는 위험을 거의 인식하지 못한 채 쾌락만을 추구한다. 그런데 구강기에 겪는 경험의 대부분은 언어로 표현되지 못하므로 무의식 속에 영구히 남아있기 쉽다.

Freud에 의하면, 각 단계마다 아동이 추구하는 쾌락을 만족시켜야 다음 단계로 넘어갈 수 있다고 한다. 만

일 쾌락의 추구가 빈번히 좌절되면 다음 발달단계로 넘어가지 못하고 그 시기에 고착하게 된다고 한다. 이 단계에 고착하게 되면 과식이나 과음, 과도한 흡연, 입맞춤, 수다, 신랄한 비평, 빈정거림 등의 구강기 성격이 나타난다.

② 항문기(Anal Stage)

사진 설명: Freud에 의하면 항문기의 배변훈련은 심리성적 발달에서 매우 중요하다고 한다.

제2단계인 항문기(1~3세)에는 일차적 성감대가 구강에서 항문 주위로 옮겨간다. 유아는 항문적 활동을 통해 쾌락을 얻는다. 즉, 보다 강렬한 쾌감을 얻기 위해 배설을 미루는 보유와 배설을 통해 안도와 쾌감을 경험하는 방출을 통해 만족을 얻는 것이다.

배설물의 배설을 통해 아동은 긴장과 불편함이 감소되는 쾌감을 느낀다. 어린 아동은 처음에는 배변기능에 대해 거의 통제를 하지 못한다. 배변훈련은 이 항문기에 시작되는데, 아동은 적절한 때와 장소가 허용될 때까지 배설기능을 지연시키는 법을 배워야 한다. 배설과정이 즐거운 것으로 여겨질 수 있는 것과 같이 배설물을 보유함으로써도 쾌감을 느낄 수 있는데, 이것은 참았다가 배설을 하면 쾌감이 더 커지는 동시에 사회적 승인 역시 커지기 때문이다.

아동이 지나치게 엄격한 배변훈련을 받게 되면 고착현상이 일어난다. 즉, 배설을 참아서 근육수축 쾌감에 고착하게 되면 강박적 항문기 성격으로 나타나, 청결이나 질서에 대한 강박적 욕구를 보이거나 인색한 수전노가 된다. 반면, 배설을 하고 나서 근육이완 쾌감에 고착하게 되면 폭발적 항문기 성격으로 나타나 지저분하고 낭비벽이 심한 사람이 된다.

③ 남근기(Phallic Stage)

제3단계인 남근기는 약 3세에서 5세까지 계속된다. 이 시기에는 정신에너지가 항문으로부터 성기로 옮겨 간다. 이 단계에서 남아는 오이디푸스 콤플렉스를, 여아는 엘렉트라 콤플렉스를 경험한다.

오이디푸스 콤플렉스는 그리스 신화 '오이디푸스 왕'(사진 참조)에서 그 이름과 내용을 따온 것으로, 오이디푸스는 자신의 부모임을 모른 채 그의 아버지를 죽이고 어머니와 결혼한다. 나중에 이 사실을 알고서 자신의 두 눈을 파냄으로써 스스로를 벌한다.

　Freud는 성적으로 어머니를 소유하려는 욕망이 남근기에 있는 모든 남아들의 특징이라고 믿는다. 남아는 어머니를 최초의 애정의 대상으로 추구하고 아버지를 경쟁자로 인식하여 적대감을 갖게 된다. 아버지와의 미묘하고도 심각한 대결의 과정에서, 남아는 결국 그의 동기에 대한 아버지의 분노를 인식하게 되며, 자신과 아버지의 성기를 비교한 결과 열등감을 느끼게 된다. 이때 아버지가 그의 근친상간적 행동을 거세를 통해 벌할 것이라 두려워하게 되는데 이것이 바로 '거세불안(castration anxiety)'이다. 남아는 거세불안을 감소하기 위해 어머니에 대한 성적 욕망을 포기하고, 아버지에게 느꼈던 적대감정을 억압하며, 그대신 자신과 아버지를 동일시하게 된다. 즉, 아버지와 경쟁하는 대신 아버지와 같은 사람이 되려고 하며, 아버지를 통해서 어른이 된 느낌을 간접적으로 즐긴다. 이러한 동일시 과정을 통해 초자아가 형성된다.

　Freud는 여아에 대해서도 엘렉트라 콤플렉스를 묘사했지만 그 설명이 충분하지는 않다. 엘렉트라는 그리스 신화에서 남동생을 설득하여 어머니와 그 정부를 죽이고서 아버지의 원수를 갚는다. 여아는 남아들이 갖고 있는 남근이 자기에게는 없다는 것을 발견하게 되는데, 이것이 어머니 때문이라고 생각한다. 이렇게 자신을 불완전하게 만들어 세상에 내보낸 어머니를 원망하고, 남근에 대한 부러운 감정, 즉 '남근선망(penis envy)'을 갖게 된다. 남근선망은 아버지에 대한 사랑과 애착을 강화시키고 어머니에 대해서는 거부감을 느끼게 한다.

　그런데 여아는 결국 물리적으로 남근을 만들어 붙이는 것이 불가능하며, 그에 대한 자신의 욕망을 직접적으로 만족시키기 위해서는 어머니와의 동일시를 통해야 한다는 것을 깨닫게 된다.

④ 잠복기(Latency Stage)

　제4단계인 잠복기는 약 6세경에 시작되어 12세경에 끝난다. 오이디푸스 콤플렉스를 성공적으로 해결한 아동은 이제 비교적 평온한 시기인 잠복기에 들어선다. 부모와의 동일시가 강력해지고, 그로 인해 초자아가 발달되는 시기가 바로 잠복기이다. 일반적으로 초등학교 시기가 여기에 해당된다. 이 시기에 공격적 행동, 성적 본능 그리고 리비도의 힘은 잠복상태에 있게 된다. 첫 세 단계의 갈등해결에 투입되던 이전의 막대한 성적 에너지는 이제 부모에 대한 애정을 발달시키고, 동성 친구와의 강한 사회적 유대를 확립하는 데 집중된다.

　정신분석가들은 아동이 부모와 동일시하는 잠복기에 중요한 사회적 · 도덕적 가치를 습득하게 된다고 보았다. 이 시기에 시작되는 학교교육은 기본적인 사회적 기술의 습득을 촉진한다.

⑤ 생식기(Genital Stage)

제5단계인 생식기는 약 12세에 시작된다. 생식기에는 남근기에서와 같이 이성 부모를 향한 성적 욕망이 다시 한 번 나타나는데, Freud는 이를 사춘기에 거세불안이 환기되는 오이디푸스적 상황의 재현이라고 보았다. 잠복기에 확립되었던 원초아, 자아, 초자아 간의 균형이 갈등과 혼란을 겪으면서 갑자기 균형을 잃게 된다. 자아와 초자아는 생식기 동안 중요한 시험에 직면하며, 한쪽 내지 양쪽 모두의 부적절한 발달로 인해 청소년의 자살, 비행, 심각한 정신이상을 야기한다. 이때 자아는 한편으로는 억압과 같은 방어기제를 통해 원초아의 욕구를 부정함으로써, 다른 한편으로는 지성화, 합리화, 금욕주의, 퇴행 등의 방어기제를 통해 초자아를 진정시킴으로써 이러한 갈등에 대처한다.

Freud(1925)는 사춘기 남아의 진지한 첫사랑의 대상이 자신의 어머니와 흡사한 인물이기 쉽다고 설명했다. 마찬가지로 사춘기 소녀가 선생님이나 영화배우, 연예계 스타에게 홀딱 반하고 열중하는 모습에서 볼 수 있듯이, 자기 또래의 남자에게 관심을 보이기에 앞서 나이 많은 남자와 사랑에 빠지기도 한다. 따라서 청소년의 첫 이성애의 대상은 상징적으로 말해서 오이디푸스적 소망을 수용할 수 있는 비근친상간적 대상으로 흔히 어머니나 아버지 같은 사람이다.

2) Erikson의 심리사회적 이론

Erik Erikson (1902~1994)

Erik Erikson은 1902년 독일의 프랑크푸르트에서 태어났으며, 아동정신분석가가 되기 전까지 정식으로 과학적 훈련을 받은 적이 전혀 없는 사람이다. 그는 심리학에 입문하기 전까지 미술공부를 하였다. 그는 Freud의 딸인 Anna와 함께 정신분석학을 공부했으며, 이 분야에서 자격증을 받은 후 덴마크로 가서 그곳에서 잠시 개업을 하다가 마침내 미국으로 자리를 옮겨 연구를 계속하였다. 1960년에 Erikson은 하버드대학의 교수로 임명되었는데, 생활주기에 대한 그의 강좌는 학생들에게 인기가 대단히 높았다.

Erikson은 인간발달의 사회적 맥락을 강조함으로써 Freud의 심리성적 발달의 5단계를 확장하여 8단계 이론을 정립하였다. 바꾸어 말하면, Erikson은 인간발달의 전생애 접근을 시도한 최초의 인물이다.

(1) Erikson 이론의 개요

Erikson(1975)은 내적 본능 및 욕구나 외적 문화적 · 사회적 요구 간의 상호작용으로 인해 심리사회적 발달이 전생애를 통해 계속된다고 주장한다. 그리고 내재된 '기초안 (ground plan)'에 의해 발달이 이루어진다고 믿는다. Erikson에게 있어 주요 개념은 자아정체감의 발달이다. 확고한 자아정체감을 확립하기 위해서는 일생을 통해 여덟 가지 위기를 성공적으로 해결해야 한다고 하였다.

매 단계마다 갈등상황(또는 위기)은 '신뢰감 대 불신감'이나 '통합감 대 절망감'에서처럼 긍정적인 결과와 부정적인 결과를 초래할 수 있다. 즉, 여덟 개의 발달단계마다 나름대로의 갈등이 있으며, 그 갈등은 양극의 결과를 초래할 수 있다. 후기의 저술에서 Erikson은 갈등을 성공적으로 해결할 수 있는 잠재력(potential strength) 또는 생명력 (vital strength)에 대해 언급하고 있다. '성공적인 해결'은 반드시 긍정적인 측면만을 의미하는 것은 아니다. 최상의 해결책은 긍정적인 측면과 부정적인 측면이 균형을 이루는 것이다.

(2) 심리사회적 발달단계

Erikson(1963)의 심리사회적 발달의 8단계와 각 단계에서 성취해야 할 발달과업과 극복해야 할 위기는 다음과 같다.

① 1단계: 신뢰감 대 불신감(Trust vs. Mistrust)

제1단계는 Freud의 구강기에 해당되는 시기로서 출생에서부터 약 1세까지이다. 이 시기의 주된 발달의 위기는 영아가 세상을 신뢰할 수 있느냐 없느냐 여부에 관한 것으로, 어머니의 관여가 이 신뢰의 초점이 된다. 신뢰감은 다른 사람에 대한 믿음과 자신에 대한 믿음을 포함한다. 이 시기에 아기를 돌보아 주는 사람(주로 어머니)이 영아의 신체적·심리적 욕구를 잘 충족시켜 주면 아기는 신뢰감을 형성하게 되고, 만약 아기의 욕구가 제대로 충족되지 못하면 아기는 불신감을 갖게 된다. 인간이면 자신의 기본적인 욕

사진 설명: 양육자가 영아의 욕구에 민감하게 반응하면 아기는 신뢰감을 형성하게 된다.

구가 일관되게 충족되는 예측 가능한 안전한 세계에서 사는 것이 이상적인 삶이다.

그러나 Erikson은 완전한 신뢰감만이 바람직한 것은 아니라고 했다. 지나친 신뢰는 아동을 너무 순진하고 어수룩하게 만든다. 따라서 건강한 자아발달과 성장을 위해서는 불신감도 경험해야 한다. 건강한 발달을 위해 중요한 것은 신뢰와 불신 사이의 적당한 비율인데, 물론 불신감보다는 신뢰감이 더 큰 비중을 차지해야 한다.

② 2단계: 자율성 대 수치심과 회의감(Autonomy vs. Shame and Doubt)

사진 설명: 옷을 스스로 입고 벗는 것은 자율감의 표현이다.

제2단계는 Freud의 항문기에 해당되는 시기로서 약 1세에서 3세까지이다. 이 단계의 쟁점은 '자율적'이고 창의적인 사람이 되느냐, 아니면 의존적이고 '자기회의'로 가득 찬 '부끄러운 인간'이 되느냐 하는 점이다. 이 시기의 유아는 여전히 다른 사람들에게 의존하고 있지만, 자유로운 선택의 자율성도 경험하기 시작한다. 새롭게 얻은 자율감은 사회적 갈등을 일으킬 정도로 지나치게 과장될 수 있다. 자율성을 향한 투쟁은 완강한 거부나 떼쓰기 등으로 나타날 수 있다.

이 단계에서는 아동이 자신의 행동을 통제할 수 있는 정도를 스스로 발견하는 과업이 요구된다. 만약 아동에게 새로운 것들을 탐색할 기회가 주어지고 독립심이 조장되면 건전한 자율감이 발달할 것이다. 반면, 아동에게 자신의 한계를 시험해 볼 기회가 주어지지 않고 아동이 지나친 사랑을 받고 과잉보호를 받게 되면, 세상사에 효과적으로 대처할 자신의 능력에 회의를 느끼고 수치심을 갖게 될 것이다.

③ 3단계: 주도성 대 죄책감(Initiative vs. Guilt)

사진 설명: 3세와 7세 사이에 성적 관심이 크게 증가한다.

3단계는 Freud의 남근기에 해당하는 시기로서 3세에서 6세까지이다. 이 단계에서 경험하는 심리사회적 갈등은 '주도성 대 죄책감'의 발달이다. 이제는 활동, 호기심, 탐색의 방법으로 세상을 향해 돌진하는 것과 두려움이나 죄책감으로 인해 주저하는 것 사이에 갈등이 발생한다. 3세에서 6세 사이의 아동은 보통 생기와 활력, 호기심이 넘치고 활동수준이 높으며 에너지가 남아돈다. 아동은 놀이활동을 통해 보다 자유롭고 공격적으로 움직이며 활동반경을 점점 더 넓혀 간다. 주도성을 발달시키는 과정에서 목표를 설정하는 것이 보이고, 목적에 따라 활동하는 경향이 늘어난다.

아이들이 장난감을 해체하거나 자신과 타인의 몸을 탐색하는 것을 놓고 죄책감을 느끼게 하는 것처럼, 새롭게 발달하고 있는 주도성을 부모가 억제하고 반대하여 처벌한다면 부정적인 결과가 나타나기 쉽다. 즉, 아동의 탐색과 주도성이 가혹한 질책과 직면하게 된다면 그 결과는 죄책감으로 나타난다.

④ 4단계: 근면성 대 열등감(Industry vs. Inferiority)

이 단계는 6세부터 11세까지이며 Freud의 잠복기에 해당된다. Freud는 이 단계를 비활동적인 시기로 본 반면, Erikson은 이 단계를 역동적이고 활동적인 시기로 보았다. Erikson은 이 시기가 아동의 근면성에 결정적인 의미를 갖는다고 믿는다. 근면성은 아동이 속한 사회에서 성공적으로 기능하고 경쟁하는 데 필요한 기술을 습득하는 능력이다. 이 시기는 학교교육이 시작되는 시기로 읽기, 쓰기, 셈하기 등 중요한 인지적 기술과 사회적 기술을 습득해야 한다. 만약 이러한 기술을 개발하지 못하

사진 설명: 읽기, 쓰기, 셈하기 등의 인지적 기술의 습득은 근면성에 매우 중요하다.

게 되면 아동은 열등감을 느끼게 된다. 열등감은 아동이 그가 속한 세계에 대처함에 있어서 자신의 무능력이나 자신이 중요하지 않음을 지각하면서 생겨난다.

만일 아동이 성공에 대한 느낌이나 일을 잘 처리해서 인정을 받고자 하는 과업에 실패한다면 근면성이 결여되고 무력감이 나타날 것이다. 그런 아동들은 즐거움을 느끼지 못하고 잘한 일에 대한 자부심도 발달시키지 못할 수도 있다. 또한 그들은 열등감에 시달릴지도 모르고 결코 대단한 사람이 되지 못할 것이라는 믿음에 빠질 수도 있다.

⑤ 5단계: 정체감 대 정체감 혼미(Identity vs. Identity confusion)

이 단계는 12세에서 18세까지이며 Freud 이론의 생식기에 해당한다. Erikson(1968a)은 청년기의 가장 중요한 발달과업이 자아정체감의 확립이라고 보았다. 청년기에 많은 청년들은 가장 근본적이고도 어려운 문제로 고민하게 되는데, "나는 누구인가?"라는 물음이 바로 그것이다. Erikson은 특히 청년기에 제기되는 일련의 질문들, 즉 나는 누구인가? 무엇을 할 것인가? 미래의 나는 어떻게 될 것인가? 어제의 나와 오늘의 나는 같은 인물인가? 등의 자문이 자아정체감을 형성하기 위한 과정이라고 보았다.

사진 설명: 청년기의 가장 중요한 발달과업은 자아정체감의 확립이다.

정체감은 일생을 통해서 이룩해야 할 중요한 문제이기는 하지만, 특히 청년기가 정체감형성에 있어 결정적인 시기라고 할 수 있으며, 또한 청년기에는 정체감의 위기를 경험

하게 된다고 Erikson은 주장한다. 왜냐하면 이 시기는 아동기에서 성인기로 옮겨 가는 과
도기로, 이 시기에 급격한 신체적 변화와 성적 성숙이 이루어지고, 진학문제, 전공선택의
문제, 이성문제 등 수많은 선택과 결정을 해야 하는 때가 바로 이 시기이기 때문이다.

⑥ 6단계: 친밀감 대 고립감(Intimacy vs. Isolation)

사진 설명: Erikson에 의하면 여섯 번째 위기
인 '친밀감 대 고립감'의 위기는 성년기에 사랑
하는 사람과 생을 함께하기로 약속함으로써 성
공적으로 해결될 수 있다고 한다.

제6단계는 성인기가 시작되는 단계로서 이 시기에는
타인과의 관계에서 친밀감을 이룩하는 일이 중요한 발달
과업이다. Erikson에 의하면 성인기에는 친밀감이 필요
하며 이를 원한다. 성인들은 다른 사람에 대해 개인적으
로 깊이 관여하기를 바란다. 친밀한 관계란 타인을 이해
하고 깊이 공감을 나누는 수용력에서 발달한다.

친밀한 관계는 상호신뢰와 애정을 바탕으로 해서 '우
리'라는 상호의존성을 발달시킨다. 정체감을 확립하지
못한 사람은 대인관계에서 위축되는 경향이 있는데 이것
은 고립감을 낳는다.

자신을 남에게 주는 것은 진정한 친밀감의 표현일 수
있으며, 이는 남에게 줄 자아를 갖고 있지 않다면 불가능
할 것이다. 부부 중 한쪽 또는 양쪽 모두가 자신의 정체감
을 확립하기 전에 결혼생활을 시작한다면 행복한 결혼이
지속될 가능성이 적다.

⑦ 7단계: 생산성 대 침체성(Generativity vs. Stagnation)

Erikson에 의하면 중년기에 생산성 대 침체성이라는 일
곱 번째 위기를 경험한다고 한다. 생산성이란 성숙한 성인
이 다음 세대를 구축하고 이끄는 데 관심을 기울이는 것을
말한다. 자신들의 인생이 저물어가고 있는 것을 바라보고
는 다음 세대를 통해 자신의 불멸을 성취하고자 한다. 그
리고 이 욕구가 충족되지 않으면 침체성에 빠지게 된다고
Erikson은 말한다. 침체성은 다음 세대를 위해서 자신이
한일이 아무것도 없다는 것을 깨닫는 것이다. 인생을 지
루하고 따분하다고 생각하는 사람, 불평불만을 일삼는 사
람, 매사에 비판적인 사람들이 침체성의 전형이다.

사진 설명: 자녀를 낳아 기르는 것은 생산성의
가장 직접적인 표현이다.

생산성은 몇 가지 다른 방법으로 표출될 수 있다(Kotre,

1984). 생물학적 생산성은 자녀를 낳아 기르는 것이고, 직업적 생산성은 다음 세대에게 기술을 전수하는 것이며, 문화적 생산성은 문화의 어떤 측면을 창조하고, 혁신하고 그리고 보존하는 것이다. 이 경우에 생산성의 대상(목표)은 문화 그 자체이다.

생산성을 통해서 중년기 성인들은 다음 세대를 인도한다. 즉, 자녀를 낳아 기르고, 젊은 세대를 가르치며, 지도하고, 지역사회에 도움이 되는 일들을 함으로써 인생의 중요한 측면을 통하여 다음 세대를 인도한다. 생산적인 중년들은 다음 세대와의 연결을 통해 사회의 존속과 유지를 위해 헌신한다.

⑧ 8단계: 통합감 대 절망감(Integrity vs. Despair)

마지막 단계인 8단계는 노년기로서 이 단계의 발달과업은 자아통합감과 절망감의 위기를 극복하는 것이다. 노인들은 자신의 죽음에 직면해서 자신이 살아온 삶을 되돌아보게 된다. 이때 자신의 삶을 의미 있고 만족스러운 것으로 인식하고, 지금까지 살아온 인생을 별다른 후회 없이 그대로 받아들이며, 인생의 피할 수 없는 종말로 죽음을 받아들이게 되면 통합감이라는 정점에 이르게 될 것이다. 반면, 자신의 삶이 무의미한 것이었다고 후회하면 이제는 시

사진 설명: 노년기의 발달과업은 자아통합감과 절망감의 위기를 극복하는 것이다.

간이 다 흘러가 버려서 다른 삶을 다시 살아볼 수 있는 기회가 없다는 느낌에 직면하게 되어 절망감에 빠지게 된다.

이 위기를 성공적으로 해결하기 위해서는 통합감이 절망감보다 바람직하지만 어떤 절망감은 불가피한 것이기도 하다. Erikson에 의하면 자기 자신의 인생에서 불행이나 잃어버린 기회에 대해서뿐만 아니라 인간존재의 나약함과 무상함에 대한 비탄감은 피할 수 없는 것이라고 한다.

2. 인지발달이론

정신분석이론이 아동의 무의식적인 사고의 중요성을 강조하는 것이라면, 인지발달이론은 아동의 의식적인 사고를 강조하는 이론이다. 인지발달이론에서는 정신구조가 매우 중요한 의미를 갖는다. 이 점에서는 정신분석이론과 별 차이가 없으나, 인지발달이론은 무의식적인 사고과정에는 전혀 관심이 없다. 그 대신에 합리적인 사고과정을 강조한다. 여기서는 Piaget의 인지발달이론, 정보처리이론 그리고 Vygotsky의 사회문

화적 인지이론에 관해서 살펴보기로 한다.

1) Piaget의 인지발달이론

Jean Piaget (1896~1980)

Jean Piaget는 1896년 스위스에서 태어났다. 어려서부터 과학에 깊은 관심을 가져 첫 번째 논문을 10세 때 출간하였으며, 21세에 박사학위를 받았다. 그는 자신의 세 자녀가 성장하는 과정을 지켜보면서 아동의 사고는 성인의 사고와는 매우 다르다는 것을 발견하였다. Piaget만큼 아동의 인지발달을 이해하는 데 심오한 영향을 준 학자는 없다. Piaget(1952)에 의하면 인지발달은 유기체와 환경과의 상호작용으로 이루어지는 적응과정이며, 여기에는 질적으로 다른 네 개의 단계가 있다고 한다. 1960년대에 와서 Piaget의 인지발달이론에 대한 관심이 높아져서 오늘날 아동의 사고에 대한 연구 중에서 Piaget의 이론을 언급하지 않는 연구는 거의 없다.

(1) Piaget 이론의 주요 개념

Piaget의 인지발달이론에서는 도식(schema), 적응(adaptation), 동화(assimilation), 조절(accommodation) 그리고 평형(equilibration)의 개념이 중요한 의미를 갖는다.

도식은 사물이나 사건에 대한 전체적인 윤곽을 말한다. 빨기나 잡기와 같은 최초의 도식들은 본질상 반사적이다. 그러나 이들 반사적 행동조차도 환경의 요구에 따라 변

화한다. 예를 들면, 빨기는 유아가 자라 숟가락을 사용하게 되면 형태상 변화한다. 여기서 빨기 도식은 그 구조상으로는 변했지만, 그것을 수행하는 기능면에서는 변한 것이 아니다. 유아는 많은 도식들을 지니고 태어나며, 적응의 과정을 통해서 새로운 도식을 개발하고 기존의 것들을 변화시킨다(사진 참조).

적응은 환경과의 직접적인 상호작용을 통해 도식이 변화하는 과정이다. 동식물의 세계는 적응의 예들로 가득 차 있다. 홍관조 수컷은 선명한 붉은 색인 반면, 암컷은 눈에 잘 띄지 않도록 엷은 갈색조를 띠어 종의 생존에 대한 위협을 줄인다. 봄꽃의 아름다운 색채는 수분(受粉)작용을 통해서 일어나는 봄꽃의 생식과정에 참여하는 곤충을 유인한다. 이와 같이 적응은 개인

사진 설명: 영아는 많은 도식을 지니고 태어나는데, 새로운 물체를 탐색하고 이해하는 데 그 도식들을 사용한다.

의 욕구를 충족시키기 위해 이루어지는 개인 또는 환경의 수정을 포함하는 매우 복잡한 과정이다. 적응은 동화와 조절이라는 두 가지 수단을 통해 진행된다.

동화는 새로운 환경자극에 반응함으로써 기존의 도식을 사용해 새로운 자극을 이해하는 것을 말한다. 유아가 음식이든 아니든 무엇이나 입으로 가져가는 것은 동화의 한 예이다. 이것은 환경의 요구에 관계없이 하나의 도식을 사용한다는 것을 나타낸다. 이 경우 유아는 자신의 내적 욕구를 만족시키기 위해 환경을 변화시킨다.

조절은 기존의 도식으로서는 새로운 사물을 이해할 수 없을 때, 기존의 도식을 변경하는 것을 말한다. 아동이 조절을 할 때에는 도식의 형태에 질적인 변화가 일어난다. 아동이 사자를 보고 고양이라고 말할 때, 누군가가 "아니야, 그것은 사자란다"라고 말해 줌으로써 잘못을 바로잡

사진 설명: 영아는 물체의 모양에 맞게 자신의 입을 조절한다.

을 수 있다. 이때 아동은 '사자'라고 불리는 새로운 도식을 형성하게 된다.

끝으로 평형은 동화와 조절의 균형을 의미한다. 여기서 동화, 조절, 평형이 어떻게 작용하는지 예를 들어보자. 5세 된 아이가 하늘에 날아다니는 물체는 새라고 배웠다고 하자. 하늘에 날아다니는 물체를 볼 때마다 아이는 그 사물이 자기가 가지고 있는 기존체계, 즉 새라는 것에 자신의 생각을 동화시킨다. 그런데 어느 날 아이는 하늘을 날아가는 비행기를 보게 된다. 이 새로운 사물을 보고 아이는 그가 갖고 있는 기존개념인 '새'에 결부시키려고 하나 모양이나 크기 등이 너무 다르다. 그래서 아이는 기존의 체계를 변경

하지 않으면 안 되는데 이 과정이 조절이다. 아이는 이제 불평형 상태에 놓이게 된다. 즉, 이 새로운 물체가 새인지 아닌지 만약 새가 아니라면 도대체 무엇인지 알 수 없다. 그래서 어머니에게 저 물체가 무엇인지를 물어본 결과 그것은 새가 아니라 비행기라는 답을 듣는다. 그리고 아이는 새와 비행기의 차이를 알게 되는데, 이것이 평형의 상태이다.

(2) Piaget의 인지발달 단계

Piaget(1954)는 인지발달에는 네 단계가 있으며(〈그림 2-2〉 참조), 질적으로 다른 이 단계들은 정해진 순서대로 진행되고, 단계가 높아질수록 복잡성이 증가한다고 한다.

인지발달의 첫 번째 단계는 감각운동기(sensorimotor stage)로서, 신생아의 단순한 반사들이 나타나는 출생에서 시작해서 초기의 유아적 언어가 나타나는 상징적 사고가 시

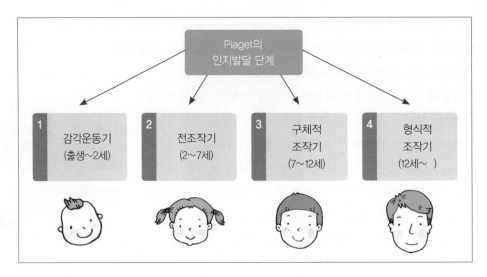

〈그림 2-2〉 Piaget의 인지발달 단계

작되는 2세경에 끝난다. Piaget는 이 단계에서 독립적이지만 상호관련된 6개의 하위
단계들을 제시한다. 아동의 행동은 자극에 대한 반응으로서, 이때 자극은 감각이고 반
응은 운동이다. 그래서 이 단계를 감각운동기라고 부른다.

두 번째 단계는 전조작기(preoperational stage)로서 2세에서 7세까지이다. 이때가 되
면 아동의 언어가 급격히 발달하고 상징적으로 사고하는 능력도 증가한다. 그러나 이
단계에서는 논리적인 조작이 가능하지 않기 때문에 전조작기라 부른다. '조작'이란 과
거에 일어났던 사건들을 내면화시켜 서로 관련지을 수 있는, 즉 논리적인 관계를 이룰
수 있는 것을 뜻한다. 전조작기 사고의 특징은 상징놀이, 자기중심적 사고, 물활론(物
活論), 직관적 사고를 하는 것 등이다.

세 번째 단계는 구체적 조작기(concrete operational stage)로서 7세에서 12세까지가
여기에 해당한다. 이 단계에서 아동은 전조작기에서 갖지 못한 가역성(可逆性)이라는
특성을 갖는다. 구체적 조작기의 아동은 조작의 순서는 전환될 수 있고, 조작 전 상황
의 특성들이 회복될 수 있다는 것을 이해한다. 구체적 조작기에 나타나는 사고의 특징
은 보존개념의 획득, 유목(類目)포함, 분류화, 서열화를 할 수 있다는 점이다.

마지막 단계는 형식적 조작기(formal operational stage)로서 청년기가 이 단계에 해당
된다. 형식적 조작기의 특징은 첫째, 새로운 상황에 직면했을 때 현재의 경험뿐만 아니
라 과거와 미래의 경험을 이용한다는 점이다. 즉, 구체적 조작기의 아동은 현재의 문제
만을 다루지만, 형식적 조작기의 청년은 시간을 초월하여 문제를 다룬다. 둘째, 체계적
인 과학적 사고가 가능하다는 점이다. 즉, 문제해결을 위해 사전에 계획을 세우고, 체
계적으로 해결책을 시험한다. 셋째, 추상적인 사고가 가능하다는 점이다. 구체적 조작

기의 아동은 눈에 보이는 구체적 사실들에 대해서만 사고가 가능하지만, 형식적 조작기의 청년은 추상적인 개념도 이해할 수 있다. 넷째, 이상주의적 사고를 한다는 점이다. 청년들은 이상적인 특성, 즉 자신과 다른 사람들에게 이상적이었으면 하고 바라는 특성들에 대해 사고하기 시작한다. 그들은 이상적인 부모상에 대해 생각하고, 이 이상적 기준과 자신의 부모를 비교한다. 그리고 자신이 생각하는 이상적인 기준에 맞추어 자신과 다른 사람을 비교하기도 한다.

Piaget의 인지발달 단계는 나중에 각 단계별 인지발달에서 좀더 구체적으로 살펴보기로 한다.

2) 정보처리이론

정보처리이론은 인간의 인지과정을 컴퓨터의 정보처리과정과 비교한 재미있는 이론으로서 최근에 와서 인간의 인지를 연구하는 주요 접근법이 되었다(Miller, 1993, 2016). 정보처리이론에 의하면, 컴퓨터와 인간의 사고과정에는 유사점이 있는데, 둘 다 논리와 규칙을 사용한다는 점이다(Belmont & Butterfield, 1971; Klahr, 1992; Siegler, 1996). 컴퓨터의 하드웨어와 소프트웨어의 용어를 사용해서 이들 둘을 비교하고 있다. 즉, 하드웨어란 컴퓨터의 물리적 장치를 말하는 것이고, 소프트웨어는 컴퓨터 조작을 위한 프로그래밍을 말한다. 정신활동 역시 하드웨어와 소프트웨어를 가졌다고 볼 수 있는데, 뇌와 신경계를 하드웨어로, 문제해결을 위한 계획이나 책략 등을 소프트웨어로 볼 수 있다(Flavell, 1971).

새로운 기술의 발달로 말미암아 컴퓨터의 구조와 프로그램이 점점 복잡해지듯이, 인간의 인지과정 또한 아동에서 청년으로 성장하는 동안에 점점 복잡해진다. 예컨대, 여덟 살 난 아이가 열 개의 단어를 외울 수 있을 때, 열네 살짜리가 스무 개의 단어를 외울 수 있는 것은 열네 살 난 아이의 뇌와 신경계가 더 성숙해 있는 것으로 해석할 수 있다. 이것이 하드웨어의 차이이다. 다른 한편으로는 아동기에 갖지 못하는 기억책략을 청년기에 와서 갖는 것으로도 해석할 수 있는데, 이것이 소프트웨어의 차이이다(Kail, 1992; Santrock, 1981).

정보처리이론은 아동이 외부 세계로부터 들어오는 정보를 기억과정을 통해 저장하고, 시간의 흐름에 따라 저장된 정보를 전환하며, 또한 정보를 효율적으로 인출하는 정보처리의 과정을 연구대상으로 한다.

John Flavell

정보처리이론은 인간의 인지를 세 가지 체계로 개념화한다. 첫째, 외부 세계로부터의 정보는 시각, 청각, 미각, 후각과 같은 우리의 감각기관을 통해 인지체계에 투입된다. 둘째, 우리의 뇌는 감각기관에 투입된 정보를 다양한 방법으로 저장하고, 전환한다. 여기에는 정보를 부호화하고, 저장하고, 인출하는 과정이 포함된다. 정보처리에 관한 대부분의 연구가 이 부분에 집중되어 있다. 마지막 체계는 우리의 행동으로 나타나는 산출부분이다.

Piaget의 이론과 마찬가지로 정보처리이론 또한 아동은 매우 능동적으로 정보를 탐색하고 처리한다고 본다(Klahr, 1992). 그러나 Piaget와는 달리 정보처리이론에서는 발달단계를 설정하지 않는다. 즉, 발달을 연속적이고 계속적인 과정으로 파악한다(Carlson, White, & Davis-Unger, 2014; Gelman, 2013).

3) Vygotsky의 사회문화적 인지이론

Lev Vygotsky (1896~1934)

Lev Vygotsky는 Piaget와 같은 해인 1896년에 러시아에서 태어났다. 그러나 80세 이상을 산 Piaget와는 달리 37세라는 젊은 나이에 폐결핵으로 요절했다. 그는 모스크바 대학에서 법학을 전공하였고, 그 후 문학과 언어학을 공부하였으며, 예술심리학으로 박사학위를 받았다.

Vygotsky는 아동발달에서 문화와 사회적 관계를 강조하였기 때문에, 그의 이론은 사회문화적 인지이론으로 불린다. 최근 그 이론이 영어로 번역되어 서구 사회에 알려지게 된 이후, 그의 이론에 많은 관심이 집중되고 있다. Vygotsky가 사망한 지 80여 년이 지난 지금 그의 사회문화적 인지이론에 대한 관심이 날로 증가하고 있는 이유는 오늘날 아동발달에서 문화적 요인의 중요성에 대한 인식이 재고되었기 때문이다. 아동이 부모, 또래, 교사, 기타 성인과의 상호작용을 통해서 세계를 이해한다는 그의 생각은 매력적일 뿐만 아니라, 아동의 인지발달이 문화적 요인에 의해 형성된다는 비교문화연구의 결과와도 일치한다(Beilin, 1996; Daniels, 1996, 2017; Gauvain, 2013; Mahn & John-Steiner, 2013).

(1) Vygotsky 이론의 개요

Vygotsky의 사회문화적 인지이론은 특정 문화의 가치, 신념, 관습, 기술이 어떻게 다음 세대로 전수되는지에 초점이 맞추어졌다. Vygotsky에 의하면, 사회적 상호작용, 특히 아동과 성인 간의 대화가 아동이 특정 문화에 관해 적절하게 사고하고 행동하는 법을 습득하는 데 필수적이라고 한다(Holzman, 2017; Wertsch & Tulviste, 1992). 아동이 성장하고 있는 그 문화적 배경을 고려하지 않고서는 아동발달을 제대로 이해할 수 없다는 것이 Vygotsky의 주장이다.

　Vygotsky의 이론은 특히 아동의 인지를 연구하는 데 큰 영향을 미쳤다. 그러나 그의 접근법은 Piaget의 접근법과는 매우 다르다. Vygotsky의 사회문화적 인지이론은 Piaget가 간과했던 사회문화적 요인의 중요성을 강조함으로써 아동의 인지발달을 이해하는 새로운 견해를 제시한다. 인지발달의 문화적 보편성을 강조했던 Piaget와는 달리 Vygotsky는 인지발달의 문화적 특수성을 강조한다.

　Piaget에 의하면, 모든 아동의 인지발달은 매우 유사한 단계를 거친다고 한다. 그리고 Piaget는 인지발달에 있어서 아동의 능동적이고 자발적인 노력을 강조하였기 때문에, 성인의 직접적인 가르침이 중요하다고 보지 않았다. 반면, Vygotsky는 모든 아동이 똑같은 인지발달단계를 거친다고 보지 않았으며, 아동의 인지발달을 사회가 중재하는 과정으로 보기 때문에, 아동발달의 결정요인으로서 문화를 강조한다(Gauvain, 2013). 인간은 이 지구상에서 문화를 창조한 유일한 종(種)이며, 모든 아동은 문화의 맥락 속에서 성장하고 발달한다. 문화는 아동의 인지발달에 두 가지 종류의 기여를 한다. 첫째, 아동은 지식의 대부분을 문화로부터 습득한다. 둘째, 아동은 문화로부터 사고과정이나 사고수단(Vygotsky는 이것을 지적 적응의 도구라고 부른다)을 습득한다. 요약하면, 문화는 아동으로 하여금 무엇을 사고하고, 어떻게 사고할 것인가를 가르친다는 것이다.

(2) 근접발달영역

　Vygotsky는 아동의 지적 능력을 근접발달영역의 개념으로 설명하고 있다. 근접발달영역(Zone of Proximal Development: ZPD)은 아동이 스스로의 힘으로 문제를 해결할 수 있는 수준인 실제적 발달수준과 성인이나 유능한 또래로부터 도움을 받아 문제를 해결할 수 있는 수준인 잠재적 발달수준 간의 영역을 의미한다(〈그림 2-3〉 참조). 예를 들면,

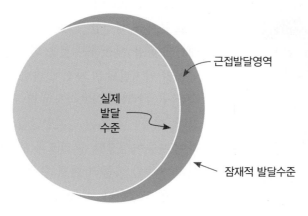

〈그림 2-3〉 근접발달영역

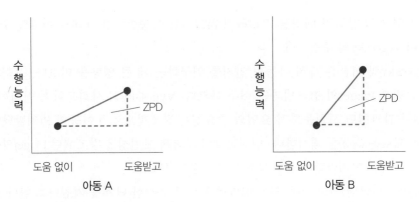

도움 없이 두 아동의 과제수행이 비슷하다 할지라도, 아동 B가 도움에 의해 수행능력이 더 많이 향상되었다. 따라서 더 넓은 근접발달영역을 갖게 된다.

〈그림 2-4〉 도움에 의한 문제해결 수준의 개인차

산수문제를 혼자 힘으로 풀지 못하는 초등학생에게 교사가 옆에서 조언을 해 주거나 힌트를 줌으로써 아동이 문제해결을 좀더 효율적으로 수행할 수 있도록 해 준다. Vygotsky (1962)는 아동이 혼자 힘으로 문제를 해결할 수 있는 수준을 발달의 '열매'로 그리고 타인의 도움으로 문제를 해결할 수 있는 수준을 발달의 '봉오리' 또는 '꽃'이라고 불렀다.

근접발달영역의 개념은 비록 두 아동이 도움 없이 혼자 힘으로 문제를 해결할 수 있는 수준이 비슷하다 할지라도, 도움을 받고 문제를 해결할 수 있는 수준은 크게 다를 수 있음을 암시한다. 즉, 도움에 의해 수행능력이 증가하면 할수록 근접발달의 영역은 더 넓어진다는 것이다(〈그림 2-4〉 참조).

(3) 비계(飛階)

사진 설명: Vygotsky의 이론에 의하면 성인으로부터 지도를 받는 것은 아동의 문제해결에 매우 중요한 요인이라고 한다.

근접발달영역과 매우 밀접한 연관이 있는 개념이 비계(scaffolding)이다. 비계는 아동이 스스로의 힘으로 문제를 해결할 수 있도록 성인이나 유능한 또래가 도움을 제공하는 것을 의미한다. Vygotsky는 아동의 인지발달은 자신이 속한 문화에서 보다 성숙한 구성원과의 상호작용을 통해 이루어진다고 보았다. 이들은 아동의 인지발달을 위해 비계를 설정하여 아동이 성장할 수 있도록 도와준다. 아동을 가르치는 동안 아동의 현재 수준에 알맞도록 가르침의 양을 조절한다. 아동이 학습하는 내용이 새로운 것이라면 직접적인 지시를 하고, 아동이 따라오게 되면 직접적인 지시 대신에 힌트를 주게 된다.

비계는 건축학에서 빌려온 용어로서 건물을 지을 때 발판을 사용하다가 건물이 완성되면 제거해 버리는 것이다. 마찬가지로 아동이 과제를 수행하는 데 도움을 주다가 일단 아동이 혼자서 문제를 해결할 수 있게 되면 비계는 더 이상 필요없게 된다.

비계는 즉각적인 문제해결뿐만 아니라 장기적인 안목에서 아동이 스스로 문제를 해결하는 데 필요한 기술을 가르치는 데에도 효율적인 것으로 보인다. 즉, 비계는 구체적인 문제해결뿐만 아니라 아동의 전반적 인지발달에도 도움이 된다.

(4) 언어와 사고

Vygotsky는 언어가 아동의 사고발달에 필수적인 것이라고 믿는다. Vygotsky에 의하면, 아동은 문제를 해결하거나 중요한 목표를 달성하고자 할 때 혼잣말(private speech)을 하는 경향이 있다고 한다. 성인들의 경우 혼잣말은 주로 마음속으로 하는 것이지만, 아동들은 혼잣말을 밖으로 소리내어 한다. 시간이 지나면서 큰 소리로 하던 혼잣말은 속삭임으로 변하고 다시 내부 언어(inner speech)[1]로 변한다.

언어가 사고발달에 유익한 것은 사회적 상호작용의 매개역할을 하기 때문이다. 직접적인 지시를 하든 일상적 대화를 하든 타인과의 언어적 상호작용은 아동의 현재의 이해 수준을 확장시켜 준다.

Vygotsky는 아동은 의사소통을 위해서뿐만 아니라 자신의 사고과정과 행동을 이끌어 가기 위해서 언어를 사용한다고 믿는다. 이러한 자기조절적 또는 자기지시적 목적으로 사용되는 언어가 혼잣말이다. Piaget에게는 아동의 혼잣말이 자기중심적이고 미성숙한 것이지만, Vygotsky에게는 혼잣말이 아동의 사고발달에서 중요한 도구가 된다. Vygotsky는 혼잣말을 많이 하는 아동이 그렇지 않은 아동보다 사회적 능력이 더 뛰어난 것으로 믿었다. 여러 연구결과도 혼잣말이 아동발달에서 긍정적인 역할을 한다는 Vygotsky의 견해를 지지하는 것으로 보인다(Winsler, Diaz, & Montero, 1997).

Vygotsky는 혼잣말을 인지발달에서 자기조절을 향하는 중간 단계로 보았다. 처음에 아동의 행동은 다른 사람의 지시에 의해 조절된다. 아동이 다른 사람의 도움 없이 새로운 과제를 해결하고자 할 때, 큰 소리로 혼잣말을 함으로써 자기 스스로에

사진 설명: 아동은 쉬운 과제보다 어려운 과제에서 혼잣말을 더 많이 사용한다.

---

1) Vygotsky는 개인의 생각(사고)을 내부 언어(inner speech)라고 표현한다.

Laura Berk

게 지시를 내린다(사진 참조). 따라서 혼잣말은 문제해결에서 자신이 올바르게 하고 있다는 확신을 주는 자기나름의 길잡이역할을 한다 (Behrend, Rosengren, & Perlmutter, 1992; Vissers, Tomas, & Law, 2020).

아동은 쉬운 과제보다 어려운 과제에서 혼잣말을 더 많이 한다. 왜냐하면 어려운 과제에서 더 많은 도움이 필요하기 때문이다. 또한 문제를 제대로 풀었을 때보다 실수를 한 후에 혼잣말을 더 많이 사용하는 것으로 보인다(Berk, 1992).

우리나라 3세와 5세 유아의 혼잣말과 어머니의 비계설정에 관한 연구(박영순, 유안진, 2005)에서 유아 혼자 미로과제를 수행할 때 발화된 혼잣말은 성별과 연령의 상호작용으로 인하여 남아보다 여아에게서 총 발화빈도와 과제관련 혼잣말의 빈도의 연령 차이가 더 크게 나타났다고 하였다. 또한 유아와 어머니가 함께 미로과제를 수행할 때, 어머니가 사용하는 비계설정은 3세 유아의 어머니가 5세 유아의 어머니보다 언어전략 중 조절 및 통제, 교수 그리고 범주 외의 전략들을 더 많이 사용했다고 하였다.

(5) Vygotsky 이론을 교육현장에 적용하기

Vygotsky 이론은 일선교사들에 의해 널리 수용되어 교육현장에서 성공적으로 적용된 바 있다(Daniels, 2017; Holtzman, 2017). Vygotsky 이론을 교육에 적용하는 방법은 다음과 같다.

첫째, 아동의 근접발달영역(ZPD)을 평가한다. Piaget와 마찬가지로 Vygotsky도 표준화검사가 아동의 학습을 평가하는 최선의 방법이라고 생각하지 않는다. Vygotsky는 평가는 아동의 ZPD에 의해 이루어져야 한다고 주장한다. 숙련된 교사는 아동의 학습수준을 결정하기 위해 다양한 난이도의 과제를 아동에게 제시해야 한다.

둘째, 아동의 ZPD를 교육에 적용한다. 아동이 도움을 받아 목표에 도달할 수 있고, 높은 수준의 기술이나 지식을 획득하기 위해 교육은 ZPD의 상한범위(upper limit) 가까이서 시작해야 한다. 교사는 단순히 아동의 의도를 살펴보고 도움이 필요할 때 제공하면 된다.

셋째, 유능한 또래를 교사로 활용한다. 아동이 뭔가를 학습하는 데 성인만이 도움이 되는 것은 아니다. 아동은 유능한 또래로부터도 도움을 받아 문제를 해결할 수 있다.

넷째, 아동의 혼잣말(private speech)을 적극 권장한다. Vygotsky는 혼잣말이 아동의 사고발달에서 중요한 도구가 된다고 믿는다. 아동의 혼잣말을 격려함으로써 문제해결에서 자신이 올바르게 하고 있다는 확신을 심어주게 된다.

유아기 교육과정에서 Bodrova와 Leong(2007, 2015, 2019)이 개발한 "Tools of the Mind"

프로그램은 아동의 자기조절의 발달과 인지적 기초를 강조한다. 이 프로그램은 자기조절의 발달, ZPD, 비계, 혼잣말 등을 강조하는 Vygotsky 이론에 기초한 것이다. 이 프로그램에 참여한 대부분의 아동들은 빈곤 등의 이유로 학업실패의 위험에 처해 있는 것으로 나타났다. 연구결과(Blair & Raver, 2014) 아동의 자기조절능력뿐만 아니라 쓰기능력, 읽기능력, 어휘력, 수학능력 등이 향상된 것으로 나타나 프로그램의 효과가 입증되었다.

3. 성숙이론

성숙이론은 환경이 아동발달에 주도적인 영향을 미치지 못하기 때문에 아동이 지닌 능력 이상으로 아동을 교육하는 것은 아동에게 좌절을 안겨 준다고 주장한다. 성숙이론에 의하면, 발달이란 유기체 내부에서 자연스럽게 이루어지는 것이기 때문에 환경은 행동을 변화시키는 2차적 역할을 한다고 한다. 따라서 아동 자신의 속도에 적합한 발달을 위해서는 아동중심의 양육환경을 제공할 것을 강조한다.

성숙이론은 '학습준비도' 개념을 도출해 내었다. 학습준비도란 유아에게 무엇을 가르치기 위해서는 유아가 성숙될 때까지 기다려야 한다는 학습의 시기에 관한 개념이다. 말하자면, 아동이 배울 준비가 되어 있지 않다고 여겨지면, 아동이 준비될 때까지 기다려야 한다는 것이다.

Gesell의 성숙이론과 Montessori의 민감기이론을 통해 아동발달의 성숙론적 접근법에 관해 살펴보기로 한다.

1) Gesell의 성숙이론

Arnold Gesell은 1880년 미국 위스콘신 주에서 태어나 일평생을 통해 체계적이며 지속적인 관찰법을 활용하여 아동발달을 연구한 학자이다. Gesell은 1906년에 클라크 대학에서 G. Stanley Hall의 지도하에 심리학으로 박사학위를 취득했다. 1911년에는 자신이 재직하고 있던 예일대학에 '아동발달연구소'를 설립하고, 그곳에서 37년간 소장직을 맡으며 아동발달 연구에 전념하였다. 1915년에 의학박사학위를 취득하였고, 그때부터 그의 연구소는 의과대학과 연계되어 운영되었다. 그는 이 연구소에서 심리학과 의학을 통합한 정신발달의 실증적 연구에 전념하여 많은 업적을 남겼다.

Arnold Gesell (1880~1961)

(1) 성숙의 개념

Gesell(1945)은 태아가 모체에서 하나의 개체로 자리잡은 후 10개월 동안 외부로부터의 영향(환경)보다는 내적인 힘에 의해 성장한다는 발달의 예정론을 주장하였다. 즉, 이러한 선천적인 메커니즘으로 인해 유기체는 주어진 환경과 관계없이 발달한다는 것이다. Gesell은 유전자가 발달과정을 방향 짓는 기제에 대한 일반적인 명칭을 성숙(maturation)이라고 명명하였다.

Gesell은, 모든 유기체들은 성장하는 데 있어 이미 성장의 방향이 결정되어 있는 성장모형(growth matrix, 成長母型)을 가지고 있으며, 이러한 성장모형은 이미 결정되어 있는 유전적 요소들로 이루어져 있다고 생각하였다. 따라서 환경적 요인들은 이러한 유전과 성장모형을 단지 지지하거나 약간 수정할 뿐이지, 발달을 유발하지는 못한다는 것이다. 그렇다고 Gesell이 발달에 미치는 환경의 영향력을 완전히 배제한 것은 아니다. 그는 성숙 역시 환경에 의해 영향을 받는다고 생각하였다. 예를 들어, 태아발달에 있어서 성숙은 자궁 내의 양수온도와 모체로부터 들어오는 산소의 양에 의해 영향을 받는다. 다만 Gesell은 아동의 성장과 발달을 촉진하는 이 두 가지 힘—성숙과 환경—중에서 성숙이 특히 더 중요하다고 생각하였다.

성숙의 가장 큰 특징은 언제나 정해진 순서의 발달단계를 거친다는 것이다. 예를 들어, 태아발달에서 가장 먼저 발달하는 기관은 심장이다. 심장이 먼저 생성·발달하고 기능한 후에야 비로소 세포들이 빠른 속도로 분화되어 두뇌와 척수 같은 중추신경계가 형성된다. 그러고 나서 팔다리와 같은 다른 기관들이 발달하게 된다. 이 순서는 유전자 지도에 의한 것으로 결코 발달순서가 바뀌는 법이 없다. 출생 이후의 발달도 이와 비슷하다. 예를 들어, 태아 때 팔다리보다 머리가 먼저 발달한 것처럼 신생아도 머리가 먼저 발달한다. 그러고 나서 목, 어깨, 팔, 손, 손가락, 몸통, 다리, 발 등의 순서로 발달한다. 즉, 태내발달과 출생 이후의 발달이 모두 머리에서 발끝의 순서로 이루어진다. 마찬가지로 영아의 발달에도 정해진 순서가 있다. 영아는 정해진 발달순서에 따라 앉고, 서고, 걷고, 뛰는 것을 학습한다. 그 어떤 아기도 앉기 전에 서거나 걸을 수 없다. 왜냐하면 이러한 능력들은 이미 유전적으로 결정된 신경성숙 과정과 함께 이루어지기 때문이다.

(2) 발달의 원리

Gesell은 『유아행동의 개체발생』(1954)이라는 책에서 미리 계획된 유전적 기제의 기능에 따른 발달의 기본 원리를 상술하였다.

① 발달방향의 원리

이 원리는 발달이 무작위가 아닌 정돈된 방식에 따라 진행된다고 가정한다(〈그림

2-5〉 참조). 신생아는 다리부분보다 머리부분이 더 빨리 성숙하며, 팔의 협응이 다리의 협응에 선행된다. 이러한 경향을 두미(cephalocaudal)발달 경향이라고 부른다.

또 다른 예는 말초보다 신체의 중심이 먼저 발달한다는 것이다. 어깨 동작은 손목과 손가락 동작보다 더 일찍 나타난다. 이 근원(proximodistal)발달 경향은 아동의 잡기행동에서도 나타나는데, 20주경에 나타나는 잡기행동은 아주 미숙하고 주로 팔꿈치에서 어깨까지의 상박(upper arm)의 움직임에 의존한다. 그러나 28주가 되면 엄지손가락의 섬세한 사용으로 잡기행동은 보다 섬세한 근육운동에 의해 주도된다.

두미발달원칙

근원발달원칙

세분화발달원칙

〈그림 2-5〉 발달이 진행되는 방향의 도식화

머리에서 발 방향으로와 중심에서 말초로의 경향은 모두 발달에는 방향이 있으며, 이 방향은 기본적으로 미리 계획된 유전적 기제의 기능이라는 Gesell의 주장을 입증해 주고 있다.

② 상호적 교류의 원리

이 원리는 영아가 먼저 한 손을 사용하고, 그러고 나서 다른 한 손을 사용하고, 그다음 양손을 사용하는 등 계속적인 반복과정을 통해 능숙하게 손을 사용할 수 있게 될 때까지의 발달과정을 의미한다. 영아가 손을 능숙하게 사용하게 될 때까지 왼손과 오른손을 계속해서 사용하는 모습을 뜨개질하는 모습에 비유하여, Gesell은 상호적 교류(reciprocal interweaving)라는 용어를 사용하였다.

Gesell은 상호적 교류의 원리는 성격형성 과정에서도 나타난다고 보았다. 인간은 내향적 특성과 외향적 특성을 모두 가지고 있는데, 유아의 경우 3세에서 3세 반까지는 약간 소심하며 내향적 성격특성을 나타내고, 4세에는 외향적 특성을 보이다가 5세가 되면 이 두 가지 성격특성이 통합되어 균형을 이룬다고 보았다(Crain, 2000).

③ 기능적 비대칭의 원리

인간의 발달은 앞에서 살펴본 상호적 교류작용을 통하여 균형을 이루어 가지만, 실제 인간발달에서 완벽한 균형이나 조화를 이루기는 상당히 어려운 일이다. 오히려 약간의 불균형이 훨씬 더 기능적이다. 이러한 기능적 불균형은 신생아의 경직성 목반사(tonic

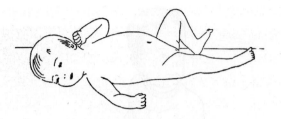

사진 설명: 경직성 목반사를 보이고 있는 영아

neck reflex)에서도 잘 나타난다. 이 반사는 마치 펜싱하는 자세처럼 유아가 머리를 한쪽 방향으로 돌리고, 한 팔은 머리가 돌려진 방향으로 내밀고, 그쪽 다리는 쭉 편 상태이며, 다른 쪽 팔은 가슴에 얹고, 같은 쪽 다리는 무릎이 구부러진 자세를 취한다(사진 참조). 이 비대칭적 행동은 아동이 매달려 있는 물체를 잡기 위해서 두 팔을 함께 사용하는 것과 같은 대칭적 발달에 선행하며, 경직성 목반사의 자세가 손과 눈의 협응을 촉진시킨다고 한다. 이 반사는 생후 3개월간 우세하다가 새로운 신경계의 발달과 더불어 사라진다. Gesell은 또한 기능적 비대칭(functional asymmetry)의 원리가 오른손잡이, 왼손잡이와도 관련이 있다고 믿었다(Crain, 2000; Salkind, 1985).

④ 자기규제의 원리

Gesell은 일련의 신생아 연구에서 부모가 수유와 수면 등의 생리적인 리듬을 영아의 요구대로 따랐더니 영아 스스로 점차적으로 수유시간을 줄이고, 더 오랫동안 깨어 있음을 발견하였다. 이러한 과정이 계속 일정하게 진행된 것은 아니고 때로는 후퇴할 때도 있었다. 그러나 이러한 과정을 거치면서 영아는 점차적으로 안정적인 스케줄을 형성해 나갔다.

이러한 유기체의 자기규제(self-regulation)의 원리는 유아 스스로 자신의 수준에 맞도록 성장을 조절하고, 이끌어 가는 능력을 말한다. 예를 들어, 영아가 걸음마를 배울 때 몇 걸음 걷다가 다시 기고, 또 몇 걸음 걸어보다가 기는 것과 같은 발전과 퇴보의 과정을 주기적으로 거친 후에 걷게 되는 것이다.

사진 설명: 어떤 각도에서도 아동을 관찰할 수 있고 사진을 찍을 수 있게 만들어진 둥근 지붕의 관찰실

(3) 발달의 규준

Gesell은 40년간 예일 대학 아동발달연구소에서 아동발달을 연구하면서 운동행동, 적응행동, 언어행동, 사회적 행동 등의 여러 영역에서 수많은 아동들을 관찰하고 측정하였다(사진 참조).

Gesell은 또한 연구에 사용되는 자료의 표준화와 측정도구의 신뢰도 같은 문제에 관심을 보였다. 그 결과 Gesell의 발달 스케줄이 만들어졌는데, 여기에서 발달지수가 산출되었으며, 영유아발달을 평가하는 규준이 되었다.

2) Montessori의 민감기이론

Maria Montessori는 1870년 이탈리아에서 태어났다. 어린 시절 Montessori는 수학에 뛰어난 재능을 보여 그녀의 아버지는 그녀가 교사가 되기를 희망하였다. 그러나 Montessori는 자신의 수학적인 재능을 키워 기술자가 되겠다는 생각으로 남자들이 다니는 기술대학에 진학하였다. 이 시기에 생물학에 흥미를 갖기 시작하면서 의학을 공부해야겠다는 결심을 하게 된다. 그러나 그 당시 이탈리아 교육제도에 의하면 여자는 의과대학에 진학할 수 없게 되어 있었다. Montessori는 여러 차례 의학부에 도전했으나 번번이 거절당하자 대학총장과 교황 레오 13세에게 자신의 의지를 밝혀 1892년에 드디어 의과대학에 입학하게 되고, 26세에는 이탈리아 역사상 최초의 여성의사가 되었다.

Maria Montessori (1870~1952)

Montessori는 졸업 후 약 2년 동안 대학부속 정신병원의 보조의사로 일하면서 장애 아동들에게 특별한 관심을 가지게 된다. 시설에 수용된 정신지체아들을 보면서 이들에게는 물건을 만지고 느끼는 것이 가장 좋은 학습방법임을 깨닫고, 나무로 된 글자 등의 몬테소리 교구(사진 참조)를 만들어 결국 이들로 하여금 읽기와 쓰기를 학습할 수 있게 만들었다. 그러다가 1901년에 국립장애인 학교를 그만두고, 일반 아동에게 자신의 교육이론을 적용하는 일에 몰두하였다. 1907년에 로마의 빈민가에서 방황하는 노동자들의 자녀 50명을 대상으로 어린이집 까사 데 밤비니(Casa dei Bambini)를 설립하였다. 까사 데 밤비니는

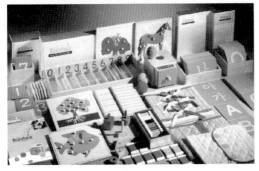

사진 설명: 몬테소리 교구의 예

이탈리아어로 '어린이들의 집'이라는 뜻이다. Montessori의 '어린이집'(사진 참조)의 기적적인 교육성과는 그 당시 유럽은 물론이고 미국을 비롯한 세계 여러 지역에서 선풍적인 인기를 얻게 되고, 세계 각국에서 이를 참관하려고 사람들이 몰려들었다. 그리고 1913년에는 정식으로 국제 몬테소리 교원양성코스가 창설되었다.

(1) 민감기의 개념

Montessori는 자연주의자였던 루소의 영향을 많이 받았다. 예를 들어, 아동은 우리가 만들려고 하는 대로 만들어지는 것이 아니라 자신의 성숙적 자극(maturational promptings)을 통해서 발달이 이루어진다고 보았다. 또 루소와 마찬가지로, 아동은 성인과는 다르게 생각하고 배운다고 보았다.

Montessori 이론의 핵심 요소는 '민감기(sensitive period)'의 개념인데, 이는 결정적 시기와 매우 유사하다. 즉, 민감기는 유전적으로 프로그램된 기간으로서 아동은 특별히 이 기간 동안 어떤 과제를 숙달하고자 노력하고 또 숙달할 수 있게 된다. 예를 들면, 언어를 획득하고 손을 사용하기 시작하는 민감기가 있는데, 이 기간 중에 아동은 이러한 능력들을 숙달시키는 데 전력을 다하게 된다(Crain, 2000).

① 질서에 대한 민감기(The Sensitive Period for Order)

생후 3년 동안에 유아는 질서에 대한 강한 욕구를 갖는다. 움직일 수 있게 되자마자 아기들은 물건을 제자리에 놓기를 좋아한다(사  진 참조). 만약 책 또는 펜이 제자리에 놓여 있지 않으면 반드시 그것들을 제자리에 갖다 놓는다. 스스로 움직일 수 없을 때조차도 물건이 제자리에 놓여 있지 않으면 동요한다. 이러한 반응이 성인에게는 매우 어리석은 것으로 보인다. 성인에게 있어서 질서는 외부적인 즐거움을 제공해 주는 것이지만, 아동에게 있어서 질서는 본능적인 것이다.

② 세부에 대한 민감기(The Sensitive Period for Details)

1~2세 사이의 유아는 작고 세부적인 것에 주의를 고정시킨다. 예를 들면, 유아는 우리들 눈에는 잘 띄지 않는 작은 곤충을 발견한다. 그리고 사진을 보여주면 우리가 중요하게 보는 것은 무시하고 대신 배경에 있는 작은 것에 주의를 기울인다.

③ 양손 사용에 대한 민감기
(The Sensitive Period for the Use of Hands)

세 번째 민감기는 양손의 사용과 관련이 있다(사진 참조). 18개월에서 3세 사이의 유아는 끊임없이 물건을 움켜쥐려고 한다. 그들은 특히 열고 닫고, 그릇 속에 물건을 넣거나 꺼내는 것 그리고 다시 채우는 것 등을 좋아한다. 그다음 2년 동안에는 그들의 동작과 촉감을 다듬게 된다. 예를 들어, 4세 유아는 눈을 감고 손으로 물건을 만져서 그것을 알아맞히는 게임을 매우 좋아한다.

사진 설명: 여아가 양손을 사용하여 단추를 채우거나 리본을 묶는 연습을 하고 있다.

④ 걷기에 대한 민감기
(The Sensitive Period for Walking)

가장 쉽게 볼 수 있는 민감기는 걷기에 대한 것으로 약 1~2세 사이에 나타난다. Montessori는 아이가 걷는 법을 배우는 것은 무력한 존재에서 능동적인 존재로 전이되는 '제2의 탄생(second birth)'이라고 말한다. 아기들은 억제할 수 없는 충동에 의해 걷기를 시도하게 되며, 걷는 법을 배움으로써 대단한 자부심을 갖게 된다.

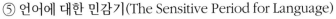
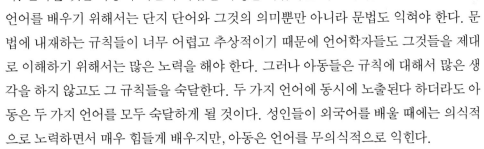

⑤ 언어에 대한 민감기(The Sensitive Period for Language)

민감기 중에서 가장 주목할 만한 것은 언어획득과 관련된 것이다. 놀라운 것은 아동이 이같이 복잡한 과정을 학습하는 속도이다. 언어를 배우기 위해서는 단지 단어와 그것의 의미뿐만 아니라 문법도 익혀야 한다. 문법에 내재하는 규칙들이 너무 어렵고 추상적이기 때문에 언어학자들도 그것들을 제대로 이해하기 위해서는 많은 노력을 해야 한다. 그러나 아동들은 규칙에 대해서 많은 생각을 하지 않고도 그 규칙들을 숙달한다. 두 가지 언어에 동시에 노출된다 하더라도 아동은 두 가지 언어를 모두 숙달하게 될 것이다. 성인들이 외국어를 배울 때에는 의식적으로 노력하면서 매우 힘들게 배우지만, 아동은 언어를 무의식적으로 익힌다.

Montessori는 언어획득은 타고난 성숙적 요인에 의해 지배되기 때문에, 아동은 어디에서 성장하든 동일한 단계를 거쳐 언어를 발달시킨다고 주장하였다. 예를 들어, 아동은 옹알이 단계에서부터 단어를 말하기 시작하는 단계로 진행해 나가며, 그 뒤에는 점점 더 복잡한 문장구조를 숙달하는 시기가 뒤따르게 된다.

(2) 몬테소리 학교

아동이 2세 정도가 되면 몬테소리 학교에 들어갈 수 있
다. 거기서 6세까지의 아동들과 같은 교실에서 배우게 되
는데, 이것은 Montessori가 아동이 여러 연령층의 아동들
과 함께 어울리는 환경을 좋아한다는 것을 발견했기 때문
이다(Crain, 2000).

William Crain

① 독립성과 집중

Montessori 학교의 교사는 아동들에게 명령하거나, 지시
하거나, 훈련하거나, 감독하려 하지 않고 아동에게 독립적
으로 숙달할 수 있는 기회를 주려고 노력한다. 만약 학교환경이 적절한 교구들로 구성
된다면, 아동은 교사의 지시 없이도 스스로 그 교구들을 조작할 수 있다. 또한 아동은
내적 욕구를 충족시켜 주는 교구를 접하게 되었을 때 놀라울 정도의 집중력을 보여주
었다.

② 자유선택

Montessori는 아동들에게 자유선택을 하라고 하면 그들이 가장 몰두할 수 있는 과제
를 선택한다는 것을 깨달았다. 예를 들어, 2세 된 유아가 방안을 자유롭게 돌아다니게
되었을 때, 끊임없이 물건들을 똑바로 놓고 순서대로 정리하는 것을 관찰했는데, 이는
질서에 대한 아동의 욕구를 보여주는 것이다. 이에 따라 그녀는 아동의 이러한 욕구를
충족시킬 수 있도록 환경을 바꾸었는데, 이런 방식으로 일상의 활동이 교과과정의 한
부분이 되게 하였다.

③ 보상과 벌

Montessori 학교에서는 상이나 벌을 사용하지 않는다. 아동은 상이나 벌과 같은 외
적인 평가에 지나치게 관심을 가져 잘못된 답을 하거나, 바보처럼 보이는 것을 두려워
한 나머지 자신이 하고 있는 일에 집중할 수 없게 되는 일이 종종 있다. 또한 학교와 학
습과정을 싫어하게 될 수도 있으며 아동에게서 독립성을 앗아가기도 한다.

④ 점진적 준비

Montessori는 아동이 한꺼번에 많은 기술을 배울 수 없다는 것을 발견하였다. 예를
들면, 4세 유아는 독립적이 되려는 자연적인 욕구로 인해 단추를 채우고 구두끈을 묶
는 법을 배우기를 원하지만, 이러한 과제들은 그들에게는 너무 어렵다. 그들은 소근육

운동기술이 아직 부족하기 때문이다. 이러한 문제에 대해 Montessori는 단계별로 기술을 습득하기 위한 교구를 제작하였다.

4. 학습이론

학습이론은 아동발달에서 생물학적 요인보다는 환경적 요인을 더 강조한다. 학습이론가들은 개인의 인생에서 얻게 되는 학습경험이 인간발달에서 변화의 근원이라고 믿는다. 따라서 환경을 재구성함으로써 새로운 학습경험을 하게 되면 발달에 변화를 가져올 수 있다고 주장한다. 학습이론가들은 또한 아동발달을 이해함에 있어서 정신분석이론에서처럼 내면의 감정을 연구하거나, 인지발달이론에서처럼 인지적 사고를 연구하는 것보다 우리가 직접 관찰하고 측정할 수 있는 행동을 연구하는 것이 더 중요하다고 믿는다. 이런 의미에서 학습이론을 행동주의이론이라고도 한다.

학습이론은 인간발달에서 단계를 설정하지 않는다. 학습이론의 기본 원리는 자극과 반응 간의 관계를 연구하는 것이다. 반사와 같이 어떤 반응은 자동적이다. 예를 들어, 눈 안에 이물질이 들어가면 우리는 자동적으로 눈을 깜박거리게 되고, 배고픈 개가 음식냄새를 맡으면 침을 흘리게 된다. 그러나 대부분의 반응은 반사적인 것이 아니고 학습된 것이다. 학습이론은 우리 인생이 학습과정의 연속이라고 주장한다. 즉, 새로운 자극이 새로운 행동패턴(반응)을 유발하고, 낡고 비생산적인 반응은 소멸된다는 것이다.

여기서는 Pavlov의 고전적 조건형성이론, Skinner의 조작적 조건형성이론 그리고 Bandura의 인지적 사회학습이론에 관해 살펴보기로 한다.

1) Pavlov의 고전적 조건형성이론

자극과 반응 간의 관계를 최초로 연구한 사람은 Ivan Pavlov이다. Pavlov도 Freud처럼 인간행동에 관한 연구를 하나의 과학으로 완성하는 데 매우 중요한 공헌을 한 사람 중 하나이다. 러시아 생리학자인 그는 포유류의 소화과정을 연구한 공로로 1904년에 노벨 의학상을 수상하였다. Pavlov는 심리학자도 아니고, 특별히 학습에 관심을 가졌던 것도 아니지만, 그의 연구결과는 아동발달에 대한 사고에 혁명적인 선풍을 일으켰다. Pavlov의 주요개념은 고전적 조건반사와 고전적 조건형성이다.

Ivan Pavlov (1849~1936)

(1) 고전적 조건반사와 고전적 조건형성

음식에 대한 반응으로 개가 타액을 얼마나 많이 분비하는가를 측정하는 과정에서, Pavlov는 개가 음식을 보거나 냄새를 맡기 이전에 이미 침을 흘리기 시작한다는 사실을 발견하였다. 즉, 음식과 관련된 자극(예를 들면, 음식을 주러 오는 사람의 발자국)이 타액을 분비하도록 유도하는 힘을 갖는 것으로 보았다. 이러한 사실을 확인하기 위한 유명한 실험(〈그림 2-6〉 참조)에서 Pavlov는 개에게 먹이를 주기 전에 종을 울렸다. 이 과정을 몇 번 계속했더니 마침내 종소리만 듣고서도 개는 침을 흘렸다. Pavlov는 이런 학습과정을 고전적 조건형성이라고 불렀다.

Pavlov는 『조건반사(Conditioned Reflexes)』(1927)라는 책에서 이 현상을 자세히 설명하고 있다. 배고픈 개에게 음식을 주면 개는 타액을 분비한다. 만일 음식을 다른 사건, 즉 종을 울리는 것과 같은 사건과 함께 제공하면, 개는 마침내 종만 울려도 침을 흘리게 된다. 그 자체만으로는 개로 하여금 타액을 분비하도록 할 수 없었던 중립적 자극에 대해 이러한 학습된 타액분비 반응을 조건반사(conditioned reflex)라고 부르며, 이 과정을 고전적 조건형성(classical conditioning)이라고 한다. 여기서 음식은 무조건 자극(unconditioned stimulus)이다. 무조건 자극은 사전학습이나 경험 없이 학습되지 않은 반응을 자연적으로 낳는 어떤 사건이다. 무조건 자극의 또 다른 예는 무릎반사나 자율신경계의 통제를 받는 어떤 반사행동도 여기에 해당될 수 있다. 개의 타액분비는 무조건 자극에 대한 반응으로 무조건 반응(unconditioned response)이라고 부른다.

무조건 반응인 타액분비가 나타난 후에, 음식과 종을 짝지어 음식을 제시하면서 종을 울린다. 음식과 종소리를 몇 번 짝지어 제시한 후에는 종만 울려도 개는 타액을 분비하게 된다. 이때 종소리는 조건자극(conditioned stimulus)이라 부르고 개의 타액분비는 조건반응(conditioned response)이라 부른다. Pavlov의 고전적 조건형성의 모형이

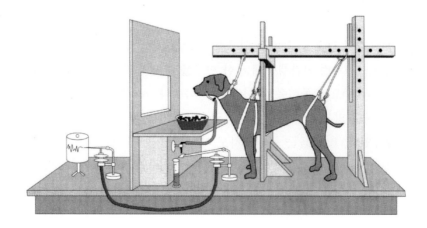

〈그림 2-6〉 Pavlov의 고전적 조건형성 실험

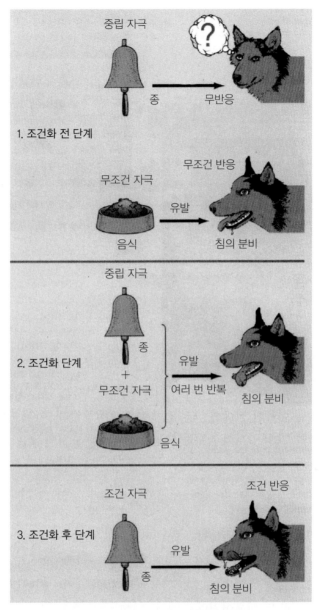

1. 조건화 전 단계

2. 조건화 단계

3. 조건화 후 단계

〈그림 2-7〉 Pavlov의 고전적 조건형성의 모형

〈그림 2-7〉에 제시되어 있다.

　우리가 일상생활에서 경험하는 고전적 조건형성의 예는 수없이 많다. 어린 아동이 보여주는 고전적 조건형성의 한 예는 개에게 물려 놀란 경험이 있는 아동이 강아지만 보아도 공포반응을 보이는 경우이다. Pavlov의 고전적 조건형성의 원리를 인간행동에 적용한 Watson(1927)에 의하면, 아동의 정서반응은 고전적 조건형성을 통한 학습에 영향

John Watson

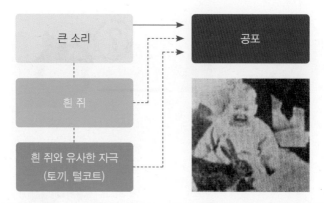

9개월 된 앨버트가 흰 쥐에 공포반응을 보이도록 Watson은 흰 쥐와 큰 소리를 짝지어 제시했다. 처음에 흰 쥐를 두려워하지 않던 앨버트가 흰 쥐와 큰 소리가 몇 번 짝지어 제시된 후에 흰 쥐에 대한 공포반응을 보였다. 심지어 흰 쥐뿐만 아니라 토끼나 개, 털코트에까지 공포반응을 보였는데, 이것이 바로 고전적 조건형성에서 나타나는 자극 일반화 현상이다. 즉, 인간의 공포와 같은 정서반응도 선천적으로 타고나는 것이 아니고 환경에 의해 습득된다는 것을 이 실험을 통해 객관적으로 증명한 것이다.

〈그림 2-8〉 앨버트에게 공포반응 조건형성하기

을 받기 쉽다고 한다(〈그림 2-8〉 참조).

Pavlov는 기본적이고도 중요한 학습이 어떻게 이루어지는가를 이해하기 위한 방법론으로 조건반사를 이용한 점에서 그의 천재성을 보여주었다. 여러 면에서 그는 학습이론의 창시자이며, 그의 업적의 정수는 오늘날까지 세계 도처의 많은 실험실에서 계속되고 있다.

(2) 고전적 조건형성과 영향요인

Pavlov는 조건반사의 강도에 영향을 주는 몇 가지 요인을 확인했는데, 강화와 소멸 그리고 자극 일반화와 자극 변별화가 그것이다. 강화(reinforcement)는 한 행동에 뒤따르는 자극사건이 그 행동을 다시 일으킬 가능성(확률)을 증가시킨다는 것을 의미한다. 그러나 조건형성이 한 번 이루어졌다고 해서 조건자극이 계속해서 영원히 작용하는 것은 아니다. 예를 들면, 종소리를 타액분비를 위한 조건자극으로 만들 수는 있으나, 만약 음식 없이 종소리만 몇 번 제시하면 종소리는 그 효과를 잃게 되는데, 이것이 바로 소멸(extinction)이다. 자극 일반화는 원래의 자극과 유사한 조건자극에 대해 조건반응하는 것을 의미한다. 예를 들면, 어떤 음조의 종소리에 타액을 분비하도록 조건형성된 개는 유사한 다른 음조의 종소리에도 같은 반응을 하는데 이것이 일반화이다. 또 다른 예는 악몽을 꾼 아이가 어두운 장소를 싫어하는 경우이다. "자라 보고 놀란 가슴 솥뚜껑 보고 놀란다"는 속담도 자극 일반화(stimulus generalization)의 예이다. 자극 일반화에 대한 보완적인 과정이 자극 변별화(stimulus differentiation)인데, 한 자극이 다른 것과 변별되어지는 방식을 말한다. 예를 들면, 어두운 곳에서 공포를 느끼는 아동이 극장과 같은 어떤 특정한 어두운 장소에서는 공포를 느끼지 않는 것이다.

2) Skinner의 조작적 조건형성이론

B. F. Skinner는 1905년에 미국 펜실베이니아 주의 조그만 마을에서 태어나 대학에서 영문학을 전공한 후 심리학으로 박사학위를 받았다. 그는 행동주의자로서 대단한 명성을 얻었지만, 문학에 대한 열정을 가지고 자신의 조작적 조건형성 원리에 기초하여 이상사회를 묘사한 『월덴 투(Walden Two)』라는 소설을 1948년에 출간하였다.

Skinner(1953)에 의하면 자극과 반응이 연결되는 또 다른 방법은 조작적 조건형성(operant conditioning)을 통해서라고 한다. 즉, 행동은 그것의 결과에 의해서 결정된다는 것이다. 아동의 어떤 행동이 강화를 받게 되면, 그 행동이 다시 발생할 확률이 높아지고, 어떤 행

B. F. Skinner (1905~1990)

동이 처벌을 받게 되면, 그 행동이 다시 발생할 확률이 낮아진다. 조작적 조건형성에서는 강화와 처벌의 역할이 중요하다.

Skinner는 습관은 조작적 학습경험의 결과라고 믿는다. 예를 들어, 한 소년의 공격적인 행동은 친구들에게 공격적인 행동을 했을 때, 친구들이 그의 힘에 굴복하면서 강화된다. 또 다른 소년의 경우, 그보다 더 힘이 센 친구가 역공을 하게 되면 더 이상 공격적인 행동을 하지 않게 된다. 위에서 예를 든 두 소년은 강화와 처벌이라는 두 요인에 기초해서 전혀 다른 방향으로 공격적 성향이 발달하게 된다. Skinner에 의하면 아동발달에서 '공격적 단계'라는 것은 없으며, 인간에게 '공격적 본능'이라는 것도 없다고 한다. 대신 아동이 습득하게 되는 대부분의 습관—아동의 독특한 '성격'을 형성하게 되는—은 자신의 행동의 결과에 의해 형성된다고 한다. 따라서 Skinner의 조작적 조건형성이론에서는 아동발달이 본능, 욕구 또는 생물학적 성숙과 같은 내적 요인보다는 강화인(强化因) 또는 처벌인(處罰因)이라는 외부 자극에 달려 있다고 본다.

사진 설명: 퍼즐 맞추기 같은 활동은 단순히 문제해결이라는 결과에 의해서도 강화될 수 있다.

(1) 반응적 행동과 조작적 행동

Skinner는 인간의 모든 행동은 두 가지 범주로 나눌 수 있다고 한다. 첫 번째 유형은 모든 유기체가 보이는 단순한 반사를 포함하는 반응적 행동(respondent behaviors)이다.

Pavlov의 실험에서 개가 음식을 보고서 침을 흘리는 반응이 그 예이다. 반응적 행동의 특징은 반응을 유발하는 자극에 의해 전적으로 통제된다는 것이다. 즉, 자극이 있으면 반응하고, 자극이 없으면 반응하지 않는 매우 단순한 행동으로, 그 종류는 매우 적다.

두 번째 유형은 조작적 행동(operant behaviors)인데, Skinner는 인간행동의 대부분이 조작적 행동이라고 본다. 조작적 행동은 어떤 행동이 야기하는 결과에 의해서 통제된다. 일반적으로 긍정적인 결과는 그 행동이 다시 발생할 가능성을 높이고, 부정적인 결과는 반대결과를 초래한다(Skinner, 1953).

Skinner는 Pavlov의 고전적 조건형성이 인간의 어떤 행동유형은 설명할 수 있지만, 보다 복잡한 행동유형을 설명하는 데에는 조작적 조건형성이 더 적합하다고 믿는다. 고전적 조건형성에서는 자극이 반응을 유발하지만, 조작적 조건형성에서는 반응이 자극

사진 설명: Skinner는 조작적 조건형성 원리를 자녀 양육에 적용하였다. 그는 공기침대(Air Crib)라는 유아용 특별침대를 제작했는데, 이것은 보통 유아용 침대보다 훨씬 더 안락한 것이 특징이다.

을 유도한다. '조작적(operant)'이라는 말은 라틴어가 그 어원으로 바라는 결과를 얻기 위해 행해지는 노력을 의미한다.

미신적 행동

우리 일상에는 '미신적 행동' 또는 우연히 강화된 행동이라고 불리는 흥미로운 현상이 있다. 그것은 어떤 행동과 강화인으로 작용하는 어떤 자극이 우연히 짝지어짐으로써 발생하는 계획되지 않은 학습이다. 예를 들면, 메이저리그의 한 유명한 야구선수는 경기에 앞서 닭고기만을 먹는다. 또 다른 선수는 유니폼을 입을 때 정해진 순서대로 입고, '행운의 양말'을 신는다. 옷을 입는 순서나 어떤 양말을 신는 것이 팀의 우승과 연결되었기 때문이다. 그 양말은 승리라는 강력한 강화자극과 연결되어졌기 때문에 하나의 강화인으로서의 가치를 지닐 수 있다. 또 다른 예로 어떤 사람들은 비행기를 탈 때 특정 좌석을 고집한다. 그 결과가 안전한 여행이었기 때문에 그 좌석을 다시 선택하는 행동을 강화시킨다. 그런 행동은 물론 안전비행과는 무관하다. 그러나 그 행동은 그 상황에서 어떤 다른 조건(안전한 여행)과 그 행동(특정좌석 선택)의 우연한 짝지어짐을 통해 학습된 것이다.

조작적 조건형성에서는 개로 하여금 개의 행동 목록에 들어 있지 않은 특정 행동(예를 들면, 신문 가져오기)을 수행하도록 훈련시키기 위해 강화가 사용된다. 조작적 조건형성에서 어떤 행동이 다시 발생하도록 만드는 과정을 '강화'라고 부르며, 어떤 행동이 다시 발생할 가능성을 증가시키는 자극을 '강화인(reinforcer)'이라고 부른다(Skinner, 1953). 강화인은 긍정적일 수도 있고 부정적일 수도 있다.

(2) 강화인

강화인에는 두 종류가 있는데, 긍정적(positive) 강화인과 부정적(negative) 강화인이 그것이다. 여기서 긍정적 또는 부정적이라는 용어는 좋거나 나쁘다라는 가치판단과는 무관한 것이다. 즉, 좋다 또는 나쁘다라는 판단보다는 행동의 제시 또는 철회를 반영한다.

긍정적 강화인은 그것의 제시가 행동이 다시 발생할 확률을 증가시키는 자극이다. 다시 말해서, 한 상황에 더해질 때 앞으로 그 행동을 다시 할 확률을 강화시키는 자극이다. 예를 들면, 자기 방 청소를 한 아동에게 용돈을 주거나 칭찬을 하는 것은 그 행동을 유지하도록 하는 매우 효과적인 방법이 될 수 있다(사진 참조).

부정적 강화인은 그것의 철회가 행동이 다시 발생할 확률을 증가시키는 자극이다. 불쾌하거나 혐오스러운 자극의 철회를 통해 그 행동은 강화된다. 예를 들어, 다리에 박힌 파편을 제거하는 것은 불쾌한 것이 제거되므로 강화되는 것이다. 이 경우 파편을 제거하는 행위는 부정적 강화인으로 작용한다. 부정적 강화

사진 설명: 칭찬은 긍정적 강화인으로 작용한다.

인은 처벌과는 다르다. 처벌은 어떤 행동이 발생할 확률을 감소시키는 반면, 부정적 강화인은 긍정적 강화인과 마찬가지로 어떤 행동이 발생할 확률을 증가시킨다.

(3) 소멸과 처벌

우리는 아무 이유 없이 같은 일을 계속하지 않는다. 조작적 행동에 영향을 미쳐 빈도를 줄이거나 전적으로 중지하도록 하는 요인이 있는데, 이 과정을 소멸이라 하고 소멸은 어떤 반응이 더 이상 강화되지 않을 때 발생한다.

처벌(punishment)은 혐오스럽거나 불쾌한 자극을 제시함으로써 반응이 감소하는 것을 말한다. 예를 들어, 주차금지구역에 주차를 하게 되면 주차위반표를 받음으로써 그 행동이 처벌을 받게 된다. 여기서 주차위반표(또는 벌금)가 처벌인으로 작용한다.

3) Bandura의 인지적 사회학습이론

Albert Bandura (1925~2021)

Albert Bandura는 1925년에 캐나다의 작은 시골마을에서 태어나 브리티시 컬럼비아 대학에서 심리학을 전공하였다. 미국 아이오와 대학에서 박사학위를 받았으며 그 후 스탠퍼드 대학에서 교수로 재직하였다.

Bandura의 인지적 사회학습이론에서는 행동과 환경뿐만 아니라 인지도 인간발달에 있어서 중요한 요인이 된다. 사회학습이론은 사회적 환경과 아동의 인지능력이 학습과 발달에 미치는 중요성을 강조한다. 이 이론은 아동행동의 갑작스러운 변화는 고전적 조건형성 또는 조작적 조건형성을 통해서가 아니라, 다른 사람의 행동을 관찰함으로써 학습되어 나타난다고 주장한다(Bandura, 1977). 예를 들면, 유아는 어머니의 자녀양육행동을 관찰하고, 인형놀이를 할 때 그 행동을 그대로 모방한다.

사진 설명: 사회학습이론에 의하면 아동은 TV를 보면서 모델의 의복, 언어, 행동 등을 모방하게 된다고 한다.

사회학습이론은 관찰학습(observational learning), 즉 다른 사람의 행동을 관찰함으로써 발생하는 학습에 초점을 맞추는데, 이것을 모방(imitation) 또는 모델링(modeling)이라고 한다. 관찰학습에서 인지는 어떻게 작용하는가? 관찰학습을 통해서 우리는 다른 사람의 행동을 인지적으로 재현하고, 때로는 우리 스스로 그러한 행동을 한다. 예를 들면, 아동이 아버지의 공격적인 행동과 다른 사람에 대한 적개심을 관찰하고, 친구에게 아버지와 똑같이 공격적인 행동을 보일 수도 있다. 사회학습이론가들은 다른 사람의 행동을 관찰함으로써 그들의 행동, 사고, 감정을 습득한다고 믿으며, 이러한 관찰은 아동발달에서 중요한 부분이 된다고 믿는다.

(1) 관찰학습의 구성요소

Bandura에 의하면 관찰학습에는 주의, 기억, 운동재생, 동기유발의 네 가지 과정이 필요하다고 한다. 이 중 한 과정이라도 빠지면 사회학습이론의 모형은 불완전한 것이 되며, 성공적 모방이 이루어지지 않는다.

첫째, 모델의 행동에 '주의(attention)' 또는 집중해야 한다. 주의가 산만한 아동의 경우, 자극에 주의를 집중시켜야 할 충분한 시간 동안 가만히 앉아 있지 못한다. 우리는 수업시간에 집중만 잘 해도 공부를 잘할 수 있다는 말을 많이 듣는다.

둘째, 관찰학습에서 또 다른 중요한 요소는 한 사건의 중요한 형상을 '기억(memory)'하는 능력이다. 이들 형상은 필요에 따라 회상될 수 있고, 유용하게 이용될 수 있다. 기억은 부호화나 연습 같은 과정을 포함한다. 이러한 기억의 요소는 한 사건을 내면화하고 나중에 그 순서를 재생하도록 해 준다.

세 번째 과정은 모방하고자 하는 행동의 '운동재생(motoric reproduction)'을 포함한다. 여기서는 행동의 신체적 수행능력이 학습자에게 필요하다. 예를 들면, 야구공 치기 학습은 공을 보고, 공의 정확한 각도와 시간에 맞추어 방망이 휘두르기로 구성된다(사진 참조). 성공적인 모방을 하기 위해서는 학습자가 이 모든 행동을 하나하나 수행할 수 있어야 한다.

마지막으로 필요한 구성요소는 '동기유발(motivation)'이다. Bandura에 의하면, 동기유발은 직접강화 또는 대리강화의 형태를 취한다. 직접강화의 동기유발은 전통적 S-R 모형이나 관찰학습에서 제시하는 강화와 같은 형태이다. 그러나 대리강화(vicarious reinforcement)는 사회학습이론적 접근에서만 나타난다. 대리강화는 잠재적인 학습자가 다른 사람이 강화받는 행동을 관찰하고 자신도 그러한 행동을 하는 현상을 말한다. 경험은 위대한 교사이지만, 인간 유기체는 너무 복잡해서 학습된 모든 것이 직접경험과 직접강화의 결과일 수는 없다.

〈그림 2-9〉는 관찰학습에 필요한 네 가지 요소에 관한 것이다. 여기서 주목해야 할 것은 한두 가지 과정이 때로는 다른 과정보다 더 중요하기 때문에, 관찰학습에 이 모든 영향력들이 동등하게 기여하지는 않는다는 것이다.

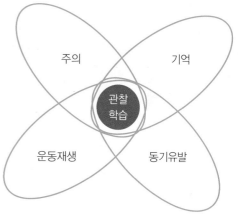

〈그림 2-9〉 관찰학습의 네 가지 요소

(2) 상호결정론

사회학습이론에서는 행동의 원동력이 본질상 환경이라는 초기 행동주의의 기본 가정에서 벗어나, 발달과정을 개인과 환경 간의 상호성으로 보는 양방향성을 가정한다. Bandura(1977, 2009, 2012, 2016, 2018)는 이러한 견해를 상호결정론(reciprocal determinism)이라고 불렀다. 환경이 아동의 성격과 행동을 조성한다는 Watson이나 Skinner와는 달리 Bandura는 개인, 행동, 환경 간의 관계는 양방향적이라고 주장한다.

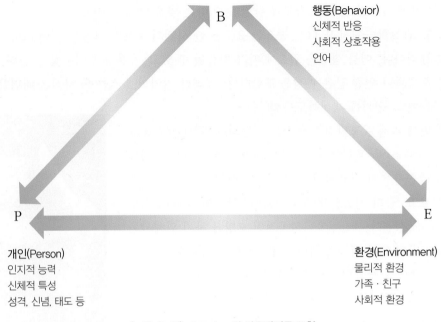

B   **행동(Behavior)**
      신체적 반응
      사회적 상호작용
      언어

P

E

개인(Person)
인지적 능력
신체적 특성
성격, 신념, 태도 등

환경(Environment)
물리적 환경
가족 · 친구
사회적 환경

〈그림 2-10〉 **Bandura의 상호결정론 모형**

〈그림 2-10〉에서 보듯이, 상호결정론의 모형은 상호작용의 삼각형을 구성한다. 여기서 개인(P)은 아동의 인지능력, 신체적 특성, 성격, 신념, 태도 등을 포함한다. 이것은 아동의 행동이나 환경에 영향을 미친다. 아동은 자신이 원하는 것을 선택할 뿐만 아니라(P→B), 아동의 행동(그리고 그 행동이 야기시키는 반응)은 자신에 대한 느낌, 태도, 신념에 영향을 미친다(B→P). 마찬가지로 이 세상이나 사람들에 대한 아동의 지식의 대부분은 TV, 부모, 교과서, 그외 다른 환경으로부터 얻은 정보에 의한 것이다(E→P). 물론 환경도 행동에 영향을 미친다. 학습이론가들이 주장하는 것처럼 아동의 행동의 결과나 아동이 관찰하는 모델은 아동 자신의 행동에 영향을 미친다(E→B). 그러나 아동의 행동 또한 자신의 환경에 영향을 미친다(B→E).

최근에 Bandura(2018)는 인지적 사회학습이론의 주요 인지 요인으로 사전 숙고(forethought)라는 용어를 사용하였다. 사전 숙고는 계획을 세우고, 목표를 설정하며, 긍정적인 결과를 그려봄으로써 자신에게 동기부여를 하는 것을 의미한다.

(3) 자기효능감

사회학습이론에서 자기효능감(self-efficacy) 또한 중요한 요소가 되고 있다(Bandura, 1986, 1989). 자기효능감이란 자신이 어떤 일을 잘 해낼 수 있다는 개인적 신념으로서 어떤 행동을 모방할지를 결정하는 데 도움이 된다. 즉, 자신의 능력범위 내에 있는 활동은 시도하려 할 것이고, 자신의 능력을 벗어나는 과제나 활동은 회피하려 할 것이다(Bandura, 1981). 예를 들어, 자신이 운동(농구)에 소질이 있다고 생각하는 아동은 마이클 조단의 덩크 슛(dunk shot)을 흉내낼 것이다(사진 참조). 어떤 사람의 행동을 모방할 것인지 아닌지의 여부는 그 사람이 누구인지, 그 사람의 행동이 보상을 받았는지 그리고 자신의 능력에 대한 신념(자기효능감) 등에 달려 있다.

5. 인본주의이론

인본주의이론은 한편으로는 정신분석학적 인간관에서 볼 수 있는 음울한 비관론과 절망론에 반대하고, 또 다른 한편으로는 행동주의에서 볼 수 있는 인간로봇관에 반대한다. 인본주의이론은 한마디로 인간에 대해 보다 희망적이고 낙관적인 이론인 것이다.

인본주의이론에 의하면 인간은 자신의 행동, 정서, 사고를 조직하는 역동적 성격구조를 가지고 있다. Freud도 인간이 역동적 성격구조를 가진 것으로 믿었지만, 그는 개인의 행동을 통제하는 것은 무의식적인 힘이라고 믿은 데 반해, 인본주의자들은 그것을 의식적인 정신과정이라고 믿는다.

인본주의이론은 다른 이론들에 비해 덜 과학적이다. 그럼에도 불구하고 인본주의이론은 상당한 임상적 가치를 갖는 것으로 보이며, 우리에게 깊은 통찰력을 제공해 준다. 인본주의이론을 대표하는 두 학자는 Maslow와 Rogers이다.

1) Maslow의 욕구위계이론

Abraham Maslow는 1908년 4월 1일에 뉴욕 시의 브루클린에서 태어났다. Maslow의 부모는 그에게 법학을 전공하도록 강력히 권고했으나, 그는 뉴욕시립대학에 입학한 지 겨우 2주 만에 법학공부를 포기하고 코넬 대학으로 옮겨 갔다. 나중에 다시 위스콘신 대학으로 전학하여 1930년에 심리학으로 학사학위를, 1931년에 석사학위 그리고 1934년에 박사학위를 취득하였다.

Maslow는 Thorndike와 Harlow 밑에서 엄격한 실험훈련을 받았으며, 그가 심리학을 공부하기로 결심한 데에는 Watson의 행동주

Abraham Maslow (1908~1970)

의가 큰 영향을 미쳤다. 그는 한때 행동주의가 인간의 모든 수수께끼를 풀어줄 것이라고 믿었지만, 자신의 첫딸이 태어난 이후에는 행동주의로 인간을 이해하는 데는 한계가 있음을 깨달았다. 인간은 성장과 창의성, 자유선택에 대한 잠재력을 가지고 있기 때문에, 행동주의의 일방성으로는 인간을 이해하는 것이 역부족이라고 인식했던 것이다.

(1) 인간욕구의 위계

Maslow(1971)에 의하면 인간의 욕구에는 기본적으로 다섯 가지가 있는데, 생리적 욕구, 안전에 대한 욕구, 애정과 소속에 대한 욕구, 자아존중감의 욕구 그리고 자아실현의 욕구가 그것이다(〈그림 2-11〉 참조).

자아실현 욕구

자아존중감 욕구 →

애정과 소속 욕구

안전 욕구 →

생리적 욕구

〈그림 2-11〉 Maslow의 인간욕구 위계

① 생리적 욕구(Physiological Needs)

생리적 욕구는 음식, 물, 공기, 수면에 대한 욕구와 성욕으로서, 이들 욕구의 충족은 우리의 생존을 위해서 필요불가결한 것이다. 생리적 욕구는 모든 욕구 중에서 가장 강렬하며, 이 욕구가 충족되지 않으면 안전이니, 사랑이니, 자아존중감이니, 자아실현이니 하는 것들은 모두 하찮은 것이 되어버린다. 물론 우리가 배고픔이나 갈증을 참고 견딜 때도 있지만, 이러한 생리적 욕구들이 줄곧 충족되지 못하면 우리는 보다 높은 단계로 나아가지 못할 것이다.

② 안전의 욕구(Safety Needs)

생리적 욕구가 해결되고 나면 안전의 욕구에 의해 동기가 유발된다. 안전의 욕구에는 안전, 안정, 보호, 질서 및 불안과 공포로부터의 해방 등과 같은 욕구가 포함된다. 은행에 돈을 저축하고, 보험에 가입하며, 안정된 직장을 얻는 것 등이 좋은 예이다. Maslow는 부모 간의 갈등, 별거, 이혼, 죽음 등은 가정환경을 불안정하게 만들기 때문에 아동의 심리적 안녕감에 해가 된다고 주장한다.

③ 애정과 소속의 욕구(Love and Belongingness Needs)

애정과 소속의 욕구는 특정한 사람들과 친밀한 관계를 맺고, 어떤 집단에 소속되고자 하는 욕망으로 표현된다. 즉, 단체나 클럽에 가입하여 소속감을 느끼기도 하고, 특정한 사람과 친밀한 관계를 가짐으로써 애정의 욕구를 만족시키려고 한다. 이러한 관계에서는 사랑을 받는 것도 중요하지만 사랑을 주는 것 역시 중요하다. 사랑의 욕구가 충족이 되면 다른 사람과 원만한 관계를 맺게 되는데, 친구 및 배우자와 가깝고 의미 있는 관계를 유지하게 된다. 그러나 안타깝게도 현대 사회의 특징(예를 들면, 도시화, 관료주의, 가족 간 유대관계의 쇠퇴 등)으로 인해 이 욕구의 만족이 저해되고 있다. 애정과 소속의 욕구를 충족시키지 못하게 되면 소외감과 외로움을 느끼게 된다.

④ 자아존중감의 욕구(Self-Esteem Needs)

자아존중감의 욕구는 기술을 습득하고, 맡은 일을 훌륭하게 해내며, 작은 성취나 칭찬 및 성공을 통해서 그리고 다른 사람들로부터 긍정적인 평가를 들음으로써 충족된다.

자아존중감에는 다른 사람이 자기를 존중해 주기 때문에 갖게 되는 자아존중감과 스스로 자기를 높게 생각하는 자아존중감이 있다. 다른 사람이 존중해 주기 때문에 갖게 되는 자아존중감은 명성, 존중, 지위, 평판, 위신, 사회적인 성과 등에 기초를 두는데, 이것은 쉽게 사라질 수도 있다. 반면, 스스로 자기를 높게 생각하는 자아존중감을 지닌 사람은 내적으로 자신이 가치 있는 사람이라고 생각하므로 자신에 대해 안정감과 자신감이 생긴다. 자아존중감의 욕구를 충족시키지 못하게 되면 열등감, 좌절감, 무력감, 자기비하 등의 부정적인 자기지각을 초래하게 된다.

⑤ 자아실현의 욕구(Self-Actualization Needs)

자아실현의 욕구는 인간욕구의 위계 중에서 가장 높은 수준의 것이다. 앞에서 언급한 모든 욕구를 충족시킨 사람들이 이 범주에 속하는데, 그들은 자신의 능력과 재능을 최대한 활용하는 성숙하고 건강한 사람들이다. Maslow에 의하면 인간은 누구나 다 자아실현의 욕구를 갖고 있지만, 대부분의 사람들은 이 욕구를 실현시키지 못한다고 한다.

(2) 자아실현인의 특성

자아실현인의 성격특성을 연구하기 위해 Maslow는 자신의 재능을 최대한 살리고 자아실현을 이룬 것으로 생각되는 사람들을 연구대상으로 삼았다. 그들은 학생, 지인(知人), 유명한 역사적 인물(예를 들면, 링컨 대통령, 루스벨트 대통령의 부인, 토마스 제퍼슨)들로서 생존해 있는 사람들에게는 면접, 자유연상 그리고 투사적 기법을 사용하였으며, 이미 세상을 떠난 사람들의 경우는 전기와 자서전 등의 자료를 분석하였다.

이들에게서 나타난 성격특성은 다음과 같다. ① 사람과 사물을 객관적으로 지각한다. 즉, 자신의 소망, 감정, 욕망으로 인해 현실을 왜곡하지 않는다. ② 자신과 타인을 있는 그대로 받아들이고, 죄책감을 느끼거나 방어적이지 않으면서 자신의 강점과 약점을 인정한다. ③ 자아실현인들은 가식이 없이 솔직하고, 외현적인 행동뿐만 아니라 내적 사고나 충동이 비교적 자연스럽다. ④ 자기중심적이 아니고 문제중심적이다. 자기중심적인 사람들이 자기평가에 많은 시간을 보내는 것과는 달리, 문제중심적인 사람들은 자신의 에너지를 과제나 문제에 집중하고, 자신의 목표를 매우 중요하게 생각한다. ⑤ 혼자 있기를 좋아하고, 홀로인 것에 개의치 않는다. ⑥ 자신이 속해 있는 사회적 환경으로부터 독립하여 자율성을 갖는다. ⑦ 사람과 사물에 대한 인식이 구태의연하지 않고 신선하다. ⑧ 반드시 종교적인 것이 아니더라도 황홀한 기쁨을 경험한다. ⑨ 인류에 대한 연민과 애정을 가지고 있다. 그들은 인류의 구성원으로서 인류 모두에게 형제애를 느낀다. ⑩ 대인관계가 피상적이지 않고 깊고 풍부하다. ⑪ 민주적인 인격구조를 갖는다. 즉, 사회계층, 인종, 교육수준, 종교, 정치적 신념에 상관 없이 모든 인간을 존중한다. ⑫ 수단과 목적을 혼동하지 않는다. ⑬ 철학적인 유머감각이 있다. 다른 사람에게 상처를 주거나 어떤 특정한 사람을 놀림감으로 삼는 종류의 유머를 좋아하지 않는다. ⑭ 지혜롭고 창의적이다. 그들의 창의성은 생각이나 행동에서 어린아이같이 천진난만하고, 자발적이며, 신선한 것이 특징이다. ⑮ 자신의 문화를 대부분 인정하지만 무조건 동조하지는 않는다.

Maslow의 연구대상 중 대부분은 위에서 언급한 성격적 특성들을 많이 소유하고 있었지만, 그렇다고 해서 자아실현을 이룬 사람들이 완벽하다는 것을 의미하는 것은 아니다. 오히려 Maslow는 이들에게서 많은 단점을 발견하였다. 지루하고, 따분하며, 고집세고, 허영심이 강하며, 분별 없는 습관이 있는 경우도 있고, 때로는 죄책감과 불안감 및 경쟁심을 느끼기도 하며, 내적 갈등을 경험하는 것을 볼 수도 있었다.

그들은 가끔 놀라울 정도의 무정함도 보였는데, 이것은 친구에게 배신을 당했다고 느끼거나, 어떤 이가 정직하지 못하다고 느낄 때 나타났다. 이런 경우에는 얼음같이 차고 냉정하게 그 관계를 끝내버렸다.

2) Rogers의 인간중심이론

Carl Rogers는 1902년 1월 8일에 미국 일리노이 주 시카고에서 단란한 기독교 가정에서 태어났다. Rogers는 위스콘신 대학에서 중세의 역사를 전공하였으며 종교활동에도 깊이 관여하였다.

Carl Rogers (1902~1987)

1924년에 위스콘신 대학을 졸업한 Rogers는 유니온 신학교에서 2년간 수학하였다. 그후 컬럼비아 대학에서 임상 및 교육심리학 박사과정을 마쳤다. 컬럼비아 대학에서 Rogers는 John Dewey 철학의 영향을 많이 받았다. 1931년에 컬럼비아 대학에서 심리학으로 박사학위를 취득한 후 Rogers는 로체스타에 있는 Guidance Center의 연구원으로 일하다가 나중에는 그 연구소의 소장이 되었다. Rogers는 이 연구소에서 12년간 재직하였으며, 이 기간에 임상경험에 기초한 그의 이론이 형성되기 시작하였다.

(1) Rogers 이론의 개요

Rogers(1974)는 인간은 자기이해에 대한 놀라울 정도의 잠재력을 가지고 있다고 믿는다. 이 잠재력은 일상생활에서는 잘 드러나지 않지만, 적절한 심리적 환경이 조성되면 나타난다. Rogers의 이론에서 자아는 매우 중요한 개념이다. 자신이 지각하는 자아와 다른 사람이 자신을 보는 자아의 일치가 중요하다. 이 양자가 일치하지 않으면 개인은 부적응적이 되어 결과적으로 불안, 방어, 왜곡된 사고를 하게 된다.

Rogers는 또한 실제적 자아(real self)와 이상적 자아(ideal self) 간의 관계를 강조한다. 실제적 자아는 실제로 있는 그대로의 자아이고, 이상적 자아는 자신이 그렇게 되었으면 하고 바라는 자아이다. 실제적 자아와 이상적 자아 간에 상위(相違)가 크면 클수록 적응에 문제가 있는 경우가 많다. 실제적 자아와 이상적 자아 간의 차이가 크면 개인은 적응을 잘 하지 못하게 되고 심지어는 신경증으로까지 발전한다. 실제적 자아와 이상적 자아가 일치하지 않으면 위협적인 상황에 처하게 된다. 위협적인 상황에서 우리는 불안감을 느끼게 되는데, 불안감이란 좋지 못한 일이

사진 설명: 반은 벗고 반은 옷을 입은 피카소의 '거울 앞에 선 소녀상'은 Rogers의 실제적 자아와 이상적 자아의 '쌍둥이' 이미지를 반영한다.

곧 닥칠 것 같은 불길한 예감이다. 이때 우리는 방어기제를 사용함으로써 위협적인 상황에서 벗어나고자 한다.

Rogers는 또한 의미 있는 타자와의 아동기의 경험이 성인기에 개인의 자기지각에 영향을 미친다고 한다. 만약 아동이 부모, 형제, 또래, 교사와의 관계에서 자주 부정적인 평가를 받았다면, 성인이 되었을 때에 적응문제를 보이기 쉽다. 부정적인 피드백을 많이 받을수록 다른 사람으로부터 받는 부정적인 평가에서 벗어나고자 자기지각을 왜곡하게 된다. 자기지각과 다른 사람의 자신에 대한 평가 간에 상위가 크면 클수록 불안하게 되고, 방어적이 되어 다른 사람들에게 적개심을 갖게 된다.

한편, Rogers는 비지시적(nondirective) 또는 내담자 중심(client-centered)의 치료법을 발전시켰다. 내담자 중심의 심리치료란, 치료자가 내담자를 연구대상으로 생각하거나 치료자의 입장에서 진단하거나 치료하려고 하지 않고, 인간 대 인간으로서 내담자와 인간적이고 사적인 관계를 맺으면서 치료가 이루어지는 것을 의미한다. 이것은 치료자가 내담자를 그 사람이 처한 상황, 그의 행동이나 감정이 어떻든지 간에 가치 있는 하나의 인간으로 생각하고 있음을 의미한다.

Calvin S. Hall

Rogers의 비지시적 치료법은 상담가들 사이에 상당한 인기를 얻고 있는데, 그 이유는 그것이 의학보다는 오히려 심리학과 더 가깝기 때문이다. 비지시적 치료법은 배우기가 쉽고, 성격진단이나 역동성에 대한 지식이 거의 필요 없는 것으로 알려져 있다. 더욱이 치료과정은 정신분석과 비교해서 비교적 간단하며 불과 몇 번의 심리치료로도 어느 정도 효과를 볼 수 있다고 한다(Hall & Lindzey, 1978).

(2) 충분히 기능하는 사람

Rogers가 생각하는 이상적인 인간상은 자아실현을 이룬 사람이라고 할 수 있는데, 이때 자아실현이라는 것은 어떠한 상태가 아닌 과정이다. 이 과정은 때로는 어렵고 고통스러우며, 그 과정에는 인간의 능력에 대한 끊임없는 시련과 긴장이 수반된다. 그러나 Rogers는 인간은 아무리 어려운 시련이라도 굴하지 않고 꿋꿋하게 일어서는 불굴의 의지를 가지고 있다고 믿는다. 이러한 자아실현의 경향성은 Rogers가 캘리포니아 주의 북부 해안에서 관찰한 야자수를 인간과 비교한 데서 잘 나타나 있다.

Rogers는 성난 파도가 울퉁불퉁한 바위를 거세게 몰아치고 있는 것을 바라보고 있었는데, 이때 부서지는 파도 속의 작은 바위 위에서 1m가 채 안 되는 아주 자그마한 야자수를 발견하였다. 야자수는 너무나 연약하고 불 안정해 보였기 때문에 금방이라도 파도에 휩쓸려 갈 듯이 보였다. 파도가 한 차례 야자수를 후려칠 때 면 가냘픈 줄기는 납작하게 휘어지고, 잎새는 폭포 수 같은 물보라에 태질을 당하곤 했다. 그러나 파도 가 지나가고 나면 야자수는 불굴의 의지로 강인하 게 다시 일어섰다. 이 가냘픈 야자수가 수시간, 수주 간, 어쩌면 수년간을 끊임없이 시련을 당하면서도 꿋꿋하게 성장하는 모습을 보이는 것은 기적과도

같은 일이었다. 이 작은 야자수에서 Rogers는 강인한 생명력, 성장에 대한 집념, 열악 한 환경에 대한 적응력을 보았다. Rogers의 견해로는 우리 인간도 이와 마찬가지인 것 이다(Rogers, 1963).

자아실현을 이룬 사람들은 진정한 자기 자신이 되며 자기가 아닌 어떤 것을 가장하 거나 진정한 자아의 일부를 숨기지 않는다. 이와 같은 사람들을 Rogers는 "충분히 기 능하는 사람(The fully functioning person)"이라고 불렀다.

6. 동물행동학적 이론

동물행동학은 진화론적 관점에서 동물과 인간의 행동을 연구하는 학문인데, 이것은 인간발달에 있어서 생물학적 역할을 강조한다. 동물행동학자들은 다양한 종 특유의 (species-specific) 행동들은 종의 생존 가능성을 높이기 위해 진화되어 온 것이라고 믿 는다.

동물행동학의 기본 가정은 모든 종은 진화의 산물이며, 생물학적으로 프로그램 된 생존 기제 행동을 몇 가지 가지고 태어난다는 것이다. 예를 들면, 많은 종류의 새 들은 어미 새를 따라다니고, 보금자리를 짓고, 노래하는 등의 본능적 행동(instinctual behaviors)을 가지고 태어나는데, 이러한 생물학적으로 프로그램된 행동은 다윈의 적 자생존의 과정에 의해 진화된 것으로 여겨진다. 즉, 진화과정에서 이러한 적응적인 행 동 유전인자를 가진 새들은 그렇지 못한 새들에 비해 살아남을 확률이 높고, 결과적으 로 그러한 유전인자를 자손에게 전할 확률 또한 높다는 것이다. 따라서 동물행동학자 들은 종의 구성원들이 공유하는 본능적 행동에 초점을 맞춘다(Hinde, 1989). 그리고 실 험실에서보다 자연환경에서 동물의 행동을 관찰하는 것을 선호한다. 왜냐하면 이러한

연구방법에 의해서만 동물의 행동패턴이 전개되는 것을 관찰할 수 있을 뿐 아니라 이러한 행동패턴이 종의 적응에 어떤 역할을 하는지 알 수 있기 때문이다.

동물행동학의 기원은 찰스 다윈의 진화론이다. 유럽의 동물학자인 Lorenz와 Tinbergen은 진화과정과 적응행동 간의 밀접한 관계를 강조함으로써 동물행동학의 기초를 확립하였고, 1960년대에 와서 Bowlby는 동물행동학적 이론을 인간의 발달─유아와 어머니 간의 애착관계─에 적용하였다. Wilson은 다윈의 이론에 입각하여 인간을 포함한 모든 동물의 사회적 행동을 체계적으로 연구하였다. 여기서는 Lorenz의 각인이론, Bowlby의 애착이론 그리고 Wilson의 사회생물학에 관해 살펴보기로 한다.

1) Lorenz의 각인이론

동물행동학의 아버지라 불리는 Konrad Lorenz는 동물행동연구에 다윈의 진화론적 관점을 도입하여 독자적인 이론을 발전시켰다. Lorenz는 1903년 오스트리아에서 의사의 아들로 태어났다. Lorenz의 아버지는 자신의 뒤를 이어 Lorenz도 의사가 되기를 바랐지만, 그는 빈 대학에서 동물학을 연구하여 박사학위를 받았다. 1973년에는 Niko Tinbergen, Karl Von Frisch와 함께 노벨생물학상을 공동 수상하였다.

(1) 각인

자연계의 서식지에서 여러 종의 동물들의 행동을 관찰하면서 Lorenz는 생존가능성을 증진시키는 행동패턴을 발견했는데, 이들 중 가장 잘 알려진 것이 각인(imprinting)이다. 각인은 새끼 새가 부화한 직후부터 어미를 따라다니는 행동인데, 새끼가 어미 곁에 가까이 있음으로써 먹이를 얻을 수 있고, 위험으로부터 보호를 받을 수 있다. 각인은 생후 초기 제한된 기간 내에서만 일어난다. 만약 이 기간 동안 어미가 없으면 어미 대신 어미를 닮은 대상에 각인이 일어날 수도 있다(Lorenz, 1952).

한 실험에서 Lorenz(1965)는 어미 오리가 낳은 알을 두 집단으로 나누었다. 한 집단의 알은 어미 오리가 부화하게 하고, 다른 집단의 알은 부화기에서 부화되게 하였다. 첫 번째 집단의 새끼 오리는 예측한 대로 부화 직후부터 어미 오리를 따라다녔다. 그러나 부화하자마자 Lorenz를 보게 된 두 번째 집단의 새끼 오리들은 Lorenz를 어미처럼 졸졸 따라다녔다(사진 참조). Lorenz는 새끼 오리들에게 표시를 한 후 상자로 덮어 씌웠다. 어미

Konrad Lorenz (1903~1989)

사진 설명: 새끼 오리가 Lorenz를 '엄마'로 잘못 알고 그 뒤를 졸졸 따라가고 있다. 여기서 새끼 오리들은 Lorenz에게 각인되었는데, '각인'은 태어나서 처음 접하는 물체에 애착을 형성하는 선천적 학습을 일컫는 말이다.

오리 옆에 Lorenz가 나란히 서서 상자를 들어 올렸더니, 두 집단의 새끼 오리들은 각각 자기 '엄마' 뒤에 나란히 줄을 섰다. Lorenz는 이 과정을 각인이라고 불렀다.

Lorenz는 각인되는 대상의 범위가 종에 따라 각기 다르다는 것을 발견하였다. 기러기 새끼는 움직이는 것이면 무엇이든지 각인되는 것으로 보였다. 실제로 움직이는 보트에도 각인된 경우가 있었다. 반면, 물오리 새끼들은 Lorenz가 어떤 높이 이하로 몸을 구부리고 꽥꽥거리는 소리를 지를 때에만 그에게 각인되었다.

각인의 적응가치는 과연 무엇인가? 집단으로 생활하고, 출생 후 곧 움직이며, 천적의 강한 위협하에 있는 조류와 포유동물에서 각인은 강한 애착기제로 진화해 온 것 같다. 이러한 종에 있어서 어미를 쫓아다니는 추종반응의 신속한 형성은 새끼들이 위험에 처했을 때, 새끼들로 하여금 도망가는 어미를 따를 수 있도록 해 준다(Freedman, 1974).

(2) 결정적 시기

각인 연구에서 밝혀진 것은 이 현상이 결정적 시기(critical period)에서만 일어난다는 것이다. 각인은 어린동물이 일단 생후 초기의 특정한 시기에 어떤 대상에 노출되어 그 뒤를 따르게 되면, 그 대상에 애착을 형성하게 되는 것을 의미하는데, 여기서 '특정한 시기'가 결정적인 시기가 된다.

만약 결정적 시기 이전이나 이후에 대상에 노출되면 애착은 형성되지 않는다. 즉, 일단 결정적 시기가 경과해 버리면 그 동물로 하여금 다른

사진 설명: 각인 연구가 실패했을 때……

대상에게 애착하도록 하는 것이 불가능해진다.

각인은 아동발달에 폭넓게 적용되어 온 주요 개념인 결정적 시기라는 개념을 이끌어 내었다. 결정적 시기는 제한된 시간 내에 아동이 특정한 적응행동을 습득하도록 생물학적으로 준비되어 있으며, 그러기 위해서는 적절한 자극적인 환경의 지원이 있어야 한다는 것을 의미한다(Berk, 2000).

2) Bowlby의 애착이론

John Bowlby (1907~1990)

John Bowlby는 1907년 런던에서 태어나 의학과 정신분석학적 훈련을 받았다. 임상의로서 Bowlby는 제2차 세계대전 후 고아원에서 성장한 아동들에게는 타인과 친밀하고 지속적인 관계를 형성하지 못하는 등 여러 가지 정서적 문제가 있음을 발견하였다. Bowlby는 이 아동들이 생의 초기에 어머니에 대한 확고한 애착을 형성할 기회가 없었기 때문에 친밀한 인간관계를 맺지 못하는 것으로 해석하였다. 이 분야에 대한 관심은 결국 그로 하여금 동물행동학적 이론을 인간관계(특히 유아와 어머니 간의 애착관계)에 적용하도록 만들었다.

(1) 애착

Bowlby(1969, 1973)는 아동도 다양한 형태의 프로그램된 행동을 나타내는데, 이러한 행동은 생존을 위해서뿐만 아니라 정상적인 발달에도 유용하다고 주장한다. 예를 들면,

아기의 울음은 어머니의 주의를 집중시키는 생물학적으로 프로그램된 '고통 신호(distress signal)'로 여겨진다. 아기가 자신의 고통을 전하기 위해 큰 소리로 우는 것도 생물학적으로 프로그램된 것이고, 어머니가 아기의 울음에 반응하는 것도 생물학적으로 프로그램된 것이다. 아기 울음의 적응적인 요소는 첫째, 아기의 기본 욕구(배고픔, 목마름, 안전 등)가 충족되고, 둘째, 아기가 애착관계를 형성하는 데 필요한 충분한 접촉을 할 수 있다는 점이다(Bowlby, 1973).

유아는 태어나서 자신을 돌보는 사람, 특히 어머니와 강한 정서적 유대를 맺게 되는데, 이것이 애착관계이다. 아기의 애착행동—미소짓기(사진 참조),

옹알이 하기, 잡기, 매달리기, 울기 등—은 선천적인 사회적 신호라고 Bowlby는 주장한다. 이러한 행동들은 부모로 하여금 아기에게 접근해서 보살피고, 상호작용하도록 격려할 뿐만 아니라 아기를 먹이고, 위험으로부터 보호하며, 건강한 성장에 필요한 자극과 애정을 기울이게 해 준다. 이것은 인간의 진화적 유산의 일부로서 다른 영장류와도 공유하는 적응기제이다. 유아의 애착발달은 새끼 새에서 보여지는 각인형성보다 훨씬 더 복잡한데, 어머니(또는 양육자)와 장기간에 걸친 유대관계를 통해 형성하게 된다(Bretherton, 1992).

Bowlby의 애착에 관한 연구는 인간의 애착관계의 질이나 유대과정(bonding process)에 관해 활발한 연구를 촉진하였다. 그중 대표적인 것의 하나가 Mary Ainsworth가 유아의 애착을 측정하기 위해 개발한 '낯선 상황(strange situation) 실험'이다. 그뿐만 아니라 진화적 맥락에서 아동발달의 다른 측면(예를 들면, 아동의 공격적 행동, 또래 간의 상호작용, 사회적 놀이, 인지발달 등)에 관한 연구에도 자극이 되었다.

Mary Ainsworth

(2) 민감한 시기

Freud와 마찬가지로 동물행동학에서도 초기 경험의 중요성이 강조된다. Freud처럼 Bowlby 또한 인생 초기에 형성되는 사회적 관계의 질이 그후의 발달에서 결정적인 역할을 한다고 믿었다. 동물행동학에서는 아동발달에서 결정적 시기가 있다고 주장한 바 있다. 동물에게서는 결정적 시기의 개념이 각인과 같은 발달의 특정 측면을 설명하는 것으로 보이지만, 인간발달에서는 민감한 시기(sensitive period)가 보다 더 적절한 개념인 것으로 보인다(Bornstein, 1989). 민감한 시기는 그 개념이나 범위가 결정적 시기보다 덜 엄격하다. 민감한 시기는 특정 능력이나 행동이 출현하는 데에 최적의 시기를 의미하고, 아동은 이 시기에 특정한 환경의 자극에 민감한 반

Marc Bornstein

응을 보인다. 민감한 시기가 지난 후에도 발달이 이루어질 수는 있지만, 그때는 시간이 더 오래 소요될 뿐 아니라 어렵기도 하다.

Bowlby(1988)는 인생에서 첫 3년이 사회정서발달의 민감한 시기라고 본다. 즉, 첫 3년간이 친밀한 정서적 유대를 형성하는 데 매우 민감한 시기이다. 만약 이 기간 동안 그런 기회를 갖지 못한다면, 나중에 친밀한 인간관계를 형성하는 것이 거의 불가능하게 된다고 한다.

3) Wilson의 사회생물학이론

Edward Wilson은 1929년 미국 앨라배마 주의 버밍햄에서 태어나 어린 시절을 매우 불우하게 보냈다. Wilson이 일곱 살 때 부모가 이혼하여 형제도 없었고 친구도 사귀기 어려웠다. 주로 자연을 벗삼아 늪을 뒤지고 곤충, 뱀, 개구리 등을 관찰하면서 지냈다고 한다. 1936년 여름 어느 날 일곱 살의 Wilson은 낚시질을 하던 중에 사고를 당해 한쪽 눈을 잃게 된다.

그는 앨라배마 대학에서 곤충연구를 한 후 하버드 대학에서 개미연구로 박사학위를 받았다. Wilson은 2021년 사망할 때까지 하버드 대학에서 석좌교수로 재직하였다.

Edward Wilson (1929~2021)

(1) Wilson 이론의 개요

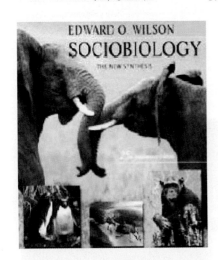

사회생물학(Sociobiology)은 다윈의 이론에 입각하여 인간을 포함한 모든 동물의 사회적 행동을 체계적으로 연구하는 학문이다. Wilson은 『사회생물학』(1975)에서 인간의 본성을 이해하는 데 사회생물학적 방법론이 가장 중요한 역할을 한다고 보았다.

사회생물학자의 과제는 동물의 사회적 행동을 연구하고 그 같은 행동이 어떻게 환경에 적응하게 되는가를 증명하는 것이다. 보다 구체적으로 말하면, 유기체의 발달은 부모 세대에게 어떤 대가를 치르게 하더라도 반드시 종의 성공적인 번식에 기여하는 형태로 이루어진다는 것이다 (Salkind, 1985).

예를 들면, 동물 세계에서는 부모가 새끼를 위해 먹이와 서식지뿐 아니라 때에 따라서는 생명까지도 희생하는 일이 보통이다. 이 모든 희생은 새끼가 번성하고 번식하기 위한 기회를 증대시키려는 노력을 나타내는 것이다. 인간행동의 경우는 사회생물학적 모형 내에서 최고의 희생의 예를 에스키모인에게서 찾아볼 수 있다. 에스키모 문화에서 조부모는 명예와 존경을 받는 위치에 있다. 이 같은 존경은 조부모의 실제적이고 전설적인 희생에서 나온 것으로, 이들은 자식들이 새로운 서식지를 찾아 떠나야 할 때, 식량공급이 모든 가족 구성원이 여행하는 동안 충분치 않음을 알기에, 가족이나 종족의 다른 사람들(다음 세대의 번식자)을 위하여 자기 몫의 식량을 먹지 않고 뒤에 남아 조용히 죽어갔다.

이에 대한 사회생물학적 해석은 살 만큼 살고 보람있는 삶을 살아온 조부모가 그들이 할 수 있는 유일한 선택을 했다는 것이다. 즉, 전체 종족을 위한 개인적 차원의 희생으로 종(그리고 유전자 총체)이 계속해서 생존하리라고 확신할 수 있는 희생인 것이다. 나아가, 이 같은 희생의 동기는 그들이 사회 구성원으로부터 명예와 존경을 받으리라는 생각을 해서가 아니고, 이론적으로는 유전질에 기인한다고 보는 것이다.

그러나 이 같은 주장의 주된 문제점은 이를 입증하거나 적절히 검증하기가 불가능하다는 것이다. 사람들이 어떤 것을 희생한다는 관념은—어떤 상황에서는 심지어 생명까지도—유전적 속성의 결과일 수도 있는 동시에 학습되었거나, 문화적으로 획득된 현상일 수도 있다. 이 문제를 해결할 유일한 방법은 유기체의 유전적 잠재력을 조작하여, 다음 세대에서의 결과를 관찰해보는 것이다. 실험실에서 과실파리를 대상으로 이 방법을 적용해 볼 수는 있지만 인간에게는 어림도 없는 일이다. 왜냐하면 인간을 대상으로 이런 실험을 하기 위한 기술적 능력도 없지만 윤리적, 사회적으로도 용납이 되지 않기 때문이다.

(2) 유전자 결정론

Wilson(1975)에 의하면 유전인자는 매우 이기적인 구조를 가지고 있다고 한다. 왜냐하면 유전인자의 유일한 관심은 대대로 계속해서 자신의 생존을 보장받는 것이기 때문이다. 사회생물학자들은 유전인자는 신체적 특성뿐만 아니라 사회적 행동(근친상간 금기와 같은)도 결정한다고 믿으며, 생존에 적합한 사회적 행동은 신체적 특성과 유사한 적자생존의 과정을 겪게 된다고 가정한다.

자신의 목숨을 걸고 위험에 처한 자식을 구하려는 어머니의 행동을 예로 들어보자. 전통적 동물행동학에 의하면, 어머니의 이러한 반응은 동물행동학적 기초에 의한 것이 아니다. 왜냐하면 적자생존 과정은 자신의 생존가능성을 감소시키는 이런 행동을 좋아하지 않기 때문이다. 그러나 사회생물학은 어머니의 유전인자는 후손에게 전달된다는 보장만 있으면, 어떤 행동도 불사하도록 프로그램되어 있다고 주장한다. 자녀는 부모로부터 유전인자를 물려받을 뿐만 아니라 앞으로 생식기간이 훨씬 더 길기 때문에, 진화론적 기제는 어머니로 하여금 자신을 희생하여 자식을 구하게 만든다는 것이다(Dawkins, 1976; Porter & Laney, 1980).

Wilson은 유전적 요인이 사회적 행동에 미치는 영향은 개인적 수준에서가 아니라 문화적 · 사회적 수준에서 훨씬 더 이해하기 쉽다고 믿는다. 예를 들면, 살인 금기나 근친상간 금기 등의 사회적 관례(문화적 규범)는 진화적 과정을 반영한 것으로, 진화적 과정은 종의 생존에 가장 적합한 행동과 일치하는 사회적 행동을 선호한다고 주장한다. 따라서 이타적 행동과 같이 바람직한 사회적 행동은 후손에게 전해지고, 근친상간과 같이 바람직하지 못한 행동은 전해지지

Richard Lerner

않게 된다는 것이다(Green, 1989; Lerner & Von Eye, 1992).

7. 생태학적 이론

생태학은 생물학적 유기체와 그 유기체가 놓인 사회적·물리적 환경 간에 존재하는 복잡하면서도 짜임새 있는 상호 의존적인 체계에 관해 연구하는 학문분야이다. 유기체와 외부 세계 간의 상호작용이라는 개념은 생태학적 이론의 토대가 되는 것이다.

아동의 발달은 진공상태에서 이루어지는 것이 아니다. 가족, 이웃, 국가라는 여러 가지 환경 속에서 발달하는 것이다. 아동은 가족, 친구, 친척, 종교단체, 학교 등의 영향을 받는다. 또한 대중매체나 아동 자신이 속한 문화뿐만 아니라 세계도처에서 일어나는 사건에 의해서도 영향을 받는다. 아동발달은 부분적으로 환경과 사회적 영향의 산물이다. Bronfenbrenner와 Elder의 이론을 통해 아동발달의 생태학적 접근법을 알아보기로 한다.

1) Bronfenbrenner의 생태학적 체계이론

Urie Bronfenbrenner (1917~2005)

Urie Bronfenbrenner는 1917년에 러시아의 모스크바에서 출생했으나 6세 때 부모를 따라 미국으로 이주하였다. 그는 1938년에 음악과 심리학을 이중 전공하여 코넬 대학에서 학사학위를 받았고, 하버드 대학에서는 심리학을 전공하여 석사학위를 취득하였으며, 1942년에는 미시간 대학에서 박사학위를 취득했다. 1948년에 코넬 대학의 교수가 되었으며 2005년 사망할 때까지 코넬 대학의 인간발달·가족학과 석좌교수로 재직하였다. Bronfenbrenner는 국내외적으로 잘 알려진 학자로서 유럽의 6개 대학에서 명예학위를 받았으며, 1994년에는 한국을 방문하여 한국아동학회와 발달심리학회가 공동으로 개최한 국제학술심포지엄에서 기조연설을 한 바 있다.

생태학적 체계이론은 Bronfenbrenner(1979, 1986, 2000, 2004)가 인간발달을 사회문화적 관점에서 이해하는 이론이다. 이 이론에는 다섯 가지의 환경체계가 있다. 미시체계, 중간체계, 외체계, 거시체계 그리고 시간체계가 그것이다. 이들은 아동을 둘러싸고 있는 직접적 환경으로부터 아동이 살고 있는 문화적 환경까지를 다

포함하는 것이다. 서로서로 짜 맞춘 듯 들어 있는 한 세트의 러시아 인형 마트료시카(사진 참조)처럼 좀더 근접한 것에서부터 좀더 광역의 것까지 이 다섯 가지의 체계는 서로 영향을 미친다. 최근에 와서 Bronfenbrenner(1995)가 그의 이론에 생물학적인 영향을 첨가함으로써, 그의 이론은 이제 생물생태학적 이론으로 지칭되고 있지만, 인간발달에 대한 생물학적 기여에 대해서는 거의 언급을 하지 않아 그의 이론에서는 여전히 생태학적·환경적 영향이 우세한 실정이라 할 수 있다.

(1) 미시체계(Microsystem)

〈그림 2-12〉는 Bronfenbrenner의 생태학적 체계 모델이다. 여기서 아동은 중앙에

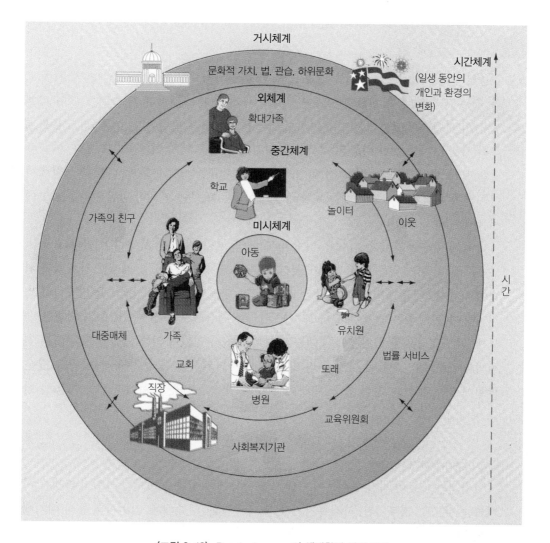

〈그림 2-12〉 Bronfenbrenner의 생태학적 체계 모델

출처: Shaffer, D. R. (1999). *Developmental psychology: Childhood and adolescence* (5th ed.). California: Brooks/Cole.

위치하는데 아동의 근접환경이 미시체계이다. 미시체계는 아동이 살고 있는 집의 크기, 근처에 있는 운동장의 시설물, 학교 도서관에 구비된 장서의 크기 등과 같은 물리적 특성을 포함한다. 또한 아동의 가족, 친구, 학교, 이웃이 이 체계에 포함된다. 이들은 아동의 발달에 관련이 있는 특성들을 소유하는데, 또래집단의 사회경제적 지위, 부모의 교육수준, 교사의 정치적 신념 등이 그것이다.

이 미시체계 내에서 아동과 부모, 친구, 교사, 코치와 같은 사회인자 간에는 대부분 직접적인 상호작용이 이루어진다. 아동은 환경의 영향을 받는 수동적인 존재가 아니라 환경을 구성하는 능동적인 주체이다. 미시체계는 아동이 성장하면서 변화한다. Bronfenbrenner는 대부분의 사회문화적 영향에 관한 연구가 이 미시체계에 초점을 맞추고 있다고 지적한다.

(2) 중간체계(Mesosystem)

중간체계는 미시체계들 간의 상호관계, 즉 환경과의 관계를 말한다. 이를테면, 부모와 교사 간의 관계, 형제관계, 이웃친구와의 관계 등이 그것이다. 일반적으로 이 체계들 간의 관계가 밀접하면 할수록 아동의 발달은 순조롭게 진행된다. 예를 들어, 부모로부터 사랑을 받지 못한 아동은 교사와 긍정적인 관계를 맺기 어려울지 모른다. 아동발달을 보다 체계적으로 이해하기 위해서는 가족, 친구, 학교, 교회 등 다양한 상황에서 아동들이 어떻게 행동하는가를 관찰하는 것이 중요하다는 믿음이 발달론자들 사이에서 점점 확산되고 있다.

미시체계와 중간체계 간에는 다음과 같은 문제가 발생할 가능성이 있다(Muuss, 1996). 첫째, 여러 다른 미시체계가 제각기 다른 가치관을 표방할 때에는 잠재적인 위험이 따른다. 예를 들면, 또래집단은 음주, 흡연, 약물남용, 조기 성행위를 영웅시하고, 격려하며, 보상하는 반면, 부모나 교회는 이러한 행동들을 부정적으로 보고 처벌한다. 둘째, 극도로 빈약한 중간체계 내에는 미시체계들 간에 의미 있는 연결이 거의 또는 전혀 없다. 즉, 개인생활이 각기 분리되어 있다. 자녀의 친구를 알지 못하는 부모, 같은 학교에 다니지 않는 친한 친구, 부모나 친구가 알지 못하는 교회에 다니는 아동 등이 그 예이다.

(3) 외체계(Exosystem)

외체계는 아동이 직접 참여하지는 않지만 아동에게 영향을 미치는 사회적 환경을 의미하는 것으로, 정부기관, 사회복지기관, 교육위원회, 대중매체, 직업세계 등이 여기에 포함된다.

아동은 이러한 외체계에 참여하지는 않지만, 이러한 환경들은 아동의 행동에 영향을 미친다. 예를 들면, 부모의 직장상사는 부모가 어디에서 일할지, 언제 일할지, 얼마만큼 벌지, 언제 휴가를 갈 수 있을지, 자유로운 근무시간을 허용할지 등을 결정한다. 더욱 중요한 것은 고용주는 아버지나 어머니를 동해안에서 서해안으로 전근시킬 수도 있고, 완전히 해고시킬 수도 있다. 이러한 결정들은 자녀의 미시체계와 중간체계에 심각한 영향을 미칠 수 있다.

　학교정책을 결정하는 교육제도는 아동들에게 중요한 의미를 갖는 외체계 변인의 예이다. 재학중인 아동이 어떤 활동에 참가할지 그리고 어떤 교육과정과 방과후의 활동이 제공될지는 교육위원회가 결정한다. 재정수지를 맞추기 위해 위원회는 도서관을 폐관할 수도 있고, 음악이나 미술 과목의 예산을 줄일 수도 있으며, 방과후의 활동을 없앨 수도 있다. 어른들은 아동의 최대 이익을 항상 염두에 두면서 그들의 외체계에 대한 결정을 하는지 자문해 볼 필요가 있다. 불행히도 그러한 결정에는 아동의 이익보다는 예산이나 정치적 고려가 우선하는 경우가 흔한 편이다.

(4) 거시체계(Macrosystem)

　거시체계에는 미시체계, 중간체계, 외체계에 포함된 모든 요소에다 개인이 살고 있는 문화적 환경까지 포함된다. 문화란 한 세대에서 다음 세대로 전수되는 행동유형, 신념, 관습 등을 일컫는다. 아동이 속해 있는 사회문화적 배경은 아동의 발달에 지속적인 영향을 미친다. 즉, 거시체계는 신념, 태도, 전통을 통해 아동에게 영향을 미친다. 거시체계는 일반적으로 다른 체계보다 더 안정적이지만, 때로는 사회변화(예를 들면, 경제적 번영에서 IMF 체제로의 변화 또는 평화체제에서 전시체제로의 변화)에 따라 변할 수 있다 (Elder & Caspi, 1988).

　거시체계는 아동의 삶에 직접적으로는 개입하지 않으나, 전체적으로 보면 아치처럼 펼쳐 있는 사회계획을 포괄함으로써 비록 간접적이기는 하나 매우 강력한 영향력을 발휘한다. 거시체계는 사회관습과 유행 안에서 자신의 가치관을 표현한다. 무엇이 현재 '유행하는 것'이고, '한물 간 것'인지에 대한 흥미로운 기사를 작성함으로써, 언론인들은 거시체계의 경향을 확인해 준다. 거시체계는 또한 미(美)의 기준을 제시하기도 하고(사진 참조), 성별에 따라 적절하거나 부적절한 행동을 정의하기도 한다. 의학지식의 확산은 건강습관에 영향을

줄 수 있다. 어떤 음식이 건강에 이롭거나 해로운지 구별해 줌으로써, 흡연에 대한 사회적 · 법적 제재를 가함으로써, 또 에이즈나 임신을 피하기 위하여 콘돔 사용에 대한 광고를 권장함으로써 그렇게 할 수 있다. 거시체계적 가치관은 메마른 체형을 미모 또는 성적 매력과 동일시함으로써, 거식증이나 폭식증과 같은 먹기장애를 초래할 수 있다.

(5) 시간체계(Chronosystem)

시간체계는 전생애에 걸쳐 일어나는 변화와 사회역사적인 환경을 포함한다. 이 체계는 아동이 성장함에 따라 겪게 되는 외적인 사건(부모의 죽음 등)이나 내적인 사건(심리적 변화 등)이 구성요소가 된다. 시간체계에 관한 연구들은 인간의 생애에서 단일 사건이 발달에 미치는 영향에 국한하지 않는다. 오히려 그 연구는 시간의 경과와 더불어 연속적으로 일어나는 사건들이 누적되어 미치는 영향에 관해 연구한다. 예를 들면, 부모의 이혼이 아동에게 미치는 영향에 관한 연구(Hetherington, 2006)에서 이혼의 부정적인 영향은 이혼한 첫 해에 최고조에 달하며, 딸보다 아들에게 더 부정적인 영향을 미친다는 것을 발견하였다. 그리고 이혼 후 2년쯤 되면 가족 간의 상호작용은 안정을 되찾는다. 사회문화적인 환경과 관련해서는 20~30년 전에 비해 더 많은 여성들이 직업 갖기를 희망한다. 이와 같은 상황에서 시간체계는 아동들의 삶에 지대한 영향을 미친다.

2) Elder의 생애이론

Glenn Elder는 1934년에 미국 오하이오 주의 클리블랜드에서 태어났다. 1957년에 펜실베이니아 주립대학을 졸업하고 곧이어 1958년에 오하이오 켄트주립대학에서 석사학위를 취득하였으며 1961년에는 노스캐롤라이나대학에서 박사학위를 받았다.

코넬 대학(1979~1984)에서 교수로 재직하는 동안 Bronfenbrenner와 친밀한 유대관계를 형성하게 되었고, 그와의 만남을 통해 학제간 연구가 가능해졌다. 그 후 Elder는 노스캐롤라이나 대학의 사회학과 교수로 재직하였다.

Glenn Elder (1934~)

(1) 생애이론의 개요

Bronfenbrenner의 생태학적 이론은 환경적 맥락을 강조하고, 역사적 시간을 의미하는 시간체계를 포함하지만 전생애발달을 지향하는 것은 아니다. 전생애 발달을 크게 강조하는 생태학적 이론은 Elder의 생애이론이다. 오늘날과 같이 급변하는 사회에서는 각기 다른 연령대의 사람들이 각기 다른 역사적 환경에 노출되며, 역사적 변화에 대해서도 각기 다른 영향을 받는다.

생애이론은 인간발달과 사회변화 간의 관계에 대한 인식이 높아짐에 따라 1960년대부터 관심을 끌기 시작했다. 1970년대에 와서 발달심리학에서의 전생애적 접근, 변화하는 환경 속에서의 사회적 역할과 사건에 대한 사회학적 관점, 연령과 관련된 변화(예를 들면, 노화)에 대한 관점을 고려한 연구들이 많이 이루어짐에 따라 생애이론은 더욱 빠르게 확산되었다.

생애이론은 인간의 발달과정과 결과를 맥락 속에서 이해하려는 것으로 삶의 변화라는 맥락과 그것의 결과가 인간의 발달에 어떤 영향을 미치는가에 초점을 둔다. 예를 들면, 구소련의 붕괴, 경제적 풍요와 빈곤(미국의 대공황), 전쟁참여(한국전과 베트남전)와 같은 사회구조와 역사적 변화는 인간의 삶의 패턴을 변화시킬 수 있고, 각 개인은 그러한 사회구조와 변화 속에서 자신의 인생역정을 꾸려나가게 된다. 또한 생애이론에서는 인간의 삶에서의 사회적 경로(전환기, 역할순서) 등을 강조한다.

(2) 생애이론의 연구

1980년대 중반 이후의 생애이론 연구에서는 인간발달이 이루어지는 맥락의 구조적인 속성을 밝히고자 하였다. 인간의 발달역정과 그들 삶의 사회적 경로 간의 관계를 고찰함으로써 발달역정과 사회적 경로는 일생 동안 계속 상호작용하는 것임을 밝혔다. 또한 변화하는 시간에 대해 연구하고 변화하는 시간대가 삶의 발달과정에 미치는 영향도 고려하였다. 오늘날 생애이론 연구에서는 전생애를 통한 발달역정, 연령에 따른 인생과정, 그것이 인간발달에 미치는 영향 그리고 역사적인 맥락을 모두 고려하고 있다. 말하자면, 인간발달은 생애과정과 역사적 시간 속에서 형성된다는 것이다.

Elder와 Rockwell(1978)의 연구에서는 경제공황(거시체계)이 빈곤계층 아동들의 발달에 어떤 영향을 미치는지 분석해 보았다. 이 연구는 두 연령층을 대상으로 두 개의 장기 종단연구를 실시했는데, 두 연령층 중 하나는 대공황 동안에 아동기에 있던 사람들이고, 다른 하나는 대공황기가 막 시작될 무렵에 출생한 아동들이었다. 이 연구는 경제적 빈곤이 이 두 연령집단에 미친 영향에 대한 비교분석을 가능하게 해 준다. 연구결과, 대공황은 그 사건을 더 어렸을 때 겪었던 사람들의 삶에 더 불리하게 작용하여 역경으로 이어지는 발달결과를 수반한 것으로 나타났다.

경제공황으로 인해 극빈층이 되어야 했던 나이 든 아동들은 집안일을 하거나 취업을 함으로써(사진 참조) 가족부양에 기여하는 것 외에는 달리 선택권이 없었다. 그러나 이러한 경험은 이들에게 책임감과 독립심을 고취시켜 더 확고한 직업적 야망을 갖게 해 주었으며, 그리하여 더 열심히 일하고 책임감 있는 성인이 되게 하였다. 한편, 취학 전에 경제공황을 경험한 아동들의 경우는 그들의 발달이 저해받을 정도로 부정적인 결과

사진 설명: 대공황기에 광산에서 일하고 있는 아동들

가 나타났다. 이 아동들은 학교성적이 좋지 못했으며, 직업면에서도 덜 성공적이었고, 일부는 인생 후반기에 정서적 문제가 발생하기도 했다. 이러한 부정적인 영향력은 여자보다 남자에게서 더 뚜렷하게 나타났다.

전생애발달은 사회적 시간대의 영향을 받는다. 출산연령을 예로 들어보자. 오늘날에는 많은 여성들이 직장생활을 위해 결혼이나 출산을 미루기 때문에 출산연령이 높아지는 경향이 있다. 한편, 십대 임신의 비율 또한 그 어느 때보다 높다. 십대 임신은 대부분 사회적 시간대가 적합하지 않은 사건이며, 그것은 산모나 아기 모두에게 위험하다.

상호의존은 생애이론의 주요 개념이다. 우리의 인생은 일생 동안 가족관계, 친구관계, 그 외 다른 사회적 관계에 의해 이루어진다. 예를 들면, 결혼에 실패한 성인자녀가 다시 집에 들어오는 것은 부모의 생활에 중요한 영향을 미치기 때문에, 자녀에게 발생한 개인적인 문제도 이제는 세대 간의 문제가 된다. 부모의 인생에서 일어나는 변화 또한 자녀의 발달에 영향을 미친다. 따라서 부모나 자녀의 인생에서 발생하는 사건이나 중대한 결정 등으로 세대와 세대는 연결된다.

8. 우리나라의 인간발달이론

지금까지 논의한 인간발달이론들은 서구 문화의 산물이다. 인간발달의 개념을 논할 때 한 가지 염두에 두어야 할 것이 있다. 그것은 인간발달의 맥락을 고려해야 한다는 점이다. 왜냐하면 인간의 성장과 발달이 이루어지는 바탕인 사회문화적 배경과 그 안에 담긴 가치체계를 이해하지 않고서는 진정한 인간발달을 이해할 수 없기 때문이다. 여기서는 우리나라에 도입되어 정착된 유교와 불교를 중심으로 한국의 전통적인 인간발달에 관한 관점들을 살펴보고자 한다. 우리 전통사회의 인간발달관은 오늘날에도 부모의 자녀양육태도에 적지 않은 영향을 미치고 있다.

1) 전통적 유교사회의 인간발달관

사상적 기반을 유교적 가치와 신념체계에 두고 있었던 조선시대의 문헌을 분석해 보면, 아동은 성인에 비해 생각이 모자라고, 지적으로 아직은 판단력이 갖추어지지 않은 상태에 있으며, 무한정한 욕구를 가지고 있으므로 아동기는 이를 적절하게 통제하는 방법을 가르치기 위해 훈육이 필요한 시기로 보고 있다. 이처럼 무지몽매한 어린아이를 가르치는 일은 가능한 한 빨리, 일상생활을 통해 가까운 관계에서부터 시작하는 것이 효과적이라고 생각했기 때문에 가정교육이 중요시 되었고, 부모의 자녀교육에 대한 책임이 강조되었다.

(1) 인간발달의 단계

『예기(禮記)』『소학(小學)』『논어(論語)』『태교신기(胎敎新記)』『동의보감(東醫寶鑑)』 등의 문헌을 분석한 류점숙(1990)이 유교적 입장에서 조선시대 양반사회의 인간발달 단계를 나눈 것을 참고로 하여 태아기(胎兒期), 유유아기(乳幼兒期), 유아기(幼兒期), 동몽전기(童蒙前期), 동몽후기(童蒙後期), 성동기(成童期), 성인기(成人期), 출사준비기(出仕準備期), 출사기(出仕期), 치사기(致仕期)의 10단계로 나누어 정리해 보았다.

① 태아기(胎兒期)

제1단계인 태아기는 임신에 대한 준비와 태교를 하는 시기로 나눌 수 있다. 우리 전통사회에서는 임신에 대한 준비로서 좋은 자손을 갖기 위해 훌륭한 배우자를 선택하는 것으로 시작되었다. 태교사상은 태아를 잉태하기 이전부터 부모로 하여금 임신을 위한 정성과 신체적·심리적 준비를 강조했을 뿐만 아니라, 어머니 못지않게 아버지의 부성태교(父性胎敎)도 중요시하였다. 임신 3개월부터는 본격적인 태교를 실시하는데, 태중 태교 10개월을 출생 후 10년간의 교육보다 더 강조하고 있다.

『태교신기(胎敎新記)』나 『동의보감(東醫寶鑑)』에서 보면, 남편은 건강한 심신을 유지하는 가운데

교합(交合)을 해야 하며, 잉태 후에도 아내로 하여금 출산의 공포증을 갖지 않게 자신감을 불어넣어 주고, 일상생활에서도 아내가 태교에 전념할 수 있도록 적극적인 뒷바라지를 해 주어야 한다고 되어 있다.

아버지의 태교는 주로 수태 시에 집중되지만, 어머니의 태교는 임신 전 기간에 걸쳐 태아에게 절대적인 영향을 미치므로, 아버지의 태교에 비해 어머니의 태교는 까다롭고 힘든 노력을 요구하고 있다. 『태교신기』에서는 태아와 모체는 혈맥으로 이어져 숨쉬고 행동하는 모든 것이 태아의 성품을 이루게 되며, 모체의 영양섭취는 태아를 성장케 하는 것이므로 보고 듣고 먹는 일에 삼가야 한다. 이 같은 이치를 알면서도 태교를 게을리하여 태어난 자식의 형상이 바르지 못하다면 이는 어머니의 허물이고, 후일 어떠한 교육으로도 고쳐질 수 없으므로 태교를 중요하게 생각해야 한다고 구체적인 이유를 밝히고 있다(이원호, 1986).

② 유유아기(乳幼兒期)

제2단계인 유유아기는 출생에서 3세까지의 시기이다. 아동이 밥을 먹을 수 있고 말을 할 수 있는 시기가 되기까지의 유유아기에는 젖아기라고 하여 무조건적이고 절대적인 보호의 대상이 되었다. 젖아기는 아직 약하고, 어리고, 깨이지 않은 존재로 보았기 때문에, 보호하고 관대하게 대한다는 입장을 취하였다. 따라서 가능한 한 욕구를 들어주고 기본생활습관이나 생활규범을 가르치는 것은 말을 알아듣는 때가 되어 시작하였다. 『예기(禮記)』의 내칙(內則)에 "어린아이는 밤에 일찍 자고, 아침에는 늦게 일어나고, 자기가 원하는 대로 행동한다. 먹는 것도 일정한 때가 없다"(권오돈, 1996, p. 204)라고 하여, 어린아이가 원하는 대로 수유를 하였다. 그리고 "어버이를 공양한 달고 부드럽고 매끄러운 음식은 어린이가 그 나머지를 먹는다"(권오돈, 1996, p. 241)라고 하여, 노부모 봉양과 마찬가지로 어린이를 배려하였다.

사진 설명: 포만의 기쁨에 잠겨 있는 유아

ⓒ 이서지 포만 Satiation (66×63cm)

③ 유아기(幼兒期)

제3단계인 유아기는 3세부터 7세까지이다. 무조건적 보호의 대상이던 어린아이가 3세에 이르게 되면, '세 살 버릇 여든까지 간다'는 우리의 옛 속담의 경고에 따라 기본적인 훈육이 시작되었다.『소학(小學)』의 명륜편(明倫編)에는 "자식이 밥을 먹을 수 있게 되거든 가르치되……"(이기석, 1999)라고 하여, 3세 이후의 훈육에 대해 언급하고 있다. 그러나 이 시기의 훈육도 본격적으로 엄하게 이루어졌다기보다는 생활상의 예의나 습관훈련과 같은 기초적인 것에 한정된 것이었다. 즉, 수저 사용법, 옷입는 법, 세수하는 법, 대소변 가리기, 자신의 성별에 어울리는 언행 등 주로 올바른 습관형성을 목적으로 하는 예교육(禮敎育)을 시켰었다.

사진 설명: 오줌싸개의 나쁜 버릇을 고치는 방법은 키를 눌러 쓰고 남의 집에 가서 소금을 얻어오게 하는 것이었다.
ⓒ 이서지 오줌싸개 Bed-Wetter (43×43cm)

④ 동몽전기(童蒙前期)

아동기라는 의미의 동몽기는 전기와 후기로 나뉜다. 제4단계인 동몽전기는 7세부터 10세까지의 시기로 이때부터 본격적인 교육이 시작된다. 지금까지 관용적이던 양육태도는 7세를 전후하여 엄부자모(嚴父慈母)의 양육태도로 대치되며, 이러한 과정에서 성인과 아동 간의 심리적 갈등이 '미운 일곱 살'로 표현된다. 이는 유아기에서 아동기로 넘어가면서 부모의 기대와 훈육방식이 갑자기 변한 데 따른 아동의 저항적 형태를 표현한 것으로 볼 수 있다.

7세가 되면 남녀가 자리를 같이 하여 앉지 않으며, 음식을 함께 먹지 않는다고 하여 남녀의 차이를 가르치고, 유교사회의 윤리규범인 내외법(內外法)의 통제를 받도록 한다. 여아에게는 7세에 효경과 논어를 외울 것을 기대하고 있으며, 남아에게는 8세가 되면 공손하면서도 탐내지 않고, 겸손하면서도 인색하지 않는 겸양(謙讓)의 예절을 지킬 것을 기대하였다.『예기』에 말하기를 "남자는 여덟 살에 비로소 사양하는 도리를 가르치는데, 이는 공손하면서 탐내지 아니하고, 겸손하면서 인색하지 않는 것이 예절의 좋은 일이기 때문이다"(김종권, 1993, p. 287)라고 하였다.

⑤ 동몽후기(童蒙後期)

제5단계인 동몽후기는 10세에서 15세까지의 시기를 말한다. 아동이 10세가 되면, 어린이가 어른을 섬기는 예의인 유의(幼儀)를 배웠다. 조선사회를 지배했던 유교이론 중 아동과 성인의 관계에 대한 윤리가 장유유서(長幼有序)였다. 즉, 어른과 아이 사이에는 순서가 있다 하여, 그 순서에 있어 연장자인 어른을 앞세우도록 하며, 연소자는 연

사진 설명: 서당에서 글을 배우고 있는 아이들

ⓒ 이서지 글방 Study Room (43×43cm)

사진 설명: 남녀 간에 서로 얼굴 대하기를 피하는 일을 내외라고 하였다.

ⓒ 이서지 내외 Keeping Distance (43×43cm)

장자 어른에게 공경의 예로써 스스로 질서를 택하도록 하는 것이었다(유안진, 1995). 이처럼 아동에게 어른을 섬기는 예를 가르친다는 것은 어른처럼 행동할 것을 기대하고, 양육이 엄격하게 이루어졌음을 의미한다. 양육의 주 책임자도 아동의 나이 10세를 기준으로 바뀌었다. 10세 이전에 유지되던 어머니와 자녀의 친밀한 관계는 변하여 남아는 아버지와, 여아는 어머니와 보다 친밀해진다.

이때부터는 내외법이 본격적으로 실시되고 교육방법도 남녀에 따라 달라지게 된다. 『예기』의 내칙(內則)에 이르기를 남아는 "열 살이 되거든 바깥 스승에게 나아가 취학하게 하여 바깥에 거처하고 잠자게 하며, 글씨 쓰고 계산하는 것을 배우게 하며, 아침과 저녁에 예의를 배우되 간이(簡易)하고 신실(信實)한 일을 청하여 익히게 할 것이다"라고 하여, 10세 이후에는 성인남자들의 생활공간인 사랑으로 나아가 남자로서의 역할을 배우게 하였다.

반면, 여아에게는 "계집아이는 열 살이 되거든 항상 규문(閨門) 안에 거처하여 밖에 나가지 않으며, 여자선생이 순한 말씨와 순한 용모와 듣고 순종하는 것을 가르치며, 삼과 모시로 길쌈을 하며, 누에를 쳐서 실을 뽑으며, 비단을 짜고 끈을 땋아서 여자의 일을 배움으로써 의복을 지으며, 어른을 도와 제례를 올리는 것을 배우게 할 것이다"라고 하여, 이때부터 성인 여성의 태도와 품성 그리고 집안일을 배우게 하였다(문미옥, 류칠선, 2000).

이러한 내용들로 미루어 볼 때, 안과 밖의 분리된 생활공간에의 적응 그리고 본격적인 성인역할 학습과 수행을 10세 정도에 기대하였음을 알 수 있다. 즉, 10세를 기준으로 안과 밖의 구분이 확고하게 이루어지며, 이렇게 분리된 공간에서 남아는 성인 남자의 일을, 여아는 성인 여자의 일을 본격적으로 학습하고 연마할 것을 기대하였다. 이러한 과정에서 남아에게는 자율성과 독립성을 강조한 반면, 여아에게는 의존성을 강조하는 양육태도를 보이는 것으로 나타났다. 또한 10세부터 남아는 외부의 스승에게, 여아는 부도(婦道)를 가르치는 부인에게서 배운다는 점으로 미루어 볼 때, 교육이 부모의 직접적인 훈육으로부터 외부인에의 위탁교육으로 확대된다는 점에서 10세가 그 이전 시기와 구분되는 중요한 경계를 이루고 있음을 알 수 있다(신양재, 1995).

사진 설명: 길쌈하는 장면
ⓒ 이서지 길쌈 | Weaving | (43×43cm)

⑥ 성동기(成童期)

제6단계인 성동기는 15세부터 20세까지의 시기를 말한다. 성동기는 격몽(擊蒙)이 어느 정도 되었으나 아직 완전히 성인이 되지 못한 단계로서, 아동적인 요소와 성인적인 요소를 공유하면서 성인기(成人期)로 이행하는 과도기라고 볼 수 있다. 성동기는 서양이론에서 말하는 청년기에 해당하는 시기이다. 일찍이 서양이론에서는 이 시기의 청년은 아동도 아니고 성인도 아닌 어중간한 상태에서 불안정과 불균형으로 인한 심한 긴장과 혼란을 경험하기 때문에, 청년기를 "질풍노도의 시기(A period of storm and stress)"라고 묘사한 바 있다.

성동기에는 활쏘기와 말타기를 배워서 귀족계급의 사교에 참여하고 생활권도 넓히게 된다(사진 참조). 특히 말타기를 배운다는 것은 공간적인 활동의 자유를 의미하는 것으로, 이것은 오늘날 운전면허증의 획득이 성인됨의 한 표시인 것과 흡사하다. 교육제도상으로 보면 15세가 되면 대학(大學)에 입학하여 학문의 길에 정진하게 되는데, 공자의 지우학(志于學)[2]도 학문을 삶의 가장 중요한 내용으로 정했다는 뜻으로 해석된다.

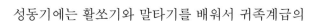

------

2) 공자는 『論語』에서 자신의 생애를 근거로 인간의 발달단계를 다음과 같이 표현함. 子曰, 吾十有五而志于學, 三十而立志, 四十而不惑, 五十而知天命, 六十而耳順, 七十而從心所欲不踰炬(論語: 爲政), 즉 내가 열다섯에 배움에 뜻을 두고, 서른에 뜻을 세우고, 마흔에 모든 사리에 현혹되지 아니하고, 쉰에는 천명을 알고, 예순에는 모든 일을 저절로 알게 되고, 일흔에는 마음에 하고자 하는 것을 좇아도 법규에 어긋나지 아니하였다(류점숙, 1994, 재인용).

⑦ 성인기(成人期)

제7단계인 성인기는 20세에서 30세까지의 시기이다. 20세에 이르면 관례(冠禮)를 치르고 성인이 된다. 이때 비로소 갖옷[3]과 비단옷을 입고, 자(字)[4]를 지어 부를 수 있으며, 성인의 예인 오례(五禮)[5]를 배운다. 또 이 시기에는 스스로 널리 배워 지덕(知德)을 높이고자 애써야 하지만, 아직 남을 가르치지는 못하며 항상 겸양하는 마음을 지니도록 하였다. 남아는 관례를 치른 후에야 비로소 성인으로 취급되어 결혼도 할 수 있고, 성인이 갖는 권리와 의무도 부여되었다. 그러나 20세는 몸이 아직 강건(强健)하지 못하다고 보았기 때문에 약관(弱冠)이라 부르기도 했다.

⑧ 출사준비기(出仕準備期)

제8단계인 출사준비기는 30세부터 40세까지의 시기를 말한다. 30세에 이르면 아내를 맞이하고 비로소 남자로서의 일을 다스린다 하여 이때를 결혼적령기로 보았다. 결혼은

사진 설명: 조선시대 과거 시험장의 풍경

신체적 성숙만을 기준으로 하는 것이 아니고 학문과 도, 즉 지행합일(知行合一)이 이루어지고, 또 당시의 사회에 필요한 제반 교양을 두루 갖추어 완전한 인격체로 인정받을 수 있게 된 후에 아내를 맞이하도록 권하고 있다. 그래서 신체적 변화로 보면 30세의 결혼이 다소 늦은 감이 있지만 이상과 같은 유인(儒人: 지도자)으로서의 필요한 자격을 먼저 갖추려 한다는 점을 생각하면 수긍이 간다. 그러나 30세까지 혼인을 하지 않는 것이 실제로는 어려운 일이었으므로 관례를 치르고 난 후에 곧바로 혼인을 하기도 하였다. 이 단계에서는 널리 배우지만 정해진 스승이 없고, 붕우(朋友)를 좇아 그 뜻하는 바를 보고, 그것을 자기부양의 밑거름으로 삼는다고 하였다. 이때는 제도상의 교육은 이미 다 끝났으나, 아직 남의 스승이나 지도자가 되기에는 능력이 부족하다고 보고, 스스로 지덕을 쌓도록

하는 축적기적 성격을 지니고 있다. 그러나 30세는 몸이 강건하다고 보았는데, 공자도 '학문적 기초의 확립' 또는 '학문의 완성'이란 뜻으로 이 시기를 '입(立)'으로 표현하였다. 그러므로 조선시대에는 심신의 성숙기를 30세로 잡은 것으로 보인다.

---

3) 모피로 안을 댄 옷.
4) 성인이 된 경우 본이름 외에 부르는 이름(흔히 장가든 뒤에 성인으로서 본이름 대신으로 부름).
5) 오례(五禮)란 길례(吉禮: 祭禮), 흉례(凶禮: 喪禮), 빈례(賓禮: 賓客), 군례(軍禮: 軍族), 가례(嘉禮: 冠禮)를 일컫는 것이다.

⑨ **출사기(出仕期)**

제9단계인 출사기는 40세에서 50세까지의 전기와 50세에서 70세까지인 후기로 나 뉜다. 이 시기에는 앞 단계에서 수학한 학문과 덕을 실제로 활용하게 되는데, 30년간의 봉사기간을 위해 40년간을 교육받고 수양을 쌓은 것이다. 40세에 처음 벼슬을 할 때는 선비(士)가 되어 남을 섬기며 국가의 작은 일을 처리하고, 이것이 성공적으로 진행되면 50세에 비로소 대부(大夫)가 되어 국가의 중대한 일을 담당한다. 이후 60대에는 그동안 쌓은 경험을 바탕으로 더 큰 책무를 수행하고 사람을 가려서 쓰는 일까지 맡게 된다. 하지만 모든 사람이 이와 같은 관인(官人)의 길을 가는 것은 아니며, 높은 학식을 가지 고 스승의 길을 택하는 경우도 있다. 70세가 되면 고향으로 돌아가 은퇴하는 것이 유인 (儒人)의 예(禮)이었다. 출사기에는 공자의 불혹(不惑), 지천명(知天命), 이순(耳順)이 모 두 포함되는데, 이때 자아가 확립되고, 지혜가 최고조에 달한다고 보았으므로 국가와 사회에 봉사하도록 하였다.

⑩ **치사기(致仕期)**

마지막 제10단계인 치사기는 70세 이후로 관 (官)에서 은퇴한 후 가정으로 돌아가는 노년기 이다. 이때는 정신적으로는 지고(至高)의 상태 이지만, 신체적으로는 쇠약해지는 시기이다. 따 라서 고향으로 물러난 뒤 가독(家督)[6]을 자식에 게 물려주고, 학문과 후학(後學) 양성에 힘쓴다 (사진 참조).

이상이 주로 조선시대 양반사회 남성의 이상 적인 인간발달 단계이다. 여성의 경우는 10세부터 본격적인 교육을 받지만 그 내용은 여성적 자질함양, 의복을 짓거나 음식을 만드는 등 가사기술 습득이 전부이고, 그 장소 도 가정으로 한정되어 있다. 『예기(禮記)』에 의하면 15세에 비녀를 꽂고, 20세에 출가한 다고 되어 있어, 친가에서 시가로 옮겨 갈 뿐 가정생활의 연속이므로 결혼 후에는 발달 단계에서 연령을 밝히고 있지 않다.

(2) 발달목표와 교육내용

유교적 학문관은 단순한 학술적 탐구에 그치는 것이 아니라 그 이상의 것이었다. 학 문은 유교의 경전을 읽고 여기서 얻은 지식을 실제 생활에 실천하는 것을 중시하는 지

---

6) 호주의 신분에 딸린 권리와 의무.

행합일(知行合一)을 표방한 것이었다. 교육목표도 유인(儒人: 지도자)에 두어, 이에 도달하기 위해 성인(聖人)의 언행을 표준으로 삼는 것이었다.

아동에게 직접적인 교육이 실시되는 시기는 언어능력이 본격적으로 발달하기 시작하는 3세경부터였으며, 각 연령별 및 성별로 요구되는 행동양식에도 차이가 있었다. 조선시대의 교훈서인 『내훈(內訓)』 『사소절(士小節)』 『규범선영(閨範選英)』 등에 나타난 아동의 연령과 성별에 따른 기대 행동을 살펴보면 〈표 2-1〉과 같다(신양재, 1995).

표 2-1   아동의 연령과 성별에 따른 기대 행동

연령	성별	기대 행동
3	남 · 여	식사 시 오른손 사용 적절한 응대어 사용 성별 차이 인식 행동거지의 차분함
6	남 · 여	수 · 방위(方位) 학습 어른 공경
	여	여자의 일 학습
7	남 · 여	성별 활동 분리: 자리에 함께 앉거나, 음식을 함께 먹지 않는다.
	여	효경(孝經) · 논어(論語) 읽기
8	남 · 여	사양(辭讓)
	남	양보(讓步) · 겸손(謙遜) · 불탐(不貪) · 불인(不吝)
9	여	논어(論語) · 효경(孝經) · 여계(女戒) 읽기
10	여	순한 태도로 가르침 따르기 삼과 모시 다루기 실과 고치 다루기 옷감 짜기 · 의복 짓기, 제사일 규문내(閨門內) 거처 · 외부인 보기(相見) 금지
	남	위탁교육 · 바깥채 거처

(3) 부모자녀관계

조선시대의 부모자녀관계는 본능적 · 정서적 애착관계뿐만 아니라 유가(儒家)의 자연관, 윤리관, 가족제도 등으로 형성된 구조적이고 기능적인 관계였다. 즉, 부모나 아동이 개개인 위주의 존재가 아닌, 가정이라는 한 가족공동체의 구성원의 관계로 존재하였다. 이는 서열이 존중되는 관계로 아동은 성인보다 낮은 존재였다. 또한 유교의 기본 윤리 중의 하나인 부자유친(父子有親)의 관계로도 표현할 수 있다(백혜리, 1999).

부모는 자식을 자애롭지만 엄격하게 가르쳐야 한다고 보았고, 부모자녀관계에도 엄격한 상하질서가 요구되었다. 그 결과 부모자녀관계에서 부모의 자녀에 대한 관계인 부자(父慈)보다는 자녀의 부모에 대한 관계인 자효(子孝)를 더욱 강조하였다. 연약한 존재인 아동에 대한 부모의 희생이나 봉사를 강조한 만큼 부모에 대한 보은(報恩)의 자세로 효성을 요구하였다. 전통사회에서 부모상을 3년으로 정한 것도 유유아기(乳幼兒期)에 대한 보은을 의미하였다. 즉,『소학』의 경민편(警民篇)에서 보듯이 "삼 년을 젖먹이심에 어미의 기름과 피를 먹나니, 이끌며 붙들어 간수하며 품으심에 날로 자라기를 바라시어 금과 구슬을 아끼듯 하시며……"라고 하여 3년 동안 젖을 먹이고, 걸음을 걷지 못하기 때문에 이끌며 붙들고, 자신의 언어적 표현이 불가능하기 때문에 품고 간수하고 정성을 다한 것에 대한 보은의 의미이다(류점숙, 1989). 이처럼 효성이 강조되었다는 사실은 부자(父慈)는 종족보존의 본능상 자연스러운 현상이지만, 자효(子孝)는 장려하지 않으면 행하기 어렵다는 사실에서 비롯된 것으로 볼 수 있다.

따라서 아동교육도 부모에 대한 문안과 시중, 품행과 태도 등 일상생활에서 은혜와 감사, 봉사와 헌신, 경애와 배려 등으로 시작하였다(류점숙, 1995; 문미옥, 류칠선, 2000). 부모에게 효도한다는 것은 봉양과 존경, 절대적 복종을 의미하는 것이었다. 이러한 효가 도덕의 근본이 된다고 보았다. 그러나 자신의 부모만을 잘 봉양하는 것은 최소의 효이고, 이것을 천하 만민에게 적용시켜 인류를 박애하는 것을 최고의 효로 보았다.

부모자녀관계는 아동의 연령과 성별에 따라 변화한다. 태아기로부터 10세가 되기 전에는 성별에 관계없이 어머니에게 자녀양육의 책임이 있다고 보았다. 그러나 10세가 되면 아동의 성별에 따라 그 교육내용이 변할 뿐 아니라, 이전에 유지되던 어머니와 자녀의 관계도 변화하여 남아의 경우는 아버지와, 여아의 경우는 어머니와 긴밀해지게 된다. 또한 무조건적 보호와 자애로운 양육태도는 아동이 10세 이후가 되면 매우 엄격한 양육태도로 변하게 된다(백혜리, 1999; 정진, 백혜리, 2001).

태교에서 시작하여 10세 이전의 교육을 주로 어머니가 담당하였다는 사실은 초기 아동교육에서는 엄격함보다는 자애로움이 더 중요한 덕목으로 간주되었음을 의미한다. 하지

사진 설명: 우리 전통사회에서 부모는 자식을 자애롭지만 엄격하게 가르쳐야 한다고 보았다.

ⓒ 이서지 회초리 Switch (43×43cm)

만 이후의 교육에서는 아버지가 참여함으로써 엄격함이라는 덕목이 강조되었음을 의미한다. 우리 전통사회에서의 바람직한 부모의 역할모델인 엄부자모(嚴父慈母)는 어머니의 자애로운 손에서 사랑으로 자녀를 양육하고, 동시에 자녀의 잘못을 엄격하게 다루는 엄한 아버지의 모습을 강조하는 것이었다(사진 참조).

2) 불교의 인간발달관

한국 문화를 이끌어 온 중요한 사상 가운데 하나인 불교의 인간발달관을 보면, 불교에서 아동은 주체적 인격체라는 점에서 성인과 동일시하였다. 아동은 스스로 독자적 존재로서의 우주관과 진리관을 가지고 있다. 아동은 수행을 통해 자신이 가지고 태어난 업(業)을 개선하고 불성(佛性)을 발휘하여 깨달음에 도달할 수 있으나, 아직 미혹하므로 일차적으로 보호하고 교육해야 할 존재이다(권은주, 1998).

(1) 발달의 요인

불전(佛典)에 의하면 아동발달은 부모로부터의 유전과 현재의 환경, 아동 개인의 의지가 상호작용하여 이루어진다고 한다. 즉, 인간이 비록 유전과 지난 생의 업에 의한 어떤 결과로 탄생했을지라도, 개인의 의지와 환경에 의해 앞으로의 발달이 향상될 수 있다는 것이다.

석존(釋尊)은 인간의 신체적 형상뿐만 아니라 정신적 특성도 모두 과거 행동의 결과라고 보고 있다(권은주, 1990). 즉, 부모로부터 신체적 특성이 유전될 뿐 아니라, 윤회를 통해 정신적 특성도 과거 행동의 결과로 전해진다. 하지만 출생 당시의 상태가 인간의 삶을 결정한다고 보지는 않는다. 타고난 유전과 지난 생의 업에 대한 정신적 특성보다 더 중요한 것은 환경과 개인의 강력한 의지라고 보고 있다. 즉, 불교에서는 인간발달의 중요한 요인으로, 인간은 자신의 유전적 특성을 변화시킬 수는 없지만, 윤회의 고통을 끊는 궁극적 목표를 향해 자신의 재능을 이용하고, 정신적 발달에 이바지하는 그러한 환경을 찾고 고귀한 삶을 이끌 수 있다고 본다.

(2) 발달의 단계

불교에서는 인간의 발달이 한 생(生)으로 끝나는 것이 아니라 12연기[7]의 연속성으로

---

7) 연기(緣起)-연기설(緣起說) 또는 인연설(因緣說)이라고 함. 모든 존재는 공간적으로나 시간적으로나 어느 하나도 독립됨이 없이 서로 인(因)이 되고 연(緣)이 되어, 서로 의지한 채 인연생기(因緣生起)하고 있다는 진리. 12연기설-노사(老死)에서 무명(無名)까지의 12단계를 칭함.

인해 그 자신의 업(業)에 따라 윤회한다고 본다. 따라서 수태되는 순간 이전 생(生)의 정신적 요소를 이미 지니게 된다고 본다.

불교에서 인간의 발달단계를 구분하는 것은 명확하지 않다. 인간발달을 인간이 최고의 목표로 삼는 깨달음에 이르기 전과 후로 나눌 수도 있겠지만, 모든 사람이 때가 되면 깨달음의 단계에 도달한다고는 볼 수 없으므로, 이를 발달단계의 보편적 기준으로 보기는 어렵다. 따라서 여기서는 불전을 중심으로 인간의 일생을 크게 태내기와 태외기로 나누어 살펴보고자 한다(권은주, 1990).

① 태내기(胎內期)

불교에서는 인간의 생이 윤회(輪廻)하는 가운데 인연에 의해 현생(現生)에서 부모와 자녀의 관계가 성립한다고 본다. 또한 수태에는 부모의 정자와 난자의 결합 외에 식(識)[8]이라고 하는 정신적 요소가 필요하다고 한다. 불교에서는 수태의 순간을 한 인간의 초기 형태로 보는데,『증일아함경(增壹阿含經)』에서 수태에 대한 기록을 살펴보면 다음과 같다(권은주, 1990; 백경임, 1986).

> 부모와 외식(外識) 등 세 가지 인연이 화합하여야 수태가 가능하다. 만약 어머니에게 욕심이 있어 부모만 함께 교합하고 밖에서 식(識)이 들어오지 않는다면 수태가 불가능하다. 또 밖에서 식(識)이 들어온다 하여도 부모가 교합하지 않으면 수태가 불가능하다.
> 먼저, 수태하게 되면 점차 우유가 엉긴 것같이 되며, 마침내 다시 우무 버섯 같아지면서, 뒤에 어떤 형상을 이룬다. 먼저, 머리와 목이 생기고, 다음에 손과 발, 각각의 뼈마디, 털과 손톱, 발톱이 생긴다. 어머니가 음식을 먹을 시엔 그 기를 활용해 생명을 이어가니 바로 이것이 수태의 근본이라. 그로써 형체가 이루어지고 모든 감각기관을 갖추어 어머니로 말미암아 태어나게 되나니 수태의 괴로움이 이와 같다.

수태로부터 시작하는 불교의 인간발달 단계는 윤회(輪廻)와 인과사상(因果思想)에 바탕한 것이다. 무명(無名)으로 인해 연기(緣起)를 계속하는 인간은 수태하는 그 순간에 수없는 생을 반복해 살아온 중생(衆生)의 식(識)이 삽입되면서 태아가 형성된다는 것이다.

태아의 발달단계에 대해서『수행도지경(修行道地經)』『불설포태경(佛說胞胎經)』『대보

---

8) 우리가 마음, 영혼, 정신 등과 비슷한 의미로 사용하고 있는 이 식(識)이란 말은 인간의 정신세계를 여덟 가지 식(識)으로 구분해서 설명하는 불교의 유식설(有識說)에서 나온 것이다.

적경(大寶積經)』『해탈도론(解脫道論)』에서는 태내기간을 약 38주로 보고 각 주의 성장과정을 자세히 언급하고 있다. 태아는 38주(266일)가 되면 정신과 육체가 모두 구족(具足)하여 마침내 탄생하게 된다. 이러한 불교의 태내발달 과정은 오늘날 의학의 발달을 통해 관찰된 연구결과와 거의 일치한다(백경임, 1986).

② 태외기(胎外期)

태외기는 아기가 탄생한 후의 단계이다. 불전에서는 발달단계를 초생(初生), 영해

사진 설명: 동자(童子)

(孩), 동자(童子), 소년(少年), 성년(成年), 쇠로(衰老) 등으로 나누고 있지만, 각 단계마다의 과업은 설명하고 있지 않다. 이는 발달의 최종 목표가 깨달음에 도달하는 것이고, 이러한 목표는 연령에 관계없이 모두에게 해당하기 때문이다.

이들 중 아동기에 해당한다고 볼 수 있는 것은 초생(初生), 영해(孩), 동자(童子) 및 소년기(少年期)이다. 불전에서는 이 단계에 해당하는 아동들은 일차적으로 성인의 보호가 필요한 것으로 보고 있다.

(3) 발달목표와 교육내용

불교에서 인간발달의 궁극적인 목표는 고통으로부터 벗어나는 것이다(윤호균, 1999). 즉, 윤회와 그것의 고통을 없애고 깨달음에 이르는 것이다. 여기서 깨달음이란 자아실

사진 설명: 양산 통도사에 있는 '팔정도'탑

현을 이룩하는 것으로 최상의 도덕성을 의미한다. 인간을 생로병사(生老病死)로 인해 계속적인 신체적·정신적 고통을 경험하는 존재로 보고, 윤회의 고통을 없앨 때만이 인간발달의 최종 목표에 도달한다고 본다.

깨달음에 도달하기 위한 수행방법으로, 초심자의 경우는 도덕적이고 바람직한 행동으로부터 시작해야 한다. 특히 아동의 경우는 미성숙하므로 성인의 보호와 가르침이 필요하다.

불전에는 깨달음을 위한 대표적인 교육방법으로 사성제(四聖諦)[9]와 팔정도(八正道)[10]가 제시되어 있다. 사성제는 인간이 왜 괴로움의 존재인지 그 이유를 설명하고, 그 괴로움으로부터 벗어나 인간발달의

목표에 도달하는 길을 제시한 것이다. 팔정도는 깨달음에 이르는 여덟 가지 바른 길을 의미하는 것으로, 도덕적인 사고와 행동, 지적인 자율, 정신적인 훈련과 적절한 의지로 깨달음을 단계적으로 실천하는 방법을 제시하고 있다.

일반적으로 최종의 깨달음은 곧바로 쉽게 도달할 수 없다. 먼저 개인의 도덕과 실천을 통해 진정한 삶의 본질을 깨닫는 중간 목표에 도달하게 된다. 그리고 개인의 강인한 의지와 노력을 통해 연기(緣起)의 사슬을 끊어 윤회에서 벗어남으로써 인간발달의 최고 목표에 도달하게 된다(권은주, 1990; 김종의, 2000).

(4) 부모자녀관계

불교에서는 부모와 자녀의 관계를 생물학적인 관계를 넘어 태아의 발생까지 다겁다생(多劫多生)의 인연 때문에 시작되는 것으로 본다. 부모는 자녀를 태아 때부터 보호하고 적절히 교육시킬 권리와 의무가 있으며, 자녀는 이러한 부모의 은혜를 갚고자 노력해야 함을 강조하고 있다.

부모가 자녀를 돌보아야 할 것에 대해 『장아함경(長阿含經)』에서는 다음과 같이 명시하고 있다(권은주, 1990). 자녀를 제어하여 악을 행하지 않게 한다. 가르치고 일러주며 선행을 알려준다. 자애(慈愛)하되 뼛속 깊이 스며들게 한다. 착한 배우자를 구해 준다. 때에 따라 적합하게 그 비용을 충당해 준다.

반면, 부모와 자녀관계에 대한 대표적 경전인 『부모은중경(父母恩重經)』에는 부모와 자식 간의 관계, 나아가 자식이 부모의 은혜를 알고 또 갚아야 한다는 내용이 담겨져 있다. 여기서 언급한 열 가지 부모의 은혜는 다음과 같다.

사진 설명: 부모은중경(父母恩重經) 회탐수호은(懷耽守護恩: 낳아 준 은혜) 도판 부분

---

9) 인간 삶의 유한한 현실을 직시하며, 보다 옳은 삶, 보다 가치 있는 인생을 위한 실천원리를 사성제(四聖諦)라고 한다. 사성제란 네 가지 성스러운 진리라는 뜻으로, 도를 닦는 이는 반드시 이 네 가지 진리를 알아야 한다고 한다.

첫째는 이 세상의 모든 것이 고통이니 이를 苦라고 한다.

둘째는 苦는 집착으로 말미암아 생기는 것이니 이를 集이라 한다.

셋째는 苦와 集이 없어져야 하니 이것을 滅이라 한다.

넷째는 苦와 集을 없애는 길이 있으니 이를 道라 한다.

10) 인간이 태어나는 것(生苦), 늙는 것(老苦), 병드는 것(病苦), 죽는 것(死苦), 사랑하는 사람과 헤어지는 것(愛別離苦), 미워하는 사람과 만나는 것(怨憎會苦), 구하여도 얻을 수 없는 것(求不得苦), 오관(眼, 耳, 鼻, 舌, 身) 등이 모두 고통이다. 고통을 없애는 길에 관한 여덟 가지 진리가 있는데 이것이 바로 팔정도(八正道)이다.

첫째, 열 달 동안 어머니 뱃속에서 품고 지켜주신 은혜

둘째, 해산에 임하여 그 큰 고통을 견디시던 은혜

셋째, 자식을 낳고서 모든 근심을 잊어주신 은혜

넷째, 쓴 것은 삼키고 단 것은 뱉어서 자식을 먹이시던 은혜

다섯째, 진자리 마른자리 가려 뉘시는 은혜

여섯째, 젖을 먹여 길러주신 은혜

일곱째, 손발이 다 닳도록 깨끗하게 씻어주시던 은혜

여덟째, 자식이 먼 길을 떠났을 때 걱정하시던 은혜

아홉째, 자식을 위해서라면 온갖 궂은일도 마다하지 않으신 은혜

열째, 죽을 때까지 자식을 안타까이 여기시는 은혜

이 경전은 부모의 은혜에 대해 각각 구체적 예를 제시하면서 설명하고 있는데, 부모의 은혜가 비교적 과학적으로 표현되어 있으며, 아버지보다 어머니의 은혜를 중심으로 다루고 있다. 여기에는 은혜를 갚기 위한 방법이 제시되어 있을 뿐 아니라, 불효한 행동들 또한 열거되어 있다(김종의, 2000).

인간발달의 연구방법

인간발달을 이해하기 위해서는 과학적인 연구가 필요하다. 오늘날 어떤 분야를 막론하고 우리들이 감사해야 할 것은, 상상에서 사실을 분리하고, 우리 주변에서 일어나는 사건들을 이해하려고 노력하면서, 진리를 찾아내기 위해 자신의 생을 바친 이들의 노력이다. 이 같은 모든 노력의 연속이 바로 과학인 것이다.

과학은 그 탐구과정이 시작되기 이전에 존재했던 것과는 다른 어떤 것을 형성하기 위해 사실이나 지식을 하나로 연결하는 방법이다. 과학을 한다는 것은 세상에서 일어나고 있는 단편적인 사건들을 연결시키고 통합하는 것을 의미한다. 하나의 사실(예를 들면, 영아기에 대상영속성 개념이 획득된다는 것)을 연구하는 것은 이 사실이 아동의 인생에서 일어나는 다른 사건들과 어떻게 관련이 되는가를 연구할 때에만 의미를 가진다. 과학은 건축가가 각 부분의 단순한 합 이상의 어떤 독특한 것을 만들어내기 위해서 각기 다른 부분들이 어떻게 맞추어지는지 이해하기 위해 사용하는 청사진과 매우 비슷한 것이다.

과학은 '어떻게' 사건이 일어나는가를 설명하는 '동적' 특징과 '어떠한' 사건이 일어나는가를 묘사하는 '정적' 특징을 갖는다. 과학의 동적·정적 특징들은 부분적으로 서로에게 영향을 미치기 때문에 서로 협조한다. 한 예로, 최근에 영아를 대상으로 조기교육이 성행한다는 사실은 영아기 조기교육의 열풍현상에 대한 이유를 밝혀내는 연구의 시발점이 된다. 과학을 한다는 말은 어떤 결과를 산출해내는 것은 물론이고 어떤 종류의 문제를 해결하기 위한 논리적 접근을 의미한다.

과학적 연구는 다음과 같은 특성을 갖는다. 첫째, 과학적 연구는 경험적(empirical) 연구이다. 만일 어떤 발달심리학자가 한 가정의 부모자녀관계를 관찰해 봄으로써 그 가정의 의사소통 양식을 알 수 있다고 확신한다면, 그 심리학자는 어떻게 해서든 자신의 신념을 객관적으로 검증해 보여야 한다. 다시 말해서 그의 신념은 객관적 사실에 비추어 검증되어야 한다는 것이다.

둘째, 과학적 연구는 체계적(systematic) 연구이다. 예를 들어, 어떤 유형의 양육행동이 아동의 이타적 행동과 관련이 있는지 알아보고자 한다고 가정해 보자. 이러한 목적을 달성하기 위해서 발달심리학자는 아동의 이타적 행동에 영향을 미칠 수 있는 가외변인을 모두 통제한 체계적인 연구를 해야 한다는 것이다.

셋째, 과학적 연구는 자기수정(self-correction)의 특성을 갖는다. 다시 말하면, 과학적 연구는 특정의 의문에 대한 해답이나 특정의 문제를 이해하려는 노력을 개선하도록 돕는 자기수정의 과정이다. 과정은 그 자체의 본질 때문에 그에 대한 해답은 가치 있는 피드백을 제공한다. 어떤 의미에서, 의문은 끝이 없으며 해답을 찾았는가 하면 또 다른 의문이 재형성되기 때문에, 과학자는 어떤 문제이든 옳고 그름, 즉 정당성을 증명하려 하지 않는다. 대신 과학자는 문제나 가설을 '검증'한다.

이 장에서는 과학적 연구의 과정과 요소, 표집의 문제, 인간발달연구를 위한 자료수집의 방법, 연구설계, 인간발달연구의 접근법, 인간발달연구의 윤리적 문제 등에 관해 논의해 보고자 한다.

1. 과학적 연구의 과정

과학적 연구의 과정은 네 단계로 나눌 수 있다. 첫째, 문제를 제기하고, 둘째, 그 문제에 관해 조사할 필요가 있는 요인이나 요소를 찾아내며, 셋째, 문제를 검증하고, 넷째, 본래의 문제가 근거했던 전제를 수락하거나 기각하는 단계들이 그것이다(Salkind, 1985).

1) 문제의 제기

Isaac Newton

첫째 단계인 '문제의 제기'는 어떤 문제가 좀더 깊이 연구될 필요가 있는가를 인식하는 단계이다. 이러한 최초의 문제제기는 대체로 실험실에서나 회의석상에서는 이루어지지 아니한다. 그러한 장소에서 중요한 문제가 확인되거나 언급될 수는 있지만, 주로 과학적 연구의 발단은 일상적인 경험과 사건에서 촉발된다. 예를 들면, 아르키메데스는 따끈한 목욕통에 앉아서 부력의 기초 원리를 발견했으며, 뉴턴은 나무 밑에 앉아 있다 떨어지는 사과에 맞았기 때문에 그 유명한 중력의 법칙을 발견할 수 있었다(사진 참조). 아르키메데스와 뉴턴의 예가 다소 과장되었다 하더라도, 세상의 진리나 과학의 원리는 이처럼 일상주변에 널려 있는 것이다. 그러나 모든 사람이 다 동일한 경험에서 중요한 측면들을 찾아내거나 새로운 지식을 유도할 수 있는 종류의 문제를 제기할 수 있는 것은 아니다. 훈련되지 않은 사람들에게는 혼란과 무질서로 보이는 것도 훈련된 사람들은 거기서 중요하고 결정적인 사건들을 선별해낸다. 추려지거나 선별되지 아니한 채 널려 있는 것에서 그 줄기를 찾아내는 것이 바로 과학적 훈련이다.

2) 중요한 요인의 발견

과학적 연구과정의 둘째 단계는 중요한 요인들을 찾아내고, 이러한 요인들을 어떤 방법으로 조사할 것인가를 결정하는 단계이다. 이 단계에서 과학자는 중요한 요인들을 조작적으로 정의하고, 변수들 간에 있을지도 모르는 관계를 진술하며, 실제로 연구를 수행하기 위한 방법을 결정한다.

3) 문제의 검증

셋째 단계는 문제를 검증하는 단계로서 네 단계 중에서 실제로 연구가 수행되는 단계이다. 이 단계에서 문제를 해결하는 데 필요한 자료들을 수집한다. 수집된 자료가 최초의 단계에서 제기되었던 가설과 일치하는가를 결정하기 위해 통계적 검증이나 객관적 준거와 같은 수단을 적용한다.

4) 가설의 수락 또는 기각

마지막 단계는 본래의 문제가 기초로 한 전제를 수락할 것인가, 기각할 것인가를 결정하는 단계이다. 그러나 그 결과가 수락이든 기각이든 과학적 연구의 과정이 여기서 끝나는 것은 아니다. 만약 가설이 수락되면 연구자는 또 다른 질문을 하게 되고, 각 질문은 방금 설명한 단계들을 통해서 거듭 수행된다. 반대로 가설이 기각되면 다시 본래 문제의 전제로 되돌아가서 결과와 일치하도록 재구성한다.

2. 과학적 연구의 요소

과학적 연구에서 중요한 요소가 되는 것은 이론, 변수, 개념 그리고 가설이다.

1) 이론

이론은 미래에 일어날 사건을 예측할 뿐만 아니라 과거에 일어났던 사건을 설명할 수 있는 논리적인 진술이다. 이론은 이미 형성된 정보의 조직화를 도울 뿐만 아니라 미래를 탐색하는 길잡이 역할을 한다. 이런 점에서 이론은 책의 목차나 색인 비슷한 역할을 한다. 만약 책에 목차나 색인이 없다면 특별한 정보를 찾는 것이 얼마나 어렵겠는가를 상상해 보라. 이론은 사실을 이해하기 쉽게 하며 문제가 제기될 수 있는 틀을 제공한다.

2) 변수

변수 또한 과학적 연구에서 중요한 요소가 된다. 둘 이상의 수치와 값을 지니는 모든
것이 다 변수(variable)이고, 단일 수치만이 부여될 때에는 상수(constant)라고 한다. 변
수의 예로 생물학적 성(남성 혹은 여성), 사회경제적 지위(상, 중, 하) 등이 있다. 어떤 행
동을 야기하는 원인이 되는 조건이 독립변수이고, 그 원인으로 말미암아 유발되는 반
응이나 결과가 종속변수이다.

3) 개념

과학적 연구에서 또 다른 중요한 요소는 개념이다. 개념은 상호연관이 있는 일련의
변수들을 묘사하는 것이다. 예를 들면, 애착이라는 개념은 부모와 자녀 간의 눈맞추기,
신체적 접촉, 언어적 상호작용과 같이 여러 가지 다른 행동들로 구성된다. 이러한 일련
의 행동들은 애정과 같은 다른 용어로 명명될 수도 있다. 그러나 일련의 변수들이 어떻
게 명명되느냐에 따라서 개념의 유용성이 결정된다. 개념을 정의하기 위한 용어가 너
무 좁은 범위의 매우 제한된 일련의 행동들로 정의된다면, 그 개념은 변수 이상의 아무
것도 아니며 그 용도 또한 매우 제한적인 것이 될 것이다.

4) 가설

과학적 연구의 요소 중 최고의 단계는 가설이다. 가설은 변수와 개념들 간에 "~이면
~이다(if ~ then)"라고 가정하는 '훈련된 추측(educated guess)'이다. 가설은 과학자들이
한 변수가 다른 변수에 미치는 영향력을 좀더 잘 이해하기 위해서 제기하는 문제이다.
예를 들면, "TV 폭력물을 많이 시청하는 아동은 공격성 수준이 높을 것이다"가 그것이
다. 가설은 연구문제를 보다 직접적으로 검증할 수 있게 해 준다.

과학자는 수립된 가설이 사실로서 수락될 수 있는 것인지 아니면 거짓으로서 기각될
것인지를 어떻게 알 수 있는가? 통계적 검증과 같은 외적 준거를 적용함으로써 과학자
는 결과의 신뢰 정도를 알 수 있다. 즉, 연구결과가 가외변수가 아닌 독립변수에 의한
것이라고 얼마나 확신할 수 있는가이다. 예를 들면, TV 폭력물의 시청과 아동의 공격
성과의 관계의 예에서 폭력물 시청유무(독립변수) 외에 아동의 성격, 지능, 건강, 가정
환경 등 가외변수도 아동의 공격성 수준에 영향을 미칠 수 있다. 따라서 연구자가 연구
의 결과를 신뢰할 수 있기 위해서는 그러한 가외요인들이 고려되어야 하고 또한 통제
되어야 한다(Salkind, 1985).

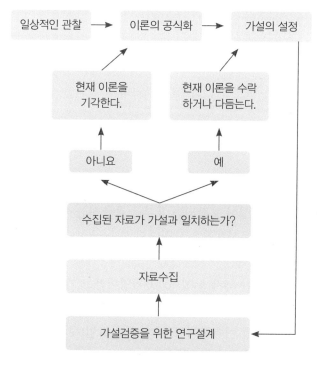

〈그림 3-1〉 과학적 연구의 과정과 요소

출처: Sigelman, C., & Shaffer, D. (1995). *Life-span development* (2nd ed.). California: Brooks/Cole Publishing Company.

〈그림 3-1〉은 과학적 연구의 과정과 요소에 관한 도식이다.

3. 표집의 문제

우리가 어떤 특정 부류의 사람들(예를 들면, 최근에 은퇴한 65세의 노인 집단)을 연구하고자 할 때 그 부류에 속한 사람들을 전부 다 연구할 수는 없다. 대신 최근에 은퇴한 65세 전체 노인들 중에서 표본을 추출하여 연구하게 된다.

표본(sample)이란 연구대상자 전체의 특성을 반영하는 모집단(population)의 대표적인 일부분이라고 할 수 있다. 따라서 모집단의 특성을 가능한 한 잘 대표할 수 있는 표본을 추출하는 것이 연구자의 중요한 임무이다. 왜냐하면 표본을 대상으로 연구하지만, 여기서 나온 연구결과는 모집단에 일반화하기를 원하기 때문이다(〈그림 3-2〉 참조). 이와 같은 이유로 표집(sampling) 과정은 연구방법론에서 매우 중요한 것이다.

이상적으로는 우리가 연구하는 표본의 특성이 연구결과를 일반화하고자 하는 모집

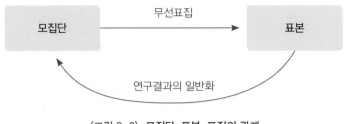

〈그림 3-2〉 모집단, 표본, 표집의 관계

단의 특성과 동일해야 한다. 이런 경우에 우리는 '대표성(representativeness)'이 보장되는 표본을 갖게 된다. 대표성이 보장되는 표본을 추출하는 가장 확실한 방법은 무선표집(random sampling)이다. 무선표집은 모집단의 모든 구성원이 표본에 뽑힐 기회(확률)를 똑같이 갖는 표집방법이다.

예를 들어, 최근에 은퇴한 65세 노인이 1,000명이라고 가정해 보자. 무선표집을 하기 위해서는 우선 모집단의 모든 노인을 확인해서 1번부터 1,000번까지 일련번호를 붙인다. 그리고 나서 난수표를 이용하거나 기타 다른 방법(예: 모자 속에 1,000명의 노인의 이름을 적은 용지를 넣고, 잘 섞은 다음 특정 수를 끄집어낸다)을 이용하여 표본을 추출한다. 만약 1,000명의 노인 중에서 100명을 표본으로 뽑는다면 모든 노인이 표본에 추출될 확률은 각각 $1/10$이 된다.

그러나 현실적으로는 어떤 연구에서든 무선표집을 하는 것이 거의 불가능하다. 대신에 우리가 손쉽게 구할 수 있는 표본으로 대체하는 경우가 허다하다. 이때 추출된 표본은 물론 대표성이 보장되지 않는다. 그리고 대표성이 보장되지 않을 경우에는 표집상의 문제가 발생하게 된다.

인간성욕에 관한 선구자적 연구로 유명한 Kinsey의 '성보고서'는 표집상의 문제가

Alfred Kinsey

있는 연구의 유명한 예이다. 미국 인디애나 대학의 동물학 교수인 Kinsey가 1938년에 대학생을 대상으로 그들의 성행위에 관한 조사연구를 시작할 때만 해도 인간성욕에 관한 과학적인 자료는 전무하였다. Kinsey는 곧이어 5,300명의 남성과 6,000명의 여성을 대상으로 하는 전국적 규모의 연구에 착수하였다. 이 연구에서 Kinsey는 면접법을 사용하여 피험자들에게 동성애, 혼외정사, 자위행위 등에 관한 질문을 하였다. 그 결과 1948년에는 「남성의 성적 행동(Sexual behavior in the human male)」 그리고 1953년에는 「여성의 성적 행동(Sexual behavior in the human female)」에 관한 유명한 성보고서가 이 세상에 나오게 되었다. 보고서에 나타난 여러 가지 연구결과 중에서도 특히 여성의 62%가 자위행위를

하며, 남성의 37%와 여성의 17%가 혼외정사 경험이 있다는 내용에 대해서 여론이 분분하였다.

이에 대한 비판으로 연구방법론적인 결함이 지적되었다. 가장 심각한 문제로서 Kinsey의 표본에 대해 대표성의 문제가 제기되었다. 즉, 연구대상이 무선표집에 의한 표본이 아니고 자발적으로 연구에 참여한 사람들이라는 점이 문제가 되었다. 왜냐하면 성적 행동에 관한 연구에 자발적으로 참여한 사람들의 특성은 모집단의 특성과는 여러 면에서 다를 것이라고 생각되기 때문이다.

4. 자료수집의 방법

인간의 행동을 연구하기 위한 자료수집 방법에는 관찰법, 질문지법, 면접법, 사례연구, 표준화검사법, 비교문화연구, 다중측정법 등이 있다(Santrock, 1998).

1) 관찰법(Observation)

관찰법은 인간의 행동을 관찰하고, 관찰된 행동을 객관적인 방법으로 기록하는 것으로서 가장 오래된 연구방법이다. 관찰이 과학적이고 효율적이기 위해서는 무엇을 관찰하려는 것인지, 누구를 관찰할 것인지, 언제, 어디서, 어떻게 관찰할 것인지 그리고 어떤 형태로 기록할 것인지 등을 결정해야 한다. 즉, 관찰이 체계적으로 이루어져야 한다는 것이다. 인간의 공격 행동을 예로 들어보자. 신체적 공격을 연구할 것인가, 언어적 공격을 연구할 것인가, 아니면 그 모두 다인가? 연구대상은 남자 청소년인가, 여자 청소년인가, 아니면 둘 다인가? 대학 실험실에서 관찰할 것인가, 학교에서 관찰할 것인가, 가정에서 관찰할 것인가, 아니면 그 모두인가? 관찰결과를 기록하는 일반적인 방법은 속기나 부호를 이용하는 것이지만 녹음, 녹화, 일방경의 이

사진 설명: 일방경을 이용하여 아동의 행동을 관찰하고 있다.

용 등은 관찰을 보다 효율적인 것이 되게 한다(사진 참조).

관찰법에는 자연관찰과 실험실관찰이 있다. 때로는 관찰연구에서 가외변인을 통제해야 할 필요가 있는데, 이때는 가외변인이 통제된 실험실에서 연구가 이루어진다 (Ary, et al., 2019; Jackson, 2015; Rosnow & Rosenthal, 2013; Stangor, 2015). 예를 들면,

사진 설명: 성인의 공격적인 행동을 관찰한 아동들은 같은 상황에서 공격적인 행동을 그대로 모방하였다.

Bandura(1965)는 한 실험에서 아동들을 실험실로 데려와 어른이 성인 크기의 보보인 형을 계속해서 때리는 것을 보게 하였다. Bandura는 어른의 공격적인 행동을 아동들이 어느 정도로 모방할 것인지 알아보고자 하였다. 실험 결과 아동들의 모방행동은 놀라울 정도였다(사진 참조).

그러나 실험실관찰에는 몇 가지 단점이 있다. 첫째, 피험자가 자신들이 관찰당하고 있다는 사실을 안다는 것이다. 둘째, 실험실 상황이 자연스럽지 못하기 때문에 부자연스러운 행동을 유발한다는 것이다. 위에서 예를 든 아동의 공격성 연구에서 보면, 실험실 상황에서는 자신들이 관찰당하고 있다는 것을 지각함으로써 아동이 공격적인 행동을 덜 하는 것으로 나타났다. 셋째, 인간발달의 어떤 측면들은 실험실 상황에서 연구하기가 불가능하다는 것이다.

반면, 자연관찰에서는 실제 상황에서 자연스럽게 관찰할 수 있기 때문에 상황을 일부러 조작하거나 통제할 필요가 없다(Graziano & Raulin, 2013). 자연관찰은 주로 유치원(사진 참조), 학교, 공원, 병원, 집, 쇼핑센터 같은 데서 이루어진다.

2) 면접법과 질문지법(Interview/Questionnaire)

때로는 개인에 관한 정보를 얻기 위한 가장 빠르고 직접적인 방법이 그들에게 질문하는 것이라 할 수 있다(Madill, 2012). 개인의 경험이나 태도에 관한 것을 알아보기 위해 이따금 면접법이 이용된다(사진 참조). 면접은 주로 일대일로 얼굴을 맞대고 이루어지지만, 가끔은 전화면접도 가능하다. 면접법에는 구조적 면접법과 비구조적 면접법이 있다. 정보를 얻는 것을 목적으로 하는 조사면접이 구조적 면접법이고, 진단이나 치료 등 임상적 목적을 가진 상담면접이 비구조적 면접법이다.

질문지법은 구조적 면접법과 매우 비슷한데, 면접자의 질문에 대답하는 것이 아니라, 반응자가 질문지를 읽고 자신이 직접 표시하는 것이다. 질문지법의 장점은 많은 수의 피험자들을 한꺼번에 연구할 수 있다는 점이다. 훌륭한 조사연구는 간결하고, 구체적이며, 애매모호하지 않은 질문을 함으로써, 피험자들로부터 믿을 만한 답변을 얻어내는 것이다. 질문지법의 단점은 의도적이든 아니면 기억을 하지 못해서이든 답변을 왜곡할 가능성이 있다는 것이다. 우리 인간은 유쾌하지 못한 일보다는 기분 좋은 일을 더 잘 기억하는 편이다.

3) 사례연구(Case Study)

관찰연구가 비교적 많은 수의 피험자의 행동을 연구하는 것이라면, 사례연구는 한 명이나 두 명의 피험자를 깊이 연구하는 것이다. Piaget(1952)가 자신의 자녀들을 관찰함으로써 인지발달의 단계이론을 전개한 것처럼, 사례연구는 정상적인 사람을 연구하기도 하지만, 대부분의 경우 사례연구는 독특한 상황을 경험하거나, 인생에서 어려운 상황에 처해 있거나, 사회적으로 적응하지 못한 사람들을 주의 깊게 연구함으로써 인간의 본질에 대해서 알아보고자 하는 것이다.

Freud는 그의 환자 중 가장 흥미 있는 경우를 주의 깊게 관찰하여, 비정상적 심리를 연구함으로써

사진 설명: Piaget가 아동들을 관찰하고 있다.

사진 설명: Freud와 그의 진찰실

성격이론의 기초를 마련하였다. Freud의 '어린 Hans'에 대한 사례연구는 고전적인 예가 되는데, Hans는 말(馬)에 대해 비현실적인 공포심을 가진 소년이었다. Freud(1959)는 어린 Hans가 가지고 있는 말에 대한 공포심을 억압된 성적 충동으로 해석하였다.

사례연구의 단점은 매우 제한된 수의 피험자의 경험에 의존하기 때문에, 연구결과를 일반화하기가 어렵다는 점과 관찰의 객관성이 문제된다는 점이다(Yin, 2012). 예를 들면, Freud의 심리성적 발달이론에서 정신적으로 문제가 있는 몇 사람을 대상으로 연구한 것에 기초하여, 인간발달의 일반이론을 도출해내는 것이 얼마나 타당한가 하는 것이 문제점인 것이다. 그리고 사례연구에서는 연구자가 피험자와 가까이 지내면서 자료를 수집하기 때문에 객관성이 결여될 위험이 있다. 따라서 사례연구는 과학적 결론을 이끌어 내기에는 미흡하지만 보다 통제된 연구에 아이디어를 제공하는 데에는 유용하다.

4) 표준화검사법(Standardized Test)

표준화검사는 피검자로 하여금 일련의 질문에 답하게 하는 것인데 다음과 같은 두 가지 특징이 있다. 첫째, 개인의 점수가 집단 내 다른 사람들의 점수와 비교해 보아 상대적으로 어떠한가를 알아본다(Gregory, 2011, 2014; Watson, 2012). 점수는 주로 백분율로 나타내는데, 예를 들어 어떤 개인이 Stanford-Binet 지능검사에서 92%의 백분율 점수를 얻었다면, 이 개인은 전에 이 지능검사를 받아 본 다른 개인들과 비교했을 때 8%의 상위그룹에 속하는 것이 된다.

둘째, 표준화검사는 개인차에 관한 정보를 제공해 준다. 그러나 표준화검사에 의해 얻은 정보로 언제나 개인의 행동을 예측할 수 있는 것은 아니다. 표준화검사는 한 개인의 행동이 일관성 있고 안정된 것이라는 신념에 근거한 것이다. 그런데 표준화검사에 의해 자주 측정되는 인성검사나 지능검사는 어느 정도의 안정성이 있기는 하지만 측정되는 상황에 따라서 변할 수 있는 것이다. 표준화된 지능검사에서는 별로 점수가 좋지 않았더라도, 좀더 편안한 분위기에서 검사를 받는다면 보다 높은 지능수준을 보일 수 있다. 이러한 사실은 표준화된 지능검사에서 정신지체로 잘못 판명되는 소수민족 아동들에게서 특히 그러하다. 그래서 비교문화 심리학자들은 대부분의 심리검사가 서구문화에는 적합할지 모르지만, 다른 문화권에는 적합하지 않을지 모른다고 경고한다

(Lonner & Malpass, 1994).

5) 비교문화연구(Cross-Cultural Research)

다른 문화나 다른 소수민족 사람들의 생활을 연구할 때는 그들에게 의미 있는 측정 도구를 사용해야 한다. 공격성을 예로 들면, 공격성은 모든 문화권에서 나타나는 보편적인 현상이지만, 공격성이 표현되는 양상은 문화에 따라 매우 다르다. 예를 들면, 남아프리카의 !Kung 문화에서는 공격적인 행동을 하지 못하게 저지하지만, 남미의 Yamomamo 인디언 문화에서는 공격적인 행동을 장려한다. 이곳 젊은이들은 다른 사람을 때리고 싸우고 죽이지 못하면 성인의 지위를 획득할 수 없다.

비교문화연구에서는 에믹(emic) 접근법과 에틱(etic) 접근법을 구별할 필요가 있다(Brislin, 1993). 에믹 접근법의 목표는 다른 문화권과는 상관이 없고 한 문화권의 사람들에게만 중요한 의미를 갖는 행동을 묘사하는 것이고, 에틱 접근법의 목표는 다른 문화권에도 일반화할 수 있는 행동을 묘사하는 것이다. 다시 말하면 에믹 접근법은 특정 문화에 국한된 것이고, 에틱 접근법은 범문화적인 것이다. 만약 연구자가 에믹 접근법에 의해 질문지를 구성한다면, 그들의 관심사는 연구되는 특정 문화에 국한되는 것이 될 것이고, 에틱 접근법에 의해 질문지를 구성한다면 모든 문화권에 익숙한 개념을 반영하게 될 것이다.

Richard Brislin

예를 들어, 가족연구의 경우 에믹 접근법과 에틱 접근법은 각각 어떻게 반영될 것인가? 에믹 접근법에서는 연구자들은 연구결과가 다른 소수민족에게 적합한 것인지 또는 일반화될 수 있는 것인지에 상관없이 중산층 백인가족에만 초점을 맞출 것이다. 에틱 접근법에서는 중산층 백인가족뿐만 아니라 하류계층의 백인가족, 흑인가족, 아시아계 미국인 가족들도 연구할 것이다. 소수민족을 연구함으로써, 연구자들은 백인미국가족에게서보다 소수민족에게서 확대가족이 훨씬 더 중요한 지원망이 되고 있다는 것을 발견하게 될 것이다. 따라서 에믹 접근법은 에틱 접근법과는 다른 양상의 가족구성원 간 상호작용을 보여줌으로써, 백인 중산층 가족만을 대상으로 한 연구결과는 모든 문화권에 언제나 일반화할 수 있는 것이 아니라는 사실을 알 수 있게 해 준다.

1992년 "발달연구에서의 인종차별주의"를 주제로 한 미국심리학회 심포지엄에서는, 연구대상에 소수민족들을 보다 많이 참여시켜야 한다고 결론지었다. 지금까지의 연구에서는 소수민족들을 대부분 제외시켰으며, 소수민족의 사람들은 규준이나 평균에서 단지 변이로만 인식되었다. 소수민족들은 연구에서 일종의 소음(noise)으로 인식되어,

수집된 자료에서 의도적으로 제외되었다. 이렇게 오랫동안 연구에서 제외됨으로써, 현실에서는 연구에서 나타난 결과에서보다 더 많은 변이가 있게 되었다(Lee, 1992).

6) 다중측정법(Multimeasure Approach)

모든 연구법에는 제각기 장단점이 있다. 아동이나 성인에 관한 정보를 얻는 데 직접 관찰은 매우 유용한 방법이다. 그러나 도덕적 사고, 내적 감정, 성에 관한 정보를 어디서 얻는지 등에 관한 것은 직접 관찰할 수 없다. 이런 경우에는 면접이나 질문, 사례연구 등이 보다 더 유용하다. 모든 연구방법에는 나름대로 한계가 있기 때문에, 인간발달을 연구하는 데 갈수록 다중측정법을 사용하는 경우가 증가하고 있다.

예를 들면, 청소년들에게 그들의 공격적인 행동이나 비행에 관해 직접 물어보거나, 친구에게 물어볼 수도 있고, 집이나 동네에서 관찰할 수도 있으며, 그들의 부모나 교사와 면담할 수도 있다. 그래서 연구자들은 이러한 다양한 측정법, 다양한 출처(정보원), 다양한 맥락을 통한 정보에 의해 인간발달을 좀더 깊이 있게 연구하고 타당성 있는 측정이 되기를 희망한다.

5. 연구설계

연구설계는 연구자가 자료를 수집하고, 분석하고, 해석하기 위한 구체적인 방법이다. 인간의 행동을 연구하는 데 사용되는 연구설계에는 기본적으로 세 가지가 있다. 기술연구, 상관연구, 실험연구가 그것이다.

1) 기술연구

인간행동 연구의 첫째 목표는 인간의 사고와 감정 그리고 행동을 기술하는 것이다. 현재의 어떤 상태를 묘사하기 위해 고안된 연구를 기술연구라 하며, 이 연구는 어떤 시점, 어떤 상황에서의 사고나 감정 그리고 행동에 대한 대강의 윤곽(snapshot)을 제공해준다.

기술연구의 한 유형은 조사연구이다. 해마다 실시되는 인구조사가 조사연구의 한 예이다. 기술연구의 또 다른 유형은 자연관찰로서 일상생활을 관찰하는 것이다. 예를 들면, 발달심리학자가 아동들이 운동장에서 노는 것을 관찰하여 그들의 상호작용을 기술한다든지(사진 참조), 생리심리학자가 자연환경에서 동물을 관찰한다든지, 사회학자

가 대도시에서 사람들이 어떤 대중교통수
단을 이용하는지를 알아보는 것 등이다.

　기술연구의 장점은 복잡한 일상사를 간
단하게 묘사하는 것이다. 예를 들면, 조사
연구는 많은 사람들의 생각을 파악하게
해 주고, 자연관찰은 사람이나 동물들의
자연발생적 행동을 묘사해 준다. 그래서
기술연구는 현재 일어나고 있는 일에 대
한 이해를 도와준다. 기술연구의 단점은
현재의 상황에 대한 이해에는 도움이 되지만, 그것은 아주 제한된 정적인 상황에 대한
이해일 뿐이다(Gravetter & Forzano, 2019; Leedy & Ormrod, 2013, 2016).

2) 상관연구

　상관연구는 둘 또는 그 이상의 변수 간의 관계를 알아보는 연구이다(Graziano &
Raulin, 2020). 예를 들면, 한 연구에서 부모의 양육행동이 허용적인 것일수록 아동의 자
기통제 능력이 감소하는 것으로 나타났다면, 이 결과는 부모의 양육행동과 아동의 자
기통제 능력이 서로 연관이 있음을 말해 줄 뿐이다. 즉, 부모의 양육행동이 반드시 아
동의 자기통제 능력의 원인이 된다고 볼 수는 없다. 오히려 아동의 자기통제 능력 부족
이 부모로 하여금 손들게 만들어 아동의 행동을 통제하는 것을 포기하게 만들 수도 있
다. 유전적 배경, 빈곤, 사회경제적 지위와 같은 제3의 요인이 두 변수 간의 상관의 원
인이 될 수도 있다(〈그림 3-3〉 참조).

　상관연구에서는 두 변수 간의 관계의 정도를 밝히기 위해 통계적 분석에 기초한 상관
계수를 사용한다. 상관계수의 범위는 -1에서 1까지이다. 양수는 정
적 상관을 의미하며 음수는 부적 상관을 의미한다. 부호에 관계없
이 상관계수가 높을수록 두 변수 간의 관계가 강하다고 할 수 있다.

　상관연구의 장점은 현재 우리가 가지고 있는 정보로써 미래상
태를 예측할 수 있다는 점이다(Heiman, 2014; Levin, Fox, & Forde,
2014). 예를 들면, 고등학교의 성적, 수능점수, IQ 점수 등으로 대
학에서의 성공여부를 예측할 수 있는 것이다. 상관연구의 단점은
변수 간의 원인과 결과를 파악할 수 없다는 점이다(Gravetter et al.,
2021; Heiman, 2015; Howell, 2014; Spatz, 2012; Stangor, 2015).

David C. Howell

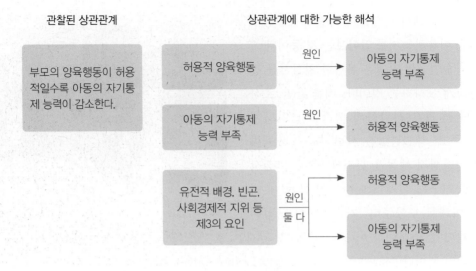

<그림 3-3> 상관관계에 대한 가능한 해석

3) 실험연구

상관연구가 단지 두 변수 간의 관계를 말해 주는 것이라면, 실험연구에서는 두 변수 간의 원인과 결과를 정확하게 알 수 있다. 실험연구에서는 독립변수를 조작하고 종속변수에 영향을 미칠 수 있는 가외변인을 모두 통제한다. 실험연구는 상관연구가 할 수 없는 두 변수 간의 인과관계를 파악하게 해 준다. 이때 독립변수는 원인이 되고 종속변수는 결과가 된다(Christensen, Johnson, & Turner, 2015, 2020; Harrington, 2020; Kirk, 2013).

예를 들면, 시간관리 강의를 듣는 것이 청년의 학업성적에 영향을 미치는가를 알아보기로 한다면, 시간관리를 듣는 학생과 그 강의를 듣지 않는 학생을 무작위 할당에 의해 두 집단으로 나눈다. 무작위 할당이란 실험집단과 통제집단에 연구대상을 작위적이지 않게 분배함으로써 종속변수에 영향을 미칠지도 모르는 가외변수를 모두 통제하는 것을 말한다. 이렇게 함으로써 종속변수에 영향을 미칠지 모르는 연령, 사회계층, 지능, 건강 등에서 두 집단이 서로 다를 가능성을 크게 줄여준다(Gravetter & Forzano, 2019; Kantowitz, Roediger, & Elmes, 2015; Kirk, 2013). 이 연구에서 시간관리 강의를 듣는지 안 듣는지가 독립변수가 되고, 학업성적이 종속변수가 된다. 만약 연구결과가 시간관리 강의를 듣는 학생의 성적이 그렇지 않은 학생보다 더 좋은 것으로 나타났다면, 이는 단지 독립변수(시간관리 강의 유무) 때문이다(<그림 3-4> 참조).

원인과 결과의 파악이 가능하다는 점에서 실험연구가 상관연구보다는 좋은 것이지만, 다음과 같은 경우에는 상관연구가 보다 현실적인 것이다.

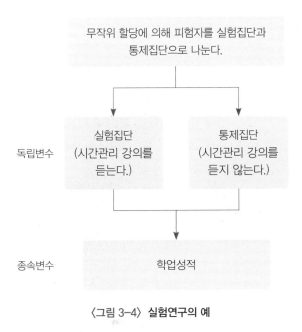

Charles Stangor

① 연구가 새로운 것이라 어떤 변수를 조작
　해야 할지 모를 때
② 변수를 조작하는 것이 불가능할 때
③ 변수를 조작하는 것이 비윤리적일 때

〈그림 3-4〉 실험연구의 예

〈표 3-1〉은 이상 세 가지 연구설계의 특성을 요약한 것이다.

표 3-1   세 가지 연구설계의 특성

연구설계	목표	장점	단점
기술 연구	어떤 사건의 현재 상태에 대한 대강의 윤곽을 파악한다.	현시점에서 무슨 일이 일어나고 있는지 비교적 상세하게 알 수 있다.	변수 간의 관계를 알 수 없다.
상관 연구	둘 또는 그 이상의 변수간의 관계를 알아본다.	변수 간에 예상되는 관계를 검증하고 예측할 수 있다.	변수 간의 인과관계를 알 수 없다.
실험 연구	독립변수가 종속변수에 미치는 영향을 알아본다.	변수 간의 인과관계를 알 수 있다.	모든 변수를 다 조작할 수는 없다.

출처: Stangor, C. (1998). *Research methods for the behavioral sciences*. Boston, New York: Houghton Mifflin Company.

6. 인간발달연구의 접근법

　　인간의 발달과정을 연구하는 목적 중의 하나는 연령변화에 따른 발달적 변화를 기술하는 것이다. 이때 연구자는 몇 가지 대안을 갖는다. 횡단적 접근법, 종단적 접근법, 순차적 접근법 등이 그것이다.

1) 횡단적 접근법

횡단적 접근법(〈그림 3-5〉 참조)은 각기 다른 연령의 사람들을 동시에 비교연구하는 방법이다. 각기 다른 연령집단(예를 들어, 10세, 15세, 20세)이 IQ, 기억, 또래관계, 부모와의 애착관계, 정체감, 호르몬의 변화 등에 관해 비교될 수가 있다.

이 접근법의 주된 장점은 자료수집이 비교적 짧은 시간 내에 이루어질 수 있다는 점과 피험자가 나이가 들기를 기다릴 필요가 없다는 점이다. 그러나 이 접근법은 시간절약이라는 장점에도 불구하고 몇 가지 단점이 있다. 첫째, 개인이 어떻게 변화하는지 알수 없고, 어떤 특성의 안정성에 대한 정보를 얻을 수가 없다. 둘째, 횡단적 접근법에서는 성장과 발달에 있어서 증가나 감소가 명확하지 않다. 셋째, 횡단적 접근법에서의 연령차이는 연령 그 자체의 영향이라기보다는 동시대 출생집단(cohort) 효과 때문일 수있다(Hohls et al., 2019; Schaie, 2016). 동시대 출생집단의 효과는 지능연구에서 특히 중요하다(Schaie, 1994, 2012; Schaie & Willis, 2010). 횡단적 접근법으로 여러 연령집단에지능검사를 실시한 결과, 지능은 20세경(청년기)에 절정에 달하며 그 이후에는 쇠퇴하는 것으로 나타났다. 그러나 횡단적 연구에서의 이러한 차이는 연령 그 자체의 영향이

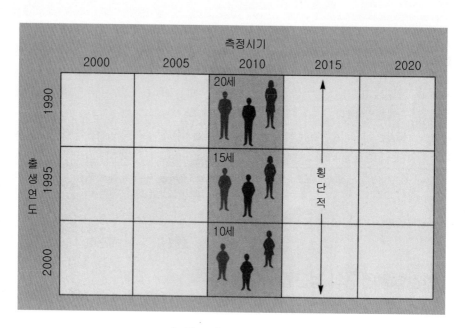

〈그림 3-5〉 횡단적 접근법

출처: Cobb, N. J. (1998). *Adolescence: Continuity, change, and diversity* (3rd ed.) Mayfield Publishing Co.

라기보다는 동시대 출생집단의 차이 때문일 수 있다. 즉, 보다 최근에 태어난 사람들은 보다 양질의 그리고 보다 장기간의 교육을 받았기 때문에 아는 것이 더 많고, 더 많은 기술을 갖고 있을 수 있다. 젊은이의 우수한 지적 수행은 지능이 연령에 따라 감퇴한다기보다 오늘날의 젊은이들이 경험하는 바가 다르며, 따라서 한 세대 전에 태어난 사람들보다 지적 능력을 더 발달시켰다는 의미일 수도 있다.

2) 종단적 접근법

종단적 접근법(〈그림 3-6〉 참조)에서는 같은 피험자가 오랜 기간에 걸쳐(보통 수년 또는 수십 년) 연구대상이 된다(Du et al., 2020). 모든 피험자들은 동일한 시기에 출생했고(동시대 출생집단), 동일한 사회문화적 환경에서 성장했으므로, 종단적 접근법은 발달연구에서 규명하려고 하는 연령변화에 대한 정보를 제공해 준다. 따라서 횡단적 접근법에서는 알 수 없는, 성장하면서 보여주는 변화까지 알 수 있다는 것이 종단적 접근법의 장점이다(Cicchetti, 2013; Cicchetti & Toth, 2015; Reznick, 2013).

한편, 종단적 접근법의 단점은 다음과 같다(Kramer & Rodgers, 2020). 첫째, 비용이 많이 들고, 둘째, 시간소모가 많으며, 셋째, 오랜 기간에 걸쳐 연구되기 때문에 피험자의 탈락현상이 있다는 점이다. 따라서 남아 있는 피험자만 가지고 나온 결과를 일반화하

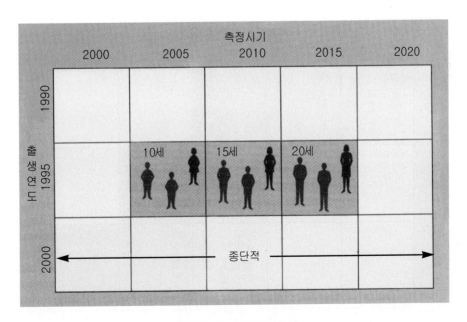

〈그림 3-6〉 종단적 접근법

출처: Cobb, N. J. (1998). *Adolescence: Continuity, change, and diversity* (3rd ed.) Mayfield Publishing Co.

는 데 다소 문제가 있다. 넷째, 반복되는 검사로 인한 연습효과가 있다. 피험자들은 한 번 이상의 검사를 받기 때문에, 다음번 검사에서 점수가 높게 나오는 것은 검사상황에 보다 익숙해지거나, 이전 검사에서 비슷한 문제를 어떻게 풀었는지를 기억하는 것과 같은 연습효과를 반영하는 것일 수도 있다. 그러므로 지능이 증가한 것처럼 보이는 것은 능력상의 진정한 향상이라기보다는 수행상의 향상을 반영하는 것인지 모른다.

그러나 어떤 종류의 연구문제는 종단적 접근법에 의해서만 해결될 수 있다. 예를 들어, 인생초기의 경험, 즉 부모의 과보호가 아동의 성격발달에 어떤 영향을 미치는가를 알기 위해서는 종단적 접근법을 사용해야만 한다.

3) 순차적 접근법

순차적 접근법은 횡단적 접근법과 종단적 접근법을 절충 보완한 접근법으로서 연령효과와 동시대 출생집단의 효과 및 측정시기의 효과를 분리해 낼 수 있다. 여기서 연령효과는 단순히 연령이 증가함으로써 나타나는 효과이고, 동시대 출생집단 효과는 같은 시대에 태어나서 같은 역사적 환경에서 성장함으로써 나타나는 효과이며, 측정시기의 효과는 자료가 수집될 당시 상황의 효과이다.

이 접근법은 몇 개의 동시대 출생집단을 몇 차례에 걸쳐 측정하는 연구방법이다. 어

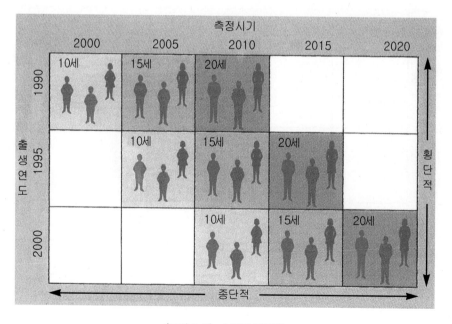

〈그림 3-7〉 순차적 접근법

출처: Cobb, N. J. (1998). *Adolescence: Continuity, change, and diversity* (3rd ed.) Mayfield Publishing Co.

떤 면에서는 순차적 접근법은 몇 개의 종단적 접근법을 합쳐 놓은 것과 같은 것이라 할 수 있다.

예를 들어, 연령이 증가함에 따라 지적 기능에 변화가 있는지 알아보기로 하자. 〈그림 3-7〉에서 보는 바와 같이 세 개의 대각선의 평균들은 동시대 출생집단의 효과뿐만 아니라 측정시기의 효과도 감안한 연령차이를 나타낸다.

제1횡렬의 세 연령집단의 지능을 평균하면 1990년 동시대 출생집단 효과가 나오고, 제2횡렬의 세 연령집단의 지능을 평균하면 1995년 동시대 출생집단 효과가 나오며, 제3횡렬의 세 연령집단의 지능을 평균하면 2000년 동시대 출생집단 효과가 나온다. 이상 세 집단 간의 평균지능은 지적 기능에 있어서의 동시대 출생집단의 효과를 반영하는 것이다.

그리고 2000년, 2005년, 2010년, 2015년, 2020년에 지능을 비교함으로써 측정시기 효과를 알 수 있다. 적절한 통계처리를 함으로써, 우리는 동시대 출생집단 효과와 측정시기의 효과를 배제하게 되어 진정한 연령의 변화를 알 수 있게 된다.

7. 인간발달연구의 윤리적 문제

인간을 대상으로 하는 연구의 어려움 중의 하나는 그들이 연구되고 있다는 사실을 지각함으로써 부자연스러운 반응을 한다는 것이다. 따라서 연구자들은 될 수 있으면 피험자들로 하여금 이 사실을 깨닫지 못하게 해서 자연스러운 반응을 얻어내려고 한다. 그러다 보니 연구자들은 가끔 윤리적 문제에 직면하게 되는데, 때로는 연구내용을 잠시 속이는 경우도 발생한다. 어떤 경우는 피험자들로 하여금 긴장이나 불안감, 부정적 정서를 경험하게 하고 약한 전기충격에 노출시키기도 한다.

물론 연구자들의 이런 행위에는 타당한 이유가 있다. 첫째, 이러한 상황을 연출하는 것이 중요한 어떤 현상을 객관적으로 연구할 수 있는 유일한 방법이라는 것이다. 둘째, 피험자들에게는 대가가 따르겠지만 이 연구로부터 얻어지는 혜택도 크다. 혜택은 이 연구를 통해 얻어지는 인간행동에 관한 지식이다. 셋째, 피험자도 연구에 대한 지식을 갖게 되고, 과학적 연구에 이바지했다는 만족감을 느낄 수 있다. 그러나 어떤 경우에라도 피험자가 연구에 참여함으로써 얻게 되는 혜택이 대가를 능가해야 한다는 사실을 연구자들은 명심해야 한다(Graziano & Raulin, 2013; Jackson, 2015; Neuman, 2020).

미국심리학회(APA)와 아동발달연구학회(SRCD)는 인간을 대상으로 하는 연구의 윤리강령을 발표하였는데 그 내용을 요약하면 다음과 같다.

1) 피험자를 신체적 또는 심리적 위해로부터 보호한다

다음에 언급된 연구들은 피험자가 신체적 또는 심리적 상처를 받을 가능성이 있는 연구의 예들이다.

Stanley Milgram

(1) 권위에 대한 복종을 조사한 Milgram(1974)의 연구에서 남성 피험자들은 연구자의 지시에 따라 다른 사람에게 전기충격을 가하도록 되어 있었다(사진 참조). 이 연구에서 Milgram은 피험자들이 어느 정도까지 권위에 복종하는지를 알아보고자 하였다. 대부분의 피험자들은 연구자의 지시(권위)에 따라 다른 사람에게 전기충격을 가할 때 커다란 심리적 갈등을 겪었으며, 심한 스트레스를 받은 것으로 보고하였다.

(2) 자아존중감 손상의 효과를 알아보기 위한 연구(Hull & Young, 1983)에서는, 피험자들에게 지능검사와 사회적 기초능력검사에서 그들이 실패했다고 속였다.

(3) 대학생들이 어떤 상황에서 커닝을 하는지 알아보기 위한 연구(Kahle, 1980)에서, 시험을 본 후 답안지를 학생들에게 돌려주어 그들로 하여금 채점하게 하였다. 학생들이 자신의 답을 쉽게 고칠 수 있는 상황에서 많은 학생들이 그렇게 하였다. 그러나 학생들은 모르고 있었지만 연구자는 누가 답안을 고쳤는지 알 수 있었다.

2) 연구에 참여할 것인지 참여하지 않을 것인지를 자유롭게 선택하게 한다

연구자는 피험자에게 연구의 목적과 연구가 끝났을 때 예상되는 결과에 대해 충분히 설명해 주어야 할 의무가 있다. 그리고 피험자들로부터 연구에 참여하겠다는 승낙서

(informed consent)를 받아야 한다. 승낙서에 포함되는 사항은 다음과 같다.

   (1) 연구에 소요되는 시간과 연구절차

   (2) 연구에 참여함으로써 예상되는 위험이나 불편

   (3) 연구로부터 예상되는 혜택

   (4) 연구에 참여하는 것이 전적으로 자유의사라는 점을 주지시킨다.

다음에 언급된 연구들은 피험자들로부터 승낙서를 받지 않아 문제가 된 예들이다. 1940년 말에서 1970년 사이에 미국정부는 핵전쟁이 일어났을 경우 방사능의 효능을 알아보기 위하여 성인과 아동을 대상으로 방사능 물질을 주사하는 실험을 실시하였다. 1993년 말에 이 연구 사실이 폭로되었을 때, 많은 사람들이 경악을 금치 못하였고, 심지어는 제2차 세계대전 시 나치가 유태인들을 대상으로 행한 '의학적' 실험과 비교하기도 하였다. 일제시대 제731부대에서 일본군이 저지른 '생체실험'의 만행도 이와 유사한 예이다.

미국정부가 후원한 또 다른 악명높은 연구는 1932년에 매독에 걸린 흑인 남성들을 대상으로 한 40년에 걸친 종단연구이다(Jones, 1981). 1932년 미국 앨라배마 주 '매콘 카운티'에는 가난한 흑인들 사이에 매독이라는 성병이 급속도로 퍼져나갔다. 매독은 그 증상이 신체적 마비, 실명, 정신이상, 심장질환 등으로 나타나고 끝내는 죽음에 이르는 경우도 있다. 그 당시 매독치료는 안전성이나 효율성 면에서 미심쩍었다. 미국 연방정부와 주정부가 합세하여 매독치료를 받아본 일이 전혀 없는 399명의 흑인 남성들을 대상으로 매독이란 병이 치료를 받지 않을 경우 어떻게 진행되는지 알아보는 연구(Tuskegee 연구라 칭함)에 착수하였다. 혈액검사와 건강진단을 무료로 해 주고 더운 점심을 제공하고 사망 시 장례식을 무료로 치러준다고 유혹하여 피

James H. Jones

험자들로 하여금 고통스러운 척수천자(spinal taps)[1]를 정기적으로 받게 하였다. 대부분이 문맹인 피험자들에게는 연구의 본질과 목적을 숨기고 척수천자가 매독을 치료하기 위한 것이라고 거짓말을 하였다. 물론 앞으로 매독 치료약이 개발된다고 해도 그 치료에서 이들을 제외한다는 사실도 알려주지 않았다. 그들의 목표는 '피험자들을 사후에 부검하는 것'이었다. 1940년대에 페니실린이 발명된 후에도 그 사실을 피험자들에게 알리지 않았고, 혹 페니실린의 발명사실을 알고 있는 사람들에게도 주사를 맞지 않도록 유도하였다. 연구자들의 생각에는 이 놀랄 만한 '신약'의 사용이 급증하고 있기 때문에, 치료를 전혀 받지 않은 매독 환자들을 연구하기에는 이 Tuskegee 연구가 마지막

----

1) 척수에 주사침을 찔러 척수액을 채취하는 것.

기회라고 여겼다. 그러나 실제로는 통제집단(치료를 받은 매독환자 집단)이 없는 것과 같은 방법론상의 결함과 더불어 몰래 치료를 받은 피험자들이 있다는 사실이 그 연구결과를 쓸모없게 만들었다.

Tuskegee 연구에 관한 보고서가 의학전문잡지에 가끔 실렸지만 1960년대 중반까지는 아무도 이에 대해 이의를 제기하지 않았다. 그러다가 1972년에 언론이 이 사실을 폭로하였으며 국회진상조사특위가 구성되어 이 연구를 종결시켰다. 그때까지 살아남았던 이 연구의 피험자들은 국가를 상대로 소송을 제기하여 승소하였다.

3) 피험자의 사생활을 보호한다

행동연구에서 윤리적 문제와 관련된 잠재적 문제는 피험자의 사생활 보호나 익명성 보장에 대한 침해이다. 이 문제는 연구결과가 인쇄되어 피험자의 신분이 노출되는 경우 심각한 것이 된다. 따라서 연구자들은 연구보고서에서 가끔 가명을 사용하기도 한다.

대부분의 경우 자료가 개인 단위로 보고되지 않기 때문에 피험자의 사생활 침해는 큰 문제가 되지 않지만 성행동이나 음주, 흡연에 관한 개인적인 정보에 관한 연구일 경우는 익명성이 보장되어야 한다.

4) 연구의 성격과 이용에 대해 정직하게 알려준다

연구의 성격과 연구결과를 어떻게 이용할 것인지에 대해 피험자에게 정직하게 말하는 것이 중요하지만, 거짓말이 불가피한 경우가 있다. 이타적 행동에 관한 연구를 예로 들면 만약 연구자가 연구를 시작하기 전에 이 연구에 관해 얘기한다면 피험자의 행동은 왜곡될 것이다. 그래서 어떤 종류의 연구에서는 거짓말이 불가피하다. 미국 심리학회 윤리강령에서도 거짓말이 불가피한 경우에는 이것을 인정하고 있다.

연구윤리정보포털

연구윤리 확보를 위한
지침(법령)

우리나라의 경우 2010년 현재 '한국학술단체총연합회'에서 연구윤리 지침을 마련하고 있는데, 이 지침은 학술연구분야 표절 및 중복게재 등과 관련한 기준을 제시하여 연구윤리에 대한 사회적 의식을 제고하고, 건전한 학문발전에 이바지함을 목적으로 한다. 그리고 2018년에는 「연구윤리 확보를 위한 지침[교육부 훈령 제263호]」을 제정하면서 연구자가 지켜야 할 윤리규범을 법령으로 제시하였다. 이를 반영하여 한국연구재단에서는 「CRE 연구윤리정보포털」 사이트에서 이에 대한 내용들을 제시하고 있다.

태내발달과 출산 제2부

누구나 한 번쯤은 얼굴생김새나 머리카락색 같은 신체적 외모뿐만 아니라 특정의 행동양식이나 성격, 기호에 이르기까지 아버지나 어머니를 쏙 빼닮은 어린아이들을 보면서 신기하게 생각한 경험이 있을 것이다. 이는 모든 인간이 아버지로부터 받은 하나의 정자와 어머니로부터 받은 하나의 난자가 결합한 수정체로부터 만들어지기 때문이다. 이로 인해 때로는 자녀에게 전달되지 않기를 바라는 유전적 결함이나 문제까지도 전달되는 경우가 있다.

수정에서 출생까지 약 열달 동안 태내에서는 매우 빠른 속도로 발달이 진행된다. 따라서 이기간 동안 유전적 요인과 환경적 요인이 태아의 발달에 미치는 영향력도 상대적으로 매우 크다고 할 수 있다. 태내기는 짧은 기간이지만 인간발달의 초석이 되는 중요한 시기이다. 비록 짧은 기간 내의 변화이지만 태내에서의 발달은 이후의 성장과 직결되므로 태내환경에 대한 주의깊은 배려가 필요하다. 정상적인 태내발달을 위한 최적의 태내환경을 제공하고 출산을 준비한다면, 유아들이 건강하게 태어나고 성장하도록 도와줄 수 있을 것이다. 동시에 임신은 여성의 신체와 생활에 많은 변화를 초래하므로 이에 대한 적절한 대응도 필요하다.

출산은 태아와 산모 모두에게 생명의 위협을 느낄 정도로 충격적인 경험이다. 지금까지는 출산과정에서 산모가 경험하는 고통에 대해서만 관심을 가져왔지만, 최근에 와서는 출산중 태아가 겪는 고통에 대해서도 관심을 가져야 한다는 주장이 일고 있다. 출생 후 첫 1개월을 신생아기라고 한다. 신생아기는 태내환경과는 상이한 환경과 새로운 생존방식에 적응해야 한다는 점에서 중요한 의미를 갖는다.

제2부에서는 먼저 인간발달의 유전학적 기초를 살펴봄으로써 유전이 인간발달에 미치는 영향에 대해 살펴보고, 다음으로 태내에서의 발달과정과 출산 전 태내에서 발생할 수 있는 유전적·환경적 요인으로 인한 문제들을 알아보기로 한다. 끝으로 출산과정과 신생아의 특성에 관해 살펴보기로 한다.

제**4**장

인간발달의 유전학적 기초

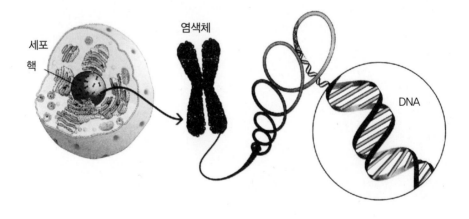

세포
핵

염색체

DNA

신체적 특성뿐만 아니라 성격적 특성까지 인간은 수많은 특성을 부모로부터 물려받는다. 이러한 특성들은 어떻게 유전되는 것일까? 다시 말해서, 유전정보는 어떻게 한 세대에서 다음 세대로 전해지는 것인가? 모든 종(種)에는 한 세대에서 다음 세대로 그 특성을 전달하는 기제가 있다. 이 기제는 유전의 법칙으로 설명된다. 우리 인간은 부모로부터 물려받은 유전정보를 가지고 있는데, 이 정보는 우리 신체 내의 모든 세포에 저장되어 있다. 인간의 유전정보는 한 가지 점에서 중요한 동일성을 갖는다. 그것은 모든 인간은 인간의 유전정보를 갖고 있다는 점이다. 이로 인해 인간의 수정란은 개나 소로 성장하지 않고 인간으로 성장하고 발달하게 되어 있다.

이 장에서는 인간의 생식에 관여하는 생물학적 과정을 살펴보고, 부모로부터 유전정보가 어떻게 자녀에게 전달되는지 알아보고자 한다. 그리고 최근에 와서 크게 주목을 받고 있는 유전자 이상과 유전상담에 관해 살펴본 다음, 유전과 환경이 인간발달에 미치는 영향에 관해서 알아보기로 한다. 오늘날 인간발달학자들의 대부분은 유전과 환경의 상호작용에 의해 인간발달이 이루어진다고 믿고 있지만 그 기제는 매우 복잡하다. 유전과 환경에 관한 한 가지 분명한 사실은 부모가 이 두 가지를 모두 제공한다는 점이다.

1. 유전의 기제

인간의 수정란은 어째서 개나 소와 같은 동물이 아니라 인간으로 성장하고 발달하게 되어 있는가? 자녀는 어떻게 해서 부모의 특성(예를 들면, 큰 키와 갈색 머리카락 등)을 그대로 물려받는가? 접합체라는 단세포로부터 어떻게 신체의 여러 부분을 형성하는 수십억 개의 세포가 만들어지는가?

이상의 질문들은 유전이란 무엇인가라는 난제(難題)의 핵심이 된다. 따라서 유전에 관한 기본 지식은 인간발달을 이해하는 데 필수적이다.

1) 유전인자

인간의 생식세포를 배우체(gametes)라고 한다. 여성의 배우체를 난자라고 하는데, 난자는 인체에서 가장 큰 세포로서 크기가 0.14~0.2mm 정도이다. 남성의 배우체를 정자라고 하며 그 크기는 난자의 $\frac{1}{40}$ 정도이다. 인간의 생식과정은 난자와 정자가 만나 수정이 이루어지면서 시작된다. 수정을 통해서 형성된 단세포를 접합체(zygote)라고 한다(〈그림 4-1〉 참조).

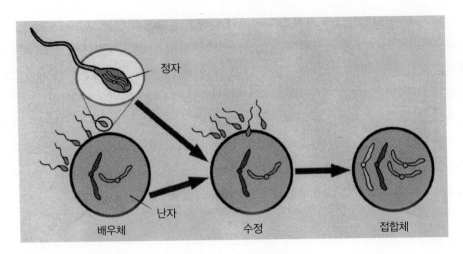

〈그림 4-1〉 배우체와 접합체

정자와 난자가 결합하는 순간 정자로부터 23개의 염색체가 그리고 난자로부터 23개의 염색체가 각각 방출되어 새로운 46개의 염색체 배합이 형성된다. 인간의 모든 유전적 잠재성은 이 46개의 염색체에 의해 결정된다. 23쌍의 염색체 중 22쌍은 상염색체(autosome)이고, 23번째 쌍이 성염색체(sex chromosome)이다. 정상적인 여성의 성염색체는 XX이고, 정상적인 남성의 성염색체는 XY이다(〈그림 4-2〉 참조). 이들 염색체 속에 유전의 기본 단위인 유전인자(gene)가 들어 있다(Dillon, 1987). 이 유전인자는 DNA라고 하는 화학물질로 구성되어 있다. DNA는 부모의 어떤 특성이 자손에게 전해질 것인가를 결정하고, 또한 일생을 통한 성장과 발달을 관리한다.

1953년에 James Watson과 Francis Crick이 DNA 분자의 구조를 발견했는데, 이것은 유전인자의 구조를 이해할 수 있게 해 준 현대과학의 개가였다. DNA는 나선형 사다리꼴 모양을 하고 있으며, 마치 지퍼처럼 가운데가 열리게 되어 있다(〈그림 4-3〉 참조).

남성

여성

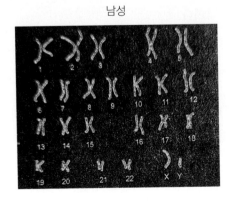

〈그림 4-2〉 정상적인 남성과 여성의 염색체 배열

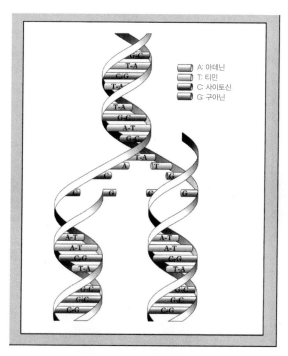

A: 아데닌
T: 티민
C: 사이토신
G: 구아닌

〈그림 4-3〉 DNA의 구조와 복제

사진 설명: James Watson(사진)은 Francis Crick과 함께 DNA 분자구조를 밝혀냄으로써 1962년에 노벨상을 수상하였다.

Francis Crick

DNA에 관한 흥미로운 사실은, DNA에 저장되어 있는 정보의 양이 브리태니커 백과사전의 모든 판(editions)에 실려 있는 양과 비슷하다는 점이다. 그리고 DNA의 총 길이는 지구에서 태양까지의 거리에 해당하며, 무게는 $\frac{1}{2}$g 정도이다.

〈그림 4-4〉와 〈그림 4-5〉는 염색체, 유전인자, DNA에 관한 이해를 돕기 위한 것이다.

유전인자는 유전정보를 내포하는 DNA의 일부분이다. 유전인자는 특정 염색체 내에 지정된 자리가 있다. 최근에 와서 특정 기능과 연관이 있는 유전인자의 특정 위치를 찾아내는 노력에 큰 발전이 있었다(Oliver, 2017). 이러한 발전은 인간게놈 프로젝트(Human Genome Project)의 완성으로 이루어졌다(Brooker, 2015; Cummings, 2014; Mason, Johnson, Losos, & Singer, 2015; Raven, Johnson, Mason, Losos, & Singer, 2014).

인간게놈이란 각 인간세포 속의 DNA를 만드는 약 35억 개의 화학물질인 염기의 정확한 서열을 나타내는 생물학적 지도를 말한다. 게놈 프로젝트는 인간의 특성과 인체 운용 프로그램을 기록하고 있는 DNA의 네 가지 염기(아데닌, 사이토신, 구아닌, 티민)의 배열구조를 밝히는 작업이다. 게놈 해독을 통해 인간 유전자를 전체적으로 파악하면 이를 바탕으로 각 유전자의 작용을 알아내 결함을 수정하고 기능을 강화하는 등 다양한 생물공학적 응용이 가능하게 된다.

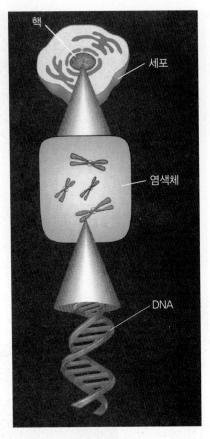

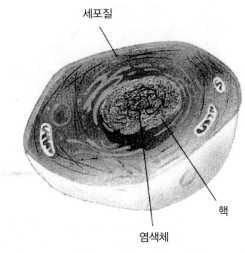

(위) 신체는 수십억 개의 세포로 구성되는데, 이 세포들은 생명의 기본 구조 단위이며, 세포 가운데에 핵이 있다.

(중간) 염색체와 유전인자는 세포의 핵 속에 들어 있다. 염색체는 꼰 실처럼 생긴 구조로 되어 있으며, DNA 분자로 구성되어 있다.

(아래) 유전인자는 유전정보를 내포하는 DNA의 일부분이다. DNA의 구조는 나선형 사다리꼴 모양의 분자로 되어 있다.

〈그림 4-4〉 세포, 염색체, 유전인자, DNA

〈그림 4-5〉 핵형(核型)[1]

2) 후성유전

Conrad Waddington

　　최근에 와서 후성유전에 대한 관심이 높아지고 있다(Cloud, 2010). 후성유전이란 DNA 서열을 바꾸지 않으면서 유전자의 표현형 또는 유전자의 발현이 변하는 현상을 말한다. 후성유전학(Epigenetics)이란 바로 이러한 후성유전적 유전자 발현 조절에 관한 모든 현상을 연구하는 학문이다. 이 용어를 처음으로 사용한 Conrad Waddington은 후성유전학을 "발생 과정에서 어떻게 유전형이 표현형을 창출하는가"를 연구하는 학문이라고 정의하였다. 후성유전학은 DNA에 달라붙는 생화학물질인 '메틸기'의 패턴에 의해 유전형과는 다른 표현형의 변이가 나타나고 그것이 대물림된다고 본다. 후성유전적 조절

---

1) 핵을 형태학적으로 연구하여 얻은 염색체의 한 조(組).

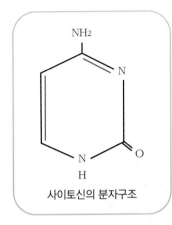

사이토신의 분자구조　　　메틸화된 사이토신의 분자구조

왼쪽 그림은 DNA 염기서열 중 사이토신의 분자구조이고, 오른쪽 그림은 사이토신 분자에 CH_3 메틸기가 붙어서 메틸화된 분자구조이다. 후성유전학에서는 DNA 염기 서열에 CH_3 메틸기의 부착 여부에 따른 유전자 발현 차이를 연구한다.

〈그림 4-6〉 DNA의 메틸화

을 받은 유전자를 어떻게 가려낼 수 있을까? 유전자에 매달린 특별한 화학적 부착물들이 그 독특한 표지이다. 가장 보편적인 것은 탄소원자 한 개와 수소원자 세 개가 결합한 메틸기(CH_3)를 조합한 부착물이다. 메틸기가 유전자에 붙으면 보통 발현을 억제한다.

　〈그림 4-6〉은 DNA의 메틸화에 관한 내용이다. 사이토신(cytosine)에는 원래 메틸기가 붙어 있지 않은데, 메틸화가 일어나면 사이토신에 메틸기가 달라붙는다. 그렇다면 사이토신에 메틸기를 달라붙게 하는 힘은 무엇인가? 그것이 바로 유전자로만 설명할 수 없는 환경의 힘이다. 유전자 입장에서 보면 유전자의 서열 정보는 바뀌지 않은 채로 메틸기가 스위치처럼 붙어서 해당 유전자 발현을 켰다 껐다 하는 역할을 할 수 있도록 변화한 것이다.

　후성유전학 연구는 주로 DNA의 메틸화(methylation)[2]에 관한 연구와 관련되어 있다. 일반적으로 메틸화가 많이 되어 있는 염색체 부위는 발현이 줄고, 유전자 발현이 활발한 영역일수록 메틸화가 덜 되어 있다고 알려져 있다. 환경에 적응하기 위해 유전자가 염기서열을 변화시키는 것보다 메틸화를 통해 유전자 발현을 조절하는 것이 훨씬 빠르고 간편한 방법일 수 있다. 즉, DNA의 메틸화는 유전 스위치라고 할 수 있다. 메틸화 여부에 따라 유전 스위치가 켜지고 꺼지기 때문이다(사진 참조).

　후성유전학에서 가장 빈번하게 거론되는 사례는 동일한 유전인자를 가지고 태어나는 일란성 쌍생아이다. 일란성 쌍생아들은 동일한 유전자를 지니고 태어났음에도 불

2) 세포 안쪽을 떠다니는 '메틸기'라는 화학물질이 DNA에 달라붙는 현상을 말한다.

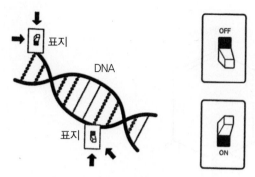

표지

DNA

표지

OFF

ON

사진 설명: 수많은 스트레스원은 히스톤(염기성 단백질의 하나)을 변경시키고, DNA에 메틸기를 부착시킴으로써 후성유전적 표지를 활성화시킨다. 이러한 변화는 유전 스위치를 켰다 껐다 하면서 자손에게 무엇이 유전될 것인가에 영향을 미친다.

구하고 생물학적으로 동일한 형질을 갖지는 않는다. 그 이유가 바로 후성유전체 때문이다. 유전자가 동일할지라도 특정한 메틸기가 유전자 주위에 붙게 되면 그 유전자의 발현을 저해하게 된다. 일란성 쌍생아라도 한쪽은 메틸화가 되어 있을 수도 있고, 다른 한쪽은 메틸화가 되지 않을 수도 있기 때문에 서로 다른 결과가 나타나는 것이다.

후성유전학의 발견은 "획득된 형질은 유전될 수 없다"는 기존 유전의 법칙에 위배된다. 이는 유전자에 의해 운명적인 삶을 살아간다는 생명체의 숙명적 한계에 희망을 주고 있다. 유전자가 모든 것을 결정한다는 기존 관점들이 재고되고 있다. 후성유전학이 흥미롭게 보이는 이유는 라마르크식 '획득형질'을 닮았기 때문이다. 즉, 환경이 유전자에 흔적을 남기고, 흔적이 유전된다. 유전자는 환경의 흔적을 기억한다. 조상이 경험한 환경의 흔적이 후손에게 유전된다. 후성유전으로 달라진 유전자 발현이 다음 세대, 또 그다음 세대까지 이어질 수도 있다. 기존 유전학과 함께 후성유전학 관점에서 인간발달을 연구해야 하는 의미가 바로 여기에 있다.

3) 세포분열

수정 후 인간의 성장과 발달은 세포분열로 진행이 되는데, 인체에는 두 종류의 세포가 있다. 하나는 신체세포(body cells)인데, 이것은 유사분열(mitosis, 有絲分裂)에 의해 재생산되며, 골격, 신경, 근육, 소화기관 등을 형성한다. 다른 하나는 난자와 정자를 만드는 생식세포(germ cells)인데, 이것은 감수분열(meiosis, 減數分裂)에 의해 재생산된다.

(1) 유사분열

유사분열은 염색체가 스스로를 복제(duplication)하는 과정으로부터 시작된다. 복제된 염색체는 모세포의 양쪽 끝으로 옮겨가서 분열을 시작한다. 그리고 분열이 완성되면 모세포와 동일한 23쌍의 염색체를 가진 자세포가 형성되는데, 여기에는 최초의 접합체에 들어 있던 것과 동일한 유전정보가 들어 있다(〈그림 4-7〉 참조). 이 과정은 낡은 세포를 대신해 새로운 세포가 생성되면서 일생 동안 계속된다. 출생 시 아기는 약 10조 개의 세포를 가지고 태어나는데, 성인이 되면 수백조 개의 세포로 증가한다. 그러나 아

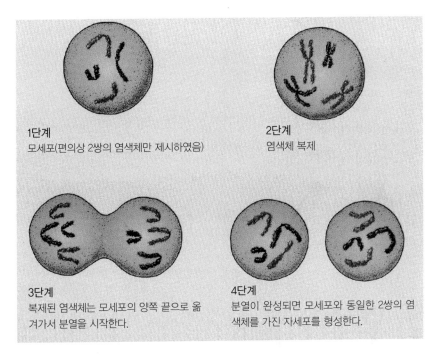

1단계
모세포(편의상 2쌍의 염색체만 제시하였음)

2단계
염색체 복제

3단계
복제된 염색체는 모세포의 양쪽 끝으로 옮겨가서 분열을 시작한다.

4단계
분열이 완성되면 모세포와 동일한 2쌍의 염색체를 가진 자세포를 형성한다.

〈그림 4-7〉 유사분열

무리 많은 세포를 가지게 되더라도 각 세포는 수정의 순간에 접합체라는 단세포에 들어 있던 유전정보를 그대로 전달받게 된다(Johnson, 2012).

(2) 감수분열

감수분열은 유사분열보다 좀더 복잡하다. 첫째, 생식세포는 46개의 염색체를 복제한다. 둘째, 유전자 교환(crossing-over)이 이루어진다. 유전자 교환이란 감수분열을 하는 동안 수정란 세포 내의 염색체 간에 유전자가 교환되는 현상을 말한다(〈그림 4-8〉 참조). 유전자 교환 현상에 의해 유전자 조합의 수는 무한대에 이른다. 이 조합의 수는 지금까지 지구상에 태어난 인간의 수보다 많으므로, 이 지구에는 똑같은 사람이 둘 이상 존재하지 않고(일란성 쌍생아는 제외), 여기에 개인차의 신비가 있다. 셋째, 복제된 염색

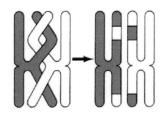

감수분열을 하는 동안 염색체 간에 유전인자가 교환되는 현상

〈그림 4-8〉 유전자 교환

체는 두 개의 새로운 세포로 균일하게 나누어져서 네 개의 배우체를 형성하게 된다. 이 배우체는 23개의 염색체를 갖게 된다(〈그림 4-9〉 참조).

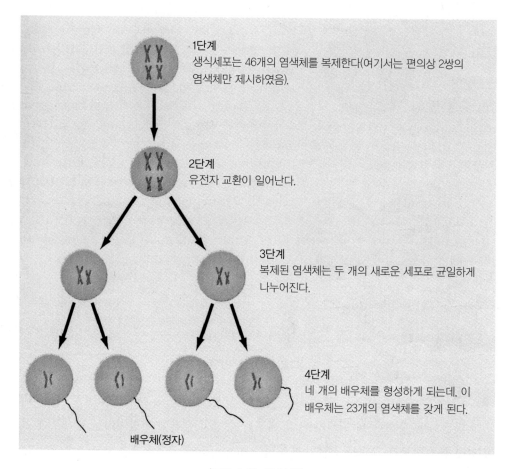

1단계
생식세포는 46개의 염색체를 복제한다(여기서는 편의상 2쌍의 염색체만 제시하였음).

2단계
유전자 교환이 일어난다.

3단계
복제된 염색체는 두 개의 새로운 세포로 균일하게 나누어진다.

4단계
네 개의 배우체를 형성하게 되는데, 이 배우체는 23개의 염색체를 갖게 된다.

배우체(정자)

〈그림 4-9〉 감수분열

인체 내의 모든 세포는 46개(23쌍)의 염색체를 가지고 있는데, 정자와 난자는 이의 절반인 23개의 염색체를 갖는다. 왜냐하면 만약 정자와 난자가 46개의 염색체를 갖게 된다면 이들이 결합할 때 정상적인 염색체의 수인 23쌍이 아니라 46쌍이 되기 때문이다.

2. 유전인자와 염색체의 이상

신생아의 대부분은 건강한 상태로 태어나지만, 그중에는 선천성 결함을 가지고 태어나는 아기들도 있다. 어떤 결함은 부모로부터 물려받은 유전병에 의한 것이고, 또 어떤 것은 염색체의 이상에 기인하는 것이다. 여기서는 염색체와 유전인자의 결함으로 인해 나타나는 몇 가지 이상에 관해 살펴보기로 한다.

1) 유전인자의 이상

유전인자의 이상에는 우성인자에 의한 결함과 열성인자에 의한 결함이 있다.

(1) 헌팅턴병(Huntington's Chorea)

일반적으로 정상 유전인자는 비정상 유전인자에 비해 우성이다. 즉, 대부분의 유전병은 열성인자에 의한 것으로, 우성인자에 의한 유전병은 매우 드물다. 우성인자에 의한 유전병의 경우, 보균이 가능한 열성인자에 의한 유전병의 경우와는 달리 반드시 발병하게 되어 있다. 그리고 발병하면 대개의 경우 자녀를 낳을 때까지 오래 살지 못하기 때문에 이 유전자 형질은 영원히 사라지게 된다. 이것이 우성인자에 의한 유전병이 드문 이유이다. 그러나 때로는 이 상황이 뒤바뀌어져서 비정상 특성이 우성인자에 의해 전달되는 경우가 있다. 헌팅턴병이 그러한 경우이다.

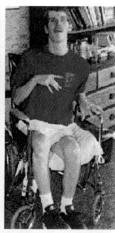

사진 설명: 운동선수였던 한 청년이 중년기에 와서 헌팅턴병이 발병한 후의 모습

헌팅턴병은 아동기, 청년기, 성년기까지는 별 문제가 없지만, 중년기가 되면 신경세포가 손상되기 시작해서 환각, 망상, 우울증, 성격변화를 포함한 정신장애와 근육이 무력해지는 운동기능장애가 나타난다(Shiwach, 1994). 헌팅턴병 환자는 팔다리를 흐느적거리며 걷기 때문에 마치 춤을 추는 것과 같다 하여 헌팅턴 무도병이라고도 부른다. 헌팅턴병은 매우 서서히 진행되지만 점차로 신체적·정신적으로 자신을 돌볼 수 없게 되고, 걷는 것이 불가능하며, 음식물을 삼키지도 못하고, 인지적 기능을 완전히 상실하게 되어 결국에는 사망하게 된다(Berkow, 1987).

(2) 페닐케토뉴리아(Phenylketonuria: PKU)

열성인자에 의한 유전병 중 가장 보편적인 것이 페닐케토뉴리아이다. 페닐케토뉴리아는 신진대사에 필요한 효소의 결핍으로 인한 유전병이다. 이 효소는 유제품, 빵, 계란, 생선 등에 함유되어 있는 단백질인 페닐알라닌을 아미노산으로 전환해 준다. 이 효소가 결핍되면 페닐알라닌이 분해되지 못하고, 그 독성이 신경조직에 축적되어 결과적으로 정신지체를 유발시키는 요인으로 작용하게 된다(Diamond, Prevor, Callender, & Druin, 1997; Mange & Mange, 1990). PKU는 지능장애와 운동신경장애를 동반하는데, 심한 경우 지능지수가 50 이하로 떨어지기도 한다. 최근에는 생후 1개월 내 신생아 선별검사로 PKU가 발견되면 페닐알라닌의 섭취를 제한하는 식이요법을 함으로써 정신지체를 피하게 도와준다(Ahring et al., 2018; Giovannini, Verduci, Salvatici, Paci, & Riva, 2012; Rohde et al., 2014).

2) 성염색체 이상

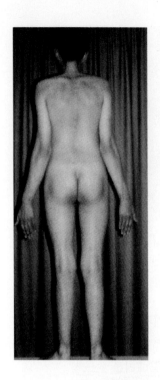

(1) 클라인펠터 증후군(Klinefelter syndrome)

클라인펠터 증후군은 남성적 특성이 약하고, 사춘기에 가슴과 엉덩이가 커지는 등 여성적인 2차 성징이 나타난다(사진 참조). 일반적으로 남성의 경우 유방암의 발병률이 매우 낮은 데 비해, 클라인펠터 증후군의 남성은 유방암 발병률이 20배나 높다. 고환이 미성숙하여 정자를 생산하지 못하기 때문에 생식불능이다. 지능이 낮은 경우가 많은데, 특히 언어지능이 떨어진다. 이러한 결함들은 여분의 X 염색체가 많을수록 더욱 현저하다(Hong et al., 2014; Kanakis & Niescholag, 2018; Ross et al., 2012; Van Rijn, de Sonneville, & Swaab, 2018).

(2) 초웅(超雄) 증후군

초웅 증후군은 정상 남성보다 키가 훨씬 크고, 특히 치아가 큰 것이 특징이며, 사춘기에 여드름이 심하게 난다. 비정상적으로 적은 수의 정자를 생산하지만 생식능력은 있다. 범죄율이 높고 성인기에 정신분열증의 발병률이 높다. 한때 초웅 증후군의 남성은 지능이 낮고, 폭력적인 것으로 생각되었지만, 연구결과 이러한 가정은 잘못된 것으로 판명되었다(Shafer & Kuller, 1996).

(3) 터너 증후군(Turner syndrome)

터너 증후군은 난소가 기능을 제대로 하지 못해 여성 호르몬이 부족하고 여성 호르몬의 부족으로 사춘기가 되어도 2차 성징이 나타나지 않으며 생식능력이 없다. 언어지능은 정상이지만 공간지각 능력은 평균 이하인 경우가 많다. 당뇨병, 연소자형 관절염, 작은 키(단신)가 보편적인 특성이다(Apperley et al., 2018; Bianchi, 2019; Kaur & Phadke, 2012). 갑상선 질환, 결핵성 피부염, 류머티스성 관절염, 골다공증의 발병률이 높다.

(4) 초자(超雌) 증후군

초자 증후군은 외형상으로는 정상적인 여성의 외모를 갖추고 있으며, 생식능력도 가지고 있다. 그러나 지능이 낮으며, 특히 언어적 추론능력이 떨어진다. 이러한 결함은 2세 때에 나타나기 시작하며, 여분의 X 염색체가 많을수록 더욱 현저하다.

(5) X 염색체 결함 증후군(Fragile X Syndrome)

　X 염색체 결함 증후군의 신체적 특징은 얼굴이 길고, 귀가 당나귀 귀 모양을 하고 있으며(사진 참조), 고환이 비대하다. 정신지체, 언어장애, 자폐증 등의 장애가 나타나기도 한다(Hall et al., 2014; Lipton & Sahin, 2013). X 염색체 결함 증후군은 여성보다 남성에게서 발병률이 높다. 그 이유는 남성의 성염색체는 XY인데, 여성의 성염색체는 XX로 X가 두 개이다. 따라서 여성의 경우 결함 있는 X염색체가 다른 하나의 건강한 X 염색체에 의해 수정·보완될 가능성이 있기 때문이다(Hooper et al., 2018; McDuffie et al., 2015).

3) 상염색체 이상

　상(常)염색체는 성염색체를 제외한 22쌍의 염색체를 지칭한다. 상염색체의 결함에서 오는 대표적인 장애가 다운증후군(Down Syndrome)이다. 다운증후군은 대부분의 경우, 23쌍의 염색체 중 21번째 염색체가 쌍이 아니라 세 개의 염색체가 나타나는 삼체형(trisomy)이다(Lewanda et al., 2016; 〈그림 4-10〉 참조). 그러나 드물게는 21번과 22번 염색체 간의 전위로 인해 발생하는 전위형(translocation)도 있다.

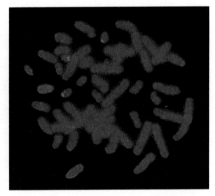

핑크색 점들은 21번 염색체가 세 개 있음을 나타낸다.

〈그림 4-10〉 **다운증후군의 유발인자**

　다운증후군은 신체적 장애와 지적 장애를 동반한다(Grealish, Price, & Stein, 2020). 신체적 장애로는 뒷머리가 납작하고, 목이 짧으며, 작은 머리, 쭉 찢어진 눈, 납작한 코, 삐죽 나온 혀, 짧고 통통한 사지 등이 그 특징이다(Peters & Petrill, 2011). 다운증후군의 아동은 평균 지능지수가 50 정도로 심한 정신지체 현상을 보인다. 지적 장애가 있음에도 불구하고 다운증후군의 아동은 속도가 느리기는 해도 정상아동과 비슷한 발달양상을 보인다. 특히 성격이 밝고 사람을 좋아하기 때문에 사교성이 좋다(사진 참조). 백혈병이나 알츠하이머병에 걸릴 확률이 높은데, 흥미롭게도 21번 염색체는 알츠하이머병과 관

표 4-1 어머니의 연령에 따른 다운증후군의 발생 빈도

어머니의 연령	다운증후군의 발생 빈도	다운증후군의 자녀를 출산한 경험이 있는 경우
～29세	1/1000	1/100
30～34세	1/700	1/100
35～39세	1/220	1/100
40～44세	1/65	1/25
45～49세	1/25	1/15

출처: Shafer, H. H., & Kuller, J. A. (1996). Increased maternal age and prior anenploid conception. In J. A. Kuller, N. C. Cheschier, & R. C. Cefalo (Eds.), *Prenatal diagnosis and reproductive genetics*. St. Louis: Mosby.

련이 있는 것으로 밝혀졌다.

다운증후군은 산모의 연령과 관련이 있다. 즉, 다운증후군의 발생률은 어머니의 연령이 증가함에 따라 급격하게 증가한다. 그리고 다운증후군의 자녀를 출산한 경험이 있는 경우는 발생률이 더욱 증가한다(〈표 4-1〉 참조).

노산인 경우, 염색체 이상이 있는 아기를 낳을 확률이 높은 이유는 난자의 노화현상 때문인 것으로 설명할 수 있다. 남성의 경우, 성적 성숙이 이루어진 후에는 계속해서 정자를 생산할 수 있지만, 여성은 출생 시 이미 난자를 모두 가지고 태어난다. 따라서 45세 된 여성의 경우, 난자도 45년 동안 환경오염에 노출되거나 단순한 노화현상으로 인해 그 질이 떨어지는 경우가 많기 때문이다. 또 다른 설명으로는 에스트로겐과 감수분열의 관계를 그 이유로 들고 있다. 여성이 폐경기에 접어들면 에스트로겐의 분비가 감소하게 된다. 에스트로겐 분비가 감소하면 감수분열의 속도가 느려져서 염색체가 정확하게 이분되지 않는다는 것이다. 연구결과 어머니의 에스트로겐 분비수준과 자녀의 다운증후군 간의 상관관계가 높은 것으로 나타났다(Benn, 1998).

사진 설명: 유전상담을 통해 유전적 결함이 있는 자녀를 출산할 가능성이 있는지 알아볼 수 있다.

3. 유전상담

유전병의 가능성이 있는 예비부모는 유전상담을 통해서 그 문제를 경감시키거나 피할 수 있다. 가계에 유전병이 있는 경우, 유전적 결함이 있는 자녀를 출산한 경우, 습관성 유산의 경험이 있는 경우, 부모의 연령(특히 어머니)이 많은 경우에는 유전상담이 필요하다.

유전상담은 유전학자나 소아과 의사를 비롯하여 유전학과 상담분야에 관한 지식이 있는 사람이 주로 하게 된다. 유전상담은 우선 가계에 유전병이 있는가를 확인하기 위해 부모로부터 가족계보(家族系譜: pedigree)에 관한 정보를 얻는다. 이 가족계보는 자녀가 유전병을 가지고 태어날 가능성이 있는지 알아보는 데 유용하다. 그리고 혈액검사, 소변검사, DNA 분석을 통해 예비부모가 심각한 유전병을 보유하고 있는지 여부를 알아본다. 일단 모든 정보와 검사결과에 의해 유전병의 가능성이 밝혀지면, 유전상담가는 몇 가지 대안을 제시할 수 있다. 피임을 해서 아기를 낳지 않기로 결정하거나, 건강한 아기를 출산할 가능성도 있기 때문에 위험을 무릅쓰고 임신을 하기로 결정하는 것이 그것이다. 현대의학은 태내진단을 통해서 좀더 확실한 것을 알 수 있고, 유전병이 확실한 경우 여러 가지 의학적 처치도 가능하게 해 준다.

1) 태내진단

양수검사(amniocentesis), 융모검사(chorionic villus sampling: CVS), 초음파검사(ultrasound sonography), 태아 MRI(magnetic resonance imaging) 등을 통해 태아의 유전적 결함을 출산 전에 미리 알아볼 수 있다.

(1) 양수검사

35세가 넘으면 염색체 이상이 급격히 증가하므로 35세 이상의 임부는 양수검사를 받는 것이 좋다. 양수검사는 주사기를 가지고 태아를 보호하는 양막의 아랫 부분에서 소량의 양수를 채취하는 방법이다(〈그림 4-11〉 참조). 양수는 태아의 세포를 포함하고 있으므로 세포의 염색체를 분석하여 다운증후군, 테이색스병, 겸상적혈구빈혈, 낭포성 섬유증, 혈우병, 성염색체 이상 등 200여 종의 유전적 결함을 판별해 낼 수 있다(Athanasiadis et al., 2011; Menon et al., 2014; Nagel et al., 2007; Whittle & Connor, 1995). 태아의 성별도 양수검사로 알 수 있는데 이것은 혈우병과 같이 성과 관련

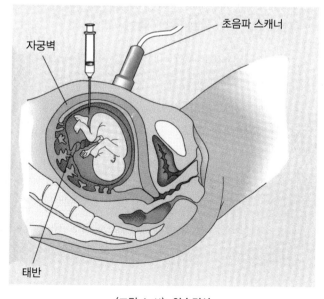

자궁벽　　초음파 스캐너

태반

〈그림 4-11〉 **양수검사**

이 있는 유전병을 진단하는 데 도움이 된다. 충분한 양의 양수를 얻을 때까지 기다려야 하므로, 최소한 임신 14~16주 이전에는 양수검사를 할 수 없으며, 검사결과는 2주 후에나 알 수 있으므로 태아가 심각한 결함이 있는 경우라도 유산을 하기에는 너무 늦다 (Kuller, 1996). 그리고 양수검사를 너무 일찍 하게 되면 자연유산의 위험을 초래할 수도 있다(Saltvedt & Almstrom, 1999).

(2) 융모검사

양수검사만큼 정확하지는 않지만 임신 8~10주 전에 양수검사의 대안으로 실시하는 융모검사에 의해서도 유전적 결함에 대한 정보를 제공받을 수 있다(Vink & Quinn, 2018). 융모검사 시 질과 자궁 경부를 통해 카테터(Catheter)[3]를 집어넣거나, 배에 주사바늘을 찔러 태아를 둘러싸고 있는 융모막에서 태아세포를 추출한다(〈그림 4-12〉 참조). 이를 분석하여 유전병 유무를 알 수 있다(Bauland et al., 2012; Gimovsky et al., 2014). 융모막은 임신 2개월간 태아를 둘러싸고 있는 조직층으로서 나중에 태반으로 발달한다. 융모검사의 장점은 임신 2개월 이내에 검사할 수 있다는 점과 결과를 빨리(24시간~1주일 이내) 알 수 있다는 점이다. 융모검사의 단점은 양수 검사보다 유산의 위험이 훨씬 높고, 드물게는 사지기형(limb deformities)의 원인이 되기도 한다(Kuller, 1996). 그리고 융모검사는 결과가 확실하지 않은 경우가 많으므로 이때에는 양수검사를 받아야 한다.

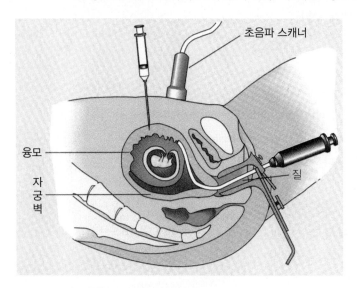

초음파 스캐너

융모

자궁벽

질

〈그림 4-12〉 **융모검사**

(3) 초음파검사

가장 보편적으로 사용되는 초음파검사는 임신 14주 후에 할 수 있으며, 임부의 복부에 초음파를 통하게 함으로써 자궁 내부의 사진을 찍어 태아의 영상을 볼 수 있게 해 준다(사진 참조). 초음파는 신체기관에 따라 흡수나 방향의 정도가 다르기 때문에 이

---

3) 체강(體腔) 또는 공동성장기(空洞性臟器) 내에 삽입하는 데 쓰이는 구멍이 있는 관 모양의 기구.

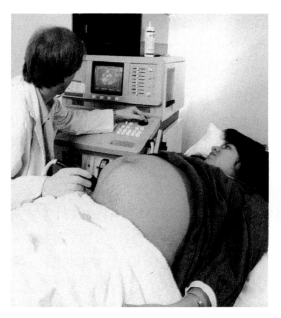

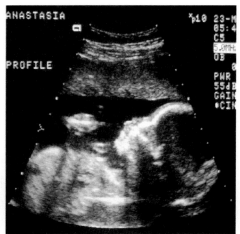

를 통해 태아에 관한 많은 자료를 제공받게 된다. 정확한 임신기간, 태아의 성별, 쌍생아 출산의 가능성, 탯줄이나 태반의 위치, 자궁 내 이상이나 태아의 사망여부를 알 수 있다(Barišié et al., 2017; Masselli et al., 2011). 초음파검사는 많은 부모들로 하여금 자신의 아기를 처음 '만나는' 기쁨을 안겨 준다. 일반적으로 초음파검사는 안전한 것으로 생각되지만, 너무 자주 검사를 받게 되면 태아의 성장에 부정적인 영향을 미칠 수 있다(Chitty et al., 2013; Cignini et al., 2010; Newnham, Evans, Michael, Stanley, & Landau, 1993).

(4) 태아 MRI

태아의 신체기관과 구조의 영상을 생성하여 기형여부를 진단하기 위해 태아 MRI가 사용된다(Daltro et al., 2010; Duczkowska et al., 2011; Manganaro et al., 2017). 현재 태내 진단검사로 초음파검사가 가장 많이 사용되고 있지만 태내 MRI는 초음파검사보다 더 정밀한 영상을 제공해 준다. 태반의 이상이나 태아의 중추신경계, 소화기관, 생식기(또는 비뇨기계통) 등의 이상은 태아 MRI가 초음파검사보다 더 잘 감지할 수 있다(Baysinger, 2010; Panigraphy, Borzaga, & Blumi, 2010; Robinson & Ederies, 2018; Sethi et al., 2013; Sørensen et al., 2013; Weston, 2010).

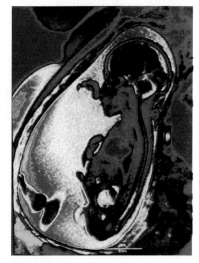

사진 설명: 태아 MRI

2) 유전질환 치료

오늘날에는 의학기술의 발달로 말미암아 유전질환을 치료하거나 증상을 완화시키는 것이 가능하다. 예를 들면, 새로운 의학기술로써 자궁내 태아에게 약물치료, 골수이식, 호르몬 치료를 함으로써 유전질환을 치료할 수 있다(Golbus & Fries, 1993; Hunter & Yankowitz, 1996). 그리고 심장, 신경관, 요도, 호흡기 계통의 유전질환을 수술로도 치료할 수 있다(Yankowitz, 1996).

터너 증후군이나 클라인펠터 증후군을 가지고 태어난 아동들에게 호르몬 치료를 하여 이들을 외관상 좀더 정상적으로 보이게 할 수 있다. 혈우병이나 겸상적혈구 빈혈의 경우, 정기적으로 수혈을 받아 증상을 완화시킬 수 있으며, PKU의 경우도 페닐알라닌의 섭취를 제한하는 식이요법을 함으로써 증상을 완화시킬 수 있다. 낭포성 섬유증의 경우, 낭포성 섬유증의 유전인자의 위치를 확인하여 유전자 대체 치료를 시도해 본 결과 장애가 완치된 것은 아니었지만 증상이 많이 완화되었다(Strachan & Read, 1996).

Tom Strachan

Andrew Read

유전공학의 발달로 인해 유전자 치료의 가능성도 엿보인다. 유전자 치료는 임신 초기에 결함 있는 유전자를 건강한 유전자로 대체하여 유전결함을 영구히 교정하는 것을 말한다. 동물을 대상으로 한 유전자 치료에서는 몇 가지 유전질환이 성공적으로 치유되었지만, 인간을 대상으로 하는 경우 윤리적인 문제로 인해 인간의 유전자 치료는 아직 실시되지 못하고 있다.

유전적 질환을 일찍 발견해서 심각한 증상이 나타나기 전에 치료를 받게 된다면, 장애가 있는 많은 아동들이 거의 정상에 가까운 삶을 살 수 있게 될 것이다. 최근에 태아의학, 유전자 지도작성, 유전자 대체 치료의 성공에 힘입어 지금까지 불치병으로 여겨졌던 많은 유전질환이 가까운 장래에 치료할 수 있게 되거나 완치될 수도 있을 것이다.

태내발달과 태내환경

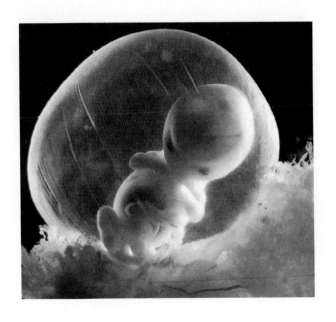

인간발달의 전 과정을 통틀어 임신과 출산 사이의 10개월만큼 극적인 변화가 일어나는 시기도 없다. 그럼에도 불구하고 그 과정을 우리가 눈으로 직접 볼 수 없다는 이유로 태내의 발달과정에 대해서는 큰 관심을 기울이지 않았다. 수정 후 몇 주일 내에 단세포는 가히 폭발적이라 할 수 있을 정도로 수십억 개의 세포로 불어난다. 이 모든 세포는 눈, 귀, 팔다리, 뇌, 내장기관을 형성하는 등 각기 맡은 바 임무를 수행함으로써 하나의 인간을 만들어 나간다.

중세기까지 인간생명의 기원에 대한 보편적인 견해는, 단지 크기만 작을 뿐 완전한 형태의 인간이 남성의 정자나 여성의 난자에 이식되어 양적으로만 성장한다는 전성설에 바탕을 둔 것이었다. 그러다가 18세기 말에 스위스의 동물학자인 Wolff가 인간의 생명은 미리 형성되어 있는 것이 아니라 남성의 정자와 여성의 난자가 수정하여 만들어진 단세포로부터 출발한다는 사실을 발견하였다. 이를 통해 우리는 수정과 태내발달에 대해 새로운 인식을 하게 되었다. 뿐만 아니라 유전결함, 감염, 약물, 환경오염물질 등과 같이 태내발달을 저해하는 요인에 관한 지식도 갖게 되었다.

태내환경은 출생 이후의 환경보다도 태아에게 심대한 영향을 미친다는 점에서 중요한 의미를 지니고 있다. 임신기간 중 어머니는 자신의 건강과 자녀를 위한 최적의 태내환경을 만들어 주기 위해 충분한 영양섭취는 물론이고 흡연이나 음주, 약물복용 등을 자제해야 한다. 동시에 질병에 감염되지 않도록 충분한 휴식과 적절한 운동이 필요하며 편안한 마음을 갖는 것이 필요하다.

이 장에서는 생명이 어떻게 시작되며, 태아의 성(性)은 어떻게 결정되는지 알아보고, 태내발달의 단계와 태내환경에 영향을 미치는 요인들에 관해서 살펴보고자 한다.

1. 생명의 시작

인간의 생명은 남성의 정자와 여성의 난자의 결합으로 시작된다. 이 과정을 수정 또는 임신이라고 한다. 태내에서의 40주 동안 정자와 난자가 결합한 하나의 세포는 빠른 속도로 하나의 생명체로 성장하게 된다.

1) 수정

성숙한 여성의 경우, 월경주기(보통 28일)의 중간쯤에 양쪽 난소에서 한 달에 한 번씩 번갈아 난자를 배출하는데 이것을 배란(ovulation)이라고 한다. 배란기를 전후해서 질 속에 사정된 정액 속의 정자가 긴 꼬리로 헤엄쳐서 나팔관까지 올라가면 난소에서 내

사진 설명: 남성에게서 생성된 수백만 개의 정자가 여성의 질 속으로 들어가지만, 수백 개의 정자만이 난자에 도달하고, 그중 단지 한 개의 정자만이 난자와 결합하게 된다.

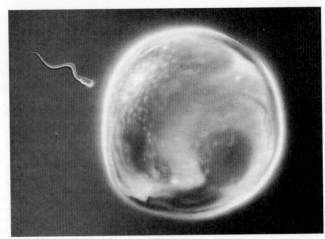

사진 설명: 수정의 순간. 한 개의 정자가 난자의 세포막을 뚫고 들어가는 모습

사진 설명: 일란성 쌍생아

Allen J. Wilcox

려오고 있던 난자와 만나게 된다. 난자는 혼자 힘으로는 움직이지 못하고 융모의 수축운동에 의해 자궁까지 도달할 수 있다. 배출된 난자의 생존기간은 약 24시간이며 정자의 생존기간은 약 72시간이다. 이 기간 내에 수정이 이루어지지 않으면 정자와 난자는 수정능력을 잃게 된다.

일단 한 개의 정자가 난자의 세포막을 뚫고 들어가게 되면, 정자의 끝부분에 달린 꼬리는 잘리고, 정자의 핵과 난자의 핵이 결합하여 하나의 새로운 세포체를 형성하게 된다. 이러한 과정을 수정(fertilization)이라 하고, 새로 생긴 단일세포를 수정란(fertilized ovum)이라 한다. 이 수정란은 접합체라고 불리는데 이것이 곧 새로운 생명의 시작이다.

일반적으로 수정은 한 개의 정자와 한 개의 난자의 결합으로 이루어진다. 그러나 한 개의 난자가 이분되어 일란성 쌍생아(사진 참조)로 성장하거나, 매우 짧은 기간에 두 개의 난자가 방출되어 두 개의 정자와 만나 이란성 쌍생아가 되기도 한다(〈그림 5-1〉 참조).

놀랍게도 새로운 생명체의 절반 정도만이 살아남아 출생에 이르게 된다. $1/4$은 유전자의 결합으로 수정 후 2~3일 내에 소실되고, 나머지 $1/4$은 임신기간 중에 자연유산하게 된다(Wilcox et al., 1988).

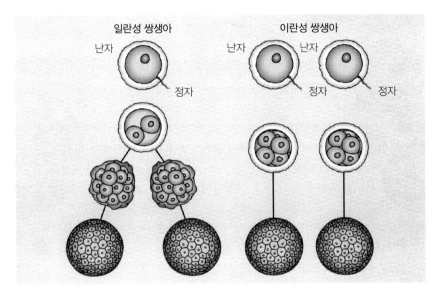

〈그림 5-1〉 일란성 쌍생아와 이란성 쌍생아의 수정과정

2) 성의 결정

23쌍의 염색체 중 마지막 1쌍은 성염색체인데, 이 성염색체에 의해 태아의 성이 결정된다. 여성의 난자는 X 염색체만 가지고 있으나 남성의 정자는 약 반수가 X 염색체, 나머지 약 반수는 Y 염색체를 가지고 있다. 따라서 난자와 만나는 정자의 종류에 따라 태아의 성이 결정된다. 즉, 정자와 난자가 결합할 때 X 염색체를 가진 정자가 난자와 만나면 여자아이가 태어나고, Y 염색체를 가진 정자가 난자와 짝지어지면 남자아이가 태어난다(〈그림 5-2〉 참조).

정자의 절반은 X 염색체를 가지고 있고, 나머지 절반은 Y 염색체를 가지고 있으므로 이론적으로는 남아 또는 여아로 성이 결정될 확률은 50 : 50이다. 그런데 Y 염색체를 가진 정자가 X 염색체를 가진 정자보다 쉽게 난자와 결합하므로, 수정 시에는 남녀의 비율이 130 : 100 정도이다. 그러나 유전자의 결함이나 자연유산의 위험이 남아의 경우가 더 높기 때문에 출생 시 남녀의 비율은 106 : 100 정도가 된다.

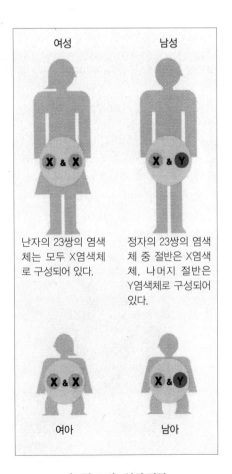

난자의 23쌍의 염색체는 모두 X염색체로 구성되어 있다.

정자의 23쌍의 염색체 중 절반은 X염색체, 나머지 절반은 Y염색체로 구성되어 있다.

〈그림 5-2〉 성의 결정

불임: 원인과 치료

결혼한 부부 중 10~15%가 불임부부이다. 불임은 피임을 하지 않았는데도 결혼 후 1년 내지 1년 반이 지나도록 임신이 되지 않는 상태를 말한다. 불임의 원인은 남편 또는 아내에게 있는 경우가 반반씩이다.

남성의 경우는 너무 적은 수의 정자생산이 그 원인일 수 있다. 난자를 수정시키는 데는 단 하나의 정자만이 필요하지만, 한 번의 사정에서 6천만 개 내지 2억 개보다 적을 때는 임신이 되지 않는 경우가 많다. 또는 통로가 막혀서 정자가 빠져나가지 못할 수도 있고, 자궁경부에 도달할 만큼 활동성이 없을 수도 있다. 여성의 경우는 배란을 못하거나, 비정상적인 난자를 생산하거나, 나팔관이 막혀서 난자가 자궁에 도달하지 못하거나, 자궁내벽의 질병으로 인해 수정란의 착상을 어렵게 하거나, 자궁경부의 점액이 정자로 하여금 통과할 수 없게 하는 것 등이 불임의 원인이다. 그러나 불임부부 열 쌍 중 한 쌍은 부부가 모두 정상인데도 임신이 되지 않는 경우가 있다.

외과적 수술로 불임문제를 해결하기도 하고, 호르몬 치료로 정자의 수를 증가시키거나 배란을 증진 시킬 수 있다. 사실 어떤 약물은 과배란이 되게 하여 둘 또는 셋 이상의 쌍둥이를 출산하게 하기도 한다. 가장 오래된 불임 해결책은 입양이며, 이는 역사를 통해 모든 문화권에서 찾아볼 수 있는 제도이다. 그러나 우리나라는 '핏줄'을 유난히 강조한 나머지 입양을 꺼리는 경향이 있어, '아기 수출국'이라는 불명예스러운 이름을 얻기도 했다. 입양 외에도 자녀를 갖기 위한 새로운 방법이 많이 보급되고 있는데 인공수정, 시험관 수정, 대리모 방식이 대표적인 방법이다.

남편이 불임인 경우에는 기증자에 의한 인공수정(artificial insemination)을 할 수 있다. 이 방법은 20세기 초반부터 이용되어 왔으며, 많은 여성들이 익명의 기증자의 정자로써 수정을 받는다. 이때 기증자의 정액을 남편의 정액과 섞음으로써 남편의 아기를 낳을 가능성도 있다. 시험관 수정(in-vitro fertilization)은 나팔관이 막혔거나 손상된 여성의 난소에서 난자를 채취하여 남성의 정자와 체외에서 인공적으로 수정시키는 방법이다. 시험관에서 수정시킨 수정란을 부인의 자궁에 착상시킨다. 1978년 첫 시험관 아기인 Louise Brown이 탄생했으며(사진 참조), 우리나라에서는 1985년에 서울대학교 병원에서 시험관 아기가 처음으로 탄생했다. 그 후 매년 8천여 명의 아기가 시험관을 통해 태어나고 있는데, 시험관 수정에 의한 임신 성공률은 20% 이상이다. 대리모(surrogate mother)란 비배우자 관계에 있는 남성의 아기를 낳아 아기 아버지와 그 부인에게 아기를 넘겨주는 데 동의하는 여성을 일컫는다. 남성은 임신이 가능한데 여성은 그렇지 못한 경우, 남성의 정자를 채취해서 대리모의 자궁에 주입시켜 아기를 얻는 방법이다.

사진 설명: 1978년 영국의 〈데일리 메일〉지가 특종 보도한 세계 최초의 시험관 아기 브라운과 부모의 모습

사진 설명: 10세 때의 루이스 브라운

사진 설명: 첫 시험관 아기로 태어난 루이스 브라운과 그녀가 자연적으로 임신하여 출산한 아들

유전학상으로 보면 남성이 여성보다 약한 성이라 할 수 있다. 수정된 순간부터 여아는 남아보다 더 많이 살아남고, 신체적 결함이나 정신적 결함도 남아보다 적다. 남성의 취약성은 어쩌면 남성의 Y 염색체에 기인하는 것인지 모른다. Y 염색체는 X 염색체보다 길이가 훨씬 짧기 때문에(〈그림 4-2〉 참조), 유전인자가 위치할 자리가 X 염색체보다 적다. 따라서 남성의 경우, X 염색체의 유전적 이상은 모두 표현형으로 나타나게 된다. 대부분의 경우, 이러한 유전적 이상은 태아에게 치명적인 것이 된다. 한편, 여성의 경우 어떤 질병의 원인이 되는 유전인자가 있다 하더라도 다른 하나의 X 염색체에 자리해 있는 건강한 유전인자에 의해 수정·보완될 가능성이 있다.

2. 태내발달의 단계

태내기라 함은 난자와 정자가 만나 수정된 순간부터 출산에 이르기까지의 약 38주의 기간을 말한다. 인간의 발달은 수정이 되는 순간부터 이루어진다. 수정에서 분만에 이르기까지 태내기의 발달은 배종기(胚腫期), 배아기(胚兒期), 태아기(胎兒期)의 3단계로 나누어 진행된다.

1) 배종기

정자와 난자가 결합한 수정란이 자궁벽에 착상하는 2주까지의 기간을 배종기(germinal period)라고 한다(〈그림 5-3〉 참조). 이 시기는 인간의 생애에서 사망률이 가장 높은 시기이지만, 신체는 이에 대해 전혀 지각을 하지 못한다.

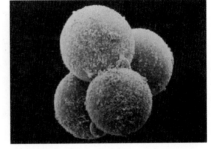

사진 설명: 수정 후 2일째에 수정란은 4개의 세포로 분열된다.

정자와 난자의 결합으로 이루어진 수정란은 급속하게 세포분열을 하게 되는데, 2일 후에는 4개의 세포로, 3일 후에는 32개의 세포로, 수정 후 1주일이 지나면 약 100~150개의 세포로 분열한다.

수정란은 세포분열을 하는 동안 난관 내부의 섬모운동과 난관의 수축작용으로 3~4일 후에 자궁에 이르게 된다. 자궁에 도달할 때쯤에 수정란의 크기는 머리핀의 머리크기만 하며, 작은 공 모양의 배반포(blastocyst, 胚盤胞)로 변해 1~2일 동안 자궁 속을 자유롭게 떠다닌다. 배반포(사진 참조)는

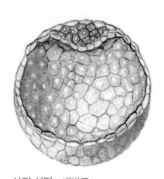

사진 설명: 배반포

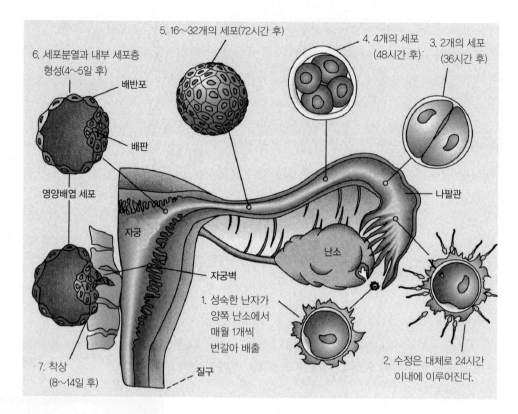

<그림 5-3> 배종기

출처: Shaffer, D. R. (1999). *Developmental psychology: Childhood and adolescence* (5th ed.). California: Brooks/Cole.

외세포 덩어리 및 내세포 덩어리와 그 속에 채워진 액체로 구성되어 있다. 영양배엽 (trophoblast)으로 불리는 외세포 덩어리는 자궁벽에 정착하여 태아를 보호하고 태아에 게 영양분을 공급하는 조직으로 발달한다. 〈그림 5-4〉에서 보듯이 세포극(embryonic pole)으로 집결되는 내세포 덩어리는 이후 자궁 내에 완전히 착상하게 되면 배아 (embryo)로 성장하게 된다.

착상이 완전히 이루어지는 데는 약 일주일이 걸리는데, 착상과 동시에 배종기는 끝 나고 배아기가 시작된다. 그러나 임신의 약 58%가 착상에 실패한다. 또 경우에 따라서 는 수정란이 자궁에 착상하지 못하고 난관, 난소, 자궁경부, 자궁각에 착상하게 된다 (〈그림 5-5〉참조). 이것을 자궁외 임신이라고 한다. 자궁외 임신은 오래 지속될 수가 없 기 때문에, 태아는 난관 등에서 충분히 발육하지 못하고 유산되거나 난관파열을 일으 키기도 한다. 때로는 복강 내 과다출혈로 인해 임부가 사망하기도 한다.

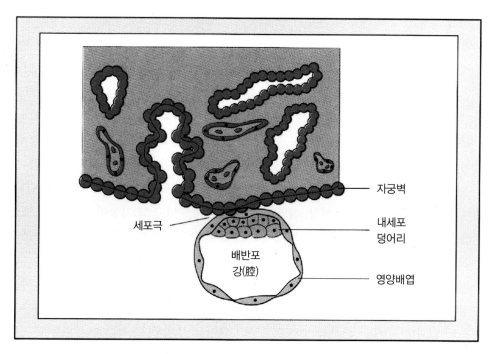

〈그림 5-4〉 수정란이 자궁벽에 착상하는 초기 단계

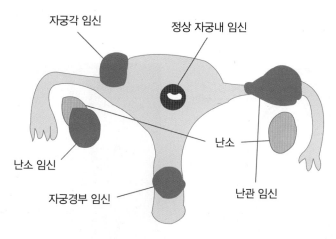

〈그림 5-5〉 자궁외 임신의 종류

2) 배아기

수정란이 자궁벽에 착상한 후부터 8주까지를 배아기(embryonic period)라고 한다. 배아기가 되면 자유롭게 떠다니던 수정란이 자궁벽에 착상하여 어머니와 의존적인 관계를 형성하게 되며, 이때부터 태아의 발달은 매우 빠른 속도로 이루어진다.

내세포 덩어리는 외배엽, 중배엽, 내배엽의 세 개의 분리된 층으로 분화하기 시작한다. 외배엽은 피부의 표피, 손톱, 발톱, 머리카락, 신경계, 감각기관으로 발달하고, 중배엽은 피부의 진피, 근육, 골격, 순환계, 배설기관으로 발달하며, 내배엽은 소화기관, 간, 췌장, 침샘, 호흡기 계통으로 발달하게 된다.

4주경에는 심장이 뛰기 시작하고, 뇌와 신경조직이 분화되며, 입이나 소화기관, 간 등이 형성되기 시작한다. 8주경에는 얼굴에서 입, 눈, 귀가 뚜렷하게 분화되며, 팔, 다리, 손발이 형성된다. 이때 성기가 형성되기 시작하고 근육이나 연골조직이 발달한다. 내부기관에서도 장, 간, 폐, 신장, 췌장이 뚜렷하게 형성되고 그 기능이 시작된다. 또한 신경조직이 급속히 발달한다. 이 무렵이면 인간이 갖추어야 할 신체기관과 기본 조직은 모두 갖추게 된다.

내세포 덩어리가 분화하는 동안 외세포 덩어리는 융모막과 양막이라는 두 개의 막을 형성하게 되는데, 자궁벽에서 형성된 막과 함께 태아를 감싸게 된다. 양막 속은 양수로 가득차게 되며, 양수는 외부의 충격으로부터 태아를 보호하고, 적절한 온도를 유지해주는 기능을 한다. 이와 동시에 탯줄이 발달하여 태아를 자궁벽의 태반과 연결시켜 준다(〈그림 5-6〉 참조). 탯줄은 태아의 생명줄이다. 어머니와 태아의 혈류는 모두 태반에 닿아 있으나, 이들은 섬세한 반투명의 막으로 분리되어 있다. 이를 통해 어머니 혈액 속의 영양분이 태반을 통해 태아에게 전달되고, 태아로부터 만들어진 배설물도 태반을

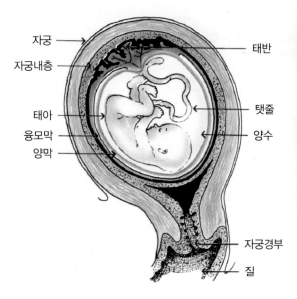

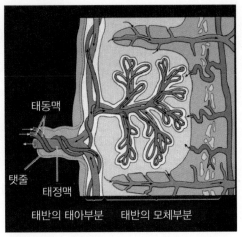

〈그림 5-6〉 태반과 탯줄

통해 어머니에게로 와서 배출된다. 뿐만 아니라 태아에게 나쁜 영향을 줄 수 있는 약물(담배와 알코올을 포함한), 백신, 병균(디프테리아, 장티푸스, 풍진 등) 등도 태반을 통해 태아에게 전달되기도 한다(Huston et al., 2013; Iqbal et al., 2012; Woolett, 2011).

이처럼 배아기는 신체의 주요 기관이 형성되고 빠른 속도로 세포분열이 이루어지는 시기이므로, 태내환경에 대해 각별한 주의가 필요하다. 이 시기에 발달을 저해하는 사건이 발생하면 영구적인 손상을 입게 된다. 〈그림 5-7〉에서 녹색부분은 신체적 기형이 나타날 확률이 높은 시기이며, 이 시기를 지나면 다소 감소하게 된다.

배아기는 여성의 신체가 태아의 존재에 대해 적응하는 시기이다. 호르몬 수준에서 변화를 보이며 가슴이 커지게 된다. 두통, 구토, 특정한 음식을 찾거나 피하는 등의 입덧을 하거나 피로감을 보이며 감정적으로 예민해진다. 입덧은 그 원인이 명확하게 알려져 있지 않으나, 태반에서 나오는 물질에 대한 일종의 거부반응으로 설명될 수 있다. 입덧은 병이 아니고 태아가 잘 자라고 있다는 증거이므로 걱정할 필요가 없다. 그러나 입덧이 너무 심한 경우, 입덧을 줄이기 위해서는 정신적 안정을 취하고 조금씩 자주 먹는 것이 좋다.

Nora S. Newcombe

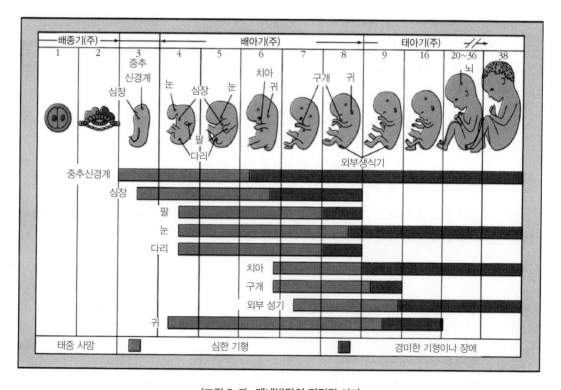

〈그림 5-7〉 태내발달의 결정적 시기

출처: Newcombe, N. (1996). *Child development: Change over time* (8th ed.). Harper Collins College Publishers.

3) 태아기

사진 설명: 임신 4개월경에는 태아의 움직임이 확실히 느껴진다.

8주 이후 출생까지의 시기를 태아기(fetal period)라고 한다. 이 시기는 새로운 기관의 형성보다는 성장이 가속화되는 시기이다. 전 단계에서 기본적으로 형성된 여러 신체조직이 급격히 발달하고 기능을 하기 시작한다. 태아는 신생아와 유사한 수면과 각성의 사이클을 가지게 되며, 소음을 들을 수 있고, 큰 소리나 음악은 태아의 움직임을 촉발시킨다.

12주경에는 인간의 형체를 닮기 시작하고, 팔과 다리의 움직임이 나타나며, 태아의 성별을 확실하게 구분할 수 있다. 16주경에는 어머니가 태동을 느낄 수 있으며, 이를 통해 태아가 성장하고 있다는 사실에 주목하게 되고 애착을 형성하기 시작한다.

20주에는 태아의 움직임이 활발하게 나타나며, 태내에서의 많은 활동들은 출생 이후에 사용될 반사능력의 기초가 된다. 태반은 이 시기에 와서 안정되므로 그 이전에는 유산의 위험이 크다. 태반의 크기는 임신 말경 직경이 15~20cm, 무게는 500g 정도이며, 탯줄은 약 50cm 정도이다. 태반의 한쪽은 어머니의 자궁과 연결되어 있으며, 다른 한쪽은 태아의 탯줄로 연결되어 있다. 이를 통해 태아는 모체로부터 산소와 영양분을 공급받고, 몸 속에 생긴 탄산가스와 노폐물을 배출한다. 또한 어머니로부터 면역성을 얻어 출생 후 질병에 대한 면역성도 지니게 된다.

28주경이면 태아는 미숙아로 태어난다 하더라도 인큐베이터에서 양육이 가능할 정도로 충분히 성장하게 된다. 일반적으로 체중이 1.5kg 정도이면 생존이 가능하고, 2.3kg 이상이면 인큐베이터에서 양육하지 않아도 된다. 마지막 3개월 동안에 태아의 체중은 급격하게 증가하는데, 이는 지방층의 발달에 기인한다. 36주경에는 대부분의 태아는 머리가 아래로 간 위치로 정착하게 된다. 이러한 자세는 자궁 내에서 가장 많은 공간을 확보하게 해 줄 뿐만 아니라 출산을 용이하게 해 준다.

3. 태내환경과 영향요인

태내환경은 외부로부터의 자극이 어느 정도 차단되는 비교적 안전한 곳이라고 볼 수 있다. 그러나 태내환경이 적절하지 못하면 그 영향은 태아에게 치명적인 것이 된다. 태아에게 바람직한 태내환경을 제공해 주기 위해 금지되는 것과 허용되는 것에 대한 기준은 시대별로 변하고 있으나, 그 중요성에 대한 인식에는 변함이 없다.

1) 영양

"작게 나아서 크게 키우라"는 말처럼 종전에는 임신 중의 섭생은 가능한 한 소량의 음식물을 섭취하는 것이 바람직한 것으로 인식되었다. 그러나 현재는 임신기간 중의 충분한 영양섭취가 태아의 발달뿐만 아니라 어머니의 건강에도 필수적이라고 믿고 있다(Lowdermilk, Cashion, & Perry, 2014). 특히 임신 중기부터는 태아가 모체의 철분을 흡수해 자신의 혈액을 만들기 시작하므로 철분을 충분히 공급하는 것이 좋다. 철분은 혈액 속의 적혈구를 만드는 데 없어서는 안 될 중요한 영양소이다. 철분이 부족하면 빈혈을 일으키고, 임신중독증의 원인이 되기도 한다.

일반적으로 임부의 하루 음식 섭취량은 평상시에 비해 15~30%(300~500Cal) 정도 증가 시키는 것이 바람직하다. 특히 칼슘과 단백질, 철분, 비타민은 임부의 건강뿐 아니라 태아의 성장과 발육에 필수적이므로 충분히 섭취하도록 해야 한다. 태내에서의 영양공급이 충분하지 못한 경우 사산, 유산, 조산아나 미숙아가 태어날 확률이 증가하며, 출산 시 아동의 체중은 이후의 지능이나 성취도와도 관련이 있는 것으로 나타났다(Newman & Buka, 1993). 그 외에도 출생 후 감기, 기관지염, 폐렴 등의 호흡기 질환에 감염될 확률이 높다(Berk, 1996). 또한 태내기는 뇌세포가 급격하게 증가하는 시기이며, 다른 신체 부위와는 달리 뇌는 태내에서 급격한 발달이 이루어지므로 충분한 영양공급이 필수적이다. 그렇지 못한 경우, 중추신경계의 결함을 초래하여 이후의 지적 발달에 영향을 미치게 된다(Morgane et al., 1993). 영양공급이 충분히 이루어지지 못할 경우, 태아는 성장에 필수적인 성분을 어머니로부터 빼앗아 가므로 어머니의 건강도 나빠지게 된다.

개인에 따라 차이가 있지만 임신 말기에 임부의 체중은 11~12kg 정도 증가하며, 저체중 여성의 경우에는 더 증가해도 무방하다(〈그림 5-8〉 참조). 어머니의 체중 증가

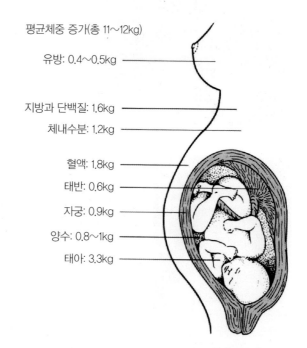

평균체중 증가(총 11~12kg)

유방: 0.4~0.5kg

지방과 단백질: 1.6kg

체내수분: 1.2kg

혈액: 1.8kg

태반: 0.6kg

자궁: 0.9kg

양수: 0.8~1kg

태아: 3.3kg

〈그림 5-8〉 임신 중의 체중 증가

출처: Clarke-Stewart, A., Friedman, S., & Koch, J. (1985). *Child development*. New York: John Wiley & Sons.

와 태아의 출산 시 체중과는 정적인 상관이 있으며, 10kg 이하의 체중 증가는 음식물 섭취량뿐만 아니라 임신 전 체중과 신장, 태아의 크기 등 여러 요인의 영향을 받는다. 일반적으로 십대 임신, 노산, 교육수준이 낮은 경우 다소 적게 증가하는 경향을 보이며, 사회계층이 낮은 여성의 영양결핍은 다른 여러 가지 문제를 동시에 수반하므로 문제가 더욱 심각하다(Clarke-Stewart, Friedman, & Koch, 1985).

2) 약물복용

과거에는 어머니에게 안전한 약물은 태아에게도 안전한 것으로 생각되어 왔다. 그러나 어머니에게 안전한 약물도 태반을 통해 태아에게 전달되는 경우 치명적인 영향을 미

칠 수 있으며, 특히 임신 초기에는 더욱 심각한 영향을 미칠 수 있다. 약물복용은 흡연이나 음주 등과 복합적으로 이루어지며, 태아에게 인지, 운동, 언어, 사회성, 정서발달 등 여러 영역에 걸쳐 심각한 결함을 초래한다.

해표상기형(海豹狀畸形: phocomelia)[1]은 약물복용으로 인해 발생하는 가장 대표적인 결함의 예이다. 이는 임신 초기에 신경안정제인 탈리도마이드(thalidomide)를 복용했을 경우에 나타나며(Martinez-Frias, 2012), 주로 구개파열, 작은 귀, 골반탈구, 소화기, 심장, 비뇨기의 기형과 같은 신체적 결함이나, 손가락이나 발가락이 붙어 있는 사지결함을 초래한다. 가장 눈에 띄는 결함은 팔, 다리가 없거나 손과 발이 몸통에 붙어 있는 경우이다(사진 참조).

Alison Clarke-Stewart

임신 사실을 모르고 피임약을 복용한 경우뿐만 아니라 피임약의 복용을 중단한 지 6개월 이내에 유산된 태아에 대한 조사결과, 피임약을 복용하지 않은 집단에 비해 태아가 염색체 이상을 보이는 비율이 높은 것으로 나타났다. 경구용 피임약 이외에 질좌약도 정자를 죽임으로써 임신이 이루어지지 않게 만들어진 것이므로, 이러한 형태의 피임약을 계속 사용할 경우, 출산결함이나 유산의 비율이 증가한다. 그 외에도 항생제는 청각결함을, 아스피린은 태아의 혈관장애를 일으킬 수 있다(Clarke-Stewart et al., 1985).

---

1) 손과 발은 있으나 팔과 다리가 없는 기형.

헤로인 등과 같은 습관성 약물은 청각결함, 심장이나 관절의 결함, 구개파열, 사지기형이나 행동장애를 유발하는 것으로 나타났다. 코카인을 사용했을 경우, 성장지체나 사산, 출산과정에서의 문제(태반 조기박리 등), 뇌손상, 생식기의 이상, 갑상선 이상, 뇌출혈, 급성 심장발작을 유발하는 확률이 증가하고, 환경자극에 대해 적극적인 반응을 보이지 않으며, 그 효과는 지속적인 것으로 나타났다(Ackerman, Riggins, & Black, 2010; Berk, 1996). 카페인이 태아에게 미치는 영향은 임부가 마신 차와 커피의 양이나 함유된 카페인의 양에 따라 다르게 나타나지만, 안전을 위해서는 가급적 자제하는 것이 바람직하다(Dworetzky, 1990).

이상의 연구결과에 비추어 볼 때, 아직까지 그 영향이 규명되지 않은 의약품의 경우에도 반드시 안전하다고는 볼 수 없으므로, 임신 중에는 가능한 한 약물복용을 자제하는 것이 바람직하다.

3) 질병

모체의 질병도 태내결함을 유발하는 중요한 원인으로 작용한다(Brunell, 2014; Koren & Ornoy, 2018). 그 가운데 풍진은 태내결함을 유발하는 대표적인 질병이다(Rasmussen, 2012). 특히 임신 3개월 이전에 모체가 풍진에 감염된 경우, 시각장애나 청각장애 및 정신지체 등을 유발하는 확률이 높다.

임부가 매독이나 임질 등의 성병에 감염된 경우에도 태아에게 심각한 영향을 미치게 된다(Braccio, Sharland, & Ladhani, 2016). 감염된 태아의 30%는 출산 이전에 사망하며, 그렇지 않은 경우에도 기형아 출산이나 시각장애를 초래하기도 한다. 매독이나 임질과 같은 치명적인 요인이 아니라도 성기 부위의 감염도 태아에게 영향을 미치는 것으로 나타났다. 성기 부분에 헤르페스(herpes) 바이러스를 가진 여성의 경우, 태아가 산도를 통해 출산하는 과정이나 태반을 통해 감염될 가능성이 있으며, 심한 경우 사망을 초래할 수도 있다. 이에 대한 치료제는 아직 개발되지 않은 상태이며, 출산과정에서 이에 감염되는 것을 피하기 위해 제왕절개수술을 한다(Berk, 1996; Nigro et al., 2011; Rogan & Beigi, 2019).

후천성 면역결핍증(AIDS)의 원인이 되는 인체 면역결핍 바이러스(Human Immunodeficiency Virus: HIV)도 태아에게 감염되는 비율이 점차 증가하고 있다. 이는 감염된 어머니

사진 설명: AIDS에 걸린 모자(母子)

로부터 태반이나 출산과정에서의 접촉을 통해 태아에게 감염된다. 감염된 태아는 비정상적으로 작은 두개골과 얼굴 기형을 보이게 되며, 이러한 결함은 임신 초기에 감염되었을 경우에 더욱 심하게 나타난다(사진 참조). 에이즈는 성인의 경우 5년 정도의 잠복기를 가지므로, 이들 여성 가운데 상당수는 태아가 출생 후 에이즈로 진단을 받기 전까지는 자신이 보균자인 줄도 모르지만, 감염된 태아는 대부분 1년 이내에 증세를 보인다.

그 외에도 B형 간염, 심장질환이나 당뇨병도 태아에게 영향을 미친다. 어머니가 당뇨병이 있는 경우, 일반적으로 자궁 내 환경은 혈당이 높고, 이에 따라 인슐린 분비 수준이 높기 때문에 출생 후 신생아의 신체는 재적응을 해야 하는 문제를 갖는다. 이들은 자극에 대해 덜 민감한 반응을 보이며, 사람의 얼굴을 주시하는 데 어려움이 있었고, 운동능력도 지체된 것으로 나타났다. 이러한 결함의 정도는 어머니의 당뇨병의 정도와도 관련이 있다(Desai, Beall, & Ross, 2013; Eriksson, 2009).

4) 연령 및 출산 횟수

일반적으로 여성은 13세경에 생리를 시작하여 폐경이 되는 50세 전후까지 출산능력이 있는데, 태아나 어머니에게 특별한 문제를 일으키지 않는 최적의 연령은 23~28세까지라고 한다. 임산부의 연령이 35세를 넘을 경우 의학적으로 이를 노산이라고 한다. 최근에는 대부분의 여성들이 첫아이를 갖는 시기가 점점 늦어지고 있는 추세에 있다. 노산인 경우 자연유산, 임신중독증, 난산, 미숙아 출산이나 다운증후군(Down Syndrome)의 비율이 급격히 증가한다(Ghosh et al., 2010; LeFevre & Sundermeyer, 2020). 다운증후군의 원인 가운데 하나는 여성 호르몬인 에스트로겐의 수준과 관련이 있다. 에스트로겐 수준은 20~35세 사이에 절정을 이루며, 호르몬 분비의 부족은 21번째 염색체의 이상을 초래하는 결과를 낳게 된다. 따라서 노산뿐만 아니라 임산부의 연령이 20세 이하인 경우에도 자궁의 미성숙이나 호르몬 분비로 인해 조산이나 다운증후군의 아이를 출산할 가능성이 높다(Malizia, Hacker, & Penzias, 2009).

어머니의 임신 횟수도 태아의 발달에 영향을 미친다. 어머니의 연령변인을 고려하지 않는다면, 태내환경은 첫아이보다 이후에 출생하는 아이에게 보다 유리하다. 첫 임신에서는 자궁과 태반 간의 순환이 늦게 이루어지므로, 둘째부터는 첫아이보다 신체가 큰 경향이 있고, 출생결함이나 기형이 나타나는 비율 또한 낮은 경향이 있다. 그러나 출산간격이 너무 짧거나 출산 횟수가 많아질수록 이러한 이점(利點)은 상쇄된다.

5) 음주

　알코올은 빠른 속도로 태반에 침투하여 장시간 영향을 미치게
된다(Brocardo, Gil-Mohapel, & Christie, 2011; Frost, Gist, & Adriano,
2011). 태아의 알코올 분해능력은 성인의 절반 수준이기 때문에,
태아는 알코올에 상당히 민감하게 반응하며, 소량의 알코올조차
도 비정상적인 발달을 야기할 수 있다. 그러므로 임부에게 안전
한 알코올 소비 수준을 제시하는 것은 불가능하며, 임신기간 중
에는 전적으로 알코올 섭취를 제한하는 것이 바람직하다.

　알코올 중독 현상을 보이는 임부의 태아는 태아 알코올 증후군
(Fetal Alcohol Syndrome)을 보이게 된다(Arnold et al., 2013; Grant et
al., 2013; Harper et al., 2014). 정신지체나 주의집중력의 결핍, 과
잉행동은 이들 아동의 특징이며, 동시에 이들은 출생 전후의 성
장지체, 비정상적인 두개골 모양, 눈이나 심장, 사지, 관절의 결함을 갖고 태어나기도
한다(Blanck-Lubarsch et al., 2019). 이러한 위험은 알코올 섭취량이 많을수록 증가하며,
정신지체 아동 가운데 상당수는 태아 알코올 증후군의 희생양인 것이다(Steinhausen,
Willms, & Spohr, 1993). 4세경의 아동을 대상으로 한 연구에서 임신기간 중에 알코올을
섭취한 어머니의 아이는 그렇지 않은 어머니의 아이들에 비하여 지능지수가 낮은 비율
이 3배 정도 높게 나타났다(Streissguth, Barr, Sampson, Darby, & Martin, 1989). 그러므로
음주는 정신지체를 야기하는 예방 가능한 요인 가운데 대표적인 요인으로 볼 수 있다.

6) 흡연

　흡연은 저체중아 출산에 영향을 미치는 가장 대표
적인 요인이다. 또한 흡연은 뇌결함, 작은 두개골, 구
개파열이나 조산아가 태어날 확률이나 질병에 걸릴 확
률을 증가시킨다(Brown & Graves, 2013; Burstyn et al.,
2012). 흡연을 한 어머니의 태아는 일반적으로 체중이
150~320g 정도 감소하며, 흡연 여성은 비흡연 여성에
비해 저체중아 출산율이 2배 정도 높게 나타난다. 만
일 임신기간 중 여성이 흡연을 피할 수 있다면 20%의
저체중아 출산은 피할 수 있다고 한다(Brown & Graves,
2013; Chomitz, Cheung, & Lieberman, 1999).

어머니-1세대

태아-2세대

생식세포-3세대

흡연이 어떻게 태아로부터 산소를 박탈해 가는가를 입증하기 위해 임부가 담배를 피우는 동안 그들의 혈액을 2.5분 간격으로 채취하였다. 그 결과 흡연은 혈압과 맥박, 혈중 일산화탄소 헤모글로빈(carboxyhemoglobin)의 양을 급격히 증가시킨 것으로 나타났다. 혈액 속의 일산화탄소 헤모글로빈은 태아에게 산소결핍을 초래한다. 또한 담배를 피우기 시작한 2.5분 이후부터 부신 호르몬의 수준이 급격히 상승하여 자궁과 태반 간의 혈관을 좁게 만들며, 결과적으로 태아에게 산소와 영양 공급이 원활하게 이루어지지 못하게 한다(Clarke-Stewart et al., 1985).

직접적인 흡연뿐만 아니라 간접 흡연도 태아의 발달에 영향을 미치며, 흡연을 하는 어머니의 심리상태도 태아에게 영향을 미치는 한 가지 요인으로 지적될 수 있다. 외부로부터 받는 스트레스나 어머니의 불안한 상태가 어머니로 하여금 담배를 피우게 하고, 흡연의 악영향에 기여하게 된다. 어머니가 음주나 흡연을 할 경우, 태아가 발달 지체를 보일 확률은 2배 정도 높아지며, 두 가지를 모두 할 경우 4배로 증가한다 (Dworetzky, 1990). 최근 한 연구(Hollams et al., 2014)에서 임신기간 중 어머니의 흡연은 아동·청소년기의 천식과도 관계가 깊은 것으로 나타났다.

7) 정서상태

사진 설명: 사주당 이씨의 『태교신기』

사주당 이씨는 『태교신기(胎教新記)』에서 어머니의 태중교육 10개월이 출생 후 스승에게 10년을 배우는 것보다 더 중요하다고 하였다. 이는 인간의 기질과 성품이 태중에서의 교육에 의해 형성됨을 강조하고 있는 것이다(이원호, 1986). 임신 중 모체의 정서상태의 중요성을 우리나라 전통육아에서는 태교라는 용어로 강조하고 있으며, 이러한 태교의 중요성은 현대사회에서도 과학적으로 입증되고 있다.

분노, 공포, 불안과 같은 어머니의 정서적 스트레스는 자율신경계에 영향을 미쳐 부신 호르몬의 분비를 촉진시키게 되며, 이는 태반을 통해 태아에게 영향을 미치게 된다(Breedlove & Fryzelka, 2011; Monk et al., 2020; Nazzari & Frigerio, 2020; Schuurmans & Kurrasch, 2013). 스트레스에 반응하기 위해 분비되는 호르몬은 혈관을 수축시키고, 혈액의 흐름을 어머니의 자궁으로부터 다른 신체기관으로 전환시키게 되며, 이로 인한 태반 내 혈액량의 감소는 태아에게 산소나 영양공급의 부족을 초래할 수 있다. 그 결과 어머니의 스트레스 수준이 높을수록 태아의 심장박동률의 변화가 심한 것으로 보인다.

태내기에 어머니의 정서적 혼란이 수주 동안 계속된 경우, 태아의 움직임은 임신기간 내내 높게 나타났으며, 출생 후에도 영향을 미치는 것으로 나타났다. 정서적으로 안정되지 못한 어머니에게서 태어난 영아는 과잉행동을 보이고, 성급한 성격적 특성을 지니며, 소화기 장애를 보이는 것으로 나타났다(Howerton & Bale, 2012; Omer & Everly, 1988). 이러한 신생아의 행동특성은 스트레스를 받고 있는 어머니로 하여금 자녀양육을 더욱 어렵게 하는 요인으로 작용하여, 이후의 부모-자녀관계에도 부정적인 영향을 미치게 된다. 또한 어머니의 불안은 신진대사율을 증가시켜 저체중을 유도하거나, 불안을 극복하기 위해 이들 호르몬의 분비를 촉진시킴으로써 조산을 유발시키는 요인이 되기도 한다(Azar, 1999).

어머니의 정서상태가 태아에게 미치는 영향은 스트레스의 정도나 어머니의 체질, 태아의 유전형질이나 스트레스를 받은 시기에 따라 상이하지만, 스트레스는 흡연이나 음주, 영양결핍을 초래한다는 점에서 더욱더 문제시된다. 그러므로 임부는 편안하고 안정적인 정서상태를 갖도록 노력해야 하며, 다른 가족원들도 이를 위해 협조하는 태도가 필요하다.

임신 및 출산 풍습에 관한 비교문화연구(민하영, 유안진, 2003)에서 태교는 한국, 홍콩, 미국 문화 간뿐만 아니라 각 문화 내 세대 간에도 유의한 차이가 있는 것으로 나타났다. 한국은 홍콩이나 미국에 비해 상당히 높은 수준의 태교를 실천하고 있는데, 이러한 경향은 어머니 세대뿐만 아니라 할머니 세대 모두에서 동일하게 나타났다. 한편, 세 문화 모두 할머니 세대에 비해 어머니 세대의 태교 실천 수준이 높은 것은 태아학의 발달로 최근 태교의 중요성이 강조되고 있기 때문인 것으로 보인다. 그러나 한국의 할머니 세대의 태교 실천 수준이 홍콩이나 미국 어머니 세대의 태교 실천수준보다 높다는 사실은 태아학이 대중적으로 받아들여지기 전부터 한국에서 태교를 중요하게 간주했음을 시사하는 것이다.

8) 기타 요인

태내환경에 영향을 미치는 기타 요인을 살펴보면 다음과 같다. 히로시마와 나가사키의 원폭피해에서 밝혀졌듯이 방사능은 유전인자의 변화를 초래하는 원인이 된다. 방사능의 영향은 방사능의 양이나 태아의 상태 및 노출 시기에 따라 상이하나, 신체의 기형이나 정신지체를 유발하는 요인이라는 점은 분명하다(사진 참조). 미세먼지와 황사 등의 대기오염 또한 태아에게 치명적인 영향을 미치는데, 조산이나 미숙아의 출생, 선천성 기형의 원인이 될 수 있다(Kumar et al., 2015; van den Hooven et al., 2012).

아버지의 혈액형이 Rh$^+$이고 어머니가 Rh$^-$인 경우, Rh$^+$가 우성이므로 태아는 Rh$^+$인

자를 갖게 되는데, 이는 어머니의 혈액과 일치하지 않으므로 문제가 생기게 된다(Li, Jiang, Yuan, & Ye, 2010). 태아가 Rh⁺ 혈액형이고 모체가 Rh⁻ 혈액형인 경우, 일반적으로 첫 번째 임신에서는 문제를 보이지 않는다. 그러나 두 번째 임신에서는 어머니의 혈액 속에 항체가 형성되어 사산이나 유산을 하거나 정신박약아가 태어난다. 최근에는 Rh 백신주사가 개발되어 항체형성을 예방할 수 있다(Flegal, 2007).

임신기간 중의 성생활은 반드시 금해야 하는 것은 아니다. 그러나 초기에는 수정란이 자궁벽에 완전히 착상하지 못한 상태이므로 유산의 우려가 있으며, 말기에는 조산의 우려가 있다.

뜨거운 목욕이나 온천은 몸의 혈액순환을 촉진시키고 피로를 풀어 주지만, 지나치게 뜨거운 물은 임신한 여성의 자궁 주변 온도를 상승시켜 태아의 중추신경계의 이상을 초래할 수 있다. 39℃ 이상의 욕조에 10~15분 이상 앉아 있는 것은 태아에게 손상을 초래할 수 있다(Papalia & Olds, 1995).

사진 설명: 우크라이나의 체르노빌 핵폭발 사고로 인한 방사능 오염 지역에서 태어난 이 소년은 한쪽 팔이 없다.

과도하지 않은 적절한 운동은 태아에게 영향을 미치지 않으며, 오히려 어머니의 자긍심을 높여 주고, 태아의 체중을 증가시키며, 긴장감이나 임신으로 인한 불편함을 감소시킬 뿐만 아니라 출산과정을 용이하게 해 주는 역할을 한다.

9) 태내환경과 아버지의 영향

지금까지의 태내환경에 대한 관심은 여성의 음주, 흡연, 스트레스 등과 관련된 요인들에 초점이 맞춰져 왔다. 그러나 최근에 와서 남성도 태내환경에 많은 영향을 미칠 수 있다는 것이 밝혀졌다(Pedersen et al., 2014). 아버지의 음주, 흡연(사진 참조), 화학약품에 대한 노출이나 연령 변인에 따라 출생결함이 증가하는 양상을 보이고 있다(Saddler, 2015; Soubry et al., 2014).

남성의 흡연은 여성에게 간접적으로 영향을 미치게

되며, 흡연 남성의 정자는 비흡연 남성의 정자에 비해 기형이 더 많이 나타난다. 또한 남성의 흡연은 방출되는 정자의 수를 감소시켜 생산능력을 떨어뜨리는 대표적인 요인이 된다(Agricola et al., 2016; Beal, Yauk, & Marchetti, 2017). 또한 흡연 남성의 자녀는 비흡연 남성의 자녀에 비해 뇌수종, 안면마비 등의 결함이 생길 확률이 배로 증가하며, 뇌암, 임파종, 백혈병에 걸릴 확률이 20% 증가한 것으로 나타났다. 그러나 이것이 출생 직후의 간접 흡연의 영향인지에 대해서는 논란의 여지가 있다(Cao, Lu, & Lu, 2020; Cordier, 2008; Milne et al., 2012).

　　수정 전 남성의 음주습관도 영향을 미친다. 심한 음주는 남성 호르몬인 테스토스테론의 수준을 낮추며, 결과적으로 불임과 관련이 있다. 또한 하루 2잔 이상의 포도주나 2병 이상의 맥주를 마신 경우 태아의 체중이 평균치에 비해 85g 정도 적은 것으로 나타났다. 마리화나나 코카인 같은 약물의 복용도 불임이나 태아의 건강상 문제를 초래한다(Merewood, 1998).

Anne Merewood

　　아버지가 특정한 화학약품에 노출된 직업을 가진 경우, 사산, 조산, 저체중아를 출산하는 비율이 높은 것으로 보인다. 연구결과, 임신 수개월 이내에 안전하지 못한 환경에서 일할 경우 태아에게 해로운 영향을 미치는 것으로 나타났다. 이러한 사실은 어머니뿐만 아니라 아버지에게도 안전한 작업환경이 제공되어야 함을 의미한다. 물론 이러한 위험은 작업장의 오염수준이 피부자극이나 갑상선의 문제, 호흡문제를 야기시킬 만큼 충분히 높은 경우에 나타난다(Brooks, 1991).

　　아버지의 연령도 태아의 건강과 관련된 중요한 변수이다. 아버지의 연령이 20세 이하이거나 55세 이상인 경우 다운증후군의 위험은 급격하게 증가한다. 20세에서 52세 까지의 건강한 남성에 대한 연구결과, 연령이 증가할수록 염색체의 결함이 빈번하게 나타났으며, 20~34세까지는 2~3%만이 유전적인 결함을 갖는 데 반해, 35~44세에서는 7%, 45세 이상에서는 14%의 결함을 보이는 것으로 나타났다(Kong et al., 2012; Merewood, 1998).

사진 설명: Brooks의 저서 『부모되기의 과정』

　　자폐증을 일으키는 유전자의 돌연변이 또한 아버지로부터 물려받은 유전자에서 발생하는 경우가 더 많다는 연구결과가 나왔다. 또 아버지의 연령이 많을수록 자녀의 자폐증 발병 위험도 커지는 것으로 나타났다. 즉, 35세 이상 남성의 경우 자폐증을 일으키는 돌연변이를 유발할 수 있는 정자를 생산할 위험이 높은 것으로 드러났다(조선일보, 2012년 4월 6일자).

여성은 출생 시부터 난자를 가지고 태어나지만 남성은 매일 수백만 개의 정자를 만들어 낸다. 한 번 만들어진 정자는 80일 정도 체내에 머물게 되며, 이 기간에 유해물질에 노출되면 손상을 입게 된다. 건강한 아기를 출산하는 것은 전적으로 여성만의 책임이 아니다. 남성도 동시에 책임이 있다. 앞에서 열거한 위험요인들로부터 안전하기 위해서는 남성도 흡연이나 음주, 약물복용을 중단한 지 일정 기간이 지나서 아기를 갖는 것이 바람직하다고 볼 수 있다.

출산과 신생아

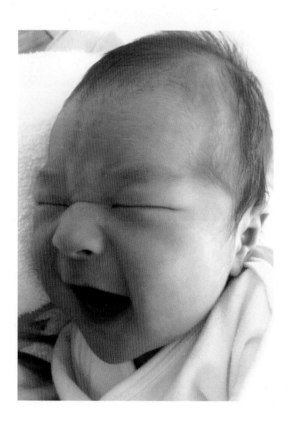

출산은 시작이자 끝이다. 아기가 이 세상에 첫발을 내딛는다는 점에서는 시작이지만, 수정에서 출발하여 9개월간 계속되어 온 임신이라는 대사건을 종결짓는다는 점에서는 끝이다.

출산은 아기와 어머니 모두가 생명에 위협을 느낄 정도로 충격적인 경험이다. 지금까지 출산과정에서 경험하는 산모의 고통에 대한 관심과는 달리 태아의 고통에 대해서는 거의 관심을 보이지 않았다. 그러나 출산과정은 개인의 인생에서 스트레스를 가장 많이 받는 사건 가운데 하나이다.

어린이헌장에는 어린이는 건강하게 태어나고 자랄 권리가 있다고 명시되어 있다. 건강하게 태어날 권리는 마땅히 보장되어야 한다. 출산예정일이 다가오면 출산에 대한 정신적인 준비와 아기에게 필요한 물건을 미리 준비함으로써 아기를 맞을 준비를 해야 한다. 분만이 반드시 예정일에 이루어지는 것은 아니므로 임신 말기에는 미리 출산에 대한 준비를 하고 있어야 한다.

출생 후 첫 1개월을 신생아기라고 한다. 신생아기는 비록 짧은 기간이지만 태내환경과는 상이한 환경에 적응해야 한다는 점에서 중요한 의미를 갖는다. 신생아는 태내에서 바깥세계로 나와 심한 환경변화를 겪게 되므로, 이 새로운 외부세계에 적응하느라 일시적으로 체중이 감소하기도 하고, 간기능의 적응에 따른 황달현상이 나타나는 수도 있다. 그러나 일반적인 생각과는 달리 신생아는 상당한 정도의 적응능력을 가지고 있는 것으로 보인다.

이 장에서는 출산, 신생아의 신체적 특징, 생리적 기능, 반사운동 등에 관해 살펴보고자 한다.

1. 출산

태아가 골반으로 내려와 어머니의 아랫배가 불러지면 분만일이 임박했다는 징후로 볼 수 있다. 또한 분만이 멀지 않았다는 징후로 가벼운 진통과 요통을 느낄 수도 있다. 이러한 증상이 나타나고 일주일 정도가 지나면 혈액이 섞인 이슬이 비치며 분만이 시작된다.

대부분의 아기들은 수정 후 266일 만에 태어나지만, 수정된 날짜를 정확히 알 수 없기 때문에, 마지막 월경주기의 첫날로부터 280일이 되는 시점을 분만예정일로 본다. 분만예정일은 마지막 생리일을 기준으로 월(月)에는 9개월을 더하거나 3개월을 빼고, 일(日)에는 7일을 더하여 계산한다. 그러나 분만예정일은 태아의 크기, 자궁의 크기, 호르몬 수준, 임부의 생리적·심리적 영향에 따라 다를 수가 있다. 분만예정일에 분만

하는 경우는 드물고, 예정일을 중심으로 전후 2주간은 정상적인 범주에 속한다고 볼
수 있다.

1) 분만의 단계

분만의 과정은 개구기, 출산기, 후산기의 세 단계로 구분할 수 있다(〈그림 6-1〉참조).

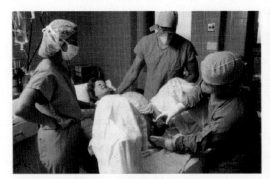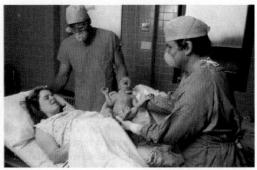

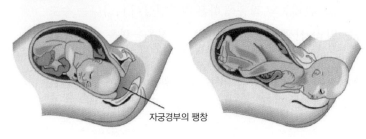

(a) 개구기: 자궁경부가 넓어진다.　　(b) 출산기: 태아가 산도를 통해 밖으로 나온다.　　(c) 후산기: 태반이 배출된다.

〈그림 6-1〉 분만의 세 단계

(1) 제1기: 개구기(開口期)

진통이 시작되어 자궁경부가 태아의 머리가 통과할 수 있는 정도(10~12cm)까지 열리
는 기간이다. 소요되는 시간은 초산부의 경우 12시간 정도이며, 경산부의 경우에는 그
절반인 6시간 정도가 소요된다. 진통은 자궁이 수축되면서 나타나는 것으로 밤에 시작
되는 경우가 많다. 처음에는 15~20분 간격으로 25~30초 동안 경미한 진통이 시작되다
가 점차 2~5분 간격으로 강하게 나타난다.

(2) 제2기: 출산기(出産期)

자궁구가 열려 태아가 산도를 통해 밖으로 나오는 시기이다. 자궁이 열리면서 양막

이 터져 양수가 나오게 된다. 시간상으로는 30분 정도에 불과하지만, 이 기간 동안 태아가 오랫동안 산도에 머물면 질식사의 우려가 있으므로 모체의 적극적인 참여가 필요하다. 분만과정에서 태아는 태반으로부터 산소공급을 일시적으로 받지 못하므로, 분만 기간이 너무 길어지면 산소가 부족하여 뇌손상을 입을 수도 있다.

(3) 제3기: 후산기(後産期)

태아가 출산한 이후 자궁이 수축되면서 태반이 자궁벽에서 떨어져 나와 양막과 함께 배출되는 것을 말한다. 소요시간은 5~15분 정도이다.

이러한 과정을 통해 분만은 종료된다. 그러나 이후에도 자궁이 예전의 크기로 되돌아가기 위해 수축하면서 다소의 진통을 경험하게 된다. 이를 훗배앓이라고 하며 약 6주 정도가 소요된다. 이 기간 중에는 방광염이나 신우염 등 감염의 우려가 있으므로 성생활은 가급적 자제하는 것이 좋다.

2) 출산 시의 문제점

출산은 대부분의 경우 별 문제 없이 정상적으로 진행되지만, 때로는 난산, 산소결핍증, 조산과 같은 이상분만의 문제가 발생하기도 한다.

(1) 난산

난산이란 태아가 산도를 통과하는 과정에서 구조적 또는 기능적 이상이 생겨 분만이 순조롭게 진행되지 않는 경우를 말한다. 반면, 자연분만으로 아기를 낳고 특별히 산모나 아기에게 이상 증세가 없으면 순산이라고 한다. 산모와 태아에게 이상이 있는 경우 난산을 하게 된다. 산모에게 문제가 있는 경우로는 산도나 골반이 너무 협소한 경우, 산도의 기형, 자궁기능부전이나 자발적인 복근수축의 문제, 만출력(태아를 밀어내는 힘) 이상 등이다. 태아에게 이상이 있는 경우는 태아의 위치이상(예를 들면, 둔위전진)이나, 발육이상으로 기형이 된 경우로서 이때는 난산을 하게 된다.

그 외에도 전치태반, 태반조기박리, 조기파수 등도 난산의 원인이 된다. 전치태반은 태반이 태아보다 자궁구 가까이 위치하여 자궁구를 막고 있는 것으로, 이러한 경우에는 정상분만이 불가능하므로 제왕절개 분만을 해야 한다.

분만 시 아기가 나오고 난 뒤에 태반이 자연적으로 떨어지게 되는데, 태반조기박리는 미처 아기가 나오기 전에 미리 태반이 자궁벽으로부터 떨어지는 것으로, 곧바로 출산하지 않으면 산모와 태아의 생명이 위험하게 된다.

출산이 진행되기 이전에 양막이 터져 양수가 일찍 나오는 것을 조기파수라고 하는데, 양수는 분만 시 자궁의 수축이 일어나면서 터지게 되어 산도를 통해 태아가 출생하는 것을 도와주는 역할을 한다. 조기파수의 경우 태아에게는 감염의 우려가 있다.

(2) 산소결핍증

신생아의 1% 정도가 산소결핍증을 경험한다. 산소결핍증의 원인은 둔위전진, 태반조기박리, Rh 인자, 무통분만을 위한 진정제나 마취제의 사용 등이다. 분만 시 태아의 발이나 엉덩이부터 나오게 되는 둔위전진의 경우, 탯줄이 꼬이거나 조여지기 때문에 산소공급을 받지 못하게 된다(Lin, 1993). 태반이 너무 일찍 떨어져 나가는 태반조기박리의 경우 산소와 영양 공급이 차단된다. 태반조기박리는 음주, 흡연, 약물과 같은 기형발생물질로 인해 태반이 정상적인 발달을 하지 못한 결과이다. 출산과정에서 산모의 고통을 감소시키기 위해 투여된 진정제가 탯줄을 통해 태아에게 전달되어 호흡기관을 자극하면 산소결핍증이 발생한다. 산소결핍증의 또 다른 원인은 Rh 인자인데, 태아의 혈액형이 Rh^+이고 모체가 Rh^-인 경우 Rh^-인 모체의 혈액은 Rh^+에 대항하기 위해 항체를 만들며, 이것이 태아의 혈액 속에 들어가 적혈구를 파괴하면 산소결핍증이 발생한다.

Arnold J. Sameroff

Michael J. Chandler

신생아는 성인보다 산소결핍 상태를 더 오래 견딜 수 있지만, 그 상태가 3분 이상 경과되면 영구적인 뇌손상을 입게 된다(Nelson, 1995). 이 경우 신경세포가 죽게 되므로 신체적·심리적 결함을 초래한다. 만약 신경세포가 너무 많이 죽게 되면 영아는 심각한 뇌손상을 입게 되고(뇌성마비), 심한 경우 사망하게 된다. 가벼운 산소결핍증을 경험한 영아는 3세까지는 운동발달이나 지적 발달이 평균 이하이지만(Sameroff & Chandler, 1975), 정상아와의 차이는 점점 줄어들어 7세가 되면 거의 차이가 없다(Corah, Anthony, Painter, Stern, & Thurston, 1965).

(3) 조산

임신 28주에서 37주 사이에 아기가 태어나는 경우를 조산이라고 하며, 조산인 경우에는 대체로 체중이 2.5kg인 미숙아이다. 그러나 임신 40주를 다 채운 신생아도 2.5kg 미만이면 미숙아로 간주된다.

조산의 주된 원인은 가난으로 인한 산모의 영양부족이다. 따라서 경제적으로 부유한 계층보다 가난한 계층의 조산율이 높다. 그 외 산모의 생식기관 미숙(예를 들면, 십대 임신), 쌍생아 임신, 임신기간 중의 흡연, 음주, 약물복용 등도 조산의 가능성을 증가시킨다(Cooperstock, Bakewell, Herman, & Schramm, 1998; DuPlessis, Bell, & Richards, 1997; Goldenberg & Culhane, 2007; Paneth, 1995; Radetsky, 1994).

조산의 장기적 효과는 임신기간, 출생 시 체중, 출생 후 관리, 아동기 동안의 환경의 질에 달려 있다. 특히 신생아의 사망률은 임신기간 및 출생 시 체중과 관련이 많다. 임신기간 28주(생존 가능성을 가늠하는 결정적 시기) 이전이나 1.5kg 미만인 경우 생존 가능성이 매우 낮다.

조산아의 가장 큰 문제는 호흡장애 증후군(respiratory distress syndrome)과 뇌출혈(brain hemorrhage)이다(Travis, 1993). 호흡장애 증후군은 신체에서 폐를 보호해 주는 물질을 생성하지 못한 결과 호흡이 불규칙하거나 호흡이 정지되는 현상을 말한다. 이와 같은 문제를 해결하기 위해 미숙아는 조산아 보육기(incubator)에 넣어진다(사진 참조). 보육기에서는 온도와 산소량이 조절된다. 산소농도가 너무 높으면 눈의 망막이 손상을 입어 시각장애가 올 수도 있다. 조산아는 출생 후 곧바로 보육기에 넣어지므로, 초기 모자격리가 아기와 어머니와의 애착관계 형성에 손상을 줄 수 있다. 이와 같은 손상을 줄이기 위해 캥거루 케어(Kangaroo Care) 전략을 이용할 수 있다. 캥거루 케어란 어미 캥거루가 새끼 캥거루를 육아낭(pouch)에 넣어 키우는 것처럼 어머니가 맨 가슴에 기저귀만 채운 미숙아를 똑바로 세워 품어 안는 것을 말한다(사진 참조). 어머니와 미숙아가 하루에 2~3시간씩 밀접한 신체접촉(캥거루 케어)을 함으로써 애착관계 형성에 도움이 될 뿐만 아니라 미숙아의 심장박동과 체온을 유지시키고 호흡장애를 완화시켜준다(Ahmed et al., 2011; Begum et al., 2008; El-Farrash et al., 2020; Ludington-Hoe et al., 2006; Nyqvist et al., 2010).

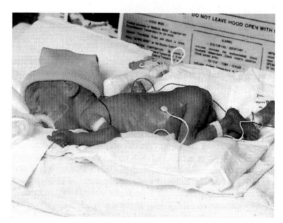

사진 설명: 조산아 보육기 속의 미숙아

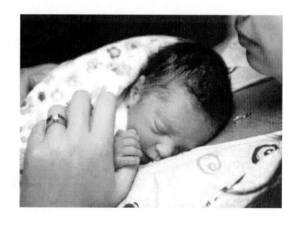

이 외에도 청각(부모의 목소리), 후각(부모의 체취), 촉각(부모와의 신체접촉), 시각(똑바로 세워 안은 위치) 등의 감각작용에도 자극을 준다.

Nathalie Charpak

한편, 조산아 보육기가 보편화되지 않은 저개발국가에서는 어머니 또는 아버지가 캥거루 케어를 함으로써 부모의 신체가 인간 보육기(human incubator) 역할을 하게 된다. 이처럼 캥거루 케어는 조산아 보육기의 보조역할로 이용될 수 있다.

연구결과 캥거루 케어를 경험한 미숙아는 그렇지 않은 미숙아에 비해 지능발달, 운동발달 점수가 높으며, 체중이 더 많이 증가한 것으로 나타났다(Charpak, Ruiz-Palaez, & Figueroa, 2005; Gathwala, Singh, & Balhara, 2008; Hendricks-Munoz et al., 2013; Sharma, Murki, & Oleti, 2018; Tessier et al., 2003). 이와 같은 캥거루 케어의 이점 때문에 신생아가 미숙아인 경우 80% 이상의 부모들이 캥거루 케어를 하고 있는 것으로 보인다(Field et al., 2006).

미숙아는 심장박동이 느리고, 환경이 주는 자극, 즉 빛, 소리, 기타 다른 감각에 매우 예민하고, 팔다리의 움직임도 조화롭지 못하다. 잔병치레를 많이 하고, 말을 늦게 배우며, 운동발달이 느리다. 이런 여러 가지 문제들은 부모를 매우 당혹스럽게 만든다(Doussard-Roosevelt, Porges, Scanlon, Alemi, & Scanlon, 1997; Field, 1990).

대부분의 미숙아들은 발달속도가 정상아보다 느리기는 해도 결국에는 정상적인 발달을 한다. 그러나 때로는 학습장애, 과잉행동장애, 주의집중력 부족, 지능점수가 평균 이하인 경우도 있다(Case-Smith, Butcher, & Reed, 1998; Cherkes-Julkowski, 1998; Espirito Santo, Portuguez, & Nunes, 2009).

3) 출산준비

출산예정일이 다가오면 출산에 대한 정신적인 준비나 아기에게 필요한 물품을 미리 준비하여야 한다. 분만이 반드시 예정일에 이루어지는 것은 아니므로 임신 말기에는 미리 출산에 대한 준비를 하고 있어야 한다.

일반적으로 대부분의 임산부는 병원에서 출산을 하게 된다. 출산할 병원이나 출산 후 휴식할 장소를 미리 정해 두고, 임신 말기에는 정기적으로 검진을 받도록 하며, 진통이 시작된 뒤 2~3시간이 경과하면 병원으로 가는 것이 바람직하다. 분만과정에서 대부분의 임산부는 특별한 도움을 필요로 하지 않지만 10~15%는 특별한 도움이 필요하기 때문에 가정에서 출산할 경우에도 가까운 곳의 병원의 위치를 확인해 두는 것이 필요하다.

아기에게 필요한 용품은 미리 준비해 두어야 한다. 아기를 위한 준비물로는 아기 의류(속옷: 3~5벌, 겉옷: 3~5벌, 기저귀: 30~40장, 포대기, 턱받이, 거즈 손수건), 아기 목욕용

배냇저고리

턱받이

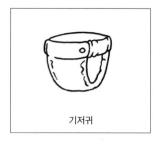
기저귀

산후 복대

분통, 목욕 스펀지, 타월, 안전 가위

우유병

물휴지, 면봉, 코흡입기

욕조

목욕그네

〈그림 6-2〉 출산준비물

품(목욕통, 목욕 타월, 비누, 아기분, 베이비오일), 아기 침구류(요, 이불, 베개 등), 조유기구(우유병, 젖꼭지, 우유병 소독용품) 등이 있다(〈그림 6-2〉 참조).

2. 신생아

　출생 후 첫 한 달 동안의 아기를 신생아라고 부른다. 신생아기는 비록 짧은 기간이지만 태내환경과는 상이한 새로운 환경에 적응해야 한다는 점에서 중요한 의미를 갖는다. 신생아는 숨쉬고, 먹고, 새로운 환경에 적응해야 한다. 아직 미성숙한 기관을 지닌 신생아에게 이와 같은 것들은 스트레스를 유발한다. 그러나 신생아는 우리가 알고 있는 것보다 훨씬 더 많은 적응능력을 가지고 이 세상에 오는 것으로 보인다.

　신생아는 출생 후 첫 15~30분 동안은 깨어 있지만 곧바로 깊은 잠에 빠진다. 따라서 태어나자마자 부모가 아기와 눈을 맞추고 신체접촉을 하는 것은 이후 애착관계 형성에 매우 중요한 요인으로 작용한다.

1) 신체적 특징

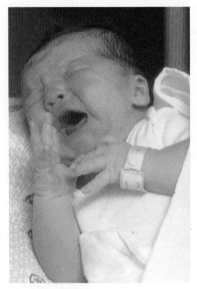

사진 설명: 신생아

갓 태어난 아기의 모습은 많은 사람들이 생각하는 뽀얗고 포동포동한 '예쁜 아가'의 모습과는 거리가 멀다. 신생아의 피부는 쭈글쭈글하고, 붉은색을 띠며, 끈적끈적한 태지(胎脂)로 덮여 있다. 눈꺼풀은 퉁퉁 부어 있고, 몸 전체는 솜털로 덮여 있는데 몇 주가 지나면 점차 없어진다. 생후 3~4일경에 나타나는 신생아 황달도 일주일이 지나면 사라지게 된다.

신생아의 신장은 출생 시 남아가 평균 50.1cm, 여아가 평균 49.3cm이다. 첫돌이 되면 신장이 76~78cm로 출생 시의 1.5배가 되며, 두 돌 무렵에는 86cm 정도로 성인 키의 절반 가량이 된다. 성장이 두미 방향으로 진행되기 때문에, 출생 시 몸의 중앙점은 배꼽보다 2cm 가량 위쪽에 있으나 2세가 되면 배꼽보다 약간 아래쪽에 있게 된다.

신생아의 체중은 출생 시 남아가 평균 3.4kg, 여아가 평균 3.2kg이다. 그러나 2.6~4.1kg 정도이면 정상 범주에 속하며, 첫아이는 다음에 출생하는 아이보다 체중이 가벼운 경우가 많다. 출생 후 3~4일간은 약 5% 정도의 초기 체중감소가 있으며, 심한 경우에는 10% 정도까지 감소한다. 그러나 5일 이후부터는 점차 증가하여 2주경에는 출생 시의 체중을 회복한다. 첫돌 무렵에는 출생 시 체중의 약 3배인 10kg, 두 돌이 되면 12kg 정도로 급성장을 보인다.

2) 생리적 기능

출생 시부터 신생아는 호흡, 순환, 체온조절이나 배설 같은 기본적인 생리적 기능이 잘 발달되어 있다.

(1) 호흡, 맥박, 체온

신생아의 맥박은 1분에 120~160회 정도로 빠르고 불규칙하다. 호흡은 공기를 접하자마자 나타나는 반사적인 것으로 1분당 35~45회 정도이며 불규칙적인 복식호흡을 한다. 신생아의 체온은 성인보다 다소 높은 37~37.5℃이다. 땀샘이 잘 발달되지 않아 체온조절 능력이 성인보다 미흡하여 외계 온도의 영향을 많이 받는다. 지방층은 마지막 2개월에 발달하기 때문에, 조산아는 체온조절 능력이 다소 부족하므로 몸을 따뜻하게 유지해 주는 것이 필요하다.

(2) 수면

신생아의 수면시간은 하루에 18시간 정도를 차지하며, 24개월경에는 12시간 정도로 감소한다. 수면에는 눈동자가 움직이느냐 움직이지 않느냐에 따라 REM(rapid eye movement) 수면과 비REM(non-REM) 수면의 구별이 있다. REM 수면은 빠른 눈동자의 움직임과 동시에 몸을 움직이며, 빠르고 불규칙한 호흡과 맥박이 나타난다. 소리를 내거나 꿈을 꾸는 것은 REM 수면에서 빈번하게 일어난다. 비REM 수면은 조용하고 깊은 잠으로, 호흡이나 맥박이 규칙적이며 몸의 움직임도 줄어든다. 영아의 수면은 50%가 REM 상태이지만 차츰 감소하며 성인이 되면 20% 정도로 감소한다. 이러한 수면 형태의

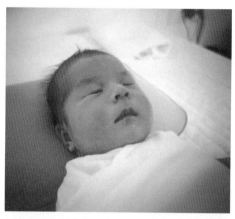

사진 설명: 신생아는 하루 중 대부분의 시간을 잠을 잔다.

변화는 출생 초기의 뇌의 미성숙과 이후의 빠른 성장으로 인해 나타나는 현상으로 설명할 수 있다.

(3) 수유

모유는 산모가 특별한 질병을 앓고 있거나 모유를 먹이기 힘든 상황을 제외하고는 가장 바람직한 신생아의 음식이다. 따라서 산모는 다음과 같은 모유의 장점을 인식하고, 불가피한 경우가 아니면 될 수 있는 대로 모유 수유를 하는 것이 바람직하다(Duijts et al., 2010; Eiger, 1992; Kramer et al., 2008; Newman, 1995; Schiff, 2021; Slusser & Powers, 1997: Tanaka et al., 2009).

첫째, 모유는 인공유에 비해 영양학적으로 우수하여 영아 초기에는 이것만으로도 충분한 영양이 된다. 둘째, 모유는 장내에서 비타민이나 영양소를 흡수하는 데 효과적인 장내 세균군을 만들어 내므로 소화흡수가 쉽다. 셋째, 모유는 구토, 설사, 변비, 알레르기 같은 수유장애가 적다. 넷째, 모유는 신선하고 경제적이며, 수유하기도 편리하고 항상 일정한 온도를 유지하고 있다. 다섯째, 모유는 항체나 면역체를 다량으로 함유하고 있으므로, 아기에게 질병에 대한 저항력을 길러 준다.

사진 설명: 모유를 먹고 있는 아기(左), 인공유(우유)를 먹고 있는 아기(右)

출산 후 1~2일 사이에 젖이 나오기 시작하는데, 이를 초유라고 한다. 초유는 영양이 풍부할 뿐만 아니라 질병에 대한 면역체를 다량 함유하고 있으므로 가급적 먹이는 것이 좋다. 이들 항체나 면역체는 세균이 신체조직을 통과하는 것을 방해하며, 소장의 빈 공간에 세균들을 묶어 둠으로써 세균이 소화기관이나 다른 신체기관으로 이동하는 것을 차단한다. 뿐만 아니라 세균이 소화기관 내에 살지 못하도록 무기질이나 비타민의 공급을 차단하며, 어떤 면역세포들은 세균을 직접 잡아먹는 식균작용을 하기도 한다. 또한 영아의 면역능력을 증가시키는 화학물질을 생성하기도 한다.

산모는 자기 주변의 병원체에 대해 항체를 형성하기 때문에, 아기는 모유를 먹는 생후 첫 몇 주 동안 감염성 세균으로부터 보호를 받게 된다. 반면, 인공 수유를 하는 영아는 그들 자신이 스스로 항체를 만들기 전까지는 침입한 세균과 싸울 수단이 없다.

이처럼 모유는 다양한 방식으로 신생아가 질병에 감염되는 것을 막아 준다. 출생 직후 수개월간 면역체가 제 기능을 발휘할 수 없는 시기에 특히 중요한 역할을 한다. 실제로 아동의 면역능력은 5세까지는 제 기능을 발휘하지 못한다.

그러나 무엇보다도 모유 수유의 장점은 이를 통해 어머니와의 밀접한 피부접촉을 하게 됨으로써 아기에게 안정감을 줄 수 있다는 점이다. 수유를 하는 동안 어머니의 심장고동소리를 듣거나 어머니와의 피부접촉을 통해 아기는 심리적으로 안정감을 느낄 수 있다.

수유기간 중에도 임신기간과 마찬가지로 내복약, 술, 담배는 금하는 것이 좋다. 일반적으로 모유 수유는 하루 7~10회, 우유는 5~6회 정도가 좋다. 그러나 수유시간, 횟수, 양은 개인차가 크기 때문에 지나치게 표준화된 양이나 횟수에 집착할 필요가 없다.

우리나라에서 전국 수준의 모유 수유율은 3년마다 이루어지는 전국출산력 및 가족보건복지 실태조사에서 조사되어 왔다. 모유 수유율은 2000년에 가장 낮은 수준이었다가 2009년까지 지속적으로 증가하였으나, 2012년에는 2009년에 비하여 감소하고 혼합 수유가 증가하고 있는 양상을 보인다. 2012년 조사결과, 생후 1주와 2주 이내 모유 수유율은 생후 3주 이내 모유 수유율보다 크게 낮았다. 2009년에 비하여 혼합 수유 도입이 빨라지면서 완전 모유 수유율이 감소된 것으로 보인다.

2021년 실태조사에서는 완전 모유 수유율이 생후 1주에 26.0%였다가 생후 2주에는 44.8%, 생후 3주에는 45.3%로 점차 높아지는 양상을 보였다. 완전 모유 수유율은 생후 3주에 최고점에 이르다가 5개월에는 20.1%에서 6개월에는 5.2%로 급격하게 감소하는 것으로 나타났다. 이와 같은 결과는 생후 6개월이 되면서 보충식을 시작하는 비율이 급증하기 때문인 것으로 보인다.

이상의 연구결과에 의하면 최근 모유권장운동(사진 참조)에도 불구하고 우리나라 모유 수유율은 여전히 낮은 것으로 나타났다. 모유 수유를 증가시키기 위해서 임산부를 대상으로 모유의 장점, 유방관리 및 수유방법에 대한 산전교육이 필요한 것으로 보이며, 직장 내 모유 수유실 설치와 모유 수유 지원시책의 추진 등 모유 수유 지지 환경이 조성되어야 할 것으로 보인다.

(4) 배설

신생아는 생후 1~2일경에 검고 끈적끈적한 태변을 보게 되며, 생후 3~4일이 지나면 노란색의 보통변으로 변한다. 모유 수유를 하는 경우에는 하루 3~4회, 인공 수유인 경우에는 하루 1~2회의 변을 보게 된다. 신생아는 하루에 10회 이상으로 자주 소변을 보지만 수분의 섭취량에 따라 달라진다.

3) 반사운동

반사(reflex)는 우리 눈에 이물질이 들어가면 눈을 깜박거리는 것과 같이 외부의 자극에 대한 무의식적이고도 자동적인 반응을 말한다. 신생아는 외부의 자극에 대해 여러 가지 반사행동을 보이는데, 반사행동에는 생존반사와 원시반사의 두 종류가 있다(〈그림 6-3〉 참조).

(1) 생존반사

생존반사(survival reflexes)는 신생아의 생존에 필요한 것으로 호흡 반사(breathing

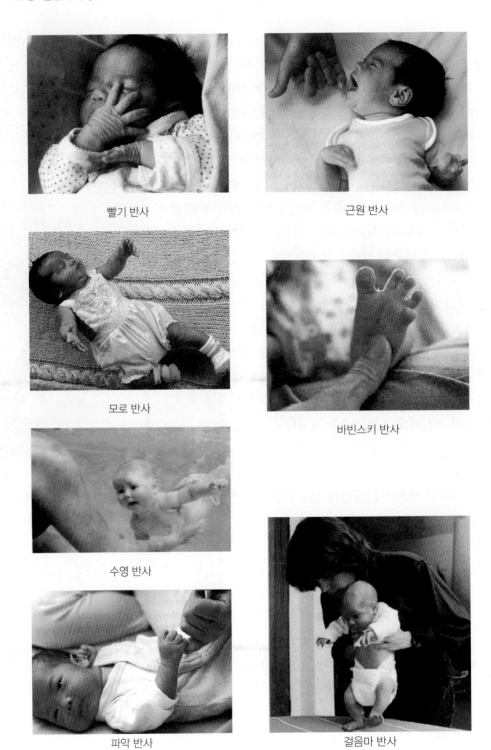

빨기 반사

근원 반사

모로 반사

바빈스키 반사

수영 반사

파악 반사

걸음마 반사

〈그림 6-3〉 생존반사와 원시반사의 예

reflex), 눈깜박거리기 반사(eye-blink reflex), 빨기 반사(sucking reflex), 삼키기 반사(swallowing reflex), 근원 반사(rooting reflex) 등이 있다. 신생아는 입 주위에 자극을 주면 그 자극을 향해 고개를 돌리고, 입을 벌려 이것을 빨려고 하는데 이것이 근원 반사이다. 입에서 먼 뺨에 자극물을 갖다 대어도 필사적으로 먹이라는 자극물을 찾아간다. 신생아는 구강자극에 민감하여 입에 닿는 것은 무엇이든지 빨려고 하는데 이것이 빨기 반사이다. 빨기 반사는 근원 반사와 마찬가지로 생존을 위해 타고난 반사행동이다. 생존반사는 유해한 자극에 대해 보호기능을 할 뿐만 아니라 유아의 기본 욕구를 충족시키는 기능도 한다(Bowlby, 1988).

(2) 원시반사

원시반사(primitive reflexes)는 신생아의 생존과는 관계가 없는 반사로 인류의 진화과정의 흔적으로 보인다. 모로 반사(Moro reflex), 바빈스키 반사(Babinski reflex), 수영 반사(swimming reflex), 파악 반사(grasping reflex), 걸음마 반사(stepping reflex) 등이 원시반사의 예이다(Thelen, 1984).

Esther Thelen

모로 반사는 Moro가 발견한 반사행동이다. 갑자기 큰 소리를 내거나, 신생아를 안고 있다가 갑자기 내려놓으면 팔이 활모양으로 휜다. 또한 신생아를 똑바로 눕힌 채 누운 자리 근처를 양쪽에서 세게 두드리면 팔을 쭉 벌리면서 손으로 무엇인가를 잡으려고 하는 것 같은 자세를 취한다. 우리나라 영아를 대상으로 한 연구(곽금주 외, 2005)에서 1개월 영아 중 83.1%가 모로 반사를 보였으나, 3개월에는 45.7%, 4개월에는 35.1%까지 감소하였다. 그리고 5개월에는 29.3% 정도만 모로 반사를 보였다. 바빈스키 반사는 Babinski가 발견한 반사행동이다. 신생아의 발바닥을 발꿈치에서 발가락 쪽으로 간질이면 엄지발가락을 구부리는 반면, 다른 네 발가락은 부채처럼 쫙 펴는 반응을 보인다. 아기를 물 속에 넣으면 물 위에 뜨기 위해 적절한 팔다리 운동과 호흡을 하는데, 이것이 수영 반사이다. 신생아의 손바닥에 어떤 물건을 쥐어 주면 그것을 빼내기 힘들 정도로 꽉 쥐는 반응을 보이는데, 이것이 파악 반사이다. 나무에 매달리는 원숭이의 파악행동을 예로 들면서 파악반사를 인류 진화과정의 잔존물로 해석하는 학자도 있다. 신생아의 겨드랑이를 잡고 살짝 들어올려 바닥에 발을 닿게 하면, 걸어가듯이 무릎을 구부려 발을 번갈아 땅에 내려놓는데 이것을 걸음마 반사라고 한다.

원시반사는 대부분 수개월 이내에 사라지는데, 이는 대뇌피질이 발달함에 따라 신생아의 반사운동이 점차적으로 의식적이고 자발적인 행동으로 대체되기 때문이다. 원시반사가 기능적인 가치는 별로 없다 하더라도 발달상태를 평가하는 데에는 매우 유용하다. 만약 이러한 반사행동이 출생 시 나타나지 않거나 수개월이 지나도 사라지지 않으면 신경계통에 어떤 문제가 있는지를 살펴보아야 한다.

영아돌연사 증후군(Sudden Infant Death Syndrome: SIDS)

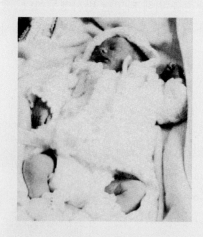

영아돌연사 증후군은 첫돌이 되기 전의 영아가 특별한 이유도 없이 수면 중에 갑자기 사망하는 현상을 말한다. 잠이 들 때까지는 별다른 이상이 없던 상황에서 갑자기 사망한 채로 발견되는 경우가 많다. 세계적으로 1,000명의 영아 중 1~3명이 영아돌연사 증후군으로 사망하는데, 우리나라는 발생률이 비교적 낮은 편이다. 선진국에서는 생후 1개월에서 첫돌 사이에 사망한 영아의 40~50%가 SIDS의 희생자이다(Heron, 2016).

SIDS의 정확한 원인은 아직 밝혀지지 않고 있으나, 최근에 와서 가장 유력한 가설은 호흡조절규제와 관련된 뇌기능에 이상이 있다는 것이다. 즉, 호흡이 갑자기 중단되는 것과 같이 영아가 생존에 위협을 느꼈을 때 어떻게 반응하는지를 학습하는 데 문제가 있다는 것이다(Lipsitt, 1990).

생후 2~4개월 사이에 SIDS 발생률이 가장 높은데, 이 시기에는 대뇌피질이 발달함에 따라 호흡반사가 의식적이고 자발적인 행동으로 대체하게 된다. 그러나 SIDS 영아의 경우 이러한 대체과정이 순조롭지 못해 방어적 반사를 대체할 수 있는 자발적인 행동을 습득하지 못하게 된다. 따라서 수면 중 호흡에 이상이 발생했을 경우 잠에서 깨어나 자세를 바꾸거나 울거나 하지 못하고 그대로 사망하게 되는 것이다.

SIDS는 남아, 조산아, 미숙아, 빈곤계층이나 십대 미혼모의 아기, 어머니가 흡연과 약물복용을 한 경우에 많이 발생하고 아기를 엎어 재우거나(Adams, Ward, & Garcia, 2015; Elder, 2015), 푹신한 요를 사용하거나 담요 등으로 아기의 몸을 감싼 경우에도 많이 발생한다. 그리고 계절적으로는 겨울에 발생률이 높다.

SIDS의 예방법은 임신 중 영양섭취를 충분히 하고, 흡연과 약물복용을 삼가며(Horne, 2018), 아기를 바로 눕히거나 옆으로 눕혀 재우고(Horne, 2019), 너무 푹신한 이부자리나 베개는 피하며, 모유 수유를 하고(Cowgill, 2020), 아기를 혼자 재워놓고 오랫동안 외출하는 것을 삼가는 것이다.

아동·청년 발달   제3부

출생 후 2세까지의 시기를 영아기라고 한다. 영아기는 인간발달의 여러 영역에서 급속한 성장이 이루어지는 시기이다. 뛰어다닐 수 있을 만큼 빠른 속도로 신체발달이 이루어지고, 다른 사람과 의사소통이 가능할 만큼 언어능력도 발달한다. 그러나 이후의 사회성발달을 위해 부모와의 애착관계를 형성하는 것이 필요하며, 인지발달을 촉진시키기 위해 여러 감각기관들의 자극이 필요한 시기이다.

2세부터 초등학교 입학 이전인 6세까지의 시기를 유아기라고 한다. 유아기에는 영아기에 비한다면 속도는 완만하지만 꾸준한 신체적 성장이 이루어진다. 운동능력은 신체발달과 밀접한 관련이 있으며, 신체가 발달함에 따라 운동능력도 꾸준히 발달한다. 유아기는 또한 인지능력이 발달하여 상상과 환상이 풍부해지는 시기이다. 주변 환경에 대한 탐색이 활발해지고, 많은 어휘를 습득하여 다른 사람과의 의사소통도 활발해진다.

6세에서 11세까지 초등학교에 다니는 시기를 아동기라고 한다. 생활의 중심이 가정에서 학교로 옮겨 감에 따라, 이 시기의 발달에서는 학교생활이 중요한 역할을 하게 된다. 학교생활을 통해 아동은 많은 사회적 관계를 형성하게 되고, 또래집단의 비중이 점차 커지게 되므로, 이 시기를 학동기 또는 도당기(gang age)라고도 한다. 또한 아동기는 유아기나 사춘기의 격동에 비해 상대적으로 조용한 시기라는 점에서 잠복기라고도 한다.

청년기는 아동기에서 성인기로 옮겨가는 전환기이다. 청년기에는 급격한 신체변화, 성적 성숙과 더불어 인지적·정서적 변화가 일어난다. 또한 청년기는 자아정체감의 확립, 자기 성에 적합한 성역할의 습득, 직업선택에 대한 의사결정 등의 발달과업을 수행해야 되는 시기이다. 청년기는 또한 동성 또래집단에서 이성 또래집단으로 관심이 옮겨 가는 시기이기도 하다. 청년은 이성교제를 통해 정상적인 인격형성을 도모할 수 있고, 성인남녀의 역할을 배움으로써 사회적 기술과 예의를 배우게 된다.

제3부에서는 영아기, 유아기, 아동기, 청년기의 신체발달, 인지발달, 언어발달, 사회정서발달에 관해 살펴보기로 한다.

영아기의 발달

영아기는 인간발달의 여러 영역들에서 급속한 성장이 이루어지는 시기이다. 뛰어다닐 수 있을 만큼 빠른 속도로 신체발달이 이루어지고, 다른 사람과 의사소통이 가능할 만큼 언어능력도 발달한다. 그러나 이후의 사회성발달을 위해 부모와의 애착을 형성하는 것이 필요하며, 인지발달을 촉진시키기 위해 여러 감각기관들의 자극이 필요한 시기이다.

영아기 동안 신체적 성장은 놀라운 속도로 진행된다. 두뇌발달 또한 생후 어느 시기보다도 급격하게 이루어진다. 뇌와 신경계 그리고 근육의 발달과 병행하여 새로운 운동기능도 발달한다.

영아기 동안 인지적 성장도 급속도로 이루어지는데, 몇 가지 반사능력만을 가지고 태어난 신생아는 점점 목적의식을 가지고 행동하는 존재로 바뀐다. 영아기의 인지발달에는 시각적·청각적 자극 등이 필요하며 특히 언어적 상호작용이 매우 중요한 역할을 한다.

영아기 동안 발생하는 형태 중 가장 중요한 사회적 발달이 애착이다. 어떤 종이든 어린 것이 어른보다 더 귀엽다. 큰 머리, 벗겨진 이마, 볼록한 볼, 짧고 통통한 사지, 서투른 동작 등 영아의 신체적 특징은 어른들을 매혹시키기에 충분하다. 영아가 생존하기 위해서는 성인의 관심과 보호가 절대적으로 필요하다. 영아기의 애착의 발달은 양육자와의 이와 같은 유대관계를 통해 형성된다.

제7장에서는 영아기의 신체발달, 인지발달, 언어발달, 사회정서발달에 관해 살펴보기로 한다.

1. 신체발달

영아기는 인간의 일생에서 신체적 성장이 가장 빠른 속도로 이루어지는 시기이다. 특히 출생 후 첫 1년간은 신체와 뇌의 성장이 급속도로 이루어진다. 이처럼 성장이 급속도로 이루어지는 시기를 성장급등기라고 하는데, 영아기 이후 사춘기에도 똑같은 현상이 한 번 더 일어난다. 그래서 영아기를 제1 성장급등기라 부르고, 사춘기를 제2 성장급등기라고 부른다.

영아기의 두뇌발달은 생후 어느 시기보다도 급격하게 이루어진다. 태내기와 영아기는 두뇌발달의 결정적 시기이며, 이 시기 동안의 영양결핍은 두뇌의 성장발달을 저해하는 요인이 된다. 영아기에서 뇌의 발달은 생물학적 요인뿐만 아니라 환경적 요인에 의해서도 영향을 받는다.

고개조차 가누지 못하던 신생아가 기동성 있는 인물로 변하는 시기도 영아기이다.

기기, 서기, 걷기, 달리기 등 새로운 운동기능의 발달은 영아로 하여금 자신감을 갖게 해 준다. 이러한 운동능력은 뇌와 신경계 그리고 근육의 발달과 병행하여 향상된다.

신생아도 시각, 청각, 후각, 미각, 촉각 등의 감각능력을 어느 정도 가지고 태어나지만, 영아기 동안 이러한 감각능력은 급속도로 발달한다. 감각과 지각의 발달은 아동의 운동기능이나 인지발달에 영향을 미치게 된다.

1) 신체적 성장

(1) 신장과 체중의 변화

생후 첫 1년간의 특징은 빠른 신체적 성장이라 할 수 있다. 건강한 영아의 경우 신장은 1년 동안에 1.5배, 체중은 3배 정도 증가한다. 두 돌 무렵이 되면 신장은 성인의 절반 가량이 되고 체중은 출생 시 체중의 4배가 된다.

(2) 신체비율의 변화

신체의 모든 부위가 똑같은 비율로 성장하는 것은 아니기 때문에 영아의 신체비율은 급격히 변한다. 바꾸어 말하면, 신체의 각 부분은 다른 시기에 다른 비율로 성장한다. 수태에서 출생까지는 머리부분이 가장 빠른 속도로 성장해서, 신생아의 머리크기는 성인의 70%에 이르고, 출생 후 첫 1년간은 몸통이 가장 빠른 성장을 보여 이 기간에 증가

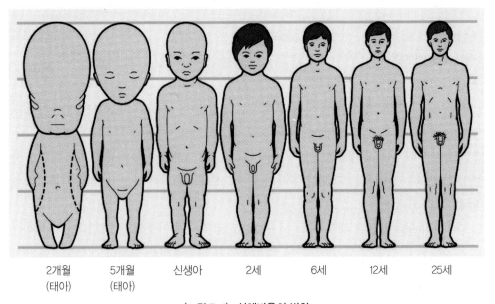

| 2개월 | 5개월 | 신생아 | 2세 | 6세 | 12세 | 25세 |
| (태아) | (태아) | | | | | |

〈그림 7-1〉 신체비율의 변화

출처: Muzi, M. J. (2000). *Child development*. NJ: Prentice-Hall.

한 신장의 60%에 해당된다. 출생 후 1년부터 청년기에 이르는 동안에는 다리가 가장 빠른 속도로 성장하여, 이 기간에 이루어진 신장 증가량의 60% 이상이 된다(Eichorn, 1979).

신생아는 머리크기가 신체에서 차지하는 비율이 $\frac{1}{4}$이나 되기 때문에 얼핏 보면 머리만 있는 것처럼 보인다. 출생 시 머리의 크기는 신장의 $\frac{1}{4}$을 차지하지만, 첫 2년간 신체의 다른 부분이 성장해서 두 돌 무렵에는 신체의 $\frac{1}{5}$이 되고, 성인이 되면 $\frac{1}{8}$이 된다(〈그림 7-1〉 참조). 출생 시에 신체에 비해 머리가 큰 것은 두미(cephalocadual) 발달의 원칙 때문이다.

또한 근원(proximodistal) 발달의 원칙에 의해서 몸통이 먼저 성장하고 그다음 팔다리 그리고 손발의 순서로 발달이 이루어진다. 따라서 신체비율로 볼 때, 신생아의 신체에서 가장 작은 비율을 차지하는 부위는 머리와 신체 중심부로부터 가장 멀리 떨어져 있는 부위, 즉 발이다. 성인이 되면 발의 크기는 출생 시의 5배가 된다.

(3) 골격의 발달

영아의 골격은 성인의 골격보다 크기가 작고 수도 적을 뿐만 아니라 매우 유연하고 부드럽다. 손발, 손목, 발목을 예로 들면 출생 시 뼈의 수가 성인의 것보다 훨씬 적다. 손목뼈의 경우 성인은 9개인 데 반해 첫돌 무렵에는 3개뿐이다. 나머지 6개는 아동기에 계속 발달하여 청년기에 완성된다(사진 참조).

부드러운 뼈가 단단해지는 과정을 경화(硬化, ossification) 또는 골화(骨化)라고 한다. 사춘기가 될 때까지 꾸준히 경화 현상이 일어나는데, 그 순서는 두미발달의 원칙과 근원발달의 원칙을 따른다. 예를 들면, 손이나 손목의 뼈가 다리나 발뼈보다 먼저 단단해진다(Tanner, 1990).

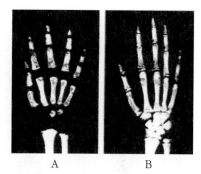

사진 설명: A는 첫돌 무렵의 손의 골격사진이고, B는 12세 무렵의 손의 골격사진이다.

두개골의 뼈는 봉합이 채 이루어지지 않아 머리에는 6개의 숫구멍이 남아 있다. 숫구멍은 피부막으로 덮여 있는데, 이 피부막은 출산과정에서 머리가 눌려도 상처를 입지 않게 보호해 주고, 출생 후에도 뇌를 상해로부터 보호해 준다. 여섯 개의 숫구멍 중 두 개는 우리 눈으로 관찰할 수 있는데, 대천문과 소천문이 그것이다(〈그

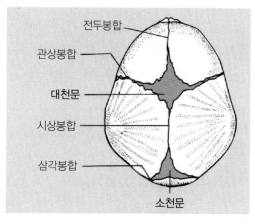

〈그림 7-2〉 **대천문과 소천문**

림 7-2〉 참조). 두개골이 단단해지면서 두 돌이 되기 전에 숫구멍은 무기물로 채워진다.

(4) 근육의 발달

골격과 마찬가지로 근육조직도 영아기에는 작고 약하다. 출생 시 근육조직은 35%가 수분으로 구성되어 있다. 근육조직은 청년기까지 꾸준히 발달하는데, 점점 두꺼워지고 단단해진다. 근육의 발달순서 역시 두미발달의 원칙과 근원발달의 원칙을 따른다. 따라서 머리와 목의 근육이 몸통이나 사지의 근육보다 먼저 성숙한다. 신생아기 때에 목근육에 힘이 없어 목을 가누지 못하던 아기가 4개월이 지나면서 머리를 들게 된다(사진 참조). 그러나 첫돌이 가깝도록 다리 근육에는 충분한 힘이 없어 걷지 못한다.

(5) 치아의 발달

치아에는 젖니와 영구치가 있는데, 젖니의 수는 모두 20개이고 영구치의 수는 모두 32개이다. 치아는 생후 6개월경에 젖니가 아래 앞니부터 나기 시작하여 1년이 되면 6~8개의 앞니가 난다. 그다음 첫째 어금니, 송곳니, 둘째 어금니 순서로 24~30개월경에는 20개의 젖니가 모두 나게 된다(〈그림 7-3〉 참조). 그러나 치아가 나는 시기는 개인마다 큰 차이가 있는데, 2,000명에 1명 정도는 출생 시 이미 이가 나와 있는 경우가 있는 반면, 첫돌이 지나서야 비로소 이가 나는 경우도 있다.

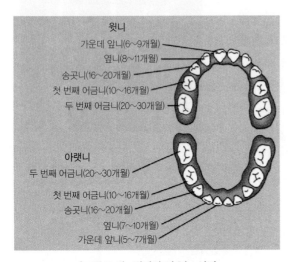

〈그림 7-3〉 젖니가 나오는 시기

2) 뇌와 신경계의 발달

(1) 뇌의 구조와 기능

영아기에 뇌 크기의 놀라운 성장은 뇌의 구조적 · 기능적 발달과 관련이 있다. 뇌의 각 부위(〈그림 7-4〉 참조)는 발달하는 시기가 각기 다르다. 반사운동과 신체기능을 통

제하는 뇌간(brainstem)은 출생 시 이미 완전한
기능을 한다. 뇌간의 가장 기본적인 기능은 호
흡, 심혈관 활동, 수면, 의식에 관계되는 것이
다. 뇌의 또 다른 부위는 출생 시에도 기능을 하
지만, 출생 후 계속해서 발달하고 재편성된다.
감각정보가 대뇌피질(cerebral cortex)에 전달되
도록 하는 시상(thalamus), 운동기능과 자세 조
정을 관장하는 소뇌(cerebellum), 기억을 관장
하는 해마(hippocampus) 등이 여기에 속한다.
시상은 감각정보를 연결하는 정거장과 같으며,
통증의 지각에도 중요한 역할을 한다. 사고나
추론 같은 복잡한 인지능력을 관장하는 대뇌피
질은 출생 시에 발달이 가장 덜 이루어진 부위
이다.

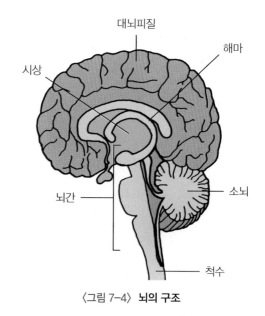

〈그림 7-4〉 **뇌의 구조**

　출생 후 대뇌피질은 다음과 같이 발달을 계속한다(Johnson, 1998). 첫째, 뉴런의 크
기가 증가하고 구조가 점점 복잡해진다. 둘째, 신경섬유 주위에 미엘린이라 불리는 지
방 물질이 형성된다. 셋째, 뉴런 간의 시냅스[1]의 수가 증가한다. 이것은 각기 다른 시
기에 각기 다른 대뇌피질의 부위에서 일어난다. 시각과 청각의 영역에서는 시냅스의
증가가 출생 후 3~4개월에 절정을 이루고, 고등 인지기능을 담당하는 영역은 영아기
후반부에 절정을 이룬다. 필요 이상의 시냅스가 형성되
면 과잉 시냅스는 제거된다(Huttenlocher, 1994). 넷째,
대뇌피질과 뇌의 다른 영역—특히 시상, 소뇌, 해마—
간의 연결이 증가한다. 다섯째, 대뇌피질의 여러 영역
이 점점 세분화된 기능을 맡게 된다.

　대뇌피질은 또한 두 개의 반구로 나누어진다(〈그림
7-5〉 참조). 두 개의 반구는 모양은 똑같지만 좌반구와
우반구는 각기 다른 기능을 하고, 신체의 각기 다른 영
역을 통제한다. 좌반구는 신체의 오른쪽 부분을 통제하
는데, 언어능력, 청각, 언어기억, 의사결정, 기쁨과 같은
긍정적 정서의 표현 등을 관장한다. 반면, 우반구는 신
체의 왼쪽 부분을 통제하는데, 공간지각 능력(거리지각,

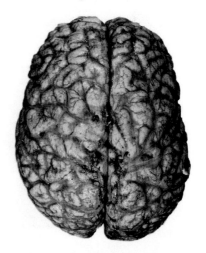

〈그림 7-5〉 **뇌의 좌반구와 우반구**

---

1) 신경세포의 자극전달부.

Natnan A. Fox

지도읽기, 기하학적 도형에 대한 이해 등), 촉각, 음악과 같은 비언어적 소리, 슬픔과 같은 부정적 정서의 표현 등을 관장한다(Fox et al., 1995). 이러한 구분은 왼손잡이의 경우 반대가 될 수 있다.

편측성(lateralization)이란 용어는 한쪽 반구의 세분화된 기능을 묘사하기 위해 사용되는 용어이다. 뇌의 편측성은 효율적 가치가 있는데, 두 개의 반구가 똑같은 방식으로 정보를 처리하는 것보다 좌반구와 우반구가 각기 세분화된 상이한 정보를 처리하는 것이 훨씬 효율적이기 때문이다.

영아기에 뇌의 발달은 전적으로 생물학적 프로그램에 따른 것이 아니고 환경의 영향에도 민감하게 작용한다. 예를 들면, 영아기의 심한 영양실조는 뉴런의 수, 크기, 구조, 수초화의 속도, 시냅스의 형성에 영향을 미치고, 심각한 뇌손상을 초래한다(Morgan & Gibson, 1991). 〈그림 7-6〉은 양전자 단층 촬영법(PET)을 이용한 건강한 뇌(왼쪽)와 그렇지 못한 뇌(오른쪽)의 사진이다.

뇌의 구조는 또한 환경으로부터 받는 자극의 양과 종류에 의해서도 영향을 받는다(Huttenlocher, 1994; Nelson, Zeanah, & Fox, 2007; Reeb, Fox, Nelson, & Zeanah, 2008). 영아의 뇌는 경험에 의해 구조나 기능이 수정될 수 있는 유연성 또는 가소성(plasticity)이 뛰어나다. 예를 들면, 영아의 감각경험은 뉴런의 크기와 연결구조에 영향을 미친다. 결과적으로 지적 자극과 사회적 자극이 풍부한 환경에서 성장한 영아와 이들 자극이 결핍된 환경에서 성장한 영아를 비교해 보면 뇌의 구조와 무게에서 큰 차이를 보인다(Gottlieb, 1991; Kolb, 1995). 불행히도 영양실조의 아동이 환경적 자극도 덜 받는 경우가 많다(Frank & Zeisel, 1988).

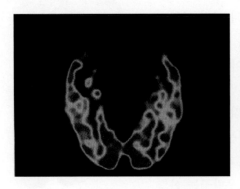
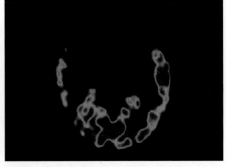

영아의 두뇌를 PET 사진에서 보면 활동적인 부분(붉은색과 노란색)과 그렇지 못한 부분(푸른색과 검은색)이 대비된다.

〈그림 7-6〉 건강한 뇌와 그렇지 못한 뇌의 사진
출처: Muzi, M. J. (2000). *Child development*. NJ: Prentice-Hall.

(2) 신경계의 발달

신경계는 신경원(neuron)과 신경교(glia)라는 두 종류의 기본 세포로 구성되어 있다.[2] 신경교(神經膠) 세포는 신경원(神經元) 세포에 영양을 공급하고, 신경계를 결합시키는 접착제 역할을 한다. 신경원 세포, 즉 뉴런은 뇌의 한 부분에서 다른 부분으로, 또는 신체의 한 부분에서 다른 부분으로 정보를 받아들이고 전달하는 역할을 한다.

뉴런은 세포체(cell body), 수지상돌기(dendrites), 축색돌기(axon) 그리고 말초신경섬유(terminal fibers)로 구성되어 있다(〈그림 7-7〉 참조). 나뭇가지 모양의 수지상돌기는 신경전류[3]를 받아들이는 역할을 한다. 세포체에 연결되어 있는 관모양의 축색돌기[4]는 그 길이가 1m나 되며 전선의 절연재처럼 미엘린(myelin)[5]이라 불리는 지방성 물질이 그 둘레에 막을 형성한다(사진 참조). 미엘린은 뉴런을 보호할 뿐만 아니라 신경전류의 전달속도를 증가시킨다(Blakemore & Mills, 2014; Buttermore, Thaxton, & Bhat, 2013; McDougall et al., 2018; Shen et al., 2020). 미엘린은 뇌의 발달에 있어서 매우 중요한 역할을 한다(Kwon et al., 2020). 미엘린이 파손될 경우 축색돌기는 절연재가 벗겨진 전선과 같아서 신경전류가 흐르지 못하고 주위로 새어 나가 버리며, 다발성 경화증(multiple selerosis)[6] 같은 장애가 발생하기도 한다. 축색돌기 끝 부분에 위치해 있는 말초신경섬유는 정보를 전달하는 역할을 한다. 두 개의 뉴런이 연결되는 지점, 즉 뉴런의 말초신경섬유와 또 다른 뉴런의 수지상돌기가 연결되는 부분을 시냅스(synapse)라고 부른다. 대부분의 시냅스는 출생 후에 형성되며 그 수는 대단히 많다.

영아는 성인보다 더 많은 수의 뉴런과 시냅스를

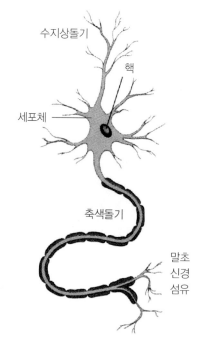

〈그림 7-7〉 뉴런의 구조

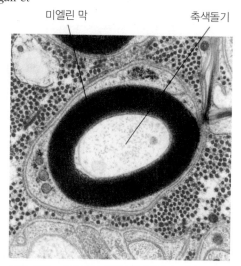

사진 설명: 수초화된 신경섬유(갈색의 미엘린 막이 흰색의 축색돌기를 둘러싸고 있다.)

---

2) 신경원 세포와 신경교 세포를 구분하지 않고 흔히 뉴런을 신경세포라고 부른다.

3) 신경섬유를 따라 전도되는 화학적 · 전기적 변화.

4) 신경초 속을 지나는 신경섬유.

5) 수초(髓)를 조직하는 지방성 물질.

6) 만성의 중추신경계 질환: 주요 증세로는 시력장애, 지각장애, 운동마비, 언어장애 등이 있다.

가지고 있다. 그 이유는 다른 뉴런과 성공적으로 연결되는 뉴런은 그렇지 못한 뉴런을 밀쳐내기 때문이다. 그렇게 해서 뉴런의 약 절반가량이 소멸된다(Janowsky & Finlay, 1986). 이때 살아남은 뉴런은 수백 개의 시냅스를 형성하는데, 이 과정에서도 역시 뉴런이 적절한 자극을 받지 못하면 소멸된다(Huttenlocher, 1994). 이 과정은 농부가 크고 좋은 과일을 얻기 위해 불필요한 가지를 잘라내는 '가지치기' 작업에 비유할 수 있다. 즉, 불필요한 뉴런이 제거됨으로써 신경계의 효율성이 증대된다. 성장의 그밖의 측면과는 달리 신경계의 발달은 불필요한 세포의 소멸을 통해 효율적으로 진행된다(Black & Greenough, 1986; Kolb, 1995).

홍미롭게도 인간이 평생 갖게 될 1,000~2,000억 개의 뉴런은 뇌의 성장급등기가 시작되기 전인 임신 6개월경에 이미 다 형성된다(Kolb & Fantie, 1989; Rakic, 1991). 뉴런이 출생 후에는 더 생성되지 않는다고 한다면, 뇌의 급속한 성장은 무엇에 의해 이루어지는가? 첫째, 글리아(신경교)라고 불리는 두 번째 신경세포의 발달에 의해 이루어진 것이다. 글리아는 뉴런의 수보다 훨씬 많으며 일생을 통해 계속 형성된다(Tanner, 1990). 둘째, 글리아의 가장 중요한 기능은 수초화(myelination)인데, 수초화는 미엘린이라 불리는 지방성 물질이 축색돌기 둘레에 막을 형성하는 현상을 말한다. 수초화 또한 뇌의 빠른 성장에 영향을 미친다. 수초화는 영아기 동안 급속도로 진행되지만, 뇌의 어떤 부분에서는 수초화가 청년기나 성인기까지 완성되지 않는 경우도 있다(Fischer & Rose, 1994; Galvan & Tottenham, 2016; Giedd, 2012). 예를 들면, 한 주제에 장시간 정신을 집중하는 능력을 관장하는 뇌부분인 망상체(reticular formation)나 전두피질(frontal cortex)은 사춘기에도 수초화가 완전히 이루어지지 않는다(Blakemore & Mills, 2014; Calabro et al.,

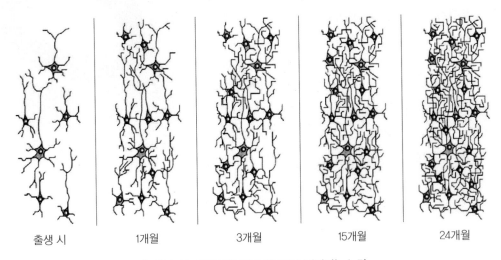

| 출생 시 | 1개월 | 3개월 | 15개월 | 24개월 |

〈그림 7-8〉 **영아기에 점점 복잡하게 연결되는 뉴런**

출처: Feldman, R. S. (2001). *Child development* (2nd ed.). NJ: Prentice-Hall.

2020; Casey, 2015; Crone, 2017; Dow-Edwards et al., 2019; Tanner, 1990). 이것이 청년이나 성인에 비해 유아나 아동의 주의집중 시간이 짧은 이유이다. 셋째, 뉴런과 뉴런을 연결해 주는 시냅스의 형성이 뇌의 성장급등기에 급속하게 이루어지기 때문이다(Janowsky & Finlay, 1986). 〈그림 7-8〉에서 보듯이 영아기에는 신경망이 점점 복잡해진다.

3) 운동기능의 발달

운동기능은 편의상 특정 운동에 사용되는 근육의 크기(대근육 또는 소근육)와 신체 부위에 따라 대근육 운동과 소근육 운동으로 나누어진다. 대근육 운동은 기기, 서기, 뜀뛰기, 걷기, 한 발로 서 있기와 같이 팔, 다리, 몸통과 같은 대근육을 사용하는 운동을 말한다. 소근육 운동은 손을 뻗쳐 물건 잡기, 손가락으로 물건 집기, 끼적거리기(사진 참조)와 같이 몸의 소근육을 사용하는 운동을 말한다. 운동기능의 발달 역시 두미발달의 원칙과 근원발달의 원칙을 따른다.

사진 설명: 끼적거리기는 소근육을 사용하는 운동이다.

(1) 대근육 운동

영아기의 가장 주목할 만한 대근육 운동기능은 고개도 못 가눌 정도로 전적으로 의존적이던 인물에서 뒤집기, 기기, 서기, 걷기, 달리기 등을 할 수 있는 기동성 있는 인물

사진 설명: 뒤집기를 시도하는 영아

사진 설명: 첫 걸음마를 하는 영아

로 영아를 바꿔놓는다. 출생 시 신생아는 고개도 가누지 못하지만 생후 1개월이 되면
엎드린 자세에서 고개를 들 수 있다. 2개월경에는 가슴을 들 수 있으며, 3~4개월경에
는 뒤집기를 할 수 있다(사진 참조). 7개월경에는 혼자 앉을 수 있고, 12~14개월경에는
혼자 설 수 있다. 12개월경에는 붙잡고 걸을 수 있으며, 15개월경에는 혼자 걸을 수 있
다(사진 참조). 18개월경에는 계단을 오를 수 있고, 자전거 타기를 할 수 있다. 18~24개
월경에는 달리기, 뒤로 걷기, 공차기, 공 던지기, 뜀뛰기 등을 할 수 있다.

사진 설명: 10개월이 지나면서 엄지손가락과
집게손가락을 사용해서 작은 물체를 집을 수
있게 된다.

(2) 소근육 운동

소근육 운동기능은 근원발달의 원칙에 의해 팔과 손
그리고 손가락의 순으로 발달한다. 출생 시의 신생아에
게는 잡기반사 능력이 있지만, 그것을 통제하는 능력은
없다. 마찬가지로 신생아도 매달려 있는 물체를 보면서
손과 발을 움직여 보지만 그 물체를 잡지는 못한다. 6개
월이 되어야 매달려 있는 물체를 팔을 뻗어 잡을 수 있다
(Bower, 1979). 8~9개월경에는 자기 앞으로 던져준 물체
를 잡으려고 해 보지만 놓치고, 첫돌이 지나서야 제대로
잡을 수 있다(von Hofsten, 1983). 실이나 동전 같은 작은
물체를 집기 위해 처음에 영아는 손 전체, 특히 손바닥을 사용한다. 그러다가 10개월이
지나면서 엄지손가락과 집게손가락을 사용해서 작은 물체를 집을 수 있게 된다(사진
참조). 이 무렵에 영아는 잔디밭에 기어다니는 벌레나 양탄자의 보푸라기와 같이 눈에
보이는 작은 물체는 무엇이든지 집어 올리면서 즐거워한다.

운동기능의 발달은 대부분의 영아에서 그 순서가 비슷하지만, 발달의 시기에는 상당
한 개인차가 있다. 〈그림 7-9〉는 운동기능의 발달순서이다.

사진 설명: 4개월이 되면 영아는 제법 정확하게
물체를 향해 팔을 뻗을 수 있다.

사진 설명: 소근육을 이용해서 영아가 음식을 집어먹고
있다.

〈그림 7-9〉 운동기능의 발달시기와 순서

출처: Muzi, M. J. (2000). *Child development*. NJ: Prentice-Hall.

4) 감각과 지각의 발달

주위 환경으로부터 오는 여러 가지 자극을 감각기관을 통해 받아들이는 것을 감각이라고 한다면, 지각은 이러한 감각에 의미를 부여하는 과정이라고 할 수 있다. 즉, 감각이 자극에 대한 감각기관의 반응이라면, 지각은 그 자극에 대한 해석이다. 예를 들어, 어떤 소리가 났을 때 소리를 듣게 되는 것은 감각과정이고, 그 소리가 사람의 말소리인지 음악소리인지를 알게 되는 것은 지각과정이다.

인간의 모든 행동은 감각기관을 통해 들어오는 정보를 어떻게 해석하느냐에 달려 있다고 해도 과언이 아니다. 따라서 감각과 지각의 발달은 아동발달을 이해하는 데 매우 중요하다. 그러나 영아는 자신이 보고, 듣고, 느끼는 것을 말로 표현할 수 없기 때문에 이들에 대한 연구는 쉽지 않다. 영아의 지각능력을 측정하기 위해서는 독창적인 접근법이 필요한데, 여기에는 선호도 측정법, 습관화 연구, 뇌파 측정법 그리고 빨기반응 연구 등이 있다.

선호도 측정법은 Fantz(1963)가 고안한 것으로, 영아에게 두 가지 이상의 자극을 동시에 제시하고서 각 자극에 대한 응시시간을 측정하여, 영아가 가장 오랫동안 응시한 자극을 선호한다고 판단하는 것이다. 특정한 자극을 선호한다는 것은 물체를 변별할 수 있다는 것을 의미한다. 습관화는 단순한 형태의 학습으로 어떤 자극을 여러 번 반복했을 때, 그 자극에 익숙해지게 되면 더 이상 그 자극에 반응을 보이지 않는 것을 말한다. 따라서 영아가 익숙한 자극에는 흥미를 갖지 않지만, 새로운 자극에는 주의를 기울인다면 영아가 두 자극을 구별한다는 것을 의미한다. 뇌파 측정법은 뇌파를 통해 뇌의 반응을 알아보는 방법이다. 영아의 머리 위에 전극을 부착해서 후두엽으로부터는 시각적 자극에 대한 뇌의 반응을 기록하고, 측두엽으로부터는 청각적 자극에 대한 뇌의 반응을 기록한다. 만약 영아가 제시된 자극을 감지할 수 있다면 뇌파에 변화가 나타날 것이다. 영아가 지각할 수 있다는 것을 알 수 있는 또 다른 방법이 빨기반응 연구이다. 이 방법은 영아에게 특별한 고무젖꼭지를 빨게 하는데, 이 젖꼭지는 전선으로 연결되어 있어 빠는 속도나 강도가 기록된다. 빨기반응을 통해 영아가 지각할 수 있다는 것과 싫어하는 것과 좋아하는 것이 있다는 것을 알 수 있다.

(1) 시각

인간은 환경을 탐색하는 데에 다른 어떤 감각기관보다 시각에 더 의존한다. 즉, 감각정보의 80%가 시각을 통해서 들어온다. 그럼에도 불구하고 시각은 인간의 감각능력 중 가장 늦게 성숙한다. 출생 시 시각조절에 필요한 뇌회로가 충분히 성숙해 있지 않아 신생아의 시각은 비교적 발달되지 않은 상태에 있다. 눈의 크기가 작고, 망막구조가 불완전하며, 시신경도 덜 발달되어 있다. 출생 직후 영아는 물체에 초점을 고정시키지 못하고 가시거리도 극히 제한되어 있으나, 1개월경에는 사물에 초점을 맞추고 응시하는 것이 가능하다. 2개월경에는 180° 각도에서 물체를 추적하는 수평추시가 가능하고, 이후 점차 수직, 원형으로 물체를 추적하는 것이 가능하다.

출생 후 몇 개월 동안 심한 근시 현상을 보이지만, 첫돌 무렵에는 시력이 1.0에 가까워져서 정상 시력을 갖게 된다(Aslin & Lathrop, 2008; Banks & Salapatek, 1983; Cavallini et al., 2002; Corrow et al., 2012; Dobson & Teller, 1978).

① 색지각

영아는 색깔의 이름을 알기 훨씬 전부터 이미 색을 지각할 수 있다. 즉, 색채를 구별할 줄 안다. 습관화 연구에 의해, 연구자들은 신생아가 이 세상을 흑백이 아닌 천연색으로 지각한다는 것을 발견하였다. 출생 시부터 녹색과 적색을 구분할 수 있으며(Adams, 1989), 2개월이 되면 삼원색의 기본 색깔 대부분을 구별할 수 있다고 한다(Brown, 1990; Kelly, Borchert, & Teller, 1997). 3개월 무렵에 영아는 푸른색이나 초록색보다 노랑색과 빨간색을 더 좋아하는 것으로 보인다(Adams, 1987). 생후 4~5개월이 되면 색조가 약간 다른 색을 성인들이 하듯이 붉은 계통 또는 푸른 계통의 기본 색깔별로 묶을 수 있다(Bornstein, Kessen, & Weiskopf, 1976; Catherwood, Crassini, & Freiberg, 1989).

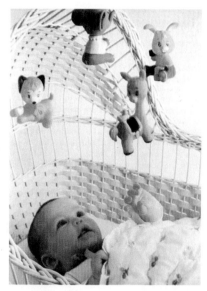

사진 설명: 영아는 출생 시부터 색채를 구별할 줄 알며, 특정 색에 대한 선호를 보인다.

② 형태지각

Fantz(1963)가 영아기의 지각을 연구하기 위해 고안해 낸 실험장치(looking chamber라고 불린다; 사진 참조)를 이용한 선호도 측정법에 의하면, 영아는 전체보다는 부분을, 정지된 것보다는 움직이는 물체를, 흑백보다는 컬러를, 직선보다는 곡선을 선호한다(〈그림 7-10〉 참조). 출생 초기에는 단순한 도형을 선호하지만 점차 복잡한 도형을 더 선호하며, 특히 형태가 색깔이나 명암보다 영아의 주의를 끄는 데 더 큰 영향을 미친다. 다른 사물에 비해 인간의 얼굴을 선호하며(Aslin & Lathrop, 2008; Johnson & Hannon, 2015; Lee et al., 2013; Slater, Field, & Hernandez-Reif, 2007), 사람의 얼굴 가운데서도 흑백의 대조를 이루는 눈을 가장 선호한다. 신생아의 생존에 필수적인 인간의 얼굴을 다른 물체보다도 먼저 그리고 오래 응시한다는 것은 흥미로운 일이다. 이것은 인류의 진화역

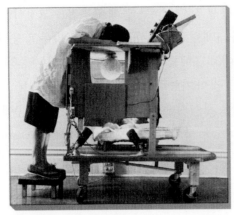

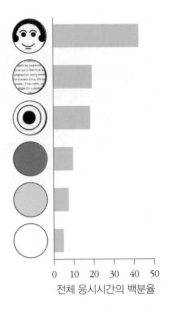

사진 설명: Looking Chamber

전체 응시시간의 백분율

〈그림 7-10〉 선호도 측정연구

사진 설명: 영아가 어머니의 얼굴을 응시하고 있다.

사상 적응기제의 잔존물로 볼 수 있다. 왜냐하면 이것은 아기로 하여금 어머니(또는 양육자)와의 사회적 상호작용을 촉진시키기 때문이다(Johnson, Dziurawiec, Ellis, & Morton, 1991).

Gibson(1969)은 영아가 얼굴을 지각하는 순서에 대해 설명하고 있는데, 생후 1개월에는 얼굴 중에서 눈을 가장 좋아하는 것으로 나타났다. 그러나 눈을 눈으로 지각하기보다는 단순히 점과 원과 각으로서 지각하였다. 1~2개월에는 윤곽을 지각할 수 있으며, 2개월이 되면 눈, 코, 입을 구별하고, 특히 입의 움직임에 주의를 기울이는 것으로 보인다. 6개월경에는 낯익은 얼굴과 낯선 얼굴을 구별할 수 있으며, 남녀의 얼굴도 구별할 수 있다고 한다.

③ 깊이지각

영아가 몸을 움직일 수 있게 되면 그만큼 위험에 처할 가능성도 커진다. 그중에서도 특히 높은 데서 아래로 떨어지는 위험이 가장 크다. 생후 6개월경에 발달하는 것으로 보이는 깊이지각은 영아가 가구에 부딪치거나 침대나 계단에서 굴러 떨어지는 것을 막는 데 도움이 된다. 만약 영아가 깊이를 지각할 수 없다면 그들의 생존은 크게 위협을 받을 것이다.

Gibson과 Walk(1960)가 고안한 시각벼랑(visual cliff) 실험에서 6개월 된 영아는 깊이를 지각할 수 있는 것으로 나타났다. 〈그림 7-11〉에서 보듯이 얕은 쪽은 유리 바로 아래에 테이블보를 깔고, 깊은 쪽은 바닥에 테이블보를 깔아 놓음으로써 시각적으로 깊게 보이게 만들었다. 그러나 얕은 쪽이든 깊은 쪽이든 두꺼운 유리를 올려놓았기 때문에 영아가 안전하게 기어갈 수 있게 되어 있다. 영아를 얕은 쪽에 앉혀 놓고, 어머니는 건너편 깊은 쪽에서 서서 엄마에게 오라고 영아를 손짓해 부른다. 그러나 영아는 유리가 깔려 있는 것을 만져보고도 두려워하면서 건너가려 하지 않았다. 즉, 얕은 쪽으로 되돌아가거나 깊은 쪽과 얕은 쪽의 경계선에서 울기만 하였다.

Eleanor Gibson

Campos와 그의 동료들(1970)은 생후 2개월 된 영아를 대상으로 시각벼랑 실험을 하였다. 이들은 아직 기지 못하기 때문에 심장 박동수로 깊이지각을 할 수 있는지 없는지를 알아보았다. 연구결과, 얕은 쪽에서는 영아들의 심장 박동수에 변화가 없었지만, 깊은 쪽에서는 심장 박동수가 감소하였다. 우리가 두려움을 느낄 때는 일반적으로 심장 박동수가 빨라진다. 그런데 시각벼랑 실험에서 영아들의 심장 박동수가 감소한 것은 그들이 깊은 쪽과 얕은 쪽의 차이를 감지했지

Joseph Campos

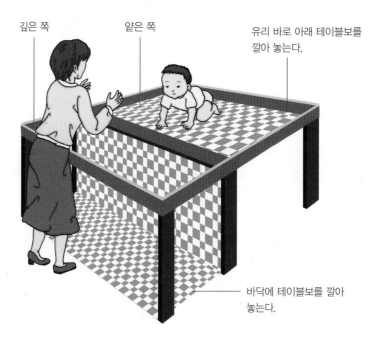

〈그림 7-11〉 시각벼랑 실험

만, 깊이지각을 한 것이 아니고 뭔가 흥미로운 것을 발견했다는 의미로 해석할 수 있다.

깊이지각은 영아가 길 수 있게 되어 가끔 넘어지거나 떨어져 본 경험이 있는 경우에 획득되는 것으로 보인다. Campos와 동료들(1992)의 또 다른 연구에서 같은 또래라도 길 수 있는 영아가 그렇지 못한 영아보다 시각벼랑 실험에서 더 많이 두려워하는 것으로 나타났다.

(2) 청각

Helen Keller

우리 주위의 환경으로부터 상당수의 정보가 소리를 통해서만 들어오기 때문에 청각도 매우 중요한 감각이다. 전화벨 소리, 등 뒤에서 달려오는 자동차소리, 라디오에서 들려오는 음악소리, 인간의 말소리 등 이 모든 것들은 청각을 통해서 우리가 느낄 수 있는 것들이다. 헬렌 켈러에 의하면 못 듣는 것이 못 보는 것보다 훨씬 더 불편하다고 한다. 왜냐하면 시각장애인은 사물로부터 고립되지만 청각장애인은 사람들로부터 고립되기 때문이다(Goldstein, 1999). 듣는 것과 보는 것은 둘 다 인간의 의사소통에서 매우 중요한 것이다. 그러나 소리는 본질적으로 움직임과 관련이 있으므로 특별한 역할을 한다. 모든 소리는 움직임에서 비롯된다. 소리를 탐지하는 능력은 출생 전부터 어느 정도 가능하다. 출생 후에는 인간의 음성이 영아의 감정을 움직이고 언어와 관련된 정보를 전달하기 시작한다.

소리가 나는 근원을 찾으려는 반응처럼 영아의 듣는 능력은 보는 능력과 동시에 발달하며, 양자를 협응시키려는 반응을 보인다. 또한 듣는 능력에 문제가 있으면 이는 이후의 언어발달에도 영향을 미치게 된다.

뇌파 측정법을 이용해서 신생아의 청력을 연구한 결과, 신생아는 작은 소리는 잘 듣지 못하는 것으로 나타났다(Aslin, Pisoni, & Jusczyk, 1983). 그 이유는 출산과정에서 내이도로 침투된 양수 때문인 것으로 보인다. 그러나 양수가 제거되면 신생아도 소리의 크기나 음조, 지속시간, 소리가 나는 방향, 주파수 등을 구별할 수 있는 것으로 보인다(Bower, 1982). 특히 높고 강한 소리에 대해 민감하게 반응한다. 신생아가 들을 수 있는 소리의 크기는 성인보다 10~25데시벨 높고, 음의 강도가 강할수록 심장 박동률이나 몸동작이 증가한다.

Werner와 Marean(1996)은 출생 전과 출생 후의 영아의 소리에 대한 반응에 영향을 미칠 수 있는 해부학적·생리학적 요인에 대한 고찰을 하였다. 외이(外耳), 이도(耳道), 고막, 중이강(中耳腔) 그리고 중이에서 인후로 통하는 유스타키오관 등은 출생 전에 형성되기 시작해서 아동기 동안 크기와 모양이 계속해서 변하는 것으로 보인다(〈그림 7-12〉 참조). 한편, 이소골(耳小骨)은 매우 빠르게 성장하는데, 임신 15주경이면 성인의

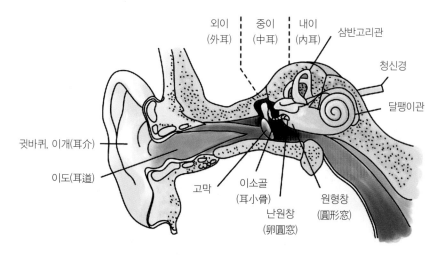

〈그림 7-12〉 외이, 중이, 내이로 구분된 귀의 도형

출처: Goldstein, E. B. (1999). *Sensation and perception* (5th ed.). Pacific Grove, CA: Brooks/Cole.

크기에 달하고 골격의 형성은 25주경에 완성된다. 달팽이관 역시 임신 25주경에 크기가 완성되고, 32주경에는 감각세포의 유형이 성인의 것과 유사해진다. 출생할 무렵이 되면 달팽이관의 해부학적 구조와 신경분포가 완성된다(Bredberg, 1985).

　　신생아는 단순히 소리의 크기나 음조뿐만 아니라 말소리도 구분할 수 있다. 생후 2주 경에는 사람의 목소리와 다른 소리를 구분할 수 있으며, 3주경에는 낯선 사람이나 아버지의 목소리보다 어머니의 목소리에 민감하게 반응한다.

　　출생 후 1개월경에는 '바'음과 '파'음 같은 음소의 구별이 가능하며(Aslin, Pisoni, & Jusczyk, 1983; Miller & Eimas, 1995), 2개월경에는 서로 다른 목소리에 다르게 반응하고 같은 사람이 내는 다른 음색의 목소리를 구분할 수 있다. 4~6개월이 되면 소리가 나는 방향을 정확하게 알아볼 수 있으며, 낯익은 목소리를 구별할 수 있고, 음악을 들으면 좋아한다(Berk, 1996; Clarke-Stewart et al., 1985). 그리고 4개월경의 영아는 자신의 이름과 발음이 비슷한 다른 이름과를 구별할 수 있다(사진 참조).

　　우리나라 영아를 대상으로 한 연구(곽금주 외, 2005)에서 3개월 된 영아 중 42.9%가 어머니와 다른 사람의 목소리를 구분하였으며, 5개월이 되면 76.0%가 목소리로 사람을 구분할 수 있었다. 그러나 이 시기에는 말소리와 말소리가 아닌 것을 구분하는 데 능숙하지 못해서 5개월 된 영아들 중 37.3%만이 다른 소리 중에서 말소리를 구분할 수 있었다.

　　소리에 대한 민감도는 소리의 높낮이에 따라 다르

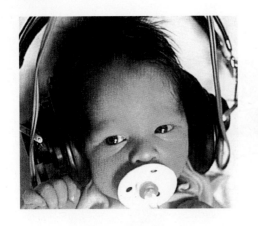

다. 6개월경의 영아는 낮은 소리나 중간 소리보다 높은 소리를 더 잘 듣는 것으로 보인다(Marie & Trainor, 2012). 성인들이 영아에게 말할 때 높은 소리로 말하는 이유가 이 때문인지 모른다. 고주파수의 음에 대한 민감도는 4~5세경에 절정에 달한다(Trehub, Schneider, Morrongiello, & Thorpe, 1988). 영아는 사람의 목소리, 특히 여성의 높은 목소리를 좋아하는 것으로 보인다.

빨기반응 측정법에 의하면 영아는 낯선 여자의 목소리보다 어머니 목소리를 들었을 때 그리고 외국어보다는 모국어를 듣고서 젖꼭지를 더 많이 빠는 것으로(사진 참조) 나타났다(Kisilevsky et al., 2009; Mehler et al., 1988; Spence & DeCasper, 1987). 이러한 연구결과는 태내에서의 청각적 경험이 출생 후 영아의 듣기 선호에 영향을 준다는 매우 흥미로운 결과이다.

(3) 후각

후각은 다른 동물에 비하면 덜 발달되어 있는 편이지만 출생 초기부터 상당히 발달되어 있다. 생후 며칠 이내에 독특한 냄새들 간의 차이를 구분하는 것이 가능하며, 어머니와 다른 여성의 젖 냄새를 구분할 수 있고, 암모니아 같은 독한 냄새에는 고개를 돌리는 반응을 보인다. 여러 가지 냄새를 묻힌 면봉을 영아의 코에 갖다대고서 영아의 표정과 신체의 움직임으로 영아의 반응을 알아본 연구(Crook, 1987; Pomares, Schirrer, & Abdadie, 2002; Steiner, 1979)에서, 바나나냄새나 딸기냄새에는 기분좋은 표정을 짓고, 생선냄새는 약간 싫어하며, 썩은 달걀냄새에는 고개를 돌리거나 얼굴을 찡그리는 반응을 보였다.

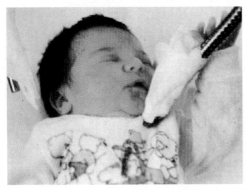

사진 설명: 생후 일주일 된 신생아가 어머니 젖냄새에 반응을 보이고 있다.

더욱 놀라운 사실은 모유 수유를 하는 영아가 어머니가 가까이 왔다는 것을 엄마의 젖냄새를 통해서 안다는 것이다(MacFarlane, 1977). 심지어 신생아의 경우도 모유를 먹는 경우 엄마 젖냄새를 알아보는 것으로 보인다. 한 연구(MacFarlane, 1975)에서 생후 6일 된 신생아에게 엄마 젖냄새를 묻힌 수건과 한 번도 사용하지 않은 깨끗한 수건을 양쪽에서 제시했더니 엄마 젖냄새가 나는 쪽으로 고개를 돌렸다(사진 참조).

(4) 미각

미각은 태내에서도 어느 정도 기능을 하며 출생 시에도 여러 가지 맛의 액체를 구분하는 것이 가능하다. 쓴맛, 신맛, 짠맛보다는 단맛이 나는 액체를 더 오래 빨며, 맹물과 단맛이 나는 포도당액을 구분할 수 있다. 단맛이 나는 액체를 주면 마치 단맛을 즐기는 것처럼 더 천천히 빠는 반응을 보이며, 단순히 빨기만 하는 것이 아니라 웃으면서 윗입술을 날름거리는 반응을 보인다(Ganchrow, Steiner, & Daher, 1983).

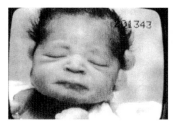 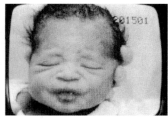 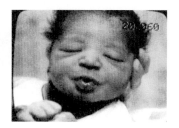

사진 설명: 신생아가 각기 다른 맛에 다른 반응을 보이고 있다.

신생아도 단맛, 신맛, 쓴맛, 짠맛을 구별하고(Mennella & Bobowski, 2015; Rosenstein & Oster, 1988), 2~3개월경에는 특정한 맛에 대한 기호가 생길 정도로 발달되어, 특정한 맛에 대한 거부현상도 보인다. 4개월이 되면 신생아기 때에는 싫어하던 짠맛을 좋아하기 시작하는데(Doty & Shah, 2008; Harris, Thomas, & Booth, 1990), 이것은 아마도 이유식(고형음식)에 대한 준비를 하는 것인지도 모른다(Beauchamp, Cowart, Mennella, & Marsh, 1994).

영아기 말이 되면 미각은 매우 예민하게 된다. 소아과 의사들은 영아에게 다양한 음식을 제공할 것을 추천하는데, 이것은 영양적인 측면에서뿐만 아니라 영아기에 음식에 대한 선호가 급격히 발달하기 때문이다. 따라서 영아기 이후에는 새로운 음식을 잘 먹으려 하지 않는다(Berger, 1991).

우리 전통사회에서는 삼칠일 된 아기에게는 미역국을, 백일에는 밥과 국을 그리고 첫돌에는 떡과 과일의 맛을 보여줌으로써 영아의 미각의 발달을 도와주었다(사진 참조).

사진 설명: 첫돌상 앞에 앉은 아기

(5) 촉각

Harlow와 Zimmerman(1959)의 유명한 원숭이 실험에서 사회적 애착의 발달에 중요한 것은 먹이를 제공하는 것보다 신체적 접촉인 것으로 밝혀졌다. 쥐를 대상으로 한 연구에서도 어미쥐가 새끼쥐를 핥아 주는 것은 새끼쥐의 생존뿐만 아니라 성장에도 크게

관련이 있는 것으로 보인다(Kuhn & Schanberg, 1998). 인간의 신생아와 부모자녀 간의 신체접촉을 통한 자극 또한 신생아의 생존에 필수적일 뿐만 아니라 사회정서발달에도 이바지한다.

신생아는 주로 촉각에 의존하여 주변 환경을 인지한다. 촉각의 발달이 잘 이루어질 때 소화기능도 원활하게 이루어지고, 순조롭게 주변 환경에 적응해 나가게 된다. 안아주고 얼러주는 신체적인 접촉은 다른 양육행동 못지않게 영아의 발달에 도움을 준다. 아기를 쓰다듬어 주거나 아기의 가슴에 가만히 손을 올려놓으면 우는 아기를 달랠 수 있고, 등을 토닥토닥 두드려주면 아기를 재울 수 있다(사진 참조).

출생 시 촉각은 입술과 혀를 제외하고는 그다지 발달되어 있지 않다. 생후 6개월이 지나면 영아는 촉각을 이용해서(처음에는 입과 입술을 사용하고, 나중에는 손을 사용한다) 주위 물체를 탐색하기 시작한다. 따라서 촉각은 영아가 자신의 환경에 대한 지식을 습득하는 주요한 수단이 된다. 이것은 초기 인지발달에서 매우 중요한 것이다(Piaget, 1960). 첫돌 무렵에 영아는 손의 감촉만으로도 익숙한 물체를 알아볼 수 있다(Rose, Gottfried, & Bridger, 1981).

영아는 온도변화에 대해서도 민감한 반응을 보이는데, 체온보다 높은 온도보다는 낮은 온도에 더 민감하다. 방안 온도가 갑자기 떨어지거나 영아의 옷을 갈아입히기 위해 옷을 다 벗겨 놓으면 울면서 불편함을 호소하거나 체온을 유지하기 위해 몸을 활발하게 움직인다(Humphrey, 1978).

출생 시에 통각도 이미 발달되어 있다(Ganzewinkel et al., 2014; Ishak et al., 2019; Rodkey & Pillai Riddell, 2013). 신생아기나 영아기에 남자아이의 포경수술을 할 경우, 진통제가 초래할 위험 때문에 또는 신생아는 통증을 느끼지 못한다는 생각으로 마취제를 사용하지 않고 수술을 하는데, 이때 영아의 심장 박동수와 혈압이 증가하고, 영아는 통증 때문에 높은 소리로 운다(Gunnar, Malone, & Fisch, 1987; Williamson, 1997).

(6) 통합 감각

우리가 눈을 가리고 어떤 물체를 만져만 보고서 그 물체의 이름을 알아맞히는 게임을 한다고 가정해 보자. 내 손에 작고 동그란 물체가 놓인다. 이 물체는 직경이 3.2cm 정도 되고, 무게는 50g 정도 되며, 단단하고, 보조개처럼 작은 홈이 여러 개 파져 있다. 이 물체는 과연 무엇일까? 대부분의 사람들은, 심지어 골프공을 한 번도 만져본 적이 없는 사람들도, 이 물체가 골프공이라는 것을 알아맞힌다. 이런 것이 통합 감각 또는 감각 간 지각(intermodal perception)의 한 가지 예이다. 통합 감각은 어떤 감각(시각)을 통해 익힌 물체를 다른 감각(촉각)에 의해 알아보는 능력을 일컫는 말이다(Bremner et al., 2012; Gergely et al., 2019). 영아는 언제 처음으로 이러한 능력을 보이는 것일까?

Piaget(1954, 1960)의 통합이론(enrichment theory)에 의하면, 여러 가지 감각은 출생 시 분리되어 있기 때문에 감각기관이 독립적으로 성숙해야만 여러 감각기관으로부터 정보를 비교해서 통합할 수 있다고 한다. 따라서 어떤 물체가 어떤 모습으로 보이고, 어떤 소리가 나며, 만졌을 때 느낌이 어떠한지에 대한 경험이 쌓인 후에라야 감각 간의 지각이 가능하다는 것이다. 그전에는 영아가 손으로 만져보지 않고 단지 눈으로만 보았던 물체를 어두운 곳에서는 감촉에 의해 그 물체를 인식할 수 없다는 것이다.

한편, Gibson(1969, 1992)의 분화이론(differentiation theory)에 의하면, 감각은 출생 시 통합되어 있기 때문에 감각 간 지각이 출생 시부터 가능하다고 한다. 따라서 영아들은 어떤 자극이 제시되었을 때 모든 감각기관을 사용하여 그 자극을 탐색한다는 것이다.

서로 상반되는 두 이론 중 어느 입장이 옳은 것인가? 여러 연구에 의하면 분화이론이 보다 더 설득력이 있어 보인다. 6개월 된 영아를 대상으로 한 Meltzoff와 Borton(1979)의 실험에서는 〈그림 7-13〉에서 보듯이, 매끄러운 젖꼭지 또는 울퉁불퉁한 젖꼭지를 보여주지는 않은 채 그중 하나만을 빨게 한 후, 두 개의 젖꼭지를 함께 보여주었더니 영아는 자신이 빨았던 젖꼭지를 더 오래 바라본다는 사실을 발견하였다. 이러한 사실은 영아에게 시각과 촉각이라는 감각 간 지각능력이 있다는 것을 말해 주는 것이다.

또 다른 실험(Wagner, Winner, Cicchetti, & Gardner, 1981)에서 생후 1년쯤 된 영아들

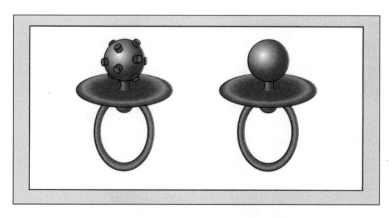

〈그림 7-13〉 감각 간 지각능력을 측정하기 위한 젖꼭지 모형

출처: Meltzoff, A. N., & Borton, R. W. (1979). *Nature, 282*, 403-404.

에게 각기 분절음 또는 계속음을 들려준 후 점선(……)과 실선(──)을 보여주었다. 분절음을 들었던 영아들은 점선을 더 오래 바라보았고, 계속음을 들었던 영아들은 실선을 더 오래 바라보았다. 이보다 더 어린 영아를 대상으로 한 연구(Spelke & Owsley, 1979)에서도, 3개월 반 된 영아가 어머니 목소리가 들릴 때는 어머니를 더 오래 쳐다보았고, 아버지 목소리가 들릴 때는 아버지를 더 오래 쳐다보았다. 이러한 연구결과들은 생의 초기에 시각과 청각이 통합되어 있다는 것을 의미한다.

이상의 실험에서 보듯이 감각 간 지각능력은 출생 시부터 존재하는 것으로 보인다(Bahrick, 2010; Bremner, 2017). 그러나 이러한 능력은 경험을 통해 상당한 정도로 발달하므로, 모든 발달에서와 마찬가지로 여기서도 성숙과 학습이 서로 상호작용하는 것임을 알 수 있다(Johnson, 2012, 2013; Maurer & Lewis, 2013).

2. 인지발달

인지는 인간의 정신적 사고과정을 의미하는 광범위한 개념으로 생물학적 성숙뿐만 아니라 경험의 영향도 받게 되는 것이다. 인지적 성장은 영아기에 급속도로 이루어지는데, 몇 가지 반사능력만을 가지고 태어난 신생아는 점점 목적의식을 가지고 행동하는 존재로 바뀐다. Piaget의 표현을 빌리면, 영아는 자극에 자동적으로 반응하는 '반사적 유기체(reflexive organism)'에서 점차 자신의 행동을 통제할 수 있고 사고할 수 있는 '생각하는 유기체(reflective organism)'로 변한다.

1) 영아기 사고의 특성

Piaget(1960)는 인지발달 단계에서 영아기를 감각운동기라고 명명하였다. 감각운동기에 영아의 세상에 대한 인식은 감각기관과 운동기능을 통해 이해하는 것에 국한된다. 영아기의 사고는 언어나 추상적 개념을 내포하지 않는다. 영아가 이해하고, 기억하는 것은 자신이 직접 보고, 듣고, 느끼고, 행동하는 것에 의존한다. 즉, 감각기관을 통해 받아들인 정보가 인지발달의 중요한 내용이 된다는 것이다.

Piaget는 감각운동기를 6개의 하위 단계로 나누었는데 그 단계들은 다음과 같다.

(1) 반사운동기(Reflex Activity: 출생~1개월)

영아는 세상에 대한 지식을 습득하는 일차적 자원으로서 빨기, 잡기, 큰 소리에 반응하기와 같은 반사적 행동에 의존한다. 영아는 다양한 반사능력을 가지고 이 세상에 태

어나며, 이를 통해 외부 세계를 이해하게 된다. 이들 중 가장
우세한 반사는 빨기 반사인데, 영아는 입에 닿는 것은 무엇이
든지 빨려고 한다(사진 참조). 빨기 반사, 잡기 반사 등은 외부
세계에 적응해 나가는 과정을 통해 계속적으로 발달하며, 이
후의 인지발달을 위한 초석이 된다.

이 하위 단계의 중요한 특징은 첫째, 자신과 외부 세계 간
의 구분이 없으며, 둘째, 다양한 반사도식들을 사용함으로써
영아는 환경의 요구에 보다 더 잘 적응할 수 있다는 것이다.

(2) 일차 순환반응기(Primary Circular Reactions: 1~4개월)

영아의 관심은 외부의 대상보다는 자신의 신체에 있기 때
문에 '일차' 순환반응이라 불린다. '순환반응'이라는 용어는
빨기, 잡기와 같은 감각운동의 반복을 의미한다. 즉, 유아가
우연한 행동을 통해 재미있는 결과를 초래하게 되면 계속해
서 그 행동을 반복하는 것을 말한다. 예를 들어, 영아가 손가
락을 빠는 것이 아주 재미있는 일이라고 생각하게 되면, 손가
락을 자꾸만 입 속에 넣으려고 한다(사진 참조). 순환반응의
목적은 기존 도식에 대한 수정이며, 이 도식의 수정은 지적
발달에 대한 입증이다.

(3) 이차 순환반응기(Secondary Circular Reactions: 4~8개월)

이 하위 단계의 주요 특징은 영아가 자신의 외부
에 있는 사건과 대상에 열중한다는 점이다. 그래서
'이차' 순환반응이라 불린다. 일차 순환반응과 이차
순환반응 간의 주된 차이점은 행동의 초점에 있다.
일차 순환반응기에는 영아는 자신의 신체와 신체
주변에 있는 대상과 사건에 관심을 갖는다. 그러나
이차 순환반응기에는 영아의 관심이 자신의 신체
외부에 있는 대상과 사건에 있다. 즉, 일차 순환반
응은 영아의 여러 신체부분들이 서로 협응하는 것
을 말하고, 이차 순환반응은 영아가 그 자신이 아닌

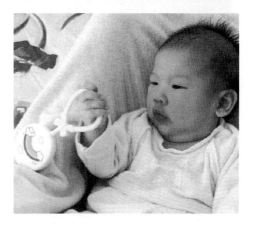

외부에서 흥미로운 사건들을 발견하고, 이를 다시 반복하려고 할 때 일어난다.

보기-잡기와 같은 도식의 발달은 주변 환경에 흥미를 갖는 결과를 만들어 내게 된

다. 우연히 수행한 어떤 행동이 흥미 있는 결과를 초래할 경우, 또다시 그 결과를 유발하기 위해 그 행동을 반복하게 된다. 예를 들어, 우연히 딸랑이를 흔들어 소리가 났을 경우, 영아는 잠시 멈추었다가 다시 한 번 그 소리를 듣기 위해 딸랑이를 흔드는 행위를 되풀이 하게 된다(사진 참조). 그러한 행동이 되풀이 되는 것은 '의도성(intentionality)'이 나타나는 증거이며, 심지어 목표지향적 초기 형태가 시작된다는 증거이기도 하다.

(4) 이차 순환반응의 협응기(Coordination of Secondary Circular Reactions: 8~12개월)

이 하위 단계에서는 영아의 관심은 자신의 신체가 아니라 주위 환경에 있으며, 자신의 목표를 달성하기 위해 두 가지 행동을 협응하게 하기 때문에, 이 단계를 이차 순환반응의 협응기라고 일컫는다.

영아기의 인지발달에서 중요한 두 가지 획기적인 사건이 이 하위 단계에서 발생한다. 첫째는 영아가 인과개념을 갖기 시작하는데, Piaget는 이것을 진정한 의미에서 지능의 첫 신호라고 믿는다.

사진 설명: 영아가 자신이 원하는 장난감을 얻기 위해 방해물을 치우고 있다.

어느 날 Piaget의 아들 Laurent이 성냥갑을 잡으려 했을 때 Piaget가 손으로 그것을 가로막았다. 처음에 Laurent은 Piaget의 손을 무시하고 성냥갑을 재빨리 잡으려고만 하였지 손을 치우려고는 하지 않았다. 그러다가 마침내 Laurent은 성냥갑을 잡기 전에 방해가 되는 손을 치우고 성냥갑을 잡는 데 성공하였다(Piaget, 1952, p. 217).

위의 예에서, Laurent은 목적을 달성하기 위해 둘로 분리된 도식—방해물 치우기와 성냥갑 잡기—을 협응케 하였다. 여기서 하나의 도식인 방해물을 치우는 행위는 또 다른 도식인 성냥갑 잡기라는 목적을 위한 수단이 되었다. 이 시기의 영아는 목표가 되는 하나의 도식에 도달하기 위해 수단이 되는 다른 도식을 이용하는 능력을 갖게 된다.

사진 설명: Piaget와 그의 아내 Valentine이 세 자녀와 함께

Piaget는 이러한 수단과 목적의 관계를 영아가 인과개념을 이해하는 첫 징후로 보았다. 또한 영아가 방해물을 치우고 숨겨진 물건을 찾아내는 행위는 두 번째 획기적 사건

인 대상영속성(object permanence)의 개념을 획득하기 시작했다는 사실을 보여준다. 이 시점까지는 어떤 물체가 영아의 시야에서 사라지면 그 물체는 더 이상 존재하지 않는 것으로 영아가 지각하는 것으로 보인다. 다시 말해서 영아는 "눈에서 멀어지면 마음도 멀어진다(out of sight, out of mind)"라는 속담을 증명하는 것처럼 보인다. 그러나 이 하위 단계에서는 어떤 물체가 눈 앞에서 사라진다고 하더라도 그 물체가 없어진 것이 아니라는 것을 인식할 정도로 영아의 대상영속성 개념이 발달하기 시작한다.

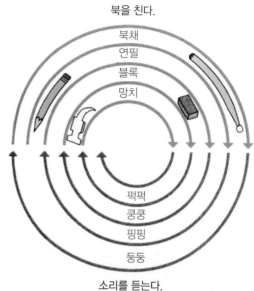

〈그림 7-14〉 삼차 순환반응기의 실험적 사고

(5) 삼차 순환반응기(Tertiary Circular Reactions: 12~18개월)

삼차 순환반응은 선행되는 두 순환반응과 구분하기 위해서 '삼차'라고 부른다. 일차 순환반응기에는 영아는 자신의 신체에 관심을 가지며, 이차 순환반응기에는 외부 세계에 있는 대상에 관심을 갖는다. 이제 삼차 순환반응기가 되면 영아는 실험적 사고에 열중한다. 즉, 영아는 새로운 원인과 결과 간의 관계에 대해서 이를 가설화한다. 예를 들어, 영아는 처음에 장난감 북을 북채로 쳐보지만 다음에는 어떤 소리가 나는가 보려고 연필로, 블록으로 그리고 망치로 두들겨 본다(〈그림 7-14〉 참조).

증대된 운동기술이 영아와 대상 간의 좀더 복잡해진 관계에 기여하는 요소가 된다. 대부분의 영아가 걷기 시작하는 것이 바로 이때이다. 영아가 고도의 활동성을 갖기 시작할 때는 새로운 경험을 할 수 있는 가능성이 크게 증가한다.

이 하위 단계에서 영아는 매우 적극적이고 목적지향적이며 시행착오적으로 탐색하는 특성을 보인다. 시행착오 학습의 결과 영아는 새로운 대상이 제시되면 그 대상을 다각도로 탐색해 보고, 정해진 목표를 달성하기 위해 전 단계와는 다른 새로운 수단을 발견할 수 있게 된다. 한 예로, 영아는 팔이 닿지 않을 경

사진 설명: 새로운 결과를 얻기 위해 영아는 여러 가지 새로운 방법을 시도해 본다.

우 원하는 장난감을 갖기 위해 막대기를 사용하여 밀어 보는 시도를 할 수 있다.

(6) 정신적 표상(Mental Representation: 18~24개월)

이 하위 단계는 영아의 지적 능력이 놀랄 정도로 크게 성장하는 시기이다. 영아는 이 제 눈앞에 없는 사물이나 사건들을 정신적으로 그려내기 시작하고, 행동을 하기 전에 머릿속에서 먼저 생각을 한 후에 행동한다. 전 단계에서처럼 시행착오 과정을 통해서 문제를 해결하는 것이 아니라, 행동하기 전에 상황에 관한 사고를 하기 때문에 문제를 더 빨리 해결할 수 있다.

> Piaget는 딸 Lucienne이 좋아하는 구슬을 성냥갑 속에 집어넣었다. Lucienne은 성 냥갑 틈새로 손가락을 넣어 구슬을 꺼내려고 시도해 보았지만 구슬을 꺼낼 수가 없었 다. 그러자 Lucienne은 자기 입을 몇 번 벌렸다 다물었다 하더니, 재빨리 성냥갑을 열 고 구슬을 꺼냈다(Piaget, 1952, p. 338).

사진 설명: 어머니가 화분에 물을 주는 것을 관찰한 영아가 나중에 그 행동을 모방하여 꽃에 물을 주고 있다.

위의 예에서, Lucienne이 입을 벌렸다 다물었다 하는 것은 성냥갑의 구조를 정신적으로 표상하고 있 음을 반영하는 것이다. 정신적 표상이 가능해지면 서 이전 단계까지는 불가능하던 지연모방(deferred imitation)이 가능하게 된다. 지연모방은 어떤 행동을 목격한 후 그 행동을 그 자리에서 곧장 모방하지 않 고, 일정한 시간이 지난 후에 그 행동을 재현하는 것 을 말한다. 예를 들어, 아버지가 세차하는 것을 형이 도와드리는 것을 목격한 영아가 그다음 날 걸레를 들고 자기 세발자전거를 닦는 시늉을 하거나, 동네 형들이 놀이를 하면서 욕설을 하는 것을 듣고서 며 칠 후 손님 앞에서 그 욕설을 그대로 말해서 부모를 난처하게 만드는 경우를 볼 수 있다. 지연모방은 어 떤 행동을 정신적으로 표상할 수 있는 능력과 그것 을 정확하게 표현할 수 있는 능력을 필요로 한다.

> Piaget의 딸인 Jacqueline이 어느 날 한 남자아이와 함께 놀게 되었는데, 그 남자아이 는 한참 재미있게 놀다가 갑자기 놀이방에서 나가려고 고함을 지르고 문을 두드리고 그리고 발을 구르며 울었다. 이런 광경을 처음 목격한 Jacqueline은 놀라서 가만히 쳐

다보고만 있었다. 그러나 다음날 놀이방에서 놀다가 싫증이 난 그녀는 고함을 지르고 발을 구르면서 전날 그 남자아이가 한 것과 똑같은 행동을 하였다(Piaget, 1962, p. 63).

이것은 이미 사라진 모델의 행동을 상징화하여 그 행동을 나중에 그대로 본받음으로써 지연모방을 한 것이다.

2) 영아기의 기억발달

영아에게도 기억능력이 있는가? 습관화 실험에서 보듯이 영아는 새로운 자극과 이전의 자극을 구별할 수 있는 능력이 있는데, 이것은 영아에게 기억력이 있다는 사실을 말해 주는 것이다. 만약 영아가 처음의 자극에 대한 기억이 없다면 새로운 자극이 제시되었을 때 그것이 이전의 자극과 다르다는 것을 알아채지 못할 것이다(Newcombe, Drummey, & Lie, 1995).

영아에게 기억능력이 있는가 없는가 하는 문제에서 재인기억과 회상기억을 구별하는 것은 매우 중요하다. 여기서는 재인기억(recognition memory)과 회상기억(recall memory)을 중심으로 영아기의 기억발달에 관해 살펴보기로 한다.

(1) 재인기억

영아도 이전에 본 자극을 알아볼 수 있는가? 이 문제를 해결하기 위한 가장 보편적인 방법은 습관화-탈습관화 연구를 통한 방법이다. 습관화(habituation)는 어떤 자극이 여러 번 반복하여 제시되면, 그 자극에 대해 반응하는 강도가 감소하는 것을 말한다. 탈습관화(dishabituation)는 새로운 자극이 제시되면 다시 관심을 보이는 것을 말한다.

영아는 시각, 청각, 촉각 등 모든 감각기관을 통해 반복되는 자극에 습관화된다. 따라서 습관화는 영아의 성숙수준과 건강상태를 판단하는 기준이 되기도 한다. 뇌손상이나 출생 시 산소결핍증을 경험한 영아는 습관화 과정이 순조롭게 진행되지 않으며, 나중에 발달장애 또는 학습장애를 보이기도 한다(Colombo & Mitchell, 2009).

Rovee-Collier(1987)는 영아의 재인기억에 관해 매우 흥미로운 실험을 하였다. 3개월 된 영아를 대상으로 한 이 실험에서, 아기의 침대에 모빌을 달아 놓고 모빌이 매달려 있는 틀과 영아의 한쪽 발을 리본으로 묶어 놓았다(사진 참조). 영아는 발을 차면 모빌이 움직이게 된다는 것을 곧 알아차리게 되었다. 몇 주일 후에 영아를 같은 침대로 다시 데리고 왔는데, 이번에는 발을 리본으로 묶

Carolyn Rovee-Collier

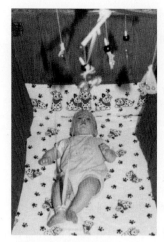

사진 설명: 영아와 모빌   사진 설명: '장난감 기차놀이'

지 않았다. 그럼에도 불구하고 대부분의 영아들은 발을 차는 시늉을 했는데, 이것은 발로 차면 모빌이 움직인다는 것을 기억한다는 증거이다. 또한 모양이 약간 다른 모빌을 매달아 놓았는데 영아는 그것을 차지 않았고, 먼젓번의 모빌을 다시 매달아 놓자 영아는 그것을 기억하고 발로 차기 시작했다.

또 다른 실험(Hartshorn, 1998)에서 6개월 된 영아에게 '장난감 기차놀이' 과제를 주었다(사진 참조). 이 장난감 기차는 레버를 누르면 궤도를 따라 움직이게 되어 있었다. 영아는 레버를 누르지 않으면 기차가 움직이지 않는다는 사실을 깨닫고 레버를 누름으로써 기차를 움직이게 만들었다. 그리고 첫돌이 될 때까지 한 달에 한 번씩 기차놀이를 함으로써 이것을 상기시켜 주었다. 일반적으로 6~8개월 된 영아는 2주만 지나면 기억을 하지 못하는데, 일정한 간격으로 상기시켰더니 1년 후(생후 1년 6개월)까지도 '기차놀이'를 기억하는 것으로 나타났다.

이처럼 영아는 일찍부터 상당한 재인기억 능력을 가지고 있지만, 재인기억 능력은 영아기에 더욱더 발달하는 것으로 보인다.

(2) 회상기억

영아기의 회상기억을 연구하는 것은 재인기억을 연구하기보다 훨씬 어렵다. 왜냐하면 아동을 대상으로 하여 회상기억을 연구할 때 사용되는 그림이나 글 또는 구두반응을 영아는 할 수 없기 때문이다. 그러나 대상영속성 개념이나 지연모방의 과제를 사용하면 영아기의 회상기억 연구가 어느 정도 가능한 것으로 보인다.

단순한 형태의 회상기억은 영아기 초에도 가능하다고 주장하는 연구가 있다(Mandler, 1988, 1990). 예를 들어, 영아가 좋아하는 장난감을 항상 같은 곳에 두다가 치

영아기 건망증(Infantile Amnesia)

우리 인간이 과연 몇 살 때부터의 일을 기억할 수 있는지에 대해서는 논란의 여지가 많다. 영아기의 일을 기억하지 못하는 것을 영아기 건망증이라고 한다. 한 예로, 많은 사람들이 3세 이전에 동생을 본 경우에는 동생이 태어나던 순간을 거의 기억하지 못한다 (Sheingold & Tenney, 1982). 아주 드문 경우에 3세 이전의 일을 기억하는 사람도 있기는 하지만, 대부분의 사람들이 자신이 어렸을 때의 일을 기억할 수 있는 가장 어린 연령은 3.5~4세이다(Jusczyk & Hohne, 1997; Mandler & McDonough, 1995; Schneider & Bjorklund, 1998; Usher & Neisser, 1993).

영아기 건망증의 원인을 밝히는 데 근본 문제는 그 원인이 저장 과정에 있는가 아니면 인출 과정에 있는가 하는 것이다. 다시 말해서 한 개인의 과거사에 대한 기억인 자서전적 기억(autobiographical memory)이 영아기 동안에는 저장이 되지 않는지, 아니면 저장은 되지만 어떤 이유로 해서 인출을 할 수 없는지 하는 것이다.

여러 연구에 의하면 영아는 다양한 종류의 기억을 상당히 오랜 기간 저장할 수 있는 것으로 보인다. 그러나 영아기 기억이 얼마나 오래 지속되는가에 관해서는 알 수 없다. 대뇌피질의 미성숙과 대뇌피질과 기억을 관장하는 해마 간의 연결이 불충분하여 영아기의 기억을 영구히 저장하는 데 문제가 있는지 모른다(Bachevalier, 1991; Nelson, 1995).

영아기 건망증이라는 용어를 최초로 사용한 Freud의 심리성적 발달이론에 의하면, 영아기의 기억은 성적인 것과 관련되어 억압되었기 때문에 기억이 불가능하다는 것이다. 그러나 Freud의 이러한 설명은 증명할 길이 없다.

영아기 건망증에 대한 가장 간단한 설명은 단지 시간이 지나면서 영아기 기억이 소멸된다는 것이다. 그러나 이 설명은 옳지 않은 것으로 보인다. 왜냐하면 아동기부터 노년기까지 최초의 기억 연령은 똑같기 때문이다. 즉, 8세나 88세나 최초의 기억이라고 보고하는 연령이 비슷하다는 것이다(Nelson & Ross, 1980). 그러므로 유아기에 일어나는 어떤 변화로 말미암아 이 시기 이후의 기억이 가능해지는 것으로 보인다.

한때는 이 변화가 유아기에 습득하게 되는 언어의 출현이라고 믿었었다. 즉, 언어를 습득하기 이전에는 장기기억의 저장이 불가능하거나, 일단 언어를 습득한 후에는 그전에 영아가 저장해 놓은 기억을 인출하는 것이 불가능하다는 것이다(Nelson & Ross, 1980). 그러나 지금 우리는 언어습득 이전에도 장기기억의 저장이 가능하다는 것과, 언어를 습득한 유아도 그 이전에 저장된 기억을 인출할 수 있다는 사실을 알고 있다.

그렇다면 영아기 건망증은 어떻게 설명할 것인가? 한 가지 가능한 설명은 자서전적 기억의 출현은 기억이 조직화되는 과정에서의 변화를 반영한다는 것이다. 즉, 언어습득으로 인해 아동은 기억을 좀더 쉽게 보유할 수 있고, 다른 사람과 공유할 수 있는 이야기 형식으로 조직화할 수 있게 된다는 것이다(Bauer, 2018; Nelson, 1993). 더욱이 유아기에 출현하는 자아감 또한 자서전적 기억을 가능하게 해 준다고 한다(Howe & Courage, 1993). 뇌의 발달, 즉 대뇌피질의 발달과 대뇌피질과 해마 간의 복잡한 연결도 좀더 조직적이고 완성된 형태로 기억을 저장하는 것을 가능하게 만든다.

워버리면, 7개월 된 영아는 어! 하고 놀란 표정을 보이는데, 이것은 영아가 그 장소에 있던 물건에 대해 기억을 하고 있다는 것을 입증하는 것이다. 첫돌 무렵이면 대부분의 영아는 대상영속성 개념을 보이기 시작하는데, 사라진 물체를 찾는 영아의 이러한 행동은 영아도 회상기억이 가능하다는 것을 증명하는 것이다.

지연모방에 관한 최근의 연구결과를 보면, 영아의 지연모방 능력은 Piaget가 생각했던 것보다 훨씬 일찍 나타나는 것으로 보이며, 지연모방 능력은 영아가 회상기억 능력을 갖고 있음을 보여주는 것이다. Bauer와 Mandler(1992)의 '인형 목욕시키기' 실험(사진 참조)에서 13개월 된 영아는 인형을 통 속에 집어넣고, 스폰지에 비누칠을 해서 인형을 씻기고, 수건으로 인형의 몸을 말리는 일련의 행동을 빠짐없이 그대로 재연하였다. 이러한 연구결과로 미루어 볼 때, 영아기의 회상기억은 우리가 생각했던 것보다 훨씬 일찍부터 발달한다는 것을 알 수 있다.

3. 언어발달

영아의 인지발달에는 시각적 · 청각적 · 후각적 · 촉각적 자극이 필요하며, 특히 언어적 상호작용이 매우 중요한 역할을 한다. 언어는 지적 활동의 중요한 매개체이며, 타인과의 관계형성에 기본이 된다. 언어는 자신의 생각을 표현하거나 주위 환경을 이해하는 데 필수적이므로, 아동의 인지발달 및 사회성발달과 밀접한 연관이 있다.

1) 언어발달의 이론

언어발달이 타고난 것이냐 아니면 학습에 의한 것이냐에 관한 논쟁은 고대 그리스 시대로 거슬러 올라간다. 고대 그리스의 스토아 철학자(Stoics)와 회의론적 철학자(Skeptics)들은 언어가 생물학적 성숙에 의해 본능적으로 출현하는 것이라고 믿었다. 반면, 아리스토텔레스 학파의 철학자들은 언어는 학습되는 것으로 보았다. 2,000년이 지난 오늘날에도 그 논쟁은 계속되고 있다(Bates, Bretherton, & Snyder, 1988; Robins, 1968). 여기서는 언어발달을 학습론적 관점, 생득론적 관점 그리고 상호작용론적 관점에서 살펴보기로 한다.

(1) 학습이론

학습론자들은 아동의 언어습득은 강화와 모방이라는 학습기제를 통해 이루어진다고 설명한다. Skinner는 『언어행동(Verbal Behavior)』(1957)에서 언어의 습득과 발달은 다른 모든 행동과 마찬가지로 조작적 조건형성에 의해 학습된다고 주장한다. 영아가 무심코 어떤 소리를 내거나 또는 성인의 언어를 흉내낼 때, 부모가 성인의 언어와 비슷한 소리를 강화함으로써 영아는 이런 소리를 더 자주 내게 된다. 즉, 강화받은 소리는 계속적으로 발전시켜 나가며, 강화받지 못한 소리는 소멸되는 과정을 통해 언어를 학습하게 된다는 것이다.

언어연구가인 Roger Brown(1973)은 부모와 자녀 간의 언어적 상호작용을 관찰한 결과, 많은 부모들은 자녀가 문법적으로 맞지 않는 문장을 사용할 때도 그 의미만 맞으면 미소나 칭찬으로 강화한다는 것을 발견하고서, 강화가 아동으로 하여금 언어의 규칙을 배우게 하는 요인이 된다는 증거는 없다고 결론내렸다.

Roger Brown

한편, Bandura(1977)의 사회학습이론에 의하면, 주변 인물로부터의 강화뿐만 아니라 모방도 언어학습의 중요한 기제라고 한다. 아동은 주위 사람들이 내는 소리를 그대로 모방하는 과정을 통해 언어를 학습하게 되며, 모방한 대로 정확한 소리를 낼 때 더 많은 강화를 받게 된다는 것이다.

비록 강화나 모방이론이 언어습득 과정을 부분적으로는 설명해 줄 수 있지만, 아동의 언어는 강화를 받지 않아도 저절로 발달하는 것이며, 아동이 보이는 문법적 오류는 모방이론으로는 설명할 수 없다는 점에서 학습이론은 비판을 받고 있다.

(2) 생득이론

Chomsky(1957, 1968, 1978, 1991, 1999, 2005)는 언어발달에서 강화나 모방의 중요성을 인정하지만, 강화나 모방이론만으로는 언어발달을 설명하는 것이 불가능하다고 본다. Lenneberg(1967) 또한 청각장애가 있는 부모의 아기도 정상 부모의 아기와 똑같이 옹알이를 한다는 점에서 강화나 모방이론만으로는 언어발달을 설명할 수 없다고 주장한다. 이와 같이 생득(生得)이론은 성인을 통해 언어를 배우기보다는 아동 스스로 배울 수 있는 가능성을 가지고 태어난다고 생각하기 때문에, 언어습득 과정에서 환경적인 요인보다 생물학적 요인을 더 강조한다.

Noam Chomsky

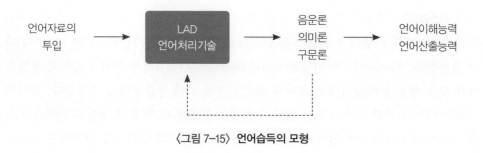

| 언어자료의 투입 | → | LAD 언어처리기술 | → | 음운론 의미론 구문론 | → | 언어이해능력 언어산출능력 |

〈그림 7-15〉 **언어습득의 모형**

Chomsky에 의하면 아동은 언어습득장치(Language Acquisition Device: LAD)를 가지고 태어나며, 이를 통해 투입된 언어자료를 처리하고 규칙을 형성하며, 문법에 맞는 문장을 이해하고 산출하게 된다고 한다(〈그림 7-15〉 참조). 이 이론은 3~4세경에 어휘가 급증한다든가 각 문화권에서 아동이 범하는 문법적 오류가 유사하며 매우 체계적이라는 점에서 설득력을 갖는다.

Chomsky는 언어를 표면구조(surface structure)와 심층구조(deep structure)로 구분하였다. 표면구조는 언어의 문법적인 구조이고, 심층구조는 언어의 의미를 뜻한다. Chomsky는 언어에서 문법보다 의미를 강조한다. 즉, 다른 사람이 우리에게 말을 할 때, 우리는 문법적인 구조(표면구조)는 별로 의식하지 않고 그 사람이 한 말의 의미(심층구조)를 받아들이게 된다는 것이다. Chomsky는 심층구조를 이해하는 능력도 타고난 것이라고 믿는다(Grieser & Kuhl, 1989). 따라서 언어의 심층구조를 이해하기 위해서는 학습이 필요없다고 보았다. 학습을 필요로 하는 것은 언어의 문법구조, 즉 어휘와 문법이다.

언어발달이 생물학적 성숙에 의한 것이라고 믿는 또 다른 생득론자는 Lenneberg이다. 그에 의하면, 언어를 이해하고 산출하는 것은 인간에게 고유한 능력으로서, 이것은 인간이 갖는 종특유의 특성(species-specific characteristic)이라고 한다. Lenneberg(1967)는 세계의 모든 아동들의 언어발달이 비슷한 시기에 비슷한 순서로 이루어진다고 주장한다. 즉, 생후 2~3개월경에 옹알이를 시작하고, 첫돌 무렵에 첫마디 말을 하며, 두 돌 무렵에는 몇 개의 단어를 말하고, 4~5세경에는 수천 개 단어의 의미를 이해하고 문장을 산출하게 된다는 것이다.

Lenneberg는 또한 2세부터 사춘기에 이르기까지는 언어를 쉽고 빨리 익히기 때문에, 언어를 학습하는 데에 '결정적 시기'가 있다는 주장을 하였다. '결정적 시기' 가설을 검증하기 위한 한 가지 방법은 이 시기 이전에 언어를 배우지 못한 사람이 이후에 과연 언어를 습득할 수 있는가를 알아보는 것이다. 1970년 미국 로스앤젤레스에서 발견된 Genie(사진 참조)라는 소녀는 아동학대 사례에 해당하는 것

Eric H. Lenneberg

으로, 그녀는 출생 후 20개월부터 13세가 넘을 때까지 아버지에 의해 작은 구석방에 격리되어 살아왔다. 죄수복 같은 옷을 입고 유아용 작은 의자에 하루종일 묶여 있었기 때문에 손발만 겨우 움직일 수 있었다. 아무도 Genie에게 말을 걸지 않았고 Genie가 어떤 소리라도 내면 아버지에게 심한 매를 맞았다(Curtiss, 1977). Genie는 발견 당시 사춘기가 지나 있었지만, 심한 영양실조로 인해 어린아이처럼 보였으며, 똑바로 서지도 못하고, 말도 하지 못했다. 그후 집중적인 언어훈련으로 Genie는 말을 배우게 되었지만 끝내 정상적인 수준에는 도달하지 못하였다. 그녀의 언어는 주로 전문식 언어(telegraphic speech)로 약 2세 정도 수준이었으며, 정상 아동이 공식적인 훈련을 받지 않고도 자동적으로 습득하게 되는 문법을 이해하지 못했다.

사진 설명: 아동학대를 당한 것으로 알려진 Genie

'결정적 시기' 가설을 입증하는 또 다른 증거는 외국어 습득에 관한 예이다. Johnson 과 Newport(1989)의 연구에서는 모국어가 한국어이거나 중국어인 미국 이민자들을 대상으로 영어문법의 숙달정도를 알아보았다. 〈그림 7-16〉에서 보듯이 3~7세 사이에 이민 와서 영어를 배운 경우는 영어를 모국어 수준으로 유창하게 하였다. 그러나 이민 당시의 연령이 높을수록 문법의 숙달정도는 감소하였으며 사춘기 이후(15세 이후)에는 급속도로 감소하였다. 아동기나 청년기에 청각장애가 발생한 성인들을 대상으로 수화를 배운 연령과 수화 숙달정도를 알아본 연구(Mayberry, 1994; Newport, 1991)에서도 이와 유사한 결과가 나타났다. 이 모든 연구결과들은 언어발달에 결정적 시기가 있음을 보여주는 것이다.

그러나 언어발달의 생득론적 관점에 대해서도 몇 가지 문제점이 지적되고 있다. 첫째, 언어습득기제가 구체적으로 어떤 작용을 하며, 왜 그런 작용을 하는지 설명을 하지 못한다는 점이다. 둘째, 사춘기 이후에도 여러 형태의 언어발달이 가능하다는 연구결과도 있어 '결정적 시기' 가설도 도전을 받고 있는 점이다(Maratsos, 1989; Moerk, 1989).

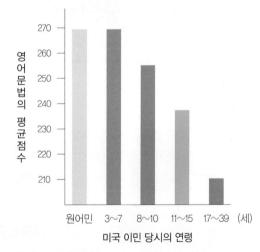

〈그림 7-16〉 미국 이민 당시의 연령과 영어문법의 숙달 정도

(3) 상호작용이론

앞에서 살펴본 바와 같이 언어습득에 대한 설명으로 학습이론이나 생득이론은 충분

Jerome Bruner

하지 못하다는 사실을 알 수 있다. 따라서 언어습득에 대한 설명으로 학습론적 관점과 생득론적 관점을 모두 취하는 이론이 있는데, 이것이 바로 상호작용이론이다. 상호작용이론은 언어발달에서 생물학적 성숙도 중요하지만, 아동의 언어능력은 사회적 상황에서 얼마나 언어에 노출되는가에도 달려 있다고 주장한다(Bohannon & Bonvillian, 2017). 이 견해에 의하면, 언어적·사회적으로 풍부한 환경은 아동의 언어발달을 증진시킨다고 한다. 다시 말해서, 생물학적 요인이 언어발달의 대강의 윤곽을 결정하지만, 언어발달의 구체적인 과정은 아동이 노출되는 언어환경과 강화에 의해 결정된다는 주장이다.

대표적인 상호작용 이론가인 Bruner(1983, 1989, 1997)는 아동의 언어발달을 이해하는 데 있어서 사회문화적 맥락의 중요성을 강조한다. Vygotsky와 마찬가지로 Bruner 또한 아동의 언어발달에서 부모와 교사의 역할을 강조한다. Bruner는 아동의 언어발달에 기여하는 부모의 역할을 언어습득 지원체계(Language Acquisition Support System: LASS)라고 부른다. 예를 들어, 아기가 옹알이를 시작할 때 부모가 그에 맞추어 비슷한 발성으로 반응을 해 주면 아기는 옹알이를 더 많이 하게 된다. 반면, 부모가 아무 반응을 보이지 않으면 아기는 옹알이를 점점 하지 않게 된다. 옹알이에 대한 반응 외에도 부모는 '까꿍놀이'(사진 참조), '코코코 놀이'(사진 참조) 등의 놀이를 통해서 영아의 언어습득을 격려한다.

사진 설명: 영아는 '아기식 말투'에 주의를 더 많이 집중한다.

사진 설명: 영아가 어머니와 '까꿍놀이'를 하고 있다.

사진 설명: 영아가 곰돌이 인형과 '코코코 놀이'를 하고 있다.

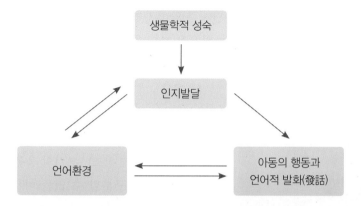

〈그림 7-17〉 언어발달에 대한 상호작용론적 관점의 도식화

　　부모가 영아의 언어발달을 지원하는 또 다른 상호작용 방식은 '아기식 말투(motherese)'이다. 아기식 말투는 간단하고 짧은 말을 고음으로 천천히 핵심 단어를 강조하면서 여러 번 반복해서 말하는 것이다(Gelman & Shatz, 1978; Pine, 1994). 영아는 성인들이 대화할 때 주로 사용하는 단조로운 억양보다 높은 소리와 억양이 다양하게 변하는 아기식 말투에 주의를 더 많이 기울인다(Cooper & Aslin, 1990; Pegg, Werker, & McLeod, 1992). 따라서 부모가 아기식 말투를 사용하는 이유는 영아와 효율적으로 의사소통을 하기 위한 것이다(Fernald & Morikawa, 1993; Penner, 1987). 아동의 언어가 발달함에 따라 부모는 점차로 좀더 길고 복잡한 문장을 사용하게 된다(Bohannon & Bonvillian, 1997; Shatz, 1983; Sokolov, 1993).

　　부모는 아기식 말투를 사용하면서도 영아가 말한 내용을 문법에 맞도록 수정하거나 확장시켜 바꾸어 말한다. 수정되거나 확장된 언어를 더 많이 사용하는 부모의 자녀들이 문법 규칙을 더 빨리 배우며, 표현적 언어능력의 점수가 더 높은 것으로 나타났다(Bohannon et al., 1996; Valdez-Menchaca & Whitehurst, 1992).

　　〈그림 7-17〉은 언어발달에 대한 상호작용론적 관점을 도식화한 것이다.

2) 언어발달의 단계

　　단어나 문장을 습득하는 시기에는 개인차가 있지만, 대부분의 아동은 언어 획득 시에 동일한 발달단계를 거친다. 일반적으로 아동이 알아들을 수 있는 단어를 사용하기 시작하는 것은 12개월경이라는 사실에 대부분의 사람들은 동의한다. 그러나 영아는 단어를 표현하기 오래전부터 울음이나 표정, 몸짓 등 비언어적인 행동을 통하여 의사소통을 꾀한다. 영아는 단어 자체가 아니라 말의 리듬, 고저, 강세에 따라 반응하며, 이를 통해 상대방의 말에서 감정적인 단서를 알아차리게 된다. 화난 목소리가 나면 행동을 멈추고 다정한 목소리에 대해서는 반응을 보인다.

사진 설명: 언어발달의 첫 단계에서 영아는 울음으로써 의사전달을 한다.

사진 설명: 아직 말을 하지 못하는 영아라도 부모와의 언어적 상호작용은 언어발달에 매우 중요한 역할을 한다.

(1) 울음

언어발달의 첫 단계는 울음이다. 울음은 아기가 자신의 욕구를 표현할 수 있는 유일한 의사소통 수단이다(사진 참조). 초기의 울음은 아기가 왜 우는지 이유를 구분할 수 없는 미분화된 울음이지만, 점차 우는 이유를 알 수 있는 분화된 울음으로 바뀌게 된다. 울음의 패턴이나 고저, 강도에 비추어 아기가 배가 고픈지, 졸린지, 화가 났는지 혹은 고통스러운지를 알 수 있게 되면서, 울음은 보다 정확한 의사전달의 수단으로 사용된다.

(2) 옹알이

2~3개월경에 나타나는 옹알이는 언어와 유사한 최초의 말소리이다. 이는 신체적 성숙으로 인해 나타나는 근육활동의 결과이며, 농아도 처음에는 옹알이를 한다. 일반적으로 옹알이는 만족스러운 상태에서 가장 많이 나타난다. 처음에는 옹알이를 하는 기쁨 자체를 위해 옹알이를 하게 되는데, 옹알이는 그 자체가 영아에게 기쁨을 주는 놀이의 기능을 갖는다. 그러나 이후에는 자신의 옹알이가 환경에 주는 영향 때문에 옹알이를 하게 되며, 자신이 내는 옹알이 소리에 대해 주위에서 반응이 없으면 점차 옹알이를 하지 않게 된다. 그러나 어머니나 주변 사람들로부터 반응을 얻게 되면 점차 그 소리가 빈번해지고 다양해진다. 옹알이는 이러한 주변 인물로부터의 강화를 통해 모국어를 습득하는 중요한 기제로 작용한다. 또한 그들이 내는 소리가 이후에 언어로 발달하건 아니하건, 생후 1년 동안 영아가 내는 옹알이 소리가 전 세계적으로 동일하다는 사실은 영아는 어떠한 언어든지 습득할 수 있는 잠재력을 가지고 있음을 말해 준다.

단어의 강세는 영아가 단어를 식별하는 데 있어서 첫 번째 단서가 된다(Brownlee, 1999). 단어의 의미는 모르지만 단어의 강세에 주목함으로써, 일상생활의 계속적인 소리에서 분리된 개별적인 단어를 식별해 낼 수 있게 된다. 이러한 경로를 통해 영아가 내는 소리는 점차 다양해져, 인간이 내는 소리를 거의 모두 낼 수 있을 정도로 음소의 확장(phonetic expansion) 현상이 나타난다. 반면, 영아는 자신이 내는 소리 가운데에서 모국어의 음소와 유사한 것만 강화를 받게 되므로, 외국어에는 관심을 두지 않고 모국어와 유사한 음만 습득하게 되는 음소의 축소(phonetic contraction) 현상이 일어난다.

(3) 한 단어 문장

생후 1년경이 되면 영아는 분명하게 이해할 수 있는 단어를 사용할 수 있으며, 그 단어가 자신의 생각을 표현하는 수단이 된다. 자음 하나와 모음 하나가 합쳐진 말의 반복이 대부분이며, 성인의 발음과는 차이가 있다. 동시에 하나의 단어가 전체 문장을 대신하므로, 영아는 그들의 부모가 이해하는 것을 돕기 위해 표정이나 몸짓을 함께 사용한다(사진 참조). 이는 사물이나 사건을 지칭하거나 자신의 기분이나 욕구를 표현하기 위해 주로 사용한다. 최근 한 연구(Tincoff & Jusczyk, 2012)에서 6개월 된

사진 설명: 영아는 표정이나 몸짓을 한 단어와 함께 사용하여 자신의 의사를 표현한다.

영아는 '손'이나 '발'과 같은 신체 부위에 관한 단어를 이해하는 것으로 나타났다. 하지만 이런 단어들을 아직 소리내어 말을 할 수는 없다.

(4) 두 단어 문장

24개월경의 영아는 문장을 만들기 위해 두 개 이상의 단어를 연결시킬 수 있다. 두 단어 문장은 한 단어 문장에 비해 보다 정교하고 명료하며, 두 단어 가운데 강세의 위치가 어디에 있는가에 따라 자신이 원하는 바를 강조하게 된다. 두 단어를 결합시키는 것은 보편적으로 50개 정도의 단어를 말할 수 있을 때에 가능하다. 초기의 결합형태는 명사와 동사의 결합으로 이루어지는 전문식(電文式) 문장이며 자기중심적인 특성을 갖는다.

영아는 그들이 듣는 수많은 단어들로부터 일정한 규칙을 추론해 낼 수 있다. 일상생활에서 받아들인 수많은 단어 가운데 어떤 것은 대상을 지칭하는 데 사용되는 반면, 또 어떤 것은 동작을 지칭하는 데 사용되는 것임을 알게 된다. 또한 단어의 의미를 알기

사진 설명: 24개월경에 대부분의 영아들은 '공 놀이'라는 두 단어 문장을 사용할 수 있다.

전에 문장구성이나 단어배열과 같은 문법적 규칙을 추론해 낼 수 있다.

우리나라의 영아를 대상으로 한 언어발달 연구(김금주, 2000)에 의하면, 영아들이 월령별로 가장 많이 사용하는 어휘의 품사는 17~20개월까지는 감탄사였고, 21~24개월에는 명사의 사용이 두드러졌다. 품사의 출현 시점을 살펴보면, 명사, 부사, 감탄사는 9~12개월, 수사, 대명사, 동사는 13~16개월, 형용사는 17~20개월, 조사는 21~24개월 사이에 처음 나타났다.

영아의 언어발달을 지원하는 환경으로 어머니의 언어와 놀이참여행동에 대하여 13~23개월 영아 42명을 대상으로 실시한 우리나라 연구(김명순, 성지현, 2002)에 따르면, 영아의 언어발달은 어머니가 자녀에게 놀이상황이나 사건에 대하여 설명 혹은 묘사해 주는 것을 통하여 촉진되는 것으로 나타났다. 또한 어머니의 이러한 설명이나 묘사 외에도 놀이에 함께 참여하는 행동이 영아의 언어와 놀이발달에 중요한 역할을 하는 것으로 나타났다.

4. 사회정서발달

신생아도 기쁨이나 슬픔 같은 기본 정서를 가지고 태어나지만 그것은 덜 분화된 상태에 있다. 그러나 연령이 증가함에 따라 영아는 점차 분화된 정서를 나타내고, 다른 사람의 정서를 이해할 수 있는 능력도 갖게 된다. 정서를 표현함에 있어서도 자신의 정서를 규제할 수 있게 된다.

영아들은 출생 직후부터 각기 다른 기질적 특성을 보인다. 즉, 어떤 영아는 조용하고 행동이 느린 반면, 어떤 영아는 활기차고 행동이 민첩하다. 기질연구가들은 영아기의 기질을 형성하는 심리적 특성이 성인기 성격의 토대가 된다고 믿는다. 따라서 영아의 이상적 발달을 위해서는 영아의 기질과 조화를 이루는 부모의 양육행동이 중요한 것으로 보인다.

영아기에 일어나는 가장 중요한 형태의 사회적 발달은 애착이다. 애착이란 영아와 양육자 간에 형성되는 친밀한 정서적 유대감을 의미한다. 영아의 기질, 영아와 부모의 특성, 양육의 질 등이 애착형성에 영향을 미치는 요인으로 보인다.

1) 정서의 발달

정서가 무엇인가에 대해 정의를 내리는 것은 쉬운 일이 아니다. 그러나 일반적으로 정서란 자극에 직면하여 발생하거나 자극에 수반되는 여러 가지 생리적 변화(예: 혈압, 맥박수, 호흡의 변화)라든가 눈에 보이는 행동(예: 미소나 찡그림) 등의 반응을 말한다. 기쁨, 슬픔, 공포 등이 그 예이다.

Michael Lamb

영아기의 정서에는 두 가지 기능 또는 목적이 있다. 첫째, 영아의 정서표현은 영아의 상태를 다른 사람, 특히 양육자에게 알림으로써 양육자로 하여금 영아를 보살피게 하는 기능을 한다(Lamb, 1988; Mitsven et al., 2020; Thompson & Waters, 2020; Witherington et al., 2010). 예를 들면, 영아의 미소는 양육자로 하여금 영아와의 상호작용을 더욱더 계속하도록 해 준다. 한편, 영아의 불편한 표정은 양육자로 하여금 영아에게 무슨 문제가 있는지 살펴보고 문제를 해결하도록 한다. 둘째, 영아기의 정서는 특정 자극에 대해 특정한 행동을 하도록 하는 동기를 부여한다(Lamb, 1988). 예를 들면, '분노'는 공격행동의 동기를 부여하고, '공포'는 회피행동의 동기를 부여한다(Termine & Izard, 1988). 정서의 이러한 기능은 유기체가 환경에 적응하기 위한 진화의 결과로 볼 수 있다.

(1) 정서표현의 발달

영아기의 정서발달에 관한 고전적 연구로 불리는 Bridges(1930)의 연구에 의하면, 출생 시에 신생아는 몇 가지 제한된 정서만을 표현한다고 한다. 이러한 정서는 선천적인 것으로 생의 초기에 나타나고, 표정만 보고서도 정서상태를 쉽게 알 수 있으며, 세계 모든 문화권의 영아에게서 볼 수 있기 때문에 일차정서 또는 기본 정서라고 부른다(Izard, 1991, 1994; Lewis, 2008, 2015). 행복, 분노, 놀람, 공포, 혐오, 슬픔, 기쁨, 호기심 등은 일차정서의 예이다(사진 참조). 일차정서는 영아기의 초기에 나타나지만 수치심, 부러움,

슬픔

기쁨

분노

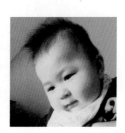
호기심

죄책감, 자부심 같은 정서는 첫돌이 지나서야 나타나는데, 이들을 이차정서 또는 복합 정서라고 부른다(Izard & Malatesta, 1987).

① 일차정서
일차정서 중에서 대표적인 예가 기쁨, 슬픔, 분노, 호기심, 공포 등이다.

㉠ 기쁨

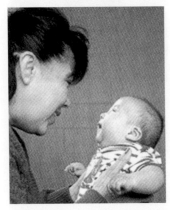

사진 설명: 2~3개월경의 영아는 친숙한 사람, 특히 어머니에게 사회적 미소를 더 자주 보인다.

기쁨은 미소나 웃음 등으로 표현되며, 건강한 영아일수록 기쁨의 표현이 명확하고 빈번하게 나타난다. 출생 직후에 나타나는 배냇 미소는 선천적·반사적인 것으로, 이는 깊은 수면이나 부드러운 감촉 등과 같은 내적 상태에서 비롯된 반응이다. 4주경 영아는 갑자기 움직이는 물체들과 같은 외부의 자극에 대해 미소를 보인다. 기쁨, 분노, 중성적인 표정을 가진 사람의 얼굴을 보여주면, 이 중에서 기쁜 표정을 하고 있는 얼굴을 더 오래 주시한다. 6~10주경에는 사람의 얼굴에 대해 사회적 미소(social smile)를 보이고, 3개월경에는 친숙한 사람과 그렇지 않은 사람에 대해 다르게 미소를 지으며, 사회적 상호작용이 이루어질 때 가장 빈번하게 미소를 보인다(사진 참조). 이러한 반응은 친숙한 사람과의 친밀감을 강화시켜 주는 역할을 한다(Ellsworth, Muir, & Hains, 1993). 9~12개월경에는 친숙한 사람이 사라졌다가 갑자기 나타나는 '까꿍놀이' 등에 미소를 보내며, 1년 이후에는 자신이 원인을 제공한 사건에 대해 미소를 보낸다.

웃음은 미소와 마찬가지로 기쁨의 표현이다. 웃음은 3~4개월경 강한 자극 후에 나타나며, 웃음을 유발하기 위해서는 미소를 유발하기 위한 자극보다 더 강한 자극이 필요하다.

㉡ 분노

사진 설명: 유아가 땅바닥에 드러누워 떼를 쓰고 있다.

우리의 주변 환경에는 분노를 일으키는 자극이 많으며, 분노의 표현은 자신이 원하는 바를 쉽게 만족시키는 방법이 되기도 하므로 가장 보편적으로 나타나는 정서이다. 출생 초기 영아는 배고픔이나 고통 등의 자극으로 인해 불쾌한 경험을 많이 하게 되며, 이를 울음으로 표현하게 된다. 이후에는 자신이 가지고 있는 것을 빼앗기거나 자신이 하고 싶은 것을 제지받을 때 생기는 욕구의 좌절 때문에 분노가 일어난다. 이는 특히 어머니가 이러한 상황을 방치했을 때 더욱 강하게 나타나며, 배가 고프거나 아플 때 더욱 빈번하게 나타난다.

영아가 성장함에 따라 분노를 표현하는 형태가 달라진다. 처음에 영아는 자신이 느끼는 좌절감을 고통스러운 울음으로 표현하지만, 4~6개월경에는 성난 목소리로 소리를 지른다. 분노는 2세경에 최고조에 달하며 사랑과 수용으로 대치되지 않으면 공격성으로 발전하게 된다. 이후 이러한 분노의 감정을 감추거나 통제하고, 육체적 공격보다는 말로 표현하도록 가르침을 받으며, 사회적으로 수용되는 방식으로 분노를 표현하게 된다. 또한 영아기 말에는 자신의 감정을 숨기는 것이 필요하다는 사실도 알게 된다.

ⓒ 공포

공포는 신체적·심리적 위험에 대한 반응으로 나타난다. 출생 초기에는 대부분 부모로부터 보호를 받고 있으므로, 공포의 감정을 유발하는 자극물이 주변에 별로 없다. 심한 고통이나 큰 소리, 새로운 사람이나 장소, 높은 장소나 어둠, 다른 사람과의 위협적인 상호작용은 공포를 유발시키는 선천적인 요인이다.

6개월경에 영아는 인지발달로 인해 새로운 공포감을 보이기 시작하며, 친숙하지 않은 대상에 대해 경계심을 갖게 된다. 그 가운데서도 애착이 형성된 사람과의 분리나 낯선 사람과의 만남은 공포를 유발하는 중요한 원인이 되는 것으로 밝혀지고 있다.

불안의 정서는 공포반응과 밀접한 관련이 있다. 영아기의 불안은 애착행동이나 낯가림과 관련이 있는데, 어머니와의 분리가 주된 원인이다. 낯선 사람이나 사물 또는 상황에 대해 민감하게 반응하는 영아는 공포상황을 극복하는 데 있어 어려움을 겪게 되는데, 이는 이후에 불안장애로 발전할 가능성이 높다고 한다. 영아기의 이러한 특성이 이후의 불안장애의 원인인가를 확실하게 설명할 수는 없지만, 양자 간에는 상관이 있다고 한다(Kagan, 1999).

사진 설명: 영아는 자신의 신체의 일부, 즉 손가락, 발가락 등을 가지고 노는 것을 좋아하지만, 이것이 자신의 신체의 일부라고 깨닫지 못하는 것으로 보인다.

② 이차정서

이차정서는 일차정서보다 늦게 나타나고, 좀더 복잡한 인지능력을 필요로 한다(Lewis, Alessandri, & Sullivan, 1992). Lewis(2010, 2020)와 그의 동료들(1989)에 의하면, 자아의 인식이 이차정서에 있어 필수적이라고 한다. 즉, 당황, 수치심, 죄책감, 질투, 자긍심 등을 포함하는 이차정서는 영아가 거울이나 사진으로 자신을 알아보기 전에는 출현하지 않는 것으로 보인다. 자아의 인식은 영아기에 점차로 발달하는 것인데, 1개월경의 영아는 자신의 신체가 아직 자기 것이라고 깨닫지 못한다(사진 참조). 심지어 8개월경에

도 자신의 신체와 다른 사람의 신체를 정확히 구분하지 못하는 경우가 있다. 예를 들어, 다른 영아가 가지고 노는 장난감을 움켜 잡았을 때 장난감이 쉽게 자기 손에 들어오지 않으면 놀라는 반응을 보인다. 그러나 1세가 되면 대부분의 영아는 자신과 타인을 분명하게 구분할 줄 알고, 자신이 원하는 장난감을 빼앗기 위해 다른 아이를 때리기도 한다.

영아가 자기인식을 하는지를 알아보는 한 연구(Lewis & Brooks, 1978)에서, 영아의 코에 입술연지를 찍고서 거울 앞에 세워놓고 영아가 어떤 반응을 보이는지를 관찰하였다(사진 참조). 만약 영아가 거울을 보고 입술연지가 묻은 자신의 코를 만진다면, 이것은 거울 속에 비친 상이 자신이라는 것을 인식한다는 것을 의미한다. 9~24개월 된 영아 96명을 대상으로 실험을 한 결과, 1세 미만의 영아는 한 명도 자기 코를 만지는 반응을 보이지 않았지만, 첫돌이 지난 영아는 대부분 자기 코를 만지는 반응을 보였다.

우리나라의 영아 20명을 대상으로 한 같은 실험(윤경희, 1998)에서, 10~12개월의 영아들은 거울 자체에 오히려 더 많은 흥미를 보였으며, 이 중 $\frac{3}{5}$의 영아들은 자기 코를 만지는 반응을 보였다. 16~18개월의 영아들은 전부가 자기 코를 만지는 반응을 보였으며, 거울에 비친 자신의 모습에 대해 인식하기 시작하고 자기 이름을 부르는 행동을 하였다. 그리고 22~24개월의 영아들은 40% 정도가 입술연지를 찍는 것을 거부하는 행동을 보였다. 입술연지를 찍은 영아들도 모두 '코'라는 언어적 표현을 하면서 자기 코를 가리켰다. 영아기의 자기인식 능력에 관한 또 다른 연구(곽금주 외, 2005)에서 24개월 된 59.5%의 영아들이 코에 빨간색 입술연지가 묻어 있는 자신의 모습을 보고, 자신의

코에 손을 가져가 지우려는 반응을 했다. 이는 Lewis와 Brooks-Gunn(1979)의 연구결과와는 다른 양상이다. 그들 연구에서는 18개월 무렵부터 자기인식을 시작하여 24개월경이 되면 대부분의 영아들이 신체모습을 통한 자기인식을 하였다. 그러나 우리나라 영아들의 경우는 24개월경에도 약 60%의 영아들만이 자신의 모습을 인식하는 것으로 보아 자신에 대해 인식하는 시기가 외국과 많은 차이를 보이는데, 이 결과에 대해 연구자들은 '우리'를 중심으로 하는 전통적인 한국 문화권에서 자신에 대한 인식보다는 '우리'라는 인식의 개념이 먼저 발달되기 때문이라고 해석하였다.

이차정서는 또한 자신에 대한 인식뿐만 아니라 자신의 행동을 평가하는 능력까지도 필요로 한다(Lewis et al., 1992). 즉, 해서는

안 된다고 생각하는 짓을 했을 때는 죄책감을 느낄 것이고, 어려운 일을 해냈을 때는 매우 자랑스러워할 것이다. 예를 들어, 주스를 마룻바닥에 엎지른 2세의 영아는 당황해하면서 고개를 숙일 것이고, 어려운 퍼즐 맞추기 문제를 해결한 또 다른 2세의 영아는 자랑스러움에 함박 웃음을 지을 것이다(사진 참조). 이차정서는 대부분 얼굴표정 외에도 손톱을 깨물거나 고개를 숙이는 등의 신체동작을 수반한다.

(2) 정서의 이해능력

영아는 언제 다른 사람들의 정서를 인식할 수 있는가? 6개월경의 영아는 정서와 관련된 얼굴표정을 분간하기 시작한다. 예를 들어, 6개월 된 영아는 행복해서 미소짓는 얼굴과 불편해서 찡그린 얼굴을 구분할 줄 안다(Ludemann, 1991; Ludemann & Nelson, 1988). 6개월이 지나면서 영아는 정서를 구분할 수 있을 뿐만 아니라, 다른 사람의 정서에 의해서 영향을 받는다. 이것은 영아가 정서의 의미를 깨닫는다는 것을 말해 준다(Bornstein, 1995).

그렇다면 영아는 다른 사람의 정서표현으로부터 어떻게 영향을 받는가? 성인과 마찬가지로 영아도 다른 사람의 정서를 자신의 행동의 길잡이로 삼는다(Mumme, Fernald, & Herrera, 1996; Repacholi, 1998). 익숙지 못하거나 모호한 상황에서 영아는 마치 그 상황을 해석하는 데 도움을 얻으려는 듯이 어머니나 아버지를 바라보는데, 이러한 현상을 사회적 참조(social referencing)라고 한다. 사회적 참조 현상은 대부분 모호한 상황에서 발생한다(Rosen et al., 1992; Walden & Ogan, 1988). 영아는 익숙지 않은 사람이나 물체에 접했을 때와 같이 어떻게 해야 할지 잘 모르는 상황에서 어머니나 아버지를 바라보는데, 이때 부모의 얼굴표정은 영아가 그 상황에서 어떻게 반응해야 하는가를 보여주는 길잡이 역할을 하게 된다(Feinman et al., 1992; Kim & Kwak, 2011; Rosen et al., 1992).

우리나라의 영아를 대상으로 사회적 참조행동을 알아본 연구(위영희, 1994)에서, 영

Donna L. Mumme

Anne Fernald

Betty M. Repacholi

아의 참조적 바라보기 행동은 자극상황과 관계 없이 어머니의 얼굴표정에 따라 차이가 나타났다. 즉, 어머니가 두려운 표정을 보이고 있을 때에는 더 빈번하게 참조적 바라보기 행동을 한 것으로 나타났다. 자극상황별로 보면 영아는 두려운 장난감보다 즐거운 장난감에 더 가까이 접근하는 것으로 나타났다. 그러나 어머니의 얼굴표정에 따른 차이와 상호작용 효과는 없었다.

(3) 정서의 규제능력

어떤 사회에서든지 정서를 표현할 경우 어떤 특정 상황에서 어떤 정서는 표현해도 괜찮지만 어떤 정서는 표현해서는 안 된다는 규칙이 있다. 예를 들면, 마음에 들지 않는 선물을 받았을 때, 실망감을 보이는 대신 기뻐하며 고맙다는 인사를 해야 한다는 것이 그것이다(Gross & Ballif, 1991; Harter & Whitesell, 1989). 어떤 면에서 이 규칙은 언어의 화용론적 발달과 유사하다. 즉, 이러한 규칙을 습득하고 활용하는 것은 사회적 적응에 도움이 된다(Perry et al., 2013; Speidel et al., 2020; Thompson, 2013a, b).

그렇다면 이러한 규칙은 언제 습득되는가? 불쾌한 자극을 피하거나 관심을 다른 곳으로 돌려 부정적 정서유발을 감소시키는 일은 어린 영아에게는 매우 어려운 일이지만(Mangelsdorf, Shapiro, & Marzolf, 1995), 우리가 생각하는 것보다 훨씬 일찍부터 영아는 이러한 규칙을 습득한다(Ekas, Braungart-Rieker, & Messinger, 2018). 첫돌 무렵에 영아는 벌써 자기 몸을 앞뒤로 흔들거나, 눈을 가리거나(사진 참조), 입술을 깨물거나, 불쾌한 사건이나 사람들을 피함으로써 부정적 정서유발을 감소시키는 책략을 발달시킨다(Kopp, 1989; Mangelsdorf et al., 1995). 18개월이 되면 영아는 부정적 정서를 숨길 줄 알게 된다. 20개월 된 영아는 넘어졌을 때에 어머니가 함께 있을 때만 울음을 터뜨린다. 3세가 되면 자기 감정을 더 잘 숨길 수 있다. 한 연구(Lewis, Stanger, & Sullivan, 1989)에서는 실험자가 유아에게 금지된 장난감을 만지지 말도록 지시하고 방을 나간 후에 일방경을 통해 관찰하였다(〈그림 7-18〉 참조). 대부분의 유아(32명 중 29명)가 장난감을 만졌지만, 대다수가 만지지 않았다고 거짓말을 했다. 그러나 실험자는 누가 거짓말을 하고 있는지 그들의 얼굴표정과 몸짓만 보고서는 알 수가 없었다. 이것으로 보아 3세의 유아는 자기 감정을 숨기고 그에 대해 거짓말을 한다는 것을 알 수 있다. 이 결과는 우리가 알고 있는 어린이의 '천진난만함'과는 상당히 거리가 있음을 말해 준다. 그러나 경우에 따라서는(예컨대 마음에 안 드는 선물을 받

〈그림 7-18〉 '금지된 장난감' 실험

는 경우) 자신의 진짜 감정을 숨기고 선의의 거짓말을 하는 것이 유아에게도 필요한 것으로 보인다.

2) 기질의 발달

영아는 출생 직후부터 각기 다른 기질적 특성을 보인다(사진 참조). 어떤 영아는 쾌활하고 명랑한 반면, 어떤 영아는 잘 울고 자주 보챈다. 또 어떤 영아는 조용하고 행동이 느린 반면, 어떤 영아는 활기차고 행동이 민첩하다. 이와 같은 개인차는 기질에서의 차이를 반영한다. 기질이란 한 개인의 행동양식과 정서적 반응유형을 의미하는 것으로 활동수준, 사회성, 과민성과 같은 특성을 포함한다(Rothbart & Bates, 1998, 2006).

기질연구가들은 영아와 아동이 보이는 기질의 차이에 관심을 기울여 왔다. 기질을 형성하는 심리적 특성이 성인기 성격의 토대라고 믿기 때문이다. 다시 말하면, 기질은 "나중에 이것이 아동과 성인의 성격을 형성하는 모체가 된다"(Ahadi & Rothbart, 1994, p. 190)라고 믿기 때문이다.

심리학자들은 영아의 경우, 성격이라는 용어 대신 기질이라는 용어를 사용한다. 기질과 성격의 구분은 인자형과 표현형의 구분과 유사하다. 인자형은 기본 패턴(잠재력)을 결정하지만, 궁극적으로 나타나는 표현형은 인자형의 잠재력이 환경에 의해 영향을 받은 결과이다. 이와 마찬가지로 기질이 기본 패턴을 나타내는 것이라면, 아동기나 성인기에 성격으로 나타나는 것은 기본 패턴이 수없이 많은 생활경험에 의해 영향을 받은 결과를

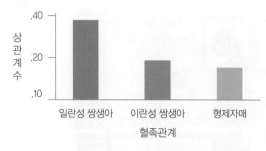

〈그림 7-19〉 **기질과 유전의 영향**

반영한다(Buss & Plomin, 1984; DiLalla , Kagan, & Reznick, 1994).

기질연구가들은 기질은 타고난 것으로 유전의 영향을 많이 받는다고 믿는다. 쌍생아 연구에서 이란성 쌍생아보다 일란성 쌍생아가 대부분의 기질 특성에서 훨씬 더 유사한 것으로 나타났다(〈그림 7-19〉 참조). 그러나 일란성 쌍생아의 경우에도 유전계수가 .40 정도인 것은 영아의 기질에 환경도 중요한 역할을 한다는 것을 의미한다.

기질연구가들은 또한 기질이 유아기, 아동기, 심지어 성인기까지도 지속성이 있는 것으로 믿는다(Caspi & Silva, 1995; Rothbart, Derryberry, & Posner, 1994). 즉, 낯가림이 심한 영아는 유아기에도 여전히 낯선 사람을 두려워하고, 아동기에도 여전히 까다로운 성향을 보여주고 있다. 특히 낯선 사람이나 상황에 대해 움츠러드는 경향을 보이는 행동억제(behavioral inhibition)는 상당히 지속성이 있는 것으로 나타났다(Kagan, 1992b). 그러나 이러한 지속성도 매우 극단적인 경우—매우 수줍어하거나 매우 외향적인 경우 또는 행동억제 수준이 매우 높거나 낮은 경우—에만 해당되는 것으로 보인다(Kerr et al., 1994; Sanson et al., 1996). 우리나라 2~4세 아동의 행동억제에 관한 단기종단연구(정옥분 외, 2003)에서도 2세와 4세라는 2년의 기간 동안 극단적인 행동억제를 보이는 유아들의 경우에만 지속성이 있는 것으로 나타났다. 이러한 결과는 유전적으로 많은 영향을 받는 것으로 보이는 기질특성도 환경의 영향에 의해 변할 수 있다는 것을 의미한다.

(1) 기질의 구성요소

Alexander Thomas

Thomas와 Chess에 의해 1956년에 시작된 뉴욕종단연구(New York Longitudinal Study: NYLS)는 기질에 대한 선구자적 연구로서, 지금까지 수행된 기질연구 중 가장 포괄적인 종단연구로 알려지고 있다. 이 연구에서는 141명의 영아를 대상으로 아동기까지 이들을 관찰한 관찰법, 부모와 교사를 통한 면접법, 여러 종류의 심리검사를 통한 검사법 등이 사용되었다. 여기서 Thomas와 Chess는 기질을 구성하는 9가지 요인을 발견하였다.

Thomas와 Chess는 이 9가지 특성을 기준으로 하여 영아의 기질을 순한(easy) 영아, 까다로운(difficult) 영아, 반응이 느린(slow-to-warmup) 영아 등 세 가지 유형으로 구분하였다. 전체 연구대상의 40%를 차지하는 순한 영아는 행복하게 잠을 깨고 장난감을 가지고 혼자 잘 놀며, 쉽사리 당황하지 않는다(사진 참조). 규칙적인 생물학적 시간표에 따라 수유나 수면이 이루어지고, 낯선 사람에게도 미소를 보이며 이들로부터 음식도 잘 받아 먹는다. 새로운 생활습관에 쉽게 적응하며 좌절에 순응한다.

Stella Chess

연구대상의 10%를 차지하는 까다로운 영아는 눈을 뜨기 전부터 울고, 생물학적 기능이 불규칙적이다. 이들은 불행해 보이고, 적대적이며, 조그만 좌절에도 강한 반응을 보인다. 또 새로운 사람이나 상황에 적응하는 데 많은 시간이 필요하다.

연구대상의 15%를 차지하는 반응이 느린 영아는 수동적이고, 새로운 상황에 대해 움츠러드는 경향을 보인다. 이들은 새로운 상황을 좋아하지 않지만, 다시 기회가 주어지면 결국 흥미를 가지고 이에 참여한다.

이 연구에서, 초기의 기질은 이후에도 지속되는 것으로 나타났다. 영아기에 까다로운 기질을 보였던 아동은 이후의 학교생활에서도 또래와의 관계나 주의집중에 문제를 보였으며, 반응이 느린 아동은 새로운 환경에 빨리 적응하는 데 문제를 보였다(Thomas, Chess, & Korn, 1982). 그러나 모든 영아가 이 세 집단 가운데 어느 하나로 분류될 수 있는 것은 아니었으며, 35% 정도의 영아는 어느 집단에도 속하지 않는 것으로 나타났다.

사진 설명: 순한 영아는 혼자 잘 논다.

Thomas와 Chess의 9가지 특성을 기준으로 하여 우리나라 영아의 기질을 조사한 연구(최영희, 1987)에서, 9개 기질 영역의 점수를 성별에 따라 비교해 본 결과, 4개 영역에서 유의한 성차가 발견되었다. 즉, 남아가 여아보다 접근성이 높고, 반응정도가 약하며, 정서가 긍정적이고, 주의산만성이 높은 것으로 나타났다. 그리고 영아의 기질적 특성과 기질에 따른 놀이행동분석연구(김난실, 조혜진, 2007)에서 순한 기질의 경우는 남아가 여아보다 더 많고, 까다로운 기질이나 반응이 느린 기질의 경우는 여아가 남아보다 더 많은 것으로 나타났다. 한편, 까다로운 기질의 영아들이 거친 신체접촉을 더 많이 하는 것으로 나타났다.

(2) 영아의 기질과 부모의 양육행동

영아의 기질은 부모, 특히 주 양육자인 어머니와의 관계에 영향을 미친다. 예를 들어, '까다로운' 기질을 가진 영아는 부모를 좌절하게 만들고, 부모로 하여금 그들에게 기대

Annie Murphy Paul

를 덜 하게 하는 형태로 부모의 양육태도에 영향을 미치게 된다.

부모의 양육태도 또한 영아의 기질을 변화시킨다. 수줍고 소심한 기질을 가지고 태어났다 하더라도 외부 세계에 대한 대처양식을 부드럽게 촉진시키는 환경에서 양육된 영아는 이러한 속성이 점차 소멸되는 반면, 사교적이고 과감한 성격을 가지고 태어났다 하더라도 지나치게 스트레스를 주는 환경에서 양육된 영아는 소심한 기질로 변하게 된다. 부모의 태도와 영아의 기질 간의 상호작용은 쌍방적 원칙에 근거한다. 즉, 영아의 발달은 자신이 타고난 기질과 그를 사회화시키는 사람의 기질 간의 상호작용의 산물이다. 부모-자녀 간의 상호작용을 통해 부모는 자녀가 타고난 유전적 요인에 변화를 주는 역할을 한다. 느린 기질을 가진 영아는 활발한 기질을 가진 영아만큼 부모가 요구하는 진도에 맞춰 나가지 못한다. 이에 실망하여 부모가 관심을 갖지 않는다면 영아는 더욱 위축되고 발달과업을 제대로 이루지 못하게 될 것이다. 그러나 부모가 이러한 성향을 무시하고 적극적으로 개입한다면 영아는 자신의 행동을 바꾸게 될 것이다(Paul, 1999).

Thomas와 Chess(1977)는 이와 같이 영아의 기질과 환경이 상호작용하여 바람직한 결과를 산출한다는 '조화의 적합성(goodness-of-fit)' 모델을 제시하였다. 즉, 영아의 이상적 발달은 영아의 기질과 부모의 기질이 얼마나 조화를 이루는가에 달려 있다고 한다. 부모가 영아의 기질에 따라 양육행동을 조절한다면 그 결과는 보다 조화로운 관계

사진 설명: 까다로운 영아의 부모가 인내심을 가지고 영아의 요구에 민감하게 대처하면 그 결과는 보다 조화로운 관계가 될 것이다.

사진 설명: 영아의 기질과 부모의 양육행동이 조화를 이루지 못하면, 부모나 영아 모두 갈등을 경험하게 될 것이다.

가 된다. 반면, 영아의 기질과 부모의 양육행동이 조화를 이루지 못하면, 부모나 영아 모두 갈등을 경험하게 된다는 것이다(사진 참조). 예를 들어, 까다로운 영아의 부모가 인내심을 가지고 영아의 요구에 민감하게 대처한 경우에는, 아동기나 청년기에 더 이상 까다로운 기질을 보이지 않았다(Chess & Thomas, 1984). 그러나 까다로운 영아를 대상으로 인내심과 민감성을 보이는 것이 누구에게나 쉬운 일은 아니다. 사실상 많은 부모들이 까다로운 영아에게 쉽게 화를 내고 처벌적 훈육을 하게 되는데, 이것이 조화롭지 못한(poorness-of-fit) 관계의 예이다(vanden Boom, 1995). 이런 경우 영아는 까다로운 기질을 계속 유지하고 사춘기에는 문제행동을 많이 보였다(Chess & Thomas, 1984).

그러므로 이러한 영아의 기질을 제대로 파악함으로써 부모와 자녀 간에 보다 조화로운 관계를 유지할 수 있다. 부모의 역할은 아동의 타고난 잠재력을 최대한 발휘할 수 있도록 풍부한 환경을 제공해 주는 것이다. 아동으로 하여금 여러 가지 환경에 노출시켜서 그들이 무엇을 좋아하며 어떤 것에 능숙한지를 판단하고, 이 점을 최대한 지원해 줄 수 있어야 한다. 동일한 기질을 가진 아동이라도 사회적으로 성공한 사람으로 성장할 수도 있고, 범죄자로 성장할 수도 있다. 공격적이고, 겁이 없으며, 충동적인 남아는 일반적으로 다루기가 어렵다. 그렇다고 이들의 양육을 포기하여 방치하거나 벌로 다스린다면 결국 이들을 통제할 수 없게 된다. 그러나 적절하게 통제하고, 이들의 행동에 대해 민감하게 반응하는 부모는 상이한 결과를 유도해 낼 수 있다(Paul, 1999).

우리나라 아동의 기질적 특성과 부모의 훈육방법에 관한 연구(문혁준, 2000)에 따르면, 까다로운 기질을 가진 아동의 부모는 순한 기질을 가진 아동의 부모에 비해 비효율적인 훈육방법을 이용하며, 자녀훈육 시 보다 더 과잉반응적이었다. 이는 까다로운 영아의 어머니는 순한 영아의 어머니보다 강압적 통제를 더 많이 보이는 반면, 애정적 태도는 적게 보인다는 선행연구(임양미, 1994; 최영희, 1993)와 일치하는 결과라 할 수 있다.

어머니와 아동의 기질 유사성과 양육태도에 관한 또 다른 연구(최현진, 김광웅, 2010)에 따르면, 기질의 구성요소 중 부정적 정서성이 어머니와 아동의 조화적합성을 판단하는 데 중요한 요인이 되며, 어머니와 아동 간 기질 유사성이 있을 때 어머니는 애정적이고 덜 통제적인 양육태도를 사용하며 조화를 이룬다고 하였다.

걸음마기 영아와 그 어머니를 대상으로 영아의 기질적 특성이 어머니의 양육효능감과 영아의 의사소통발달 간의 관계를 조절하는지를 살펴본 연구(서소정, 송지연, 2023)에 의하면, 주도성이 두드러지기 시작하는 걸음마기에 사회성 기질이 낮은 영아의 의사소통발달을 향상시키기 위해서는 어머니가 영아의 기질을 조기에 파악하여 양육수행에 대한 자신감을 갖고 그에 따른 적절한 양육행동을 취하는 것이 중요한 것으로 보인다.

「영아기 정서와 기질, 유아기 어머니의 긍정적 양육태도와 4세 유아의 또래상호작용의 질에 관한 연구」(정옥분 외, 2011)에서 영아기의 정서 및 기질, 어머니의 양육태도는 유아기 또래상호작용의 질과 부분적으로 관계가 있는 것으로 나타났다.

3) 애착의 발달

Ross A. Thompson

영아기에 발생하는 가장 중요한 형태의 사회적 발달이 애착이다. 애착이란 영아와 양육자(주로 어머니) 간에 형성되는 친밀한 정서적 유대감을 말한다. 애착은 종족을 보존하기 위해 주위환경에 적응하는 데 필요한 요소로서, 애정이나 사랑과 같은 긍정적 정서의 의미를 지닌다(Ainsworth, 1973). 영아가 특정 인물에게 애착을 형성하게 되면 그 사람과 있을 때 기쁨을 느끼고, 불안한 상황에서 그의 존재로 인해 위안을 받는다.

영아기에 형성된 애착은 이후 인지 · 정서 · 사회성발달에 중요한 영향을 미친다(Bretherton, 2012; Thompson, 1998, 2013a). 일반적으로 안정된 애착관계를 형성한 영아는 유아기에 자신감, 호기심, 타인과의 관계에서 긍정적인 성향을 보이는 것으로 나타났다. 또한 아동기에 접어들어서도 도전적인 과제를 잘 해결하고, 좌절을 잘 참아내며, 문제행동을 덜 보이는 것으로 나타났다. 뿐만 아니라 영아기에 형성된 애착은 이후 주변세계에 대한 신뢰감으로 확대되기도 한다. Sroufe, Egeland, Carlson과 Collins(2005)가 수행한 종단연구에서 12개월과 18개월에 안정애착으로 평가된 영아들이 청소년기까지 긍정적 정신건강, 높은 자아존중감을 지니고, 교사, 동성친구 및 이성친구와의 상호작용에서 사회적 유능성을 보인 것으로 나타났다.

사진 설명: Freud가 손자 Heinz, Ernst와 함께

(1) 애착발달의 이론

여러 이론들이 영아가 생후 1년 이내에 특정 대상과 상호의존적인 정서적 유대관계를 발전시킨다는 데에는 뜻을 같이 하지만, 애착의 형성과 발달에 대한 설명은 각기 달리 하고 있다(Perry & Bussey, 1984).

① 정신분석이론

Freud(1938)는 정신분석이론에서 애착의

발달을 심리성적 발달로 설명하고 있다. 즉, 어머니가 영아에게 수유를 함으로써 빨기와 같은 구강성적 자극에 대한 만족감이라는 본능적 욕구를 충족시키고, 따라서 어머니는 영아의 애정의 대상이 되어 정서적 관계를 유지한다는 것이다.

Erikson(1963) 또한 영아의 수유욕구를 비롯한 기본적 욕구를 충족시켜 주는 일은 영아기의 안정된 애착관계 형성뿐만 아니라 더 나아가서 세상 전반에 대한 신뢰감을 심어 줄 것이라고 본다. 그러나 Erikson은 영아의 욕구에 대한 전반적 반응이 수유 그 자체보다 더 중요하다고 주장한다.

② 학습이론

학습이론에서는 애착행동을 다른 행동과 마찬가지로 학습경험의 축적이라고 본다(Perry & Bussey, 1984). 학습이론에서도 정신분석이론과 마찬가지로 수유가 애착의 발달에 중요한 요인이 되는 것이라고 믿는다. 즉, 어머니는 아기를 품에 안고 젖을 먹임으로써 배고픔을 해결해 줄 뿐만 아니라, 수유하는 동안 눈을 맞추고 신체접촉을 통해 따뜻하고 포근한 느낌이나 청각적 자극 또는 촉각적 만족을 끊임없이 제공해 준다. 이런 일이 반복되면서 영아는 어머니와 즐거운 감정을 연결시키게 되고, 이로 인해 어머니는 이차적 강화인(secondary reinforcer)의 지위를 획득하게 된다. 이차적 강화인은 처음에는 중립적 자극이던 것이 다른 강화 자극과 반복적으로 짝지어짐으로써 강화인의 지위를 얻게 되는 것을 말한다. 이와 같이 어머니가 이차적 강화인의 역할을 하기 시작하면, 영아는 어머니의 관심을 끌기 위해 또 어머니와 가까이 있기 위해 무엇이든 필요하다고 생각되는 행동(미소짓기, 울기, 옹알이하기, 따라가기 등)을 하게 된다고 한다.

Robert Sears

정신분석이론과 마찬가지로 학습이론에서도, 일차적인 욕구 충족을 통해 발달한 긍정적인 정서적 유대관계를 애착이라는 개념보다는 의존성과 관련된 개념으로 설명한다(Sears, 1972).

③ 인지발달이론

인지발달이론에서는 영아의 사회적 행동은 영아의 기본적인 인지과정과 관련이 있으므로, 영아의 지적 발달이 선행되어야 특정 인물에 대한 애착을 형성할 수 있다고 본다(Schaffer & Emerson, 1964). 애착을 형성하기 전에 영아는 우선 낯선 사람과 친숙한 사람을 구별할 수 있어야 하며, 대상영속성 개념 또한 획득해야 한다. 애착대상이 시야에서 사라짐으로써 더 이상 존재하지 않는다고 믿는다면, 그 사람과의 애착관계를 형성하기가 어렵기 때문이다(Schaffer, 1971). 따라서 영아가 대상영속성 개념을 획득하기 시작하는 시기인 7~9개월경에 처음으로 애착현상을 보이는 것은 우연이 아닐지도 모른다.

④ 동물행동학적 이론

Harry F. Harlow

Robert R. Zimmerman

Bowlby(1973)의 애착이론에 의하면, 애착의 발달은 사회적 학습에 의해 촉진되기는 하지만, 근본적으로는 생존 유지와 보호를 위한 본능적인 반응의 결과로서 이미 생래적으로 계획되어 있다고 한다. 즉, 애착행동은 인간의 생득적인 반응인 빨기, 울음, 미소, 매달리기, 따라다니기와 같은 초기 사회적 신호체계를 모체로 하고, 어머니 또한 영아를 마주 보고 안거나, 영아와 접촉하는 것을 통해 만족감을 느끼는 것 등의 내재적인 특별한 반응양식이 있어, 모자 간의 사회적 상호작용을 통해 애착이 발달한다고 보았다.

사회적 상호작용을 강조한 Bowlby의 애착이론은 애착이 배고픔과 같은 일차적 욕구 충족과 관계없이 발달한다고 밝힌 Harlow의 연구결과에 그 토대를 두는 것이다. Harlow와 Zimmerman(1959)의 유명한 원숭이 실험에서, 원숭이 새끼들은 어미와 격리되어 '철사엄마'와 '헝겊엄마'의 두 대리모에 의해 양육되었다. 철사엄마와 헝겊엄마에게 우유병을 부착해서 이 중 반은 철사엄마에게서 우유를 얻어 먹고, 나머지 반은 헝겊엄마에게서 우유를 얻어먹었다. 연구결과 원숭이 새끼들은 어떤 엄마에게서 수유를 받았든 그와 상관없이 모두 헝겊엄마를 더 좋아하는 것으로 나타났다. 심지어 철사엄마에게서만 젖을 먹을 수 있었을 때조차도 젖먹는 시간만 제외하고는 대부분의 시간을 헝겊엄마와 함께 보냈다(사진 참조). 그리고 낯선 물체가 나타났을 때에도 두려워하는 반응을 보이면서 모두 헝겊엄마에게로 달려가 매달렸다(사진 참조).

배고픔을 덜어 준 것이 철사엄마이기 때문에, 원숭이 새끼들이 철사엄마를 더 좋아해야 함에도 그렇지 않았다. 이 연구결과는 수유가 애착형성에 결정적 요인이 아니라는 것을 시사해 준다.

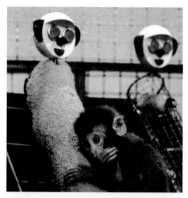 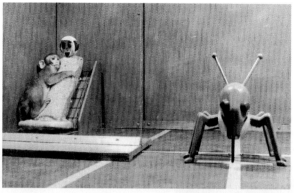

사진 설명: 우유병이 '철사엄마'에게만 부착된 경우에도 원숭이 새끼는 '헝겊엄마'와 애착형성을 이루었다.

사진 설명: 두려운 물체가 나타나자 원숭이 새끼는 '헝겊엄마'에게 매달렸다.

(2) 애착형성의 단계

영아가 어머니와 어떻게 애착을 형성해 나가는가에 대해 Bowlby(1969)는 영아의 발달단계와 관련해서 애착의 발달단계를 애착전단계, 애착형성단계, 애착단계, 상호관계의 형성단계라는 네 단계로 분류하고 있다.

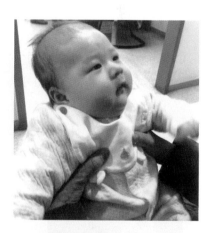

① 애착전단계(Preattachment Phase: 출생 후~6주)

영아는 붙잡기, 미소짓기, 울기, 눈 응시하기(사진 참조) 등 다양한 신호체계를 통해 주위 사람들과 가까운 관계를 유지한다. 그러나 이 단계에서는 아직 애착이 형성되지 않는다. 따라서 낯선 사람과 혼자 남겨져도 영아는 별로 개의치 않는다.

② 애착형성단계(Attachment in the Making: 6주~8개월)

이 단계에서 영아는 친숙한 사람과 낯선 사람에게 다르게 반응하기 시작한다. 예를 들어, 영아는 어머니와의 상호작용에서 더 많이 웃거나 미소지으며(사진 참조), 옹알이를 더 자주 한다. 영아는 자신의 행동이 다른 사람에게 영향을 미친다는 것을 깨닫게 되고, 자신이 필요할 때 어머니가 언제든지 반응할 것이라는 신뢰감을 발달시키기 시작한다. 그러나 낯선 얼굴과 친숙한 얼굴을 구별할 수 있음에도 불구하고 부모가 자기를 혼자 남겨 놓고 자리를 떠나도 아직 이 단계에서는 분리불안을 보이지 않는다.

③ 애착단계(Clear-Cut Attachment: 6-8개월~18개월)

Barry M. Lester

이 단계에서는 영아가 이미 애착이 형성된 사람에게 적극적으로 접근한다. 따라서 애착대상이 떠나면 분리불안을 보인다. 분리불안은 모든 문화권에서 보편적인 현상인 것으로, 돌 전후에 나타나기 시작해서 15개월까지 계속 증가한다. 분리불안은 애착대상이 시야에서 사라져도 계속 존재한다는 대상영속성의 개념을 영아가 획득했다는 증거이기도 하다. 연구에 의하면, 대상영속성 개념을 획득하지 못한 영아는 분리불안을 보이지 않는 것으로 나타났다(Lester et al., 1974).

④ 상호관계의 형성단계(Formation of Reciprocal Relationships: 18개월~2세)

2세 말경이 되면 영아는 정신적 표상과 언어발달로 인해 이미 애착을 형성한 사람의 행동을 예측할 수 있게 된다. 즉, 어머니가 언제 다시 돌아올지 예측할 수 있으므로 결과적으로 분리불안이 감소한다. 이 단계에서 영아는 양육자와 협상하고, 자신이 원하는 대로 그 사람의 행동을 수정하고자 한다. 예를 들어, 어머니가 어디로 가고 언제 돌아올 것인지를 물어보고, 빨리 다녀와서 이야기 책을 읽어달라고 부탁한다.

Marry Ainsworth

Bowlby는 이상과 같은 네 단계를 거쳐 부모-자녀 간에 형성되는 애착관계는 개인의 성격발달에 큰 영향을 미친다고 보고 있다. 그러나 Bowlby의 이론은 발달단계에 따른 애착의 형성에 초점을 맞추고 있기 때문에, 동일한 연령집단 내에서의 개인차는 간과하고 있다. 이 점에 착안하여 애착을 측정하기 위해 가장 보편적으로 사용되는 방법이 Ainsworth 등이 개발한 '낯선상황(strange situation) 실험'이다.

(3) 애착의 유형

Ainsworth(1983)는 8가지 에피소드(〈표 7-1〉 참조)로 구성된 낯선상황 실험을 실시하여, 애착형성을 세 가지 유형으로 구분하였다. 이후 Main과 Solomon(1986, 1990)은 낯선상황 실험에서 분리와 재결합 상황을 녹화한 비디오테이프를 분석한 결과, 이들 세 유형

표 7-1 Ainsworth의 낯선상황 실험[7]

에피소드	내용	관찰되는 애착행동
1	실험자가 어머니와 영아를 실험실로 안내하고 떠난다.	
2	영아가 장난감을 가지고 노는 동안 어머니는 그 곁에 앉아 있다.	안전기지로서의 어머니
3	낯선이가 들어와 앉아서 어머니와 이야기를 나눈다.	낯선이에 대한 반응
4	어머니가 방을 나간다. 낯선이가 영아와 상호작용하고, 영아가 불안 반응을 보이면 진정시킨다.	분리불안
5	어머니가 돌아와 영아를 반기고 필요하다면 영아를 진정시킨다. 낯선이가 방을 나간다.	재결합 반응
6	어머니가 방을 나간다.	분리불안
7	낯선이가 들어와서 영아를 진정시킨다.	낯선이에 의해 진정되는 정도
8	어머니가 돌아와 영아를 반기고 필요하다면 영아를 진정시킨다. 영아의 관심을 장난감으로 유도한다.	재결합 반응

출처: Ainsworth, M. D. S., Blehar, M., Waters, E., & Wall, S. (1978). *Patterns of attachment*. Hillsdale, NJ: Erlbaum.

에 속하지 않는 또 다른 애착유형이 있음을 발견하고, 이를 혼란애착으로 분류하였다.

① 안정애착형(Secure Attachment)

연구대상의 65% 정도를 차지하는 안정애착 유형은 주위를 탐색하기 위해 어머니로부터 쉽게 떨어진다. 그러나 낯선 사람보다 어머니에게 더 확실한 관심을 보이며, 어머니와 함께 놀 때 밀접한 관계를 유지한다. 또한 어머니와 분리되었을 때에도 어떤 방법으로든 능동적으로 위안을 찾고 다시 탐색과정으로 나아간다. 이들은 어머니가 돌아오면 반갑게 맞이하며, 쉽게 편안해진다.

② 회피애착형(Avoidant Attachment)

연구대상의 20% 정도를 차지하는 회피애착 유형은 어머니에게 반응을 별로 보이지 않는다. 이들은 어머니가 방을 떠나도 울지 않고, 어머니가 돌아와도 무관심하거나 모른 척한다. 어머니와의 관계에서 친밀감을 추구하지 않으며, 낯선 사람과 어머니에게 비슷한 반응을 보인다.

---

7) 에피소드 1은 30초간 진행되고, 나머지 에피소드는 모두 3분간 진행된다. 에피소드 4, 6, 7은 영아가 심하게 울거나 어머니가 중단시킬 것을 요청하면 끝낼 수 있다. 에피소드 5와 8은 영아를 진정시키는 데 시간이 더 필요하다면 연장될 수 있다.

사진 설명: 낯선상황 실험

③ 저항애착형(Resistent Attachment)

연구대상의 10~15%를 차지하는 저항애착 유형은 어머니가 방을 떠나기 전부터 불안해하고, 어머니 옆에 붙어서 탐색을 별로 하지 않는다. 어머니가 방을 나가면 심한 분리불안을 보인다. 어머니가 돌아오면 접촉하려고 시도는 하지만, 안아주어도 어머니로부터 안정감을 얻지 못하고 분노를 보이면서 내려달라고 소리를 지르거나 어머니를 밀어내는 양면성을 보인다.

④ 혼란애착형(Disorganized Attachment)

연구대상의 5~10%를 차지하는 혼란애착 유형은 불안정애착의 가장 심한 형태로 회피애착과 저항애착이 결합된 것이다. 어머니와 재결합했을 때, 얼어붙은 표정으로 어머니에게 접근하거나 어머니가 안아줘도 먼 곳을 쳐다본다.

12~18개월된 우리나라 영아의 낯선상황 실험절차에 따른 애착유형 분포를 살펴본 연구에서, 김은하 등(2005)은 35명의 영아를 대상으로 연구한 결과, 안정애착을 형성한 영아가 62.9%로 가장 높게 나타났으며, 회피애착이 14.3%, 저항애착과 혼란애착이 각각 11.4%인 것으로 보고하였다. 반면, 12~18개월 영아 40명을 대상으로 한 진미경(2006)의 연구에서는 안정애착이 67.5%로 가장 높게 나타났고, 회피애착 2.5%, 저항애착 22.5%, 혼란애착 7.5%로 나타났다.

이러한 연구결과들에 대하여 정성훈, 진미경, 정운선, 임효덕(2006)은 회피애착과 저항애착 유형이 제각기 다르게 나타난 이유는 각 연구들에서 절차를 다소 수정하거나 평정기준을 수정하는 과정에서 다른 기준을 적용하였기 때문이라고 해석하였다. 예를 들면, 예비연구에서 영아의 과도한 스트레스를 피하기 위하여, 영아가 혼자 남겨지는 에피소드를 포함시키지 않는다거나 각각의 에피소드를 2분으로 단축시키는 등 한국 실정에 맞게끔 절차상 수정을 하였다는 것이다.

우리나라 유아를 대상으로 애착유형에 따라 유아의 정서조절 및 사회적 능력에 차이가 있는가를 알아본 연구(황소연, 방희정, 2012)에서 안정애착 유아와 불안-회피애착 유아 간에 정서조절 능력 면에서 차이가 있는 것으로 나타났다. 즉, 양육자와의 안정적인 애착관계를 통해 유아의 정서가 민감하고 효율적으로 조율되는 경험이 반복됨으로써, 유아는 보다 효율적인 정서조절 능력을 발달시킬 수 있게 되는 것으로 여겨진다. 또한 교사가 평가한 사회적 능력에서도 유의한 차이가 있는 것으로 나타났는데, 어머니와 안정애착을 형성한 유아가 불안정 애착을 형성한 유아에 비해 교사 및 또래와 긍정적인 관계를 형성하고, 대인관계문제를 보다 효율적으로 해결하며, 사회적으로 보다 유능한 것으로 나타난 선행연구(서명원, 2009; 이진숙, 2001)의 결과와 일치하는 것으로 보인다.

낯선상황 실험이 애착의 질을 측정하기 위한 중요한 지표가 되기는 하지만, 이를 안정 유형과 불안정 유형으로 해석하는 데에는 주의가 필요하다. 안정 유형과 불안정 유형의 구분은 부모가 방으로 들어왔을 때의 반응에 근거하고 있으나, 이러한 반응은 상황요인의 영향을 크게 받는다. 또한 영아 자신의 기질이나 부모의 양육태도 등 여러 요인이 그것에 영향을 미치게 된다.

최근에는 그 대안으로 애착 Q-Sort(Waters, Vaughn, Posada, & Kondo-Ikemura, 1995)를 많이 사용한다. 애착 Q-Sort는 "어머니가 방으로 들어오면 영아는 함박웃음을 지으며 어머니를 맞이한다" 또는 "어머니가 움직이면 영아도 따라간다"와 같은 애착과 관련된 90개의 문항에 대하여 어머니가 자신의 아이와 일치하는 정도에 따라 1점에서 9점까지로 분류한다. 분류방법은 먼저 90장의 카드에 대한 일치의 정도에 따라 세 묶음(일치하지 않는다, 보통이다, 많이 일치한다)으로 나누고 다시 각각의 묶음을 셋으로 나누어 최종적으로 모두 9개의 수준으로 분류한다. 그리고 90장의 카드 중 영아의 특성과 가장 일치하는 행동의 카드는 9점에, 가장 일치하지 않는 행동의 카드는 1점에 놓고 각 수준에 10장의 카드가 놓이도록 한다. 총점을 계산해서 안정애착 집단과 불안정애착 집단으로 나누는데, 연구결과 애착 Q-Sort와 낯선상황 실험은 상당히 일치하는 것으로 나타났다(Pederson, Gleason, Moran, & Bento, 1998).

Everett Waters

(4) 애착반응: 낯가림과 분리불안

영아가 특정 인물과 애착을 형성했다는 증거로 나타나는 현상이 낯가림과 분리불안이다.

① 낯가림(Stranger Anxiety)

영아가 특정인과 애착을 형성하게 되면, 낯선 사람이 다가오거나 부모가 낯선 사람에게 자신을 맡기면 큰 소리로 우는데, 이런 반응을 낯가림이라고 한다. 낯가림은 낯선 사람 그 자체에 대한 반응이 아니고, 영아가 익숙해 있는 얼굴과 낯선 얼굴의 불일치에 대해 보이는 반응이다. 즉, 일단 영아가 친숙한 사람에 대한 도식을 형성하게 되면 이를 낯선 사람과 비교하게 되며, 그 차이가 큰 경우에는 혼란스러움을 경험한다는 것이다. 낯가림은 6~8개월경에 나타나기 시작해서 첫돌 전후에 최고조에 달했다가 서서히 감소한다(Mash, Bornstein, & Arterberry, 2013; Volker, 2007).

대부분의 영아가 낯선 사람에 대한 불안반응을 보이지만, 낯가림의 정도는 영아의 기질이나 환경요인에 따라 다르게 나타난다. 부모나 친숙한 성인이 함께 있는 상황에서는 낯가림이 덜 나타나고, 기질적으로 순한 영아가 까다로운 영아보다 낯가림을 덜 하는 편이다. 그러나 낯가림을 전혀 하지 않는 것도 바람직한 것은 아니다. 이런 영아들은 낯선 사람에 대한 변별력이 없기 때문에 애착형성이 잘 이루어지지 않는 경향을 보인다.

생후 3개월에서 5세 사이에 있는 우리나라 유아의 낯가림 및 분리불안과 어머니의 양육태도와의 관계를 알아본 연구(이주혜, 1981)에서, 어머니의 양육태도가 수용적일수록 낯가림과 분리불안 현상이 일찍 나타났다. 이 결과는 어머니가 수용적인 태도일 때 어머니와의 애착이 잘 이루어지고, 애착형성이 잘 될수록 유아는 대상에 대한 개념형성이 빨라져서 나타난 현상으로 해석되었다.

사진 설명: 분리불안은 영아가 부모나 애착을 느끼는 대상과 분리될 때 느끼는 불안을 말한다.

② 분리불안(Separation Anxiety)

낯가림이 낯선 사람에 대한 불안에서 비롯된 것이라면, 친숙한 사람과의 분리 또한 불안의 근원이 된다. 분리불안은 영아가 부모나 애착을 느끼는 대상과 분리될 때 느끼는 불안을 의미한다. 분리불안은 돌 전후에 나타나기 시작해서 20~24개월경에 없어진다.

안정애착을 형성한 영아는 불안정 애착을 형성한 영아보다 분리불안 반응을 덜 보이는 경향이 있으며, 어머니를 탐색을 위한 기지로 삼아 주변 환경에 대한 탐색활동을 하게 된다.

우리나라 영아의 낯가림, 분리불안과 어머니의 양육태도를 알아본 연구(박은숙, 1982)에서 12~13개월 된 영아의 92%가 분리불안을 보인 것으로 나타났다. 분리불안은 평균 9개월경에 시작되었으며 첫돌 무렵에 가장 심한 것으로 나타났다. 또한 이정희(2019)의 연구에서도 어머니의 분리불안이 높을수록 과보호 양육행동을 많이 하는 것으로 나타났다.

유아기의 발달

2세부터 초등학교 입학 이전인 6세까지의 시기를 유아기라고 한다. 유아기에는 영아기에 비해 속도는 완만하지만 꾸준한 신체적 성장이 이루어진다. 운동능력은 신체발달과 밀접한 관련이 있으며, 신체가 발달함에 따라 운동능력도 꾸준히 발달한다.

유아기는 또한 인지능력이 발달하여 눈앞에 존재하지 않는 대상을 기억할 수 있는 표상능력이 발달하고, 상상과 환상이 풍부해지는 시기이다. 또한 주변 환경에 대한 탐색이 활발해지고, 많은 어휘를 습득하여 다른 사람과의 의사소통도 활발해진다. 이러한 능력의 향상에 따라 발달하는 놀이는 유아기의 중요한 과업이 된다. 놀이를 통해 자신이 새로 습득한 기술을 실제로 적용해 보고 발전시켜 나가며, 일상생활에서의 긴장감을 해소시켜 나간다. 놀이는 유아의 사회성발달에 매우 중요한 역할을 한다. 놀이를 통해 유아는 사회적 관계를 형성하고, 사회적 기술과 역할을 습득하게 된다.

유아기에는 또한 성에 대한 호기심이 차츰 증대하여 자신이나 부모, 형제자매, 친구의 성별에 관심을 보이게 된다. 동시에 부모의 사랑과 관심을 독차지하려는 경향이 나타나 형제자매나 동성의 부모가 경쟁의 대상이 되기도 한다. 이러한 과정에서 부모의 태도나 가치관을 자신의 것으로 받아들이는 동일시가 강하게 나타나며, 이는 이후에 형성되는 초자아의 기초가 된다.

제8장에서는 유아기의 신체발달, 인지발달, 언어발달, 사회정서발달에 관해 살펴보기로 한다.

1. 신체발달

유아기의 신체발달은 영아기처럼 급속도로 이루어지지는 않으나 꾸준한 성장을 보인다. 영아기 이후에 신장은 매년 7cm씩 증가하여 6세가 되면 115cm 정도로 성장한다. 유아기의 신장은 성인이 되었을 때에 얼마만큼 자랄 것인가를 어느 정도 정확하게 예측할 수 있는 지표가 된다. 신체의 비율에서도 신장에 대한 머리 크기의 비율이 급격히 감소하여, 초등학교 입학 시기가 되면 머리가 크고 무거워 보이는 모습에서 벗어나게 된다. 체중의 증가도 완만하게 이루어져, 6세가 되면 20kg 정도가 된다. 두뇌의 발달은 영아기와 마찬가지로 급속하게 이루어지며, 2세경에는 성인의 두뇌크기의 75%, 5세경에는 성인의 90%까지 성장한다.

유아의 신체발달이 원만하게 이루어지기 위해서는 충분한 영양공급, 규칙적인 생활습관, 사고와 질병으로부터의 보호가 필수적이다. 유아의 위는 크기가 성인의 절반 정도밖에 되지 않아 한꺼번에 많은 양을 먹을 수 없으므로, 세 끼 식사 이외에 간식 등을 통해 자주 음식을 섭취하도록 하는 것이 바람직하다. 또한 규칙적인 수면도 신체발달

사진 설명: 유아기에는 신체적 활동량이 많고 호기심이 증대되어 사고의 위험이 높다.

과 밀접한 관련이 있다. 성장하면서 수면량은 줄어들지만 점심식사 후에 일정 시간 수면이나 휴식을 취하도록 해야 한다. 유아가 성장함에 따라 활동량이나 활동반경이 확대되므로 사고의 위험도 증대된다(사진 참조). 그러나 유아의 신체적 성장을 위해서는 이러한 활동이 필수적이므로, 물품 보관이나 가구배치에 신경을 써야 한다. 유아가 만져서 안 되는 물건이나 활동에 방해가 되는 물건들은 손이 닿지 않는 곳에 두어, 유아에게 마음껏 뛰놀 수 있는 공간을 제공해 주어야 한다.

1) 신체적 성장

영아기의 급격한 신체적 성장에 비한다면 유아기의 성장속도는 느린 편이다. 그러나 유아기에도 몇 가지 면에서 중요한 신체적 변화가 일어난다. 가장 눈에 띄는 변화는 신체의 크기나 모습에서의 현저한 변화이다. 유아에게서는 영아기의 신체적 특징이던 큰 머리, 둥글고 통통한 얼굴, 볼록 나온 배, 짧은 사지 등의 모습을 더 이상 찾아볼 수 없다. 눈에는 덜 띄지만 보다 중대한 변화로 뇌와 신경계의 성숙을 볼 수 있는데 뇌와 신경계의 성숙으로 유아는 새로운 운동기술과 인지능력을 발달시키게 된다.

(1) 신장과 체중의 증가

영아기만큼 빠른 속도는 아니지만 유아기에도 신장과 체중이 꾸준히 증가한다. 유

아기의 신장과 체중에 영향을 미치는 요인 중 가장 영향력 있는 것은 유전적 배경, 영양, 건강관리 등이다(Burns et al., 2013). 보다 나은 영양과 건강관리로 인해 저소득층보다는 중산층 유아가, 시골의 유아보다는 도시의 유아가 그리고 둘째 이후보다는 첫째 아이가 신장과 체중면에서 더 큰 경향을 보여주고 있다.

유아기에는 성장속도가 둔화됨에 따라 먹는 양도 적어지는데, 부모들은 자녀가 밥을 잘 안 먹는다고 애를 태우기도 한다(사진 참조). 이때 강제로 밥을 먹이는 것보다 배고플 때에만 먹게 하는 것이 유아가 필요한 열

량을 섭취할 수 있게 된다고 한다(Johnson & Birch, 1994). 유아기에는 건강을 유지하고, 골격의 성장을 촉진하기 위해 균형잡힌 식사를 해야 한다. 특히 칼슘과 그 외 다른 무기질, 철분, 비타민 C, 단백질 섭취 등을 늘려야 한다. 모든 영양소가 포함된 식품은 없으므로 여러 가지 식품을 골고루 섭취하는 것이 좋다.

(2) 신체비율의 변화

신장과 체중의 꾸준한 증가는 신체의 비율에 변화를 초래한다(Kliegman et al., 2019). 유아기에는 하체가 길어지면서 가늘어진다. 여전히 머리가 신체에 비해 큰 편이지만 유아기 말이 되면 머리가 무겁고 커보이는 모습에서 벗어나게 된다. 유아기에는 체지방도 꾸준히 감소한다(Rallison, 1986). 전체적으로 통통하던 영아의 모습에서 길고 홀쭉한 모습으로 변한다(사진 참조). 신체 각 부분의 각기 다른 성장속도는 유아의 신체비율을 극적으로 변하게 한다(〈그림 7-1〉 참조).

사진 설명: 신체의 비율과 체지방의 구성비율이 1세와 5세 사이에 극적으로 변한다. 신체에 비해 머리가 크고, 통통하던 영아가 다리가 길어지면서 홀쭉한 모습으로 변한다.

(3) 골격의 성장

유아의 신체적 성숙도를 측정하는 데 가장 좋은 방법은 신체골격의 발달수준을 나타내는 골연령(skeletal age)을 이용하는 것이다. 태아의 골격은 연골조직으로부터 형성된다. 임신 6주부터 연골조직은 점점 단단해지는데, 이것을 경화현상이라고 한다. 이 경화과정은 아동기를 지나 청년기까지 계속된다. 출생 시에 신생아의 뼈는 대부분 연골로 구성되어 있다.

일단 기본 골격이 형성되면 출생 직전에 골단(骨端)[1])이라 불리는 성장센터가 나타나는데, 경화

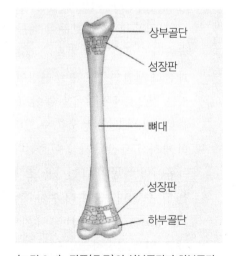

상부골단
성장판
뼈대
성장판
하부골단

〈그림 8-1〉 장골(長骨)의 상부골단과 하부골단

출처: Tanner, J. M. (1990). *Foetus into man* (2nd ed.). Cambridge, MA: Harvard University Press.

---

1) 뼈의 말단: 뼈의 성장을 맡고 있는 긴 관상골(管狀骨)의 양끝을 가리키는데, 이것은 골화(骨化)의 중심으로 성장기에는 연골(軟骨)로 둘러싸여 있다.

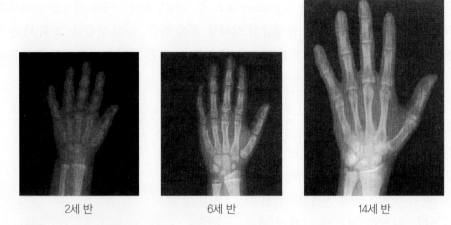

2세 반   6세 반   14세 반

2세 반에는 손목뼈, 손가락 끝, 팔뼈 사이에 넓은 간격이 있다. 6세 반에는 이 간격이 상당히 좁혀
졌다. 14세 반에는 손목뼈와 팔뼈(長骨)가 서로 완전히 합착되어 있다.

〈그림 8-2〉 각기 다른 연령에서 골격의 성숙도를 보여주는 손목뼈의 방사선 사진

출처: Tanner, J. M., Whitehouse, R. H., Cameron, N., Marshall, W. A., Healy, M. J. R., & Goldstein, H. (Eds.). (1983). *Assessment of skeletal maturity and prediction of adult height* (2nd ed.). Academic Press.

과정은 이 성장센터에서 시작된다. 팔다리의 뼈와 같이 신체의 긴뼈(長骨)에는 골단이 양쪽 끝에 나타난다(〈그림 8-1〉 참조). 성장이 완성되면서 골단은 점점 가늘어지고 마침내 사라진다. 이렇게 되면 더 이상의 성장은 불가능하다.

〈그림 8-2〉에서 보듯이 뼈를 방사선으로 촬영하여 골단의 수가 얼마나 많은지, 또 골단이 얼마나 서로 합착(合着)되어 있는지에 근거하여 골연령을 측정할 수 있다. 이때 자신의 생활연령보다 골연령이 어린 것으로 나타나면 앞으로 키가 더 자랄 가능성이 있는 것으로 본다. 예를 들어, 14세 아동의 골연령이 11세로 측정된다면, 이 아동은 앞으로 3년 정도 더 성장할 수 있다는 것이다. 이와 같이 성장에 문제가 있는 경우에는 뼈의 방사선 사진이 가끔 이용된다.

유아나 아동의 골연령을 조사해 보면, 여아의 신체적 성숙이 남아보다 앞선다는 것을 알 수 있다. 출생 시 여아의 골격성숙이 남아보다 4주 정도 앞서지만 5~6세경에는 1년 정도의 차이가 난다. 이 차이는 여아가 남아보다 2~3년 정도 사춘기에 빨리 도달하고, 일찍 성숙하는 요인이 된다(Tanner, 1990).

2) 뇌의 성장

유아기의 가장 중요한 신체발달 중 하나는 뇌와 신경계의 계속적인 성장이다(Bell & Cuevas, 2014; Diamond, 2013; Markant & Thomas, 2013; Schneider & Ornstein, 2019).

영아기만큼 빠른 속도는 아니지만 유아
기에도 뇌는 계속해서 성장한다(Gogtay &
Thompson, 2010; Ofen et al., 2019). 두미발달
원칙에 의해 뇌와 머리의 크기는 신체의 다
른 어떤 부분보다도 더 빨리 성장한다. 머리
중에서도 눈과 같은 윗부분이 턱과 같은 아
랫부분보다 더 빨리 발달한다. 〈그림 8-3〉은
두뇌발달이 신장과 체중의 발달보다 얼마나
빨리 이루어지는가를 보여준다. 5세 때 뇌의
무게는 성인의 95%에 이르는데, 체중은 성
인의 $\frac{1}{3}$ 정도이다(Lenroot & Giedd, 2006).

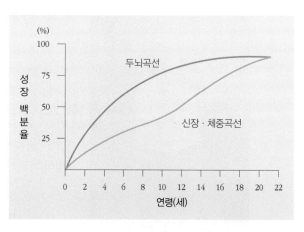

〈그림 8-3〉 두뇌곡선과 신장 · 체중곡선

　유아기 동안의 뇌 크기의 증가는 수초화(髓化)와 시냅스 밀도의 증가로 인한 것이다.
첫째, 수초화는 제7장에서 살펴본 바와 같이 신경세포가 미엘린이라 불리는 지방성 물
질로 둘러싸이는 것을 말한다. 수초화가 증가할수록 정보가 전달되는 속도가 빨라지
고 효율성이 높아진다. 발달심리학자들은 아동발달에서 수초화의 중요성을 특히 강조
한다. 예를 들면, 눈과 손의 협응을 관장하는 뇌영역의 수초화는 4세 이전에는 완성되
지 않는다. 따라서 4세 이전에는 눈과 손의 협응이 원활하지 못하고, 유아나 아동은 성
인에 비해 주의집중 시간이 짧다.

　둘째, 시냅스는 신경세포의 자극전달부로서 시냅스의 밀도는 출생 후 2세까지는 급
격히 증가하다가(〈그림 7-8〉 참조), 그후 서서히 감소하여 7세경에는 성인의 수준에 도
달한다. 현미경이나 자기공명영상(MRI)으로 관찰해 보면 유아의 뇌는 밀도가 높고 복
잡하다는 것을 알 수 있다(Lynch & Gall, 1979; Paus et al., 1999).

3) 운동기능의 발달

　유아기에 들어서면서 운동기능은 급속도로 증대한다. 영아기에 걸음마를 배운 영
아는 유아기에 와서는 달리기, 뛰기, 공던지기, 자전거타기, 그네타기 등을 할 수 있다
(Ball, Bindler, & Cowen, 2014). 대근육 운동뿐만 아니라 구두끈 매기, 크레용으로 색칠
하기 등의 소근육 운동기능도 발달한다. 그러나 때로는 자신이 할 수 있는 운동기능을
과대평가한 나머지 다치거나 상처를 입기도 한다.

(1) 대근육 운동
　유아가 할 수 있는 여러 가지 대근육 운동기술은 체중의 중심(center of gravity)이 아

사진 설명: 머리가 큰 영아기에는 균형을 잡기가 힘들어 빨리 걸으면 넘어지기 쉽다.

래로 옮겨 가면서 증가한다. 머리 크기가 신체의 $\frac{1}{4}$을 차지하는 신생아의 경우 체중의 중심이 흉골 바로 아래에 위치해 있어 매우 높은 쪽에 있는 편이다. 그러나 유아기에는 머리 크기가 신체에서 차지하는 비율이 작아지면서 체중의 중심이 배꼽 아래로 내려간다(Lowrey, 1978). 체중의 중심이 높으면 균형을 잡기가 매우 힘들다. 그래서 머리가 큰 영아기에는 걷다가 잘 넘어진다(사진 참조).

① 걷기와 달리기

영아는 첫돌을 전후해서 걷기 시작하고, 2~3세 사이에는 달리기 시작한다(Cratty, 1986). 3세에는 잘 달리지만 달리면서 방향을 바꾸지는 못한다. 일단 달리기를 멈춘 다음 방향을 바꾸고 다시 달리기 시작한다. 그러나 5세경에는 계속 달리면서 방향을 바꿀 수 있으며, 갑자기 멈추어도 앞으로 넘어지지 않는다. 유아의 하루는 움직임의 연속이다. 식사시간이나 TV를 보면서도 가만히 앉아 있지 못한다. 심지어 수면중에도 몸부림을 많이 친다. 〈그림 8-4〉는 달리기 동작에 관한 것이다.

3세 유아는 한 발을 다른 발 앞에 갖다 대면서 땅에 그려진 직선 위를 일자로 걸을 수 있다. 4세에는 직선보다 걷기 어려운 곡선 위를 걸을 수 있는데, 곡선 위를 걸을 때

3세 유아(아래)의 달리기 동작은 18개월 영아(위)의 동작보다 기술이 훨씬 발달해 있다.

〈그림 8-4〉 달리기 동작

출처: Ridenour, M. V. (1978). Programs to optimize infant motor development. In M. V. Ridenour (Ed.), *Motor development: Issues and applications.* Princeton, NJ: Princeton Book Co.

는 한 발을 다른 발 앞에 갖다 대면서 동시에 방향을 바꾸어
야 한다. 평균대 위를 걷는 것은 더욱더 어렵다. 평균대 위를
걸을 때는 체중을 양쪽 다리에 적절히 실으면서 한 발을 다른
발 앞에 갖다 놓아야 한다(사진 참조). 어린 유아들은 평균대
에서 몇 번씩 내려와서 균형을 취한 다음 다시 평균대로 올라
가 끝까지 간다(Cratty, 1986).

② 뛰기

2세 전에는 한쪽 발로 뛸 수 있고, 2세에는 두 발로 잠깐 뛸
수 있다. 3세에는 멀리뛰기를 할 때 팔을 뒤로 흔들기 때문에
착지(着地)할 때 뒤로 넘어진다. 그러나 5세경에는 팔을 앞으로 흔들어 앞으로 떨어진
다. 〈그림 8-5〉는 멀리뛰기 동작에 관한 것이다.

〈그림 8-5〉 멀리뛰기 동작

③ 계단 오르내리기

영아가 걸을 수 있게 되면 바로 계단을 오를 수
있다. 계단을 오를 때 한쪽 발을 먼저 올려놓고 그
다음 다른 쪽 발을 그 옆에 놓는다. 그리고 다음 계
단으로 올라간다. 그러나 유아기에는 발을 번갈아
가면서 계단을 오른다(사진 참조). 계단을 내려오는
것은 올라가는 것보다 균형을 잡기가 더 어렵기 때
문에 4세 전에는 발을 번갈아 가면서 계단을 내려
오지 못한다. 운동장에서 하는 놀이 중 사다리 오

르기나 정글짐²⁾놀이에서도 계단 오르내리기 기술이 그대로 적용된다.

우리나라 아동의 경우, 1세 반~2세 영아의 90%가, 2세 반~3세 유아의 거의 모두가 계단 오르기를 할 수 있다. 계단 내려오기는 오르기에 비해 조금 늦게 할 수 있어 2~2세 반 유아의 약 80% 정도가 계단을 내려올 수 있다(현온강 외, 2001).

④ 공던지기

영아기에는 공을 던질 때 두 손을 사용하는데, 체중의 중심이 매우 높기 때문에 체중을 실어 공을 던지고 나면 비틀거리게 된다. 유아기에 와서는 한 손으로 공을 던질 수 있

1단계

2단계

3단계

4단계

〈그림 8-6〉 공던지기의 발달단계

---

2) 유치원 등에 마련된 철골 운동시설.

는데, 공던지기 기술은 연령이 증가하면서 1단계에서 4단계를 거치게 된다(〈그림 8-6〉 참조). 공던지기 기술은 아동기와 청년기에도 계속해서 발달하지만 기본 기술은 유아기에 습득된다. 첫째 단계(2~3세)에서는 몸을 돌리지 않고 똑바로 서서 단지 팔만을 사용해서 바로 앞에 공을 던진다. 둘째 단계(3~4세)에서는 팔이 움직이는 대로 어깨를 약간 틀어보지만 발은 여전히 그대로 있다. 셋째 단계(4~5세)에서는 발을 앞으로 약간 내밀고, 어깨를 돌리고, 팔을 어깨너머로 돌렸다가 앞으로 쭉 뻗어 공을 던지는데, 이때에도 여전히 몸을 크게 돌리지는 못한다. 넷째 단계(5~6세)에서는 몸을 앞뒤로 흔들고 팔을 뒤로 뺐다가 공을 강속으로 던진다. 몸을 흔들 때 팔이 활처럼 휘게 된다.

⑤ 공받기

공받기기술도 유아기에 습득되는데, 3단계에 걸쳐 발달하게 된다(〈그림 8-7〉 참조). 1단계(2세경)에서는 공을 받으려고 할 때 팔을 앞으로 쭉 내밀기만 하기 때문에 공을 잘 받지 못하고, 공이 몸에 맞고 튕겨져 나간다. 2단계(3세경)에서는 공을 받을 준비를 하면서 팔꿈치를 구부린다. 그리고 가슴으로 공을 받는다. 3단계(5~6세경)에서는 몸 전체를 사용해서 공을 받을 준비를 하고 손과 손가락을 사용해서 공을 받는다.

박대근(2001)의 연구에서 유아의 '공받기'는 3세 유아는 1m 거리에서 벌린 팔에 공이 얹혀지는 듯한 상태로 받기를 할 수 있었다. 3.5세 유아는 2m에서 공받기가 가능했으며, 동작의 형태는 손바닥을 위로하여 팔을 앞으로 뻗은 자세에서 팔 전체로 받았다. 4세 유아부터는 2m 거리에서 공받기가 잘 이루어졌으나 아직도 손보다 팔을 이용한 받기 동작을 하였다. 5세 유아는 3m 거리에서 공을 받을 수 있었으며, 5.5세 유아는 정확하지 않게 날아오는 공이라도 몸을 움직여 받는 경향을 보였다.

우리나라 유아들을 대상으로 공을 활용한 신체활동의 효과를 살펴본 또 다른 연구

〈그림 8-7〉 공받기의 발달단계

(김주연, 김정민, 김경숙, 2013)에서 유아들은 공을 활용한 신체활동을 통해 기초체력과
대근육 조작운동능력을 증진시킬 수 있는 것으로 나타났다.

(2) 소근육 운동

유아기에는 눈과 손의 협응과 소근육의 통제도 급속히 발달하기 때문에 손의 사용
이 점점 정교해진다. 그러나 대근육 운동기술보다 소근육 운동기술을 습득하는 것이
훨씬 더 어렵다. 우유를 흘리지 않고 잔에 따르기, 수저로 밥먹기, 연필로 글씨쓰기, 크
레용으로 색칠하기, 가위로 오리기, 단추 채우기, 신발끈 매기 등은 유아에게는 상당히
어려운 작업이다. 일반적으로 소근육 운동기술은 여아가 앞서는 반면, 대근육 운동기
술은 남아가 우세하다.

3세 유아는 엄지손가락과 검지손가락으로 매우 작은 물체를 집을 수 있지만 아직 서
투른 편이다. 블록으로 탑을 쌓을 수 있는데, 블록 하나하나를 매우 조심스럽게 놓지만
똑바로 쌓지 못하고 삐뚤삐뚤하다. 매우 단순한 조각그림 맞추기에서는 어디에 어느 조
각을 넣어야 하는지 알면서도 그 자리에 제대로 넣지 못하고 억지로 쑤셔넣으려고 한다.

그러나 4세가 되면 소근육 운동기술이 상당히 발달한다. 블록으로 탑을 높이 쌓을
수 있는데, 이때 완벽하게 잘 쌓으려고 몇 번씩 다시 쌓기도 한다. 이제 구두끈을 맬 수
있고, 선을 따라 가위로 천이나 종이를 오릴 수 있다(사진 참조).

5세 유아는 블록으로 탑을 쌓는 단순한 놀이에는 더 이상 관심이 없다. 이제는 집이
나 뾰족탑이 있는 교회를 짓고자 하는데, 여전히 완성된 건물이 무엇이 의미하는지 유
아로부터 설명을 들어야 이해할 수 있다. 종이를 반으로 또는 $1/4$로 접을 수 있으며, 글
자나 숫자를 베낄 수 있고, 크레용으로 색칠을 할 수 있다.

우리나라 아동의 경우, 젓가락질 하기(사진 참조)는 2세 반~3세경에 남아의 20%와
여아의 33%가 가능하다. 남아의 경우는 3세 반~4세경이 되어야 약 33%가 젓가락질

3세 때 그린 그림

4세 때 그린 그림

5세 때 그린 그림

〈그림 8-8〉 같은 유아가 3세, 4세, 5세 때 그린 그림

을 할 수 있다. 즉, 여아가 남아보다 이른 시기에 젓가락을 사용하는 것으로 나타났다. 또한 3~3세 반 아동들 중 가위질을 할 수 있는 아동은 80~90%이고, 단추 채우기를 할 수 있는 아동은 60~70% 정도로 나타났다(현온강 외, 2001).

소근육 운동기술의 대표적인 예가 그림그리기이다. 그림그리기에서의 연령에 따른 변화는 뇌와 소근육이 성숙하였음을 반영한다(Kellogg, 1970). 2세 유아의 끼적거리기는 영아기에 아무렇게나 끼적거리던 것과는 다르다. 유아기에는 끼적거리기에도 나름대로 패턴이 있는데, 수직 또는 지그재그로 끼적거린다. 3세 유아는 원, 정사각형, 직사각형, 삼각형, 십자 모양, X자 모양을 그릴 수 있다. 4세 유아는 사람을 그릴 때 눈은 큰 점으로, 다리는 막대기 모양으로 그린다. 5세 유아는 그림을 제법 잘 그리게 된다. 〈그림 8-8〉은 같은 유아가 3세, 4세, 5세 때 그린 그림의 예이다.

2. 인지발달

유아기에는 인지적 성장과 언어발달이 빠른 속도로 이루어진다. 유아기에 뇌의 성장은 유아로 하여금 정보를 보다 효율적으로 처리하게 해 준다. 유아는 이제 눈앞에 존재하지 않는 대상이나 사건에 대해 정신적 표상에 의한 사고를 할 수 있으며, 상징을 사용할 수 있는 능력을 갖게 된다. 이 시기에 습득하는 언어의 발달은 매우 중요한 역할을 한다. 즉, 언어가 상징적 표현의 중요한 수단이 된다. 유아기에는 또한 단어의 습득이나 문법의 숙달로 인해 영아기에 비하면 의사소통이 보다 효율적으로 이루어질 수 있다.

그러나 유아기에는 아직 실제와 실제가 아닌 것을 완전히 구분할 수 없으며, 자기중심적인 사고를 하는 특성을 지닌다. 또한 어떤 사물이나 사건을 대할 때, 사물의 두드러진 속성에 압도되어 두 개 이상의 차원을 동시에 고려하지 못한다. 이러한 사고의 특성으로 말미암아 보존개념, 유목포함, 서열화에 관한 개념습득이 어렵다. 유아기의 이러한 사고의 특성을 Piaget는 전조작기로 설명하고 있다.

1) 유아기 사고의 특성

유아기는 Piaget의 인지발달의 네 단계 중 두 번째 단계에 해당한다. 이 단계에서는 논리적인 조작이 불가능하기 때문에 전조작기라 부른다. 전조작기의 사고는 경직되어 있고, 한 번에 한 가지 측면에만 관심이 제한되고, 사물을 외관만으로 판단한다.

Piaget는 전조작기를 다시 두 개의 하위 단계로 나누는데, 2세부터 4세까지를 전개념적 사고기(preconceptual period)라 부르고, 4세부터 6세까지를 직관적 사고기(intuitive period)라 부른다.

(1) 전개념적 사고기

개념이란 사물의 특징이나 관계, 속성에 대한 생각으로 정의할 수 있다. 만약 주어진 대상에 대한 정확한 개념을 가지고 있다면, 그것이 어떻게 변화하더라도 동일한 대상으로 인식할 수 있다. 그러나 이 단계의 아동은 환경 내의 대상을 상징화하고 이를 내면화시키는 과정에서 성숙한 개념을 발달시키지 못한다. 따라서 이 단계를 전개념적 사고기라고 부른다.

전개념적 사고의 특징은 상징적 사고, 자기중심적 사고, 물활론적 사고, 인공론적 사고, 전환적 추론을 하는 것 등이다.

① 상징적 사고

Piaget(1962)에 의하면 전조작기의 가장 중요한 인지적 성취는 상징적 사고(symbolic thought)의 출현이라고 한다. 감각운동기의 말기가 되면 영아의 사고는 더 이상 자신의 행동이나 감각에 의존하지 않는다. 대신 정신적 표상, 지연모방, 상징놀이 등이 가능해진다. 이러한 정신능력은 감각운동기의 말기에 이미 싹이 트지만, 언어를 습득하게 되고 상상력이 풍부해지는 전조작기에 와서 활짝 꽃피운다.

상징(symbol)은 어떤 다른 것을 나타내는 징표를 말한다. 예를 들어, 국기는 국가를 상징하고, 악수는 우정을 상징하며, 두개골과 두 개의 대퇴골을 교차시킨 그림(☠)은 죽음과 위험을 상징한다. 언어는 가장 보편적인 상징이다. 예를 들면, '개'라는 단어는 털이 있고, 네 개의 다리와 꼬리를 가진, 사람에게 친근한 동물을 상징한다.

상징의 사용은 문제해결의 속도를 증가시키고, 시행착오를 감소시킨다. 단어나 대

상이 어떤 다른 것을 표현하게 하는 상징적 사고능력은
유아로 하여금 '지금 여기'의 한계에서 벗어나 정신적으
로 과거와 미래를 넘나들게 해 준다.

　상징적 사고의 가장 매혹적인 결과 중의 하나는 가
상놀이이다. 가상놀이란 가상적인 사물이나 상황을 실
제 사물이나 상황으로 상징화하는 놀이를 말한다. 상징
적 사고를 하기에는 충분한 나이지만, 아직 현실과 환
상을 구분하기에는 너무 어린 나이인 유아기의 아이들

이 가장 좋아하는 활동이 가상놀이이다. 소꿉놀이(사진

사진 설명: 유아들이 커피잔과 받침접시 등을 가
지고 소꿉놀이를 하고 있다.

참조), 병원놀이, 학교놀이 등이 가상놀이의 예들이다.
유아기 동안 가상놀이는 점점 더 빈번해지고, 연령이 증가하면서 점점 더 복잡해진다
(Rubin, Fein, & Vandenberg, 1983).

② 자기중심적 사고

　유아는 우주의 모든 현상을 자기중심적으로 생각하는
데, 자신이 좋아하는 것을 다른 사람도 좋아하고, 자신
이 느끼는 것을 다른 사람도 느끼며, 자신이 알고 있는
것을 다른 사람도 알고 있다고 생각한다. 그래서 어머니
의 생일선물로 자신이 좋아하는 피카추 인형을 고르거
나, 숨바꼭질 놀이(사진 참조)를 할 때 자신이 술래를 볼
수 없으면 술래도 자신을 볼 수 없다고 생각하여, 몸은
다 드러내놓고 얼굴만 가리고서는 숨었다고 생각한다.

　유아는 자신의 왼손과 오른손은 구별하지만, 맞은편
에 서 있는 사람의 왼손과 오른손은 구별하지 못한다.
유치원 교사는 이러한 사실을 인식하기 때문에, 유아와 마주 보고 '나비야'라는 무용을
가르칠 때 "이리 날아오너라"라는 손동작을 오른손을 들어야 할 경우 자신의 왼손을 든
다. 그래야만 유아가 자신의 오른손을 들기 때문이다.

　자기중심적 사고(egocentric thought)는 다른 사람의 관점을 고려하지 못하는 데에 기
인한다. 이것은 유아가 이기적이거나 일부러 다른 사람의 입장을 배려하지 않는 것이
아니라, 단지 다른 사람의 관점을 이해하지 못하는 것을 의미한다.

　유아기에 갖는 자기중심적 사고를 보여주는 매우 유명한 실험으로 Piaget와
Inhelder(1956)의 '세 산 모형 실험(three mountains experiment)'이 있다. 〈그림 8-9〉에
서 보듯이, 색깔, 크기, 모양이 상이한 세 개의 산 모형을 만들어 탁자 위에 올려 놓는

〈그림 8-9〉 Piaget의 '세 산 모형 실험'

데, 한 산의 정상에는 작은 집이 있고, 또 다른 산의 정상에는 십자가가 꽂혀 있으며, 나머지 한 산의 정상은 흰 눈으로 덮여 있다. 유아로 하여금 탁자 주위를 한 바퀴 돌아보게 한 다음 한 의자에 인형을 앉히고, 또 다른 의자에 유아를 앉게 한다. 몇 개의 사진을 제시하고서 유아가 본 것을 나타내는 사진과 인형이 본 것을 나타내는 사진을 선택하게 한다. 6~7세 이전의 유아는 자신이 본 것을 나타내는 사진은 잘 고르지만, 인형이 본 것을 나타내는 사진을 고르라고 했을 때도 자신이 본 것과 똑같은 사진을 선택한다.

③ 물활론적 사고

전조작기의 유아가 생물과 무생물을 구분하는 방식은 성인의 경우와는 다르다. 이 시기에 유아들은 물활론적 사고를 한다. 즉, 생명이 없는 대상에게 생명과 감정을 부여한다(Opfer & Gelman, 2011). 예를 들면, 태양은 자기가 원해서 밝게 빛나고, 종이를 가

사진 설명: 유아가 인형에게 우유를 먹이고 있다.

사진 설명: 인형들에게 편안함을 주기 위해 흔들의자에 앉혀 준다.

위로 자르면 종이가 아플 것이라고 생각한다. 산너머 지는 해를 보고, 유아는 해가 화가 나서 산 뒤로 숨는다고 말한다. 책꽂이에서 떨어진 책은 다른 책들과 함께 있기를 싫어해서 떨어졌다고 믿으며, 탁자에 부딪쳐 넘어진 유아는 탁자를 손바닥으로 때리면서 "때찌"라고 말하는데, 이것은 탁자가 일부러 자기를 넘어뜨렸다고 믿기 때문이다.

우리나라 그림책에 나타난 유아의 물활론적 사고의 교육적 기능을 분석한 연구(백승화, 강기수, 2014)에서 물활론적 사고 특징이 잘 나타나 있으며 교육적 가치가 있다고 생각되는 그림책을 중심으로 분석한 결과, 그림책에 나타난 물활론적 사고는 유아에게 풍부하고 다양한 경험을 제공하여 유아의 바람직한 정서발달에 기여하며, 유아의 상상력과 창의력 발달에 도움을 주어 유아의 인지적 발달을 돕는다는 점에서 교육적 기능을 수행하는 것으로 나타났다.

④ 인공론적 사고

물활론적 사고와 관련이 있는 현상이 인공론적 사고이다. 어떤 의미에서 물활론(animism)과 인공론(artificialism)은 자기중심성의 특별한 형태이다. 유아는 세상의 모든 사물이나 자연현상이 사람의 필요에 의해서 자신의 목적에 맞도록 쓰려고 만들어진 것이라고 믿는다. 유아는 사람들이 집이나 교회를 짓듯이 해와 달도 우리를 비추게 하기 위해 사람들이 하늘에 만들어 두었다고 믿는다. 그리고 하늘이 푸른 이유는 누군가가 파란색 물감으로 하늘을 칠했기 때문이며, 비가 오는 이유는 누군가가 커다란 스프링클러로 물을 뿌렸기 때문이라고 믿는다. 유아는 자기중심적 사고의 특성으로 인해, 이러한 사물이나 자연현상이 특히 자신을 위해 존재한다고 생각한다.

⑤ 전환적 추론

인과개념은 어떤 현상의 원인과 결과 간의 관계를 추론하는 능력을 말한다. 성인은 추론을 할 때 대체로 귀납적 추론 또는 연역적 추론을 한다. 귀납적 추론(inductive reasoning)은 관찰된 개별적 사실들을 총괄하여 일반적 원리를 성립시키는 사고의 방법이다. 즉, 특수 사례를 근거로 하여 일반화의 진리를 도출해 내는 방법이다. 연역적 추론(deductive reasoning)은 그와 반대로 일반적인 원리나 법칙을 바탕으로 하여 특수한 원리를 이끌어 내는 추론이다.

유아기에는 전개념적 사고의 한계 때문에 귀납적 추론이나 연역적 추론을 하지 못하고 대신 전환적 추론(transductive reasoning)을 한다. 전환적 추론의 특징은 한 특정 사건으로부터 다른 특정 사건을 추론하는 것이다. 예를 들어, 낮에는 항상 낮잠을 자던 Piaget의 딸 Lucienne이 어느 날에는 낮잠을 자지 않았다. Lucienne은 "내가 아직 낮잠을 자지 않았기 때문에 아직 낮이 아니에요"라고 말했다. 여기서 Lucienne은 '낮잠'이라는 특정 사건이 '낮'이라는 특정 사건을 결정짓는 원인이 되는 것으로 추론하고 있다.

또 다른 예로, 한 유아가 동생을 미워한다는 사실과 동생이 아프다는 두 가지 사실을 자기가 동생을 미워해서 동생이 아프게 되었다는 인과관계로 연결시킨다. 특히 어떤 두 가지 현상이 시간적으로 근접해서 발생하면 두 현상 간에 아무런 관계가 없는 데도 유아는 인과관계가 있는 것으로 생각한다.

(2) 직관적 사고기

직관적 사고란 어떤 사물을 볼 때, 그 사물의 두드러진 속성을 바탕으로 사고하는 것을 말한다. 즉, 직관에 의해 사물을 파악하는 것을 의미한다. 판단이 직관에 의존하기 때문에 전체와 부분의 관계를 정확하게 파악할 수 없으며, 과제에 대한 이해나 처리방식이 그때그때의 직관에 의해 좌우되기 쉽다. 보존개념, 유목포함, 서열화 등을 검토함으로써 직관적 사고의 특성을 살펴보기로 하자.

① 보존개념

보존개념(conservation)은 어떤 대상의 외양이 바뀌어도 그 속성이 바뀌지 않는다는 것을 이해하는 능력을 의미한다. Piaget에 의하면 전조작기에는 보존개념이 획득되지 않는다고 한다. 가장 유명한 예가 양(액체)의 보존개념 실험이다(사진 참조). 이 실험에서는 유아가 보는 앞에서 모양이 같은 두 개의 잔에 같은 양의 물을 부은 다음 어느 잔의 물의 양이 더 많은지 유아에게 물어보면 두 잔의 물의 양이 같다고 대답한다. 그러나 한 잔의 물을 밑면적이 넓고 높이가 낮은 잔에 옮겨 담고, 이제 어느 잔의 물의 양이 더 많은지 유아에게 물어보면, 두 잔의 물의 양이 같다는 사실을 이해하지 못하고, 대부분의 경우 길고 폭이 좁은 잔의 물이 더 많다고 대답한다. 이는 물의 양에 대한 보존개념이 형성되지 않았다는 것을 말해 준다. 그 이유는 유아가 물의 높이에만 관심을 두기 때문이다.

사진 설명: 유아가 수의 보존개념 과제를 풀고 있다.

수, 길이, 무게, 부피 등의 보존개념 실험에서도 이와 유사한 결과가 나타난다. 〈그림 8-10〉은 여러 가지 보존개념에 관한 실험의 예들이

보존과제	처음 제시	변형 제시

수

• 두 줄의 동전 수는 같은가?

• 동전의 간격을 달리 해도 동전 수는 같은가?

길이

• 두 개의 막대의 길이는 같은가?

• 막대기를 옮겨 놓아도 길이는 같은가?

액체

• 두 컵의 물의 양은 같은가?

• 넓적한 컵에 옮겨 부어도 양은 같은가?

질량

• 두 개의 공모양의 찰흙은 양이 같은가?

• 하나를 변형시켜도 양은 같은가?

면적

• 두 마리의 소는 동일한 양의 풀을 먹을 수 있는가?

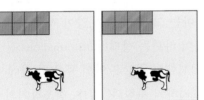

• 풀의 위치를 바꾸어도 동일한 양의 풀을 먹을 수 있는가?

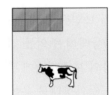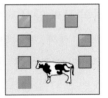

무게

• 두 개의 공모양의 찰흙은 무게가 같은가?

• 하나를 변형시켜도 무게는 같은가?

부피

• 두 개의 공모양의 찰흙을 물에 넣으면 올라오는 물 높이는 같은가?

• 하나를 변형시켜 넣어도 물 높이는 같은가?

〈그림 8-10〉 보존개념 실험의 예

출처: Berk, L. E. (1996). *Infants, children, and adolescents* (2nd ed.). Needham Heights, MA: Allyn & Bacon.

다. 보존개념이 획득되는 연령은 과제의 종류에 따라 다른 것으로 보인다. 수의 보존개념은 5~6세, 길이의 보존개념은 6~7세, 무게, 액체, 질량, 면적의 보존개념은 7~8세, 부피의 보존개념은 11~12세에 획득되는 것으로 보인다.

우리나라 유아들을 대상으로 수보존개념과 양보존개념을 살펴본 연구(박종효, 1993)에서 수보존개념의 과제는 5세 유아 중 37.5%가 통과하였고, 6세 유아 중 78.6%가 통과하였다. 양보존개념은 5세 유아 중 12.5%만이 통과하였고, 6세 유아 중 21.4%만이 통과하였다. 또한 양보존개념의 과제를 통과한 유아 중에서는 수보존개념의 과제에서 실패한 유아가 없었던 반면, 수보존개념의 과제를 통과하고도 양보존개념에 실패한 유아는 45.5%였다. 이는 양보존개념이 수보존개념 이후에 출현한다는 Piaget의 주장을 뒷받침하는 것으로 보인다.

이와 같이 전조작기 유아가 보존개념을 획득하지 못하는 이유를 Piaget는 다음 몇 가지로 설명하고 있다. 첫째, 중심화(centration) 현상 때문이다. 중심화란 두 개 이상의 차원을 동시에 고려하지 못한 채 한 가지 차원에만 주의를 집중하는 것을 말한다. 양의 보존개념에 관한 실험에서 물의 양은 잔의 밑면적과 높이에 의해서 결정되는데, 유아는 이 중에서 한 가지 측면(물의 높이나 넓이)만을 보고 대답을 한다. 둘째, 지각적 특성에 의해 판단하는 직관적 사고 때문이다. 유아가 보기에는 밑면적이 넓고 길이가 짧은 잔의 물의 양이 적어 보인다. 그러니까 유아는 그 잔의 물의 양이 적을 것이라고 생각한다. 셋째, 정지된 상태에 주의를 집중하여 바뀌는 상태(transformations)를 고려하지 못하기 때문이다. 양의 보존개념에 관한 실험에서 똑같은 양의 물을 한 잔에서 다른 잔으로 옮겨 놓았다는 전환상태를 유아는 고려하지 못한다. 넷째, 전조작기의 비논리적 사고의 특징인 비가역성(irreversibility) 때문이다. 가역성(reversibility)은 어떤 변화가 일어났을 때 이것을 이전 상태로 되돌려 놓는 것을 말하는데, 비가역성은 이런 능력이 없는 것을 말한다. 양의 보존개념에 관한 실험에서 물을 처음 잔에 도로 부으면 물의 양이 똑같다는 사실을 유아는 이해하지 못한다.

"그 샌드위치 둘로 자르지 마세요, 엄마! 두 개는 너무 많아 다 못 먹어요!"

보존개념이 형성되지 못한 우리나라 4~5세 유아들을 대상으로 한 연구(이종경, 1988)에서 상징놀이를 통해 가역성을 훈련시켰다. 그 결과, 면적보존개념의 형성에는 훈련효과가 나타났으나, 길이와 양의 보존개념 형성에는 효과가 나타나지 않았다.

② 유목포함

유목포함(class inclusion)은 상위유목과 하위유목 간의 관계, 즉 전체와 부분의 관계를 이해하는 능력을 말한다. 유목포함에 관한 실험(〈그림 8-11〉 참조)에서 유아에게 열 송이의 빨간색 장미와 다섯 송이의 노란색 장미를 보여주고 "빨간색 장미가 더 많니? 장미가 더 많니?"라고 물으면 유아는 빨간색 장미가 더 많다고 대답한다. 이때 유아는 빨간색 장미와 노란색 장미라는 하위유목이 모두 장미라는 상위유목에 포함된다는 사실을 이해하지 못하고, 장미꽃의 색깔이라는 지각된 특성에만 주의를 집중하게 된다. 왜냐하면 전체(장미)와 부분(빨간색 장미와 노란색 장미)이라는 논리적 관계를 이해하지 못하기 때문이다.

우리나라 아동 120명을 대상으로 한 연구(이경렬, 1989)에서 아동의 유목포함 수행능력은 연령이 증가함에 따라 점차 우수하게 나타났다. 즉, 4세 유아보다는 5~6세 유아가, 5~6세 유아보다는 7~8세 아동들의 수행능력이 우수한 것으로 나타났다.

노란색 장미   빨간색 장미

〈그림 8-11〉 **유목포함 실험**

③ 서열화

유아에게 길이가 다른 여러 개의 막대기를 주고 길이가 짧은 것부터 순서대로 나열해 보라고 하면, 3~4세의 유아는 〈그림 8-12〉의 A에서 보듯이 차례대로 나열하지 못한다. 5~6세가 되면 일부는 순서대로 나열하나 전체적으로는 서열대로 나열하지 못한다. 때로는 〈그림 8-12〉의 B에서 보듯이 아랫부분은 무시하고 윗부분만을 순서대로 나열하기도 한다. 그러나 구체적 조작기에 이르러서는 〈그림 8-12〉의 C에서 보는 바와 같이 서열화의 개념을 완전히 획득하게 된다.

우리나라 도시와 농촌의 4~7세 아동 160명을 대상으로 한 연구(신성애, 1980)에서,

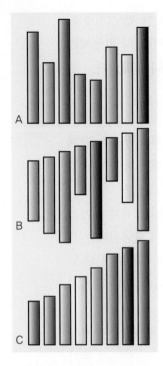

〈그림 8-12〉 서열화 개념의 발달

Tiffany Field

4세에서 7세 아동들의 서열개념 발달 수준은 연령이 증가함에 따라 높아졌으며, 도시 아동이 농촌 아동보다 서열개념 발달 수준이 높은 것으로 나타났다.

(3) 유아기 사고의 특성에 관한 피아제 이론에 대한 비판

Piaget의 이론에서는 유아기의 사고가 지나치게 부정적으로만 기술되어 있다. 즉, 이 시기의 사고는 자기중심적이고, 가역적이지 못하며, 모순과 오류로 가득찬 전조작적 사고를 한다는 것이다. 그러나 최근에 와서는 많은 학자들이 유아기의 인지능력을 '전조작기'로 규정하는 것에 대해 비판적인 시각을 보이면서, 유아기의 인지발달 수준이 Piaget가 생각한 것보다 훨씬 앞서 있다는 사실을 여러 측면에서 입증하고 있다.

Piaget가 유아에게 제시한 과제들은 지나치게 어렵거나 복잡하며 특히 유아의 언어적 설명에 의존하는 자료수집방법이 문제점으로 지적되고 있다. 따라서 좀더 단순한 과제나 일상생활에서 유아에게 친숙한 과제를 제시하면, 유아는 타인의 관점을 고려할 수 있으며, 보존개념이나 유목포함 등의 과제를 상당 부분 수행하는 것으로 나타났다. 또한 이들 과제를 수행하는 데 있어서 훈련을 통해 유아의 인지능력은 향상될 수 있는 것으로 보인다(Field, 1987). 관련 연구를 중심으로 구체적인 예를 들어보기로 하자.

① 자기중심성

Piaget와 Inhelder의 '세 산 모형' 실험은 유아가 이해하기에 지나치게 복잡하고 어려운 과제라는 비판을 받아 왔다. 몇몇 연구에서 유아에게 좀 덜 복잡한 과제를 제시했을 때, 유아는 자기중심성을 훨씬 덜 보이는 것으로 나타났다(Gzesh & Surber, 1985; Newcombe & Huttenlocher, 1992). 예를 들면, Flavell과 그의 동료들 (1981)은 3세 유아들에게 한 면에는 강아지 그림이 있고, 다른 면에는 고양이 그림이 있는 카드를 보여주었다. 그리고 유아는 강아지를 볼 수 있는 위치에 앉게 하고, 실험자는 고양이를 볼 수 있는 위치에 앉았다. 유아에게 실험자가 어떤 그림을 보고 있느냐고 질문했을 때 대부분의 유아들은 '고양이'라는 정답을 맞추었다.

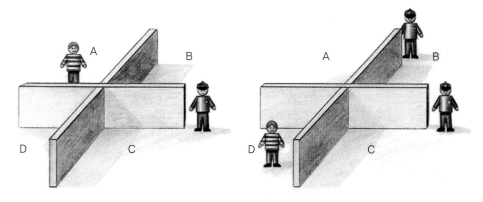

〈그림 8-13〉 순경놀이 실험

또 다른 예로 '순경놀이'를 들 수 있다. 인형으로 만든 순경이 소년을 잡으러 가는 게임에서, 유아에게 소년이 잡히지 않도록 순경이 볼 수 없는 곳에 소년을 숨기라고 하면 유아는 〈그림 8-13〉에서 보듯이 소년을 잘 숨긴다. 심지어 두 명의 순경이 소년을 잡으러 가는 좀더 복잡한 게임에서도 소년을 잘 숨겼다(Cohen, 1983).

'세 산 모형' 과제와 '순경놀이' 과제는 어떤 차이가 있는가? '순경놀이' 과제가 유아에게 좀더 친숙하고 덜 복잡하기 때문에 유아가 이 과제를 쉽게 해결하는 것으로 보인다. 대부분의 유아는 산에 별로 관심이 없으며, 더욱이 다른 사람이 자신과 다른 위치에서 보는 산의 모습에 전혀 관심이 없다. 반면, 순경놀이와 숨바꼭질 놀이는 유아에게 친숙한 놀이이다. 따라서 Piaget의 주장과는 달리 유아는 익숙하지 않은 상황에서만 자기중심적 사고를 하는 것으로 보인다.

우리나라 유아를 대상으로 한 연구(이춘재, 1982)에서도 인형이나 동물을 사용한 친숙성이 높은 과제에서는 연구대상의 10%만이 자기중심적 반응을 보였지만, 친숙성 낮은 과제에서는 50% 이상이 자기중심적 반응을 보였다.

유아의 대화에서도 대상이 누구냐에 따라 유아가 사용하는 언어의 수준이 달라진다. 예를 들면, 4세 유아가 영아에게 얘기할 때는 또래나 성인에게 하는 것보다 훨씬 더 간단한 문장을 사용하는 것을 볼 수 있다(Gelman & Shatz, 1978; 사진 참조).

② 물활론

Piaget 이후의 연구에 의하면, 유아는 Piaget가 생각하는 것처럼 물활론적인 사고를

하지 않는 것으로 보인다. Piaget의 연구에서 유아가 무생물도 생명이 있으며 감정을 가지고 있는 것으로 느끼는 물활론적 사고를 하는 것은, 이들 연구에서 바람, 구름, 달, 해와 같이 유아에게 친숙하지 않은 대상을 사용한 데 기인하는 것으로 보인다. 그러나 유아에게 좀더 친숙한 로봇(사진 참조), 크레용, 블록, 공 등을 대상으로 질문하면 유아는 그들이 살아 있다고 생각하지 않는 것으로 나타났다(Richards & Siegler, 1986).

한 연구(Keil, 1979)에서 3세 유아는 생명이 있는 대상에게만 감정과 정서를 부여함으로써, 이들을 생명이 없는 대상과 구분할 수 있는 능력을 가지고 있음을 보여주었다.

6~14세의 아동과 대학생을 대상으로 물활론의 발달과 생명개념을 조사한 고윤주(1988)의 연구에서, 6~11세까지는 연령이 증가함에 따라 물활론적 사고가 감소하다가 11세를 기점으로 다시 증가하는 양상을 보였다. 11세까지만을 대상으로 한다면 연령이 증가함에 따라 물활론적 사고가 감소한다는 Piaget의 이론을 지지하는 것으로 보이지만, 14세 이후에는 물활론적 사고가 다시 증가한다는 점은 Piaget의 이론을 뒷받침하지 않는 결과인 것이다. 성인에게도 물활론적 사고의 경향이 있다는 결과는 다른 연구에서도 나타난 바 있다(Dennis, 1953; Russell, 1942). 그리고 사물에 따라 물활론적 사고의 정도에 차이가 나타났는데, 해와 구름은 연령에 관계없이 물활론적 사고를 하는 경향이 높게 나타났다.

③ 유목포함

유목포함에 관한 실험에서 질문양식을 바꾸거나, 각 유목의 수를 5개 미만으로 하거나, 유아에게 좀더 친숙한 꽃이나 동물을 과제로 사용하면 유아도 유목포함 조작이 가능한 것으로 나타났다.

Piaget의 유목포함 실험과 비슷한 실험에서 질문양식과 유목의 대상을 약간 변형시켜보았다. 이 실험에서는 흰 소와 검은 소의 그림을 사용했는데, 이 소들을 한쪽으로 비스듬하게 눕혀 놓고 모두 자고 있다고 유아에게 설명하였다. 그리고 유아에게 다음과 같은 두 가지 질문을 하였다. "검은 소가 더 많니? 소가 더 많니?"(Piaget가 사용한 질문양식). "검은 소가 더 많니? 자고 있는 소가 더 많니?"(새로운 질문양식). 두 번째 질문에 '자고 있는'이라는 말을 첨가함으로써 유아들로부터 Piaget가 사용한 양식인 첫 번째 질문보다 2배나 더 많은 정답이 나왔다(McGarrigle, Grieve, & Hughes, 1978).

또 다른 연구(Markman, 1978)에서는 유목포함은 유아의 숫자를 세는 능력에 의존하므로, 장미꽃 두 송이와 백합꽃 한 송이처럼 각 유목의 수를 적게 해 주었더니, 5~6세 전의 유아도 유목포함 능력이 있는 것으로 나타났다.

2) 유아기의 기억발달

유아기에는 영아기에 비해 기억능력이 크게 발달하는데, 여기에는 네 가지 요인이 작용하는 것으로 보인다(Shaffer, 1999). 첫째, 정보를 저장할 수 있는 저장공간의 크기, 즉 기억용량(memory capacity)의 증가, 둘째, 정보를 체계적으로 저장하고 인출할 수 있는 기억전략(memory strategy)의 발달, 셋째, 기억과 기억과정에 대한 지식인 상위기억(metamemory)의 발달, 넷째, 연령증가에 따른 지식기반(knowledge base)의 확대가 그것이다.

(1) 기억용량의 증가

기억용량이 증가한다는 것은 정보를 저장할 수 있는 공간이 증가한다는 것을 의미한다. 기억공간에는 감각기억, 단기기억, 장기기억이 있는데, 감각기억과 장기기억의 용량은 연령에 따른 변화가 거의 없는 것으로 보이기 때문에, 기억용량의 증가는 단기기억 용량의 증가를 의미한다(Bjorklund, 1995).

일반적으로 단기기억의 용량은 기억폭(memory span) 검사에 의해 측정된다. 기억폭 검사는, 예를 들어 숫자를 몇 개 불러준 다음 그 순서대로 말해 보도록 하여 정확하게 회상할 수 있는 항목수로 기억폭을 측정한다. 〈그림 8-14〉에서 보는 바와 같이 기억폭은 유아기에 급격히 증가하는 것임을 알 수 있다. 즉, 2세 유아의 기억폭은 2개 정도이고, 5세 유아는 4.5개 그리고 성인의 기억폭은 7~8개 정도이다(Dempster, 1981).

연령에 따른 기억폭의 증가는 Case(1985)의 조작 효율성 가설(operating efficiency hypothesis)로 설명할 수 있다. 이 가설에 의하면 연령이 증가하면서 정보를 처리하는 속도가 빨라지고 점점 더 효율적이 되기 때문에, 조작공간을 덜 필요로 하고 그래서 저장공간이 증가하게 된다고 한다(〈그림 8-15〉 참조). 즉, 어렸을 때는 많은 시간과 노력을 필

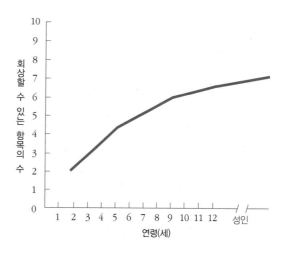

〈그림 8-14〉 연령에 따른 기억폭의 증가

출처: Dempster, F. N. (1981). Memory span: Sources of individual and developmental differences. *Psychological Bulletin, 89*, 63-100.

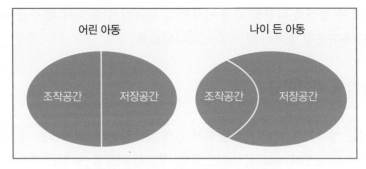

어린 아동	나이 든 아동
조작공간 저장공간	조작공간 저장공간

연령이 증가하면서 저장공간이 증가하게 된다.

〈그림 8-15〉 Case의 조작 효율성 가설

출처: Case, R. (1985). *Intellectual development: Birth to adulthood*. Orlando, FL: Academic Press.

Robert Kail

요로 했던 문제들이 나이가 들면서 자동적으로 처리되어 시간과 노력을 적게 들이고도 쉽게 답을 얻을 수 있게 된다는 것이다. 곱셈문제를 예로 들면, 아동이 구구단에 숙달되기 전에는 간단한 곱셈문제를 푸는 데도 시간과 노력이 많이 들지만, 일단 구구단을 다 외우고 나면 어려운 곱셈문제도 쉽게 풀 수 있게 된다.

Kail(1992, 1997)에 의하면, 조작 효율성의 증가는 학습이나 경험의 영향도 받지만 주로 생물학적 성숙에 기인한다고 한다. 즉, 뇌와 신경계의 수초화가 증가하고 불필요한 뉴런의 제거가 정보처리를 좀 더 효율적으로 해 준다는 것이다.

(2) 기억전략의 발달

기억전략은 정보를 장기기억 속에 저장하고 그 정보가 필요할 때 인출이 용이하도록 해 주는 의도적인 활동을 말하는데, 기억술이라고도 한다. 기억전략에는 기억해야 할 정보에 주의를 기울이는 주의집중(attention), 기억하려는 것을 반복연습하는 시연(rehearsal), 관련있는 것끼리 집단화시키고 유목화하는 조직화(organization), 기억해야 할 정보에 다른 것을 연결시켜 정보가 갖는 의미의 깊이와 폭을 더욱 확장시키는 정교화(elaboration) 그리고 도움이 될 수 있는 단서를 사용하는 인출(retrieval)전략 등이 있다. 기억전략은 유아기에 출현하기 시작하지만, 처음에는 그렇게 효율적이지 못하다. 그러나 아동기가 되면 기억전략은 크게 발달한다.

① 주의집중

우리가 어떤 정보를 기억하기 위해서는 먼저 그 정보에 주의를 기울여야 하는데, 유아기에는 주의폭(attention span)이 매우 짧다. 유아는 한 가지 활동에 몰두하다가도 곧 흥미를 잃고 다른 활동에 다시 주의를 기울인다. 유치원 교사는 10~15분마다 활동을 바꾸는데, 그 이유는 유아가 한 가지 활동에 주의를 기울이는 시간이 매우 짧기 때문이다. 심지어 자신이 좋아하는 TV 프로그램을 보거나 장난감을 가지고 놀 때에도 2~3세 유아는 딴 데를 보거나, 왔다갔다 하는 등 주의를 분산시켜 한 활동에 지속적인 주의를 기울이지 못한다(Ridderinkhoff & van der Molen, 1995; Ruff & Lawson, 1990).

주의집중 능력은 중추신경계의 성숙으로 말미암아 아동기에 크게 증가한다. 즉, 주의집중을 관장하는 망상체(網狀體, reticular formation)는 사춘기가 되어서야 완전히 수초화된다는 것이다. 아동기에 주의집중 능력이 증가하는 또 다른 이유는 주의집중에 필요한 효율적인 전략을 사용하기 때문이다. 아동기에는 과제수행과 무관한 자극은 무시하고, 관련된 자극에만 주의를 집중하는 선택적 주의(selective attention)를 하게 되고, 상황에 따라 융통성 있게 주의집중을 하며, 행동에 앞서 먼저 계획을 세우는 등 주의전략을 사용한다.

대부분의 아동들은 학동기에 주의집중 능력이 크게 향상되지만, 불행히도 어떤 아동들은 주의집중에 큰 어려움을 겪는다. 이 장애를 주의력결핍 과잉행동장애(Attention Deficit Hyperactivity Disorder: ADHD)라고 부른다.

② 시연

매우 간단하면서도 효과적인 기억전략이 시연이다. 시연은 기억해야 할 정보를 여러 번 반복해서 암송하는 것을 말한다(사진 참조). 친구의 전화번호를 기억하기 위해 그 번호를 여러 번 반복해서 외우는 것이 그 예이다. 일반적으로 어떤 정보가 단기기억에서 더 많이 시연될수록 그 정보는 장기기억으로 전환되기 쉽다고 한다. 그러나 시연에 의해 더 많은 정보가 저장되는 것은 아니고, 단지 같은 정보를 좀더 오래 기억하도록 해준다.

Flavell, Beach 그리고 Chinsky(1966)의 연구는 시연의 중요성을 보여준다. 이 연구에서 5세, 7세, 10세의 아동들에게 7장의 그림을 보여주고 나서 그중 3장의 그림을 지적한 후, 아동들로 하여금 3장의 그림을 그 순서대로 지적하게 하였다. 실험자가 그림을 지적한 후 15초 동안 아동들의 눈을 가리고 그 그

사진 설명: 서당에서 글을 배우고 있는 아이들

림을 볼 수 없게 하였다. 그리고 그림의 이름을 외우고 있는지를 입술의 움직임을 통해 관찰하였다. 시연을 하는 비율은 연령과 함께 증가하였는데, 5세 유아는 10%, 7세 아동은 60% 그리고 10세 아동은 85%가 시연을 한 것으로 나타났다.

6세 유아를 대상으로 한 후속연구(Keeney, Canizzo, & Flavell, 1967)에서, 시연을 한 유아들이 시연을 하지 않은 유아들보다 기억을 더 잘하는 것으로 나타났다. 그리고 자발적으로 시연을 하지 않았던 유아들에게 시연을 해 보라고 지시한 결과, 자발적으로 시연을 한 유아들과 비슷한 수준까지 기억량이 증가하였다.

좀더 어린 유아들도 초보적인 형태의 시연을 하는 것으로 보인다. 3~4세 유아를 대상으로 한 연구에서 이들에게 장난감 강아지를 세 개의 컵 중 한 개의 컵 아래 숨기는 장면을 보여주었다. 그리고 나서 유아들에게 강아지가 어디에 숨었는지 기억하도록 지시하였다. 이때 유아들은 강아지가 어느 컵 아래 숨겨지는지 주의깊게 바라보고, 손으로 가리키고, 그 컵을 만지는 것과 같은 시연을 하였다(Wellman, Ritter, & Flavell, 1975).

③ 조직화

조직화란 기억하려는 정보를 서로 관련이 있는 것끼리 묶어 범주나 집단으로 분류함으로써 기억의 효율성을 높이려는 전략이다. 한 번에 기억할 수 있는 정보량에는 한계가 있기 때문에, 조직화에 의해 정보를 체계화하면 보다 많은 정보를 기억할 수 있게 된다. 예를 들어, 아래 목록에 있는 낱말들을 기억해야 한다고 가정해 보자.

목록 1: 배, 성냥, 망치, 외투, 풀, 코, 연필, 개, 컵, 꽃
목록 2: 칼, 셔츠, 자동차, 포크, 배, 바지, 양말, 트럭, 숟가락, 접시

단어 하나하나를 단순히 암기하는 시연 전략의 관점에서 보면 목록 1과 목록 2의 난이도는 비슷하지만, 관련이 있는 것끼리 묶어 범주화하는 조직화 전략의 관점에서 보면 목록 2에 있는 단어들을 외우기가 훨씬 용이하다. 왜냐하면 목록 1에 있는 10개의 단어는 각각 독립적인 범주에 속해서 관련 있는 것끼리 묶는 것이 어렵지만, 목록 2에 있는 항목들은 관련이 있는 것끼리 묶어서 기억할 수 있기 때문이다. 즉, 셔츠, 바지, 양말은 '의복'의 범주로 분류하고, 자동차, 배, 트럭은 '탈것'의 범주로 그리고 칼, 포크, 숟가락, 접시는 '식기'의 범주로 분류하여 기억하는 것이 훨씬 용이할 것이기 때문이다.

조직화는 상위개념과 하위개념에 대한 이해를 전제로 하기 때문에 시연보다 늦게 나타난다. 9~10세 이전에는 범주화할 수 있는 항목(목록 2)이라고 해서 범주화할 수 없는 항목(목록 1)보다 더 잘 기억하는 것은 아니다. 이것은 유아에게는 나중에 기억을 잘하기 위해서 정보를 조직화하는 능력이 없다는 것을 의미한다(Hasselhorn, 1992).

그러나 시연과 마찬가지로 조직화의 초보 형태는 유아기에도 나타난다. 한 연구 (DeLoache & Todd, 1988)에서 M&M 초콜릿과 나무못을 각각 12개의 똑같은 용기에 넣어 유아들에게 주면서 초콜릿이 어느 용기에 들어 있는지 기억하도록 지시하였다. 이 연구에서 4세 유아도 조직화 전략을 사용하는 것으로 나타났다. 즉, 초콜릿이 든 용기를 한곳에 모아놓고, 나무못이 든 용기는 또 다른 곳에 모아놓았는데, 이 전략을 사용함으로써 초콜릿이 든 용기를 정확하게 기억해내었다. 그러나 유아기에는 아직 의미가 같은 것끼리 묶는 의미론적 조직화(semantic organization)는 하지 못하는 것으로 보인다. 집중적인 훈련으로 유아에게 조직화를 가르칠 수는 있지만 항상 성공적인 것은 아닌 것으로 보인다(Carr & Schneider, 1991; Lange & Pierce, 1992).

④ 정교화

때로는 기억재료를 범주화하는 것이 어려울 때가 있다. 예를 들어, 범주화가 쉽지 않은 단어목록 중에 '물고기'와 '파이프'가 들어 있다고 가정해 보자. 만약 여러분이 파이프 담배를 피우는 물고기(사진 참조)를 상상한다면 여러분은 정교화라는 기억전략을 사용하는 것이다. 정교화란 서로 관계가 없는 정보 간에, 다시 말해서 같은 범주에 속하지 않는 기억재료 간에 관계를 설정해 주는 것을 말한다.

정교화를 사용하기 위해서는 기억해야 할 항목을 이미지의 형태로 전환해야 하고, 양자 간의 관계를 설정해야 하기 때문에 정교화는 다른 전략에 비해 늦게 발달한다. 일반적으로 11세 이전에는 정교화 전략을 사용하지 못한다. 일단 아동이 정교화 전략을 사용하기 시작하면 다른 기억전략을 대신할 정도로 그 효율성이 뛰어나다. 11세 이전에는 아동들에게 정교화 전략을 가르치는 것이 별 효과가 없다. 왜냐하면 11세 이전에는 정적 이미지(static image)를 사용하기 때문에 기억에 별 도움이 안 된다. 예를 들어, '개'와 '자동차'가 제시되었을 때 그들이 사용하는 이미지는 고작 '자동차를 소유한 개' 정도이다. 반면, 청소년이나 성인들은 좀더 기억하기 쉬운 동적 이미지(active image)를 사용한다. 예를 들면, "개와 자동차가 경주를 하였다"(Reese, 1977)이다.

⑤ 인출전략

시연, 조직화, 정교화가 정보를 효율적으로 저장하기 위해 사용되는 기억전략이라면, 인출전략은 저장된 정보 중에서 필요한 정보를 인출하기 위한 기억전략이다. 우리가 아무리 많은 정보를 장기기억 속에 저장하고 있다 하더라도 그것을 인출해 내지 못하면 아무 소용이 없다.

저장된 정보를 인출하는 데에도 적절한 전략이 필요하다. 적절한 인출전략은 정보를 저장할 때 사용했던 전략을 그대로 사용하는 것이다. 즉, 조직화 전략을 이용해서 정보를 저장한 경우는 조직화 전략을 이용해 정보를 인출하는 것이 효과적이고, 정교화 전략을 이용해서 정보를 저장한 경우는 정교화 전략을 이용하여 정보를 인출하는 것이 효과적이다.

(3) 상위기억의 발달

상위기억이란 기억과 기억과정에 대한 지식을 말한다. 즉, 자신이 정보를 기억하는 데에는 한계가 있으며, 짧은 내용보다 긴 내용이 기억하기 더 어렵고, 어떤 기억전략을 이용하는 것이 더 효과적인지를 아는 것 등이 상위기억에 관한 것이다(Schneider & Bjorklund, 1997; Schneider & Pressley, 1997). 상위기억은 상위인지(metacognition)의 일부이다. 상위인지란 자신의 사고에 관한 지식을 말한다. 즉, 자신의 사고상태와 능력에 대해 알고 있는 지식을 의미한다.

유아도 상위기억에 대한 초보적인 지식을 가지고 있는 것으로 보인다. 3, 4세 유아도 짧은 내용이 긴 내용보다 기억하기 쉽고, 긴 내용을 기억하려면 더 많은 노력이 필요하다는 것을 안다(Kreutzer, Leonard, & Flavell, 1975; Yussen & Bird, 1979). 그러나 유아들은 자신의 기억능력을 과대평가하는 경향이 있다. 한 연구(Flavell, Friedrichs, & Hoyt, 1970)에서 4세부터 11세의 아동들에게 10개의 그림을 보여주고 나서 얼마나 기억할 수 있는지 알아보았다. 11세 아동들은 자신이 기억할 수 있는 그림의 수를 제대로 예측했지만, 4세 유아들은 자신의 기억능력을 과대평가하여 10개를 모두 기억할 수 있다고 대답했지만 실제로는 3~4개밖에 기억하지 못하였다.

아동기에 들어서면 상위기억에 대한 지식이 급격하게 발달한다. 7~9세 아동은 기억해야 할 내용들을 가만히 들여다 보는 것보다는 시연이나 조직화와 같은 기억전략이 효율적이라는 것을 깨닫는다. 그러나 11세가 되면 시연보다 조직화가 더 효율적인 기억전략이라는 것을 이해하고, 정보를 인출할 때도 메모 같은 인출단서를 사용하게 된다(Justice, Baker-Ward, Gupta, & Jannings, 1997).

사진 설명: 상위기억은 아동기에 급격하게 발달한다. 8세 된 이 아동은 전화번호를 받아 적는 것이 나중에 이 번호를 기억하는 데 효율적인 기억전략이라는 것을 깨닫는다.

(4) 지식기반의 확대

우리가 학습할 내용에 관해 이미 많은 지식을 가지고 있다면 그 내용을 기억하기가 훨씬 수월하다. 즉, 우리가 이미 알고 있는 주제에 관해 학습한다면, 그것은 우리 기억 속에 저장되어 있는 기존의 지식이나 정보와 빠르게 연결될 수 있기 때문에 쉽게 기억할 수 있다.

친숙한 주제와 친숙하지 않은 주제에 관한 글을 읽는다고 가정해 보자. 친숙한 주제의 경우에는 우리가 이미 가지고 있는 지식에 새로운 정보를 연결시킴으로써 재빨리 정보를 처리할 수 있다. 즉, 새로운 정보를 조직하거나 정교화하기 위한 도식을 우리가 이미 가지고 있다는 것이다. 그러나 친숙하지 못한 주제를 학습하거나 기억해야 하는 경우 그 주제와 관련된 지식이 우리 기억 속에 저장되어 있지 않기 때문에 더욱 많은 노력이 요구된다.

아동은 유아에 비해 세상에 관해 더 많은 것을 알고 있기 때문에, 그들이 기억해야 할 대부분의 정보에 더 친숙하다. 따라서 아동이 유아보다 기억을 더 잘할 수 있다. 이처럼 회상기억에서 연령차를 보이는 것은 연령증가에 따른 기억전략의 발달과 지식기반의 확대 때문일 수 있다(Bjorklund, 1997; Schneider & Bjorklund, 1998).

Wolfgang Schneider

요약하면, 아는 것이 힘이다! 그러므로 어떤 주제에 대해 많이 알면 알수록 그 주제에 대한 학습과 기억이 그만큼 용이해진다. 일반적으로 아동이 유아보다 대부분의 주제에 대해 더 많은 지식을 가지고 있기 때문에, 아동은 확장된 지식기반을 통해 정보를 더 빨리 처리할 수 있으며, 정보를 범주화시키고 정교화할 수 있는 전략들을 획득하게 된다(Bjorklund, 1995).

David F. Bjorklund

3. 언어발달

유아기 사고의 특성은 상징을 사용할 수 있는 능력이며, 가장 중요한 상징적 표현의 수단은 언어이다. 아동이 상징적 기능을 획득하게 됨에 따라 단어획득 속도는 급격하게 빨라진다.

유아가 일단 말을 하기 시작하면, 이에 따라 사회적 상호작용도 보다 활발해지면서 언어발달이 가속화된다. 유아기 동안 언어발달이 활발히 진행되어, 보통 5세 정도가 되면 대부분의 유아들은 모국어를 유창하게 구사할 수 있다. 유아는 언어를 통해 타인과 상호작용하고, 새로운 정보를 서로 교환하며, 자신들이 바라는 바를 표현하고, 타인의 행동을 통제하며, 자신의 독특한 견해·감정·태도를 나타낸다(Halliday, 1975).

1) 단어와 문장의 발달

사진 설명: 유아가 사용하는 첫 단어는 대부분의 경우 사물의 이름이다.

사진 설명: 유아는 '신속표상대응'이라는 과정을 통해서 짧은 순간에 어떤 단어를 한 번만 듣고도(예를 들면, TV를 시청하는 동안에) 그 단어의 의미를 습득하게 된다.

(1) 단어 수의 증가

유아가 사용하는 단어의 수는 유아기에 빠른 속도로 증가한다. 이와 같이 단어수가 급증하는 것은 유아의 인지적 성숙으로 인해 사물을 범주화할 수 있는 능력이 발달하는 것과 관련이 있어 보인다(Goldfield & Reznick, 1990). 유아기 말까지 보통 10,000개의 새로운 단어를 습득하게 되는데(Anglin, 1993), 이는 하루에 평균 6개 정도의 새로운 단어를 습득하는 셈이다. 하지만 이러한 단어습득 속도나 학습능력에는 상당한 개인차가 있다.

(2) 단어의 의미 이해하기

유아기에 수천 개의 단어를 습득하게 되지만, 유아는 이들 대부분의 단어와 그 의미를 누군가에게 직접적으로 배운 것이 아니다. 유아가 처음 듣는 단어의 의미를 어떻게 습득하는가는 아직 완전히 밝혀지지 않았지만, 상당히 어린 시기부터 사회적·맥락적 단서를 활용하는 것으로 보인다.

유아가 새로운 단어의 의미를 습득하는 방법 중 하나는, 짧은 순간에 어떤 단어를 한 번만 듣고도 그 단어의 의미를 습득하는 '신속표상대응(fast mapping)'이라는 과정을 통해서 습득하는 방법이다(Carey, 1977; Heiback & Markman, 1987; Kan, 2014; Marinellie, & Kneile, 2012; Trueswell et al., 2013).

신속표상대응은 추상적 정보보다는 구체적 사물에 대해서 보다 정확하고 빠르게 일어난다. 또한 연령이 증가함에 따라 이 과정의 속도도 빨라지게 된다(Dollaghan, 1985; Rice, 1990; Rice & Woodsmall, 1988; Rice, Huston, Turglio, & Wright, 1990).

(3) 문장의 발달

유아의 연령이 증가함에 따라 언어의 사용이나 이해가 점차 증가한다. 한 단어의 문장을 거쳐, 전문식(telegraphic) 형태를 보이는 두 단어의 문장을 사용하게 된 후, 2~3세경에 이르면 세 단어 이상을 이용하여 문장을 만들 수 있다. 또한 세 단어 문장 시기에 문법적 형태소를 사용하기 시작한다(조명한, 1982; 조성윤, 1992). 유아가 문법적 형태소를 획득함에 따라 전문식 표현이 감소하고 말의 길이가 점차 길어진다. 일반적으로 만 1세 반에서 4세 정도까지는 말의 길이가 유아의 구문론적 발달 정도를 나타낸다(Newcombe, 1996). 우리나라의 3~5세 아동을 대상으로 한 연구(권경연, 1980)에서도 연령이 증가함에 따라 문장의 평균 길이는 3단어에서 5단어로, 형태소 수는 8개에서 18개로 점차 증가하였다.

이와 관련하여 Brown(1973)은 유아가 사용하는 어휘 수에 따라 언어발달의 단계를 분류하였다. MLU(Mean Length of Utterance)란 유아가 사용하는 50에서 100개 정도의 문장을 이용하여 한 문장 내 평균 형태소의 수를 산출한 것으로, 일종의 언어발달의 지표가 된다. Brown은 언어발달을 MLU에 기초하여 다음 5단계로 나눈다(〈표 8-1〉 참조).

1단계는 유아가 하나 이상의 형태소를 가진 문장을 만들어 내는 시기이다. 이 시기의 문장의 특징은 주로 명사와 동사로만 구성되어 있고, 전치사나 관사 등은 생략되어 있는 전문식 문장이다. 유아가 하는 말의 평균 형태소가 2개가 될 때까지 1단계가 계속된다. 그 이후의 단계들에서는 MLU가 0.5씩 증가하게 된다. 2단계에서는 문장이 점점 복잡해지고 전치사와 관사 및 불규칙 동사와 명사의 복수 형태 등을 배우게 된다. 그러나 여전히 완전한 형태로 사용하지는 못한다. 3, 4단계에서는 어휘의 수가 증가하고, 문법의 법칙을 보다 정확하게 사용한다. 5단계에서는 둘 이상의 문장이 '그리고'에 의해 연결되는 복잡한 구문을 쓸 수 있게 된다.

3개월에서 6개월 정도의 연령차이가 있는 유아들도 유사한 언어 패턴을 보이는 경우가 있으므로, MLU는 유아의 연령보다 언어발달의 정도를 보다 잘 나타내는 지표가 된다. 또한 MLU가 유사한 유아들은 사용하는 언어규칙의 체계도 비슷한 것으로 보인다(Santrock, 2001).

표 8-1　언어발달의 5단계

단계	MLU
1	1.5~2.0
2	2.5
3	3.0
4	3.5
5	4.0

2) 문법의 발달

(1) 문법적 형태소의 발달

우리말에서 문법적 형태소가 활발하게 나타나는 연령은 약 2~3세경이다. 이 시기는 Brown(1973)이 제시한 MLU가 2.0에서 2.5 사이에 이르는 단계로, 시제형 형태소나 주격 조사 '가' 등이 출현하기 시작한다. 앞에서 설명한 한 단어 문장이나 두 단어 문장 또는 두 단어 이상의 문장은 모든 유아가 비슷한 시기에 사용하게 되지만, 격조사나 기타 다른 어미들, 보조어간들과 같은 문법적 형태소의 획득 순서와 시기에는 유아에 따라 어느 정도 차이가 있다(조명한, 1982).

전반적으로 살펴보면, 초기의 언어발달 단계에서 가장 먼저 나타나는 형태소는 '엄마야'와 같은 호칭 어미와 '내 거야'와 같은 문장 어미이다. 다음으로 '같이, -랑, -하고, -도'와 같은 공존격을 나타내는 형태소 및 장소격(처소격이나 목적격 조사)을 나타내는 형태소가 출현한다. 주격 조사인 '가'와 '는'은 그 이후에 출현한다. 보통 주격 조사 '가'를 '는'보다 먼저 사용한다. 그다음으로 기타 격조사들이 몇몇 출현하며, 과거, 현재, 미래를 나타내는 시제 형태소와 수동형태가 사용된다.

유아는 능동적으로 문법적 규칙들을 찾아내고 이를 적용하고자 하는 노력을 한다. 이러한 노력은 특정의 문법적 규칙을 적용하지 말아야 하는 경우에까지 일괄적으로 적용하는 과잉일반화(overregularization)를 초래하기도 한다. 우리말의 경우, 유아들이 주격조사인 '-가'를 과잉일반화하는 것을 쉽게 볼 수 있다(조명한, 1989). 예를 들어, '엄마가' '아빠가'에 사용하는 주격조사 '-가'를 지나치게 규칙적으로 적용하여 '삼촌이가' '선생님이가'라는 식으로 말을 하기도 한다. 영어의 경우, 흔히 복수형이나 과거형을 만들 때 과잉일반화가 나타난다. 예를 들어, 3, 4세 정도의 유아들이 'feet'를 'foots'로, 'I went'를 'I goed'로 표현하는 것을 볼 수 있다.

이러한 과잉일반화는 유아들이 언어의 세부 규칙을 완전히 파악하지 못하였기 때문이기도 하지만, 언어 규칙을 자발적으로 내면화하고 있다는 증거이기도 하다. 그러나 특별히 지도하지 않아도 유아가 성장하면서 자연적으로 점차 올바른 형태의 표현을 사용하게 된다.

'한국어-영어' 이중언어를 사용하는 유아의 한국어 조사습득에 관한 연구(이하원, 최경숙, 2008)를 살펴보면, 미국에서 출생하여 가정에서는 고정적으로 한국어를 사용하고 학교에서는 영어를 사용하면서 현재 외국인학교에 소속되어 있는 5~6세 '한국어-영어' 이중언어 아동의 조사습득은 단일언어 아동과 비교하여 조사 유형수, 유형별 산출률, 평균 발화당 오류율, 산출수에 대한 평균 오류율에서는 유사하나 발화당 조사산출 빈도가 낮고, 부사격 오류율, 격내 대치오류[3] 및 이중사용 특성오류 등이 높은 것으로 나타났다고 하였다. 또한 이중언어 아동이 사용하는 조사형태 중에는 어린 연령의 단일언어 아동에게서 나타나는 조사유형들이 있다고 하면서 이는 균형 잡힌 이중언어자로 발달하기 위한 중간언어 형태특징이라고 하였다. 그러므로 '한국어–영어' 이중언어 아동은 한국어와 영어를 각각 모국어로 사용하는 두 명의 단일언어 아동의 합이 아니며 이중언어 아동들만의 독특한 언어형태를 보유한 집단이라고 연구자들은 논의하였다.

(2) 복잡한 구문의 발달

유아는 점차 의문문이나 부정문의 형태도 사용할 수 있게 되며, 자신들의 생각이나 욕구를 표현하는 데도 융통성을 갖게 된다. 보통 2세경이면 "이게 뭐야?"라는 질문을 끊임없이 하고, "먹어?"와 같이 말끝을 올려서 질문을 나타낸다. 부모가 질문을 귀찮게 여기지 않고 인내심을 가지고 반응하면, 자연스럽게 언어적 상호작용이 이루어질 수 있고, 이를 통해 유아의 언어능력이나 지적 능력의 발달을 도울 수 있다. 유아는 점차 다양한 의문사를 사용하게 되어 4세경이면 '뭐, 어디, 누가, 언제, 왜, 어떻게'와 같은 의문사를 모두 사용할 수 있다. 부정문도 2세경부터 나타나는데, 초기에는 "안 ~" 형태를 많이 사용한다. 예를 들어, "안 먹어" "안 아파" "안 예뻐" 등이 있다(신경혜, 1994).

3) 의사소통 기술의 발달

유아기에는 단어의 획득이나 문법의 숙달로 말미암아 영아기에 비해 의사소통이 보다 효율적으로 이루어질 수 있다(사진 참조). 그러나 아직까지는 사고의 자기중심성 때문에 언어도 의사소통을 위한 사회화된 언어로 발달하지 못하고 자기중심적인 특성을 갖는다. 반복, 독백, 집단적 독백 등은 유아의 자기중심적인 언어표현의 대표적인 형태이다. 즉, 서로에게 이야기는 하고 있지만 그 말의 의미는 그들 자신의 사고 속에 국한되어 있다. 그러나 유아기 말에는 자기중심적 언어가 줄어들고 점차 사회화된 언어를 사용하게 된다. 또한 유아는 추상적인 언어적 비유나 어휘가

---

3) 동일한 격 안에서 의미·음운지식 제한으로 발생되는 조사오류이다.

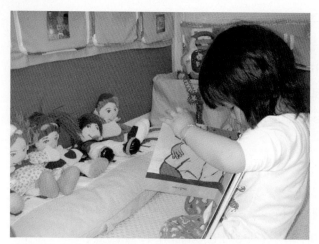

사진 설명: 유아가 인형들에게 그림책을 보여주면서 설명하고 있다.

지닌 다양한 의미나 느낌을 제대로 이해하지 못하며, 언어이해를 돕는 얼굴 표현이나 몸짓을 필요로 한다. 자신이 한 말을 확인해 보려는 의도에서 확인 부가 의문문을 상당히 많이 사용한다.

의사소통을 효율적으로 하기 위해서 유아는 물리적·사회적 맥락에 적절한 언어를 사용하는 방법을 습득해야 한다(Newcombe, 1996). 즉, 단어의 의미나 문법적 지식뿐 아니라, 청자에게 알맞은 주제와 알맞은 어투로 적당한 시간과 적절한 장소에서 이야기할 수 있는 능력이 필요하다. 보통 어린 유아조차도 기본적인 대화 규칙을 잘 따른다. 이러한 화자(speaker)로서의 기술은 유아기에 빠르게 발달하여, 만 2세 정도만 되어도 대부분 말을 걸면 대답을 해야 한다는 것을 알고 있다. 만 4세 정도가 되면, 말을 할 때 듣는 사람의 수준에 맞게 화법을 조절해야 한다는 것을 안다. 즉, 듣는 사람이 이해하기 쉬운 형태로 바꾸어서 이야기한다. 예를 들어, 유아가 자신보다 어린 동생에게 말할 때, 쉬운 단어를 사용하여 단순화시켜서 말하거나 천천히 혹은 반복해서 이야기하는 것을 볼 수 있다.

하지만 유아의 의사소통 능력에는 여전히 한계가 있다(Hetherington & Parke, 1993). 일대일 대화는 어느 정도 잘 이어가나, 동시에 여러 사람들과 대화하는 능력은 떨어진다. 즉, 두 사람 이상과 대화를 할 때는 자신이 이야기해야 할 때가 언제인지를 판단하는 데 어려움을 느낀다.

의사소통을 위해 요구되는 또 다른 기술은 다른 사람의 말을 잘 듣고 모호한 부분이 있으면 분명하게 알 때까지 물어볼 수 있는 청자(listener)로서의 능력이다. 어린 유아는 보통 자신이 타인이 전달하고자 하는 내용을 이해하지 못하였다는 사실을 인식하지 못하는 경우가 많다. 즉, 3~5세 유아는 자신이 듣는 말에서 모호한 정보를 찾아내고 이를 해결하는 능력이 부족하다(Shaffer, 1999). 이 시기의 유아는 종종 자신이 듣는 정보 그 자체보다 화자가 의미하는 것에 대한 자신의 생각에 초점을 두고 정보를 해석하는 것으로 보인다.

우리나라 만 2~3세 유아와 그의 어머니를 대상으로 어머니의 대화양식에 따른 유아의 의사소통 의도를 살펴본 연구(성미영, 2003)에서, 만 2~3세에도 의사소통 능력이 발달하기는 하였으나, 유아보다 숙달된 대화 능력을 갖춘 어머니와의 상호작용에서는 어머니의 반응을 이끌어 내면서 대화를 지속시키기보다는 어머니의 의도에 반응하여 상호작용을 지속시켜 나갔다고 하였다. 또한 자녀와의 놀이상황에서 대화 유도적 양식을 사용하는 어머니의 유아는 지시적 양식을 사용하는 어머니의 유아보다 제공 의도에 의한 반응을 많이 보였으며, 지시적 양식을 사용하는 어머니의 유아는 대화 유도적 양식을 사용하는 어머니의 유아보다 자신의 행동에 대한 허용을 어머니에게 더 자주 요구하는 것으로 나타났다. 이러한 결과는 일상생활에서 어머니가 자녀와 놀이를 할 때 사용하는 의사소통 방식이 유아의 의사소통 능력 발달에 누적된 영향력을 행사한다는 것을 나타낸 것이다.

4. 사회정서발달

유아기는 영아기에 비해 대인관계의 폭이 넓어지고 다양해지는 시기이다. 유아기에는 활동반경이 넓어짐에 따라 인간상호관계에 따른 정서적 긴장이 심하게 나타나며, 유아기에 와서 활짝 꽃피우는 언어능력의 발달로 인해 자신의 주장을 관철하기 위해 언어적 표현을 많이 하게 된다.

놀이는 유아의 사회성발달에 매우 중요한 역할을 한다. 놀이를 통해 유아는 사회적 관계를 형성하고, 사회적 기술과 역할을 습득하게 된다. 또래와의 놀이상황을 보면, 남아와 여아는 성을 분리해서 따로따로 노는 경향이 있다. 즉, 여아는 여아끼리 놀고, 남아는 남아끼리 논다. 이러한 경향은 2~3세에 이미 시작된다. 이 무렵의 유아는 남녀 간 성차이를 어렴풋이 이해하기 시작하는데, 이것은 나중에 자신이 속한 사회에서 규정하는 남녀의 성역할에 대한 이해의 기초가 된다.

유아가 최초로 맺는 인간관계는 부모와의 관계이다. 부모가 제공하는 환경은 유아의 신체적·지적·사회정서적 발달에서 중심적 역할을 하게 된다. 유아기에는 또한 동생을 보게 되면서 자신에게 오던 관심이나 사랑이 다른 사람에게 전이된다고 생각하여, 사랑받으려는 노력의 일환으로 미성숙한 행동양상을 자주 보이게 된다.

1) 정서의 발달

유아기의 정서는 영아기의 정서와 별로 차이가 없으며, 2세 이전에 분화되었던 여러 정서가 그대로 유지된다. 그러나 이러한 정서를 유발하는 요인이나 표현 방법에서는 차이를 보이게 된다.

(1) 정서이해 능력의 발달

유아기가 되면 유아는 정서표현에 대해 많은 것을 이해하게 된다(Denham et al., 2011; Easterbrooks et al., 2013; Goodvin, Winer, & Thompson, 2014; Saarni, Mumme, & Campos, 1998). 즉, 정서를 표현하는 단어를 사용하거나 이해하는 능력이 급속도로 증가한다. 그러나 슬픔과 같은 부정적 정서보다는 행복과 같은 긍정적 정서를 더 쉽게 이해한다. 예를 들면, 3~4세 유아들의 절반 이상이 "좋다"라는 단어를 사용하지만, 소수만이 "슬프다"라는 단어를 사용할 수 있는 것으로 보인다. 6세의 유아는 '시샘하는' '뽐내는' '난처한' '가련한'과 같은 좀더 복잡한 정서개념도 이해할 수 있다. 유아는 다른 사람의 긍정적 정서를 이해하는 데는 성인과 거의 동일한 수준이지만, 부정적 정서를 이해하는 데는 아직 서툴다(Fabes et al., 1994).

사진 설명: 유아기에는 슬픔과 같은 부정적 정서보다는 행복과 같은 긍정적 정서를 더 쉽게 이해한다.

유아는 또한 사람들이 '진짜로' 느끼는 정서와 그들이 '표현하는' 정서를 잘 구별하지 못한다. 왜냐하면 유아는 아직 사물의 실제 모습과 겉으로 보이는 모습의 차이를 이해하지 못하기 때문이다. 따라서 행복한 얼굴표정과 슬픈 얼굴표정을 구별할 수는 있지만, 슬픔을 느끼는 사람이 행복한 표정을 짓고 있거나, 기쁜 상황에서 기쁜 표정을 짓지 않

〈그림 8-16〉 유아들에게 이야기 속의 주인공이 어떠한 정서적(행복한, 슬픈, 두려운, 화난) 경험을 할 것인가를 질문한다.

으면 유아는 혼란을 느낀다(Friend & Davis, 1993).

3~4세경이 되면 유아는 기쁨, 슬픔, 분노, 놀람 등의 비교적 단순한 정서와 이들 정서를 야기하는 원인에 대한 이해도 증가한다. 꾸중을 들었을 때, 게임에 졌을 때, 자신이 원하던 것과 다른 선물을 받았을 때와 같은 상황에서 이야기 속의 주인공이 어떠한 정서적 경험을 할 것인가를 예측할 수 있게 된다(Stein & Trabasso, 1989; 〈그림 8-16〉 참조).

(2) 정서규제 능력의 발달

Carolyn Saarni

정서규제 능력은 정서표현(특히 부정적 정서표현)을 통제하는 능력을 말한다. 이러한 능력은 유아기에 크게 증가한다. Saarni(1984)는 정서규제 능력의 발달에 필요한 세 가지 요소를 제시했는데, 정서를 통제할 수 있는 능력, 언제 부정적 정서를 감추어야 할지에 대한 지식, 정서를 통제하고자 하는 동기가 그것이다.

다른 사람 앞에서 부정적 정서표현을 자제하는 능력은 3세경에 나타난다(Cole, 1986). 그러나 유아보다는 아동이 실망스러운 선물을 받은 후에 부정적 정서표현을 덜 하며, 자신의 진짜 감정을 숨기는 것이 왜 바람직한지 그 이유도 설명할 수 있다. 그리고 남아보다 여아가 자신의 정서를 더 잘 숨기는 것으로 보인다. 즉, 기대에 못 미치는 선물을 받았을 때, 여아가 남아보다 과장된 미소를 더 많이 지었다(Gnepp & Hess, 1986; Saarni, 1984; Zeman & Garber, 1996).

정서규제의 한 가지 중요한 측면은 좌절에 대한 참을성(tolerance for frustration)이다. 이 능력은 2세경에 나타나기 시작해서 유아기에 극적으로 증가한다(Bridges & Grolnick, 1995; Eisenberg, Fabes, Nyman, Bernzweig, & Pinuelas, 1994). 원하는 장난감을 가질 수 없거나 하고 싶지 않은 일을 해야 할 때와 같은 좌절상황에 직면했을 때, 나이 든 유아는 어린 유아보다 더 잘 견딘다. 좌절에 대한 참을성은 부모와의 관계에도 영향을 미친다. 부모에게 떼를 쓰거나 반항하는 것이 2~5세 사이에 급격히 감소한다(Kuczynski & Kochanska, 1990). 부모가 자신이 하기 싫은 일을 시켰을 때 참고서 그 일을 하고, 그러한 갈등을 해결하기 위한 해결책(예를 들면, 협상)을 찾아내기 시작한다.

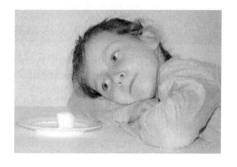

좌절에 대한 참을성은 만족지연(delay of gratification)에서도 나타난다. 만족지연이라 함은 지금 바로 보상을 받는 것보다 만족을 지연시켜 나중에 더 큰 보상을 받게 되는 것을 말한다(사진 참조).

정서지능

정서는 최근 개인의 행·불행이나 성공 또는 실패를 예측하는 중요한 자질로 부각되고 있다. 일반적인 통념과는 달리 한 개인의 이후의 성취를 예측하는 데 있어서 정서지능은 IQ나 표준화된 성취검사에 의해 측정되는 지적 능력보다 더 중요한 요인으로 작용한다는 것이다. 그러므로 기쁨, 흥미, 욕구, 명랑함 등의 긍정적인 정서의 발달을 촉진시켜 풍부한 인간성을 함양하는 것은 개인의 삶에서 중요한 의미를 갖는다.

정서지능(Emotional Intelligence)이라는 용어는 1990년 미국의 뉴햄프셔 대학의 존 메이어(John Mayer) 교수와 예일 대학의 피터 샐로베이(Peter Salovey) 교수에 의해 처음으로 사용되었다. 이들은 정서지능을 "자신과 타인의 정서를 평가하고 표현할 줄 아는 능력, 자신과 타인의 정서를 효과적으로 조절할 줄 아는 능력 그리고 자신의 삶을 계획하고 성취하기 위해서 그런 정서를 이용하여 활용할 줄 아는 능력"이라고 정의하고 있다.

그후 타임지가 1995년에 Daniel Goleman의 저서 『정서지능(Emotional Intelligence)』을 소개하면서, IQ에 대응하여 정서지능을 설명하기 위해 정서지수(Emotional Quotient: EQ)라는 용어를 사용하였다. 이후의 보다 큰 만족을 위해 현재의 만족감을 지연시킬 수 있는 능력, 충동적이기보다는 이성적인 것이 앞서는 개인적 자질은 IQ 검사에서는 나타나지 않는 EQ의 속성이다. 그러나 EQ는 IQ와 상반되는 개념이 아니며, 타인의 감정에 공감하기 위해서는 어느 정도의 인지적 능력이 필요하다.

정서지능을 높이려면 정서조절과 표현의 체험을 해야 하며 연습과 훈련을 받아야 한다. 다음과 같은 세 가지의 실제적이고 구체적인 체험을 생활화할 필요가 있다. 첫째, 어릴 때 자녀들로 하여금 부모나 형제자매 등 가족구성원들의 표정과 감정 그리고 속마음을 읽는 연습을 하도록 하고, 둘째, 화, 분노, 질투, 충동, 조바심 등이 일어날 때 그런 감정을 어떻게 처리하는 것이 좋은지 사례를 들어가면서 예행 연습을 시킨다. 셋째, 동화, 소설, 영화 속의 인물과 주인공의 정서처리 능력과 방법에 대해 조사 분석하고 표현하는 훈련을 통해 정서지능을 높일 수 있다.

유아기에는 만족지연 능력도 증가하는데, 여기에는 자신의 정서를 통제하는 능력이 작용하는 것으로 보인다. 그리고 좌절에 수반되는 긴장을 감소시키는 전략을 사용하는 법을 배우게 된다. 재미있는 장난감들을 유리 진열장에 넣고서 손대지 못하게 한 실험에서, 많은 유아들은 그 장난감들을 보지 않으려고 고개를 돌리고 다른 활동에 전념하였다. 가질 수 없는 장난감은 더 이상 자신의 관심 대상이 아니라는 이 전략은 긴장을 감소시킴으로써 그 상황을 좀더 견디기 쉽게 만들어 주는 것으로 보인다(Wolf, 1990).

우리나라 4~8세 아동 120명을 대상으로 한 연구(허수경, 이경님, 1996)에서, 아동의 만족지연시간은 연령이 증가할수록 길어졌다. 또한 아동의 만족지연시간은 신중성-충동성의 인지양식에 따라서도 차이를 보였다. 즉, 아동의 만족지연시간은 신중한 아동이 충동적인 아동보다 더 길었다.

2) 놀이

유아의 하루는 놀이의 연속이며, 그들이 하는 거의 모든 활동은 놀이가 된다. "유아는 놀면서 배운다"는 말도 있듯이, 놀이는 유아의 생활일 뿐만 아니라 유아가 여러 가지 지식을 획득하는 수단이기도 하다. 성인의 시각에서 보면 놀이는 시간을 없애는 무의미한 것일 수 있지만, 놀이는 유아의 성장과 발달에 영향을 미치는 중요한 활동이며, 그들의 일이다. 유아는 자신의 생각과 감정을 쉽게 언어화할 수 없다. 그러므로 언어보다는 놀이에 의해 이를 더 적절하게 표현할 수 있으며, 놀이를 통해 새로운 지식을 쉽게 획득한다. 그 외에도 놀이는 또래와의 관계를 확장시키고 신체발달을 돕는 다양한 기능을 가지고 있다(Coplan & Arbeau, 2009; Graham, 2020; Hirsh-Pasek & Golinkoff, 2014; Maloy et al., 2021; Smith & Pellegrini, 2013).

(1) 놀이이론

놀이를 설명하는 이론에는 정신분석이론, 인지발달이론, 사회학습이론 등이 있다. 이론마다 강조하는 측면이 다르지만, 세 이론 모두 놀이가 유아의 사회정서발달에 매우 중요한 역할을 한다는 데는 견해를 같이 한다.

① 정신분석이론

정신분석이론에서는 놀이의 기능을 아동의 심리적 갈등을 완화시켜 주고 욕구를 충족시켜 주는 것으로 보았다. 이러한 놀이의 기능에 근거하여, Anna Freud (1946, 1965)는 아동의 문제행동을 치료하기 위해 놀이 치료 요법을 발전시켰다.

놀이는 일상생활의 긴장상태를 여러 아동과의 관계를 통해 조절하거나 이를 사회적으로 인정된 방법으로 발산하는 기회를 제공해 준다. 또한 아동은 놀이를 통

해 자연스럽게 자신이 지닌 심리적 문제를 표현하며 자신이 가진 부정적인 감정을 투사함으로써 정화작용이 되게 한다. 특히 다른 물건이나 사람인 것처럼 가장하고 놀이를 하는 가상놀이(사진 참조)에서는 이러한 투사를 통한 정화작용의 효과가 훨씬 크게 나타난다. 유아기에는 상징적 기능을 갖게 됨으로써 가상놀이가 점차 증가하며 정교해진다. 이러한 가상놀이는 무의식적 갈등이나 두려움을 해결하기 위해 행해지기도 하지만, 금지된 놀이를 가상놀이를 통해 해 봄으로써 그들의 자아를 만족시키기도 한다. 즉, 놀이는 원초아와 초자아의 갈등을 해결하는 역할을 하게 된다.

놀이치료

아동에게 있어 놀이는 '유희'의 기능만이 있는 것이 아니라, 실현 불가능한 자신의 욕구나 갈등과 같은 비언어적 의사를 담아내는 중요한 역할을 한다. 성인이 주로 언어로 자신의 의사를 표현한다면, 언어적 기술이 부족한 아동은 많은 경우 놀이에 사용되는 놀잇감을 통해 의사표현을 한다. 아동은 놀이 속에서 자아(감정, 사고, 경험, 행동 등)를 탐색하고, 자신의 소망을 실현시킨다. 다시 말해, 아동은 놀이를 통해 자신의 감정을 표출하고, 긴장을 해소하며, 외상이나 스트레스에 대처하는 적응력을 키운다(Yanof, 2013).

놀이치료(play therapy)는 특히 최근에 성적 학대, 부모의 이혼이나 죽음 등과 같은 심한 외상경험(traumatic experiences)을 한 아동에게 유용하다. 놀이치료는 아동이 치료자에 대한 거부나 저항 없이 곧 놀이에 몰두하고, 자신이 놀이의 주체이자 결정자가 되면서 신나게 놀면서 문제를 표출하게 된다. 결국 아동은 놀이과정을 통해 치료자와의 역동적 관계를 형성하고, 자아존중감, 자기동기화된 행동, 환경에 대한 숙달감 그리고 내적 통제력이 강화되어 현실에서 불가능한 행동에 대한 보상과 적응적 행동을 위한 대안을 모색할 수 있다. 따라서 놀이치료는 아동의 특성을 고려한 심리치료 방법이라 할 수 있다.

대부분의 놀이치료는 아동중심의 접근을 통해 이루어지며, 치료자와 아동 사이의 정서적 관계가 지니는 치료적 힘을 강조한다. 놀이에 사용되는 놀잇감은 치료목표에 따라 선택되고, 아동에게 가장 자연스러운 의사소통의 기회를 제공하기 위한 것으로 구성된다. 놀이치료에 소요되는 시간은 아동의 문제행동이 지니는 상태와 아동의 개별성 그리고 치료목표와 계획에 따라 달라지게 된다. 궁극적으로 놀이치료는 아동에게 자신의 성장과 발달을 돕는 창의성과 이해력 증진을 위한 힘을 사용할 수 있는 기회를 제공한다(Sanders, 2008).

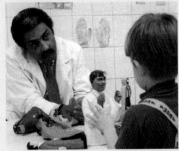

사진 설명: 놀이를 통해 아동은 자신의 정서를 표출한다.

② 사회학습이론

사회학습이론에서는 놀이를 아동이 새로운 행동이나 사회적 역할을 안전하게 시험해 볼 수 있는 기회라고 본다. 놀이를 통해 사회적 관계를 형성하고, 사회성이 발달된다. 아동의 사회성발달 수준에 따라 놀이 형태도 달라진다. 2세까지는 사회화된 놀이가 빈번하게 나타나지 않으나, 유아기에 접어들면 지금까지의 감각운동적 놀이에서 보다 사회화된 놀이로 발전한다.

사회학습이론적 관점에서 보면, 놀이는 아동이 관찰학습이나 모방과정을 통해 점차적으로 사회적 기술을 습득하는 방법이 된다. 유아가 강화받은 놀이는 점차 빈번해지고, 강화받지 못한 놀이는 점차 감소하게 되므로, 놀이의 종류를 지나치게 제한하면 놀이를 통한 인지발달과 사회성발달이 저해된다.

③ 인지발달이론

인지발달이론의 관점에서 보면, 놀이는 새롭고 복잡한 사건이나 사물을 배우는 방법이다. "공부만 하고 놀 줄 모르면 아이를 바보로 만든다"라는 말처럼, 놀이는 아동의 인지발달에 절대적인 영향을 미친다. 놀이를 통해 새로운 개념이나 기술을 습득하고, 생각과 행동을 통합해 나가며, 문제해결 능력을 키울 수 있다. 이를 반영하듯 놀이의 종류도 인지발달 단계와 밀접하게 관련되어 있다. 인지발달이론에서는 인지발달의 네 단계와 병행해서 네 종류의 놀이가 있다고 본다(Piaget, 1962; Smilansky, 1968). 즉, 감각운동기에는 기능놀이를 주로 하고, 전조작기에는 구성놀이나 가상놀이를 주로 하며, 구체적 조작기에는 규칙 있는 게임을 주로 한다고 한다.

(2) 놀이의 유형

놀이의 유형을 인지적 수준과 사회적 수준으로 나누어 살펴보기로 한다.

① 인지적 수준에 따른 놀이의 유형

Smilansky(1968)는 유아기의 놀이를 인지적 수준에 따라 기능놀이(functional play), 구성놀이(constructive play), 가상놀이(pretend play), 규칙 있는 게임(games with rules)의 네 가지 형태로 구분한다.

㉠ 기능놀이: 영아기에는 딸랑이를 흔들거나 자동차를 앞뒤로 굴리는 것과 같이 단순히 반복적으로 근육을 움직이는 기능놀이가 주를 이룬다.

㉡ 구성놀이: 블록쌓기, 그림 자르기, 그림 붙이기와 같이 무엇인가를 만들어 내는 구성놀이는 유아기에 주로 나타난다.

㉢ 가상놀이: 병원놀이, 소꿉놀이 등의 가상놀이는 아동의 표상능력을 반영해 주는 것으로 인지발달을 위해 유용한 정보를 제공해 준다(Lyytinen, 1995). 즉, 존재하지 않는 것이 존재한다고 가정하려면 최소한의 인지적 능력이 요구되므로, 인지발달이 선행되어야 가상놀이가 가능하고 가상놀이를 많이 할수록 인지발달이 촉진되는 순환이 이루어진다. 실제로 '아기 돼지 삼형제'의 우화를 실연했던 가상놀이 집단과 자르고 풀칠하는 단순활동을 위주로 한

사진 설명: 유아들이 가상놀이를 하고 있다.

Kenneth Rubin

통제집단과의 비교연구 결과에서도, 6개월 후 가상놀이 집단의 지능지수가 통제집단에 비해 높게 나타났다(Saltz, Dixon, & Johnson, 1977).

② 규칙 있는 게임: 아동기에 접어들면서 윷놀이, 줄넘기놀이, 숨바꼭질과 같이 미리 만들어진 규칙에 따라 놀이를 하는 게임이 주류를 이루게 된다. 때로는 놀이 그 자체보다는 규칙을 새로 만들고, 바꾸고, 협상하는 데에 시간을 더 많이 보내게 된다. 규칙 있는 게임놀이는 유아기 말에 나타나기 시작해서 아동기 말에 절정을 이룬다(Rubin & Krasnor, 1980).

우리나라 3~4세 유아의 놀이행동에 관한 연구(고윤지, 김명순, 2013)에서 의사소통능력 수준이 높은 유아는 가상놀이(상징놀이)를, 의사소통능력 수준이 낮은 유아는 기능놀이를 많이 하는 것으로 나타났다. 이러한 결과는 유아가 가상놀이에서는 언어를 통해서 역할이나 상황을 사실적인 것에서 상상적인 것으로 변형하기 때문에 의사소통이 필수적 요인임을 시사하는 것으로 보인다. 한편, 기능놀이는 사물을 가지고 단순히 반복적으로 근육을 움직이는 놀이이기 때문에 높은 수준의 의사소통능력이 필수적 요인은 아닌 것으로 보인다.

② 사회적 수준에 따른 놀이의 유형

Mildred Parten

놀이활동에서 사회적 상호작용이 얼마나 많이 이루어지느냐에 따라, Parten(1932)은 놀이를 다음과 같이 6가지 유형으로 구분한다. Parten에 의하면, 유아기에 접어들면 놀이는 보다 상호작용에 근거한 사회화된 형태로 발전하며, 놀이를 통한 사회성발달은 세 단계로 진행된다고 한다. 첫 단계는 몰입되지 않은 놀이, 방관자적 놀이, 혼자놀이처럼 비사회적 놀이의 형태이며, 점차 이는 평행놀이라는 제한된 사회적인 활동으로 옮아간다. 마지막 단계에서 유아는 연합놀이나 협동놀이 같은 진정한 사회적 상호작용의 형태에 참여하게 된다(Berk, 1996).

㉠ 몰입되지 않은 놀이(unoccupied play): 영아는 놀고 있지 않는 것처럼 보이지만 주변의 일에 흥미를 가지고 있으며, 주로 자신의 신체를 가지고 논다.

㉡ 방관자적 놀이(on-looker behavior): 대부분의 시간을 다른 유아가 노는 것을 관찰하면서 보낸다. 다른 유아에게 말을 하거나 질문을 하거나 제안은 하지만, 자신이 직접 놀이에 끼어들지 않고 계속 관찰하는 방관자적 입장에 있다.

㉢ 혼자놀이(solitary play): 곁에 있는 유아와 상호작용을 하기보다는 혼자 장난감을

가지고 논다.

ⓔ 평행놀이(parallel play): 같은 공간에서 다른 유아와 같거나 비슷한 성질의 장난감을 가지고 놀지만 상호 간에 특별한 교류가 없고, 이들과 가까워지려는 어떠한 노력도 보이지 않는다.

ⓜ 연합놀이(associative play): 둘 이상의 아동이 함께 공통적인 활동을 하고, 장난감을 빌려 주고 빌리기도 하면서 놀이를 한다. 그러나 각자의 방식대로 행동하며, 놀이에서 리더나 일정한 목표, 역할분담은 없다.

ⓗ 협동놀이(cooperative play): 아동은 한 가지 활동을 함께하고, 서로 도우며, 조직된 집단으로 편을 이루어 놀이를 한다. 규칙에 따라 놀이가 이루어지며 리더나 공동의 목표, 일정한 역할분담이 존재한다.

〈그림 8-17〉은 여러 가지 놀이의 유형에 관한 것이다. Parten은 유아가 점차 성장하고 사회성이 발달함에 따라 혼자놀이와 평행놀이의 비중은 감소하고 연합놀이나 협동놀이의 비중은 증가한다고 하였다. 그러나 이 같은 놀이의 발달단계에 대해서는 비판적인 견해도 있다. 이들은 혼자 노는 유아가 사회적 적응이 안 된다는 표시가 아니라 오히려 독립심과 성숙함을 나타내는 것일 수도 있다고 본다. 혼자놀이의 50% 정도는 교육적 활동이 포함되며, 나머지 25%는 춤추기나 달리기 같은 대근육 운동에 초점을 두고 있다. 또한 평행놀이를 통해서도 유아는 옆에 있는 다른 유아의 놀이를 흉내 냄으로써 배우게 되며, 이러한 비언어적 상호작용은 이후의 연합놀이나 협동놀이에서 나타나는 언어적 상호작용이나 사회적 협응의 밑거름이 된다고 볼 수 있다(Eckerman, Davis, & Didow, 1989). 현대사회와 같이 형제 수가 적고, TV 시청시간이 많으며, 단순한 장난감보다 정교한 장난감, 특히 오락 게임기나 컴퓨터가 보편화된 사회에서는 혼자놀이의 비중이 점차 증대하게 된다.

3) 미디어와 스크린 타임

오늘날 많은 아동들은 유아기 때부터 TV나 컴퓨터, 스마트폰 등을 사용하고 있다(Lever-Duffy & McDonald, 2018). TV는 20세기 후반부터 계속해서 아동발달에 큰 영향을 미치고 있지만(Maloy et al., 2021), 최근에 와서 TV나 DVD의 영향뿐만 아니라 비디오게임, 컴퓨터,

아이패드(사진 참조) 등의 과도한 사용에 대한 경각심을 일깨우기 위해 '스크린 타임 (screen time)'이라는 용어가 사용되고 있다(Bickham et al., 2013; Boers, Afzali, & Conrod,

방관자적 놀이

평행놀이

혼자놀이

연합놀이

협동놀이

〈그림 8-17〉 여러 가지 놀이의 유형

2020; Lissak, 2018; Llyod et al., 2014; Ngantcha et al., 2018; Poulain et al., 2018; Yilmaz, Demirli, Caylan, & Karacan, 2014).

최근 세계보건기구(World Health Organization: WHO)에서는 3~4세 유아가 하루에 1시간 미만의 '스크린 타임'을 갖도록 권고하였다(Willumsen & Bull, 2020). 장시간의 '스크린 타임' 노출은 아동기 건강문제, 수면문제, 학업성취, 비만, 공격성, 불안, 우울증과 관련이 있으며(Berglind et al., 2018; Hale et al., 2018; LeBourgeois et al., 2017; Lissak, 2018; Picherot et al., 2018), 인지발달을 저하시키는 것으로 밝혀졌다(Carson et al., 2015). 유아를 대상으로 한 또 다른 최근 연구에서는 하루에 2시간 이상 스크린 타임에 노출된 유아는 주의집중 문제나 외현화 문제가 있는 것으로 나타났다(Tamana et al., 2019). 또한 TV, DVD, 비디오게임, 뮤직비디오 등의 폭력물 시청은 사회적 능력의 감소(Hinkley et al., 2018)와 높은 수준의 신체적 공격과 관련이 있는 것으로 밝혀졌다(Coker et al., 2015).

4) 성역할발달

인간을 분류하는 가장 기본적인 범주는 성별이며, 우리가 속해 있는 사회는 성별에 따라 남성과 여성에게 적합하다고 생각되는 특성을 규정하고 있다. 사회가 각 성에 적합한 것으로 규정한 행동이나 태도를 자신의 것으로 내면화시키는 것을 성유형화라고 하며, 이를 통해 우리는 자신의 성에 적합한 성역할 개념을 습득하게 된다.

(1) 성역할발달의 이론

한 개인이 그가 속해 있는 사회가 규정하는 성에 적합한 행동, 태도 및 가치관을 습득하는 과정을 성역할 사회화라 한다. 이 성역할 사회화 과정을 통해 남성성 또는 여성성이 발달한다. 남성성과 여성성의 발달은 인간발달의 매우 중요한 측면으로 정신건강의 한 척도가 되어 왔다. 즉, 여자는 여성적인 것이, 남자는 남성적인 것이 정신적으로 건강하다는 것이다.

이와 같은 성에 적합한 사회적 역할을 학습하는 과정은 그 기초가 가정에서 이루어지며, 동성의 부모와 동일시하려는 심리적 과정에서 진행된다. Freud의 정신분석이론, Mischel의 사회학습이론, Kohlberg의 인지발달이론, Bem의 성도식이론 그리고 Hefner 등의 성역할초월이론이 성역할 동일시의 발달과정을 설명하고 있다.

① 정신분석이론

Freud(1933)에 의하면, 남자와 여자의 근원적인 차이는 심리성적 발달의 5단계 중에서 제3단계인 남근기에서의 서로 다른 경험에 기인한다고 한다. 이 단계에서 남아는 오이디푸스 콤플렉스를, 여아는 엘렉트라 콤플렉스를 각각 경험하게 되는데, 이러한 콤플렉스를 해결하기 위한 수단으로 성역할 동일시가 이루어진다고 한다. 즉, 이성 부모에 대한 근친상간적 성적 욕망을 현실적으로 실천할 수 없음을 깨닫게 되고, 동성 부모의 보복을 두려워하게 된다. 이때 남아는 거세불안(castration anxiety)을 감소시키기 위해 방어적으로 아버지와 동일시하게 된다. 그러나 여아의 경우는 거세불안을 느낄 필요가 없으므로, 엘렉트라 콤플렉스를 해결하고자 하는 동기에 대한 Freud의 설명은 불충분하다. 아마도 어머니의 애정을 잃을까 봐 두려워서 근친상간적 욕망을 억압하고, 어머니를 동일시하여 여성성을 강화시키는 것이 아닌가 생각된다. 하지만 거세불안이 없는 만큼 동일시하고자 하는 동기가 남아보다 약하다고 한다.

Walter Mischel

② 사회학습이론

　Mischel(1970)은 성역할이 직접학습과 관찰학습에 의해 발달한다고 설명한다. 부모, 교사 또는 친구가 아동의 성에 적합한 행동을 강화하고, 성에 적합하지 못한 행동을 벌함으로써 직접학습이 이루어진다. 그리고 이 직접학습에 의해서 남아는 단호하고, 경쟁적이며, 자동차나 총과 같은 장난감을 가지고 놀도록 장려되고, 여아는 얌전하고, 협동적이며, 인형이나 소꿉놀이 장난감을 가지고 놀도록 장려된다. 또한 아동은 관찰을 통해서 많은 성역할 행동을 학습한다(사진참조). 즉, 아동은 부모나 친구 또는 다양한 형태의 매체를 통해서 자기 성에

적합한 행동을 학습하고, 이러한 행동유형은 강화를 통해서 내면화된다고 한다.

③ 인지발달이론

Kohlberg(1966)는 성역할 동일시의 가장 중요한 요인은 아동 자신이 남자다 또는 여자다라는 성별 자아개념을 인식하는 것으로, 이것이 동일시에 선행한다고 주장한다. 즉, "나는 남자다"라는 인식이 먼저이고, 그다음이 "그러므로 남자에게 적합한 행동을 한다"라는 동일시가 나중에 이루어진다는 것이다.

정신분석이론이나 사회학습이론은 모두 같은 성의 부모와 동일시하는 것이 자기 성에 적합한 행동 및 태도를 습득하는 선행조건이라고 보는 반면, 인지발달이론은 같은 성의 부모와의 동일시가 성유형화(性類型化)의 결과라고 본다(〈그림 8-18〉 참조).

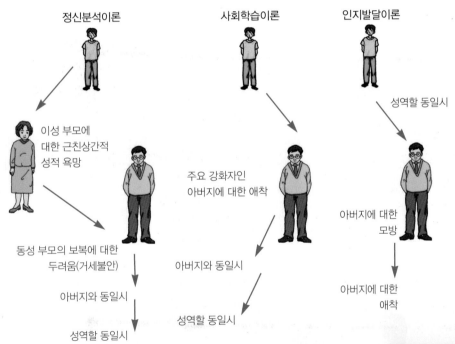

〈그림 8-18〉 Kohlberg가 해석한 심리성적 동일시이론

④ 성도식이론

Bem(1981, 1985)의 성도식(gender-schema)이론은 사회학습이론과 인지발달이론의 요소를 결합한 것이다. 즉, 성도식이론은 성역할 개념의 습득과정을 설명하는 정보처리이론으로서, 성유형화가 아동의 인지발달 수준이나 사회문화적 요인의 영향을 받지만 동시에 성도식화(gender schematization)과정을 통해 형성된다고 한다.

Sandra Bem

성도식화란 성도식에 근거해서 자신에 관한 정보를 포함한 모든 정보를 부호화하고 조직화하는 전반적인 성향이다. 여기서 성도식이란 성에 따라 조직되는 행동양식으로서 사람들로 하여금 일상생활에서 남성적 특성 또는 여성적 특성을 구분하게 해 준다.

아동은 어떤 물체나 행동 또는 역할이 남성에게 적합한 것인지 또는 여성에게 적합한 것인지(예를 들면, 여아는 울어도 되지만 남아는 울어서는 안 된다 등)를 분류해 주는 내집단/외집단이라는 단순한 도식을 습득한다. 그리고 자신의 성에 적합한 역할에 대한 좀더 많은 정보를 추구하여 자신의 성도식(own-sex schema)을 구성한다. 자신의 성 정체감을 이해하는 여아는 바느질은 여아에게 적합한 활동이고, 모형 비행기를 만드는 것은 남아에게 적합한 활동이라는 것을 학습한다. 그리고 나서 자신은 여아이기 때문에 자신의 성 정체감과 일치되게 행동하기를 원한다. 따라서 바느질에 관한 많은 정보를 수집하여 자신의 성도식에 바느질을 포함시킨다. 그리고 모형 비행기를 만드는 것은 남아에게 적합한 활동이라는 것 이상의 정보는 전부 다 무시해 버린다.

이상의 예를 통해 설명한 바와 같이 주어진 정보가 자신의 태도와 일치하고 그에 대한 지식이 많을수록 그것을 보다 잘 기억하고 선호하게 되며, 반대의 경우에는 기억되지 않을 뿐만 아니라 회피하게 된다. 즉, 자신이 가지고 있는 성도식에 근거한 이러한 선택적인 기억과 선호과정을 통해 성역할발달이 이루어진다.

일단 성도식이 발달하면 아동은 자신의 성도식에 맞지 않는 새로운 정보를 왜곡하는 경향이 있다(Liben & Signorella, 1993; Martin & Halverson, 1983). 예를 들어, 여성은 의사가 될 수 없다고 믿는 아동이 여의사로부터 진찰을 받고 나서 자신을 진찰한 사람은 여의사가 아니고 간호사라고 기억하며, 여전히 여성은 의사가 될 수 없다고 생각하는 것이다. 〈그림 8-19〉는 유아가 가지고 있는 성역할 고정관념의 예이다. 물론 학습된 성도식은 수정될 수 있다. 그러나 이러한 수정은 문화적으로 깊이 스며든 태도를 바꾸는

〈그림 8-19〉 성역할 고정관념의 예

것을 의미하며, 이러한 변화는 상당한 저항을 받게 된다.

⑤ 성역할초월이론

Hefner, Rebecca, Oleshansky(1975)는 성역할 사회화에 대한 전통적인 견해는 인간의 잠재력을 위축시키고, 성별의 양극 개념과 여성의 열등성을 조장하는 것이라고 주장하면서, 성역할발달에 관한 3단계의 새로운 모델을 제시하였다. 그들의 주요 목적은 인간의 역할을 재정의하고 그렇게 함으로써 성차별의 근원을 제거하려는 것이었다. 그들이 분류한 성역할발달의 3단계는 성역할의 미분화 단계, 성역할의 양극화 단계, 성역할의 초월 단계이다. 이 중 마지막 제3단계가 성역할의 고정관념을 뛰어넘어 인간의 잠재력을 충분히 발휘하게 되는 단계라고 한다.

Meda Rebecca

제1단계인 성역할의 미분화 단계에서 아동의 사고는 총체성으로 특징지어진다. 즉, 아동은 성역할이나 성유형화 행동에 대해 분화된 개념을 가지고 있지 못하다. 또한 생물학적인 성에 따라 문화가 제한하는 행동이 있다는 것도 깨닫지 못한다.

제2단계는 성역할의 양극화 단계로서 이 단계에 있는 사람들은 자신의 행동을 고정관념의 틀 속에 맞추는 것을 필연적인 것으로 생각한다. 성역할의 양극개념을 강조하는 사회에서는 전생애를 통해 남자는 남성적인 역할을, 여자는 여성적인 역할을 엄격히 고수할 것을 요구한다. 이와 같이 남성적 또는 여성적이라는 양극에 대한 엄격한 고수는 부적응적인 것이고, 역기능적인 것일 뿐만 아니라 오늘날 우리 사회에서 많은 성차별을 낳게 하는 원인이 되고 있다.

제3단계인 성역할의 초월 단계에 있는 사람은 성역할의 고정관념에서 벗어나 상황에 따라 적절하고 적응력 있게 행동할 수 있고, 행동적 표현이나 감정적 표현이 성역할 규범에 얽매이지 않는다. 이것이 바로 성역할에 관한 고정관념을 초월하게 하는 것이다. 이러한 성역할 초월성은 융통성, 다원성 그리고 개인적 선택 및 개인이나 사회가 현재의 억압자–피억압자의 성역할에서 벗어나는 새로운 가능성을 의미한다.

(2) 성역할발달과 영향요인

성역할발달에 영향을 미치는 요인은 다음과 같다.

① 생물학적 요인

성호르몬은 성역할발달에 영향을 미친다(Hines, 2011, 2013). 여성 호르몬인 에스트로겐은 주로 여성의 신체적 특징에 영향을 미치고, 남성 호르몬인 안드로겐은 주로 남성의 생식기와 이차 성징의 발달에 작용을 한다. 한 연구에서 태내 호르몬의 변화가 성역할발달에 미치는 영향을 조사한 바 있다. 몇 사람의 산모에게 남성호르몬을 주사한 일이 있는데, 이들은 유산의 경험이 있는 산모로서 남성호르몬이 그 치료가 되리라 믿었기 때문이다. 남성호르몬 치료를 받고서 태어난 아이들과 치료를 받지 않은 같은 성의 형제를 비교해 본 결과, 남성호르몬 치료를 받은 여아는 훨씬 더 활동적이고, 놀이 친구로서 여아보다 남아를 선호하였으며, 인형보다는 총이나 자동차 같은 장난감을 좋아했고, 외모에는 관심이 없었다. 치료를 받은 남자아이들은 그렇지 않은 남자형제보다 훨씬 더 거친 놀이를 하고 놀았다(Santrock, 1981).

남성호르몬인 안드로겐이 비정상적으로 높은 수준인 여아의 경우 자신이 여자라는 사실에 매우 불만족스러워하고, 남자가 되는 것에 큰 관심을 보이며, 남자아이와 함께 놀이하는 것을 좋아하고, 인형보다는 남자아이들이 좋아하는 장난감을 선호하였다(Berenbaum & Bailey, 2003; Burton et al., 2009; Knickmeyer & Baron-Cohen, 2006; Mathews et al., 2009).

성호르몬은 사회정서발달에도 영향을 미친다. 최근 한 연구(Auyeung et al., 2009)에서 양수로부터 측정한 태아의 테스토스테론 수준이 높은 경우 남아든 여아든 6~10세가 되었을 때 전형적인 남아의 놀이를 더 많이 하는 것으로 나타났다.

② 문화적 기대

Margaret Mead

문화 또한 성역할발달에 매우 중요한 역할을 한다. Mead(1935)가 뉴기니 섬의 세 종족의 원주민을 대상으로 연구한 결과는 문화에 따라 전혀 다른 성역할발달이 이루어진 것을 보여주고 있다. 이들 세 종족 중 두 종족에서는 성역할 분화가 거의 이루어지지 않았는데, 한 종족은 남녀 모두 많은 문화권에서 여성적인 것으로 규정된 행동특성, 즉 순종적이고 협동적이며 단호하지 못한 행동들을 나타내었다. 반면, 다른 한 종족은 많은 문화권에서 남성적인 것으로 규정된 행동들을 나타내었는데, 이 부족은 적대적이고 공격적이며 잔인한 것으로 보였다. 끝으로 나머지 한 종족에서는 Parsons와 Bales(1955)가 정의한 전통적인 성역할이 반대로 나타났다. 즉, 남자는 다른 사람의 감정에 민감하고 의존적인 반면, 여자는 독립심이 강하고 공격적이며 의사결정에 있어 중요한 역할을 하는 것으로 보였다.

이와 같이 전통적인 성역할이 대부분의 문화권에서는 보편적인 현상이지만 남성성, 여성성의 발달은 문화에 따라 상당히 융통성이 있다는 것을 볼 수 있다. 따라서 만약 남녀 간에 신체적 구조에 기인한 사회적·인지적 차이가 있다면 이들은 문화적 요인에 의해서 상당히 수정될 수 있다는 것을 알 수 있다.

③ 부모의 역할

부모는 아동이 제일 먼저 그리고 가장 많이 접하게 되는 중요 인물로서 생후 초기부터 자녀의 성역할발달에 지대한 영향을 미친다. 부모는 성역할 습득을 위한 훈육자로서 또는 모델로서 의미를 지니며, 자녀는 이러한 부모를 통하여 성역할을 발달시킨다(Hilliard & Liben, 2012; Leaper, 2013; Leaper & Bigler, 2018; Liben, Bigler, & Hilliard, 2014). 부모는 자녀에게 적극적으로 성에 적합한 행동을 권유할 뿐만 아니라 그러한 행동을 했을 때 보상을 하고, 성에 적합하지 못한 행동을 하였을 때에는 벌을 준다(사진 참조).

정신분석이론과 사회학습이론은 각각 같은 성의 부모와 동일시 또는 모방을 통해서 성역할 습득이 이루어진다고 설명하고 있다. 이들의 견해가 전적으로 받아들여지고 있는 것은 아니지만, 부모의 모델적 행동이 자녀의 성역할발달에 주요한 요인임은 주목할 만하다.

우리 사회의 여러 측면에서 전통적인 성역할 개념이 약화되기에 이르렀지만 많은 부모들이 여전히 딸이나 아들과의 상호작용에서 큰 차이를 보이는데, 이러한 차이는 청년기까지 계속된다(Bronstein, 2006; Galambos et al., 2009).

④ 또래와 교사의 역할

또래가 성역할발달에 미치는 영향도 매우 중요한데, 또래의 영향은 특히 유아기에 두드러지게 나타난다. 상당량의 성역할 학습은 성이 분리된 놀이상황에서 일어난다. 이는 같은 성의 또래와의 놀이가 성에 적합한 행동을 배우고 실행해 보는 좋은 방법이 될 수 있기 때문이다.

또한 유아들은 성에 적합한 행동은 서로 보상하고, 성에 부적합한 행동은 벌한다(Leaper, 2013; Leaper & Bigler, 2011, 2018; Matlin, 2012; Rubin, Bukowski, & Bowker, 2015). Fagot 등의 연구(Fagot, 1977; Fagot, Rodgers, & Leinbach, 2000)에서 유아원의 아이들은 남아의 경우 망치질을 한다든가 모래밭에서 놀때에 강화를 받았고, 여아의 경우 인형놀이나 소꿉놀이 등을 할 때 강화를 받았다. 또 성에 적합하지 않은 행동을 보일 경

사진 설명: 인형놀이를 하는 남자아이는 또래들로부터 조롱을 받는다.

우에는 비판적이고 때로는 의도적으로 망신을 주기도 하였다. 이러한 또래들의 보상과 벌은 유아의 행동에 많은 영향을 주기 때문에 더욱 중요한 의미를 가진다. Lamb과

Roopnarine(1979)은 3세 유아들이 반대 성의 행동을 하다가 또래들로부터 조롱을 받자 하고 있던 일을 재빠르게 바꾸었으며, 성에 적합한 놀이에 대해 보상을 받았을 때는 평소보다 더 오랫동안 그 놀이를 계속하였음을 발견하였다. 이와 같이 또래들은 매우 어려서부터 성역할 습득을 위한 놀이를 통해 서로 가르치고 자극을 받는다.

또래집단만큼 강하지는 않지만 교사들 또한 유아의 성에 적합한 놀이는 보상을 하고, 성에 적합하지 않은 놀이는 하지 못하도록 한다(Mullola et al., 2012). 그러나 많은 교사들이 남녀 유아 모두에게 여성적인 특성을 강조하는 경향이 있다. 이러한 경향은 교사가 점차 경험을 갖게 되면서 더욱 증가하는데, 이는 교사가 정숙과 질서를 유지시켜 수업을 잘 이끌어 나가기 위해서는 여성적 특성을 강화하는 것이 효과적이라는 것을 경험을 통해 알게 되었기 때문이다. 그러나 교사가 여성적 특성을 강화하는 것은 남성적 특성을 강조하는 또래집단의 가치와 모순되기 때문에 남아에게 혼란을 가져다주기도 한다. 남아의 이러한 혼란과 갈등은 입학 초기에 남아들이 학교에 가기를 싫어하며, 학업성적이 떨어지는 원인이 될 수 있다.

⑤ 텔레비전의 영향

사진 설명: 텔레비전을 많이 보는 아동은 전통적 성역할을 고수하는 경향이 있다.

대중매체가 아동의 성역할발달에 미치는 영향에 대한 연구는 주로 텔레비전을 중심으로 이루어져 왔는데, 그 이유는 대중매체 이용률에서 텔레비전이 차지하는 비율이 가장 높기 때문이다. 텔레비전을 통해 묘사되는 남성과 여성에 대한 이미지는 아동의 성역할발달에 지대한 영향을 미치는데, 아동이 성에 대한 가치관이나 태도를 형성하는 데 있어서 텔레비전에서 제시되는 성에 대한 정보에 상당 부분 의존하기 때문이다(Sutton et al., 2002). 이는 Bandura가 언급한 모방학습의 효과로 설명할 수 있으며, 또한 텔레비전을 많이 보는 사람은 자신이 실제로는 텔레비전 속의 세계와 상이한 삶을 살고 있다 하더라도 텔레비전 속의 세계가 실제 삶에 영향을 미치는 반향(resonance)효과로도 설명할 수 있다(Gerbner, 1998).

텔레비전은 전통적인 성역할을 자주 묘사함으로써 많은 시간을 텔레비전 시청으로 보내는 아동에게는 전통적 성역할을 고수하게 하는 결과를 낳는다. 텔레비전에서 묘사되는 남녀의 역할을 보면 남자가 주인공인 경우가 대부분이다. 그리고 남자는 적극적이고 공격적이며, 중요한 의사결정을 하는 인물로 묘사된다. 반대로, 여자는 주로 가정주부나 비서, 간호사 등으로 등장하며, 수동적이고 소극적이며, 의존적인 인물로 묘사된다. 따라서 텔레비전을 많이 보는 아동이 텔레비전을 적게 보는 아동보다 훨씬 더

텔레토비

바니와 친구들

성역할 고정관념을 고수하였다는 결과는 그리 놀라운 것이 아니다.

텔레비전을 통해 방영되는 대부분의 광고내용 또한 전통적인 성역할 특성을 반영하는 것으로 나타났다(Hetsroni, 2007). '텔레토비' '바니와 친구들' 등의 프로그램에서 성역할 특성에서 다소 변화가 나타나고 있으나 이러한 변화가 남아의 행동에서는 보다 개방적으로 이루어지고 있는 반면, 여아의 경우에는 보다 전통적인 성역할에 대해 강화가 이루어지고 있는 것으로 나타났다.

우리나라 연구에서도 텔레비전 만화영화에서 대체로 남성은 여성에 비해 빈번하게 등장할 뿐 아니라 리더로서의 역할 빈도도 많은 반면, 여성은 추종자 역할에 치중되어 있었다. 또한 남성은 논리적·합리적·독립적·적극적 성향을 보이는 반면, 여성은 감성적·희생적·순종적 성향으로 뚜렷한 성역할 고정관념을 보이는 것으로 나타났다(김명희, 2003).

그러나 한편으로는 텔레비전에 등장하는 인물들에 대한 묘사가 전반적인 성역할 고정관념에서 점차 벗어나는 경향을 보이고 있다. 광고에 등장하는 인물에 대한 묘사가 전반적으로 성역할 고정관념을 기초로 하고 있으나 여성의 성역할에서는 메시지 제시방법, 역할, 상품 종류 면에서 중립적이거나 비전통적인 성역할 모델이 제시되기도 한다(김광옥, 하주용, 2008).

텔레비전은 아동이 접하는 매체 중 영향력이 가장 강한 것으로, 전통적인 성역할 개념에서 벗어나 새로운 성역할 개념으로 발전하는 데 매우 중요한 역할을 할 수 있다. 한 연구(Davidson, Yasuna, & Tower, 1979)에서, 5~6세의 아동들에게 비전통적인 성역할을 하는 주인공들을 묘사하는 만화영화를 보여주었더니 아동들의 성역할 개념이 덜 인습적이 되는 것을 볼 수 있었다.

우리나라 유아를 대상으로 전통적·비전통적 성역할 VTR 프로그램을 제작하여 유아의 성역할 고정관념에 미치는 효과를 알아본 홍연애와 정옥분(1993)의 연구에서도, 전통적 성역할 VTR 프로그램을 시청한 집단, 비전통적 성역할 VTR 프로그램을 시청한 집단 그리고 통제집단 간에 유의한 차이가 있는 것으로 나타났다. 즉, 비전통적인 성역할 모델의 제시가 유아의 성역할 고정관념을 감소시켰으며, 성역할 VTR 프로그램을 시청한 후에 변화된 성역할 고정관념은 4주 후의 추후검사에서도 여전히 지속효과가 있는 것으로 나타났다.

이상의 연구결과에서 TV는 보다 평등주의적인 성역할 개념을 제시해 줌으로써 아동들의 성역할 고정관념을 극복하거나 감소시키는 강력한 매체가 될 수 있음을 알 수 있다.

(3) 새로운 성역할 개념

① 심리적 양성성

사진 설명: Androgyny. 완전한 인간이 되고자 하는 인간의 욕구와 갈망을 표현하는 그림으로 떨어져서는 완전하지 못하므로 붙어 있다.

한국 사회를 비롯한 많은 사회에서 전통적으로 남자는 남성적인 것이, 여자는 여성적인 것이 심리적으로 건강하다고 생각해 왔다. 그러나 최근에 와서 이러한 전통적인 성역할 구분은 현대 사회에 더 이상 적합하지 않을 뿐만 아니라, 인간의 잠재력을 충분히 발휘하는 데에 장애요인이 된다고 주장하는 학자들이 많다.

남성성과 여성성에 대한 전통적인 개념에 대한 대안으로서 Bem(1975)은 양성성으로의 사회화가 전통적인 성역할보다 훨씬 더 기능적이라고 주장한다. 양성성이란 그리스어로 남성을 일컫는 'andro'와 여성을 일컫는 'gyn'으로 구성된 용어이며, 하나의 유기체 내에 여성적 특성과 남성적 특성이 공존하는 것을 의미한다. 심리적 양성성의 개념은 한 사람이 남성성과 여성성을 동시에 가질 수 있기 때문에, 상황에 따라서 도구적 역할과 표현적 역할을 수행할 수 있다는 보다 효율적인 성역할 개념을 의미한다.

② 성역할 측정도구

Constantinople(1973)의 전통적인 남성성-여성성 척도에 대한 평가는 성역할 분야에 있어서 개념적·방법론적 변화를 가능하게 하였다. 이것이야말로 성역할에 관한 현대적 견해나 태도를 지닌 최초의 시도 중의 하나였다. 그녀의 평가에 의하면, 종래의 남성성·여성성 척도들은 남성성과 여성성을 단일 차원으로 보고 남성성과 여성성이 각기 양극을 대표한다고 본다는 것이다. 따라서 남성성(또는 여성성)이 높은 사람은 자동적으로 여성성(또는 남성성)이 낮은 것으로 나타나고, 이러한 단일 차원선상에서 중간쯤에 위치하는 사람은 불행히도 성역할 정체감이 불분명한 것으로 판정을 받아 왔다.

이러한 Constantinople의 견해는 많은 사람들에 의해 지지를 받게 되었다. 그중 Bem과 Spence도 성역할이 양극개념으로 이해되어서는 안 된다는 신념하에 양성성을 측정할 수 있는 새로운 성역할 측정도구를 개발하였다. Bem(1974)은 Bem Sex Role Inventory(BSRI)를 그리고 Spence 등 (1974)은 Personal Attributes Questionnaire(PAQ)를 각기 제작하였다. 이들 두 척도는 종래의 남성성·여성성 척도의 문제점을 해결한 것으로서, 남성성과 여성성을 각기 독립된 변수로 보고 남성성과 여성성을 따로 측정할 수 있도록 남성성 척도와 여성성 척도의 두 가지를 포함하고 있다. 이 측정도구에 의하면 남성적인 사람이 동시에 여성적인 사람일 수도 있는데, 이것이 바로 양성성이다.

Janet Spence

〈그림 8-20〉에서 보는 바와 같이 남성성 척도와 여성성 척도의 중앙치 점수를 계산하여, 남성성과 여성성 점수가 모두 중앙치 이상이면 양성성으로 분류된다. 그리고 남성성 점수는 중앙치 이상인 데 반해, 여성성 점수가 중앙치 이하이면 남성성으로, 이와는 반대로 여성성 점수가 중앙치 이상이고, 남성성 점수가 중앙치 이하이면 여성성으로 분류된다. 마지막으로 남성성과 여성성 점수가 모두 중앙치 이하이면 미분화로 분류된다.

Bem과 Spence 등이 성역할 측정도구를 개발한 이래 우리나라에서도 우리 문화에 적합한 성역할 정체감을 측정하기 위한 도구들이 개발되어 왔다(김영희, 1988; 장하경, 서병숙, 1991; 정진경, 1990).

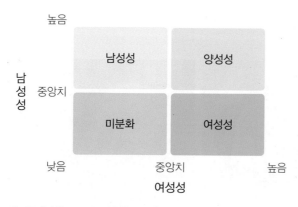

〈그림 8-20〉 독립차원으로서의 남성성과 여성성(양성성, 남성성, 여성성, 미분화 집단)

③ 심리적 양성성과 관련연구

양성성 개념이 소개된 이후 이 분야의 연구가 활발하게 이루어졌다. 많은 연구결과에 의하면, 양성적인 사람이 성유형화된 사람보다 자아존중감, 자아실현, 성취동기, 결혼만족도가 높고, 도덕성발달과 자아발달도 보다 높은 수준에 있으며, 정신적으로도 더 건강한 것으로 나타났다(Bem, 1974; Bem & Lenny, 1976; Bem, Martyna, & Watson, 1976; Block, 1973; Cristall & Dean, 1976; Schiff & Koopman, 1978; Spence, Helmreich, & Stapp, 1975; Williams, 1979).

위 연구들의 내용을 요약하면 양성적인 사람은 다차원적인 행동을 할 수 있고, 상황에 따라 남성적인 특성과 여성적인 특성의 역할을 적절하게 수행하기 때문에 적응력이 높다는 것이다.

그러나 Jones, Chernovetz 그리고 Hansson(1978)은 일련의 연구를 통하여, 개인의 적응력에 결정적인 역할을 하는 것은 양성성이 아니라 남성성이라고 주장하면서, Bem 등이 강조한 "양성성이 곧 적응성(androgyny equals adaptability)"이라는 가설을 부정하였다. Yager와 Baker(1979)도 여성성과 관계없이 남성성의 존재만이 개인의 적응력에 영향을 미친다고 하면서 "남성성 우월효과(masculinity supremacy effect)"라는 용어를 소개하였다. 그들은 이러한 효과의 배경은 남성적 특성이 미국사회에서 높이 평가되는 데 있다고 설명하면서, 이 남성적 특성을 가진 사람은 성에 구별 없이 일상생활의 적응 면에서 유리한 입장에 있다고 하였다.

국내의 연구결과도 양성성 집단이 다른 세 집단보다 자아존중감이 높다는 연구(정옥분, 1986)가 있는 반면, 남성성 집단이 창의성이 가장 높다는 연구(구순주, 1984)도 있다. 또한 양성성과 남성성 집단이 자아존중감, 자아실현, 자아정체감에 있어 차이가 없다는 연구(장재정, 1988; 전귀연, 1984)와 성별에 따라서 다른 양상이 나타난 연구(김희강, 1980)가 있어 연구결과에 일관성이 없다.

Warren H. Jones

Robert O. Hansson

Geoffrey G. Yager

Susan Baker

성역할에 관한 많은 연구들이 양성성이 가장 융통성 있는 성역할 유형이라고 보고한 반면, 남성성이 보다 효율적인 성역할 유형이라고 하는 연구 또한 상당수 있어 현재로 서는 단정적인 결론을 내리기가 어렵다. 따라서 이 분야에 관해 앞으로 더 많은 연구가 이루어져야 할 것으로 보인다.

5) 사회화와 가족의 영향

사회화란 개인이 자기가 속해 있는 사회집단에 적합하다고 생각되는 행동양식을 습득하는 과정을 말한다. 가족은 개인의 사회화에 가장 큰 영향을 미치는 집단이다. 가족은 사회의 기본 단위로서 한 사회를 존속시키고 유지하는 기능을 가지고 있다. 인간이 세상에 태어나서 사회구성원으로 성장할 수 있는 터전이 바로 가족이다. 부모는 아동이 이 세상에 태어나 최초로 관계를 형성하는 대상이며, 형제는 아동이 출생 후 처음으로 경험하는 또래집단이자 가장 오랫동안 개인의 사회화에 영향을 미치는 중요한 인물이다.

(1) 부모의 양육행동

부모의 양육행동은 개인의 성격형성에 가장 큰 영향을 미치는 요인 가운데 하나이다. 부모의 양육태도는 수용, 애정, 통제, 양육, 온정, 허용 등과 같은 여러 다른 차원으로 기술될 수 있으며, 어떠한 양육방식이 가장 효과적인가는 문화에 따라, 가족의 특성에 따라 그리고 시대에 따라 상이하다.

① 애정과 통제

Baumrind(1991, 2012)는 애정과 통제라는 두 차원에 의해 부모의 유형을 네 가지로 나누어 설명하고 있다. 여기서 애정차원은 부모가 자녀에게 얼마나 애정적이고 지원적이며, 얼마나 민감한 반응을 보이고, 얼마나 관심을 가지고 있는가 하는 것이다. 통제차원은 아동에게 성숙한 행동을 요구하고, 아동의 행동을 통제하는 것을 말한다.

Diana Baumrind

애정차원과 통제차원 둘 다 높은 경우는 '권위있는(authoritative)' 부모, 통제차원은 높지만 애정차원이 낮은 경우는 '권위주의적 (authoritarian)' 부모, 애정차원은 높은데 통제차원이 낮은 경우는 '허용적(indulgent)' 부모 그리고 마지막으로 애정차원과 통제차원이 모두 낮은 경우는 '무관심한(neglectful)' 부모로 명명되었다(〈그림 8-21〉 참조).

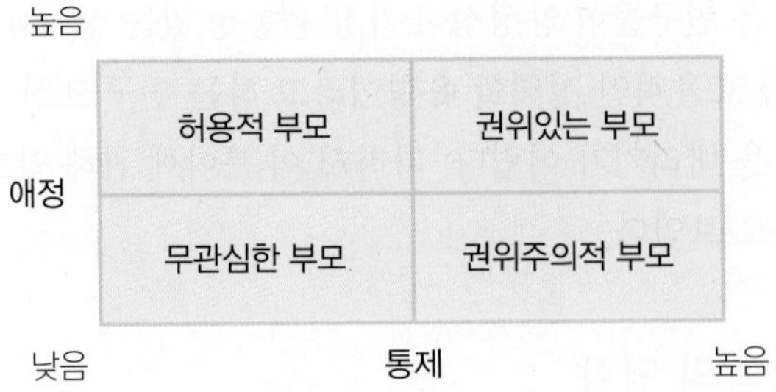

〈그림 8-21〉 애정과 통제 두 차원에 의한 네 가지 부모유형

많은 연구들(Fuligni & Eccles, 1993; Kurdek & Fine, 1994; Smetana & Berent, 1993; Steinberg, Lamborn, Darling, Mounts, & Dornbusch, 1994)이 부모의 유형과 아동의 사회적 행동과의 관계를 보고하고 있다(〈표 8-2〉 참조).

4, 5세 유아 132명을 대상으로 어머니의 양육행동과 유아의 또래유능성과의 관련성을 살펴본 연구(이상은, 이주리, 2010)에서, 유아의 또래유능성은 어머니의 양육행동 중 온정·격려 정도가 높을수록 높아진다고 하였으며, 어머니의 양육행동 중 과보호·허용과 거부·방임 정도가 높을수록 유아의 또래유능성은 낮아진다고 하였다. 즉, 어머니의 긍정적인 양육행동은 유아에게 또래와의 관계에서 중요한 모델이 되며, 긍정적인 어머니의 양육행동으로 인해 유아는 안정적이고 바람직한 방법으로 또래와의 관계를 형성할 수 있다고 하면서 어머니의 양육행동이 유아의 또래와의 관계 시 중요한 영향을 미친다는 것을 시사해 준다고 하였다.

부모의 양육행동에 관한 수많은 연구결과를 검토한 결과, '권위주의적' 양육행동이

표 8-2 부모의 유형과 아동의 사회적 행동

부모의 유형	특성	아동의 사회적 행동
권위있는 부모	애정적·반응적이고 자녀와 항상 대화를 갖는다. 자녀의 독립심을 격려하고 훈육 시 논리적 설명을 이용한다.	책임감, 자신감, 사회성이 높다.
권위주의적 부모	엄격한 통제와 설정해 놓은 규칙을 따르도록 강요한다. 훈육 시 체벌을 사용하고 논리적 설명을 하지 않는다.	비효율적 대인관계, 사회성 부족, 의존적, 복종적, 반항적 성격
허용적 부모	애정적·반응적이나 자녀에 대한 통제가 거의 없다. 일관성 없는 훈육	자신감이 있고 적응을 잘하는 편이나, 규율을 무시하고 제멋대로 행동한다.
무관심한 부모	애정이 없고, 냉담하며, 엄격하지도 않고, 무관심하다.	독립심이 없고 자기통제력이 부족하다. 문제행동을 많이 보인다.

나 '무관심한' 양육행동은 아동의 공격성 등의 외현화 문제와 관련이 있으며(Pinquart, 2017), 학교폭력이나 집단따돌림의 가해자가 되는 경향이 있는 것으로 보인다(Krisnana et al., 2020). 또 다른 최근의 연구(Lo et al., 2019)에서는 '권위주의적' 양육행동을 하는 부모들은 아동학대를 하는 경향이 있는 한편, '권위있는' 양육행동은 자녀의 친사회적 행동(Carlo et al., 2018)과 관련이 있는 것으로 나타났다.

② 자애로움과 엄격함

우리나라에서도 청소년 상담원(1996)은 이와 비슷하게 자애로움과 엄격함이라는 두 차원에 의해 부모유형을 네 가지로 나누었다(〈그림 8-22〉 참조). 여기서 자애로움은 자녀를 신뢰하고, 따뜻하고 관대하게 대하는 것을 말하며, 엄격함은 확고한 원칙을 가지고, 정해진 바를 일관성 있게 밀고 나가는 것을 말한다. 부모의 유형에 따른 부모의 특성과 자녀의 특성은 〈표 8-3〉과 같다.

이상 네 가지 부모유형 중에서 가장 바람직한 유형은 '엄격하면서 자애로운 부모'이고, 제일 바람직하지 못한 유형은 '엄격하지도 자애롭지도 못한 부모'이다. 우리나라에서 요즘 가장 많은 유형은 '자애롭기만 한 부모'이다.

우리나라 부모의 양육행동 유형을 알아본 연구(정옥분 외, 1997)에서, 엄부자모가 30.4%, 엄부엄모가 8.2%, 자부엄모가 15.1% 그리고 자부자모가 46.3%로 나타났다. 요컨대, 전반적으로 자부자모 유형이 가장 많은 것으로 나타나 우리나라의 전통유형인 엄부자모 유형에서 크게 벗어나 있음을 알 수 있다.

자녀의 발달단계에 따른 차이를 보면 초등학생과 중학생의 부모는 자부자모인 경우가 많고, 고등학생의 부모는 엄부자모인 경우가 다소 많은 것으로 나타났다. 이 결과는 부모의 연령이 젊을수록 자부자모의 유형이 많은 것으로 해석할 수 있다.

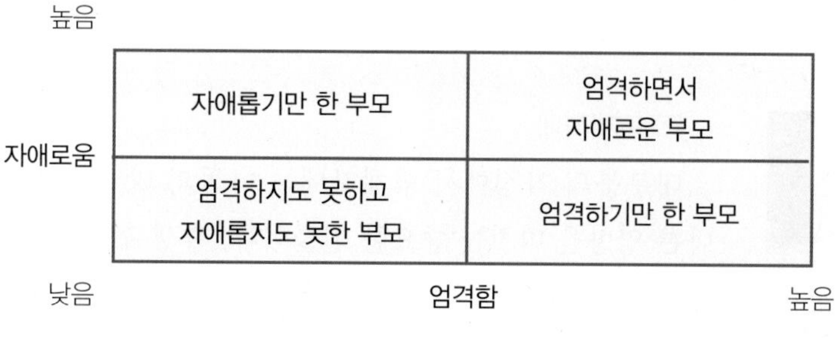

〈그림 8-22〉 자애로움과 엄격함의 두 차원에 의한 네 가지 부모유형

표 8-3 부모의 유형과 자녀의 특성

부모의 유형	부모의 특성	자녀의 특성
자애롭기만 한 부모	• 자녀의 모든 요구를 다 들어준다. • 단호하게 자녀들을 압도하기보다는 양보한다. • 말은 엄격하나 행동으로 보여주지 못한다. • 때로는 극단적으로 벌을 주거나 분노를 폭발하여 스스로 죄책감을 느낀다. • 벌주는 것 자체를 잘못이라고 생각한다.	• 책임을 회피한다. • 쉽게 좌절하고 그 좌절을 극복하지 못한다. • 버릇없고 의존적이며 유아적인 특성을 보인다. • 인정이 많고 따뜻하다.
엄격하기만 한 부모	• 칭찬을 하지 않는다. • 부모의 권위에 의문을 제기하는 것을 허락하지 않는다. • 자녀가 잘못한 점을 곧바로 지적한다. • 잘못한 일에는 반드시 체벌이 따라야 한다고 생각한다.	• 걱정이 많고 항상 긴장하고 불안해한다. • 우울하고 때로 자살을 생각하기도 한다. • 책임감이 강하고 예절이 바르다. • 지나치게 복종적, 순종적이다. • 부정적 자아이미지, 죄책감, 자기비하가 많다.
엄격하면서 자애로운 부모	• 자녀가 일으키는 문제를 정상적인 삶의 한 부분으로 생각한다. • 자녀에게 적절하게 좌절을 경험케 하여 자기 훈련의 기회를 제공한다. • 자녀를 장점과 단점을 아울러 지닌 한 인간으로 간주한다. • 자녀의 잘못을 벌할 때도 자녀가 가진 잠재력은 인정한다. • 자녀의 장점을 발견하여 키워준다.	• 자신감 있고 성취동기가 높다. • 사리분별력이 있다. • 원만한 인간관계를 유지한다.
엄격하지도 자애롭지도 못한 부모	• 무관심하고 무기력하다. • 칭찬도 벌도 주지 않고 비난만 한다. • 자식을 믿지 못한다(자녀가 고의적으로 나쁜 행동을 한 것으로 생각한다).	• 반사회적 성격으로 무질서하고 적대감이 많다. • 혼란스러워하고 좌절감을 많이 느낀다. • 세상 및 타인에 대한 불신감이 짙다.

(2) 형제자매

대부분의 가정에서 형제자매는 아동의 발달에서 부모와는 또 다른 영향을 미치는 중요한 인물이다. 출생 후 6개월이 되면 영아는 손위 형제와 더 많은 상호작용을 하려는 시도를 한다(사진 참조). 1세경에는 어머니와 보내는 정도의 시간을 손위 형제와 보내게 되며, 유아기에는 어머니와 보내는 시간보다도 많은 시간을 형제와 보내게 된다. 형제관계는 대인관계 가운데 가장 오래 지속되는 관계이며, 부모가 사망한 훨씬 이후까지 지속된다. 또한 단순히 상호작용의 양뿐만 아니라, 다른 관계에서 나타나지 않는 강도와 독특성이 있다.

　형제관계는 부모-자녀관계에 비해 상호적이며 보다 평등한 관계이다. 형제간의 상호작용은 또래집단 간의 상호작용과 상당히 유사하여, 빈번한 상호작용이 이루어지고, 솔직한 정서표현, 상호 간의 관심과 애착의 증거를 볼 수 있다(Berndt & Bulleit, 1985). 형제관계에서는 상호작용을 통해 서로를 모방하려는 경향이 강하게 나타나며, 특히 동생이 형을 모방하는 정도가 더욱 심하다. 동생에게 있어 손위 형제와의 상호작용은 지적·사회적으로 자극적이다. 동생은 자신의 생각이나 상상하는 것에 대해 손위 형제에게 이야기하고 질문을 하게 된다.

　동시에 이들은 상호 간에 긍정적인 감정뿐만 아니라 부정적인 감정을 공유하는 모호한 특성을 갖는다(사진 참조). 이들은 서로 경쟁적인 동시에 협동적인 관계를, 서로 싸우면서 서로 돕는 독특한 관계를 형성하고 있다. 동생이 태어나면 첫아이의 입지는 다소 도전을 받게 되며, 부모의 관심을 끌기 위해 경쟁을 해야 한다. 그 결과 형제간의 상호작용에서 적대감을 나타내게 되며, 특히 손위 형제가 동생에 대해 더욱 그러한 경향을 보인다. 형제간에는 이 같은 적대감이나 경쟁심도 나타나지만, 대부분 형제간의 상호작용은 우호적인 것이다. 서로에게 애착을 형성하고, 놀이상대로서 서로를 좋

사진 설명: 유아가 동생에게 부정적 정서를 표현하고 있다.

아하는 것과 같은 긍정적인 측면이 더욱 강하게 나타난다(Hetherington & Parke, 1993; Howe, Ross, & Recchia, 2011; McHale, Updegriff, & Whiteman, 2013).

아동학대

　아동학대(child abuse)란 아동의 복지에 책임이 있는 부모나 양육자가 아동의 신체적·정신적 건강이나 복지를 해치는 행위를 하는 것을 말한다. 아동학대의 유형에는 크게 신체적 학대, 정서적 학대, 성적 학대, 방임의 네 가지가 있다. 신체적 학대는 의도적으로 아동에게 신체적 해를 입히는 것을 말하며, 정서적 학대는 아동에게 협박을 가하고, 경멸, 모멸감, 수치심을 주는 등 적대적이고 거부적인 태도로 아동의 심리적 자아에 상처를 입히는 것을 말한다. 성적 학대는 아동에게 성인과의 성적 접촉, 애무 등을 강요하거나, 신체를 노출하게 하여 성인의 성적 자극에 이용하는 것을 말하며, 방임은 양육자가 아동발달에 기본적으로 필요

한 환경을 제공해 주지 못해 아동의 건강과 안전이 위협받고, 정서적 박탈감을 경험하게 되는 상황을 말한다.

우리나라 보건복지부에서 발간한 「2021년 전국아동학대 현황보고서」에 따르면 아동 학대의 유형은 중복학대가 16,026건(42.6%)으로 가장 많았고, 다음으로 정서적 학대가 12,351건(32.8%)으로 많았으며, 신체적 학대가 5,780건(15.4%), 방임 및 유기가 2,793건(7.4%), 성적 학대가 655건(1.7%)의 순으로 나타났다(〈그림 8-23〉 참조).

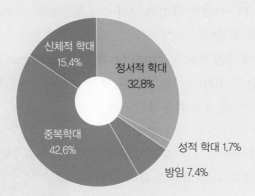

〈그림 8-23〉 **아동학대 유형**
출처: 보건복지부(2021). 전국아동학대 현황보고서.

2021년에 발생한 아동학대사례 37,605건 중에서 중복학대가 전체 사례의 42.6%에 해당하여 10명 중 4명 이상의 아동은 두 가지 유형 이상의 학대를 받았음을 확인할 수 있었다. 그러므로 학대피해아동이 발견되었을 때에는 여러 유형의 학대피해를 의심해 볼 필요가 있으며, 다양한 학대행위가 동시에 발생하는 양상에 대한 다각적 사례 개입이 요구된다.

아동학대의 후유증은 심각하다(Trickett & McBride-Chang, 1995). 학대받은 경험이 있는 아동은 지능지수가 낮고, 언어발달이 지체되며, 공격성이 높고, 자아개념이 부정적이며, 사회적으로 위축되고, 또래관계문제, 학교적응문제, 우울증이나 비행 같은 심리적 문제를 유발한다(Cicchetti, 2013; Cicchetti & Banny, 2014; Dodge, Coie, Pettit, & Price, 1990; Hennessy et al., 1994; Mason, 1993; Salzinger et al., 1993). 아동기에 학대나 유기를 경험한 청소년들은 청소년비행, 약물남용에 빠져들고(Trickett et al., 2011; Wekerle et al., 2009), 18세 이전에 자살시도를 하는 비율도 높은 편이다(Jonson-Reid, Kohl, & Drake, 2012). 그리고 성인이 되어서도 대인관계의 문제해결 능력이 부족하고, 불안장애, 우울증, 자살, 약물남용, 정신질환의 발병률이 높다(Widom, 1989).

아동학대 문제는 가정에서 시작된다. 자녀를 학대하는 부모들은 충동적이고, 자기통제력이 부족하며, 부모역할을 제대로 수행할 준비가 되어 있지 않다. 오늘날 핵가족이 증가함에 따라 전통적 양육방식이 자연스럽게 전수되지 않는 상황에서 아동발달에 대한 기초지식도 없이 자녀를 양육하는 일은 스트레스와 좌절감을 야기한다. 부모역할을 효율적으로 수행하기 위한 방법 중의 하나가 부모교육이다. 부모교육은 부모역할을 하는 방법에 관한 지침으로서 자녀발달에 최적의 환경을 제공하고, 부모역할을 보다 만족스럽게 수행하는 데 길잡이가 되어 준다.

형제관계가 경쟁적인 상대로 발전하는가 혹은 긍정적인 관계를 유지할 수 있는가는 부모의 양육방식이나 아동의 성격에 의해 많은 영향을 받는 것으로 볼 수 있다(Campione-Barr, 2011). 어머니가 첫아이에게 덜 민감하고 무관심하며, 명령적인 경우에는 형제간에 대결상황을 마련해 주게 된다. 반면, 동생이 태어나기 전부터 첫아이에게 충분한 관심을 보이고 미리 준비를 함으로써 이를 완화시킬 수도 있다. 손위 형제에게 새로 태어난 아이의 욕구나 감정에 대해 솔직하게 이야기하고, 자녀양육에 대한 의사결정이나 토론에 참여시키는 경우, 형제간에 밀접하고 우호적인 관계를 형성하게 된다. 새로 태어난 아이에게 지나친 관심을 보이지 않는 태도가 바람직하며

사진 설명: 형제자매 간의 경쟁은 부모가 드러내 놓고 형제들을 비교하거나, 누구를 특히 편애할 때 더욱 심해진다.

아버지의 개입도 효과적이다. 또한 아동의 성격특성에서도 주도적인 성격을 가진 아동은 어머니와 솔선해서 대화를 시도하며 원만한 상태를 유지하고자 노력하나, 회피적인 아동은 어머니로부터 물러남으로써 상호 간의 친밀감을 상실하게 된다.

(3) 출생순위

출생순위도 성격형성에 영향을 미친다. 자녀는 부모를 중심으로 하여 일종의 경쟁관계를 형성하고 있으며, 출생순위는 이들의 심리적 위치를 이해하는 데 중요하다. 최근 독자 가정이 점차 증가하고는 있으나, 형제가 있는 가정에서 이들 간의 관계는 서로에게 큰 영향을 미친다.

일반적으로 맏이는 부모로부터 가장 많은 기대와 관심 속에 성장하게 되며, 지적 자극이나 경제적인 투자도 가장 많다. 그 결과 맏이는 이후에 태어나는 아이에 비해 성취 지향적이고, 인지발달이나 창의성이 뛰어나며, 친구들 간에 인기가 높은 편이다(Paulhus, 2008). 부모는 맏이에게 많은 관심을 보이지만 애정적으로는 엄격하다. 양육경험 부족으로 불안하고 과보호적인 태도를 보이게 되어 다소 의존적이고 불안한 특성을 보이기도 한다. 또한 첫째라는 위치 때문에 책임감이 강하며 다소 권위적인 태도를 보이게 된다.

둘째는 출생 후 손위 형제의 존재로 인해 무력감과 좌절감을 느끼게 된다. 자신보다 우월한 형의 존재는 경쟁심을 유발시켜, 그 결과 보다 사교적이며 손위 형제와는 다른 특성을 보임으로써 자신의 위치를 확보하려 한다. 또한 동생이 출생할 경우, 맏이와 막내에게 자신의 권리를 빼앗기는 느낌을 받게 되어 불공평함을 경험하기도 한다.

막내는 불리한 위치에서 출생하지만 폭군이 될 수도 있다. 애교를 부리거나, 귀엽고, 약하고, 겁많게 보임으로써 자신의 위치를 이용하여 모든 가족구성원에게 자기를 시중들도록 요구할 수 있다. 어수룩하게 보이거나 드러내놓고 반항함으로써 자신의 위치를 확보할 수 있다. 그 결과 막내는 독자적으로 무엇을 할 수 있는 기회가 적어 미성숙한 성격특성을 보이는 경향이 있다.

외동이의 성격특성은 종종 부정적인 측면에서 부각되고 있다. 자신이 특별하다거나 무엇이든지 마음대로 할 수 있다고 생각하며, 과보호로 인해 이기적인 성향을 보이기도 한다. 수줍음을 타거나 무기력하게 될 수도 있다. 그러나 이에 대한 연구는 다소 상반된 결과를 보여준다. 기존의 통념과는 달리 지적 능력이나 성취동기, 사교성 등에서 맏이와 유사한 성격특성을 갖는 것으로 나타나고 있다. 독자인 경우 부모로부터 보다 많은 관심을 받게 되고, 자기보다 유능한 사람들 속에서 성장하므로 지적인 경향이 있으며, 성인과 같은 행동특성을 보인다고 한다(Falbo & Poston, 1993; Jiao, Ji, & Jing, 1996).

(4) 조부모

조부모와 함께 사는 가정에서는 손자녀가 핵가족의 경우와는 다른 경험을 하게 된다. 조부모는 부모보다 자녀양육에 관한 경험이 많으므로, 손자녀에게 정서적 안정감을 제공해 줄 수 있고, 손자녀에 대한 직접적인 의무감이나 책임감이 없기 때문에 순수하게 애정적인 관계에서 유대감을 형성할 수 있다.

일반적으로 부모는 자녀에 대한 지나친 기대와 교육에 대한 책임감 때문에 훈육 시 잔소리가 많아지고 감정적이 되기 쉽다. 반면, 조부모는 연륜에 의한 지식과 지혜, 사랑과 관용으로 손자녀를 소중하게 여기고 손자녀의 생각과 요구를 귀담아 들을 여유가 있다(McMillan, 1990; Strom & Strom, 1990).

사진 설명: 외할머니의 극진한 사랑을 그린 영화, 〈집으로...〉

또한 오늘날 한 자녀만 있는 핵가족 형태 가정의 아이들은 낯가림이 심한데, 이것은 친척이나 이웃과의 접촉이 과거처럼 빈번하지 않아 오직 부모하고만 애착이 형성되기 때문이다. 그러나 조부모와 함께 사는 아이들은 보다 폭넓은 인간관계로 인하여 애착형성이 다양하게 이루어지고 사회성도 발달한다. 조부모는 부모보다 자녀양육에 관한 경험이 많아 실제 양육에 있어서도 부모보다 능숙하고, 바쁜 부모 대신 손자녀에게 정서적인 안정감을 제공해 줄 수 있으며, 놀이친구로서의 역할도 한다(사진 참조). 이와 같이 조부모와 함께 사는 아동들은 조부모와의 관계를 통해 여러 가지 긍정적인 도움을 받을 수 있다.

현대사회에서는 맞벌이의 증가로 어머니 혼자서는 양육을

담당하기 어려운 실정에 있다. 보건복지부 보육통계 (2023)에 따르면 2022년 12월 현재 보육시설에서 보육 중인 아동은 109만 5,450명이라고 한다. 나머지는 가족, 친지 등의 도움을 받아 양육되는데, 가장 보편적인 것은 조부모의 도움이다. 따라서 아직 자녀가 어려 보육기관에 맡기지 못하는 가족들의 경우, 상당수의 조부모가 부모를 대신하여 손자녀를 양육하고 있다. 부모를 대신하여 조부모가 손자녀를 양육하는 것은 우리나라뿐만 아니라 전 세계적으로 보편화된 현상이다. 스페인에서 6~16세의 학생 4,000명이 그린 그림과 이들이 쓴 글을 분석한 결과, 조부모가 아이들과 가장 많은 시간을 보내고 있으며, 아이들은 조부모를 가장 좋아하는 어른으로 꼽았다(세계일보, 2001년 6월 19일자). 이처럼 조부모는 현대사회에 있어 자녀의 실제적인 양육자로서의 역할을 담당하고 있다.

조부모 역시 손자녀를 통해 자신의 존재가치를 확인할 수 있다. 노화로 인해 사회와 가정에서 한 발 물러선 조부모들에게 있어 손자녀를 돌보는 일은 상실감을 극복할 수 있는 하나의 계기가 된다. 하지만 모든 조부모들이 손자녀 양육에 긍정적인 반응을 나타내는 것은 아니다. 자녀 세대의 기대와 달리 이제 '손자 보기가 유일한 낙'이라고 생각하는 노인은 거의 없다. 특히 가사 노동과 육아에 매달려 젊은 시절을 보낸 50~60대 여자노인들은 노년에 얻은 자유를 포기하고 싶어 하지 않는다. 그들은 손자녀와 잠깐씩 즐거운 시간을 보내기를 원할 뿐(사진 참조) 자신의 여가생활을 위해 손자녀 양육을 전적으로 책임지기를 원하지 않는다.

6) 가족구조의 변화

20세기 말이 되면서 나타난 주요한 사회변화는 가족구조의 변화일 것이다. 이혼율의 증가로 많은 아동이 편모 또는 편부 가정에서 생활하며, 부모의 재혼으로 인해 계부모와 함께 살기도 한다. 맞벌이 부부의 증가로 학교에서 돌아오면 아무도 없는 빈집에 혼자서 문을 따고 들어가야 하는 아동들도 많아졌다. 그리고 다문화가정 아동의 수가 크게 증가한 것도 한국사회 가족구조의 변화이다.

(1) 이혼가정의 자녀

오늘날 이혼은 전 세대에 비한다면 비교적 빈번한 현상이므로, 아동이 부모의 이혼으로 인해 어떤 낙인을 찍히는 경험은 하지 않는다. 친구들도 비슷한 경험들을 하기 때문에 자신의 감정을 호소할 수 있는 친구집단이 자연스럽게 형성된다. 그럼에도 불구하고 부모의 이혼은 아동에게 여러 가지 부정적 정서를 경험하게 한다(Amato & Anthony, 2014; Braver & Lamb, 2013; Hetherington, 2006; Lansford, 2012, 2013; Meland, Breidablik, & Thuen, 2020; Sbarra, Bourassa, & Manvelian, 2019).

사진 설명: 부모의 이혼으로 나타나는 부적응 행동은 여아보다 남아에게서 더 많이 나타난다.

이혼 후 함께 살기로 한 부모의 성과 자녀의 성이 부모의 이혼에 반응하는 주요한 요인이 된다. 주로 부모의 이혼 후 어머니와 함께 사는 경우가 많으므로, 특히 남아의 경우 남성 모델의 부재로 고통을 당한다. 결과적으로 학교에서는 적응을 잘 하지 못하고, 비행을 저지른다(Hetherington, Anderson, & Hagan, 1991). 여아의 경우 어머니의 존재와 지원 때문에 부모의 이혼에 적응을 잘 하는 편이지만 항상 그런 것은 아니다. 어머니와 갈등이 있는 경우 학교에서는 공부를 잘 하지 못하고(McCombs & Forehand, 1989), 남아보다 부모의 이혼 후 훨씬 더 오랫동안 분노를 경험한다. 이 분노는 주로 아버지에게로 향한 분노이다. 흥미로운 사실은 아들, 딸 모두 어머니가 이혼을 청구한 경우라도 어머니보다 아버지를 더 많이 원망한다는 것이다. 아버지에 대한 분노는 딸의 경우 특히 더 심하다(Kaufmann, 1987).

부모 자신의 이혼에 대한 반응 또한 주요한 요인이 된다(Forehand, Thomas, Wierson, Brody, & Fauber, 1990). 이혼은 부모 자신의 자아존중감과 자아가치감에 손상을 입힌다. 많은 사람들이 이혼을 단지 부부관계에서의 실패로 보지 않고 인생전반에서의 실패로 보기 때문에 이혼 후에 우울증에 빠져든다. 그리고 부모 스스로가 자신의 문제에 빠져 있는 상태이기 때문에, 부모의 이혼에 적응하려고 애쓰는 자녀의 욕구에 제대로 반응을 하지 못한다. 따라서 이혼 직후에는 부모역할을 제대로 하지 못하게 된다. 그러나 2, 3년이 지나면 부모와 자녀는 정서적 안정을 되찾게 된다.

우리나라의 아동과 청소년을 대상으로 하여 부모의 이혼에 따른 자녀들의 적응을 알아본 연구(정현숙, 1993)에 따르면, ① 이혼 이후 기간이 길수록, ② 스스로 다양한 문제해결 방식을 많이 이용할수록, ③ 양육부모의 재혼여부나 성에 관계없이 친권부모와 긍정적인 대화를 통한 상호작용을 많이 하고 부정적인 상호작용이 적을수록, ④ 비친권 부모와 접촉을 많이 할수록 자녀들은 부모의 이혼 후의 생활에 잘 적응하는 것으로 나타났다.

(2) 한부모 가정의 자녀

부모의 이혼이나 사별로 인해 편부가정이나 편모가정에서 자라는 아동의 수가 많아 졌다. 우리나라의 경우 남성의 재혼율이 여성의 재혼율 보다 훨씬 높기 때문에 편모가정의 수가 편부가정의 수 보다 훨씬 많다.

편모가정의 가장 큰 어려움은 경제적 곤란이다. 편모 가정의 절반 이상이 절대 빈곤수준 이하의 생활을 한다. 그래서 때로는 자녀들이 경제적 책임을 지고 일을 해야 하는 경우가 있다. 그러나 자녀들이 가족의 의사결정에 적극적으로 참여하고, 독립심이 증가된다는 긍정적인 측면도 있다(Hetherington, Anderson, & Hagan, 1991). 그 리고 여성이 직업을 갖는 것에 대해 긍정적인 태도를 갖

사진 설명: 편모가정은 여러 가지 어려움을 겪 지만, 그중에서도 가장 큰 어려움은 경제적 곤란 이다.

게 되고, 가정에서 보다 융통성 있는 성역할을 한다. 특히 딸들은 어머니를 경제적·사 회적 독립을 성취한 긍정적인 역할모델로 본다. 아들의 경우는 딸보다 적응을 잘 하지 못하고 반사회적 행동을 하기 쉽다(Bank, Forgatch, Patterson, & Fetrow, 1993). 특히 부 모가 이혼한 경우는 아동들이 또 다른 변화를 겪게 된다. 이사를 해야 하는 경우가 많 기 때문에 새로운 이웃, 새로운 학교에 적응해야 하고 새로운 친구를 사귀어야 한다.

많은 수는 아니지만 편부가정도 점점 증가하는 추세에 있다. 편부가정의 어려움은 아버지가 자녀를 돌보고, 집안일을 해야 하며, 직장일까지 병행해야 하는 데서 오는 부 담이 크다는 점이다. 그러나 대부분의 편부가정이 잘 해내고 있지만, 어머니가 집을 나 간 경우 아버지는 버림받았다는 생각에 자신감을 잃고, 혼자서 자식을 키우는 데서 스 트레스를 많이 받는 것으로 보인다.

(3) 재혼가정의 자녀

이혼율의 증가와 더불어 재혼율도 증가하고 있다. 따라서 계부모와 함께 사는 아동의 수가 많아졌다. 계 부가족과 계모가족의 비율이 10 : 1 정도인 서구사회 에 비해(Hamner & Turner, 1996), 우리나라는 대부분이 계모가족이다. 계모라는 단어는 어릴 적에 들은 〈콩 쥐팥쥐〉나 〈장화홍련전〉〈백설공주〉〈헨젤과 그레텔〉 같은 이야기로부터 사악하고 잔인한 이미지를 연상시 킨다(사진 참조). 이런 이미지는 계부모가 계자녀와 좋 은 관계를 맺으려는 노력에 장애요인이 된다.

사진 설명: 사악한 계모의 부정적인 이미지는 〈백 설 공주〉 같은 동화에서 비롯된다.

Emily B. Visher

계부모가족은 양쪽의 부계, 모계 친척뿐만 아니라 전 배우자, 전 인척 및 헤어진 부모를 포함하는 조연 배역들이 너무 많다. 한마디로 계부모가족은 친가족보다 훨씬 무거운 부담을 안고 있다.

계부모가족은 아이들과 어른 모두가 경험한 죽음이나 이혼의 결과로 인한 상실로부터 오는 스트레스를 극복해야 하는데, 그러한 스트레스는 믿고 사랑하는 것을 두려워하게 만든다. 이전의 친부모와의 유대가, 혹은 헤어진 부모나 죽은 부모에 대한 충성심이 계부모와의 유대를 형성하는 데 방해가 될 수 있다. 그리고 아동기의 자녀를 둔 아버지가 아이를 한 번도 가져보지 않은 여성과 결혼한 경우 인생 경험의 차이에서 오는 어려움이 크다(Visher & Visher, 1989).

특히 사춘기 자녀가 있는 경우, 계부모가족이 힘든 이유는 자녀가 사춘기에 해결해야 할 과제와 계부모가족에 대한 적응이 겹치기 때문이다(Hetherington, Anderson, & Hagan, 1991). 이러한 적응문제가 적절히 해결되지 않을 경우, 부모의 이혼에서 경험하는 것과 비슷한 부정적 반응이 나타난다. 즉, 음주, 약물남용, 비행, 성문제를 일으킨다. 그리고 계부모가족의 자녀들은 특히 유기, 신체적 학대, 성적 학대의 희생물이 되기 쉽다.

한 종단연구(Hetherington, 2006)에서 단순 계부모가족(계부 또는 계모만 있는 경우)의 아동·청소년은 복합 계부모가족(계부 또는 계모 외 이복형제 등이 있는 경우; 사진 참조)이나 이혼은 하지 않았지만 갈등이 많은 가족의 아동·청소년보다 적응을 더 잘 하는 것으로 나타났다.

이상과 같은 문제들은 부모와 계부모가 이러한 도전에 직면하여 적절히 준비를 한다면 감소될 수 있는 것이다. 그에 관한 성공적인 전략은 다음과 같다(Atwater, 1996; Visher & Visher, 1989). 첫째, 앞으로 계부모가 될 사람이 어떤 사람인지 알 기회를 사전에 충분히 갖는다. 둘째, 현실적인 기대를 갖는다. 계부모가족의 구성원은 원래의 친가족과는 다르다는 것을 인정해야 한다. 계부모와의 친밀한 관계를 강요하지 말고 시간적 여유를 가지고 자연히 이루어지도록 기다린다. 셋째, 자녀들의 감정을 이해한다. 어른들이 새로운 인생을 함께 설계하며 행복해하는 그때에 자녀들은 불안하고, 상처받고, 화가 난다는 것을 이해해야 한다. 넷째, 생모나 생부와 비교되는 것은 불가피한 일이므로, 계부모는 자신의 새로운 역할이 도전받을 것을 각오해야 한다. 끝으로, 계부모가족의 구성원은 다른 모든 가족과 마찬가지로 가족이 제대로 기능하도록 그 구성원이 각자 노력할 때 성공적이라는 사실을 명심해야 한다.

(4) 맞벌이 가정의 자녀

직업시장에서 여성의 비율이 증가하고 있다. 1960년대에는 자녀가 있는 여성의 ⅓만이 취업을 했으나 1988년에는 유아기 자녀가 있는 여성의 55%가 취업을 하고, 유치원 자녀를 둔 여성의 61%가 취업을 했다. 세계적으로 40%의 여성이 경제활동을 하고 있고(United Nations, 1991), 이 비율은 앞으로도 계속해서 증가할 것으로 보인다.

우리나라에서도 기혼여성 취업률은 1991년에 48.7%, 1995년에 49.3%, 1997년에 51.1%로 계속 늘고 있는 추세였다. 이 비율은 1998년에 계속되는 경제불황으로 인해 47.6%로 떨어졌었지만 이는 경제난으로 일자리가 줄어든 탓이었다. 그리고 2000년에 37.7%, 2005년에 39.4%, 2013년에 39.5%의 취업률을 보였다(〈그림 8-24〉와 〈그림 8-25〉 참조).

직업을 갖는 여성의 수가 증가하면서 맞벌이 부부의 가정이 늘고 있다. 맞벌이 가정에는 긍정적인 측면과 부정적인 측면이 있다(Crouter & McHale, 2005; Han, Hetzner, & Brooks-Gunn, 2019). 맞벌이 부부의 주요 장점은 물론 경제적인 것이다. 그러나 유리한 점이 비단 경제적인 것만이 아니다. 남편과 아내가 보다 동등한 관계를 유지함으로써 여성의 자아존중감과 통합감이 증진된다. 아버지와 자녀 간에 보다 긴밀한 관계를 유지할 수 있으며, 남편과 아내가 일과 가족역할 모두에서 직분을 다하고 성숙해질 가능성이 높다.

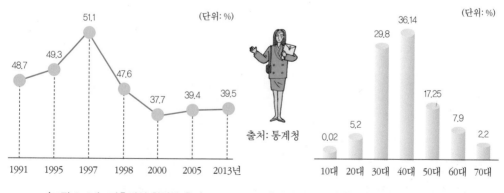

〈그림 8-24〉 기혼여성 취업률 추이　　〈그림 8-25〉 기혼여성 취업자 연령별 구성(2005년)

영유아 보육시설

여성의 취업률이 높아지면서 영유아 보육시설에 대한 요구가 급격히 증가하고 있다. 국가 경쟁력을 제고하기 위해서는 여성인력의 활용이 선결 과제이고, 이를 위해서는 아동을 안심하고 맡길 수 있는 보육시설이 갖춰져야 한다. 통계청·여성가족부 보도자료(2017)에 따르면, 2016년 여성의 연령대별 고용률은 20~24세가 50.6%이고, 25~29세가 69.5%이지만, 30~34세는 60.2%로 떨어졌다가 35~39세(56.5%)부터 다시 상승하는 M자 곡선[4]을 그린다. 2010년 여성가족부의 조사에 의하면, 20~30대 여성이 일을 하지 않는 이유는 "자녀양육 및 교육"이 57.4%로 가장 많았다. 경제활동 참가율과 여성가족부의 조사를 통해, 여성들이 한창 일할 나이에 출산과 양육 때문에 경력이 단절되고 있음을 알 수 있다.

현재 우리나라의 보육시설은 수요의 절반에도 미치지 못하고 있는 실정이다. 특히 영아를 위한 보육시설을 찾기 힘들고, 종일반, 24시간보육, 휴일보육, 야간보육, 시간제보육, 장애아보육 등 다양한 수요에 맞는 시설들이 턱없이 부족해 취업모들은 "아이를 맡길 데가 없다"는 하소연을 하고 있다. 그중에서도 만 1세 미만의 영아는 맡길 곳이 거의 없다. 2022년 12월 현재 보육시설에서 보육 중인 아동 109만 5,450명 중 만 0세 11.56%, 만 1세 21.83% 등 만 2세 미만은 33.39%, 만 2세는 26.10%를 차지하고 있으며, 나머지 40.51%가 만 3세 이상이다(〈그림 8-26〉 참조).

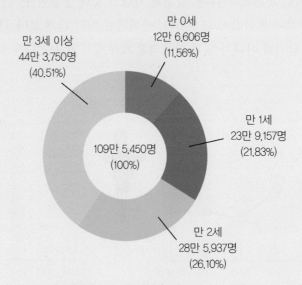

〈그림 8-26〉 **연령별 보육아동 현황(2022. 12. 31. 자료: 보건복지부)**

---

4) 2023년 통계청 자료에 의하면 여성의 혼인과 출산연령이 늦어지면서, 고용률이 떨어지는 연령대도 뒤로 밀린 것으로 보이며, 따라서 M자 곡선이 점차 완화하고 있는 모양새다.

거기다가 전체 보육시설 중 국공립시설은 18.76%에 불과하고 보육시설의 70.61%가 민간보육시설 · 가정보육시설로 구성되어 영유아 보육의 대부분이 민간에 맡겨져 있는 실정이다(〈그림 8-27〉 참조).

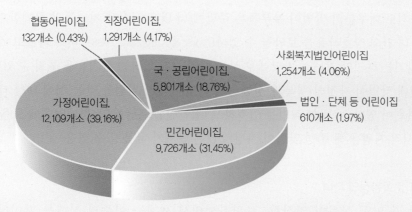

〈그림 8-27〉 보육시설현황(2022. 12. 31. 자료: 보건복지부)

이것은 민간주도의 보육시설이 갖는 문제점인 질이 떨어지거나 비용이 많이 드는 양극화현상을 야기시킨다. 실제로 영유아 양육비용을 살펴본 서문회 등(2010)의 연구에 따르면, 가계의 소득수준에 상관없이 가계지출에서 영유아자녀의 양육비가 차지하는 비중은 영유아자녀 1명 약 40%, 영유아자녀 2명 약 58%, 영유아자녀 3명 약 70% 정도로 나타났다.

따라서 국가와 사회는 보육서비스의 질적 향상을 도모하고, 사회적 지원을 다양하게 하기 위해 양질의 보육시설을 설치할 필요가 있다. 또 가정의 개별적인 욕구에 부응하여 다양한 부모교육 및 아동보호 프로그램을 기획하고 지원해 주어야 한다. 맞벌이 가정과 취업한 한부모 가정을 위해서 육아휴직제도를 확대실시하고, 이들 중 특히 경제적으로 어려운 가정을 위해 수당, 연금, 주택, 경제적 지원프로그램 등을 확대 실시해야 할 것이다.

맞벌이 부부의 단점은 시간과 에너지 부족, 일과 가족역할 간의 갈등, 자녀양육문제 등이다. 자녀양육문제는 부부가 모두 전문직인 경우에도 자녀를 돌보는 쪽은 아내이다. 특히 자녀가 취학 전일 경우 주된 양육자는 대개의 경우 어머니이다. 최근에 와서 자녀양육문제로 직장을 그만두는 여성은 별로 없지만 아이를 돌봐 줄 사람을 찾지 못하면 아이가 초등학교에 입학할 때까지 잠시 직장을 쉬기도 한다.

일반적으로 어머니의 취업이 아동발달에 부정적인 영향을 미친다는 증거는 없다(Hoffman, 1989; Moen, 1992). 자녀와 함께 보내는 시간의 양보다는 어머니와 자녀가 어떻게 시간을 보내느냐 하는 것이 더 중요하기 때문이다. 사실 취업모의 자녀들은, 특히 딸의 경우, 어머니를 역할모델로 삼을 수 있고 더 독립적이고, 높은 교육적 · 직업적 목표를 세우며, 남자와 여자의 역할에 대해 고정관념을 적게 가진다(Goldberg & Lucas-Thompson, 2008; Hoffman, 1989).

다행히도 대부분의 맞벌이 부부들은 주말에 더 많은 시간을 자녀들과 함께함으로써 부모자녀 간의 상호작용을 보완할 수 있다(Nock & Kingston, 1988). 비록 바쁘고 스트레스를 받기는 하지만 자녀의 발달에 손상을 주지 않고 일하는 즐거움을 누릴 수 있다.

요컨대 맞벌이 가정의 행복과 성공은 남편이 아내가 직업을 갖는 것에 대한 태도와 크게 관련이 있다. 아내의 직업을 인정하고, 집안일을 분담하며, 자녀양육에 도움이 되고, 정서적 지원을 해 주면 맞벌이 가정의 많은 문제가 극복될 수 있을 것이다.

(5) 다문화가정의 자녀

국가 간 인구 이동이 일상화, 보편화되면서 세계는 이주의 시대를 맞이하였다(Castles & Miller, 2009). 한국도 예외가 아니어서 한국에 거주하는 외국인은 행정안전부 자료에 의하면 2021년 11월 기준 213만 4,569명으로, 전년 대비 1% 감소하였다. 이는 현황발표를 시작한 2006년 이후, 외국인 수가 처음으로 감소한 2020년에 이어 2021년에도 감소세가 지속된 것이다. 이들 외국인의 다수를 차지하고 있는 구성원은 외국인 노동자와 국제결혼 이주여성들로 나타났다. 그 결과, 한국인 아버지와 외국인 어머니 사이에서 태어난 다문화가정 아동의 수도 크게 증가하고 있다. 다문화가정의 만 18세 미만의 아동은 2007년도

사진 설명: 다문화가정의 부모와 자녀

4만 4,258명에서 2020년에는 27만 5,990명으로 6배 정도 급증하였다(통계청 · 다문화가족과 보도자료, 2022). 이와 같이 다문화가정 아동의 수는 앞으로도 급속히 증가할 것으로 예상되며, 이들이 한국 사회에 어떠한 영향을 미칠 것인지에 대해 주목받고 있다.

다문화가정 아동에 대한 대부분의 연구(김미진, 2010; 서현, 이승은, 2007; 양순미, 2007; 오성배, 2007; 이영주, 2007; 이진숙, 2007)에서, 다문화가정 아동은 한국 사회에 적응하면서 많은 어려움을 겪는 것으로 보고되었다. 다문화가정 아동의 17.6%가 집단따돌림을 경험했으며, 따돌림의 이유는 '엄마가 외국인이어서'가 가장 높은 것으로 나타났다(보건복지부, 2005). 또한 다문화가정 아동은 한국인과 다른 외모로 인해 또래로부터 놀림을 받는 경우가 많았다. 이에 따라 다문화가정 아동은 일반가정 아동과 다르다는 이유로 따돌림받는 것을 두려워하여 자신이 다문화가정 아동임을 숨기는 경우가 많으며,

일반가정 아동과의 관계에서 적절한 감정표현이 부족하고 소극적인 것으로 나타났다(김미진, 정옥분, 2010).

Vonnie C. McLoyd

　다문화가정 아동이 성장하면서 가족, 특히 어머니의 지지를 받는 것이 필요하지만, 다문화가정 아동과 외국인 어머니 간의 의사소통이 그리 원만하지 않은 편이다. 그 이유는 외국인 어머니의 한국어 구사능력이 다문화가정 아동의 한국어 능력에 미치지 못하기 때문이다. 국제결혼 이주여성 대부분이 언어적응과 한국의 가부장적인 문화로 인해 적응에 어려움을 겪고 있다. 이주여성의 더딘 적응은 다문화가정 아동에게도 부정적인 영향을 줄 수 있다. 어머니의 문화적응과 자녀와의 상호작용 수준을 살펴본 McLoyd, Cauce, Takeuchi와 Wilson(1992)의 연구에 따르면, 문화적응 수준이 높았던 어머니가 자녀와 더 긍정적으로 상호작용을 한다고 보고하였다. 또한 어머니의 문화적응은 자녀의 사회적 유능감에도 영향을 미치는 것으로 나타났다(Kim, Han, & McCubbin, 2007). 이와 같이 부모자녀 간의 문화적응에서의 차이는 이주가정의 갈등에서 중요한 문제이며(Merali, 2002), 어머니의 문화적응과 자녀의 적응에 있어서 차이가 나는 것은 잠재적으로 자녀양육의 어려움이 커질 수 있다는 점에서 심각하다(Buki, Ma, Strom, & Strom, 2009).

　다문화가정 아동이 자신이 처한 환경에서 받는 스트레스를 극복하고 적응하기 위해서는 친구와 교사로부터 사회적 지지를 받는 것이 중요하다. 실제로 농촌지역 다문화가정 아동을 대상으로 학교생활 적응을 살펴본 양순미(2007)의 연구에서도, 다문화가정 아동의 적응에 또래수용과 같은 관계적 요인이 중요하게 작용하는 것으로 나타났다. 따라서 다문화가정 아동의 원활한 적응을 위해서는 또래관계를 향상시켜 줄 수 있는 노력이 필요하다. 그러나 현재 다문화교육은 다문화가정 아동만을 대상으로 실시되고 있는 경우가 대부분이다. 그러므로 일반가정 아동도 함께 참여할 수 있는 다문화교육 프로그램을 개발하는 것이 절실하다. 또한 부모 이외의 가까운 성인과의 관계가 스트레스를 겪고 있는 아동을 보호해 주는 요인임을 고려해 본다면(Hetherington,

Mavis Hetherington

1999), 교사의 역할이 매우 중요함을 알 수 있다. 따라서 현장의 교사뿐만 아니라 예비교사들을 대상으로 다문화가정 아동을 지지해 줄 수 있고 다문화적인 교육현장에 적용이 가능한 교사교육이 필요할 것이다.

　현재 한국의 다문화사회에서 유의할 점은 외국인에 대한 관심과 다른 문화에 대한 태도는 선진국 중심으로 형성되어 있다는 것이다. 이러한 상황에서 단순히 외국에 대한 관심의 증대만을 목표로 하는 문화적 다양성의 강조는 오히려 선진국 지향성과 문화자본 중심적 태도만을 강화시킬 가능성이 크다(황정미, 김이선, 이명진, 최현, 이동주, 2007). 한국 사회의 다문화 현상이 심화되어 감에도 불구하고 일반인들이 다문화가정에 대해 계속 편견적이고 차별적인 태도를 유지한다면 사회적 갈등을 일으킬 수 있는 심각한 문제가 될 수 있다. 따라서 특정 국가로만 편향된 교과내용보다는 한국 사회에서 실제로 전개되고 있는 다문화특성에 맞추어 일반인들을 대상으로 다양성의 차이를 가치 있는 것으로 수용할 수 있는 정책과 교육이 선행되어야 할 것이다.

우리나라 부모의 양육행동이 아동의 다문화 수용성에 미치는 영향에 관한 연구(설은정, 정옥분, 2012)에서, 아동이 부모의 온정적·수용적 양육행동을 높게 지각할수록 아동의 다문화 수용성은 높게 나타났으며, 아동이 부모의 허용적·방임적 양육행동과 거부적·제재적 양육행동을 높게 지각할수록 아동의 다문화 수용성은 낮은 것으로 나타났다.

또한 다문화가정 어머니의 양육스트레스와 양육행동이 아동의 학교준비도에 미치는 영향에 관한 연구(정해영, 정옥분, 2011)에서, 아동의 학교준비도는 다문화가정 어머니의 학습기대와 관련된 양육 스트레스와 부적 상관이 있는 것으로 나타났으며, 한계설정 양육행동과는 정적 상관이 있는 것으로 나타났다.

다문화가정 유아의 의사소통능력에 관한 연구(임양미, 박주희, 2012)에서 다문화가정 어머니의 한국어능력 수준이 높을수록 유아의 전반적 의사소통능력 수준이 높은 것으로 나타났다. 또한 다문화가정 어머니의 한국어능력은 유아의 어린이집 경험과 의사소통능력의 관계에 조절효과가 있는 것으로 나타났다. 즉, 어머니의 한국어능력 수준이 높을수록 어린이집 재원기간과 개념적인 언어지도 경험이 유아의 전반적인 의사소통능력에 미치는 영향력이 큰 것으로 보인다. 이는 한국어 의사소통능력이 부족하고 자녀양육에 어려움을 경험하는 다문화가정 부모와 영유아를 위해 어린이집과 지역사회 지원을 연계한 다각적인 지원책이 필요하다는 점을 시사하는 것이다.

다문화가정 유아기 자녀의 정서지능에 영향을 미치는 경로모형을 분석한 연구(민성혜, 이민영, 최혜영, 전혜정, 2009)에서 다문화가정에 대한 사회적 지지는 부부관계 만족도, 어머니의 우울, 부모자녀관계의 훈육과 역할만족을 통해 유아기 자녀의 자기정서인식에 영향을 미치는 것으로 나타났다. 따라서 다문화가정 유아기 자녀의 정서지능을 발달시키기 위해서는 어머니의 정신건강 수준을 높이고, 이를 위해 부부관계 만족도 수준을 높이며 우선적으로는 다문화가정에 대한 사회적 지지 수준을 높일 것을 연구자들은 제안하였다.

아동기의 발달

6세에서 11세까지 초등학교에 다니는 시기를 아동기라고 한다. 생활의 중심이 가정에서 학교로 옮겨 감에 따라, 이 시기의 발달에서는 학교생활이 중요한 역할을 하게 된다. 학교생활을 통해 아동은 많은 사회적 관계를 형성하게 되며, 또래집단의 비중이 점차 커지게 되므로, 이 시기를 학동기 또는 도당기(gang age)라고도 한다. 또한 아동기는 유아기나 사춘기의 격동에 비해 상대적으로 조용한 시기라는 점에서 잠복기라고도 한다.

표면적으로는 조용하게 보이지만, 아동기의 에너지는 내부적으로 조작능력을 획득하고 급격한 인지발달을 육성하기 위해 사용된다. 동시에 운동능력이나 언어능력이 증가함에 따라 자신의 욕구도 쉽게 표현하고, 자신의 욕구를 스스로 해결해 나갈 수 있게 된다. 아동은 외부 세계에 대해 관심을 넓혀 나가기도 하며, 부모나 다른 성인에 대해 동료의식을 발전시켜 나가게 된다.

이 장에서는 아동기의 신체발달, 인지발달, 언어발달, 사회정서발달에 관해 살펴보기로 한다.

1. 신체발달

영유아기의 급속한 신체발달이나 사춘기의 성장급등과 비교해 보면 아동기의 신체발달은 비교적 완만한 편이다. 성장속도가 둔화되기는 하지만 아동기에도 성장은 꾸준히 계속된다. 아동기 말에는 사춘기의 성장급등으로 인해 신장과 체중이 급격히 증가한다. 머리의 크기가 신체에서 차지하는 비중이 작아져서 성인의 수준에 가까워진다. 얼굴모양은 동그란 모습에서 길쭉한 모습으로 변하고, 코와 입이 커지고 넓어져 전체적인 얼굴모습이 달라진다.

식습관은 아동기의 건강에 매우 중요한 요인이 된다. 아동기는 아동이 계속해서 성장하는 시기이므로 영양소를 골고루 섭취해야 한다. 비타민이나 칼슘 등 성장기에 반드시 필요한 영양소가 제대로 공급되지 않으면 영양실조에 걸리기 쉽고, 과식으로 인해 필요 이상의 칼로리를 섭취하게 되면 비만이 되기 쉽다.

1) 신체적 성장

아동기에는 신장과 체중이 점차적으로 증가한다(Edwards & Coyne, 2020). 어깨가 넓어지고, 팔다리가 길고 가늘어지면서 유아기보다 신체가 훨씬 더 가늘어진 모습이 된다(사진 참조). 아동기에는 근육이 성장하는 신체에 적응하느라 근육이 당기는 듯한 느낌의 통증을 경험하게 되는데, 이것을 '성장통(growing pains)'이라 한다(Sheiman &

사진 설명: 아동기에는 유아기보다 키가 크고 가늘어진 모습이 된다.

Slomin, 1988). 성장기 아동의 10~20%가 경험하는 성장통은 밤에 심하고, 아침이 되면 없어지는 게 보통이다. 성장통의 원인은 정확히 알려져 있지 않지만, 전문가들은 성장하면서 뼈를 싸고 있는 골막이 늘어나 주위의 신경을 자극하기 때문이라고 추측한다. 뼈가 빠른 속도로 자라는 데 비해 근육은 더디게 자라기 때문이라는 주장도 있다. 따라서 일종의 근육통이라고 보는 학자도 많으며, 스트레스도 그 같은 발병의 원인 중 하나로 본다.

2) 운동기능의 발달

초등학교에 입학할 무렵이면 대근육과 소근육의 기본적 운동기능이 거의 발달하며, 이후에는 기존의 운동능력이 더 빠르고 정교하게 발달한다(Hockenberry & Wilson, 2019). 아동기에 운동기능은 계속해서 발달하므로 달리기, 줄넘기, 자전거타기, 등산, 수영, 스케이트 등 거의 모든 운동기능을 수행할 수 있게 된다. 유아기에 비해 아동기의 운동기능은 훨씬 정교하고 유연해진다. 협응능력 발달의 가장 좋은 지표인 공놀이도 연령이 증가함에 따라 공을 보다 멀리 던지고, 보다 잘 받을 수 있게 된다.

이러한 운동능력의 발달에서는 개인차와 성차가 크게 나타난다. 남아는 운동능력의 발달에 필요한 활동을 더 많이 하며, 17세까지 운동능력이 계속적으로 발달하는 반면, 여아는 13세경에 최고조에 달하고 이후부터는 쇠퇴하거나 기존의 능력을 유지하게 된다.

운동기능에서 남녀의 차이는 사춘기가 다가오면서 더욱 커진다. 남아는 여아에 비해 힘이 더 세어지고, 여아는 남아보다 유연성이 뛰어나다. 결과적으로 남아는 야구와 같이 대근육을 사용하는 스포츠에서 우세하고, 여아는 체조(사진 참조)나 수공예와 같이 소근육을 사용하는 활동에서 우세하다(Cratty, 1986; Lansdown & Walker, 1991).

운동기능의 발달은 아동의 자아개념에도 영향을 미친다. 자신의 운동기술이 좋지 못하다고 생각하는 아동은 긍정적인 자아개념을 갖지 못하는 경향이 있다. 이런 아동은 자신의 좋지 못한 운동기능으로 인해 창피를 당할까 봐 스포츠게임에 잘 참여하지 않는다(Seidel & Reppucci, 1995). 이는 결과적으로 연습할 기회가 적어져 운동기능이 발전하지 못하는 악순환이 발생한다.

(1) 대근육 운동

아동기가 되면 유아기에 잘 수행하지 못했던 여러 가지 대근육 운동기능을 습득하게 된다. 예를 들면, 자전거타기, 아이스 스케이팅, 수영, 줄넘기, 야구, 농구, 피구, 테니스, 술래잡기 등은 대부분의 아동이 습득하게 되는 대근육 운동기능이다(Cratty, 1986). 아동은 이러한 기본 기술을 습득함으로써 여러 가지 놀이나 스포츠게임에 참여할 수 있게 된다. 스포츠게임에 참여하는 것은 운동효과 외에도 우정관계를 형성하고, 게임의 규칙을 준수하며, 팀의 구성원들과 협동하는 법을 배우게 해 준다. 〈그림 9-1〉은 아동기의 대근육 운동기능의 발달에 관한 것이다.

(2) 소근육 운동

중추신경계의 수초화가 증가하면서 아동기의 소근육 운동기능도 증가한다. 수초화의 증가는 신경전류의 전달속도를 증가시키기 때문에, 정보가 근육에 더 빨리 전달되게 해 주고, 근육을 더 잘 통제하게 만든다(Lecours, 1982; Paus et al., 1999).

손과 손가락을 사용하는 소근육 운동기능의 증가로 말미암아 아동

Tomas Paus

6세	7세	8세	9세	10세	11세	12세
깡충깡충 뛸 수 있다.	눈을 감고 한쪽 발로 균형을 잡을 수 있다. 5cm 정도의 평균대 위를 넘어지지 않고 걸을 수 있다. 사방치기 놀이를 할 수 있다. 거수도약운동[1]을 할 수 있다.	발을 번갈아 가며 한 발로 뛸 수 있다. 여러 가지 놀이를 할 수 있다.	작은 공을 12m 정도 던질 수 있다. 25cm 정도의 높이로 뛰어오를 수 있다.	1초에 5m 정도를 달릴 수 있다.	1.5m 정도의 멀리뛰기를 할 수 있다.	1m 정도의 높이로 뛰어오를 수 있다.

〈그림 9-1〉 아동기의 대근육 운동기능의 발달

---

1) 차렷 자세에서 뛰면서 발을 벌리고, 머리 위에서 양손을 마주해 다시 원상태로 돌아오는 운동이다.

사진 설명: 야구와 축구는 유아기에 수행하지 못했던 여러 가지 대근육 운동기능을 발달시킨다.

은 놀랄 정도로 여러 가지 취미활동을 할 수 있게 된다. 다양한 악기연주나 수공예가 그
예이다. 또한 소근육 운동기술이 증가함에 따라 아동의 독립심도 증가하는데, 초등학
교에 입학할 무렵(6세)이면 대부분의 아동은 도움 없이 옷을 입고 벗을 수 있으며, 신발
끈을 매고, 식사 시간에 수저를 잘 사용할 수 있게 된다(Carlson & Cunningham, 1990).

7세경에는 손놀림이 더 안정되고, 글씨를 쓰는 데 크레용보다는 연필을 선호하며,
연필로 글씨를 쓰는 속도도 빨라지게 된다. 그리고 글자나 숫자를 거꾸로 쓰는 일도 드
물어진다. 8~10세경에는 양손을 따로따로 쓸 수 있다. 10~12세경에는 손놀림이 성인

사진 설명: 다양한 악기를 연주하는 것과 같은 소근육 운동기능은 아동기에 크게 증가한다.

의 수준에 가까워지고, 정교한 수공예품을 만들 수 있으며, 어려운 곡을 악기로 연주할 수 있게 된다.

3) 건강관리와 질병

아동기에는 유아기에 비해 면역력이 증가하기 때문에 일반적으로 건강한 편이다. 그러나 아동기에는 초등학교에 입학하여 생활반경이 넓어지기 때문에, 가정 이외의 장소에서 많은 사람들과 접촉하게 되므로 감기 등의 전염성 질병에 노출되기 쉽다. 그 외 아동이 잘 걸리는 질병은 중이염, 편도선염, 수두, 백일해 등이다. 그러나 옛날과는 달리 항생제나 면역법이 발달해 크게 걱정하지 않아도 된다. 이하선염(耳下腺炎), 소아마비, 백일해

사진 설명: 초등학교 취학 어린이는 홍역 2차 예방접종 증명서를 학교에 제출해야 한다(조선일보 DB 사진).

등은 백신주사를 통해 예방이 가능하며, 최근에 창궐하는 홍역 등도 제때에 예방접종만 하면 걱정하지 않아도 된다(사진 참조).

아동기에는 신체적 활동량이 많아지고 호기심이 왕성해지므로 사고가 자주 발생한다. 일반적으로 남아가 여아보다 사고를 일으키는 비율이 높다. 사고는 아동기에 발생하는 사망과 신체장애의 주요한 요인인데, 특히 교통사고로 인한 사망률이 매우 높다(〈그림 9-2〉 참조). 보행중 교통사고를 당할 위험은 초등학교에 갓 입학하여 아직 혼자 다닐 준비가 되어 있지 않은 초등학교 1학년 때에 제일 높다(Dunne, Asher, & Rivara, 1992). 그리고 남아가 여아보다 교통사고로 인한 사망률이 2배 정도 높다.

이외에도 아동은 높은 곳에서 떨어지거나(사진 참조), 끓는 물에 화상을 입거나, 약물 또는 독극물을 삼키거나, 목에 무엇이 걸려 질식하거나, 롤

사진 설명: 아동기에는 추락사고의 발생률이 높다.

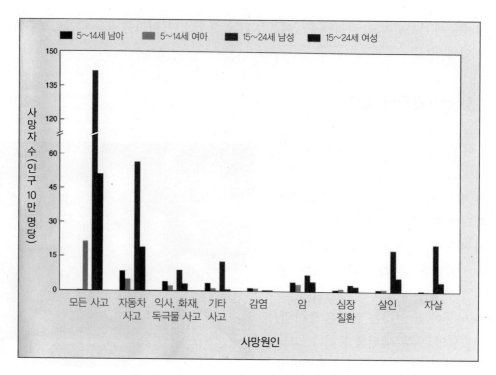

〈그림 9-2〉 아동기의 사고로 인한 사망률

출처: Seifert, K. L., & Hoffnung, R. J. (2000). *Child and adolescent development* (5th ed.). Boston: Houghton Mifflin.

러블레이드나 스케이트보드로 인한 사고가 많다. 아동기 사고의 절반 정도는 부모가 안전에 유의한다면 미연에 방지할 수 있는 것이다.

아동기에는 많은 아동들이 시력교정을 필요로 한다. 멀리 있는 물체를 잘 보지 못하는 근시, 가까이 있는 물체를 잘 보지 못하는 원시 그리고 초점이 잘 맞지 않아 물체가 이중으로 보이는 난시 등이 시력교정의 대상이 된다. 안경이나 콘택트렌즈를 착용함으로써 시력교정을 할 수 있다. 우리나라 교육부가 2022년에 실시한 학생건강검사 결과에 의하면, 초·중·고등학생의 55.17%가 시력 이상인 것으로 나타났다(〈그림 9-3〉 참조). 시력 이상은 좌우 한쪽이라도 나안시력이 0.7 이하인 경우와 시력이 나빠서 안경을 쓰고 있는 경우(교정시력이 기재된 경우)를 모두 포함한다.

치아는 건강에 매우 중요한 역할을 하기 때문에 치아관리는 매우 중요하다. 치아관리를 제대로 하지 않으면 충치가 생기고, 충치를 방치하면 잇몸에 염증이 생겨 이를 뽑아야 하는 경우도 발생한다.

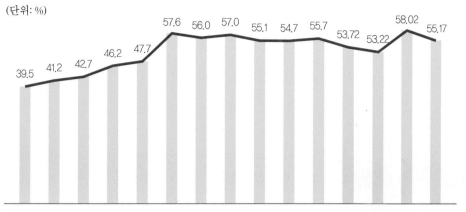

〈그림 9-3〉 우리나라 초 · 중 · 고 시력 이상 학생 증가추이

출처: 교육부 · 질병관리청 보도자료(2022. 4. 14.). 2022년도 학생 건강검사 및 청소년건강행태조사 결과

(1) 영양

아동기는 계속해서 성장하는 시기이므로 성인보다 단백질을 더 많이 섭취해야 한다. 고기, 생선, 계란, 콩류 등의 단백질 식품은 물론 곡류와 전분류(탄수화물), 채소와 과일류(무기질과 비타민), 우유와 유제품(칼슘), 유지와 당류(지방과 당)의 다섯 가지 식품군을 골고루 섭취해야 한다. 즉, 건강을 유지하기 위해서는 영양적으로 균형잡힌 식사를 해야 하는데, 모든 영양소가 다 포함된 식품은 없으므로 여러 가지 식품을 골고루 섭취해야 한다(Schiff, 2014).

아동기에는 평균적으로 체중이 2배로 늘어나고, 운동기능의 발달로 여러 가지 활동에 참여함으로써 에너지 소모량이 증가한다. 따라서 아동기에는 유아기보다 많은 양의 음식을 섭취해야 한다. 1~3세에는 하루에 1,300Cal, 4~6세에는 1,700Cal 그리고 7~10세에는 2,400Cal가 필요하다(Pipes, 1988).

(2) 비만

우리나라의 아동 중 10%가 비만인 것으로 보고되고 있다. 그리고 그 추세는 점점 증가하고 있다고 한다. 정상 체중보다 20% 이상의 체지방이 과다하게 축적되는 것을 비만이라고 한다. 아동기 비만은 유전적 요인, 운동부족, 과식 등 여러 가지 원인에서 비롯된다.

유전이 아동기 비만의 중요한 요인이다(Schiff, 2021). 양쪽 부모가 비만인 경우에는 자녀의 70%가 비만이 되고, 한쪽 부모가 비만인 경우에는 50%가, 양쪽 부모 모두 비만이 아닌 경우에는 자녀의 10%만이 비만이 된다(Klish, 1998). 최근에 와서 비만인자

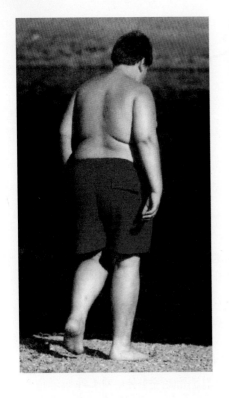

가 확인되었는데, 비만인자를 통해 렙틴이라는 물질이 생성된다고 한다. 렙틴은 혈류를 통해 뇌의 시상하부로 전달되는데, 시상하부는 식습관에 중요한 영향을 미친다. 비만인 경우 렙틴의 수준이 매우 높은 것으로 나타났다(Considine, Sinha, & Heiman, 1996).

아동기의 비만에 영향을 미치는 또 다른 요인은 환경요인이다(Shang et al., 2020; Sun et al., 2021). 생활양식의 변화로 말미암아 현대 사회의 아동들은 운동량이 부족하고, 그에 따른 열량소모가 적다. 요즈음의 아동들은 영양이 좋아 전 세대보다 체격은 좋아졌지만 체력은 저하되었다고 한다. 건강전문가들은 아동의 체력이 허약해진 원인이 TV와 컴퓨터에 있다고 지적한다. 즉, TV 시청은 앉아서 하는 활동으로 친구들과 어울려 놀면서 하게 되는 신체적 활동을 대신한다. 그리고 TV를 시청할 때 칼로리가 높은 스낵을 먹게 되고, TV에서 반복되는 식품광고는 먹고 싶은 충동을 유발하여 아동으로 하여금 음식에 탐닉하게 만든다(Bar-Or et al., 1998; Harrell, Gansky, Bradley, & McMurray, 1997). 컴퓨터 사용도 비만의 원인이 될 수 있다(Lane, Harrison, & Murphy, 2014). 컴퓨터 모니터 앞에 오랜 시간

앉아서 하게 되는 신체적 활동은 기껏해야 마우스로 클릭하는 것이다. 그리고 사이버 공간에서 펼쳐지는 격렬한 운동을 마치 자신이 실제로 한 것으로 착각하는 경우도 있다(사진 참조).

비만은 일반적으로 과식에서 비롯된다. 과식으로 인해 아동은 필요 이상의 칼로리를 섭취하게 되며, 이는 비만과 직결된다. 영유아기의 비만은 이후의 비만과도 직결되며, 비만 유아는 4~5세경이면 이미 자신에게 적절한 식사량 이상으로 먹는 습관에 길들여져 있는 경우가 많다. 하루에 필요한 칼로리 양에는 개인마다 차이가 있으나, 아동은 흔히 정신적 긴장을 해소하기 위한 하나의 수단으로, 혹은 부모나 타인과의 관계에서 사랑과 만족을 얻는 정도가 부족할 때 이를 음식물로 대치하고자 많이 먹게 된다.

비만은 어떤 연령에서든지 심각한 신체적·심리적 문제를 초래한다(Schiff, 2021; Thavamani et al., 2020). 비만인 사람은 고혈압, 심장질환, 당뇨 등 각종 질환에 걸릴

위험이 높다(Andersen, Holm, & Homøe, 2019; Lamb, 1984). 비만 아동의 경우 신체적 문제뿐만 아니라 심리적 문제도 야기한다. 비만 아동은 또래들로부터 놀림과 따돌림을 당하기 쉽다(사진 참조). 결과적으로 낮은 자아존중감, 부정적 신체상, 우울증과 같은 행동문제가 발생하기도 한다(Davison & Birth, 2001; Israel & Shapiro, 1985; Mendelson & White, 1985). 자아존중감(self-esteem)은 자신의 존재에 대한 긍정적 견해로서 자기 존재에 대한 느낌을 의미하고, 신체상(body image)은 자신의 신

체에 대한 느낌, 즉 자신의 신체에 대해 얼마나 만족하는가 하는 것을 의미한다. 신체상은 이 시기의 아동—특히 여아—에게 매우 중요하다. 따돌림, 고립, 낮은 자아존중감은 과식, 낮은 활동성을 초래하여 다시 체중증가, 따돌림으로 이어지는 악순환이 계속된다(Neumann, 1983).

비만아의 경우, 식습관을 바꾸고 운동을 시키는 행동요법이 체중감량에 효과가 있는 것으로 보인다(Epstein & Wing, 1987; Graham, Holt/Hale, & Parker, 2020; Kohl & Hobbs, 1998). 전문가들은 다이어트, 운동, 행동수정 프로그램을 병행할 것을 추천한다. 행동수정 프로그램에서는 아동으로 하여금 음식 일기를 작성하도록 하는데, 아동이 섭취하는 음식의 종류와 양뿐만 아니라 언제, 어디서 누구랑 함께 먹는지도 기록하게 한다. 이렇게 함으로써 수정해야 할 행동을 확인할 수 있기 때문이다.

과식으로 인한 비만에는 적절한 운동을 통해서 활동수준을 체계적으로 증가시키고 간식이나 군것질의 양을 줄이는 것이 우선적인 과제이다. 그러나 사랑과 관심끌기에서 비롯된 과식이 원인이라고 판단될 경우에는 관심을 보여주고, 대인관계에서 느끼는 외로움이 원인이라고 생각될 경우에는 대인관계의 융화를 통해 이를 해결하도록 도와주어야 한다.

(3) 질병

아동기에 가장 흔한 질병은 감기지만, 감기는 일시적인 것으로 대부분의 경우 일주일 이내에 치유된다. 아동기에 매우 심각한 만성질환 중 하나가 앨러지다. 앨러지는 특정 물질에 대한 과민반응으로 네 종류가 있다. 음식이나 약물에 의해 소화기 또는 호흡기 문제를 일으키는 앨러지, 꽃가루나 먼지에 의해 눈이 가렵고 콧물이나 기침이 나는 앨러지, 화장품이나 비누제품에 의해 피부 발진과 같은 피부질환을 일으키는 앨러지 그리고 주사바늘이나 곤충한테 물려 피부나 소화기 또는 호흡기에 문제를 일으키는 앨러지 등이 있다. 앨러지가 있는 아동은 애완동물을 키우지 못하거나 특정 음식을 멀리

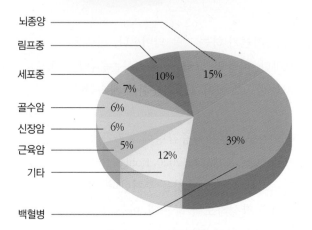

뇌종양
림프종
세포종
골수암
신장암
근육암
기타
백혈병

15%
10%
7%
6%
6%
5%
12%
39%

〈그림 9-4〉 **아동기 암의 종류**

해야 하는 등 생활의 즐거움을 충분히 누리지 못하는 경우가 많다(Voigner & Bridgewater, 1980).

천식도 아동기에 볼 수 있는 매우 보편적인 질병이다(사진 참조). 천식은 꽃가루, 먼지, 동물의 털, 화학약품, 기온이나 기압의 갑작스러운 변화, 과도한 운동, 스트레스 등에 기관지가 과민반응을 일으키는 질환이다(Altug et al., 2013). 천식은 콧물, 기침, 재채기를 유발하며, 때로는 심각한 호흡문제를 일으킨다. 천식은 아동기 말이나 청년기 초기에 저절로 없어지거나 그 정도가 감소하기도 한다.

아동기에 사고 다음으로 많은 사망원인은 암이다. 소아암은 성인암과 그 양상이 다르다. 성인기에는 주로 폐, 위장, 췌장, 유방, 자궁, 전립선 등에서 암이 발생하지만, 아동기에는 주로 백혈구, 뇌, 뼈, 근육, 신경계통에서 암이 발생한다(Bleeker et al., 2014). 〈그림 9-4〉에서 보듯이 아동기에 가장 많이 발생하는 암은 백혈병(Leukemia)이다. 백혈병은 골수에서 백혈구가 지나치게 많이 생성되는 반면, 적혈구와 혈소판은 감소하는 질환이다. 치료방법에는 항백혈병 치료제의 투여 및 수혈, 골수이식이 있다. 성인암과는 달리 소아암은 발견 당시에 이미 상당히 진행된 상태에 있다. 즉, 성인의 경우에는 다른 부위에 전이된 경우가 20%인 데 반해, 아동의 경우는 80%에 이른다. 대부분의 성인암은 흡연이나 음주와 같이 생활양식이 그 원인이지만, 소아암은 그 원인이 명확하지 않다.

(4) 치아건강

아동기 동안 가장 눈에 띄는 신체적 변화 중의 하나가 젖니가 빠지는 것이다. 젖니가 빠지는 것은 아동기에 발생하는 하나의 통과의례이다. 6세경이면 젖니가 한두 개씩 빠지기 시작하는데, 초등학교 1, 2학년 교실에서는 이가 빠진 우스꽝스러운 모습으로 웃는 아동들을 많이 볼 수 있다. 아동기 동안 젖니는 계속해서 빠지는데, 1년에 약 네 개씩 젖니가 영구치로 대체된다. 첫 번째 어금니는 6세경에 나고, 두 번째 어금니는 13세경, 세 번째 어금니, 즉 사랑니는 20세경에 나온다. 그러나 사랑니가 영원히 나지 않는

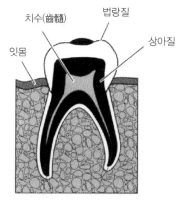
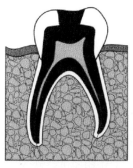
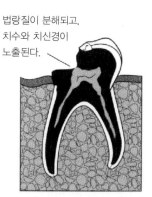

치수(齒髓)　법랑질

잇몸　　　상아질

법랑질이 분해되고, 치수와 치신경이 노출된다.

1. 박테리아가 치구(齒垢)에 들러 붙는다. 당을 대사하는 과정에서 산을 생성하는데, 이 산은 법랑질을 부식시킨다.

2. 법랑질이 부식된 다음 박테리아는 상아질을 파괴하는데, 상아질은 법랑질보다 더 빠른 속도로 파괴된다.

3. 치수와 치신경까지 부식하면 치통이 발생한다.

〈그림 9-5〉 충치의 발생과정

경우도 있다(Behrman, 1992).

치아관리를 제대로 하지 않으면 충치나 잇몸 질환이 생긴다. 충치는 좋지 못한 식습관, 부적절한 치아관리 때문이다. 사탕과 같은 군것질 음식은 치아건강에 특히 좋지 않다. 왜냐하면 설탕은 박테리아가 서식하는 데 매우 적합한 환경을 조성하기 때문이다. 당을 대사하는 과정에서 박테리아는 산을 생성하는데, 이 산은 치아표면의 법랑질을 부식시킨다. 법랑질이 부식되면 박테리아는 치아의 상아질을 파괴한다. 충치를 방치하면 치수(치아 내 신경 및 혈관조직)에 염증이 생기고, 이를 뽑아야 하는 결과를 초래하기도 한다(〈그림 9-5〉 참조).

치아는 건강에 매우 중요한 역할을 하기 때문에 치아(특히 영구치)관리는 매우 중요하다. 영구치가 나올 때까지 손가락을 계속해서 빠는 아동의 경우 치열이 고르지 않아 치열교정을 위한 치열교정기를 착용해야 한다(사진 참조).

2. 인지발달

아동기에는 유아기에 비해 인지능력에서 상당한 발전을 보인다. 좀더 세련된 방법으로 상징을 사용하고, 논리적으로 생각할 수 있으며, 사물의 한 측면에만 집착하지 않고 여러 측면을 고려하여 결론을 이끌어낼 수 있다. 동시에 타인의 관점을 이해하게 된다. 아동기의 사고는 유아기의 직관적 사고에서 논리적 사고로, 중심화 현상에서 탈중심화로, 비가역적 사고에서 가역적 사고로 변하게 된다. 그러나 아동기의 사고는 구체적인 것, 자신이 직접적으로 경험한 세계에 한정되며, 추상적이고 가설적인 개념을 이해하는 데는 한계가 있다. 아동기의 이러한 사고의 특성을 Piaget는 구체적 조작기로 설명하고 있다.

중추신경계의 성숙으로 인해 아동기에는 주의집중 능력이 발달하며, 기억용량의 증가, 기억전략과 상위기억의 발달, 지식기반의 확대 등으로 인해 보다 효율적으로 기억을 할 수 있게 된다. 아동기에는 또한 언어발달로 인해 의사소통 기술도 크게 발달한다.

1) 아동기 사고의 특성

아동기는 Piaget의 인지발달의 네 단계 중 세 번째 단계에 해당한다. 이 단계에서는 아동의 사고가 자신이 직접 경험한 구체적인 세계에 한정되기 때문에 구체적 조작기라 부른다. 구체적 조작기의 아동은 조작의 순서는 전환될 수 있고, 조작 전 상황의 특성들이 회복될 수 있다는 것을 이해한다. 조작이란 주어진 정보를 특정한 목적을 위해 변형시키거나 관련된 사고로 통합하는 정신적 활동을 의미하는 것으로, 덧셈이나 뺄셈과 같은 능력이 이에 속한다. 구체적 조작기에서 이러한 사고의 특성은 보존개념, 조망수용능력, 유목화, 서열화 개념 등을 습득할 수 있게 해 준다.

(1) 보존개념

전조작기와 구체적 조작기의 중요한 차이는 아동이 문제해결 과정에서 직관보다는 논리적 조작이나 규칙을 적용하기 시작한다는 사실이다. 이러한 사고의 변화를 보여주기 위해 Piaget가 사용한 대표적 과제 중 하나는 보존개념이다. 보존개념은 물체가 외형상 변화함에도 불구하고 이로부터 빼거나 더하지 않으면, 그 물체의 본래의 양은 그대로 보존된다고 판단할 수 있는 능력이다.

학동기의 아동은 찰흙의 모양이 둥근 형태에서 길고 넓적하게 변하더라도 그 양은 같다는 사실을 알게 된다. 또한 폭과 넓이가 다른 두 잔의 물의 양이 동일하다는 사실도 알게 된다. Piaget의 보존과제 실험에서 유아기에는 높이나 폭의 한 차원밖에 고려할수 없으나, 아동기에는 높이와 폭이라는 두 가지 차원을 동시에 고려할 수 있게 된다.

이러한 보존개념의 획득에는 가역성, 보상성, 동일성이라는 세 가지 개념의 획득이 전제가 된다. 가역성(reversibility)은 어떠한 상태 변화가 그 변화의 과정을 역으로 밟아가면 다시 원상으로 복귀될 수 있다는 사실이다. 보상성(compensation)은 높이의 감소가 폭이라는 차원으로 보상된다는 것이고, 동일성(identity)은 어떤 방법으로든 더하거나 빼지 않았으므로 양은 동일하다는 것이다.

여러 가지 형태의 보존개념이 일정한 시기에 한꺼번에 획득되는 것은 아니다. Piaget는 이를 수평적 위계(horizontal dècalage)의 개념으로 설명하고 있다. 수와 길이, 양에 대한 보존개념을 가장 먼저 획득하게 되며, 다음으로 무게에 대한 보존개념, 부피에 대한 보존개념의 순서로 획득하게 된다고 한다(〈그림 8-10〉 참조).

(2) 조망수용

아동기에는 사고의 자기중심성에서 벗어나 타인의 입장, 감정, 인지 등을 추론하고 이해할 수 있는 조망수용(perspective taking)능력을 습득하게 된다.

Piaget의 '세 산 모형' 실험(〈그림 8-9〉 참조)에서 아동은 이제 인형이 보는 산 모양, 즉 타인의 위치에서 보는 공간적 시각을 추론할 수 있다. 또한 특정 상황에서 타인의 감정을 추론하는 것이 가능하다. 어떤 줄거리를 이야기해 주고 상황을 설명해 주었을 때, 아동은 그 이야기의 주인공이 느끼는 감정을 이해할 수 있게 된다. 나아가 타인의 사고과정이나 행동의 원인을 추론하고 이해하는 인지적 조망능력도 획득하게 된다.

초등학교 1, 3, 5학년 아동 90명을 대상으로 한 연구(조성례, 2001)에서 사회적 조망수용능력은 아동의 학년이 높아질수록 더 높게 나타났다. 또한 남아보다 여아들의 조망수용능력이 더 높은 것으로 나타났다. 초등학교 1, 3, 5학년 72명을 대상으로 상황특성에 따른 아동의 감정조망 수용능력의 발달에 관한 연구(이종화, 1993)에 따르면, 아동의 감정조망 수용능력은 상황이 복잡하면 복잡할수록 더 낮아지는 것으로 나타났다. 즉, 한 가지 감정만이 관련된 단순상황에 비해 두 가지 감정이 복합적으로 관련되는 복합상황에서 감정조망 수용능력은 더 늦게 발달하는 것으로 보인다. 또한 아동의 감정조망 수용능력은 감정의 특성에 따른 상황마다 차이가 나타났다. 즉, 기쁨과 슬픔의 감정이 관련된 상황에서 감정조망 수용능력이 가장 높게 나타났고, 분노가 관련된 상황에서는 낮게 나타났다. 한편, 전반적으로 여아의 감정조망 수용능력이 남아보다 더 높게 나타났다.

(3) 유목화

유아기에는 사건이나 사물을 일정한 규칙에 따라 분류하지 못한다. 색깔과 크기가 다른 여러 가지 모양의 물건을 주고 이를 일정한 속성에 따라 분류하라고 지시하면, 이 시기의 아동은 기준에 혼돈을 일으켜 이를 정확하게 분류하지 못한다. 또한 분류기준이 명확하지 않고, 시시각각 변하며, 전체와 부분에 대한 개념도 가지고 있지 않다.

그러나 아동기에는 물체를 공통의 속성에 따라 분류하고 한 대상이 하나의 유목에 속하는 것으로 분류할 수 있다. 물체를 한 가지 속성에 따라 분류하는 단순 유목화(simple classification), 물체를 두 개 이상의 속성에 따라 분류하는 다중 유목화(multiple classification)의 개념이나 상위유목과 하위유목 간의 관계를 이해하는 유목포함(class inclusion)의 개념을 습득하게 된다. 만약 8세의 아동에게 8개의 빨간 유리구슬과 2개의 파란 유리구슬을 보여주고, 빨간 유리구슬과 유리구슬 가운데 어떤 것이 더 많은가에 대해 물어보면, 이들은 대부분 유리구슬이 더 많다고 대답한다.

(4) 서열화

구체적 조작기의 또 다른 특성은 사물을 영역별로 차례대로 배열할 수 있는 능력을 획득하게 된다는 점이다. 유아기에는 길이가 다른 여러 개의 막대기를 놓고 이를 상호관계에 따라 순서대로 나열해 보라고 지시하면 유아는 많은 오류를 보인다. 그러나 아동기에는 특정한 속성에 따라 유목으로 나누면서, 동시에 거의 시행착오 없이 상호관계에 따라 막대를 순서대로 배열하는 것이 가능하다. 아동은 한 가지 속성에 따라 대상을 비교하면서 순서대로 배열하는 단순 서열화(simple seriation)뿐만 아니라, 두 가지 이상의 속성에 따라 대상을 비교해서 순서대로 배열하는 다중 서열화(multiple seriation)도 가능하다. 이러한 서열화의 개념은 수들 간의 관계를 이해하는 데 결정적인 역할을 하므로 산수를 배우는 데는 필수적이다.

2) 인지양식

인지양식(cognitive style)이란 개인이 환경에 대해 인식하고 반응하는 양식으로서 아동기에 나타나기 시작하는 것이다. 예를 들면, 어떤 아동은 주어진 문제에 곧바로 답을 하는가 하면, 또 다른 아동은 한참 생각한 후에 답을 한다. 이와 같은 인지양식은 아동의 성격을 반영할 뿐만 아니라 아동의 인지적 수행에도 영향을 미친다.

(1) 수렴적 사고와 확산적 사고

수렴적 사고(convergent thinking)는 문제를 해결하기 위해 사용하는 사고방식의 한 종류인데, 여러 가지 가능한 해결책이나 답들 가운데서 가장 적합한 해결책이나 답을 모색해 가는 사고를 말한다. 예를 들어, 수학문제를 풀거나 조각그림 맞추기는 수렴적 사고를 요한다. 학교수업에는 한 개의 정답만 있는 문제가 많으므로 상당 부분이 수렴적 사고를 필요로 한다. 따라서 많은 학동기 아동들이 수렴적 사고를 채택하는 일은 놀라운 일이 아니다. 그럼에도 불구하고 어떤 아동들은 특별히 수렴적 사고를 많이 사용하는 경향이 있다. 이런 아동들은 구조적 학습과제를 선호한다.

확산적 사고(divergent thinking)는 Guilford(1967)가 지능의 구조를 설명하는 모형에서 제시한 개념인데, 이것은 문제를 해결하기 위해 다양한 해결책이나 답을 모색하는 사고를 말한다. 사고의 유창성(fluency), 융통성(flexibility), 독창성(originality), 정교성(elaboration), 집착성(persistence) 등이 확산적 사고에 포함되는 능력이다. Guilford에 의하면, 창의성은 확산적 사고와 밀접한 연관이 있다고 한다. 확산적 사고는 아동들에게 옷걸이나 신문지의 여러 가지 용도에 관해 질문하거나, 〈그림 9-6〉에서와 같이 동그라미를 이용해 다른 그림을 될 수 있는 대로 많이 그리게 함으로써 측정한다(Kogan, 1983). 이때 답변의 수와 독창성을 가지고 확산적 사고를 평가한다.

확산적 사고를 주로 하는 아동들은 확산적 사고를 요하지 않는 매우 구조화된 과제에서도 긴장하지 않고 즐기는 듯이 문제를 해결하고자 한다(Runco & Okuda, 1988).

〈그림 9-6〉 확산적 사고 검사의 예

(2) 장의존성과 장독립성

Herman Witkin에 의해 소개된 장의존성(field dependence)과 장독립성(field independence) 개념은 개인이 사물을 인식할 때 그 사물을 둘러싼 배경, 즉 장(field)의 영향을 많이 받거나 받지 않는 인지양식을 의미한다. 장의존적인 사람은 장의 영향을 많이 받고, 사물을 전체로서 지각한다. 예를 들어, 산 그림을 보고서 산 전체의 모양에 주목한다. 반면, 장독립적인 사람은 장의 영향을 거의 받지 않으며, 사물을 여러 개의 부분으로 지각한다. 즉, 산 전체가 아니라 나무 한 그루 한 그루, 바위 하나하나를 따로 따로 본다. 대부분의 사람들은 장의존성과 장독립성이 혼합되어 있다고 한다(Hardy, Eliot, & Burlingame, 1987).

Herman Witkin

〈그림 9-7〉 Witkin의 '막대와 틀' 검사

장의존성과 장독립성을 측정하는 검사에는 '막대와 틀 검사(Rod and Frame Test: RFT)'가 있다. 캄캄한 실험실에서 피실험자는 발광체로 된 막대와 틀을 마주 보고 앉는다(〈그림 9-7〉 참조). 막대와 틀은 실험자가 따로따로 움직이게 되어 있다. 피실험자는 실험자에게 막대가 수직이 되도록 막대와 틀을 움직이게 지시한다. 막대가 중력에 의해 방바닥과 수직상태를 이루게 되었을 때, 틀 안에서는 수직상태로 보이지 않도록 틀은 항상 기울어져 있다. 이 실험에서 틀의 경사는 장독립적인 사람보다 장의존적인 사람의 판단에 영향을 미치기 쉽다. 장독립적인 사람은 일반적으로 틀의 경사에 상관없이 정확한 판단을 내린다.

장의존성과 장독립성을 측정하는 또 다른 검사로는 '숨은 그림찾기(Embedded Figure Test: EFT)'가 있다. 〈그림 9-8a〉에서와 같이 복잡하고 큰 그림 속에서 익숙한 그림을 찾아내거나, 〈그림 9-8b〉에서와 같이 오른쪽에 제시된 도형을 찾아내는 것이다. 장의존적인 아동은 숨겨진 그림을 찾아내는 데 어려움을 겪는다. 두 검사 모두 시각적 분석력을 강조하는 것인데, 전체로부터 부분을 분리해서 독립적 단위로 보는 능력이 필요하다(Hall, Gregory, Billinger, & Fisher, 1988; Witkin & Goodenough, 1977).

장의존성과 장독립성은 사회적 관계에도 영향을 미친다(Kogan, 1989). 장의존적인 아동은 어려운 상황에 처하게 되면 단서를 얻기 위하여 주위 사람들에게 의존하거나

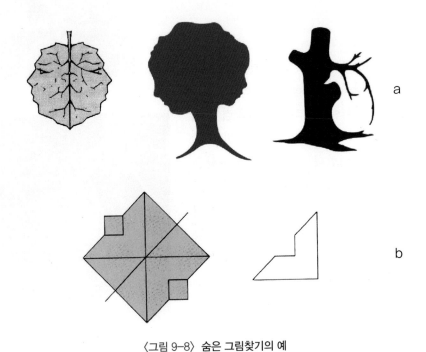

〈그림 9-8〉 숨은 그림찾기의 예

출처: Seifert, K. L., & Hoffnung, R. J. (1991). *Child and adolescent development* (2nd ed.). Boston: Houghton Mifflin.

다른 사람의 견해에 맞추어 자신의 견해를 수정한다. 반면, 장독립적인 아동은 스스로 문제를 해결하고 매우 자율적이다. 그러나 이러한 차이는 어느 한쪽이 다른 쪽보다 더 낫다는 것을 의미하는 것은 아니다. 장의존적인 아동은 사회적 관계를 잘 조율하고 사회정보를 잘 기억하기 때문에 사회사업이나 인문학 등에 적합하다. 그리고 장독립적인 아동은 수학이나 과학 등 분석적 능력이 요구되는 일에 적합하다.

　　우리나라 4, 6, 8세 아동 303명을 대상으로 한 연구(강상화, 1996)에 의하면 연령이 증가할수록 장독립성이 증가하는 것으로 나타났다. 또한 장독립-장의존 인지양식과 사회성발달의 관련성을 살펴본 결과, 장독립 집단이 장의존 집단보다 사회성이 더 높게 나타났다. 초등학교 6학년 아동 264명을 대상으로 아동의 인지양식과 지능의 하위요인과의 관계를 알아본 연구(조성규, 1995)에서는, 장독립 집단의 아동들이 장의존 집단의 아동들보다 K-WISC의 언어성 지능과 동작성 지능에서 높은 수행력을 보이는 것으로 나타났다. 창의성과 장독립성 인지양식과의 관계를 알아본 연구(조성연, 1988)에서는, 장독립성 인지양식과 창의성과는 정적 상관이 있는 것으로 나타났다. 장독립성 인지양식은 창의성의 하위요인 중 유창성·독창성과 특히 높은 상관이 있었다. 장독립적 인지양식은 제시된 자극을 지각할 때 환경의 영향을 적게 받는 사고방식이고, 유창성과 독창성 역시 아동이 환경에 구애받지 않고 독특하고 다양한 방식으로 사고한다는 점에서 상관이 높게 나온 것으로 보인다.

(3) 신중성과 충동성

　　신중성(reflection)과 충동성(impulsiveness)은 Jerome Kagan(1965)이 제안한 개념이다. 주어진 문제에 즉각적인 반응을 보이면서 실수를 많이 하는 아동이 있는가 하면, 찬찬히 생각하여 문제를 풀어가면서 실수를 적게 하는 아동이 있다. 전자의 경우 충동적이고 후자의 경우 신중하다. 아동의 신중성과 충동성을 측정하기 위해 Kagan은 '짝짓기 그림검사(Matching Familar Figures Test: MFFT)'를 고안하였다. 〈그림 9-9〉에서와 같이 아동은 6개의 그림 중에서 맨 위에 제시한 그림과 동일한 그림을 찾아내야 하는데, 세부적 특징에서만 그림들이 조금씩 차이가 있기 때문에 동일한 그림을 찾아내는 것이 쉬운 일이 아니다. 충동적인 아동은 그림을 주의깊게 탐색하지 않고 보자마자 응답함으로써 많은 오류를 범하는 반면, 신중한 아동은 시간

사진 설명: 충동적인 아동은 문제에 곧바로 답을 한다.

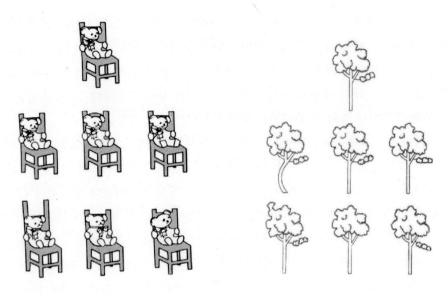

〈그림 9-9〉 짝짓기 그림검사의 예

출처: Kagan, J. (1965). Impulsive and reflective children: Significance of conceptual tempo. In J. D. Krumboltz (Ed.), *Learning and the educational process*. Chicago: Rand McNally.

이 오래 걸리더라도 그림의 세부 특징까지 서로 비교함으로써 오류를 거의 범하지 않는다.

아동의 신중성과 충동성은 5~6세경에 나타나기 시작하며 이후에도 이러한 성격 특성은 별로 변하지 않는다는 견해(Messer, 1976)가 있는가 하면, 신중성과 충동성은 안정적인 성격특성이 아니라는 견해(Jones & Duffy, 1982; Kogan, 1982)도 있다. 짝짓기 그림검사와 같은 과제는 얼마나 빨리 반응하는가와 얼마나 정확하게 반응하는가의 갈등상황을 초래한다. 아동이 이러한 갈등상황을 어떻게 해결하는가 하는 것은 아동의 연령이나 성격특성이 아니라 과제의 내용에 달려 있다는 것이 Kogan 등의 주장이다.

우리나라 3, 4, 5세 유아 85명을 대상으로 Kagan(1965)의 MFFT 검사를 이용한 연구(강기숙, 이경님, 2001)에서 보면, 유아의 반응시간이 길수록 유혹에 대한 저항이 높았고, 오답수가 적을수록 과제에 대한 인내도가 높았다. 즉, 충동적인 아동보다 신중한 아동의 자기통제 행동이 더 높게 나타났다.

3) 지능과 창의성

우리는 일상생활에서 "누구는 머리가 좋다" 또는 "누구는 머리가 별로 좋지 못하다"는 등 지능에 관한 언급을 많이 한다. 그러면 이 "머리가 좋다" 또는 "머리가 나쁘다"라는 것은 무엇을 의미하는가? 창의성은 지능과 어떤 관계가 있는가? 창의적인 사람의 대부분은 지능이 높은 편이지만 그 역은 성립하지 않는다. 즉, 지능이 높다고 해서 반드시 창의적인 것은 아니다.

(1) 지능의 본질

지능이란 말은 라틴어 "~중에서 선택하다"라는 말에서 나왔다. 그런 의미에서 지능을 현명한 선택을 하는 능력이라고 정의하기도 한다. 지능은 정의하기가 매우 힘든 추상적인 개념이지만, 일반적으로 어휘력이나 독해력 같은 언어능력, 논리적 사고와 건전한 판단을 수반하는 문제해결 능력 그리고 환경적응 능력 등으로 정의된다.

Lee Joseph Cronbach

Binet가 지능검사를 제작할 당시의 기분은 "여태까지 누구도 본 적이 없는 동물을 잡으러 숲 속으로 들어간 사냥꾼의 심정이었다. 그러한 동물이 존재한다는 것에는 의문의 여지가 없었지만, 그 동물이 어떻게 생겼는지에 대해 설명할 수 있는 사람은 아무도 없었다"(Cronbach, 1970, p. 200). 더욱이 한 종류의 동물이 아니라 여러 종류의 동물이 있을 것이라는 논쟁이 분분하였다.

지능이 단일 능력인가, 아니면 복합 요인으로 구성되어 있는가에 관한 논쟁은 1세기가 넘도록 계속된 오래된 논쟁이다. Binet는 단일 능력이라고 믿었지만 나중에 사냥에 합류한 다른 '사냥꾼'들은 지능이 복합 요인이라고 주장하였다.

최근에 와서 지능을 다차원적인 것으로 보는 경향이 우세한데, Sternberg와 Gardner가 그 대표적인 인물이다. 이들은 모두 종래의 지능검사로는 중요한 정신능력을 측정하지 못한다고 주장하면서 보다 포괄적인 이론을 제시하였다. Sternberg와 Gardner의 이론적 틀은 정보처리이론에 근거한 것이다.

① Sternberg의 삼원이론

Sternberg(1986, 2004, 2010, 2012, 2014, 2018, 2020)의 삼원(三元)이론에 의하면, 지능은 세 가지 요소, 즉 구성적 지능, 경험적 지능, 상황적 지능으로 구성되어 있다고 한다(〈그림 9-10〉 참조). 정보를 얼마나 효율적으로 처리하는가 하는 것이 구성적 지능이다. 구성적 지능은 우리가 일반적으로 지능이라고 부르는 개념과 매우 유사한데, 지능검사는 주로 구성적 지능을 측정하는 문항들로 구성되어 있다. 구성적 지능은 우리가

Robert Sternberg

지능의 구성적 요소
(정보를 얼마나 효율적으로
처리하는가?)

지능의 상황적 요소
(환경에 어떻게
대처하는가?)

지능의 경험적 요소
(문제를 해결하는 데 이전
경험을 어떻게 사용하는가?)

〈그림 9-10〉 Sternberg의 삼원이론

문제에 어떻게 접근하고, 문제를 어떻게 해결하며, 결과를 어떻게 평가하는가를 말해주는 것이다. 이것은 지능의 분석적 측면인데, 구성적 지능이 높은 사람은 지능검사 점수가 높게 나오며, 논쟁에서 상대방의 허점을 잘 찾아낸다.

새롭거나 친숙한 과제에 어떻게 접근하는가 하는 것이 경험적 지능이다. 이것은 통찰력 차원의 지능으로서 새로운 정보를 이미 알고 있는 정보와 비교하여 과거의 경험을 바탕으로 하여 새로운 문제를 해결할 수 있는 능력을 말한다. Sternberg에 의하면 경험적 지능이 높은 사람은 새로운 문제를 신속히 해결할 뿐만 아니라, 익숙한 문제는 기계적으로 해결한다. 그래서 통찰력과 창의력을 요하는 친숙하지 않은 문제에 몰두할 수 있도록 정신을 자유롭게 해준다.

환경에 어떻게 대처하는가 하는 것이 상황적 지능이다. 이것은 지능의 실제적이고 현실적인 측면으로서 우리가 학교에서 배우지 못하는 실생활에 필요한 중요한 정보를 얻는 능력이다. Sternberg는 우리가 사회에서 성공하려면 교과서에서 배운 지식보다 실용적 지식이 더 중요하다고 주장한다. 우리는 흔히 학교 우등생이 사회 열등생이라는 말을 많이 듣는다.

② Gardner의 다중지능이론

Gardner(1983, 1993, 2002, 2016)는 지능검사가 주로 언어능력과 논리적 능력의 두 차원에 의해 측정되는 것에 반대하면서, 문제를 해결하고 여러 분야에서 생산적인 일을 하는 데 필요한 여덟 가지 지능을 제시한다(〈그림 9-11〉 참조).

언어 지능은 작가, 번역가, 편집자 등이 최대한 활용하는 언어능력

Howard Gardner

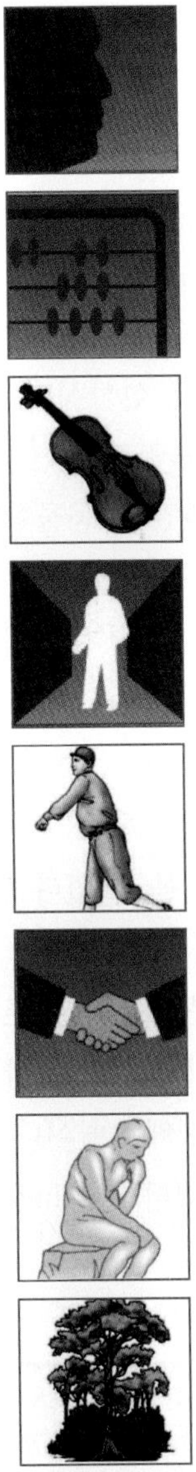

언어(linguistic) 지능
문장의 뜻을 이해하고, 효과적인 의사소통을 할 수 있는 능력이다.

논리 · 수학(logical–mathematical) 지능
논리적 사고와 수리능력이 포함된다.

음악(musical) 지능
언어와 마찬가지로 음악 또한 자기표현의 수단이다. 이 재능은 주로 천재
들에게서 나타난다.

공간(spatial) 지능
입체적 공간관계를 이해하는 능력이다. 조각가나 화가는 형상을 정확하게
지각하고, 조작하며, 재창조할 수 있다.

신체운동(bodily–kinesthetic) 지능
운동신경이 예민하며, 사물을 섬세하고 능숙하게 다룰 수 있는 능력이다.

대인관계(interpersonal) 지능
상대방의 기분이나 동기 및 의도를 이해하는 능력이다.

자기이해(intrapersonal) 지능
자신의 감정을 잘 이해하여 행동의 길잡이로 삼는 능력이다.

자연친화(natural) 지능
자연환경에 대한 정보와 관련이 있는 지능이다.

〈그림 9–11〉 Gardner의 지능의 개념

을 말한다. 논리 · 수학 지능은 논리력, 수리력, 과학적인 능력으로서 과학자, 의사, 수학
자 등의 경우에 이 지능이 높다. 음악 지능은 음악가, 작곡가, 지휘자 등에서 주로 나타
나는 능력이다. 공간 지능은 공간세계에 대한 정신적 모형을 만들어 그것을 조절하고 사
용하는 능력을 말하는데 화가, 조각가, 건축가, 항해사 등은 공간 지능이 높다고 볼 수 있
다. 신체운동 지능은 신체를 이용하여 문제를 해결하고 창조물을 만들어 내는 능력을 말
한다. 무용가, 운동선수, 외과의사, 장인들의 경우는 이 신체운동 지능이 높다. 대인관계

사진 설명: 어릴 때부터 여러 가지 악기가 내는 소리를 들어봄으로써 음악적 재능이 개발된다고 한다.

지능이란 다른 사람을 이해하는 능력이다. 교사나 연극배우, 정치가, 성공적인 외판원 등은 대인관계 지능이 높다고 볼 수 있다. 자기이해 지능은 인간이 자신을 정확하게 판단하여 인생을 효과적으로 살아가는 능력이다. 상담자, 정신과의사, 시인, 작가 등은 이 지능이 높다고 볼 수 있다. 자연친화 지능은 자연환경에 대한 정보와 관련 있는 것으로 예를 들면, 선사시대 인간의 조상들이 어떤 종류의 식물이 식용인지 아닌지를 알아내는 데 자연친화 지능이 이용되었다. 동물학자, 농부, 정원사 등이 이 지능이 높다고 볼 수 있다.

이 여덟 가지 영역 중 한 영역에서 지능이 높다고 해서 다른 영역의 지능이 모두 다 높은 것은 아니다. 전통적 지능검사에서는 언어 지능, 논리·수학 지능, 공간 지능 정도가 측정된다. 문장을 잘 이해하고 논리적 사고를 하는 것이 음악적 재능이 뛰어나거나 운동능력이 뛰어난 것보다 더 지능이 높다고 볼 수 없다는 것이 Gardner의 주장이다.

Gardner에 의하면 우리의 뇌를 연구해 보면 뇌의 각기 다른 부분이 각기 다른 종류의 정보를 처리하는 것임을 알 수 있기 때문에, 지능은 단일 요인이 아니고 복합 요인(다중지능)이라고 주장한다. 따라서 과학자 아인슈타인이나, 음악가 베토벤이나, 운동선수 김연아는 각기 다른 분야에서 똑같이 지능이 높다고 말할 수 있다(Kirschenbaum, 1990).

아인슈타인
(논리·수학 지능)

베토벤
(음악 지능)

김연아
(신체운동 지능)

Gardner의 다중지능이론을 적용한 통합교육과정 학습이 초등학생의 다중지능 발달에 미치는 효과를 살펴본 연구(육미수, 2001)에서는, 실험집단의 아동들에게 주당 2시간 이상씩 3개월간 총 40시간 다중지능이론을 적용한 통합교육과정을 실시하였다. 그결과, 다중지능 중 음악적 지능, 신체-운동적 지능, 공간적 지능, 언어적 지능, 개인이해 지능, 대인관계 지능 영역에서 실험집단 아동의 점수가 통제집단 아동과 비교하여 유의하게 증가하였다. 초등학교 6학년 아동 583명을 대상으로 다중지능에 대해 살펴본 또 다른 연구(최희영, 1999)에서는, 남아들은 논리적·수리적 지능, 공간적 지능, 신체·운동적 지능이 상대적으로 높게 나타났고, 여아들은 언어적 지능, 음악적 지능, 대인관계 지능, 개인이해 지능이 높게 나타났다.

만 5세 유아를 대상으로 평가한 다중지능에 대하여 살펴본 연구(김숙경, 2004)에서, 유아의 다중지능을 평가함에 있어서 부모와 교사 간에는 차이가 없는 것으로 나타났다. 만 5세 유아의 지능은 일곱 개 지능이 전반적으로 보통 이상의 완만한 형태로 발달하며, 각 지능의 상대적 순위는 대인관계 지능, 논리적·수학적 지능, 개인이해 지능, 언어적 지능, 신체적 지능, 공간적 지능의 순으로 나타났고, 개인차는 큰 것으로 나타났다. 또한 성별에 따른 다중지능의 차이는 음악적 지능, 언어적 지능, 대인관계 지능, 개인이해 지능에서는 여아가 더 발달하였고, 논리적·수학적 지능에서만 남아가 더 발달한 것으로 나타났다. 그러나 신체적 지능과 공간적 지능에서는 성별에 따른 차이가 나타나지 않았다. 지능프로파일의 개인차를 보면, 여아의 경우에는 고른 형태가 나타난 반면, 남아의 지능프로파일에서는 개인 간의 편차가 큰 것으로 나타났다. 이러한 결과는 남아의 놀이나 놀이성향과 관련이 있다고 연구자는 해석하였다.

(2) 지능검사

Charles Darwin과 사촌 간인 Francis Galton은 인종개량에 관한 사상을 통해 진화론을 인간에게 적용하였다. Galton은 여러 분야에서 뛰어난 사람들의 가계를 조사한 결과, 많은 경우 그들의 친척들도 뛰어난 사람들이었음을 발견하였다. 따라서 인간의 지능은 전적으로 유전되는 것으로 보고, 영국정부로 하여금 선택적 번식을 통한 인종개량 프로그램을 실시할 것을 촉구하였다. 다시 말해서 Galton은 머리가 좋은 사람들이 자녀를 많이 낳음으로써 영국 종족으로 하여금 점점 우수한 종족이 되게 해야 한다고 주장하였다. 그렇다면 머리가 좋은 사람과 그렇지 못한 사람들을 어떻게 구별할 수 있는가? 여기서 지능검사의 필요성이 대두된다.

① Binet의 지능검사

1904년에 프랑스의 심리학자 Alfred Binet에게 프랑스 교육부가 정상아와 정신지체

Alfred Binet

Lewis Terman

아를 구별할 수 있는 지능검사방법을 고안하라는 임무를 부여하였다. 학교당국은 정규학급에서 강의진도를 따라오지 못하는 학생들을 가려내어 특별반을 구성할 계획이었다(사진 참조).

Binet는 정신연령(MA)이라는 개념을 구성해 내었다. 지능이 보통인 사람(평균 지능)은 정신연령(MA)과 생활연령(CA)이 일치하고, 지능이 높은 사람은 생활연령보다 정신연령이 높으며, 지능이 낮은 사람은 정신연령이 생활연령보다 낮다는 것이다. IQ라는 말은 1912년 William Stern이 고안해 내었는데, 그것은 정신연령을 생활연령으로 나누고 여기에다 100을 곱해서(소수점을 없애기 위해) 나온 값이다. IQ는 평균이 100이며 표준편차가 16인 정상분포 곡선을 보인다(〈그림 9-12〉 참조).

Binet의 지능검사 내용은 학교에서 배우는 내용과 유사했기 때문에 이 지능검사와 학업성취도와는 매우 높은 상관관계가 있는 것으로 나타났다. 1905년에 출판된 Binet의 지능검사는 수개 국어로 번역되었다. 이 중에서도 미국 스탠퍼드 대학의 Lewis Terman에 의해 번역되고 수차례 개정된 Stanford-Binet 검사가 가장 유명하다. Stanford-Binet 검사는 계속해서 폭넓게 사용되는 검사 중의 하나이다. 우리나라에서는 고려대학교 전용신 교수에 의해 개발되어 고대 Binet 검사로 불린다.

사진 설명: 1900년대 초 프랑스 파리에서 정규학급에서 강의진도를 따라오지 못하는 학생들을 가려내어 특별반을 구성할 목적으로 지능검사가 제작되었다.

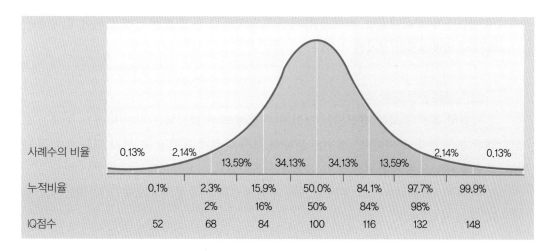

사례수의 비율	0.13%	2.14%	13.59%	34.13%	34.13%	13.59%	2.14%	0.13%
누적비율		0.1%	2.3%	15.9%	50.0%	84.1%	97.7%	99.9%
			2%	16%	50%	84%	98%	
IQ점수		52	68	84	100	116	132	148

〈그림 9-12〉 스탠퍼드-비네 검사와 정상분포 곡선

출처: Santrock, J. W. (1998). *Adolescence* (7th ed.). New York: McGraw-Hill.

② Wechsler의 지능검사

Stanford-Binet 검사 다음으로 널리 사용되는 것이 David Wechsler가 1939년에 제작한 Wechsler의 지능검사이다. Wechsler 지능검사에는 유아용, 아동용, 성인용 지능검사가 있다.

David Wechsler

Wechsler의 지능검사는 11개의 하위 지능검사로 구성되어 있다. 이 중 여섯 개의 검사는 언어능력 검사이고, 다섯 개의 검사는 비언어능력 검사이다. 언어능력을 측정하는 언어성 검사에는 상식문제, 이해문제, 숫자 외우기, 공통성 찾기, 산수문제, 어휘문제 등이 포함되고, 비언어능력을 측정하는 동작성 검사에는 기호쓰기, 빠진 곳 찾기, 블록짜기, 그림차례 맞추기, 모양 맞추기 등이 있다.

우리나라에서도 이창우와 서봉연(1974)이 한국판 아동용 웩슬러 지능검사(K-WISC)를, 한국교육개발원(1987)에서는 아동용 웩슬러 지능검사(KEDI-WISC)를 개발하였다. 유아용으로는 박혜원, 곽금주, 박광배(1994) 등이 한국형 유아 지능검사(WPPSI-R)를 개발하였다.

Stanford-Binet 검사와 Wechsler 검사는 개별적으로 실시되는 지능검사이다(사진 참조). 그러나 개별검사보다 경제적이고 편리하다는 이점(利點) 때문에 많은 경우에 집단으로 실시되지만, 아동을 특별반에 배치하는 등 중요한 결정을 해야 할 경우는 반드시 개별검사를 실시해야 한다.

(3) 지능에 관한 쟁점

지능이 유전에 의해 결정되는 것인지 환경에 의해 결정되는 것인지 하는 문제는 오래된 논쟁 중의 하나이다. 지능은 문화에 따라 다르게 표현될 수 있기 때문에 특정 문화권을 대상으로 제작된 지능검사가 다른 문화권의 사람들에게도 적합한가 하는 것이 또 하나의 관심사이다. 그 외에도 지능의 안정성과 지능검사의 오용 등이 지능에 관한 또 다른 쟁점들이다.

① 유전 대 환경

Arthur Jensen

유전이 지능을 결정한다고 주장하는 대표적인 학자가 Jensen이다. Jensen(1969)은 일란성 쌍생아와 이란성 쌍생아를 비교하는 방법으로 지능에 관한 연구를 수행하였다. 그 결과 일란성 쌍생아는 지능의 상관계수가 .82이고, 이란성 쌍생아는 상관계수가 .60인 것으로 나타났다(〈그림 9-13〉 참조). Jensen은 유전적 요인이 환경적 요인보다 더 중요하다는 것을 보여주기 위해서 함께 자란 일란성 쌍생아와 떨어져 자란 일란성 쌍생아를 비교하였는데, 함께 자란 경우는 상관계수가 .89였고 떨어져 자란 경우는 상관계수가 .78이었다. 이 결과에 대해 Jensen은 만약 환경적 요인이 유전적 요인보다 더 중요하다면 이 둘의 차이는 더 커야 한다고 주장하면서 유전의 영향은 80%

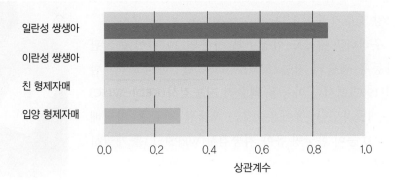

〈그림 9-13〉 지능과 유전

출처: Bouchard, T. J., Lykken, D. T., McGue, M., Segal, N. L., & Tallegen, A. (1990). Sources of human psychological differences: The Minnesota study of twins reared apart. *Science, 250*, 223-228.

정도라고 결론지었다.

그러나 오늘날 많은 학자들은 Jensen이 주장한 정도로 유전이 지능에 큰 영향을 미친다고 보지 않는다. 그들은 유전과 환경의 영향을 반반으로 본다(Plomin, 1990). 이 것은 환경을 개선함으로써 IQ를 향상시킬 수 있다는 것을 의미한다(Weinberg, 1989). 1965년에 미국에서 빈곤 아동을 대상으로 시작된 헤드 스타트 프로그램(Head Start Project)이 그 예이다. 이 프로그램에 참여한 아동들의 지능점수가 평균 10점 정도 향상된 것으로 나타났다(Clarke & Clarke, 1989; Ramey & Ramey, 1990).

환경이 지능에 영향을 미친다고 볼 수 있는 또 다른 예로 옛날에 비해 오늘날 지능지수의 평균이 크게 향상된 점을 들 수 있다. 〈그림 9-14〉에서 보듯이 1932년 IQ 평균이 100인 데 반해 1997년 IQ 평균은 120이다. 1932년 지능이 평균이었던 상당수 사람들의 검사점수가 1997년에는 같은 점수가 평균 이하의 지능에 속하는 것으로 나타났다(Flynn, 1999, 2007, 2011, 2013, 2018, 2020). 이 같은 지능점수의 증가가 비교적 짧은 기간에 이루어졌기 때문에 이것을 유전의 영향으로 보기는 어렵다(Flynn & Rossi-Case, 2012). 오히려 교육수준이나 경제적 수준의 향상, 좋은 영양 등과 같은 환경의 영향에 기인한 것으로 보인다. 이처럼 짧은 기간 동안 지능지수가 전 세계적으로 향상되는 현상을 이를 발견한 James Flynn의 이름을 따서 '플린 효과(Flynn effect)'라고 부른다.

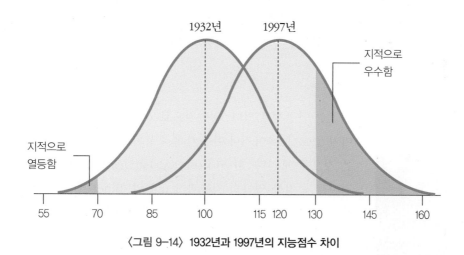

〈그림 9-14〉 **1932년과 1997년의 지능점수 차이**

② 범문화적 지능검사

서구 중산층을 대상으로 제작된 지능검사가 다른 문화권의 아동들에게도 적합한가 하는 것이 또 다른 쟁점이다. 지능검사의 결과를 보면 문화와 인종에 따라 차이가 있다. 예를 들면, 지능검사에서 흑인은 백인보다 IQ가 평균 10~15점 정도 낮은 것으로 나타

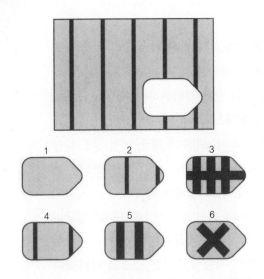

〈그림 9-15〉 Raven Progressive Matrices Test의 예

출처: Raven, J. C. (1983). *Raven Progressive Matrices Test*. San Antonio, TX: Psychological Corporation.

난다. 이 결과를 인종적 차이로 해석할 수 있는가? 지능은 문화에 따라 다르게 표현될 수 있기 때문에, 특정 집단에 유리하게 제작된 지능검사를 다른 집단에 적용하는 것은 옳지 못하다. 이러한 문화적 편견을 막기 위해 제작된 것이 범문화적 지능검사이다.

지금까지 두 종류의 범문화적 지능검사 방법이 개발되었다. 하나는 모든 사회계층과 인종배경에 모두 익숙한 문항으로 구성된 검사법이다. 예를 들면, 모든 아동이 새와 개에 대해서 다 잘 알고 있다는 전제하에 새와 개의 차이점을 묻는 문항을 포함한다. 또 하나는 지능검사에서 언어적 능력이 많이 반영되므로 언어적 요인을 배제한 검사법이다. Raven Progressive Matrices Test가 그 예이다. 〈그림 9-15〉에서 보는 바와 같이 이 검사에서는 언어적 지시가 없더라도 무엇을 요구하는지 금방 알 수 있다.

그러나 문화적 편견을 완전히 배제한 범문화적 지능검사법을 개발하는 것은 상당히 어려운 일이므로, 지금까지 개발된 범문화적 지능검사법은 그 나름대로의 한계가 있다.

③ 지능의 안정성

지능점수의 실용적 가치는 안정성에 있다. 일반적으로 2세 이전의 지능점수는 별 의미가 없으나, 유아기나 아동기에 측정된 지능점수는 예측력이 높은 것으로 보인다. 한 연구(Bayley, 1943)에서, Bayley 영아발달검사로 측정한 영아의 지능과 Stanford-Binet 지능검사로 측정한 6~7세 아동의 지능과는 아무 상관이 없는 것으로 나타났다. 또 다른 연구(Anderson, 1939)에서는, 1세와 5세 유아의 지능의 상관계수는 .05밖에 안 되는 것으로 나타났다. 즉, 영아기의 지능점수는 아동기의 지능점수와 거의 상관이 없는 것으로 보인다. 이런 결과가 나온 이유는 어쩌면 영아기의 지능검사와 아동기의 지능검사의 구성요소가 서로 다르기 때문일지 모른다. 즉, 두 검사가 서로 다른 능력을 측정했기 때문일 수도 있다.

Nancy Bayley

그러나 Honzik와 그의 동료들(Honzik, MacFarlane, & Allen, 1948)의 종단연구에 의하

면, 아동기 동안의 지능점수는 상당히 높은 상관이 있는 것으로 보인다. 예를 들면, 8세와 10세의 상관계수는 .88이고, 9세와 10세의 상관계수는 .90인 것으로 나타났다. 심지어 여러 해가 경과한 후에도 지능은 매우 안정적인 것으로 보이는데, 예를 들어, 10세와 18세의 상관계수가 .70 이상인 것으로 나타났다.

지금까지는 집단의 평균을 기초로 하여 지능의 안정성에 관해 살펴보았다. 그러나 지능의 안정성은 개별적 아동을 대상으로 하여 지능이 얼마나 안정적인지 살펴볼 필요가 있다. McCall과 그의 동료들(McCall, Applebaum, & Hogarty, 1973)은 140명의 아동을 대상으로 2세 반부터 17세까지 15년간 17번에 걸쳐 지능검사를 실시하였다. 그 결과 15년간 지능점수가 변하지 않고 안정된 상태로 유지된 아동은 약 절반 정도에 불과했으며, 나머지 반은 지능에 큰 변화가 있는 것으로 나타났다. 즉, 이들 중 ⅓은 17번의 지능검사에서 최고 점수와 최저 점수의 차이가 30점 이상이었으며, ⅐은 40점 이상 차이가 났다. 이 연구는 지능검사 점수로 아동의 지적 능력을 평가하는 것이 위험할 수도 있다는 사실을 보여주는 예이다.

④ 지능검사의 오용

망치는 예쁜 부엌용 도구를 만드는 데도 사용할 수 있지만 공격용 무기로도 사용할 수 있다. 망치처럼 지능검사는 유용한 도구이지만 오용될 수도 있다. 많은 전문가들이 지능검사가 모든 형태의 지능을 다 포함하지 못한다는 데에 의견을 같이 한다(Neisser et al., 1996). 지능검사에 포함되지 않은 지능의 측면으로는 창의성, 지혜, 실용적 지능, 사회적 민감성 등이 있다. 이러한 능력의 중요성에도 불구하고 이들을 측정하는 방법은 아직 제대로 개발되지 않고 있다.

따라서 우리가 지능검사 결과를 해석하거나 특수학급 편성 등의 용도로 사용할 경우에는 신중을 기해야 한다. 지능검사의 결과 외에 아동의 발달내력, 학교성적, 사회적 능력, 가족배경 등도 함께 고려해야 한다.

(4) 창의성

영화 〈아마데우스〉는 '재능'과 '창의성'의 극명한 차이를 보여준다. 모차르트와 살리에리는 18세기 유럽에서 재능이 있고 야심을 가진 음악가였다. 그러나 200년이 지난 지금 모차르트의 작품은 여전히 기억되고 큰 사랑을 받고 있지만 살리에리의 작품은 모두 잊혀졌다. 그 이유는 무엇인가? 그때나 지금이나 모차르트의 작품은 창의적인 것으로 인정을 받지만 살리에리의 작품은 그렇지 못하기 때문이다.

창의성이란 과연 무엇이며, 지능과는 어떻게 다른가? 창의성은 지

능과 마찬가지로 개념정의가 매우 어려운 것이지만, 일반적으로 창의성은 참신하고 색다른 방법으로 사고하고, 독특한 해결책을 생각해낼 수 있는 능력으로 정의된다(Runco & Jaeger, 2012). 화가나 과학자와 같이 창의적인 사람들에게 그들이 독특한 방법으로 문제를 해결하는 비결이 무엇이냐고 물었을 때, 그들은 언뜻 보기에 관계가 없는 것들 간에 유사점을 찾아내는 능력이라고 대답하였다.

창의성은 영감을 수반한다고 일반적으로 생각하고 있다. 그러나 많은 전문가들은 창의성이 마법의 샘물에서 솟아나오는 그런 것이 아니라는 데에 동의한다. 영감 같은 것은 창의성의 일부분이고, 일생을 통해서 계속되는 꾸준한 노력의 결과가 창의적 활동으로 나타난다(Curran, 1997). 즉, 에디슨이 말했듯이 창의성의 1%가 영감이고, 99%는 노력이라는 것이다.

Guilford(1967)는 창의성을 확산적 사고와 밀접한 연관이 있는 것으로 본다. 확산적 사고는 하나의 문제에 대해 여러 가지 다른 해답을 할 수 있는 사고로, 하나의 정답을 유도하는 사고인 수렴적 사고와 대조를 이룬다. 창의성 검사에서 매우 독창적인 답을 하는 아동들은 확산적 사고를 하는 경향이 있다.

Joy Paul Guilford

Wallach와 Kogan(1967)은 창의성 연구에서 예술계나 과학계에서 매우 창의적이라고 평가받는 사람들을 대상으로 무엇이 그들로 하여금 창의적 작품을 만들어 내게 하는지 자기분석을 해 보도록 한 결과, 그들의 사고유형에는 두 가지 요인이 있음을 발견하였다. 하나는 연상적 사고(associative flow)가 있어 새로운 문제해결을 위해 수많은 관계목록을 끌어낼 수 있다는 점이고, 또 하나는 놀이를 하는 것과 같은 이완된 분위기에서 자연스러운 태도로 문제 해결에 참여하는 자발성(spontaneity)을 갖는다는 점이다.

이들은 또 이 연구에서 지능과 창의성의 관계를 네 범주로 분류하였는데, 각 범주에 속하는 아동들의 인성적 특성이 각기 다르게 나타났다. 첫째, 창의성과 지능이 모두 높은 집단의 아동들은 자신감, 독립심, 통찰력을 가지고 있으며, 통제와 자유, 행동표출에서의 어른스러움과 어린이다움을 동시에 표현할 수 있는 특성이 있다. 둘째, 창의성은 높으나 지능이 낮은 집단의 아동들은 심한 스트레스와 갈등을 느끼며, 자신이 무가치하고 부적절하다고 느낀다. 그러나 긴장이 해소된 자유스러운 분위기에서는 자신의 능력을 최대한 발휘할 수 있다. 셋째, 지능은 높으나 창의성이 낮은 집단의 아동들은 학교생활에 적응을 잘하고, 학교성적은 좋으나 실패에 대한 두려움이 크며, 전통적이고 관습적인 것에 대한 적응력이 높다. 마지막으로, 창의성과 지능이 둘 다 낮은 경우의 아동들은 다양한 방어기제를 사용하며, 학교에서의 학업성취 등에는 소극적이나

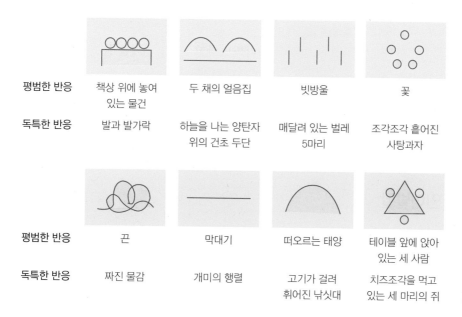

평범한 반응	책상 위에 놓여 있는 물건	두 채의 얼음집	빗방울	꽃
독특한 반응	발과 발가락	하늘을 나는 양탄자 위의 건초 두단	매달려 있는 벌레 5마리	조각조각 흩어진 사탕과자

평범한 반응	끈	막대기	떠오르는 태양	테이블 앞에 앉아 있는 세 사람
독특한 반응	짜진 물감	개미의 행렬	고기가 걸려 휘어진 낚싯대	치즈조각을 먹고 있는 세 마리의 쥐

〈그림 9-16〉 창의성 검사의 예

사회적 행위를 요구하는 상황에서는 성공적인 수행을 위해서 노력하기도 한다. 〈그림 9-16〉은 창의성 검사의 예이다.

　초등학교 6학년을 대상으로 아동의 성격유형과 창의성 간의 관계를 살펴본 우리나라 연구(송유나, 최인수, 2008)에서, 아동의 네 가지 심리적 선호경향성인 외향-내향(I-E), 감각-직관(S-N), 사고-감정(T-F), 인식-판단(P-J) 중 직관(N)형과 인식(P)형이 실제적 창의적 수행인 창의적 문제해결력과 그 하위차원들인 새로움, 유용성, 심미성 차원 모두와 관련이 있는 것으로 나타났다. 창의적 특성(성격, 사고, 동기)에 있어서도 직관(N)형과 인식(P)형이 창의적 성격, 사고, 동기특성 모두와 관련이 있는 것으로 나타났다. 이는 직관적 인식과 개방적 태도를 선호하는 개인적 심리 경향성이 창의적 특성뿐만 아니라 실제적인 창의적 수행과도 상관이 있음을 보여주는 것이다. 또한 창의적 특성에 있어서도 직관-감정(N-F) 기질, 직관-사고(N-T) 기질 아동들이 개방적이고 독립적인 성격이 강하고, 확산적·수렴적 사고 및 창의적 사고, 호기심과 같은 동기적 측면에서 더 뛰어난 것으로 나타났다.

　유아의 창의성에 영향을 미치는 요인에 대하여 살펴본 연구들을 보면, 어머니의 창의성과 긍정적인 양육태도(김경은, 2010), 자녀의 창의적 반응과 행동을 이해하고 수용하며, 이를 자극해 줄 수 있는 구체적인 활동인 부와 모의 창의적 역할수행(문영경, 민하영, 2004), 유아의 지능, 어머니의 양육행동, 교사의 창의성 교수효능감(김호, 2010) 등이 영향을 미치는 것으로 나타났다.

유아의 지능과 창의성 간의 관계를 살펴본 연구들에서는, 지능검사의 하위요인과 창의성검사의 하위요인들 간에 관련성이 나타났다고 하였다. 예를 들면, K-WPPSI 전체 지능과 유아용 통합 창의성검사 중 도형창의성, 창의적 성격 간에 관련성이 나타났고(이경화, 윤은정, 2004), K-ABC 지능은 TTCT 창의성의 하위요인에서 정교성과 성급한 종결에 대한 저항과 관련이 있는 것으로 나타났다(한석실, 이경민, 2005).

3. 언어발달

유아기에 상당히 많은 언어 능력을 획득하였지만, 언어적 유능성을 판가름하는 중요한 발달은 보통 아동기에 이루어진다(Shaffer, 1999). 학동기 아동들은 보다 많은 단어를 학습하게 되고, 길이가 길고 문법적으로 복잡한 문장을 이해하고 사용할 수 있게 된다(Bear et al., 2020; Graham & Harris, 2020). 동시에 타인과의 의사소통 기술도 대상에 따라 그리고 맥락에 따라 보다 세분화된다. 무엇보다도 이 시기의 언어발달에서는 읽기와 쓰기 능력이 빠르게 발달하기 시작한다는 점을 주목할 필요가 있다.

1) 어휘와 문법의 확장

학동기에 아동의 어휘능력은 급속히 발달하여 초등학교를 졸업할 때쯤에는 약 40,000단어 정도를 습득하게 되는데, 이는 하루에 평균 20개 정도의 새로운 단어를 습득하는 셈이 된다. 물론 초등학생들이 일상생활에서 이 많은 단어를 모두 사용하는 것은 아니다. 이 시기의 아동들이 획득하게 되는 언어능력 중 하나는 단어의 형태학적 지식(morphological knowledge)에 관한 것이다. 즉, 단어를 구성하는 형태소의 의미에 대한 지식을 획득하게 된다. 아동들은 형태학적 지식을 이용하여 익숙하지 않은 단어의 구조를 분석하여 그 의미를 추론할 수 있게 된다(Anglin, 1993).

Jeremy M. Anglin

어휘력의 증가와 함께 유아기에 비해 단어를 더 정확하게 사용하게 되고, 단어에 대한 사고도 달라지게 된다. 예를 들어, 5~6세 유아들에게 단어의 의미를 물으면 그 단어의 기능이나 외양을 언급하며 구체적으로 묘사하지만(칼은 사과를 깎을 때 쓴다 또는 칼은 날카롭다 등), 초등학교 고학년 아동들은 그 단어의 동의어나 범주적 관계를 나타내는 설명(칼은 일종의 도구이다 또는 칼은 때로는 무기가 될 수도 있다 등)을 한다(Wehren, DeLisi, & Arnold, 1981). 또한 학동기 아동들은 각 단어가 가진 여러 가지 의미를 이해할 수 있다(Berk, 2000). 예를 들어, '시원하다' 또는 '달콤하다'라는 단어가 물리적 의미를 가질 뿐만 아니라 심리적인 의미도 가질 수 있다는 것을 안다. 이렇듯 단어의 이중적 의미를 파악함으로써 미묘한 은유적 표현이나 유머도 이해하게 된다.

　학동기 아동들은 유아기 때 보이던 문장의 오류를 수정하게 되고, 문법적으로 보다 복잡하고 긴 구문을 사용할 수 있게 된다(Indefrey, 2019). 논리적 추론능력과 분석적 기술이 발달하여 내포문(內包文)이나 사동사(使動詞), 피동사(被動詞) 등의 문법적 규칙이나 구조를 이해하고 적절히 사용할 수 있게 된다. 여기서 내포문이란 관계절을 포함하는 문장으로, 영어의 경우 관계대명사 또는 관계부사 등을 사용한 문장을 의미한다.

2) 의사소통 기술의 발달

　아동기에는 의사소통 기술이 크게 발달한다. 특히 분명한 언어적 메시지를 전달할 수 있는 능력인 참조적 의사소통 기술(referential communication skills)이 발달한다. 3~5세 정도의 유아들은 보통 구두 메시지에서 의미가 모호한 부분을 잘 인식하지 못하지만, 학동기 아동들은 상대방이나 자신의 메시지가 분명하지 않을 때 어느 부분이 모호한지를 인식하고, 그 부분을 분명하게 만드는 참조적 의사소통 기술을 발달시키게 된다. 관련연구(Sonnenschein, 1986, 1988)에 의하면, 6~10세 아동들은 듣는 사람에게 익숙하지 않은 사물에 대한 말을 전달할 때에는 익숙한 사물에 대한 말을 전달할 때보다 더 길게 설명하였다. 특히 이들 중 9~10세 아동들은 익숙하지 않은 사물에 대해 설명할 때 듣는 사람에 따라 다른 정보를 제공하였는데, 이는 청자에 맞게 전달하는 내용을 조절할 수 있다는 것을 의미한다.

　이처럼 학동기 아동들에게서 참조적 의사소통 기술이 빠르게 발달하는 것은 한편으로는 이 시기의 인지적 발달로 자기중심성이 완화되고 역할수용 기술을 획득하게 되기 때문이고, 다른 한편으로는 청자에 맞도록 말을 조절하여야 한다는 사회언어학적 이해능력이 발달하기 때문이라고 할 수 있을 것이다.

　우리나라 6, 8, 10세 아동 168명을 대상으로 한 연구(오선영, 2001)에서, 6세 또래 쌍 집단에서는 자기중심적 언어와 사회화된 언어가 비

사진 설명: 아동기에는 의사소통 기술이 크게 발달한다.

숫하게 나타났으나, 8세, 10세 또래 쌍 집단에서는 자기중심적 언어보다 사회화된 언어가 더 많이 나타났다. 즉, 또래 쌍 아동의 연령이 높아짐에 따라 사회화된 언어가 증가하였다. 또한 아동 상호 간에 공유하는 활동에 대해 설명하면서 논쟁하는 원시논쟁의 대화유형, 타당한 이유와 관련시켜 협조하거나 논쟁하는 추상적 협조 설명과 순수 논쟁의 대화유형이 증가하였다.

3) 읽기와 쓰기 능력의 발달

Chall(1979)은 읽기 능력의 발달을 다섯 단계로 나누어 설명하고 있는데, 이것은 보편적인 단계와 시기를 나타낸 것으로, 아동 개개인마다 발달 시기와 능력에 차이가 있을 수 있다.

준비 단계(출생~초등학교 1학년)에서는 읽기에 요구되는 선행조건을 학습해야 한다. 그리고 글을 왼쪽에서 오른쪽으로 읽고 쓰며, 어떤 글자가 있는지, 자기 이름은 어떻게 쓰는지를 배우게 된다. 'Sesame Street'(사진 참조)와 같은 TV 프로그램이나, 유아원이나 유치원의 경험으로 인해 요즘 아이들은 훨씬 이른 나이에 글을 읽을 수 있게 되었다. 1단계(초등학교 1~2학년)에서는 글 읽는 법을 배우고 단어를 소리로 바꾸는 능력을 획득하게 된다. 2단계(초등학교 2~3학년)에서는 글을 읽는 데에 보다 능숙해진다. 하지만 읽기를 통한 학습은 그리 활발하지 않다. 3단계(초등학교 4학년~중학교 3학년)에서는 글을 통해 정보를 획득하는 능력이 급속히 발달한다. 즉, 읽기

사진 설명: TV 프로그램 'Sesame Street'

를 통한 학습이 이루어진다. 이 시기에 읽기를 배우지 못하면 학업수행에 심각한 문제가 발생한다. 4단계(고등학교)에서 대부분의 학생들은 읽기 능력을 완전히 발달시키며, 여러 관점에서 제시된 정보도 잘 이해할 수 있다. 문학, 역사, 경제학, 정치학 등에 대해 철학적이고 복잡한 논의를 할 수 있게 된다.

쓰기 능력은 읽기 능력이 어느 정도 발달된 후에 나타난다. 아동들은 처음 글쓰기를 할 때 글씨를 틀리게 쓰는 경우가 많다. 예를 들어, 글자나 숫자를 거꾸로 쓰거나 종종 소리나는 대로 글을 쓴다. 이는 아동들이 글자를 쓸 때 일반적으로 단어의 소리를 이용하여 글자의 기본 형태를 생각해 내기 때문인 것으로 보인다. 하지만 초등학교 시기에 이러한 경향은 사라지고, 글씨를 바르게 쓸 수 있게 될 뿐 아니라 나아가 자신들의 생각을 글로써 표현하는 능력이 점차 발달하게 된다.

8세 아동 63명을 대상으로 한 연구(김순덕, 장연집, 2000)에서, 문학작품을 통한 읽기지도 전략이 초등학교 아동의 문식성(文利性)에 미치는 효과를 알아본 결과, 문학 작품을 통한 읽기지도 전략은 아동의 어휘력, 이야기 이해력 증진에 효과가 있었고, 이는 특히 초인지 읽기 기능이 이야기 문법구조의 습득을 통하여 그 효과가 나타났다고 한다.

4. 사회정서발달

학동기의 아동은 자신의 에너지를 내면화하여 이것을 사회문화적 기술을 익히는 데 사용하게 되며, 자신에 대한 개념도 형성하게 된다. 아동이 자기 자신에 대한 개념을 형성하게 됨에 따라 그들은 자신의 속성에 대해 긍정적 또는 부정적인 가치를 부여하게 되는데, 자신에 대한 이러한 평가를 자아존중감이라고 한다. 자아존중감은 인간이라는 존재에 존엄성을 부여하며, 개인의 행 · 불행에 영향을 미치는 중요한 심리적 변인이다. 자신에 대해 긍정적인 감정을 가진 사람은 자신을 가치 있고 유능한 사람이라고 생각하는 반면, 자신에 대해 부정적인 감정을 가진 경우에는 자신을 보잘것없는 사람이라고 생각하여 열등감을 갖게 된다.

도덕성이란 개인이 다른 사람과의 관계에서 지켜야 할 사회집단의 규칙을 인식할 수 있는 능력을 말한다. 도덕성발달은 자신이 속한 사회의 문화규범에 따라 행동하도록 배우고, 이를 자신의 것으로 받아들이는 과정을 통해 이루어진다. 부모는 도덕성발달에 있어서 역할모델 노릇을 한다. 아동은 특히 나쁜 행동을 쉽게 모방하기 때문에, 자녀에게 좋은 모델 노릇을 하기 위해서는 부모 자신이 도덕적이어야 한다.

초등학교에 입학하게 되면서 아동의 활동반경이 가정을 벗어남에 따라 부모형제뿐만 아니라 학교와 또래집단 그리고 주위환경이 아동의 발달에 영향을 미치게 된다. 가족관계 이외에 아동에게 가장 중요한 사회적 관계는 또래와의 관계이다. 또래란 비슷한 연령 또는 비슷한 성숙수준에 있는 아동을 일컫는 말이다. 아동은 또래집단에 소속됨으로써 외로움에서 벗어나고 사교성이 증진되는가 하면, 지도력이나 복종적 태도를 스스로 체득하기도 한다.

1) 자기이해의 발달

자신에 대한 이해는 자기인식(self-recognition)에서 출발한다. 아동의 자기인식은 자아개념과 자아존중감의 발달을 초래한다. 자기인식의 발달은 영아가 다른 대상과 구분되는 독립된 실체로서 자신을 인식하는 것에서부터 시작된다. 자기인식을 위해서는 어느 정도 수준의 인지발달이 요구되지만 사회적 경험 또한 매우 중요하다. 한 연구 (Pipp, Easterbrooks, & Harman, 1992)에서 자기인식에 영향을 미치는 사회적 경험은 양육자와의 안정애착인 것으로 나타났다.

사진 설명: 이 여아는 거울 속의 아이가 자기 자신이라는 것을 안다.

Charles Cooley

George Mead

(1) 자아개념

자아개념(self-concept)은 신체적 특징, 개인적 기술, 특성, 가치관, 희망, 역할, 사회적 신분 등을 포함한 '나'는 누구이며, 무엇인가를 깨닫는 것을 의미한다. 자아개념은 자신이 독특하고 타인과 구별되는 분리된 실체라고 인식하는 데에서 발달하기 시작한다.

Strang(1957)은 자아개념을 네 가지 범주로 분류한다. 첫째, 자신의 능력, 신분, 역할에 대한 전반적인 인식인 전체적 자아개념이다. 둘째, 순간적인 기분에 의해 영향을 받는 일시적 자아개념이다. 예를 들어, 학기말 고사 성적이 나쁘거나 부모로부터 심한 꾸중을 듣고 순간적으로 자신을 가치 없는 인물로 생각하는 것 등이다. 셋째, 다른 사람이 자신을 어떻게 보느냐에 따라 자신을 평가하는 사회적 자아개념이다. 이는 사회학자 Charles Cooley(1902)와 George Mead(1934)가 주장한 사회학적 자아이론에 그 뿌리를 두고 있다. 즉, Cooley는 자기 주위의 인물들과의 관계에서 반영되는 평가인 면경자아(looking glass self)의 개념을 중요시했으며, Mead 또한 개인의 자아개념은 중요한 타자(significant others)와의 사회적 상호작용에서 형성된다고 보았다. 넷째, 자신이 그렇게 되었으면 하고 바라는 이상적 자아개념이다. 이상적 자아가 너무 낮으면 성취욕이 없고, 반면, 너무 높으면 심한 좌절과 자기모멸에 빠지게 된다. 현실적인 자아개념은 자기수용, 정신건강 등으로 이어지고, 현실적 목표를 달성하게 만든다.

아동의 자기이해의 발달에 관한 연구(연진영, 김선애, 1991)에 따르면, 연령이 증가할수록 자기이해가 증가하였고 또한 다양해졌다. 즉, 나이 든 아동은 어린 아동보다 자기를 묘사하는 데에 더 다양한 범주를 사용하는 것으로 나타났다. 이는 연령에 따른 자기이해의 증가를 입증한 것으로, 어휘력의 증가와 다양한 경험의 결과라고 할 수 있다. 연령이 증가할수록 자기이해는 구체적인 것에서 추상적인 것으로 변화·발달하였다. 즉, 어린 아동일수록 자아를 행위나 행동과 같

은 구체적인 용어로 묘사하고, 연령이 증가할수록 심리적 · 내면적인 용어, 즉 자기의
지, 심리유형, 이념과 신념체제, 개인 · 실물과 같은 추상적인 용어로 묘사하였다. 신체
적 자아, 활동적 자아, 사회적 자아, 심리적 자아로 분류하여 연령에 따른 변화양식을
살펴본 결과, 연령이 증가할수록 신체적 자아와 활동적 자아에 대한 자기묘사는 감소
하고, 사회적 자아와 심리적 자아의 묘사가 증가하는 것을 알 수 있다.

(2) 자아존중감

자아존중감(self-esteem)이라 함은 자신의 존재에 대한 긍정적 견해로서, 자아개념이
자아에 대한 인지적 측면이라면 자아존중감은 감정적 측면이라 할 수 있다. 즉, 자신의
존재에 대해 인지적으로 형성된 것이 자아개념이고, 자기존재에 대한 느낌이 자아존중
감이다(Bracken & Lamprecht, 2003; Davis-Kean & Sandler, 2001; Simmons & Blyth, 1987).

자아존중감을 '영혼의 생존'이라고도 하는데, 그것은 인간이라는
존재에 존엄성을 부여하는 요인이다. 자아존중감은 자신이 다른 사
람에게 중요하게 여겨지는 인간 상호작용으로부터 싹트고, 작은 성
취나 칭찬 또는 성공을 통해서 형성된다.

자아존중감은 인간의 정신건강에 결정적인 역할을 하는 것으로
보인다. Branden(1969)은 자아존중감은 인간의 기본욕구로서 이 욕
구의 충족 여부는 생사를 가름할 정도로 중요한 문제라고 한다. 그러
면서 한 개인의 심리적 적응을 알기 위해서는 개인의 자아존중감을
알아야 한다고 주장한다. Maslow(1965) 또한 개인의 적응력의 한 요
인으로서 자아존중감의 필요성을 강조한다. Maslow에 의하면 모든

Nathaniel Branden

인간은 자아존중감에 관한 욕구가 있는데, 이 욕
구를 충족시킨 사람은 자신감이 있고 자신을 가
치 있고 유용한 사람이라고 생각한다. 이에 반해,
이 욕구를 충족시키지 못한 사람은 열등감을 가지
고, 자신을 보잘것없는 사람이라고 생각한다. 그
리고 이러한 자신에 대한 부정적인 감정은 정신질
환을 유발할 가능성이 있다고 한다.

유아기에는 일반적으로 자아존중감이 매우 높
은 편이다. 그러나 아동기에 들어서면서 여러 영
역에 걸쳐 자신을 객관적으로 평가하게 됨에 따
라 유아기 동안 터무니없이 높던 자아존중감은
보다 현실적인 수준으로 조정된다. 이러한 현

사진 설명: 유아기에는 일반적으로 자아존중감이 매우
높은 편이다. 사진 속의 유아는 부활절 계란을 바구니에
담는 일을 '해내고 나서' 매우 의기양양해 있다.

Susan Harter

상은 아동이 점차 그들 자신에 대한 판단을 타인의 견해나 객관적인 수행능력에 맞추어 조정하려는 것으로 설명할 수 있다(Stipek & MacIver, 1989).

학동기 아동은 학업, 신체, 사회성의 세 측면에서 자아존중감을 형성하게 되는데, 이들은 연령이 증가함에 따라 다시 세분된다. 예를 들면, 학업적 자아존중감은 다시 국어, 산수, 기타 다른 과목 등으로 세분화되고, 사회적 자아존중감은 또래와의 관계 및 부모와의 관계로 나누어진다. 그리고 신체적 자아존중감은 다시 외모와 신체적 능력으로 세분화된다(Marsh, 1990; Marsh & Cheng, 2012). 더욱이 이처럼 분화된 자아존중감은 전반적 자아존중감으로 통합되어(Harter, 1990), 〈그림 9-17〉에서 보는 바와 같이 위계적인 구조를 형성하게 된다.

우리나라 초등학교 5, 6학년생 308명과 중학생 718명을 대상으로 한 연구(조현철, 2000)에서, 자아개념을 9개의 하위 요인, 즉 학업능력, 학업흥미, 국어, 수학, 신체능력, 외모, 친구관계, 대부모 친밀감, 대부모 접촉도로 나누어 살펴보았다. 그 결과, 초·중등학생은 모두가 자아개념에서 학업적 자아개념이 차지하는 비중이 매우 높은 것으로 나타났다.

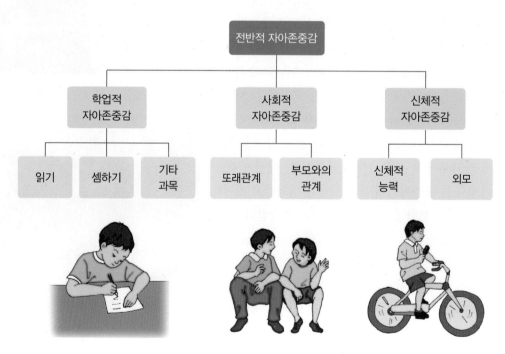

〈그림 9-17〉 아동기 자아존중감의 위계적 구조

아동기의 자아존중감 형성에 영향을 미치는 요인이 몇 가지 있다. 첫째, 부모의 양육태도에서 부모가 온정적·수용적인 양육태도를 취할 경우에는 아동의 자아존중감이 높은 반면, 거부·제재·위협적인 태도를 보일 경우에는 자아존중감이 낮은 것으로 나타났다. 특히 남아의 자아존중감은 어머니의 양육행동과 높은 상관이 있고, 여아의 자아존중감은 아버지의 양육행동과 높은 상관이 있는 것으로 보인다(Bishop & Ingersoll, 1989; Coopersmith, 1967).

Stanley Coopersmith

둘째, 출생순위별로는 일반적으로 맏이나 외동이의 자아존중감 점수가 높게 나타났다. 또한 형제관계가 친밀하고 온정적인 경우에는 자아존중감이 높고, 갈등상황인 경우에는 자아존중감이 낮은 것으로 나타났다. 부모의 양육태도도 아동이 지각하는 형제갈등이나 편애의 수준에 따라 그 효과가 강화되거나 약화되었다(박영애, 1995).

셋째, 사회경제적 지위가 낮은 집단은 높은 집단에 비해 자아존중감이 낮은 것으로 나타났다(어주경, 정문자, 1999). 경제적인 스트레스로 인해 갈등을 경험하는 부모는 아동에게 적대적인 양육행동을 보이게 되며, 이는 낮은 자아존중감을 형성하게 하는 요인으로 작용한다(Conger, Ge, Elder, Lorenz, & Simons, 1994). 또한 아동 자신이 또래집단과의 비교를 통해 빈곤을 지각하고 있으면 낮은 자아존중감을 형성하기도 한다(McLoyd, Jayaratne, Ceballo, & Borquez, 1994).

넷째, 아동의 자아존중감은 아동이 지각한 사회적 지지의 수준에 따라 다르게 나타났다. 즉, 또래, 가족, 교사로부터 사회적 지지를 많이 받는다고 지각한 아동은 사회적 지지를 적게 받는다고 지각한 아동보다 자아존중감이 높았다. 또한 성공상황에서, 성공의 원인을 자신의 능력이나 노력과 같은 개인 내적 요인으로 돌리는 아동은 자아존중감이 높은 것으로 나타난 반면, 외적 요인으로 돌리는 아동은 자아존중감이 낮은 것으로 나타났다(김연희, 박경자, 2001).

(3) 자기효능감

자기효능감(self-efficacy)이란 자신이 스스로 상황을 극복할 수 있고, 자신에게 주어진 과제를 성공적으로 수행할 수 있다는 신념이나 기대를 의미한다(Bandura, 1986, 1993, 1997, 2004, 2010, 2012, 2016). 높은 자기효능감은 긍정적인 자아개념을 촉진하고, 지속적으로 과제지향적 노력을 하게 하여 높은 성취수준에 도달하게 하지만, 낮은 자기효능감은 부정적인 자아개념을 갖게 하여 자신감이 결여되고 성취지향적 행동을 위축시킨다(Bandura & Schunk, 1981;

Dale Schunk

Scheier & Carver, 1992; Schunk, 2012, 2020; Stipek, 2002).

자기효능감은 일반적으로 아동기에 증가한다. 특정 과제에서 성공 또는 실패한 경험에 비추어, 아동은 이제 특정 영역에서 자신이 얼마나 잘할 수 있는지를 예견할 수 있다. 예를 들면, 롤러블레이드를 처음 타보고 제법 잘 해낸 아동은 앞으로 연습하면 더욱더 잘할 수 있다고 믿는다(사진 참조).

낮은 자기효능감은 극단적인 경우에 아동으로 하여금 자신은 아무것도 할 수 없으며 실패할 수밖에 없다는 학습된 무력감(learned helplessness)을 갖게 한다. 학습된 무력감은 계속되는 실패의 경험에서 발생하는 것으로, 자신이 아무리 노력해도 성공할 수 없을 것이라고 느끼게 되는 것을 의미한다. 학습된 무력감은 아동으로 하여금 자신의 무능력으로 인해 자신이 실패했다고 느끼게 만들며, 자신의 성공은 단지 운이 좋아서 그렇게 된 것이라고 느끼게 만든다. 결과적으로 어떤 과제가 주어졌을 때 시도도 해 보지 않고 일찌감치 포기해 버린다. 학습된 무력감을 지니고 있는 아동은 학업성취에 있어서 자신의 잠재력을 거의 발휘하지 못하며, 쉽게 학업을 포기하게 된다(Peterson, Maier, & Seligman, 1993; Seligman, 1988).

Bandura(2012)는 최근에 개략적이나마 전생애에 걸친 자기효능감의 발달양상을 제시해 주고 있다. 유아는 자신의 환경을 탐색하고, 그것을 통제할 수 있다는 자신감을 갖게 되면서 자기효능감을 발달시키게 된다. 아동이 성장하면서 그들의 사회적 세계 역시 넓혀 나간다. 그리고 점차 또래를 자기효능감의 모델로 그리고 사회적 비교 대상으로 삼는다. 10대들은 이성교제를 통해서 자기효능감을 평가한다. 성인들은 사회인으로서 그리고 부모로서의 새로운 역할에 대해 자신의 능력을 평가하며, 노인들은 은퇴에 대한 적응과 새로운 생활양식의 창출을 통해서 자신의 능력을 재평가한다. 자기효능감은 개인으로 하여금 일생 동안 에너지와 생명력을 가지고 앞으로 나아가게 하는 원동력이 된다. 자기효능감이 낮은 사람들의 경우 자신감을 상실하고, 쉽게 포기하며, 우울증에 빠지게 된다.

(4) 자기통제

자기통제(self-control)라 함은 목표를 달성하기 위해 순간의 충동적인 욕구나 행동을 억제할 수 있는 능력을 말한다. 자기통제 능력은 유혹에 저항하는 능력, 만족을 지연하는 능력, 충동을 억제하는 능력으로 구성되어 있다.

만약 충동을 억제하는 것을 배우지 못한다면, 다른 사람의 권리를 침해하거나 규칙을 위반함으로써 아동은 항상 다른 사람과 마찰을 일으킬 것이며, 장기적인 목표달성에 필요한 인내심을 갖지 못하게 될 것이다.

자기통제의 발달에 관한 많은 이론들(Bandura, 1986; Freud, 1960; Kopp, 1987; Mischel, 1986)은 다음과 같은 두 가지 가정을 하고 있다. 첫째, 아동의 행동은 거의 전적으로 외적인 감독(부모 등에 의한)에 의해 통제된다. 둘째, 연령이 증가하면서 아동이 자기통제의 가치를 강조하는 규준을 채택하게 되고, 규준을 따르게 해주는 자기규제의 기술을 습득함에 따라, 자기통제는 점차 내면화되어 스스로 통제할 수 있게 된다는 것이다.

자기통제 능력이 아동기에 급격하게 증가하는 이유는 두 가지로 설명할 수 있다. 그중 하나는 아동이 인지적으로 성숙함에 따라 자신의 사고와 행동을 규제할 수 있는 보다 효율적인 전략을 사용할 수 있기 때문이다. 또 다른 이유는 자기규제와 자기통제의 가치를 강조하는 규준을 내면화하기 때문이다(Carver & Scheier, 2021; Miller et al., 2020; Schunk, 2020).

아동의 자기통제에 영향을 미치는 변인을 조사한 연구(이경님, 2001)에 따르면, 아동의 신중성이 높을수록 자기통제도 높은 것으로 나타났다. 즉, 상황을 검토하고 심사숙고해 상황적 요구에 대응하며 적절히 행동할 수 있는 신중성은 자기통제를 높이는 중요한 변인임을 알 수 있다. 또한 아동의 자기통제는 사회적 자아개념과 정적 상관을 보여주고 있는데, 친구와 잘 어울리며 친구관계에 잘 적응한다고 지각하는 아동은 자기통제가 높은 것으로 보인다. 한편, 아동의 자기통제와 어머니의 통제적 양육행동은 부적 상관을 보여주었다. 즉, 어머니가 아동에게 권위주의적이고 통제를 많이 할수록 아동의 자기통제는 더 낮아지는 것으로 나타났다.

자기통제가 유아와 아동의 적응과 부적응에 미치는 영향을 살펴보기 위하여 2012년부터 2022년 8월까지 국내에서 출판된 324편의 논문을 메타분석한 이귀애(2023)의 연구에 의하면, 유아와 아동의 적응에 있어 공통적으로 정서조절과 자기조절이 유아기와 아동기뿐 아니라 성인기의 적응에 이르기까지 큰 영향을 미쳤다. 이는 유아기에 형성된 정서조절과 자기조절은 안정적인 특성이 있어 어린 시절의 자기통제가 성인기까지 지속적으로 영향을 미칠 수 있음을 보여준다. 또한 자기통제가 부적응에 미치는 영향은 연령이 증가할수록 누적되었다.

2) 정서의 발달

유아기 말이 되면 대부분의 기본적 정서는 모두 표현할 수 있지만, 아동기에도 정서

사진 설명: 커닝을 하고 나서 아동은 죄책감을 느끼게 될 것이다.

발달은 여전히 계속된다. 자긍심이나 죄책감 같은 정서는 이제 성인의 피드백이 없어도 자연스럽게 표출된다. 즉, 부모나 교사가 칭찬하거나 야단치지 않아도 어려운 일을 해내고 나서 스스로 자긍심을 느낄 것이고, 도덕적으로 옳지 못한 일을 하고서는 고통스러운 죄책감을 느낄 것이다(Harter, Wright, & Bresnick, 1987). 특히 아동기에는 자신이 해야 할 일을 하지 않았거나, 커닝을 했거나(사진 참조), 거짓말을 했을 경우 죄책감을 느끼게 되는데, 이러한 변화는 아동기의 보다 성숙한 도덕성을 반영하는 것이다.

우리나라의 아동을 대상으로 분노 및 슬픔 상황에서 아동의 정서조절 동기와 정서조절 전략을 알아본 연구(이지선, 유안진, 1999)에서, 분노의 표현에서 성차가 나타났다. 남아는 부정적인 결과를 회피하고자 분노를 조절한 반면, 여아는 분노를 표현함으로써 상대방의 마음을 다치게 해서는 안 된다고 생각하는 데서 차이를 보였다. 이는 여아는 남아에 비해 보다 관계지향적인 동기를 가짐으로써 분노를 조절한다는 것을 보여주는 것으로, 전반적으로 정서 사회화가 성별에 따라 다르게 나타난 것의 결과로 해석되었다. 슬픔의 정서에서는 남아는 슬픔에 대해 자기보호적인 동기를 가지고 슬픔을 조절하는 반면, 여아는 슬픔이 사회적으로 수용되기 때문에 슬픔의 정서를 조절할 동기를 별로 느끼지 못하는 것으로 보였다.

아동기에는 정서를 표출하는 규칙에 대한 이해도 크게 증가한다(Underwood, Coie, & Herbsman, 1992). 예를 들어, 생일날 자신이 좋아하지 않는 선물을 받았을 때에 실망감을 표현하지 않는 것과 같이, 경우에 따라서는 자신의 감정을 솔직하게 표현하지 않는 것이 좋다는 것을 이해한다. 아동기가 되면 자신의 진짜 감정을 숨기는 일에 점점 능숙해지기 때문에 아동들의 진짜 감정이 무엇인지 이해하기 어려울 때가 종종 있다(Saarni, Mumme, & Campos, 1998).

아동기에는 또한 얼굴표정이 그 사람의 진짜 정서를

사진 설명: 아동기에 자긍심과 죄책감의 정서는 책임관념과 관련이 있다. 사진 속의 아동은 자신이 한 거짓말에 대해 죄책감을 느끼는 표정을 짓고 있다.

표현하는 것이 아닐 수도 있다는 사실을 이해하기 시작한다. 관련연구(Gnepp, 1983)에서, 아동들에게 자신의 생일파티에서 슬픈 표정을 짓고 있는 아동과 예방주사를 맞으면서 웃고 있는 아동의 사진을 보여 주었다. 유아기의 아동들은 "친한 친구가 자신의 생일파티에 오지 않았기 때문에 슬픈 표정을 짓고 있으며" "예방주사가 아프지 않았기 때문에 웃고 있다"라고 설명하였다. 한편, 초등학교 고학년 아동들은 얼굴 표정이 항상 자신의 진짜 감정을 드러내는 것은 아니라는 사실을 이해하기 시작하는 것으로 나타났다. 예를 들면, "예방주사를 맞는 것이 무척 겁나지만 아닌 척 함으로써 두려움을 감소시킬 수 있다" "예방주사를 맞는 것이 무척 두렵지만 자신이 떨고 있다는 것을 다른 사람이 아는 것을 원치 않는다"와 같은 반응을 보였다.

아동기에는 또한 한 가지 이상의 정서를 경험할 수 있다는 사실을 이해하는데, 그 정서는 동시에 긍정적일 수도 있고 부정적일 수도 있으며, 강도가 다를 수도 있다(Harter & Buddin, 1987; Wintre & Vallence, 1994). 예를 들면, 생일날 선물을 받는 것은 기쁜 일이지만, 자신이 원하는 선물을 받지 못하는 것은 슬픈 일이다. 반면, 유아는 같은 상황에 대해 동시에 두 가지 다른 정서를 느낄 수 있다는 사실을 이해하지 못한다. 뿐만 아니라 동일한 상황이 각기 다른 사람들로부터 서로 다른 정서를 유발할 수 있다는 사실도 이해하지 못한다. 이와 같은 정서이해에 대한 변화는 아동기에 발달하게 된다.

초등학교 3, 4, 5, 6학년을 대상으로 아동의 자기조절 능력에 부모의 정서표현성이 어떠한 영향을 미치는지를 살펴본 연구(유은희, 임미옥, 2006)에서, 남아의 경우에는 아버지의 긍정적 정서표현이, 여아의 경우에는 어머니의 긍정적 정서표현이 아동의 자기조절 능력과 정적 상관이 있는 것으로 나타났다. 부모와의 관계에서 동성 부모와의 정서적 유대가 보다 높아지는 발달적 특성으로 인해 동성 부모의 긍정적 정서표현성이 아동의 자기조절 능력 발달에 영향을 더 많이 줄 수 있는 것으로 보인다.

3) 도덕성발달

도덕성이란 선악을 구별하고, 옳고 그름을 바르게 판단하며, 인간관계에서 지켜야 할 규범을 준수하는 능력을 말한다. 도덕성발달은 자신이 속한 사회의 문화규범에 따라 행동하도록 배우고 이를 자신의 것으로 받아들이는 과정을 통해 이루어진다.

도덕성발달은 주로 세 가지 다른 측면에서 언급되고 있다. 첫째, 어떤 행동의 옳고 그름에 대한 평가인 도덕적 판단, 둘째, 사고나 행동에 대한 정서적 반응(죄책감 등)인 도덕적 감정, 셋째, 어떤 행동이 옳은지 알고 있다고 해서 반드시 그렇게 행동하는 것은 아니므로 실제로 어떻게 행동하느냐 하는 도덕적 행동이 그것이다.

학습이론가들은 도덕적 행동에 영향을 미치는 요인들에 관심을 가지고, 학습이론의 원칙이나 개념을 적용하여 아동이 자기통제를 할 수 있는 능력이나 유혹에 저항할 수 있는 힘 등에 관해 연구한다. 반면, 정신분석이론가들은 죄책감, 불안, 후회 등에 더 많은 관심을 가지는데, 도덕적 감정의 연구에서는 개인의 양심이나 초자아의 역할이 강조된다. 도덕성발달의 또 다른 구성요소인 도덕적 판단은 주로 인지발달이론가들에 의해 연구되는데, 피험자에게 가상적인 도덕적 갈등상황을 제시하고서 피험자가 어떤 반응을 나타내는가에 따라 그 사람의 도덕성 판단의 성숙수준을 측정한다.

(1) 인지발달이론

인지발달이론은 도덕성발달을 설명하는 대표적인 이론으로, 도덕적 판단에 관한 대부분의 이론과 연구는 인지발달이론에서 파생된 것이다. 도덕성발달의 인지적 측면은 Piaget에 의해 최초로 제시되었으며, Piaget의 이론을 기초로 하여 Kohlberg는 그의 유명한 도덕성발달이론을 정립하였다.

① Piaget의 이론

Piaget(1965)는 5~13세 아동들의 공기놀이(사진 참조)를 관찰함으로써 규칙의 존중에 대한 발달과업을 연구하였다. Piaget는 아동들에게 "게임의 규칙은 누가 만들었는가?" "누구나 이 규칙을 지켜야만 하는가?" "이 규칙들은 바꿀 수 있는가?" 등의 질문을 하였다. Piaget는 규칙이나 정의, 의도성에 대한 이해, 벌에 대한 태도 등의 질문을 근거로 하여, 아동의 도덕성발달 단계를 타율적 도덕성(heteronomous morality)과 자율적 도덕성(autonomous morality)의 두 단계로 구분하였다.

타율적 도덕성 단계의 아동(4~7세)은, 규칙은 신이나 부모와 같은 권위적 존재에 의

사진 설명: 아동들이 공기놀이를 하고 있다.

해서 만들어진 것으로 믿으며, 그 규칙은 신성하고 변경할 수 없는 것으로 이를 위반하면 벌을 받아야 한다고 생각한다. 이 단계의 아동은 규칙은 변경할 수 없는 절대적인 것으로 생각하기 때문에, 이들에게 공기놀이에 적용할 새로운 규칙을 가르쳐 주어도 기존의 규칙을 그대로 사용해야 한다고 고집하였다. 또 모든 도덕적 문제에는 '옳은' 쪽과 '나쁜' 쪽이 있으며, 규칙을 따르는 것이 항상 '옳은' 쪽이라고 믿는다. 또한 행위의

〈그림 9-18〉 **피아제의 도덕적 판단 상황: 행위의 동기와 결과**

의도성에 대한 이해에서도, 어떤 행동의 옳고 그름을 행위자의 의도와는 상관없이 단지 행동의 결과만을 가지고 판단한다. 예를 들면, 어머니가 설거지 하는 것을 도와드리다가 실수로 컵을 열 개 깨뜨리는 것이 어머니 몰래 과자를 꺼내 먹다가 컵을 한 개 깨뜨리는 것보다 더 나쁘다고 생각한다(〈그림 9-18〉 참조). 더욱이 타율적 도덕성 단계의 아동은 사회적 규칙을 위반하게 되면 항상 어떤 방법으로든 벌이 따르게 된다는 내재적 정의(immanent justice)를 믿는다. 따라서 만약 6세 남아가 과자를 몰래 꺼내 먹으려다 넘어져서 무릎을 다쳤다면, 그것은 자기가 잘못한 것에 대해 마땅히 받아야 할 벌이라고 생각한다(Shaffer, 1999).

7세부터 10세까지는 일종의 과도기적인 단계로서 타율적 도덕성과 자율적 도덕성이 함께 나타나는 시기이다. 그러나 10세경에 대부분의 아동은 두 번째 단계인 자율적 도덕성 단계에 도달하게 된다. 이 단계의 아동은 점차 규칙은 사람이 만든 것이고, 그 규칙을 변경할 수 있다고 생각하며, 도덕적 판단에서 상황적 요인을 고려하는 융통성을 보인다. 예를 들어, 응급실에 환자를 수송하기 위해 속도위반을 한 운전기사를 부도덕하다고 생각하지 않는다. 옳고 그름에 대한 판단도 이제는 행위의 결과가 아닌 의도성에 의해 판단하게 된다. 따라서 과자를 몰래 꺼내 먹으려다 컵을 한 개 깨뜨리는 것이 어머니의 설거지를 도우려다가 실수로 컵을 열 개 깨뜨리는 것보다 더 나쁘다고 생각한다. 이 단계의 아동은 또한 규칙을 위반하더라도 항상 벌이 따르지 않는다는 것을 스스로의 경험에 의해 알게 되었기 때문에 더 이상 내재적 정의를 믿지 않는다.

Piaget에 의하면 타율적 도덕성 단계에서 자율적 도덕성 단계로 발달하기 위해서는

인지적 성숙과 사회적 경험이 중요한 역할을 한다고 한다. 인지적 요소로는 자기중심성의 감소와 역할수용 능력의 발달을 들 수 있는데, 이것은 도덕적 문제를 여러 가지 각도에서 조망해 볼 수 있게 해 준다. Piaget가 중요하게 여기는 사회적 경험은 또래와의 대등한 위치에서의 상호작용이다. 아동은 또래와 사이좋게 놀고, 공동의 목표를 달성하기 위해서는 다른 사람의 입장에 서 보아야 하며, 갈등이 있을 때는 어떻게 해야 서로 이익이 되는 방식으로 해결할 수 있는지를 배우게 된다. 따라서 대등한 위치에서의 또래와의 접촉은 좀더 융통성 있고 자율적인 도덕성발달에 도움을 준다.

Piaget의 도덕성발달이론을 검증한 대부분의 연구는 Piaget의 이론과 일치하는 결과를 얻었다. 즉, 어린 아동이 나이 든 아동보다 더 많이 타율적 도덕성의 특성을 보였으며(Jose, 1990; Lapsley, 1996), 도덕적 판단은 IQ나 역할수용 능력과 같은 인지발달과 관련이 있는 것으로 나타났다(Ambron & Irwin, 1975; Lapsley, 1996). Piaget의 이론을 지지하는 많은 연구결과에도 불구하고, Piaget의 이론은 아동의 도덕적 판단능력을 과소평가했다는 지적이 있다. 예를 들어, 행위의 의도성에 관한 이야기에는 다음과 같은 문제점이 있다. 첫째, 이야기 속의 아동이 나쁜 의도로 작은 손상을 가져온 경우와 좋은 의도를 가졌지만 큰 손상을 가져온 경우를 비교함으로써 의도와 결과가 혼합되어 있다. 둘째, 행위의 결과에 대한 정보가 의도에 대한 정보보다 더 명확하게 제시되어 있다.

Nelson(1980)은 이러한 문제점을 해결하기 위해 3세 유아들을 대상으로 재미있는 실험을 하였다. 이야기 속의 주인공이 친구에게 공을 던지는 상황을 설정했는데, ① 행위자의 동기가 좋으면서 결과가 긍정적인 경우, ② 행위자의 동기는 좋지만 결과가 부

〈그림 9-19〉 행위자의 의도를 보여주기 위한 그림의 예

출처: Nelson, S. A. (1980). Factors influencing young children's use of motives and outcomes as moral criteria. *Child Development, 51*, 823-829.

정적인 경우, ③ 행위자의 동기는 나쁘지만 결과는 긍정적인 경우, ④ 행위자의 동기도 나쁘고 결과도 부정적인 경우의 네 가지가 그것이다. 3세 유아가 행위자의 의도를 이해할 수 있도록 Nelson은 이야기와 함께 그림을 보여주었다(〈그림 9-19〉 참조).

이 연구에서 3세 유아들은 긍정적인 결과를 가져온 행위를 부정적인 결과를 가져온 행위보다 더 호의적으로 평가하였다. 그러나 〈그림 9-20〉에서 보는 바와 같이, 유아들은 행위의 결과에 관계없이 나쁜 의도를 가졌던 행위보다 좋은 의도를 가졌던 행위를 더 호의적으로 평가하였다. 따라서 유아들은 도덕적 판단에서 행위자의 의도를 고려하고 있다는 것을 알 수 있다. 그러나 유아나 아동 모두 다른 사람의 행위를 평가할 때 의도와 결과를 다 고려하지만, 유아는 아동에 비해 의도보다는 결과에 더 비중을 둔다는 점에서 Piaget의 이론이 옳다고 볼 수 있다(Lapsley, 1996; Zelazo, Helwig, & Lau, 1996).

3세와 5세 유아를 대상으로 공격행동에 대한 도덕적 판단과 추론에 대해 살펴본 우리나라 연구(박진희, 이순형, 2005)에서, 3세와 5세 유아는 공격행동의 의도를 긍정적인 것과 부정적인 것으로 구분하여 도덕판단을 할 수 있는 것으로 나타났다. 이들은 이기적 동기나 화풀이로 행한 공격행동보다 이타적 동기나 규칙준수를 위한 공격행동을 덜 나쁘다고 판단하였다. 또한 공격행동에 대한 도덕판단은 결과의 제시 유무에 따라 다르게 나타났는데, 3세와 5세 유아는 상처를 입힌 것과 같은 공격행동의 부정적 결과가

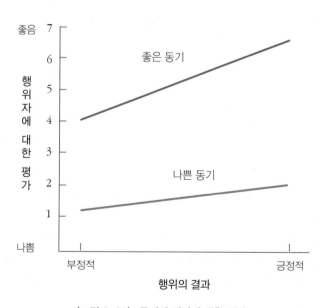

〈그림 9-20〉 동기와 결과에 대한 평가

출처: Nelson, S. A. (1980). Factors influencing young children's use of motives and outcomes as moral criteria. *Child Development, 51*, 823-829.

제시된 경우에는 결과가 제시되지 않은 경우보다 더 나쁘다고 판단하였다.

또 다른 연구(김유미, 이순형, 2014)에서 유아는 공격행동의 의도와 유형에 따라 도덕판단에 차이가 있는 것으로 나타났다. 즉, 3~5세 유아들은 이기적 공격행동을 이타적 공격행동보다 더 나쁜 것으로 판단하였으며, 신체적 공격을 언어적 공격이나 관계적 공격보다 더 나쁜 행동으로 판단하였다. 이는 유아들도 공격행동의 의도뿐만 아니라 공격유형에 대한 정보를 활용하여 도덕판단을 할 수 있다는 것으로 해석할 수 있다.

② Kohlberg의 이론

Kohlberg는 1956년부터 10~16세 사이의 아동과 청소년 75명을 대상으로 하여 도덕성발달을 연구하기 시작하였는데, 이 연구는 30년 이상 계속되었다. Kohlberg(1976)

Lawrence Kohlberg

는 피험자들에게 가상적인 도덕적 갈등상황을 제시하고서 그들이 어떤 반응을 나타내는가에 따라 여섯 단계로 도덕성 발달 수준을 구분하였다. 그는 이 갈등상황에 대한 피험자의 응답 자체에 관심을 두지 않고 오히려 그 응답 뒤에 숨어 있는 논리에 관심을 가졌다. 즉, 두 응답자의 대답이 서로 다르더라도 그 판단의 논리가 비슷한 경우에는 두 사람의 도덕성 판단수준을 같은 단계에 있는 것으로 보았다. '하인츠와 약사'는 Kohlberg의 도덕적 갈등상황에 관한 가장 유명한 예이다.

피험자는 이 이야기를 다 읽고 나서 도덕적 갈등상황에 대한 몇 가지 질문을 받게 된다. 하인츠는 약을 훔쳐야만 했는가? 훔치는 것은 옳은 일인가, 나쁜 일인가? 왜 그런가? 만약 다른 방법

하인츠와 약사

유럽에서 한 부인이 암으로 죽어가고 있었다. 의사가 생각하기에 어쩌면 그 부인을 살릴 수 있을지도 모르는 한 가지 약이 있었는데, 그 약은 일종의 라튬으로서 같은 마을에 사는 약사가 개발한 것이었다. 그 약은 재료비도 비쌌지만 그 약사는 원가의 10배나 더 비싸게 그 약을 팔았는데, 아주 적은 양의 약을 2,000달러나 받았다. 그 부인의 남편인 하인츠는 그 약을 사려고 이 사람 저 사람에게서 돈을 꾸었지만, 약값의 절반인 1,000달러밖에 구하지 못했다. 그래서 하인츠는 약사에게 가서 자신의 아내가 죽어가고 있으니, 그 약을 조금 싸게 팔든지 아니면 모자라는 액수는 나중에 갚겠으니 편의를 보아달라고 부탁하였다. 그러나 약사는 그 약으로 돈을 벌 생각이라면서 끝내 하인츠의 부탁을 거절하였다. 하인츠는 절망한 나머지 그 약을 훔치기 위해 약방의 문을 부수고 들어갔다.

이 전혀 없다면 아내를 위해 약을 훔치는 것이 남편의 의무라고 생각하는가? 좋은 남편이라면 이 경우 약을 훔쳐야 하는가? 약사는 가격 상한선이 없다고 해서 약값을 그렇게 많이 받을 권리가 있는 것인가? 있다면 왜 그런가?

빅토르 위고의 유명한 소설 『레 미제라블』 또한 도덕적 갈등상황에 기초한 작품이다. 장발장은 굶주린 조카들을 위해 빵을 훔쳐야만 했는가? 우리는 왜 장발장이 빵을 훔치거나 또는 훔치지 말았어야 하는지에 대한 많은 이유를 생각할 수 있다.

Kohlberg는 이와 비슷한 도덕적 갈등상황을 몇 가지 더 제시하고 거기서 나온 반응을 분석하여 도덕성발달을 모두 6단계로 구분하였다. 〈표 9-2〉는 Kohlberg의 도덕성발달단계를 설명한 것이다.

Lawrence Walker

Kohlberg 이론의 핵심은 인지발달이다. 각기 상이한 도덕성발달단계에서는 각기 다른 인지능력이 필요하다는 것이다. 전인습적 수준의 도덕적 판단은 자기중심적이다. 인습적 수준에 도달하고 도덕적 규범을 따르기 위해서는 다른 사람의 견해와 입장을 이해할 수 있어야 한다(Walker, 1980). 그리고 후인습적 수준의 도덕적 추론을 하기 위해서는 형식적 · 조작적 사고가 필요하다(Tomlinson-Keasey & Keasey, 1974; Walker, 1980). 따라서 구체적 조작기에 있는 사람이 후인습적 도덕 수준에 도달할 수는 없다.

역할수용 능력이나 형식적 · 조작적 사고는 도덕적 성장에 있어서 필요조건이지만 충분조건은 아니다. 다시 말해서 역할수용 능력이 있는 모든 사람이 다 인습적 수준의 도덕적 추론을 하는 것은 아니고, 형식적 · 조작적 사고를 하는 모든 사람이 다 후인습적 수준에 있는 것은 아니다(Stewart & Pascual-Leone, 1992).

Kohlberg(1976)는 또한 그의 도덕성발달 단계는 1단계부터 6단계까지 순서대로 진행한다고 주장한다. 그러나 모든 사람이 다 최고의 수준까지 도달하는 것은 아니고, 겨우 소수의 사람만이 제6단계에 이를 수 있다고 한다. 청년 후기와 성년기에는 도덕적 판단수준이 안정화되는 경향이 있는데, 대부분의 성인들이 도달하는 도덕적 판단의 수준은 여성의 경우는 대개 3단계이고, 남성의 경우는 그보다 한 단계 높은 4단계라고 한다.

Kohlberg의 도덕성발달이론은 인지적 성숙과 도덕적 성숙과의 관계를 제시한 것이었으며, 도덕성발달 연구에 많은 자극이 되었다. 그럼에도 불구하고 Kohlberg의 도덕성발달이론에 대해서는 몇 가지 문제점이 지적되고 있다.

첫째, Kohlberg의 이론은 도덕적 사고를 지나치게 강조하고 도덕적 행동이나 도덕적 감정은 무시했다는 비판을 받는다(Bandura, 2016; Colby & Damon, 1992; Kurtines & Gewirtz, 1991; Lapsley, 1993; Turiel, 1997; Walker, 2004). 일상의 도덕적 갈등상황은 강력

표 9-2 Kohlberg의 도덕성발달 단계

전인습적 수준 **(Preconventional Level)** 인습적이란 말은 사회규범, 기대, 관습, 권위에 순응하는 것을 뜻하는데, 전인습적 수준에 있는 사람은 사회규범이나 기대를 잘 이해하지 못한다. 이 수준에 있는 아동은 매우 자기중심적이어서 다른 사람의 입장을 이해하지 못하고, 자신의 욕구충족에만 관심이 있다. 9세 이전의 아동이나 일부 청소년 그리고 성인 범죄자들이 이 수준에 있다.	**1단계: 벌과 복종 지향의 도덕** 이 단계의 아동은 결과만 가지고 행동을 판단한다. 즉, 보상을 받는 행동은 좋은 것이고, 벌 받는 행동은 나쁜 것이다. 이 단계에서 아동은 벌을 피하기 위해 복종한다. 예를 들면, 훈이는 부모에게 야단 맞을까 봐 차가 달리는 거리에서 뛰어다니지 않는다.
	2단계: 목적과 상호교환 지향의 도덕 자신의 흥미와 욕구를 만족시키기 위해 규범을 준수한다. 이 단계에서 아동은 다른 사람의 입장을 고려하기 시작하지만, 대부분 자신이 원하는 것을 얻기 위해서이다. 예를 들면, 훈이는 어머니가 약속한 상 때문에 찻길에서 뛰어다니지 않는다.
인습적 수준 **(Conventional Level)** 이 수준에 있는 아동이나 청년은 다른 사람의 입장을 더 잘 이해하게 되고, 이제 도덕적 추론은 사회적 권위에 기초하며 보다 내면화된다. 그리고 사회관습에 걸맞은 행동을 도덕적 행동이라 간주한다. 대부분의 청년과 다수의 성인이 이 수준에 있다.	**3단계: 착한 아이 지향의 도덕** 다른 사람들의 기대 때문에 그리고 다른 사람으로부터 인정을 받기 위해 착한 아이로 행동한다. 이 단계에서는 동기나 의도가 중요하며, 신뢰, 충성, 존경, 감사의 의미가 중요하다. 예를 들면, 숙이는 동생 훈이가 자기를 믿기 때문에, 훈이가 담배 피우는 것을 부모님께 말씀드리지 않는다.
	4단계: 법과 질서 지향의 도덕 추상적 사고를 할 수 있는 능력으로 인해 청년은 이제 자신을 사회의 일원으로 생각하게 되고, 그래서 사회기준에 따라 행동을 평가하게 된다. 사회질서를 위해 법을 준수하는 행동이 도덕적 행동이라고 생각한다. 예를 들면, 훈이 아빠는 사회의 법과 질서를 준수하기 위해 보는 사람이 없더라도 '멈춤' 표지판 앞에서 차를 멈춘다.
후인습적 수준 **(Postconventional Level)** 후인습적 수준에 있는 사람은 사회규범을 이해하고 기본적으로는 그것을 인정하지만 법이나 관습보다는 개인의 가치기준을 우선시한다. 일반적으로 20세 이상의 성인들 중 소수만이 이 수준에 도달한다.	**5단계: 사회계약 지향의 도덕** 법과 사회계약이 '최대 다수의 최대 행복'이라는 전제하에 만들어졌다는 것을 이해하고, 모든 사람의 복지와 권리를 보호하기 위해 법을 준수한다. 그러나 때로는 법적 견해와 도덕적 견해가 서로 모순됨을 깨닫고 갈등상황에 놓인다.
	6단계: 보편원리 지향의 도덕 법이나 사회계약은 일반적으로 보편적 윤리기준에 입각한 것이기 때문에 정당하다고 믿는다. 따라서 만일 이러한 원칙에 위배될 때에는 관습이나 법보다 보편원리에 따라 행동한다. 보편원리란 인간의 존엄성, 인간의 평등성, 정의 같은 것을 말한다.

한 정서반응을 불러일으키므로, 도덕적 정서나 동기를 간과하는 어떤 이론도 완전하지 못하다는 주장이 있다(Haidt, Koller, & Dias, 1993; Hart & Chmiel, 1992). 더욱이 도덕성 연구에서 우리의 궁극적인 관심은 실제로 어떻게 행동하는가 하는 점이다. 아무리 높은 수준의 도덕적 판단을 하더라도 도덕적으로 옳지 못한 행동을 하면 아무런 소용이 없다. 우리는 무엇이 옳은 일인지 알면서도 그렇게 행동하지 않는 경우가 종종 있다.

둘째, Kohlberg의 도덕성발달이론은 문화적 편견을 보이기 때문에, 그의 도덕성 발달단계는 모든 문화권에서 보편적인 현상이 아니라는 지적을 받는다(Gibbs, 2014; Miller & Bland, 2014). 저개발국가, 특히 민주주의를 채택하고 있지 아니한 사회에서는 높은 단계에 도달하는 사람이 거의 없다. 연구결과, 아동이나 청소년은 모든 문화권에서 3, 4단계까지는 순차적인 발달을 하는 것으로 보인다. 문제는 후인습적 사고가 단지 어떤 문화권에서는 존재하지 않는다는 점이다. Kohlberg의 후인습적 추론은 서구 사회의 이상인 정의를 반영하기 때문에, 비서구 사회에 사는 사람이나 사회규범에 도전할 정도로 개인의 권리를 높이 평가하지 않는 사람들에게는 불리하다(Shweder, Mahapatra, & Miller, 1990). 사회적 조화를 강조하고 개인의 이익보다는 단체의 이익을 더 강조하는 사회에서는 정의에 대한 개념이 인습적 수준에 머무르게 된다(Snarey, 1985; Tietjen & Walker, 1985). 대만의 성인을 대상으로 한 도덕적 추론 연구(Lei, 1994)에 의하면, Kohlberg의 5단계와 6단계는 나타나지 않았으며, 우리나라의 연구 (강영숙, 1981)에서도 6단계로의 이행은 전혀 나타나지 않았다.

사진 설명: 어떤 문화에서는 후인습적 사고가 존재하지 않는다.

셋째, Kohlberg의 이론은 또한 여성에 대한 편견을 나타내고 있다는 비판을 받는다. 그의 이론은 남성만을 대상으로 한 연구를 기초로 해서 도덕성발달수준을 6단계로 나누고, 대부분의 남성은 4단계 수준에 그리고 대부분의 여성은 3단계 수준에 머문다고 하였다. Gilligan(1977)은 Kohlberg의 도덕성발달이론은 추상적인 추론을 강조함으로써 남성의 성역할 가치가 과대평가되고, 상대적으로 여성의 성역할 가치의 중요성은 과소평가되었다고 주장한다. 즉, Kohlberg는 여성의 도덕적 판단에서 나타나는 대인관계적 요소를 평가절하함으로써, 도덕적 추론에서 여성들이 내는 '다른 목소리(different voice)'를 무시

Carol Gilligan

했다는 것이다.

Gilligan(1977, 1982, 1993, 1996)에 의하면 남아는 독립적이고, 단호하며, 성취지향적으로 사회화되므로, 도덕적 갈등상황을 해결하는 데 있어 다른 사람의 권리나 법과 사회적 관습을 중시하게 된다. 이것은 Kohlberg의 도덕성발달 중 4단계에 반영되는 견해이다. 반면, 여아는 양육적이고, 동정적이며, 다른 사람의 욕구에 대한 관심을 강조하는 사회화로 인해, 다른 사람과의 관계를 중시하는 도덕적 판단을 하게 되는데, 이것은 주로 Kohlberg의 도덕성발달 중 3단계에 반영되는 견해이다. 결과적으로 남성은 개인의 권리를 존중하는 법과 질서를 우선하는 정의의 도덕성(morality of justice)을 지향하게 되고, 여성은 다른 사람에 대한 책임과 복지가 핵심인 배려의 도덕성(morality of care)을 지향하게 된다고 한다.

한편, Gilligan의 이론에 대해서도 문제가 제기되고 있는데(Walker & Frimer, 2011), 여러 연구결과를 종합한 메타분석에서 도덕적 판단에서의 성차에 대한 Gilligan의 주장에 의문을 제기한다(Jaffee & Hyde, 2000). 일반적으로 여성은 추상적인 정의지향보다는 다른 사람과의 관계를 중시하는 배려지향의 경향이 있지만 필요에 따라서는 둘 다 모두를 지향하게 된다는 것이다(Blakemore, Berenbaum, & Liben, 2009).

③ Turiel의 영역구분이론

Kohlberg의 인지적 도덕성발달이론이 갖는 한계점, 즉 문화적 편견 및 도덕적 판단과 도덕적 행위의 불일치 등을 극복하기 위해 대두된 이론이 Turiel의 영역구분이론이다. Turiel(1983)은 도덕적 영역(moral domain), 사회인습적 영역(social-conventional domain) 그리고 개인적 영역(personal domain)으로 구분되는 영역구분모형을 제시하였다.

Elliot Turiel

Turiel의 이론은 모든 문화권에서 보편적인 도덕적 영역과 각 문화권에서 특수한 사회인습적 영역을 구분함으로써 문화적 편견을 극복할 수 있다는 이론이다. 또한 동일한 사태를 어떻게 개념적으로 규정하느냐에 따라 행위를 정당화할 수 있기 때문에, 도덕적 판단과 도덕적 행위 간의 불일치를 극복할 수 있다고 한다(김상윤, 1990).

영역구분이론에서 도덕적 영역, 사회인습적 영역, 개인적 영역은 각기 상이한 내용으로 구성된다(송명자, 1992; Turiel, 1983, 2014, 2018). 도덕적 영역은 인간의 권리와 존엄성, 생명의 가치, 정의, 공정성 등과 같이 보다 근원적이고 본질적인 도덕적 인식과 판단내용을 포함한다. 따라서 도덕적 영역은 모든 시대, 모든 문화권에서 동일하게 통용되는 문화적 보편성을 지닌다.

　　사회인습적 영역은 식사예절, 의복예절, 관혼상제의 예법, 성역할 등과 같이 특정의 문화권에서 그 구성원들의 합의에 의해 정립된 행동규범을 의미한다. 그러나 어떤 행동이 일단 인습적 규범으로 정립되면 그 성원들에게 강력한 제약을 가하게 되며 도덕적 성격을 띠게 된다. 사회인습적 영역은 시대, 사회, 문화 등 상황적 맥락에 따라 달라지는 문화적 특수성을 지닌다.

　　개인적 영역은 도덕적 권위나 인습적 규범의 영향을 받지 않는 개인의 건강, 안전, 취향 등의 사생활에 관한 문제 영역이다. 개인적 영역은 자아를 확립하고 자율성을 유지하기 위한 주요 수단이 되지만 사회인습적 규범과 갈등을 일으킬 가능성이 있다.

사진 설명: 사회인습적 영역은 문화적 특수성을 지닌다. 인도의 이 소녀는 "아버지가 돌아가신 다음날 닭고기를 먹는 것은 부도덕한 행동이다"라고 말한다. 왜냐하면 인도사람들은 그렇게 함으로써 아버지의 영혼이 구제받지 못한다고 믿기 때문이다.

　　Turiel의 영역구분이론이 가지고 있는 이론적 논리성과 경험적 근거에도 불구하고 이 이론에 대해 문제점이 제기되고 있는데, 영역혼재 현상(domain mixture phenomenon)과 이차적 현상(secondary order phenomenon)이 그것이다.

　　동일한 사태가 여러 영역의 특성을 공유함으로써 영역 구분을 어렵게 만드는 것이 영역혼재 현상이다. 낙태, 성역할, 혼전순결 등은 영역혼재 현상의 대표적인 예가 된다(Smetana, 1983, 2011, 2013). 낙태의 경우를 예로 들어보자. 인간의 생명은 수정되는 순간부터 시작되는 것이므로 그 생명을 제거하는 낙태는 도덕적 영역에 속한다. 그러나 낙태를 합법적으로 인정하는 사회도 있으므로, 이 경우 낙태에 대한 도덕적 판단은 사회인습적 영역에 속하게 된다. 그리고 개인에 따라서는 낙태를 개인이 선택해야 할 문제로 인식하는 개인적 영역의 성격도 갖는다(송명자, 1992).

Judith Smetana

　　이차적 현상은 최초에는 인습적 성격을 띤 사태가 그 후 도덕적 결과를 낳게 되는 현상을 말한다. 예를 들어, 줄서기, 식사예절, 의복예절 등은 사회질서를 유지하기 위한 인습적 문제이지만, 이를 위반했을 경우 타인의 권리를 침해하거나 타인의 감정을 상하게 하므로 결국은 도덕적 문제를 야기하게 된다. 이러한 인습적 사태의 이차적 현상화는 인습에 대한 동조를 강조하는 교사나 부모, 그 외 다른 사회화 인자에 의해 강화되는 것으로 보인다(Nucci & Nucci, 1982; Nucci & Turiel, 1978).

Larry Nucci

만일에 모든 도덕적 사태들이 여러 영역이 혼재되어 있는 다면적 사태로 인식된다면, 영역구분이론은 그 설정근거를 상실하게 된다. 특정문화권에서 도덕적 영역으로 인식된 사태를 다른 문화권에서 사회인습적 영역으로 인식하거나, 반대로 사회인습적 영역을 도덕적 영역으로 인식하는 영역구분의 문화권 간 차이는 영역구분이론에서도 역시 문화적 보편성과 특수성의 문제를 해결하지 못했음을 반영하기 때문이다.

영역구분의 문화권 간 차이는 우리나라의 아동을 대상으로 한 연구(Song, Smetana, & Kim, 1987)에서도 나타났다. 서구의 아동은 '인사를 하지 않는 것'을 사회인습적인 것으로 지각하는 데 반하여, 우리나라의 아동은 도덕적인 것으로 지각하였다. 즉, 미국 아동들은 '인사'란 본질적으로 도덕적인 것이 아니고, 단지 그러한 규범이 정해져 있으므로 따라야 하는 것으로 생각하지만, 우리나라의 아동들은 인사를 하지 않는 것은 사회적 관습이나 규칙에 의한 제재 여부를 막론하고 본질적으로 나쁜 것으로 믿고 있었다. 우리 사회는 '경로효친'이라는 한국적 정서로 인해 어른에게 인사하는 것(사진 참조)이 당연하다는 의미에서 도덕률에 해당되는 것으로 볼 수 있다.

우리나라 만 5세 유아의 도덕적 판단력, 도덕적 감정과 도덕적 행동과의 관계에 관한 연구(김진아, 엄정애, 2006)에서, 만 5세 유아들은 심각성, 규칙독립성, 보편성, 응분의 벌의 4가지 준거를 모두 사용하여 도덕적 규칙과 인습적 규칙을 구분하는 것으로 나타났다. 즉, 유아들은 인습규칙보다 도덕규칙을 위반하는 것이 더 나쁘고 엄한 벌을 받아야 하는 것으로 판단했고, 인습규칙보다 도덕규칙을 규칙이 없어도, 시대나 장소에 관계없이 지켜야 하는 것으로 판단했다.

Mordecai Nisan

이상에서 살펴본 바와 같이 영역혼재 현상과 이차적 현상은 영역구분 이론의 타당성을 크게 위협하는 것으로 보인다. 또한 영역구분이론이 Kohlberg 이론에 비해 각 문화권의 도덕적 특수성을 반영하는 동시에 모든 문화권에 보편적으로 적용될 수 있다는 Turiel의 주장도 연구결과 크게 지지받지 못한 것으로 보인다(Nisan, 1987; Shweder, Mahapatra, & Miller, 1990).

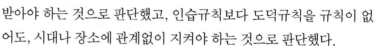

(2) 사회학습이론

　도덕적 갈등상황에 직면했을 때 아동이 어떻게 사고하는가를 아는 것은 중요한 일이다. 그러나 보다 중요한 것은 그들이 과연 어떻게 행동하느냐 하는 것이다. 가령 도덕적 판단은 Kohlberg의 5~6단계 수준에 도달했다고 하더라도 거짓말쟁이, 사기꾼, 범죄자로 행동한다면 아무 소용이 없다. 그러므로 사회화의 궁극적인 목적은 아동들로 하여금 올바른 행동을 하게 하는 데 있다.

　도덕적 행동은 주로 사회학습이론가들에 의해 연구되는데, 다른 모든 행동과 마찬가지로 강화, 처벌, 모방 등으로 설명한다. 법이나 사회관습에 일치하는 행동이 보상을 받으면 아동은 그 행동을 계속하게 되고, 도덕적으로 행동하는 모델에 노출되면 아동 또한 그러한 행동을 채택하게 된다. 반면, 비도덕적인 행동이나 바람직하지 못한 행동으로 벌을 받게 되면 그러한 행동은 하지 않게 된다.

사진 설명: 도덕적으로 행동하는 모델에 노출된 아동은 자신도 그러한 행동을 하게 된다.

　만약 아동이 규칙을 준수할 것을 배웠다면, 규칙을 위반하고자 하는 유혹에 직면했을 때 그 유혹을 이겨낼 수 있어야 한다. 사회화의 주요 목적은 외적인 감독이나 보상 또는 처벌로부터 자유로울 때조차도 사회의 규칙들을 고수하려는 능력과 의욕을 아동들에게 심어 주는 것이다. 사회학습이론가들은 아동들이 외적인 감독이 없을 때에 유혹을 견디는 과정을 기술함에 있어 자기통제라는 용어를 사용하기를 좋아한다. 이것은 정신분석학에서 말하는 내면화라는 개념과 비슷한 것이다. 차이가 있다면, 단지 정신분석학의 경우는 행위로부터 추론하는 감정에 관심을 두는 반면, 사회학습적 견해는 일차적으로 행동에 관심을 둔다는 점이다.

　Bandura(1977)는 행위의 도덕적 기준이 학습과 모델링에 의해 설정되면 개인은 자기평가적 능력을 갖게 된다고 한다. 그러면서 사회화가 제대로 이루어진 아동들은 자기 자신을 위해 하위목표를 설정하고, 그 기준들에 부합하거나 능가했을 때는 자기 자신을 보상하며, 그 기준에 미달할 때는 자신을 벌한다는 주장을 한다. 이것이 바로 자기통제의 과정이다.

(3) 정신분석이론

　Freud(1933)는 인간의 성격구조는 원초아와 자아 그리고 초자아로 구성되어 있다고 하였는데, 도덕성발달은 초자아의 발현을 통해서 이루어진다고 보았다. 초자아는 남근기에 발생하는 오이디푸스 콤플렉스를 해결하는 과정에서 형성된다. 오이디푸스 콤플렉스의 해결책으로 아동이 같은 성의 부모와 동일시하게 되면 초자아를 통해서 부모의 행동이나 가치기준을 내면화하게 된다. 이렇게 내면화된 부모의 가치기준이나 외적 규범에 위배되는 행동을 하게 되면 죄책감을 느끼게 된다.

정신분석이론에서는 인생의 초기단계에 아동이 부모의 기준이나 사회의 규범에 적응하게 되면서 도덕성발달이 이루어진다고 보았다. 그리고 도덕성이 발달함에 따라 아동은 사회의 규범을 내면화해서 반사회적 행동을 억제하고, 이를 위반했을 때에는 불안감과 죄책감을 느끼게 된다고 보았다. 따라서 죄책감이 형성되면 아동은 이로부터 벗어나기 위해 더욱더 사회의 규범에 순응하게 되고 그렇게 함으로써 도덕성발달이 이루어진다는 것이다.

도덕적 감정은 주로 죄책감을 통해서 측정된다. 일탈하고자 하는 유혹에 직면했을 때에 죄책감을 쉽사리 느끼는 아동은 불안감을 피하기 위해 유혹에 저항하게 되지만, 죄책감을 별로 느끼지 않는 아동은 유혹에 넘어가지 않을 이유가 없다. 여기서 죄책감으로 인해 도덕적 행동을 하게 된다는 가설이 성립된다. 그러나 연구결과(Maccoby, 1959; Santrock, 1975) 죄책감과 실제 행동과의 관계는 미약한 것으로 나타났다. 비록 Freud의 가설이 연구결과로 뒷받침되지는 않았지만, 죄책감이 도덕적 행동을 유발하는 것으로 보는 견해도 있다(Boele et al., 2019).

나는 죄책감 콤플렉스가 있는 것 같아! 일식이나 월식을 볼 때마다 그것이 내 탓인 것 같거든….

Freud(1933)는 또한 여성의 도덕성발달은 불완전하다고 주장하였다. 이는 초자아의 형성은 오직 거세불안에 의해서 완전해지는 것인데, 여성에게는 거세불안이 없는 만큼 보다 약한 초자아를 발달시키게 되어 도덕적인 면에서 남자보다 덜 엄격한 편이라는 것이다. 그러나 이러한 주장은 단순히 Freud 자신의 문화적 고정관념을 반영한 것일 뿐이라는 비판을 받는다. Hoffman(1980)은 남성보다 여성이 도덕적 원리를 보다 더 잘 내면화한다고 하면서, 이는 도덕적으로 옳지 못한 일이 여성에게는 죄책감과 연결되나 남성에게는 탄로와 처벌의 두려움과 연결되기 때문이라고 하였다.

(4) 도덕성발달과 영향요인

① 부모의 영향
애정지향적이고 수용적인 양육태도는 자녀의 도덕성발달에 긍정적인 영향을 미치

고, 지나치게 엄격하고 통제적인 양육태도는 부정적인 영향을
미친다. 아동은 부모에게서 사랑받고 신뢰받음으로써 도덕적 기
준을 내면화하고, 다른 사람에 대한 배려도 하게 된다. 한편, 체
벌을 포함한 힘을 사용하는 훈육법은 자녀로 하여금 단지 잘못을
들키지 않도록 조심하게 함으로써 내적 통제능력을 길러주지 못
한다고 한다(Hower & Edwards, 1979).

사진 설명: 논리적 추론을 사용하는
훈육법은 자녀의 내면적 도덕성발달
을 촉진시킨다.

　부모의 양육행동 연구(Brody & Shaffer, 1982)에 따르면, 논리적
설명(reasoning)이 애정철회나 권력행사보다 자녀의 도덕성발달
과 더 관련이 있는 것으로 나타났다(Patrick & Gibbs, 2012). 여기
서 '애정철회'란 자녀에게 더 이상 애정이나 관심을 보이지 않는
양육행동으로 다음과 같은 예를 들 수 있다. "네가 만일 또 그런
짓을 하면 나는 더 이상 너를 사랑하지 않아"라고 말하는 것이다.
'권력행사'는 체벌이나 위협 등 힘을 사용하는 훈육법이고, '논리적 설명'은 자녀의 행
동이 다른 사람에게 어떤 결과를 초래하는지를 설명하는 것이다.

　도덕성발달 이론가인 Hoffman(1970, 1980, 1988)은 애정철회나 힘을 사용하는 훈육
법은 아동에게 지나친 자극을 주게 되어 효과적이지 못하지만, 논리적 추론을 사용하
는 훈육법은 자녀에게 무조건 부모가 시키는 대로 하라고 하는 대신에 왜 그렇게 해야
하는가를 설명해 주고, 또한 자녀의 옳지 못한 행동이 다른 사람에게 어떤 영향을 미치
는가를 설명해 줌으로써 내면화된 도덕성을 발달시킨다고 한다.

　도덕성발달에 좋지 못한 영향을 미치는 또 다른 양육태도는 비일관성이다. 일관성
없는 부모의 기대 또는 훈육법은 혼란과 불안, 적의, 불복종을 초래하고 심지어는 청소
년 범죄 등을 유발한다(Bandura & Walters, 1959). 부모는 또한 도덕성발달에 있어서 역
할모델 노릇을 한다. 아동들은 특히 나쁜 행동을 쉽게 모방하기 때문에, 자녀에게 좋은
모델 노릇을 하기 위해서는 부모 자신이 도덕적이어야 한다.

　우리나라의 아동과 청소년의 도덕성발달과 가정환경과의 관계를 알아본 연구(허재
윤, 1984)에 의하면, 부모의 학력, 사회경제적 지위, 문화수준 등 지위요인이 도덕성발
달과 관계가 있는 것으로 보인다. 그리고 가족구성원 간의 유대관계가 깊고 일체감이
나 공동체의식이 클수록 아동들의 도덕성발달 수준이 높으며, 부모의 양육태도가 애정
지향적이고, 자율적이며, 개방적일 경우 자녀의 도덕성발달 수준이 높은 것으로 나타
났다.

② 또래의 영향

아동의 도덕성발달에 미치는 부모의 영향은 지대하지만 또래의 영향 또한 중요하

다. 부모의 가치관과 또래의 가치관이 일치할 경우에는 도덕적 가치를 강화하는 데 도움이되지만, 이들이 서로 다를 경우에 아동이 도덕적 결정을 내리는 데 갈등을 느끼게 된다.

Kohlberg는 자신보다 단계가 높은 도덕적 추론에 접하게 되면, 인지적 불평형 상태를 유발하므로 높은 수준으로의 상향이동이 이루어진다고 주장한다. 하지만 연구결과 항상 상향이동으로만 도덕성발달이 이루어지는 것은 아니라는 것이 밝혀졌다. 아동이나 청소년은 또래와 함께 있을 때에는 반사회적 행동에 대해 불안이나 죄책감을 덜 느끼게 되므로, 아주 낮은 단계에까지 퇴행하는 경향이 있다는 것이다(Hoffman, 1980).

③ 대중매체의 영향

오늘날에 와서 텔레비전은 부모나 교사와 동일한 영향력을 지닌 사회화 인자로서 주목을 받게 되었다. 텔레비전이나 영화에 나오는 역할모델을 관찰함으로써 태도, 가치, 정서적 반응, 새로운 행동들을 학습한다. 보다 구체적으로 이러한 모델을 통해서 도덕적 판단이나 도덕적 행동들을 배우게 된다(Bandura, Grusec, & Menlove, 1967).

최근 연구에서 텔레비전에서 이타적 행동을 하는 모델을 본 아동들은 보다 이타적이되고, 공격적 행동을 하는 모델을 본 아동은 더 공격적이 되는 것으로 나타났다(Maloy et al., 2014; Parke et al., 2008; Truglio & Kotler, 2014). 즉, 텔레비전에 나타나는 폭력은 공격적 행동뿐만 아니라 도덕적 가치나 행동에도 영향을 미치는 것으로 보인다.

4) 친사회적 행동

오늘날 많은 발달심리학자들은 감정이입, 동정심, 자아존중감 등 긍정적인 감정은 도덕성발달과 정적 상관이 있고, 분노, 수치심, 죄책감 등 부정적인 감정은 도덕성발달과 부적 상관이 있다고 믿는다.

Lawrence S. Wrightsman

지금까지의 사회심리학에서는 인간발달에서 부정적 측면을 지나치게 강조해 왔다. 그러나 최근에 와서는 인간본질의 긍정적인 측면에 관심을 가지게 되었는데, 그 이유는 다음과 같다. 즉, 인본주의 심리학의 성장, 평화운동, 인권에 대한 관심, 지구상의 자원에 대한 공평한 분배를 원하는 인간의 욕망 등이 연구의 초점을 반사회적 행동에서 친사회적 행동으로 옮겨놓은 것이다(Bryan, 1975; Hoffman, 1977). 또 한편으로는 반사회적 행동이 사회를 위협하기 때문에 친사회적 행동에 초점을 맞추려는 실용적인 이유도 있다(Wrightsman, 1977).

　　친사회적 행동은 다른 사람을 이롭게 하는 행동으로서 친구에게 자기 소유물을 나누어 주거나, 곤경에 처한 사람을 돕거나, 자기 자랑보다는 남을 칭찬하고, 다른 사람의 복지 증진에 관심을 갖는 것을 포함한다(Hay, 1994).

　　친사회적 행동을 설명하는 몇 가지 이론이 있다(Perry & Bussey, 1984; Shaffer, 1994). 동물행동학과 사회생물학에서는 친사회적 행동을 종의 생존을 보장해 주는 인간본질의 기본적 구성요소로 본다. 반면, 정신분석이론과 인지발달이론 그리고 사회학습이론에서는 친사회적 행동은 유전적인 것이 아니고 학습된 것이라고 본다. 즉, 정신분석이론은 성격구조의 하나인 초자아가 발달함에 따라 친사회적 행동이 발달한다고 보았으며, 인지발달이론은 친사회적 행동은 인지발달과 마찬가지로 단계적으로 발달하는데, 여기에는 역할수용이라는 사회인지 기술이 결정적인 요인이라고 보았다. 그리고 학습이론은 다른 모든 행동에서와 마찬가지로 친사회적 행동의 발달에서 강화와 벌의 중요성을 강조한다.

　　우리나라 만 3~6세를 대상으로 한 유아의 친사회적 행동발달에 관한 연구(홍혜란, 하지영, 서소정, 2008)에서 여아가 남아보다 친사회적 행동의 하위요인 가운데 감정이입과 조절하기를 더 잘하는 것으로 나타났다. 연령이 높아질수록 친사회적 행동발달의 모든 하위요인 및 전반적인 친사회적 행동발달 수준이 높은 것으로 나타났다. 또한 친사회적 행동에 가장 큰 영향을 미치는 변인은 유아의 정서지능 하위요인 중 정서표현으로 나타났으며, 다음으로 감정이입, 정서조절, 타인정서인식 순으로 친사회적 행동에 영향을 미치는 것으로 나타났다.

(1) 이타적 행동

　　아동들은 종종 자기중심적이고 이기적인 것으로 묘사되지만, 아동들의 이타적 행동의 예는 수없이 많다. 호혜성(reciprocity)이 이타적 행동과 관련이 있는데(Brown, 1986), 호혜성은 다른 사람이 나에게 해 주기를 원하는 것을 다른 사람에게 그대로 해 주는 것을 말한다.

친사회적 행동의 동기가 어디에 있느냐에 따라 이타적 행동인지 아닌지를 구분한다. 즉, 같은 친사회적 행동이라 할지라도 그 동기가 자신의 친사회적 행동으로 인하여 자신에게 돌아올 어떤 보상을 기대하지 않을 경우, 그래서 오로지 다른 사람을 이롭게 할 경우에만 이타적 행동으로 간주한다. 그러나 친사회적 행동의 진정한 동기가 과연 무엇인지 우리가 실제로 알 수 없다는 문제가 제기된다. 따라서 동기가 무엇이든 다른 사람을 이롭게 하는 행동이면 모두 이타적 행동으로 간주하기도 한다. 이때의 이타적 행동은 친사회적 행동과 비슷한 개념이다.

아동의 이타심에는 곤경에 처한 사람에 대한 감정이입적 또는 동정적 정서가 작용하고, 수혜자가 자신과 가까운 사이일 때 그것은 더욱 증가한다(이옥경, 2002; Clark, Powell, Ovellette, & Milberg, 1987). 곤경에 처한 사람을 위로하고 또 관심을 갖는 행동은 취학 전에도 나타나기는 하지만, 이타적 행동은 유아기보다 아동기에 더욱 자주 발생한다(Eisenberg, 1991).

Eisenberg-Berg와 Hand(1979)는 도덕적 추론과 이타적 행동에 관한 연구에서 취학 전 아동을 대상으로 다음과 같은 가상적 이야기를 들려주었다.

> 어느 날 숙이가 친구의 생일잔치에 초대되어 급히 가고 있던 중 한 아이가 넘어져서 다리를 다친 것을 보았다. 그 아이는 숙이에게 자기 집에 가서 부모님께 이 사실을 알려 줄 것을 부탁하였다. 만약 그 아이의 부탁을 들어준다면 숙이는 생일잔치에 늦어 맛있는 생일 케이크와 아이스크림을 못 먹게 되고, 재미있는 게임도 다 놓치게 될 것이다. 숙이는 이때 어떻게 해야 할까? 그리고 그 이유는 무엇인가?

연구결과, 나이가 어릴수록 쾌락주의적 추론을 하는 경향이 있고(예: 나는 생일 케이크를 좋아하기 때문에 숙이는 생일잔치에 가야 한다), 연령이 증가함에 따라 점점 수혜자의 욕구를 이해하는 경향이었다(예: 그 아이가 다리를 다쳐서 아프니까 숙이는 그 아이를 도와주어야 한다). 그리고 다른 사람의 욕구를 언급하면서 이타적 행동을 정당화하는 사람들은 감정이입 점수도 높았다(Bar-Tal, Raviv, & Leiser, 1980; Eisenberg-berg & Hand, 1979).

(2) 감정이입

감정이입은 다른 사람이 느끼고 있는 감정을 그대로 느끼는 것을 말한다. 즉, 상대방이 슬퍼하면 자기도 슬프고, 상대방이 행복해하면 자기도 행복하게 느끼는 것을 말한다. 감정이입과 역할수용은 다른 것인데, 역할수용은 다른 사람이 느끼고, 생각하며, 지각하는 것을 정확하게 이해는 하지만, 반드시 자신도 그와 똑같이 느낄 필요는 없다. 예를 들면, 자신은 슬픔을 느끼지 않으면서도 상대방이 슬퍼하고 있다는 것을 인지할 수는 있다.

사진 설명: 어린 유아들도 감정이입이 가능하다.

Hoffman(1987)은 감정이입의 발달을 4단계로 나누어 설명하는데, 매 단계마다 그 단계에서 아동이 획득한 인지능력이 반영된다.

1단계(0~1세)에서는 영아는 자신과 다른 사람의 존재를 구분하지 못한다. 따라서 다른 사람의 고통을 자기 자신의 불유쾌한 감정과 혼동한다. 즉, 다른 영아에게 일어난 일이 마치 자신에게 일어난 것처럼 행동한다.

2단계(1~2세)는 인간영속성(person permanence)의 개념을 획득하게 되는 단계로, 자신이 아니라 다른 사람이 고통을 당하고 있다는 것을 이해한다. 그러나 그 고통에 대한 반응으로 그 사람이 자신과 다른 감정이 있다는 것을 이해하지 못하기 때문에 다른 사람의 고통에 부적절하게 반응한다.

Martin L. Hoffman

3단계(2~3세)에서는 유아는 다른 사람은 자신과는 다른 감정을 가질 수 있다는 것을 깨닫고, 이제 다른 사람의 고통의 원인을 찾아 해결하려고 한다. 그러나 이 단계에서는 고통받는 사람의 존재가 자기 눈앞에 보일 때에만 감정이입이 가능하다.

4단계(아동기)에서는 다른 사람이 고통받는 것을 직접 눈으로 보지 않더라도 상상하는 것만으로 감정이입이 가능하다. 즉, 이때의 감정이입은 아동이 직접 관찰한 곤경에 처한 특정인에 국한되는 것이 아니고, 가난한 사람, 장애인, 사회적으로 버림받은 사람 전반에 걸친 것이다. 이러한 민감성은 이타적인 행동으로 이어질 수 있다 (Damon, 1988; Eisenberg et al., 2015; Gibbs, 2014).

Nancy Eisenberg

아동을 대상으로 하여 감정이입 및 역할수용과 친사회적 행동과의 관계를 알아본 연구(Eisenberg, Spinard, & Sadovsky, 2013)에서, 감정이입과 역할수용이 친사회적 행동과 관련이 있는 것으로 나타났다.

5) 또래관계

초등학교에 입학하면 아동은 가정 밖에서 보내는 시간이 많아진다. 출생 초기의 사회성발달은 부모와의 애착형성에 기초하는 것이지만, 성장함에 따라 점차 접촉 대상이 확대되어 학교나 또래집단의 비중이 커지게 된다. 이러한 또래집단은 이웃에 살며, 연령이 비슷하고, 동성의 아동으로 구성되며, 외모, 성숙도, 운동기술, 학업성취나 지도력 등에 따라 서열이 형성된다. 사회가 점차 핵가족화·소가족화되고, 여성 취업률이 증가하며, 세대 간의 격차가 심화되면서 과거의 혈육 간의 밀접한 관계를 또래집단이 대신하고 있다.

(1) 또래집단의 기능

아동이 성장함에 따라 또래집단은 보다 공식적이고 조직적으로 변하며, 아동의 성장 과정에서 여러 가지 기능을 한다.

① 사회화의 기능

부모와의 관계와는 달리 또래와의 관계에서는 또래집단의 규칙을 준수해야 하고

협동심이나 타협을 필요로 한다. 이러한 경험을 통해 자기중심적인 사고나 행동은 줄어들고, 점차 사회 구성원으로서 성공적인 사회적 상호작용을 위해 필요한 기술이나 규범을 배워 나가게 된다(Rubin, Bukowski, & Parker, 1998).

또래집단은 상호 간에 강화와 모방을 통해서 아동에게 영향을 미치며, 그 영향력은 성인의 영향력보다 크다. 아동은 성인보다 또래집단이 자신과 더 유사하다고 지각하기 때문에 또래가 더 적절한 모델이라고 생각하며, 또래로부터 더 많은 영향을 받는다. 특히 또래집단은 공격성과 친사회적 행동에 중요한 영향을 미친다. 대부분의 아동이 공격적 행동을 인정하는 것은 아니지만, 공격적 행동이 다른 아동을 굴복시킨

사진 설명: 미국 메릴랜드 대학 교정에서 Kenneth H. Rubin 교수가 저자와 함께

다는 사실을 관찰하거나 어떤 목적을 성취하기 위한 가장 빠른 방법이라는 사실을 알게 됨으로써, 이러한 행동이 강화되거나 모방될 수 있다. 친사회적 행동도 성인에 의해 강화된 것은 대부분 종속적인 위치에서 이루어지지만, 또래집단은 평등한 관계에서 상호작용이 이루어진다는 점에서 더 큰 영향을 미치게 된다. 또한 또래집단은 성유형화

된 행동을 강화시키는 역할을 한다. 아동 중기에 접어들어 성역할은 다소 융통성 있는 태도로 변하지만, 지나치게 반대 성의 활동이나 역할에 관심을 가진 아동은 또래집단 으로부터 배척받게 된다.

② 태도나 가치관의 형성

또래집단은 다른 가치에 우선하는 집단만의 고유한 가치를 공유한다. 지금까지 아무 비판 없이 받아들인 부모의 가치관에 대해 회의하기 시작하며 자신들 나름대로의 태도나 가치관을 형성하게 된다. 또래집단으로부터 인정받기 위해 아동은 이들 집단의 기준이나 가치에 동조하려는 경향을 보인다. 학동기의 아동은 특히 또래집단의 행동에 동조하고자 하는 욕구가 강하며, 또래집단의 행동기준은 아동에게 사회적 압력으로 작용한다. 이러한 동조현상을 통해 그들 나름대로의 태도나 가치관을 형성하게 되며, 이것이 가족이나 부모가 제시하는 태도나 가치관과 상치하게 되면, 부모의 권위에 도전하거나 심각한 가족 내 갈등을 일으키기도 한다.

③ 정서적 안정감 제공

아동기에는 또래집단으로부터의 평가가 부모의 평가보다 더 중요한 의미를 갖는다. 또래집단으로부터 수용되고 인정받음으로써 부모가 제공할 수 없는 정서적 안정감을 갖게 되며 긍정적인 자아 개념을 형성하게 된다(Berndt, 2002; Bukowski & Hoza, 1989; Lundby, 2013). 때로는 또래집단이 기성세대의 권위에 대항하거나 위험한 행동을 하기도 하며, 반사회적 행동을 요구하기도 한다. 그러나 아동은 이러한 집단에 소속됨으로써 정서적 안정감을 얻게 되며, 이는 우정이라는 관계가 발달하는 기초가 된다. Dreikurs(1967)는 인간은 소속감을 추구하는 동물이며, 소속감을 박탈당했을 때 여러 가지 문제행동을 보이게 된다고 하였다. 이러한 맥락에서 또래집단

Rudolf Dreikurs

으로부터 거부당하는 아동은 수용되는 아동에 비해 공격적이고 부적절한 행동을 보이는 등 다양한 적응상의 문제를 갖게 된다(Shantz, 1986).

④ 인지발달과 정보제공

Piaget(1983)는 또래와의 상호작용 과정에서 생기는 갈등을 경험함으로써 아동의 인지발달 수준이 향상된다고 하였다. 아동은 논리적 토론을 통해 갈등상황을 해결해 나가는 과정에서 자신의 관점과 부합되지 않는 다른 관점이 존재한다는 사실을 알게 되며, 이를 조정해 나가는 과정에서 인지발달이 이루어진다. 또래집단의 인지발달 수준

에 대한 연구결과는 일치하지 않으나, 자신보다 약간 능력 있는 또래와의 상호작용을 통해 가장 큰 효과를 기대할 수 있다고 한다(Tudge, 1992). 가르치는 아동도 자긍심이나 친사회적 행동이 향상되므로, 또래집단은 상호 간에 효율적인 모델이 될 수 있다.

또한 또래집단은 수평적 지식이나 정보교환의 기능을 갖는다. 또래집단의 지식이나 정보전달은 성인을 통해 이루어지는 것보다 더 효율적으로 이루어진다. 이들과의 관계를 통해 아동은 보다 쉽고 용이하게 사회에 적응하는 방법을 배우게 되며 지식이나 정보를 제공받게 된다.

(2) 우정의 발달

가족 이외에 아동에게 가장 중요한 사회적 관계는 또래와의 관계이다. 또래집단과의 친밀하고 지속적인 애정적 유대를 우정이라고 하며, 우정에 대한 개념은 아동이 성숙해 감에 따라 변화한다. 유아기에도 또래집단과 우정을 형성하지만, 유아들은 지속적인 관계에 관심이 있는 것이 아니라 일시적인 놀이상대로서 또래에게 관심을 갖는다. 그들에게는 같이 놀고 있는 모든 유아가 친구가 될 수 있다. 그러나 연령이 증가함에 따라 친구는 일시적인 상호작용을 뛰어넘어 지속적인 관계로 생각하게 된다. 아동기에 접어들어서는 대개 동성의 친한 친구 몇 명을 사귀게 되며, 아동들은 친구에 대한 생각, 친구를 선택하는 이유, 친구관계를 유지하는 능력에서도 많은 변화를 경험하게 된다.

아동기 초기에는 우정은 서로 주고받는 것으로 생각한다. 또한 친구가 갖지 못한 것을 함께 나눠 갖는 것을 우정의 상징으로 생각한다. 그러나 상호 간의 흥미보다 각자의 흥미를 충족시켜 주는 것으로 생각하며, 심각한 갈등상황에서 서로에 대한 헌신적인 태도가 충분하지 못하다. 그러나 아동기 중반부터 이들은 단지 같이 놀거나 서로를 위

사진 설명: 여아들은 자신의 감정을 이야기하고 나눔으로써 친밀감이 형성되는 반면, 남아들은 같은 활동을 함께함으로써 친밀감을 형성한다.

해 무엇을 해주는 것 이상의 지속적이고 헌신적인 관계를 유지하게 된다. 이들 간의 관계는 믿음이 전제가 되며, 도움이 필요할 때 돕지 않거나 약속을 지키지 않는 것, 친구가 없는 곳에서 비난하는 것 등은 믿음을 저버린 것으로 생각하게 된다. 그 결과 친구관계는 선택적으로 이루어지며, 소속감이 강하게 나타난다. 심지어 배타성까지 가미되어, 그들만의 문화를 형성하게 된다(Berk, 1996).

일반적으로 집단을 이루어 친구를 사귀는 남아들에 비해 여아들은 일대일의 단짝친구와 보다 강한 유대감을 형성한다. 우정이 남아와 여아 모두에게 다 중요하지만 우정의 의미는 다르다. 즉, 여아들의 우정에는 정서적 친밀감과 신뢰감이 중요한 역할을 한다(Buhrmester & Furman, 1987; Bukowski & Kramer, 1986). 여아들은 자신의 감정을 이야기하고 나눔으로써 친밀감이 형성된다. 여아들의 우정에서 강렬한 감정과 친밀감이 강조되기 때문에 여아들은 친구관계에서 긴장, 질투, 갈등을 경험한다.

반면, 남아들은 운동경기를 함께하거나 관람하는 등 같은 활동을 함으로써 친밀감을 형성한다. 남자아이들은 어려서부터 자기감정을 노출하는 것이 남자답지 못한 것으로 배워 왔기 때문에(Maccoby, 1991), 여아보다 자신의 감정을 이야기하고 나누는 것도 덜하다(Camarena, Sarigiani, & Petersen, 1990). 이성 친구에 대한 혐오감이나 부정적인 태도는 남아는 11세경, 여아는 13세경에 최고조에 달한다. 이 시기에 동성친구에 대한 애착은 이후에 이성친구를 사귀는 데 있어서도 필수적인 경험이 된다.

우리나라의 초등학교 4학년과 6학년 아동 365명을 대상으로 한 연구(임정하, 정옥분, 1997)에 의하면, 아동의 또래관계에서의 친밀감은 4학년 아동보다 6학년 아동이 높게 지각하는 것으로 나타났다. 즉, 아동 중기에서 후기로 갈수록 또래관계가 보다 밀착되는 것으로 보인다.

초등학교 1학년과 3학년 아동을 대상으로 친구관계망과 친구관계의 질을 알아본 연구(이은해, 1999)에 따르면, 3학년 아동은 1학년 아동보다 일방적으로 선택한 친구수와 상호선택한 친구수가 많았고, 상호선택의 유사성도 높은 것으로 나타났다. 친구의 상호선택에서는 성차에 따른 차이를 알아보았는데, 여아의 경우가 남아의 경우보다 상호선택의 동등성과 유사성이 높은 것으로 나타났다. 이 결과에 대해 연구자는 여아가 사회화과정을 통해 대인관계의 민감성이 더 높을 뿐만 아니라 언어를 통한 표현능력이 더 좋은 것과 관련될 수 있다고 추론하였다. 친구 관계의 질을 분석한 결과에서는 친구관계의 만족감을 유의하게 설명하는 변인으로 신뢰, 교제의 즐거움, 도움, 갈등 순으로 나타났다. 이로써 우리나라 아동의 친구관계의 질에서 가장 중요한 변인이 친구와의 지속적인 관계를 보는 신뢰감이라고 추론해 볼 수 있다.

초등학교 5학년 아동 및 중학교 2학년 청소년 375명을 대상으로 한 또 다른 연구(김선희, 김경연, 1994)에서, 상호적 우정관계에 있는 아동은 일방적 우정관계에 있는 아동에 비해 자신의 우정관계를 긍정적으로 지각하고 우정관계에 더욱 헌신적이며, 친구에 대해 높은 친밀감을 느끼고 자신과 친구가 서로 비슷하다고 지각하는 것으로 나타났다.

(3) 또래집단에서의 인기도

다른 사람이 자신을 좋아한다는 사실은 현재의 행복뿐만 아니라 미래의 행복에도 영향을 미친다. 아동기에 또래집단으로부터의 수용은 아동의 자기역량 지각을 예측하는 중요한 변인이 되며(한종혜, 1996), 또래와의 관계가 좋지 못한 아동은 학업성취도가 낮고, 학교에서 중도 탈락하거나 이후 청소년 비행에 참여하는 비율이 높은 것으로 나타났다(Parker & Asher, 1987). 초등학교 시절의 또래집단에서의 인기도는 상당히 지속적인 영향을 미치며, 지능지수나 성적, 교사의 평가, 자아개념 등의 변인보다 아동의 이후의 정신건강을 예측하는 데 더 중요한 변인으로 작용한다. 즉, 또래집단으로부터 가치를 인정받는 아동은 성인이 되어서도 다른 사람으로부터 인기 있는 사람이 된다 (Bagwell, Newcomb, & Bukowski, 1998).

Patricia East

또래집단에서의 인기도는 여러 가지 방법으로 측정할 수 있다. 그중에서도 "어떤 친구를 제일 좋아하는가?" "어떤 친구가 제일 싫은가?" "생일에 누구를 초대하고 싶은가?" 등의 질문을 통해 얻어진 정보를 근거로 교우관계 측정도(sociogram)를 그려보는 것이 가장 보편적인 방법이다. East(1991)는 또래집단에서의 인기도를 가지고 아동을 아래와 같은 다섯 가지 유형으로 분류하고 있다.

① 인기 아동(popular): 가장 인기가 있는 아동은 일반적으로 신체적 매력이 있고, 머리가 좋으며, 사교적이고, 행동적이며, 지도력이 있다. 그들은 자아존중감이 높고, 여러 부류의 다양한 친구들과 어울린다. 유머감각이 뛰어나고, 그래서 그와 함께 있는 것이 즐겁다.

② 보통 아동(acceptable): 아동의 반 정도가 이 유형에 속하는데, 친구들이 특별히 좋아하지도 않고 특별히 인기가 있는 것도 아니지만 그렇다고 친구들이 싫어하는 유형도 아니다. 이들은 집단에 무난히 어울리는 보통 아동들이다.

③ 고립 아동(isolated or neglected): 고립되거나 무시당하는 아동은 친구들의 관심 밖에 있기 때문에, 친한 친구로 지명되지도 않거니와 싫어하는 친구로 지명되지도 않는다. 이들은 수줍음을 잘 타고 위축된 성격으로 말미암아 낮은 자아존중감, 불안, 우울증 등 내적인 문제를 가진 경우가 많다.

④ 거부 아동(rejected): 친구들이 가장 싫어하는 유형이다. 이런 아동은 신체적·언

어적 공격을 많이 하고, 교실에서 수업분위기를 망치며, 학업성적도 좋지 못하다. 역시 인기가 없는 아동들과 친구가 되며, 자기보다 어린 아이들과 어울린다. 이들 중에는 약물남용, 청소년 비행과 같은 외적인 문제가 있는 경우가 많다.

⑤ 혼합형(controversial): 친한 친구로 꼽히기도 하고 싫은 친구로 꼽히기도 하는 혼합형은 공격적이고 파괴적인 면이 있는가 하면, 자기주장이 강하고 지도력이 있다. 이들은 또래집단에서 눈에 띄기는 하지만, 이들을 좋아하는 사람도 많고 싫어하는 사람도 많아 친구들로부터 복합적인 반응을 유발한다.

사진 설명: 고립 아동은 위축된 성격으로 말미암아 불안이나 우울증 등 내적인 문제를 가진 경우가 많다.

연구결과 인기 있는 아동은 좋아하거나 친구가 되고 싶다는 응답을, 거부되는 아동은 싫어한다는 응답을 가장 많이 받은 아동이고, 무시되는 아동은 거의 응답을 받지 못한 아동이며, 혼합형 아동은 좋아한다는 반응과 싫어한다는 반응을 비슷한 정도로 받은 아동이다(Asher & Dodge, 1986).

아동의 또래지위에 따른 사회적 능력, 정서적 능력과 우정관계의 질에 관한 우리나라 연구(정옥분 외, 2008)에서, 각 또래지위 집단에서 아동들의 사회적 능력 및 정서적 능력은 우정의 질과 정적 상관이 있는 것으로 나타났다. 인기아의 경우, 지도력과 대인적응 능력이 우정관계의 질을 잘 예측할 수 있었고, 특히 우정관계 중 정서적 안정, 도움, 인정을 잘 예측하였다. 보통아의 경우, 사회적 능력 및 정서적 능력 변인 중 지도력, 사회적 참여, 감정이입과 정서조절 능력이 우정관계의 질을 가장 잘 예측할 수 있으며, 특히 우정관계 중 인정과 정서적 안정을 잘 예측하였다. 무시아의 경우, 사회적 능력과 정서적 능력 중 가장 예측력이 강한 변인은 사회적 참여, 감정이입과 정서조절로 나타났고, 가장 잘 예측되는 우정관계 변인은 정서적 안정, 인정, 도움인 것으로 나타났다. 거부아의 경우, 지도력과 사회적 참여가 우정관계의 질을 가장 잘 예측할 수 있으며, 특히 이 우정관계 중 친밀감과 인정을 잘 예측할 수 있었다. 이러한 결과는 또래지위 내에서도 아동의 사회적 능력 및 정서적 능력에 따라 또래관계가 달라질 수 있음을 보여주었으며, 단순히 또래지위가 아동의 또래관계를 예측하기보다는 아동이 지니는 사회적 능력 및 정서적 능력에 따라 형성되는 또래관계의 질이 합쳐져서 또래적응을 보다 잘 예측할 수 있다는 것을 시사하는 것으로 보인다.

(4) 또래관계와 영향요인

또래집단에서의 인기도에는 신체적·성격적 특성이나 인지적 능력 등 많은 요인들이 영향을 미친다. 사회적으로 유능한 아동의 전반적인 특성은 잘생기고 균형 잡힌 체격을 가지고 있다. 신체적인 매력은 또래집단으로부터 저항감을 형성하기도 하지만, 일반적으로 보다 긍정적인 영향요인으로 작용하며, 이는 특히 여아에게서 두드러지게 나타난다. 또래집단에서 인기가 있는 아동들은 또한 지적인 경향을 보이며, 사려깊고 창의적인 사고를 가지고 있는 것으로 나타났다. 또한 리더십이 있고, 또래집단에 잘 적응하며, 유머감각이 있고, 다정하고, 자신의 공격적 충동을 통제하는 것이 가능하며, 다른 아동으로부터 자신이 필요한 것을 획득하기 위한 여러 가지 방법을 알고 있다.

부모와의 애착형성이나 상호작용 경험도 또래관계에 영향을 미친다(Booth-Laforce & Kerns, 2009; Pallini et al., 2014). 안정된 애착을 형성한 아동은 불안정한 애착을 형성한 아동보다 또래와의 관계에서도 유능하다(이영, 나유미, 1999; Belsky, 1984). 부모가 온정적이고, 부모와의 관계가 전반적으로 만족스러우며, 가족원 간의 갈등이 없을 경우, 또래집단에서의 적응이 용이하다.

무시당하거나 거부당하는 아동의 공통적 특성은 유난히 뚱뚱하거나 매력적이지 못한 외모를 가지고 있으며, 지적인 능력면에서도 지체된 아동인 것으로 나타났다. 그중에서 거부되는 아동은 공격적이고 적대적이며, 쉽게 화를 내는 행동특성을 보이기도 하지만, 어떤 아동은 공격적이기보다 오히려 유순한 경우도 있다(Schickedanz et al., 1998). 무시당하는 아동은 어리석고 아기 같은 행동특성을 보이며, 수줍음이 많고 사교적으로 친구에게 접근하지 못하며, 의사소통 능력과 같은 사회적 능력이 부족한 경우가 많다(도현심, 1996; Cassidy & Asher, 1992).

혼합형의 아동집단은 거부당하는 아동집단과 유사한 속성을 지니고 있으나, 후자가 가지지 못한 힘을 가지고 있다는 점에서 차이가 있다. 이들은 지도력이 있고 운동과 같은 특별한 영역에서 뛰어난 능력을 소유하고 있다.

아동기에 가장 슬픈 일 중의 하나는 친구로부터 무시당하거나 거부당하는 것이다. 집에도 혼자 가고, 생일파티에도 초대받지 못하며, 점심도 혼자 먹고, 아무하고도 놀지 못한다. 또래집단으로부터의 거부나 무시는 보편적으로 괴롭힘과 동시에 일어나며, '왕따'라는 현상으로 사회적 문제가 되고 있다. 신체적 공격이나 별명을 부르며 조롱하는 등 직접적인 괴롭힘이 있고, 생일파티나 학급활동에서 제외시키고 나쁜 소문을 퍼뜨려 친구가 없도록 만들어 고립시키는 따돌림도 있다(사진 참조). 직접적인 괴롭힘의 대상은 남아가 많은 반면, 관계에서의 따돌림의 대상은 주로 여아이다(Crick & Bigbee, 1998). 만성적으로 괴롭힘을 당하는 아동은 우울, 불안감, 낮은 자아존중감, 외로움 등 다양한 문제를 경험하며, 이는 단순히 그 시기에 끝나는 것이 아니라 장기적인 영향을 미친다는 점에서 더욱 문제가 된다(Egan & Perry, 1998).

우리나라 초등학교 4학년 아동을 대상으로 인기 아동 및 보통 아동 76쌍과 거부 아동 및 보통 아동 72쌍의 갈등 해결방식을 관찰한 연구(김송이, 박경자, 2001)에 따르면, 인기 아동은 상대 아동의 관심을 상당히 고려하는 행동을 하고, 거부 아동은 상대 아동보다는 자신을 더 고려하는 행동을 많이 하는 것으로 나타났다. 또한 갈등을 해결하고자 할 때, 전반적으로 거부 아동이 인기 아동보다 공격적인 행동을 더 많이 하였으나, 이는 아동의 성별에 따라 차이를 보였다. 즉, 거부 남아가 거부 여아보다 공격적 행동을 더 많이 하였다.

초등학교 4, 5학년생 339명을 대상으로 한 또 다른 연구(심희옥, 2000)에 의하면, 또래로부터 지지를 많이 받는 아동과 그렇지 않은 아동의 또래 간 갈등 대처방법에는 차이가 있는 것으로 나타났다. 즉, 또래와 원만히 지내는 아동은 또래 간 갈등 시 도피적인 전략을 적게 사용하고, 사회적 지원을 찾거나 자신을 믿고 문제를 해결하려는 적극적인 의지의 접근적 전략을 많이 사용하는 것으로 나타났다. 반면, 그렇지 않은 아동은 또래와의 갈등상황에서 회피적인 갈등 대처전략을 많이 사용하였다.

아동의 정서규제 능력과 또래관계를 살펴본 연구(김성희, 정옥분, 2011)에서, 아동이 긍정적이거나 부정적인 정서표현이 요구되는 상황에서 자신의 정서를 상황에 맞게 효과적으로 조절하고, 표현하며, 적응하는 능력이 높을수록 주도적이고 또래와 협동이나 공감을 잘하는 등의 긍정적인 또래관계를 형성하는 능력이 높은 것으로 나타났다.

6) 학교생활

학교는 가정과 더불어 가장 중요한 사회화 기관이다. 우리는 흔히 학교를 공부하는 곳으로만 생각하기 쉽지만, 학교는 아동들에게 매우 중요한 사회적 활동의 장(場)이기도 하다. 오늘날 학교의 영향은 전 세대에 비해 지대하다. 즉, 현대사회에 접어들면서 가정의 교육적 기능이 약화됨에 따라 학교는 아동의 사회화 과정에서 중요한 역할을 하게 되었다.

(1) 교사의 영향

일생을 통해서 교사만큼 아동의 사회화 과정에 큰 영향을 미치는 사람도 드물다.

사진 설명: 학생들은 자신감이 있고, 관대하며, 따뜻하고, 신뢰할 수 있는 교사를 좋아한다(조선일보 DB 사진).

Erikson(1968a)은 훌륭한 교사는 아동으로 하여금 열등감 대신 근면성을 갖도록 만든다고 믿는다. 훌륭한 교사는 아동이 가진 특수한 재능을 알아보고 격려할 줄 안다. 또한 아동으로 하여금 자기자신에 대해 기분 좋게 느낄 수 있는 상황을 설정할 줄 안다. 심리학자와 교육자들은 훌륭한 교사의 특성을 다음과 같이 열거한다(Jussim & Eccles, 1993). 훌륭한 교사는 위엄이 있고, 열의가 있으며, 공정하고, 적응력이 있으며, 따뜻하고, 융통성이 있으며, 학생들의 개인차를 이해한다.

미국의 전국 표본조사 연구에서는 16만 명의 청소년들을 대상으로 훌륭한 교사의 특성을 알아보았다. 그 결과 훌륭한 교사는 공정하고, 실력이 있으며, 수업에 열의가 있고, 학생들을 좋아하며, 위엄이 있는 것으로 나타났다(Norman & Harris, 1981). 또 다른 몇몇 연구(Aptekar, 1983; Carter, 1984; Teddlie, Kirby, & Stringfield, 1989)에 따르면, 학생들은 자신감이 있고, 관대하며, 정서적으로 안정되고, 친절하며, 따뜻하고, 신뢰할 수 있으며, 학생들로 하여금 열등감을 느끼지 않도록 만드는 교사를 좋아하는 것으로 나타났다. 학생들은 또한 아동의 발달과업을 이해하고, 아동에게 관심을 가지고 아동들의 적응문제를 이해하는 교사, 지나치게 권위적이거나 학생과 친구처럼 어울리려는 교사보다 합리적인 규제를 하고, 자연스럽게 권위를 행사하는 교사를 좋아하는 것으로 나타났다. 교사의 학생들에 대한 태도와 기대는 학생들의 성취행동에 중요한 영향을 미친다. 학생들의 능력에 대해 높은 기대수준을 설정해서 긍정적인 피드백을 주고 학생들과 자주 대화를 갖는 교사가 가장 효율적인 교사이다(Solomon, Scott, & Duveen, 1996).

우리나라 초등학생들이 인식하는 우수교사의 특성 탐색에 관한 연구(고재천, 김슬기, 2013)에 의하면, 우수교사의 특성은 '수업시간에 중요한 내용을 정확히 가르쳐주는 교사' '학생들에게 상처를 주는 말을 하지 않는 교사' '학생의 사생활을 존중하고 비밀을 지켜주는 교사' '학생의 의견을 존중하고 잘 반영해주는 교사' '수업준비를 충실히 하여 수업을 원활하게 이끄는 교사' '차별하지 않고 기회를 공정하게 부여하는 교사' '감정에 따라 행동하지 않는 교사' 등이었다.

최근 우리 사회에 '트롯 열풍'이 불고 있다. 그 일환으로 '트바로티' 김호중(사진 참조)과 그의 스승 서수용 교사에 관한 이야기는 우리에게 큰 감동을 주고 있다.

청소년 시절에 불우한 환경으로 인해 '질풍노도의 시기'를 온몸으로 겪어내고 있던 김호중을 아버지의 마음으로 따스하게 품어 안으시고 일찌감치 그의 재능을 알아보시어 훌륭한 성악가[2]로 키워내신 서수용 교사는 Erikson이 말하는 훌륭한 교사의 표본이

사진 설명: 트바로티 김호중

사진 설명: 서수용 교사와 김호중 가수

사진 설명: 김호중과 서수용 교사가 실제 주인공인 영화 '파파로티'

아닌가 한다. 교육철학이 '감동'과 '기다림'이라고 말하는 그의 말에는 큰 울림이 있다.

어느 날 느닷없이 김호중이 '트롯가수'가 되겠다고 했을 때 서운한 마음을 접어두고, 우리 사회에서 성악가로 살아가기에는 생활에 많은 어려움이 있다고 이해하는 한편, "호중이가 나의 인생에 귀한 선물"이라고 말하면서, 장르 불문하고 '노래하는 사람'으로 오래도록 사랑받기를 바란다는 서수용 선생님이야말로 이 시대에 보기 드문 참 스승이라고 할 수 있다.

(2) 열린 교육

많은 인본주의 교육자들은 학교가 지식의 전달, 교사중심의 전통적 교육에서 탈피하여 학생중심의 '열린 교육'을 해야 한다고 주장한다. 전통적 교실에서 학생들은 여러 줄로 차례대로 앉아 교탁과 칠판을 사이에 두고 강의하는 교사와 마주보고 있으며 교과과정은 매우 구조화되어 있다. 일반적으로 모든 학생들은 같은 과목을 공부하며 급우끼리보다는 교사와 상호작용한다. 이때 교사는 모든 학생들과

사진 설명: 학생들이 '열린 교실'에서 수업을 받고 있다.

---

2) 2008년 세종음악콩쿠르 1위, 2008년 전국수리음악콩쿠르 1위, 2009년 대한민국 인재상 수상, 2021년 골든디스크어워즈 신인상 수상, 2023년 서울가요대상 본상 수상.

교사

전통적 교실에서는 '활동영역'(음영이 진 부분) 내의 학생들이 교사들의
주의를 끌기가 쉽고, 따라서 학급 내의 여러 가지 활동에 참여하기가 쉽다.

〈그림 9-21〉 전통적 교실과 활동영역

골고루 상호작용하기가 어렵다. 〈그림 9-21〉에서 보는 바와 같이 주로 앞자리나 가운
데 자리에 앉은 학생들은 교사의 눈에 비교적 잘 띄므로 교사의 지명을 받아 토론에 참
여하기가 쉽다. 반면에 이러한 '활동영역(zone of activity)' 밖에 앉아 있는 학생들은 수업
진행에서 도외시될 가능성이 크다(Adams & Biddle, 1970).

반면에 '열린 교실'에서는 학생들의 대부분이 각기 다른 활동을 하게 된다. 여기서는
흔히 학생들이 교실의 여기저기에 흩어져 앉아 혼자서 또는 몇 명이 작은 집단을 이루
어 공부를 하는데, 책을 읽거나 수학문제를 풀거나 공작을 하거나 과학실험 등을 한다.
그리고 교사는 학급의 중심인물 역할을 하지 않고 교실을 돌아다니면서 학생들이 하고
있는 활동에 조언자의 역할을 할 뿐이다.

'열린 교육' 접근법은 영국의 교육제도에 기초한 것으로, 조직적인 학급 내에서 학생
의 수준에 적합하게 학습하도록 고안된 것이다. 그러나 미국의 많은 학교에서 '열린 교
육'을 잘못 적용하는 바람에 교실의 벽을 허물고, 학생들이 원하는 것은 무엇이든지 할
수 있게 하는 것이 '열린 교육'인 줄 오해하여 결과적으로 '열린 교육'에 대한 강한 반발
을 불러일으켰다.

최근 미국에서는 '기초교과 중심으로 돌아가자는 운동(back-to-basics movement)'이
많은 인기를 얻고 있다. 이 운동의 주창자들은 중등학교에서 선택과목이 지나치게 많
아 학생들로 하여금 기초교육을 받지 못하게 한다고 주장한다. 이들은 학교는 지식전
달에만 관심을 가져야지 아동의 사회적·정서적 생활에는 신경을 쓸 필요가 없다고 믿
는다. 또한 수업시간과 수업일수를 늘리고, 숙제를 더 많이 내어 주며, 시험을 더 자주

보고, 학생들에게 엄한 규율을 적용해야 한다고 주장한다. 이 운동은 1970년대의 '열린 교육'의 시대풍조에 대한 반작용인 것으로 해석할 수 있다.

열린 교실은 전통적인 교실보다 더 효과적인가? 전통적인 교실과 열린 교실을 비교해 볼 때, 전반적인 효과를 알아보기보다는, 구체적으로 열린 교실의 어떤 측면이 아동과 청소년발달의 어떤 측면과 관련이 있는가를 알아보는 것이 보다 중요하다. 한 연구(Good, 1979)에 의하면 전반적으로는 학생들의 학업수행과 행동에서 두 집단 간의 차이가 없는 것으로 나타났지만, 특히 교사가 매우 어려운 개념을 설명하거나 많은 사실적 정보를 전달해야 하는 과목의 경우에는 전통적인 교실이 학생들에게 더 유익한 것으로 나타났다.

우리나라에서 '열린 교육' 교수방법이 아동의 창의성과 학업성취에 미치는 효과를 알아본 몇몇 연구(김선희, 1995; 송현석, 1996; 장정순, 1996)에 의하면, '열린 교육' 교수방법이 교사중심의 교수방법보다 아동의 학업성취와 창의성(개방성, 유창성, 융통성, 독창성 등의 하위영역)을 증진시키는 데 효과가 있는 것으로 밝혀졌다.

한편, 많은 일선 교사와 교육전문가들은 오늘날 우리 사회에서 만연하고 있는 '학교붕괴' 현상에 대해 '지식중심'과 '반복학습'의 전통 교육법 대신 '수요자 중심 교육'을 기치로 든 '열린 교육'에 그 원인이 있다고 지적한다. '열린 교육'의 이념은 아동중심의 진보주의 교육철학에 뿌리를 두고 있으며, 아동을 '여유롭고 자유롭게' 교육시키는 것이 그 목표다. 물론 '학교붕괴'의 원인을 어느 한두 가지로 성급히 단정할 수는 없지만, 우리의 미래를 좌우할 교육의 기본 철학과 방법론에 대해서는 좀더 심도 있는 연구가 있어야 할 것이다.

(3) 학업성취

부모의 양육행동은 아동의 성취행위와 관련이 있다. 부모가 애정적·수용적이고, 자녀의 성취에 대해 칭찬을 해 주며, 적절한 통제를 하고, 자녀의 독립심과 자율감을 격려해 주는 이른바 권위있는 양육행동은 아동의 학업성취와 관련이 있는 것으로 보인다(Baumrind, 1973; Dornbusch, Ritter, Liederman, Roberts, & Fraleigh, 1987; Lin & Fu, 1990; Steinberg, Elmen, & Mounts, 1989).

사회계층 또한 성취행위와 관련이 있다. 중류계층과 상류계층의 아동들이 일반적으로 성취욕구가 높고, 학교성적이 좋은 것으로 나타났다(Patterson et al., 1990). 중류계층의 아동들은 만족지연능력 또한 높은 것으로 보인다(Mischel, 1974). 만족지연이라 함은 지금 바로 보상을 받는 것보다 만족을 지연시켜 나중에 더 큰 보상을 받게 되는 것을 말한다. 예를 들면, 재미있는 텔레비전 프로그램을 시청함으로써 지금 당장 즐거움이라는 보상을 받는 대신에 내일 있을 시험공부를 열심히 함으로써 좋은 성적이라는 더 큰 보상을 받게 된다는 것이다. 또 다른 예로, 아동과 청소년이 순간의 쾌락을 위해 약물남용, 성행위 등의 비행에 빠져들지 않고 당장은 힘들고 괴롭지만 열심히 공부해서 장래 훌륭한 사람이 되는 것 등이다.

출생순위도 성취행위와 관련이 있다. 첫째가 다른 형제들에 비해 성취욕구가 높고, 교육에 대한 열망수준이 높다. 실제로 장남, 장녀 중에 저명인사가 많다(Paulhus & Shaffer, 1981).

우리 사회가 여성과 남성에게 기대하는 성취수준에도 차이가 있다. 즉, 우리 사회에서 여성이라는 '성'은 별로 가치가 없다는 것으로 잘못 인식되고 있다. 그리고 여성이 지나치게 독립적이고 성취동기가 높으면 '여성적'이지 못한 것으로 간주된다. 가정에서도 아들과 딸에 대해 기대하는 성취수준에 차이가 있다. 예를 들면, 아들은 의사가

학업성취도와 COVID-19

2020년 COVID-19 팬데믹 상황에서 바이러스 확산을 막기 위해 미국을 비롯한 여러 나라에서 학교를 폐쇄하고 대면수업에서 비대면수업으로 전환하였는데, 비대면수업에서는 효율적인 학습이 이루어지지 못했다.

학교폐쇄는 특히 빈곤 아동, 감각장애(시각장애 또는 청각장애), 학습장애 아동들에게 부정적인 영향을 준 것으로 나타났다(Ozudogru, 2021). 예를 들면, 저소득층 아동은 컴퓨터나 인터넷 접근성이 떨어졌고, 시각장애나 청각장애가 있는 아동 또는 학습장애나 ADHD 아동들은 대면수업에서보다 온라인 수업에서 효율적인 학습이 이루어지지 못했다(Dudovitz et al., 2022). 학교폐쇄는 또한 아동의 영양문제도 초래할 수 있다. 많은 학생들이 하루에 필요한 칼로리 양의 50% 정도를 학교에서 공급받아 왔는데, 저소득층 아동들은 COVID-19 팬데믹 이전 수준의 영양섭취가 불가능해졌다. 사회적 거리두기와 마스크 착용 일상화로 인해 팬데믹 현상은 아동의 사회정서발달과 교우관계에도 부정적인 영향을 미치는 것으로 보인다(Kranz, Steiner, & Mitchell, 2022).

한편, COVID-19 팬데믹을 거치며 전세계 국가들의 학업성취도가 일제히 추락한 가운데 한국은 예년 수준을 유지한 것으로 밝혀졌다. OECD가 공식 발표한 2022년도 국제 학업성취도 평가 결과에 의하면 한국 학생들은 모든 영역에서 OECD 평균보다 높은 점수를 기록한 것으로 나타났다. 이러한 결과에 대해 한국의 공교육 현장이 비대면수업에 빠르게 적응한 영향이라는 분석이 있다. 반면, COVID-19로 등교수업이 정상적으로 이루어지지 못함으로써 보통학력 이상 비율은 감소하고, 기초학력 미달 비율은 증가하는 등 학생들의 학업성취도가 떨어졌다는 사실이 우리나라 국가 공식지표로 확인된 바 있다. 뿐만 아니라 2022년 학생정신건강 실태조사에 의하면 학생들의 우울감, 불안감은 높아지고 교사 및 교우관계는 멀어진 것으로 나타났다.

되기를 바라면서 딸은 간호사가 되기를 원한다고 하는 것 등이 그것
이다.

　성취행위에서 나타난 남녀 간의 성차를 보면 남성과 여성은 성공
과 실패에 대해 달리 반응하는 것으로 보인다. 남성은 성공을 자신
의 능력 때문인 것으로 생각하고, 실패를 자신의 노력부족으로 생각
한다. 반면, 여성은 자신의 실패를 능력부족으로 생각하고, 자신의
성공은 운이나 열심히 노력한 덕분으로, 또는 주어진 과제가 쉬웠기
때문이라고 생각한다(Dweck, 1986, 1989). 이러한 현상은 특히 머리
가 좋고 유능한 여성의 경우 더 심하다. 머리가 좋은 여성은 도전을
두려워하고, 자신의 실패를 무능력 탓으로 돌리며, 그래서 실패할
경우 위축된다(Dweck, 1989).

Carol Dweck

　우리나라 초등학교 6학년 아동 323명을 대상으로 한 연구(김헌우, 1999)에서 보면, 아
동의 학업성적은 아동의 능력과 노력 귀인 등 내적 귀인성향과 정적인 관련성을 나타
내었으며, 타인과 운 귀인 등 외적 귀인성향과는 부적 관련성을 나타내었다.

(4) 학교폭력

　학교폭력은 그 형태나 정도가 다양하므로 한마디
로 정의하기가 어렵다. 심응철(1996)에 의하면, 협
의의 학교폭력은 가해자나 피해자가 모두 학생이
고 폭력이 교내에서 발생하는 경우를 말하고, 광의
의 학교폭력은 교내에서뿐만 아니라 학교 주변에서
의 폭력까지 포함하여 학생이 당한 모든 피해를 의
미한다고 한다. 박경아(2003)는 학교 안이나 학교
주변에서 학생 상호간에 발생하는 개인이나 집단
에 의한 신체적 폭행(사진 참조), 괴롭힘, 따돌림, 금
품갈취, 위협이나 협박, 폭언이나 욕설 등을 통틀어
학교폭력으로 보고 있다. 간단히 말해서 학교폭력

은 학교 안팎에서 발생하는 신체적·심리적·언어적 위해를 가하는 행위라고 할 수 있
다. 이와 같이 학교폭력은 학교를 중심으로 하루 중 많은 시간을 함께 보내는 동일집단
내의 인간관계에서 발생하고 반복·지속된다는 특성 때문에 그 사회적 의미와 후유증
이 심각하다.

　2022년 교육부 보도자료(〈그림 9-22〉 참조)에 의하면 우리나라 초등학교 4학년부터
고등학교 3학년 학생들을 대상으로 한 '2022년 1차 학교폭력 실태조사' 결과, 초등학교

〈그림 9-22〉 학교폭력 피해유형별 비중(2021~2022)

출처: 교육부 보도자료(2022. 9. 6.).

3.8%, 중학교 0.9%, 고등학교 0.3%의 학생들이 학교폭력을 겪은 것으로 나타났다. 유형별로는 언어폭력(41.8%), 신체폭력(14.6%), 집단따돌림(13.3%) 순으로 나타났으며, 초·중·고 모든 학교에서 '언어폭력'의 비중이 가장 높았다. 이를 학교급별로 살펴보면 초등학교(14.6%)와 중학교(15.5%)는 '신체폭력'이, 고등학교(15.4%)는 '집단따돌림'이 높게 나타났다.

청소년을 대상으로 학교폭력의 원인을 조사한 연구(김정옥, 박경규, 2002)에 의하면, 부모로부터 신체적·언어적 학대나 유기를 많이 경험할수록 그리고 부모 간의 폭력행사를 많이 목격할수록 학교폭력을 많이 행사하는 것으로 나타났다. 임희복(2003)의 연구에서도 가정폭력의 목격이나 경험이 청소년의 학교폭력 가해 측면에 영향을 미치는 것으로 나타났다. 따라서 학교폭력을 근절하기 위한 방안으로는 가정에서의 화목유지와 기강을 바로잡는 일이 무엇보다 시급한 것으로 보인다.

(5) 집단따돌림

'집단따돌림'은 '왕따'라고도 하며, '왕따'는 '왕따돌림'의 준말로 아동과 청소년 사이에서 은어로 소통되고 있다. 이를 일본에서는 '이지메'라고 표현하며, 오늘날 '집단따돌림'은 '집단괴롭힘' '또래괴롭힘' '또래따돌림'이라는 용어로도 통용되고 있다.

집단따돌림은 두 명 이상이 집단을 이루어 특정인을 그가 속한 집단 속에서 소외시켜 구성원으로서의 역할수행에 제약을 가하거나 인격적으로 무시 혹은 음해하는 언어적·신체적인 일체의 행위를 지칭한다(구본용, 1997). 박경숙(1999)은 한 집단의 구성원 중 자기보다 약한 상대를 대상으로 또는 집단의 암묵적인 규칙을 어긴 자를 대상으로 여럿이 함께 또는 개인이 돌아가며 신체적·심리적인 공격을 지속적으로 가하여 반복적으로 고통을 주는 행동을 집단따돌림이라고 정의한다. 이와 같이 집단따돌림은 가해자가 두 명 이상의 집단을 이룬다는 특징을 보이며, 또한 자기보다 약한 상대를 집단으로부터 배제시키고, 신체적·심리적 위해를 가하는 행위로 볼 수 있다(사진 참조).

　　한국청소년개발원(1995)에 의하면, 우리나라 청소년들은 신체에 대한 힘의 행사뿐 아니라 언어적 폭력이나 집단에서의 고의적인 소외인 따돌림 등 심리적인 불쾌감까지도 폭력으로 생각하고 있다고 한다. 또한 Olweus(1993, 2013)는 괴롭힘(bullying)의 유형을 직접적인 것과 간접적인 것으로 나누며, 직접적인 괴롭힘은 피해대상에 대해 외부적으로 공격행동을 하는 것을, 간접적인 괴롭힘은 사회적 소외, 즉 집단으로부터 축출하는 것을 의미한다고 한다. Crick과 Grotpeter(1996)는 관계상의 괴롭힘, 명백한 괴롭힘, 친사회적 행동의 박탈 요인으로 또래괴롭힘의 유형을 분류한다. 관계상의 괴롭힘은 고의로 다른 아동에게 해를 주거나 또래관계에 손상을 입히기 위하여

사회적 관계를 이용해 괴롭히는 것을 의미하고(예: 나쁜 소문 퍼뜨리기, 사회집단으로부터 고의로 소외시키기), 명백한 괴롭힘은 의도적으로 신체적·언어적 방법으로 다른 아동에게 해를 입히는 것을 말하며(예: 때리기, 차기, 밀기, 욕하기, 별명 부르기, 언어적 위협), 친사회적 행동의 박탈은 도움을 받아야 하거나 사회적·정서적 어려움에 직면해 있을 때에 또는 친구를 사귀어야 할 때에 또래들이 고의는 아니지만 이를 해결하는 데 있어 실질적인 도움을 주지 않고 정서적으로 지원하지 않으며 그대로 방치하는 것을 의미한다. 이와 같은 폭력과 괴롭힘을 대표하는 공격성은 직간접적으로 이루어지는 행동을 모두 포함하며, 신체적·언어적으로 행해질 뿐 아니라 관계상의 소외를 경험하는 것으로도 나타난다.

　　집단따돌림 현상이 청소년들의 사회관계 과정 속에서 어떠한 양상으로 나타나고, 어떠한 특징을 지니고 있는지, 그 과정에서 미디어는 어떤 역할을 수행하는지를 분석하기 위하여 서울 및 경기도 거주 중학생 14명을 대상으로 이루어진 연구(이지영, 권예지, 고예나, 김은미, 나은영, 박소라, 2016)에 의하면, 따돌림 현상을 청소년들의 또래관계(무리)의 맥락에서 '외톨이형 따돌림'과 '관계형 따돌림'으로 구분하여 접근할 필요가 있는 것으로 나타났다. 청소년들은 '학급(반)'이라는 특수한 환경 속에서 소규모의 무리를 지어 친구관계를 형성하고 있었으며, 무리가 형성되는 학년 초기에 어떤 무리에도 속하지 못한 학생은 다른 학생들로부터 배제되어 따돌림의 대상이 되는 것으로 나타났다. 반면, 다양한 친구 무리 속에서 발생하는 갈등의 과정에서도 따돌림은 빈번히 일어나고 있었다. 후자에 해당하는 관계형 따돌림은 외톨이형 따돌림과 구별되는 것으로 관찰되었다.

또래관계가 아동의 또래괴롭힘에 미치는 영향에 관한 연구(박연정, 정옥분, 2003)에서, 아동의 또래관계와 또래괴롭힘은 각 하위요인별로 유의한 상관관계를 보였다. 또래관계의 하위요인 중 사회적 지지 요인과 친밀 요인, 우의적 요인은 또래괴롭힘과 부적 상관관계를 보였고, 대립 요인과 처벌/주도권 요인은 또래괴롭힘과 정적 상관관계를 보였다. 아동의 또래괴롭힘에 영향을 미치는 주요 변인으로는 또래관계의 하위요인 중 사회적 지지 요인과 처벌/주도권 요인이 그리고 아동의 연령이 유의한 변인으로 나타났다.

초등학생의 집단따돌림 실태와 대처방안에 관한 연구(이관형, 김양현, 안현미, 2001)에 의하면, 집단따돌림에서 벗어나는 방법으로 3, 4, 5학년의 경우 '학급담임과 부모님 도움을 얻어서(67.5%, 41.4%, 45.5%)'라고 응답한 경우가 가장 많았고, 6학년의 경우 '자기 행동을 고쳐서(36.6%)'라고 응답한 경우가 가장 많았으며, 자신이 따돌림을 당할 경우의 의논상대로는 3(39.3%), 4(46.4%), 5(40.3%), 6(30.0%)학년 모두 '부모'를 들었다. 즉, 초등학교 시기의 아동은 집단따돌림의 피해경험을 부모와 함께 상의하고 극복하고자 하는 것을 알 수 있다.

초등학생의 학급응집력과 집단따돌림 간의 관계에 대한 연구(엄인하, 조영아, 2015)에 의하면, 학급응집력이 높을수록 방관태도 및 집단따돌림은 유의하게 낮아졌으며, 방관태도가 높아질수록 집단따돌림은 유의하게 높아졌다. 또한 방관태도는 학급응집력과 집단따돌림의 피해 및 가해 관계에서 모두 부분매개 효과를 보였다. 즉, 학급응집력이 집단따돌림의 피해 및 가해행동에 직접적인 영향을 주기도 하지만 방관태도를 매개로 하여 간접적인 영향을 미치는 것으로 나타났다.

집단따돌림 피해자들의 극복과정 유형을 분석한 최근 연구(서영석, 안하얀, 이채리, 박지수, 김보흠, 성유니스, 2016)에 의하면, '참여자가 지닌 내면의 힘' '주변의 지지와 개입 등 외적 자원' '참여자가 사용한 대처방식'이 서로 상호작용하면서 따돌림을 극복하는 데 많은 영향을 미치는 것으로 나타났다. 세 요인 간 상호작용에 초점을 두고 사례 간 유형화를 시도한 결과 ① 강한 내면의 힘과 외적 자원을 바탕으로 다양한 대처전략을 유연하게 사용한 참여자, ② 주변의 외적 자원은 많지 않았지만 원래 가지고 있던 내면의 힘을 바탕으로 자기계발 등을 통해 따돌림을 극복한 참여자, ③ 마지막으로 내면의 힘은 약하지만 외부로부터 강한 도움을 받아 세상으로 나아가려고 노력한 참여자 등 세 개 유형이 도출되었다.

청년기의 발달

청년기는 아동기에서 성인기로 옮겨 가는 과도기로서 이 시기의 청년은 어린이도 아니고 어른도 아닌 어중간한 상태에서 불안정과 불균형으로 인한 심한 긴장과 혼란을 경험하게 된다. 이 때문에 청년기를 흔히 '질풍노도의 시기'라고 한다.

특히 오늘날의 청년들은 전 세대의 청년들에 비해 더 많은 요구와 기대 그리고 유혹과 위험에 처해 있다. 그러나 청년기가 스트레스가 많고 혼란스러운 시기라는 고정관념과는 달리, 대부분의 청년들은 아동기에서 성인기로의 전환을 무난히 넘기는 편이다. 많은 청년들은 이 전환기를 신체발달, 인지발달, 사회성발달을 위한 도전과 기회로 생각한다.

청년기는 언제 시작되는가? 청년기는 생물학적으로 시작되고 문화적으로 끝난다는 말이 있다. 즉, 사춘기의 시작과 성적 성숙으로 청년기가 시작되고, 청년이 속한 사회에서의 문화적 기대와 기준을 따르는 것으로 청년기가 끝난다는 뜻이다.

사실 청년기를 인간의 발달단계에서 하나의 단계로 취급하기에는 그 연령범위가 너무 넓다. 성숙의 가속화 현상으로 인해 초등학교 고학년에서 사춘기를 맞이하게 되는 경우가 많으며, 재학기간의 연장 등 여러 가지 이유로 오늘날 청년기는 대학을 졸업한 후까지로 연장된다. 열한두 살짜리 초등학교 고학년생과 스무서너 살의 대학 졸업생이 인생의 같은 단계에 있다고 보기는 상당히 어렵다. 그래서 이 청년기를 두 개의 하위단계로 나누어 청년 초기, 청년 후기로 구분하기도 한다. 청년 초기는 대략 중학생에 해당되고(흔히 청소년이라 부른다), 대부분의 사춘기 변화가 이때 일어난다. 청년 후기는 대략 10대 후반에서 20대 초에 해당되며 이성교제, 정체감 문제, 직업에 대한 관심이 이때 주로 나타난다.

이 장에서는 청년기의 신체발달, 인지발달, 자아정체감발달, 청년기의 사회적 관계, 청년기의 심리적 부적응과 청소년 비행에 관해 살펴보기로 한다.

1. 신체발달

출생 후 첫 2년 동안에 성장발달이 눈부시게 진행되지만, 청년기 또한 성장의 다른 단계와 쉽게 구별될 수 있을 만큼 급격한 신체변화를 보인다. 신장과 체중이 증가하고 체형이 변화하며 제2차 성징이 나타나서 이제까지의 소년, 소녀의 모습에서 벗어나 어른이 되어 간다. 이러한 신체변화의 중요성은 이에 수반되는 청년의 심리적 작용으로 인해 더욱 의미가 있다.

1) 일반적인 신체발달

청년기가 되면 신장과 체중이 급격히 성장하는데, 이것을 청년기 성장급등(adolescent growth spurt)이라고 한다. 여아가 남아보다 2~3년 빨라서 대체로 여자의 경우 11세경에, 남자의 경우는 13세경에 시작해서 4년 정도 지속된다. 여기에는 물론 개인차가 있다(Tanner, 1991). 〈그림 10-1〉과 〈그림 10-2〉는 청년기의 신장과 체중 증가에 관한 것이다.

신장과 체중의 증가와 더불어 다른 신체변화도 나타나는데, 남자는 어깨가 넓어지고 근육이 발달하여 남성다운 체형으로 변모하고, 여자는 골반이 넓어지고 피하지방이 축적되어 여성다운 체형으로 변모한다. 또한 머리크기가 신체에서 차지하는 비중이 작아지고, 얼굴모양은 둥근 형에서 길쭉한 형으로 변화하며, 코와 입이 크고 넓어져 전체적인 윤곽이 달라진다(Lloyd, 1985).

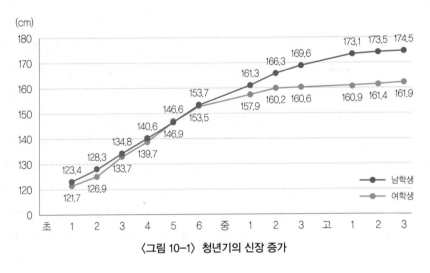

〈그림 10-1〉 청년기의 신장 증가

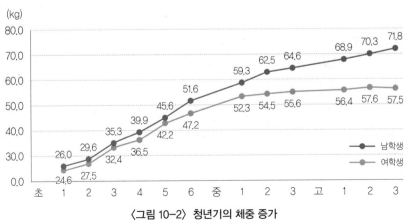

〈그림 10-2〉 청년기의 체중 증가

출처: 교육부 · 질병관리청(2022). 2022 전국 초 · 중 · 고등학생 건강검사. 표본통계. 질병관리청.

외적인 신체변화와 더불어 신체 내부에서도 변화가 일어나는데, 소화기관, 폐, 심장 등에서의 변화가 그것이다. 이들의 변화는 순환, 호흡, 소화, 신진대사에 중요한 영향을 미친다. 예를 들어, 혈류량은 청년기에 증가하는데 특히 남자에게서 뚜렷하고, 혈압은 유아기부터 꾸준히 증가하며, 남자가 여자보다 높다. 폐의 크기나 호흡기능에서의 변화는 11세경에 나타난다. 남자는 더 많은 활동을 하는 까닭에 여자보다 폐의 발달이 크게 증가한다. 소화기관에서도 역시 변화가 일어나는데 위가 커지는 것 등이다. 이는 신체의 성장을 유지하기 위해서 더 많은 영양섭취가 요구되기 때문이다(Lloyd, 1985).

Margaret A. Lloyd

그러나 신체의 모든 부분이 다 청년기에 극적인 변화를 겪는 것은 아니다. 예를 들면, 뇌의 발달은 청년기 이전에 거의 완성된다. 즉, 2세 반경에 성인 뇌 무게의 75%가 그리고 10세 이전에 95%가 완성된다(Tanner, 1970).

2) 내분비선의 변화

청년기에 일어나는 내분비선의 변화는 청년의 신체적·심리적 발달에 큰 영향을 미친다. 〈그림 10-3〉과 같이 신체 각 부위에 있는 내분비선은 각각 특수한 호르몬을 만

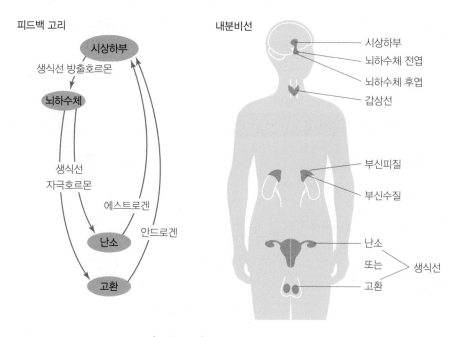

〈그림 10-3〉 주요 내분비선의 위치

출처: Cobb, N. J. (1998). *Adolescence: Continuity, change, and diversity* (3rd ed.). Mayfield Publishing Co.

들어 낸다. 호르몬은 내분비선에 의해 분비되고, 혈류를 통해 신체 각 부분에 운반되는 강력한 화학물질이다. 청년기에 주요한 역할을 하는 내분비선은 뇌하수체, 성선 그리고 부신이다.

뇌하수체는 시상하부(hypothalamus)에 의해 감독되어지는 내분비선으로서 신체변화를 주관할 뿐만 아니라 다른 내분비선의 기능에도 영향을 미치므로 주도선(master gland)이라 불린다. 특히 뇌하수체 전엽의 두 가지 기능이 청년기에 영향을 미치는데, 첫째는 신장과 체중의 변화를 조절하는 성장호르몬을 분비하는 기능이고, 둘째는 생식선으로부터 성호르몬의 생성과 유출을 자극하는 기능이다.

생식선은 몇 가지 성호르몬을 분비한다. 사춘기 발달에 중요한 역할을 하는 두 종류의 호르몬은 안드로겐과 에스트로겐이다. 에스트로겐은 주요 여성 호르몬이고, 안드로겐은 주요 남성 호르몬이다. 여성은 난소에서 에스트로겐이라는 호르몬을 분비하는데, 이 호르몬은 여성의 성 특징인 유방의 발달이나 음모의 성장 등을 자극한다. 에스트로겐 중에서도 에스트라디올이 여성의 사춘기 발달에 중요한 역할을 한다. 가슴이 커지고, 자궁이 발달하며, 골격의 변화가 일어나는 것 등이 그것이다. 두 번째 여성 호르몬인 프로게스테론 역시 난소에서 분비되는데, 자궁이 임신을 준비하게 하고, 임신을 유지하게 해 준다. 적당한 양의 프로게스테론은 조기 자궁수축에 필요하므로 자연유산의 위험이 있을 때는 이 호르몬을 처방한다.

주요 남성 호르몬인 안드로겐 중에서도 테스토스테론이라는 남성 호르몬이 남성의 사춘기 발달에 중요한 역할을 한다. 남성은 고환에서 테스토스테론을 분비하는데, 사춘기 동안에 증가된 테스토스테론은 몇 가지 신체변화와 연관이 있다. 즉, 신장의 증

표 10-1 사춘기 변화를 초래하는 내분비선과 호르몬

내분비선	호르몬	기능
뇌하수체	성선 자극 호르몬: 황체 형성 호르몬(LH) 부신피질 자극 호르몬(ACTH) 성장 호르몬 갑상선 자극 호르몬	성선을 자극하여 성호르몬을 생성한다. 월경주기 조절(여성) 부신을 자극하여 안드로겐을 방출한다. 성장 갑상선을 자극하여 티록신을 방출한다.
부신	안드로겐	체모
갑상선	티록신	성장급등
생식선 난소 고환	에스트로겐 안드로겐	생식기관의 발달 및 이차성징

출처: Cobb, N. J. (1998). *Adolescence: Continuity, change, and diversity* (3rd ed.). Mayfield Publishing Co.

가, 제2차 성징의 발달과 정자 생산 및 청년기 성욕 증가 등이 그것이다.

청년기 이전에 남녀는 거의 비슷한 양의 남성 호르몬과 여성 호르몬을 분비한다. 그러나 사춘기가 되면 남성은 보다 많은 양의 안드로겐을, 여성은 보다 많은 양의 에스트로겐과 프로게스테론을 분비한다. 부신(adrenal cortex)이 여성에게서는 안드로겐을, 남성에게서는 에스트로겐을 분비하게 하는 주요한 원인으로 알려져 있다. 〈표 10-1〉은 사춘기 변화를 초래하는 내분비선과 호르몬에 관한 것이다.

3) 사춘기와 성적 성숙

사춘기에 일어나는 여러 가지 변화는 청년들을 매우 곤혹스럽게 한다. 비록 이런 변화들이 청년들을 불안하고 걱정스럽게 만들지만 대부분의 청년들은 이 시기를 무난히 넘긴다.

그러면 사춘기란 무엇인가? 사춘기는 주로 청년 초기에 일어나는 호르몬의 변화로 인해 급격한 신체적·성적 성숙이 이루어지는 기간을 의미한다(Sanfilippo et al., 2020; Susman & Dorn, 2013). 사춘기의 결정요인은 영양, 건강, 유전 그리고 체중이다. 초경을 예로 들면, 산업혁명기에는 초경이 일찍 시작되었는데 이것은 향상된 생활수준과 의학의 진보와 연관이 있다. 그러나 사춘기는 단지 환경적인 사건만이 아니고 유전적 요인도 사춘기와 연관이 있다. 영양과 건강 등의 환경적 요인이 사춘기의 시작과 과정에 영향을 미치지만 유전적 프로그램 또한 그러하다(Plomin, 1993).

사춘기 시작의 또 다른 요인은 체중이다. 초경은 대체로 체중이 45~47kg일 때 시작되고, 월경이 계속되기 위해서는 체중의 17%가 지방으로 구성되어야 한다. 따라서 거식증으로 말미암아 체중이 지나치게 적게 나가거나, 여자 운동선수의 경우 운동연습을 지나치게 할 경우 월경이 잠시 중단되는 수도 있다. 그리고 출생 시 체중과 유아기 동안의 체중 증가량 또한 사춘기 시작과 관련이 있는 것으로 보인다(Ibanez et al., 2011; Ong, 2010).

사춘기가 되면 난소와 고환이 발달함에 따라 성호르몬 분비가 증가한다. 이 성호르몬은 1차 성징과 2차 성징의 근원이 된다. 1차 성징은 출생 시의 생식기에 의한 신체 형태상의 성차특징을 가리키는 것이고, 2차 성징은 청년기에 들어서서 성호르몬의 분비에 의해 나타나는 신체상의 형태적·기능적 성차특징을 의미한다.

사춘기에 나타나는 2차 성징을 남녀별로 보면 남자의 경우에는 고환과 음낭, 음경이 커지고, 음모와 액모가 발생하며, 턱수염이 나고, 변성이 되며, 정자의 생산 증가와 몽

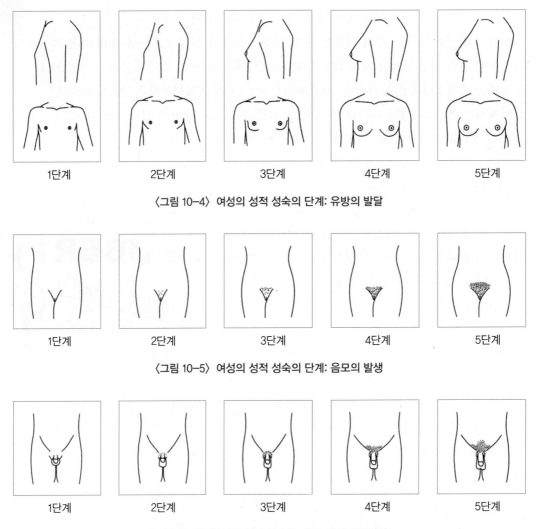

〈그림 10-4〉 여성의 성적 성숙의 단계: 유방의 발달

〈그림 10-5〉 여성의 성적 성숙의 단계: 음모의 발생

〈그림 10-6〉 남성의 성적 성숙의 단계: 생식기의 발달

출처: Morris, N. M., & Udry, J. R. (1980). Validation of a self-administered instrument to assess stage of adolescent development. *Journal of youth and Adolescence, 9*, 271-280.

정이 있게 된다. 여자의 경우에는 유방이 발달하고, 자궁과 질이 커지며, 음모와 액모가 발생하고, 골반이 확대되며, 초경이 시작된다(Tanner, 1978). 〈그림 10-4〉〈그림 10-5〉〈그림 10-6〉은 성적 성숙의 단계에 관한 것이다.

　　성적 성숙의 첫 신호는 여아의 경우 초경으로 나타나고, 남아의 경우는 비교할 만한 분명한 성적 성숙의 표시는 없으나 대략 사정을 할 수 있는 능력이 그 지표가 된다. 그러나 이 무렵에는 성적 발달의 미숙으로 생식기능도 미숙한 단계에 있다. 여성은 초경을 시작한 후 1년 내지 1년 반 동안에는 수태를 할 수 없고, 남성도 사정을 경험하는 초기에는 활동력이 있는 정자를 갖지 못하기 때문에 생식기능이 불완전하다.

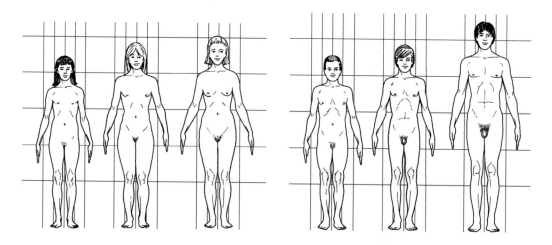

〈그림 10-7〉 사춘기 시기의 개인차

출처: Tanner, J. M. (1973, September). Growing up. *Scientific American*, p. 8.

다른 신체발달과 마찬가지로 성적 성숙의 시기에도 상당한 개인차가 있다. 대체로 여아는 9세에서 16세 사이에 그리고 남아는 10세에서 18세 사이에 성적 성숙이 이루어진다. 이처럼 성적 성숙의 시기가 다양하므로 이 같은 개인차로 인해 청년들이 걱정을 할 필요는 없다. 〈그림 10-7〉은 성적 성숙 시기의 개인차를 보여준다. 여아의 경우 모두 13세이고, 남아의 경우 모두 15세로 같은 연령임에도 불구하고 성적 성숙의 수준이 매우 다양한 것을 볼 수 있다.

4) 성숙의 가속화 현상

오늘날 청년세대는 전 세대보다 빠른 속도로 성장하며 보다 일찍 어른의 신체구조를 갖는다. 1968년 Tanner는 미국을 비롯한 8개국의 비교문화 연구에서 여아가 초경을 경험하는 연령이 점차 낮아지고 있다고 보고하였다. 〈그림 10-8〉을 보면 연령저하의 비율이 국가 간에 다소 차이를 보이지만 과거 100년에 걸쳐 매 10년마다 3~4개월 정도 일찍 초경을 경험하고, 이로 인해 사춘기의 시작은 100년 전보다 3~4년 정도 빠른 것으로 볼 수 있다(Frisch, 1991).

사진 설명: Anne Petersen이 청소년들과 함께

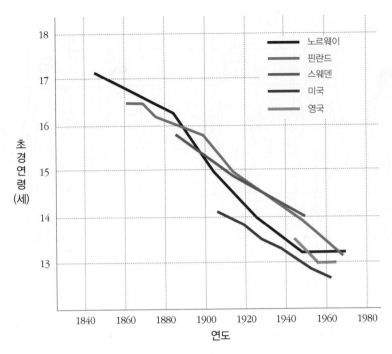

〈그림 10-8〉 초경 연령의 가속화 경향

출처: Tanner, J. M. (1968). Earlier maturation in man. *Scientific American, 218*, 21-27.

　　성숙의 가속화 현상으로 인해 2250년경에는 아장아장 걷는 걸음마 아기가 초경을 하게 되지 않을까 우려하는 이도 있지만(Petersen, 1979), 다행히도 그런 일은 일어나지 않을 것이다. 왜냐하면 지난 세기 동안 영양과 건강면에서 성숙의 가속화 현상은 상한선에 도달했기 때문이다(Elks & Ong, 2011). 우리나라의 경우 질병관리본부의 대규모 국가 데이터를 토대로 살펴본 결과, 평균 초경 연령은 1988년에 태어난 여아의 경우 평균적으로 13.0세(12.92~13.04세)였지만 2003년에 태어난 여아의 경우 12.6세(12.54~12.61세)로 감소하였다. 즉, 1988~2003년에 태어난 한국 여아의 초경 연령은 15년 동안 0.4세씩 지속적으로 감소하였다(Seo et al., 2020). 그리고 현재 초등학교 고학년 여학생의 상당수가 초경을 시작하며, 심지어 저학년에서도 초경을 하는 경우가 더러 있다. 한편, 비만 여아에서 조기 초경이 가장 많았고, 조기 초경 증가율도 비만 여아에서 가장 높았다는 연구결과는 이미 다른 나라에서 실시된 연구에서도 동일한 결과이다(Kim & Park, 2012; Juul et al., 2017).

　　이와 같은 성숙의 가속화 현상은 영양적 요인과 환경적 요인 때문인 것으로 설명할 수 있다. 바꾸어 말하면 예전보다 영양섭취가 개선되었다는 점과 영화나 TV 등의 매체를 통해 쉽게 성적 자극에 노출된다는 점 등이 그 요인인 것으로 보인다.

5) 신체변화와 심리적 적응

신체적 성장이 완만하던 아동기와는 달리 급격한 신체변화를 겪는 청년기에는 여러 가지 혼란이 일어난다. 청년은 자신의 신체, 용모에 대해 지대한 관심을 가지게 되고, 급격히 변화해 가는 신체적 특징에 대해 극도로 신경과민이 된다(Murray, Byrne, Rieger, 2011). 자신의 신체에 지대한 관심을 갖는 것은 청년기 내내 그러하지만 특히 사춘기 때에 더욱 그러하다. 이때에는 자신의 신체에 대해 매우 불만족스러워한다. 특히 여자의 경우는 더 심하다(Brooks-Gunn & Paikoff, 1993; Henderson & Zivian, 1995).

이와 같은 청년기의 정신적 동요의 원인으로는 청년의 신체적 변화가 급격하다는 것, 신체 각 부위의 발달이 동일하지 않아 일시적으로 신체의 균형을 잃게 된다는 것, 발달상 개인차가 크다는 것(조숙과 만숙) 그리고 성적 욕구에 관련되는 것 등을 들 수 있다(장병림, 1985). 여기서 신체변화에 따른 심리적 적응의 세 가지 측면—신체상, 조숙과 만숙, 개인차—에 대해 살펴보기로 한다.

(1) 신체상

신체상(body image)이라 함은 자신의 신체에 대한 느낌, 즉 청년이 자신의 신체에 대해 얼마나 만족하는가 하는 것을 말한다. 그리고 이것은 자신의 평가뿐만 아니라 다른 사람의 반응에 의해서도 크게 좌우된다. 즉, 신체상은 다른 사람과의 비교를 통한 사회적 거울에 의해 반영된다.

신체상은 신체변화가 급격히 일어나는 청년기에 특히 왜곡되기 쉽다. 일반적으로 여아가 남아보다 더 부정적인 자아상을 갖는다(Bearman et al., 2006; Brooks-Gunn, 1991; Crespo et al., 2010; Duke-Duncan, 1991; Rodgers et al., 2020; Yuan, 2010). 여아들은 대체로 자신의 체격에 대해 비판적이고, 자신이 덜 매력적이라고 생각하며, 자신의 체중, 체형에 대해 불만족스러워한다. 여아들은 자신의 외모를 부정적으로 평가할 뿐만 아니라 남아보다 외모에 더 많은 가치를 둔다(Abbott & Barber, 2010; Markey, 2010; Wood, Becker, & Thompson, 1996; Yuan, 2010).

여아들은 특히 체중에 대해 민감한데, 대부분의 여아들이 자신의 체중에 만족하지 못하고 더 날씬해지기를 원한다(Duke-Duncan, 1991). 이것은 우리 사회에서 여성의 매력에 대해 가지고 있는 이상적인 신체상을 반영한 것이다. 반면, 남아들은 대체로 자신의 신체에 만족하는 편이지만, 가끔은 좀더 근육질이 되기를 원한다.

한 연구(Lerner, Jovanovic, & Lerner, 1989)에서 청년들에게 Sheldon (1949)의 세 가지 신체유형, 즉 내배엽형, 중배엽형, 외배엽형에 관한 그

William Sheldon

| 내배엽형 | 중배엽형 | 외배엽형 |

〈그림 10-9〉 Sheldon의 세 가지 신체 유형

림(〈그림 10-9〉 참조)을 보여주면서 자신이 선호하는 신체유형이 어떤 것이냐고 물어보았다. 내배엽형은 체격이 뚱뚱하고 얼굴이 둥근 경향이 있으며, 중배엽형은 체격이 다부지고 근육이 발달한 형이고, 외배엽형은 키가 크고 마른 편이며, 팔다리가 긴 편이다. 연구결과 특히 남자 청소년들의 경우 중배엽형을 선호하는 것으로 나타났다.

일반적으로 신체상은 자아존중감과 정적인 상관이 있다. 자신의 용모에 만족하는 청년들은 자신에 대해 긍정적인 느낌을 갖는다. 그러나 그 역도 성립한다. 즉, 자신감이 있고, 자신을 가치 있게 여기는 청년들은 자신의 신체에 대해 못마땅한 점이 있더라도 있는 그대로를 인정하는 편이다.

우리나라 중·고등학생을 대상으로 한 연구(박우철, 2009)에서, 청소년의 체질량지수가 낮을수록, 자아존중감이 높을수록 긍정적인 신체상을 갖는 것으로 나타났다. 또한 여자 청소년의 자아존중감과 신체상의 상관이 남자 청소년의 것보다 더 높은 것으로 나타났다.

사진 설명: 조숙아와 만숙아

(2) 조숙과 만숙

조숙과 만숙은 청년의 성격 및 사회적 행동에 중요한 영향을 미친다. 여러 연구에 의하면, 청년기에 일찍 성숙하는 남자는 자신을 보다 긍정적으로 받아들이고, 교우관계에 있어서도 성공적이다(Mendle & Ferrero, 2012; Negriff & Susman, 2011). 친구나 어른들은 이들을 신체적으로 더 매력 있고, 보다 침착하고, 더 여유가 있어 보이는 것으로 평가하였다(Mendle et al., 2010; Mensah et al., 2013). 신체상의 우월감과 그로 인한 운동적 기술에서의 뛰어남은 일찍 성숙한 남자의 위신과 지위를 향상시켜 주며, 또래에 의해서 자주 지도자의 역할을 부여받는다. 반면, 늦게 성숙하는 남자는 부정적 자아개념과 계속적인 의존욕구 등을 보이고, 자율성에 대한 반항적 추구와 구속으로부터의 자유를 추구하며, 공격적 행동을 자주하는 것으로 보인다(Dorn, Susman, & Ponirakis, 2003; Graber et al., 2004; Jones, 1965; Tobin-Richards, Boxer, & Petersen, 1983).

　여자에게서는 조숙과 만숙의 영향이 남자의 경우만큼 명료하지 않다. 남자의 경우 적어도 청년기에는 조숙이 만숙보다 더 유리한 것으로 보인다(Graber, Brooks-Gunn, & Warren, 2006; Petersen, 1987). 그러나 여자의 경우는 연구결과가 매우 복잡한데, 조숙인 경우가 만숙인 경우보다 학교에서 더 많은 문제를 일으키고, 보다 독립적이며, 남자들에게 보다 더 인기가 있는 것으로 나타났다. 청년 초기에는 조숙아가 자신의 신체에 대해 더 만족하지만, 청년 후기에는 오히려 만숙아가 더 그러하다(〈그림 10-10〉참조). 그 이유는 청년 후기가 되면 조숙한 여아는 키가 작고 땅딸막한 반면, 만숙한 여아는 키도 크고 날씬해지는 경향이 있기 때문이다(Simmons & Blyth, 1987). 조숙여아는 또한 여러 가지 문제에 노출되기 쉬운데 흡연과 음주, 우울증, 먹기장애, 나이 많은 친구와의 사귐, 일찍 이성교제를 시작하고 그리고 일찍 성경험을 한다(Blumenthal et al., 2011; Brooks-Gunn & Paikoff, 1993; Ge, Conger, & Elder, 2001; Graber, Nichols, & Brooks-Gunn, 2010; Selkie, 2018; Stattin & Magnusson, 1990; Wang et al., 2016). 신체는 일찍 발달했는데 사회적·인지적으로는 미성숙하기 때문에 조숙 여아들은 나중에 자신의 인생에 어떤 영향을 끼칠지 깨닫지 못하고 쉽게 문제행동에 빠져든다(Copeland et al., 2010; Petersen, 1993). 청소년을 대상으로 한 연구(Negriff, Susman, & Trickett, 2011)에서 이른 사춘기 시기(pubertal timing)는 성적 활동(sexual activity)이나 청소년 비행의 증가를 예측할 수 있는 것으로 나타났다. 이 양상은 남녀 청소년에게 유사한 것으로 나타났다. 이러한 연구결과는 Brooks-Gunn 등(1994)이 제안한 사춘기 변화와 행동과의 관계를 설명하는 호르몬의 직접효과와 간접효과에 관한 모델과 부합되는 것으로 보인다.

　우리나라 청소년들을 대상으로

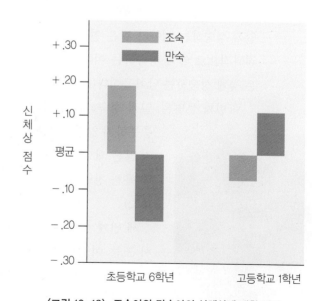

〈그림 10-10〉 조숙아와 만숙아의 신체상에 대한 지각

출처: Santrock, J. W. (2005). *Adolescence* (10th ed.). New York: McGraw-Hill.

사춘기 신체성숙의 시기가 심리사회적 발달에 주는 영향을 알아본 연구(이춘재, 오가실, 정옥분, 1991)에서 남자 청소년의 경우 조숙아들이 만숙아들보다 자기 신체의 변화에 더 만족하는 것으로 나타났다. 한편, 여자 청소년의 경우는 사춘기 신체성숙의 시기와 신체상, 즉 자신의 신체에 대한 만족도 간에 관계가 없는 것으로 나타났다.

(3) 개인차

앞에서도 보았듯이 성적 성숙의 시기에는 상당한 개인차가 있다. 조숙과 만숙의 영향은 청년기에 매우 중요한 의미를 갖지만 대부분의 경우 그 영향은 일시적인 것이다. 그 주된 이유는 한 개인의 전체적 발달은 신체적 성장뿐만 아니라 인지적·사회적·환경적 요인 등에 의해서도 많은 영향을 받기 때문이다(Paikoff & Brooks-Gunn, 1990).

예를 들면, 일찍 성숙하는 여아의 경우 애정적이고 지원적인 가족이 있으면 정서적·사회적 성숙도 함께 이루어지지만, 부모의 지원이 부족한 경우는 문제행동을 일으킬 위험이 많다. 늦게 성숙하는 남아의 경우 가까운 친구가 없거나 가족이 화목하지 못할 경우 어려움을 겪을 수 있다. 반면, 지원적인 가족이나 가까운 친구가 있으면 오히려 시간을 더 많이 가지면서 여유 있는 성장을 할 수 있다. 이와 같이 조숙과 만숙의 개인차는 청년 개인의 생활경험과 그에 대처하는 능력에 달려 있다.

사춘기 시기의 심리적 효과를 설명하는 몇 가지 가설이 제시되고 있다. 첫 번째 설명은, 사춘기는 또래집단 내에서의 청년의 위치 변화를 가져옴으로써 심리적 영향을 미친다는 것이다. 또래와 비교해서 훨씬 일찍 또는 늦게 성숙하는 청년들은 또래집단 내에서 양극단에 놓이게 된다. 일반적으로 여아가 남아보다 2, 3년 더 일찍 성숙하므로 일찍 성숙하는 여아가 같은 연령의 남녀집단에서 가장 이례적인 집단에 속하게 된다. 결과적으로 일찍 성숙하는 여아들은 가장 큰 불이익을 당한다. 그다음 이례적인 집단은 늦게 성숙하는 남아들이다(Petersen & Crockett, 1985).

두 번째 설명은, 일찍 성숙하는 청년들은 아동기의 발달과업을 완성하는 데 시간이 충분하지 않다는 것이다. 조숙아들은 아동기 과업을 완전히 해결하지 않은 채 청년기의 새로운 경험, 기대, 감정에 직면해야 하기 때문에 특히 청년 초기에 어려움을 겪게 된다는 것이다(Peskin & Livson, 1972).

Jeanne Humphrey Block

세 번째 설명은, 조숙과 만숙의 영향은 우리 사회에서 남성으로서 또는 여성으로서 누리는 지위와 관련이 있다는 것이다(Block, 1978). 즉, 우리 사회에서 남성은 여성보다 여러 면에서 유리한 입장에 있다. 따라서 일찍 성숙하는 남자들은 일찍 성인 남성의 유리한 지위를 획득함으로써 혜택을 받을 수 있지만, 일찍 성숙하는 여자들의 경우는 그와 반대가 된다는 것이다.

2. 인지발달

신체적·생리적 발달과 마찬가지로 청년기의 지적 발달과 인지발달 또한 눈부시다. 청년기에 와서 현저한 성장을 보이게 되는 인지발달의 특징은 양적인 면에서뿐만 아니라 질적인 면에서도 증가를 보인다. 양적 증가란 전 단계인 아동기에 비해 훨씬 용이하고 빨리 그리고 효율적으로 지적 과업을 성취하는 것을 말하고, 질적 증가란 인지과정에서의 변화, 이를테면 추상적인 사고, 가설적·연역적인 사고 그리고 은유에 대한 이해가 가능해지는 것 등을 말한다.

1) 청년기 사고의 특성

청년기에는 아동기에 비해 훨씬 효율적으로 지적 과업을 성취하는데, 청년기 사고의 특성을 보면 다음과 같다.

(1) 추상적 사고

구체적 조작기의 아동은 눈에 보이는 구체적 사실들에 대해서만 사고가 가능하지만, 형식적 조작기의 청년은 추상적인 개념도 이해할 수 있다. 예를 들어, A>B이고, B>C이면, A>C라는 논리적 추론을 살펴보자. 구체적 조작기의 아동은 A, B, C의 구체적 요소를 보아야 문제 해결이 가능하나, 형식적 조작기의 청년은 구두제시만으로도 문제를 해결할 수 있다.

또 다른 예로 "머리가 세 개 달린 물고기가 오늘 4km를 날았고, 내일 다시 3km를 난다면 이 물고기는 모두 몇 km를 날게 되는가?"라는 질문을 던지면, 추상적 사고를 할 수 없는 형식적 조작기 이전의 아동은 이 문제를 이해하지 못한다. 왜냐하면 그들은 머리가 세 개 달린 물고기는 존재하지 않으며, 또한 물고기는 날지 못한다고 생각하기 때문이다. 그러나 질문형식을 바꾸어 4+3이 무엇이냐고 물으면 7이라고 대답한다.

(2) 가설적·연역적 사고

변형된 '스무고개 놀이'에서 42개(1줄에 6개의 그림이 있고 모두 7줄로 된 것)의 서로 다른 그림을 보여주고, 실험자가 마음에 두고 있는 그림이 어느 것인지 알아맞혀 보라고 한다. 이때 청년들은 실험자가 단지 "예" "아니요"라는 답만 할 수 있는 질문을 해야 한

〈그림 10-11〉 변형된 '스무고개 놀이' 그림

다. 이 놀이는 가능한 한 적은 수의 질문을 해서 답을 맞히는 것이다(〈그림 10-11〉 참조).

가설적 사고가 가능한 청년들은 계획을 세워 일련의 가설을 차례대로 시험하면서 정답의 범위를 점점 좁혀 간다. 즉, 자신이 한 질문에 대해 실험자가 "아니요"라는 답을 하면 몇 가지 가능성이 즉시 정답의 범위에서 제외된다. 반면, 구체적 사고를 하는 아동은 아무런 계획 없이 질문을 마구 하여 제한된 스무 번의 기회를 모두 써버린다(Santrock, 1998).

(3) 체계적 · 조합적 사고

사진 설명: Piaget와 Inhelder

청년들은 과학자처럼 사고하기 시작한다. 문제해결을 위해 사전에 계획을 세우고, 체계적으로 해결책을 시험한다. 반면, 아동은 시행착오에 의해 문제를 해결하는 편이다. Inhelder와 Piaget(1958)는 한 실험에서 무색 무취의 투명한 액체를 담은 번호 1, 2, 3, 4가 붙은 네 개의 플라스크와 무색의 액체를 담은 g라는 작은 플라스크를 보여주고 이 액체들을 마음대로 섞어서 노란색이 나오도록 해 보라고 하였다. 노란색은 1과 3 그리고 g의 액체를 섞어야 나타나게 되어 있었다. 그런데 이 실험에서 전조작기 아동은 아무렇게나 액체를 섞어 혼란상태를 만들었다. 구체적 조작기 아동은 어느 정도 체계성을 보였다. 1, 2, 3, 4 각 플라스크에 g의 액체를 차례대로 부어 보았는데, 노란색이 나오지 않자 더 이상의 시도를 해 보지 않고 그만두었다. 하지만 형식적 조작기의 청년은 모든 가능성에 대해 체계적으로 시험해 볼 수 있었으므로 결국은 노란색을 만들어 내었다.

(4) 이상주의적 사고

구체적 조작기의 아동은 구체적 사실에 한해서 제한된 사고만을 하는 반면, 청년들은 이상적인 특성, 즉 자신과 다른 사람들에게 이상적이었으면 하는 특성들에 대해 사고하기 시작한다. 그들은 이상적인 부모상에 대해 생각하고, 이 이상적 기준과 자신의 부모를 비교한다. 그리고 자신이 생각하는 이상적인 기준에 맞추어 자신과 다른 사람을 비교하기도 한다. 사춘기 동안의 사고는 미래의 가능성에 대해 상상하고 공상을 하게 한다.

2) 청년기의 자기중심성

형식적 조작기에 달한 청년은 자신의 생각뿐만 아니라 다른 사람의 사고 또한 체계화할 수 있게 된다. 그러나 청년기의 급격한 신체적 · 정서적 변화로 말미암아 자신의 외모와 행동에 너무 몰두해 있으므로, 다른 사람들도 자기만큼 자신에게 관심이 있다고 생각하여, 자신의 관심사와 타인의 관심사를 구분하지 못한다. 이것이 청년기의 자기중심성이다.

(1) 상상적 관중

청년기의 자기중심성 사고를 반영하는 몇 가지 상황을 보면, 청년은 상상적 관중(imaginary audience)을 만들어 내어 자신은 주인공이 되어 무대 위에 서 있는 것처럼 행동하고, 다른 사람들을 모두 구경꾼으로 생각한다(Inagaki, 2013; Rai et al., 2014). 다른 사람들이 자신을 관심의 초점으로 생각한다고 청년은 믿기 때문에 다른 사람들은 관중이고, 실제적인 상황에서는 자신이 관심의 초점이 아니라는 의미에서 상상적이다. 상상적 관중은 시선끌기 행동, 즉 다른 사람들의 눈에 띄고 싶은 욕망으로부터 나온다. Elkind(1978)는 청소년들이 자의식이 강하고 대중 앞에서 유치한 행동을 하는 것 등은 모두 이 상상적 관중 때문이라고 한다.

David Elkind

청년은 종종 자기비판적이면서, 또한 자주 자기도취에 빠진다. 청년의 유치함, 변덕스러움 그리고 요란한 옷차림 등은 그 상당 부분이 자신이 매력적이라고 믿는 것과 다른 사람들이 매력적이라고 생각하는 것을 구별하지 못하기 때문에 야기된다. 젊은이들이 흔히 왜 어른들은 자신의 복장과 행동방식을 못마땅하게 생각하는가를 이해하지 못하는 것도 바로 그 때문이다.

자기중심성은 이성에 대한 행동에서도 종종 나타난다. 두 시간 동안 거울 앞에서 머리를 빗질하는 소년은 아마도 소녀들로부터의 열광적인 반응을 상상하고 있을 것이다. 마찬가지로 예쁘게 화장을 하는 소녀는 그녀에게 던져질 찬사의 시선들을 상상하고 있을 것이다. 그러나 이 청년들이 실제로 서로 만났을 때에는 상대방을 관찰하기보다는 자신이 어떻게 관찰되는가에 보다 더 관심을 갖는다. 청년들의 모임은 각 청년들이 스스로는 주인공이면서 동시에 다른 사람들에게는 관중이 된다는 점에서 매우 특이하다.

(2) 개인적 우화

청년기의 자기중심성을 반영하는 또 하나의 상황은 개인적 우화(personal fable)로서, 자신의 감정과 사고는 너무나 독특한 것이어서 다른 사람들이 이해할 수 없을 것이라는 점이다(Alberts et al., 2007). 즉, 자신은 많은 사람들에게 너무도 중요한 인물이라는 믿음 때문에 자신은 매우 특별하다고 생각하는 것이다. 청년이 자신을 주인공으로 생각하고 자신에게만 통용된다는 의미에서 개인적이고, 현실성이 결여되어 있다는 의미에서 우화이다.

개인적 우화의 예로서 청년이 경험하는 '첫사랑'을 들 수 있다. 어느 누구도 자신과 같이 아름답고, 숭고하고, 뜨거운 사랑을 경험하지 못했을 것이며, 그 사랑이 끝났을 때에 느꼈던 하늘이 무너지는 것 같은 절망감, 암담함, 비참함은 아무도 이해하지 못할 것이라고 생각한다.

또 다른 예로 청년이 다른 사람은 다 죽어도 자신은 영원히 죽지 않으리라는 '불멸(immortality)'의 신념으로 위험한 행동을 하다가 크게 다치거나 죽음에까지 이르는 경우를 볼 수 있다(사진 참조). 그리고 10대 소녀의 경우 다른 소녀들은 다 임신을 해도 자신은 임신하지 않을 것이라는 생각에 무모한 짓을 하는 경우를 볼 수 있다(Elkind, 1967).

그러나 청년이 성숙해 감에 따라 사회적 상호작용으로 인해 모든 사람은 다 제 나름대로의 관심사가 따로 있다는 것을 이해하게 되고, 상상적 관중이 진짜 관중으로 대체됨에 따라 이러한 자기중심적 사고는 점차

사라진다. 그리고 특별한 사람과 친밀한 관계를 갖게 되어 가슴 속
의 얘기를 서로 나누게 되면서, 자신의 경험이 다른 사람의 그것과
크게 다를 바 없다는 것을 이해하게 되고, 그러면서 개인적 우화도
점차 사라지게 된다.

Daniel K. Lapsley

　최근에 와서 청년기의 자기중심성에 관한 연구가 증가하고 있다.
연구의 초점은 청년기의 자기중심성이 언제 가장 많이 나타나고, 왜
그러하며, 청년기의 문제행동에 어떤 역할을 하는가 등에 맞추어지
고 있다. 중학생, 고등학생, 대학생을 대상으로 청년기의 자기중심성
을 연구한 결과, 상상적 관중과 개인적 우화는 청년 초기에 강렬하다
가 연령의 증가에 따라 점차 감소하는 것으로 나타났다(Enright, Shukla, & Lapsley, 1980).

　청년 초기, 중기, 후기의 남녀 청년들을 대상으로 한 보다 최근의 연구(Schwartz,
Maynard, & Uzelac, 2008)에서는 상상적 관중과 개인적 우화 모두 성과 연령 간의 상호
작용 효과가 있는 것으로 나타났다. 우선 상상적 관중에서 남자의 경우 청년 중기 집
단이 청년 후기 집단보다 상상적 관중 점수가 더 낮은 것으로 나타났다. 그러나 여자의
경우는 세 집단 간에 차이가 없는 것으로 나타났다(〈그림 10-12〉 참조).

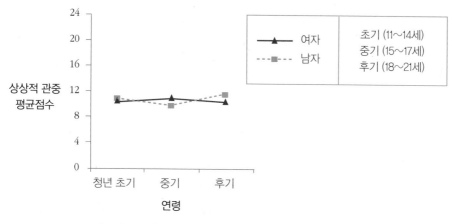

〈그림 10-12〉 상상적 관중: 성과 연령 간의 상호작용 효과

　개인적 우화에서도 성과 연령 간의 상호작용 효과가 있는 것으로 나타났다. 즉, 여자
의 경우 청년 후기 집단이 청년 초기나 청년 중기 집단보다 개인적 우화 점수가 더 낮
은 것으로 나타났다. 남자의 경우 청년 초기 집단이 청년 후기 집단보다 개인적 우화
점수가 더 낮은 것으로 나타났다(〈그림 10-13〉 참조).

　이와 같은 연구결과는 청년이 성숙해감에 따라 상상적 관중과 개인적 우화가 점차
사라지게 되어 자기중심적 사고 또한 점차 사라진다는 Elkind(1967)의 가설에 위배되

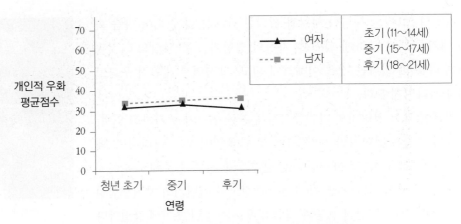

〈그림 10-13〉 개인적 우화: 성과 연령 간의 상호작용 효과

는 것으로 보인다. 이처럼 청년 후기에 자기중심성이 새로이 출현하는 것은 대학입학과 같은 새로운 상황에 직면했을 때 청년이 효율적인 대처전략(coping mechanism)으로 자기중심성을 드러내보이는 것으로 저자들은 논의하고 있다.

Elkind(1985a)는 청년기의 자기중심성은 형식적·조작적 사고의 결과라고 믿는 반면, 다른 이들(Lapsley & Murphy, 1985)은 청년기의 자기중심성이 전적으로 인지적 현상만은 아니라고 주장한다. Lapsley 등은 청년기 자기중심성이 부모로부터의 심리적 독립에 따른 갈등이 방어적 행동으로 표현된 것이라는 새로운 관점을 제시한다. 그리고 상상적 관중은 가설적으로 사고할 수 있는 능력과 가설적인 상황에서 다른 사람들의 반응을 예측할 수 있는 능력의 산물이라고 주장한다.

우리나라에서도 청년기 자기중심성을 인지적 발달현상으로뿐만 아니라 보다 포괄적인 발달현상으로 간주한 연구가 있다. 장근영(1992)은 한 연구에서, 청년기 자기중심성은 인지적 능력이 미숙해서 나타난다기보다는 청년기에 증가하는 것으로 보이는 사회적·심리적 압력과 갈등에 대한 반응이라고 해석하였다.

김인경(1993)은 중·고등학생과 대학생을 대상으로 하여 청년기 자기중심성과 그 관련변인을 연구한 바 있다. 연구결과 가족구성원 간의 정서적 애착이 클수록 그리고 가족구성원 간의 역할관계에서 자율성이 높을수록 상상적 관중과 개인적 우화의 경향이 높은 것으로 나타났다. 이러한 결과는 청년기 자기중심성이 부정적 경험에 의한 발달의 부산물이라기보다는 청년기의 보편적 현상이라는 점을 시사해 준다.

3) 청년기의 사회인지

사회인지는 사회적 관계를 이해하는 능력이다. 즉, 다른 사람의 감정, 생각, 의도,

사회적 행동들을 이해하는 능력을 말한다. 사회인지는 모든 인간관계의 기본이다. 다른 사람이 무슨 생각을 하는지, 어떻게 느끼는지를 아는 것은 다른 사람과 원만한 관계를 유지하고, 그들을 이해하는 데 필수적이다(Feldman & Ruble, 1988; Gnepp & Chilamkurti, 1988). 청년기의 사회인지에 관한 연구는 주로 도덕성발달에 관한 것으로 청년들이 도덕적 갈등상황에 대처하는 인지적 변화의 중요성을 강조하고 있다. 그 외에 주로 연구되는 사회인지로는 인상형성(impression formation)과 역할수용(role taking)을 들 수 있다.

(1) 인상형성

인상형성은 다른 사람에게서 어떤 인상을 받는가, 즉 다른 사람에 대한 판단은 어떻게 이루어지는가 하는 것이다. 우리가 모르는 사람을 처음 만났을 때 그의 옷차림, 용모, 그가 하는 말과 행동을 조금만 보아도 그 사람이 대체로 어떤 사람이라는 인상을 형성하게 된다. 이렇게 상대방의 몇 가지 단편적인 정보(옷차림, 용모, 억양, 몸짓 등)만을 가지고서도 즉각적으로 그에 대한 인상을 형성해낼 수 있다. 이러한 능력은 청년기에 급속도로 발달하는데, 청년기의 다른 사람에 대한 인상형성은 다음과 같은 특징을 갖는다(Hill & Palmquist, 1978).

Wendy J. Palmquist

첫째, 인상형성이 점진적으로 분화된다. 청년은 아동에 비해 자신이나 다른 사람을 묘사함에 있어 보다 구체적으로 그리고 보다 분화된 특성으로 묘사하게 된다. 즉, 아동들의 경우 주로 성이나 연령과 같은 일반적인 특성으로 묘사하는 반면, 청년들은 흥미나 관심과 같은 개인적 특성으로 묘사한다.

둘째, 청년기의 인상형성의 두 번째 경향은 덜 자기중심적이라는 것이다. 청년들은 어떤 사람에게서 받는 인상이 자신의 개인적 견해이기 때문에 다른 사람들과 다를 수도 있다는 것을 깨닫게 된다.

셋째, 인상형성이 보다 추상적이 된다. 즉, 신체적 특징이나 개인적 소유물과 같은 구체적 특성보다 태도나 동기와 같은 추상적 특성으로 다른 사람을 묘사하게 된다.

넷째, 청년들은 다른 사람에 대한 인상형성에서 추론을 많이 사용한다. 아동과 비교했을 때 청년들은 구체적인 정보가 없더라도 다른 사람의 감정을 해석하고, 동기나 신념, 감정을 추론하는 경향이 있다.

다섯째, 청년들의 인상형성은 보다 조직적인 것이 된다. 즉, 청년들은 성격특성과 상황을 연결지어 다른 사람을 판단하는 경향이 있다. 예를 들면, "그 사람은 다른 사람들과 어울려 일할 때에 참을성이 부족하다"라는 것이다.

(2) 역할수용

역할수용이란 다른 사람의 입장이 되어 그 기분을 이해하는 능력이다. 이것은 인지가 발달함에 따라 증가하는 것으로 보이며, 주로 친사회적 행동이나 감정이입과 관련하여 연구가 이루어지고 있다. 감정이입은 다른 사람이 느끼고 있는 감정을 그대로 느끼는 것을 말한다. 역할수용은 다른 사람이 느끼고, 생각하며, 지각하는 것을 정확하게 이해는 하지만 반드시 자신도 그와 똑같이 느낄 필요는 없다. 예를 들면, 자신은 슬픔을 느끼지 않으면서도 상대방이 슬퍼하고 있다는 것을 인지할 수는 있다.

청년들의 역할수용 능력은 자신에 대한 이해를 높이기도 하지만 또래관계와 우정의 질에도 영향을 미친다. 한 연구(Kurdek & Krile, 1982)에서, 또래들 간에 가장 인기있는 청년은 역할수용 능력이 뛰어난 청년이었다. 역할수용 능력이 뛰어난 청년은 친구의 욕구에 민감하고, 그래서 보다 효율적인 의사소통을 하게 된다. 또 다른 연구(Vernberg, Ewell, Beery, & Abwender, 1994)에서, 역할수용 능력은 청년들의 우정형성에도 중요한 역할을 하는 것으로 나타났다.

Robert Selman

Selman(1980)은 사회적 역할수용의 발달을 5단계로 나누어 설명하고 있다. 제1단계는 자기중심적 미분화 단계(3~6세)로서 이 단계의 아동은 자신의 입장과 다른 사람의 입장을 구별하지 못한다. 어떤 상황에서 상대방이 어떻게 느끼겠는가를 물어보면 그들은 자신의 느낌을 말한다.

제2단계는 주관적 역할수용 단계(5~9세)이다. 이 무렵의 아동은 다른 사람들은 다른 생각을 가질 수도 있다고 깨닫기 시작하지만 왜 그런지는 이해하지 못한다(LeMare & Rubin, 1987). 이제 아동은 의도적 행동과 비의도적 행동을 구분하기 시작하고, 행동의 원인을 생각하기 시작한다(Miller & Aloise, 1989). 그러나 다른 사람의 의도, 감정, 사고를 추론하기 시작하지만, 사람들이 그들의 진짜 감정을 숨길지도 모른다는 사실을 깨닫지 못하고, 단지 눈에 보이는 사실에 근거해서 결론을 내린다.

제3단계는 상호적 역할수용 단계(7~12세)로서 전청년기가 이에 해당한다. 이 단계에서는 다른 사람의 관점을 이해하게 된다. 이러한 능력으로 인해 그 누구의 관점도 절대적으로 옳은 것은 아니라는 사실을 깨닫는다. 즉, 다른 사람의 관점도 자신의 관점과 마찬가지로 옳을 수 있다는 것을 이해하게 된다. 그러나 이 단계에서의 상호적 역할수용 능력은 제3자의 입장은 배제된 너와 나의 양자관계의 상호성이라는 특징을 갖는다.

제4단계는 제3자적 역할수용 단계(10~15세)이다. 청년은 이제 자신의 관점, 상대방의 관점 그리고 제3자의 관점까지도 이해할 수 있다. 제3자의 입장에서 자신을 주체로서 그리고 객체로서 바라볼 수 있다. 즉, 제3자의 입장에서 두 사람의 관계를 바라볼 수 있다.

제5단계는 사회관습적 역할수용 단계(12세~성인)로서 청년은 이제 상호적 역할수용이 항상 완전한 이해를 가져오지 않는다는 것을 깨닫게 된다. 따라서 이 단계에서는 모든 사람들이 공유할 수 있는 사회적, 관습적, 법적, 도덕적 관점의 복합적·상호적(일반 타자) 역할수용이 필요하다는 것을 깨닫게 된다. 즉, 청년은 이제 상호 간의 이해를 돕기 위해 일반 타자(generalized other) 또는 사회제도의 관점을 고려하게 된다.

4) 미디어와 청년

미디어는 다양한 방식으로 청년들에게 영향을 미치고 있다. 오늘날 많은 청년들은 유아기 때부터 TV나 컴퓨터, 스마트폰 등을 사용하고 있다(Lever-Duffy & McDonald, 2018). TV는 계속해서 청년발달에 큰 영향을 미치고 있지만, 최근에 와서 TV나 DVD의 영향뿐만 아니라 비디오게임, 컴퓨터, 아이패드 등의 과도한 사용에 대한 경각심을 일깨우기 위해 "스크린 타임(screen time)"이라는 용어가 사용되고 있다(Bickham et al., 2013; Lissak, 2018; Lloyd et al., 2014; Ngantcha et al., 2018; Poulain et al., 2018; Yilmaz, Demirli Caylan, & Karacan, 2014). 최근 한 연구(Vernon, Modecki, & Barber, 2018)에서 야간의 스마트폰 사용은 청년기 외현화 행동문제를 증가시키고, 자아존중감과는 부적 상관이 있는 것으로 나타났다. 또 다른 연구(LeBourgeois et al., 2017)에서는 장시간의 '스크린 타임' 노

사진 설명: 오늘날 미디어는 청년들의 생활에서 큰 비중을 차지하고 있다.

출은 청년기 건강문제, 수면문제, 학업성취, 비만, 공격성, 불안, 우울증과 관련이 있는 것으로 밝혀졌다.

청년들의 생활에서 큰 비중을 차지하고 있는 미디어는 정치, 경제, 교육, 사회 등 여러 방면의 정보를 얻을 수 있는 좋은 정보의 장이다. 하지만 그것이 오늘날에 와서는 무분별하게 난립하면서 청년발달을 저해하는 측면도 있다.

(1) 인터넷

오늘날 컴퓨터의 사용은 청년들에게 학업을 비롯한 의사소통, 정보수집, 취미나 여가생활 등의 일상생활에서 필수적인 것으로 자리잡고 있다(사진 참조). 예를 들면, 대다수의 청년들이 인터넷을 통해 매일 이메일을 체크하고, 신문이나 방송의 뉴스보다 빨리 정보를 획득하며, 채팅이나 동호회 등의 공동체 활동을 통해 다른 사람들과 교류하

며, 게임 등으로 여가를 즐기고 있다. 또한 청년들 사이에 서는 컴퓨터 게임, 컴퓨터 통신, 컴퓨터 응용 프로그램 운용 등 컴퓨터와 관련된 소재들이 대화의 주제로 등장하고 있다(Mesch, 2012; O'keefe & Clarke-Pearson, 2011; Rideout, Foehr, & Roberts, 2010).

최근에 와서 청소년들이 이용하는 사회적 상호작용 매체가 컴퓨터에서 휴대폰(특히 스마트폰)이나 SNS(Social Network Service) 이용으로 옮겨가고 있다(Underwood et al., 2012; Valkenburg & Peter, 2011).

소셜네트워크서비스(Social Network Service: SNS)는 개인의 프로파일을 구성하도록 하고, 타인과 연결을 도모하며, 이러한 연결망을 아우르는 웹기반의 서비스로(Boyd & Ellison, 2008), 대표적으로 트위터, 페이스북, 카카오톡 등을 들 수 있다. SNS는 소셜미디어라고 불리기도 하는데, 개인은 소셜미디어를 통해 자신의 일상경험과 의견, 정보를 얻기도 하며, 주요 사회적 사건이나 이슈에 대한 뉴스도 접한다. 또한 트위터, 페이스북, 카카오톡 등 소셜미디어를 통해 새로운 친구를 만나고 사귀기도 하며, 직접 만나기 어려운 친구들과 대화를 나누고 사진, 그림이나 글을 통해 필요한 정보를 공유하기도 한다. 소셜미디어는 개인의 의견, 감정, 정보, 지식을 교환하고 공유하는 사회적 네트워크가 되고 있다. 이처럼 SNS를 이용하는 사람들이 급격히 증가하면서 일상생활에서도 크고 작은 변화가 일어나고 있다.

최근 들어 SNS가 개인의 일상생활과 사회에 미치는 영향에 대한 연구가 조금씩 이루어지고 있다. 연구결과에 따르면, SNS는 다양한 사람들과 정보를 공유하며 상호작용할 수 있고, 지속적으로 관계를 유지하는 도구이자 자신의 정체성을 표현하는 도구가 되기도 하며, 자신의 기분이나 감정을 표출하는 유용한 도구로 사용될 뿐 아니라(고상민, 황보환, 지용구, 2010; 이창호, 성윤숙, 정낙원, 2012) 개인의 사회적 네트워크나 지지 기반을 확장시키고 사회적 참여를 증진시키는 등의 긍정적인 사회적 기능도 담당하고 있다. 반면,

SNS는 불명확한 정보 출처에서 비롯되는 유해한 정보의 급속한 확산, 사이버 언어폭력의 증가, 과도한 SNS 사용으로 인한 중독현상(머니투데이, 2012. 3. 15.) 등과 같은 부정적 영향도 보고되고 있다.

문자 메시지 주고받기(사진 참조)는 청년이 친구들과 상호작용하는 주요 매체로 떠오르고 있는데, 면 대 면 접촉, 이메일, 통화 등을 훨씬 능가하고 있다(Lenhart, Purcell, Smith, & Zickuhr, 2010). 최

근 연구(Lenhart, 2012)에서 12~17세 청소년이 하루에 이용하는 문자 메시지는 평균 60건으로 나타났다. 또한 최근에 성적 문자 메시지나 사진 등을 주고받는 이른바 '섹스팅(Sexting)'이 주요 관심사가 되고 있다(Gordon-Messer, Bauermeister, Grodzinski, & Zimmerman, 2013). 한 연구에서 '섹스팅'을 이용하는 성인의 경우 약물남용이나 혼음과 같은 위험한 성행위를 더 많이 하는 것으로 나타났다(Benotsch et al., 2013).

(2) 비디오 게임

최근 청소년의 비디오 게임 이용률이 급증하고 있다. 청소년 자녀가 있는 대부분의 가정에서는 비디오 게임 장치가 있는 것으로 나타났다. 또한 비디오 게임에서의 기술력이 성장하면서 동시에 폭력성도 높아졌다(사진 참조). 이제 가장 인기 있는 비디오 게임의 80%는 폭력적이며, 21%는 여성에 대한 폭력성까지도 포함하고 있다(Dietz, 1998). 게임에서 보이는 여성에 대한 폭력성은 청년들에게 부정적인 성역할과 멍청한 희생자로서의 여성의 모습을 강화시킨다(Funk & Buchman, 1996).

사진 설명: 비디오 게임의 폭력성

많은 심리학자들은 비디오 게임의 내용이 가지고 있는 폭력성에 우려를 나타내고 있다(Dewall, Anderson, & Bushman, 2013; Hanson, 1999). 폭력성과 관련된 연구들을 좀 더 자세히 살펴보면 다음과 같다. 첫째, 아동과 청년을 대상으로 한 단기간의 연구에서 비디오 게임을 한 후에 게임의 공격성을 모방하는 증거가 있었다(Silvern & Williamson, 1987). 즉, 비디오 게임은 아동이 게임에서 경험하고 보았던 것을 나타내도록 고무시키는 것으로 보인다(Schutte et al., 1988). 그리하여 게임에서의 공격적인 행위에 대한 강화는 실제 세계로 전이되며, 청년들은 문제해결을 위해 공격적인 행동을 한다(사진 참조). 둘째, 청년의 공격적 사고와 관련이 있다. 대학생을 대상으로 폭력적인 게임을 하는 경우와 그렇지 않은 경우를 관찰한 연구에서, 폭력적인 게임을 한 대학생들이 높은 공격적 사고를 보였다(Calvert & Tan, 1994; Gentile, 2011). 셋째, 폭력적인 비디오는 개인의 성격특성에 큰 영향을 미친다. 남녀 대학생을 대상으로 한 연구에서 폭력적인 비디오에 노출된 경우 공격적인 성격특성을 보였다(Anderson, 2000). 넷째, 폭력적인 비디

사진 설명: 게임에서 경험한 공격성을 실생활에서 그대로 나타내 보이기도 한다.

오 게임은 TV를 시청하는 경우보다 심장박동이나 혈압을 높이는 효과가 있다(Kubey & Larson, 1990). 다섯째, 공격적인 비디오 게임을 하는 십대들은 친사회적 행동을 덜 하는 경향이 있다(Fraser et al., 2012; Van Schie & Wiegman, 1997). 여섯째, 많은 이들이 비디오 게임에 '중독'되어 있다. 그리고 게임방은 중독성을 배가시킨다.

딥페이크(Deepfake)

딥페이크란 인공지능 기술을 이용해 영상의 일부를 합성하는 기술, 혹은 그 결과물을 뜻한다. 즉, 인공지능이 다량의 데이터에 대한 반복학습을 통해 처리 능력을 향상시키는 기술을 뜻하는 '딥 러닝(deep learning)'과 가짜를 뜻하는 '페이크(fake)'를 합쳐 만든 신조어이다. 주로 영상 속 인물의 얼굴이나 특정 부위를 다른 인물의 얼굴이나 해당 부위로 바꾸는 방법으로 이루어진다(다음백과사전, 2023).

딥페이크가 전 세계적으로 문제가 되는 이유는 인공지능의 딥 러닝기술을 이용해 교묘하게 가짜를 만들어내기 때문이다. 2023년 5월 미 국방부 청사인 펜타곤 영내에서 폭발이 일어났다는 이른바 '가짜 사진'이 온라인에 확산되었다. 이로 인해 미국 증시가 폭락하고 전 세계가 세계대전에 대한 불안에 떨었다.

이처럼 AI기술을 활용해 진짜처럼 만든 가짜 편집물(이미지·음성·동영상)인 딥페이크의 심각성은 진짜와 가짜, 사실과 허구를 구분할 수 없다는 것이다. 또한 컴퓨터로 한두 시간이면 누군가의 인생을 망칠 수 있는 사실적인 딥페이크를 제작할 수 있게 되었다. 그렇다 보니 사이버 범죄자들은 이러한 딥페이크를 악용해 더 심각한 범죄를 저지르고 있다. 최근에는 특정 정치인, 특히 여성 정치인의 얼굴과 포르노 여배우의 신체를 교묘하게 합성하여 SNS에 퍼뜨리는 '가짜 사진'이 퍼져 나가 논란을 빚기도 하였다. 이제는 인공지능(AI)을 이용하여 가족, 지인의 목소리와 사진을 이용하여 돈을 갈취해 가는 피싱사건이 우리나라에도 이미 널리 퍼져 있다.

(3) 뮤직비디오

뮤직비디오는 1981년 8월 1일 MTV 개국과 함께 공식적으로 시작된 비교적 새로운 예술 장르이다(Sherman & Dominick, 1986). 뮤직비디오는 음악 가사를 시청각적으로 묘사할 수 있는 비디오 형식을 빌려 와 음악을 전달하기 때문에, 가사와 함께 그 이미지가 극대화되는 이점을 지니고 있다(Strasburger, 1995; Zillmann & Mundorf, 1987). 뮤직비디오는 매우 인기가 많은 매체로서, 대학생들을 대상으로 한 연구에 따르면 많은 이들이 MTV 채널을 선호하며, 특히 그들 중 39%는 다른 많은 채널들 중 가장 선호하는 채널이라고 응답했다(Paul, 2001).

다수의 청년들이 선호하는 미디어 중 하나인 뮤직비디오의 영향은 다음과 같다. 첫째, 선정적인 뮤직비디오를 본 사람은 혼전 성교(Calfin, Carroll, & Schmidt, 1993; Martino et al., 2006)와 공격성의 표현(Hansen & Hansen, 1996)에 대해 더 긍정적인 시각을 가지게 된다. 즉, 청년들은 성적인 영상과 폭력적이며 반체제적인 주제를 담고 있는 매우 충격적인 뮤직비디오에 노출되었을 때에 보복적인 공격성을 드러낼 가능성이 높았다(Rehman & Reilly, 1985). 둘째, 위험한 행동과 뮤직비디오 간의 관련성이 보고되었다(Klein et al., 1993). 많은 뮤직비디오는 거칠고, 난폭하며, 용서할 수 없는 세상 그리고 선정적인 세상을 표현한다. 따라서 이러한 내용을 담고 있는 뮤직비디오에 나타난 이미지는 사회적 환경

사진 설명: MTV나 록 비디오에서 여성은 종종 성적 대상으로 묘사된다.

에 대해 민감하게 반응하는 10대들의 지각을 강화시키고 나아가 위험한 행동을 불러오게 한다(Brown & Hendee, 1989; Strasburger, 1990). 또한 많은 뮤직비디오에서 흡연과 음주 장면을 여과없이 방영함으로써 청년의 흡연과 음주를 부추기는 결과를 낳고 있다(Raloff, 1997).

3. 자아정체감발달

청년기는 인간의 전생애에서 매우 특별한 시기이다. 출생 후 첫 1, 2년을 제외하고는 청년기에 가장 큰 신체적 변화와 성숙을 경험한다. 정서면에서도 기복이 심한 시기로 첫사랑에 빠지는 것도 청년기이며, 실연의 슬픔을 맛보게 되는 것도 바로 이 청년기이다.

이 시기에 청년들은 스스로 나는 누구인가? 나는 무엇이 되기를 원하는가? 등의 자문을 하게 된다. 사실상 청년기는 자신을 새로이 창조하는 시기라기보다는 이미 있는 자신을 발견하는 시기라고 할 수 있다.

건강한 성인으로 성장하기 위해서는 청년기에 수행해야 할 발달과업이 있는데, 이 발달과업을 무난히 수행해야만 성인기의 새로운 도전들을 효율적으로 해결할 수 있다. 청년들에게 주어진 발달과업은 여러 학자들에 의해서 다양하게 표현되어 왔다. 구체적인 과업은 문화에 따라 다르겠지만 이 중에서 가장 중요한 것이 자아정체감의 확립이다.

1) 자아정체감의 형성

청년기에 많은 청년들은 가장 근본적이고도 어려운 문제로 고민하게 되는데, "나는 누구인가?"라는 물음이 바로 그것이다(사진 참조). 이 문제는 수세기에 걸쳐 온 인류를 지배해 왔으며, 수없이 많은 시나 소설의 주제가 되어 왔지만, 심리학적 관심을 불러일으킨 것은 불과 수십 년 전의 일이다. 문학, 예술, 교육 등 광범위한 분야를 배경으로 하여 Erikson이 이러한 의문에 최초로 정신분석학적 초점을 맞추어 개념 정리를 한 것은 결코 우연한 일이 아니다.

Erikson(1950, 1968a)은 특히 청년기에 빈번히 제기되는 일련의 의문들, 즉 나는 누구인가? 무엇을 할 것인가? 미래의 나는 어떻게 될 것인가? 어제의 나와 오늘의 나는 같은 인물인가? 아닌가? 등의 자문을 자아정체감을 형성하기 위한 과정이라 하였다.

자아정체감은 그 용어 자체에 여러 가지 함축적 의미를 갖고 있어 한마디로 정의할 수는 없지만, 확고한 자아정체감을 지닌 사람은 개별성, 총체성, 계속성을 경험하게 된다고 한다. 개별성은 가치나 동기 또는 관심을 얼마쯤 타인과 공유했다 하더라도 자신은 타인과는 다르다는 인식, 즉 자신은 독특하고 특별하다는 인식이다. 총체성은 자신의 욕구, 태도, 동기, 행동양식 등이 전체적으로 통합되어 있다는 느낌이다. 계속성은 시간이 경과하여도 자신은 동일한 사람이라는 인식, 즉 어제의 나와 오늘의 나는 같은 사람이라는 인식이다.

정체감 형성은 갑작스럽게 이루어지는 것이 아니고 조금씩, 부분적으로 그리고 점차적으로 이루어진다. 자신의 문제에 관한 결정은 한순간에 단번에 이루어지는 것이 아니라 재삼재사 다시 고려해야 하는 것이다. 이러한 청년기의 결정들은 우리가 정체감이라고 부르는 것의 핵심을 이루게 된다.

정체감 형성은 아동기의 경험과 동일시에 그 뿌리를 두는 것이며, 청년기를 거쳐 성인기에 이르기까지 발달이 계속되는데, 청년 초기보다는 청년 후기에 보다 더 중요한 문제로 대두된다. 청년 초기에는 신체상의 변화가 커서 자신의 관심을 신체에 집중시키고, 또래집단에 의해 인정받고 수용되는 것이 더 중요하기 때문에 청년 후기보다 정체감 확립에 관심이 덜 집중된다. 안정된 정체감을 형성하기 위해서는 신체적·성적 성숙, 추상적 사고, 정서적 안정이 필요하며, 동시에 부모나 또래의 영향권에서 어느 정도 벗어나야 하는데, 이러한 모든 조건들이 청년 후기에 와서야 비로소 갖추어진다.

정체감 위기를 성공적으로 해결하지 못한 청년은 정체감 혼미를 경험하게 된다. 정체감 혼미의 개념은 가출소년, 퇴학자 등을 비롯한 문제 청소년을 이해하는 데 도움이 된다. Erikson의 정체감 혼미의 개념이 소개되기 이전에는 이러한 청년들은 비행 청소년으로 낙인찍혔었다. 그러나 정체감 혼미라는 개념이 소개됨으로써 이런 젊은이들이 안고 있는 문제를 조금은 긍정적인 시각에서 보게 되었다. 비행 청소년뿐만 아니라 사실 모든 청소년들이 정체감 위기를 경험하게 되는데, 단지 어떤 젊은이는 다른 젊은이보다 조금 쉽게 그 위기를 넘길 뿐이다.

정체감발달에 관한 최근 연구(Kroger, 2012; Moshman, 2011; Syed, 2013)에서는 Erikson이 말하는 '위기' 개념보다는 정체감발달이 보다 점차적이고 덜 격변적이며 보다 긴 여정을 통해서 이루어진다고 주장한다.

2) 자아정체감은 왜 청년기에 문제가 되는가

자아정체감의 형성은 청년기에 와서 시작되는 것도 아니고 청년기에 끝나는 것도 아니다. 자아정체감의 형성은 일생을 통해 이룩해야 할 중요한 과제이다. 그렇다면 왜 자아정체감의 확립이 청년기에 심각한 문제로 대두되는가? 그 원인은 무엇인가? 학자들(서봉연, 1988; Duriez et al., 2012; Marcia & Carpendale, 2004; Schwartz et al., 2013)은 그 이유를 다음과 같이 설명하고 있다.

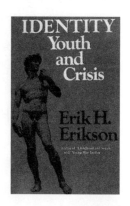

첫째, 사춘기 동안의 급격한 신체적 변화와 성적 성숙 때문이다. 청년들은 급격한 신체변화로 인해 자의식이 강해지고, 성적 성숙으로 말미암아 신체 내부에서 여러 가지 충동들이 일어난다. 특히 일찍이 경험해 본 일이 없는 성적 충동은 청년들이 대처해야 할 가장 중요한 문제이다. 사춘기 동안에 발달된 생리적·내분비적 기능의 변화로 말미암아 본능적 욕구인 원초아가 강해진다. 이때 자아는 초자아와 원초아 간의 균형을 유지하기 위해 자아확장(strong ego)을 이루어야 한다. 따라서 이 시기의 청년들은 필연적으로 자아정체감 문제에 직면하게 된다.

둘째, 청년기는 아동기에서 성인기로 옮겨가는 과도기로서, 청년은 어린이도 아니고 어른도 아닌 어중간한 존재이기 때문이다(사진 참조). 신체적으로는 이미 성인

으로 성장했지만 경제적, 정서적으로는 여전히 부모에게 의존한다. 한편, 나이와 체구에 걸맞게 부모로부터 독립하고, 사회적으로 책임 있는 행동을 할 것이 요구된다. 따라서 이 시기의 청년은 자신의 위치와 역할을 어떻게 규정해야 할 것인지에 대해 고민하지 않을 수 없다.

셋째, 청년기는 선택과 결정의 시기이기 때문이다. 청년들은 진학문제, 전공선택의 문제, 이성문제, 교우관계 등 스스로의 선택이 요구되는 상황에 직면한다. 이전처럼 전적으로 부모나 주위 어른들에게 의존할 수 없는 청년들은 스스로 이러한 선택과 결정을 하기 위해 여러 가지 가능성을 점검해 보고, 자기 자신에 대해 진지하게 생각하는 탐색의 시간이 필요하다.

넷째, 청년기에 현저한 성장을 보이는 인지능력의 발달 때문이다. 청년은 구체적 사고에서 벗어나 추상적 사고를 할 수 있고, 그들의 사고는 현실적 구속을 벗어나 가능성의 세계로 확대된다. 청년들의 시간적 조망 또한 현재에 국한되지 않고 과거와 미래로 확장된다. 이러한 인지능력의 발달은 자신의 위치, 역할, 능력 등을 검토해 보는 자신에 대한 탐색과정에도 영향을 미친다. 이와 같은 자기 탐색과정은 자아정체감 확립을 위한 필연적인 요인으로 작용한다.

이상과 같은 이유들로 해서 자아정체감의 형성은 일생 동안 계속되는 과정임에도 불구하고 청년기에 보다 중요한 문제로 대두된다.

3) 자아정체감의 네 가지 범주

James Marcia

Marcia(1980, 1994, 2002)는 Erikson의 정체감 형성이론에서 두 가지 차원, 즉 위기(crisis)와 수행(commitment)을 중요한 구성요소로 보고, 이 두 차원의 조합을 통해 〈그림 10-14〉처럼 자아정체감을 네 범주로 나누었다. 여기서 위기란 자신의 가치관에 대해 재평가하는 기간을 의미하고, 수행은 계획, 가치, 신념 등에 대해 능동적 의사결정을 내린 상태를 의미한다.

		위기	
		예	아니요
수행	예	성취 (위기 해결)	유실 (위기경험 없음)
	아니요	유예 (위기 현재 진행중)	혼미 (위기경험 없음)

〈그림 10-14〉 Marcia의 자아정체감의 네 가지 범주

(1) 정체감 성취(Identity Achievement)

정체감 성취란 자아정체감의 위기를 성공적으로 극복하여 신념, 직업, 정치적 견해 등에 대해 스스로 의사결정을 할 수 있는 상태를 말한다. Marcia는 정체감 성취나 정체감 유실의 경우에만 의사결정을 할 수 있기 때문에, 양자 모두 자아정체감 위기를 해결한 것으로 볼 수 있다고 한다.

재미있는 사실은 한때 정체감 성취로 분류되었던 사람이 후에 정체감 유실로 나타날 수 있다는 것인데, 이 사실은 전생애에 걸친 자아정체감 발달의 이해에 중요한 시사점이 된다(Marcia, 1989). 다시 말하면, 자아정체감은 반드시 한 방향에서 최고의 성숙단계까지 직선적인 발달 양상을 보이지는 않는다는 것이다. 정체감 성취상태에서 정체감 유예나 혼미상태로 퇴행했다가 다시 정체감 성취 상태에 도달하는 경우도 있다(Stephen, Fraser, & Marcia, 1992).

(2) 정체감 유예(Identity Moratorium)

정체감 유예란 현재 정체감 위기의 상태에 있으면서 자아정체감 형성을 위해 다양한 역할, 신념, 행동 등을 실험하고 있으나 의사결정을 못한 상태를 말한다. 정체감 유예로 분류된 사람의 대부분은 정체감 성취로 옮겨 가지만, 그 중에는 더러 정체감 혼미 쪽으로 기울어지는 사람도 있다.

Gerald Adams

Erikson에 의하면 대학생은 인위적으로 청년기가 연장된 상태에 있기 때문에 심각한 자아정체감 위기를 경험한다고 한다. 이러한 Erikson의 견해는 Munro와 Adams(1977)의 연구에 의해 지지를 받았다. 같은 나이의 대학생과 직업청소년을 비교한 이 연구에서, 직업선택에 대한 의사결정에서는 두 집단 간에 차이가 없었으나 정치적, 종교적, 이념적인 면에서는 의사결정을 끝낸 대학생을 거의 찾아볼 수 없었다. 연구자들은 이 결과에 대해 대학이라는 환경과 분위기가 청년들로 하여금 유예 또는 정체감 혼미상태에 머물게 하여 분명한 의사결정을 하지 못하게 한다고 해석하였다.

(3) 정체감 유실(Identity Foreclosure)

정체감 유실이란 자신의 신념, 직업선택 등의 중요한 의사결정에 앞서 수많은 대안에 대해 생각해 보지 않고, 부모나 다른 역할모델의 가치나 기대 등을 그대로 수용하여 그들과 비슷한 선택을 하는 경우를 말한다. 한 젊은이에게 장래의 희망이 무엇이냐고 물으면 치과의사라고 대답하고, 그 이유를 물으면 "아버지가 치과의사이기 때문"이라고 대답한다. 어떤 개인적 이유도 없으며, 어떤 개인적 탐색과정도 없었던 것처럼 보인

다. 위기를 경험하지 않고 쉽사리 의사결정을 하는 사람들이 이 범주에 속한다.

이전에는 정체감 혼미만이 청년기의 심리적 문제, 즉 소외, 부적응 등을 유발하는 것으로 인식되었으나, 최근에는 정체감 유실도 문제가 있는 것으로 지적되고 있다. 비록 자아정체감 형성을 위해서 심각한 위기가 꼭 필요한 것은 아닐지라도, 독립적 사고와 의사결정 등은 자신의 신념, 가치관 등에 대한 고통스러운 의문제시가 없이는 불가능하므로, 성숙되고 통합된 정체감발달을 위해서는 위기를 경험하는 것이 필요하다고 한다.

(4) 정체감 혼미(Identity Diffusion)

정체감 혼미란 자아에 대해 안정되고 통합적인 견해를 갖는 데 실패한 상태를 말한다. 이 범주에 속하는 청년은 위기를 경험하지 않았고 직업이나 이념선택에 대한 의사

결정을 하지 않았을 뿐만 아니라 이러한 문제에 관심도 없다. 이런 점에서 유예와 구별된다. 유예는 자아에 대해 통합된 견해를 갖지 못했더라도 자아정체감과 관계된 갈등은 해결하려고 열심히 노력하고 있는 경우이기 때문이다. 문학에서 볼 수 있는 정체감혼미의 고전적인 예는 셰익스피어의 햄릿 왕자이다(사진 참조).

Marcia의 네 범주의 자아정체감에 덧붙여 언급할 수 있는 또 하나의 자아정체감은 부정적 정체감이다. 부정적 정체감은 부모의 가치관이나 사회적 가치관과 정반대가 되는 자아개념을 의미한다. 대개이 부정적 정체감은 개인적인 성공에 대한 부모나 사회로부터의 강화나 지원이 없을 경우에 생기기 쉽다. '소년범죄자' '불량소년' 등으로 불리는 청소년들이 부정적 정체감을 형성하는 것으로 보인다. 이들은 사회적으로 용납되는 행위를 내면화할 기회가 없어, 사회적 가치에 반대되는 태도, 행동 등을 자신의 것으로 수용하여, 그것을 암암리에 드러내는 등 악순환적 과정을 통해 부정적 정체감을 형성하게 된다. Marcia는 부정적 정체감을 정체감 유실의 특수한 경우로 간주하

였다(Lloyd, 1985).

Marcia의 자아정체감의 범주화는 Erikson의 위기와 수행에 대한 개념을 왜곡하고 축소 해석했다는 비판을 받고 있다(Blasi, 1988; Coté, 2009; Lapsley & Power, 1988). 예를 들면, Erikson은 위기와 관련해서 청년들이 자신이 속한 문화에 대한 지각에 의문을 갖는다는 것과 사회에서 독립적인 위치를 찾는다는 것을 강조한다. 그러나 Marcia의 정체감 상태는 이러한 복잡한 문제들을 단순히 청년이 어떤 문제에 대해 고민해 보았는지 그리고 대안을 고려해 보았는지 하는 정도로만 취급한다.

수행과 관련해서는 그것이 단순히 어떤 문제에 관해서 결정을 하였는지 여부의 문제로만 해석되기 때문에 Erikson의 원래 의미가 상실된다. 그러나 Marcia의 정체감의 네 가지 상태가 정체감을 이해하는 데 상당한 기여를 했다고 믿는 사람도 없지 않다(Archer, 1989; Marcia, 1991; Waterman, 1989).

4) 자아정체감 상태와 관련변인

Erikson에 의하면 정체감의 성취나 유예는 심리적으로 건강한 것이지만 정체감의 유실이나 혼미는 부적응적인 것이다. 정체감의 네 가지 상태와 성격특성과의 관계를 알아본 연구결과도 이 사실을 뒷받침해 준다.

정체감의 성취나 유예의 상태에 있는 청년은 자아존중감이 높고, 추상적이고 비판적인 사고를 하며, 실제적 자아와 이상적 자아의 상위가 크지 않으며, 높은 수준의 도덕적 추론을 한다(Dellas & Jernigan, 1990; Marcia, 1980). 특히 자아정체감 성취자는 자신을 지나치게 의식하지 않으며, 자신을 다른 사람에게 드러내 보이는 것을 주저하지 않는다(Adams, Abraham, & Markstrom, 2000).

정체감의 유실이나 혼미의 상태에 있는 청년은 적응문제가 있고, 특히 유실자는 독단적이고, 융통성이 없으며, 아량을 찾아볼 수 없다. 그리고 다른 사람과의 의견 차이를 모두 위협으로 받아들인다(Frank, Pirsch, & Wright, 1990). 자신이 의지하고 있는 사람으로부터 거부당할까 봐 두려워하고, 가족이나 친구로부터 소외당한 유실자 중에는 사이비 종교집단에 빠져드는 청년도 있다.

정체감 혼미가 정체감발달에서 가장 미숙한 수준인데, 정체감 혼미자는 모든 것을 운명에 맡기고 "어떻게 되든 상관없다"는 태도로 다른 사람이 하는 것을 그저 따라한다. 그래서 미래에 대한 아무런 꿈도 갖지 못하고 약물남용에 빠지기도 한다.

정체감 상태는 또한 연령과도 관계가 있다(Meilman, 1979). 즉, 청년 초기에는 정체감 혼미나 정체감 유실을 경험하고, 청년 후기가 되어서야 정체감 성취에 이른다. Waterman(1992)의 연구에서, 대학교 상급생 중에서 고등학생이나 대학 1, 2학년생보

Catherine Cooper

Harold Grotevant

다 정체감 성취자가 많은 것으로 나타났다. 이러한 현상은 직업선택 분야에서 더욱 그러하다. 종교적 신념이나 정치적 이념면에서는 성취자가 거의 없고 유실과 혼미가 많은 편이다. 따라서 정체감 형성시기는 특정 분야에 따라 다른 것으로 보인다.

가족이나 사회계층 또한 정체감발달과 연관이 있다. 청년들이 보다 넓은 세계로 나아가고자 할 때, 가정이 안전기지가 되어 주면 정체감 형성에 도움이 된다. 부모와 친밀한 관계를 유지하면서 동시에 자기 의견을 자유롭게 얘기할 수 있는 청년들은 정체감 성취나 유예상태에 있다(Cooper, 2011; Grotevant & Cooper, 1985; Lapsley, Rice, & FitzGerald, 1990). 정체감 유실의 경우는 부모와 친밀한 관계를 유지하지만 부모와 떨어지는 것을 두려워한다. 혼미의 경우는 부모와의 관계가 좋지 못하고 대화도 부족하다(Papini, Micka, & Barnett, 1989).

사회계층 또한 정체감발달에 영향을 미친다. 한 연구(Adams, Gullotta, & Markstrom-Adams, 1994)에서, 대학생이 이미 직업을 가지고 있는 같은 또래보다 정치적 · 종교적 정체감의 발달이 뒤떨어지는 것으로 나타났다. 연구자들은 중산층 가정의 전형적인 특성인 고등교육이 유예기간을 연장시킨다는 것으로 결론지었다.

우리나라 대학생을 대상으로 자아정체감과 그 관련변인을 알아본 연구(박성옥, 어은주, 1994)에서는, 청년의 개인적 특성(성별, 학년, 종교 유무)보다는 부모의 양육태도 및 가족 간의 자율감과 친밀감으로 표현되는 가족의 기능도가 청년의 자아정체감 형성에 긍정적으로 작용하는 것으로 보인다. 즉, 부모의 양육태도가 민주적일수록, 가족의 기능도가 높을수록 청년의 자아정체감이 안정된 것으로 나타났다.

5) 자아정체감발달에서의 성차

자아정체감의 발달은 남녀에 따라 다른 양상으로 나타난다. 청년기 남성의 정체감 형성에는 이념이나 직업선택이 핵심이 되는 반면, 청년기 여성의 정체감발달에는 친밀감이나 인간상호관계 등이 보다 중요한 역할을 하는 것으로 보인다(Adams & Gullotta, 1989; Gilligan, 1982; Rogers, 1987; Toder & Marcia, 1973). 그러나 보다 최근의 연구(Hyde & Else-Quest, 2013; Sharp et al., 2007)에서는 청년기 여성의 정체감발달에서 직업선택이 중요한 역할을 함으로써 자아정체감발달에서의 성차는 사라지기 시작하는 것으로 보인다.

Douvan과 Adelson(1966) 또한 Erikson의 발달단계가 남성과 여성에게 각기 다른 순서로 진행될지 모른다고 한다. 그들은 남성에게는 정체감 형성이 친밀감에 선행하지만, 여성의 경우는 친밀감이 정체감에 선행한다고 믿는다. 이러한 믿음은 여성에게는 대인관계와 정서적 친밀감이 보다 더 중요하고, 남성에게는 자율과 성취가 보다 더 중요하다고 믿는 Gilligan(1990)의 견해와 일치한다.

Marcia의 자아정체감 범주와 관련해서 청년들의 성격특성을 알아본 연구결과도 뚜렷한 성차를 보여주고 있다. Marcia(1980)는 이 연구에서 정체감 성취로 분류된 남성들은 자신감과 독립심 및 융통성이 있으며, 유예로 분류된 사람 역시 정체감 성취자와 많은 특성을 공유하고 있는 것을 발견하였다. 반면, 유실로 분류된 남성들은 권위주의적이고, 고정관념적이며, 부모의 가치관을 그대로 받아들이고, 자기방어적이었다.

정체감 성취와 유예의 범주에 속하는 두 집단의 유사점은 모두 위기를 경험했다는 점이다. Marcia는 이 연구결과에 의해 성숙 수준에 도달하기 위해서는 남자는 청년 후기에 반드시 위기를 경험해야 한다고 결론지었다.

한편, 여성의 경우는 그와 다른 결과가 나타났다. 정체감 성취자의 정서적 성숙 수준이 제일 높고, 다음이 정체감 유실, 정체감 유예 순으로 나타났다. 남성의 경우는 유예로 분류된 사람들이 정체감 성취자와 많은 특성을 공유했으나, 여성의 경우 이들은 정체감 혼미자와 비슷하였다.

정체감 성취와 유실 간의 유사점은 수행이다. 수행은 개인의 현재의 활동과 미래의 기대에 안정성을 가져다준다. 따라서 남성의 정체감발달에 필요한 위기와는 대조적으로 청년기 여성의 정체감발달에서 가장 중요한 것은 안정성이며, 어떤 방법으로 안정성을 찾는가는 문제가 되지 않는 것으로 보인다. 정체감 성취자는 자신의 내적 준거틀에 의해 그리고 유실의 경우는 부모의 신념에 따라 수행을 이루었지만, 어쨌든 양자 모두 자신의 복지에 필요한 것으로 보이는 안정성을 갖게 된 것이다.

이와 같은 결과에 대해 Gallatin(1975)은 정체감 위기 모델이 여성의 정체감발달을 설명하는 데에는 적합하지 않다고 주장한다. Erikson이 말하는 청년기 정체감 위기의 대부분이 본질적으로 '남성적'인 것이기 때문에 남성의 경우는 위기와 수행을 거쳐 정체감을 형성하는 것으로 보이지만, 여성의 경우는 정체감 확립을 위해 반드시 위기를 경험할 필요가 없는 것으로 보인다.

사실상 여성의 정체감발달의 개념화는 대인관계라는 측면을 포함해야 한다(Patterson, Söchting, & Marcia, 1992). 어쩌면 정체감 형성이라는 발달과업은 남성보다 여성에게 더 복잡한 것일지 모른다. 왜냐하면 여성이 남성보다 더 많은 영역에서 정체감을 확립해야 하기 때문이다. 오늘날 여성들에게 선택의 폭이 넓어졌고, 특히 가정과 직업을 성공적으로 병행하고자 하는 여성들에게는 정체감발달이라는 과업이 특히 혼란스럽고 갈등을 낳을 수 있다(Archer, 1994; Josselson, 1994; Stereitmatter, 1993).

Stephen J. Patterson

4. 청년기의 사회적 관계

청년발달을 연구하는 학자 중에는 지금까지 청년의 심리적 발달의 결정요인으로 사춘기의 생물학적 변화를 지나치게 강조해 왔다고 믿는 사람들이 있다. 아동기에서 청년기로 전환함에 있어서 생물학적 변화는 매우 중요한 측면이기는 하지만, 청년의 심리적 발달에서 사회적 맥락 또한 중요한 역할을 한다. 그리고 이러한 역할은 최근까지 간과되어 온 것이다.

1) 청년과 부모의 관계

부모와 자녀 간의 유대관계가 아무리 강하다 할지라도 자녀가 청년기에 들어서면 부모와 청년자녀 간의 갈등은 불가피해진다. 청년과 부모의 갈등의 근원을 청년기 자녀의 발달상의 변화 때문이라고 생각해 왔으나, 부모의 요인들 또한 청년과 부모 간의 갈등에 영향을 주는 것으로 보인다. 청년자녀의 부모들은 자신의 인생에서 결정적인 시기에 접어든다. 그들은 십대자녀의 부모라는 사실을 떠나서라도 그들 스스로도 중년기 위기라는 힘든 시기를 맞이하게 된다.

부모로부터 독립하고 정서적 의존에서 벗어나고자 하는 청년이 부모와 갖는 관계는 아동기에 가졌던 부모와의 관계와는 다르다. 청년의 급속한 신체적 성장은 부모의 체

서로에게 상처를 주며 관계에 금이 가고 있어요.

벌이나 통제를 어렵게 만든다. 그 결과 부모의 권위는 도전을 받게 되고, 지금까지의 부모-자녀관계를 수정해야 하는 상황이 초래된다. 또한 형식적·조작적 사고가 가능한 청년은 부모가 설정한 규칙이나 가치관에 대해 논리적 모순을 발견하고 의문을 제기한다. 즉, 증대된 인지적 기술로 인해 청년은 이제 더 이상 무조건 부모가 시키는 대로 따라 하지 않는다. 청년자녀의 비판이나 의문제기에 대해 어떤 부모들은 화를 내거나 방어적으로 대한다(사진 참조).

특히 오늘날의 사회변화가 청년과 부모와의 관계를 더욱 어렵게 만든다(Small & Eastman, 1991). 첫째, 청년기의 연장은 자동적으로 부모의 부양책임과 청년의 의존기간을 연장시켰다. 그로 인해 부모들은 더 많은 부담을 느낀다. 둘째, 급격히 변화하는 사회문화적 변화와 방대한 정보와 가치들은 청년들이 성인의 역할을 준비하는 것을 더욱 어렵게 만든다. 셋째, 오늘날의 사회에서는 부모들이 청년자녀를 교육하는 데 도움을 받을 수 있는 지원망이 거의 없고, 친척과 친지들로부터 고립된 경우가 많다. 넷째, 흡연, 음주, 약물남용, 십대 임신 등 청소년 비행의 증가는 부모들로 하여금 지나치게 신경을 쓰게 만든다. 다섯째, 대중매체가 청소년문제를 지나치게 부각시키고 그리고 전문가들로부터의 상충된 조언은 부모들을 더욱 혼란스럽게 만든다.

우리가 자손에게 남겨 줄 수 있는 불변의 유산은 뿌리와 날개라는 말이 있다. 이 말은 청년기의 성공적인 적응을 위해 필요한 애착과 자율의 중요성을 일깨워 주는 것이다. 지금까지는 청년기 동안에 자율만을 강조해 왔으나 최근에 와서 청년의 건강한 발달을 위한 애착의 필요성이 강조되고 있다.

최근에 와서 인간발달론자들은 청년기의 부모와의 안정애착에 대해 연구하기 시작하였다. 부모에 대한 안정애착은 청년의 사회적 능력, 자아존중감, 자기통제, 정서적 적응, 신체적 건강과 관련이 있는 것으로 나타났다(Allen & Kuperminc, 1995; Eberly, Hascall, Andrews, & Marshall, 1997; Juang & Nyugen, 1997; Kobak, 1992).

청년기에 부모에 대한 애착은 청년이 새로운 환경에 적응하고, 자신의 세계를 넓혀 감에 있어 안전기지로서의 역할을 한다(Allen & Bell, 1995). 그리고 부모와의 안정애착은 아동기에서 성인기로 넘어가는 과도기와 관련된 불안, 우울, 정서적 혼란 등을 완화해 주는 역할을 한다(Papini, Roggman, & Anderson, 1990).

2) 청년과 부모의 갈등

많은 부모들은 어릴 때 고분고분하게 말을 잘 듣던 자녀가 청년이 되자 버릇없이 굴고, 부모가 설정한 기준에 따르지 않으면 실망하고 당황해한다. 마치 부모들은 자녀가 성인이 되려면 십여 년의 세월이 필요하다는 사실을 잊어버리고, 하룻밤 사이에 성숙한 어른이 될 것으로 기대하는 것처럼 보인다.

많은 청년들은 부모로부터 독립하고 싶어하는 동시에 자신이 실제로 얼마나 부모에게 의존하고 있는지를 깨달으면서 끊임없이 갈등을 느낀다. 청년들의 이러한 양면적인 느낌은 종종 부모들 자신의 양면성과 일치한다. 부모들은 자녀가 독립하기를 원하는 동시에 그들이 계속해서 의존해 주기를 바라기 때문에 종종 십대자녀들에게 '이중적인 메시지'를 전달한다.

일반적으로 부모와 청년자녀 간의 갈등은 청년 초기에 사춘기의 시작과 더불어 증가한다(Garcia-Ruiz et al., 2013; Juang & Umana-Taylor, 2012; Weng & Montemayor, 1997). 사춘기의 생물학적 변화, 논리적 추론과 같은 인지적 변화, 독립과 정체감을 수반하는 사회적 변화 그리고 중년기 위기를 포함하는 부모 쪽의 신체, 인지, 사회적 변화 등이 청년과 부모 간 갈등의 증가 원인이 된다. 부모와의 갈등은 청년 중기에 안정되다가 청년 후기가 되면 감소한다(Laursen & Ferreira, 1994; Laursen, Coy, & Collins, 1998). 이 감소는 성인기로의 진입을 반영하는 것이라 볼 수 있다.

부모와 십대자녀 간의 갈등은 주로 학교성적, 친구문제, 귀가시간, 용돈 사용, 부모에 대한 불복종, 형제와의 갈등, 청결, 정리정돈, 자질구레한 집안일과 같은 일상적인 일에 관한 것이다. 이러한 갈등들은 자녀가 독립하고자 하는 욕구의 반영일 수도 있고, 부모의 입장에서 보면 자녀가 사회규범을 따르도록 가르치려는 부모의 노력을 반영한 것일 수도 있다. Montemayor(1982)는 이와 같은 사회화 과업이 어느 정도의 긴장을 낳는 것은 불가피한 것이라고 한다.

사진 설명: 부모와 청년자녀 간의 갈등상황

그러나 부모와 청년자녀 간의 갈등은 감소될 수 있는 것이다. 갈등이 발생하면 많은 부모들이 힘을 행사함으로써 갈등을 해결하려고 하지만, 대개의 경우 이 접근법은 역효과를 가져온다. 갈등을 해결하는 보다 효율적인 접근법은 가족의 중요한 의사결정에 청년을 참여시키고, 그들의 의견을 존중해 주며, 합리적이고 일관성 있는 규율을 적용하고 그리고 십대들이 하는 일에 관심을 보이고 지원해 줌으로써 부모와 청년자녀 간의 갈등을 최소화할 수 있다.

한국, 중국, 일본 등 동양 세 나라의 청소년을 대상으로 그들이 부모와 어느 정도의 갈등을 경험하고 있는지 조사한 연구가 있다(문화체육부, 1997). 이 연구에서 부모의 간섭 정도, 부모에 대한 반항, 가출충동, 체벌경험에 관한 문항을 구성하여 청년과 부모의 갈등 정도를 조사하였다. 연구결과, "부모로부터 간섭을 많이 받고 있다고 느끼는 가?"라는 질문에 한국 청소년의 경우, 전체 응답자의 64.4%가 "그렇다"고 대답해 일본(50.2%)과 중국(27.5%)에 비해 월등히 높은 것으로 나타났다.

3) 청년과 부모의 의사소통

의사소통에는 말하기, 듣기, 읽기, 쓰기 이외에 감정의 교환이나 상대방과의 공감 등 다양한 내용이 포함된다. 이러한 의사소통에는 언어적 의사소통과 비언어적 의사소통이 있다. 언어적 의사소통은 말이나 글로 의사를 전달하는 것이고, 비언어적 의사소통은 얼굴표정이나 몸짓, 행동, 옷차림 등 언어를 포함하지 않는 의사전달을 말한다.

의사소통에서 중요한 것은 태도요인으로서 상대방에 대한 신뢰, 감정이입, 자신의 생각이나 감정을 자유롭게 표현할 수 있는 분위기, 다른 사람의 생각이나 느낌을 진지하게 듣는 자세 등이다.

(1) 의사소통

가족마다 독특한 의사소통망이 있다. 가장 보편적인 의사소통망은 수레바퀴형이다. 〈그림 10-15〉(a)에서 보듯이 중심이 되는 인물(주로 어머니)이 가운데 위치하고, 그 밖의 다른 가족원은 모두 수레바퀴의 바퀴통으로서의 역할을 한다. 더 바람직한 유형은 완전통로형으로서 〈그림 10-15〉(b)에서와 같은 이러한 유형이 가족 구성원 모두에게 만족스러운 의사소통망이라 할 수 있다.

비효율적인 의사소통은 부정적이고 방어적인 경향이 있다. 이러한 의사소통은 부모의 우월감, 지나친 통제, 독단, 욕하기, 비난 등을 포함한다. 부모들은 자녀를 지나치게 비판함으로써, 자녀의 죄책감을 유발한다. 결과적으로 청년들은 낮은 자아존중감과 고립감을 경험한다.

미국 대학생 297명을 대상으로 부모의 양육행동 중 자녀의 자율과 독립심을 격려하는 양육행동과 자녀의 행동을 지나치게 통제하는 양육행동(헬리콥터형이라고 함; 사진 참조)에 관한 연구(Schiffrin et al., 2014)에서 헬리콥터형 부모

(a) 수레바퀴형   (b) 완전통로형

〈그림 10-15〉 의사소통망

출처: Galvin, K. M., & Brommel, B. J. (1982). *Cohesion and change*. Scott & Foresman.

의 자녀들은 우울증과 불안수준이 높은 반면, 심리적 안녕감과 생활만족도는 유의하게
낮은 것으로 나타났다.

(2) '나 전달법'

부모와 청년의 의사소통을 원활히 하는 방법으로 '나 전달법'을 사용할 수 있다. '나
전달법'은 상대방을 방어적으로 만들지 않고서 나의 생각이나 감정을 정직하게 표현하
도록 한다.

'나 전달법'에는 네 가지 구성 요소가 있다. 첫째, 상대방의 행동에 대한 객관적이고
비판적이지 않은 묘사, 둘째, 그 행동이 나에게 미치는 눈에 보이는 확실한 영향, 셋째,
내가 그것에 대해 느끼는 기분, 넷째, 그래서 상대방이 그 점에 대해 어떻게 해 주기를
바라는가 하는 것이다.

4) 청년과 교우관계

자신이 친구들에게 어떻게 보이는가 하는 것은 청년들의 삶에서 매우 중요하다. 어
떤 청년들은 친구들의 집단에 속하기 위해 무슨 일이든지 한다. 왜냐하면 따돌림받는
다는 것은 스트레스와 좌절 그리고 슬픔을 의미하기 때문이다.

친구는 인간발달에 있어서 필요한 존재인가? 한 연구(Suomi, Harlow, & Domek, 1970)

에서, 함께 자라던 원숭이를 떼어놓았더니 그 원숭이들은 우울증에 걸렸다. 인간을 대상으로 한 연구(Freud & Dann, 1951)에서도 사회성 발달에서 친구의 중요성을 강조하고 있다. Anna Freud는 제2차 세계 대전에서 부모를 잃은 후 함께 지내던 여섯 명의 아이들을 연구하였다. 그들은 서로에게 강한 애착을 갖고 있었고 서로에게 의지하면서, 다른 사람들에게는 냉담하였다. 그들은 부모의 보살핌 없이도 비행 청소년이 되지 않았고 정신병에도 걸리지 않았다.

Stephen Suomi

정상적인 사회성발달을 위해서 청년들에게 좋은 교우관계는 필수적이다(Prinstein & Giletta, 2020; Umana-Taylor et al., 2020). 사회적 고립은 청소년 비행에서 음주문제, 우울증에 이르기까지 여러 가지 문제행동 및 부적응과 연관되어 있다(Hops, Davis, Alpert, & Longoria, 1997; Kupersmidt & Coie, 1990). 한 연구(Ryan & Patrick, 1996)에서, 좋은 교우관계가 사회적 적응과 정적인 관계가 있는 것으로 나타났다. 아동기와 청년기의 교우관계는 그 이후의 발달과도 연관이 있다. 아동기에 교우관계가 원만하지 못하면 청년 후기에 학교를 중퇴하고, 비행 청소년이 되는 경향이 있음을 보여주고 있다. 또 다른 연구(Hightower, 1990)에서는, 청년기의 좋은 교우관계는 중년기의 정신건강과 정적인 상관이 있음을 보여주었다.

친구의 영향은 긍정적인 측면도 있고 부정적인 측면도 있다(Choukas-Bradley & Prinstein, 2013; Rubin, Bowker, McDonald & Menzer, 2013; Rubin, Bukowski, & Parker, 1998; Wentzel, 2013). Piaget(1932)와 Sullivan(1953)은 아동과 청년이 인간관계에서 '상호성'을 배우는 것은 친구와의 상호작용을 통해서라고 강조하였다. 아동들은 친구와 의견이 서로 맞지 않을 때에 해결하는 과정을 통해서 정의와 공평성의 원리를 배운다. 청년들은 친한 몇 사람과의 친밀한 교우관계를 통해서 상대방의 욕구에 민감하고 능숙한 파트너가 되는 것을 배우게 된다. Sullivan에 의하면, 이러한 기술은 나중에 이성교제와 부부관계의 기초를 마련하는 데 도움이 된다고 한다.

반면, 친구가 아동과 청년에게 미치는 부정적인 영향도 만만치 않다(Haggerty et al., 2013; Larson et al., 2013; Van Ryzin & Dishion, 2013). 또래는 청년들에게 술과 약물, 문제행동들을 소개하기도 하고, 또래에 의해 거부되고 무시당하는 것은 청년을 외롭게 만들고 적개심을 불러일으킨다. 나아가서 그러한 거부와 무시는 정신건강을 해치고 범죄행위와도 연관이 있다.

5) 우정

우정은 인생의 그 어느 시기보다도 청년기에 보다 강렬한 것 같다. 친한 친구와 깊

숙한 속마음과 느낌을 공유할 수 있는 능력은 인지발달에 기초한다. 청년들은 어린 아동들보다 자신이 생각하고 느끼는 것을 더 잘 표현하며, 덜 자기중심적이기 때문에 친구들이 자신과 나누는 생각이나 느낌들에 대해 보다 민감하다.

청년들은 어떻게 친구를 선택하는가? 첫째, 유사성의 차원을 들 수 있다. 유사성의 차원은 흥미나 행동 그리고 태도에서의 유사성을 말하는데, 이 차원은 우정관계를 형성하는 데 매우 중요하다. 즉, 청년들은 자신과 비슷한 사람을 친구로 선택하고, 친구가 되면 서로 영향을 끼쳐 더욱 비슷하게 된다. 둘째, 서로 도와주거나 지지해 주며 서로의 의견이나 행동을 이해하고 받아들이는 자세를 말하는 상호성의 차원은 상호 간의 신뢰감에 바탕을 둔다. 셋째, 양립 가능성의 차원은 별다른 다툼이나 갈등 없이 서로 잘 어울릴 수 있으며, 함께 있으면 마음이 편안하고 서로 좋아하는 정도를 나타낸다. 넷째, 역할 모델의 차원으로 친구를 나 자신의 행동 모델로 삼는 측면이다. 다섯째, 구조적 차원은 우정관계의 질적인 것과는 상관없이 가까운 동네에 사는가, 얼마나 오랜 기간 친구로 사귀어 왔는가 그리고 서로 친구가 됨으로써 유리하거나 편리한 점 등을 말한다(Lowenthal, Thurnher, & Chiriboga, 1975).

David Chiriboga

(1) 설리반의 우정에 관한 이론

Sullivan(1953)은 청년기의 우정이 갖는 중요성을 강조한 가장 영향력 있는 이론가이다. 부모-자녀관계의 중요성만을 강조한 다른 정신분석이론가와는 달리 Sullivan은 아동과 청년의 복지와 발달에 친구가 매우 중요한 역할을 한다고 믿는다. 복지와 관련해서 우리는 모두 기본적인 사회적 욕구가 있는데 그것은 안정애착에 대한 욕구, 재미있는 동반자, 사회적 승인, 친밀감, 성적 욕구 등이다. 이러한 욕구의 충족 여부가 우리들의 정서적 복지를 결정한다. 예를 들면, 재미있는 동반자 욕구가 충족되지 않으면 우리는 심심해지고 우울해진다. 그리고 사회적 승인을 못 받게 되면 우리의 자아존중감이 낮아진다. 발달적 측면에서 보면 청년기에 이러한 욕구를 충족시키는 데 친구는 매우 중요하다. 특히 Sullivan은 친밀감에 대한 욕구는 청년 초기에 강렬해지기 때문에 십대들은 가까운 친구를 찾게 된다고 한다. 만약 청년이 친한 친구를 갖지 못하면 외로움이라는 고통스러운 감정을 경험하게 되고 자기가치감이 저하된다.

연구결과도 Sullivan의 이러한 견해를 지지한다. Buhrmester와 Furman(1987)의 연구에서, 청년들이 아동들보다 자신의 신상에 관한 정보를 친구들에게 더 솔직히 털어놓았으며, 동반자, 자기확신, 친밀감에 대한 욕구를 충족함에 있어 부모보다 친구에게 더 많이 의존하였음을 보여주고 있다. 또 다른 연구(Buhrmester & Carbery, 1992)에서, 친구 또는 부모와 의미 있는 시간을 얼마나 보내는지 알아보기 위해 13~16세 청년을 5일간 매일 면접한 결과, 부모와는 하루에 28분이지만 친구와는 130분을 함께 보냈다. 피상적인 친구관계나 아예 친구가 없는 십대들은 외로움, 우울증 그리고 낮은 자아존중감을 호소하였다

Duane Buhrmester

(Yin, Buhrmester, & Hibbard, 1996). 청년 초기의 우정은 성인기의 자아존중감을 예측하는 중요한 요인이었다.

　Sullivan은 또한 정서적 후원자로서의 친구의 역할을 강조한다. 가까운 친구가 자신의 불안이나 두려움에 대해 털어놓을 때 청년들은 자기가 '비정상'이 아니며 "부끄러워하지 않아도 되는구나" 하고 안도감을 느끼게 된다. 청년은 또한 부모와의 해결되지 않은 문제나 이성문제로 고민할 때 친구로부터 정서적 지원, 충고, 정보를 제공받는다.

(2) 청년기 우정의 발달

　우정의 의미와 질은 청년기 내내 변한다. 청년 초기의 피상적이고 활동중심이던 우정관계에서 청년 후기의 친밀하고 보다 정서적인 상호관계로 우정은 전개되어 간다.

　청년 초기(10~13세)의 우정은 개인적인 특성보다는 태도나 행동, 관심 분야의 유사성에 기초한다. 이때의 우정은 보다 피상적이고, 활동중심으로 동성의 친구가 대부분이다. 자기노출이나 친구에 대한 신의는 이제 막 나타나기 시작한다(Berndt, Hawkins, & Hoyle, 1986).

　청년 중기(14~16세)의 우정은 정서적으로 강렬하고 관계중심적이다. 십대들은 이제 친구의 개인적인 특성을 고려하는데, 특히 신뢰할 수 있고 비밀을 털어놓을 수 있는 친구를 찾게 된다. 이때의 친구는 자기 자신을 상대방에게 노출시키고, 남의 소문을 이야기하며, 비밀을 서로 나눈다. 이때의 우정은 뜨거워졌다 차가워졌다 하는 갑작스러운 변화를 겪으며, 친구와 헤어지는 것, 배신당하는 것에 상당히 민감하다. 이때는 특히 친구가 뒤에서 자기 욕을 할까 봐 걱정하고, 자기 비밀을 남에게 얘기할까 봐 두려워한다(Frankel, 1990). 그리고 우정에 금이 갔을 때 큰 상처를 입는다. 이 무렵 이성교제가 시작되지만 여전히 동성친구가 이성친구보다 더 중요하다.

　청년 후기(10대 후반~20대 초반)의 우정은 상호성과 친밀감이 특징이며 보다 안정된 관계가 된다. 이성친구가 보다 보편적이지만 동성친구를 대신한다기보다 보완적인 것

이다. 이때에는 신뢰감, 상호노출, 의리를 포함하는 친밀감이 증대한다. 결과적으로 친구들은 서로 많이 나누고 주는 관계가 된다. 십대들은 일상적인 관심사에 관해 부모보다 친구와 의논하고 지원을 받는다(Youniss & Smoller, 1986). 청년 후기에는 친구와의 사귐에서 많은 경험을 쌓기 때문에 친구에게서 무엇을 기대해야 하는지에 대해 보다 아량이 넓어지고, 그들이 자신과는 다르다는 점을 인정한다. 따라서 이때의 우정은 성인들의 우정처럼 정서적으로 친밀하고 안정된 관계가 된다.

(3) 청년기 우정의 성차

Willard Hartup

흔히 여성의 우정과 남성의 우정은 다르다고 한다(Bukowski, Buhrmester, & Underwood, 2011; Kenney, Dooley, & Fitzgerald, 2013; Rubin et al., 2013). 우정이 남성, 여성 모두에게 다 중요하지만 우정의 의미는 다르다. 즉, 여성들의 우정에는 정서적 친밀감과 신뢰감이 중요한 역할을 한다(Buhrmester & Furman, 1987; Bukowski & Kramer, 1986). 여성들은 동성친구와의 관계에서뿐만 아니라 이성친구와의 관계에서도 높은 수준의 친밀감을 형성한다(Gorrese & Ruggieri, 2012). 여성들은 자신의 감정을 이야기하고 나눔으로써 친밀감이 형성된다. 여성들의 우정에서 강렬한 감정과 친밀감의 강조로 인해 여성들은 친구관계에서 긴장, 질투, 갈등을 경험한다. 이러한 긴장과 갈등은 친구로부터의 거부와 배신에 대한 두려움이다(Miller, 1990). 그래서 여성이 남성보다 더 작은 규모의 배타적인 우정망을 형성한다(Hartup & Overhauser, 1991).

반면, 남성들은 운동경기를 함께하거나 관람하는 등 같은 활동을 함으로써 친밀감을 형성한다. 여성보다 자신의 노출이 적고 자신의 감정을 이야기하고 나누는 것도 덜하다(Camarena, Sarigiani, & Petersen, 1990). 남자아이들은 어려서부터 자기 감정을 노출하는 것이 남자답지 못한 것으로 배워 왔다(Maccoby, 1991, 2002). 사실 한 연구(Jones & Dembo, 1989)에서, 남성의 우정에서 친밀감은 성역할 정체감과 관련이 있는 것으로 나타났다. 즉, 남성적인 남자는 동성친구와의 교우관계에서 친밀감이 별로 없었지만, 양성적인 남자는 여자와 마찬가지로 높은 수준의 친밀감을 형성하였다.

6) 이성교제

이성교제는 배우자 선택이라는 중요한 역할을 할 뿐만 아니라 이성교제를 통해 인격의 정상적인 발달이 이루어질 수 있다. 즉, 이성교제를 함으로써 사랑의 본질과 기쁨을 알고, 예의에 벗어남이 없이 이성에 대한 관심을 표현하며, 서로의 개성과 인격을 존중할 줄 알고, 나아가서는 배우자 선택이나 앞으로 결혼생활을 원만히 해나갈 수 있는 기초적 자질을 키울 수 있는 기회를 갖는다.

(1) 이성교제의 기능

이성교제의 기능을 살펴보면 다음과 같다(Paul & White, 1990).

첫째, 오락적 기능으로서 서로 기쁘고 즐거운 시간을 가질 수 있다(사진 참조). 청년은 영화나 음악 감상, 파티, 여가선용을 함께함으로써 재미있는 시간을 가진다. 둘째, 데이트 상대의 근사한 용모나 또래 간의 인기를 통해 성취감을 느낀다. 셋째, 이성교제를 통해서 자신의 장단점을 알게 되며, 자기반성을 함으로써 정상적인 인격형성을 도모할 수 있다. 넷째, 이성교제는 청년기의 사회화 과정의 일부로서 다른 사람과 어울리는 법을 배우고, 예의범절을 익히며, 사회적 기술을 터득한다. 다섯째, 이성과 의미 있는 관계를 가짐으로써 친밀감 형성에 대해 배운다. 여섯째, 이성교제는 성적 탐구의 장(場)이 될 수 있다. 일곱째, 이성교제를 통해 같은 활동을 함께하고 상호작용을 함으로써 동반자 역할을 익힌다. 여덟째, 이성교제의 경험은 정체감 형성과 발달에 기여한다. 아홉째, 이성교제의 궁극적 목적인 배우자 선택의 기회로 활용한다. 결혼의 행·불행은 자기가 선택한 사람에 의해 크게 영향을 받으므로, 이성교제를 통해서 서로 어울리며 사랑할 수 있는 배우자를 선택하는 것이 매우 중요하다.

청년기의 이성교제는 처음에는 여러 사람과 자유롭게 교제하는 것이 특징이며, 오락적 목적이 주가 된다. 그러다가 점차 한 사람에게 열중하게 되어 두 사람만의 시간을 가지기를 원하게 된다. 그러나 청년기의 이성교제가 결혼을 목적으로 하거나 배우자 선택의 언질을 반드시 내포하는 것은 아니다.

한 연구(Roscoe, Dian, & Brooks, 1987)에서, 이성교제가 갖는 기능의 발달적 변화를 조사한 바 있다. 청년 초기, 중기, 후기의 청년을 대상으로 이성교제의 목적과 데이트 상대를 선택하는 기준에 대해 질문을 하였다. 초기와 중기 청년은 자기중심적으로 이성교제의 목적이 주로 오락적 기능인 데 반해, 후기의 청년은 이성교제에서 상호성을 강조하였다. 즉, 친밀감 형성이 주된 기능이고 동반자, 사회화, 오락적 기능은 그다음 순이었다. 그리고 청년 초기에는 데이트 상대의 근사한 용모나 또래 간의 인기를 통해(예: 킹카나 퀸카) 자신을 과시하려는 목적으로 상대를 선택하는 경향이 있지만, 후기에는 미래지향적으로 장래문제를 고려하는 경향을 보여주었다.

우리나라 남녀 청소년 300명을 대상으로 청소년의 성 의식에 관한 조사 연구(이선옥, 2003)에서, 이성교제에 대해서 남녀 학생 73.2%가 찬성한다고 응답했다. 이성교제를 찬성하는 이유는 자연스러운 성장과정과 이성을 알 수 있는 기회이기 때문이라고 했다. 반면, 이성교제를 반대하는 이유는 성적이 떨어질 것 같아서가 주된 이유였다. 이성교제의 기준은 마음씨와 외모가 압도적이었으며, 이성에 대한 호감의 표현은 '이메일 또는 타인을 통해서 전달한다'와 '마음으로만 간직한다'에 주로(61.6%) 응답했다.

(2) 데이트 폭력

최근 빈번하게 발생하고 있는 데이트 폭력(dating abuse, dating violence)은 이성교제의 심각한 문제로 대두되고 있다. 데이트 폭력은 이성교제 과정에서 한쪽이 가하는 폭력이나 위협을 말하는데, 성적인 폭력뿐 아니라 과도한 통제, 감시, 폭언, 추행, 상해, 갈취, 감금, 납치, 살인 등 복합적인 범죄로 나타날 수 있다.

최근에 와서 데이트 폭력은 그 발생빈도가 지속적으로 증가하고 있으며, 연인이라는 각별한 관계라는 점에서 데이트 폭력이 발생해도 사적인 문제로 생각하여 가볍게 넘어가는 인식 때문에 더 큰 피해를 불러일으키기도 한다. 그리고 연인이라는 친밀한 관계의 특성상 지속적, 반복적으로 발생하고 재범률 또한 매우 높은 편이다.

한국여성의 전화(2016)에서 실시한 데이트 폭력 실태조사에 의하면 데이트 폭력에서 가장 빈번하게 나타나는 유형은 상대방에 대한 통제이며, 그 다음으로 성폭력, 언어적·정서적·경제적 폭력인 것으로 보인다.

이러한 데이트 폭력에 영향을 미치는 대표적인 요인으로는 어린 시절 폭력을 목격한 경험 또는 폭력의 직접적인 피해경험 등을 들 수 있다(김보라, 정혜정, 2009; 손혜진, 전귀연, 2003; 정혜정, 2003). 또한 폭력을 다른 형태의 애정표현으로 간주하여 심각하게 다루지 않는 인식의 문제도 주요 원인으로 작용한다. 따라서 데이트 폭력은 연인들 간의 '사랑싸움'으로 치부해버리는 경향에서 벗어나 피해자에게 심각한 고통을 주는 범죄라는 것을 인식해야 한다.

전통적으로 데이트 폭력의 피해자는 남성보다 여성이 더 많은 것으로 인식되고 있다. 데이트 폭력의 가해자인 남성은 여성을 자신의 소유물이나 부속물로 취급하는 경우가 많으며, 여성에 대한 의심이나 여성의 거절을 이유로 폭력을 행사한다.

데이트 폭력 가해자의 대부분이 남성이지만, 여성에 의해 가해지는 데이트 폭력 또한 심각한 문제가 될 수 있다. 남성이 피해자가 될 경우 사회적 인식에 반하기 때문에 잘 드러나지 않을 뿐 폭력의 유형 중 심리적인 폭력은 상호적인 것으로 파악되고 있다(Cyr, McDuff, & Wright, 2006). 국내연구(김보라, 정혜정, 2009; 윤경자, 2007)에서도 폭력 피해의 심각성에 있어서 남학생이 여학생보다 성폭력을 제외한 폭력에서 더 많은 피해를 입은 것으로 나타났다. 이처럼 남녀 모두가 데이트 폭력의 피해자가 될 수 있으므로 데이트 폭력에 대한 인식의 전환과 이를 사전에 예방하기 위한 노력이 필요하다.

7) 청년의 성에 관한 태도와 행동

오늘날의 청년은 이전의 세대들보다 훨씬 더 성에 대해 개방적이고, 성을 경험하기 시작하는 연령도 계속 낮아지고 있다. 청년들은 영화나 텔레비전 그리고 비디오를 통해서 무수히 많은 성적 묘사에 접하게 된다. 이로 인해 때로는 너무 이른 나이에 성관계를 경험하기도 하는데, 불건전한 성관계는 십대 임신이나 성병 감염의 위험을 초래하기도 한다.

청년들이 이른 나이에 성관계를 갖는 데 대해 사랑, 호기심, 성적 욕망, 남자친구를 붙잡아두는 수단을 그 이유로 들고 있다. 부정적인 자아개념도 청년의 성행위와 관련이 있는데, 열등감이 많은 청년은 성을 통해 자신을 증명해 보이려 한다. 그러나 이와 같은 방법의 성행위는 오히려 자신에 대해 더 부정적인 느낌을 갖게 한다.

우리나라의 청년을 대상으로 한 연구(홍강의, 1996)에서도, 많은 청년들이 분별없이 너무 이른 나이에 성경험을 하는 것으로 나타났다. 성관계를 이른 나이에 갖게 되는 이유는 성의 개방화와도 관련이 있지만, 청년들의 자제력 결핍과 도덕성 결여와도 관련이 있는 것으로 보인다. 일부 청소년들은 부모에 대한 반항의 의미로 성관계를 갖기도 하고, 또 다른 청소년들의 경우는 부모로부터의 관심이나 애정결핍에 대한 보상으로 이른 나이에 성경험을 한다.

서울 시내 12개 대학교 학생과 네티즌 등 1,254명을 대상으로 성의식 조

홍강의 교수

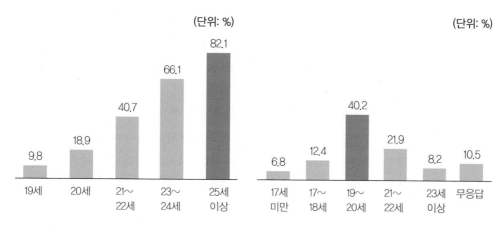

〈그림 10-16〉 **연령대별 성경험 비율**

〈그림 10-17〉 **첫경험 연령**

사를 실시한 '2014년 대학생 성의식 리포트'(중앙일보, 2014년 5월 21일자)에서 45.6%가 성경험이 있다고 보고하였다. 〈그림 10-16〉은 연령대별 성경험 비율이며, 〈그림 10-17〉은 처음 성경험을 한 연령에 관한 내용이다. 성경험자 중 59.4%는 20세 미만에 처음 성경험을 한 것으로 나타났다.

많은 사회가 혼전 성관계에 대해서 네 가지 기준을 가지고 있다. 첫째, 이중 기준으로 남자가 혼전 성관계를 갖는 것은 무방하지만 여자는 안 된다는 것이다. 둘째, 애정이 있으면 혼전 성관계를 허용해도 괜찮다는 것으로 결혼할 상대나 사랑하는 사이라면 무방하다는 것이다. 셋째, 서로 육체적으로 매력을 느낀다면 혼전 성관계는 허용해도 좋다는 것이다. 넷째, 어떤 경우라도 혼전 성관계는 허용되어서는 안 된다는 기준으로 혼전순결은 반드시 지켜야 한다는 것이다.

우리나라에서 많은 지지를 받고 있는 기준은 "혼전순결은 반드시 지켜야 한다"는 것이다. 많은 사람들이 혼인 전에는 절대로 성관계를 가져서는 안 된다는 태도를 보이지만, 실제 행동에서 이러한 믿음이 지켜지는가는 또 다른 문제이다. 혼전 성관계에 관한 조사(홍강의, 1996)에 의하면, 점차 혼전 성관계가 증가하고 있고, 혼전순결의 신화는 깨어지고 있는 것으로 보인다.

(1) 자위행위

청년기에는 성적으로 성숙하고 강한 성적 욕구를 느끼게 되지만, 결혼하지 않은 미성년 남녀가 성관계를 통해 성적 욕구를 충족시키기는 어려운 일이다. 따라서 많은 청년들이 자위행위를 통해 성욕을 해결하고자 하는데, 자위행위는 생식기의 자기자극에 의해 오르가슴에 도달하는 방법이다.

과거에는 성병에서 정신이상까지 그 원인을 모두 자위행위 탓으로 돌렸지만, 요즘은 옛날에 비해 자위행위에 대한 사회적인 오명도 덜하고, 자위행위를 자연발생적인 것으로 보는 사람도 많다(Hyde & DeLamater, 2011; Levin, 2007).

그러나 자위행위는 성욕 해결의 정상적인 방법이 아닐 뿐더러 자위행위를 자주 반복하면 건강을 해치게 된다. 대부분의 청년들도 자위행위를 수치스러운 것으로 여기며 죄책감을 느끼기 때문에 심리적으로도 문제가 된다. 특히 청년들의 통제할 수 없는 과도한 자위행위는 성에 대해 지나친 관심을 갖도록 유도한다. 의학적으로는 자위행위가 무해한 것이라 하더라도, 이것이 지나칠 경우 자위행위 자체가 아니라 자위행위에 집착하게 되는 원인 때문에 심각한 문제가 될 수 있다. 따라서 지나치게 자위행위를 하는 청년의 경우, 취미활동이나 스포츠 등을 통하여 성적 에너지를 다른 곳으로 전환시키는 것이 좋다(사진 참조).

사진 설명: 취미 활동이나 스포츠 등을 통하여 성적 에너지를 다른 곳으로 전환시키는 것이 좋다.

　한 연구(Leitenberg, Detzer, & Srebnik, 1993)에서, 남녀 대학생을 대상으로 자위행위를 조사해 보았다. 연구결과 여성보다 2배나 많은 남성이 자위행위의 경험이 있고, 여성보다 3배 더 자주 자위행위를 한 것으로 나타났다(〈그림 10-18〉 참조). 우리나라의 청소년을 대상으로 한 연구(이문희, 정옥분, 1994)에서도 상당수가 성적 충동을 해소하기 위한 방법으로 자위행위를 하는 것으로 나타났다. '2014년 대학생 성의식 리포트'에 의하면 남성 92.3%, 여성 29.8%가 자위행위를 하는 것으로 보인다(중앙일보, 2014년 5월 21일자).

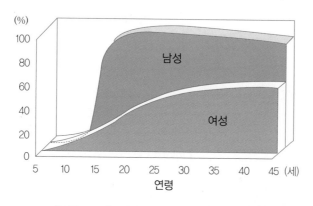

〈그림 10-18〉 성과 연령에 따른 자위행위의 바율

출처: Hyde, J. S. (1990). *Understanding sexuality* (4th ed.). San Francisco, New York: McGraw-Hill.

(2) 십대 임신

우리나라에서도 십대 임신이 증가하고 있다. 십대 임신이 증가하는 원인을 살펴보면 다음과 같다. 첫째, 오늘날 좋은 영양과 건강 때문에 생식기관의 성숙연령이 낮아졌다. 둘째, 오늘날의 청년은 이전 세대보다 훨씬 더 성에 대해 개방적이다. 셋째, 청년이 성관계를 경험하는 연령이 낮아지고 있다. 넷째, 부모와 청년자녀 간의 대화가 부족하다. 다섯째, 피임방법을 모르거나 피임을 하지 않는 것이다.

이 중 십대들이 임신을 하게 되는 가장 큰 이유는 피임을 준비할 여유가 없이 성행위가 예기치 않게 일어났기 때문이다. 그 외 다른 이유는 피임에 대한 지식의 부족이나 피임기구를 구할 수 없거나, 구하는 것이 부끄러워서, 또는 자신은 임신하지 않을 것이라는 믿음 때문이다. 마지막 이유는 청년기의 자기중심성에서 설명한 개인적 우화의 한 예이다. 〈그림 10-19〉는 피임법의 종류에 관한 것이다.

십대 임신은 다음과 같이 여러 가지 문제를 일으킬 수 있다. 먼저 인공 임신중절(낙

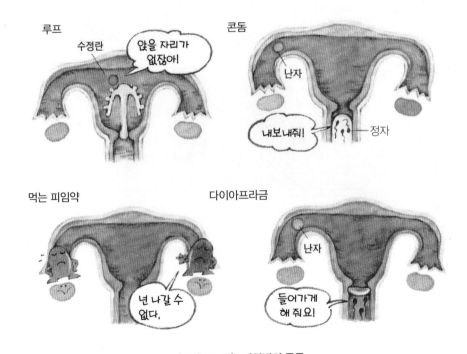

〈그림 10-19〉 피임법의 종류

태) 수술을 선택할 경우의 문제점을 살펴보면, 건강을 해칠 뿐만 아니라 정신적 고통과 함께 나중에 결혼해서 불임이 되는 등 그 후 유증도 심각하다.

다음은 아기를 낳을 경우의 문제점을 살펴보면, 첫째, 건강문제로서 생식기관이 완전히 성숙되지 않은 십대에 임신과 출산을 하게 되면 미숙아 등 건강하지 못한 아이가 태어날 가능성이 많으며, 태아와 산모의 사망률도 높아지게 된다. 둘째, 사회·경제적 문제로서 미혼모들은 임신이나 출산으로 인해 학교를 도중에 그만두게 되어 저학력으로 인해 취업의 기회가 줄어들게 된다. 셋째, 아이의 아버지에게 정신적·경제적 도움을 받게 되는 경우가 거의 없으며, 90% 이상이 버림받게 되어 정신적 고통을 겪게 된다. 넷째, 아기를 낳게 되면 입양을 시키거나 자신이 기르게 되는데, 입양도 문제이지만 자신이 기를 경우에도 개인적 문제, 가족적 문제, 사회적 문제가 심각하게 뒤따르게 된다(사진 참조).

(3) 성폭력 문제와 해결책

성폭력이란 상대가 원하지 않는데도 일방적으로 성욕구를 충족하기 위해 강제적인 성 행위를 하는 것이지만, 여기에는 성적으로 가해지는 모든 신체적·언어적·정신적 폭력이 포함된다(사진 참조).

2022년 한국 성폭력 상담소 상담통계현황을 보면 성폭력은 '아는 사람'에 의한 피해가 392명(82.0%)으로 가장 많았다. 피해 연령별로 살펴보면, 성인은 직장 내 아는 사람에 의한 피해가 103명(21.3%)으로 가장 많았으며, 데이트 상대나 배우자 등 친밀한 관계에 의한 피해가 35명(7.3%)으로 두 번째로 높았다. 한편, 청소년은 학교나 학원 등에서 아는 사람에 의한 피해가 11명(2.3%)으로 가장 많았고, 어린이와 유아의 경우 친족, 친인척에 의한 성폭력 피해가 50% 이상으로 매우 높은 비율로 나타났다. 성폭력 피해는 많은 후유증을 초래한다. 부상, 임신, 낙태, 성병 등으로 인한 육체적 고통이 뒤따르기도 하고, 공포와 우울증, 불안, 좌절과 죄의식, 수치심, 가해자에 대한 혐오감 등으로 정신병으로 발전할 수 있으며, 심할 경우에는 자살을 할 수도

성병

성병이란, 성적 접촉을 통해서 걸리는 병이다. 많은 청소년들은 몸을 청결히 하고 깨끗한 옷을 입으면 성병에 걸리지 않는다고 믿는다. 그러나 성행위를 하는 청소년들은 그 누구도 성병으로부터 안전할 수 없다.

청소년이 성병에 걸리는 위험 요인은 첫째, 너무 일찍 성행위를 시작하고, 둘째, 여러 사람과 성관계를 맺거나, 셋째, 피임 기구(콘돔)를 사용하지 않으며, 넷째, 약물을 남용하는 것(주사기의 사용) 등이다.

성병은 쉽게 드러나지 않는 질병이기 때문에 정확한 감염 사례를 파악하기 어려운 실정이다. 건강보험관리공단의 '통계 연보'에 의하면, 십대를 포함한 대부분의 연령에서 매년 성병이 증가하고 있음을 알 수 있다.

성병에 감염된 청소년들은 몇 가지 이유로 치료를 잘 받지 않는다. 자연적으로 증상이 없어질 것이라고 믿기 때문에, 어디서 어떻게 치료를 받아야 할지 몰라서 그리고 부모들이 이 사실을 알게 될까 봐 두려워 한 나머지 혼자 고민하고 괴로워하다가 치료 시기를 놓치는 경우가 많다. 자신이 성병에 걸린 사실을 알면 곧바로 비뇨기과 의사를 찾아가거나 보건소에 가서 치료를 받도록 해야 한다. 보건소에서는 진료를 무료로 해 준다.

어떻게 하면 청소년들을 성병으로부터 보호할 수 있을까? 안전한 성관계가 그 해답이다. 가장 안전한 방법은 금욕과 절제이다. 금욕이야말로 모든 성병을 예방하는 가장 효율적인 방법이며, 청년의 금욕은 도덕적으로도 옳은 일이다.

있다.

성에 대해 가장 민감한 청소년들이 영화, 만화, 잡지, PC 음란물 등을 자주 접하게 되면 성적 욕구를 조절하기가 매우 힘들어진다. 또한 그릇된 가치관과 왜곡된 성 의식을 심어 주게 되고, 환상을 추구하는 현실 도피적 태도를 가지게 된다.

이러한 사회·문화적 환경 속에서 자신의 성충동, 성적 공상, 성적 행동을 바르게 조절하는 방법을 배우지 못할 경우, 성적 문제 행동을 일으키는 가해자가 되기도 하고, 피해자가 될 수도 있다.

5. 심리적 부적응과 청소년 비행

청년기는 흔히 '질풍노도의 시기'라고 일컬어진다. 앞에서 본 바와 같이 청년기는 아동기에서 성인기로 옮겨 가는 과도기로서 인생에서 매우 특별한 시기이다. 청년기에는 급격한 신체변화와 성적 성숙을 경험하게 되고 인지적, 정서적으로도 큰 변화를 겪게 된다. 청년기는 이와 같이 신체적, 성적, 인지적, 정서적으로 급격한 변화가 동시에 일어나는 시기이기 때문에 청년들이 이러한 변화에 적절하게 대처하지 못하게 되면 심리적 부적응이나 문제행동을 일으키기도 한다.

청년기의 부적응은 그 범위가 상당히 넓은데 청년의 발달수준, 성 그리고 사회계층에 따라 다양하게 나타난다. 어떤 부적응은 일시적이고, 또 어떤 부적응은 상당히 오래 간다. 발달수준과 관련해서 보면 싸우고 다투는 등 폭력행위는 주로 청년 초기에 나타나는 부적응 현상이고, 우울증, 무단결석, 약물남용 등은 주로 청년 후기에 나타나는 부적응 현상이다.

1) 청년기는 과연 질풍노도의 시기인가

청년기를 흔히 '질풍노도의 시기'라고 한다. 청년기를 '질풍노도의 시기'로 보는 이론과 그러한 관점에 반대하는 이론이 갈리고 있다. 여기서는 두 입장을 대표하는 학자들의 견해를 비교해 보기로 한다.

(1) G. Stanley Hall의 견해

청년심리학의 아버지로 불릴 만큼 청년에 대해 깊은 관심을 가졌던 Hall은 최초로 질문지를 고안하여, 청년기를 과학적으로 연구함으로써 1904년 『청년기(Adolescence)』라는 두 권의 저서를 출간하였다. 이 저서는 청년기를 인생에서 특별한 시기로 해석한 첫 번째 시도라고 할 수 있는 것으로 기념비적인 것이다.

Hall은 Haeckel이 주장한 반복원칙을 받아들여 그의 이론에 적용하였다. Haeckel은 인간발달의 기본법칙으로 개체발생(ontogeny)은 계통발생(phylogeny)의 집약된 반복이라고 주장하였다. 쉽게 말해서 태내발달은 인간의 진화과정과 매우 비슷한 발달단계를 거친

G. Stanley Hall

다는 것이다. Hall은 이 반복원칙(principle of recapitulation)을 출생 후의 발달에도 적용하여, 이러한 반복은 아이가 태어난 후에도 계속된다고 하였다. 즉, 인류의 발달과정이 야만시대로부터 문명사회로 발달하였듯이 개인의 발달 또한 유아기로부터 청년기를 거쳐 성인이 된다고 설명한다.

Hall은 청년기를 "질풍노도의 시기(A period of storm and stress)"로 묘사하였다. 질풍노도라는 말은 독일의 작가 괴테와 실러에게서 빌려온 표현이다. Hall은 청년기가 혼란스러운 것은 인간의 진화과정에서의 과도기적 단계의 반영 때문이라고 해석한다.

즉, 아동도 아니고 성인도 아닌 모호한 위치에서 청년은 자아의식과 현실적응 사이의 갈등, 소외, 고독, 혼돈의 감정 등을 경험하게 되고, 이로 인한 긴장과 혼란이 이 시기를 '질풍노도의 시기'로 만든다는 것이다. Hall은 또한 청년기를 '새로운 탄생'으로 보았는데, 청년기에 보다 높은 수준의 그리고 보다 완전한 인간 특성이 새롭게 태어나는 것으로 보았다.

(2) Anna Freud의 견해

Sigmund Freud가 성격 형성에 있어서 남근기의 중요성을 크게 강조하였다면, 그의

Anna Freud

딸 Anna Freud는 청년기의 특징을 중요시해서 청년기의 연구에 많은 정열을 쏟았다. Anna Freud(1958)는 아버지의 이론을 계승하고 발전시켜 청년기를 폭넓게 이해하려고 하였다. 즉, 청년기에 나타나는 혼란과 방황은 그 이전에 나타났던 오이디푸스 콤플렉스가 다시 출현함으로써 겪게 되는 과정이라는 것이다. 청년기에 발달된 생리적·내분비적 기능의 변화로 말미암아 본능적 욕구인 원초아는 강해지는 데 반해, 자아가 그 힘을 상실하여 약화되는 틈을 타고서 잠복기 동안 잠잠했던 오이디푸스 콤플렉스가 재등장하게 된다는 것이다.

Anna Freud는 청년기를 내적 갈등, 정서적 불안정, 변덕스러운 행동 등으로 특징짓는다. 청년들은 한편으로는 자신을 우주의 중심으로 여겨 오로지 자신에게만 관심을 갖는가 하면, 또 다른 한편으로는 자기희생과 헌신적 행위도 마다하지 않는다. 한순간에는 여러 친구들과 즐겁게 어울리다가도 바로 다음 순간에는 혼자 있고 싶어한다. 권위에 대한 맹목적인 순종과 '이유 없는 반항' 사이를 오락가락한다. 이기적이고 세속적인가 하면 고결한 이상주의로 충만하기도 하고, 또 어느 순간에는 못 말릴 정도로 낙천적인가 하면 곧바로 염세주의자로 변한다.

Anna Freud도 청년기를 '질풍과 노도의 시기'로 보았는데, 그 원인에 대해서는 생물학적 요인과 인간발달의 반복적 현상으로 설명하려는 입장을 취하고 있다. 청년기의 이러한 시련은 초자아와 원초아 간의 관계를 자아가 얼마나 적절히 평형을 유지해 주는가에 달려 있다고 본다. 이 평형 상태는 원초아의 강도, 잠복기에 형성된 성격구조, 자아가 활용하는 방어기제의 성향과 그 효율성에 의해 영향을 받는다.

Anna Freud(1969)는 금욕주의(asceticism)와 지성화(intellectualization)를 청년기에 특히 자주 볼 수 있는 중요한 방어기제로 본다. 금욕주의는 성욕에 대한 두려움에서 나오는 것으로 철저한 자기부정을 의미한다. 청년기의 금욕은 본능적 욕구에 대한 불신에 기인하는 것이며, 이 불신은 성욕뿐만 아니라 모든 욕망을 억제하고 원초아를 완전히

무시한다. 지성화는 종교나 철학, 문학 등의 지적 활동에 몰입함으로써 성적 욕망에서 벗어나고자 하는 방어기제이다. 청년기의 추상적 사고는 지성화에 도움이 된다. 청년기에 새로이 획득한 추상적 사고를 이용하여, 청년들은 비교적 개인 감정을 드러내지 않는 태도로 성에 관한 토론에 참여한다. 예를 들면, 결혼이냐 동거냐, 동성애냐 이성애냐와 같은 주제로 토론을 하는데, 흥미로운 것은 이러한 논쟁에서 가끔 청년들이 자신의 생각과 반대되는 입장에 선다는 것이다.

(3) Harry Stack Sullivan의 견해

청년기를 '질풍노도의 시기'로 보는 또 다른 학자가 Harry Stack Sullivan이다. Hall이나 Anna Freud가 인간발달의 과정에서, 특히 초기의 발달단계에서 생물학적인 요인을 강조하는 데 반해, Sullivan은 이 요인을 완전히 무시하는 것은 아니지만 인간발달에 있어서 대인관계와 의사소통의 중요성을 강조한다. Sullivan(1953)에 의하면 "편안하고 성공적인 대인관계가 인생에서 제일 중요하다"고 한다. 즉, 성공적이고 긍정적인 대인관계는 행복하고 만족스러운 삶을 위해 필수적이라는 것이다.

Harry Stack Sullivan

연령의 변화에 따라 인간관계에서 상호작용의 형태는 달라지기 마련이고 그에 따른 욕구대상 또한 달라지지만, 근본적인 관심사는 자신과 밀접한 관계를 가진 사람들과의 상호작용에 있다. Sullivan(1953)은 유아기부터 청년 후기까지를 여섯 단계로 분류하여 이 상호작용의 욕구에 대해 자세히 설명하고 있다.

Sullivan도 Hall이나 Anna Freud처럼 청년기를 질풍과 노도의 시기로 보았다. 청년은 혼란과 곤혹의 시기를 맞아 오랜 기간 동안 갈등과 혼란을 겪어야 한다는 것이다. 그러나 Sullivan은 청년기의 질풍노도를 Hall과 같이 인간의 진화과정에서의 과도기적 단계의 반영으로 보거나 Anna Freud처럼 오이디푸스 콤플렉스의 재등장으로 보지는 않는다. 오히려, 청년기가 격동적인 것은 이 시기에 등장하는 몇 가지 새롭고 곤혹스러운 도전 때문이라고 한다. 이 시기에 일어나는 생리적인 변화로 말미암아 청년들은 새로운 욕구(성적 욕망)를 경험하게 되고, 이 새로운 욕구가 불안에서 벗어나고자 하는 욕구와 적절히 융합이 되어야 하는데 그것이 어려운 문제이기 때문이다. 왜냐하면 우리는 성적인 것에 관한 것은 될 수 있는 대로 의식 밖으로 밀어내려 하고, 또한 성적 욕망을 처음 경험하는 순간과 그 욕망을 합법적으로 만족시킬 수 있는 순간 사이에는 상당한 기간을 요하기 때문이다. 우리는 흔히 이 시기의 청년들을 "성적 실업자"라고 부른다. 그래서 이 시기는 온갖 종류의 욕구 간에 충돌이 발생하고, 이 충돌이 청년기를 질풍노도의 시기로 만든다는 것이다.

(4) Erik Erikson의 견해

Erik Erikson

Erikson(1950)은 특별히 청년기의 중요성을 강조하고 있는데, 그것은 청년기가 정체감 형성의 결정적인 시기이기 때문이라고 한다. 청년기에 어떤 일이 일어나는가는 성인의 인성에 중요한 의미를 갖는다. Erikson은 확고한 정체감 확립을 위해 청년기에 이룩해야 할 발달과업과 극복해야 할 위기를 각기 제시하고 있다.

Erikson은 청년기를 자아정체감 형성을 위한 중요한 시기로 보았지만, 청년기가 특별히 질풍노도의 시기일 필요는 없다고 한다. 물론 청년기에 이룩해야 할 정체감 확립이라는 것이 결코 쉬운 문제는 아니기 때문에, 청년기가 질풍노도일 가능성은 있다. 그러나 인간은 전생애를 살아가는 동안 매 단계마다 겪어야 할 위기와 이룩해야 할 발달과업이 있으며, 청년기만이 유독 힘들고 넘기기 어려운 격동기가 되어야 할 이유는 없다고 Erikson은 주장한다. 오히려 청년기는 아동기와 성인기 사이의 심리적 유예기간(psychological moratorium)으로서의 의미를 갖는 시기로 볼 수 있다. 즉, 청년기는 진정한 자신을 찾기 위한 노력을 기울이는 시기로서 자신에 대한 결정을 잠시 보류할 수 있는 시기이다. 물론 오랜 기간에 걸친 정체감의 탐색이 고통스러운 것이기는 하지만, 결국 그것은 보다 높은 차원의 인격적 통합을 가능하게 해 준다.

(5) Margaret Mead의 견해

Margaret Mead

청년기의 혼란은 곧 정상적이고 건강한 발달을 의미한다는 Hall과 정신분석이론가들의 시각은 청년기의 정신건강에 관한 연구에 광범위한 영향을 미쳤다. 그러나 문화인류학자인 Margaret Mead(1950, 1953)는 사모아와 뉴기니 섬에서의 청년연구를 통해 청년기의 전환이 반드시 혼란스러운 것은 아니라는 관점을 제시하여, 청년기의 혼란과 갈등의 보편성에 대한 Hall의 가설에 도전하였다.

Mead는 청년기의 혼란이 사춘기의 보편적 산물이어서 생물학적으로 결정되는 것인가 아니면 문화적 맥락에 의해 수정될 수 있는 것인가를 알아보기 위한 목적을 가지고, 1925년에 사모아로 가서 현장연구를 수행하였다. 그 결과 『사모아에서의 성년(Coming of Age in Samoa)』을 출간하였다. 이 책은 16개 국어로 번역되었는데, 지금까지 출판된 인류학 저서 중에서 가장 널리 읽혀지는 책이다. 여기서 Mead는 사모아에서처럼 아동기에서 성인기로의 전환이 순탄하고 점진적으로 이루어지는 문화권에서는 청년기가 결코 '질풍노도의 시기'가 아님을 강조하였다.

Mead의 이러한 주장을 뒷받침해 주는 연구들이 있다. Offer 등(1988)이 10개국 6,000여 명의 청년들을 대상으로 한 비교문화연구에서도 대부분의 청년들이 행복하고, 자신감이 있으며, 자기통제력이 있고, 미래에 대해 낙관적이며, 가족과의 유대관계가 좋은 것으로 나타나 청년기에 대한 질풍노도적 시각과는 거리가 있는 것으로 보인다.

Bandura(1977) 또한 청년기가 반드시 '이유 없는 반항'을 하는 시기이거나 '질풍노도의 시기'일 이유는 없다고 한다. Bandura는 청년에 대한 '질풍노도적' 시각은 단지 규범에서 벗어난 소수의 청년들에게만 적용될 수 있다고 믿는다.

이와 같이 청년기를 '질풍노도의 시기'로 보는 시각이 인기를 잃으면서 대신 다른 관점들이 연구의 중심이 되고 있다. 그중 하나가 개인차에 관한 접근방법으로, 정서적 혼란을 겪는 청년들은 누구이며, 그러한 혼란을 초래하는 상황은 어떤 것인지에 초점을 맞춘 연구들이다.

만약 모든 청년들이 다 어려움을 경험하는 것이 아니라면 문제가 있는 청년들은 누구인가? 청년기의 정신건강에 관한 최근의 규범적 연구들은 많은 청년들이 심각한 심리적 곤란을 겪지 않고 그 시기를 거치며 자아존중감도 청년기 동안 긍정적이라고 하는 반면, 다른 연구들에서는 청년기가 곤란을 경험하는 경우가 증가하여 자살, 약물남용, 여러 가지 심리적 장애 등이 증가하고 있음을 보여주고 있다.

이처럼 청년기의 정신건강 발달에 관한 상반된 결과들은 연구대상인 표본의 성격차이에 기인하는 것으로 보인다. 임상적 연구에서는 청년기 혼란의 도전에 대처할 수 없는 청년들을 연구대상으로 하고 있기 때문에, 그들은 우울증으로 어려움을 내면화하거나 비행, 약물남용 등으로 어려움을 외현화한다. 반면, 규범적인 발달연구에서는 청년기의 혼란에 대처할 능력이 있는 청년들을 대상으로 하여 청년기의 긍정적인 발달을 묘사한다. 따라서 임상적 연구와 규범적 연구는 연구대상을 달리함으로써 완전히 서로 다른 두 집단의 청년을 묘사하고 있다. 앞으로 발달적 정신병리학이 청년기 정신건강에 관한 임상적 시각과 발달적 시각의 통합에 기여할 것으로 보인다(Cicchetti, 1984; Rolf, Mastern, Cicchetti, Nuechterlein, & Weintraub, 1987; Rutter, 1986).

2) 청년기의 심리적 부적응

청년기의 혼란이 곧 정상적인 건강한 발달을 의미한다는 Hall과 정신분석이론가들의 견해는 청년기의 정신건강 연구에 큰 영향을 미쳤다. 그러나 몇몇 연구들(Bandura, 1964; Lerner et al., 2019; Offer & Offer, 1975)은 그러한 견해에 맞서 적어도 어떤 청년들은 심리적 어려움을 겪지 않는다고 보고하였다. 한편, 청년기에 나타난 어려움이 성인기까지 계속되는 경우도 있다는 연구결과도 나왔다(Ferrer-Wreder & Kroger, 2020;

Terell et al., 2020). 이들 연구에서는, 이러한 어려움이 가끔 심각한 정신질환으로 발전한다고 보고하였다.

따라서 청년기의 심리적 부적응이 정상이라거나 누구든지 겪어야 한다는 가정은 잘못된 것으로 보인다. 대부분의 청년들은 심각한 어려움 없이 청년기를 잘 헤쳐나가지만, 어떤 청년들은 새로운 변화에 적절히 대처하지 못하고 심리적 부적응 현상을 보이기도 한다.

청년기의 심리적 부적응은 다양한 형태로 나타난다. 구체적으로 심리적 부적응이 어떤 형태로 나타나는가는 개인적인 특성과 사회적·경제적·문화적 요인 등 환경적 요인에 좌우된다(Costin & Draguns, 1989; Magnuson & Duncan, 2019). 청년기에 흔히 나타나는 심리적 부적응 현상은 먹기장애, 불안장애, 우울증, 자살, 성격장애, 조현병(정신분열증) 등이다. 이러한 부적응 행동은 청년으로 하여금 정상적인 기능을 하지 못하도록 함으로써 청년의 성장, 성취, 복지증진에 장애가 된다.

(1) 먹기장애(Eating Disorder)

먹기장애는 주로 청년기에 나타나는 발달장애이다. 먹기장애는 유전적 요인, 생리적 요인, 인지적 요인, 환경적 요인을 모두 포함하는 복잡한 문제이다. 가장 보편적인 먹기장애는 거식증과 폭식증이다.

① 거식증(Anorexia Nervosa)

미국의 유명한 대중가수 Karen Carpenter를 죽음으로 이끈 병은 거식증이었다. 거

식증(拒食症)의 주요 특징은 신체상(身體像)과 체중감소에 강박적으로 집착하는 점이다. 우울증에서 보이는 식욕감소와는 달리 음식에 대해 의도적으로 거부반응을 보인다. 거식증 환자는 자신의 신체에 대해 왜곡된 견해를 가지고 있는데, 뼈만 앙상하게 남을 정도로 말라도 자신이 얼마나 놀랄 정도로 말랐는지를 이해하지 못한다(사진 참조). 그래서 먹기를 계속 거부하고 여성의 경우 그 동안 월경은 멈추

Karen Carpenter

고 끝내는 죽음에까지 이르게 된다(Askew, 2020; Farasat et al., 2020; Moore & Bokor, 2022; Phillipou, Castle, & Rossell, 2019).

거식증 환자 중에는 엄격한 가정에서 자란 모범생이 많다. 이들은 쉽게 우울증에 빠지고, 같은 행위를 반복하거나 모든 일을 완벽하게 처리하고자 하는 완벽주의자인 경우가 많다. 그들의 가족 역시 표면적으로는 화목한 것 같지만, 사실상 서로의 생활에 지나치게 의존하며 과도하게 간섭하고 갈등에 대처하는 데 문제가 있다(Stiles-Shields et al., 2012).

거식증의 원인에 대해서는 사회적·심리적·생리적 요인 등으로 설명하고 있다. 여러 학자들은 뇌에서의 심각한 화학적 결함이나 시상하부의 교란에 기인한 신체적 무질서, 또는 우울증과 관련이 있는 심리적 교란, 관심을 끌고자 하는 동기, 지나치게 간섭하는 부모에 대한 반응, 성장에 대한 두려움, 또는 날씬해져야 한다는 사회적 압력에 대한 반응일 수 있다고 말하고 있다(Fisher et al., 1995; Maas et al., 2013; Müller, 2012; Trace et al., 2013).

거식증 치료의 당면 목표는 다시 먹게 하는 것이지만, 거식증의 원인이 된 감정을 밝혀내지 못하면 체중은 단지 일시적으로 증가할 뿐이다. 거식증 치료에는 영양치료, 행동치료, 인지치료, 개인 및 집단 심리치료, 약물치료, 가족상담 등이 포함될 수 있다.

사진 설명: 거식증 환자는 자신의 신체에 대해 왜곡된 견해를 가지고 있는데, 뼈만 앙상하게 남을 정도로 말라도 여전히 자신이 뚱뚱하다고 생각한다.

② 폭식증(Bulimia)

폭식증(暴食症)은 엄청나게 많은 양의 음식을 먹는 것이 보통이고, 이어서 극도의 신체적·정서적 불쾌감을 느끼게 되며, 속을 비우기 위해 스스로 토하거나 하제를 이용하는 등의 먹기장애인 것이다. 폭식을 하고는 곧바로 토하는 순환적인 행동이 폭식증이 보이는 주요 특징이다(Gorrell et al., 2019; Uher & Rutter, 2012).

거식증처럼 폭식증은 십대와 젊은 성인여자에게 가장 흔하다. 두 경우 모두 지나치게 체중에 관심을 기울인다. 그러나 거식증인 사람이 먹기를 거부하는 것이라면, 폭식증 환자는 지나치게 많이 먹으려는 자신의 충동에 굴복하여 엄청난 양의 음식을 먹게 되고, 이어서 죄책감과 수치심 및 우울증에 빠지게 된다(Jain & Yilanli, 2022; Lustick, 1985; Sattler, Eickmeyer, & Eisenkolb, 2020).

한 연구에서는 Freud 학파의 해석을 빌려와 폭식증 환자는 가족으로부터 받지 못하는 애정에 대한 심리적 굶주림 때문에 음식에 의지하게 된다고 설명하고 있다(Humphrey, 1986). 한편, 거식증의 원인으로 제시된 많은 요인들이 폭식증의 원인으로도 작용한다고 믿는 사람들이 있다(Garner & Garfinkel, 1997).

폭식증은 행동 및 인지치료, 심리치료, 가족치료, 입원치료, 약물치료 등을 포함하는 여러 가지 치료법으로 치료할 수 있다(Dalle Grave, 2020; Gorrell & Le Grange, 2019; Hagman & Frank, 2012; Hay, 2013, 2020; Wilson & Zandberg, 2012). 우울증이 폭식증의 보편적인 특성이므로, 최근의 연구에서는 항우울제가 효과가 있는 것으로 보고되고 있다.

(2) 불안장애(Anxiety Disorder)

불안감은 정상적인 사람들도 가끔 경험하는 것으로 그 정도가 심하지 않으면 문제가 되지 않지만, 그 정도가 지나치게 심할 경우에는 부적응으로 본다. 불안증상은 무슨 나쁜 일이 곧 일어날 것 같은 두려움과 초조감이 주요 증상이지만, 가슴이 답답하고 숨이 가빠지고 심장이 두근거리는 등의 신체증상이 함께 나타나기도 한다.

사진 설명: 시험에 대한 불안감

불안은 정의하기 쉽지 않은 심리학 용어 중 하나인데, 불안장애와 비슷한 용어로 공포장애가 있다. 공포장애란 어떤 사람이나 사물 및 상황에 대해 이유 없이 두려움을 느끼는 것을 말한다.

청년기의 불안장애가 지나치게 심할 경우 강박증 증상이 나타난다. 원치 않는데도 어떤 생각이나 두려운 느낌이 계속 든다든지, 어떤 특정 행위를 반복해서 하는 것 등이 강박증의 주요 증상이다. 지나치게 청결에 신경을 쓴 나머지 하루에도 수십 번씩 손을 씻어야 하고, 문을 잠그고도 여러 번 다시 확인해 보지 않으면 불안해서 못 견디는 것 등이 강박증의 좋은 예이다.

Porges(2003, 2004)는 아동이 새로운 상황에 직면했을 때 그것이 안전한 상황임에도 불구하고, 과잉반응으로 방어체계를 작동하는 것(예: 불안장애, 반응성 애착장애)이나 위험한 상황임에도 불구하고 방어체계를 작동하지 않는 것(예: 윌리엄스 증후군) 모두 불안장애를 비롯한 여러 가지 발달장애의 원인이 될 수 있다고 본다.

신경계는 환경으로부터 감각정보 처리과정을 통해 위험을 감지하고 평가하게 된다. 위험에 대한 이러한 신경계의 평가는 의식적인 사고를 요구하지 않기 때문에 Stephen

사진 설명: ISSBD 국제학회에서 저자가 Stephen Porges 교수와 함께

Porges(2004)는 '신경지(neuroception)'라는 새로운 용어를 만들어 내었다. 신경지(神經知)는 인지(認知)와는 다른 자율신경계의 무의식적인 반응으로 안전이나 위험을 감지하는 것을 의미한다. 만약 신경지에 문제가 발생하면 자폐증, ADHD, 불안장애, 반응성 애착장애 등의 발달장애가 나타날 수 있다.

(3) 우울증(Depression)

우울증은 청년기에 비교적 흔하게 나타나는 증상이다. 청년기의 우울증은 견딜 수 없을 정도의 울적한 기분이 그 주요 증상인데 대인관계의 위축, 권태감, 무력감, 수면 및 식사문제 등이 수반된다.

아동들도 우울증상을 보이는 경우가 있지만, 사춘기를 전후해서 우울증이 급격히 증가하여 성인기의 우울증 발생빈도보다 약간 높은 경향이 있다(Graber & Sontag, 2009). 때로는 우울증에 빠진 청년의 자아가 지나치게 손상되어 반사회적 행동을 하게 된 결과, 더 깊은 우울증과 죄책감에 빠지게 되어 끝내 자살로 이어지는 경우도 있다.

청년기 우울증을 이해하려면 아동기와 청년기에 어떤 경험을 했는지를 알아야 한다고 믿는 학자들이 있다. 예를 들면, Bowlby(1989)는 유아기 때의 모자녀 간의 불안정한 애착, 애정이 부족한 자녀양육행동 그리고 아동기 때 부모를 잃는 것 등이 부정적인 인지적 도식을 초래하여 마침내 청년기의 우울증으로 연결된다고 믿는다.

또 다른 인지적 견해는 발달 초기의 자기비하나 미래에 대한 확신부족 등의 인지적 도식이 우울증과 연결된다고 주장한다(Beck, 1976). 이러한 습관적인 부정적 사고가 청년기의 우울증을 초래하고, 우울증은 다시 자신에 대한 부정적인 느낌을 갖게 하는 악순환이 계속된다.

청년기 우울증을 이해하는 데 중요한 또 다른 요인은 학습된 무력감이다. 학습된 무력감은 자신이 통제할 길이 전혀 없는 스트레스를 오랜 기간 동안 받거나 계속되는 실패의 경험에서 발생하는 것으로, 이러한 경험은 상황을 개선하기 위해 자신이 아무것도 할 수 없다는 무력감을 낳는다. 즉, 우울증에 빠진 청년들은 자신이 아무것도 통제할 수 없다는 생각 때문에 매사에 냉담하고 무관심하게 된다. 학습된 무력감의 개념을 최초로 제시한 Seligman(1989)에 의하면, 오늘날 청년기와 성인기에 우울증이 보편적인 이유는 우리 사회가 개인이나 독립심을 지나치게 강조하고, 가족이나 종교, 다

Martin Seligman

른 사람과의 관계를 지나치게 무시한 결과 때문이라고 한다.

가족요인 또한 청년기 우울증과 관계가 있다(Löchner et al., 2020; Morris et al., 2013). 부모가 우울증이 있으면 아동기나 청년기의 자녀가 우울증에 빠지기 쉽고, 부모의 이혼이나 부모가 정서적인 지지를 못해 주거나, 부부갈등에 빠져 있거나, 경제적 문제가 있으면 청년자녀가 우울증에 빠지기 쉽다(Graber, 2004; Marmorstein & Shiner, 1996; Rasing et al., 2020; Sheeber, Hops, Andrews, & Davis, 1997). 그리고 가족의 응집력이 낮거나 가족 간의 의사소통이 제대로 이루어지지 않는 경우도 청년기 우울증과 관련이 있다(이윤정, 1999; 임영식, 1997).

교우관계도 청년기 우울증과 관련이 있는데, 가까운 단짝 친구가 없거나 친구들과 친밀한 관계를 맺기 힘든 경우 그리고 친구들에게 인기가 없거나 또래들로부터 거부를 당하는 것 등은 청년기 우울증을 증가시킨다(Costello et al., 2020; Herberman Mash et al., 2014; Platt et al., 2013; Smokowski et al., 2015; Vernberg, 1990).

한 연구(Garber, Kriss, Koch, & Lindholm, 1988)에서, 청년기에 경험하는 우울증 증상이 성인기에 유사한 증상으로 나타난다는 것이 밝혀졌다. 이것은 청년기 우울증이 시간이 지나면 자동적으로 없어지는 것이 아니기 때문에 청년기 우울증을 진지하게 다루어야 한다는 것을 의미한다(Brooks-Gunn & Graber, 1995). 청년기 우울증은 심리치료가 효과적인 것으로 보이며 가끔 항우울제를 처방하기도 한다(Clark, Jansen, & Cloy, 2012).

최근에 와서 가면성 우울증이 주목을 받고 있다. 가면성 우울증이란 겉으로는 웃지만 마음속으로는 우울감을 겪는 우울증의 일종이다. 가면을 쓰고 있는 것처럼 겉으로 드러나지 않는다고 해서 '가면성 우울증'이라고 하는데, '미소 우울증, 스마일 마스크 증후군(사진 참조)' 등으로 불리기도 한다. 겉으로는 웃고 있기 때문에 드러나지 않지만, 억지웃음으로 인해 심리적인 불안정 상태가 야기되어, 식욕이 감소하고, 매사에 재미가 없으며, 의욕이 떨어진다. 피로감, 불면증 같은 증세가 나타나며, 심하면 자살까지

생각하게 된다. 억지 미소를 지으며 감정을 억누르는 것이 지속되면 나중에는 본인이 어떤 감정을 느끼는지를 모르는 상태가 될 수 있으며, 정신적으로 감정적 무감각, 거짓 자아, 자기 모멸감 등이 나타난다.

우울감을 극복하기 위해서는 규칙적인 운동과 기분전환을 할 수 있는 취미생활을 하거나 비타민과 물을 충분히 섭취하는 것도 도움이 된다. 이와 같은 방법으로 극복이 되지 않고 우울감이 수 개월간 지속되면 전문적인 치료를 받아야 한다(헬스조선, 2014년 6월 10일자).

(4) 자살(Suicide)

자살이 전염병처럼 번지고 있다. 우울증을 앓았던 유명 연예인부터 생활고를 견디지 못한 서민들까지 자살로 생을 마감하는 사례가 잇따르고 있다.

특히 청년기의 자살은 유명인의 자살을 뒤따르는 모방자살의 경향, 이른바 '베르테르 효과'가 뚜렷하다. 베르테르 효과란 19세기 독일 문호 괴테의 소설 『젊은 베르테르의 슬픔』에서 주인공 베르테르가 권총으로 자살한 내용을 읽은 유럽의 젊은이들이 유행처럼 자살하게 된 데서 비롯된 용어이다.

청년기의 자살이 점점 증가하고 있으며 자살의 시도는 15~24세에 절정을 이룬다. 무엇이 그렇게 많은 젊은이들로 하여금 인생을 견딜 수 없게 만드는가? 청년기에 겪게 되는 불안과 좌절에서 벗어나기 위해 자살이라는 극단적인 행동을 한다고 주장하는 사람이 있는가 하면, 오늘날 우리 사회의 경쟁적인 분위기—좋은 성적을 얻어야 하고, 좋은 대학에 들어가야 하고, 좋은 직장을 얻어야 하는 등(사진 참조)—가 청년들에게 커다란 압박감으로 작용한다고 주장하는 사람도 있다.

일반적으로 자살을 기도하는 사람들은 대체로 외롭고 소외되었

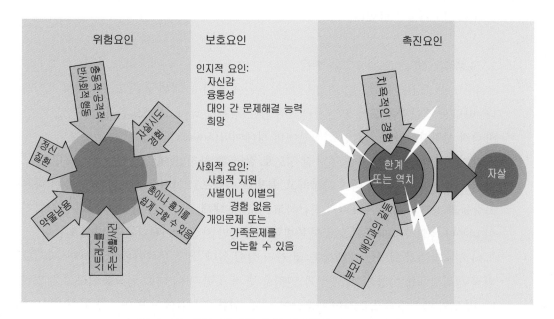

〈그림 10-20〉 **청년기의 자살 관련요인: 위험요인, 보호요인, 촉진요인**

출처: Blumenthal, S. J., & Kupfer, D. J. (1988). Overview of early detection and treatment strategies for suicidal behavior in young people. *Journal of Youth and Adolescence, 17*, 1-23.

으며, 따돌림을 받는다고 느끼고, 부모와 친구들로부터 사랑받지 못한다고 생각한다. 많은 경우 자살의 기도는 정말로 죽기를 원해서가 아니라 자신의 괴로움을 극적인 방법으로 표현하는 것이라고 볼 수 있다. 자살의 기도는 관심과 도움을 구하는 필사적인 탄원인 것이다. 그러나 원래의 의도보다 더 성공하는 바람에 또는 전략상 오산으로 인해 종종 도움을 받기도 전에 죽게 된다.

청년기의 자살은 몇 가지 위험요인과 관련이 있다(Antai-Otong, 2003; Consoli et al., 2013; Jiménez-Treviño et al., 2019; Lipschitz et al., 2012; Rhodes et al., 2012; Thompson et al., 2012; Yen et al., 2013). 우울증, 약물남용, 절망감, 자살시도 경험, 화목하지 못한 가족관계, 부모와의 사별, 사랑하는 사람과의 이별, 오랜 기간의 적응문제, 문제해결력 부족, 낮은 자아존중감, 반사회적 행동, 젊은 스타의 자살을 미화시키는 대중매체, 총이나 흉기를 쉽게 구할 수 있는 여건 등이 다 위험요인이다. 〈그림 10-20〉은 청년기의 자살과 관련이 있는 위험 요인, 보호요인, 촉진요인에 대해 설명하고 있다.

자살위험이 있는 우리나라 대학생 24명을 대상으로 반구조화 면담을 진행한 연구 (정동희, 심은정, 2022) 결과, 스트레스 원인이나 해결방안에 대한 지식부족으로 스트레스에 적절하게 대처하지 못할 때 자살위험이 높아졌으나 주변인에 대한 걱정이나 실행력이 부족할 때는 자살시도 위험이 줄어들었다고 한다. 따라서 대학생이 경험하는 반복된 좌절과 관계 스트레스의 부정적 영향을 다루는 것이 대학생의 자살 예방에 중요하다고 연구자들은 밝혔다.

(5) 성격장애(Personality Disorder)

성격장애는 본인보다는 주위의 다른 사람들에게 더 큰 피해를 준다는 점에서 특이하다. 따라서 전문적인 도움을 받기를 거부하는 경우가 많다. 자기도취적 성격장애와 반사회적 성격장애가 보편적인 성격장애의 형태이다(Atwater, 1996).

자기도취적 성격장애자는 지나칠 정도로 잘난 체 하지만 때로는 열등감이 수반된다. 자신의 재능이나 성취에 대해 과장하고, 특별한 사람으로 인정받기를 원한다. 또한 다른 사람들의 평가에 대해 지나치게 민감하고, 비판에 대해 거만하게 반응한다. 그들은 자신이 너무나 특별하기 때문에 오로지 특별한 사람들만 자신을 이해할 수 있다고 믿는다.

이 성격장애의 원인에 대해서는 몇 가지 설이 있다. 정신분석이론에 의하면, 자기도취적 성격장애는 아동기 때 애정과 인정을 받지 못한 것에 대한 반작용이라고 설명한다. 부모의 애정부족으로 자아존중감이 낮고, 심한 열등감에서 벗어나기 위해 대신 과장된 자아상이 형성된다. 반면, 인지적 사회학습이론은 자기도취적 성격장애를 아동이 자신의 재능을 과대평가한 나머지 나중에 성인이 되었을 때 무엇을 할 수 있는가에 대한 과장된 기대의 산물이라고 본다. 그 원인이 무엇이든 간에 자녀에 대한 과대평가,

청년들의 과장된 기대, 텔레비전의 영향, 소비성향 등으로 인해 오늘날 우리 사회에서 자기도취적 성격장애가 조장되고 있다.

가장 골치 아픈 성격장애가 반사회적 성격장애이다. 반사회적 성격장애자들은 상습적으로 반사회적 행동을 하는데 대개 15세 이전에 시작된다. 다른 사람의 권리를 무시하고, 닥치는 대로 무엇을 훔치는 등 충동적으로 분별없이 행동하기 때문에 종종 병적인 문제를 일으킨다. 이들은 정상적인 양심이 없는 사람들로서 배신을 잘하고, 무책임하며, 죄책감 없이 다른 사람들을 이용하고 그리고 무정하다. 이들은 부모 스스로가 반사회적 행동을 자주 하고 체벌을 많이 하는 등 애정이 결핍된 가정의 출신이 많다.

독특한 형태의 뇌파가 반사회적 성격장애의 원인일 수도 있고, 우리 사회가 명성과 성공을 지나치게 강조한 나머지 어떤 면에서 반사회적 행동을 조장한 결과일 수도 있다(Bootzin & Acocella, 1988).

(6) 조현병(Schizophrenia)

청년기의 심리적 부적응 중 가장 심각한 형태로 나타나는 것이 조현병(정신분열증)이다. 대부분의 조현병은 청년 후기나 성년기에 발병한다. 조현병의 증상은 사고가 논리적이지 못하고, 환각이나 환청 등 지각과정의 이상, 적대적이고 충동적인 행동, 현실을 왜곡하는 망상, 변덕스러운 기분, 인간관계의 단절 등이다.

청년기에 흔히 나타나는 자아변화가 조현병 초기증세와 비슷하기 때문에 청년기의 조현병을 진단하기란 쉽지 않다. 즉, 조현병인 청년들은 혼자 있기를 좋아하고, 안절부절못하며, 부모에게 버릇없이 굴고, 우울증에 깊이 빠졌다가 금세 행복감에 도취되는 등 기분이 오락가락한다. 그러나 이러한 모든 행동패턴은 정상적인 청년들에게서도 흔히 나타난다. 단지 차이점은 건강한 청년들의 행동은 지나치게 극단적이지 않고, 현실에 뿌리를 내리고 있다는 점이다.

사진 설명: 조현병은 청년기의 심각한 심리장애이다.

조현병의 원인은 무엇인가? 유전학적 요인과 환경적 요인의 두 가지를 생각해 볼 수 있다. 부모가 조현병이면 자녀도 조현병일 확률이 높으며, 이란성 쌍생아보다 일란성 쌍생아에게서 발병률이 훨씬 높은 것으로 보아 유전적인 요인이 크게 작용하는 것으로 보인다. 그러나 유전적으로 조현병의 경향을 지니고 태어났다고 하더라도 모두 다 조현병 환자가 되는 것은 아니므로 환경적 요인 또한 배제할 수 없다.

조현병 치료에는 항정신병약물이 성인에게보다는 효과가 적지만 사춘기 이전의 환자에게도 효과가 있다는 주장이 있다(Campbell, 1983). 그 외에도 개인 및 집단심리치료, 가족심리치료, 행동수정 프로그램도 치료에 도움이 된다.

3) 청소년 비행

청소년 비행이라는 용어는 가출이나 성행위 같은 사회적으로 용납되지 않는 행동에서부터 강도나 절도, 살인과 같은 범죄행위에 이르기까지 그 범위가 상당히 넓다(Mash & Wolfe, 2019). 법적인 관점에서 청소년 비행은 두 가지 범주로 나뉜다. 한 가지 범주는 우범소년(status offender)이다. 우범소년은 무단결석, 가출, 성행위, 부모님 말씀 안 듣기 등 미성년자에 의해 행해지는 것이 아니라면 범죄로 간주되지 않는 행위를 하는 젊은이다. 마크 트웨인의 소설 주인공인 허클베리 핀(사진 참조)이 오늘날 살아서 활동한다면 이 범주에 들 것이다.

두 번째 범주는 비행 청소년이다. 비행은 절도, 강간, 살인 등과 같이 누가 하든지 간에 범죄로 간주되는 행위를 말한다. 미성년 범죄자는 보통 성인 범죄자와는 다르게 취급된다. 재판 절차는 원칙적으로 비공개로 진행되고 처벌도 보다 관대하다.

우리나라도 소년법 등에서 청소년 비행을 일반 범죄와는 달리 처리하는 규정을 두고 있다. 우리나라에서는 청소년 비행을 범죄행위, 촉법행위, 우범행위의 세 범주로 나눈다(청소년백서, 1996). 범죄행위는 14세 이상 20세 미만의 소년이 형벌법령에 저촉되는 행위를 하는 경우를 말하고, 촉법행위는 형벌법령을 위반하였으나 형사미성년자(14세 미만)의 행위라는 이유로 형사책임을 묻지 않는 행위를 말한다. 우범행위는 12세 이상 20세 미만의 소년이 그 자체는 범죄가 아니지만 범죄를 저지를 우려가 있다고 인정되는 행위를 하는 경우를 말한다.

(1) 비행 청소년의 특성

Erikson(1968b)은 청소년 비행을 청년이 역할정체감을 성공적으로 해결하지 못한 결과로 본다. 유아기, 아동기 또는 청년기에 자신의 행동이 사회기준이나 부모의 기대에 미치지 못함을 깨달으면 부정적 정체감을 형성하게 되어 비행 청소년의 길로 접어들게 된다. 따라서 Erikson은 청소년 비행은 비록 그것이 부정적인 정체감일지라도 정체감을 형성하려는 시도로 본다.

청소년 비행은 자기통제 능력의 부족과도 관련이 있다. 대부분의 젊은이들은 허용

되는 행동과 허용되지 않는 행동을 구별하지만 비행 청소년은 그
렇지 못하다. 혹 구별한다고 하더라도 충동적인 성격으로 인해
자기통제력이 부족하다. 이들은 자신의 나쁜 행동에 대해 별로
죄책감이 없고 그리고 때로는 자신의 행동 때문이 아니라 자신
이 붙잡혔기 때문에 처벌을 받는다고 믿는다(Arbuthnut, Gordon,
& Jurkovic, 1987). 비행 청소년은 자신뿐만 아니라 다른 사람들에
게도 엄청난 해를 주기 때문에 이들의 존재는 재앙이라고 할 수
있다.

사회경제적 요인 또한 청소년 비행에 중요한 역할을 한다. 저
소득층의 청년들은 교육의 기회, 좋은 직장을 얻을 기회가 적기
때문에 자신의 불우한 환경에 좌절하게 되어 마침내 비합법적인 수단으로 자신이 원
하는 것을 얻고자 한다(Kennedy, 1991; Thompson & Bynum, 2013). 이외에도 학업성적
(Perlmutter, 1987), 언어능력(Quay, 1987), 문제해결능력(Hains & Ryan, 1983), 자아존중
감(Henggeler, 1989), 사회적 기술(Kupersmidt & Coie, 1990), 만족지연 능력(Ross, 1979)
등이 청소년 비행과 관련이 있다.

(2) 비행 청소년의 가족

부모의 몇 가지 특성이 자녀의 비행과 연관이 있다. 몇몇 연구(Laird et al., 2003;
Patterson & Stouthamer-Loeber, 1984; Snyder & Patterson, 1987)에 의하면 청년들의 반사
회적 행동은 부모가 자녀를 훈육하는 능력과 밀접한 관련이 있다고 한다. 이 연구에서
청소년 비행과 연관이 있는 가족생활의 몇 가지 측면을 발견하였다. 첫째, 청년이 해
도 좋은 일과 해서는 안 될 일에 대한 규칙이 없다. 둘째, 부모의 감독 소홀로 자녀가 어
디서 무슨 짓을 하는지, 무슨 생각을 하고 있는지에 관심이 없다. 셋째, 자녀훈육에 일
관성이 없다. 즉, 자녀의 바람직하지 못한 행동에 대해 일관성 없이 반응한다. 그리고
바람직한 행동을 칭찬하기보다는 바람직하지 못한 행동을 벌하는 경향이다. 넷째, 가
족문제나 위기를 효율적으로 해결하는 능력이 부족하다. 가족 간의 불화, 특히 적대적
인 형제관계 또한 청소년 비행과 관련이 있는 것으로 나타났다(Capaldi & Shortt, 2003;
Conger & Reuter, 1996; Slomkowski et al., 2001).

우리나라 비행 청소년 전문교육기관에 있는 남학생 202명을 대상으로 비행 청소년
의 심리적 가정환경과 비행성향 및 자살충동과의 관계를 알아본 연구(김두식, 2000)에
의하면, 심리적 가정환경이 비성취, 폐쇄, 거부, 타율적이면 비행성향이 높았다고 한
다. 따라서 비행예방을 위해서는 개방적, 친애적 그리고 자율적인 가정환경의 조성이
요구된다. 또한 비행 청소년의 비행성향과 자살충동 간에는 밀접한 관계가 있으므로

자살예방을 효과적이고 합리적으로 예방하기 위해서는 가정의 심리적 환경이 잘 조성되어야 할 것이다.

(3) 우리나라 청소년 비행의 현황

2022년에 발간된 『청소년백서』에 의하면, 2021년 청소년 범죄자는 66,697명으로 2014년의 84,661명 대비 21.2% 감소하였으며, 연령별로는 최근 8년 동안 10~14세 미만의 촉법소년은 78.5% 증가한 반면에, 14~19세 미만의 범죄소년은 30.4% 감소하였다. 청소년 인구 수를 고려한 청소년 범죄율은 2014년 청소년 인구(10~19세 미만) 10만 명당 1,603.1명에서 이후 등락을 거듭하다가 2020년에는 1,783.8명으로 최고치를 기록하였으나, 2021년에는 1,582명으로 2020년에 비해 상당히 큰 폭으로 감소하였다. 2021년 전체 범죄자 중 청소년 범죄자가 차지하는 비율은 4.9%로 2014년의 4.5%와 비교할 때 소폭 증가(0.4%)하였다. 2021년 범죄소년의 경우, 재산범죄율(절도, 사기 등)이 가장 높고, 성폭력 등의 강력(흉악)범죄율(성폭력, 강도 등)이 가장 낮았으나, 최근 8년간 강력(흉악)범죄율이 증가하고 있다.

① 2021년 청소년 범죄 유형별 분포상황을 보면, 재산범죄율은 14세 이상~19세 미만 인구 10만 명당 927.9건으로 가장 높았고, 그다음은 강력(폭력)범죄 579.9명, 교통범죄 277.9명, 강력(흉악)범죄 181.0명 순으로 나타났다. 범죄소년의 재산범죄율은 증감을 반복하다가 2020년 14~19세 미만 인구 10만 명당 1,229.3명으로 가장 높았으나, 2021년에는 927.9명으로 지난 8년간 최저치를 기록하였다. 강력(흉악)범죄율은 2016년 이후 지속해서 증가해 2021년에는 14~19세 미만 인구 10만 명당 181.0명으로 최고치를 기록하였다. 강력(폭력)범죄율은 2014년 14~19세 미만 인구 10만 명당 593.7명에서 증가하여 2020년 628.1명으로 최고치를 기록하였으나, 2021년에는 579.9명으로 상당히 큰 폭으로 감소하였다. 범죄소년이 저지른 교통범죄는 2014년 14세 이상~19세 미만 인구 10만 명당 276.4명에서 증감을 반복하다가 2021년 277.9명으로 2014년과 비슷한 수준이었다.

② 2021년 소년범죄(14~18세)의 세부 연령 분포를 살펴보면, 18세가 23.7%(12,820명)로 가장 높은 비율을 차지하였고, 이어 16세 21.5%, 17세 20.8%, 15세 19.1%, 14세 15.0%의 순으로 나타났다. 최근 10년간 소년범죄 중 14세와 18세 청소년이 차지하는 비율이 소폭 증가하는 추세에 있다.

③ 2021년도 소년범죄의 성별 구성 비율을 보면, 남자가 83.0%, 여자가 17.0%로, 남자 청소년이 여자 청소년에 비해 약 5배 정도 많다. 소년범죄 중 여자 청소년의 비율은 2012년 16.9%에서 2014년과 2015년 14.8%까지 낮아졌으나, 이후 3년 연속

증가하여 2018년 18.5%로 최고치를 기록하였다가 2019년 이후 감소하는 추세를 보이고 있다.

④ 전과가 있는 소년범죄자의 비율은 2013년 46.1%로 최고치를 기록한 이후 감소하여 2021년에는 33.7%까지 하락하였다는 점에서 긍정적인 변화가 있었으나, 4범 이상 범죄소년의 비율은 14.4%이고, 전과가 있는 범죄소년 중 4범 이상이 차지하는 비율이 2013년 이후 지속해서 가장 높은 비율을 차지하고 있어 주목할 만하다. 이는 향후 재범률이 높은 범죄소년에 대한 체계적인 교정교육과 지속적인 사후관리가 필요함을 시사한다.

(4) 기타 청소년 비행

기타 청소년 비행으로는 약물남용, 흡연, 음주 등이 있다. 약물남용, 흡연, 음주 등은 긴장과 불안감을 덜어주고, 들뜬 기분을 유지하게 해주며, 인생을 만화경처럼 보이게 한다. 그러나 이것들로 인하여 비싼 대가를 치르게 된다.

약물남용은 약물을 비의학적인 목적으로 사용하고, 약물을 지속적 혹은 산발적으로 사용하여 직업이나 사회생활에 지장을 초래하게 되는 경우를 말한다. 약물에 중독되면 정상적인 생활이 불가능하거나 때로는 치명적인 병으로 목숨을 잃기도 한다. 그리고 어른이 되어서도 직업과 결혼생활이 안정되지 못하며, 범죄를 저지르기 쉽다.

우리나라 청소년의 약물남용이 점차 증가하는 추세에 있다. 2022년도 전체 마약류사범 중 20 · 30대의 비중이 57.1%를 차지하였는데, 2021년 56.8%로 처음 50%를 돌파한 이래 계속 증가하고 있어, 인터넷 · SNS 등의 보급과 이를 이용한 마약류에 대한 진입장벽이 낮아져 젊은 층의 마약류 범죄가 심각해진 것으로 분석된다. 특히 2022년도에는 10대 마약류사범도 481명(2.6%)으로 역대 최다치를 기록하였다.

흡연은 한 번 시작하면 끊기가 무척 힘들다. 많은 사람들이 담배를 끊으려고 애쓰지만 성공하지 못하는 경우가 많다. 담배를 피우게 되면 담배의 주성분인 니코틴에 의해 일시적으로는 긴장과 불안감을 덜어 줄 수 있으나, 고혈압과 심장병을 유발하고, 만성 기관지염과 같은 호흡계 질환을 초래하며, 폐암에 걸리게 될 위험이 있다.

우리나라 중학생 150명을 대상으로 한 연구(최회곤, 2001)에서, 남녀 총 흡연율은 21.6%로 조사되었고, 흡연 동기로는 호기심과 친구나 선배의 권유가 가장 많았다. 흡연 장소로는 학교 및 그 주변, PC방, 공터나 유원지 순으로 나타났고, 구입 장소는 슈퍼로 밝혀졌다. 처음 흡연하게 된 시기는 중학교 1학년 때가 가장 많았고, 흡연을 지속하는 이유로는 습관적으로, 스트레스 해소, 친구들과 어울리기 위해서 순으로 응답하였다. 마지막으로 금연 시도에 있어서는 조금 해 보았다, 전혀 해 보지 않았다, 많이 해 보았다 순으로, 금연 이유로는 건강에 좋지 않으니까, 이성 친구가 못하게 해서로 나타났다.

또한 술을 지나치게 많이 마시면 자율신경이 마비되고, 신장과 간을 해치며, 위염이 생긴다. 더 심하면 혼수상태에 빠지고 죽음에까지 이르게 되며, 특히 임신한 여성이 술을 마시게 되면 태아의 건강도 위험하게 된다.

우리나라 청소년 650명을 대상으로 한 음주와 폭력성과의 관계에 관한 연구(유현, 2000)에서, 음주 경험은 폭력성과 상관관계를 보였는데, 음주 시 대물, 대인, 자해적인 폭력이 발생하는 빈도가 높은 것으로 나타났다.

그 외 국내의 청년기 문제행동을 다룬 연구 중에는 청소년 비행에 관한 것이 많다. 지금까지의 연구에서 청소년 비행의 원인은 일차적으로 가정환경을 강조하는 입장이다. 가정환경 이외에는 학업성취와 입시위주의 주입식 교육들이 비행과 관련되며(이재창, 1986), 부정적인 자아개념과도 관계가 있다고 본다(최광현, 심응철, 1986).

(5) 청소년 비행의 예방 프로그램

어떻게 하면 젊은이들이 생산적이고 법을 준수하는 생활을 하도록 도울 수 있을까? 그리고 청소년 비행으로부터 어떻게 사회를 보호할 수 있을 것인가? 청소년 범법자들이 그들의 나이가 어린 점을 고려한 집행유예와 상담 및 사회봉사명령 등의 판결로부터 범죄생활을 청산할 수 있을 것인가? 아니면 청소년 범법자들도 성인과 마찬가지로 그들의 나이보다는 범죄행위의 경중에 따라 처벌을 받아야만 할 것인가? 이상의 질문에 대한 해답은 간단하지 않다.

청소년 비행을 줄이기 위한 방안으로는 청소년 비행을 사전에 예방할 수 있는 예방대책과 이미 발생한 비행에 대해 효과적으로 대응할 수 있는 방안으로서의 사후 교정대책이 요구된다. 사전대책은 가정, 학교, 사회 그리고 정부의 예방대책이 요구되고, 반면, 사후대책에서는 학교, 사회적 처우 및 법적 대책 그리고 교정교육이 요구된다.

성인발달과 노화

인간의 한평생을 80년으로 보았을 때 우리 인생의 $\frac{3}{4}$ 이상을 차지하는 성인기의 발달에 관해 지금까지 별로 관심을 기울이지 않은 이유는 무엇일까? 인간발달학자들은 왜 그토록 오랜 세월 동안 성인에 관한 연구를 소홀히 하였는가? 이상의 질문에 대한 대답으로 발달심리학에서의 이론적 편견을 그 이유로 들 수 있다.

예를 들면, 정신분석학의 아버지 지그문트 프로이트는 '어린이는 어른의 아버지'라는 견해를 가지고 있었으며, 성인기의 사건들은 그 대부분이 유아기의 경험을 연구해 봄으로써 이해될 수 있다고 생각하였다. 그리고 프로이트는 사춘기를 발달의 마지막 단계로 보았다. 따라서 인간발달에 관한 연구는 아동들에게 국한되었고, 20세기 이전까지는 청년기를 인생에서 독립된 단계로 인정하지 않았다. 그러다가 서서히 아동기를 거쳐 청년기까지로 관심이 확장되었으며, 최근에 와서야 성인발달에 관한 진지하고도 과학적인 연구가 시작되었다. 그러나 아직도 성인발달에 관한 연구는 초기 단계에 머물러 있다고 할 수 있다.

성인기는 대체로 성년기(20~40세), 중년기(40~65세), 노년기(65세 이상)의 세 단계로 나뉘어진다. 성년기는 일반적으로 신체적으로나 지적으로 최고의 수준에 있다. 이 시기에 직업을 선택하고 친밀한 인간관계를 형성하게 된다. 중년기에는 신체적 능력이나 건강면에서 감퇴하기 시작한다. 그러나 사고력은 실제적인 경험에 기초하여 좀더 성숙한 양상으로 발달한다. 이 시기에 자녀들이 결혼을 하거나 집을 떠나게 된다. 다가올 죽음에 대한 생각으로 성격의 변화를 초래할 수 있다. 노년기에는 신체적 능력이 다소 감소하지만, 대부분의 노인들은 신체적으로나 정신적으로 건강한 편이다. 자녀양육의 부담에서 벗어나고 직장에서 은퇴하게 되어 개인적 관계에 더 많은 시간을 할애할 수 있다. 그러나 신체적·정신적 기능 저하, 친구나 배우자와의 사별 그리고 자신의 죽음에 대처해야 한다.

우리 인간은 이 세상에 와서 각기 다른 인생을 경험하고 서로 다른 방식으로 삶을 영위한다. 그러나 모든 인간이 다 겪는 한 가지 경험은 언젠가는 반드시 생을 마감한다는 사실이다. 누구도 죽음을 피할 수는 없다. 삶의 끝은 죽음이기 때문이다. 죽음은 우리 인간의 성장과 발달에서 삶만큼 중요하다. 우리가 이 피할 수 없는 사건을 제대로 이해하고 수용한다면, 보다 완전한 삶을 살 수 있을 것이다.

제4부에서는 성년기, 중년기, 노년기의 신체발달, 인지발달, 직업발달, 성격과 사회성발달, 가족생활 등에 관해 살펴보고자 한다. 그리고 마지막으로 죽음과 임종, 사별과 비탄, 인생의 회고 등에 관해 정리해 보고자 한다.

성년기의 발달

언제 청년기가 시작되는가를 결정하는 것이 쉬운 일은 아니지만, 언제 청년기가 끝나고 성년기가 시작되는지를 결정하는 일은 그보다 더 어렵다. 청년기에서 성년기로 이행하는 시점은 문화, 사회적 상황, 개인에 따라 다르다. 어떤 문화권에서는 열 살이 채 되지 않아 성인으로서의 책임을 떠맡는가 하면, 또 다른 문화권에서는 서른 살이 넘어서까지 부모의 그늘을 벗어나지 못한다. 우리나라에서는 20세를 성인으로 인정하고 성년식을 갖는다.

오늘날 대부분의 사회에서 성인으로 간주되는 보편적인 기준은 학업을 마치고 경제적으로 독립하여 결혼을 하고 부모가 되는 시기이다. 즉, 경제적 독립을 이루고 사회적 역할과 맡은 바 책임을 다할 때 비로소 성인으로 인정받는다.

성년기는 지적·정서적·신체적 발달에서 굉장한 잠재력이 있는 시기이다. 많은 사람들이 성년기에 직업인, 배우자, 부모로서의 새롭고 중요한 역할을 담당하게 된다. 대부분의 사람들은 성년기에 처음으로 직업을 갖고, 사랑을 하며, 부모 곁을 떠나 결혼하고, 자녀를 낳아 기르는 중요한 변화를 겪는다. 따라서 많은 사회학자들이 이 시기를 일생에서 스트레스가 가장 많은 시기라고 하는 것은 놀라운 일이 아니다.

제11장에서는 성년기의 신체발달, 인지발달, 직업발달, 성격과 사회성발달, 가족생활 등에 관해 살펴보기로 한다.

1. 신체발달

청년기와 성년기에 모든 신체적 성장과 성숙이 거의 완성된다. 성년기는 정력, 활력, 신선함, 젊음의 육체적 매력 등으로 특징지어지는 시기이다. 특히 20대는 체력이 절정에 달하고, 생식기관에도 아무런 문제가 없으며, 운동수행능력도 절정에 달한다. 이 모든 것들은 신체체계가 절정에 달한 것을 반영하는 것이다. 체력은 이 시기의 모든 사회적·경제적·정서적 과업을 수행하기에 충분하다.

성년들은 또한 대체로 건강한 편이다. 이 시기에 신체의 모든 체계들이 정점에 도달하며 질병에도 덜 걸리게 된다(Rimsza & Kirk, 2005). 양호한 건강상태는 유전적인 요인, 연령, 의학적 치료 능력 등과도 관련이 있다.

1) 신체상태

성년기가 되면 신체상태는 절정에 달하지만 점진적으로 감퇴하기 시작한다. 신체수행 능력, 체력, 정력, 지구력도 성년기에 절정에 이른다. 근력은 25세에서 30세 사이에 절정을 이루며, 30세에서 60세 사이에 10% 정도의 근력 감퇴가 일어난다. 손의 날렵함은 성년기에 가장 능률적이며, 손가락과 손의 움직임의 기민성은 30대 중반부터 감퇴하기 시작한다.

감각 역시 성년기에 가장 예민하다. 시력은 20세경에 가장 좋으며, 40세쯤 되면 노안이 진행되어 독서할 때에 돋보기 안경을 써야 하는 경우가 많다. 청력의 점진적인 감퇴는 보통 25세 이전에 시작되어 25세 이후에는 감퇴가 보다 뚜렷해진다. 미각, 후각 및 통각과 온도에 대한 감각은 40세에서 50세경까지는 전혀 감소되지 않는다. 〈표 11-1〉은 주로 성년기에 일어나는 신체변화를 요약한 것이다.

표 11-1   연령과 신체 기능의 변화

신체 기능	변화가 시작되는 시기	변화 상태
시각	40대 중반	수정체가 두꺼워져 조절력이 떨어진다. 가까이 있는 물체가 잘 안 보이고 (원시) 빛에 민감하다.
청각	50~60세	아주 높거나 아주 낮은 음조(tone)의 소리를 잘 듣지 못한다.
후각	40세경	냄새를 구분하는 능력이 감소한다.
미각	없음	맛을 구별하는 능력의 변화는 거의 없다.
근육	50세경	근육조직의 상실
골격	30대 중반 여성은 폐경 이후 가속화	뼈 속의 칼슘 성분 상실(골다공증)
심폐기능	35~40세	가만히 앉아 있을 때는 연령변화가 거의 없지만 운동을 하거나 일을 할 때 연령변화가 나타난다.
신경계	성인기 내내 점차적인 변화	뇌 속의 신경계 상실. 전체 뇌 크기와 무게 감소. 신경세포의 수지상 돌기 감소
면역체계	청년기	T 세포의 감소
생식기능	여성(30대 중반) 남성(40세경)	여성: 가임능력의 감소, 폐경 후 완전 상실 남성: 약 40세경에 활동성 있는 정자의 수가 감소하기 시작 　　　성년기부터 테스토스테론의 점차적인 감소
세포	점차적	피부, 근육, 힘줄, 혈액을 포함한 대부분의 세포가 점차적으로 감소
신장	40세	척추디스크의 압축현상으로 80세까지 1~2인치 정도 신장이 감소한다.
체중	일정변화 없음	체중은 연령에 따른 일정한 변화패턴이 없으나 일반적으로 중년기에 체중이 제일 많이 나가고 노년기에 서서히 감소한다.
피부	30~40세	탄력성을 잃으면서 주름이 생기기 시작한다.
모발	50세경	모발이 가늘어지고 점차 흰색으로 변한다.

출처: Bee, H. (1998). *Life-span development* (2nd ed.). New York: Addison-Wesley.

2) 외모

일생을 통해 외모는 자아개념에 매우 중요한 역할을 한다. 신체적 매력을 높이 평가하는 사회에서는 더욱 그러하고, 특히 외모에 많은 가치를 두는 여성의 경우는 매우 심하다.

신체적 매력은 신체의 균형, 아름다움, 곡선미, 늠름한 근육 등만으로 판단할 단순한 문제가 아니다. 신체적 매력이 빼어난 사람들 중에 스스로가 그렇게 느끼지 못하고 행동하지 않기 때문에 아름답거나 멋있다고 느껴지지 않는 경우가 많다. 우리 속담에 "미모도 가죽 한 꺼풀(Beauty is but skin-deep)"이란 말이 있듯이 미(美)란 겉만 보고 판단할 수는 없는 것이다. 게다가 美의 기준은 문화에 따라 다르고 시대에 따라 다르기 때문에 지극히 주관적인 것이다(사진 참조). "제눈에 안경(Beauty is in the eye of the beholder)"이란 속담도 이 경우를 두고 하는 말이다.

사진 설명: 조선시대의 〈미인도〉

3) 건강과 질병

(1) 건강상태

성년기 동안 건강상태는 최상이다. 자신의 건강상태를 평가해 보라는 질문을 받으면 대부분의 성년기 사람들은 "매우 좋다"라고 답한다. 성인들은 병에 잘 걸리지 않고, 병에 걸렸다 하더라도 곧 회복된다(Rimsza & Kirk, 2005). 18~44세의 성인 중 10%만이 당뇨, 심장질환, 암에 걸린다. 만성 질환이나 손상 때문에 생활에 제한을 받는 사람은 1%도 채 안 된다(George, 1996; Troll, 1985).

그러나 좋은 건강이 단지 운에 달린 것은 아니다. 건강은 생활양식의 영향을 받는다. 인간은 유전의 수동적인 피해자나 수혜자가 아니다. 인간은 자신의 건강을 증진시키기 위해 큰 역할을 할 수 있다(Papalia, Olds, & Feldman, 1989; Schwartz & Petrova, 2019). 40년 이상 진행된 버클리 종단연구에서 보면 30세 때의 건강상태를 가지고 70세 때의 생활만족도를 예측할 수 있었다(Mussen, Honzik, & Eichorn, 1982).

(2) 건강과 영향요인

세계보건기구(WHO)가 정의하였듯이 건강이란 "완전한 신체적 · 정신적 · 사회적 안녕상태이고, 단순히 질병이나 질환이 없는 상태를 말하는 것은 아니다"(Danish, 1983). 사람들은 어떤 활동들을 추구함으로써(예: 잘 먹고 규칙적으로 운동하는 것) 또는 어떤 활

Steven J. Danish

동들을 멀리함으로써(예: 과도한 흡연이나 음주) 그와 같은 안녕상태를 확보할 수 있다.

건강은 성인들의 생활양식과 관련이 있다. 음주, 흡연, 약물남용, 스트레스에 대한 반응, 음식물, 치아관리, 운동 등은 건강에 영향을 미친다. 좋은 건강습관은 심장질환, 폐질환, 당뇨, 골다공증, 고지혈증, 고혈압 등으로부터 우리를 보호해 준다(Porterfield & Pierre, 1992). 물론 좋은 건강습관이 질병으로부터 우리를 완전히 자유롭게 해 주지는 못하지만 그러한 위험을 상당히 감소시킬 수는 있다. 특히 일찍부터 시작한다면 더욱 그러하다.

① 음식물

우리 속담에 "식보(食補)가 약보(藥補)보다 낫다"라는 말이 있다. 이 속담은 신체적·정신적 건강에 있어서 음식물의 중요성을 집약한 표현이다. 우리가 무엇을 먹는가 하는 것은 우리가 어떤 모습으로 보이고, 신체적으로 어떻게 느끼며, 여러 가지 질병을 얼마나 이겨낼 수 있는가를 크게 좌우한다(사진 참조).

비만은 고혈압, 심장질환, 암 등의 성인병을 유발할 뿐만 아니라 수명을 단축시키기 때문에 심각한 건강문제가 된다(Blake, 2020; Schiff, 2021; Stefan, 2020). 정상 체중보다 10% 정도 더 나가면 '과체중'이라 하고, 정상 체중보다 20% 이상 초과할 때는 비만이라 한다. 비만의 위험이 가장 높은 때가 바로 이 성년기이다. 날씬한 것에 가치를 두고 신체적인 매력으로 사람을 평가하는 사회에서는 체중이 많이 나가는 것은 심각한 심리적 문제가 될 수 있다. 가장 효과적인 체중감량법은 식사량을 줄이고, 식습관을 바꾸며, 운동을 하는 것이다.

연구결과 특정 음식과 암발생률 간에는 관계가 있는 것으로 밝혀졌다. 예를 들면, 유방암은 고지방식과 관련이 있고, 식도암과 위암은 절인 생선, 훈제한 생선과 관련이 있는 것으로 보인다(Gorbach, Zimmerman, & Woods, 1984; Willett, Stampfer, Colditz, Rosner, & Speizer, 1990). 암발생률을 낮추는 음식물로는 고섬유질 과일 및 야채와 곡물, 비타민 A와 C를 함유하고 있는 감귤류와 녹황색 야채, 양배추과에 속하는 야채 등이 있다.

② 운동

아리스토텔레스는 일찍이 삶의 질은 우리가 어떤 활동을 하느냐에 달려 있다는 점을 강조하였다. 삶의 질을 개선시킬 수 있는 주요 활동 중의 하나가 운동이다.

규칙적인 운동을 하면 많은 이득이 있다. 정상 체중을 유지할 수 있고, 근육을 단련시키며, 심장과 폐를 튼튼하게 하고, 혈압을 낮추며, 심장마비, 암, 골다공증 등을 예방하여 수명을 연장시킨다(Goldfield et al., 2012; Lee, Franks, Thomas, & Paffenberger, 1981; McCann & Holmes, 1984; Notelovitz & Ware, 1983; Sund, Larsson, & Wichstrom, 2011; Thompson & Manore, 2015).

운동 중에서도 등산, 빨리 걷기, 달리기, 자전거 타기, 수영 등을 포함하는 유산소 운동이라 불리는 호흡순환기의 산소 소비를 늘리는 운동이 가장 좋다. 운동으로 인한 최대의 효과를 얻기 위해서는 일주일에 3~4번 정도 규칙적으

사진 설명: 등산을 할 때는 평소보다 좁은 보폭으로 꾸준히 걷는 것이 효과적이다.

로 하는 것이 좋다. 연구결과(Curfman, Gregory, & Paffenbarger, 1985; Paffenbarger et al., 1993), 규칙적인 운동은 심장질환을 예방하는 데 반해, 운동을 하지 않으면 수명을 단축시키고, 심장질환, 당뇨, 암 등 각종 질병에 걸리기 쉽다(Schechtman, Barzilai, Rost, & Fisher, 1991).

③ 흡연

흡연자들은 암, 심장병 등 여러 질병에 걸릴 위험에 스스로를 노출시킨다. 흡연은 폐암, 후두암, 구강암, 식도암, 방광암, 신장암, 췌장암, 경부암뿐만 아니라 궤양과 같은 위와 장의 질환 및 심장마비와 관련이 있으며 기관지염, 폐기종과 같은 호흡기 질환과도 관련이 있다.

담배의 주성분은 니코틴인데 니코틴은 흥분제이면서 진정제 역할을 한다. 그래서 담배를 피우면 정신이 번쩍 나면서 동시에 긴장이 풀어진다. 그러나 이러한 즐거움은 비싼 대가를 치르게 한다. 흡연은 고혈압과 심장병을 유발하여 폐기종, 만성 기관지염과 같은 호흡계 질환을 초래하고, 폐암의 위험에 노출시킨다. 그래서 어떤 이들은 흡연을 "느린 동작의 자살"이라고까지 표현하기도 한

어려서 배운 담배는 더욱더 위험합니다.

다(Santrock, 1998).

비흡연자도 '간접 흡연', 즉 자기 주위에서의 흡연의 영향을 받는다. 최근의 연구는 간접 흡연의 해로운 효과에 대해 보고하고 있다. 하루 두 갑 이상 담배를 피우는 가족 중의 비흡연자는 하루에 한두 개비의 담배에 해당하는 담배연기를 흡입한다는 것이다 (Matsukura et al., 1984). 특히 임신한 여성이 흡연을 하게 되면 자신의 건강뿐만 아니라 태아의 건강까지 해친다. 임신 중 흡연은 조산, 저체중, 자연유산, 난산과 관계가 있다. 더욱이 흡연하는 어머니의 자녀들은 폐기능이 저하되어 폐암에 걸릴 확률이 높다 (Correa, Pickle, Fontham, Lin, & Haenszel, 1983; Tager, Weiss, Munoz, Rosner, & Speizer, 1983).

Samuel Shapiro

흡연은 한 번 시작하면 끊기가 무척 힘들다. 많은 사람들이 담배를 끊으려고 애쓰지만 성공하지 못하는 경우가 많다. 그러나 언제라도 담배를 끊기만 하면 건강상태는 금세 좋아진다. 금연은 심장질환이나 뇌졸중의 위험을 감소시킨다(Katchadourian, 1987; Kawachi et al., 1993). 한 연구(Rosenberg, Palmer, & Shapiro, 1990)에서, 금연 후 3년이 지나면 심장발작의 위험은 흡연경험이 전혀 없는 사람과 똑같은 것으로 나타났다. 또 다른 연구(NIA, 1993)에서는, 10년이 지나면 암에 걸릴 위험도 똑같은 것으로 나타났다.

④ 음주

사람들은 불안을 덜기 위해, 인생에 즐거움을 더하기 위해, 골치 아픈 문제들로부터 도피하기 위해 술을 마신다. 적당한 양의 음주는 인간관계에서 윤활유 역할을 하지만 양이 지나치면 중추신경에 의해 통제되는 활동이 크게 영향을 받는다. 즉, 자율신경이 마비되어 몸이 마음대로 움직여지지 않고, 반응이 느리며, 판단도 흐려진다. 음주운전은 교통사고로 인한 사망의 주원인이 되고 있다.

과음을 하면 신장과 간을 해치게 되고, 위염이 생기며, 감각장애를 일으켜 기억상실에 걸린다. 더 심하면 혼수상태에 빠지고 죽음에까지 이르게 된다(Insel & Roth, 1998).

술을 지나치게 많이 마시면 알코올 중독자가 될 위험이 있다(사진 참조). 알코올 중독은 자신의 인생뿐만 아니라 주위 사람의 인생도 망친다. 많은 경우 알코올 중독은 가정폭력을 초래하여 가족해체의 원인이 되기도 한다. 알코올 중독자의 자녀들은 정서발달의 장애를 경험하고 일생 동안 대인관계에서 부정적인 영향을 받는다.

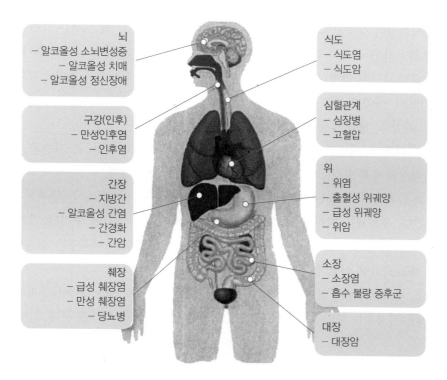

뇌
– 알코올성 소뇌변성증
– 알코올성 치매
– 알코올성 정신장애

식도
– 식도염
– 식도암

구강(인후)
– 만성인후염
– 인후염

심혈관계
– 심장병
– 고혈압

간장
– 지방간
– 알코올성 간염
– 간경화
– 간암

위
– 위염
– 출혈성 위궤양
– 급성 위궤양
– 위암

췌장
– 급성 췌장염
– 만성 췌장염
– 당뇨병

소장
– 소장염
– 흡수 불량 증후군

대장
– 대장암

〈그림 11-1〉 알코올이 신체에 미치는 영향
출처: 보건복지부, 국립암센터, 대한의학회.

〈그림 11-1〉은 알코올이 신체에 미치는 영향에 관한 내용이다.

⑤ 약물남용

사람들이 신체적인 고통을 덜기 위해서뿐만 아니라 삶에 활기를 주기 위해서 약물을 사용한 것은 그 역사가 매우 깊다. 고대 아시리아인들은 아편정제를 피웠고 로마인들은 2000년 전에 이미 대마초를 피웠다.

그러나 개인적인 만족을 위해서든 일시적인 적응을 위해서든 약물사용은 비싼 대가를 치러야 한다. 즉, 약물중독이 되어 정상적인 생활이 불가능해지거나 때로는 치명적인 병으로 목숨을 잃게 된다.

약물은 인체에 미치는 영향에 따라 마약, 환각제, 흥분제, 진정제 등으로 분류한다. 헤로인, 아편, 코카인, 모르핀과 같은 마약(narcotics)은 처음에 강렬한 도취감에 빠지게 하고, 곧이어 평온하고 행복한 상태가 몇 시간 지속된다. 마

약은 중독현상이 강하고 내성이 빨리 생긴다. 처음 약을 복용할 때 느끼던 강렬한 쾌감은 계속 복용하면 급격히 떨어져서 같은 효과를 내기 위해서는 양을 늘려야 한다. 일단 중독이 되면 약값이 엄청나기 때문에 약값을 구하기 위해 범죄행위에 가담하기도 한다(Cobb, 1998). 마약은 주로 주사기를 사용하기 때문에 오염된 주사바늘을 사용함으로써 간염, 파상풍, 에이즈 등에 감염될 수 있다.

LSD, 마리화나, 메스칼린, 실로시빈과 같은 환각제(hallucinogens)는 기분을 들뜨게 하여 환각상태에 빠뜨리는데, 사고와 지각에 주로 영향을 미친다.

그리고 암페타민, 코카인, 카페인, 니코틴과 같은 흥분제(stimulants)는 중추신경계를 흥분시킨다. 흥분제는 힘이 솟게 해서 기분을 들뜨게 하고 자신감을 주지만, 약효가 떨어지면 피곤해지고, 짜증이 나며, 우울해지고, 머리가 아프다. 과다복용은 심장박동을 빠르게 하고 죽음에 이르게 하기도 한다.

알코올, 바르비투르산염, 신경안정제 같은 진정제(depressants)는 중추신경계의 활동을 늦춘다. 진정제는 불안감을 감소시키고, 기분을 진정시키는 역할을 한다.

⑥ 스트레스

스트레스는 생활의 변화로 말미암아 심리적 · 생리적 안정이 흐트러지는 유쾌하지 못한 상태로 정의할 수 있다. 따라서 스트레스를 받게 되면 일반적으로 불안해하거나 긴장하게 된다. 스트레스원은 스트레스를 일으키는 원인이 되는 사건이다. 어떤 사건이 스트레스원이 되는지의 여부는 개인이 그 사건을 어떻게 해석하느냐에 달려 있다.

성년기는 인생에서 스트레스가 가장 많은 시기이다(Milsum, 1984). 특히 25~44세의 성인들이 다른 어떤 연령집단보다도 스트레스를 많이 받는 것으로 보인다. 이들은 인생에서 크고 작은 변화를 수없이 경험한다. 그중에서 가장 보편적인 스트레스원은 경제적인 것이다(Clark, 1992).

우리 신체가 스트레스에 반응하는 능력은 연령이 증가하면서 감소한다. 정상적인 상황에서는 신체체계가 제대로 기능을 하지만, 스트레스를 주는 사건에 직면하면 젊은 이들처럼 효율적으로 대처하지 못한다(Lakatta, 1990).

스트레스는 물론 모든 사람의 생활에서 피할 수 없는 생활의 한 부분이다. 어떤 스트레스는 필수적이며, 또 어떤 것은 활력을 주기도 한다(Kobasa, Maddi, & Kahn, 1982). 저명한 스트레스 연구가가 말했듯이 "스트레스로부터의 완전한 해방은 죽음이다"(Selye, 1980, p. 128). 그러나 스트레스는 고혈압, 심장질환, 뇌졸중, 궤양과 같은 여러 가지 질병을 일으키거나 악화시키는 요인이 되기 때문에(Jansen et al., 2016; Lagraauw, Kuiper, & Bot, 2015; Sin et al., 2016) 스트레스에 대한 관심이

Hans Selye

점차 높아지고 있다. 〈그림 11-2〉는 스트레스와 질병에 관한 것이다.

스트레스는 많은 질병의 원인이 되고 있다. 만성적 스트레스는 면역체계에 영향을 미치는데, 이 스트레스는 면역체계를 통해서뿐만 아니라 심혈관 요인을 통해서도 질병과 연관이 된다(Ortega-Montiel et al., 2015). 최근 연구(Kim-Fuchs et al., 2014)에 의하면 만성적 스트레스는 췌장암의 진행을 가속화시키는 것으로 보인다.

바이러스나 박테리아를 죽이는 백혈구의 효능과 백혈구의 수는 스트레스 수준과 관련이 있다. 스트레스 수준이 높으면 바이러스나 박테리아는 그 수가 급속히 증가하여 질병을 일으키게 된다. 자연살세포(Natural Killer: NK)는 스트레스가 비교적 낮은 수준에서 존재하는 백혈구의 일종이다(사진 참조).

Holmes와 Rahe(1976)라는 두 명의 정신과 의사가 5,000명의 입원환자들을 대상으로 발병 이전에 있었던 생활사건들을 조사해 보았다. 연구결과, 개인의 생활에서 일어난 변화가 많을수록 1~2년 이내에 발병할 확률이 높아진다는 것을 발견하였다. 놀랍게도 환자들이 보고한 스트레스를 주는 사건들 중 몇 가지는 결혼, 뛰어난 개인적 성취와 같이 긍정적으로 여겨지는 것들도 있었다. 인생에서 일어나는 사건은 그것이 좋은 일이든 나쁜 일이든 모두 신체의 평형상태를 깨뜨리고 스트레스를 유발한다(사진 참조). 상쾌한 스트레스(Eustress)는 인생에 흥미, 즐거움, 자극을 제공한다. 반면, 불쾌한 스트레스(Distress)는 불쾌한 상황에 계속해서 노출됨으로써 우

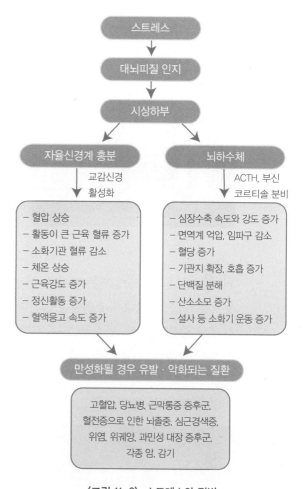

〈그림 11-2〉 스트레스와 질병

출처: 조선일보, 2005. 1. 19.

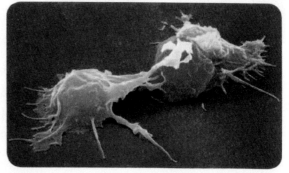

사진 설명: 2개의 NK세포(노란색)가 백혈병(leukemia)세포(붉은색)를 공격하고 있다.

리의 심신이 피로하게 되는 것이다. 이런 점에서 스트레스는 신체의 면역체계, 신경계, 호르몬 수준, 신진대사에 영향을 미친다고 할 수 있다. 가장 흔히 보고되는 스트레스의 신체적 증상은 두통, 근육통, 근육긴장, 위통, 피로 등이다. 가장 흔한 심리적 증상은 신경과민, 불안, 긴장, 분노, 짜증, 우울 등이다.

(3) 성격요인과 질병

사진 설명: 참을성이 없고 경쟁적인 'A형' 사람들은 심장병에 걸릴 확률이 높다.

개인의 성격특성과 특정 질병과는 상관이 있는 것으로 보인다. 한 연구(Friedman & Rosenman, 1974)에서, 'A형' 행동유형이라 불리는 성격특성과 심장질환은 관련이 있는 것으로 나타났다. 'A형' 행동유형을 지닌 사람들은 참을성이 없고, 경쟁적이며, 공격적이고, 적개심이 많다. 그들은 실제로 가능한 것 이상을 성취하려고 애쓰며 자신의 분노를 잘 다스리지 못한다. 게다가 그들은 끊임없이 시간과 경주하며 도전에 직면한 듯이 행동한다. 반면, 'B형' 행동유형을 지닌 사람들은 보다 여유 있고, 태평스러우며, 서두르지 않는다. 그들은 보다 현실적으로 대응한다. 즉, 불가능한 것을 시도하지 않으며, 'A형' 유형의 사람들이 하듯이 모든 것(심지어 여가활동까지)을 도전으로 여기지 않는다.

분명히 'A형' 사람들은 그들의 환경을 도전이나 위협으로 받아들이기 때문에, 신체가 사소한 사건도 목숨을 걸고 싸워야 할 것으로 받아들여 노르에피네프린, 아드레날린류의 호르몬을 과다하게 분비시킨다. 이러한 호르몬의 분비는 관동맥의 안쪽을 손상시키고, 콜레스테롤의 침전을 촉진시키며, 비정상적인 심장리듬, 심장박동수 증가, 고혈압의 원인이 되며, 심장마비를 일으키는 응혈을 촉진시킨다(Rosenman, 1983).

'Z형' 행동유형

Friedman과 Rosenman(1974)의 연구에 의하면, 'A형' 사람들은 30~40대에 심장마비를 일으킬 확률이 높은 반면, 'B형' 사람들은 흡연을 하거나 고지방 음식을 먹으며 운동을 하지 않더라도 70세 이전에는 심장마비를 일으키는 경우가 매우 드문 것으로 보인다고 한다.

그러나 또 다른 연구(Williams, 1989)에 의하면, 'A형' 행동유형과 심장질환과의 관계가 Friedman과 Rosenman이 주장하는 것처럼 그렇게 분명하지 않다. 보다 최근의 연구(Brannon & Feist, 1992; Demaree & Everhart, 2004; Dolezal, Davison, & DeQuattro, 1996; Eaker et al., 2004; Myrtek, 2007; Rice, 1992)에 의하면, 'A형' 행동 중 적개심만이 심장질환과 관계가 있다고 한다. 특히 분노, 적의, 다른 사람에 대한 불신으로 특징지어진 냉소적 적개심(cynical hostility)이 건강에 매우 해로운 것으로 보인다. 냉소적 적개심을 가진 사람들은 스트레스에 강력한 생리적 반응을 보인다. 즉, 숨이 가빠지고, 심장박동수가 증가하며, 근육긴장 등의 증상을 보이는데 이들은 모두 심장병과 연관이 있다. 연구자들은 이런 적개심은 Erikson의 첫 번째 위기인 신뢰감 대 불신감을 완전히 해결하지 못한 결과라고 본다.

최근에 와서 새로이 주목을 받고 있는 것이 'C형' 행동유형이다. 'C형' 행동유형을 지닌 사람들은 내성적이고, 완고하며, 불안 초조해하는 성격으로 감정표현을 잘 하지 않는다. 연구결과 이런 유형의 사람들은 각종 암에 잘 걸리는 것으로 나타났다(Temoshok & Dreher, 1992).

2. 인지발달

우리가 이 세상을 살아가는 데 있어 가장 중요한 능력 중의 하나가 흔히 지적 능력이라고 말한다. 연령이 증가함에 따라 지적 발달에는 어떤 변화가 일어나는가? 성인기에 지적 능력은 증가하는가 아니면 감소하는가?

어떤 학자들은 심폐기능이나 다른 신체기관과 마찬가지로 뇌의 기능이 점점 비효율적이 되기 때문에, 성인기에는 지적 기능이 감소한다고 주장한다. 반면, 어떤 학자들은 노년기에 심각한 질병에 걸리기 전에는 지적 기능은 성인기 동안 안정된 상태라고 주장한다. 또 다른 학자들은 반응속도와 관련된 측면에서는 감소하지만, 실생활과 관련된 지식이나 지혜와 같은 측면에서는 증가한다고 주장한다.

1) 성인기 사고의 특성

인간은 성인기에도 계속해서 인지적으로 발달하는가? Piaget는 청년과 성인의 인지작용에는 차이가 없다고 주장한다. 과연 Piaget의 주장처럼 인간의 인지발달에서 형식적 조작기는 마지막 단계인가?

(1) Arlin의 문제발견적 사고

Arlin(1975, 1989, 1990)은 이 문제에 대해 성인기의 사고수준은 청년기의 사고수준과는 다르며, 청년기의 형식적 조작기 다음에 문제발견의 단계라는 제5단계가 있다고 주장하였다. 이 단계의 사고의 특징은 창의적 사고, 확산적 사고, 새로운 문제해결 방법의 발견 등이다. Piaget의 형식적 · 조작적 사고는 수렴적 사고를 요한다.

Klaus Riegel

Michael Basseches

(2) Riegel과 Basseches의 변증법적 사고

Riegel(1973)은 성인기 사고의 특징은 '형식적' 사고가 아닌 '성숙한' 사고라고 주장한다. 성숙한 사고란 어떤 사실이 진실일 수도 있고 진실이 아닐 수도 있음을 받아들이는 것이다. Riegel은 이러한 사고의 모순된 상태를 기술하기 위해 철학에서 변증법적이란 용어를 빌려와 다섯 번째의 인지발달 단계를 변증법적 사고(dialective thinking)의 단계라고 하였다. 변증법적 사고를 하는 사람들은 비일관성과 역설(모순)을 잘 감지하고 正(theses)과 反(antitheses)으로부터 合(syntheses)을 이끌어 낸다. Piaget에 의하면 형식적 · 조작적 사고를 하는 사람은 인지적 평형 상태에 도달하지만, 변증법적 사고를 하는 사람은 항상 불평형 상태에 있게 된다(Basseches, 1984; Riegel, 1973).

성인기 동안의 인지발달은 청년기와는 다르게 일련의 갈등이나 위기 혹은 모순과 그 해결에 의해 설명될 수 있기 때문에, 평형모델을 지향하는 Piaget의 인지발달이론은 성인기의 사고를 완전히 설명할 수 없다는 것이 Riegel의 주장이다.

Basseches(1984) 또한 변증법적 사고가 성인의 유일한 추론형태라고 가정하고, 성인기의 인지적 성장은 변증법적 도식의 형태를 취한다고 주장하였다. Basseches에 의하면, 변증법적 도식 중의 어떤 것들은 사고자의 관심을 관계나 상호작용으로 유도하고 어떤 것들은 변화와 움직임에 그리고 또 어떤 것들은 형태나 패턴을 처리하는 데 이용된다. 즉, 변증법적 도식은 성인들이 사회적 체재나 정치적 체재에 대해 그리고 대인관계에 대해 추론할 수 있도록 하는 역할을 한다.

(3) Labouvie-Vief의 실용적 사고

Labouvie-Vief(1986, 1990a, 2006)에 의하면, 성인기에 새로운 사고의 통합이 발생한다고 한다. 성인기에는 문제를 해결함에 있어 논리적 사고에 덜 의존하게 되고, 현실적인 면을 많이 고려하게 된다. 성인기의 인지능력은 매우 우수하며, 사회물정에도 밝게 된다. 성인기의 인지능력에는 논리적 사고능력뿐만 아니라 현실적응 능력도 포함된다. 예를 들면, 건축가가 건물을 설계할 때에는 구조에 대해 논리적으로 분석하여 설계할 뿐만 아니라 비용, 환경여건, 시간적 측면 등을 모두 고려하게 된다.

Gisela Labouvie-Vief

(4) Perry와 Sinnott의 다원론적 사고

Perry(1970, 1981)는 성인기에는 청년기의 사고와는 다른 중요한 변화가 일어난다고 믿는다. 그는 청년들의 사고는 흔히 흑백논리에 의해 좌우된다고 믿는다. 그러나 성인이 되면 이원론적 사고(dualistic thinking)에서 벗어나 다원론적 사고(multiple thinking)로 옮겨 간다고 한다.

Sinnott(1989, 1997, 2003) 또한 성인기에는 다차원의 세계와 복잡한 인간관계에 직면하면서 인지발달이 이루어진다고 믿는다. 성인들은 '진리' 또는 '진실'이라는 것을 주관적이고 상대적인 것으로 이해하게 된다. 즉, 지식이란 절대적이고 고정불변의 것이 아니라 여러 개의 타당한 견해 중 하나일 수 있다는 사실을 이해하게 된다는 것이다. 이러한 Sinnott의 견해는 성인기의 인지능력은 절대적인 것이 아니고 상대적이라는 Perry의 견해와 일치한다.

William Graves Perry Jr.

(5) Schaie의 성인기 인지발달 단계

Schaie(1977)는 성인기가 되면 형식적·조작적 사고를 넘어서지는 않지만 지식의 습득단계에서 아는 지식을 실생활(직업발달이나

Jan Sinnott

K. Warner Schaie

가족발달 등)에 적용하는 단계로 전환하게 된다고 믿는다. Schaie는 성인기의 지능은 양적 증가나 감소보다는 성인들이 사고하는 방식의 질적 변화가 보다 더 중요하다고 보고 성인기 인지발달의 5단계를 제시하였다(〈그림 11-3〉 참조).

제1단계인 습득단계에서 청년들은 사회에 참여하기 위해 앞뒤를 가리지 않고 지식 그 자체를 위한 정보와 기술을 습득한다. 그들은 과업 그 자체가 그들의 인생에서 아무런 의미가 없다 하더라도, 자신의 능력을 과시하기 위해 검사에서 최선을 다한다. 제2단계인 성취단계에서 성인들은 이제 더 이상 지식 그 자체를 위해 지식을 습득하지 않는다. 이 단계에서는 스스로 설정한 인생의 목표에 적합한 과업에서 최선을 다한다. 제3단계인 책임단계에서 중년들은 배우자나 자녀의 욕구충족에 대한 책임과 직업인으로서 또는 지역사회의 일원으로서 책임을 지게 된다. 이 단계에서 어떤 중년들의 경우 그 책임수준이 매우 복잡하다. 기업의 대표나 대학의 학장이나 총장, 기타 여러 기관의 장들은 조직의 구조를 이해하고, 장래의 계획을 세우며, 나아가 결정된 정책이 제대로 실행되는지 지켜보아야 한다. 이와 같이 여러 면에서 복잡한 관계를 통합하는 것이 실행단계이다. 제4단계인 실행단계는 제3단계인 책임단계의 변이로서 적합한 기술의 발달과 실행이 허락되는 기회를 얼마나 갖느냐에 달려 있다. 제5단계인 재통합단계에서 노인들은 사회적 참여와 책임으로부터 어느 정도 벗어나게 되고, 생물학적 변화로 말미암아 인지기능이 제약을 받기 때문에 자신들이 노력을 기울여야 할 과업에 대해 보다 선택적이다. 자신들이 하는 일의 목적에 관심이 있으며, 자신에게 의미가 없는 일에는 시간을 낭비하려 하지 않는다. 이 단계는 Erikson의 마지막 단계인 자아통합감의 단계와 일치한다.

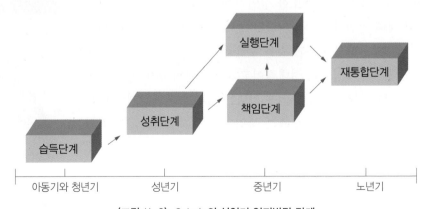

〈그림 11-3〉 Schaie의 성인기 인지발달 단계

출처: Schaie, K. W. (1978). Toward a stage theory of adult cognitive development. *Journal of Aging and Human Development, 8,* 129-138.

Schaie는 그후 평균예상수명이 크게 증가한 점을 감안하여 성인기 인지발달 단계를 좀더 세분화하였다. 그는 Willis와 함께 노년기를 다시 세 단계로 나누었는데, 청노년기(young-old), 중노년기(old-old), 초고령노년기(oldest-old)가 그것이다.

Schaie와 Willis(2000)에 의하면 청노년기는 재조직화(reorganizational) 단계로서 직업세계와 가족에 대한 책임에서 벗어나 보다 자녀중심적으로 재조직화하는 단계이다. 중노년기는 1978년 모델의 재통합(reintegrative)단계에 해당하며, 초고령노년기는 후손에게 물질적 · 지적 재산을 전해주는 유산창조(legacy creating)의 단계이다.

Sherry L. Willis

〈표 11-2〉는 Piaget, Arlin, Riegel, Labouvie-Vief, Perry와 Sinnott 그리고 Schaie의 성인기 인지발달 단계에 대한 요약이다.

표 11-2　성인기의 인지발달 단계

단계 ＼ 이론가	Piaget	Arlin	Riegel	Labouvie-Vief	Perry/Sinnott	Schaie
청년기	형식적 · 조작적 사고	형식적 · 조작적 사고	형식적 · 조작적 사고	형식적 · 조작적 사고	이원론적 사고	습득단계
성년기		문제발견적 사고	변증법적 사고	실용적 사고	다원론적 사고	성취단계
중년기	↓	↓	↓	↓	↓	책임단계
노년기						실행단계 재통합단계

2) 성인기의 지능검사

성인의 지능과 인지발달을 논의할 때 지능의 본질과 성인기에서 그것을 검사하는 방법에 관한 문제가 제기된다. 표준화된 지능검사들이 성인의 지능에 관해 설명할 수 있는 것과 설명할 수 없는 것은 무엇인가? 이러한 검사가 성인을 평가하는 데 얼마나 적절한 것인가?

성인을 대상으로 한 전통적인 지능검사의 타당도에는 의문의 여지가 있다. 지능검사에서 주로 측정되는 내용은 학업성취와 관련된 것으로, 이러한 검사는 젊은이들에게는 의미가 있지만 성인들에게는 별다른 의미가 없다. 여기서 제기되는 것이 생태학적 타당도의 문제이다. 즉, 검사되는 과제가 성인들이 일상생활에서 직면하는 과제인가하는 문제이다.

여러 지능검사들은 원래 아동용으로 제작된 것이기 때문에 성인들은 그 문제나 과제를 우습게 여길지 모른다. 게다가 성인들은 최선을 다하려는 동기가 부족할 수도 있다. 젊은이들은 대체로 검사를 잘 치르려는 강한 동기를 갖는다. 대학입학 시험과 같은 뚜렷한 목표가 있는 경우뿐만 아니라 아무리 하찮은 과제라도 그리고 자신의 인생에 아무 의미가 없는 과제라도 단지 자신을 증명해 보이기 위해서 최선을 다한다(Schaie, 1977). 그러나 성인들은, 특히 노인들은, 자신의 인생에 의미가 있고 유용한 과제에만 자신의 관심을 한정시킨다.

예를 들어, "만약 비행기 A가 A지점에서 오전 7시에 이륙하고 비행기 B가 B지점에서 오전 8시에 이륙한다면…… 언제 어느 지점에서 이 두 비행기가 충돌할 것인가?"라는 질문에 젊은이들은 "충돌이 예상되는 시간과 지점"에 관심을 보이지만, 나이 든 사람들은 다른 방향으로 비행을 해서 충돌을 피하려 할 것이다.

만약 지능이란 것을 자신의 환경에 성공적으로 적응하는 것으로 본다면, 지능은 나이가 들면서 학업과 관련된 문제에서 일상적인 문제에 대처하는 능력으로 바뀔 것이다. 한 연구(Berg & Sternberg, 1992)에서, 대부분의 성인들은 추론, 문제해결, 과거의 경험 활용하기, 다른 사람에 대한 이해 그리고 일반적 지식과 같은 지적 능력은 연령과 함께 증가한다고 믿었으며 기억력은 감퇴한다고 믿었다. 또한 대다수의 사람들은 많이 읽고, 교육을 받고, 적극적인 대인관계를 갖는다면 어느 연령에서도 지적 능력을 유지할 수 있다고 믿었으며, 질병이 있거나, 정신적 자극이 없고, 새로운 것을 배우는 데 관심이 없으면 지적 능력이 떨어진다고 믿었다.

또한 이러한 검사방법들은 성인기의 중요한 지적 능력들을 측정하지 못할 수도 있다. 전통적 지능검사는 Sternberg가 말하는 구성적(비판) 지능을 측정하는 과제에 집중되어 있으며, 경험적(통찰력) 지능과 상황적(실제적) 지능은 적절히 평가하지 못한다. 경험적 지능과 상황적 지능은 특히 성인기에 중요하므로 전통적 지능검사는 아동의 지능을 측정할 때보다 성인의 지능을 측정하는 데에는 유용성이 훨씬 떨어진다.

그럼에도 불구하고 전통적 지능검사에서 측정되는 기술은 일생 동안 매우 중요한 것이다. 사실 이러한 기술들은 일상생활에서 우리가 제대로 기능하는 데 필요한 기본 구성요소이다. 귀납적 추리, 공간지각, 지각속도, 수와 언어 능력과 같은 지적 기능은 나날의 활동에 있어 매우 의미 있는 것이다(Willis, 1991; Willis & Schaie, 1993).

3) 지능과 연령

성인기에 지적 능력이 증가하는가 아니면 감소하는가 하는 문제에서 고려해야 할 측

면이 몇 가지 있다. 여기서는 지능의 종류와 연령의 증가에 따른 지
능의 변화를 연구하는 연구방법에 관해 살펴보고자 한다.

(1) 결정성 지능과 유동성 지능

Horn(1967, 1970, 1982)과 Cattell(1965)은 성인기의 지적 능력에서 결
정성 지능(crystallized intelligence)과 유동성 지능(fluid intelligence)의 구
분을 제안한다. 결정성 지능은 학교교육과 일상생활에서의 학습경험
에 의존하는 정신능력을 반영하는 것으로, 이것은 교육이나 문화적 배
경 또는 기억에 의존한다. 어휘력, 일반상식, 단어연상, 사회적 상황이
나 갈등에 대한 반응을 통해서 결정성 지능을 측정한다(Horn, 1982).

John L. Horn

유동성 지능은 '타고난 지능(native intelligence)'으로 생물학적으
로 결정되며 경험이나 학습과는 무관하다. 유동성 지능은 새로운
정보를 처리하는 능력으로서 사전 지식이나 학습을 필요로 하지 않
는다. 유동성 지능은 공간지각, 추상적 추론, 지각속도와 같은 검사
를 통해서 측정된다.

결정성 지능과 유동성 지능이 절정에 달하는 시기는 각기 다르
다(〈그림 11-4〉 참조). 유동성 지능은 10대 후반에 절정에 도달하고
성년기에는 중추 신경구조의 점차적인 노화로 인해 감소하기 시
작한다. 반면, 결정성 지능은 성인기에서의 교육경험의 결과로 생

Raymond Cattell

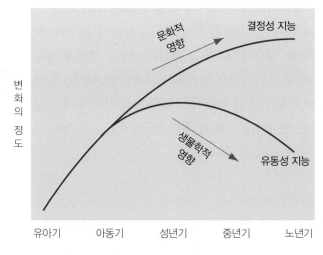

〈그림 11-4〉 유동성 지능과 결정성 지능의 변화

출처: Horn, J. L., & Donaldson, G. (1980). Cognitive development in adulthood. In O. G. Brim & J. Kagan(Eds.),
Constancy and change in human development. Cambridge, MA: Harvard University Press.

Roger A. Dixon

Paul B. Baltes

의 말기까지 계속 증가한다(Ghisletta et al., 2012; Manard et al., 2015; Salthouse, Pink, & Tucker-Drob, 2008).

Dixon과 Baltes(1986)는 Horn과 Cattell의 유동성 지능과 결정성 지능에 기초하여 성인기의 지적 기능에 관한 이중과정 모델을 제안하였다. 이중과정 모델은 연령이 증가하면서 퇴보하는 지능의 측면과 계속 발전하는 지능의 측면을 포함하는데, 지능의 기계적인 측면과 실제적인 측면이 그것이다.

기계적(mechanics) 지능은 인간의 정보처리 체계의 기초적 지능으로서 감각, 지각, 기억과 같은 '정신적 하드웨어'를 반영한다. 기계적 지능은 주로 단순한 과제를 수행할 때 속도와 정확성으로 측정된다. 이 측면은 유동성 지능과 마찬가지로 연령이 증가하면서 감소한다.

실제적(pragmatics) 지능은 특정 문화권의 구성원들이 이해하는 실제적이고 책략적인 지식의 일반체계, 특정 직업을 가진 사람들의 지식의 특수체계 그리고 문제를 효율적으로 해결하기 위해서 서로 다른 종류의 지식을 어떻게 활용하는지에 대한 이해를 포함하는 '정신적 소프트웨어'를 말한다. 실제적 지능은 일상생활의 크고 작은 문제들을 해결하는 책략(strategy)인 지혜를 발달시킨다. 실제적 지능은 생물학적 요인이 아니라 문화적 요인이 영향을 미치므로 결정성 지능과 마찬가지로 연령이 증가하더라도 감소하지 않는다.

지혜는 실제적 지능의 중요한 부분이다. 그러나 지혜에 관한 연구는 매우 드문데 이는 아마도 지혜를 정의하고 검사하기가 어렵기 때문인 것 같다. 지혜는 책에서 배운 것, 전문지식, 실제적 지식, 이 모든 것에 의지하지만 그 이상의 것이다. 지혜의 한 속성은 건전한 판단인데, 일상의 행위뿐만 아니라 어려운 결정을 해야 할 경우 모두에 해당한다. 지혜는 노인들이 자신의 능력과 자신의 한계를 상기하게 해 주고, 노인들이 자신의 경험으로부터 어떤 교훈을 이끌어 낼 것인지를 말해 주며, 남은 여생을 어떻게 활용할 것인지에 관한 투시력을 갖게 해 준다(Dixon & Baltes, 1986). 지혜에 관해서는 제13장에서 좀더 자세히 살펴보기로 한다.

(2) 횡단적 연구 대 종단적 연구

성인기에 지적 기능이 증가하는지 또는 감소하는지를 알아보기 위해 다양한 연령층의 사람들을 대상으로 지능검사를 실시해 보았다. 그 결과 지적 기능은 보편적으로 성년기에 높은 수준에 있는 것으로 나타났다. 오랫동안 지능은 대략 20세경에 절정에 달하며 그 이후에는 쇠퇴한다고 믿어 왔다. 이 같은 결론은 횡단적 연구결과에 근거한 것으로 여러 연령집단에 지능검사를 실시한 결과 성년기의 사람들이 가장 뛰어난 것으로 밝혀졌기 때문이다.

그러나 횡단적 연구에서의 이러한 차이는 연령 그 자체의 영향이라기보다는 '동시대 출생집단 효과(cohort effect)' 때문일 수 있다(Schaie, 2012; Schaie & Willis, 2010). 즉, 보다 최근에 태어난 사람들은 보다 양질의 그리고 보다 장기간의 교육을 받았기 때문에, 아는 것이 더 많고 더 많은 기술을 가지고 있을 수 있다. 성년기의 우수한 지적 수행은 지능이 연령에 따라 감퇴한다기보다 오늘날의 젊은이들이 경험하는 바가 다르며, 따라서 한 세대 전에 태어난 사람들보다 지적 능력을 더 발달시켰다는 의미일 수도 있다. 만약 그렇다면, 횡단적 연구에 의해서 노인들의 지적 잠재력이 과소평가되었는지 모른다.

사실, 수년에 걸쳐 주기적으로 동일한 사람을 검사하는 종단적 연구는 적어도 50세까지는 전반적으로 지능이 증가하는 것을 보여준다. 그러나 이들 연구 역시 그 결과의 해석에 문제가 있다. 피험자들은 한 번 이상의 검사를 받기 때문에, 다음번 검사에서 점수가 높게 나오는 것은 검사상황에 보다 익숙해졌거나 이전의 검사에서 비슷한 문제를 어떻게 풀었는지를 기억하는 것과 같은 '연습 효과(practice effect)'를 반영하는 것일 수도 있다. 그러므로 지능이 증가한 것처럼 보이는 것은 능력상의 진정한 향상이라기보다는 수행상의 향상을 반영하는 것인지도 모른다.

요약하면, 횡단적 연구에 의하면 지적 발달은 신체발달과 마찬가지로 꾸준한 감소를 보인다. 특히 비언어적 능력 또는 유동성 지능은 언어능력 또는 결정성 지능보다 더 일찍 더 빠르게 감소한다. 비언어적 능력이 언어능력보다 더 빨리 감소하는 것을 '고전적 노화 양상(classic aging pattern)'이라고 부른다(Botwinick, 1977). 이러한 현상을 어떻게 설명할 것인가? Horn과 그의 동료들(Horn, 1982; Horn & Donaldson, 1980)은 결정성 지능은 연령이 증가해도 보존이 되는데, 그 이유는 결정성 지능은 교육이나 경험의 축적된 효과를 반영하기 때문이다. 반면, 유동성 지능은 연령이 증가하면서 손상된다. 왜냐하면 지적 기능에 필요한 생리적·신경학적 구조가 연령이 증가하면서 점차적으로 감소하기 때문이다.

Jack Botwinick

4) 성인기 지능의 성차

많은 연구를 통해서 인지기능에는 성차가 있는 것으로 밝혀졌는데, 대부분의 연구자들은 이러한 성차는 남아와 여아에 대한 각기 다른 사회화 유형의 결과라고 주장한다. 지적 능력의 성차는 성인기 내내 계속된다(Feingold, 1993). Wechsler의 성인용 지능검사에서 남성은 산수문제, 상식문제, 블록짜기, 기호쓰기 등에서 여성보다 우세하였다

Alan S. Kaufman

James E. McLean

Cecil R. Reynolds

(Kaufman, Kaufman, McLean, & Reynolds, 1991). 시애틀 종단연구의 정신능력 검사에서 남성은 대체로 공간지각이나 산수문제에서 우세하고, 여성은 귀납적 추론, 언어기억, 지각속도에서 우세하였다(Schaie, 1996). 그러나 이러한 남녀의 성차는 단지 평균차를 의미할 뿐이다. 공간지각에서 남성의 평균점수를 능가하는 여성들이 많았다. 그리고 이러한 성차는 모든 문화권에서 보편적인 현상은 아니다. 예를 들면, 중국인을 대상으로 한 연구(Dutta et al., 1989)에서는 남성의 공간지각 능력이 여성보다 더 우수한 것으로 나타나지 않았다.

시애틀 종단연구에 의하면, 전반적인 지적 기능은 남자가 여자보다 더 빨리 감소하기 시작한다. 여성은 유동성 지능이 더 일찍 감소하는 반면, 남성은 결정성 지능이 더 일찍 감소한다(Schaie, 1994). 예를 들면, 공간지각 능력은 여성이 2배 빨리 감소하는 데 반해, 남성은 이 능력이 빨리 발달하고 80대까지 안정상태를 유지한다. 반면, 여성은 귀납적 추론에서 우세하다. 여성은 또한 언어기억력, 언어유창성, 언어이해력을 80대까지 그대로 유지하다가 80대에 와서 감소하기 시작한다. 이것은 80대에는 여성이 혼자 사는 경우가 많으므로 대화상대 부족으로 인한 결과인 것으로 보인다(Foreman, 1994).

전반적으로 우세한 여성의 정신능력이 신경학적 기초에 그 원인이 있다고 지적하는 연구도 있다. 문제해결에 필요한 책략을 통제하는 전두엽이 남성의 경우에는 70대에 기능적 상실을 보이는데, 이는 여성보다 10년 빠른 것이다(Hochanadel, 1991). 여성의 뇌는 두 개의 반구를 연결하는 뇌량(corpus callosum)이 더 두껍기 때문에, 좌반구의 언어능력이 우세하게 되어 우반구의 공간지각 능력의 약세를 만회하기도 한다(Foreman, 1994).

5) 창의성과 연령

30세에 에디슨은 축음기를 발명하였고, 안데르센은 첫 번째 동화집을 출판하였으

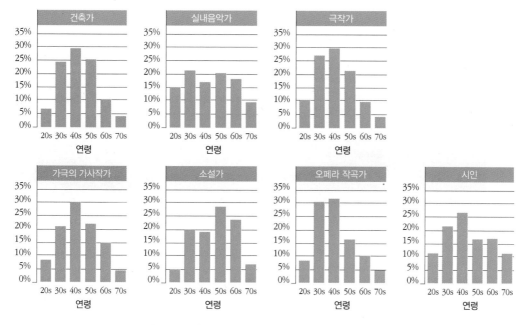

〈그림 11-5〉 특정 분야에서의 창의성과 연령의 관계

며, 모차르트는 〈피가로의 결혼〉을 작곡하였다. 이와 같은 사실을 보면 성인기에 창의성이 저하된다고 말하기가 어렵다. 몇몇 연구에 의하면, 가장 생산적이고 창의적인 업적은 30대에 제일 많으며 80%가 50세 전에 이루어진 것이다(Lehman, 1960).

한 연구(Dennis, 1966)는 예술, 과학, 인문학 분야에서 창의적인 인물들을 조사한 바 있다. 창의적 업적의 절정기는 분야마다 다른 것으로 나타났다(〈그림 11-5〉 참조). 예술이나 과학 분야에서는 50대에 창의적 업적이 감소하였으

사진 설명: 1977년에 노벨 의학상을 수상한 Rosalyn Yalow 박사는 중년기 이후에도 계속해서 창의적인 논문을 발표한 바 있다.

나 인문학 분야에서는 70대에도 여전히 창의적인 것으로 나타났다. 그리고 Benjamin Dugger이 72세에 항생제 오레오마이신을 발명한 것을 비롯하여 노벨상 수상자들은 70세가 넘어서까지 과학 학술지에 논문을 발표하였다(사진 참조). 따라서 성인기에 창의력이 감소한다고 결론짓는 것은 부적절한 것으로 보인다(Hanna, 2016; Simonton, 2009).

일반적으로 창의성은 일생 동안 지속되며 성년기에 절정에 달한다. 노년기에 창의성이 감소하는 것은 질병, 개인적 문제, 스트레스, 창의적 노력에 대한 관심이나 동기 결여와 같은 몇 가지 요인 때문인지 모른다. 그리고 대부분의 노인들에게서 창의적 생산성이 감소하는 것은 사실이지만, 미켈란젤로, 베르디, 괴테, 피카소, 모네 같은 천재

사진 설명: 'Grandma Moses'가 84세에 그린 그림. 'Hoosick Falls' in the winter

사진 설명: 'Grandma Moses'가 88세에 크리스마스 카드를 그리고 있다.

들의 생애를 보면 고도의 창의적인 작품들이 70대, 80대, 심지어 90대에도 가능하다는 것을 알 수 있다(사진 참조).

3. 직업발달

성년기는 대부분의 사람들이 처음으로 전시간제의 직업을 갖게 되고, 경제적 자립을 이루는 시기이다. 그러나 직업발달은 성년기 훨씬 이전부터 인간발달에서 중요한 역할을 한다. 아동은 커서 무엇이 되고 싶은지에 대해 생각하며, 그러한 생각이 종종 공상에 불과하더라도 여러 가지 직업이 아동의 꿈속에서 그려지기 시작한다.

사람들은 왜 직업을 갖는가? 가장 중요한 이유는 경제적인 것이다. 그러나 경제적인 이유만이 전부는 아니다. 직업은 개인의 정체감에 중요한 역할을 한다. 많은 사람들은 처음 만난 사람에게 "나는 …… 일을 하는 누구입니다"라고 자신이 하는 일(직업)로써 자신을 소개한다. 무슨 일을 하는가는 그 사람이 누군지를 아는 데 핵심적인 역할을 한다.

직업은 사회생활의 핵심요소이며 사회적 신분을 자리매김해 준다. 직장에서 많은 시간을 보내므로 직업은 성인들의 사회활동의 근원이 되며, 자신이 하는 일의 종류에 따라 사회적 신분이 정해지기도 한다. 직업은 또한 개인의 자아개념에 영향을 미친다. 자신의 직업에 만족하고, 직업에서 성공을 이루는 것은 개인의 자아존중감과 행복감 및 생활만족도와 직접적인 관련이 있다.

이와 같이 개인의 직업은 여러 가지 면에서 개인의 인생에 영향을 미친다. 즉, 직업은 인간발달의 모든 측면과 연결되어 있다. 개인의 지적·신체적·사회적·정서적 요인은 개인의 직업에 영향을 미치고, 개인의 직업 또한 삶의 모든 영역에 영향을 미친다.

1) 직업발달의 이론

'커리어'라는 말은 '레이스코스'라는 의미의 프랑스 말에서 비롯된 것이다. 따라서 직업은 우리가 일생 동안 하게 되는 경주의 레이스코스인 셈이다. 일찍이 커리어(career)와 직업(job)이 동의어로 쓰인 적이 있었는데, 이때는 젊은이가 일단 한 가지 일(예를 들어, 목수, 교수, 판매원)에 종사하게 되면 일생 동안 그 직업을 고수하였다. 그러나 오늘날에는 일생 동안 같은 직업에 종사하는 사람들보다는 여러 번 직업을 바꾸는 사람들이 점점 더 늘어나고 있다.

직업발달(career development)이란 직업을 선택하고 직업에 대해 준비하는 과정을 말한다. 이런 과정은 개인의 인성 특성과 사회적 · 경제적 · 직업적 현실과 조화를 이루는 것이 이상적이다. 다음에서는 직업발달에 관한 몇 가지 이론을 살펴보기로 한다.

사진 설명: 채용박람회에서 특정 직업에 관한 정보를 얻고 있다.

(1) Ginzberg의 절충이론

Ginzberg(1951, 1990)는 직업선택은 대략 10세부터 21세까지 일어나는 하나의 과정이라면서 이 과정은 역행할 수 없고, 욕구와 현실 사이의 절충으로 정점에 이른다고 한다. 이때 욕구와 현실을 중재하는 것은 자아이며, 자아기능에 의해 일어나는 직업발달 과정은 단계와 시기에 따라 다르게 나타난다. 청년 초기에 있어서 직업선택의 근거는 흥미, 능력, 가치 등과 같은 개인의 내적 요인이고, 청년 후기에는 현실에 그 근거를 둔다. 이와 같이 직업선택의 근거가 변하는 것을 기준으로 해서 Ginzberg는 직업발달 과정을 다음과 같은 3단계의 시기로 나누고 있다.

Eli Ginzberg

① 환상적 시기(fantasy period): 이 시기는 11세 정도인데 직업선택의 근거를 개인적 소망에 두며, 능력, 훈련, 직업기회 등 현실적인 문제는 고려하지 않는다. 이 시기의 아동은 제복, 소방차, 발레화 등과 같이 어떤 직업의 눈에 보이는 측면만을 생각한다(사진 참조). 예를 들

면, 은행원의 다섯 살 난 아들이 나중에 커서 순경이 되겠다고 한다. 이 아이에게 경찰관의 제복이나 활동은 눈에 띄지만 은행원이라는 직업은 그렇지 못하다.

② 시험적 시기(tentative period): 이 시기는 11세에서 18세까지로 자신의 소망과 현실적인 문제를 함께 고려한다. 즉, 직업에 대한 흥미, 능력, 교육, 개인의 가치관, 인생목표 등을 고려하며, 고교 졸업 후에 취업을 할 것인가 아니면 진학을 할 것인가를 결정해야 한다.. 처음에는 오로지 직업에 대한 자신의 흥미에만 관심이 집중되지만, 시간이 지나면서 자신의 관심사가 변하며, 흥미나 관심만으로는 직업을 선택할 수 없다는 것을 깨닫게 된다. 그래서 자신이 하는 일이 사회에 얼마나 기여할 것인지, 돈을 많이 버는 것, 자유시간을 갖는 것, 누구에게 간섭받지 않고 자기 일을 할 수 있는 것이 자신에게 얼마나 중요한 일인지 등을 생각하게 되고, 자신의 가치관과 능력에 알맞은 직업 쪽으로 기울게 된다.

③ 현실적 시기(realistic period): 이 시기는 18세 이후가 되는 시기로 특정 직업에 필요한 훈련, 자신의 흥미나 재능, 직업기회 등을 현실적으로 고려하여 직업을 선택한다. 이 시기에 여성의 경우는 취업이냐, 결혼이냐에 대한 결정도 해야 한다.

발달과정에 관한 연구자료들을 보면 Ginzberg의 직업선택 과정에 관한 서술이 타당하다는 것을 알 수 있다(Flavell, Green, & Flavell, 1986). 즉, 환상적 시기의 아동은 눈에 보이고 손에 잡히는 특성만을 가지고 이 세상을 이해한다. 그러다가 시험적 시기가 되면 청년은 추상적 사고가 가능해지면서 자신의 흥미, 능력, 가치관 등과 같은 심리적 특성으로써 자신을 이해하기 시작한다. 현실적 시기에 와서야 비로소 하나의 직업을 선택하게 되는데, 이것은 청년 후기의 정체감 형성에 필수적인 요소라고 할 수 있다.

한편, Ginzberg 이론에 대해서 이러한 단계가 누구에게나 적용되지는 않는다는 비판이 가해지고 있다. Ginzberg의 단계이론은 중류계층 이상을 모델로 한 것이다. 하류계층에서는 어린 시절에 직업을 선택해야 하는데, 이런 경우 직업은 흥미나 능력과는 무관하게 선택하게 되며 그 선택의 범위도 한정되어 있다. 또한 어떤 사람은 성인이 되어서도 직업을 바꾸는 경우가 있으며, 따라서 청년 후기에만 직업선택이 문제되는 것이 아니라는 것이다.

Ginzberg(1990)는 이후 그의 이론을 수정하여 직업선택에 대한 의사결정 시기를 성인기까지 연장했으며, 직업발달의 단계는 청년기에만 일어나는 것이 아니고 수정된 형태로 일생을 통해서 나타난다고 한다. 예를 들면, 중년기에 직업을 바꾸려는 사람도 새로운 직업에 대해 위의 세 단계를 거친다고 하였다.

(2) Super의 자아개념이론

Super(1976, 1990)에 의하면, 직업선택은 자아개념의 발달과 밀접한 관계가 있다고 하는데, 자아개념은 연령과 더불어 변한다. 그래서 Super의 이론은 직업선택의 발달이론으로 불린다. Super는 청년기의 직업발달은 욕구와 현실과의 절충이라기보다는 통합이라고 보았다. 즉, 자신의 흥미, 욕구, 능력 등을 포함하는 자아상과 정체감에 일치하는 직업을 선택하게 된다고 한다.

청년기가 직업선택에 있어서 결정적 시기이기는 하지만 직업정체감 확립은 일생을 통해서 이루어지는 과정이다. Super에 의하면 직업선택은 모두 8단계의 발달과정을 거친다고 한다.

① 결정화(crystallization)단계: 이 단계는 청년 초기에 해당되는데, 이때에는 직업에 관해 막연하고 일반적인 생각만을 가지게 된다. 그러다가 점차로 확고한 정체감을 확립함에 따라 직업정체감도 발달하게 된다.

② 구체화(specification)단계: 이 단계는 청년 후기에 해당하는데, 이때 청년들은 다양한 직업과 직업세계에 관해 더 많은 것을 알게 된다. 직업에 대한 생각이 보다 구체화되고 하나의 직업을 선택한다는 것은 또 다른 가능성을 배제한다는 것을 인식하게 된다.

③ 실행(implementation)단계: 이 단계는 20대 초반에 시작되는데, 이때 성년들은 한두 개의 초보적인 직업을 시험해 보거나 전문직종에 첫발을 들여놓는다. 실제로 직업세계와 직면하면서 최종적으로 어떤 직업을 선택하기 전에 마음을 바꾸는 경우도 있다.

④ 확립(establishment)단계: 20대 후반의 성년들은 자신이 선택한 직업 분야에서 발전이 이루어지고, 이제 자신의 직업을 자아개념의 일부로 간주하기 시작한다.

⑤ 강화(consolidation)단계: 확립단계에서 이루어진 전문지식이나 기술에 기초하여 30대 중반에는 강화기로 옮겨간다. 자신의 분야에서 가능하면 더 빨리 더 높은 지위에 오르기 위해 노력한다.

⑥ 유지(maintenance)단계: 40대 중반에 시작되는 유지단계에서는 자신의 직업 분야에서 높은 지위를 획득하게 되고, 전문가가 되며, 고참이 된다.

⑦ 쇠퇴(deceleration)단계: 50대 후반에 쇠퇴기에 접어들면서 중년들은 이제 은퇴의 시기가 얼마 남지 않았다는 사실을 깨닫기 시작한다. 일의 양을 줄이고, 신체적으로나 정서적으로 직업으로부터 자신을 분리하기 시작한다. 직업에 지나치게 몰두해 있는 경우에는 이 단계에서 곤란을 겪는다.

⑧ 은퇴(retirement)단계: 이 단계에서는 대부분이 직장에서 은퇴하고, 직업 외에 자신이 만족할 수 있는 새로운 역할을 찾게 된다.

(3) Holland의 성격유형이론

Holland(1973, 1985, 1997)에 의하면, 자신의 성격에 적합한 직업을 선택하는 것이 바람직하다고 한다. 왜냐하면 자신의 성격에 적합한 직업에 보다 쉽게 적응하고, 일하는 데 즐거움을 느끼며, 성공하기가 쉽기 때문이다. Holland는 직업과 관련이 있는 여섯 가지 기본 성격유형이 있다고 믿는다(〈그림 11-6〉 참조).

① 현실적 유형(realistic type): 이 유형은 현실적이고 실제적이며, 추상적이고 창의적인 접근을 요하는 문제보다는 체계적이고 분명하게 정의된 문제를 좋아한다. 대인관계의 기술이 부족하므로 다른 사람과 함께 일하지 않아도 되는 직업을 선호한다. 이런 유형에 속하는 사람들은 기계공, 농부, 트럭운전사, 건설공사 인부, 측량기사 등의 직업에 적합하다.

② 지적 유형(intellectual type): 이 유형은 개념적이고 이론적인 성격의 유형으로 이들은 인간관계를 회피하며, 행동가이기보다는 사색가인 편이다. 이들은 창의적이고 분석적인 접근을 요하는 일이나 혼자 일하는 것을 좋아하지만 반복을 요하는 일은 싫어한다. 이런 유형의 사람들은 과학자, 의사, 문필가(작가), 컴퓨터 전문가 등의 직업에 적합하다.

③ 사회적 유형(social type): 이 유형에 속하는 사람들은 여성적 특질을 보이고, 사람 사귀는 것을 좋아하며, 이해력이 빠르고, 붙임성이 있으며, 모임에서 중심인물이 되는 것을 좋아한다. 어떤 문제에 직면했을 때 이성적인 해결책보다는 감정에 호소하는 방식으로 문제를 해결한다. 이런 유형의 사람들은 언어적 기술이 뛰어나

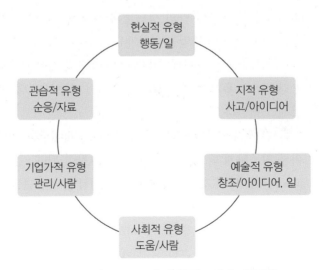

〈그림 11-6〉 Holland의 성격유형 모델과 직업선택

출처: Santrock, J. W. (1998). *Adolescence* (7th ed.). New York: McGraw-Hill.

서 사회사업이나 상담, 목사, 교사직에 적합하다.

④ 관습적 유형(conventional type): 이 유형은 권위나 규칙에 순응하는 유형으로 비구조적인 활동을 싫어하고, 민완하며, 단정하고, 성실하다. 이런 유형의 사람들은 은행원이나 사무원, 회계사, 비서직에 적합하다.

⑤ 기업가적 유형(enterprising type): 이 유형은 다른 사람들을 거느리거나 지배하려는 유형으로 대인관계의 기술이 뛰어나고, 자기주장이 강하다. 부동산 중개인, 세일즈맨, 정치가, 법조인, 경영직에 적합하다.

⑥ 예술가적 유형(artistic type): 이 유형은 예술적 표현을 통해 자신의 세계와 교감하며 관습적인 것을 싫어하는 유형으로, 독창적이고 창의적이며 상상력이 풍부하다. 이들은 작가나 화가, 음악가, 작곡가, 지휘자, 무대감독 등에 적합하다.

Holland의 성격유형은 너무 단순화되어 있고, 대부분의 사람들은 위의 여섯 가지 성격유형 중 어느 한 가지 유형에 딱 들어맞지 않는다는 지적을 받고 있다. 실제로 사람들은 Holland가 제시한 성격유형보다 더 다양하고 복잡하다. Holland(1987) 자신 또한 최근에 와서 대부분의 사람들이 어느 한 가지 유형에만 속하지는 않는다는 것을 인정한 바 있다.

Fred Vondracek

그러나 자신의 성격에 적합한 직업을 선택하는 것이 좋다는 그의 견해는 인정할 만하며(Vondracek, 1991), 직업상담에서 직업에 대한 선호를 알고자 할 때 널리 사용되고 있는 Strong-Campbell의 흥미측정도구는 Holland의 성격유형이론에 기초한 것이다(Donnay & Borgen, 1996).

2) 직업선택과 영향요인

직업선택에 영향을 미치는 요인으로는 부모의 성취동기, 사회계층, 개인의 지능, 적성, 흥미 등이 있다.

(1) 부모의 영향

부모는 자녀의 직업선택에 여러 가지 방법으로 영향을 미친다(Slocum, 1974; Werts, 1968; Young & Friesen, 1992). 부모가 직접적으로 자신의 직업을 물려받기를 강요하거나 자신의 직업기술을 전수함으로써 자녀가 자신의 직업을 계승하도록 요구하기도 한다. 또한 부모는 어렸을 때부터 자녀의 흥미나 활동을 제한하거나 장려함으로써 영향을 미친다. 간접적으로는 자녀가 선택할 직업의 범위를 정해 주고, 그 범위 내의 직업을 선택하도록 유도한다.

또한 직업에 대한 포부는 자녀가 직업에서 얼마나 성공하기를 원하는가 하는 부모의 성취동기와 관계가 있다. 지능이나 사회경제적 지위가 같을 경우, 부모의 포부수준이 높을수록 자녀의 포부수준이 높게 나타난다(London & Greller, 1991; Penick & Jepsen, 1992).

부모의 영향력은 자녀의 나이에 따라 다르게 나타난다. 한 연구(Wijting, Arnold, & Conrad, 1978)에서는, 부모와 자녀의 직업관을 비교해 보았는데, 직업관은 직업의 사회적 지위, 직업에 대한 관심, 보다 나은 직업의 추구, 임금, 직업에 대한 긍지 등으로 평가되었다. 연구결과, 중학교 때까지는 동성 부모의 가치관을 닮았으나, 고등학교 때부터는 남녀 모두 아버지의 가치관과 비슷하다는 것을 발견하였다. 그러나 어머니가 직업을 가지고 자신의 직업을 자랑스럽게 여길 경우는 청년기 자녀에게 보다 큰 영향을 미치는 것으로 보인다.

직업선택에 영향을 미치는 부모의 역할이 항상 긍정적인 것만은 아니다(Penick & Jepsen, 1992). 왜냐하면 직업에 대한 역할모델 노릇을 제대로 못하거나, 자신들이 이루지 못했던 것을 자녀의 능력이나 적성, 흥미와는 무관하게 자녀에게 기대함으로써 자녀에게 지나친 부담감을 안겨 줄 수 있기 때문이다.

(2) 사회계층

사회경제적 지위는 청년들의 직업에 대한 지식과 이해에 영향을 미친다(Lemann, 1986). 중류계층의 부모는 하류계층의 부모보다 직업에 관한 지식의 폭이 넓으며, 그 범위도 넓다. 따라서 자녀에게 해 줄 수 있는 조언의 폭이 넓을 수 있다. 하류계층의 청년은 직업에 관한 지식과 이해에 도움이 되는 정보가 적으므로 선택의 범위가 좁다.

Nicholas Lemann

아버지의 직업수준은 자녀들의 직업선택에 영향을 미친다. 대부분의 청년들은 부모의 직업과 비슷하거나, 좀더 높은 수준의 직업을 갖기를 희망한다. 사회계층은 또한 학업성취와도 관계가 있으며 학업성취에 따라 선택하는 직업의 종류가 달라진다.

(3) 지능, 적성, 흥미

개인의 지능, 적성, 흥미 등도 직업선택에 영향을 미친다. 이러한 인성요인은 여러 가지 사회화 요인들과의 상호작용에 의해 영향을 미치지만, 그 자체도 진로 결정에 영향을 주는 주요한 요인이 된다.

지적 능력은 직업선택에 여러 가지로 영향을 미친다. 첫째, 지능은 개인의 의사결정 능력과 관계가 있다(Dilley, 1965). 지능이 높은 사람은 직업을 선택할 때 자신의 능력,

흥미, 특정 직업을 위한 훈련을 받을 기회 등을 고려한다. 반면, 지능이 낮은 사람은 비현실적이며 자신의 흥미나 능력보다 단순히 멋있어 보이는 직업을 택하거나 부모나 또래의 영향을 크게 받는다. 둘째, 지능은 포부수준과도 관계가 있는데 지능이 높은 사람은 포부수준도 높다(Picou & Curry, 1973). 셋째, 지능은 선택한 직업에서의 성공 여부와도 관계가 있다(Sanborm, 1965).

J. Steven Picou

직종에 따라 요구되는 적성과 능력은 다르다. 어떤 직업은 특별한 적성과 재능을 필요로 한다(Hoyt, 1987). 예를 들면, 어떤 직업은 힘을 필요로 하고, 어떤 직업은 속도를 그리고 어떤 직업은 공간지각 능력이나 음악적인 재능 또는 언어적 기술 등을 필요로 한다. 창의성, 독창성, 자율성이 요구되는 직업이 있는가 하면, 어떤 직업에서는 순응성과 협동심 등이 요구된다.

어떤 특정 직업에서의 성공 여부를 예측하기 위해 여러 종류의 심리검사가 이용되기도 한다. 물론 적성과 능력은 고정불변의 것이 아니므로 직업선택 시에 이런 종류의 심리검사를 이용하는 데에는 한계가 있다.

흥미는 직업선택에 영향을 미치는 또 하나의 중요한 요인이다. 자신의 직업에 흥미가 많으면 많을수록 그 분야에서 성공할 확률이 높다. 그러나 어떤 분야에서 성공하기 위해서는 흥미와 관련지어 지능, 능력, 기회, 그외의 다른 요인들이 고려되어야 한다(Prediger & Brandt, 1991). 어떤 사람이 의학분야에 관심이 많다 하더라도 그럴 만한 능력이 없거나 의학공부를 할 기회가 주어지지 않는다면 의사가 될 수 없다. 대신에 실험실 기술자나 물리치료사, 그외의 관련 직종을 고려해 볼 수 있다.

3) 직업만족도

직업의 여러 측면 중에서 가장 빈번하게 연구대상이 되는 것이 직업만족에 관한 것이다. 연구결과는 일관성 있는 패턴을 보여준다. 즉, 직업만족도는 성년기에 가장 낮고 그 후로는 은퇴 전까지 꾸준히 증가한다는 것이다(Glenn & Weaver, 1985). 〈그림 11-7〉에서 보듯이 전반적으로 직업만족도는 비교적 높은 편이지만 연령이 증가할수록 직업만족도는 더 높아진다. 그러나 이것은 횡단적 연구에 의한 결과이므로 이러한 결과는 동시대 출생집단의 효과일 가능성이 있다. 종단적 연구자료가 없기 때문에 단정적으로 말할 수는 없지만 어쩌면 오늘날의 젊은 세대는 나이 든 세대에 비해 일생 동안 내내 직업만족도가 낮을지도 모른다.

직업만족도는 왜 연령과 함께 증가하는가? 그 이유는 직업만족도는 연령 그 자체보다

Norval D. Glenn

〈그림 11-7〉 연령과 직업만족도(횡단적 연구)

출처: Glenn, N. D., & Weaver, C. N. (1985). Age, cohort, and reported job satisfaction in the United States. In A. S. Blau (Ed.), *Current perspectives on aging and life cycle. A research annual Vol. 1. Work, retirement, and social policy.* Greenwich, CT: JAI Press.

는 직업에 투자한 시간과 비례하는 것인지도 모른다(Bedeian, Ferris, & Kacmar, 1992). 나이 든 직업인은 같은 직업에 오래 종사한 결과, 보다 나은 급여수준과 승진의 기회, 많은 권한과 직업에 대한 안전보장이 잘 되어 있다. 이러한 사실은 직장을 자주 바꾸는 사람들이 특히 유념해야 할 중요한 점이다. 직장을 자주 옮기는 경우 직업에 투자한 시간이 축적되지 않아 일반적으로 연령과 함께 증가하는 직업만족도를 경험하지 못할 것이다.

또 다른 가능한 설명은 연령이 증가하면서 직업몰두 또는 참여도가 증가한다는 것이다(Rhodes, 1983). 40~50대는 젊은이보다 직업전환을 잘 하지 않고 현재의 직업을 은퇴까지 고수하는 경향이 있다. 그리고 불가피하지 않은 결근도 덜 한다(Martocchio, 1989). 또한 나이 든 사람들은 자신의 직업을 보다 진지하게 생각하고 장점을 찾으려고 한다. 반면, 젊은 사람들은 자신에게 더 나은 직업이 없는지 계속 알아보고, 현재 직업의 장점보다는 단점을 더 많이 생각하는 편이다.

4) 직업상의 스트레스

직업만족도가 낮은 경우 이는 종종 직업상의 스트레스 때문인 것이다. 스트레스의 근원은 진급이나 승진 기회의 부족, 낮은 임금, 단조롭고 반복적인 작업, 의사결정에서의 배제, 과중한 업무나 초과 근무, 불분명한 업무내용, 상사와의 불화, 좌절이나 분노를 표현하지 못하거나 꺼리는 것, 부족한 휴식시간, 성희롱 등이다. 성희롱은 거의 언제나 여성들에게 해당된다. 이러한 스트레스원들은 다양한 신체적 · 정서적 장애와 관련이 있다.

특정 직업과 특정 유형의 스트레스를 연관시킨 연구(Colligan, Smith, & Hurrell, 1977)에서, 건강에 대한 배려가 적은 직종과 개인 서비스업에 종사하는 사람들은 정신건강센터의 이용률이 높은 것으로 나타났다. 이러한 결과는 어쩌면 자율성이나 통제력, 자신이 종사하는 일에 대한 자부심은 거의 없이 억압적인 처우를 받으면서 그에 대해 어쩌지 못하는 종속적인 위치에 있음으로써 겪게 되는 스트레스와 관련이 있는지 모른다(Holt, 1982; Williams, 1991). 30~60세를 대상으로 하여 흡연, 음주, 'A형' 행동유형, 그외 몇 가지 요인을 통제한 연구(Schnall et al., 1990)에서 이러한 상황을 경험하는 경우 고혈압과 심장병이 3배나 증가하였다.

스트레스의 또 다른 주요 원인은 상사나 부하직원, 동료와의 갈등이다(Bolger, DeLongis, Kessler, & Schilling, 1989). 직장에서의 알력은 분노를 표현하는 대신 마음속으로 삭여야 하기 때문에 특히 견디기 어려운 것이다. 여성의 경우 가정일과 직장일을 병행해야 하는 과중한 부담 또한 스트레스의 근원이다.

성희롱은 최근에 와서 주목을 받고 있는 스트레스원이다. 직장동료나 특히 직장상사로부터의 성희롱은 심리적 압박감을 초래한다(사진 참조). 그러나 이성으로부터의 어떤 행위가 성희롱인지 아니면 정상적인 행위인지 구별하기 힘들 때가 종종 있다.

우리나라에서는 직장 내 성희롱의 개념을 「남녀고용평등과 일 · 가정 양립 지원에 관한 법률」 제2조 제2항에서 다음과 같이 정의하고 있다. "직장 내 성희롱"이라 함은 사업주 · 상급자 또는 근로자가 직장 내의 지위를 이용하거나 업무와 관련하여 다른 근로자에게 성적 언동 등으로 성적 굴욕감 또는 혐오감을 느끼게 하거나 성적 언동 또는 그 밖의 요구 등에 따르지 아니하였다는 이유로 고용에서 불이익을 주는 것을 말한다.

5) 여성과 직업발달

피임법의 개발로 인한 자녀수의 감소, 현대의학의 진보로 인한 임신과 출산의 합병

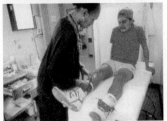

사진 설명: 1930년대에는 여자 의사가 매우 드물었다. 그러나 오늘날에는 많은 여성들이 전문 직종에 종사하고 있다.

Mary Ann Von Glinow

중 감소, 가정기기의 발달로 인한 가사량의 감소 등의 변화로 말미암아 오늘날에는 많은 여성들이 직업을 갖는다(Robbins, 1996). 여성들은 이제 경제적인 이유 때문만으로 결혼하지는 않는다. 결혼은 이제 필수가 아니고 선택이라는 말들을 많이 한다.

여성들이 종사하는 직업 또한 변하고 있다. 의사, 변호사, 엔지니어, 사업가 등 남성중심의 직업을 추구하는 여성들이 많아졌다. 많은 여성들이 오늘날 보다 나은 직업(특히 경영과 전문직)을 갖게 되었지만, 상당수의 여성들은 아직도 전통적으로 여성에 의해 수행되던 유형의 저임금의 일을 하고 있다. 그리고 대체로 이러한 일들을 여성이 하기 때문에 여전히 저임금 수준에 머무는 경향이 있다. 전체 취업 여성의 절반 가까이가 점원, 판매원 및 그 비슷한 직종에 종사하고 매우 적은 수가 숙련직이나 건설직에 종사하고 있다.

여성의 직업발달에 관한 특별한 관심은 관리직의 많은 여성들이 '유리천장(glass ceiling)'을 경험한다는 것이다. 유리천장이라는 개념은 많은 여성들이 투명하게 비치는 천장 꼭대기까지 올라갈 수 있을 것이라고 생각하지만, 결국에는 두꺼운 '유리천장'에 부딪힐 수밖에 없어 여성의 운명이 꺾이고 체념이 싹튼다는 것을 묘사하기 위해 1980년대에 유행한 개념이다(Morrison & Von Glinow, 1990).

고용관계에서 평등한 기회를 보장하는 법규로 인해 남녀모두 직업에서 동등하게 처우받을 권리, 동등한 급여를 받을 권리, 동등하게 승진할 권리가 있다. 그러나 현실은 여전히 동등과는 거리가 멀다. 남성과 여성의 임금격차는 그동안 상당히 좁혀졌지만 아직도 여성은 남성 임금 수준의 88.3% 정도에 지나지 않는다(OECD, 2020).

우리나라의 경우도 여성 취업인구가 증가하고, 취업을 희망하는 여성의 비율도 증가하고 있다. 그러나 여성에게는 그들의 희망을 충족시켜 줄 수 있을 만큼 직업시장이 개방되어 있지 않다. 이러한 문제는 남녀 간의 심한 임금격차(2021년 현재, 여성 임금은 남성 월평균 총액 임금의 64.6%라고 한다. 고용노동부 고용형태별 근로실태조사 보고서), 직장에서의 남녀 차별문제와 더불어 하루 속히 시정되어야 할 문제이다.

(1) 맞벌이 부부

직업을 갖는 여성의 수가 증가하면서 맞벌이 부부의 가정이 늘고 있다. 맞벌이 부부들은 일과 가정생활 양립이라는 특별한 도전에 직면한다(Allen, 2013; Richardson &

Schaeffer, 2013; Shimazu et al., 2013). 남편과 아내가 모두 직업을 가진 결혼생활에는 장단점이 있다 (Thompson & Walker, 1989). 맞벌이 부부의 주요 장점은 우선 경제적인 것이다. 예를 들면, 맞벌이 부부가 처음 집을 장만하기까지의 기간이 그렇지 않은 부부에 비해 짧다고 한다. 유리한 점은 비단 경제적인 것만이 아니다. 남편과 아내가 보다 동등한 관계를 유지함으로써 여성의 자아존중감과 통합감이 증진된다. 아버지와 자녀 간에 보다 긴  밀한 관계를 유지할 수 있으며, 남편과 아내가 일과 가족역할 모두에서 직분을 다하고 성숙해질 가능성이 높다.

맞벌이 부부의 단점은 시간과 에너지 부족, 일과 가족역할 간의 갈등, 자녀양육문제, 부부 사이에 있음직한 경쟁심 등이다. 남편과 아내 간의 경쟁관계는 특히 남편의 수입이 아내의 수입보다 적을 때 많은 경우 남편들이 스트레스를 받고 우울증을 경험한다(Ulbrich, 1988). 자녀양육문제는 부부가 모두 전문직인 경우에도 자녀를 돌보는 쪽은 아내이다. 특히 자녀가 취학전일 경우 주된 양육자는 대개의 경우 어머니이다.

최근에 와서는 자녀양육문제로 직장을 그만두는 여성이 거의 없다(Avioli & Kaplan, 1992; Rexroat, 1992). 그러나 많은 여성들이 전업제에서 시간제로 바꾸거나 시간적으로 조금 여유가 있는 직장으로 옮기기도 한다(Moen, 1992). 아이를 키우기 위해 시간제 업무로 바꾸거나 직장을 잠시 쉬게 되면 확실히 승진이나 수입면에서 손해를 보게 된다(Sorensen, 1991).

Phyllis Moen

(2) 역할갈등과 역할과부하

맞벌이 부부는 역할갈등과 역할과부하의 문제를 해결해야 한다. 역할갈등은 한 역할을 수행하기 위해 다른 역할을 할 수 없을 때에 발생한다(Wolf, 1996). 역할과부하는 특정 역할이 요구하는 책임이 그 역할을 하는 데 필요한 에너지와 시간을 능가할 때 발생한다. 예를 들면, 직장에서 중요한 프로젝트를 끝내기 위해 야근작업을 해야 되는 경우와 집에 가서 어린 자녀를 돌봐야 되는 경우에 역할갈등이 발생한다. 역할갈등은 특히 어린 자녀를 둔 경우 여러 가지 역할을 동시에 해야 하는 부부들에게서 나타나는 보편적인 현상이다(Hughes, Galinsky, & Morris, 1992). 높은 수준의 역할갈등과 역할과부하는 결혼생활에 집중하지 못하게 되어 부부 상호작용에 부정적인 영향을 미친다.

역할갈등과 역할과부하는 남편과 아내 모두가 경험하는 것이지만, 우리 사회는 여전히 자녀양육과 집안일을 여성의 일로 생각하기 때문에 아내 쪽이 훨씬 더 심각하다(Gutek, Searle, & Klepa, 1991; Sorensen, 1991). 그래서 많은 여성들이 '아내는 요술쟁이'가 되어야만 한다고 느낀다. 아침식사를 준비하고, 자녀를 학교에 보내고, 하루종일 직장에서 일을 한 다음 장을 보고, 저녁을 준비하고, 빨래하고 청소하고, 또한 남편과 의미 있는 대화를 나누는 시간도 가져야 한다. 이와 같이 아내들은 동시에 여러 가지 일을 하는 끊임없이 작동하는 기계로 보인다. 사회과학자들은 아내, 어머니, 가정주부, 직업여성의 역할을 다 잘하려고 시도하는 여성들을 묘사하기 위해 '슈퍼우먼 증후군'이라는 용어를 만들어 내었다.

역할갈등과 역할과부하를 감소시키는 방법은 없을까? 역할수행에서 기준을 낮추는 것이 한 방법이다. 즉, 부모로서, 직업인으로서, 가정주부로서의 역할을 완벽하게 해야 한다는 '요술쟁이' '슈퍼우먼 증후군'에서 벗어나야 한다는 것이다. 다른 가족들이 가사를 거들어 줌으로써 일의 양을 줄이는 역할감소가 또 다른 방법이다.

여성이 직업에서 성공하는 데 장애가 되는 요인인 성차별, 역할갈등, 역할과부하는 여전히 존재하지만 예전보다는 남성과 여성의 삶이 많이 비슷해졌다(Shelton, 1992). 1960년대와 1970년대의 많은 여성들은 남편뿐만 아니라 그녀 자신들도 여성이 전업제

Joseph H. Pleck

로 일을 하는 경우라도 전통적 가족의 책임을 다해야 한다고 믿었기 때문에, 역할갈등과 역할과부하를 더 많이 경험하였다(Pleck, 1985). 그러나 최근에 와서 여성의 역할갈등과 역할과부하는 감소하는 추세에 있다. 여성들은 점점 집안일과 자녀양육에 시간을 덜 투자하는 반면, 남성들이 느리지만 이런 일들에 참여하는 정도가 꾸준히 높아지고 있다(Dancer & Gilbert, 1993; Moen, 1992). 남편들 또한 아내도 자기 일을 가져야 한다는 생각을 더 많이 지지하는 경향을 보여주고 있다(Rexroat, 1992). 만약 이런 경향이 계속된다면 남편과 아내가 직업인, 배우자, 부모로서의 중심역할을 나누어 가지고 균

형을 잡는 그런 가족들을 많이 보게 될 것이고, 각자의 역할에 만족하기 때문에 생활만
족도와 결혼만족도도 훨씬 높아지게 될 것이다.

4. 성격과 사회성발달

성격은 정의하기 매우 어려운 개념 중의 하나이다. Skinner와 같은 행동학파들은 성
격을 단순히 관찰할 수 있는 행동으로 정의한다. 그러나 많은 심리학자들은 성격이 단
순히 밖으로 드러난 행동만을 의미하는 것은 아니라고 주장한다. 즉, 성격은 사람들이
말하고 행동하는 것 이상의 정서를 포함한다는 것이다. 성격은 그 사람의 사람됨을 가
장 적절히 드러내는 개인적 측면으로서 다른 사람들과 구별되는 독특하고 일관성 있는
감정, 사고, 행동을 의미한다.

성격의 안정성과 변화에 관한 논의는 성인발달에서 중요한 쟁점이 되고 있다. 이 문
제는 몇 가지 방법으로 접근할 수 있는데, 여기서는 성격의 안정성을 지지하는 특성 모
델과 성격의 변화를 강조하는 단계 모델에 관해 알아보기로 한다. 아울러 성인기에 도
덕적 사고는 어떻게 변화하는지 알아보고, 성역할 개념에는 어떤 변화가 있는지에 관
해서도 살펴보기로 한다.

1) 성격의 안정성: 특성 모델

특성 모델(Trait Model)은 정신적 · 정서적 · 기질적 · 행동적 특성 또는 속성에 초
점을 맞춘다. 이 모델에 기초를 둔 연구에 의하면 성인의 성격은 거의 변하지 않는 것
으로 보인다. 성인기 성격의 일관성을 강력히 뒷받침하는 연구 중의 하나가 Costa와
McCrae(1980, 1988, 1994)의 5요인 모델(the five-factor model) 연구이다.

이들은 다섯 가지의 기본적인 성격 차원을 제시하는데 신경증(neuroticism), 외
향성(extraversion), 개방성(openness), 성실성(conscientiousness) 그리고 순응성
(agreeableness)이 그것이다. 이 다섯 가지 차원은 다시 6개의 특성으로 구성되어 있다
(〈그림 11-8〉 참조).

신경증은 불안, 적개심, 우울증, 강한 자의식, 충동성, 취약성과 같은 여섯 가지 부정
적인 특성을 갖는다. 신경증인 사람들은 신경과민이고, 소심하며, 성마르고, 쉽게 화를
내며, 비판에 민감하다. 이들은 외로움과 죄책감을 느끼고, 절망적이며 자신을 가치 없
는 사람으로 생각한다.

외향성에는 유쾌, 온정, 사교성, 단호함, 활동성, 자극추구 등의 여섯 가지 측면이 있

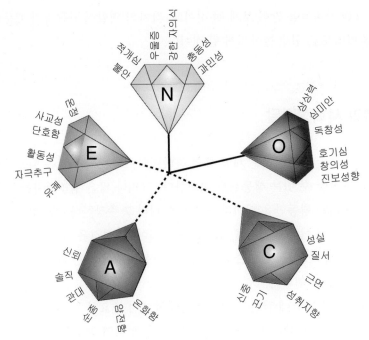

N = 신경증, E = 외향성, O = 개방성, A = 순응성, C = 성실성

〈그림 11-8〉 Costa와 McCrae의 5요인 모델

출처: Costa, P. T., & McCrae, R. R. (1980). Still stable after all these years: Personality as a key to some issues in adulthood and old age. In P. B. Baltes & O. G. Brim (Eds.), *Life-span development and behavior.* New York: Academic.

다. 외향적인 사람들은 사교적이고, 주도권을 잡기 좋아하며, 다른 사람의 주의를 끌기 좋아한다. 그들은 또한 항상 바쁘고, 활동적이며, 끊임없이 재미 있는 일을 찾으며 인생을 즐긴다.

　개방성에는 상상력, 창의성, 독창성, 심미안, 호기심, 진보성향 등의 여섯 가지 측면이 있다. 개방적인 사람들은 새로운 것을 시도하기를 좋아하고, 새로운 아이디어를 잘 받아들인다. 그들은 상상력이 풍부하고, 미적 감각과 예술적 감각이 뛰어나며, 전통적 가치에 의문을 제기한다.

Paul T. Costa

　성실성에는 성실, 근면, 질서, 성취지향, 신중, 끈기 등의 여섯 가지 특성이 있다. 성실한 사람들은 근면하고, 충실하며, 질서정연하고, 신중하며, 절도가 있다.

　순응성에는 온화함, 얌전함, 관대, 순종, 신뢰, 솔직함 등의 여섯 가지 특성이 있다. 순응적인 사람들은 남을 쉽게 믿고, 쉽게 동요하며, 솔직하고, 이타적이며, 고분고분하고, 얌전하다.

　Costa와 McCrae(1980, 1988, 1994; McCrae & Costa, 1984, 2003;

McCrae, Costa, & Busch, 1986)는 자신들의 볼티모어 종단연구를 비롯하여 20대에서 90대까지의 남녀를 포함하는 대규모의 횡단적 연구, 종단적 연구, 순차적 연구를 분석한 결과, 다섯 가지 성격차원 모두에서 상당한 정도의 안정성을 발견하였다. 이들 연구에서 자료 수집은 성격검사, 구조적 면접, 배우자의 평정 및 친구의 평정과 기타 방법에 의해 이루어졌다.

Robert R. McCrae

Costa와 McCrae(1994)는 21세에서 30세 사이에 성격이 완전히 형성되는 것으로 결론지었다. 특성 모델에 기초를 둔 다른 연구와 더불어 이들 연구결과는 성격의 안정성을 강력히 뒷받침하는 것이다.

2) 성격의 변화: 단계 모델

단계 모델(Stage Model)은 전생애를 통해 연령과 관련된 발달단계를 묘사한 것이다. 이 모델에 기초를 둔 연구에 의하면, 성인기에는 상당한 정도로 성격 변화가 일어나고 있다고 한다.

단계 모델은 연령과 관련된 규범적 성격 변화를 묘사하는 것인데, 이러한 변화는 '위기'로 말미암아 매 단계마다 발생한다. 단계 모델은 모든 사람의 인생이 똑같은 과정을 거친다고 주장하는 것은 아니지만, 비슷한 연령에서 일정한 순서로 발생하는 '인생 과업(life task)'의 공통적인 핵심내용을 묘사한다(Levinson, 1980, 1986). 만약에 이러한 과업이 달성되지 못하면 다음 단계의 발달이 저해된다.

단계 모델의 대표적인 예가 Erikson의 모델이다. 사춘기가 되면 성격이 고정되고 만다는 Freud와는 달리 Erikson은 일생을 통해 성장하고 변한다고 본다. 단계 모델에는 그 외에도 Erikson의 영향을 받은 Vaillant와 Levinson 그리고 Jung의 이론이 있다.

(1) Erikson의 친밀감 대 고립감

Erikson(1968b)에 의하면, 성년기에는 친밀감이 필요하며 이를 원한다고 한다. 그들은 다른 사람에 대해 개인적으로 깊이 관여하기를 바란다. 친밀한 관계란 타인을 이해하고, 깊은 공감을 나누는 수용력에서 발달한다. Erikson은 친밀감을 자신의 정체감과 다른 사람의 정체감을 융합시킬 수 있는 능력이라고 표현한다. 희생과 양보가 요구되는 친밀한 관계를 이룰 수 있는 능력은 청년기에 획득되는 것으로 여겨지는 정체감에 의해 좌우된다. 즉, 정체감을 확립한 후에라야 다른 사람과의 진정한 친밀감을 형성할 수 있다.

사진 설명: 대부분의 젊은이들은 결혼을 통해 친밀감의 욕구를 충족시킨다.

대부분의 젊은이들은 결혼을 통해 친밀감의 욕구를 충족시키지만, 성적 관계 이외의 친밀한 관계도 가능하다. 예를 들면, 상호의존, 감정이입, 상호관계를 제공하는 우정관계에서도 강한 친밀감이 형성될 수 있다(Blieszner & Adams, 1992; Hendrick & Hendrick, 1992; White, Mascalo, Thomas, & Shoun, 1986). 친밀한 관계는 다른 사람을 이해하고 다른 사람과 함께하는 능력으로부터 발달한다. 사회적으로 성숙한 사람들은 다른 사람과 효율적으로 의사소통을 할 수 있는 능력을 가지고 있으며, 다른 사람의 욕구에 민감하고, 일반적으로 인간에 대한 포용력이 있다. 우정, 애정, 헌신 등은 성숙한 사람들에게서 훨씬 더 현저하게 나타난다(Blieszner & Adams, 1992; Duck, 1991).

이 단계의 긍정적인 결과는 성적 친밀감이나 진정한 우정, 안정된 사랑, 결혼의 지속을 포함하는 친밀감이다. 부정적인 결과는 고립과 고독인데, 만일 친밀감이 확고한 정체감에 기초한 것이 아니라면 이혼이나 별거도 초래할 수 있다. 확고한 정체감을 형성하지 못한 성인들은 두려워서 대인관계를 기피하거나, 상대를 가리지 않는 성행위나, 사랑 없는 성생활을 하거나, 정서적으로 안정되지 못한 관계를 추구할 수도 있다.

(2) Vaillant의 경력강화

성인기 성격발달에 관한 최초의 종단연구라 할 수 있는 그랜트 연구는 1938년에 18세였던 하버드 대학생 268명을 대상으로 시작하여 그중 95명을 50대까지 추적 조사한 것이다.

George Vaillant

이 연구에서 Vaillant(1977)는 몇 가지 중요한 결론에 도달하였다. 인생은 고립된 위기적 사건으로 형성되는 것이 아니라, 중요한 사람들과의 지속적인 관계의 질에 의해 이루어지며, 사람들은 일생 동안 변화하고 발달하며, 인생의 상황에 적응하기 위해 사용하는 방어기제가 그들의 정신건강의 수준을 결정한다는 것이 그것이다.

Vaillant에 의하면, 그랜트 연구에서 남성들의 인생사는 Erikson의 발달단계를 지지하는데, 여기에 Vaillant가 경력강화(career consolidation)라고 부르는 또 한 가지 단계가 첨가된다. 30세경에 시작되는 이 단계는 개인이 직업경력을 강화하는 데에 몰두하는 것으로 특징지어진다. Erikson의 발달단계에서는 이 단계가 친밀감의 발달인 여섯 번째 위기와 생산성과 관련된 일곱 번째 위기 사이에 위치하게 된다.

경력강화가 친밀감 이후와 생산성 이전에 발생한다는 사실이 어째서 결혼이 대개 7년째쯤 되어 문제가 생기는지에 대한 해명의 단서가 될 수 있다. "7년이 고비(The Seven Year Itch)"라는 말은 속설 그 이상의 의미를 갖는 것으로, 이혼하는 부부의 절반가량은 결혼 7년 이내에 이혼을 한다(통계청, 1997; Reiss, 1980). 안정된 친밀한 관계로부터 직업면에 자신의 모든 관심을 집중하게 됨으로써 그 부부관계는 무관심으로 인해 시들해진다. 부부가 이 발달선상에서 각기 다른 입장에 있을 때, 즉 한쪽은 친밀감에 몰두하고, 다른 한쪽은 직업에 열심이거나,

사진 설명: 마릴린 먼로가 주연한 영화, 〈7년 만의 외출(The Seven Year Itch)〉

한쪽은 직업에 몰두해 있는데, 다른 한쪽은 생산성으로 진행해가려 한다면 문제가 커질지 모른다.

Vaillant는 변화가 일어나는 특정 연령이 사람에 따라 다양하다는 것을 발견하였다. 그러나 이 연구에서 성공한 남성들 대부분이 한 단계에서 다음 단계로 진행할 때 전형적인 유형이 있다는 것을 발견하였다.

20세의 대부분의 남성들이 여전히 어머니의 아들로서 아직 부모의 지배하에 있었다(Frank, Avery, & Laman, 1988). 20대에 와서 또 때로는 30대에 부모로부터 자율성을 획득하고, 결혼하여 자녀를 낳아 기르며, 청년기에 시작된 우정을 깊게 하였다. 47세에 가장 잘 적응하고 있는 것으로 생각되는 사람들 중 90% 이상이 30세 이전에 결혼생활이 안정되었고, 50세에도 여전히 결혼생활을 지속하고 있었다.

25세와 35세 사이에서 이들은 직업경력을 강화하기 위해 열심히 노력하였고 가족에게도 전념하였다. 그들은 자신이 해야 할 일을 하고 규칙을 준수하며, 승진을 위해 노력하였고, 현재의 '체제'를 인정하였다. 그들은 자신이 원하는 여성 혹은 원하는 직업을 선택했는지의 여부에 대해 거의 의문을 제기하지 않았다. 대학시절 불태웠던 정열, 매력, 희망은 사라지고, 이제 "회색 플란넬 양복을 입은 특색이 없고, 재미가 없으며, 덤덤하게 열심히 일만 하는 젊은이"(Vaillant, 1977, p. 217)로 묘사되었다.

Vaillant에 의하면 경력강화 단계는 40세경에 맹목적인 분주함에서 벗어나 다시 한 번 내면세계의 탐색자가 되는 때에 끝난다고 한다.

(3) Levinson의 성년기 발달단계

Daniel Levinson

Levinson과 예일대학의 동료들은 35세에서 45세 사이의 남성 40명을 대상으로 심층면접과 성격검사를 통해 성인기 남성의 성격발달이론을 구성하였다. Levinson(1978)이 묘사한 남성의 인생주기는 〈그림 11-9〉와 같다.

남성은 대략 20년에서 25년 사이의 네 개의 겹치는 시기 동안 자신들의 인생구조를 형성한다고 Levinson은 말한다. 이 시기는 대략 5년간의 과도기와 연결되어 있는데, 이 과도기 동안 남성들은 자신이 세운 구조를 평가하고 앞으로 오는 단계의 인생을 재구성할 수 있는 가능성을 탐색한다. 각 시기 안에는 보다 짧은 단계와 기간들이 있고, 이들 역시 과도기와 연결되어 있다. 따라서 사람들은 대체로 성인기의 거의 절반을 과도기로 보내게 된다.

Levinson은 성년기를 두 단계로 나누었는데, 첫째는 초보 단계로 초보적인 인생구조를 수립하고, 둘째 단계에서는 성년기의 종국적인 인생구조를 수립한다. 이 두 단계와

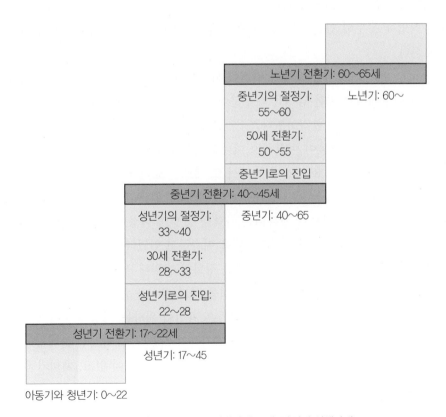

〈그림 11-9〉 Levinson의 성인발달 모델: 남성의 인생단계

출처: Levinson, D. J. (1978). *The seasons of a man's life.* New York: Knopf.

이 단계들에 이르는 과도기에 관해 살펴보기로 한다(Papalia, Olds, & Feldman, 1989).

① 성년기 전환기(17~22세)

성년기의 전환기는 청년기와 성년기를 연결하는 교량 역할을 한다. 이 전환기에서의 주요 과제는 부모와의 관계에 변화를 가져옴으로써(부모로부터 경제적, 정서적으로 독립) 자신의 인생구조를 변화시키는 것이다. 대학에 진학하거나 군에 입대하는 젊은이들은 자신의 집을 떠나 부모로부터 독립하거나(사진 참조) 성인세계가 제공하는 새로운 가능성을 탐색하고 시험삼아 의사결정을 해 본다.

② 성년기로의 진입(22~28세)

Levinson이 '성인세계로의 진입'이라 불렀던 초보 단계 동안 젊은이는 성인이 되어 '성년기의 초보적인 인생구조'를 구축한다. 이는 보통 결혼과 자녀를 낳게 되는 이성과의 관계로 이루어지며, 직업선택으로 연결되는 직업에 대한 관심과, 가정을 이루고, 친구 및 가족과의 관계, 사회적 모임에의 관련 등으로 이루어진다.

초보 인생구조에서 볼 수 있는 두 가지 중요한 특징은 '꿈'과 '스승'이다. 남성들은 종종 직업으로 표현되는 장래의 '꿈'을 지니고 성년기에 들어선다. 예를 들면, 유명한 작가가 되거나 과학적 업적으로 노벨상을 타고자 하는 꿈이 그들을 자극하고, 성인발달을 활성화한다. 그러나 그 같은 평소의 꿈이 이루어지지 않을 것이라는 상식적인 깨달음으로 정서적 위기에 빠질지 모른다. 자신의 목표를 재평가하고 보다 실천가능한 목표로 대체해야 할 필요성에 어떻게 대처하느냐에 따라 인생을 얼마나 잘 헤쳐나갈지가 결정된다.

남성의 성공은 이 견습기간에 '스승'을 발견함으로써 큰 영향을 받는다. 이 스승은 그에게 관심을 가지고, 지도해 주며, 영감을 불어넣어 주고, 직업과 개인적 문제에서 지혜와 도덕적 지원과 실제적 도움을 준다. 스승과의 관계는 매우 중요하다. 왜냐하면 스승은 젊은이가 성공하도록 도와줄 뿐만 아니라 직업세계에서 가끔 부딪치게 되는 함정을 피하도록 조언해 주기 때문이다.

③ 30세 전환기(28~33세)

이제 탐색의 시기는 끝나고 개인의 생활양식이 어느 정도 확립된다. 약 30세 정도에서 남성은 자신의 인생에 대해 또 다른 시각으로 바라보게 된다. 지난 10년 동안 자신이 관여해 온 일이 미숙하지는 않았는지 그리고 자신의 의사결정이 과연 옳았는지에 대해 의문을 제기한다. 이 시기는 자기성찰의 시기로서 자신의 실수를 만회하고 보다 만족스러운 인생의 기초를 마련할 기회로 여긴다.

어떤 남성들은 이 과도기를 아주 쉽게 넘기지만 어떤 이들은 발달상의 위기를 경험하는데, 그들은 자신의 현재의 인생구조가 참을 수 없는 것임을 깨닫지만 더 나은 것으로 개선할 수도 없다고 여긴다. 그 때문에 결혼생활에서 발생하는 문제가 커지게 되며 그래서 이혼율이 절정에 달하게 된다.

④ 성년기의 절정기(33~40세)

30대 초반에는 Levinson이 '안정'이라고 부른 젊은 시절의 열망을 실현시키려는 일관된 노력을 하게 된다. 견습단계가 끝나고 남성들은 이제 '성년기의 절정에 달한 인생구조'를 수립할 준비가 되어 있다. 일, 가족, 기타 인생의 중요한 측면들에 대해 더 깊이 관여한다. 종종 40세쯤에는 어떤 이정표를 지나게 되기를 바라면서, 예정표를 가지고 자신에 대한 특정 목표(교수직, 일정수준의 수입, 개인전)를 수립한다. 이들은 사회에서 자신의 활동범위를 구축하려 애쓴다. 즉, 가족, 직업 및 사회에서 확고하게 자신의 삶을 뿌리내리고 고정시키는 일에 열중한다.

30대 중반과 40세 사이에는 절정기의 끝인 '자기 자신이 되기(Becoming One's Own Man: BOOM)'라 불리는 시기가 온다. 일에 대한 의욕이나 패기가 절정에 달하고, 직업에서 좀더 책임 있는 자리에 오른다. 목표달성에 더 열심이고, 자신이 넘쳐나며 권위를 가지게 된다. 이제 그에게 힘을 가지고 영향력을 행사하는 사람들의 권위를 싫어하고 거기서 벗어나 자기 자신의 목소리로 말하고 싶어한다. 그러나 한편으로는 인정과 존경을 잃을까 봐 두려워하기도 한다.

⑤ 여성의 인생주기

여성을 대상으로 한 Levinson(1996)의 연구에서 여성의 인생 주기도 남성과 동일함을 발견하였다. 이론의 기본 구조는 남성과 여성 모두에게 적용 가능한 것으로 보이지만, Levinson은 성의 구분(gender splitting)의 중요성을 강조하였다. 모든 사회에서 남녀구분은 어느 정도 있기 마련인데 Levinson의 '전통적 결혼관'에서 보면 집안일은 여성에게 바깥일은 남성에게 맡겨지는, 즉 여성은 가정주부로 남성은 가족부양자로 생각하는 구분이 명확하다. 일 또한 여성의 일과 남성의 일로 구분된다. Levinson이 가정주부, 대학교수, 여성 기업인들을 면담했을 때

'성의 구분'이 문제라는 것을 발견하였다. 전통적인 가정주부는 사회적 변화에도 불구하고 성의 구분을 고수하는 데에 어려움을 겪었고 자아발달 또한 제한을 받았다. 반면, 직업여성은 남성우위의 직장에서 장벽을 무너뜨리는 데에 곤란을 겪었고, 결혼생활에서 남편과 집안일을 분담하는 데에 곤란을 겪었다.

남성과 여성은 각기 다른 도전에 직면하고 그 도전에 대처하는 방법 또한 다르다. 남성의 '꿈'이 대체로 직업적 성취에 초점이 맞추어져 있다면, 여성의 '꿈'은 직업과 가정을 병행하는 것이다. 여성의 꿈은 종종 '분할된' 꿈이라 할 수 있는데 직업목표와 결혼목표로 분할된 것이다(Roberts & Newton, 1987). 심지어 전문직 여성 중에서도 매우 적은 비율의 여성만이 오로지 직업과 관련된 목표를 갖는다. 여성의 직업선택 또한 그들의 분할된 꿈을 참작한 것이다. 여성들은 종종 가정과 직업을 병행시킬 수 있는 직업을 찾는다.

30세의 전환기에는 여성의 인생에서 중요한 변화가 일어난다. 많은 여성들이 직업과 가정의 우선순위를 역전시키거나 적어도 이전에는 방치했던 자신의 꿈에 보다 관심을 기울인다. 20대에 결혼과 모성을 강조했던 여성들이 30대에 개인적인 목표를 강조하는 반면, 전에 직업에 몰두했던 여성들은 이제는 결혼과 가족에 보다 많은 관심을 갖는다. 이 같은 결과는 Levinson이 연구한 남성과는 매우 다른 것으로, 남성들은 성년기 내내 직업에 몰두한다. 30세의 전환기를 가장 힘들다고 생각하는 여성들은 20대 동안의 친밀한 관계와 직업적 성취 모두에서 만족하지 못했던 여성들이다.

Levinson은 또한 여성의 경우 '스승'과의 진정한 관계를 이루는 것이 쉽지 않다고 한다. 그리고 33~40세 사이에 남성들은 안정을 이루는 반면, 여성의 인생은 직업과 개인적 관계에서 안정을 이루는 것으로 보이지 않는다. Levinson은 남성의 경우 30대 후반을 자기확신과 리더십을 보이는 '남성 자신이 되기(Becoming One's Own Man)'의 시기라 불렀다. 여성의 경우도 마찬가지로 '여성 자신이 되기(Becoming One's Own Woman)'의 시기이다(Levinson, 1996; Roberts & Newton, 1987).

(4) Jung의 성인기 발달단계

Jung(1931)은 환자를 치료한 임상적 경험과 그 자신의 자아 분석을 통해 성인기의 성격발달이론을 전개하였다. Jung은 Erikson처럼 아동기로부터 성인기에 이르는 발달단계를 상술하지는 않았지만, 인간의 발달단계를 생의 전반기(the first half of life), 중년기의 위기(mid-life crisis), 노년기(old age)의 3단계로 나누었다(Crain, 2000). Jung은 발달의 궁극적인 목표를 자아실현(self-realization)이라고 보았다. 자아실현은 인간의 성격이 모든 면에서 조화롭게 융합하는 것을 의미한다.

인간의 성격은 생의 전반기와 후반기에 각기 다른 방향으로 발달한다. 전반기는 35~40세까지로 외적으로 팽창하는 시기이며, 성숙의 힘에 의하여 자아가 발달하고, 외부 세계에 대처하는 능력이 발휘된다. 젊은이는 타인과 어울리며, 가능한 한 사회에서 보상을 많이 받으려고 노력한다. 경력을 쌓고, 결혼하여 가정을 이루며, 사회적으로 성공하려고 전력을 다 한다. 그러기 위해서 남자는 대체로 남성적인 특성과 기술을 발전시키고, 여자는 여성적인 특성과 기술을 발전시킬 필요가 있다.

이 시기에는 어느 정도 일방성이 필요하다. 왜냐하면 젊은이는 외부 세계를 정복하는 데 자신을 바칠 필요가 있기 때문이다. 이 시기의 과제는 외부 환경의 요구에 확고하고 단호하게 대처하는 것이기 때문에, 젊은이가 자기회의, 환상, 내적 본질 따위에 지나치게 사로잡혀 있는 것은 별로 유익하지 못하다. 내향적인 사람보다 외향적인 사람이 이 시기를 보다 순조롭게 보낸다.

3) 성인기의 도덕적 사고

성인기에 도덕적 사고는 어떻게 변화하는가? Kohlberg와 그의 동료들(Colby, Kohlberg, Gibbs, & Lieberman, 1980)은 1956년부터 20년간 도덕성 발달에 관한 종단연구를 실시하였다. 〈그림 11-10〉은 청년 초기부터 성년기까지의 도덕적 판단의 발달 과정을 보여준다. 그림에서 보듯이 연령과 도덕성 발달단계 간에는 분명한 관계가 있

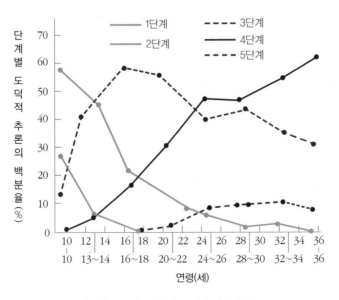

〈그림 11-10〉 연령과 도덕적 판단 수준

음을 알 수 있다. 20년 동안 1단계와 2단계는 감소하였으며 10세 때 전혀 보이지 않던 4단계가 36세에는 62%로 증가하였다. 5단계는 20~22세 이후에야 나타났는데 그것도 10%를 넘지 않았다. 소수의 성인들만이 법과 사회관습에 깊은 이해를 보이고, 정당한 법과 그렇지 못한 법을 구분할 줄 아는 5단계의 후인습적 수준에 도달하는 것으로 보인다(Colby et al., 1980).

도덕적 판단은 청년기에 절정에 달하고 성년기에 퇴보한다는 주장도 있지만, 성년기 동안 더 윤리적이고 옳고 그름에 대한 자신의 판단과 더 일치하는 행동을 보인다(Stevens-Long, 1990). 30대의 대부분의 성인들은 여전히 인습적 수준에 머물지만 3단계에서 4단계로 옮겨 가는 경향이 있다. 그리고 성년기에는 도덕적 사고가 성장하는 것이 확실하다(Walker, 1989). 이러한 경향은 노년기까지 계속되는가 아니면 노인들은 도덕적 추론이 더 낮은 수준으로 되돌아가는가?

많은 연구들(Chap, 1985/1986; Pratt, Golding, & Hunter, 1983; Pratt, Golding, & Kerig, 1987)에 의하면, 적어도 비슷한 교육수준의 피험자들을 대상으로 했을 때 도덕적 추론 단계에서 연령에 따른 차이는 없는 것으로 보인다. Speicher(1994)에 의하면, 도덕성발달 단계와 교육수준은 관련이 있다고 한다.

Kohlberg의 가설적 도덕적 갈등상황이 제시되든 아니면 '어떻게 하는 것이 옳은 일인지 확실치 않은' 실제 상황이 제시되든 간에 노인들은 젊은이들과 마찬가지로 도덕적 추론을 적절히 잘하는 것으로 나타났다(Pratt et al., 1987). 장기종단 연구에 의한 자료는 없지만 적어도 횡단적 연구에서는 도덕적 사고가 노년기에도 저하되지 않는 것으로 보인다. 오히려 어떤 연구에서는 노인들의 경우가 도덕적으로 옳고 그름에 대한 판단이 더 확고한 것으로 나타났다(Chap, 1985/1986). 노인들은 도덕적 갈등상황이 제기하는 쟁점을 나름대로 재구성하고(Pratt, Golding, Hunter, & Norris, 1988), 도덕적 추론에서 더 일관성을 유지하는 것으로 보인다(Pratt, Golding, & Hunter, 1983).

요약하면, 대부분의 노인들은 성년기에 획득한 도덕적 추론을 그대로 유지하는 것으로 보인다. 심지어 어떤 경우에는 더 일관성 있는 도덕적 추론을 한다. Kohlberg(1973)도 도덕적 갈등상황에 직면한 경험과 일생에 걸쳐 자신의 의사결정에 대한 책임을 진 경험이 노인들로 하여금 더 일관성 있는 도덕적 추론을 하게 한다고 주장한 바 있다.

"살아 있는 한 배워라"는 격언은 성인의 도덕성발달을 집약한 표현이다. 경험은 성인들로 하여금 옳고 그른 것에 대한 판단의 기준을 재평가하게 해 준다. 하인츠의 갈등과 같은 Kohlberg의 도덕적 갈등에 대해 답을 하게 된 이유로 어떤 성인들은 자신의 개인적 경험을 자연스럽게 제시한다. 실제로 자신이 암에 걸린 경험이 있는 사람은 그렇지 않은 사람보다 아내를 위해 값비싼 약을 훔친 남편을 용서해 주고, 자신의 경험을 예로 들면서 그 이유를 설명한다(Bielby & Papalia, 1975).

Kohlberg(1973)는 보다 높은 도덕적 원리를 인지적으로 깨닫는 것은 청년기에 발달하지만, 대부분의 사람들이 성년기가 되어서야 이 원칙에 따라 행동하게 되는데, 이때에는 정체감의 위기가 도덕적 쟁점을 둘러싸고 다시 일어난다고 한다.

Nelson Mandela

도덕성발달을 조장하는 두 가지 경험은 집을 떠나서 겪는 가치갈등(예를 들면, 대학이나 군대 또는 외국여행에서 겪는 경험)과 다른 사람의 복지에 대한 책임감을 갖게 되는 경험(예를 들면, 부모가 되는 경험)과 직면하는 것이다.

도덕적 판단과 인지적 성숙이 관련은 있지만 전적으로 그런 것은 아니다. 사고가 아직 구체적 수준에 머물러 있는 사람이 후인습적 수준의 도덕적 판단을 할 수는 없다. 그러나 경험이 인지에 수반되지 않는 한 형식적 조작의 인지단계에 있는 사람도 최고 수준의 도덕적 사고에는 도달하지 못한다. 넬슨 만델라(사진 참조)의 경우와 같이 경험이 그러한 전이를 가능하게 해 주지 않는 한 논리적으로 추론할 수 있는 사람도 인습적 수준에서 벗어나지 못한다.

4) 성인기의 성역할 변화

성인기에 새로운 사회적 상황을 맞이하게 되면 성인의 성역할에 변화가 일어나고, 남자로서 또한 여자로서의 자신에 대한 개념에 변화가 온다. 남성과 여성의 역할의 구체적인 내용은 일생 동안 변한다. 남아는 트럭을 가지고 놀거나 남자친구와 씨름을 하는 것 등에서 남성적인 역할이 나타나는가 하면, 성인 남자의 경우 직업세계에서 남성적 역할을 하게 된다. 남성과 여성의 역할에서 그 차이의 정도 또한 변한다. 아동과 청소년은 자신의 성역할과 일치하는 행동을 채택하지만 양성 모두 아동 또는 학생이라는 매우 유사한 역할을 가지고 있다. 그리고 성년기에 들어서더라도 결혼하기 전까지는 학교나 직장에서 남성과 여성의 역할이 크게 다르지 않다.

그러나 일단 결혼하게 되면, 특히 자녀를 갖게 되면, 남성과 여성의 역할은 보다 분명해진다. 예를 들어, 신혼부부의 경우라도 아내가 직업이 있든 없든 대부분의 집안일은 아내가 한다. 그리고 구체적인 일의 종류도 사회적 관습에 따라 여자가 하는 일과 남자가 하는 일이 따로 정해져 있다(Atkinson & Huston, 1984). 자녀를 출산하게 되면 역할분담은 보다 더 전통적인 방식으로 이루어진다(Cowan, Cowan, Heming, & Miller, 1991).

아내가 주로 자녀양육과 집안일의 책임을 맡게 되고, 남편은 전적으로 가족부양의 책임을 맡는 가장으로서의 역할을 한다. 오늘날에 와서 젊은 아빠들이 자녀양육과 집안일에 참여하는 정도가 점차 높아지고 있지만 여전히 '보호자' 역할을 한다(Baruch & Barnett, 1986). 그리고 적어도 집안일의 ²⁄₃ 정도는 여전히 아내 몫이다(Pleck, 1985; Zick & McCullough, 1991). 더욱이 아내의 직업을 부차적인 것으로 생각하여 별로 중요하지 않게 여기는 경향도 여전하다.

그렇다면 자녀가 성장한 후에는 어떠한가? 자녀양육의 책임에서 벗어나는 빈 둥지 시기인 중년기가 되면 남성과 여성의 역할은 비슷해지기 시작한다. 그리고 노년기에 접어들 무렵이면 양성 간에 성역할의 유사성은 점점 더 커진다. 그러다가 은퇴 후에는 할머니와 할아버지들이 거의 비슷한 역할을 하게 된다. 요약하면, 남성과 여성의 역할은 결혼 전에는 상당히 비슷하다가 자녀를 키우는 시기에 그 차이가 극대화되고 그 이후 다시 유사해진다. 〈그림 11-11〉은 Sheehy(1995)가 제시한 마름모꼴의 성인기 성역

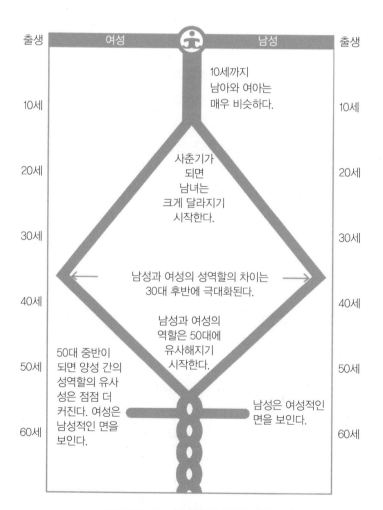

Gail Sheehy

〈그림 11-11〉 마름모꼴의 성역할 변화
출처: Sheehy, G. (1995). *New passages*. NY: Ballantine Books.

할 변화에 관한 것이다.

(1) Gutmann의 '부모의 책임' 가설

David Gutmann

이와 같은 성인기의 성역할 변화를 Gutmann(1975, 1987)은 자녀를 성공적으로 양육하기 위하여 부모가 채택하는 각기 다른 역할을 의미하는 '부모의 책임(parental imperative)'이라는 가설로서 설명하고 있다. 다른 종과는 달리 인간은 자립하기까지 오랜 시간이 걸리며 오랜 기간 신체적 · 정신적 보살핌을 필요로 한다. 자신의 비교 문화연구 결과에 기초하여 Gutmann은 많은 문화권에서 성년기와 중년기 남성들은 자신의 가족을 부양하고 보호하기 위해 '남성적' 특성을 강조해야만 한다고 주장한다. 반면, 성년기와 중년기 여성들은 어린 자녀를 돌보고 가족들의 정서적 욕구를 충족시키기 위해 '여성적' 특성을 표현해야 한다.

Gutmann에 의하면, 남성과 여성이 부모의 책임으로부터 벗어나는 중년기가 되면 극적인 역할변화가 시작된다. 남성은 점점 소극적이 되고 바깥일보다는 가족과의 관계에 더 관심을 보이기 시작한다. 그리고 다른 사람의 감정에 민감하고 정서적 표현도 잘하게 된다. 반면, 여성들은 남성과 정반대로 변한다. 소극적이고, 순종적이며, 양육적이던 젊은 시절과는 달리 이제는 단호하고, 적극적이며, 지배적이다. 많은 문화권에서 오랜 세월 시어머니 밑에서 '아랫사람' 노릇을 하던 여성이 이제 집안의 '안주인' 노릇을 하게 된다. Gutmann은 성년기에 '남성적인' 남성은 '여성적인' 남성이 되고, 반면에 '여성적인' 여성은 '남성적인' 여성이 된다고 주장한다. 즉, 두 성 간의 심리적 특성이 방향을 바꾸게 된다는 주장이다.

몇몇 연구(Friedman & Pines, 1992; Gutmann, 1987; Todd, Friedmann, & Kariuki, 1990)는 Gutmann의 가설, 즉 여성들이 자녀양육을 끝낼 무렵 남성적 특성을 갖기 시작한다는 가설을 지지한다. 중년기의 이러한 변화는 남성과 비교해서 매우 열등한 지위에 있는 아랍여성들에게서도 명백히 나타난다.

한 연구(Feldman, Biringen, & Nash, 1981)에 의하면, Gutmann의 '부모의 책임' 가설과 일치하듯 부모역할은 남성들로 하여금 자신을 더 남성적으로, 여성들로 하여금 자신을 더 여성적으로 지각하게 만드는 것으로 보인다. 반면, 자녀양육의 책임에서 벗어난 성인들은, 특히 조부모들은 자기지각에서 성차가 감소한다.

요약하면, 성인이라도 자녀가 없는 경우는 비교적 양성적인 반면, 자녀가 있는 경우에는 부모역할이 남녀 모두에게 성유형화된 특성을 갖게 하고 그러다가 부모역할이 끝날 무렵이면 다시 양성적으로 된다(Fultz & Herzog, 1991). 성인기의 이러한 성역할 지향은 연령보다는 남녀역할의 변화와 더 관련이 있는 것으로 보인다 (Eagly, 1987). 예를 들면, 젊은 부모들은 자녀가 없는 같은 연령의 남녀보다 심리적으로 더 성유형화되는 경향을 보여준다(Feldman et al., 1981). 따라서 성역할발달에서는 사회적·문화적·역사적 상황을 고려해야 한다.

Alice Eagly

(2) '양성성으로의 변화' 가설

성인기 성역할 변화에 대한 또 다른 설명으로 중년기의 남성과 여성은 모두 성유형화된 특성을 보유하지만, 거기에다 전통적으로 반대성과 관련된 특성을 첨가하게 됨으로써 양성적인 특성을 보인다는 '양성성으로의 변화(androgyny shift)' 가설이 있다. 이러한 생각은 일찍이 정신분석이론가인 Jung에 의해 제시된 바 있다. Jung(1953)에 의하면, 여성은 양육적이고 표현적인 역할을 강조하고, 남성은 성취지향적이고 도구적인 역할을 강조한다. 남성은 자신의 여성적인 측면을 억압하고, 여성은 자신의 남성적인 측면을 억압한다. 자녀들이 다 성장하고 직업에서도 안정을 이루게 되는 중년기가 되면, 남녀 모두 전에 억압된 측면을 표현함으로써 자신의 생물학적 성과 반대되는 특성을 추구한다고 보았다. 즉, 남성은 자신 속의 여성적인 측면(anima)을 표현하게 되고, 여성은 자신 속의 남성적인 측면(animus)을 표현하게 된다는 것이다.

Shirley Feldman

앞에서 언급한 Feldman 등(1981)의 연구에서 자녀 양육의 책임에서 벗어난 성인들(특히 노인세대)은 남녀 모두 양성성으로의 변화를 경험하였다. 즉, 조부들은 남성적 특성을 보유하면서 여성적 특성을 취하였고, 조모들은 여성적 특성을 보유하면서 남성적 특성을 취하였다. 이러한 결과는 매우 흥미롭다. 왜냐하면 오늘날의 노인세대는 성역할 규범이 보다 융통성 있는 시대에 성장한 젊은 세대보다 성역할 지향이 더 전통적이기 때문이다.

사진 설명: '양성성으로의 변화' 가설에 의하면 자녀양육의 책임에서 벗어나게 되면 남성은 자신 속의 '여성적인 측면'을 그리고 여성은 자신 속의 '남성적인 측면'을 표현하게 된다. 이 특성들은 부모역할을 하는 동안 억압되었던 것이다.

5. 가족생활

성년기에는 대부분의 사람들이 결혼을 하고 자녀를 낳아 가족을 형성하게 된다. 가족은 사회를 이루는 기초 집단으로서 인간의 발달과정에서 없어서는 안 될 중요한 요소이다. 오늘날 사회가 커다란 변화를 겪으면서 가족의 기능이 많이 축소되고 변하고 있지만, 아무리 사회가 발전한다 하더라도 가족의 기능을 완전히 대행할 만한 새로운 사회조직은 생겨나지 않을 것이다.

가족의 형성과 발달에 있어 사랑은 중요한 비중을 차지한다. 사랑은 우리 인생에서 대단히 중요한 요소이며, 배우자 선택과 결혼에서도 매우 중요한 역할을 한다.

1) 가족의 의미

가족은 인간의 성장발달에서 매우 중요한 역할을 한다. 우리들 대부분은 가족의 사랑과 보호를 받으면서 성장하고, 여러 가지 생활규범을 배우고 익히며, 사회생활에 적응할 수 있는 능력을 기른다. 가족은 가족 구성원들이 최초로 경험하는 사회이며, 생활 공동체이다. 또한 가족 구성원들은 경제적인 협동체를 이루고, 공동의 목표를 위해 집안일을 서로 분담하고 협력하면서 유대를 강화하며, 친밀한 인간관계를 유지한다.

가족은 일반적으로 혼인관계로 맺어진 부부와 혈연관계로 맺어진 그 자녀들로 구성되는 사회의 기본 단위이다. 유영주(1996, p. 24)는 『신가족관계학』에서 가족의 정의를 다음과 같이 내리고 있다. "가족이란 부부와 그들의 자녀로 구성되는 기본적인 사회집단으로서, 이익관계를 떠난 애정적인 혈연집단이며, 같은 장소에서 기거하고 취사하는 동거동재(同居同財) 집단이고, 그 가족만의 고유한 가풍을 갖는 문화집단이라고 할 수 있다. 또한 가족생활을 통하여 인간의 기본적 인성이 형성되므로 인간발달의 근원적 집단이기도 하다."

2) 가족의 형성

두 남녀가 사랑을 하고 결혼을 해서 가정을 이룬다. 그리고 자녀를 낳아 가족을 형성하게 된다. 대부분의 사람은 일생을 통해 두 종류의 가족을 경험하게 된다. 출생 후 부모 슬하에서 형제자매가 같이 자라며 생활하는 출생가족(family of origin)과 성장 후 결혼과 더불어 새로이 가족을 형성하여 자녀를 낳아 기르며 살다 죽는 생식가족(family of procreation)이 그것이다.

사랑은 가족의 형성과 발달에 매우 중요한 요소일 뿐 아니라 배우자 선택과 결혼에서도 대단히 중요한 비중을 차지한다.

(1) 사랑

사랑이 무엇인지 모르는 사람은 없지만 사랑에 대해 명확한 정의를 내릴 수 있는 사람 또한 드물다. 이처럼 사랑은 정의하기가 매우 어려운 개념이지만 우리 인생에서 매우 중요한 관계의 기초가 된다.

우리는 누군가를 사랑하기를 원하며 그리고 누군가로부터 사랑받기를 원한다. 그러나 사랑의 양면성으로 인해 사랑에는 위험부담이 따른다. 사랑으로 인해 극도의 황홀감을 맛보기도 하지만 극심한 고통을 경험하기도 한다. 그럼에도 불구하고 대부분의 사람들은 기꺼이 이러한 위험을 감수하려고 든다.

① 사랑의 이론

㉠ 스턴버그의 세모꼴이론

Sternberg(1986, 2006, 2018)에 의하면, 사랑에는 세 가지 구성요소가 있는데 친밀감, 열정, 책임이 그것이다. 친밀감(intimacy)은 사랑의 정서적 요소로서 누군가와 '가깝게 느끼는 감정'이다. 친밀감은 상호이해, 격의 없는 친밀한 대화, 정서적 지원 등을 포함한다. 친밀감은 물론 남녀 간의 사랑에서뿐만 아니라 친한 친구 사이나 부모와 자녀 간에도 존재한다.

열정(passion)은 사랑의 동기유발적 요소로서 신체적 매력, 성적 욕망 등을 포함한다. 열정은 일반적으로 사랑을 느끼는 순간 맨 처음 나타나는 사랑의 구성요소이지만, 오래된 관계에서는 맨 먼저 사라지는 요소이기도 하다. 열정은 남녀 간의 사랑에서만 존재한다.

책임(commitment)은 인지적 요소로서 관계를 유지하기 위한 약속이며, 관계를 지속시켜야 한다는 책임감이다. 열정은 나타났다가 사라졌다가 하는 것이며, 모든 관계는 만족스러울 때도 있고, 불만스러울 때도 있다. 우리가 결혼서약에서 "즐거울 때나 괴로울 때나, 건강할 때나 아플 때나 평생 신의를 지키며 상대방을 사랑하겠느냐?"는 질문에 "예"라고 대답하는 것이 바로 이 책임이다.

Sternberg(1986)는 그의 이론을 사랑의 세모꼴이론이라고 부른다. 〈그림 11-12〉는 Sternberg의 사랑의 세모꼴을 나타낸 것이다. 〈그림 11-13〉은 친밀감, 열정, 책임의 정

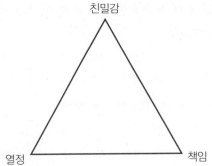

〈그림 11-12〉 Sternberg의 사랑의 세모꼴

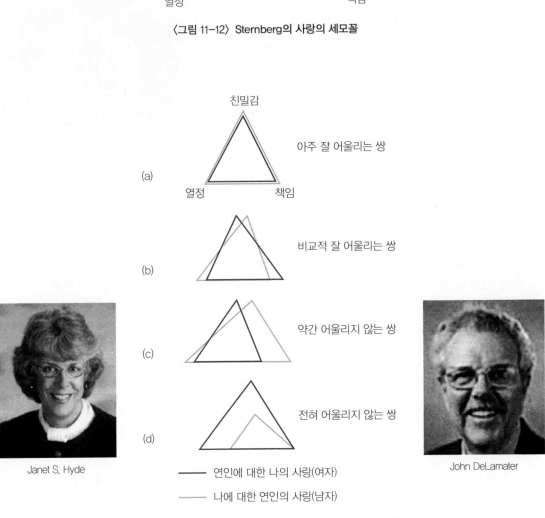

〈그림 11-13〉 잘 어울리는 쌍과 잘 어울리지 않는 쌍들의 예

출처: Hyde, J. S., & DeLamater, J. (2000). *Understanding human sexuality* (7th ed.). Boston: McGraw-Hill.

도에 따라 서로 잘 어울리는 쌍과 그렇지 못한 쌍의 예들이다. (a)에서는 두 남녀의 친밀감, 열정, 책임의 수준이 비슷함을 알 수 있다. 따라서 이 두 남녀는 아주 잘 어울리는 쌍이다. (b)는 비교적 잘 어울리는 경우이고, (c)는 약간 어울리지 않는 경우이다. (d)는 전혀 어울리지 않는 경우로서 남녀 모두 같은 정도의 책임수준을 보여주고 있다. 하지만 여자의 경우가 남자보다 친밀감과 열정수준이 훨씬 더 높다.

　ⓛ 사랑의 애착이론

　우리 인간이 최초로 경험하는 애착의 형태는 유아기에 부모와 갖는 애착관계이다. 유아기에 안정애착을 체험하느냐 못하느냐 하는 것은 성인이 되어서 누군가를 사랑할 수 있는 능력에 영향을 미친다는 가설이 있다.

　사랑의 애착이론은 이 가설을 근거로 하는 것인데(Hazan & Shaver, 1987; Simpson, 1990), 이 이론에 의하면 사랑하는 두 남녀의 관계는 세 가지 유형으로 나눌 수 있다고 한다. 첫째, '안정애착'을 체험한 사람들은 쉽사리 친밀한 관계를 유지하고 상호의존적이 된다. 그리고 상대방으로부터 버림받을까 봐 두려워하지 않는다. 반면에 '회피애착'을 체험한 사람들은 너무 가까워지는 것을 두려워하고, 쉽사리 상대방을 믿거나 의지하지 못한다. 세 번째 유형인 '불안애착'을 체험한 사람들은 자신은 상대방과 가까워지기를 간절히 갈망하는데 상대방은 그에 상응하지 못한다고 생각한다. 그래서 상대방이 자신을 진심으로 사랑하지 않을까 봐 걱정하기 때문에 관계에 대해 자신이 없다.

　한 연구(Hazan & Shaver, 1987)에서 성인의 53%가 안정애착, 26%가 회피애착 그리고 20%가 불안애착의 유형인 것으로 나타났다. 그리고 354명의 연인들을 대상으로 성인의 애착유형을 조사해 본 연구(Kirpatrick & Davis, 1994)에서는 반 이상이 두 사람 모두 안정애착 유형이었고, 10%의 경우는 한 사람은 안정애착의 유형이지만 또 다른 사람은 회피애착의 유형이었으며, 10%는 안정애착과 불안애착의 유형에 해당하는 연인들이었다. 두 사람 모두 회피애착의 유형 또는 불안애착 유형인 경우는 한 쌍도 없었다.

　ⓒ 사랑의 화학적 성분

　'첫눈에 반한다'라는 사랑의 요소는 무엇인가? Liebowitz(1983)와 Fisher(1992)에 의하면, 그것은 신체의 생화학적 성분이라고 한다. 열정적인 사랑은 마치 마약에 취한 상태에서 기분이 황홀해지는 것과 같은 것인데, 사랑이나 마약은 모두 우리 신체의 특정 신경화학 물질을 활성화시킨다. 이로 인해 활기가 넘치고, 행복감에 도취하며, 상대방을 미화하고, 의기양양해지는데 Liebowitz는 이 모든 것이 페닐에틸아민이라는 화학물질 때문이라고 한다. 사랑에 눈이 멀어 판단이 흐려지는 것도 바로 이 화학물질 때문이다.

Michael R. Liebowitz

　이 이론에 의하면 열정적인 사랑에 의해 생성되는 또 다른 화학물질이 엔도르핀이다. 엔도르핀은 평온, 안정, 충족감을 가져다준다. 세 번째 화학물질은 옥시토신인데 오래된 관계에서 나타난다. 이것은 신체접촉으로 자극을 받고 쾌감, 만족감으로 이어진다.

사랑의 생화학적 성분에 관한 가설을 직접적으로 검증한 연구는 별로 없지만, 이것은 수없이 많은 시나 소설에서 표현된 바 있고, 사회과학에서 관찰된 내용과도 일치하는 바가 있다.

② 사랑의 유형

사랑에는 여러 가지 유형이 있다. 남을 위해 희생하는 이타적 사랑, 청년기의 낭만적 사랑, 부부 간의 동반자적 사랑 그리고 성적 사랑 등이 그것이다.

㉠ 이타적 사랑(Altruistic Love)

이타적 사랑이란 사랑하는 사람의 행복에 역점을 두는 사랑이다. 즉, 타인에게 무엇인가를 제공해 주는 것이 자신의 안락을 위한 것보다 더 큰 만족을 준다고 생각하고, 그로 말미암아 기쁨을 느끼는 사랑이다. 이타적 사랑에서는 자기희생이 중요한 요소가 된다. 부모(특히 어머니)의 자식에 대한 사랑은 거의 전적으로 이타적 사랑이다.

모파상의 『여자의 일생』의 주인공인 쟌느의 헌신적인 행동이 이타적 사랑의 본보기라 할 수 있을 것이다. 이타적 사랑은 불평 없이 사랑하는 사람에게 봉사하고, 어떤 어려운 경우를 당하더라도 헌신(희생)하는 마음으로 견디어 낸다. 이와 같이 이타적 사랑의 가장 큰 특징은 희생하고 봉사하면서도 이 모든 것에 대한 대가를 요구하지 않는다는 것이다.

㉡ 낭만적 사랑(Romantic Love)

사랑연구가 Ellen Berscheid(1988)에 의하면, 우리가 누군가와 "사랑에 빠졌다"고 할 때의 사랑이 바로 낭만적 사랑을 의미한다고 한다. 청년기 사랑의 특징은 낭만적 사랑으로서 '로미오와 줄리엣'처럼 첫눈에 반하는 사랑이 이 유형에 속한다. 로미오와 줄리엣의 사랑의 비극은 양가의 반목이라는 운명적 요인도 있지만, 그보다 더 직접적인 요인은 그들의 낭만적 성격에 있다. 낭만적인 사랑은 첫눈에 반하는 것으로 시작되며, 걷잡을 수 없는 격정을 불러일으킨다(부산대학교 여성연구소, 1997).

낭만적 사랑은 열정, 두려움, 분노, 성적 욕망, 질투심을 유발한다(Hendric & Hendrick, 2019). 성적 욕망은 낭만적 사랑의 매우 중요한 요소이다(Berscheid, 2010).

낭만적 사랑의 특징은 다음과 같다. ① 이성보다 감정이 우위인 사랑으로 서로의 사랑이 숙명적, 운명적이라고 생각한다. ② 상대방을 미화한다. ③ 소유욕이 강하며 상대방에게 많은 요구와 기대를 한다. ④ 사랑 그 자체를 먼저 사랑하고, 그다음에 사랑의 대상을 사랑한다. 이처럼 낭만적 사랑은 비현실적이고 이상적이기 때문에 결혼생활에서의 낭만적 사랑은 환멸과 불행만을 초래할 뿐이다.

ⓒ 동반자적 사랑(Companionate Love)

동반자적 사랑이란 친구와 같은 반려자적인 감정을 갖는 사랑으로서, 바람직한 부부관계는 동반자적 사랑을 필요로 한다. 두 남녀가 처음 만나 사랑에 빠질 때에는 열정적 사랑으로 시작하지만, 관계가 지속되면서 점차 동반자적 사랑으로 옮겨 간다. 열정적 사랑이 '뜨거운' 것이라면 동반자적 사랑은 '따스한' 것이다(Cimbalo, Faling, & Mousaw, 1976; Driscoll, Davis, & Lipetz, 1972).

사진 설명: 부부간의 동반자적 사랑을 그린 영화. 〈황금 연못(Golden Pond)〉

동반자적 사랑의 특징은 이성적이고 감정을 억누를 수 있으며, 상대방에 대한 요구가 과도하지 않고, 현실을 그대로 받아들여 서로 협조하고 보완한다(Hatfield & Rapson, 1993). 즉, 상대방이 완벽하기를 기대하지 않고, 사랑이 모든 문제를 다 해결해 주리라 믿지 않는다.

ⓓ 성적 사랑(Sexual Love)

"사랑의 궁극적인 목표는 성적 만족이다"라는 말이 있듯이 성적 사랑은 사랑을 확인하는 방법이 될 수 있다. D. H. 로렌스의『채털리 부인의 사랑』의 두 주인공의 관계는 서로의 성적인 경험이 깊어질수록 정신적으로도 깊어진다. 이 작품은 육체의 소중함을 일깨워 정신과 육체의 조화를 진정한 사랑의 의미로 보았다고 할 수 있다(부산대학교 여성연구소, 1997).

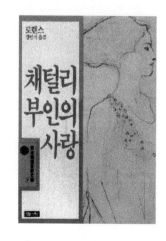

그러나 성적 사랑은 결혼한 부부간에만 허용되는 것이므로 사회적 문제를 일으키기도 한다. 사랑이 없는 성생활이나 성이 없는 결혼생활은 바람직하지 않다. 사랑과 성이 공존하는 결혼생활이 이상적인 것이다.

(2) 배우자 선택

혼인은 인류지대사(人倫之大事)로 배우자 선택은 인생에서 가장 중요한 의사결정이다. 어떤 사람을 배우자로 선택하느냐에 따라 일생의 행·불행이 결정된다고 해도 과언이 아니다. 인생의 반려자로서의 배우자를 신중히 결정하기 위해 배우자 선택의 기준과 그 과정 그리고 배우자를 선택할 때에 고려해야 할 점에 관해 알아보기로 한다.

① 배우자 선택의 과정

Bernard Murstein

J. Richard Udry

배우자 선택의 과정을 일련의 '여과'과정으로 보는 심리학적 접근법이 있다(Cate & Llyod, 1992). 예를 들면, Murstein(1970, 1976, 1986)에 의하면, 우리가 배우자감을 만났을 때 맨 먼저 외모나 예절, 사회계층과 같은 외적 특성에 기초하여 둘이 얼마나 잘 맞을지를 점검한다고 한다. 만약 첫 번째 관문에서 통과하면 그다음에는 태도나 신념(정치적 또는 종교적) 등을 맞추어 본다. 그리고 여기서도 통과하면, 즉 서로 호감이 가면 이제 '역할조화(role fit)'가 쟁점이 된다. 상대방이 나에게 바라는 기대가 나의 욕구나 성향과도 일치하는가? 양자의 성역할에 관해서도 의견이 일치하는가? 등을 점검하게 된다. 여과이론을 지지하는 연구결과도 있지만, Murstein의 제안처럼 여과과정이 순서대로 진행되는 것이 아니라 위에서 언급한 요소들이 처음부터 동시에 존재하는 것으로 보인다.

Udry(1971) 또한 배우자 선택에서 결혼 상대자로 선택하기까지 모두 여섯 개의 여과망을 거치게 된다는 여과이론을 주장한다(〈그림 11-14〉 참조). 첫째, 근접성(propinquity)의 여과망을 통해 가능한 모든 대상자 가운데서 지리적으로 가깝고, 만날 기회와 상호작용의 가능성이 많은 사람들로 그 대상이 제한된다. 둘째, 매력(attractiveness)의 여과망을 통해 서로 매력을 느끼고 끌리는 사람들로 그 대상이 좁혀진다. 셋째, 사회적 배경(social background)의 여과망을 통해 인종, 연령, 교육수준, 종교 등의 사회적 배경이 유사한 사람들로 범위가 더욱 좁혀진다. 사회적 배경의 여과망은 당사자보다 부모에 의해 더 강조된다. 넷째, 일치(consensus)의 여과망을 통해 태도나 가치관이 자신과 비슷한 사람만이 남게 된다. 다섯째, 상호보완성(complementarity)의 여과망을 통해 욕구와 성격특성에서 서로의 단점을 보완해 줄 수 있는 사람을 선호하게 된다. 마지막으로, 결혼준비 상태(readiness for marriage)라는 여과망을 통과함으로써 비로소 결혼에 이르게 된다. 결혼 적령기, 결혼하라는 부모의 압력, 결혼하고자 하는 강한 욕구 등이 결혼

가능한 모든 대상자

근접성 여과망

가까이 살거나 만날 기회가 많은 남녀

매력 여과망

서로 매력을 느끼고 호감이 가는 남녀

사회적 배경 여과망

사회적 배경이 유사한 남녀

일치 여과망

태도나 가치관이 유사한 남녀

상호보완성 여과망

상호보완적인 남녀

결혼준비 상태 여과망

결혼한 부부

〈그림 11-14〉 배우자 선택의 여과이론

준비 상태에 영향을 준다.

반면, 사회학자들은 외적 특성을 보다 더 강조한다. 배우자 선택에서 강력한 단일 요인은 유사성이다. 우리는 연령, 교육수준, 사회계층, 종교, 태도, 관심분야, 기질 등이 우리와 비슷한 사람에게 끌리게 된다. 사회학자들은 '동류교배(assortive mating)'라는 말로 이 과정을 묘사한다(Murstein, 1986).

동류교배의 과정에 더하여 배우자 선택은 일종의 교환과정을 포함하는 것으로 보인다. 교환이론가(Edwards, 1969)에 의하면, 우리는 가장 좋은 흥정을 하려고 노력한다. 이 이론은 여성들은 주로 성적 서비스 또는 가사 노동을 제공하고, 남성들은 경제적 부양을 제공한다고 주장한다(Schoen & Wooldredge, 1989). 이것은 배우자 선택에서 여성의 경우 남성의 경제적 능력을 주로 보고, 남성의 경우 여성의 외모를 중시하는 것을 의미한다. 한 연구결과도 이 견해를 지지한다(South, 1991).

우리나라 미혼남녀를 대상으로 한 연구(백남희, 1987; 유영주, 1976)에서도 남성은 외모와 성격을 중요시하며, 여성은 학력, 직업 또는 장래성을 중요시하는 것으로 나타났다. 최근에 와서는 배우자 선택에서 외적 특성을 점점 더 강조하는 것으로 보인다.

② 배우자 선택의 기준

㉠ 외혼제와 내혼제

외혼제는 특정한 집단이나 범위 밖에서 혼인대상자를 선택해야 하는 제도로 근친 간이나 동성동본 간의 금혼제[1]가 그 예이다. 내혼제는 특정한 집단이나 범위 안에서 혼인 대상자를 선택해야 하는 제도로 인종, 국적, 종교, 사회계층 등이 비슷한 사람끼리 혼인하는 것이 바람직하다고 보는 것이다.

㉡ 동질혼과 이질혼

서로 유사한 사람끼리 혼인하는 것이 동질혼이고, 전혀 다른 사람과 혼인하는 것이 이질혼이다. 20여 년간을 서로 다른 환경에서 자란 두 사람이 부부가 되어 공동생활을 영위해야 되는 혼인생활에서는 무엇인가 공통적인 기반을 갖는 것이 중요하다. 동질혼은 이러한 공통기반을 제공해 준다.

반면, 이질혼에서는 서로의 성격이나 욕구가 다르다는 것이 보완적 요인이 되어 서로 매력을 느끼고 배우자로 선택하게 된다. 인간은 자아결핍에 대한 끊임없는 보상심리가 있기 때문에, 서로 반대되는 이질성에서 상대방에게 매력을 느끼게 된다. 일반적으로 배우자는 서로 공감할 수 있는 유사성과 서로 자극을 받을 수 있는 이질성을 함께 지니는 것이 이상적이라고 한다.

③ 배우자 선택 시 유의할 점

행복한 결혼생활을 위해 배우자 선택에서 고려해야 할 요인들은 무엇일까? 여러 학자들이 배우자 선택에서 고려해야 할 여러 가지 사항들을 제시하고 있는데, 이러한 관점들을 종합해 보면 다음과 같다.

- 결혼은 냉혹한 현실생활이므로 두 사람의 사랑만 있으면 모든 것이 잘될 것이라는 생각은 잘못된 것이다.
- 애정, 존경, 신뢰감 등이 수반되지 않고 단지 성적 매력만으로는 그 관계가 오래 지속되지 않는다.
- 인생관이나 가치관이 서로 조화될 수 있어야 한다.
- 이 세상에 완전한 사람은 없다. 한 사람을 배우자로 선택한다는 것은 상대방의 약점이나 부족한 점도 함께 받아들임을 의미한다.
- 지금 비록 마음에 안 드는 점이 있더라도 결혼을 하면 변하겠지 하는 생각은 착

---

1) 우리나라의 경우 1997년 7월 16일 헌법재판소가 동성동본금혼법을 헌법 불합치 법률이라고 결정함으로써 600여 년간 지속되어 온 동성동본금혼제가 종지부를 찍게 되었다.

각이다. 따라서 상대방을 변화시키려는 시도보다는 상호적응하려는 노력이 중요하다.

- 충분한 교제기간과 대화를 통하여 상대방을 잘 파악한 후에 결혼하는 것이 적응에 도움이 된다.

(3) 결혼

결혼의 동기는 수없이 많고 다양하지만 그중 대표적인 것을 든다면 다음과 같다(Turner & Helms, 1994). 사랑의 실현, 성생활의 합법성 획득, 자녀출산의 기회, 경제적·정서적인 안정, 사회적 기대에의 부응, 법적인 이득 등이 그것이다.

동서고금을 막론하고 결혼이라는 것이 행해져 온 것은 결혼이 다양한 기본 욕구를 충족시킨다는 사실을 입증해 주는 것이다. 결혼은 보통 자녀의 생산과 그로 인한 종의 존속을 확실하게 하는 최선의 방법으로 여겨진다. 대부분의 사회에서 결혼은 또한 경제적인 이점도 지니고 있다. 즉, 물질적인 욕구가 결혼생활을 통해서 좀더 쉽게 충족된다. 뿐만 아니라 결혼은 성적 욕구를 합법적으로 충족시켜 준다. 결혼은 우정, 애정, 동반자 관계의 안전한 근거를 마련해 주며, 정서적인 도움이 된다. 오늘날 높은 이혼율은 이러한 이상에 도달하기가 어렵다는 것을 말해 주지만, 높은 재혼율은 많은 사람들이 계속 노력하고 있음을 보여준다.

연구결과 결혼한 사람들이 결혼하지 않은 사람들보다 더 행복하며, 행복한 사람들이 결혼하는 경향이 있다고 한다. 모든 연령대의 기혼남녀가 독신자나 이혼한 사람 또는 사별한 사람보다 생활만족도가 더 높은 것으로 보고되고 있다(Campbell, Converse, & Rodgers, 1975).

결혼은 또한 건강에도 좋은 것으로 보인다. 기혼자들은 이혼이나 별거 또는 사별한 사람보다 더 건강한 것으로 보인다(Verbrugge, 1979). 그러나 이 자료만으로는 결혼이 건강을 가져다주는지 어떤지를 확실히 알 수 없다. 하지만 건강한 사람들이 보다 쉽게 연인의 관심을 끌 수 있고, 결혼에 더 많은 관심을 가지며, 결혼상대를 더 많이 만족시킬 것이다. 또한 기혼자들은 독신자들보다 더 건강하고 안전하게 인생을 산다고 할 수 있을 것이다. 배우자들은 서로를 보살피고, 서로 말상대가 되어 주며, 정서적 지원을 해 주며, 일상생활을 편하게 해 주는 많은 일들을 하기 때문이다. 이혼하거나 사별함으로써 이러한 지원을 못 받게 될 때 이혼자나 미망인들은 정신적·신체적 질병에 더 취약해진다고 한다(Doherty & Jacobson, 1982).

(4) 부모되기

아기의 탄생은 부모의 인생에 있어서 중요한 전환점이 된다. 두 사람만의 친밀한 관계로부터 무력하고 전적으로 의존적인 세 번째 인물을 포함하는 가족관계로의 전환은 부부를 변화시키고 결혼생활을 변화시킨다. 부모가 된다는 것은 확실히 개인의 인생에 있어서 갑작스럽고 철저한 변화를 나타낸다(Perry-Jenkins & Schoppe-Sullivan, 2019).

한밤중에 일어나 젖을 먹이고, 기저귀를 갈아야 하는 일 등으로 결혼생활이 점점 덜 낭만적이 되고 보다 동반자적 관계로 되어 간다. 애정표현과 대화가 줄어들고 여가활동을 함께하는 일도 줄어든다. 아기 돌보는 일의 대부분을 떠맡고 따라서 생활양식의 커다란 변화를 겪는 아내들은 남편보다 결혼만족도가 크게 낮아진다(Belsky, 1985).

부모가 된다는 것은 전통적으로 결혼의 근본적인 이유가 될 수는 없지만 결혼을 완성시키는 것으로 여겨져 왔다(McCary, 1975). 전 산업사회에서는 대가족이 필요했으며, 아이들은 가족의 일을 도왔고, 궁극적으로는 나이 든 부모를 돌보았다. 따라서 자녀가 많다는 것은 충분한 노동력을 확보하는 것을 의미했다.

오늘날에는 자녀를 갖게 되는 경제적·문화적 이유가 감소되거나 역전되었다. 산업사회에서는 기술적 진보로 인해 소수의 노동력만이 필요하게 되었고, 사회보장과 기타 복지정책으로 노후를 보장받는다. 오히려 자녀를 낳아 기르고 교육시키는 경제적 부담이 증가하였다.

그럼에도 불구하고 많은 부부들은 자녀를 갖기로 합의한다. 자녀를 낳는 주된 동기는 다른 인간과 밀접한 관계를 맺고 싶은 욕구와 자녀를 교육하고 훈련시키는 데 참여하고 싶은 소망이다(Campbell, Townes, & Beach, 1982).

정신분석이론가들은 여성은 아기를 낳아 키우려는 뿌리깊은 본능적인 소망이 있으며, 자녀는 자신이 결코 가질 수 없는 남근의 대체물이라고 주장한다. Erikson은 부모가 되는 것은 다음 세대를 육성하고 지도하려는 근본적인 발달욕구 때문이라고 주장한다. Erikson의 8단계 이론에서 친밀감 대 고립감의 위기 바로 다음에 생산성 대 침체성의 위기가 온다. 이 생산성은 주로 성년기에 발생하는 사랑과 결혼 바로 다음에 시작된다. 생산성은 물론 일이나 창의성 등으로도 표현되지만, 생산성의 가장 직접적인 표현은 자녀를 낳아 기르는 것이다(Erikson, 1963).

사회학자들은 부모됨의 동기를 불멸의 욕구로 설명한다. 즉, 자녀를 통해 제2의 삶을 지향하고, 자녀로 하여금 자신이 원하는 특정 목표를 달성하게 함으로써 자기연장 또는 불멸을 꾀한다는 것이다.

3) 가족의 해체: 이혼

　결혼의 해체는 주로 성년기에 일어나는 현상이다. '7년이 고비'라는 말은 속설 그 이상의 의미를 갖는 것으로, 이혼하는 부부의 절반가량은 결혼 7년 이내에 이혼을 한다(Reiss, 1980). 〈그림 11-15〉에서 보듯이 이혼율은 결혼 후 5년에서 10년 사이에 가장 높다. 오늘날 이혼은 이전 세대에 비해 비교적 빈번히 일어나는 현상이 되었다. 우리나라의 경우 조이혼율이 2003년에 3.4%로 최고치를 기록하였다가 그 이후 계속 감소하

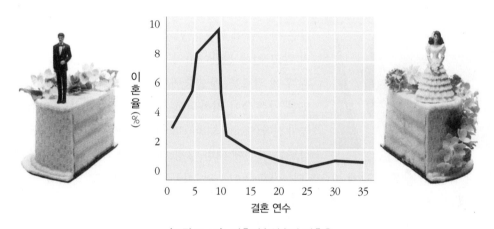

〈그림 11-15〉 결혼지속연수와 이혼율

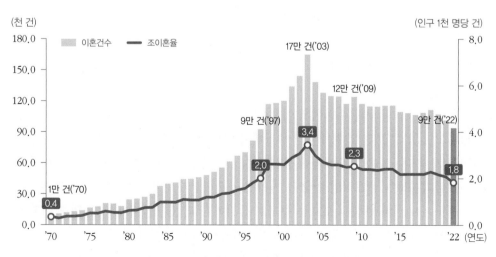

〈그림 11-16〉 이혼 건수 및 조이혼율 추이, 1970~2022
출처: 통계청, 인구동향조사(자료갱신일: 2023. 3. 15)

여 2022년 현재 1.8%까지 감소하였다(통계청, 2023; 〈그림 11-16〉 참조).

여성들은 이제 남편에게 경제적으로 덜 의존하며, 그래서 불행한 결혼생활을 덜 참는 경향을 보여준다. 법적인 장애도 거의 없으며 이혼에 대한 종교적 제재나 이혼에 따르는 사회적 오명도 이전보다 덜하다. 과거에는 '자식들' 때문에 참고 살았지만, 오늘날에는 그것이 최선의 방법이라고 생각하지 않는 부부들이 늘어나고 있다. 오늘날 사람들은 배우자가 자신의 삶을 풍요롭게 해 주고, 자신의 잠재력을 키워 주며, 사랑하는 동료이자 열정적인 성적 상대가 되어 주기를 기대한다. 결혼생활이 이와 같은 기대를 충족시켜 주지 못하게 되면 이혼을 심각하게 고려하게 된다.

결혼생활이 아무리 불행했다 하더라도 그것을 끝낸다는 것은 언제나 고통스러우며,

특히 자녀들이 개입될 때 더욱 그러하다(사진 참조). 이혼은 실패감, 비난, 적의, 자기비난 등을 느끼게 한다. 많은 사람들이 이혼을 단지 부부관계에서의 실패로 보지 않고 인생 전반에서의 실패로 보기 때문에 흔히 이혼 후에 외로움, 우울증에 빠져든다(Axinn et al., 2020). 또한 자존감이 저하되고 인생 전반에 대한 불안감이 높아진다(Sbarra & Borelli, 2019). 이혼 후 개인의 적응 정도는 자신에 대한 감정, 배우자에 대한 감정, 이혼과정에 대한 감정 등에 크게 좌우된다. 이혼이 아무리 '성공적인 것'이라고 하여도 늘 고통스러운 적응기간이 있게 마련이다.

이혼율이 높다는 것이 곧 사람들이 결혼하기를 원하지 않는다는 증거가 될 수는 없다. 높은 이혼율은 행복한 결혼생활을 하려는 소망과 이혼의 고통과 상처가 보다 나은 인생을 살아가는 데 필요할 수도 있다는 것을 말해 주는 것이기도 하다.

4) 가족의 재형성: 재혼

최근 들어 우리의 생활 주변에서 이혼이나 재혼한 사람들을 찾아보기란 그다지 어렵지 않다고 할 만큼 이혼이나 재혼의 증가를 실감하게 되었다. 이혼이나 재혼을 주제로 한 여러 가지 담론들을 대중매체를 통해서도 공공연하게 들을 수 있게 되었다. 이는 예전에는 금기시하며 공개적인 언급을 꺼리던 가족현상과 관련된 주제들이 오늘날에는 사회 곳곳에서 점차 관심을 모으는 주제로 등장하게 되었다는 점에서, 산업화 이후 급변하는 한국 사회의 사회변동과 관련된 가족변동의 한 단면이라 할 수 있다.

이러한 가족변동의 양상을 단적으로 잘 나타내는 현상이 이혼 및 재혼의 증가이다. 핵가족 혼인의 성격을 혼인형태별 구성비를 가지고 살펴볼 때, 남녀초혼의 비율이 지배

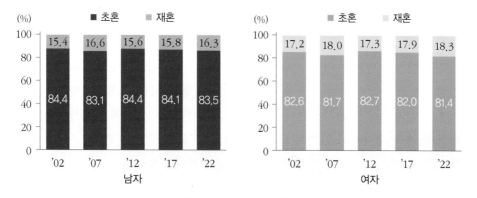

〈그림 11-17〉 혼인 형태별 구성비(2002~2022)

적이긴 하지만 최근 77.4% 수준으로 다소 감소 추세에 있다. 반면, 재혼의 경우 전체 혼인의 약 22.6%를 차지하고 점차 증가하는 추세에 있으며 그중 남녀 모두 재혼인 경우가 12.3%를 차지한다. 재혼 형태에 있어서는 여성초혼-남성재혼인 경우는 3.9%이며, 여성재혼-남성초혼인 경우가 5.9%인 것으로 나타났다(통계청보도자료, 2023). 〈그림 11-17〉은 2002년부터 2022년까지 20년 간의 혼인 형태별 구성비에 관한 내용이다.

이미 산업사회로 진입한 미국의 경우, 재혼은 가장 널리 행해지는 대안적인 생활양식이며, 일본의 경우도 재혼율이 전체 혼인의 상당 부분을 차지하고 있다.

그러나 이혼이나 재혼 같은 직접적인 가족행동상의 변화는 현저하게 달라졌으나, 우리 사회에서 이혼자나 재혼자 또는 이혼가족이나 재혼가족을 보는 시각과 가치관에 있어서는 부정적인 고정관념이 여전히 강하게 자리잡고 있는 실정이다.

재혼이나 이로 인해 새로 형성된 가족은 현재 우리 사회는 물론 어떤 시대나 사회, 문화를 막론하고 존재해 왔다. 그러나 과거에는 배우자의 사별로 인한 재혼이 전형적이었으나, 오늘날은 이혼자의 재혼이 지배적이라는 점에서 차이를 보인다.

이처럼 이혼과 그로 인한 재혼이 증가하는 현실을 볼 때, 이제는 이혼과 재혼에 대한 부정적인 사회적 통념과 고정관념에서 벗어나 보다 객관적인 관점에서 이혼과 재혼의 문제를 생각해 볼 필요가 있다고 본다. 다시 말하면, 이혼과 재혼에 대한 관점의 변화, 인식의 전환이 필요하다 하겠다.

이혼이나 재혼을 경험한 당사자나 가족들은 그러한 경험 때문에 충격과 스트레스 그리고 고통을 받기도 하지만, 또 한편으로는 그러한 선택으로 인해 이전보다 만족스러운 생활과 안정을 되찾을 수도 있다. 이제는 이혼이나 재혼에 대해 단순히 찬성과 반대, 좋고 싫음의 감정적 차원을 떠나 이미 이혼과 재혼이 증가하고 있는 현실을 수용하면서, 보다 균형잡힌 시각으로 이혼이나 재혼으로 형성된 가족이나 가족관계에 대해서 부정적, 긍정적인 측면을 함께 고려해야 할 시점에 와 있다 하겠다.

5) 가족구조의 변화

20세기 말이 되면서 나타난 주요한 사회변화는 가족구조의 변화일 것이다. 젊은이들을 중심으로 두 남녀가 결혼을 하지 않은 상태로 함께 사는 동거가족이 새로이 등장했으며, 독신자의 수가 증가하는 추세에 있고, 결혼한 부부 사이에 자녀가 없는 무자녀가족 또한 계속 증가하고 있는 것으로 보인다. 이혼율의 증가로 편부모가족이 증가일로에 있으며, 재혼으로 인한 계부모가족도 점점 증가하고 있다.

(1) 독신생활

대부분의 사람들은 성년기에 결혼을 하지만, 점점 더 많은 수의 성인들이 독신으로 생활하고 있다. '2020 인구주택총조사'를 보면, 30대 남성 미혼율이 50.8%였으며, 30대 여성 미혼율은 33.6%였다. 5년 전 2015년 조사 때와 비교해 보면, 남성의 미혼율은 6.6%p, 여성의 미혼율은 5.5%p 증가하였다(통계청, 2021). 이들 중에는 이상형의 배우자를 만나지 못해 독신생활을 하는 사람들도 있지만, 어떤 사람들은 혼자인 것이 편하기 때문에 독신으로 지낸다.

사진 설명: 이상형의 배우자를 만나지 못해 혼기를 놓친 한 여성은 다음과 같이 말한다. "나는 더 이상 백마 타고 오는 왕자님을 기다리지 않겠다. 차라리 백마 한 마리를 키우면서 혼자 살겠다."

독신자들은 새로운 경험을 시도하기 위해 자유를 원하며, 결혼에 대한 정서적·경제적 책임 때문에 이 자유를 방해받고 싶어 하지 않는다. 독신자는 자신의 활동이 배우자와 아이들에게 어떤 영향을 미칠 것인가를 고려할 필요가 없으므로, 새로운 종류의 일을 할 기회와 학업을 계속하거나 창조적인 활동에 참여하기가 용이하다.

독신생활의 가장 큰 이점 가운데 하나는 자유로운 삶을 추구할 수 있다는 것이다. 배우자와 자녀들을 돌보아야 할 책임이 없으며, 생활방식이나 이성교제 등의 여러 가지면에서 보다 융통성이 있고 자유롭다. 또한 직업적 성취를 이루는 데에도 유리하다. 특히 독신 여성들은 평균 이상의 지능을 가지고 있고 직업적으로 성공하는 비율이 높게 나타나며, 이로 인해 자신과 동등한 지위에 있는 남성을 만나는 것이 더욱 어렵다(Jayson, 2010).

반면, 독신의 가장 큰 문제점으로는 외로움을 들 수 있다. 인간은 사회적 유대감을 형성하고자 하는 욕구를 가지고 있으며, 지속적인 외로움은 흡연이나 비만처럼 개인의 건강에 치명적인 영향을 미칠 수 있다(Cacioppo & Patrick, 2008).

정신적·신체적 건강도 문제로 지적되고 있으며, 이는 여성독신자보다는 남성독신자에게서 특히 문제가 된다. 이 외에도 사회적인 문제로는 낮은 출산율을 들 수 있다. 국내출산율이 세계 최저수준인 것은 결혼한 부부가 자녀를 덜 낳는 것보다도 만혼과 독신풍조의 확산이 주요 요인으로 지적된다(김승권, 2004).

독신은 자발성과 지속성 여부에 따라 자발적 일시적 독신, 자발적 안정적 독신, 비자발적 일시적 독신, 비자발적 안정적 독신으로 구분할 수 있다(Stein, 1981).

자발적 일시적 독신은 현재 미혼 상태이며 결혼을 고려하지 않는 집단이다. 학업을 마치거나 직업적 기반을 닦은 후 결혼할 가능성을 염두에 두는 형태로 연령이 어리거나 동거 중인 커플이 이에 속한다. 자발적 안정적 독신은 영원히 독신을 고수하려는 생각을 가지고 있는 유형이다. 이혼을 했으나 재혼의사가 없고, 동거하고 있으나 결혼할 생각을 하지 않는 집단이다. 비자발적 일시적 독신은 독신의 의사가 없으며 배우자를 모색 중인 유형이다. 혼인연령의 상승으로 많은 사람들이 이러한 형태를 일시적으로 경험하게 된다. 비자발적 안정적 독신은 독신의 의사는 없으나 신체적·정신적 질병을 가지고 있거나 결혼적령기를 지나 결혼 가능성이 희박한 유형이다. 여성의 상향혼이나 남성의 하향혼 추세로 인해 배우자를 구하지 못한 40대 이상의 교육수준이 높은 전문직 여성이나 농촌총각이 이에 속한다(〈그림 11-18〉 참조).

이 가운데 자발적 독신이 비자발적 독신보다 점차 증가하는 추세에 있으며, 비자발적 독신에 비해 자발적으로 독신을 선택한 사람들의 생활만족도가 높게 나타난다. 우리나라 여성의 경우 이러한 자발적 독신 가운데 일시적인 독신의 비율이 높게 나타난

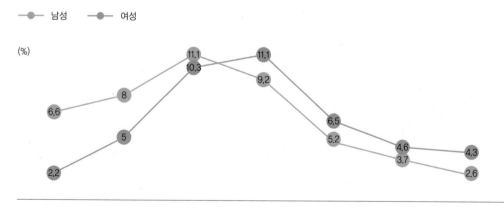

〈그림 11-18〉 **교육수준 및 성별 미혼인구 비율(30세 이상)(2020)**

출처: 통계청(2021). 인구주택총조사.

다. 결혼에 대한 관심은 있지만 가부장적 결혼제도의 구속 때문에 일시적으로 연기하는 경우가 많다. 동시에 하나의 생활양식으로서 안정적 독신의 비율도 증가하는 추세이다. 결혼하지 않고 독신으로 인생을 즐기려는 젊은 여성의 증가는 세계적 추세이다. 그러나 모든 독신자가 특정한 유형으로 구분된다고는 볼 수 없으며, 복합적인 형태를 나타내기도 한다.

(2) 동거생활

동거는 비교적 최근에 볼 수 있는 사회적 현상으로서 혈연관계나 친족관계가 아닌

두 남녀가 공식적으로 결혼식이나 혼인신고를 하지 않고 함께 사는 것을 말한다. 미국의 경우 동거는 결혼에 대한 대안이라기보다 예비결혼의 성격이 강하다. 한편, 유럽에서의 동거는 실험결혼의 성격을 떠나 정상결혼의 한 유형으로 나타난다.

우리나라의 경우 10여 년 전의 동거가족은 진보적인 성향을 갖고 있는 젊은이의 전유물이었거나 저소득층이 경제적인 이유로 선택했었지만, 최근에 와서는 그 의미와 성격이 달라진 새로운 풍속도의 하나로 나타나고 있다. 지방분교를 중심으로 확산되고 있는 대학생들의 '동거문화'를 보면, 혼전동거의 이유는 생물학적 조숙경향과 성의 개방에 있는 것으로 보인다(김지영, 2005; 이

연주, 2008). 젊은이들은 성적으로 성숙하고 강한 성적 욕구를 느끼지만, 이 욕구를 합법적으로 해결할 수 있는 결혼까지는 상당한 기간을 요한다. 흔히 이 시기의 청년들을 '성적 실업자'라고 부른다. 따라서 혼전동거를 성욕구 충족의 수단으로 이용하는 사람들이 많다.

「혼전동거에 관한 대학생의 의식조사」라는 연구[2]에서 대다수의 남학생들은 혼전동거에 대해 긍정적으로 생각한 반면, 여학생들은 대다수가 부정적인 반응을 보였다. 그러나 앞으로 결혼하게 될 배우자의 혼전동거 사실에 대해서는 여성들이 훨씬 더 수용적인 태도를 보였다. 남성들은 혼전동거 자체에 대해서는 개방적 성향을 보이지만, 자신의 배우자에 대해서는 대부분 보수적인 성향을 보이고 있다. 어떤 남학생의 경우 자신은 남자이기 때문에 혼전동거 경험이 있을 수 있지만, 여성인 배우자의 혼전동거 사실은 절대 용납할 수 없다는 견해를 피력하였다. 미혼의 젊은 여성들이 명심해야 할 분명한 사실은 세상이 아무리 변해도 "남자는 괜찮지만 여자는 안 된다"는 '이중 기준'이 계속해서 적용될 것이라는 점이다.

---

2) 저자가 2001년도에 지도한 학부생 졸업논문임.

많은 젊은이들에게 동거는 '연인 사이가 된다'는 것의 현대적인 의미를 갖는다. 그것은 시험결혼이 아니며 결혼을 연습하는 것도 아니다. 동거했던 사람들이 그러한 경험이 없는 사람들보다 반드시 더 나은 결혼생활을 하는 것도 아니다(Cohan, 2013; Jacques & Chason, 1979). 사실 한 연구에서는 동거경험이 없는 사람들이 동거경험이 있는 사람들보다 결혼생활이 더 원만한 것으로 나타났다(Watson, 1983).

혼전동거에 영향을 미치는 요인에 대한 우리나라의 연구에서도 혼전 성경험이 있고, 가족과의 정서적 단절수준이 높으며, 자아분화수준이 낮을수록 혼전동거의식이 보다 개방적인 것으로 나타났다(양수진, 임춘희, 2012)는 점은 혼전 동거경험이 이후 결혼생활에 미칠 수 있는 부정적 영향을 시사하는 것이다.

동거자들의 몇 가지 문제는 신혼부부의 그것과 비슷하다. 즉, 상대방에 대한 지나친 관심, 성관계의 해결, 상대방에 대한 지나친 의존, 다른 친구들로부터 점차 멀어지는 것 등이다. 그밖의 문제들은 동거의 경우에만 해당되는 것으로 동거상황의 모호함에 대한 불안감, 질투, 관여하고자 하는 욕망 등이다. 대부분의 신혼부부들은 동거를 했건 안 했건 성생활에 있어서 만족해한다(Watson, 1983).

(3) 무자녀가족

남녀가 결혼을 하면 자녀를 갖는 것이 당연시되던 시대는 지나가고 있다. 피임법의 보급, 여성의 역할변화, 개인주의적 사고의 증가 등은 점차 자발적인 무자녀가족을 증가시키고 있다. 무자녀가족은 신체적으로는 아무런 문제가 없으면서 의도적으로 자녀를 갖지 않는 경우와 아이를 갖기를 원하지만 가질 수 없는 경우 두 가지가 있는데, 두 경우 모두 증가추세에 있다.

미국 인구통계국의 새로운 자료에 따르면 2014년 6월 기준 40~44세 여성 중 무자녀 비율은 약 15.3%로 2012년의 15.1% 보다 약간 상승했다. 30대 후반 연령층에서는 이 비율의 증가세가 더 두드러졌다. 2013년 6월 기준 35~39세 여성의 무자녀 비율은 약 18.5%로 2012년의 17.2% 보다 크게 증가하였다. 2012년에는 15~44세의 미국 여성 중 자녀가 없는 비율이 46.5%였지만 2014년에는 그 비율이 46.7%로 높아졌다. 이 데이터는 결혼과

사진 설명: 어떤 부부들은 둘이 함께 누리는 자유를 포기하고 싶지 않아서, 또는 자녀가 그들 부부관계에 방해가 될 것이라고 생각해서 자녀를 갖지 않는다.

출산을 늦추는 여성이 늘어나면서 미국에서 무자녀 비율이 증가하고 있음을 보여주는 것이다(Shah, 2015).

무엇 때문에 사람들은 이러한 결정을 하는가? 어떤 부부들은 자신들이 좋은 부모가 되기에 필요한 자질을 가지고 있지 않다고 생각하며, 어떤 부부들은 자식을 기르는 데 시간을 뺏기고 싶지 않을 만큼 자신들의 직업에 대단한 가치를 두는 경우도 있다. 또 어떤 부부들은 자녀를 가짐으로써 수반되는 경제적인 부담을 원하지 않으며, 자녀가 그들 부부관계에 방해가 될 것이라고 생각한다(사진 참조).

우리나라의 경우 한국여성정책연구원 연구보고서(최인희 외, 2015)에 의하면 40대 이후의 무자녀 부부 비율은 지난 10년간 다소의 증가가 있었음에도 불구하고, 이들이 해당 연령 내 전체 여성인구 중에서 차지하는 비율은 1%대에 그치는 것으로 확인되었다.

무자녀 부부의 교육수준을 살펴보면, 전반적으로 무자녀 부부의 학력수준이 높은 것으로 나타났다. 특히, 4년제 대학 이상의 학력수준은 무자녀 여성의 비율이 더 높은 것으로 보인다.

취업과 소득수준 면에서는 유자녀 부부와 무자녀 부부 모두 맞벌이가 과반수 이상을 차지하고 있었으나 유자녀 부부에 비해 무자녀 부부는 맞벌이의 비율이 훨씬 높았으며(유자녀: 50.0%, 무자녀: 61.9%), 여성 외벌이 또는 부부 무직 또한 5.4%에 달하여 비전통적인 가족형태의 비율이 높은 것을 알 수 있다.

가구소득 중 부부의 개인소득을 살펴보면, 남성의 경우 유자녀 남성이(유자녀 남성: 385만 4,000원, 무자녀 남성: 332만 7,600원), 여성의 경우 무자녀 여성이(유자녀 여성: 132만 4,000원, 무자녀 여성: 173만 8,400원) 개인소득이 높은 것으로 나타났다. 즉, 무자녀 부부의 경우 유자녀 부부와 비교할 때 상대적으로 남성의 소득은 낮은 반면 여성이 그 소득을 일정 이상 벌충하여, 전통적인 남성생계부양자 가족에서 다소 벗어난 모습을 보이고 있다.

아이를 갖지 않기로 결정한 부부를 세상은 예전보다는 좀더 관대하게 생각하고 있지만 사회적 비난은 여전히 존재하며, 그런 부부로 하여금 변명을 하지 않을 수 없게 만든다. 의도적으로 자녀를 갖지 않기로 한 것이 정신건강에 나쁜 영향을 미치지 않는다는 증거가 많이 있음에도 불구하고(Bloom & Pebley, 1982; Umberson, Pudrovska, & Reczek, 2010), 한 연구에서 대학생들은 남자가 아이를 갖지 않겠다고 한다면 그 사람을 심리적으로 덜 건강하다고 여기며, 의도적으로 아이를 갖지 않는 여성보다 본의 아니게 아이를 갖지 못한 여성들에 대해 보다 더 호의적인 느낌을 갖는 것으로 나타났다(Calhoun & Selby, 1980).

(4) 한부모가족

이혼이나 사별로 인한 한부모가족도 전 세계적으로 증가하고 있는 가족형태이다. 우리나라의 한부모가족은 1975년 64만 2,999가구에서 2000년에는 112만 3,854가구로

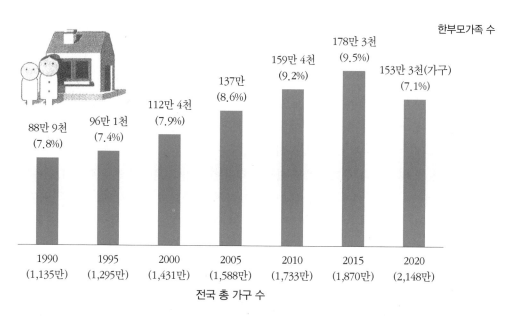

한부모가족 수

88만 9천
(7.8%)

96만 1천
(7.4%)

112만 4천
(7.9%)

137만
(8.6%)

159만 4천
(9.2%)

178만 3천
(9.5%)

153만 3천(가구)
(7.1%)

| 1990 | 1995 | 2000 | 2005 | 2010 | 2015 | 2020 |
| (1,135만) | (1,295만) | (1,431만) | (1,588만) | (1,733만) | (1,870만) | (2,148만) |

전국 총 가구 수

〈그림 11-19〉 전국 총 가구 수에 따른 한부모가족 수와 비율(%)

25년 동안에 거의 2배가 증가하였다. 그리고 2020년 현재 한부모 가족수는 153만 3천여 가구에 달하고 있다(통계청, 2022)(〈그림 11-19〉 참조). 한부모가족을 편모와 편부가족의 비율로 살펴보면 약 5 : 1 정도로 편모가족의 수가 편부가족보다 월등히 많음을 알 수 있다.

편모가족의 문제는 첫째, 경제적 곤란이다. 왜냐하면 편모가족의 경우 소득이 $\frac{1}{2}$ 혹은 $\frac{1}{3}$로 감소될 뿐만 아니라 여성의 사회진출 그 자체가 어렵기 때문이다. 둘째, 일반적으로 아버지의 부재 시 동일시 대상의 상실과 "아버지 없이 자라서 아이가 버릇이 없다"는 식의 사회적 통념에서 오는 압박감과 열등감 그리고 가족 내 역할구조상의 문제로 인해 자녀에게 정서적 불안과 심리적 갈등이 생겨날 수 있다. 셋째, 모자가족의 경우 어머니와 자녀들 모두가 일반가족에 비해 문제해결 능력, 가족 구성원 간의 의사소통, 역할기능, 정서적 반응, 정서적 관여, 자녀에 대한 행동통제 등 가족기능의 모든 영역에 있어서 많은 어려움을 겪고 있다(권복순, 2000).

편모가족에 비해서 그 수가 많지는 않지만 편부가족도 문제가 없는 것은 아니다. 첫째, 경제적인 문제로서, 편부가족의 대부분이 가사의 대체비용과 이혼 시의 재산분할로 인한 재산감소, 생활의 불규칙함에서 오는 지출과다 등 편모가족의 문제와는 다른 이유로 경제적 어려움을 겪는다(신수자, 1995). 둘째, 자녀양육과 가사역할 등 가정관리의 문제와 직장생활을 병행해야 하는 데서 오는 어려움이 있다. 셋째, 편부가정의 자녀는 어머니의 부재로 인한 가족관계상의 문제로 자신의 감정을 표현할 경험을 가질 기회가 적기 때문에 대인관계가 원만하지 못한 경우가 많다.

(5) 계부모가족

이혼율의 증가와 더불어 재혼율도 증가하고 있다. 따라서 계부모가족의 수도 증가했다. 계부가족과 계모가족의 비율이 10 : 1 정도인 서구사회에 비해(Hamner & Turner, 1996), 우리나라는 대부분이 계모가족이다.

우리나라 재혼가족 내 계모의 스트레스와 적응에 관한 심층면접연구(임춘희, 정옥분, 1997)에 의하면, 계모에 대한 사회적 낙인과 부정적인 계모의 이미지, 모호하게 규정된 계모역할, 특히 전처 자녀의 양육과 관련된 문제에서 주로 스트레스를 받는 것으로 나타났다.

출산과 양육의 경험 없이 재혼남성의 가족에 편입되는 초혼계모로서는 자신의 불안한 위치나 모호한 역할로 인해 스트레스를 받는다. 초혼계모들은 또한 가족 내에서뿐만 아니라 가족 외부에서 계모에 대한 부정적인 사회적 인식에 매우 신경을 쓰고, 계모라는 사실이 노출되는 것을 두려워하며 그것을 스트레스로 받아들이고 있다.

초혼계모가 남편과의 관계에서 느끼는 스트레스를, 특히 재혼가족 상황과 관련시켜 볼 때, 먼저 전처 자녀문제와 관련된 것이 많았다. 특히 남편이 전처 자녀에 대해 애착이 많은 경우 계모는 많은 스트레스를 받는 것으로 나타났다. 계모와 전처 자녀의 관계는 근본적으로 한 남성의 애정을 공유해야 하는 삼각관계를 바탕으로 하고 있기 때문에, 계모의 입장에서는 남편이 전처 자녀에게 지나치게 애정을 쏟을 때에 자신의 위치에 대한 불안과 질투감정으로 스트레스를 받는다.

초혼계모가 시댁문제로 받는 스트레스의 내용들을 살펴볼 때, 초혼여성이 재혼남성과 결혼했다고 해서 가족관계에서 보다 평등하고 다소 우월적인 위치를 확보하는 것은 아닌 듯하다. 오히려 부계 직계가족을 축으로 한 가부장적 가족문화 속에서 초혼인 결혼생활과 유사한 적응문제에 더하여 '재혼' 상황으로 인해 초래되는 부가적인 문제들로 갈등을 더 겪는 것으로 보인다. 권한은 주지 않은 채 의무만 강요하는 과도한 역할기대는 여성은 남성의 혈연집단에 종속되는 존재라는 가부장적 인식이 남아 있음을 보여준다.

중년기의 발달

중년기에 대한 관심은 20세기 후반에서 볼 수 있는 현상이다. 1900년에는 세계 인구의 평균 수명이 47세였다. 따라서 인간의 발달단계에서 중년기라고 불리는 단계에 대한 연구는 별로 의미가 없었다.

중년기는 언제 시작되는가? 한껏 숨을 모아 40개의 촛불을 불어 끄는 생일 때인가? 아들, 딸이 대학에 들어가는 때인가? 혹은 경찰관들을 '아저씨'라고 부르기에는 그들이 너무 어려보인다는 사실을 깨닫게 되는 때인가? 중년기를 결정하는 기준에는 여러 가지가 있겠지만, 이 책에서는 대략 40세에서 65세까지를 중년기로 규정하고자 한다.

중년기를 소화가 잘 안 되고, 배가 나오며, 여기저기가 아프고, 잃어버린 '젊음'을 한탄하는 때로 생각하기 쉽지만, 대부분의 중년기 사람들이 이 시기를 그들의 인생에서 황금기로 여긴다. 일반적으로 오늘날의 중년들은 신체적으로, 경제적으로 그리고 심리적으로 안정된 상태에 있다. 한 집단으로서 오늘날의 중년들은 상당한 재산을 가지고 있으며, 의학의 진보와 건강에 대한 높은 인식으로 현재 중년세대들은 대체로 만족스러운 건강수준을 유지하고 있다. 이러한 인생의 전성기에도 물론 스트레스는 있다. 신체적으로는 여성 폐경기, 남성 갱년기가 나타나고 심리적으로는 중년기 위기를 경험하게 된다.

이 장에서는 중년기의 신체변화, 인지변화, 직업발달과 직업전환, 성격과 사회성발달, 가족생활 등에 관해 살펴보고자 한다.

1. 신체변화

중년기는 대부분의 사람들이 자신이 늙어가고 있다는 사실을 신체의 변화를 통해 처음으로 깨닫기 시작하는 때이다. 신체변화는 물론 전생애를 통해 일어나지만 중년기의 신체변화는 특히 중요한 의미를 갖는다.

신체적 매력에 큰 비중을 두는 여성들에게 중년기는 특히 어려운 시기가 될 수 있다. 피부는 탄력성이 떨어지고, 눈 가장자리와 이마에 주름이 생기며, 눈 바로 아래에 볼록한 주머니 같은 것이 나타나기 시작한다. 노화반점도 이때에 나타나기 시작한다. 그러나 중년기의 신체 기능과 건강은 성년기의 절정 수준은 아니지만 대체로 좋은 편이다. 대부분의 사람들은 생식과 성적 능력에서의 변화—여성의 폐경기 및 남성의 갱년기—를 무난히 해결하지만, 신체적 매력의 쇠퇴에 대해서는 약간의 불안을 느낀다.

1) 외적 변화

생물학적 노화는 유전과 환경의 영향을 받는다. 모든 사람은 유전적 배경이 다르기 때문에 노화의 속도도 각기 다르다(Wang et al., 2020). 어떤 이들은 변화가 거의 눈에 띄지 않을 정도로 점진적으로 일어나지만, 또 어떤 이들은 급속도로 노화한다. 최근 연구(Liu & Lachman, 2020)에 의하면 좋은 건강습관, 자기통제력, 사회적 지지, 감정조절 등의 복합적인 적응 요인이 중년기 신체건강과 인지기능의 저하를 완화해 주는 역할을 한다고 한다.

(1) 피부

중년기가 되면 피부는 탄력을 잃게 된다. 정상적인 노화과정뿐만 아니라 자외선 또한 그런 변화의 원인이 된다. 피부 바깥층인 표피는 연령이 증가하면서 얇아지고 평평해진다. 그 이유는 진피의 주요 물질이 섬유질화하기 때문이다. 콜라겐과 탄력소 섬유가 파괴되어 탄력을 잃으면, 팽팽하던 피부는 주름이 생기고 처지기 시작한다. 피부 아래에 있는 피하지방층은 감소하기 시작하는데 이것은 주름의 원인이 되기도 한다. 중년기에는 피부가 손상되기 쉽고 손상된 곳은 잘 낫지 않는다(Pageon et al., 2014; Sifaki et al., 2020).

중년기에는 얼굴부위가 가장 많은 변화를 나타낸다. '까마귀 발'또는 '미소 라인'이라고 불리는 주름이 눈 가장자리에 나타난다. 그 외에도 입, 이마, 목부위에 주름이 생기고, 턱이 처지며, 눈 아래가 거무스름해진다(사진 참조).

피부의 피지선과 땀샘 역시 변화를 나타낸다. 피지선은 기능이 거의 퇴화하지 않지만 피지분비는 감소한다. 인생 초기 단계에는 피지

사진 설명: 미국 영화배우 샤론 스톤의 20대와 40대 모습

선이 매우 활동적이어서 피부를 매끄럽고 부드럽게 유지시켜 주지만, 점차 수분이 감소해 결국 피부는 건조해지고 때로는 갈라지기도 한다. 수분의 감소는 폐경기 여성에게서 더욱 심하게 나타난다. 땀샘은 크기, 수, 기능면에서 감소하기 시작하고, 노년기가 되면 체온을 조절하는 능력에 영향을 미친다.

일사광선에의 노출은 피부암을 포함하여 연령과 관련 있는 피부변화의 주요한 요인이 된다. 성인은 노화된 피부를 보호하기 위해서 강한 일사광선에 과도하게 노출되는 것을 피하는 것이 좋다. 비록 선탠이 건강한 모습으로 보이게 한다고 해도 피부암의 위험을 증가시키고 피부노화를 촉진한다(Angier, 1990; Sweet, 1989). 일사광선에의 노출이 불가피하다면 피부를 보호하는 옷을 입거나 선크림을 사용할 것을 의료전문가들은 권한다(Abel, 1991; Bamboa, 1990).

올바른 피부관리는 항상 피부를 청결하게 유지하고, 지성피부가 아닌 경우 보습제를 사용하도록 한다. 신체에서 지방과 수분을 생산하는 능력이 감소하기 때문에 보습제는 대체기능을 한다. 또한 중년기에는 비누와 세제가 피부의 자연적인 기름을 제거하는 경향이 있기 때문에 과도하게 사용하지 않는 것이 좋다(Turner & Helms, 1994).

최현진(2005)에 의하면, 중년여성은 몸의 변화를 통해 느끼기 시작한 나이 듦의 인식이 젊어 보이고, 젊게 행동하는 것을 좋아하는 우리 사회의 중년여성에 대한 부정적 인식과 결합되어 여성성을 회복하려는 노력으로 성형수술이 시행되고 있으며, 이러한 성형수술은 쌍꺼풀 수술, 눈밑 주름제거 수술, 안면 주름제거 수술, 보톡스 주입, 코 수술, 눈썹심기 등의 형태로 나타난다고 한다. 중년여성의 성형수술은 주로 어느 정도 경제적 여유를 가지게 된 상황, 중년여성들의 경험과 나이 든 몸에 대한 가치를 인정하지 않는 사회적 상황, 성형외과 전문의들의 특화된 전문성 강조 등으로 인해 더욱 부추겨진다고 하였다.

(2) 모발

모발의 양과 굵기, 강도, 곱슬머리 등은 유전의 영향을 받으며, 모발을 건강하고 아름다운 상태로 유지하는 데 영양이 중요한 역할을 한다. 모발의 색깔은 멜라닌 세포로부터 얻는데, 흰 머리카락은 색소생산의 점진적인 감소에 의해 생겨난다. 머리카락 색소의 부족은 유전적으로 결정되고 성년기에도 발생한다. 하루에 50~100개 정도의 머리카락이 빠지는 것은 정상이지만 성년기에 과도하게 머리카락이 빠지는 것은 정상이 아니다. 과도한 머리카락 손실은 질병에 의한 경우가 많다.

대부분의 성인은 50세가 되면 흰 머리카락이 많이 생긴다. 이와 같이 머리카락의 색깔이 변하는 것은 모근(〈그림 12-1〉 참조)에 있는 멜라닌 색소가 점차 감소하기 때문이다. 중년기에는 모발이 가늘어지기 시작하며, 모발의 성장도 느리기 때문에 더 느리게 모발이 교체된다. 머리카락은 생장기, 퇴행기, 휴지기, 성장기의 주기적 변화를 겪는데

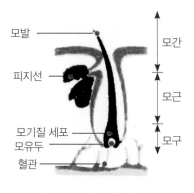

〈그림 12-1〉 모발의 구조

생장기   퇴행기   휴지기   성장기

〈그림 12-2〉 머리카락의 일생

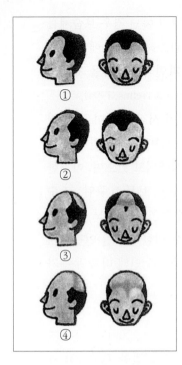

〈그림 12-3〉 대머리의 진행모습

출처: 매일경제, 2000년 12월 30일자에서
    전재.

(〈그림 12-2〉 참조), 중년기에는 모발의 휴지기와 성장주기가 3~5년이며 한 달에 3.8cm씩 자란다. 그리고 휴지기가 되면 2~4개월 동안 성장을 멈추는데, 모발의 10~15% 정도가 항상 휴지기에 있다. 그런데 중년기에는 모발의 휴지기가 더 길어진다(Donohugh, 1981; Rossman, 1986).

보통 대머리라고 불리는 남성형 탈모증은 유전적인 영향을 많이 받는다. 주로 이마 양 옆에서 M자 모양으로 이마선이 뒤로 물러나면서 시작되는데 때때로 성년기에도 나타난다. 그 후에는 머리 뒷부분에 대머리가 나타난다. 더 심한 경우는 머리 전체가 완전히 벗겨지게 된다(〈그림 12-3〉 참조).

여성은 훨씬 늦은 나이에 모발 손실을 경험하고 손실 자체가 남성보다 덜 두드러진다. 대개 정수리와 앞머리쪽 부분의 머리카락이 많이 빠진다. 어떤 여성은 폐경기 이후에 심한 모발의 손실을 경험한다. 그러나 대부분의 경우 여성의 대머리는 유전적인 요인 때문이다.

모발 손실을 늦추기 위해서는 빗질을 부드럽게 하고, 지나친 드라이 열을 피하며, 샴푸한 후에 컨디셔너로 헹군다. 퍼머나 탈색 등은 피하고 모발을 짧게 함으로써 모발 손상을 줄일 수 있다. 그리고 피부보호와 마찬가지로 지나친 직사광선은 피하도록 한다.

2) 내적 변화

눈에 보이는 외적 변화와는 달리 내적 변화는 눈으로 볼 수 없다. 단지 간접적으로 그런 변화를 인지하게 될 뿐이다. 즉, 내적 변화는 느낌이나 행동에서 차이점을 감지하거나 의사에게 들어서 알게 된다. 내적 변화는 심장혈관 계통, 신경계통, 호흡기 계통의 변화를 포함한다(Turner & Helms, 1994).

(1) 심장혈관 계통

연령이 증가함에 따라 심장조직이 딱딱해지고, 탄력성이 감소하며, 심박력과 혈액의 양이 감소한다. 30세에 심장의 기능이 100%의 능력을 가진다고 가정하면, 50세에는 그 효능이 80%로 떨어지고, 80세에는 70%로 감소한다. 그러나 심장혈관 기능의 감소는 노화과정보다는 공기조절의 부족과 더 관련이 있으므로 규칙적인 운동의 필요성이 강조된다. 많은 중년기 성인은 혈압(특히 심장 수축 시의 혈압)이 증가한다(Mosley et al., 2020). 또한 이 시기에 동맥경화가 시작된다.

(2) 신경계통

신경자극이 뇌에서 신체의 근육조직으로 전달되는 속도가 일생 동안 약 10% 감소한다고 할 때 50세까지 그중 5%가 감소한다. 중년기에 뇌와 척수의 신경세포가 점차 감소한다고 해도 뇌의 구조적인 변화는 대수롭지 않다. 그러한 신경세포의 손실은 대뇌피질 특히 전두엽 부위에서 가장 두드러진다.

신경세포의 감소가 반드시 뇌의 기능에 영향을 주는 것은 아니지만, 시간이 흐름에 따라 뇌의 무게가 감소하는 원인이 된다(Kalat, 1992; Purves, 1988; Scheibel, 1992). 또한 신경계의 장애는 정신착란과 치매의 주요 원인이 된다.

(3)호흡기 계통

중년기의 호흡 능력은 30세를 100%로 보았을 때 75%로 감소한다. 폐의 탄력성 또한 서서히 감소하고, 흉곽도 작아지기 시작한다. 흉곽이 딱딱해지고, 숨을 들이마시고 내쉬는 동안 가슴을 움직이게 하는 근육도 더 약해지는 경향이 있다. 따라서 노년기가 되면 호흡의 효율성이 떨어진다. 심장혈관 계통과 마찬가지로 호흡기 계통도 운동부족의 영향을 받기 때문에 규칙적인 운동에 의해 강화될 수 있다(Morey, 1991).

(4) 근육과 관절 계통

근육조직의 상실은 50세 이후 급격히 일어난다. 이는 신체적 힘을 감소시키고, 특히 등과 다리근육의 힘을 약화시킨다. 서울대학교 체력과학노화연구소의 연구에 의하면, 한국 여성들은 40대에 근력이 쇠퇴하기 시작하고, 남성들은 50대에 근육의 감퇴가 급격히 일어난다고 한다(조선일보, 2003년 7월 4일자).

중년기에는 뼈의 움직임을 위해 쿠션역할을 하는 힘줄과 인대의 효율성이 감소하여 움직일 때 어려움을 느끼게 된다. 30대 중·후반에 최대치에 달했던 뼈의 밀도도 점차 감소하며, 50대에 이르면 감소비율이 급격히 가속화된다.

3) 감각기능의 변화

성년기에도 감각기능에 약간의 변화가 있지만, 중년기에는 더 많은 변화가 일어난다. 인간은 지각을 통해 모든 행동과 성격에 영향을 준다. 감각기능의 결함으로 인해 다양한 지각정보를 받아들이지 못할 때 자아개념은 쉽게 손상될 수 있다. 감각기능의 변화는 우리 모두가 어느 정도 경험하는 것이고, 심각한 손상이 없다면 대부분 이러한 변화에 잘 적응할 수 있다(Botwinick, 1981, 1984).

(1) 시각

사진 설명: 45~50세경에는 대부분의 사람들에게 돋보기 안경이 필요하게 된다.

시력의 감퇴는 중년기에 일어나는 눈에 띄는 변화 중의 하나이다. 눈의 수정체가 나이가 듦에 따라 탄력성을 잃게 되면 초점이 잘 모아지지 않는다. 그 결과 많은 사람들이 노안이 되어 가까이 있는 물체를 잘 볼 수 없게 된다. 따라서 독서용 돋보기가 필요하게 된다(〈그림 12-4〉 참조).

시각에서의 다른 변화도 중년기에 시작된다. 동공이 점점 작아지고 그 결과 동공을 통과하는 빛의 양이 적어진다(Scialfa & Kline, 2007; Yan, Li, & Liao, 2010). 따라서 중년들은 더 밝은 조명을 필요로 한다. 또한 어둠과 번쩍이는 빛에 적응하는 시간이 더 길어지는데, 이는 야간운전이 왜 불편한가를 설명해 준다(Artal, Ferro, Miranda, & Navarro, 1993; Barr & Eberhard, 1991; Spear, 1993). 깊이 지각, 거리 지각, 3차원에 대한 지각 능력이 감소하고, 수정체의 투명도가 떨어지며, 망막의 민감도가 떨어지고, 시신경을 구성하는 섬유조직의 수가 감소하는 경향이 있다(Schieber, 1992, 2006).

최근 한 연구(Hajek et al., 2021)에 의하면 중년기에 신문이나 책 등을 읽기 불편하거나 길에서 아는 사람을 알아보지 못하는 등의 시력감퇴는 생활만족도, 자아존중감을

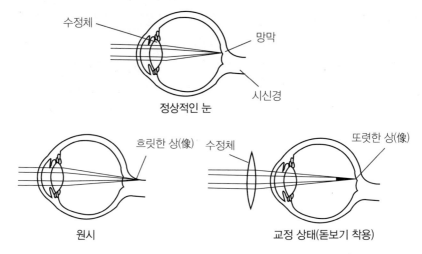

〈그림 12-4〉 노안의 교정

떨어뜨리고, 우울증상, 사회적 고립 등을 야기시키는 것으로 나타났다.

(2) 청각

중년기에는 청각이 점진적으로 감퇴하는데, 특히 높은 진동수의 소리에 대해 더욱 그러하다(Roring, Hines, & Charness, 2007; Schaie & Geitwitz, 1982). 이것을 의학적으로는 노인성 난청이라고 부른다. 높은 진동수의 소리에 대한 청력감퇴는 남성이 여성보다 더 심한데, 이러한 성차는 어쩌면 남성의 직업(예를 들면, 광부나 자동차 제조공)이 소리에 대한 노출이 더 크기 때문일지 모른다(Olsho, Harkins, & Lenhardt, 1985; Scialfa & Kline, 2007). 낮은 진동수의 소리에 대해서는 별로 변화가 없다. 시력감퇴는 금방 알 수 있지만, 대부분의 청력감퇴는 일상생활에 큰 지장을 주지 않기 때문에 잘 감지되지 않는다.

사진 설명: 소음에 대한 노출이 심한 직업에 종사하는 사람들의 경우 청력 감퇴가 심하다.

(3) 기타 감각

미각, 후각, 촉각 등에 관해서는 시각과 청각만큼 연구가 이루어지지 않았다. 미각은 50세 정도에서 감퇴하기 시작하며 특히 '맛의 미묘한 차이'를 구별하는 능력이 떨어진다. 촉각 또한 연령과 함께 쇠퇴한다. 촉각의 쇠퇴는 손가락 끝이나 손바닥, 하지(下肢) 부분에서 특히 더 심하다. 후각은 그대로 지속되는 것으로 보이며, 제일 나중에 쇠퇴하는 감각 중의 하나이다.

(4) 반응시간

자극에 반응하는 데 걸리는 시간을 반응시간(reaction time)이라고 하는데, 중년기에는 반응속도가 매우 느려진다(Benjuya, Melzer, & Kaplanski, 2004; Der & Deary, 2006; Newman, 1982; Salthouse, 1993; Schaie, 1989). 그러나 일상생활을 영위하는 데는 별로 지장이 없다. 예를 들어, 전화가 왔을 때에 몇 초 늦게 전화를 받는다고 해서 크게 문제될 것은 없다.

연령과 함께 반응시간이 증가하는 것에 대해서는 다음과 같이 몇 가지로 설명할 수 있다. 첫째, 연령이 증가함에 따라 중추신경계에서 자극을 처리하는 속도가 전반적으로 느려진다는 것이다

Timothy A. Salthouse

(Botwinick, 1984). 둘째, 연령이 증가하면서 신경세포가 일정한 목적 없이 되는 대로 신경을 자극하기 시작하여 신경잡음(neural noise)을 만들어 내기 때문에 한 자극에서 다

른 자극을 구분하기가 힘들게 된다. 셋째, 나이가 들면 행동이 조심스러워지는 등의 변화로 인해 반응시간이 느려진다(Welford, 1977).

4) 생식 및 성적 능력의 변화

중년기의 주요한 변화 중 하나인 생식능력의 감퇴는 남성과 여성에게 각기 다른 영향을 미친다. 아이를 낳을 수 있는 여성의 능력은 중년기 어느 때에 끝나게 되지만, 남성은 계속해서 아이를 갖게 할 수 있다. 하지만 수정능력의 감소를 경험하기 시작하고, 경우에 따라 정력감퇴를 느끼기 시작한다.

(1) 여성의 갱년기

여성의 신체가 폐경을 가져오는 다양한 생리적 변화를 겪는 2년에서 5년까지의 기간을 전문용어로 '갱년기(climacterium)'라고 한다. '폐경(menopause)'이라는 생물학적 사건은 여성이 배란과 월경을 멈추고, 더 이상 아이를 가질 수 없을 때 일어난다. 남성은 계속해서 정자를 생산할 수 있는 반면, 여성은 태어날 때 고정된 수의 난자를 가지고 태어나므로, 월경주기 30~40년이 지나면 난자가 거의 다 배출된다. 폐경 바로 전에는 에스트로겐의 분비가 감소하기 시작하고, 에스트로겐과 더불어 프로게스테론의 분비가 계속해서 감소하다가 마침내 에스트로겐이 거의 분비되지 않으면 월경을 더 이상 할 수 없게 된다. 에스트로겐의 감소는 생식기와 다른 조직에도 영향을 미친다. 유방은 덜 단단해지고, 자궁의 크기가 감소하며, 질벽이 얇아지고, 탄력성이 떨어지며, 분비물이 적어져서 성교 시 통증을 수반한다(Schwenkhagen, 2007; Weg, 1987; Wich & Carnes, 1995).

폐경의 평균 연령은 50세 정도인데 40~60세 사이에 일어나는 폐경은 정상 범위에 속한다(Bellantoni & Blackman, 1996). 약 10% 미만의 여성들이 40세 전에 폐경을 하게 되는데, 이 경우를 '조기(premature)'폐경이라고 부른다(Wich & Carnes, 1995). 한편, 늦은 나이에 폐경을 하는 경우 유방암의 발생을 증가시킨다고 한다(Gottschalk et al., 2020; Mishra et al., 2009).

① 폐경의 신체적 증상

폐경기 여성에 대한 고정관념적 시각은 많다. 쉽게 짜증을 내고, 고함을 지르며, 특별한 이유 없이 눈물을 쏟고, 우울증에 빠지며, 정서가 불안정하다는 것이다. 그러나 이것은 대부분 사실이 아니고 몇 가지 폐경 증상만이 여성 호르몬의 감소와 관련이 있다. 그러나 이 증상들도 심리적인 것은 아니고 신체적인 것이며, 호르몬 대체요법으로 치료될 수 있다(Greene, 1984; Unger & Crawford, 1992).

첫째, 여성 호르몬인 에스트로겐 분비의 감소로 폐경 여성의 $2/3$ 정도가 번열증(hot flashes)을 경험한다(Brockie et al., 2014; Hachul & Tufik, 2019; Mitchell & Woods, 2015). 번열증은 몸 전체가 달아오르는 갑작스러운 열반응으로 주로 얼굴이나 상체에 갑자기 열이 나고 땀이 나는 현상인데, 몇 초 또는 몇 분 간 지속되며 오한이 수반되기도 한다. 번열증을 경험하는 동안 신체의 특정 부위의 체온이 1~7°C까지 상승한다(Kronenberg, 1994; Whitbourne & Whitbourne, 2014).

둘째, 질내벽이 얇아지고 건조해지는 질건조증 (vaginal dryness)을 경험한다. 질이 위축되고 분비물이 적어지므로 성관계 시 통증을 느낄 수 있다.

셋째, 폐경 여성의 $1/4$ 정도가 '골다공증'을 경험한다(사진 참조). 골다공증(osteoporosis)은 에스트로겐의 감소로 인해 뼈가 약해져서 부서지기 쉬운 상태로 되는 것을 말하는 것으로, 노년기 골절의 주요 원인이다(Kemmler, Engelke, & von

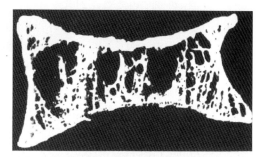

사진 설명: 골다공증에 걸린 뼈의 사진. 뼈가 부서지기 쉽고, 레이스 모양으로 구멍이 숭숭 뚫려 있다.

Stengel, 2016; Welch & Hardcastle, 2014). 골다공증은 여성이 남성보다 그 위험도가 훨씬 높으며, 특히 마른 여성, 흡연 여성, 충분한 칼슘 섭취나 운동을 하지 않는 여성에게서 흔히 나타난다(Kataoka et al., 2020; Madrasi et al., 2018). 또한 골다공증의 가족력이 있는 경우나 난소제거 수술로 일찍 폐경기가 온 여성에게서 자주 발생한다.

골밀도 감소는 남성과 여성 모두 30세경에 시작된다(〈그림 12-5〉 참조). 그러나 여성의 경우 폐경으로 인해 그 과정이 가속화된다. 이 골밀도 손실의 주요 결과는 뼈골절의 위험이 증가하는 것이다. 여성은 50세경에 시작되고 남성은 이보다 훨씬 늦다.

Gregory R. Mundy

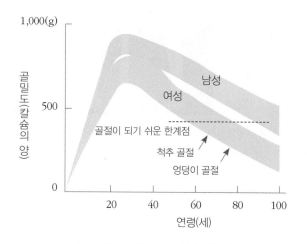

〈그림 12-5〉 골밀도 손실과 뼈골절

출처: Mundy, G. R. (1994). Boning up on genes. *Nature, 367*, 216-217.

골다공증의 예방

골다공증은 뼈에 구멍이 많이 생기는 병으로서 작은 충격에도 쉽게 골절을 일으키는 상태를 말한다. 골절은 척추나 팔목, 대퇴부 그리고 엉덩이 부위에 주로 발생한다. 척추 골절이 되면 허리 통증이 나타나며, 허리가 구부러져서 키가 줄어들게 된다(〈그림 12-6〉 참조).

골다공증은 여성들이 청소년기와 중년기에 적절한 조치를 취하면 예방할 수도 있다. 가장 중요한 예방법은 칼슘 섭취를 늘리고, 운동을 많이 하며, 흡연을 삼가고, 호르몬을 보충하는 것이다. 여성은 청년기부터 하루에 1,000 내지 1,500mg 이상의 칼슘을 섭취해야 한다. 칼슘이 풍부한 음식으로는 저지방 우유와 저지방 요구르트, 뼈채 먹는 생선류, 해조류, 두류 그리고 브로콜리, 케일, 순무 같은 채소류가 있다.

운동은 새로운 뼈의 성장을 자극하는 것으로 보인다. 운동은 일찍부터 생활습관이 되어야하며, 일생 동안 가능한 한 오래 일정한 정도로 계속해야 한다. 뼈의 강도를 증가시키는 가장좋은 운동은 걷기, 달리기, 줄넘기, 에어로빅 댄스, 자전거 타기와 같이 체중을 싣는 운동이다. "두 다리는 두 의사보다 낫고, 우유배달부는 우유를 마시는 사람보다 장수한다"라는 말이 있듯이, 걷는 운동은 골다공증을 비롯한 모든 순환계 질병을 예방하는 최선의 방법이다(Peng et al., 2016; Rizzoli, Abraham, & Brandi, 2014; Wang et al., 2013).

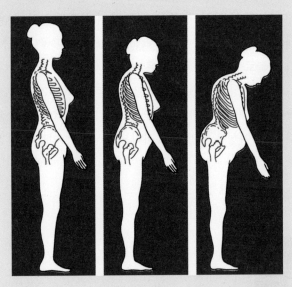

골다공증은 뼈를 약하게 만들기 때문에 척추 골절로 인해 여성들은 허리 윗부분부터 구부러져서 키가 10cm 이상 줄어들게 된다.

〈그림 12-6〉 골다공증으로 인한 신장 감소

출처: Notelovitz, M., & Ware, M. (1983). *Stand tall: The informed woman's guide to preventing osteoporosis*. Gainesville, FL: Triad.

여성의 경우 뼈손실은 에스트로겐의 수준과 직접적인 연관이 있다. 폐경 이후 에스트로겐의 수준이 급격히 떨어지기 때문에 뼈손실 비율의 증가는 연령보다는 폐경의 시기가 그 계기가 된다. 그러므로 에스트로겐 호르몬 치료를 받는 여성의 경우에는 뼈손실 비율이 폐경 전 수준으로 돌아간다(Duursma, Raymakers, Boereboom, & Scheven, 1991).

Observational Health Data Sciences and Informatics(OHDSI)에서 구축한 빅데이터를 통해 2001년부터 2020년까지 우리나라 여성 95만여 명을 대상으로 폐경과 이로 인한 치주염 발생 및 호르몬 치료 효과를 살펴보았는데, 그 결과 폐경 전 여성에 비해 폐경 후 여성에게서 치주염의 발생률이 더 높게 나타났으며, 폐경 후 여성에서 호르몬 치료는 치주질환의 발생률을 감소시킬 수 있는 것으로 나타났다(박기열, 2023). 폐경 후 여성에서는 체내 에스트로겐 호르몬 수치가 낮아지면서 여러 부작용이 나타나는데, 특히 골밀도의 감소와 골다공증 위험의 증가가 그것이다. 이러한 골밀도 감소는 여러 선행연구에서도 치주질환을 유발할 수 있다고 지적된 바 있다.

인공 에스트로겐과 프로게스테론을 병행처치하는 호르몬 대체요법(hormone replacement therapy: HRT)은 번열증, 질건조증, 골다공증 등의 갱년기 증상을 완화시키는 효과가 있는 것으로 밝혀졌다(Devi, Creatura, & Devi-Chou, 2020). 하지만 HRT는, 특히 장기간 처치했을 경우, 유방암, 심장마비, 뇌졸중 등의 발생을 증가시키는 것으로 나타났다

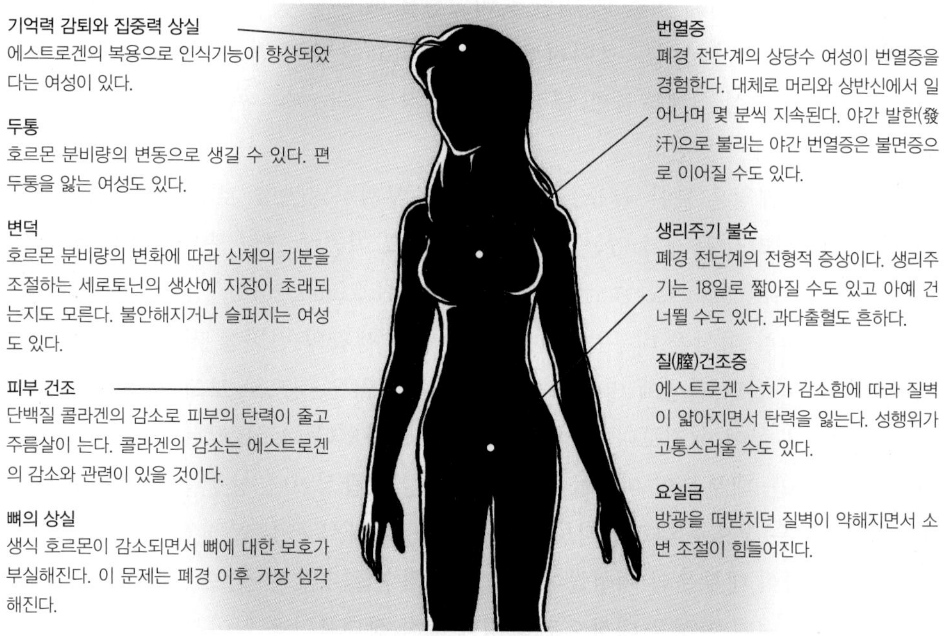

기억력 감퇴와 집중력 상실
에스트로겐의 복용으로 인식기능이 향상되었다는 여성이 있다.

두통
호르몬 분비량의 변동으로 생길 수 있다. 편두통을 앓는 여성도 있다.

변덕
호르몬 분비량의 변화에 따라 신체의 기분을 조절하는 세로토닌의 생산에 지장이 초래되는지도 모른다. 불안해지거나 슬퍼지는 여성도 있다.

피부 건조
단백질 콜라겐의 감소로 피부의 탄력이 줄고 주름살이 는다. 콜라겐의 감소는 에스트로겐의 감소와 관련이 있을 것이다.

뼈의 상실
생식 호르몬이 감소되면서 뼈에 대한 보호가 부실해진다. 이 문제는 폐경 이후 가장 심각해진다.

번열증
폐경 전단계의 상당수 여성이 번열증을 경험한다. 대체로 머리와 상반신에서 일어나며 몇 분씩 지속된다. 야간 발한(發汗)으로 불리는 야간 번열증은 불면증으로 이어질 수도 있다.

생리주기 불순
폐경 전단계의 전형적 증상이다. 생리주기는 18일로 짧아질 수도 있고 아예 건너뛸 수도 있다. 과다출혈도 흔하다.

질(膣)건조증
에스트로겐 수치가 감소함에 따라 질벽이 얇아지면서 탄력을 잃는다. 성행위가 고통스러울 수도 있다.

요실금
방광을 떠받치던 질벽이 약해지면서 소변 조절이 힘들어진다.

〈그림 12-7〉 폐경기의 보편적 증세
출처: Newsweek(2000). NWK 특별호3. 중앙일보 미디어 인터내셔널(JMI).

(American Cancer Society, 2020). 호르몬 치료의 대안으로 규칙적인 운동, 식이요법, 약초치료, 이완치료, 침술요법, 비스테로이드소염제 치료 등이 있다(Al-Safi & Santoro, 2014; Buhling et al., 2014; Morardpour et al., 2020; Nasiri, 2015; Yazdkhasti, Simbar, & Abdi, 2015). 〈그림 12-7〉은 폐경기의 보편적 증세에 관한 내용이다.

② 폐경의 심리적 증상

대부분의 여성들에게 폐경은 심리적으로 대수롭지 않은 일이다. 한때 많은 심리적 문제들, 특히 우울증이 폐경 탓으로 생각되었지만 최근의 연구에서는 그렇지 않은 것으로 나타났다(Brown et al., 2018; Judd, Hickey, & Bryant, 2012).

한 연구(Matthews, 1992)에서, 541명의 비슷한 연령의 여성을 대상으로 3년에 걸쳐 아직 폐경을 경험하지 않은 여성집단과 연구 초기에는 폐경 전이었으나 연구기간 동안 폐경을 경험한 여성집단을 비교하였다. 연구결과 폐경을 방금 경험한 여성집단에서 번열증, 가벼운 우울증, 일시적 정서불안을 보고한 경우도 있었지만, 단지 10%만이 폐경에 대한 반응으로 심각한 우울증상을 나타내었다.

또 다른 연구(Busch, Zonderman, & Costa, 1994)에서는, 40~60세 여성 3,049명을 대상으로 10년간 조사하였다. 이 연구에서 연구자들은 연구대상을 폐경 전 여성, 폐경 중인 여성, 자궁적출로 인한 인위적 폐경 여성, 자연적 폐경 여성의 네 집단으로 나누었다. 횡단적 연구에 의해 이들 네 집단을 비교했을 때 우울증, 행복감, 수면장애 등에서 네 집단 간에 아무런 차이도 보이지 않았다. 그리고 종단적 연구에 의해 10년 동안 폐경상태가 변한 여성들(예를 들면, 폐경 전에서 폐경 중 또는 폐경 후로 바뀜)에게서도 아무런 변화를 발견하지 못했다.

일반적으로 폐경은 불안, 분노, 스트레스와는 무관한 것으로 보인다. 그리고 폐경기간에 심각한 심리적 문제가 있는 여성들은 이미 그 이전에 그런 문제가 있었던 여성들이다(Greene, 1984; Somerset et al., 2006; Wroolie & Holcomb, 2010).

폐경을 경험한 여성들 대부분이 폐경으로 인한 생활의 변화를 거의 경험하지 않았거나 폐경이 자신의 인생에 별다른 영향을 미치지 않은 것으로 보고하였으며, 심지어 어떤 여성들은 삶이 예전보다 더 좋아졌다고 보고하였다(Morrison et al., 2014; Unger & Crawford, 1992). 대부분의 여성들에게 폐경은 성적 관심이나 성생활에도 별다른 영향을 미치지 않은 것으로 나타났다(Greene, 1984). 따라서 온갖 부정적인 고정관념에도 불구하고 폐경이 대부분의 여성들에게는 별로 대수롭지 않은 것으로 보인다.

우리나라 중년기 여성을 대상으로 폐경에 대한 상태불안을 알아본 연구(김진이, 정옥분, 1998)에서도, 이들은 폐경에 대해 별로 개의치 않았고, 중년기 여성이 경험하는 당연한 사건으로 여기는 것으로 나타났다.

그렇다면 왜 어떤 여성들은 보다 심각한 폐경 증상을 경험하는가? 여기에는 폐경에 대한 여성 개인의 태도가 중요한 것으로 보인다. 폐경을 우울하고 불쾌한 부정적인 경험으로 간주하는 여성들이 있는가 하면, 임신에 대한 두려움에서 벗어나 성생활을 더 즐기는 여성들도 있다. 사회문화적 요인 또한 중요하다. 나이 든 여성을 존중하는 사회에서는 폐경과 관련된 문제가 거의 없다. 노화에 대한 사회적 태도가 폐경기 여성의 호르몬 수준보다 그들의 심리적 안녕감에 훨씬 더 큰 영향을 미치는 것으로 보인다.

심리적 증상은 문화에 따라 다양하다. 예를 들면, 인도의 귀족 신분의 여성들을 대상으로 조사한 연구(Flint, 1982)에서는, 폐경으로 인한 심리적 증상을 경험한 여성이 거의 없었다. 심지어 아직 폐경기에 도달하지 않은 여성들은 그것을 기대하기까지 하였다. 그 이유는 무엇일까? Flint(1982)에 의하면, 폐경이 인도 여성들에게 사회적 보상을 가져다 주기 때문이라고 한다. 그들은 이제 월경을 하는 젊은 여성들이 갖는 금기, 즉 베일을 써야 하고, 남성사회에서 격리되는 등의 금기에서 해방된다. 이제는 남편과 아버지 이외의 다른 남성들과도 어울릴 수 있고, 술도 함께 마실 수 있다. 그리고 여전히 의미 있는 일과 역할이 있고 나이 든 여성으로서의 대접을 받게 된다. 반면, 우리 사회에서는 늙는다는 것은 신분상실을 의미한다.

이상의 예로서 노화에 대한 사회적 태도가 생물학적 변화에 대한 적응에 영향을 미친다는 것을 알 수 있다. 물론 같은 문화권 내에서도 이 보편적인 현상(폐경)에 대한 개인의 반응에는 큰 차이가 있다. 요컨대 생물학적 · 심리적 · 사회적 요인이 모두 여기에 작용한다.

(2) 남성의 갱년기

남성은 상당히 늦은 나이까지도 계속해서 아이를 갖게 할 수 있지만, 일부 중년기 남성은 수정능력 및 오르가슴 빈도가 감소하고 발기불능이 증가한다. 젊은 남성에 비해 정자 수가 감소하고, 정자의 활동성이 떨어지며, 남성 호르몬인 테스토스테론의 분비가 감소한다(Abootalebi et al., 2020; Blümel et al., 2014; Glina, Cohen, & Vieira, 2014; Mulligan & Moss, 1991; Samaras, 2015; Tsitouras & Bulat, 1995; Wise, 1978).

테스토스테론 분비의 감소는 근육조직의 손실(그로 인한 근력감소)과 더불어 중년기와 노년기의 심장질환의 위험을 증가시킨다. 뿐만 아니라 성기능에도 영향을 미치는 것으로 보인다. 특히 중년기에 발기불능의 발생빈도가 증가하기 시작한다(Huang et al., 2019; Mola, 2015).

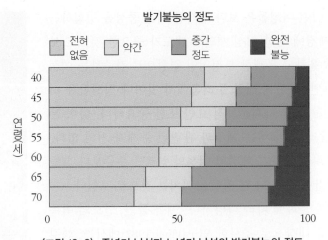

〈그림 12-8〉 중년기 남성과 노년기 남성의 발기불능의 정도

출처: Feldman, H. A., Goldstein, I., Hatzichriston, D. G., Krane, R. J., & Mckinlay, J. B. (1994). Impotence and its medical and psychosocial correlates: Results of the Massachusetts male aging study. *The Journal of Urology, 151,* 54-61.

　　미국 보스턴 시의 40~90세 되는 남성 1,290명을 대상으로 한 연구(Feldman et al., 1994)에서 발기빈도와 지속시간 그리고 발기불능의 정도를 조사하였다(〈그림 12-8〉 참조). 연구결과 '약간 발기불능'이라고 보고한 사람들은 발기 및 발기상태를 유지하는 데 약간의 문제가 있었지만, 대부분 활발한 성생활을 하고 있었다. '중간 정도의 발기 불능'으로 보고된 사람들은 좀더 심각한 문제가 있었지만, 대부분은 가끔씩 성행위를 하는 것으로 나타났다.

　　중년기 남성은 또한 전립선이 비대해지기 쉬운데, 전립선이 비대해지면 요도를 압박하여 소변보기가 힘들고 때로는 전립선암을 유발하기도 한다(Williams, 1977).

　　남성의 생식체계와 그밖의 신체체계를 포함하는 생리적·정서적·심리적 변화가 나타나는 남성의 갱년기는 일반적으로 여성의 갱년기보다 10년 정도 늦게 시작된다. 그리고 그 변화는 보다 점차적이고 보다 다양하다(Weg, 1987). 약 5%의 중년기 남성들이 우울증, 피로, 성적 무력감, 발기불능 그리고 정의하기 힘든 신체적 이상을 호소한다. 여성처럼 심하지는 않으나 남성들도 번열증을 경험한다는 보고도 있다(Henker, 1981). 〈그림 12-9〉는 남성의 갱년기 증상에 관한 내용이다.

　　김정희 등(2003)이 우리나라 중·노년 남성을 대상으로 한 연구에서는 중·노년 남성의 갱년기에 대한 인식이 전반적으로 부족하고, 남성갱년기 증상으로 기억력 감소, 근력 감퇴, 무기력, 열감, 피로 등을 호소하며, 갱년기 증상을 느낄 때는 건강보조식품으로 인삼이나 개소주, 녹용, 마늘 등을 복용한 것으로 보고하였다.

〈그림 12-9〉 남성의 갱년기 증상

5) 건강과 질병

중년들에게는 건강상태가 주요 관심사가 되며 자신의 건강에 대해 신경을 많이 쓰게 된다. 중년기의 주된 건강문제는 심장질환, 암 그리고 체중문제이다. 과체중은 중년기에 주요한 건강문제가 된다. 비만은 고혈압, 소화기 장애 등의 질병을 초래할 확률이 높다.

건강상태는 일상적인 삶을 어떻게 영위하느냐와 직접적인 연관이 있다. 즉, 음주, 흡연, 음식, 약물남용, 스트레스에 대한 반응, 운동(사진 참조) 등이 건강상태와 관련이 있다. 건강한 습관은 심장질환, 폐질환, 고혈압, 고지혈증, 골다공증으로부터 우리를 보호해 준다. 물론 좋은 건강습관이 질병으로부터 우리를 완전히 자유롭게 해 주지는 못하지만 그러한 위험을 감소시킬 수는 있다. 특히 건강습관을 일찍부터 지니기 시작한다면 더욱 그러하다.

(1) 비만

정상 체중보다 20% 이상의 체지방이 과다하게 축적되는 것을 비만이라 한다. 중

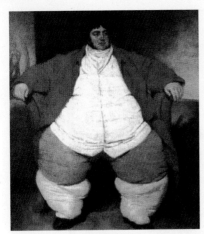

사진 설명: 비만은 중년기와 노년기에 심각한 건강문제를 초래할 가능성이 많다.

년기 비만은 여러 가지 원인에서 비롯된다(Anspaugh, Hamrick, & Rosato, 1991; Brannon & Feist, 1992; Hales, 1992). 예를 들면, 비만의 경향은 유전적으로 타고날 수도 있고, 신체 내의 지방세포 수가 비만의 소지를 심어 줄 수도 있다. 지방세포 수가 많을수록 지방의 형태로 에너지를 저장하는 수용능력이 커진다. 또 다른 가능한 설명은 신체가 체지방을 일정 수준으로 유지하도록 도와주는 내부 통제기제를 가지고 있는데, 체중이 어느 정도 증가하거나 감소한 후에 체중이 다시 일정 수준으로 되돌아가게 해 준다. 그러나 비만인 사람의 경우 이 내부 통제기제가 기능을 제대로 발휘하지 못하게 된다.

비만은 생물학적 · 행동학적 · 심리적 · 환경적 요인에 의한 복합작용이라는 것이 또 다른 설명이다. 규칙적인 운동부족과 좋지 못한 식습관은 일반적으로 비만의 원인이 된다. 비만인 사람들은 음식에 탐닉하는 경향이 있는데, 불안이나 스트레스에 대처하는 방법으로 음식을 먹게 된다.

비만은 고혈압, 당뇨, 심장질환, 암, 뇌졸중을 비롯한 만성질환과 관련이 있다(Stefan, 2020). 나이가 많을수록 비만으로 사망할 확률이 더 높다(Edelson, 1991). 비만인 사람은 의학적 위험요소와 더불어 사회적 차별을 경험하고, 부정적인 신체상을 갖게 되며, 자아개념도 낮아지게 된다(Anspaugh, Hamrick, & Rosato, 1991).

(2) 고혈압

고혈압은 순환계의 장애이다. 젊은 성인들의 경우는 고혈압이 여성보다 남성에게 더 큰 문제이지만, 55세 이후에는 여성에게 더 큰 문제가 된다(Taler, 2009). 고혈압은 '침묵의 살인자(silent killer)'라고도 하는데, 이는 눈에 보이는 증상이 나타나지 않기 때문이다. 치료를 받지 않으면 중요한 신체기관을 파손할 수 있고 심장병, 뇌졸중 또는 신장 기능부전으로 이어진다(Hermida et al., 2013). 이러한 장애가 초래하는 위험을 이해하기 위해서 우선 혈압이 무엇인지를 알아보기로 한다. 혈압은 혈액이 동맥의 벽에 가하는 압력을 말한다. 혈압계에 의해 측정된 혈압기록은 최고 혈압(심장수축 시)과 최저 혈압(심장이완 시)으로 표현된다. 예를 들어, 혈압기록이 120/80이라고 했을 때 120mm는 심장이 수축할 때의 수치이고 80mm는 심장이 확장될 때의 수치이다. 〈표 12-1〉은 정상혈압과 고혈압에 대한 내용이다.

중년기에는 혈압이 약간 증가하는데 특히 심장수축 시의 혈압이 증가한다. 이것은 소동맥의 직경이 감소하고 탄력성이 떨어진 결과이다. 연령과 관련된 혈압의 변화를

표 12-1 혈압의 분류

혈압 상태	수축기 혈압	확장기 혈압
정상혈압	120 미만	80 미만
고혈압 전단계	120~139	80~89
제1기 고혈압	140~159	90~99
제2기 고혈압	160 이상	100 이상

보면 18세 미만의 정상혈압은 120/80이지만 18~50세의 정상혈압은 130/85이다.

고혈압에 취약한 위험 요인이 있다. 유전적인 요인, 과다한 염분 섭취, 비만, 장기간의 스트레스, 지나친 음주 등이 고혈압을 발생시킨다(Julius, 1990). 고혈압이 완치될 수는 없지만 적절한 음식과 건강한 생활양식이 고혈압을 통제할 수는 있다. 이를 위해 체중감소 프로그램, 규칙적인 운동, 스트레스를 덜 받게 도와주는 이완 기법이 추천된다. 또한 염분과 콜레스테롤의 섭취를 줄이고, 술은 적당히 마시며, 칼륨, 마그네슘, 칼슘의 섭취를 늘리는 것이 좋다. 중년기에 고혈압이 통제되지 않으면 노년기에 인지장애를 초래할 수 있다(Virta et al., 2013).

(3) 동맥경화

동맥경화는 동맥이 딱딱하게 굳어지는 것을 말한다. 동맥경화는 플라크(plague, 지방물질)가 동맥 내부벽에 달라붙는 심장혈관 질환의 일종이다. 플라크는 동맥을 두껍고 단단하게 만들 뿐만 아니라 혈액의 흐름을 막아 혈액이 이동할 수 없게 방해한다.

플라크는 콜레스테롤과 같은 지방으로 구성되어 있다. 콜레스테롤은 체내에서 저절로 만들어지는 지질(지방)이다. 혈액을 포함한 신체 여러 기관에서 발견되며 달걀, 육류, 어패류와 같은 음식에도 들어 있다. 이렇게 섭취되거나 생산된 콜레스테롤은 혈관을 통해 필요한 장기로 이동하게 된다. 이것을 나르는

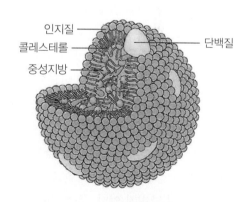

〈그림 12-10〉 **콜레스테롤을 운반하는 지단백의 구조**

출처: 위키피디아

역할을 지단백질(lipoprotein)이 하게 되는데 콜레스테롤과 단백질, 중성지방들이 모인 것을 LDL 또는 HDL 콜레스테롤이라 부른다(〈그림 12-10〉 참조).

콜레스테롤 자체가 나쁜 것은 아니다. 오히려 신체는 소화나 호르몬 생성을 돕는데 콜레스테롤을 필요로 한다. 문제(특히 심장혈관질환문제)를 일으키는 것은 흔히 '나

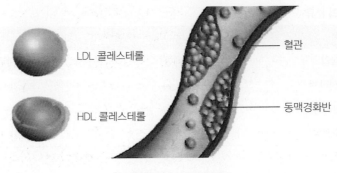

〈그림 12-11〉 LDL과 HDL

쁜' 콜레스테롤이라고 일컬어지는 저밀도 지단백 콜레스테롤(low-density lipoprotein cholesterol: LDL)의 지나친 섭취이다. LDL은 단백질보다 지방의 밀도가 낮기 때문에 더 많은 콜레스테롤을 싣고 이동하게 된다. 콜레스테롤은 물에 녹지 않고 기름이 물에 떠 있듯이 혈관을 이동하게 되는데 콜레스테롤을 많이 함유한 LDL 콜레스테롤이 많아지게 되면 혈관 내에 서로 응집하여 부착하게 되어 동맥경화반(atherosclerotic plaque)을 만든다. 이것이 혈관을 좁게 만들거나 막히게 하여 뇌졸중, 심근경색과 같은 심혈관질환을 일으키게 된다(Wenger, 2014).

한편 '좋은' 콜레스테롤이라고 불리는 고밀도 지단백 콜레스테롤(high-density lipoprotein cholesterol: HDL)은 밀도가 높기 때문에 혈액 내의 콜레스테롤을 더 효율적으로 이동시켜 훨씬 더 좋은 혈관 건강을 유지할 수 있어(HDL은 혈관벽을 청소하는 역할을 한다) 심혈관질환 발생위험이 낮아지게 된다. 〈그림 12-11〉은 LDL과 HDL에 관한 것이다.

동맥경화는 매우 이른 나이에 시작되는데 동맥의 망상조직을 천천히 막기 시작한다. 동맥경화는 눈에 보이는 증상이 없기 때문에 이런 변화는 발견되지 않은 채로 몇 년이 지난다. 흔히 중년기가 되어서야 문제가 나타나기 시작한다. 이때 동맥벽은 지방 침전물에 의해 크기가 줄어들고, 혈액이 산소를 신체기관에 전달하지 못하도록 방해한다.

동맥경화의 정확한 원인은 알려져 있지 않지만 동맥경화를 증가시키는 요인은 몇 가지 알려져 있다. 유전, 고혈압, 당뇨병, 흡연, 운동부족, 스트레스 등이 위험 요인이다. 동맥경화의 치료는 식습관과 생활양식을 바꾸는 데 있다. 즉, 콜레스테롤의 섭취를 줄이고, 저지방 식이를 하며, 금연과 규칙적인 운동을 하고, 체중을 감소시키는 것이 좋다(Cooper, 1990; Piscatella, 1990).

(4) 심장질환

대부분의 심장발작은 부족한 혈액공급으로 인해 심장근육(심근)의 일부가 괴사할 때에 발생한다. 심근조직이 괴사하는 것을 심근경색이라 하며, 감염된 조직을 경색이라고 한다. 동맥경화는 심근경색을 일으키는 원인이 될 수 있다.

심장발작 후 작은 경색이 나타나도 심장은 여전히 기능을 하게 되고, 반혼조직이 괴사된 부분에 형성된다. 그리고 새로운 혈관이 손상된 혈관을 대체하게 된다. 그러나 심장조직의 손상이 심한 경우에는 심장에 혈액 공급이 곧바로 회복되지 않아 사망에 이르게 된다.

협심증은 심장발작과 혼동되는 심장질환이다. 협심증은 심근의 일부에 혈액공급이 필요한 만큼 충분하지 않을 때에 발생한다. 부적절한 혈액공급의 결과로 가슴부위에서 통증이 되풀이하여 발생한다. 협심증은 수분 동안 지속되는데 니트로글리세린을 복용하면 대개 통증이 가라앉는다. 약물치료는 심장의 관상동맥을 확장시켜 혈액이 더 효율적으로 심근에 전달되도록 한다. 심장발작과 마찬가지로 협심증도 동맥경화가 그 원인이다. 그러나 심장발작과는 달리 심근이 혈액부족으로 인해 손상되지 않고 반혼조직도 형성되지 않는다.

충혈성 심부전은 혈액을 방출하는 심장기능에 장애가 생기는 경우이다. 심장이 약해지면 신체기관으로의 혈액공급이 감소하고, 신체의 효율성과 지구력이 떨어진다. 보다 구체적으로 심장근육의 손상은 심장수축력을 감소시켜 동맥 속으로 흐르는 혈액순환이 덜 효율적인 것이 된다. 그리고 혈액이 폐로 들어와 충혈을 일으킨다.

심장질환의 치료 역시 식습관과 생활양식의 변화로써 가능하다. 금연과 규칙적인 운동을 하고, 스트레스의 양을 줄이며, 지방섭취를 줄이고, 신선한 과일이나 야채를 많이 섭취하며, 정제된 당제품과 염분의 섭취를 줄이고, 알코올 음료의 섭취를 줄이도록 한다(Niu et al., 2016; Sallam & Laher, 2016; Schiff, 2021).

한 연구(Jagannathan et al., 2019)에서 고혈압, 고혈당, 높은 수준의 LDL 그리고 좋지 못한 식습관이 심장혈관계통의 질환을 초래함으로써 사망하는 것으로 밝혀졌다.

미국 심장협회(American Heart Association: AHA)는 2022년 6월 순환기 저널(Circulation Journal)에 발표된 AHA(사진 참조)의 새로운 대통령 자문 내용에 따라 종전의 심혈관 질

환 예방지침(Life's Simple 7)을 새 심혈관 질환 예방지침(Life's Essential 8)으로 바꾸었다고 밝혔다(사진 참조). 이 예방지침은 심혈관 건강의 개선 및 유지를 위해 일반인들이 건강 체크리스트로도 활용할 수 있다.

새 예방지침(라이프 에센셜 8)은 건강행동(health behaviors)과 건강요인(health factors) 두 가지 영역으로 구성되어 있다. 건강행동 영역에는 더 잘 먹기(eat better), 신체활동 향상(get active), 금연(guit smoking), 충분한 수면시간(sleep duration) 등 네 가지가 있는데 수면시간은 새 예방지침에 처음으로 추가된 것이다. 이는 충분한 수면이 심장과 뇌의 건강에 매우 중요함을 인정한 것이다. 건강요인 영역에는 체중관리(manage weight), 콜레스테롤 조절(control cholesterol), 혈당관리(manage blood sugar), 혈압관리(manage blood pressure) 등 네 가지가 있다.

한 연구(Mok et al., 2018)에 의하면 그동안 옛 예방지침(라이프 심플 7)이 건강한 노후, 심혈관 건강 개선, 심장질환, 뇌졸중 등의 위험을 줄이는 데 큰 역할을 한 것으로 보인다.

(5) 당뇨병

당뇨병은 췌장에서 분비되는 인슐린 부족으로 인한 질병인데, 인슐린이 부족하면 혈당을 조절하는 기능이 약해진다. 당뇨병은 제1형(인슐린 의존성) 당뇨병과 제2형(인슐린 비의존성) 당뇨병으로 구분되는데, 제1형 당뇨병은 유전인자에 의해 어릴 때 발병하는 것이 그 특징이고, 제2형 당뇨병은 비만, 스트레스, 운동부족, 잘못된 식습관이 주원인으로 주로 40~50대 중년기에 발병한다. 노년기 당뇨병은 대부분 제2형에 해당한다.

당뇨병의 대표적인 증상은 다음(多飮), 다뇨(多尿), 다식(多食), 체중감소의 삼다일소(三多一小)가 그 특징이다(〈그림 12-12〉 참조). 다음은 항상 갈증이 나기 때문에 물을 많이 마시게 되는 것을 말하고, 다뇨란 소변량이 많은 것을 의미한다. 자주 소변을 보더라도 그 분량이 많지 않으면 다뇨라고 볼 수 없다. 우리 몸은 혈중 포도당의 농도가 높으면 포도당을 몸 밖으로 배설하기 위한 노력을 하는데, 따라서 소변량이 많아지며 그로 인해 탈수가 되면 체내 수분의 양이 적어지기 때문에 갈증이 생겨 물을 많이 마시게 된다. 당뇨병이 진행되면 식욕이 왕성해져 많이 먹게 되는데 그러면서도 체중은 점점 감소한다. 계속해서 과식하게 되고, 이로 인

〈그림 12-12〉 **당뇨병의 대표적 증상인 三多一小**

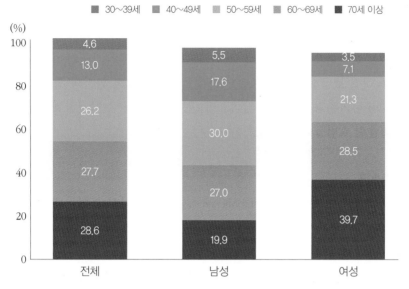

〈그림 12-13〉 **연령별 당뇨병 유병률(2019~2020년 통합)**
출처: 대한당뇨병학회(2022). 2020 한국인 당뇨병 연구보고서

해 목이 마르고 다뇨증도 점점 심해진다.

대한당뇨병학회(2022)의 2020년 한국인 당뇨병 연구보고서에 의하면 국내 만 30세 이상 당뇨병 유병률은 남성 5.5%, 여성 3.5%이며, 남녀 모두 연령이 높을수록 증가하여 남성은 50세 이상에서 30.0%, 여성은 70세 이상에서 39.7%의 유병률을 보였다(〈그림 12-13〉 참조).

당뇨병이 무서운 것은 그로 인해 발생하는 합병증 때문이다. 합병증으로는 고혈압, 뇌졸중, 치주질환, 당뇨병성 망막증, 당뇨병성 괴저(壞疽) 등이 있다(〈그림 12-14〉 참조). 당뇨병성 망막증은 카메라의 필름과 비슷한 역할을 하는 망막에 출혈이 생겨 시력 장애가 발생하고 심한 경우 실명하게 된다. 당뇨병이 상당 기간 진행된 경우 발에 난 상처로 세균이 침범해 발가락에서부터 차츰 썩어 들어가는 당뇨병성 괴저를 특히 조심해야 한다. 당뇨병 환자는 혈액순환이 원활하지 못한 데다 세균에 대한 저항력이 낮기 때문에 세균이 침범하면 발이 쉽게 썩는다. 이럴 때는 썩은 부위를 절단하는 것 말고는 다른 방법이 없으므로 발 관리에 각별히 신경을 써야 한다.

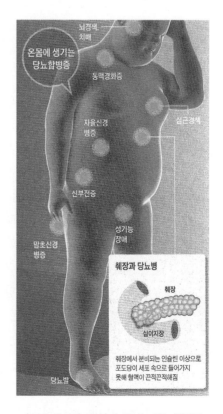

〈그림 12-14〉 **온몸에 생기는 당뇨합병증**
출처: 조선일보, 2012년 11월 9일자 기사.

당뇨병의 치료법에는 크게 경구혈당강하제와 인슐린 요법이 있다. 경구혈당강하제는 식이요법과 운동요법이 효과가 없는 환자의 인슐린 분비를 촉진시키기 위해 약을 복용하는 것으로 혈당을 낮추는 작용을 한다. 인슐린 요법은 가공하여 만든 인슐린제재를 인체에 직접 보급하는 방법으로 인슐린 의존형 당뇨병 환자의 경우에 사용된다. 그러나 인슐린 비의존형 환자라도 식이요법, 운동요법, 경구혈당강하제가 효과가 없는 경우에는 인슐린 요법을 시행하기도 한다.

(6) 대사증후군

최근 중노년기에 대사증후군(metabolic syndrome)이 증가하고 있는데, 대사증후군이란 비만, 고지혈증, 당뇨병, 고혈압 등 심뇌혈관 질환의 위험인자를 동시 다발적으로 갖고 있는 경우를 말한다(Alves Freire Ribeiro et al., 2020; Samson & Garber, 2014). 대사증후군의 주요 원인으로 인슐린 저항성을 들고 있는데, 인슐린 저항성이란 인슐린의 양이 정상적으로 분비됨에도 불구하고 인슐린의 작용이 감소된 상태를 말한다. 최근 연구 (Akbulut, Ikitimur, & Akan, 2020; Fabre et al, 2013)에서는 만성적 스트레스가 대사증후군과 관련이 있는 것으로 나타났다. 체중감소와 규칙적인 운동이 대사증후군 치료에 효과가 있는 것으로 밝혀졌다(Paydar & Johnson, 2020; Samson & Garber, 2014; Vissers et al., 2013).

(7) 암

암은 비정상적인 세포가 성장해서 퍼져 나가는 질병이다. 만일에 암이 퍼지는 것이 통제되거나 저지되지 않는다면 죽음에 이를 수 있다. 그러나 많은 암들은 조기에 발견해서 치료하면 완치될 수 있다.

신체의 모든 세포는 대체로 아주 규칙적으로 재생되는데, 낡은 조직을 대체하고, 손상된 것을 치유하며, 신체성장을 계속하도록 한다. 그러나 가끔 어떤 세포들은 비정상적으로 변화하고 마음대로 성장해서 퍼져 나가는 과정을 시작한다. 이러한 비정상 세포들은 종양이라는 조직의 덩어리로 자라나는데 종양은 정상세포로부터 필요한 영양을 빼앗는 과정에서 주요 기관에 침투하여 혈관을 막을 수 있다.

종양에는 악성 종양과 양성 종양이 있다. 양성 종양은 해롭지 않고 정상 조직을 침범하지 않는다. 악성 종양은 암으로 변해 주변 조직을 침범한다. 또한 신체 곳곳에 전이되어 퍼질 수 있다. 전이는 원래의 종양이 커지거나 임파선이나 혈류를 통해 신체의 다른 부위로 옮겨 가는 것을 말한다.

암에는 네 가지 유형이 있는데 암종(carcinomas), 육종(sarcomas), 림프종(lymphomas), 백혈병(leukemias)이 그것이다. 암종은 피부나 점막 등의 상피세포로부터 발생하고 단단한 종양이 된다. 육종은 근육, 뼈, 지방 그리고 다른 연결조직에서 발생한다. 림프종은 임파선 조직에서 발생하고, 백혈병은 혈액에서 발생하는 암이다.

정상 세포가 어떻게 해서 비정상 세포로 변하는지를 아무도 확실히 알지 못한다. 그러나 암이 유전적 요인을 가지고 있음이 밝혀졌다. 또한 암을 일으키는 발암물질에 계속해서 오랜 기간 노출되었을 때에는 암이 발생할 수 있다. 발암물질은 신체세포가 그 구조를 바꾸고 통제로부터 벗어나 마음대로 성장하도록 한다. 발암물질의 예로는 담배, 일사광선이나 방사선에의 과다한 노출 등이 있다.

모든 암의 $\frac{1}{2}$ 이상이 65세 이상의 노인에게서 발생하지만 어떤 연령에서도 암은 발생할 수 있다. 20~40세 사이에는 암이 남성보다 여성에게 더 보편적이지만, 60~80세 사이에는 남성에게서 암이 더 많이 발생한다. 전반적으로 여성보다 남성이 암으로 더 많이 사망한다. 여성에게 치명적인 암은 유방암, 결장암, 직장암, 폐암, 자궁암 등이며, 남성에게 치명적인 암은 전립선암, 폐암, 결장암, 직장암, 방광암 등이다. 〈그림 12-15〉와 〈그림 12-16〉은 우리나라 성별 암 발생추이 및 연령별 유방암 발생환자 수에 관한 것이다.

특히 중년기에는 폐암과 유방암이 가장 보편적이다. 폐암의 80%는 담배를 피우는 사람들에게서 발생한다(Williams, 1991). 여성은 일생 동안 10명 중 1명 꼴로 유방암에 걸리지만 조기에 발견하면 생존율이 높다. 유방암은 자가검진이나 유방조영술(사진 참조),

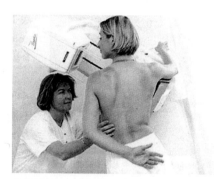

사진 설명: 50세 이상 여성들은 1년에 한 번씩 정기적으로 유방암 검사를 받아야 한다.

〈남성〉				〈여성〉
폐암	15.0%		21.1%	유방암
위암	13.7%		18.5%	갑상선암
전립선암	12.9%		9.7%	대장암
대장암	12.6%		7.9%	폐암
간암	8.5%		7.5%	위암
갑상선암	5.7%		3.5%	췌장암
췌장암	3.3%		3.4%	간암
신장암	3.2%		3.0%	자궁체부암
담낭 및 기타 담도암	3.1%		2.9%	담낭 및 기타 담도암
방광암	2.9%		2.6%	자궁경부암

〈그림 12-15〉 성별 암발생분율

출처: 보건복지부 중앙 암 등록본부(2022. 12. 28.)

100,000명당

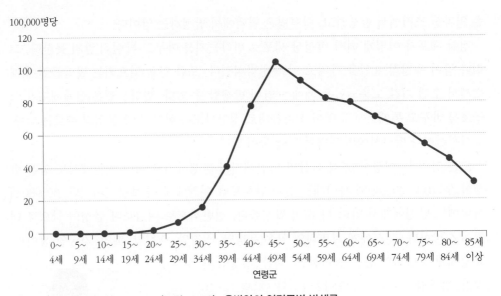

〈그림 12-16〉 유방암의 연령군별 발생률

출처: 보건복지부 암 등록 통계(보건복지부 중앙암등록본부, 2022. 12.)

초음파검사 등의 정기검진에 의해 조기에 발견할 수 있다.

암전문의들은 암과 관련된 일곱 가지 증후를 확인한 바 있다. 낫지 않는 종기, 비정 상적 출혈이나 분비물, 배변이나 배뇨습관의 변화, 잔 기침이나 쉰 목소리, 소화불량, 유방이나 그 외 다른 부위에서 손으로 만져지는 멍울, 사마귀의 눈에 보이는 변화 등이 그것이다.

심장질환과 마찬가지로 생활양식과 환경적 요인이 암의 발생과 관련이 있다. 식습 관, 흡연, 음주, 석면, 화학적 오염물질, 방사능과 같은 독소에 노출되는 것 등이 암 발 생에 영향을 준다.

2. 인지변화

중년기에 지적 능력은 증가하는가 아니면 감소하는가? 그도 아니면 중년기 내내 안 정적인가? 중년기에 지적 능력이 감소하는가 아닌가 하는 문제에 대해서는 상당한 논 란이 있지만, 속도에 크게 의존하는 능력을 제외하고는 중년기에 지적 능력은 별로 감 소하지 않는다는 증거가 상당수 있다.

감소한다고 보는 경우, 감소의 원인이 무엇인가에 대해서도 논란이 많다. 정상적인 노화과정으로 인한 중추 신경계의 감소가 그 원인이라면, 우리는 누구나 할 것 없이 나이를 먹으면서 이 영향에서 벗어나지 못할 것이다. 반면, 정신적으로 활동적이고, 신체적으로 건강하며, 식습관이나 건강습관이 좋은 사람들은 별로 감소하지 않는다면 생리적 요인보다는 생활습관이 훨씬 더 중요할지 모른다.

1) 검사의 종류

연령과 지적 능력의 관계는 검사의 종류와 측정방법에 따라 달라진다(Denney, 1982; Salthouse, 1989). 예를 들면, 기본적인 학습능력과 문제해결능력인 유동성 지능은 성년 초기에 감소하는 것으로 보인다(Botwinick, 1977; Horn & Cattell, 1966). 비언어적・추상적 능력 또한 연령과 더불어 감소한다(Bayley, 1970). 웩슬러의 성인용 지능검사에서, 비언어능력을 측정하는 동작성 검사 역시 연령이 증가하면서 감소하는 것으로 나타났다(Albert & Heaton, 1988; Honzik, 1984). 반면, 학습된 지식과 기술을 포함하는 결정성 지능은 중년기 내내 증가하는 것으로 보인다(Horn & Donaldson, 1980). 정보, 이해, 어휘력 또한 중년기에 증가를 보여준다(Sands, Terry, & Meredith, 1989).

2) 자료수집의 방법

어떤 능력이 절정에 달하고 감소하기 시작하는 연령은 그것이 횡단연구냐 종단연구냐에 따라 다르다. 20, 30, 40, 50대를 대상으로 비교하는 횡단연구에서는 지적 능력이 중년기에 감소하는 것으로 보인다. 같은 대상을 오랜 기간에 걸쳐 연구하는 종단연구에서는 적어도 50세 이전까지는 지적 능력이 중년기에 감소하지 않는 것으로 보인다(Whitbourne & Weinstock, 1979).

사진 설명: Schaie (오른쪽)와 그의 동료들

시애틀 종단연구는 횡단연구와 종단연구의 자료를 모두 제공해 주고 있는데, 그 양상의 차이는 매우 인상적이다. Schaie와 그의 동료들(O'Hanlon, Schaie, Haessler, & Willis, 1990)은 언어이해 능력, 공간지각 능력, 귀납적 추론, 수개념, 단어유창성 등과 같은 기본능력을 25~81세에 걸쳐 7년 이상 추적연구했는데, 이 연구를 시애틀 종단연구라 불렀다.

시애틀 종단연구의 횡단연구 자료에 의하면, 공간지각 능력, 귀납적 추론, 단어유창성은 성년기에 절정에 달했다가 그 이후 감소하기 시작하는데, 공간지각 능력과 귀납적 추론은 매우 급격히 감소하고 단어유창성은 좀더 완만하게 감소한다(〈그림 12-17〉

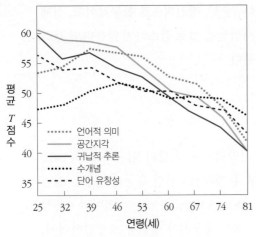

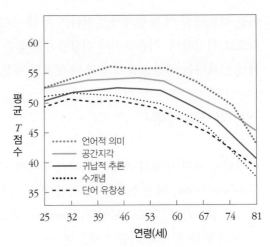

횡단연구 자료에 의하면 인지능력이 종단연구에서
보다 더 일찍 감소하기 시작한다. 그러나 인지기능
은 중년기에도 여전히 우수하다.

종단연구 자료에 의하면 대부분의 인지능력이 60세
이전에는 감소하지 않는다.

〈그림 12-17〉 횡단연구에 의한 지적 능력의 변화   〈그림 12-18〉 종단연구에 의한 지적 능력의 변화

출처: Schaie, K. W. (1994). The course of adult intellectual development. *American Psychologist, 49*, 304-313.

참조). 언어이해 능력과 수개념은 중년기에 절정에 달하고 노년기에 감소하기 시작한
다(Schaie, 1994, 2008, 2009, 2010, 2011a, b, 2013, 2016). 제11장에서 보았듯이 횡단연구
는 연령효과 및 세대 간의 다양한 경험과의 혼합효과가 있다.

종단연구 자료는 약간 다른 양상을 보인다(〈그림 12-18〉 참조). 종단연구에 의하면,
60세 전에는 속도와 관련이 있는 단어유창성을 제외하고는 중년기에 능력이 별로 감
소하지 않는다(Schaie, 1994, 2008, 2009, 2010, 2011a, b, 2013, 2016). 대부분의 능력은 중
년 초기에 절정에 달해 50대 후반이나 60대 초까지 계속되다가 그 후로 처음에는 천천
히 그리고 70대 후반이 되면 빠른 속도로 감소한다(Schaie & Willis, 1993).

성년기·중년기·노년기 성인의 인지능력을 비교연구하는 대부분의 횡단연구에서
는 성년기가 중년기보다 약간 더 나은 편이고, 중년기가 노년기보다 약간 더 나은 것으
로 보인다(Willis, 1989). 예를 들면, 횡단연구에서는 언어능력이 중년 초기에 감소하는
것으로 나타나지만, 종단연구에서는 중년 후기나 노년 초기에 감소하는 것으로 보이며
그 감소도 점진적이다.

3) 기억

중년 부인 셋이 늙어가는 것의 불편함에 대해 이야기를 나누고 있었다. 한 부인이

말했다. "내가 냉장고 문을 열어놓고 가끔 음식을 꺼내려고 문을 열었는지 아니면 음식을 넣으려고 열었는지 기억을 못해요"라고 말하니, 둘째 부인이 "그건 아무것도 아니에요. 나는 가끔 계단참에서 내가 계단을 올라가려고 했는지 아니면 내려가려고 했는지 알 수가 없답니다"라고 말했다. 이때 셋째 부인이 외쳤다. "아유, 나는 정말 다행이에요. 나는 그런 문제가 전혀 없거든요." 그러면서 탁자

위를 가볍게 세 번 두드렸다. 그리고는 의자에서 일어나며 말했다. "밖에 누가 왔나 봐요!"(Dent, 1984, p. 38).

　연령이 증가하면서 기억력이 감퇴한다는 사실은 이미 밝혀진 바 있다. 그런데 문제는 이러한 기억의 차이가 부호화, 저장 그리고 인출 가운데 어느 과정 때문인가를 밝혀내는 데 있다. 외부에서 들어온 정보를 우리 기억 속에 저장했다가 나중에 필요할 때 회상하는 과정은 크게 세 가지 과정을 거치는데 부호화(encoding), 저장(storage), 인출(retrieval)이 그것이다.

　부호화, 저장, 인출의 세 과정을 냉장고에 음식을 저장하는 과정에 비유해 보자. 부호화는 냉장고에 음식을 넣을 때 우리가 하는 일과 같다. 즉, 야채는 야채칸에 넣고, 고기는 고기칸에 넣으며, 음료수는 음료수대로 따로 넣는다. 저장은 우리가 오랫동안 그 음식을 먹지 않을 때 어떤 일이 일어나는가 하는 것이다. 그중 어떤 음식(예를 들면, 마요네즈)은 원상태 그대로 보존될 것이고, 어떤 음식은 곰팡이나 설태가 끼고 썩을 것이다. 인출은 우리가 필요할 때 원하는 음식을 냉장고로부터 꺼내는 과정에 해당한다.

　〈그림 12-19〉는 기억의 세 가지 과정(부호화, 저장, 인출)과 세 가지 기억체계(감각기억, 단기기억, 장기기억)에 관한 것이다.

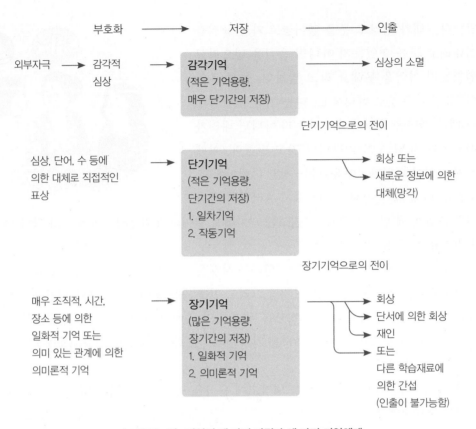

부호화 ⟶ 저장 ⟶ 인출

외부자극 ⟶ 감각적 심상 ⟶ **감각기억**
(적은 기억용량, 매우 단기간의 저장) ⟶ 심상의 소멸

단기기억으로의 전이

심상, 단어, 수 등에 의한 대체로 직접적인 표상 ⟶ **단기기억**
(적은 기억용량, 단기간의 저장)
1. 일차기억
2. 작동기억 ⟶ 회상 또는 새로운 정보에 의한 대체(망각)

장기기억으로의 전이

매우 조직적, 시간, 장소 등에 의한 일화적 기억 또는 의미 있는 관계에 의한 의미론적 기억 ⟶ **장기기억**
(많은 기억용량, 장기간의 저장)
1. 일화적 기억
2. 의미론적 기억 ⟶ 회상
단서에 의한 회상
재인
또는
다른 학습재료에 의한 간섭
(인출이 불가능함)

〈그림 12-19〉 기억의 세 가지 과정과 세 가지 기억체계

출처: Atkinson, J. W., & Shreffrin, R. M. (1968). Human Memory: A proposed system and its control processes. In K. W. Spence & J. T. Spence (Eds.), *The psychology of learning and motivation* (Vol. 2). New York: Academic Press.

(1) 부호화 과정

Adams(1991)의 연구에서 다양한 연령층의 성인들에게 이야기책을 읽어 주고 잠시 후에 그것을 기억하여 적어보도록 하였다. 성년들의 경우는 이야기 속의 구체적인 사건이나 활동에 대해 보고하는 경향이 있었지만, 중년들의 경우는 주인공의 심리적 동기를 더 잘 기억하였고 더 많은 해석을 하였다. 이 연구가 의미하는 것은 연령이 증가하면서 부호화 과정에 변화가 온다는 것이다. 즉, 세세한 부분까지 부호화하지 않고 좀 더 넓게 요약된 정보를 저장하는 것이다.

(2) 저장 과정

저장은 정보를 기억 속에 쌓아 두는 과정이다. 저장 과정은 다시 감각기억(sensory memory), 단기기억(short-term memory), 장기기억(long-term memory)의 세 과정으로 나뉜다.

① 감각기억

감각기억은 다시 시각(iconic)기억과 청각(echoic)기억으로 나뉜다. 노화에 따른 시각체계에 큰 변화가 있음에도 불구하고 시각기억에 관한 연구결과 자극을 식별하는 능력에서 단지 작은 연령 차이가 있는 것으로 나타났다. 시각기억은 60세까지는 별로 감소하지 않지만 그 이후는 상당히 감소한다(Giambra, Arenberg, Zonderman, Kawas, & Costa, 1995). 노인들은 글자나 상(icon)을 식별하는 데 시간이 약간 더 걸렸다(Walsh, Till, & Williams, 1978). 시각기억에서의 이와 같은 미미한 감소는 장기기억에서 볼 수 있는 큰 감퇴에 비해 별반 영향을 미치지 않는 것으로 보인다.

시각기억에 관한 연구도 드물지만 청각기억에 관한 연구는 더 드물기 때문에, 연령 차이에 관한 연구는 거의 찾아볼 수 없다. 단지 청각기억은 20~40세 사이에 약간의 감소를 보이고, 그 이후로는 감소하지 않는다는 정도만 알 수 있다.

우리 모두는 촉각, 미각, 후각을 통해서 들어온 기억에 대해 장기기억 저장을 경험한 바 있다. 예를 들면, 갓 구워낸 빵의 냄새는 많은 성인들로 하여금 어릴 때 기억을 불러일으킨다. 그러나 이러한 감각기억은 검사하기가 매우 힘들다. 따라서 시각 이외의 감각기억에 대한 변화를 조사한 연구는 거의 없는 실정이다.

② 단기기억

단기기억에서는 연령에 따른 감소가 있다. 연령이 증가하면서 단기기억에서 기억하는 숫자, 단어 등의 자료가 줄어들게 된다(Craik & Jennings, 1992). 그러나 지능검사나 일반적 인지검사에서 중년기나 노년 초기의 단기기억의 감소의 폭은 그리 크지 않아 일상생활을 영위하는 데 큰 문제가 없다.

West와 Crook(1990)은 한 연구에서 전화번호를 기억하는 것과 같은 일상의 일을 이용하여 이 점을 분명히 하였다. 이 연구에서는, 피험자들을 컴퓨터 화면 앞에 앉게 하고 일련의 번호들이 하나씩 차례대로 화면에 나타나게 하였다. 피험자들로 하여금 각 숫자(7자리 또는 10자리 숫자)가 화면에 나타날 때마다 큰 소리로 그 숫자를 말하게 하였고, 일련의 번호가 다 나왔을 때 컴퓨터에 연결되어 있는 전화 다이얼을 누르게 하였다. 어떤 경우에는 통화중 신호가 났으므로 전화를 다시 걸어야만 했다. 연구결과는 〈그림 12-20〉에 나와 있다.

그림에서 보듯이 통화중 신호 없이 7자리 번호(시내 전화번호)가 나타난 경우와 같이 가장 쉬운 과제에서는 연령 차이가 전혀 없었다. 그러나 10자리 번호(시외 전화번호)나 통화중 신호가 난 경우와 같이 과제가 조금 어려워졌을 때에는 연령 차이가 크게 나타났다. 따라서 단순한 단기기억 과제에서는 연령 차이가 거의 없지만 조금 복잡한 과제에서는 노인들이 훨씬 불리한 것으로 보인다.

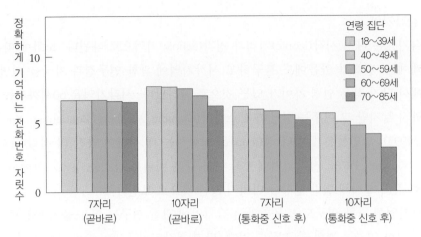

〈그림 12-20〉 전화번호를 기억하는 능력에서의 연령 차이

출처: West, R. L., & Crook, T. H. (1990). Age differences in everyday memory: Laboratory analogues of telephone number recall. *Psychology and Aging, 5*, 520-529.

③ 장기기억

장기기억은 감각기억이나 단기기억보다 연령 차이가 심한 것으로 보인다. 사실 중년기와 노년기에 기억을 잘 하지 못하고 장기기억으로부터 정보를 인출하지 못하는 것이 많은 사람들의 관심거리이다(Poon, 1985). 이와 같은 기억력 감퇴는 중년이나 노인들의 자아개념에 심각한 영향을 미치고, 많은 과제를 제대로 수행하지 못하게 하며, 결과적으로 우울증을 낳게 한다(O'Hara, Hinrichs, Kohout, Wallace, & Lemke, 1986).

(3) 인출 과정

기억된 정보를 얼마나 잘 인출할 수 있는가는 기억재료들이 얼마나 체계적으로 잘 저장되어 있는가에 달려 있다. 연구결과 연령이 증가할수록 정보의 인출이 어려운 것으로 보인다. 왜 연령 증가에 따라 인출(특히, 회상)이 어려워지는가? 그 원인에 대해서는 여러 가지 가능성이 있을 수 있으나, 연령증가에 따라 기억재료를 분류하고 조직하는 능력이 감퇴하기 때문인 것으로 보인다.

〈그림 12-21〉은 회상능력과 재인능력이 연령에 따라 어떻게 다른가를 보여준다. 그림에서 보듯이 회상능력은 연령이 증가함에 따라 쇠퇴하는 반면, 재인능력은 연령증가에 따른 변화가 거의 없다.

우리나라의 청년기, 중년기, 노년기의 여성을 대상으로 한 연구(김혜경, 1986)에서는, 공간상에 배열된 시각적·언어적 자료의 공간위치 기억과 항목재인 기억에서 연령에 따른 차이가 있는가를 알아보았다. 이 연구에서 피험자들은 16개의 건물이 배열되어 있는 한 도시의 모형지도를 보았는데, 이때 각 건물은 이름만 있는 조건, 건물그림만

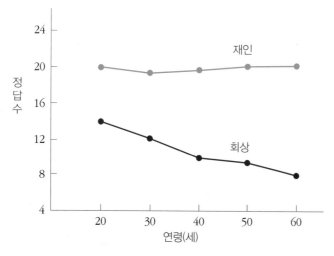

〈그림 12-21〉 연령에 따른 회상과 재인 능력

제시된 조건 그리고 이름과 그림이 함께 제시된 이름＋그림 조건의 세 가지 실험조건에 무선적으로 배정되었다. 지도 위의 배열을 학습하게 한 후 피험자들에게 건물이름 재인과 그림 재인 검사를 실시한 다음, 지도 위에 건물들을 재위치하게 함으로써 공간위치 기억검사를 실시했다. 연구결과 모든 조건의 공간위치 기억에서 연령에 따른 감퇴가 나타나 노년 피험자의 수행이 가장 덜 정확했지만, 그러한 감퇴는 중년기에 이미 나타나고 있었다. 항목재인에서는 청년과 중년 및 노년 피험자들이 서로 비슷한 수행을 했지만, 이름 재인에서는 연령에 따른 차이가 나타났다. 즉, 청년이 중년과 노년보다 높고, 중년과 노년 간에는 별 차이가 없었다.

(4) 기억에 영향을 미치는 원인

정보가 얼마나 잘 학습되고 기억되는가 하는 정보처리에 영향을 미치는 몇 가지 요인이 있다. 개인의 특성, 정보의 학습 또는 부호화와 관련된 요인, 학습재료의 특성, 인출과 관련된 요인 등이 그것이다(Bäckman, Mantyla, & Herlitz, 1990; Craik & Jennings, 1992). 〈그림 12-22〉는 이 네 종류의 요인과 그 요인들 간의 가능한 상호작용을 보여준다.

부호화 요인은 학습 또는 습득단계에 영향을 미친다. 인출 요인은 정보가 기억되는 상황에 영향을 미친다. 개인 요인은 학습과 기억과정에 영향을 미치는 개인의 능력이나 특성을 포함한다. 재료 요인은 부호화와 인출을 용이하게 또는 힘들게 하는 재료의 특성을 포함한다. 이 네 가지 영향은 학습이나 기억이 발생하는 상황을 반영하는 것으로 보인다. 어떤 상황은 학습이나 기억을 용이하게 한다. 예를 들면, 부호화 과정에서 조직적 책략을 사용하거나 인출 과정에서 회상이 아니라 재인하도록 한다면 정보를 기

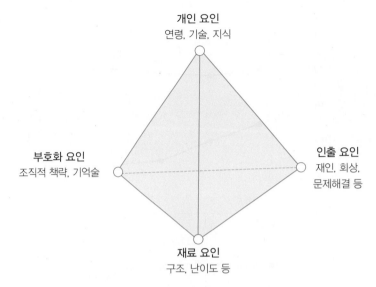

개인 요인
연령, 기술, 지식

부호화 요인
조직적 책략, 기억술

인출 요인
재인, 회상,
문제해결 등

재료 요인
구조, 난이도 등

〈그림 12-22〉 기억 수행에 영향을 미치는 네 가지 요인

출처: Jenkins, J. J. (1979). Four Points to remember: A tetrahedral model of memory experiments. In L. S. Cermak & F. I. M. Craik (Eds.), *Levels of processing in human memory*. Hillsdale, NJ: Lawrence Earlbaum Associates.

억하는 가능성이 증가한다. 부호화나 인출을 용이하게 하는 상황을 알아내는 것은 노인들로 하여금 정보를 기억하도록 돕는 데 특히 중요하다.

4) 문제해결 능력

추상적인 문제해결 능력은 성년 초기에 감소하지만, 현실적이고 실제적인 문제해결

능력은 중년기에 절정에 달한다. 한 연구(Denney & Palmer, 1981)에서는, 20세에서 79세 사이 성인 84명을 대상으로 두 가지 종류의 문제를 제시하였다. 그중 하나는 '스무고개' 놀이와 비슷한 것으로 지능검사의 기존 과제와도 상당히 비슷한 것이었다. 피험자들에게 흔히 있는 사물들을 그린 그림 42가지를 '예'나 '아니요'의 대답이 나오도록 질문을 하면서, 실험자가 그중 어떤 것을 생각하고 있는지 알아맞히도록 하는 것이었

다(〈그림 10-11〉 참조). 점수는 정답을 맞히기까지 질문을 몇 번 했는가와 한 가지보다는(예를 들면, "그것은 개입니까?") 한 번에 한 개 이상을 고려한 질문(예를 들면, "그것은 동물입니까?")의 비율에 근거하였다.

또 다른 문제는 실생활의 여러 상황에서 어떻게 할 것인가를 질문하는 것이었다. "지하실이 물에 잠겼다." "냉장고가 고장이다." "차 앞바퀴가 냇물에 빠졌다(사진 참조)." "눈보라 때문에 차 속에서 꼼짝 못하고 있다." "여덟 살 된 아이가 학교에 갔다 집에 올 시간이 1시간 반이나 지났다." "세일즈맨에게서 구입한 진공청소기가 2주만에 고장이 났다." 이런 경우 어떻게 할 것인가에 대한 해결방안의 점수는 다른 사람들의 도움보다는 자기 자신이 스스로 문제를 해결하는 정도에 따라 산출되었다.

연구결과는 성인의 지능에 대해 우리가 생각해 왔던 중요한 점을 확인시켜 주었다. 피험자의 나이가 많을수록 '스무고개'에서는 잘하지 못하였다. 그러나 실제적인 문제를 가장 잘 해결한 사람들은 40대와 50대의 중년들로서 일상생활의 경험에 근거하여 대답을 한 사람들이었다. 즉, 중년기 사람들은 일상적인 문제를 해결한 경험이 많기 때문에, 현실적이고 실제적인 문제해결 능력이 높게 나타난 것으로 보인다(Morrow, Leirer, Altieri, & Fitzsimons, 1994; Salthouse, 2012).

지능의 목적은 과연 무엇인가? 놀이를 하는 것인가 아니면 우리가 매일 부딪치는 많은 문제들을 해결하는 것인가? 후자에 해당한다면 왜 중년기 사람들이 '지배 세대(command generation)'로 알려져 있는지 분명해지는데, 이들은 실제 모든 사회기관에서 가장 큰 영향력을 행사하는 연령층이다. 물론 이들이 모든 문제를 다 해결하는 것은 아니지만, 이들보다 더 책임을 맡기에 적합한 사람들은 없는 것 같다.

5) 창의성

성인기의 창의성과 생산성에 관한 주제에서 가장 많이 인용되는 연구 중의 하나는 Lehman(1953)의 연구이다. 획기적인 과학적 발견을 한 과학자들이 그 위대한 발견을 할 당시의 나이를 조사하였는데, 특히 과학과 수학 분야에서의 가장 주목할 만한 발견은 성년기에 이루어진 것으로 나타났다. 예를 들면, 아인슈타인이 상대성 원리를 발견할 당시의 연령은 26세였고, 다윈이 적자생존의 이론을 발표할 당시의 연령은 29세였다. 이와 같이 과학 분야나 예술 분야의 뛰어난 창의적 업적은 주로 20대에 이루어졌기 때문에 창의성은 중년기에 감소하는 것으로 믿어져 왔다.

그러나 아인슈타인이나 다윈과 같은 발군의 학자가 아닌 좀더 평범한 수준의 과학자나 수학자의 생산성 또는 창의성은 어떠한가? Simonton(1991)은 19세기와 그 이전의 몇 세기 동안에 뛰어난 명성을 가진 수천 명의 과학자를 대상으로 그들의 첫 번째 뛰어

Dean Keith Simonton

난 업적, 그의 일생에서 가장 훌륭한 업적 그리고 마지막으로 주목할 만한 업적 등을 중심으로 하여 일생 동안의 창의성과 생산성을 연구한 바 있다. 연구결과 모든 과학 분야에서 가장 훌륭한 업적을 이룬 평균 연령은 40세경인 것으로 나타났다. 그리고 40대와 50대까지도 뛰어난 업적은 계속되었다. Simonton은 이 결과에 대해 가장 뛰어난 업적을 40세경에 이루는 것은 이때가 생산성이 가장 왕성할 때이고 그리고 생산성이 왕성할 때 가장 훌륭한 업적이 나올 수 있다고 설명하였다.

20세기 과학자들(수학자, 심리학자, 물리학자 등)을 대상으로 한 연구(Simonton, 1989)에서도 같은 양상을 보이는데, 그들 역시 40세경에 최고의 창의성과 생산성을 나타내 보였다. 그리고 연구논문이 인용되는 횟수와 같은 연구의 질적인 측면에서 보면 50대 또는 60대까지도 창의적 업적은 계속되는 것으로 보인다.

Horner와 Rushton 그리고 Vernon(1986)은 네 개의 다른 동시대 출생집단(1909~1914, 1919~1924, 1929~1934, 1939~1944)에 속하는 심리학자들의 생산성을 연구하는 순차적 연구에서 1,000명 이상의 학자들의 업적을 조사하였다. 이 연구에서도 중년기에 생산성이 절정에 달하는 것으로 나타났다(〈그림 12-23〉 참조). 그리고 단순히 양보다는 질을 따질 때, 50대에도 심지어는 60대에도 창의적 업적이 계속되는 것으로 나타났다.

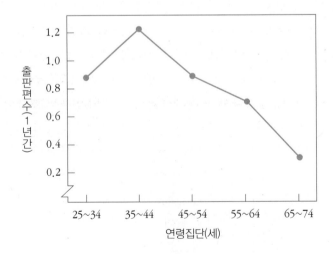

〈그림 12-23〉 동시대 출생집단과 심리학자들의 생산성

출처: Horner, K. W., Rushton, J. P., & Vernon, P. A. (1986). Relation between aging and research productivity of academic psychologists. *Psychology and Aging, 1*, 319-324.

3. 직업발달과 직업전환

직업은 생활수단일 뿐만 아니라 개인의 자아존중감과 생활만족도를 포함한 여러 가지 면에서 개인의 인생에 큰 영향을 미친다는 사실을 성년기의 직업발달에서 살펴보았다. 직업에 대한 의미는 연령에 따라 변한다. 중년기에는 인생주기에서뿐만 아니라 직업주기에서도 전환기를 맞게 된다. 즉, 자신이 직업에 대해 설정한 목표를 어느 정도 달성했는가를 재평가하게 된다. 정년퇴직까지 시간이 얼마나 남았는지 따져보고, 자신이 세운 목표를 제대로 달성하지 못했거나 시간이 별로 남지 않았다고 느끼게 되면 재평가 또는 재적응이 이루어져야 한다.

중년기 성인들의 직업활동은 일반적으로 안정과 유지로 생각된다. 대개 이 시기까지 사람들은 그들의 직업적 야망을 달성했거나 아니면 처음에 기대했던 정도에는 미치지 못하지만 어느 정도 성공을 거두고 거기에 정착한다.

중년기에는 자신의 직업에서 절정에 이르고, 좀더 많은 돈을 벌며, 보다 많은 영향력을 행사하고, 다른 어떤 시기보다 더 존경을 받는다. 개인적으로도 사회적으로도 그들이 선택한 분야에서 쌓은 경력의 혜택을 보게 된다. 그리고 그들의 경험과 지혜의 축적 때문에 많은 이들이 권력과 책임 있는 지위를 얻는다. 대부분의 공무원과 사업가, 학계의 중진들, 그밖에 우리 사회에서 뛰어난 업적을 이룬 사람들의 대부분이 중년기에 있는 사람들이다. 40세 이하나 65세 이상인 사람들의 뛰어난 업적은 특별한 경우에 속한다.

1) 직무수행과 성공

연령과 직무수행과의 관계는 일의 종류에 따라 다르다. 즉, 연령이 증가하면서 어떤 종류의 직업에서는 기술이 숙련되고, 또 어떤 종류의 직업에서는 연령과 관련해서 직무수행 능력이 감소한다. 특히 속도와 관련된 직무에서는 연령과 관련하여 직무수행 능력이 상당히 감소한다(Salthouse, 1996, 2012). 젊은 성인과 비교하여 중년이나 노년은 새로운 컴퓨터 시스템의 사용과 같은 새로운 과제를 학습하거나 다양한 훈련 프로그램에 적응하는 데에 어려움을 겪는다(Czaja & Sharit, 1993; Schooler, Caplan, & Oates, 1998).

대부분의 직업분야에서 직무수행 능력(job performance)은 중년기에 매우 높은 편이라 할 수 있다(McEvoy & Cascio, 1989). 그러나 체력이나 재빠른 반응속도를 요하는 직업—예를 들면, 부두의 하역인부, 항공교통의 관제관, 트럭운전수, 운동선수 등의 직업—은 중년기 또는 그 이전에 직무수행 능력이 감소하기 시작한다(Sparrow & Davies,

1988; Sturman, 2003). 사실상 이러한 직업에 종사하는 사람들의 다수가 체력이나 반응 속도의 감소 등으로 인해 중년기에 직업을 바꾸게 된다.

그러나 속도와 관련이 없는 대다수의 직업에서 직무수행 능력은 중년기 내내 높은 편에 속한다(Salthouse, 2012; Salthouse & Maurer, 1996; Sturman, 2003). 이와 같이 인지 능력이나 지각능력에서의 감소와는 대조적으로, 직무수행에 있어서 연령과 관련된 능력감소가 비교적 적다는 사실은 놀라운 일이다. 어떻게 해서 중년기에도 계속 효율적인 직무수행을 할 수 있을까?

한 가지 가능한 설명은 직무수행에서의 경험이 주는 혜택 때문이라는 것이다. 새로운 과제를 학습하고 새로운 기술을 사용하는 데 있어 연령과 관련된 차이가 있기도 하지만, 잘 훈련된 기술은 일반적으로 나이에 구애받지 않는다(Charness & Campbell, 1988; Lincourt, Hoyer, & Cerella, 1997; Salthouse & Maurer, 1996). 매우 힘든 일은 축적된 지식과 훈련된 기술을 요한다. 직무수행과 연령에 관한 많은 연구결과에 의하면, 젊은 성인과 마찬가지로 중·노년들도 직무수행을 잘하는 것으로 보인다(Salthouse & Maurer, 1996; Waldman & Avolio, 1986).

2) 직업만족도

Walter R. Nord

대부분의 중년기 사람들은 자신의 직업에 만족한다(Maas, 1989; Tamir, 1989). 대부분의 중년기 남성들은 자신의 직업경력상 가장 높은 지위에 오르고 수입도 가장 좋다. 여성들의 경우도 자녀양육문제로 일시 중단한 경우가 아니라면 남성과 마찬가지이다.

직업만족도에 영향을 미치는 요인은 무엇인가? 성년기와 중년기의 경우 그 요인은 각기 다른 것으로 보인다. 성년기에는 연봉, 직업 안전보장(job security), 상사와 동료와의 관계 등에 관심이 많다(Nord, 1977). 반면, 중년기에는 직업의 자율성, 개인적 도전과 성숙의 기회, 성취감, 자신이 하는 일이 사회에 얼마나 기여할 수 있는지 등에 관심이 많다(Clausen, 1981).

중년기의 직업만족도에 관한 연구결과는 몇 가지로 해석될 수 있다. 첫째, 중년기에는 자신의 직업에 보다 익숙해지고, 직업전환의 기회가 점점 적어지며, 자신의 직업에 적응하게 된다. 둘째, 중년기에는 좀더 높은 지위에 오르게 되고 봉급도 많아진다. 중년기의 사람들은 직업에서의 자율성이 매우 중요한 측면이라고 생각한다(Schaie & Willis, 1996). 어쩌면 중년기의 높은 수준의 만족도는 높은 지위에서 누리게 되는 자율성의 반영일지 모른다. 직업만족도는 경제적 안정뿐만 아니라 그 직업이 얼마나 도전적인가 하는 것과도 관련이 있는데, 높은 지위는 이 모두를 충족시켜 준다.

　　중년기 후반에 직업만족도가 감소하는 것은 이제 더 이상 승진할 가능성이 낮고, 자신의 꿈을 실현시킬 기회가 없다는 자각 때문이다. 사실 승진의 기회는 나이와 함께 감소한다. 즉, 성년기에 승진은 비교적 쉽게 이루어지지만, 중년기 후반에는 오를 수 있는 높은 자리가 적기 때문에 승진의 기회가 점점 적어진다. 중년기 후반에 직업만족도가 감소하는 것은 은퇴에 대한 생각 때문이다. 이때는 자신의 직업이 갖는 긍정적인 면보다 부정적인 면을 생각한다면 은퇴를 받아들이는 것이 훨씬 쉽다. 그러나 연령과 직업만족도와의 관계는 그렇게 단순하지 않다. 연령은 직업과 관련된 다른 변인, 예를 들면 직업의 종류와 직업이 제공하는 도전보다 덜 중요하다(Chown, 1977).

　　중년기의 직업발달에서 재미있는 성차가 나타났다. 여성들은 중년기에 처음으로 직업세계에 들어서거나, 성년기에 자녀양육문제로 잠시 쉬었다가 중년기에 다시 시작하는 경우가 많다. 성년기와 달리 이제는 직업에 전적으로 몰두할 수 있다. 그러나 남성의 경우는 상황이 다르다. 특히 50대 남성들은 직업으로부터의 보상이 감소한 것으로 생각한다. 그리고 직업에 관여하는 정도도 낮다(Chiriboga, 1989).

3) 직업전환

　　중년기의 직업전환이 점점 보편적인 현상이 되고 있다. 사실상 일생 동안 한 가지 직업에만 종사하던 시절은 이제 지나가 버렸다(Sarason, 1977). 중년기의 직업전환의 경험은 Levinson (1978)에 의해 성인기의 전환점(turning point)으로 묘사된 바 있다. 중년기는 은퇴하기까지 시간이 얼마나 남았는가에 비추어 이상적인 꿈 또는 희망을 현실적 가능성으로 대체해야 한다. 정년퇴직까지 시간이 얼마나 남았는지 곰곰이 따져보고, 직업 목표에 도달하기 위해서는 얼마나 속도를 내야 하는지를 생각해 보아야 한다. 만약 자신이 설정한 목표가 비현실적이거나 너무 뒤처져 있다고 느끼게 되면, 재평가 또는 재적응이 이루어져야 한다. 이때 자신이 이루지 못한 꿈으로 인해 슬픔에 빠지게 된다고 Levinson은 믿는다. Levinson에 의하면, 많은 중년 남성들이 자신의 직장상사나 아내, 자식들로부터 구속당한다고 느끼고, 이러한 느낌은 작은 반란을 불러일으킨다고 한다. 반란이라는 것은 몇 가지 형태로 나타나는데 혼외정사, 이혼, 알코올 중독, 자살 또는 직업전환 등이 그것이다.

사진 설명: 증권 중개인에서 화가로 변신한 고갱은 파격적인 직업전환의 유명한 예이다.

직업전환에는 몇 가지 이유가 있다(Moen, 2009a, b; Schaie, 1996). 예를 들면, 기술혁신은 새로운 기술의 개발로 인해 쓸모없게 된 직업으로부터 보다 매력적인 새로운 기술개발에 의한 직업으로 전환케 하고 있다. 신문지상의 구인란을 보면 25년 전이나 50년 전의 직업과는 많이 다른 것들을 볼 수 있다. 이와 같이 기술혁신은 놀라울 정도의 빠른 속도로 새로운 직업을 창조해 내고 있다.

21세기에는 산업사회에서 정보사회로 급속히 변화함에 따라 직업의 종류나 필요한 기술의 종류가 달라질 것이다(Naisbitt, 1984). 많은 직업이 직접적으로 제품을 생산하는 것보다 정보를 제공하고 이용하는 데 관여할 것이다(예를 들면, 교사, 비서, 변호사, 기술자 등). 정보사회에 영향을 미치는 두 가지 요인은 정보의 양이 증가하는 속도와 정보가 전달되는 속도이다. 과학적·기술적 정보의 양은 이제 매 5년마다 2배로 증가하고 있으며, 정보가 전달되는 속도는 거의 동시적이다. 이러한 정보사회에서 자신의 직업에서 사용하는 지식과 기술은 매우 빠른 속도로 변한다.

직업시장이 빠른 속도로 변하는 것에 대한 사람들의 반응은 다양하다. 자신의 직업 분야에서 변화를 따라가지 못하는 사람은 자신의 지식이 쓸모없게 되고, 자신이 퇴보하고 있다는 위협을 느낀다. 쓸모없게 된 지식은 문제해결에서 덜 효율적인 이론이나 개념 또는 기술의 사용으로 정의할 수 있다(Willis & Dubin, 1990). 이것은 연령과 관련된 능력의 감소를 의미하는 것이 아니고, 오히려 새로운 지식이나 기술을 계속해서 익히는 데 실패한 것의 반영이다.

구식화(obsolescence)의 정도는 변화속도가 빠른 분야에서 더 높다. 예를 들면, 1986년 사무직 근로자의 19%가 컴퓨터를 사용한 반면, 1988년에는 27%로 증가하였다. 그리고 오늘날에는 대부분의 직업에서 지식의 구식화를 피하기 위해 어느 정도 수준의 컴퓨터 지식이 필요하다. 특히 '테크노 스트레스'로 대변되는 '중년 컴퓨터 불안증후군'은 지금까지 쌓아온 업무상의 노하우를 컴퓨터가 단번에 무용지물로 만들어 버리는 데 대한 중년 관리직이 느끼는 불안감을 의미한다. 노사 양쪽이 급속도로 변화하는 직업세계에서 살아남기 위해서는 재훈련과 직업상담이 필요하다(Shannon, 1989).

Richard Nelson Bolles

교육과 상담은 중년기에 직업을 바꾸려는 생각을 하고 있는 사람들로 하여금 많은 가능성이 그들 앞에 놓여 있다는 것을 깨닫게 하고, 이러한 기회들을 어떻게 하면 최대한으로 이용할 수 있는지 이해하는 데 도움을 준다. 이러한 기회 중에는 학업과 직업, 여가를 조화시키는 새로운 방법들이 있다. 여기에 대한 한 가지 견해가 Bolles(1979)의 '인생의 세 가지 상자'에 제시되어 있다.

인생의 세 가지 상자

직업상담자인 Richard N. Bolles(1979)는 『인생의 세 가지 상자』라는 책에서 인생을 설계하는 새로운 방법을 제시하고 있다. 인생의 세 가지 상자란 인간 생애의 세 가지 영역, 즉 교육, 직업, 여가를 말한다. Bolles에 의하면 우리들 대부분은 〈그림 12-24a〉에서 보듯이 첫 20년 정도의 세월을 학업에, 다음 40년간은 주로 직업에 그리고 나머지 인생은 여가로 시간을 보낸다고 한다.

이러한 접근의 문제는 한 번에 인생의 한 가지 측면에만 전념함으로써 우리가 할 수 있는 한 맘껏 인생의 각 시기를 즐기지 못하고, 인생의 다음 단계에 대비하지 못한다는 것이다. 예를 들면, 수십 년간 학업과 일에 몰두함으로써 사람들은 어떻게 노는지를 잊어버린다. 결과적으로 은퇴해서 원하는 여가시간을 갖게 될 때, 너무나 많은 사람들이 어떻게 해야 할지 모른다. 그러나 만약 사람들이 〈그림 12-24b〉에서 보듯이 이 세 가지 영역을 일생에 걸쳐 양립시킨다면 인생은 더 풍요롭고 만족스러운 것이 될 것이라고 Bolles는 주장한다.

교육과 직업 그리고 여가를 쉽게 통합하기 위해서는 많은 사람들이 중년기에 그들의 인생을 재평가하듯이 사회적 지침이나 가치도 그러한 재평가를 거쳐야 한다. 아마도 우리 문화 역시 비슷한 재평가를 받으면 재설계될 수 있을 것이다.

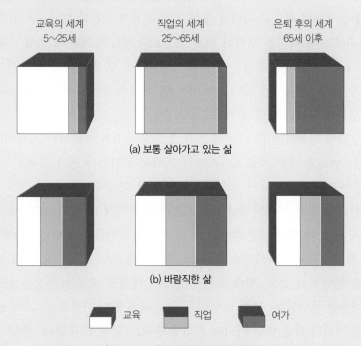

〈그림 12-24〉 인생의 세 가지 상자

출처: Bolles, R. N. (1979). *The three boxes of life.* Berkeley, CA: Ten Speed Press.

4) 실직

사진 설명: 실직으로 인한 무기력증은 우울증이나 다른 심리적 문제의 원인이 된다.

직업과 관련된 스트레스의 원인 중 가장 큰 것은 무엇보다도 예기치 않은 갑작스러운 실직이다. 이 경우 실직상태가 일시적이든 영구적이든 간에 스트레스를 받는다. 실직에서 오는 스트레스는 수입상실로 인한 경제적 곤란뿐만 아니라 자아개념의 손상으로부터 온다. 직업에서 정체감을 찾는 사람들, 가족부양을 남성다움으로 여기는 남성들, 자신의 가치를 자신이 벌어오는 돈으로 정의하는 사람들은 직업을 잃을 때 봉급보다 더 많은 것을 잃게 된다. 그들은 자신의 일부를 잃으며, 자아존중감을 상실하게 된다(Brenner, 1991; Merva & Fowles, 1992; Voydanoff, 1987, 1990).

실직에 대한 두려움은 중년기에 가장 높다(Sheehy, 1995). 일시해고(Layoff)의 $\frac{1}{3}$ 정도가 중간 관리직인데 이 직위에는 중년들이 많다(Downs, 1996). 이것은 주로 구조조정의 일환으로 행해진다(Farber, 1996).

중년기에 실직하면 새로운 직업을 구할 기회가 매우 드물다(Barnes-Farrell, 1993). 특히 40세 이후에는 새 직장을 구한다 해도 이전보다 봉급이 적은데 55세 이후에는 더욱 그러하다(Kossen, 1983). 이때 많은 중년들은 자신들이 덫에 빠졌으며, 자신의 직업목표를 달성할 수 없고, 탈출구가 없다고 느끼는데, 이것은 중년기에 발생하는 우울증이나 기타 다른 심리적 문제의 원인이 된다.

이러한 상황에 적응하는 데 있어 중요한 요소는 실직을 바라보는 시각이다. 그 같은 어쩔 수 없는 변화를 다른 것을 할 수 있는 기회로 여기거나 성장을 위한 도전으로 생각하는 사람들은 정신적으로 또 직업적으로 발전할 수 있다.

실직의 심리적 효과는 성년기나 노년기보다 중년기에 더 심각하다. 성년들은 새로운 직업을 구하는 데 훨씬 낙관적이고 현실적이며, 노인들은 은퇴하면 된다고 생각한다. 경제침체, 기술혁신, 회사매출(buyout), 회사합병, 구조조정으로 인해 실직당한 젊은 성인들은 인내심이 있고, 계속 구직에 힘쓰면 대체로 새로운 직장을 얻을 수 있다. 그러나 실직당한 중년들은, 특히 상당히 높은 지위에 있던 사람들은, 그에 상응하는 새 직장을 구할 기회가 적을 뿐만 아니라 은퇴할 준비도 되어 있지 않다. 중년기에 실직하게 되면 실직 기간이 성년기보다 더 길어지는데 왜냐하면 중년기에는 선택의 폭이 좁고 기회도 적기 때문이다(Brenner, 1985).

실직은 불안, 우울증, 공허감, 신체적 건강쇠퇴, 알코올 중독, 심지어 자살에까지 이르게 한다(DeFrank & Ivancevich, 1986). 실직의 영향은 당사자뿐만 아니라 부부관계, 자녀관계에도 영향을 미친다(McLoyd, 1989).

우리나라는 1997년 말 외환위기 이후 대량실업으로 인해 약 100만 명에 이르는 실직자들이 발생하였다. 이러한 실직자들의 삶—특히 이들의 직업전환 과정—에 대한 관심에서 출발한 연구가 손유미(2000)의 「실직자의 직업전환 과정 연구」이다. 이 연구는 실직 후 재취업한 18명의 30~40대를 대상으로 수행되었다.

연구결과, 첫째, 연구참여자들의 직업전환경로는 일차적으로 학력에 따라 사무직과 생산직으로 그 경로가 뚜렷하게 차별화되어 있다. 둘째, 첫 직업세계로 입문한 후 '경제 위기'로 인한 비자발적 실직 전까지 두 경로 간의 이동은 쉽게 일어나지 않는다. 셋째, 실직 이후의 직업전환 과정도 여전히 생산직과 사무직 간의 대처방법이 상이하다. 예를 들면, 생산직 연구참여자의 직업전환 과정에서 이들의 저학력은 위계화된 직업문화 속에서 선택이 불가능하므로 '선택해 버릴 수밖에 없는' 구조의 영향을 받게 된다. 즉, "못 배운 우리 같은 사람"이 가야 할 길은 정도의 차이가 있지만 이미 예정되어 있다고 체념하는 것이다. 그래서 이들에게 직업이동은 이미 세대 간 이동보다 더욱 운명적으로 정해진 것처럼 보인다.

5) 여가생활

아리스토텔레스는 일찍이 여가생활의 중요성을 인식하고 일도 잘해야 하지만 여가선용도 잘 해야 한다고 강조했다. 우리 사회에서 흔히 여가는 일과 반대의 개념으로 통용된다. 어떤 이는 여가를 시간 낭비로 보고, 우리 사회의 기본 가치인 일, 동기, 성취에 반대된다고 생각한다. 그러나 여가에 대한 태도가 점점 긍정적으로 변해가고 있다(Clebone & Taylor, 1992).

최근에 와서 소득증대 및 생활수준 향상과 기계문명의 발달에 힘입어 많은 사람들이 여가생활에 관심을 갖게 되었다. 테니스를 비롯한 스포츠 게임, 헬스클럽의 성업, 프로야구의 열풍, 산과 바다로 떠나는 여름철의 레저붐(사진 참조), 다양한 오락 프로그램의 TV시청, 음악·미술 등의 취미생활 그리고 이와 관련된 전문서적이나 등산, 낚시에 대한 월간잡지 등에서 알 수 있듯이 우리 사회도 바야흐로 노동 못지않게 여가에 관심을 갖는 시대가 되었다(윤진, 1985).

여가활동은 성격, 연령, 건강, 흥미, 능력, 경제상태, 교통, 사회문화적 요인 등에 따라 다양하다. 중년기의 여가활동은 성년기의 능동적 여가활동으로부터 노년기의 수동적 여가유형으로 바뀐다. 한 연구(Loprinzi, 2015)에서 몸을 많이 움직이지 않고 주로 앉아서 지내는 여가활동(예: TV 시청, 비디오 게임, 컴퓨터 사용 등)을 하는 사람들은 연령이 증가할수록 텔로미어(telomere)[1] 길이가 짧아지는데 텔로미어 길이가 짧아지면 수명이 짧아지는 것으로 나타났다.

중년기에는 격렬한 운동이나 스포츠보다는 클럽이나 조직에 가입해서 사회문화적 활동이나 다른 사람들과 교제하는 데 시간을 더 많이 보낸다. 이러한 수동적 유형은 노년기에 더욱 보편적인 현상이 되는데, 65세 이상 된 노인들의 경우 능동적 여가활동에 참가하는 비율은 약 10%로 추산된다(Bammell & Bammell, 1985).

Neulinger(1981)는 『여가심리학』이라는 책에서 여가에 대해 다음과 같이 설명하고 있다. 여가란 노동에 반대되는 개념이 아니다. 즉, 노동을 신성하고 긍정적인 것으로 여기고, 여가를 부정적인 것으로 여겨서도 안 된다. 여가도 노동과 마찬가지로 우리 인생에서 꼭 필요한 것이다. 특히 여가는 자유롭게 선택해야 하며, 활동 그 자체에 만족을 얻는 내재적 동기에 의해서 여가활동에 참여할 때 더욱 바람직하다.

Neulinger에 의하면 성년기에는 중년기보다 사회적·경제적 압박이 심하고 가족에 대한 책임으로 여가활동의 폭이 좁다고 한다. 젊은 성인들은 자신의 여가를 사회관습에 맞추고 사회적으로, 직업적으로 성공하기 위해 '필요한' 사람들과 교제하는 등 자신의 여가활동을 조심스럽게 구상한다. 반면, 중년들은 자기 방식대로 재미있고 즐거운 여가활동을 선택하게 된다.

또한 중년여성의 여가활동은 사회적 관계 만족도와 주관적 건강에 영향을 미치는 것으로 확인되고 있다(Siven & Debrand, 2008). 특히 혼자서 하는 단독형 여가활동보다 가족이나 친구, 이웃과 함께하는 교류형 여가활동의 경우 중년여성의 우울을 예방하고 사회적 관계만족도와 주관적 건강수준을 높이는 것으로 보인다(이화윤, 2022).

중년기에는 은퇴에 대비해서 경제적으로, 심리적으로 준비할 필요가 있다. 중년기에 시작되는 은퇴준비 프로그램에는 여가교육이 포함된다(Connolly, 1992; Knesek, 1992). 우리 사회는 일의 윤리(work ethic)를 강조하는 사회로 여가시간을 어떻게 활용할 것인가에 대한 교육이 미미하다. 그러므로 이에 대한 교육이 필요하다. 중년기에 개발된 여가활동은 이러한 준비 과정에 매우 중요하다. 만약 은퇴 후에도 계속해서 할 수 있는 여가활동이 있다면 직업으로부터 은퇴로의 전환을 좀더 용이하게 해 줄 것이다.

----

1) 텔로미어는 염색체의 말단부에 존재하는 유전자 조각으로서 염색체를 보호하게 된다. 세포분열이 반복될수록 텔로미어는 점점 짧아져서 노화세포가 되어 마침내 죽게 된다.

4. 성격과 사회성발달

중년기의 성격특성은 안정적인가 아니면 변화하는가? 성격의 안정성과 변화성의 문제는 오랫동안 이 분야 연구의 주된 관심사가 되었다. 성격의 어떤 측면은 인생 초기에 형성된 대로 변화하지 않고 그대로 유지되는가 하면, 또 어떤 측면은 중년기의 새로운 경험과 도전, 즉 중년기의 신체변화, 빈 둥지 시기, 중년기의 직업전환, 조부모가 되는 것 등으로 인해 많은 변화가 일어난다.

중년기의 성격특성과 생활양식의 변화는 종종 '중년기 위기' 탓으로 돌려지는데, 중년기는 잠재적으로 갈등이 많은 시기이고, 다른 어떤 시기보다 더 과거를 되돌아보고 미래를 내다볼 수 있는 시기이다. 과거에 대한 반성과 미래에 대한 기대는 자신의 인생에 대해 평가를 내리게 한다.

1) 중년기는 위기인가 전환기인가

중년기는 흔히 수많은 갈등으로 가득찬 위기의 시기라고 일컬어진다. 중년기를 위기로 보는 이들은 중년기에 일어나는 여러 가지 변화, 즉 자녀들의 독립, 직업적응, 노화로 인한 생리적·심리적 변화에 대한 적응 등의 많은 변화를 강조한다. 중년기 위기의 옹호론자들은 중년기의 여러 가지 도전이 초래하는 혼란에 초점을 맞춘다.

반면, 다른 모든 발달단계와 마찬가지로 중년기를 나름대로의 발달과업과 도전이 있는 인생의 또 다른 단계로 보는 시각도 있다. 사실 중년기의 발달과업이 다른 단계의 발달과업보다 더 복잡하거나 격렬한 것은 아니다. 심지어 어떤 이들은 중년기를 인생에서 가장 행복한 시기로 보기도 한다. 중년기를 위기가 아니고 전환기로 보는 이들은 중년기의 경제적 안정, 직업에 대한 열정, 부모의 책임에서 벗어나는 자유 등을 강조한다(O'Connor & Wolfe, 1991).

이와 같이 중년기를 어떻게 해석하느냐에 따라 중년기를 긍정적으로 볼 수도 있고, 부정적으로 볼 수도 있다. 어떤 이들은 '중년기의 위기'를 피할 수 없는 것으로 보고, 중년기의 위기가 초래하는 심각한 영향 역시 피할 수 없는 것이라고 생각한다. 그들은 중년기의 위기 그리고 이 위기가 가져오는 문제들과의 투쟁이 가슴을 무겁게 하고, 정신을 피곤하게 만든다고 말한다.

그러나 중년기의 위기는 불가피한 것이 아니라고 보는 견해도 많다. 이들은 일반적으로 '위기'라는 말은 부정적이고, 비관적인 일종의 파국이나 공황과 같은 것으로 이해되는 경향이 있다는 점을 강조하면서, 중년기의 위기를 경험하지 않고 중년기를 넘기는 사람들도 많이 있다고 주장한다.

(1) 중년기의 위기

'중년기의 위기'라는 용어는 Jacques(1967)와 Jung(1966) 같은 정신분석학자들에 의해 처음 소개되었는데, 중년기의 우울증, 혼외정사 또는 직업전환에 대한 설명으로서 급격히 대중화되어 유행어가 되었다. 그 같은 사건은 외부지향, 즉 사회에서 자리를 찾는 데 대한 관심으로부터 내부지향, 즉 자기 안에서 의미를 찾으려는 변화의 신호로 여겨진다(Jung, 1966). 이러한 내부지향적 변화는 불안한 일로서 사람들이 그들의 인생목표에 의문을 가질 때 일시적으로 중심을 잃게 할 수 있다(사진 참조).

Jacques(1967)에 의하면, 위기를 가져오는 것은 죽음에 대한 인식이다. 성년기가 끝나고 이 시기의 과업은 대체로 완수된다. 사람들은 가정을 이루고 어느 정도의 성공도 이룬다. 부모로부터 독립하며 부모는 이제 거꾸로 그들에게 도움과 조언을 구한다. 그들은 인생의 절정에 있으면서도 그들의 시대가 얼마 남지 않았고, 젊은 시절의 모든 꿈을 다 이룰 수 없다는 것을, 또는 그 꿈을 이루었다 해도 기대한 만큼의 만족을 얻지 못했다는 것을 깨닫는다.

많은 연구들이 중년기가 위기의 시기임을 뒷받침한다. 이 시기에 결혼만족도는 최저점에 이르고(Pineo, 1961), 정신질환과 신경증의 발병률이 최고조에 이른다(Weintraub & Aronson, 1968). 알코올 중독, 위궤양, 고혈압, 심장병 등이 가장 빈번하게 나타나는 시기이며, 40세에서 60세의 기간에, 특히 남성의 경우 자살률이 급격하게 증가하는 것을 볼 수 있고, 이혼이나 별거, 불륜이나 도피 등이 중년기의 결혼생활에서 드물지 않은 일이 된다(Stevens-Long, 1979). 이 외에도 중년기가 위기의 시기임을 보여주는 수많은 사례가 정신분석가와 임상심리학자들에 의해 보고된 바 있다.

우리나라 성인남녀를 대상으로 '중년기의 위기론'을 검증한 김애순(1993)의 연구에서는, 중년기가 오는 시기가 언제인가를 규명하기 위해 본인의 연령, 첫 자녀의 연령, 막내 자녀의 연령과 중년기 위기감과의 관계를 분석했다. 그 결과 본인의 연령은 중년기의 위기감에 대해 유의

사진 설명: 중년기 위기와 영향요인

한 설명력이 없었다. 그러나 첫 자녀와 막내 자녀의 연령이 증가할수록 위기감의 수준이 증가했는데, 이러한 추세는 여성들보다 남성들에게서 더욱 현저하게 나타났다. 특히 첫 자녀의 연령보다는 막내 자녀의 연령이 중년기의 위기감과 관련이 큰 것으로 나타났다. 이러한 결과는 성인발달이 신체적 연령보다는 사회적 연령과 더 밀접한 관계가 있으며, 중년기의 위기가 생물학적 연령과 관련된 사건이라기보다는 자녀의 성장으로 인한 역할변화, 청소년 자녀들과의 문제, 직업상 경력에서의 한계 등 사회적 연령과 관련된 사건이라는 점을 시사하고 있다. 또한 우리나라의 중년들은 서구와는 달리 청소년 자녀들과 갈등을 일으키는 40대 초반의 시기보다는 자녀들이 부모의 슬하를 떠나는 50대의 빈 둥지가 임박한 시기가 더욱 심각한 위기임을 말해 주고 있다.

(2) 중년 전환기

위기가 중년기의 이정표라는 생각에 이의를 제기하는 학자들이 많다. 중년기로의 전환에 잠재적인 스트레스가 많을지 모르지만, 스트레스가 반드시 위기를 드러내는 것은 아니다. 또한 이러한 종류의 전환이 중년기에만 국한되는 것은 아니다. 따라서 중년기는 위기의 시기라고 보기보다는 전환의 시기라고 보는 것이 옳다(Farrell & Rosenberg, 1981; Rossi, 1980; Schlossberg, 1987).

중년기는 가족생활, 직업수행, 친밀한 관계, 내적 생활에서 새로운 측면이 나타나는 시기이다. 중년기로의 전환은 자신과 자신을 둘러싸고 있는 사람들을 보는 시각의 변화로 특징지어진다. 이러한 새로운 측면을 향해 가고, 변화된 시각을 경험하게 됨에 따라 아마도 불확실함 또는 낯설음과 직면하게 될 것이다. 그러나 이러한 반응은 한 단계에서 다른 단계로 넘어갈 때에 나타나는 지극히 정상적인 것이다.

사진 설명: 중년기는 개인적 욕구, 인생의 목표 등을 재평가하는 시기이다.

전환기에 사람들은 그들 삶의 성공과 실패를 되돌아보고, 곰곰이 생각해 본다. 어떤 사람들에게 이러한 반성은 두려움이 될 수도 있고, 고통스러운 것이 될 수도 있다. 사람들 중에는 자신의 불완전함과 결점을 견디지 못하는 사람들도 있다. 성공적인 중년기로의 전환은 자신의 강점뿐만 아니라 약점까지도 탐색할 수 있도록 해 준다.

중년기로의 전환에는 물론 불안감, 우울증, 실패감 등의 부정적인 측면이 있다. 어떤 이들은 노화의 징후와 죽음이라는 생각에 사로잡히게 되고, 또 어떤 이들은 자신의 인생에서 부정적인 측면만 보고서 자신을 인생의 낙오자로 생각하기도 한다.

중년기에 있어서 발달과업의 성공적인 해결은 재평가와 재적응의 능력에 의해 좌우된다. 젊은 시절에 세웠던 인생의 목표가 중년기의 현실 때문에 실현되지 못할 수도 있다. 실현되지 못할 꿈들은 포기하는 것이 중요하다. 많은 사람들에게 이러한 과정은 고통스럽겠지만 이것을 수용하고 여기에 적응할 필요가 있다. 이러한 재적응과 재평가는 노년기에 자아통합감을 이룰 수 있게 해 준다.

2) 중년기 성격의 안정성

성격의 안정성과 연속성에 대한 주된 증거는 Costa와 McCrae(1980, 1986, 1989, 1998; McCrae, 2021; McCrae & Costa, 2006)의 종단연구에서 나온 것이다. 이들은 성격특성이 시간이 지나면서 변하는지 변하지 않는지에 관심을 두고 20~80세 사이의 약 2,000명의 성인들을 대상으로 성격을 연구했다. 매 6년마다 성격검사가 실시되었는데, 이 검사는 신경증, 외향성, 개방성, 성실성, 순응성의 다섯 가지 기본적인 성격 차원(Big Five factors of personality)으로 구성되어 있고, 각 차원에는 모두 여섯 가지 특성이 있다. 피험자들로 하여금 "나는 너무 쉽게 사람들에게 화를 낸다"와 같은 문항에 동의하는지, 하지 않는지를 질문하였다. 같은 검사를 여러 번 실시하여 어떤 특성이 안정성이 있는지 아니면 연령의 증가와 함께 변하는지를 알 수 있었다.

여러 연구결과에서 성격특성은 매우 안정적이고 일관성이 있는 것으로 나타났다(Costa & McCrae, 1980, 1988). 한 연구(Costa, McCrae, & Arenberg, 1980)에서는, 12년 간격의 성격특성 간의 상관계수가 .65~.85였다. 이에 대해 Costa와 McCrae(1982)는 대부분의 경우 30세 때의 자아개념은 80세 때의 성격특성의 좋은 지표가 된다고 언급하였다. 또한 배우자가 평정한 성격특성이 6년 후에도 거의 변화가 없는 것으로 나타났다(Costa & McCrae, 1988).

이와 같은 연구결과는 성격이 안정성과 연속성의 특징이 있다는 사실을 지지하는 것이다. Costa와 McCrae(1989)는 그들의 연구결과에 의하면, 우리 인간은 사회과학자들이 주장하는 것만큼 환경의 영향을 받지 않는다고 주장한다. 즉, 인간은 생활사건, 역사적 사건, 변하는 사회적 역할에 의한 수동적인 희생자가 아니라고 주장한다. 오히려 이러한 모든 영향력에도 불구하고 그들의 독특한 성격특성은 그대로 유지된다는 것이다.

최근의 연구들(Hakulinen et al., 2021; Roberts & Nickel, 2020)에서도 다섯 가지 성격 차원은 개인의 신체적·정신적 건강, 지능, 성취도, 인간관계 등과 같은 주요 측면과 관련이 있다고 밝혔다.

3) 중년기 성격의 변화

중년기 성격이 안정적이라기보다 변한다고 보는 학자들은 발달단계에 따라 질적으로 서로 다른 성격특성이 나타난다고 주장한다. 여기서는 중년기 성격의 변화를 주장하는 Erikson, Peck, Vaillant, Levinson 그리고 Jung의 이론을 살펴보고자 한다.

(1) Erikson의 생산성 대 침체성

Erikson(1978, 1982)에 의하면, 중년기에 생산성 대 침체성이라는 일곱 번째 위기를 경험한다고 한다. 생산성을 통해서 중년기의 성인들은 다음 세대를 인도한다. 즉, 자녀를 낳아 기르고, 젊은 세대를 가르치며, 지도하고, 지역사회에 도움이 되는 일들을 함으로써, 인생의 중요한 측면을 통하여 다음 세대를 인도한다. 생산적인 중년들은 다음 세대와의 연결을 통해 사회의 존속과 유지를 위해 헌신한다. 그렇게 함으로써 일종의 불멸감(immortality)을 맛보기도 한다(Moieni et al., 2020).

생산성은 자녀를 출산하는 것뿐만 아니라 직업을 통해 다음 세대에게 기술을 전수하거나 문화를 창조하고 보존하는 행위 등 매우 넓은 개념이다(Lewis & Allen, 2017). 그

사진 설명: 초기에 Erikson은 생산성 개념에서 자녀출산과 양육을 강조하였다.

러나 초기에 Erikson은 생산성 개념에서 자녀출산에 특히 큰 비중을 두었다. 많은 사람들은 아이를 낳고 양육하는 것으로 생산성을 획득하고자 하나, 이외에도 여러 가지 방법이 있다. Erikson은 가르치고, 쓰고, 발명하는 일, 예술과 과학, 사회적 활동 그리고 미래 세대의 복지를 위해 공헌하는 것은 모두 생산성과 관련이 있다고 본다.

물론 자녀를 출산한다는 사실만으로는 생산성이 보장되지 않는다. 부모는 자녀를 보호하고 지도하는 등 양육에 힘써야 한다. 이것은 때로는 부모가 자신의 욕구를 희생해야 한다는 것을 의미한다.

생산성은 사랑의 확장으로 전 단계인 친밀감의 단계보다 덜 '이기적인 것'이 된다. 왜냐하면 친밀감이란 사랑하는 사람끼리, 혹은 친구끼리의 사랑으로서 그 관계는 상호작용을 보일 때만 가능한 것이지만, 생산성에서는 이를 넘어서기 때문이다. 다시 말해서, 생산성을 획득한 경우에는 상호작용의 관계 여부에 크게 신경쓰지 않는다. 예를 들어, 어떤 부모는 자녀에게 자신이 투자한 만큼 되돌려 받기를 기대하는데, 이는 생산성 획득에 실패한 경우라고 볼 수 있다.

침체성은 다음 세대를 위해서 자신이 한 일이 아무것도 없다는 것을 깨닫는 경우를 말하는 것이다. 인생을 지루하고 따분하다고 생각하는 사람, 불평불만을 일삼는 사람, 매사에 비판적인 사람들이 침체성을 보여주는 전형적인 경우이다.

Ryff(1984)의 연구에서, 중년기 성인들의 주요 관심사가 생산성이라는 것이 밝혀졌다. 그들은 스스로를 젊은이들을 돕고 지도하는 일에 관심이 있는 지도자로서 또한 의사결정자로서 지각하였다. 그리고 또 다른 연구(Peterson & Klohnen, 1995)에서, 40대 중년들을 연구한 결과, 생산성은 친사회적 성격, 일을 통한 생산적 태도, 자녀양육에 대한 폭넓은 관심으로 표현되었다.

Erikson의 다른 단계에서와 마찬가지로 중요한 것은 생산성과 침체성이 균형을 이루는 것이다. 매우 생산적인 사람이라도 다음 계획을 위해 에너지를 모으면서 휴지기를 거친다. 그러나 지나친 침체는 결국 방종으로 흐르거나 심지어 신체적으로 또는 심리적으로 나약하게 된다.

(2) Peck의 적응과제

Erikson의 개념을 확장하여 Peck(1968)은 중년기의 성공적인 적응에 중요한 네 가지 심리적 발달을 구분하였다. 20대 후반이 지나면 노화의 피할 수 없는 결과로 나타나는 것이 체력과 젊음의 매력이 감소한다는 것이다. 그러나 중년기에는 성년기에 갖지 못한 인생경험으로 인해 지혜를 획득하게 된다.

① 지혜의 중시 대 체력의 중시

인생에서 최선의 선택을 하게 하는 능력인 지혜는 주로 광범위한 관계 및 상황과 만날 기회 그리고 순수한 인생경험에 좌우되는 것으로 보인다. 때로 30대 후반과 40대 후반 사이에서 가장 성공적으로 적응한 사람들은 그들이 획득한 지혜가 쇠퇴해 가는 체력과 정력 그리고 젊음의 매력을 보상하고도 남는다고 생각한다.

② 사회화 대 성적 대상화

일반적으로 신체적 쇠퇴와 더불어 나타나는 갱년기는 중년들로 하여금 그들의 인생에서 남녀를 재정의하여, 성적 대상으로서보다는 한 개인, 친구 그리고 동료로서 대하게 만든다. 성적 요소는 감소하고 대신 감정이입, 이해, 동정심 등이 새로운 차원으로 떠오른다. 이런 식으로 이들은 다른 사람들의 고유한 성격을 감지할 수 있고 훨씬 깊은 이해에 도달할 수 있다.

③ 정서적 유연성 대 정서적 고갈

한 사람으로부터 다른 사람으로, 또 어떤 활동에서 다른 활동으로, 정서적 투자를 전환할 수 있는 정서적 유연성은 중년기에 매우 중요한 의미를 갖는다. 이 시기는 부모와 친구의 죽음 및 자녀의 성숙과 독립으로 인해 관계의 단절을 경험하기 쉬운 때이다. 그들은 또한 신체적 한계로 말미암아 활동에서도 변화를 꾀해야 한다. 불행히도 어떤 이들은 자신이 정서적 투자를 했던 대상이 사라짐으로써 그리고 자신의 감정을 다른 대상에 재투자하지 못함으로써, 정서적 고갈을 경험하게 된다. 그러나 새로운 정서적 투자의 대상을 발견하게 되면 이 위기를 극복할 수 있다.

④ 정신적 유연성 대 정신적 경직

중년기에는 자신의 견해나 행동은 물론 새로운 생각을 받아들이는 데 있어서도 유연성이 있어야 한다. 그러나 중년기에는 '정신적 동맥경화 현상'이 나타나기 쉽다. 중년기까지 많은 사람들은 인생의 중요한 문제에 대해 일련의 해답을 얻었다. 그러나 이러한 해답에 안주하여 새로운 해답을 구하려 계속 노력하지 않을 때, 그들의 생각은 경직되고 새로운 사상을 받아들이지 못한다. 유연성을 유지하는 사람들은 그들이 이미 찾아낸 해답과 자신의 경험을 새로운 문제를 해결하기 위한 잠정적인 지침으로 활용한다.

(3) Vaillant의 중년기 적응

Vaillant(1977)는 하버드대학 신입생들을 대상으로 그들을 50대까지 추적한 그랜트 연구에서, 40세경에 중년 전환기가 나타난다고 밝혔다. 중년 전환기는 새로운 인생단계로의 진입요구 때문에 스트레스가 많을지 모른다. 이 시기는 종종 십대 자녀와 원만하게 지내는 데 문제가 있기도 하고 때로는 지나친 우울증에 빠지기도 한다.

그러나 그랜트 연구에서는 남성들의 경우 전환기가 때로는 혼란스럽기는 하나 이 시기가 위기의 차원으로 나타나지는 않았다. 게다가 이들은 인생의 어느 시기보다도 이 중년기에 더 많이 이혼하거나, 직업에 싫증을 낸다거나, 혹은 좌절하게 되는 것 같지 않았다. 50대쯤에서 이 집단 중 가장 잘 적응한 남성들은 실제로 35세에서 49세까지의 시기를 그들의 인생에서 가장 '행복한 때'라고 보았다.

이 연구에 의하면 50대가 40대보다 일반적으로 보다 더 원숙하고 평온한 시기라고 생각하는 것으로 보인다. Vaillant도 다른 사람들이 지적한 것과 비슷한 특성들을 관찰하였다. 즉, 나이가 들수록 성 구별이 줄어들고, 남성들의 성향은 보다 온정적이고 표현적이 되었다는 것이다.

(4) Levinson의 중년기 발달단계

Levinson(1978, 1980, 1986, 1996)은 중년기를 다시 몇 단계로 나눈다. Havighurst(1972)와 마찬가지로 Levinson은 각 발달단계에서 이룩해야 할 발달과업을 다음과 같이 강조한다.

① 중년기의 전환기(40~45세)

Levinson의 모든 전환기처럼 중년기의 전환기는 끝이자 시작이다. 성년기의 일을 마무리해 가면서 또 한편으로는 중년기의 요령을 익혀 간다. 이 교량 역할을 하는 시기 동안 이제 자신의 죽음을 보다 절실히 인식하는 남성들은 그들 삶의 모든 측면에 대해 실질적으로 의문을 제기한다.

Levinson에 의하면, 중년기 남성은 내면의 상반되는 성향들을 처리해야 한다고 말한다. 그가 젊은 세대보다 늙었다고 느끼더라도 아직 자신을 중년이라고 부를 준비가 안되어 있다. 자신이 이제 중년이라는 사실을 인정하지 못하는 지나치게 젊은 태도를 고집하지 말아야 한다. 그러나 그의 사고가 너무 늙게 되면 메마르고 경직될 것이다. 그는 또한 그의 성격의 '남성적' 부분과 '여성적' 부분을 통합하려고 노력해야 한다.

② 중년기로의 진입(45~50세)

40대 중반이 되면 남성들은 새로운 선택을 수반하는 새로운 인생구조를 설계하기 시작한다. 여기에는 새 직업이나 현재의 일에 대한 재구성 또는 재혼 등이 포함된다. 이때 매우 성공적인 사람들은 중년기를 인생에서 가장 충만하고 창조적인 시기, 자기 성격의 새로운 국면이 꽃필 수 있게 해 주는 기회로 생각한다. 반면, 어떤 이들은 중년기의 과업을 전혀 해결하지 못하는데 이들은 따분한 중년기를 보내게 된다.

③ 50세 전환기(50~55세)

인생 구조를 수정할 수 있는 또 다른 기회는 50대 초반에 다가온다. 50대 전환기는 중년 전환기가 비교적 무난했던 남성의 경우 특히 어려운 시기가 되는 것 같다.

④ 중년기의 절정기(55~60세)

중년기 인생구조의 절정기는 남성들이 중년기의 토대 구축을 끝낸 안정된 시기이다. 다시 젊어져서 인생을 풍요롭게 하는 사람들에게 50대는 위대한 완성의 시기가 된다.

(5) Jung의 중년 전환기

Jung은 약 40세에 시작되는 중년기를 인생의 전반에서 후반으로 바뀌는 전환점으로 보았는데, 중년기에 이르면 급격한 가치관의 변화가 일어난다고 한다. 젊었을 때의 관심과 추구는 가치를 잃고, 이제는 생물학적이 아니고 보다 문화적인 새로운 관심으로 대체된다. 중년기에는 보다 내향적이고 충동성이 적어진다. 지혜와 현명함이 신체적 · 정신적 격렬함을 대신한다. 그의 가치는 사회적 · 종교적 · 문화적 · 철학적 상징으로 승화된다. 다시 말해서 이제는 정신적인 인간으로 바뀌게 된다.

Carl Jung

이러한 전환은 개인의 인생에서 매우 중대한 사건이다. 이 전환은 또한 에너지가 전환하는 동안, 만약 무엇이 잘못된다면 성격에 영원히 장애가 올지도 모르므로 가장 위험한 사건 중의 하나이다. 예를 들어, 중년기의 문화적 또는 정신적 가치가 이전에 본능적 목적에 투입되었던 에너지를 전부 이용하지 않을 때 그런 장애가 발생한다. 이 경우에 잉여 에너지는 정신의 평형 상태를 혼란시킬 수 있다(Jung, 1931).

Jung은 잉여 에너지의 만족스러운 배출구를 찾지 못한 중년기 사람들을 치료하는 데 매우 성공적이었다. 그의 환자 중에는 중년기에 인생에 대한 허탈감과 무력감을 호소하는 사람들이 많았는데, Jung은 이것을 이들이 사회로부터 얻은 성취는 자신의 성격의 어느 한 측면을 억제한 대가로 얻어진 것이므로, 경험했어야 할 인생의 다른 많은 측면들이 어두운 창고 속에 묻혀 있어, 그러한 내재적 욕구가 중년기에 분출되어 나온다고 보았다.

사진 설명: 아니마와 아니무스

한편, Jung은 중년기 이후 남녀 모두가 자신의 생물학적 성과 반대되는 성격 측면을 표현한다고 보았다. 즉, 남성들은 자신 속의 여성적인 측면인 아니마(anima)를 표출하여 덜 공격적이 되고, 대인관계에 보다 많은 관심을 보이기 시작하며, 여성들은 남성적인 측면인 아니무스(animus)를 표출하여 보다 공격적이고 독립적이 된다는 것이다.

4) 중년기 여성의 성격발달

성인발달의 단계이론은 그 이론적 개념이나 연구대상이 모두 남성지향적이다. 예를 들면, 단계이론의 주요 초점은 전통적으로 남성의 인생을 지배했던 직업경력이나 일에서의 성취를 강조하고 있다. 단계이론은 관계나 보살핌 같은 여성들의 관심사를 반영하지 못하며, 자녀출산과 자녀양육을 중요시 하지 않는다(Gilligan, 1982).

여성들의 가정 내에서의 역할은 복잡하고 그들의 인생에서 매우 중요하다. 여성들이 집안일과 직업을 병행하면서 경험하는 역할갈등을 대부분의 남성들은 경험하지 않는다. 따라서 남성들을 대상으로 한 연구를 여성들에게 일반화하는 데는 문제가 있다(Barnett, Marshall, & Pleck, 1992; Basow, 1992; Keith & Schafer, 1991; Zunker, 1990).

많은 여성들에게, 심지어 직업이 있는 여성들의 경우에도, 가족은 최대의 관심사이다(Kelly, 1991; Moen, 1991). 전통적인 여성들의 중년기 전환은 남편과 자녀 주위를 맴돈다. 여성들은 자신의 인생주기를 자신의 연령이 아니라 남편과 자녀의 연령 또는 가족생활 주기로서 정의한다. 자녀가 모두 집을 떠나고 부부만 남게 된 '빈 둥지 시기'에 여성들은 인생이 무의미하며, 자신이 이제 더 이상 쓸모없게 되었다고 느낀다.

그러나 연구결과 '빈 둥지화'는 생활이 가족중심적이었던 여성들의 경우에만 해당되는 것으로 나타났다. 많은 여성들은 이제 부모의 책임에서 벗어나 자신을 더 이상 아내로서 또 어머니로서 정의하지 않으며, 정체성에 다른 의미를 부여한다. 이러한 과정은 심리적으로 건강한 것으로 보인다(Basow, 1992; Helson & Wink, 1992; Lieberman & Peskin, 1992).

중년 전환기의 또 다른 성차는 노화과정을 보는 시각이다. 자신의 신체변화를 인정하는 것은 심리적 적응 면에서 매우 중요하다. 그러나 우리 사회에는 노화의 이중 기준이 적용된다. 남성들에게는 경험과 성취의 증거로서 매력으로 여겨지는 노화의 징후들이 여성들에게는 다르게 지각된다. 한마디로 신체적 매력을 강조하는 우리 사회는 여성들이 우아하게 늙어가는 것을 허용하지 않는다. 한 연구(Rossi, 1980)에서 대부분의 중년 여성들이 적어도 10년 정도 자신이 젊었으면 하고 바라는 것으로 나타났다.

그러나 모든 여성들이 중년기를 잃어버린 젊음을 아쉬워하고 쇠퇴기로 보는 것은 아니다. 한 연구(Mitchell & Helson, 1990)에 의하면, 많은 여성들에게 있어 50대 초반은 인생의 새로운 전성기(new prime of life)였다. 26~80세의 700명의 여성 표본에서 50대 초반의 여성들은 자신의 인생을 일등급으로 묘사하였다. 다른 연령집단과 이들을 구분하는 조건은 보다 나은 건강, 나은 수입, 부모에 대한 더 많은 관심이었다. 이들은 자신감, 안정감, 독립심을 보여주었다. 요약하면 중년기가 모든 여성들에게 부정적인 시기라는 고정관념은 잘못된 것으로 보인다.

5) 한국 중년 세대의 특성

오늘날에는 한국의 중년 세대를 일컬어 '샌드위치 세대'라고 한다. 가치관의 측면에서 볼 때 공동체를 중시하는 가치와 개인주의적 특성을 강조하는 근대적 가치의 중간에 위치하면서 이 둘 사이의 갈등을 경험하는 세대이기 때문이다. 즉, 전통적인 공동체적 가치를 충분히 수용하지 않을 뿐 아니라, 개인의 개성을 중시하여 공동체적 가치를 거부하지도 못한다. 또한 경제적 측면에서 본다면, 한때 우리 사회의 경제 부흥기를 주도한 세대로서 그 이전 세대에 비해 경제발전의 혜택을 누리기도 했지만 동시에 최근의 경기불황과 더불어 고용안전을 가장 위협받는 세대이기도 하다. 이 때문에 노년기를 위한 경제적 준비에 미흡하여 불안한 노년기를 보내야 하는 세대이다(김명자, 1998).

사진 설명: 시대적 배경은 산업사회인데 여전히 남성들의 의식 속에는 조선시대 여성상이 그대로 존재하고 있다.

특히 중년 후기 세대는 '전통적 가족문화와 현대적 가족문화의 중간에 끼어 있는 샌드위치 세대'로 인식하고 있다. 자신들의 노후를 자녀들에게 기대하지 못하고 노년기를 대비해 독립적인 삶을 개척해야 한다는 점을 강하게 인식하는 첫 세대인 것이다(장경섭, 2001).

이 가운데에서도 특히 중년기 여성들은 어떠한 삶을 살아왔는가? 우리 사회의 근대화 과정에서 여성들의 삶이 실질적으로 변화한 것은 사실이다. 근대화를 통해 여성들도 고등교육을 받을 수 있는 여건과 기회가 많았으며, 1960년대 이후 정부의 산업화 정책에 가속도가 붙으면서 여성의 취업활동도 활발히 이루어졌다. 현재의 중년 후기 여성들은 이렇게 여성의 삶의 변화를 경험하고 일견 혜택을 받은 것으로 보이는 세대이다(여성을 위한 모임, 1999).

그러나 과거의 전통적인 여성들의 삶과 비교해 보았을 때 외적인 삶의 모습이 변화한 것은 분명하지만, 강한 부계혈연 중심의 사회·문화적 분위기 속에서 이러한 변화는 피상적인 것에 그칠 수밖에 없었다. 조혜정(1988)은 "전통적 남존여비사상을 중심으로 한 규범적 지배는 크게 약화되었으나, 아직도 심층적인 차원에서 그 특성이 유지되는 면이 없지 않다"라고 지적하고 있다. 즉, 사회와 가족 속에서 여성의 위치와 삶은 여전히 부차적 존재로서 의존적이며 종속적인 성격을 갖는다.

이러한 중년 후기 여성들의 모습은 현대에 와서 변화된 한국 사회에서 비주체적이고 의존적인 '전통적 여성상'과 독립적이고 주체적인 '현대적 여성상'의 이분화된 이미지 사이에 불안정하게 놓여 있으며, 이러한 불확실한 긴장 관계 속에서 성인 여성들의 정체성의 갈등이 드러난다.

6) 중년기의 자아실현

Abraham Maslow

많은 사람들이 성인기에 이상적인 인간상인 자아실현인이 되고자 노력한다. 자아실현인이 되기 위해서는 자신의 잠재력을 충분히 실현시킬 수 있도록 해야 한다. Maslow(1970, 1971)에 의하면, 인간의 욕구에는 기본적으로 다섯 가지가 있는데, 그중에서 자아실현의 욕구가 가장 높은 수준의 것이라고 한다. Maslow는 인간의 행동에 동기를 부여하는 것은 단순히 쾌락을 추구하고, 고통을 회피하거나 내적 긴장을 감소하려는 노력 이상의 것이라고 주장한다. 우리 인간의 많은 동기가 유기체의 긴장에 의해 유발되고 그리고 긴장수준이 감소된 후에라야 높은 수준의 행동이 가능하다.

Maslow는 자아실현을 이루기 위해서는 몇 가지 전제조건이 충족되어야 한다고 주장한다. 우선 세속적인 걱정, 특히 생존과 관련된 근심으로부터 자유로워야 한다. 그리고 자신이 하는 일(직업)에서 편안해야 하고, 가족원이나 직장동료로부터 인정을 받는다고 느껴야 한다. 게다가 자신을 진정으로 존중하는 마음이 있어야 한다.

중년기 이전에는 자아실현을 이루기가 어렵다. 왜냐하면 성년기 동안에는 에너지가 성욕, 교육, 직업경력, 결혼과 부모역할 등의 여러 방향으로 분산되기 때문이다. 그리고 경제적 안정을 이루려는 노력은 상당한 양의 정신적 에너지를 소모하게 한다. 그러나 중년기에는 이러한 욕구를 대부분 충족시키고, 이제 자아성숙을 향한 노력에 에너지를 할애할 수 있다.

5. 가족생활

오늘날 중년기의 가족생활은 예전과 많이 다르다. 과거에는 평균수명이 지금보다 훨씬 낮았고, 출산하다가 사망하는 경우도 많았으므로 부부가 함께 30~40년을 사는 경우가 흔하지 않았다. 이른 나이에 결혼해서 늦은 나이까지 계속해서 자녀를 낳았으며, 대부분의 사람들은 자녀가 결혼할 때까지는 함께 사는 것으로 생각했다. 따라서 중년기에 부부 두 사람만 사는 경우는 비교적 드문 일이었다. 그러나 오늘날에는 막내가 결혼을 해서 집을 떠난 후에도 20년 이상을 부부가 함께 살게 되었다.

일반적으로 부모가 중년기가 되면 자녀들은 청년기에 접어든다. 흔히 정서적 위기와 연결되는 것으로 생각되는 두 시기, 즉 청년기와 중년기에 있는 사람들이 한 식구로 산다는 것은 무척 힘든 일이다. 뿐만 아니라 평균예상수명의 증가로 인해 노부모를 모시는 기간도 길어졌다. 중년세대는 부모역할뿐만 아니라 자녀역할도 해야 하므로, 동시에 이중역할을 수행해야 하는 책임이 무거운 세대이다. 그들은 흔히 '샌드위치 세대'로 묘사된다.

1) 중년기의 부부관계

20년 이상을 부모로서의 역할과 의무감 속에서 바쁘게 살아온 중년기 부부는 자녀들이 독립하고 나면 부부관계에 대해 재평가를 하게 된다. 자녀의 성장으로 인해 시간의 흐름을 절감하면서 결혼의 의미를 다시 생각하게 된다.

(1) 결혼만족도

결혼만족도는 가족생활주기에 따라 다르지만 일반적으로 U자형의 곡선을 그리는 것으로 보인다. 즉, 결혼 초기에는 결혼만족도가 높고, 자녀양육기에는 만족도가 낮아지며, 자녀가 독립한 이후에는 다시 높아진다(〈그림 12-25〉 참조).

결혼만족도가 U자 곡선을 그리는 이유는 첫째, 자녀가 부부관계에 부정적인 영향을 미치기 때문이다. 부모기로의 전환이나 부모역할의 과

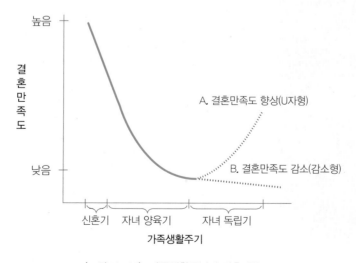

〈그림 12-25〉 가족생활주기와 결혼만족도

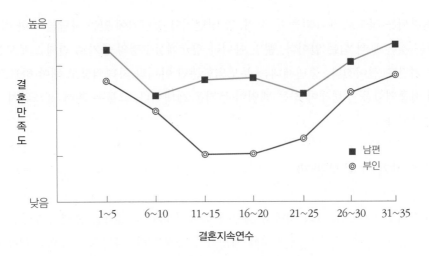

〈그림 12-26〉 **결혼지속연수에 따른 결혼만족도**

출처: Vaillant, C. O., & Vaillant, G. E. (1993). Is the u-curve of marital satisfaction an illusion? A 40 year study of marriage. *Journal of Marriage and the Family, 55*, 230-239.

중함, 역할 긴장 등이 부부관계에 부정적인 영향을 준다. 특히 십대 자녀를 둔 중년 초기에는 스트레스가 매우 심하다. 한 연구(Steinberg & Silverberg, 1987)에 의하면, 이 시기의 결혼만족도는 동성의 청년기 자녀와 얼마나 친밀한 관계를 유지하는가와 관련이 있는 것으로 나타났다. 부자 간 또는 모녀 간의 친밀도가 낮을수록 결혼생활에 불만이 더 많은 것으로 보인다. 둘째, 결혼기간이 늘어나면서 부부 당사자 간의 활력과 만족도가 떨어지기 때문이다. 중년기의 정체감 문제(특히 아내의 경우)도 결혼만족도에 영향

사진 설명: 미국 드라마, 〈위기의 주부들〉

을 주는 것으로 보인다. 그러나 한 연구(Vaillant & Vaillant, 1993)에서, 여성의 결혼만족도의 변화폭이 남성보다 더 크다는 새로운 결과가 제시되면서, 결혼만족도의 성차에 관한 새로운 탐색이 요구되고 있다(〈그림 12-26〉 참조).

중년기에는 부부 모두 결혼만족도가 비교적 낮은 편이지만 남편과 아내의 경우 약간의 차이가 있다(Turner, 1982). 남편들은 이 시기를 비교적 긍정적인 시기로 보는 반면, 아내들은 그렇지 못하다. 예를 들면, 중년부부를 대상으로 한 연구(Lowenthal, Thurnher, & Chiriboga, 1975)에서, 남성은 80%가 중년기 결혼생활을 긍정적인 것으로 평가한 반면, 여성은 40%만이 같은 반응을 보였다. 남편에 대한 아내의 주된 불만은 남편이 너무 의존적이라는 것이다. 흥미로운 것은 신혼기에는 남편 쪽이 아내가 너무 의

존적이라고 불평한다는 점이다. 중년기 여성들은 친구나 성장한 자녀를 주된 의논상대로 여기는 반면, 남성들은 연령이 증가하면서 배우자를 더욱 중요하게 인식한다.

결혼만족도는 자녀가 독립한 후에 증가하는데 여성의 경우 더욱 그러하다(Rhyne, 1981). 특히 자녀가 집을 떠난 직후 몇 년간은 신혼기처럼 커다란 만족감을 느끼기도 한다. 자녀들이 독립하면서 부모의 의무로부터 해방되어 그동안 제대로 누리지 못했던 자유를 만끽하고, 남편과 시간을 더 많이 가질 수 있게 되어 서로를 한 개인으로서 알게 되는 새로운 기회, 즉 '제2의 신혼기'를 맞이하게 된다. 그러나 자녀의 독립 후에도 결혼만족도가 계속 낮아지는 부부도 적지 않다(〈그림 12-25〉 참조). 이 경우 부부는 한집에 살고 있지만, 정서적으로는 이혼상태에 있는 것이다. 많은 시간을 함께 보낸다고 해서 저절로 결혼만족도가 높아지는 것은 아니다(Fitzpatrick, 1984; Liu, Elliott, & Umberson, 2010; Umberson et al., 2006).

중년기의 결혼생활이 얼마나 원만한가는 주로 지금까지의 결혼생활의 질에 달려 있다. 지금까지 별 탈 없이 잘 지내온 부부는 중년기의 위기도 무난히 넘기는 편이다. 신혼기의 정열적인 사랑은 나날의 생활이 신비감을 잃으면서 사라지지만, 부부가 서로에 대해 더 잘 알게 되고 즐거움과 슬픔을 함께 나누는 동반자적 사랑은 오히려 깊어진다. 그러나 위태로운 결혼에서는 막내가 독립해서 떠나는 빈 둥지 시기가 개인적 위기와 결혼의 위기가 될 수 있다. 자녀들이 독립함으로써 부부는 그들에게 더 이상 공통되는 점이 없다는 것을 깨닫게 되면서 위기를 맞게 된다.

지금까지 중년기의 결혼만족도에 관한 연구결과를 살펴보았다. 그러나 대부분의 연구가 방법론적인 면에서 결함이 있다는 지적을 받는다. 첫째, 많은 연구들이 부부를 함께 연구대상으로 하지 않고, 남편이나 아내 한쪽만을 대상으로 해서 연구함으로써 남성과 여성의 결혼만족도에 대한 포괄적인 분석이 이루어지지 않았다는 것이다. 둘째, 거의 모든 연구가 횡단적 접근법에 의한 것이기 때문에 같은 시대의 부부를 대상으로 하기보다는 다른 연령대의 부부 간의 차이를 보여준다는 것이다. 셋째, 연구대상에서 이혼한 부부들은 제외된 채 결혼상태가 지속된 부부들만 포함되어 왜곡된 결과를 낳게 된다는 것이다(Blieszner, 1986).

(2) 성적 친밀감

성욕은 인간의 기본적 욕구로서 자신의 성적 욕구를 표현하는 것은 자연스러운 일이다. 중년기가 되면 성에 대한 관심과 욕망이 변화하면서 중년기 특유의 성생활이 시작된다. 대부분의 남성들은 젊었을 때만큼 자주 성적 흥분을 느끼지 않는다. 자발적인 발기는 적어지고, 좀더 직접적 자극에 의해야만 발기가 된다. 오르가슴은 점차 느려지며 때로는 전혀 도달하지 못하기도 한다. 그리고 한 번 오르가슴이 있은 후에 다시 사정하

기까지의 회복 시간도 길어진다. 폐경기 이후의 여성들은 이전만큼 쉽게 흥분되지 않으며, 질의 윤활액이 잘 분비되지 않아 성관계 시 통증을 느낄 수 있다.

중년기의 성욕감퇴는 단조로운 성생활에서 오는 권태, 정신적 또는 육체적 피로, 과음이나 과식, 본인이나 배우자의 육체적·정신적 질환, 성관계의 실패에 대한 두려움 등으로 인해 발생할 수도 있다(Masters & Johnson, 1966).

중년기 부부의 성생활을 증진시키는 방법에는 여성의 자연스러운 윤활액 분비가 잘 안 될 때 윤활물질을 사용하는 방법, 길고 섬세한 전희, 남성의 느린 오르가슴으로 가능한 오랜 성행위, 일정한 주기로 자주 성행위를 하는 방법 등이 있다(Hunt & Hunt, 1974).

그러나 성관계만이 사랑을 확인하는 방법은 아니다. 성관계는 애정표현의 한 방법일 뿐이다. 신체적 접촉, 애무 등 다른 방법을 통한 부부 간의 친밀감과 애정의 표현도 가능하다. 중년기의 성생활은 횟수보다는 질에 초점을 두고, 애정을 바탕으로 한 동반자로서의 관계에 초점을 맞추는 것이 중요하다.

2) 자녀와의 관계

일반적으로 중년기가 되면 자녀들이 청년기에 접어든다. 부모와 자녀 간의 유대관계가 아무리 강하다 할지라도 자녀가 청년기에 들어서면 부모와 청년자녀 간의 갈등은 불가피해진다. 청년과 부모 간 갈등의 근원을 청년기 자녀의 발달상의 변화 때문이라고 생각해왔으나, 부모 쪽의 요인들 또한 청년과 부모 간의 갈등에 영향을 주는 것으로 보인다. 청년자녀의 부모들은 자신의 인생에서 결정적인 시기에 접어든다. 그들은 십대 자녀의 부모라는 사실을 떠나서라도 그들 스스로도 중년기 위기라는 힘든 시기를 맞이하게 된다.

(1) 중년기 부모와 청년기 자녀

흔히 정서적 위기와 연결된다고 생각되는 두 시기, 즉 청년기와 중년기에 있는 사람들이 한 식구로 산다는 것은 무척 힘든 일이다(사진 참조). 청년과 부모는 각기 자신의 인생에 있어서 결정적인 시기에 있지만 서로 반대 방향에 있다. 청년들은 흔히 인생의 '황금기'라는 성인기의 문턱에 서 있지만, 부모들은 이제 인생의 절반을 보내고 내리막길로 접어들고 있다. 바꾸어 말하면, 청년들의 경우는 빠른 신체적 성장과 성적 성숙,

신체적 매력과 성적 매력이 증가하지만, 부모들은 중년기와 관련된 신체변화, 건강문제, 에너지 감소, 신체적·성적 매력 감소, 생식능력의 감퇴를 경험한다. 이때 청년과 부모 모두가 일종의 정체감 위기를 경험한다(Atwater, 1996).

많은 연구에 의하면 부부의 결혼만족도는 중년기에 가장 낮다고 한다. 이것은 어쩌면 결혼기간이나 중년기의 변화 때문일 수도 있고, 또 어쩌면 십대 자녀의 존재 때문일 수도 있다. 그리고 이때는 청년자녀의 교육비 등으로 경제적 부담 또한 가장 무거운 시기이다.

어떤 부모들은 자녀가 성인기의 문턱에 서 있는 것을 보면서 그들의 시대가 얼마 남지 않았다는 것을 절감한다. 그리고 직업에서의 자신의 성취를 재평가하게 되고, 젊어서 설정한 목표에 얼마나 도달했는지 검토해 보며, 앞으로 얼마나 시간이 더 남았는지도 생각해 보게 된다.

중년기 부모들이 극복해야 할 또 다른 문제는 있는 그대로의 자녀(부모가 희망하고 꿈꾸는 모습이 아닌)를 인정하는 것이다. 이러한 현실과 타협하는 데 있어서 그들이 자녀를 자기 마음대로 할 수 없으며, 부모의 복사본이나 개선된 모델로 주조해 낼 수 없다는 사실을 직시해야 한다. 많은 부모들이 이 같은 사실을 인정하는 것은 너무 힘든 일이고, 많은 청년들은 빗나가려는 욕구가 너무 강해서 청년기는 가족 모두에게 어려운 시기가 될 수 있다.

어느 시대에나 세대차이는 존재한다(사진 참조). 부모들은 청년들을 무책임하고 제멋대로 행동한다고 생각하는 반면, 청년들은 부모를 시대에 뒤떨어졌다고 생각하는 경향이 있다. 부모를 구식이라고 생각하는 청년들은 부모와의 대화를 기피함으로써 세대차이에 대한 왜곡된 견해를 가지게 된다. 흥미롭게도 청년과 부모의 견해 차이는 세대차이에 대한 그들의 지각에서도 나타난다. 부모들은 자녀와의 세대차이를 과소평가하는 반면, 청년들은 부모와의 세대차이를 과대평가한다. 그러나 부모와 청년자녀의 견해차이는 그리 심각하지 않다.

사진 설명: 세대차이

서구와는 달리 우리나라의 경우에는 부모자녀관계가 비독립적이고 종속적이어서,

자녀들이 부모로부터 심리적으로 독립하는 시기가 상대적으로 늦을 뿐만 아니라, 자녀의 앞날에 대한 염려와 걱정이 보다 증가한다. 따라서 국내의 연구를 보면 중년기 부부의 가장 큰 관심사와 당면문제는 자녀의 진로문제, 대학진학문제, 자녀의 앞날에 대한 염려(김명자, 1991)로 나타났고, 이로 인한 스트레스도 컸다(한미선, 1992). 특히 우리나라는 자녀가 고3이 되면 어머니 역시 '고3 증후군'에 걸리는 '입시 시집살이'라는 것이 있다(김명자, 1994).

중년기 후반이 되면 자녀가 청년에서 성인으로 성장함에 따라 자녀의 취업, 결혼, 자녀의 배우자, 손자녀와의 새로운 관계로 인해 새로운 부모역할이 요구된다.

(2) 빈 둥지 시기

자녀가 모두 성장해서 집을 떠나고 두 부부만 남게 되는 시기를 '빈 둥지 시기(empty nest stage)'라고 한다. 많은 부모들은(특히 어머니) 지금까지 자녀에게 많은 시간을 투자하고 온 갖 정성을 다했다. 자신의 삶을 오로지 자식만을 위해서 헌신해 온 어머니의 경우, 빈 둥지 시기에 도달했을 때 고독감을 견디지 못하고 심한 우울증에 빠지게 되는데, 이를 '빈 둥지 증후군(empty nest syndrome)'이라고 한다. 지금까지 많은 연구들이 '빈 둥지 위기'를 강조해 왔다(Grambs, 1989; Kalish, 1989; Lewis, Volk, & Duncan, 1989).

그러나 최근의 연구에서는 어머니됨에 막대한 투자를 한 일부 여성만이 이 시기에 어려움을 겪는다고 한다. Davidson과 Moore(1992)에 의하면 이 시기는 경제적 부담이 줄고, 자유시간이 많아지며, 부부가 함께하는 시간이 많아짐으로써 결혼만족도가 높아진다고 한다. 대부분의 부부들에게 있어 자녀가 독립한 이후의 탈부모기(post-parental stage)는 인생에서 매우 행복한 시기이다(Fingerman & Baker, 2006; Gorchoff, John & Helson, 2008). 부부관계는 더 향상되고, 어떤 부부에게는 둘이 처음 만났을 때의 행복감과 만족감을 이 시기에 다시 느낌으로써 제2의 신혼기가 찾아온다고 한다.

반면, 결혼생활이 행복하지 못한 부부들의 경우에는 자녀가 떠나고 난 빈 둥지에서 둘 사이에 공통된 것이 아무것도 없다는 것을 발견하고서 공허감을 느낀다. 그들은 이제 부모로서의 책임과 의무를 다했기 때문에 자신의 인생도 끝났다고 믿는다. 즉, 자신의 인생에는 남은 것이 아무것도 없으며 무의미하다고 느낀다. 이런 의미에서 보면 부모역할이 부부역할을 능가한다고 할 수 있다(Keith & Schafer, 1991). 따라서 이 시기에 부모역할 외에 다른 어떤 의미 있는 역할(예를 들면, 직업이나 학업, 사회봉사 등)을 찾도록 하는 것이 좋다. 그리고 무미건조해진 결혼생활에 활력을 불어넣기 위해 전보다 더 여유로워진 시간과 에너지, 경제적 자원을 부부관계에 투자해야 한다(Lamanna & Riedmann, 1991).

중년기를 어떤 방식으로 인식하건 친밀한 가족관계나 사회적 지원망은 매우 중요한 의미를 가지고 있다. 특히 지지적인 부부관계 및 부모자녀관계는 중년기의 적응에 중요한 변수로 나타났다(김경신, 김정란, 2001). 중년기의 부모가 경험하는 여러 가지 문제들은 그 정도에 차이가 있을 뿐 불가피한 것이다. 그러나 이들 문제에 대한 자녀의 이해와 지지는 이러한 문제들을 보다 수월하게 경험하게 해 준다.

3) 노부모와의 관계

중년기에 있어서 노부모와의 관계는 성년기와는 다른 국면을 맞이하게 된다. 성년기에는 새로운 가족을 형성함에 따라 자신의 원가족과 얼마나 조화로운 관계를 맺는가가 중요한 관건이 되지만, 이 시기는 부모세대가 신체적으로 노화나 질병 등으로 어려움을 경험하고, 경제적으로나 심리적으로 의존적인 시기이므로 이들에 대한 부양자로서의 역할이 강조된다.

(1) 노부모 모시기

중년기 자녀는 이제 노인이 된 부모가 더 이상 의지할 수 있는 기둥이 아니며, 그들이 이제 자식에게 의지하기 시작한다는 사실을 깨닫는다. 중년기 자녀와 그들의 노부모에 관한 연구(Cantor, 1983; Cicirelli, 1980; Robinson & Thurnher, 1981)에 의하면, 양자의 관계는 인생 초기의 애착관계에서 발달한 강력한 유대관계가 오래도록 지속된다고 한다. 부모와 자녀들은 자주 만나고 대체로 잘 지낸다. 그러나 부모가 자녀에게 갖는 '효(孝)'에 대한 기대감은 갈등의 소지가 많은 것인데 부모의 요구가 과도하면 세대 간의 갈등과 긴장을 유발한다. 특히 아들에 대한 기대감은 며느리와의 갈등을 불러일으킴으로써 고부갈등을 증가시킨다.

성인자녀와 노부모는 보통 부모가 너무 가난하거나 질병 때문에 혼자 살 수 없는 형편이 아닌 한 함께 살기를 원하지 않는다. 많은 노인들은 자녀들에게 잔소리를 안 할 수가 없고, 이것이 별로 환영받지 못하리라는 것을 알기 때문에 결혼한 자녀의 가족과 함께 사는 것이 힘들 것이라고 생각한다.

자녀와의 동거여부나 동거형태는 노인의 만족도와 일관성 있는 관계를 보이지 않는다. 장남과 동거하는 노인이 자녀와의 결속도를 높게 지각하고 만족도도 높다는 연구 결과(조병은, 1990)가 있는 반면, 기혼의 아들과 별거하는 노인이 기혼의 아들과 동거하는 노인에 비해 갈등과 고독감을 적게 느낀다는 연구결과(윤가현, 1991)도 있다. 자녀와 동거하는 경우에도 딸과 동거하는 노인이 아들과 동거하는 노인보다 갈등이 적고 정서적으로 만족한다는 보고도 있다(최정혜, 1991).

세대 간의 관계는 노부모가 건강하고 활기찬 생활을 하고 있는 동안에 가장 원만하다. 노인들이 병약해질 때에는, 특히 정신적 쇠퇴나 성격변화를 겪게 된다면 이들을 돌보는 부담 때문에 양자의 관계가 위축되는 경우가 흔히 있다(Troll, 1986). 특히 딸이나 며느리들은 일반적으로 이러한 책임을 감당하기 때문에 괴로움에 빠진다. 한 연구(Cicirelli, 1980)에 의하면, 노부모를 모시는 것과 관련하여 성인자녀의 절반 이상이 다소의 스트레스를 받았고, $\frac{1}{3}$이 지속적인 스트레스를 받는 것으로 보고하고 있다. 스트레스를 받게 되는 주된 원인은 자신이 이제는 부모보다 강한 위치에 있다고 생각할 때 느끼는 실망감, 분노, 죄책감 등일 것이다. 더욱이 예상되는 부모의 죽음에 대한 불안은 그들 자신의 죽을 운명에 대한 두려움을 반영한다(Cicirelli, 1980; Troll, 1986).

Victor G. Cicirelli

노부모 봉양문제는 자녀양육문제와는 사뭇 다르다. 예를 들면, 새로 부모가 된 성인들은 아기를 돌보는 데 육체적, 경제적, 정서적으로 전적인 책임을 지지만 그러한 보살핌의 노고는 아이가 자라면서 점점 줄어들 것이라고 예상한다. 그러나 대부분의 사람들은 자신이 부모를 돌보리라고 예상하지 않으며, 부모가 병약해질 가능성을 고려하지 않고, 따라서 그에 대해 거의 준비하지 않으며, 그것을 거부할 수 없게 되었을 때 자신의 계획에 장애가 되는 것으로 여긴다.

이제 자녀에 대한 부모로서의 책임이 막 끝났거나 곧 끝날 예정인 부모들은 그리고 이제는 자신이 살 날도 얼마 남지 않았음을 절실히 느끼는 이들은 노부모를 돌보는 일로 말미암아 자신의 꿈을 이룰 마지막 기회를 빼앗긴다고 느낄 수 있다. 평균예상수명이 계속 증가하면서 50대와 60대의 중·노년들은 이전 세대에서는 거의 볼 수 없었던 자신의 노부모를 모셔야 하는 위치에 있음을 깨닫게 된다. 일부 성인자녀들이 느끼는 "꼼짝없이 묶였다"라는 느낌은 노부모를 모시는 일에서 가장 힘든 일이다(Robinson & Thurnher, 1981).

노부모를 모시는 일은 쉽지 않다. 하지만 노부모의 봉양에 따른 보상은 있다. 노부모와의 관계가 증진되고, 노부모로부터 육아나 가사의 도움을 받거나 노화에 대한 지식을 습득하면서 인간적으로 성숙하게 된다. 뿐만 아니라 성인자녀가 노부모에 대한 봉양의 의무를 다하는 것을 법률적으로, 관습적으로 정당화하고 있으며, 자신의 자녀에게도 부모와의 관계를 보여줄 수 있는 좋은 모델이 될 수 있다.

(2) 노인학대

성인과 노부모 간의 친밀한 유대와 충격적인 대조를 이루는 현상이 노인학대이다. 노인학대는 종종 노부모를 '돌보는' 자녀에 의해 행해지는 유기나 신체적 또는 심리적 학대를 말한다. 아동학대가 1960년대의 주요한 사회문제로 등장하고, 1970년대에는 배우자학대가 그러했던 것처럼 1980년대에는 노인학대가 심각한 사회문제가 되었다(Papalia, Olds, & Feldman, 1989).

노인학대는 음식, 주거, 의복, 의료혜택을 베풀지 않는 등 유기의 형태를 띠거나, 욕설을 퍼붓는 등 심리적 고문 또는 자신을 방어할 수 없는 노인에 대한 매질, 주먹다짐 혹은 화상 입히기와 같은 적극적인 폭력으로 나타날 수도 있다.

노인학대의 전형적인 피해자는 늙고 병약한 여자 노인이다. 학대자는 중년기의 아들이나 딸일 가능성이 많다. 자신의 힘없는 부모를 학대하는 사람들은 어린 시절에 아동학대를 경험한 사람들이라는 증거가 있다(Eastman, 1984; Pedrick-Cornell & Gelles, 1982).

우리나라의 경우 2023년 보건복지부 「2022 노인학대 현황보고서」에 의하면, 유형별로는 정서적 학대(43.3%), 신체적 학대(42.0%), 방임(6.5%), 경제적 학대(3.8%), 성적 학대(2.5%), 자기방임(1.6%), 유기(0.3%) 순으로 나타났다(〈그림 12-27〉 참조).

신체적 학대는 물리적인 힘 또는 도구를 이용하여 노인에게 신체적 혹은 정신적 손상, 고통, 장애 등을 유발시키는 행위를 말하며, 정서적 학대는 비난, 모욕, 위협 등의

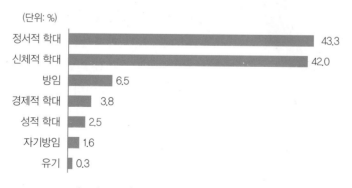

〈그림 12-27〉 노인학대 유형(2022년 기준)

출처: 보건복지부(2023). 2022 노인학대 현황보고서.

언어 및 비언어적 행위를 통하여 노인에게 정서적으로 고통을 유발시키는 행위를 일컫는다. 성적 학대는 성적 수치심 유발행위(기저귀 교체 시 가림막 미사용 등) 및 성폭력(성희롱, 성추행) 등 노인의 의사에 반하여 강제적으로 행하는 모든 성적 행위가 해당된다. 경제적 학대는 노인으로부터 재산 또는 권리를 빼앗는 행위로서 경제적 착취, 노인 재산에 관한 법률 권리 위반, 경제적 권리와 관련된 의사결정에서의 통제 등을 하는 행위를 말한다. 방임은 부양의무자 또는 보호자로서의 책임이나 의무를 거부, 불이행 혹은 포기하여 노인의 의식주 및 의료를 적절하게 제공하지 않는 행위(필요한 생활비, 치료, 의식주를 제공하지 않는 행위)를 말하며, 자기방임은 노인 스스로가 의식주 제공 및 의료 처치 등의 최소한의 자기보호 관련 행위를 의도적으로 포기 또는 비의도적으로 관리하지 않아 심신이 위험한 상황이나 사망에 이르게 하는 행위 전반을 가리킨다(2022 노인학대 현황보고서 가이드북).

노인학대의 주체는 배우자(34.9%), 아들(27.9%), 기관(18.2%), 딸(8.3%), 며느리(1.4%)의 순으로 나타났다(〈그림 12-28〉 참조). 배우자 학대의 증가원인으로는 가구형태 변화가 자녀동거 가구에서 노인부부 가구로 증가하는 경향이 두드러지고 있고, 노인부부 간 돌봄 부담 및 부양 스트레스 등으로 인한 것으로 보인다.

노인학대를 유발하는 위험요인은 여러 가지가 있겠지만 그중에서도 가족 내적 요인이 그 대표적인 원인이라고 볼 수 있다. 우리 사회가 급속히 변화하고 있음에도 불구하고 전통적인 우리의 가치관에서 장남 중심의 노인부양, 더 나아가서는 가족 중심의 노인부양이 여전히 일반적인 현상이다. 노인부양의 책임문제를 놓고 가족 내 구성원들 간의 불화가 빈번히 발생하고, 이 과정에서 노인은 가족의 천덕꾸러기로 전락하는 경우가 발생하고 있다. 이는 결국 노인학대로 이어지는 중요한 한 요인이 된다.

우리나라 노인학대의 또 다른 현상은 급속한 고령화로 인해 노인인구가 급증하면서, 부모나 배우자를 학대하는 노인이 크게 늘고 있다는 것이다. 노인에 의한 노인학대, 즉 노(老)-노(老) 학대가 그것이다. 2012년 보건복지부 「노인학대 보고서」에서는 "자식이 60~70대에 접어들면서 자기 몸을 추스르기가 힘든 상황에서 부모를 수발하기 힘들게 되자 학대가 나타나는 것 같다"라고 보고하고 있다. 또한 앞에서 살펴본 바와 같이 노인부부 가구 비중이 점점 증가함에 따른 것으로도 보여진다.

〈그림 12-28〉 노인학대의 주체(2022)

출처: 보건복지부(2023). 2022 노인학대 현황보고서.

노년기의 발달

많은 사회에서 '노인'이라는 말 대신 어르신, 연세가 지긋하신 분, 고참시민, 결실기 또는 황금기의 사람들이라는 표현을 많이 쓴다. 노인들에 대해 말할 때 왜 이와 같이 완곡한 어구들이 필요한가?

한 가지 이유는 희망사항 때문일 수 있다. 모든 사람들이 오래 살기를 원하지만 아무도 늙고 싶어하지 않는다. 늙었다는 용어의 이미지가 떠올리는 것은 지팡이를 짚고, 절뚝거리며 걷거나, 안락의자에 앉아 졸고 있는 모습이다.

만약 그 같은 고정관념이 과거에는 사실이었다고 하더라도 이제는 더 이상 사실이 아니다. 노인과 노화과정을 연구하는 노인학 학자들은 오늘날의 70대 노인들은 10년이나 20년 전의 50대처럼 행동하고 사고한다고 말한다.

인간발달의 단계를 명확히 구분짓는 것은 어려운 일이지만, 그중에서도 중년기의 끝과 노년기의 시작을 한계짓기가 갈수록 더 어려워지고 있다. 노년기의 전형적인 분류기준인 은퇴는 더 이상 신뢰할 만한 기준이 못 된다. 오늘날 많은 사람들이 50세에 이미 은퇴하는가 하면, 어떤 노인들은 70대 이후까지도 계속해서 일을 하기 때문이다.

노인세대가 차츰 젊어질 뿐만 아니라 그 수가 점점 더 많아지고 있다. 65세 이상의 건강하고 활기찬 노인들의 숫자가 급격히 늘어나고 있기 때문에, 머지않아 노년은 80세부터 시작된다고 해야 할지도 모른다.

이 장에서는 노년기의 신체변화, 인지변화, 직업과 은퇴, 성격과 사회성발달, 가족생활, 인생의 마무리 등에 관해 살펴보기로 한다.

1. 신체변화

노년기에는 주로 노화와 연관이 있는 신체변화가 많이 일어난다. 피부는 양피지 같은 감촉을 갖게 되고, 탄력성을 잃으면서 주름이 잡히고 반점들이 생겨난다. 정맥이 튀어나오는 현상은 보다 보편적인 것이 된다. 남녀 모두 머리카락이 많이 빠져 성글게 되고, 남아 있는 것은 은발이나 백발이 된다. 노인들은 척추의 디스크 수축으로 인해 신장이 감소하고, 척추 사이에 있는 콜라겐의 감소는 허리를 구부러지게 만들어 체격이 줄어들기도 한다. 폐경 이후의 여성들에게서 종종 볼 수 있는 뼈에 구멍이 생기는 현상인 골다공증 때문에 골절상을 입기 쉽다.

1) 수명과 노화

그리스 신화에서 새벽의 여신인 에오스는 제우스신에게 그녀가 사랑하는 인간 티소누스를 영원히 살 수 있게 해달라고 간청했다. 제우스신은 티소누스에게 영원한 생명을 주었고, 두 연인들은 행복하게 살았다. 그러나 그 행복은 오래 가지 못했다. 티소누스는 늙기 시작했고, 거동을 할 수 없을 정도로 병약하게 되었다. 하지만 그는 죽음이라는 축복을 거부당했다. 에오스는 중대한 실수를 했던 것이다. 그녀는 제우스신에게 영원한 생명과 함께 영원한 젊음을 부탁하는 것을 잊었던 것이다.

(1) 평균예상수명

평균예상수명(median life expectancy)은 같은 해에 태어난 사람의 절반 정도가 얼마나 오랫동안 살 수 있는가를 말하는 것이고, 최대예상수명(maximum life expectancy)은 우리 인간이 최대한으로 얼마나 오래 살 수 있는가를 말하는 것이다. 오늘날 인간의 최대예상수명은 약 120년 정도인 것으로 보인다(Hayflick, 1994).

고대 그리스에서 태어난 아이들은 평균적으로 20년 이상을 살지 못했으며, 고대 로마의 평균예상수명은 약 25세였다. 1985년에 세계의 평균예상수명은 거의 75세로 늘어났는데, 이것은 고대 로마의 수명보다 3배 정도 높은 것이다(Papalia, Camp, & Feldman, 1996). 나라마다 다소 차이는 있지만(〈그림 13-1〉 참조) 오늘날 대부분의 사람들은 노년기를 맞이할 수 있다. 2021년 현재 우리나라 남성의 평균예상수명은 80.6세이고, 여성의 평균예상수명은 86.6세이다.

이와 같이 평균예상수명이 늘어난 것은 20세기 전반에 발생한 유아 및 아동 사망률의 극적인 감소와 치명적이던 많은 질병들을 치료할 수 있는 새로운 약품의 개발과 의학의 발전에서 비롯된 것이다.

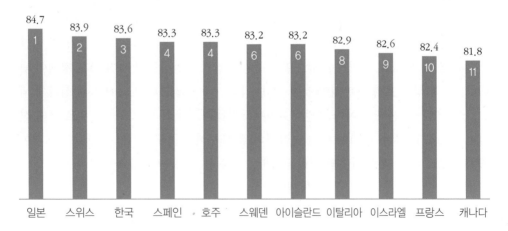

〈그림 13-1〉 OECD 회원국 평균수명(남녀 합산) 순위

출처: OECD Health Status Data(2022. 11.)

표 13-1	우리나라 평균예상수명에서의 남녀 차이, 1970~2021년								(단위: 년)	
									증감	
	1970	1980	1990	2000	2001	2011	2020	2021	'11 대비	'20 대비
남녀 전체	62.3	66.1	71.7	76.0	76.5	80.6	83.5	83.6	3.0	0.1
남자(A)	58.7	61.9	67.5	72.3	72.9	77.3	80.5	80.6	3.4	0.1
여자(B)	65.8	70.4	75.9	79.7	80.1	84.0	86.5	86.6	2.6	0.1
차이(B-A)	7.1	8.5	8.4	7.3	7.2	6.7	6.0	6.0	-0.7	0.0

출처: 통계청(2022). 2021년 생명표.

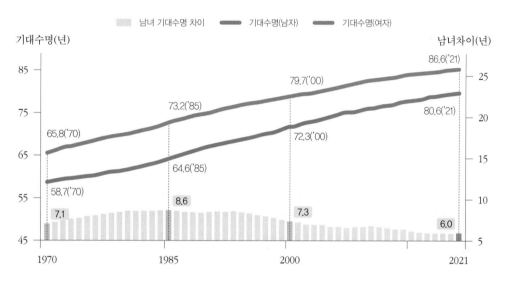

〈그림 13-2〉 성별 기대수명 및 남녀 기대수명의 차이, 1970~2021년

출처: 통계청(2022). 2021년 생명표.

평균예상수명에는 성차가 존재한다(〈표 13-1〉과 〈그림 13-2〉 참조). 그 이유는 무엇인가? 건강습관이나 생활양식 등의 사회적 요인이 여기에 작용하기 때문이다. 예를 들면, 남성은 여성에 비해 호흡기 계통의 암, 교통사고, 자살, 간경변, 폐기종, 심장병 등으로 사망할 확률이 높다. 이러한 사망원인은 흡연과 같은 건강습관이나 생활양식과 관련이 있다.

그러나 평균예상수명에서의 성차는 생물학적 요인에 의해서도 영향을 받는다. 사실상 인간을 포함한 모든 종에서 암컷이 수컷보다 더 오래 산다. 여성은 감염이나 퇴행성 질환에 대한 저항력이 높다. 예를 들면, 여성 호르몬인 에스트로겐은 동맥경화를 예방해 준다. 그리고 여성의 X 성염색체는 질병에 대항하는 항체생성과 관련이 있는 것으로 보인다.

노화문제는 대체로 여성의 문제이다. 여성은 남성보다 오래 살고, 미망인이 되며, 만성적인 건강문제로 고생하는 기간이 길다. 그러므로 여성의 연장된 수명은 이들에게 은총이기는 커녕 질병, 빈곤, 의존, 외로움 및 시설수용이라는 고통스러운 삶이 되기도 한다. 인생을 양적인 면보다는 질적인 면에서 이야기할 때에는 남성들이 유리한 입장에 있다. 이들은 오래 건강을 유지하며, 따라서 원기왕성한 기간과 독립기간이 훨씬 길다. 남성중심 사회에서 말년에 이 같은 여성의 문제를 겪는 사람들이 주로 남성들이었다면, 이러한 노화문제를 지금과는 다르게 다루었을 것이다.

(2) 노화이론

생물학적 노화를 설명하고자 하는 이론들이 많이 있다. 그중 대표적인 것이 계획된 노화이론과 마멸이론이다(Papalia, Olds, & Feldman, 1989). 계획된 노화이론은 모든 유기체 내에 미리 짜넣어진 정상적인 발달유형에 따라 신체가 노화한다는 주장으로, 각 종에 따라 내재된 이 프로그램은 아주 작은 변화만 가능할 뿐이라고 한다. 반면, 노화의 마멸이론은 신체를 지속적으로 사용하기 때문에 노화한다는 이론이다. 즉, 노화는 신체에 축적된 피해의 결과라는 것이다(Arking, 2006; Campisi & Robert, 2014; Hayflick, 2004).

Leonard Hayflick

계획된 노화이론을 지지하는 사람들은 각 종마다 고유한 노화유형과 고유의 평균예상수명을 가지고 있기 때문에, 이러한 유형은 예정되고 타고난 것임에 틀림없다고 설명한다. Hayflick(1974, 1985, 2003, 2007)은 여러 종류의 동물들의 세포를 연구한 바 있는데, 정상적인 세포가 분열하는 횟수에는 한계가 있다는 것을 발견하였다. 인간세포의 경우 약 50회 정도로 분열한다. 그는 이러한 한계가 수명을 조절하며, 인간의 경우에는 약 120~125년 정도인 것으로 보인다고 주장한다. 이 한계에 도달하느냐 못 하느냐는 몇 가지 요인에 달려 있다. 성별, 조상의 평균수명 그리고 환경적 요인이 그것이다. 담배를 많이 피우면 평균적으로 12년 정도 수명이 단축되고, 비만의 경우는 매 10% 과체중당 1년 내지 1년 반의 수명이 단축된다. 공기나 수질오염, 유해한 식품 첨가물, 농약 또는 제초제의 과다 사용 또한 부정적 영향을 미친다.

세포분열의 횟수에는 한계가 있는데 이 한계구조에는 텔로미어(telomere)가 작용하는 것으로 보인다. 텔로미어는 세포 속 유전자의 끝부분을 감싸고 있는 유전자 조각으로 염색체를 보호하는 기능을 하는데(〈그림 13-3〉 참조), 세포분열이 일어날 때마다 그 길이가 점점 짧아져서 노화점보다 짧아지면 세포는 분열을 멈추고 노화세포가 되어 마침내 죽게 된다. 따라서 텔로미어의 길이는 생물학적 노화의 척도가 된다(Fragkiadaki et al., 2020; Mather, Jorm, Parslow, & Christensen, 2011). 최근 연구들에 의하면 텔로미어

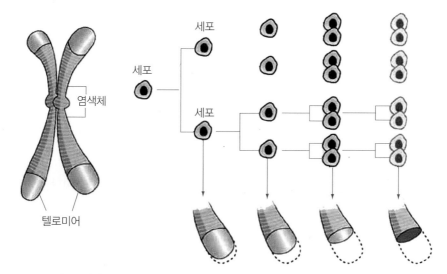

세포분열이 일어날 때마다 텔로미어의 길이가 점점 짧아져서 마침내 죽게 된다.

〈그림 13-3〉 텔로미어(말단소립)

의 길이가 짧아지면 알츠하이머병에 노출되기 쉬운 것으로 확인되었으며(Scarabino et al., 2017a, b) 운동이나 식습관 등의 생활습관을 개선함으로써 텔로미어의 길이가 짧아지는 것을 늦출 수 있는 것으로 밝혀졌다(Qiao, Jiang, & Li, 2020).

　생물학적 노화를 늦추고 생명을 연장하기 위한 한 가지 방법은 텔로머라제(telomerase)라는 효소를 이용하여 텔로미어가 짧아지는 것을 예방하는 것이다(Harrison, 2012). 그러나 암세포에서는 이 효소가 텔로미어(말단소립)를 계속 연장시켜주기 때문에 세포가 죽지 않음은 물론 암세포를 급속히 증식시키는 역효과가 있다(Cleal, Norris, & Baird, 2018; Wang, 2010; Wright & Shay, 2005).

　노화의 마멸이론을 지지하는 사람들은 인간의 신체를 기계에 비유하는데, 기계의 부품은 오래 쓰면 결국에는 마멸되어 버린다. 예를 들면, 심장과 뇌의 세포는 생의 초기에서조차도 결코 복원될 수 없으며, 이들 세포는 손상받으면 죽는다. 같은 현상이 인생후기에 다른 세포들에게도 일어난다. 즉, 세포가 늙어갈수록 손상된 부분을 치유하거나 대체하는 능력이 떨어진다. 이 이론에 의하면 신진대사의 화학적 부산물과 같은 해로운 물질의 축적을 포함하는 내적, 외적 스트레스가 마멸과정을 촉진시킨다고 한다(Hayflick, 2004, 2007; Maynard et al., 2015; Olshansky & Carnes, 2004).

　두 이론의 차이는 이론의 차원에 그치는 것이 아니다. 만약 인간이 특정의 방식으로 노화하도록 프로그램화되어 있다면 이 과정을 지체시킬 방법은 없다. 그러나 신체가 받기 쉬운 스트레스 때문에 노화한다면 이러한 스트레스원을 제거함으로써 생명을 연장할 수 있을 것이다. 두 이론 중 어느 이론이 옳고, 어느 이론이 틀린다기보다는 두 이론이 모두 옳을지도 모른다. 즉, 유전적 프로그램이 인간 수명의 최대 한계를 결정하지만, 인간이 이 한계에 얼마나 가까이 갈 수 있느냐 하는 것은 마멸의 영향을 받을 것이다.

같은 입장에서 일부 노인학자들은 노화를 일차적 노화와 이차적 노화로 구분한다. 일차적 노화는 인생 초기에 시작되어 일생 동안 가차없이 계속되는 신체적 노쇠의 점진적 과정을 말하며, 이차적 노화는 나이보다는 질병, 신체의 지나친 사용 및 아예 쓰지 않는 경우 등 종종 우리 자신의 통제하에 있는 요소들의 작용의 결과이다(Busse, 1987; Horn & Meer, 1987).

반사반응이 늦어져 가거나 청력이 떨어지는 것을 멈출 수는 없을 것이다. 그러나 잘 먹고, 계속해서 활동하며, 신체적인 건강상태를 유지함으로써 많은 노인들이 이차적 노화의 효과를 피할 수 있을 것이다.

(3) 노화를 지연시킬 수 있는가

지난 수십 년간 유전학자들의 노화과정에 대한 이해는 커다란 진전이 있었다. 그 결과 고갈된(낡은) 호르몬을 새 호르몬으로 대체시키는 호르몬 대체요법에 의해 노화를 지연시킬 수 있는 가능성이 엿보인다.

동물이나 인간에게 성장 호르몬을 주사하여 그 효과를 연구하고 있는데, 지금까지 몇 가지 놀라운 사실이 발견되었다. 예를 들면, 척추뼈의 골밀도가 높아지고 근육이 생성되며 지방이 감소되는데, 이러한 변화는 다시 젊음을 되찾게 해 주는 것으로 보인다. 이 효과에 대해서는 아직도 더 많은 연구를 해 보아야 되기 때문에, 아직은 우리가 매일 비타민을 섭취하듯이 그렇게 할 수는 없다(Hooyman & Kiyak, 1996).

DHEA라는 부신 호르몬은 우리 신체가 효율적인 기능을 하도록 돕는다. 30세가 넘으면 DHEA 생산이 감소하기 시작해서 50세경에는 젊은 시절의 30% 정도밖에 분비되지 않는다. DHEA는 노화지연의 효과가 있으며, 체지방을 $\frac{1}{3}$로 줄이고, 동맥경화를 예방하고, 당뇨병을 완화하며, 암발생률을 줄이고, 면역체계의 기능을 향상시켜 수명을 20% 정도 연장하는 것으로 나타났다(Darrach, 1992; Mortola & Yen, 1990).

동물을 대상으로 한 실험에서는 칼로리 섭취를 65% 낮추면(주로 지방섭취를 줄임으로써) 수명이 35% 연장되었다. 더불어 종양이 커지는 것을 억제하고, 신장기능 이상이 지연되며, 근육손실이 줄고, 그외 노화와 관련된 변화가 더디게 나타났다(Ausman & Russell, 1990; Masoro, 1990).

2) 외적 변화

가장 눈에 띄는 외적 변화는 피부, 모발, 치아와 관련된 변화이다. 피부에서 가장 두

드러진 변화는 주름인데 중년기부터 시작되는 과정이다(Hoyer & Roodin, 2009). 주름은 미소나 찡그림 같이 반복적인 얼굴표정, 피하지방 조직의 감소, 피부탄력의 감소에 의해 영향을 받는다. 콜라겐의 변화는 노화과정에서 발생하는데, 콜라겐 섬유가 더 두꺼운 묶음으로 재배열되고 교차결합 형태로 변화한다(Matteson, 1988). 피하지방은 신체와 분리되어 감소된 조직이 체열의 손실을 가져온다. 또한 피하지방의 손실은 노년의 특징으로서 여윈 모습을 나타내도록 한다(Kart, 1990).

30세의 피부세포가 약 100일 정도 산다고 볼 때 70세의 피부세포는 46일 정도를 산다. 노인들의 피부세포가 서서히 대체되는 것이다. 게다가 나이가 들면서 피부는 수분을 유지하는 능력이 감소하여 결국 건조하고 탄력이 없는 피부가 된다. 신체적 노화과정으로 인해 갈색 반점이 생겨나고, 얇아진 세포와 혈관이 더 느리게 회복되기 때문에 상처는 예전보다 더디게 치유된다(Kermis, 1984).

연령이 증가하면서 모발은 계속 백발이 되면서 윤기를 잃는다(사진 참조). 흰색 모발은 관자놀이부터 시작해서 정수리 부분으로 확대되어 나간다. 젊을 때의 모발이 색이 진하고 두꺼운 것에 비해 노인의 모발은 색이 엷어지고 가늘어진다. 이마 앞부분의 헤어라인이 뒤로 물러나는 것은 거의 모든 남성 노인과 80%의 여성 노인에게 발생한다.

치아와 잇몸 문제는 노년기에 흔히 볼 수 있는 일이다. 치아의 색이 탁해지고, 상아질 생성이 감소하며, 잇몸이 수축되고, 골밀도가 감소하는 것은 정상적 노화의 과정이다.

극소수의 노인들이 오래도록 자신의 치아를 그대로 유지하는데 치아상실은 영양과 밀접한 관계가 있다. 치아가 손상되거나 빠진 사람들은 씹기가 힘들어지므로 식욕을 잃는다. 결과적으로 적게 먹거나 종종 영양가가 떨어지는 유동식으로 바꾸게 된다(Wayler, Kapur, Feldman, & Chauncey, 1982).

3) 노화의 이중 기준

남녀 모두 우리 사회의 젊음에 대한 선호로 고통을 받기는 하지만, 여성은 특히 전통적인 노화의 이중 기준으로 스트레스를 많이 받는다. 남성에게 있어서는 경험과 노련미의 증거로서 매력으로 여겨지는 은발, 거친 피부 및 눈가의 주름살이 여성들에게는 그들이 '내리막길'로 들어섰다는 표시로 생각된다. 여성적인 모습은 부드럽고, 둥그스름하며, 주름살이 없고, 근육이 없는 매우 젊은 모습으로 연약하고 다치기 쉬운 모습이다. 일단 이러한 젊음의 표시가 사라지면 매력적이고 낭만적인 상대로서의 여성의 가치 역시 사라지며, 심지어 고용인으로서 혹은 사업동료로서의 여성의 가치도 사라진다.

젊어 보이고, 젊게 행동하며, 젊게 사는 것을 좋아하는 사회가 만들어 내는 압력은 사람들이 늙으면서 겪게 되는 진짜 신체적 상실에 덧붙여 소위 말하는 '중년기 위기'의 한 원인이 된다. 가능한 한 건강하게 살면서 이러한 스트레스를 견딜 수 있고 또 원숙해지는 것을 양성 모두에게 있어 긍정적인 성취라고 인식할 수 있는 사람은 중년기 및 노년기를 인생의 황금기로 만들 수 있을 것이다.

4) 내적 변화

내적 변화는 눈에 보이지 않는 노화의 증상을 말한다. 이는 신체 내에서 발생하는 퇴행성 변화이다. 노년기에 신경, 심장혈관, 호흡, 위장, 면역기관 등이 노화로 인해 쇠퇴한다고 하더라도 우리 신체가 가지고 있는 예비능력으로 인해 일상생활에서는 적절한 수준을 유지할 수 있다.

인간의 신체는 만약의 경우에 대비해 은행에 저축해 둔 돈과 같은 것을 가지고 있다. 정상적인 상황에서는 자신의 신체나 기관을 한계점까지 사용하지 않지만 특별한 경우에 사용할 수 있는 여분의 능력이 있다. 이처럼 신체가 스트레스를 받거나 이상이 있을 때 기능하도록 해 주는 저장된 능력을 예비능력이라고 부른다. 나이가 들면서 예비능력의 수준은 떨어지지만 그 정도가 일상생활에서는 대개 눈에 잘 띄지 않는다.

성인기에 뇌에서 일어나는 변화는 뇌무게의 감소, 뇌수의 회백질 감소, 수지상돌기의 밀도감소, 신경세포의 자극전달속도 감소 등이다. 이 변화 중 가장 핵심적인 것이

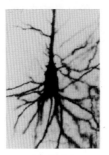   

(a) 성년기   (b) 노년기(80세)

〈그림 13-4〉 연령에 따른 수지상돌기의 밀도 변화

출처: Scheibel, A. D. (1992). Structural changes in the aging brain. In J. E. Birren, R. B. Sloane, & G. D. Cohen (Eds.), *Handbook of mental health and aging*. San Diego, CA: Academic Press.

수지상돌기의 밀도감소이다(〈그림 13-4〉 참조). 수지상돌기의 밀도는 뇌의 전역에 걸쳐 골고루 감소하는 것이 아니고, 어떤 부위에서는 오히려 노년기에도 증가한다. 그러나 평균적으로 보면 뇌신경 세포의 밀도는 감소하고 덜 효율적으로 된다. 뇌무게의 감소나 뇌수의 회백질 감소는 모두 이 수지상돌기의 밀도감소에 의한 것으로 보인다. 수지상돌기의 감소는 또한 신경세포의 자극전달 속도를 감소시킨다. 그 결과 일상생활에서 반응시간이 길어진다.

신경계의 또 다른 변화는 신경단위인 뉴런의 수가 감소하는 것이다. 성인기 동안 50% 정도가 감소한다는 설도 있지만, 아직까지 인간의 뇌세포가 어느 정도 감소하는지에 대한 정확한 통계수치는 없다(Bondareff, 1985). 그러나 노년기에 뇌세포가 많이 감소하고 그리고 휴지기에 들어가기는 하지만 한꺼번에 죽어 없어지는 것은 아니다.

5) 감각기능의 변화

연령이 증가함에 따라 감각기능에도 변화가 오는데 일반적으로 점차 기능이 손상된다. 노인들은 감각자극에 대해 민첩하게 반응하지 못하고 그들의 환경에서 적절한 정보를 인식해서 받아들이지 못한다(Bouscaren et al., 2019). 이러한 생리적 변화는 심리적 결과를 초래한다. 우리는 시각, 청각, 미각, 촉각, 후각을 통해서 외부 세계와 연결되어 있는데(Kart, 1990) 이러한 감각기능은 우리가 일상생활을 영위함에 있어 사회적·물리적 환경과의 상호작용에서 매우 중요하다(Hochberg et al., 2012; Schneider et al., 2011). 몇몇 연구(Claussen & Patil, 1990; LaForge, Spector, & Sternberg, 1992)에 의하면, 감각장애, 특히 시각과 청각의 손상은 일상생활에서의 의존성을 증대시키는 기능쇠퇴의 위험요인이 된다고 한다. 따라서 노인들의 세상에 대한 지각은 그들이 경험하는 감각의 변화에 의해 영향을 받는다. 예를 들어, 시각과 청각이 손상된 노인은 고집스럽고 괴팍스러운 것으로 보여질 수 있다.

(1) 시각

대부분의 중년들에게 영향을 미치는 원시는 60세쯤에 안정된다. 안경이나 콘택트렌즈를 사용함으로써 대부분의 노인들은 꽤 잘 볼 수 있다. 그러나 65세 이상된 노인들 중에는 일상생활에 지장이 있을 정도로 심한 시각장애가 있는 사람이 많다. 많은 노인들이 시력이 0.3 이하이고, 깊이나 색깔의 지각과 갑작스러운 빛의 변화에 적응하는 데 문제가 있으며, 빛 반사에 약하고, 어두운 곳에서 잘 보지 못한다.

노년기에는 노란색 안경을 쓰고 주위의 물체를 보는 것과 같은 황화(黃化)현상이 나타나기도 한다. 황화현상은 노인들이 단파장(短波長: 보라, 남색, 파랑)보다는 장파장

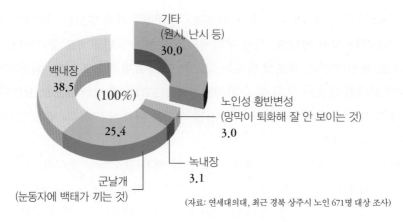

〈그림 13-5〉 우리나라 노인의 안질환

(長波長: 노랑, 주황, 빨강)에서 색채를 더 잘 식별하기 때문에 일어난다(Coren & Girgus, 1972). 노년기에는 또한 백내장과 녹내장, 황반변성의 발병률도 높다(〈그림 13-5〉 참조).

백내장(cataracts)은 수정체가 혼탁해져서 생기는 병이다. 한 조사결과에 의하면 우리나라 노인들은 70대에 이르면 약 70%가 백내장에 걸리는 것으로 나타났다. 수정체는 통증을 느낄 수 없는 섬유질로 구성되어 있으므로 백내장이 발병해도 통증은 느끼지 못한다. 처음에는 시야가 흐릿하게 보이다가 증세가 악화되면 안개가 낀 것처럼 부옇게 변한다. 백내장은 비교적 간단한 수술로 치유될 수 있다. 즉, 혼탁한 수정체를 제거하고 그 자리에 인공 수정체를 삽입한다(Grewal et al., 2016; Jackson, Edmiston, & Bedi, 2020; Marra et al., 2016; Michalska-Malecka et al., 2013). 당뇨는 백내장이 발병하는 한 위험요인이다(Olafsdottir, Andersson, & Stefansson, 2012).

녹내장(glaucoma)은 눈 안의 압력, 즉 안압이 높아져서 시신경이 눌려 손상을 받고, 그 결과 시야가 이상하게 보이는 질환이다(Akpek & Smith, 2013; Serbin et al., 2020). 60~85세 사이의 노인들에게서 녹내장이 급격히 증가한다. 연령과 관련된 녹내장의 발병률 증가는 수정체 두께의 변화, 홍채 및 그 주위 조직의 경직과 연관이 있다. 안압은 또한 최고혈압과 관련이 있는 것으로 보인다. 혈압을 조절하는 약을 처방하면 안압이 낮아진다(Gillies & West, 1981; Strempel, 1981). 녹내장은 대부분의 경우, 망막이 회복 불가능할 정도로 손상될 때까지 아무 증상이 없는 것이 특징이다. 녹내장은 한 번 발병하면 이미 손상된 시신경이 다시 복구되지 못하므로 시각장애인이 되는 요인이 된다. 그러나 다행히도 녹내장을 조기발견하여 안압을 낮출 수 있는 안약을 사용하면 실명을 막을 수 있다(Jindal, 2013; Lambiase et al., 2009; Sentis et al., 2016).

눈 안쪽 망막의 중심부에 위치한 신경조직을 황반이라고 하는데, 황반변성(macular degeneration)은 이 황반부에 변성이 생겨 시력장애를 일으키는 질환이다. 황반변성은 주변 시력은 정상이지만 중심시력이 저하되는 병으로(사진 참조), 심할 경우 시력을 완전히 잃을 수도 있다(Owsley et al., 2016; Taylor, 2012). 황반변성의 원인은 노화, 스트레스, 비만, 고혈압, 유전 및 가족력 등의 요인이 있지만 그중에서도 흡연이 가장 큰 위험인자인 것으로 밝혀졌다(Schmidt et al., 2006). 줄기세포를 이용하여 황반변성을 치료하기도 한다(Munoz-Ramon, Hernandez Martinez, & Munoz-Negrete, 2020).

사진 설명: 황반변성으로 인한 시력장애

(2) 청각

연령에 따른 청각문제는 시각과 비슷한 양상을 띤다. 시각과 마찬가지로 40세경에 청력손상이 나타나기 시작해서 60세 이후에 크게 증가한다(Li-Korotky, 2012). 청력감소는 노년기에 이르면 대단히 보편적인 현상인데, 65세에서 74세 사이의 노인 10명 중 3명 정도가, 75세에서 79세 사이의 노인 중 약 반수 정도가 어떤 정도이든 청력이 감소되는 것을 경험한다. 그런데 시력감퇴는 금방 알 수 있지만, 대부분의 청력감퇴는 일상생활에 큰 지장을 주지 않기 때문에 잘 감지되지 않는다(Pacala & Yeuh, 2012).

청각손상은 노인들이 말을 잘 이해하지 못하는 주요 원인 중의 하나이다. 청력손상이 있는 노인들은 특히 빨리 하는 말을 잘 알아듣지 못한다(Bond & Garnes, 1980; Brant & Fozard, 1990). 말을 똑똑히 알아듣지 못하면 사회적 고립, 우울증, 정서장애가 일어난다(Mick et al., 2018; Mikkola et al., 2016). 청각 장애인들은 자신이 잘 알아듣지 못한 대화내용을 자기에 대해 욕을 하는 것으로 오해하거나, 고의적으로 자신을 대화에서 배제시킨다고 느낀다(Fozard, 1990). 그렇게 본다면 청력이 손상된 사람들이 어째서 고립감과 고독감을 더 느끼는지 그리고 성격이 괴팍해져서 다른 사람들과 잘 지내지 못하는지 쉽게 알 수 있다(Li-Korotky, 2012). 우리는 여기서 다시 한 번 신체발달이 정서발달에 어떻게 영향을 미치는가를 볼 수 있다.

(3) 수면장애

노인들로부터 가장 자주 듣게 되는 불평 중의 하나가 숙면을 취하지 못한다는 것이다. 한 연구(Vitiello & Prinz, 1991)는 25~40%의 노인들이 수면장애를 갖고 있음을 보고하였다. 수면장애는 노화로 인한 생물학적 변화로 인해 발생한다.

노인들은 낮잠으로 수면부족을 보충하려고 하지만 이로 인해 밤에 숙면을 취하지 못하게 되는 악순환이 계속된다. 낮에 몸을 많이 움직이고(신체활동), 카페인 섭취를 줄이며, 수면제 사용을 피하고, 낮잠을 줄이며, 수면환경을 개선함으로써 수면장애를 완화시킬 수 있다(Vanderlinden, Boen, & van Uffelen, 2020).

그러나 노년기 수면장애는 수면 중 일시 호흡정지, 간헐적인 다리의 움직임, 심장통 때문에 발생할 수 있는데, 이 경우에는 약물치료를 받아야 한다(Bootzin & Engle-Friedman, 1988; Buchholz, 1988). 우울증과 불안감 역시 노년기 불면증에서 관찰된 바 있다(Morin & Gramling, 1989). 알츠하이머병이나 파킨슨병을 앓고 있는 노인들 또한 심각한 수면장애가 있는 것으로 밝혀졌다(Gabelle & Dauvilliers, 2010; Hita-Yanez, Atienza, & Cantero, 2013).

6) 건강관리와 질병

노년기에 건강을 유지하고 이차적 노화를 방지하려면 건강한 생활습관을 갖는 것이 중요하다. 제11장에서 살펴본 바와 같이, 여기에는 규칙적으로 적당한 양의 식사를 하는 것, 콜레스테롤을 피하는 것, 금연, 적당한 음주나 금주, 약물사용의 금지, 스트레스의 극복, 규칙적인 운동 등이 포함된다.

젊었을 때와 마찬가지로 노인들의 생활에서 운동은 중요한 것인데, 성인기를 통한 규칙적인 신체 단련은 고혈압과 심장질환에 대한 예방효과가 있는 것 같다. 게다가 규칙적인 운동은 순발력, 지구력 감소와 호흡 및 순환 같은 기본적인 기능의 감소를 줄이는 것으로 보인다. 규칙적인 운동을 하면 관절과 근육의 내구력과 유연성이 증대되어 부상당할 가능성을 줄이며, 관절염 증상과 허리통증을 가라앉히거나 방지하는 데 도움이 된다. 또한 집중력과 인지적 수행력이 향상되며, 불안과 가벼운 우울증을 경감시킬 수도 있다(Birren, Woods, & Williams, 1980; Blair, Goodyear, Gibbons, & Cooper, 1984; Bromley, 1974; Pardini, 1984).

대부분의 노인들은 양호한 건강상태에 있지만 만성적인 질병문제는 나이를 먹으면서 보다 빈번해지고 무력해지는 원인이 된다(Hirsch, & Sirois, 2016). 가장 일반적인 질병은 관절염, 고혈압, 심장질환, 청력장애, 백내장, 다리, 둔부 또는 척추의 이상이다.

(1) 관절염

관절에 생기는 염증인 관절염은 노인들에게서 볼 수 있는 보편적인 병이다. 관절염의 치료법은 없으며, 수년간 지속되면서 노화과정과 함께 더 심해질 수 있다. 100가지 정도 되는 관절염의 유형 중 가장 일반적인 것은 골관절염과 류마티스 관절염이다(Tonna, 2001).

골관절염(〈그림 13-6〉 참조)은 퇴행성 관절염으로도 불리는데, 관절염 중 가장 일반적인 유형이다. 골관절염은 관절의 연골조직이 점차 마멸되는 특징이 있고, 무릎과 엉덩이 부위처럼 체중을 많이 지탱하는 관절과 연관이 있다. 대개 통증과 더불어 부풀어오르는 증상이 있고 관절이 딱딱해진다. 관절이 굳어지는 증상은 활동을 함으로써 간단하게 경감시킬 수 있지만 재발할 수도 있다.

사진 설명: 관절염은 손의 관절이 부어오르고 염증이 생기게 만든다.

류마티스 관절염(〈그림 13-6〉 참조)은 신체 내의 모든 연결조직에 영향을 준다. 이것은 서서히 진행되어 노년기 전에 발병하는데 남성보다 여성에게 더 일반적이다. 이 관절염은 세포막의 내부 또는 관절을 윤활하게 하는 곳에 염증을 일으킨다. 염증에 대한 반응으로 통증과 함께 부어오를 뿐만 아니라 피로감과 열을 동반한다. 연골조직은 마침내 파괴되는데 상처 난 조직이 손상된 연골조직을 대체함에 따라 관절은 점점 굳어지고 일그러진다.

두 가지 형태의 관절염에 대한 치료는 통증을 줄이고, 관절의 퇴화를 멈추게 하며, 유동성을 유지시키는 데 있다. 아스피린과 소염제 그리고 신중하게 짜여진 운동 프로그램이 그 처방이 된다. 일반적인 생각과는 달리 휴식이 항상 관절염에 최선의 약이 되는 것은 아니다. 비록 휴식이 관절의 염증을 경감시킬 수는 있지만 지나친 휴식은 관절을 더 굳게 만든다. 따라서 의사는 걷기나 수영과 같은 운동을 매일 할 것을 권고한다. 관절이 심하게 손상된 경우에는 수술을 통해 통증을 줄이고, 다시 움직일 수 있게 한다 (Jinesh, 2015; Verbrugge, Lepkowski, & Konkol, 1991; White et al., 2015; Wood et al., 2016).

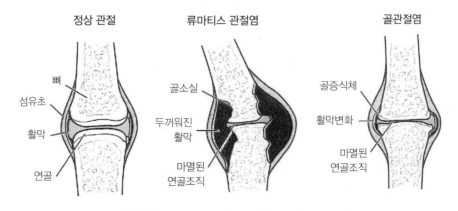

〈그림 13-6〉 정상 관절, 류마티스 관절염, 골관절염

(2) 암

암은 인생의 어느 단계에서든지 발생할 수 있지만 연령이 증가할수록 발병률이 증가한다(Frazer, Leicht, & Baker, 1996). 모든 암의 $\frac{1}{2}$ 이상이 65세 이상의 노인에게서 발생하며, 여성보다 남성에게 발생빈도가 높다.

장암, 폐암, 전립선암이 남자노인들에게서 볼 수 있는 가장 보편적인 암이다. 60세 이상 노인의 반 정도가 전립선 비대로 불면, 요실금 증상을 보이고 있다. 폐암은 연령보다는 흡연과 더 관련이 있는 것으로 보인다. 여자노인의 경우 유방암과 자궁암의 발병률이 높다.

특정 식습관이나 생활양식뿐만 아니라 연령이 증가하면서 암의 발생률이 높아지는 데에는 몇 가지 요인이 작용한다. 연령이 증가하면서 면역력이 저하되고, 발암물질에 노출되는 기간이 길어지는 것 등이 암발생과 관련이 있다.

(3) 알츠하이머병

노화와 관련된 문제 중에서 노인성 치매만큼 두려움의 대상이 되는 것도 없다. 노인성 치매 환자는 자신의 배우자나 자녀를 알아보지 못할 정도로 문자 그대로 "정신을 놓아 버린다." 치매는 어떤 특정 질병을 일컫는 것이 아니고, 인지적 기능과 행동적 기능이 쇠퇴하는 정신장애 전반을 일컫는 말이다. 가장 보편적이고 치명적인 치매의 형태가 알츠하이머병이다. 알츠하이머병의 원인은 아직 알려져 있지 않으며, 여러 가지 이론들이 이 병의 원인이 되는 것으로 신경화학물질의 결핍 또는 불균형, 바이러스 감염, 유전적 영향, 면역체계의 결함 또는 심지어 알루미늄 중독 등을 들고 있다(Cohen, 1987).

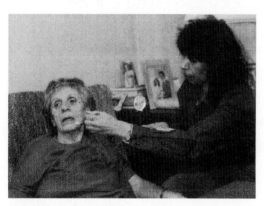

사진 설명: 알츠하이머병은 치유가 불가능한 퇴행성 뇌질환으로 노화와 관련된 가장 무서운 질병 중의 하나이다.

알츠하이머병의 초기 증상은 전화전언을 잘 못하거나 갑자기 엉뚱한 행동을 하는 것이다. 가장 두드러진 초기 증상은 기억력 장애이다. 과거의 일도 정확하게 기억을 못하지만 특히 최근의 사건들을 잘 기억하지 못한다. 그다음에는 혼란, 성급함, 침착하지 못함, 흥분, 판단력·집중력·방향감각·언어능력에서의 감퇴가 잇따른다. 정도의 차이는 있지만 대부분의 치매환자가 언어장애를 나타낸다. 초기에는 말하는 도중에 적절한 단어를 찾지 못하여 머뭇거리거나 정확하지 않은 단어를 사용하기 때문에 듣는 사람이 무슨 말인지 이해하기 힘들게 된다. 병이 진행되면서 증상들은 보다 뚜렷해지고 걷잡을 수 없게 된다. 마지막에는 환자가 언어를 이해하지 못하거나 사용할 수 없게 되며, 가족들도 알아보지 못하고 도움 없이는 먹지도 못한다.

알츠하이머병을 진단하기는 어려운 일인데 이 병이 다른 형태의 치매들과 구별하기가 어렵기 때문이다. 유일한 확실한 진단은 뇌 속의 조직을 관찰하는 것뿐인데, 그것은 사후부검에 의해서만 가능하다. 알츠하이머병에 걸린 사람의 뇌는 신경섬유가 엉켜있고, 세포가 줄어들며, 그밖의 다른 변화도 나타난다. 이런 변화들은 정상적인 노화에서도 어느 정도는 볼 수 있으나 알츠하이머병에 걸린 사람들에게서 더 현저하며 또한 기억력과 관련이 있는 뇌의 영역에서 보다 많이 일어나고 있다(Hyman, Van Hoesen, Damasio, & Barnes, 1984).

의사들은 보통 이러한 증상에서 알 수 있는 그밖의 질환들을 배제함으로써 살아 있는 환자에게서 알츠하이머병을 진단한다(Heston & White, 1983; Kokmen, 1984). 새로운 기술인 핵자기 공명진단법으로 진단의 정확도가 개선되고 있다(Summers, Majovski, Marsh, Tachiki, & Kling, 1986). 알츠하이머병 자체는 치유가 불가능하나 보다 정확하게 진단하게 되면 때때로 알츠하이머병이라고 잘못 진단하는 유사한 질병을 치료할 수 있게 된다.

알츠하이머병에 걸린 환자들은 흥분을 가라앉히고, 우울증을 가볍게 하며, 잠을 자도록 하는 약물요법으로 치료를 받을 수 있다. 적절한 영양과 유동식을 섭취하는 것이 중요하며 운동과 물리요법으로도 도움을 받을 수 있다. 환자나 그 가족에게 가장 큰 도움이 되는 것은 아마도 전문적인 상담과 후원단체를 통해 얻을 수 있는 사회적·정서적 지원일 것이다(Heston & White, 1983; Kokmen, 1984; Newkirk et al., 2020; Riekkola et al., 2019).

(4) 파킨슨병

파킨슨병은 신경전달물질인 도파민[1]을 생산하는 중뇌(中腦)의 신경이 노화함에 따라 발생하는 행동장애를 일컫는다(Catalan et al., 2013; Hassan et al., 2016). 파킨슨병의 증상은 언어표현이 자유롭지 못하고, 머리를 흔들며, 몸을 덜덜 떨면서 경련을 일으키고, 걸음걸이가 부자연스럽다(Riley, 1999). L-dopa와 같은 약물치료가 이러한 행동문제를 크게 완화시킬 수 있다(Mestre et al., 2014).

파킨슨병과 치매의 관계가 1970년대 후반에 밝혀졌는데,

사진 설명: 파킨슨병에 걸린 것으로 알려진 Muhammad Ali

---

1) 부신에서 만들어지는 뇌에 필요한 호르몬.

그 후 연구에 의하면 파킨슨병 환자의 14~40%가 치매에 걸리게 된다고 한다(Raskind & Peskind, 1992).

2. 인지변화

노년기의 인지변화 중 중요한 두 가지는 일반 지능의 감퇴와 기억력의 감퇴이다. 뇌세포는 청년기 이후 소멸되기 시작하고 대체되지 않는다. 그러나 성인기에 뇌세포 간의 신경회로수가 증가함으로써 이러한 손실을 보완해 준다.

어떤 심리학자들은 일반적인 지능이 노년기에 쇠퇴한다는 것은 속설에 불과하다고 주장하는 반면, 다른 학자들은 이런 설명은 낙관론일 뿐이라고 일축한다. 이 두 가지 관점을 고찰해 보기 위해서는 서로 다른 연령층의 사람들에게 실시한 지능검사의 종류와 자료수집의 방법에 관해 알아볼 필요가 있다.

1) 지능검사의 종류

유동성 지능과 결정성 지능의 구분은 노년기의 인지변화에 관한 논쟁에서 매우 중요한 의미를 갖는다. 이 구분을 밝히는 데 도움을 준 Horn과 Donaldson(1980)은 유동성 지능을 지능의 핵심이라고 보았으며, 이러한 핵심영역에서 지능상의 노화는 내리막길이라고 보았다. 유동성 지능은 새로운 문제를 해결하는 데 필요한 것으로 노년기에는 쇠퇴하는데, 이는 아마도 신경학적 손상 때문인 것 같다.

반면, Schaie와 Baltes(1977)는 유동성 지능은 쇠퇴하나 결정성 지능은 노년기에도 그대로 유지되거나 심지어 증가한다고 보는 입장이다. 그들은 또한 새로운 능력, 즉 지혜와 같은 능력의 출현을 강조한다. 지혜는 책에서 배운 것, 전문지식, 실용적 지식 등이 모든 것에 의존하지만 그 이상의 것이다. 지혜는 인생에 대한 깊은 통찰력과 어려운 인생문제에 대한 대처능력을 제공해 준다.

2) 자료수집의 방법

앞에서도 지적했듯이 횡단적 연구와 종단적 연구는 성인기 인지변화에서 서로 다른 양상을 보여준다. 횡단적 연구결과에 의하면 지능은 아동기에 증가하여 청년기 또는 성년기에 절정에 달하며, 중년기부터 감소하는 것으로 나타났다.

노년기에 지적 능력이 감소한다는 사실은 수많은 횡단연구의 결과에서 밝혀졌다. 예

를 들면, 웩슬러의 성인용 지능검사를 사용하여 노년기의 지능을 측정한
결과 Wechsler(1958), Eisdorfer(1963) 그리고 Botwinick(1977) 등은 노인들
이 젊은이들보다 점수가 낮은 것으로 보고하였다.

Carl Eisdorfer

오늘날의 우리나라 노인들은 일제강점기, 6.25동란을 겪으면서 교육
을 제대로 받지 못했다. 지능검사는 주로 학교에서 배우는 지식과 관련
이 많으므로, 교육을 받지 못한 노인들의 지능을 측정하는 데에 적당하
지 않다. 많은 노인들은 또한 검사에서 높은 점수를 받으려는 동기가 결
여되어 있고, 관심도 별로 없으며 지루해한다. 반면, 젊은 성인들은 교
육을 많이 받았을 뿐만 아니라 시험을 잘 보는 기술이 있다. 즉, 실제로 지식이 없다 하
더라도 어느 것이 정답인지 선택하는 기술을 가지고 있다.

반면, 종단적 연구결과에 의하면, 지능은 50세까지 증가하며 60세 정도에서 안정
되는 것으로 나타났다. Shay와 Roth(1992)의 종단연구에서, 동작성 지능은 연령증가
에 따라 감소하지만 언어능력은 비교적 안정적인 것으로 나타났다. 시애틀 종단연구
(Schaie, 1994)에서도, 단어유창성만이 50세에 감소하는 것으로 나타났다. 그 외는 25세
와 비교했을 때 88세도 언어능력이 거의 감소하지 않았다.

그러나 횡단적 연구와 종단적 연구는 모두 결점이 있다. 횡단적 연구에서는 동시대
출생집단 효과가, 종단적 연구에서는 선택적 탈락 현상 및 연습 효과가 있다.

3) 노년기의 지적 능력과 영향요인

(1) 교육수준

일반적으로 연령과 교육수준 간에는 역상관 관계가 있
다. 왜냐하면 나이가 많은 사람일수록 시대적 여건이 나빠
교육을 적게 받았기 때문이다. 그러므로 연령의 증가에 따
른 지능의 쇠퇴는 사실상 교육수준의 영향이라고 볼 수 있
다. 만일 교육수준을 통제한다면 연령과 지적 능력 사이의
역상관 관계가 감소할 것이다.

(2) 직업수준

일반적으로 교육수준과 정적 상관이 있는 직업수준 또
한 지적 능력에 영향을 미친다. 사고와 문제해결을 요하는
직업에서 여전히 인지능력을 활용하고 있는 노인들은 그
렇지 못한 노인들보다 지능의 쇠퇴가 적게 일어난다. 특히

사진 설명: 노년기에도 계속해서 지적 활동
을 하는 경우 높은 수준의 지적 능력을 유지
할 수 있다.

문제해결의 재료가 자기 자신에게 익숙하고 항상 다루고 있는 것인 경우에는 익숙하지 못한 재료의 경우보다 지능의 쇠퇴가 적었다(Labouvie-Vief & Gonda, 1976; Poon & Fozard, 1978). 예를 들면, 변호사나 교사와 같이 언어기술을 요하는 직업의 경우 웩슬러의 언어성 검사 점수가 높고, 건축가나 엔지니어와 같이 보다 추상적이고 유동성 기술을 요하는 직업의 경우는 동작성 검사 점수가 높았다.

(3) 건강상태

건강과 감각기능 또한 지적 능력에 영향을 미친다. 일반적으로 나이가 많을수록 여러 가지 건강문제가 발생한다. 따라서 노년기의 지적 능력 감소는 연령 그 자체보다는 건강과 관련된 요인일 가능성이 많다. 예를 들면, 동맥경화증으로 좁아진 혈관은 뇌의 혈액공급을 감소시키고, 그 후유증으로 심장병을 일으킬 수 있다. 악성 종양은 뇌와 다른 신체부위로 전이되거나 혈액순환에 지장을 초래할지도 모른다. 심장혈관 질환, 고혈압, 폐기종, 급성 전염병, 영양실조, 운동부족, 상해, 외과수술 등은 일시적으로 또는 영구적으로 뇌에 산소공급의 감소를 초래한다.

노인들은 보고 듣기가 어렵기 때문에 정보처리 과정이 젊은 사람보다 느리다(Schaie & Parr, 1981). 과제수행 또한 협응과 기민함이 부족하기 때문에 잘하지 못한다. 지적 수행에서의 속도감소는 노년기의 신체적 수행에서의 속도감소와 유사하다. 이러한 감소는 노년기에 뇌와 중추신경계에서 일어나는 변화와 병행한다. 예를 들면, 정보처리속도와 반응시간이 점차적으로 느려진다.

(4) 인지 능력의 급강하 현상

노년기의 지적 능력에 영향을 미치는 또 다른 요인은 사망 직전의 지적 능력이 급강하하는 현상이다(Gerstorf et al., 2016; Hülür et al., 2013; Thorvaldsson et al., 2008). Kleemeier(1962)의 주장에 의하면, 지적 능력의 감퇴는 사실상 사망 직전 5년 정도가 될 때라야 비로소 확실히 나타난다고 한다. 이것을 지적 능력의 최종적 급강하 가설(terminal drop hypothesis)이라고 부르는데, 이 가설에서는 생물학적 연령에 관한 하나의 새로운 지표를 얻을 수 있게 된다. 다시 말하면, 연령을 단순히 출생한 때로부터 계산하기보다는 지금 이 순간부터 사망까지가 몇 년 더 남았는가 하는 것이 중요한 의미를 갖는다는 것이다. 이와 같은 연령계산은 지적 능력이 감퇴하는 정도에 따라 어느 정도 예견이 가능한 것이다.

Kleemeier(1962)는 13명의 남자노인을 대상으로 12년에 걸쳐 그들의 지적 능력의 변화과정을 검사했는데, 지적 능력이 갑작스럽게 감퇴한 노인들이 능력 감퇴가 서서히 진행된 노인들에 비해 더 일찍 사망하는 것을 발견하였다. 곧 인지능력의 급강하 현상은 그의 사망이 멀지 않았음을 예언해 주는 지표가 될 수 있다. 물론 최종적 급강하 현상은 젊어서 죽는 사람들에게서도 나타나기 때문에 연령의 작용은 아니다. 그러나 그러한 현상은 노인들의 지적 능력의 평균 점수를 끌어내린다. 왜냐하면 노인들은 가까운 장래에 사망할 가능성이 더 많기 때문이다.

4) 기억

한 노인이 아내가 일러준 물건을 몇 가지 사려고 슈퍼마켓에 갔다. 오렌지 주스와 상추 그리고 주방용 세제를 산 다음 그 노인은 아내가 사오라고 한 물건이 더 있는 것 같은데 그것이 무엇인지 기억할 수 없었다. 할 수 없이 구입한 물건을 계산하려고 계산대 앞에 서 있는데 아는 사람이 그 옆을 지나갔다. 그런데 그 사람이 누구인지 그리고 이름이 무엇인지 도무지 기억이 나지 않았다. 계산을 하고 나와서 주차장으로

사진 설명: 주차장이 넓은 장소에서 주차해 놓은 자신의 차를 찾지 못하는 일이 중·노년기에 가끔 발생한다.

가는데 어디에 차를 주차해 놓았는지 기억이 나지 않았다. 한참을 헤매다가 겨우 차를 찾아서 타고 나오면서 그 노인은 혼자 중얼거렸다. "인제 모든 것이 도무지 기억이 나지 않는구먼!" 그리고는 혹시 자신이 치매에 걸린 것은 아닌지 걱정하기 시작했다.

노년기의 인지변화 중 가장 심각한 것이 기억력 감퇴이다(Poon, 1985). 노인들이 자신의 기억력 감퇴에 대해 어떻게 느끼며, 또 어떻게 대처하는가에 대한 연구가 행해졌다. 예를 들면, 한 종단연구에서 노인들로 하여금 자신의 기억력과 관련되는 경험을 일기에 적게 하였다. 노인들은 사람들의 이름, 약속시간, 사물이나 장소 등에 관하여 자신이 잊어버린 것을 기록하였고 이에 대해 매우 좌절감을 느끼는 것으로 나타났다(Cavanaugh, Grady, & Perlmutter, 1983). 이것은 어쩌면 노인들이 학습상황이나 검사상황에서 자신감을 상실하는 이유가 될지 모른다. 결과적으로 수행에 부정적 영향을 가져온다. 사실 노인들은 회상이나 재인검사에서 젊은이들보다 자신의 답에 확신을 덜갖는 것으로 보인다(Bahrick, Bahrick, & Wittlinger, 1975).

5) 최근 기억과 옛날 기억

노화와 기억력의 관계에서 상당한 논란을 불러일으키는 점은 노인들이 과거 오래전에 일어났던 일을 최근에 일어난 일보다 더 잘 기억하는가 하는 문제이다. 많은 사람들이 노인들은 최근에 일어난 일은 기억을 잘 못해도 오래전에 일어난 일은 매우 자세하게 기억한다고 믿고 있다(Bahrick, 1984; Camp & Mckitrick, 1989; Erber, 1981). 예를 들면, 한 여자노인이 데이트를 처음 한 날의 기억을 "마치 그것은 어제 일과도 같아요"라고 말하면서, 정작 어제 일은 전혀 기억하지 못하는 경우이다.

일반적으로 어떤 사건에 대한 기억은 사건이 일어난 바로 다음에 가장 잘 기억하고 그 후로는 감소한다. 그러나 잊어버리는 양의 정도는 시간에 비례하지 않는다. 처음 얼마 동안이 망각의 정도가 가장 심하다. 재인 기억은 회상 기억보다 천천히 감소한다. 노인들의 경우 오래된 옛날 일을 아주 잘 기억하지만 최근에 일어난 일보다 더 잘 기억하는 것은 아니다(Erber, 1981).

그렇다면 왜 노인들은 최근의 일보다 옛날 일을 더 잘 기억하는가? 노인들은 자녀의 출생, 자신의 결혼식, 부모나 배우자와의 사별 등에 대해 40~50년 전의 일도 매우 소상하게 잘 기억한다. 이는 어쩌면 옛날 일에 대한 강렬한 기억과 좀더 희미하게 부호화된 최근의 일을 비교하기 때문일지 모른다(Erber, 1981). 최근의 일은 주의산만, 흥미부족, 능력감소, 그 외 다른 이유로 인해 부호화가 잘 되지 못하였을 수 있다. 옛날 일은 개인적으로 매우 의미있는 일로서 마음속으로 수천 번 재현해 본 결과 매우 강렬한 기

사진 설명: 노인들은 개인적으로 매우 의미 있는 옛날 일에 대한 강렬한 기억을 갖고 있으며, 지난 일에 대한 회상이 기억을 강화시키는 것으로 보인다.

억으로 남아 있을 수 있다(Brown & Kulik, 1977). 아니면 한국전쟁이나 박정희 대통령의 암살 사건 등과 같이 우리 역사에 큰 영향을 주는 사건이기 때문일 수도 있다.

또 다른 가능한 설명은 옛날 일을 기억하는 데 사용되었던 단서(cue)가 최근의 일을 기억하는 데는 '단서과부하(cue-overloaded)' 현상으로 인해 덜 효율적이 되기 때문이다(Schonfield & Stones, 1979). 즉, 옛날 일을 회상하는 데 유용했던 단서가 최근의 일을 회상하는 데도 역시 사용되지만, 그 단서는 지난 일과 강한 연관을 가지고 있어 새로운 정보를 인출하는 과정을 어렵게 만든다. 예를 들면, 노인들이 과거에 전화번호를 외울 때에 사용했던 단서가 옛날 전화번호와 강한 연관을 가지고 있어, 새로운 전화번호를 외우려고 할 때에는 별로 도움이 되지 않는 것이다.

6) 미래기억

우리는 과거에 학습한 정보나 경험을 기억하는 것과 마찬가지로 의도한 행위를 실제로 수행하기 위하여 해야 할 일을 기억할 필요가 있는데, 이런 유형의 기억을 미래기억(prospective memory)이라 한다(Guynn, McDaniel, & Einstein, 1998; Insel et al., 2016; Mioni et al., 2015). 예를 들면, 전기료와 같은 각종 세금을 제때에 내는 것, 매 4시간마다 약을 복용하는 것, 친구에게 메시지를 전달하는 것을 기억하는 것 등이 미래기억에 해당한다. 이런 기억들은 친숙한 얼굴을 알아보거나 사고의 구체적인 내용을 회상하거나 각국의 수도 이름을 알아맞히는 것 등과 같은 과거기억(retrospective memory)과는 대비되는 기억이다(Maylor, 1996).

과거기억은 과거에 경험한 사건들을 기억하는 것과 관련이 있지만, 미래기억은 미래 행위에 대한 기억이다. 미래기억은 행위에 대한 계획과 행위의 수행에 대한 기억도 포함하고 있다. 대부분의 경우 계획된 행위는 특정 시간이나 어떤 제한된 시간 내에 수행되어야 하기 때문에 미래기억은 행위를 수행하는 시점을 기억하는 것과도 관련이 있다. 미래기억은 과거기억과 마찬가지로 노인들의 삶에서 중요한 부분을 차지하고 있다. 정해진 시간에 약을 복용하는 것을 기억하는 것이나, 가스불을 끄는 것을 기억하는 것이나, 예약된 시간에 병원에 진료를 받으러 가는 것을 기억하는 것 등은 노인들에게는 매우 중요한 일상적 기억이라 할 수 있다(이종형, 진영선, 박민, 2001).

특히 미래기억 활동들은 사회적 상호작용에 있어서 대단히 중요하다. 왜냐하면 어떤 사람이 과거 사건을 망각했을 때 그 사람은 신뢰할 수 없는 기억을 가지고 있는 사람으로 간주되지만, 그가 미래의 의무를 수행하기로 약속한 것을 잊어버렸다면, 그는 신뢰할 수 없는 사람으로

Jerker Rönnberg

간주되기 때문이다(Johansson, Andersson, & Rönnberg, 2000).

미래기억은 사건의존기억(event-based memory)과 시간의존기억(time-based memory)으로 구분된다(Einstein & McDaniel, 1990). 사건의존 미래기억은 특정 사건이 발생할 때 어떤 행위를 수행해야 한다는 것을 기억하는 것으로 여기에는 기억을 촉진하는 외적 단서가 필요하다. 친구의 얼굴을 보고서야 그에게 온 전화 메시지를 전해주는 경우나 저녁식사 때 약을 먹어야 하는 것을 기억하는 경우 등이 이에 해당한다. 반면에, 시간의존 미래기억은 일정 시간이 경과한 후에 수행해야 하는 행위에 대한 기억이다. 예를 들어, 10분 후에 가스불을 끄는 것을 기억하는 경우나 오후 2시에 치과에 가기로 한 약속을 기억하는 경우 등이 이에 해당된다. 이처럼 시간의존 미래기억은 외적 단서 없이 스스로 기억을 해내야만 하는 것이다. 따라서 사건의존 미래기억에서보다 시간의존 미래기억에서 연령효과가 더 클 것으로 예상된다.

실제로 Einstein, McDaniel, Richardson, Guynn과 Cunfer(1995)의 연구에서 노인들이 사건의존 미래기억에서는 결손을 보이지 않았지만 시간의존 미래기억에서는 저조한 수행을 보였음을 확인하였다. 이 연구에서 노년집단, 중년집단 그리고 청년집단이 시간의존 과제에서 특정 시간(매 5분마다: 5분, 10분, 15분, 20분, 25분, 30분)마다 컴퓨터의 키보드를 누르도록 요구받았고, 사건의존 과제에서는 특정 단어(대통령)가 나타날 때마다 특정 키를 누르도록 요구받았다. 연구결과, 사건의존 과제에서는 연령집단 간에 수행의 차이가 나타나지 않았지만, 시간의존 과제에서는 노년집단이 청년집단이나

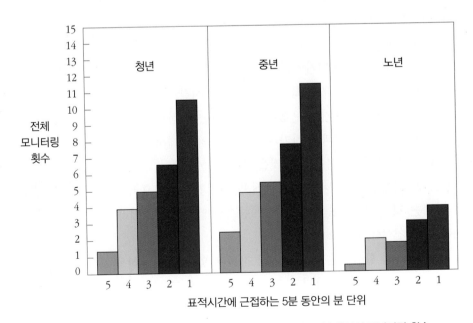

〈그림 13-7〉 집단별(청년, 중년, 노년) 표적시간에 근접하는 5분 동안의 모니터링 횟수

중년집단보다 미래기억을 잘 수행하지 못하는 것으로 나타났다. 또한 시간의존 과제에서 표적 시간에 근접하는 동안 시계를 모니터 한 횟수도 청년집단과 중년집단이 노년집단보다 더 많은 것으로 나타났다(〈그림 13-7〉 참조). 그리고 표적시간에 근접할수록 연령 집단 간 모니터링 횟수의 차이도 더욱 커지는 것으로 나타났다. 이러한 결과는 미래기억에서 연령과 관련된 감소가 있는지를 알아보는 데 외적 단서가 중요한 요인이 된다는 것을 암시한다.

7) 지혜

많은 사람들은 나이가 들면서 점점 지혜로워진다고 믿는다. 사실 이러한 믿음은 많은 문화권에서 역사를 통해 실제로 나타난 바 있다(Clayton & Birren, 1980; Holliday & Chandler, 1986; Randall, 2012). 이것은 또한 Erikson의 전생애 발달이론에서도 표현되고 있다. Erikson(1982)은 어떤 노인들은 죽음에 직면하여 지혜를 얻게 된다고 주장한다. '지혜롭다'는 말은 아동이나 청소년 또는 젊은 성인들에게는 어울리지 않는 말이다.

사진 설명: 많은 문화권에서 노년기에 지혜를 획득하는 것으로 여겨진다.

그러나 지혜란 무엇이며 또 어떻게 측정할 것인가에 대해서는 합의가 이루어지지 않았으며 그에 대한 연구도 별로 없다(Sternberg, 1990a). Baltes와 그의 동료들은 지혜를 "중요하지만 불확실한 인생사에 대한 현명한 판단과 충고"(Staudinger, Smith, & Baltes, 1992, p. 272)라고 정의하고 있다. 이 정의에 따르면 지혜로운 사람은 인생이 무엇인가에 대한 빼어난 통찰력이 있으며, 인생문제에 대해 좋은 충고를 해줄 수 있다(Baltes & Smith, 2008; Baltes, Smith, & Staudinger, 1992; Csikszentmihalyi & Rathunde, 1990; Kunzmann, 2019; Sternberg, 1990b).

최근에 와서 지혜는 심리학 연구에서 주요한 주제가 되고 있다. 지혜에 대한 관심은 몇 가지 다른 시각에서 시작되었다. 고전적 접근법에서는 지혜를 노년기 성격발달의 한 측면으로 보는 반면, 상황적 접근법에서는 지혜를 인지능력으로 본다. 지혜를 지능과 감정의 통합으로 보는 견해도 있는가 하면, 동양철학에 뿌리를 둔 접근법에서는 영적 측면을 강조한다.

(1) Erikson의 고전적 접근법

Erikson(1985)에 의하면, 마지막 제8단계에서 자아통합감 대 절망감의 갈등을 성공적으로 해결한 결과 나타나는 덕목이 지혜이다. 지혜는 자신의 죽음에 직면하여 얻게 되는 인생의 의미에 대한 통찰이다. 지혜는 커다란 후회 없이 자신이 살아온 인생을 인정하는 것을 의미한다. 그것은 또한 자신의 부모가 최선을 다했다는 것을 받아들이고, 죽음을 인생에서 피할 수 없는 종말로 인정하는 것을 의미한다. 요약하면, 자신이나 자신의 부모 그리고 자신의 인생의 불완전함을 현실적으로 받아들이는 것이 지혜이다.

(2) Clayton과 Meacham의 상황적 접근법

Clayton(1975, 1982)은 지혜를 조작적으로 정의한 최초의 인지연구가 중 한 사람이다. 논리적, 추상적으로 사고하는 능력으로 정의되는 '지능'과는 달리 '지혜'는 역설 (paradox)에 대한 이해, 모순(contradictions)에 대한 화해와 타협의 능력이다. 지혜로운 사람은 자신의 행동이 자신뿐만 아니라 다른 사람에게 미칠 영향을 가늠하기 때문에, 지혜는 특히 사회적 상황에서 실제적인 의사결정을 하는 데 매우 적합하다.

지능은 어떤 일을 어떻게 해야 할 것인지를 아는 것이지만, 지혜는 우리가 그 일을 해야만 하는지 의문을 갖게 한다. 그래서 지혜로운 사람은 인종 간의 긴장을 완화하는 문제라든가 부부가 이혼하는 경우 남편과 아내 중 어느 쪽이 자녀양육권을 가져야 하는지 등의 문제(사진 참조)와 같이 가치관이 관련되는 사회적 문제에서 해결을 잘할 수 있다.

Meacham(1982, 1990)에 의하면, 지혜로운 사람은 지식의 습득과 지식의 본질적 오류를 인식하는 것 사이에 균형을 이룬다. 지혜로운 사람이 그렇지 않은 사람보다 반드시 더 많이 아는 것은 아니다. 단지 그들이 알고 있는 지식을 다르게 사용할 뿐이다. 즉, 자신이 알고 있는 사실을 실제 상황에 잘 적용할 줄 안다. 경험은 지혜에 큰 위협이 되는데, 특히 경험이 정보의 축적이나 성공 또는 권력으로 이어질 때 더욱 그러하다. 오히려 지혜는 적게 알고, 자신이 알고 있는 것에 대해서 확신이 적을 때 발생한다. 그러므로 노인의 지식에 대해 미심쩍어하거나 도전하는 사람이 주위에 없으면 지혜는 오히려 노년기에 상실될 수 있다.

(3) Labouvie-Vief의 지능과 감정의 통합

만약 지혜로운 사람이 잘 해결하는 문제가 가치와 관련된 것이라면 문제를 잘 해결하기 위해 필요한 것이 지능만이겠는가? Labouvie-Vief(1990a, b)는 지혜를 객관적, 분석적, 이성적인 로고스(logos)와 주관적, 경험적, 정서적인 미토스(mythos)의 통합이라고 정의한다. 그녀는 이러한 통합을 건강한 성인의 주요 발달과제라고 생각한다.

이 정의에 의하면 지혜는 반드시 연령과 정비례하는 것은 아니다. 사실상 지혜는 중년기에 절정에 달하는 것으로 보인다. 지혜로운 사람으로 만드는 것은 특별한 지식이 아니고, 자신의 감정을 이해하고 다른 사람의 것과 구분할 줄 아는 도덕윤리를 포함하는 능력이다. 그리고 그 이해를 이성적으로 이용할 줄 아는 능력이다.

(4) 지혜와 영적 발달

동양철학의 영향을 받은 연구자들은 지혜를 영적인 발달에 기초한 것으로 노년기에 나타난다고 믿는다(사진 참조). 이 정의에 의하면 지혜는 서로 관련된 세 가지 측면이 있는데 자기성찰과 자아통합의 개인내적(intrapersonal) 지혜, 감정이입, 인간관계의 성숙 등을 포함하는 개인 간의(interpersonal) 지혜 그리고 자아를 초월하여 영적 성장을 추구하는 초개인적(transpersonal) 지혜가 그것이다(Achenbaum & Orwoll, 1991).

만약 지혜가 연령과 관련이 있는 것이라면, 그것은 아마도 묵상이나 영적 발달이 노년기에 이루어지기 때문일 것이다. 연령과 관련이 있는 내성(introspection)과 영적 생활에 대한 관심이 그 자극으로 작용할지 모른다(Jung, 1966; Neugarten, 1977). 젊은 날에 몰두했던 세속적인 목표와 관심으로부터 자유로워진 노인들은 이제 자아실현의 가능성이 더 높아졌다.

지금까지 연령과 지혜에 관한 연구결과는 일관성이 없다. Baltes는 연령이 지혜에 이바지할 것으로 추측하지만 확실한 증거를 찾지 못했고, Labouvie-Vief에 의하면 지혜는 중년기에 절정에 달하는 것으로 보인다. 그렇다면 왜 동서양을 막론하고 지혜를 노인의 전유물로 묘사했을까?

한 가지 가능한 이유는 평균 수명의 증가이다. 고대인들은 신화나 전설에서 '현자(wise elders)'를 40대 또는 그보다 좀더 젊은 것으로 묘사하였다. 또 다른 설명은 지혜의 정의에 관한 것으로 서로 다른 정의를 내림으로써 서로 다른 결과를 얻게 된다. 예를 들어, 지혜를 자아의 초월로 정의한다면, 그러한 지혜를 획득하는 데는 시간이 좀더 오래 걸릴 것이다.

3. 직업과 은퇴

직업세계로부터의 은퇴는 노년기에 대처해야 할 또 하나의 발달과업이다. 이는 특정 연령에 도달했다는 것 때문에 요구되는 사회적 역할의 변화이자 공적으로 노인으로 인정받는 가시적인 증거이기도 하다. 일반적으로 은퇴는 고용에 의한 유급의 직위에서 물러나 그와 관련된 역할수행을 중단하게 되는 현상을 의미한다.

오늘날과 같은 노동지향적 산업사회에서 은퇴는 개인에게 매우 중요한 의미를 갖는다. 직업은 개인에게 정체감을 심어 주고, 자신에 대한 가치와 자아존중감을 형성하기 때문에 다분히 자아실현적인 의미를 지닌다. 따라서 일생을 바쳤던 직업으로부터의 이탈은 정체감 및 역할의 상실이나 전환을 초래하고, 은퇴에 대한 재사회화와 자아정체감의 재확립 등을 요구하게 된다. 즉, 은퇴는 단순히 직업의 상실이라는 차원을 넘어 새로운 신체적·심리적 적응을 필요로하는 생애의 일대 사건으로 개인에게 다가오는 것이다.

1) 은퇴의 의미

인간에게 있어 일이라는 것은 단순히 경제적인 문제에 그치는 것이 아니라 정신적인 욕구를 충족시켜 주는 중요한 역할을 한다. 즉, 일은 인간에게 생활의 의미를 제공해 주는 역할을 한다. 그러나 모든 인간은 일정한 연령에 달하면 신체적·인지적 변화와 사회적 지위와 역할의 변동 그리고 경제적인 이유 등으로 해서 일로부터 물러나게 된다. 즉, 연령의 증가와 더불어 신체기능과 노동생산성이 감소된다는 것과 급변하는 현대사회에서 고령자의 지식, 기술, 재능은 능률적이지 못하다는 점 그리고 인구과다로 인하여 일자리에 비해 구직자가 더 많다는 점, 또한 개인의 능력과 효율성을 중시하는 자본주의 사회에서 연공서열과 근속연한에 의한 임금책정 체계가 비합리적이라는 점 등에 의하여 여러 가지 형태의 은퇴가 실행되고 있다(박재간, 1979).

오늘날 은퇴하는 사람들은 두 가지 특별한 문제에 직면하게 된다. 첫째, 그들은 원하든 원하지 않든 은퇴 이후에 여가위주의 생활로 떠밀리게 되며, 동시에 경제적 자원을 박탈당하게 된다. 둘째, 일지향적인 사회에서 주변인물로 인식되어 살아야 한다는 것 때문에 무능감이나 낮은 자아존중감, 소외감 등을 느끼기 쉽다.

우리나라의 경우 아직까지 노후보장정책이 정착되어 있지 못한 실정이어서, 은퇴를 앞두고 우선은 경제적인 문제로 심각한 위기에 직면하게 된다. 뿐만 아니라 남성 특히 중년 이후의 남성들은 자신의 직장을 한낱 수단적인 방편으로만 여기는 것이 아니라, 자신의 모든 것으로 생각한 나머지 심지어는 개인의 사생활도 거의 포기한 채 직업에만 전념하는 문화에서 생활해 왔기 때문에, 직장을 떠난다는 것은 일생일대의 크나큰 사건이 아닐 수 없다. 다시 말해서 정년으로 인한 퇴직은 단순히 경제활동 인구에서 부양 인구로의 전환보다도 더 큰 존재의미의 상실을 유발한다고 볼 수 있다(이광규, 1984).

2) 은퇴의 단계

Robert C. Atchley

노인학자 Atchley(1976)는 은퇴과정을 7단계로 구분하였다. 그러나 사람들은 각기 다른 연령에, 각기 다른 이유로 은퇴하기 때문에 모든 사람들이 일률적으로 이러한 단계를 모두 거치는 것은 아니다.

(1) 먼 단계(Remote Phase)

은퇴 전 단계는 아직 은퇴가 먼 단계와 은퇴 직전의 두 단계로 나뉜다. 대부분의 사람들은 이 단계에서는 은퇴에 대한 준비를 하지 않는다. 은퇴가 가까운 나이가 되어서도 은퇴를 언젠가 일어날 막연한 일로 인식하고, 은퇴에 대한 대비를 하지 않는다.

(2) 근접 단계(Near Phase)

언제 어떻게 은퇴할 것인지 구체적으로 생각하며, 은퇴 후의 경제문제, 신체적·정신적 건강문제를 생각한다. 은퇴 프로그램이나 세미나에 참가하기도 하고, 이미 은퇴한 사람들에게서 정보를 얻기도 한다. 은퇴 프로그램은 은퇴 후에 받게 될 연금이나 혜택에 관한 정보를 제공하고, 은퇴 후의 건강, 주거 및 은퇴의 법적 측면에 관해 도움을 준다.

(3) 밀월 단계(Honeymoon Phase)

은퇴 바로 후는 많은 사람들이 행복감을 느낀다. 평소에 하고 싶었지만 시간이 없어서 하지 못했던 일들을 하면서 여가시간을 즐긴다. 그러나 강제퇴직이나 건강문제 등으로 은퇴한 사람들은 이러한 긍정적 느낌을 경험하지 못한다.

(4) 환멸 단계(Disenchantment Phase)

은퇴 전에 세웠던 은퇴 후에 대한 계획이 환상이었으며 현실적이지 못한 것임을 깨닫게 된다. 은퇴에 대한 환멸은 상실의 경험을 반영한다. 즉, 권력, 특전, 신분, 수입, 인생의 의미에 대한 상실을 경험한다. 이때에 심한 우울증에 빠지는 사람도 있다.

(5) 적응 단계(Reorientation Phase)

자신의 재정상태, 한계성, 어떤 특정한 일에 대한 실천 가능성 등을 검토하고 비교적 현실을 정확하게 인식한다. 은퇴 후의 생활에 대해 보다 현실적인 대안을 생각하며, 생활에 만족을 가져다줄 생활양식에 대해 탐색하고 평가한다. 이렇게 함으로써 안정된 은퇴생활 단계로 발전시켜 나가게 된다.

(6) 안정 단계(Stability Phase)

은퇴로 인한 변화를 일상적으로 처리할 수 있는 상태를 확립했을 때 은퇴자는 쉽게 안정 단계로 들어간다. 이 단계에서는 은퇴자로서의 새로운 역할과 자아정체감을 받아들이게 된다. 그렇게 함으로써 새로운 행동기준, 기대, 사회적 규범을 습득한다. 은퇴생활에 대한 적응이 잘 되면 안정 단계는 오랫동안 지속될 수 있다.

(7) 종결 단계(Termination Phase)

은퇴자의 역할이 종결되는 단계로서 재취업을 함으로써 종결되기도 하지만, 대부분의 경우 나이가 너무 많아 병들거나 무능력하게 됨으로써 더 이상 독립적으로 기능하지 못하게 되어 은퇴자의 역할이 소멸되는 것이다.

3) 은퇴에 대한 적응

은퇴는 노년기의 가장 중요한 전환기 중 하나이다. 더 많은 사람들이 은퇴생활을 즐길 수 있도록 하기 위해서는 무엇을 해야 할 것인가? 은퇴에 대한 적응은 일반적으로 은퇴 전에 얼마나 충분히 준비를 해두었느냐와 자신의 시간을 어떻게 활용하느냐에 달려있다.

은퇴에 대한 계획은 이상적으로는 중년기까지는 착수해야 한다. 은퇴를 위한 계획에는 인생이 즐겁고 성공적인 것이 될 수 있도록 인생을 설계하며, 재정적인 필요에 대비해 그것을 적절히 준비하고, 신체적 또는 정서적 문제를 얼마간 예상하며, 은퇴가 자신에게 어떠한 영향을 미칠지에 관해서 배우자와 의논하는 것 등이 포함된다(Bergstrom, 1990; Kirkpatrick, 1989; Weistein, 1991). 그런 점에 관해서는 은퇴준비 연수회나 회사에서 주관하는 프로그램으로부터 도움을 받을 수도 있다.

시간활용도 또 다른 중요한 요인이다. 은퇴 직후에는 많은 사람들이 아동기 이후에 처음으로 갖는 긴 여가시간을 즐긴다. 가족이나 친구들과 시간을 보내는 것과 이전에는 시간이 없어 하지 못했던 새로운 관심 분야를 탐색하는 것을 즐긴다. 시간이 지나면서 일부 은퇴자들은 지루해하고, 침착하지 못하며, 자신이 쓸모없게 되었다고 느낀다.

(1) 심리적 적응

직업세계를 떠나 자신의 정체감의 중요한 부분을 포기한다는 것은 심리적으로 매우 어려운 일이다. 많은 이들에게 그러한 전환은 자아존중감 상실을 초래한다. 은퇴 후의 적응은 이전에 겪었던 삶의 적응양식과 밀접한 관계가 있다. 은퇴에 잘 적응하는 사람들은 과거와 현재, 앞으로 일어날 삶의 여러 사건들을 연결시켜 주고, 욕구를 충족시켜 주는 생활양식을 채택할 수 있는 사람들이다. 성공적인 적응은 또한 일생을 통하여 발달과업을 조화롭게 해결하는 것으로 특징지어진다(Featherman, Smith, & Peterson, 1990; Marsh, 1991).

일반적으로 대부분의 사람들은 은퇴에 효율적으로 적응할 수 있다(Coberly, 1991). 은퇴를 부정적인 경험으로 인식하는 경우는 건강이나 경제적 문제로 인해 은퇴를 스트레스를 주는 사건으로 지각하기 때문이다(Iams & McCoy, 1991; Ruchlin & Morris, 1992). 또 어떤 이들은 은퇴에 대한 부적절한 기대나 일역할에 지나치게 몰두한 관계로 행복하지 못하다.

(2) 경제적 적응

경제적 곤란이 은퇴에 따르는 보편적인 현상이다. 수입이 은퇴 전의 $\frac{1}{2}$이나 $\frac{1}{3}$로 감소하는 것은 흔히 있는 일이다. 더군다나 노년기에 경제적 상태를 개선할 기회는 매우 드물다(Crystal & Shea, 1990; Hellman & Hellman, 1991; Staebler, 1991).

오늘날 노인의 사회적 지위가 하락하고 이에 따른 갖가지 노인문제가 발생하는 가장 직접적인 원인은 노인의 빈곤문제이다. 노인 빈곤의 특징은 다음과 같다(김성순, 1990). 첫째, 장기화·만성화 현상이다. 노인은 일단 직장에서 물러나면 재취업의 기회가 제한되어 경제적 빈곤을 겪게 되는데, 여기에 수명이 연장되어 빈곤이 장기화된다. 둘째, 대량화 현상이다. 노인인구의 증가와 핵가족화로 노부모의 부양을 꺼리는 젊은 세대가 증가함으로써 노인 빈곤이 대량화되는 것이 특징이다. 셋째, 가속화 현상이다. 일률적인 정년보다 조기 퇴직하고, 가족부양의 부담으로 비교적 여유가 없는 시기에 수입원을 잃게 되어, 빈곤이 가속화할 뿐만 아니라 일단 빈곤해지면 회복하기가 어렵다.

(3) 부부간의 적응

은퇴 후 결혼만족도가 증가한다는 연구결과(Johnson, White, Edwards, & Booth, 1986; Schumm & Burgaighis, 1986)도 있고 낮아진다는 연구결과(Lee & Shehan, 1989; Pearson, 1996; Pittman, 1987; Robinson, 1991)도 있다.

Gilford(1984)는 은퇴기를 밀월기로 표현하는데, 부부가 함께하는 시간이 많기 때문에 서로 친밀감을 나누고 공통의 관심사나 취미생활을 하면서 즐거움을 느끼고 위안이

사진 설명: 은퇴 후 부부가 함께 즐거운 시간을 보내고 있다.

된다고 한다(Jerome, 1990).

반면, 은퇴 후 결혼만족도를 낮추게 만드는 요소도 몇 가지 있다. 예를 들면, 주말 외에는 하루종일 나가 있던 남편이 이제 매일 하루종일 집에 있음으로써 아내가 스트레스를 받게 된다. 단순히 더 많은 시간을 함께 있다는 것만으로도 부부관계에 긴장을 초래한다.

한 연구(Lee & Shehan, 1989)에서는 남편이 은퇴하고 부인이 일을 계속하는 경우가, 아내가 먼저 은퇴하거나 부부가 함께 은퇴하는 경우보다 결혼만족도가 더 낮아지는 것으로 나타났다. 그러나 노년기에는 결혼만족도가 상당히 높아지기 때문에 대부분의 부부들은 이 스트레스를 잘 해결할 수 있다(Pearson, 1996).

은퇴한 부부는 결혼주기의 마지막 단계에서 새로운 부부관계에 적응하는 것이 중요하다(Robinson, 1991). 은퇴 후 부부에게 일어나는 변화 중 하나는 집안일의 분담이다(Pearson, 1996). 이때에 만약 남편이 스스로 아무 일도 할 수 없을 정도로 의존적이거나 혼자 있는 것을 좋아하지 않으면 갈등이 발생한다.

4) 여가생활

노인에게 여가의 의미는 젊은이나 중년의 그것과는 다르다. 생활의 대부분이 여가라고 해도 과언이 아니기 때문에, 노인의 여가활동은 그들의 생활만족도와 직접적으로 연관이 있다. 노년기의 여가활동은 노인의 고독, 허탈감, 소외감을 극복하는 데 도움이 된다. 노인들은 여가를 통해 적절히 기분전환을 할 기회를 갖게 되며, 자신의 능력을 발휘할 수 있는 기회를 갖게 되고, 문화적인 생활을 하고자 하는 욕구도 충족시키게 된다. 이처럼 노년기 여가의 의미는 노인의 다양한 욕구를 충족시켜 줄 수 있다는 점에 있다.

그러나 경제적 이유나 건강상의 이유로 여가활동에 참여하지 못하고 무료하게 보내야 하는 경우도 있고, 또한 여가활동과 여가수단에 대한 지식, 경험, 훈련부족 등으로 여가를 제대로 활용하지 못하는 경우도 많다.

이가옥, 서미경, 고경환과 박종돈(1994)의 연구에서는 우리나라 노인들의 여가활동에의 참여실태를 알아보았다. 서예, 음악활동, 우표수집, 독서, 종교생활, 친구, 친척모임 등의 참여 등 12개의 여가활동을 제시한 후 각각의 문항에 대해 노인들이 얼마나 자주 참여하고 있는가로 여가실태를 조사하였다.

연구결과 노인들이 많이 참여하는 여가활동은 주로 TV 시청과 라디오 청취(95.7%)로 나타났다. 다음으로 노인들이 많이 참여하는 여가활동은 친구·친척 모임 참여(62.0%), 성경읽기나 기도 등의 종교생활(50.6%), 신문·책보기(33.9%) 등으로 수동적인 여가활동을 많이 즐기는 것으로 보인다. 그리고 운동·등산 등 체력관리를 위한 취미생활도 21.1%의 노인이 참여하고 있어 비교적 많은 노인들이 건강관리를 하고 있는 것으로 나타났다.

〈그림 13-8〉은 우리나라 노인들이 노후를 보내고 싶은 방법에 관한 것이다. 노후를 보내고 싶은 방법으로 취미활동(39.5%), 여행·관광활동(32.5%), 소득창출활동(11.9%) 순으로 응답하였다. 남성은 여성보다 상대적으로 취미활동, 소득창출활동에 대한 선호가 높은 반면, 여성은 여행·관광활동, 학습·자기개발활동, 자원봉사활동, 종교활동에 대한 선호가 높은 것으로 나타났다.

우리나라 60세 이상 노인 522명을 대상으로 여가활동이 삶의 만족도에 영향을 미치는 요인을 알아본 최근 연구(백종욱, 김성오, 김미양, 2010)에서는 조사대상자의 95%가 소일형 여가 중 라디오 청취나 TV 시청에 참여하고 있으며, 경제상태가 좋을수록 취미문화형과 사회단체형 여가활동 참여가 많은 것으로 나타났다. 여가활동 참여유형에 따른 생활만족도에서는 사회단체형 여가활동 수준이 생활만족도에 가장 큰 영향을 미치는 것으로 나타났다.

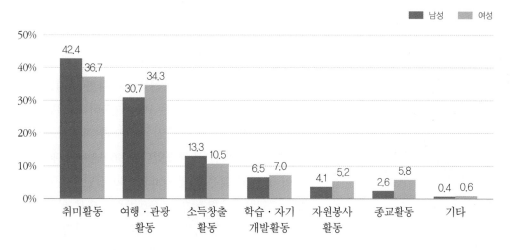

〈그림 13-8〉 우리나라 노인들이 노후를 보내고 싶은 방법

출처: 사회통계국 사회통계기획과 2021년 사회조사보고서.

4. 성격과 사회성발달

정신분석 이론가인 Freud와 Jung은 노년기를 아동기와 매우 유사한 것으로 보았다. 예를 들면, Freud는 노년기에 우리 인간은 유아기의 자기중심적 성격으로 되돌아 간다고 믿었으며, Jung은 노년기에 우리의 사고는 무의식의 세계에 깊이 잠수해 있는 상태라고 보았다. 따라서 노년기에는 현실 세계와의 접촉이 단절될 수 있다고 생각하였다. 그러나 현대 발달심리학자들은 노년기를 보다 건설적이고 보다 적응적인 것으로 보는 견해를 가지고 있다.

노년기는 많은 사람들이 그들의 인생을 과거뿐만 아니라 앞으로의 인생까지도 바라보면서 자신들의 인생을 재검토하는 때이며, 남은 시간을 어떻게 최대로 활용할 것인가를 결정하는 시기이다.

1) 노년기 성격의 안정성

노년기 성격의 안정성을 주장하는 종단연구 중 대표적인 것이 Costa와 McCrae(1984, 1986, 1988, 1989)의 연구이다. 그들은 20~80세의 성인 2,000명을 대상으로 하여 매 6년마다 성격특성 차원을 검사하였다. 연구결과 성격특성은 성인기 내내 안정적인 것으로 나타났다.

사진 설명: "우리는 닮은 점이 참 많은 것 같아요. 저는 너무 어려서 많은 것을 할 수 없고, 할아버지는 너무 늙으셔서 많은 것을 하실 수 없잖아요!"

노년기 성격의 안정성을 뒷받침하는 또 다른 연구들이 있다(Hagberg, 1991). 예를 들면, 버클리의 노인 세대 연구는 1928년과 1929년에 캘리포니아 주의 버클리에서 약 420명의 성인들을 대상으로 시작된 종단연구이다. 55년 이상 진행된 이 연구의 대상은 성년기, 중년기, 노년기의 성인들을 망라한 것이었다.

Field와 Millsap(1991)은 1969년부터 1983년까지 14년에 걸쳐 버클리 종단연구의 생존 피험자들로부터 수집한 자료를 분석하였다. 1969년에는 평균 연령이 65세인 젊은 노인(young-old)집단과, 평균 연령이 75세인 고령 노인(old-old)집단으로 구분하여 검사를 실시하였다. 1983년에는 평균 연령이 79세인 고령 노인(old-old)집단과 평균 연령이 89세인 초고령 노인(oldest-old)집단으로 나누어 재검사를 실시하였다. Field와 Millsap은 이 연구설계를 통하여 14년 간격의 두 동시대 출생집단이 갖는 성격의 안정성을 비교할 수 있었다.

연구결과 성인기 내내 성격이 안정적인 것으로 밝혀졌다. 연구결과를 좀더 구체적으로 살펴보면, 만족감이 가장 안정적인 특성이었으며, 외향성과 활기 등의 특성은 완만한 감소를 보였고, 순응성은 오히려 증가하였다. Field와 Millsap은 이러한 결과와 관련하여, 노년기에는 대인 영역과 신체 영역에서 큰 손실이 일어난다는 사실을 감안할 때, 노인들이 삶으로부터 계속해서 만족감을 느낀다는 것을 젊은이들은 이해하기 힘들 것이라고 해석하였다. 그들은 또한 이 연구를 통해 노년기에는 성격이 완고해진다는 고정관념이라든가 사람이 나이가 들수록 보수적이며, 괴팍해진다는 고정관념에서 벗어나도록 해 준다고 결론을 내렸다.

2) 노년기 성격의 변화

성격의 안정성을 주장하는 학자들과는 달리 Erikson, Peck, Levinson 그리고 Jung 등은 노년기 성격의 변화를 강조한다. 이들의 이론을 살펴보기로 한다.

(1) Erikson의 통합감 대 절망감

Erikson(1968b, 1978, 1982)은 그의 여덟 번째이자 마지막 위기인 '통합감 대 절망감'에서 노인들은 자신의 죽음에 직면해서 자신이 살아온 삶을 되돌아보게 된다고 한다. 노인들은 자신의 삶을 다시 살 수 없다는 무력한 좌절감에 빠지기보다는 자신의 삶에 대한 통합성, 일관성 그리고 전체성을 느끼려고 노력한다고 한다.

Erkison이 아내 Joan과 함께

어떤 노인들은 자신의 삶을 의미 있고 만족스러운 것으로 인식하는가 하면(자아통합감), 어떤 노인들은 원망과 씁쓸함, 불만족스러운 마음으로 자신의 삶을 되돌아보게 된다. 서글프게도 그들은 자신이 바라던 삶을 창조할 수 없었다고 느끼거나 이러한 실망감에 대해 다른 사람을 비난하게 된다(절망감). 자아통합감을 이룬 사람은 노년을 동요 없이 평온하게 보낼 수 있으며, 다가오는 죽음에 대해서도 의연하게 대처할 수 있다. 반면, 자아통합감을 이루지 못하게 되면 인생을 낭비했다는 느낌, 이제 모든 것이 다 끝났다는

사진 설명: 자아통합감을 이룬 노인들이 생활만족도가 높은 것으로 보인다.

사진 설명: 노년기에 경험하는 상실이나 변화에 대한 반응으로 우울증에 빠지기 쉽다.

절망감을 경험하며, 죽음의 공포에서 벗어나지 못한 채 불안한 죽음을 맞이하게 된다.

이 단계에서 발달하는 미덕은 지혜인데, 그것은 죽음에 직면했을 때 나타나는 인생 그 자체에 대한 박식하고 초연한 관심이다. 이와 같은 지혜는 노년기의 지적인 힘일 뿐만 아니라 중요한 심리적 자원이다. Erikson에 의하면, 지혜는 개인이 나는 무엇을 다르게 했어야 했는데, 혹은 무엇을 할 수 있었는데라는 커다란 후회 없이, 지금까지 살아온 인생을 그대로 받아들이는 것을 포함한다. 지혜는 어떻게 살아야 하는지를 안다는 것뿐만 아니라, 열심히 살아온 인생에 대한 피할 수 없는 종말로 죽음을 받아들인다는 것을 의미한다. 지혜는 자기 자신, 자신의 부모, 자신의 인생의 불완전함을 인정하는 것을 의미한다.

이 같은 사실을 인정하지 못하는 사람은 통합감을 이루기 위해 다른 길을 가기에는 시간이 너무 짧다는 사실을 깨닫고 절망감에 빠지게 된다. 이 위기를 성공적으로 해결하기 위해서는 통합감이 절망감보다 물론 낫지만 어떤 절망감은 불가피한 것이다. Erikson에 의하면, 자기 자신의 인생에서 불행과 잃어버린 기회에 대해서뿐만 아니라 인간존재의 나약함과 무상함에 대한 비탄감은 피할 수 없는 것이라고 한다.

(2) Peck의 노년기의 세 가지 위기

Peck(1968)은 노년기의 심리적 발달에 관한 Erikson의 논의를 확장하여, 노인들이 심리적으로 건강하게 기능하기 위해 해결해야만 하는 세 가지 중요한 위기를 강조하였다. 이 위기들을 성공적으로 해결하기만 하면 자신과 인생의 목적에 대한 보다 폭넓은 이해를 할 수 있게 된다.

사진 설명: Peck에 의하면 노년기에는 상실한 직업역할을 대신하고 신체적 쇠퇴를 보상할 새로운 관심사를 찾아야 한다.

① 자아분화 대 직업역할 몰두

은퇴에 즈음해서 사람들은 자신의 직업역할 이상으로 인간으로서의 자신의 가치를 재정의할 필요가 있다. 자랑할 만한 그밖의 개인적 특성을 발견할 수 있는 사람들은 활력과 자신감을 유지하는 데

보다 성공하는 것 같다. 자신의 일 역할의 상실에 적응해야 하는 사람들은 스스로를 탐색하고 이전에 인생에서 지향하고 구조화했던 것들을 대신할 수 있는 다른 관심사를 찾을 필요가 있다. 그들은 자신의 자아가 직업에서의 자신들의 과업의 총체보다 더 풍부하고 다양하다는 것을 인식할 필요가 있다.

② 신체초월 대 신체몰두

일반적으로 노화와 함께 일어나는 신체적 쇠퇴는 두 번째 위기를 나타낸다. 신체적 상태에 관한 걱정을 극복하고 이를 보상할 다른 만족을 구해야 할 필요가 있는데, Peck은 이것을 '신체초월 대 신체몰두'라고 하였다. 행복한 생활의 기본으로 신체적 건강을 강조해 온 사람은 어떤 기능저하나 고통과 아픔에 의해 쉽게 절망감에 빠지는 것 같다. 그 대신에 사람들과의 관계를 중시하고 완벽한 건강상태에 좌우되지 않으며, 몰두할 수 있는 활동을 강조하는 사람들은 신체적인 불편을 극복할 수 있다.

③ 자아초월 대 자아몰두

노인들이 직면하고 있는 가장 어려운 과업은 아마도 바로 지금의 자신과 자신의 인생에 대한 관심을 초월하는 것이며, 다가올 죽음의 실체를 받아들이는 일인 것 같다. Peck은 이 위기를 '자아초월 대 자아몰두'라고 하며, 예상되는 죽음에 대한 성공적인 적응이 노년기의 가장 중요한 성취가 될 것이라고 믿는다.

어떻게 사람들이 자기 자신의 죽음에 대해 긍정적이 될 수 있는가? 자신들이 살아온 길이 지속적인 의미를 획득할 수 있게 해 준다는 것을 인식함으로써 그렇게 할 수 있다. 인간은 본질적으로 다른 사람의 행복과 안녕에 기여함으로써 자아를 초월할 수 있는데, 그것은 다른 어떤 것보다도 더 인간의 삶을 동물의 삶과 구별해 준다고 Peck은 말한다.

(3) Levinson의 노년기 발달단계

Levinson(1978, 1984, 1986, 1990)에 의하면 노년기도 성년기, 중년기와 마찬가지로 전환기부터 시작된다.

① 노년기의 전환기(60~65세)

60대 초반은 중요한 전환점으로서 중년기를 끝내고 노년을 준비하는 시기이다. 이 시기에 사람들은 갑자기 늙지는 않으나 정신적·신체적 능력의 변화로 인해 노화와 죽음에

사진 설명: 노년기 전환기에는 노화와 죽음에 대한 인식이 강화된다.

대한 인식이 강화된다. Peck과 마찬가지로 Levinson도 신체적 변화와 성격의 관계에 주목한다. 개인차가 크기는 하지만 이 시기에는 적어도 한두 가지의 질병—예를 들면, 심장마비나 암, 시력 또는 청력의 감퇴, 우울증과 같은—에 걸릴 확률이 높다. 이러한 신체의 변화는 받아들이기 어려운 것인데, 특히 이전에 좋은 건강상태를 유지해 왔던 사람들의 경우가 더욱 그러하다.

② 노년기(65세 이상)

노인들은 이 시기에 그들이 더 이상 무대의 중심인물이 아님을 깨닫게 된다. 무대의 중앙으로부터 물러나는 것은 인정, 권력, 권위에 손상을 가져오므로 정신적으로 큰 상처를 받게 된다. 그들 세대는 더 이상 지배 세대가 아니다. 그러나 가정에서는 조부모 세대로서 성장한 자녀들에게 여전히 유용한 지혜, 인도, 지원의 원천으로서 도움을 줄 수 있다.

위엄과 안정 속에 은퇴하는 것은 또 다른 중요한 발달과업이다. 이 과업을 성공적으로 수행한 사람들은 은퇴 후에 가치 있는 일에 종사할 수 있다. 그러한 작업은 외적인 압력과 경제적인 필요에 의한다기보다는 창조적인 힘에 의해 이루어진다. 이제 사회에서 맡은 바 직분을 다하고 드디어 개인적으로 보상을 받는 즐거운 일을 할 수 있는 권리를 얻은 셈이다.

인생의 마지막 단계에서 노인들은 죽어가는 과정을 이해하게 되고 자신의 죽음을 준비한다. 이전 단계의 끝무렵에는 새로운 단계의 시작과 삶에 대한 새로운 이유를 기대했던 반면에, 이제는 죽음이 곧 닥쳐올 것이라는 것을 알고 있다. 죽음이 몇 달 후 또는 몇 십 년 후에 닥친다 해도 노인들은 죽음의 그림자 속에서 그리고 죽음의 부름 속에서 살고 있는 것이다.

이 시기에 노인들은 자아에 대한 궁극적인 관심과 인생이 과연 무엇인가에 대해 최종적으로 마음의 정리를 하게 되는데, Levinson은 이것을 삶의 끝자락에서 하게 되는 "다리 위에서의 조망(one's view from the bridge)"이라고 표현하였다. 이러한 분석은 Erikson의 자아통합감과 유사하다. 이제 궁극적인 과업은 자아와의 화해로서 자신을 알고, 자신을 사랑하며, 자신을 버릴 준비를 하는 것이다.

(4) Jung의 노년기

Jung은 "사람들이 나이가 들면서 명상과 반성을 많이 하게 됨에 따라 자연적으로 내적 이미지가 전에 없이 큰 비중을 차지하게 된다"고 보았다(1961, p. 320). 노년기에는 쌓아온 기억들을 마음의 눈앞에 펼치기 시작한다. 노인은 죽음 앞에서 생의 본질을 이해하려고 노력한다. Jung은 내세에 대해 아무런 이미지도 가지고 있지 않은 사람들은 죽음을 건전한 방식으로 대면할 수 없다고 믿었다. Jung은 노인에게 내세에 대한 생각을 가지라고 충고하는 것이 단순히 인위적인 진정제를 처방하는 것 이라고는 생각하지 않았다. 왜냐하면 무의식 자체는 죽음이 가까워 옴에 따라 내부에서 솟아나오는 영원에 대한 원형을 갖고 있기 때 문이다.

Jung은 내세에 대한 원형적 이미지가 과연 타당한 것인지는 규명 할 수 없었지만, 그것이 정신기능의 중요한 부분이라고 믿었기 때 문에 그것을 이해하려고 노력하였다. Jung에 의하면 사후의 생도 생 그 자체의 연속이라고 한다. 사후에도 존재에 대한 질문이 계속 된다고 보는 Jung의 견해는 무의식을 유한한 생 이상으로 연장하

Carl Jung

여, 우주의 긴장에 참여하는 그 어떤 것으로 믿는 그의 이론과 잘 부합된다.

3) 성공적 노화이론

현관 앞 흔들의자에서 세상이 지나가는 모습을 조용히 바라보 고 있는 노인은 아침부터 밤늦게까지 분주하게 움직이는 노인과 비교해서 노화에 건강하게 적응하고 있는 것인가? 성공적으로 늙어 가는 데는 여러 갈래의 길이 있으며, 사람들이 따르고 있는 유형은 개인의 성격과 그 특유의 생활환경만큼이나 다양하다. 성공적인 노화를 설명해 주는 세 가지 대표적인 이론은 분리이 론, 활동이론 그리고 연속이론이다.

(1) 분리이론

분리이론(disengagement theory)에 의하면 노화의 특징은 상호철회이다. 노인들은 스 스로 활동과 관여를 줄이고(Cashdollar et al., 2013), 사회는 은퇴하기를 강요함으로써 나이 듦에 따른 사회로부터의 분리를 조장한다. 이 이론은 노인들이 점차 자기 자신에 게 몰두하게 되고, 다른 사람들에 대한 정서적 투자를 줄이는 것이 정상인 것처럼 이런 분리 유형이 정상적이라고 주장한다.

분리이론은 Cummings와 Henry(1961)가 50~90세 사이의 중·노년들을 대상으로 5년 동안 연구한 결과에서 추론한 것이다. 이들은 분리는 일반적으로 노인 스스로에 의해 시작되거나 사회제도에 의해 시작된다고 지적한다. 예를 들어, 은퇴는 노인들로 하여 금 특정한 사회적 역할로부터 벗어나게 하는 사건이며, 노인들이 어느 정도 분리할 수 있도록 해 주는 사건이기도 하다. 배우자와의 사별은 또 다른 예이다. 분리가 완성되는 동안 중년기에 개인과 사회 간에 존재했던 균형은 커다란 심리적 거리와 변화된 관계

유형이라든가 사회적 상호작용의 감소 등으로 특징지어지는 평형상태로 옮겨 간다.

이 이론에 대한 비판적인 입장은, 분리와 관계되는 것은 나이보다는 노화와 관련이 있는 요소들, 즉 좋지 않은 건강상태, 배우자와의 사별, 은퇴 및 가난 등과 더 많이 관계되는 것으로 보인다는 주장이다. 분리는 노화의 결과이기보다는 사회적 환경의 영향을 받은 결과라고 한다. 예를 들면, 사람들이 일을 할 때 그들은 일과 관련된 교제에 계속 관여한다. 그런데 직업을 잃거나 그만두었을 때에는 사람들은 이러한 활동을 포기하는 경향이 있다.

연구결과가 분리이론을 지지하지 않는다고 여기는 사람들은 분리이론은 노인들을 버려두고 싶어하는 문화가 분리를 합리화한 것이라고 강력히 주장한다. 노인들 자신들이 분리하고자 한다고 함으로써 사회는 노인들의 요구에 대해 주의를 기울이지 않은 것을 정당화한다고 한다(Hochschild, 1975).

(2) 활동이론

활동이론(activity theory)은 캔자스 시 성인연구 결과를 토대로 하여 Robert Havighurst가 제시한 이론이다. Havighurst와 그 동료들(1968)은 노인은 불가피한 건강상의 변화를 제외하고는 중년기와 다름없는 사회적 욕구를 가지고 있으므로 사회적인 분리가 기능적이라는 주장은 설득력이 없다고 하였다. 사회활동 참여수준이 높을수록 노인의 생활만족도가 높고, 긍정적인 자아개념을 가지고 있는 것으로 나타났다(Bengtson, 1969). 따라서 노인들을 위한 새로운 역할이나 활동을 개발해야 하며, 이는 부(富)나 생산적인 일을 중시하는 사회적인 가치와도 일치한다고 하였다. 활동을 제한받는 것은 분명 쇠퇴의 증거이며, 많은 노인들은 활동을 지속하는 것이 자신들의 생활만족도를 유지시켜 주는 것으로 믿고 있다(Herda et al., 2020; Hutchinson &

Robert Havighurst

Wexler, 2007; Lee et al., 2021; Rebok et al., 2014). 그리고 도전적인 인지활동에 참여하는 노인들은 보다 오랜 시간 동안 인지능력을 유지할 수 있다(Wu & Rebok, 2020).

이처럼 활동이론은 모든 노인들이 자신의 젊은 시절만큼 활동적으로 일을 수행할 수 없거나 혹은 수행하기를 원하지 않는다 하더라도 일은 자신이 사회의 일원으로서 공헌하고 있고, 가치 있는 인간이라는 인식을 심어줄 수 있으며, 결과적으로 생에 의미를 부여해 주고, 자아개념에 긍정적인 영향을 미치며, 노화에 대한 적응능력도 높여 준다는 것이다.

활동이론은 인간은 자기 주변의 인물들로부터의 반영적 평가에 의해 자신을 평가한다는 상징적 상호작용이론에 그 근거를 두고 있다. 상징적 상호작용이론에서는 출

사진 설명: 분리이론은 노년기에 노인과 사회가 점차적으로 상호철회한다고 주장하는 반면, 활동이론은 노년기에 활동적일수록 성공적인 노화가 이루어진다고 주장한다.

생 이후 한 개인이 형성하는 자아개념은 주변 인물들과의 상호작용을 통해 받는 반응으로 형성된다고 한다. 그래서 상징적 상호작용이론에서는 Cooley(1902)의 면경자아(looking glass self) 개념을 강조한다. 주변 인물들이 자신을 가치 없는 인물이라고 평가하면 그 사람은 자신을 가치 없는 사람이라고 생각하는 것처럼, 노인을 사회로부터 분리시키는 것은 결과적으로 자신에 대해 부정적인 인식을 심어 주고 오히려 적응에 역기능적인 영향을 미친다는 것이다.

　그러나 노화로 인한 능력의 저하는 분명히 존재하며, 이러한 능력의 저하로 인해 실제로 노인들은 중년기에 자신이 수행하던 역할을 지속하기에는 어려움이 있다는 점에서 활동이론은 비판을 받고 있다. 또한 활동이론에서는 활동수준보다 개인의 성격이나 사회경제적 지위, 생활방식과 같은 변인들이 노년기의 생활만족도에 더 많은 영향을 미치고 있다는 점을 간과하고 있다(Covey, 1981). 활동에 가치를 두는 정도는 자신의 생활경험이나 성격, 사회경제적 자원에 따라 상이하기 때문이다. Reichard와 그 동료들(1962)도 사회적 활동을 지속하는 것이 노화에 성공적으로 적응해 나가는 것인지 혹은 은퇴하는 것이 성공적으로 적응해 나가는 것인지는 개인차의 문제라고 하였다. 또한 미국과 같은 일 중심적인 문화권에서는 활동이론이 적절하지만 다른 문화권에도 활동이론이 적절한지는 의문의 여지가 있다. 나아가 이를 적용하는 데에는 한계가 있다는 것이다. 몇몇의 노인들에게는 활동이론이 적절하지만 실제로 일을 하고 싶어도 일할 곳이 없다는 현실적인 한계에 직면하게 된다.

(3) 연속이론

분리이론이나 활동이론 모두 성공적 노화를 충분히 설명해 주지 못한다(Ouwehand,

Bernice Neugarten

de Ridder, & Bensing, 2007). 두 이론을 절충해서 나온 이론이 연속이론이다.

연속이론(continuity theory)은 변화하는 신체적·정신적·사회적 지위에도 불구하고 그들의 활동, 성격 그리고 관계에서 일관성을 보여주는 많은 노인들에 대한 관측에서 유래되었다. 연속이론은 활동이론이나 분리이론과는 달리 개인은 연령이 증가하여도 일관성 있는 행동을 유지하며 환경에 적응해 나가기 위해 이전에 수행하던 역할과 유사한 역할을 수행한다는 것이다. 어떤 사람이 나이가 들었다고 해서 갑작스럽게 변화하는 것이 아니라 거의 유사한 성격패턴을 유지하며 생활만족도는 자신의 생활경험과 현재의 활동이 얼마나 일치하는가에 좌우된다고 하였다(Atchley, 1972, 2003; Neugarten, Havighurst, & Tobin, 1968; Pushkar et al., 2010; Whitbourne, 2001). 기본적으로 사람은 나이가 들어가면서 젊었을 때의 성격을 그대로 유지하며 오히려 더욱 분명해진다는 것이다. 활동적이던 사람이 은퇴를 했다고 해서 비활동적이 되거나 수동적인 사람이 노인이 되어서 적극적으로 변화하는 경우는 드물다는 것이다. 그러므로 분리이론이나 활동이론을 모든 노인에게 적용할 수는 없으며, 젊은 시절에 활동적이었던 사람은 나이가 들어서도 적절한 활동수준을 유지하고, 젊은 시절에 비활동적이었던 사람들은 활동으로부터 적절하게 분리되어 은퇴생활을 즐기는 것이 개인의 적응에 도움이 된다는 것이다(Holahan & Chapman, 2002).

연속이론은 활동이론, 분리이론과 함께 노화이론의 주요 이론으로 평가되고 있으며, 합리적이라는 점에서 타당성을 갖는다. 그러나 노화에 대한 개인의 적응은 여러 요인의 상호작용에 의해 영향을 받기 때문에 이는 실증적으로 검증이 어렵다는 한계가 있다. 또 다른 한계는 개인차의 문제를 지나치게 강조함으로써 노화문제에 접근하는 데 있어서 사회적 역할을 간과하고, 노인들이 직면한 문제를 해결하는 데 있어서 정부의 자유방임적인 접근을 합리화하고 있다는 점이다.

4) 성공적 노화모델

이상과 같은 여러 연구결과들을 토대로 노년학자들은 성공적 노화에 필요한 요소들에 대해 설명하고자 시도하였다. 그중 대표적인 학자로는 미국의 Rowe와 Kahn을 들 수 있다. 여기서는 성공적인 노화를 설명하는 Rowe와 Kahn의 모델을 비롯하여 몇 가지 모델을 더 살펴보기로 한다.

(1) Rowe와 Kahn의 모델

Rowe와 Kahn(1998)은 맥아더 재단으로부터 연구비를 지원받아 미국 East Coast에 거주하는 70~79세 노인들을 대상으로 하여 의학, 생물학, 신경학, 심리학, 사회학, 유전학, 생리학, 노인병학 등 여러 분야의 학자들과 약 7년간 노화와 관련된 연구를 수행하였다. 이 연구가 노년학에서 의미를 갖는 것은 성공적인 노화를 결과가 아닌 적응하는 과정으로서 이해하고 계속적인 성장발달의 한 부분으로 인식하고 있다는 점 때문이다. 즉, 이 재단에서 연구한 '성공적 노화'란 기존의 전통적 인식인 "노화란 고통스러운 쇠퇴의 과정"이라는 '속설(myth)'을 벗어나 나이가 들수록 유전적 영향보다는 사회적·신체적 습관이 신체와 정신의 건강에 점점 더 통합적으로 영향을 미치는 것으로 보고 있다. 이는 그동안 협소하면서 편의적인 수동적 노화에 대한 해석을 보다 폭넓고 적극적인 인식의 수준과 범위로 확대하고 있다는 점에서 의의가 크다.

John W. Rowe

성공적인 노화는 개인의 선택과 행동에 좌우되는 경우가 많다. 그래서 '일반적인 노화'라고 부르는 상태, 즉 소극적이며 부정적인 의미의 쇠퇴 과정에서 모두의 목표인 '성공적 노화'로 누구든지 옮겨 갈 수 있다고 Rowe와 Kahn은 주장하고 있다. 이들의 연구 성과가 의미를 갖는 또 하나의 이유는 어느 정도의 쇠퇴를 가정하고 있

Robert L. Kahn

는 기존의 노년연구와 달리 노년에도 정신과 신체의 건강을 유지할 수 있게 해주는 요인을 밝혀냈다는 데 있다. 어떤 생활방식을 선택하느냐에 따라 성공적 노화가 결정될 수 있다고 보면, 그러한 선택사항에서 식습관, 운동, 정신적인 자극, 자기효능감, 대인관계 등이 중요한 요소일 수 있다는 것이다. 이와 같이 맥아더 재단의 '성공적 노화'에 대한 연구는 개인의 선택과 행동을 강조하고 있을 뿐만 아니라 노인의 활동에 대한 정의를 보다 현실적으로 구체화하여 그러한 활동에 노년인구가 계속 참여하는 것이 필요하다고 주장하고 있다.

Rowe와 Kahn(1998)은 성공적 노화의 핵심개념에 질병 및 장애예방, 높은 수준의 신체적·인지적 기능 유지하기, 적극적인 사회참여라는 세 가지 요소를 포함하고 있다. 성공적인 노화의 세 가지 구성요소들은 위계적인 순서를 이루고 있다. 질병과 장애가 없으면 정신적 기능이나 신체적 기능을 유지하기가 더 쉽고, 정신적 또는 신체적 기능을 유지함으로써 적극적인 사회참여가 가능해진다. 이 요소를 구체적으로 살펴보면 첫째, 질병 및 장애가 발생하기 전에 금연, 운동, 좋은 식습관, 정기적인 건강검진 등을

통해 자신의 건강을 유지하는 것, 둘째, 적절하고 규칙적인 운동을 통해 신체적 활동을 유지하며 인지활동에 계속적으로 참여함으로써 인지적 기능을 유지하는 것, 셋째, 다른 사람들과 친밀한 관계를 유지하고 자원봉사활동 등의 의미 있고 목적 있는 생산적 활동에 참여하는 것이다.

(2) Vaillant의 모델

2002년에 출간된 『성공적 노화(Aging well)』에서 Vaillant는 '그랜트 연구(Grant Study)'의 대상자들의 삶에서 성공적 노화와 관련된 변인들을 제시하고 있다.

『성공적 노화』는 1920년대에 태어나 사회적 혜택을 받고 자란 하버드 대학 졸업생(268명)을 대상으로 한 '그랜트 연구'를 비롯해서 사회와 가정 어떤 곳에서도 혜택을 받지 못한 1930년대에 출생한 보스턴 빈민(456명)을 대상으로 한 'Glueck Study' 그리고 1910년대에 태어난 천재 여성(90명)을 대상으로 한 'Terman Study' 등 세 연구의 대상을 비교분석하였다. 세 연구 모두 각기 다른 연구이지만 하버드 대학의 성인발달연구에서 이들 연구를 통합하여 연구를 완결하였고 저자인 Vaillant가 그 책임을 맡았다. Vaillant는 이 세 연구의 생존자들을 대상으로 이들의 중·노년기에 면접을 계속했는데 Grant 표본은 1967년에, Glueck 표본은 1970년에 그리고 Terman 연구의 표본은 1987년에 면접이 이루어졌다.

Vaillant는 각기 다른 배경을 지닌 이 다양한 표본으로부터 수집된 자료를 분석함으로써 성공적 노화를 예견할 수 있는 공통된 특성들을 몇 가지 요약하였다.

1. 치유적 관계: 오랜 기간 동안 지속되어 온, 서로 도움을 주고받을 수 있고 아픈 상처를 치료해 줄 수 있는 관계의 형성
2. 지지적인 결혼생활: 배우자와 지지적인 관계의 형성
3. 지속적인 인생참여: 세상을 떠난 친구들을 대신할 수 있는 새로운 친구를 사귀고, 죽음을 의연하게 받아들일 수 있는 태도
4. 적극적인 대처방안 및 성숙한 방어기제의 사용: 건강이나 대인관계에서 위기에 직면했을 때 수동적인 수용보다는 적극적으로 대처하고 성숙한 방어기제를 사용하는 것

(3) Crowther와 동료들의 모델

Crowther와 그 동료들(Crowther, Parker, Achenbaum, Larimore, & Koenig, 2002)은 성공적 노화의 중요한 요소로 Rowe와 Kahn의 모델에 '긍정적 영성(positive spirituality)'을 포함시켰는데, 노인들이 노후에 긍정적 영성을 유지하는 것 또한 삶을 풍요롭게 하

는 행위에 해당한다고 주장하였다.

　'긍정적 영성'에 관해 알아보기 전에 '영성'이 무엇인지부터 간단히 살펴보기로 하자. '영성'은 우리를 근원적으로 이끄는 '뿌리' 같은 그런 것으로 절대적 존재의 가르침이나 은총을 통해서 개발된다. 쉬운 예로 하느님이나 부처님의 삶을 닮는 것에서부터 출발된다. 또한 우리 내면의 수행이나 신앙을 통해서 우리가 가지고 있는 '성스러운(sacred)' 성품을 온전히 드러내는 것이 '영성'이 아닌가 한다(월간독자 Reader, 2008). 즉, 이러한 태도를 통해서 인생의 의미와 목적의식을 느끼고 충만한 삶을 살게 된다. 영성은 삶의 궁극적 의미를 추구하는 것일 뿐만 아니라 개체를 넘어서 더 큰 전체 또는 절대자와 연결되기를 바라는 자기초월적 욕구를 말한다(권석만, 2008).

　그러나 영성의 영향이 항상 긍정적인 것만은 아니다. Crowther 등은 '긍정적 영성'을 설명하기 위해 무엇이 '긍정적 영성'이 아닌지에 대해 논의하고 있다. 어떤 특정 '신앙심(religion)'과 활동은 정신적·육체적 건강에 부정적인 영향을 미친다. '영성(spirituality)'은 때로는 우리의 영혼을 자유롭게 하기보다는 구속한다. '신앙심'은 종종 위선, 독선, 증오, 편견 등을 정당화하기 위해 이용된다. 신과 같은 절대적 지도자에게 무조건 복종하고 헌신하도록 강요하거나, 건강에 이상이 생겼을 때 의학적 치료를 배제하고 오로지 종교적 행위에만 몰두하도록 조장하는 '신앙심'과 '영성'의 이러한 측면들은 건강에 악영향을 미친다. 예를 들어, 짐 존스(Jim Jones) 목사와 900여 명에 이르는 가이아나 집단자살, 텍사스 웨이코의 데이빗 코레시(David Koresh) 사교도들의 방화참사, 9·11 테러사건 등은 '긍정적 영성'에 의한 행위가 아니다.

　'긍정적 영성'은 질병에 맞서 스트레스를 감소시키고, 인생의 목적과 의미를 찾게 해주는 인지적 체계를 마련해 준다. '긍정적 영성'은 기도나 명상 등의 영성적 활동을 통해 고립감을 감소시키고, 환자로 하여금 병에 대한 통제력을 기르게 함으로써 적극적인 인생참여의 길로 인도해 준다.

Martha Crowther

Walter L. Larimore

Harold G. Koenig

(4) 우리나라의 성공적 노화모델

앞에서 언급한 성공적 노화모델을 참고로 하여 우리나라의 성공적 노화모델을 제시해 보고자 한다(〈그림 13-9〉 참조).

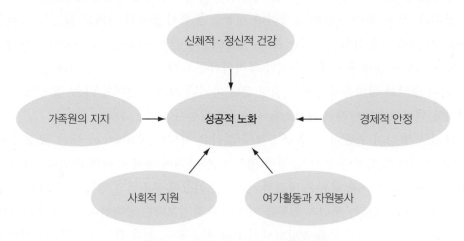

〈그림 13-9〉 **우리나라 성공적 노화의 모델**

① 신체적 · 정신적 건강

신체적 · 정신적 건강은 심리적 안녕감에 중요한 작용을 하는 요인들이다. 적당한 영양과 운동, 예방적인 건강관리 등이 건강과 자아개념에 매우 중요하다. 좋은 건강습관은 신체적 건강뿐만 아니라 정신적 건강에도 유익하다. 즉, 불안과 우울증에서 벗어나게 도와주며 정신건강을 증진시켜 준다. 특히 최근에 이차적 노화에 대한 정보(영양, 운동, 피부관리 등을 통해 노화의 속도를 조절하는 것)가 증가하면서 신체적 · 정신적 건강은 성공적 노화의 중요한 요인으로 인식되고 있다.

② 경제적 안정

외국의 모델에서는 경제적 안정요인이 성공적 노화에 필요한 항목으로 거론되지 않았다. 그러나 노인에 대한 복지, 경제적 지원이 충분하게 이루어지고 있는 선진국에서는 경제적 안정이 성공적 노화에서 그다지 중요한 요인이 아닐 수 있지만 노인 빈곤율이 OECD 국가 중 1위인 우리나라에서는 무엇보다도 중요한 요인으로 볼 수 있다. 일상생활을 영위하는 데 필요한 돈을 충분히 갖고 있지 않는 것은 비단 은퇴기뿐만 아니라 성인기 내내 근심의 원인이 된다. 그러나 연령이 증가함에 따라 경제적 불안은 많은 문제들을 더욱 심각하게 만들 수 있다. 따라서 투자를 포함한 경제문제는 매우 신중하게 대처해야 한다. 노인들은 '노인 할인제도'와 같은 제도에 익숙해질 필요가 있다. 경제적 안정을 향한 조치가 노인들의 심리적 안정감과 안녕감을 증진시켜 줄 것이다.

③ 여가활동과 자원봉사

신체적·정신적 건강이나 경제적 안정 못지않게 여가도 성공적인 노화에서 중요한 요인이다. 일반적으로 노년기에는 여가가 넘쳐나는 생활을 해야 하고, 여가 자체가 즐거움의 대상이기보다는 무료함을 유발하는 요인으로 인식되고 있다. 그러므로 소극적으로 여가를 적절하게 활용하지 못해 발생하는 문제점을 해소하고, 적극적으로 여가를 즐겁고 보람되게 보냄으로써 인생을 의미 있게 마무리하는 것에 초점을 맞춘 다양한 여가선용 방법이 모색되어야 할 것이며, 이를 위한 교육도 필요하다. 앞으로의 노인세대는 전부는 아니라 하더라도 일부는 경제적인 능력을 근간으로 노후의 여유를 즐기려는 성향이 강할 것으로 예측되므로 질적인 여가활동은 성공적 노화에 중요한 요인이 될 것이다. 특히 베이비붐 세대가 은퇴하게 되는 2010~2020년에는 더욱 중요한 요인이 될 것이다.

자원봉사활동은 의미 있게 여가를 활용할 수 있는 대표적인 방법이다. 적극적인 사회참여는 성공적 노화에서 중요한 요인이며, 자원봉사활동은 노인과 사회를 하나로 통합해 주는 기회를 부여해 준다는 점에서 중요한 의미를 지닌다. 그리고 개인적으로도 고독감과 역할상실의 문제를 해결하고 정신적 건강을 유지할 수 있다는 이점(利點)이 있다.

COVID-19 팬데믹 이전까지 정기적으로 최소 6개월 이상 봉사활동에 참여했던 60세 이상 노인 524명을 대상으로 한 연구(이상욱, 이정화, 2023)에서 자원봉사활동 참여가 성공적 노화에 영향을 미쳤으며, 10시간 이상의 참여시간과 주관적 특성인 참여동기가 남성에게서 더 높은 영향력으로 나타났다고 하였다. 또한 남녀 모두에게서 자원봉사활동 만족도가 높게 나타났으며, 만족도가 높을수록 성공적 노화에 긍정적인 영향을 미친 것으로 나타났다.

④ 가족원의 지지

우리나라와 같이 가족주의 이념이 팽배해 있고 가족부양에 높은 가치를 두는 사회에서는 가족원의 지지가 성공적 노화에 미치는 파급효과가 그 어느 나라보다도 크다고 볼 수 있다. 자녀가 출가한 노년기에 친밀한 부부관계, 자녀나 손자녀 또는 형제자매와의 적절한 관계유지나 상호작용은 성공적인 노화의 중요한 요인이다. 자녀가 출가하기 전까지 대부분의 가정에서 상당 시간을 자녀에게 할애하지만 성공적인 노화를 위해서는 자녀에게 몰두해 왔던 에너지를 부부관계를 재정립하기 위한 에너지로 전환하는 것이 필요하다. 최근 평균수명이 증가하면서 자녀출가 이후의 '빈 둥지 시기'가 늘어나고 있어서 부부간의 친밀한 관계형성은 보다 중요한 요인으로 부각된다. 또한 전통적인 '효'의 규범이 약화되면서 부정적인 가족관계는 노부모 봉양으로 인한 스트레스와 결부되어 노인학대를 유발하는 요인으로 지목되고 있다. 그러나 자녀양육에서도 시설보다 할머니의 손끝을 택하는 우리 문화의 특성을 감안해 볼 때, 노부모와 성인자녀 간의 호혜적인 관계는 성공적 노화의 중요한 요인으로 볼 수 있다.

⑤ 사회적 지원

인간은 사회적 피조물이며 대인관계에 대한 욕구는 일생 동안 계속된다. 그러므로 성공적 노화에서 가족이라는 사적 지원체계의 지원도 중요하지만 사회적 지원도 중요하다. 사회적 지원은 경제적 곤란, 배우자 상실, 건강문제 등과 같이 많은 변화와 도전에 직면해야 하는 노년기에 특히 중요하다.

노년기의 성공적인 노화의 모습은 다양하고 포괄적인 사회적 지원체계에서 찾아야 하는 것으로 보인다. 우리나라 재가복지 수혜 노인들을 대상으로 한 연구(손화희, 정옥분, 2000)에서 재가노인 복지서비스라는 공적 지원체계가 노인의 주관적 안녕감에 긍정적인 영향을 미치는 것으로 나타났다.

이상에서 살펴본 바와 같이 성공적인 노화에는 개인의 신체적·정신적 건강, 경제적 안정, 여가활동과 자원봉사, 가족원의 지지와 사회적 지원과 같은 여러 요인이 영향을 미치지만, 우리나라의 경우 아직까지 사회적 지원에는 한계가 있고 가족부양의식이 약화되면서 점차 자기부양을 강조하는 사회적 분위기로 바뀌어 가고 있는 실정이다. 우리나라의 저출산 현상은 이러한 요인을 더욱 부추기는 요인으로 작용하고 있다. 그러므로 성공적인 노화를 위한 개인의 노력이 그 어느 때보다도 절실한 시점이다. 그리고 이러한 준비는 노년기에 접어들어서 하루아침에 이루어지는 것이 아니라 미리 계획하고 준비되어야 할 것이다. 아울러 노화가 극소수의 사람이 아니라 대부분의 사람들이 경험해야 하는 삶의 한 과정이라는 점에서 성공적인 노화를 위해 노인세대만이 아닌 사회전반에서 통합적인 노력이 필요하다. 불과 20년 전까지만 해도 세계문명국들의 모범이 되었던 우리나라의 노인공경문화는 바로 성공적 노화를 위한 가족적·사회적 차원에서의 지원의 한 형태였다고 볼 수 있다. 전통적인 방식의 노인공경문화는 아니라 하더라도 현 시대에 적절한 방식으로 우리의 아름다운 문화적 전통을 계승해 나가기 위해 사회와 가족원 모두의 노력이 필요한 시점이다.

5. 가족생활

노년기는 신체적, 심리적, 사회적으로 위축되는 시기이기 때문에 어느 때보다도 가족과의 관계가 중요한 시기이다. 은퇴로 인해 생활반경이 축소된 노인들에게 가족은 성년기나 중년기와 또 다른 의미를 갖는다.

1) 노년기의 부부관계

노년기의 부부관계는 매우 중요하다. 자녀들이 독립해 나가고 친구들도 하나둘씩 세상을 떠남으로써 친밀한 감정을 나눌 수 있는 유일한 대상이 배우자로 좁혀진다. 즉, 인생의 반려자로서의 의미가 그 어느 때보다 절실해진다.

(1) 결혼만족도

노년기의 결혼만족도는 중년기보다 높으며, 많은 노인 부부들이 해를 거듭할수록 결혼생활이 더 좋아진다고 보고하고 있다(Gilford, 1986). 그 점에 관한 한 가지 추정 가능한 이유는 최근에 와서는 이혼하기가 더 용이해졌기 때문에, 노년기까지 결혼생활을 유지하고 있는 부부들은 함께 살기로 결심한 사람들이기 때문이다. 여러 가지 어려움에도 불구하고 함께 사는 부부는 상호 만족스러운 관계에 도달할 수 있다. 또 다른 가능한 설명은 노년기가 되면 일반적으로 인생에 더 만족한다는 사실이

다. 그들의 만족은 결혼보다는 직업, 자녀양육 부담의 감소, 혹은 보다 윤택해진 경제적 여건 등의 요소로부터 비롯될 수 있다.

그러나 은퇴 후 증가하던 결혼만족도는 점점 나이 들고 병 들면서 감소하게 된다(Miller et al., 1997). 일반적으로 노년기의 결혼만족도는 건강상의 문제로 위협을 받기 이전까지는 높은 편이다(Gilford, 1984; Pearson, 1996).

노년기에는 결혼만족도뿐만 아니라 갈등 또한 증가한다. 우리나라 부부의 가족생활 주기에 따른 결혼만족도와 부부갈등에 관한 연구(박영옥, 1986)에 따르면, 신혼 초기부터 자녀를 양육하는 시기까지는 부부갈등이 증가하나, 자녀의 결혼에 즈음하여 감소하다가 다시 노년기에 들어 약간 증가하는 경향이 있는 것으로 나타났다. 노년기에 자

녀와 동거하는 경우, 노인부부의 행동이 자유롭지 못하므로 결혼만족도가 떨어진다고 한다.

(2) 성적 적응

인간은 태어나서부터 죽을 때까지 성적인 존재이다(Hyde & DeLamater, 2020). 인간의 성욕은 성교 외에도 껴안기, 키스, 만지기, 애무 등의 여러 가지 방법으로 표현될 수 있다(Hamilton, 1990; Kay & Neelley, 1982; Whitbourne, 1990). 질병이나 신체의 쇠약으로 노인들이 자신의 성적 감정에 따라 실제로 행동할 수 없을지는 모르지만 그 감정은 유지된다. 실제로 성은 육체적인 목적 이외에도 여러 가지 목적으로 작용한다. 적극적인 성관계는 부부의 애정과 친밀감을 확인시켜 주고, 서로의 계속적인 생명력을 확인시켜 준다(Turner & Rubinson, 1993).

사진 설명: 노년기의 성생활을 묘사한 영화, 〈죽어도 좋아!〉

우리나라 60세 이상의 남녀노인 250명을 대상으로 노인의 성의식을 조사한 이윤숙(1990)의 연구에서는, 남성의 성적 능력은 정도의 차이는 있어도 89.4%가 지속되고 있으며, 80세 이상까지도 유지되고 있음을 나타내고 있다. 성적 욕구를 충족시키지 못한 이유에 대해서 남성의 경우는 상대가 응하지 않아서 (21.0%), 체면 때문에(11.3%), 좋은 상대가 없어서(8.9%), 돈이 없어서(2.4%)라고 응답하였고, 여성의 경우는 30.6%가 적당한 상대가 없어서 또는 체면 때문이라고 응답하였다.

특히 노년기의 삶의 질을 향상시키기 위해서는 무엇보다도 부부간의 사랑과 성에 대한 태도를 개선시키려는 노력이 중요하다(이혜자, 김윤정, 2004). 노년기 부부간의 성생활은 생활만족도에 영향을 미치는 중요한 요인으로 작용할 뿐 아니라 성생활 만족도가 높을수록 노화인지도가 낮게 나타난다는 점에서 성생활이 또 다른 삶의 의미를 부여하는 것으로 볼 수 있다(오현조, 2013).

(3) 이혼

노년기의 이혼은 매우 드문 현상이다. 만약 부부가 이혼을 하려 한다면 그보다 훨씬 일찍 했어야 할 것이다. 그러나 최근에 와서는 수십 년간 함께 살아온 부부들이 노년기에 이혼하는 소위 '황혼이혼'이 증가하고 있다(〈그림 13-10〉 참조).

이처럼 노년기 이혼이 증가하는 이유에 대해 박재간 등(1995)은 다음과 같이 설명하고 있다. 첫째, 가족생활주기의 변화 때문이다. 자녀들이 독립한 뒤 부부만 함께 사는

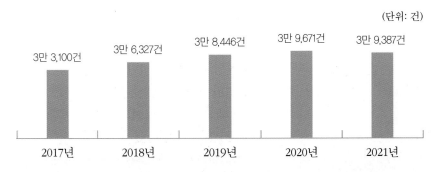

(단위: 건)

3만 3,100건　3만 6,327건　3만 8,446건　3만 9,671건　3만 9,387건

2017년　2018년　2019년　2020년　2021년

〈그림 13-10〉 국내 황혼이혼 추이

출처: 통계청(2023). 2022년 혼인·이혼 통계.

'빈 둥지 시기'가 등장하면서 부부간의 문제가 발생한다. 이때 원만한 관계를 형성하면 '제2의 신혼기'가 되겠지만, 부부관계가 원만하지 못하면 남은 여생을 고통 속에서 보내는 것보다 다소 희생이 따르더라도 이혼을 선택하게 된다. 둘째, 여성의 경제적 능력이 증대되어 여성 쪽에서 그동안 누적된 불만으로 인한 이혼을 청구한다. 셋째, 결혼생활에 대한 남편과 아내의 사고 차이 때문이다. 남편은 가정을 피로를 풀고 활력을 찾기 위한 휴식의 공간으로 여기지만, 아내에게는 가정은 생활의 중심이기 때문에 그곳에서 자신의 욕구를 충족시키고자 한다.

이혼은 인생의 어느 시기에 하더라도 힘든 일이지만 특히 노년기의 이혼은 적응하는 데 큰 어려움을 겪는다. 더욱이 노인들은 장래에 대한 희망도 적은 편이다(Chiriboga, 1982).

이혼이나 별거 중인 노인들은 기혼자, 배우자를 사별한 노인, 혹은 평생 독신인 노인들보다 생활만족도가 낮은 것으로 나타났다. 정신질환과 사망률도 높은 것으로 나타났는데, 이것은 아마도 이혼한 노인들을 위한 마땅한 사회적 지원체계가 없기 때문인 것으로 보인다(Bourassa, Ruiz, & Sbarra, 2019; Uhlenberg & Myers, 1981).

(4) 사별

노년기의 사별은 여성이 남성보다 빈번하게 경험하는 현상이다. 오랜 결혼생활 후에 배우자를 사별한 사람들은 정서적 문제와 실제적 문제에 부딪히게 된다. 배우자와의 사별은 스트레스 지수가 가장 높은 사건으로 볼 수 있다. 결혼생활이 원만하였다면 정서적 공허감은 더욱 크며 원만하지 못한 결혼생활이었다고 하더라도 그 상실감은 크다.

남녀노인 모두에서 사별 이후 경험하는 가장 큰 어려움은 고독감이다. 평생을 함께 살아온 친구이자 인생의 반려자를 상실하는 데서 오는 공허감이나 외로움은 극복하기

어려운 사건이다. 물론 자녀세대의 지원은 사별 이후의 적응을 용이하게 해주는 중요한 자원임에는 틀림없으나 "효자보다 악처가 낫다"라는 우리나라 속담은 바로 부부간의 정서적 지지가 얼마나 중요한가를 말해주는 것이다. 게다가 남편을 사별하게 되는 여성 노인의 경우에는 경제적 어려움을 겪게 되며, 아내를 사별한 남성 노인의 경우에는 아내가 해주던 모든 가사노동의 대부분을 돈으로 해결하거나 다른 사람의 도움을 받아서 해결하기도 하지만 자신이 직접 이러한 일을 수행해나가는 것에 적응해야 한다는 어려움이 있다. 사별 후 겪게 되는 또 다른 문제는 의기소침해진다는 점이다(사진 참조). 사별한 남녀노인들은 모두 높은 비율의 정신질환, 특히 우울증을 보인다(Balkwell, 1981). 남성은 아내와 사별한 후 6개월 이내에 사망할 가능성이 상당히 높게 나타난다(Parkes, Benjamin, & Fitzgerald, 1969).

(5) 재혼

일반적으로 노년기의 재혼은 남성이 여성보다 3배 정도 많은 것으로 나타난다. 노년기에는 남성이 여성보다 재혼이 용이한데, 이는 평균수명의 차이로 인해 남성의 경우 결혼상대가 더 많을 뿐만 아니라 재혼의 필요성도 더 많이 느끼기 때문이다. 또한 전통적으로 남성들은 도구적인 역할을 수행해 왔기 때문에 혼자서 자신을 돌보는 일에 익숙하지 않은 반면, 여성들의 경우에는 오히려 가사활동이 자유로울 뿐만 아니라 남성을 부양하는 것에 대한 부담감을 갖기 때문에 재혼을 기피하는 경향을 보인다. 노년기 재혼의 가장 큰 이유는 남성은 자기부양문제로 인해 자녀로부터 재혼을 권유받거나 고독감 때문이라고 볼 수 있다면, 여성의 경우는 경제적인 어려움으로 인한 것이 가장 중요한 이유가 된다. 〈그림 13-11〉은 우리나라 65세 이상 재혼자의 증가 추이에 관한 것이다.

재혼 후의 결혼생활은 이전의 결혼보다 평온한 것으로 보인다. 서로 "나도 살고 상대방도 살게 하자"는 태도 때문이다. 이러한 평온한 태도는 주로 이전의 결혼생활에서 경험한 스트레스, 즉 자녀양육문제, 직업적 성공에 대한 노력, 배우자의 가족과 원만하게 지내야 하는 등의 문제가 없는 것에서 비롯되는 것 같다(Vinick, 1978).

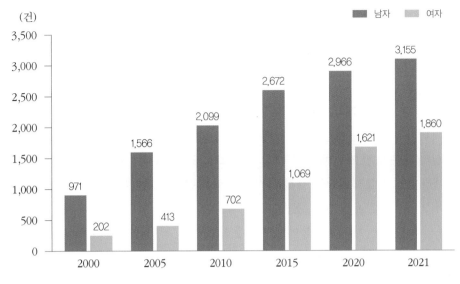

〈그림 13-11〉 65세 이상 재혼자 증가 추이

자료: 통계청, 인구동태통계연보(혼인, 이혼편) 각년도
출처: 통계청 보도자료(2022. 9. 29.), 2022 고령자 통계.

2) 성인자녀와의 관계

　노년기의 부모자녀 관계는 어느 한쪽이 원조의 제공자 또는 수혜자라고 단정할 수 없다. 오히려 여러 가지 면에서 상호호혜적인 관계이다. 우리나라 노부모와 성인자녀의 관계에서 대부분의 노부모들은 자녀에게 물질적인 혜택을 주고, 자녀에게 어려운 일이 발생하면 정서적으로뿐만 아니라 경제적으로도 도움을 주고자 한다. 반면, 자신의 노후부양을 자녀에게 기대한다. 우리나라 노인들이 자녀에게 기대하는 도움은  잦은 방문과 대화, 정신적·경제적 도움인 것으로 나타나고 있다(김태현, 1994).

　자녀와의 동거여부나 동거형태는 노부모의 생활만족도에서 일관성 있는 결과를 보이지 않는다. 자녀와 동거하는 경우 노인들은 더 큰 만족감을 보인다는 결과가 있는가 하면(신영희, 이혜정, 2009), 이와는 상반되는 결과도 보고되고 있다(이신영, 2009). 이는 동거여부가 노인자신의 자원이나 태도에 기초하여 자발적으로 선택한 것일 수도 있지만, 자신의 의지와는 무관하게 선택한 것일 수도 있기 때문이다.

　노인은 가족 내에서 연장자로서 그들의 삶을 통해 축적해 온 경험과 지혜를 자녀에게 전달하고, 자신이 미래 세대에 필요한 인물이라고 느끼고 싶어 하는 욕구가 있다(Galvin & Brommel, 1982). 그러나 오늘날에는 사회가 급속도로 변화하고 있기 때문에, 이제는 노인들의 경험이 젊은 세대를 지도하기에 적합하다는 생각을 하는 사람이 별로 없다.

자녀가 일찍이 부모의 보살핌을 받았듯이, 노인이 자녀로부터 보살핌을 받을 것으로 기대되는, 전통사회에서 보편적이었던 보살핌의 순환과정 역시 순조롭지 못하다. 중년기 자녀가 노부모를 보살펴야 할 때가 되면, 이들은 애정과 분노, 부모에 대한 의무와 자신의 배우자 및 자녀에 대한 책임 그리고 효도하고 싶다는 생각과 자신의 현재 생활방식을 바꾸고 싶지 않다는 생각 사이에서 심한 갈등을 겪는다.

흔히 노년기의 四苦를 빈곤, 질병, 고독, 역할상실이라고 한다. 정도의 차이는 있지만 대부분의 노인들은 이러한 고통에서 자유롭지 못하다. 노인들이 자녀에게 의존하는 주된 이유는 건강과 경제적 취약성에 기인하는 것이지만, 이들이 가장 도움을 받고 싶어 하는 부분은 경제적 지원보다는 잦은 방문이나 정서적 지원이다. 이러한 문제에 직면해서 아직도 우리나라에서는 주된 의존대상이 가족이며, 사회적 지원보다는 자녀에 대한 의존도가 높고, 가족원으로부터의 지원은 노년기 생활만족도의 중요한 근원이 된다.

노부모와 성인자녀의 관계는 의무감에서가 아니라 애정적인 유대감에서 비롯될 때 만족스러운 것이다(Cantor, 1983; Robinson & Thurnher, 1981). 세대 간의 유대관계 연구에서 전화통화나 방문과 같은 애착행동을 고무시키는 것이 자녀의 의무감에 호소하는 것보다 더 효과적인 것으로 나타났다(Cicirelli, 1980). 즉, 애정을 바탕으로 부모자녀관계를 수립함으로써 노년기의 생활만족도를 높일 수 있을 것으로 보인다.

(1) 고부관계

고부관계는 가부장제 사회의 필연적 산물이다. 아버지에서 아들로 가장권이 계승되는 가부장제 가족에서 가족관계 가운데 부자관계가 가장 강한 관계이자 양지라면, 고부관계는 가장 취약한 부분이자 음지라고 볼 수 있다. 가부장제 사회에서 여성이 지위를 성취하는 데 있어 가장 중요한 요건이 남아의 출산이므로 모자관계는 가족 내에서 가장 밀착된 관계를 형성하게 된다. 결혼 후 며느리의 존재는 이처럼 밀착된 모자관계라는 아성에 대한 침범으로 볼 수 있으며, 그 결과가 고부갈등으로 표현된다. 전통사회에서는 가부장권의 영향으로 이러한 고부갈등은 표면화되지 않았으나 최근 가족 내의 인간관계가 보다 평등한 형태로 변화하면서 고부갈등은 공공연하게 표면화되어 가족 내의 갈등을 증폭시키는 요인이 되고 있다. 전통사회와는 달리 현대사회에서는 획득지위의 영향이 감소하였으며, 개인의 능력이 중시되고 있다. 자녀세대가 경제적으로 독립함으로써 주부권의 상징이던 '광 열쇠'가 갖는 상징적 의미가 없어졌으며, 그 결과 시어머니의 권력은 감소하게 되었다. 동시에 경로효친(敬老孝親) 사상의 약화로 인해 노인은 가정이나 사회에 부양부담을 주는 사회문제의 대상으로 인식되기 시작하였다는 점도 고부관계를 악화시키는 요인이 된다.

외형상으로는 핵가족이지만 내부 구조상으로는 여전히 부계 직계가족의 범주를 벗어나지 못하고 있는 우리나라 가족의 특성도 고부관계를 심화시키는 요인으로 작용하고 있다. 우리나라의 장남은 분가하여 핵가족을 이루고 살아간다 하더라도 심리적으로 평생 부모를 떠나지 못한다. 차남은 분가라는 형식으로나마 생식가족을 이루지만 심리적으로 의존적인 것은 마찬가지이다. 이처럼 여성은 출가외인 사상에 의해 출생가족을 떠나 생식가족에 전적으로 소속되도록 강요받았지만 남성은 출생가족과 생식가족이 분리되지 않은 채로 평생을 살게 된다. 자신의 출생가족과 생식가족 중간에 반쯤 걸쳐 있는 상태로 결혼생활을 하는 남편과 생식가족에 집착하는 아내의 불협화음이 고부갈등을 심화시키는 요인이 된다(박미령, 2003).

고부관계의 문제는 전통적인 가족윤리를 통한 해결방식으로는 더 이상 효과를 거두기가 어렵다. 그러나 한국가족의 위계상 며느리 측의 변화를 요구하는 것이 보다 효율적일 수 있으며, 며느리의 변화를 통해 시어머니의 변화를 기대할 수 있다. 이러한 관계개선을 위해 부정적인 사고체계의 변화나 인지체계의 수정을 통해 고부관계는 개선될 수 있다. 실제 부정적 사고체계를 전환시키는 데 효율적인 것으로 검증된 긍정적 사고훈련 프로그램을 적용한 결과 고부관계는 상당히 향상된 것으로 나타났으며, 그 교육효과도 지속적이었다(이정연, 2002).

(2) 장서관계

친정에서는 출가외인, 남편으로부터는 자신의 생식가족에 충성하도록 강요받는 여성의 심리적 허탈감은 자신이 낳은 자녀에게 집착하는 자궁가족이라는 기형적 가족형태로 나타난다. 자신의 억울한 경험에 비추어 아들에 대한 집착이 초래하는 문제점을 너무나 잘 알고 있는 나머지, 우리나라의 여성들은 아들에 대한 집착을 끊으려고 노력한다. 그러나 대신 딸에게 집착함으로써 아쉬움을 달래려는 부모가 증가하면서 딸들을 떠나보내지 않으려는 친정어머니들이 많다. 아들에게 집착하는 것이나 딸에게 집착하는 것이나 자녀를 출생가족으로부터 분리시키지 않음으로써 자녀의 생식가족이 독립적으

사진 설명: 신(新) 고부갈등, 사위 vs 장모

로 살아가는 것을 방해하는 것은 마찬가지이다(박미령, 2003). 분리되지 않은 모녀관계는 여성 취업률 증가와 맞물려 보다 굳건한 관계로 발전될 가능성이 있다. 여성취업으로 인한 가사활동이나 자녀양육문제, 여권신장으로 인해 모계(처가)와는 자발적 · 친밀적 관계를, 부계(시가)와는 의무적 · 형식적 관계를 가지는 경향을 보이게 된다.

그러나 이러한 변화의 과정에 적응하지 못하고 갈등을 경험하는 장모와 사위가 늘고 있다. '사위는 백년손님'이라는 말은 옛말이 되었으며, 장서갈등이 전통적인 고부갈등보다 더 심각한 경우도 있다. 장모 · 사위 간 갈등이 증가하면서 한국가정법률상담소는 시가와의 갈등만을 포함시켰던 상담분류항목에 1999년부터 장모 · 사위갈등을 추가했다. 장서갈등은 장모의 심한 간섭, 의존적인 아내, 가부장적인 남편의 의식 모두가 총체적인 원인으로 작용하고 있다.

맞벌이 가족이 증가하면서 육아나 살림에 처가의 도움을 받는 경우가 많아지면서 장모의 간섭은 늘어나게 된다. 사위들은 장모의 도움은 고맙지만 그러한 도움이 궁극적으로는 자신의 딸을 위한 도움이라고 생각한다. 그러므로 이로 인해 장모의 간섭이 심해지면 장모와 갈등이 생기고 궁극적으로는 부부갈등으로 발전하게 된다. 부모와 성장한 자녀세대 간에 명확한 경계가 설정될 때 서로를 존중하고 배려하는 진정한 의미의 건강한 관계가 형성된다. 그러므로 부모는 성인자녀의 부부관계에 지나치게 개입하지 않고 든든한 지원자로서의 역할만을 수행하는 것이 바람직하다.

부모세대는 아들과 며느리, 딸과 사위의 독립된 부부관계를 인정하고 지나친 간섭이나 기대에서 탈피하는 것이 필요하다. 자녀가 독립하는 것은 너무나 당연하고 건강한 현상이며 이를 계속 출생가족에 묶어 두고 싶어 하는 것은 또 다른 노욕(老慾)이다. 자신의 출생가족을 결코 떠난 적이 없었던 남편들 때문에 경험했던 어려움을 생각하면 자녀를 떠나보낸다는 것은 심정적으로는 어려운 일이다. 그러나 부모가 청년기 자녀에게 줄 수 있는 두 가지 선물이 '뿌리'와 '날개'로 표현되듯이, 성인이 된 아들딸이 마음껏 날갯짓을 하면서 날아가도록 지켜봐 주고 든든한 지지세력으로 남는 것은 중 · 노년기의 중요한 발달과업이다.

3) 손자녀와의 관계

조부모의 역할은 중년기에 시작되는 경우도 있지만 대부분의 경우 노년기에 시작된다. 조부모는 부모보다 자녀 양육경험이 많으므로 손자녀에게 정서적 안정감을 제공해 줄 수 있으며, 손자녀에 대한 직접적인 의무감이나 책임감이 없기 때문에 순수하게 애정적인 관계에서 유대감을 형성할 수 있다. 조부모는 지식과 지혜, 사랑 그리고 관용의 원천으로서 손자녀의 삶에 많은 영향을 미친다(McMillan, 1990; Orthner, 1981; Strom

& Strom, 1990; Wood, 1982). 조부모는 또한 손자녀에게 노화에 대한 긍정적인 태도를 심어 줄 수 있고, 조부모의 무릎학교를 통해 문화가 전수되기도 한다. 손자녀에 대한 조부모로서의 역할을 통해 조부모는 자신의 존재가치를 확인하고, 상실감을 극복하며, 삶에 대해 보다 의욕적인 자세를 지닐 수 있다.

이처럼 조부모의 존재는 손자녀들에게 매우 중요하다. 그들은 지혜의 원천이고, 과거와의 연결자이며, 놀이친구이고, 가족생활의 영속성을 나타내는 상징이다. 조부모의 역할은 Erikson의 생산성이 표현되는 한 방법이기도 하다. 즉, 다음 세대의 인생에 스스로를 바침으로써 자신의 불멸에 대한 인간의 갈망을 표현한다.

그러나 손자녀와의 관계가 항상 긍정적인 것만은 아니다. 손자녀의 양육방법에 관해 자녀와 갈등을 겪기도 하고, 바쁜 딸이나 며느리를 위해서 손자녀의 양육을 담당하기를 원치 않는 경우도 있다. 그들은 손자녀와 잠깐씩 즐거운 시간을 보내기를 원할 뿐 자신의 여가생활 대신 손자녀 양육을 전적으로 책임맡기를 원하지는 않는다.

한편, 손자녀의 조부모에 대한 지각은 부모가 조부모에 대해 어떤 태도를 갖느냐에 달려 있다(Denham & Smith, 1989). 즉, 조부모와 손자녀 관계에서 부모는 중요한 요인이 된다. 부모가 조부모와 친밀한 관계를 유지하면 자연히 손자녀도 조부모와 친밀한 관계를 갖게 된다.

4) 형제자매관계

형제자매와의 관계는 대부분의 사람들이 살아가면서 가장 오래 지속하는 관계이며, 나이가 들수록 훨씬 더 중요해진다. 어린 시절의 경쟁심이 성인기까지 계속될 수도 있지만, 대부분의 형제자매들은 서로에게 친밀감을 느끼며, 그 관계에서 상당한 만족감을 얻는다.

형제자매관계에서 자매 사이가 접촉이

가장 빈번하고, 가장 친밀하다(Cicirelli, 1980; Lee, Mancini, & Maxwell, 1990). 반면, 형제 사이는 접촉 빈도가 가장 낮다(Connidis, 1988). 남매 간의 관계는 알려진 바가 별로 없다. 특히 여자형제들은 가족관계를 유지하는 데 중요한 역할을 한다. 여자형제가 있는 남자노인들은 여자형제가 없는 남자노인들보다 노후를 덜 걱정하며, 생활만족도도 높은 편이다(Cicirelli, 1977).

우리나라 노년기 형제자매관계의 특성에 관한 연구(전혜정, 1992)에 의하면, 노년기 형제자매 간 친밀도에 영향을 미치는 변인은 종교일치 여부로 나타났으며, 사회적 상호작용을 가장 잘 설명해 줄 수 있는 변인은 지리적 근접성, 교육수준, 형제자매의 수인 것으로 나타났다.

6. 인생의 마무리

인생의 최종 단계는 인생의 과정 중에서도 매우 중요하고 소중한 부분이다. 만약 우리가 충분히 오래 산다면 가까운 이들의 죽음을 보게 된다. 더욱이 우리 자신도 언젠가는 죽을 것이라는 자각을 함으로써 인생의 기쁨에 대해 특별한 인식을 하게 되며, 자신이 살아오면서 간직한 가치들에 대해 되돌아 보게 된다.

모든 죽음은 모든 삶이 서로 다르듯이 다르다. 죽어 가는 과정은 사고희생자, 말기암환자, 자살자 그리고 순간적인 심장마비로 죽는 사람의 경우 모두가 똑같지 않으며, 유족들에게도 사별의 경험은 같지 않다. 그러나 우리는 모두 인간이다. 우리의 삶에서 공통점이 있는 것처럼 죽음에서도 공통점이 있다.

1) 죽음과 임종

최근에 와서 모든 인간의 삶에서 피할 수 없는 죽음을 연구하는 학문인 사망심리학(Thanatology)에 많은 관심이 모아지고 있다. 죽음이 임박한 사람들을 관찰함으로써, 문학과 예술에서 죽음이 어떻게 다루어지는지를 봄으로써 그리고 그에 관해 연구하고 논의함으로써, 인생의 마지막 단계에 대한 준비를 할 수 있다. 우리의 하루하루가 인생의 기쁨을 음미하고, 자신의 뛰어난 자질을 표현할 수 있는 최후의 순간이 될지 모른다는 생각을 함으로써 우리는 보다 나은 삶을 살아갈 수 있을 것이다.

(1) 죽음의 정의
세계보건기구(WHO)는 죽음을 "소생할 수 없는 삶의 영원한 종말"이라고 정의하였다. 죽음에는 적어도 세 가지 측면이 있는데 생물학적 · 사회적 · 심리적 측면이 그것인데, 세 측면 모두 논쟁의 대상이 되고 있다.

① 생물학적 정의

생물학적 죽음에 대한 법적 정의는 일반적으로 신체기능의 정지로 간주된다. 일정 기간 심장의 박동이 멈추거나 뇌의 활동이 멈출 때 죽었다고 판정할 수 있다. 뇌사(brain death)는 죽음에 대한 신경학적인 정의로서 일정 기간 뇌의 전기적 활동이 멈추는 것을 말한다.

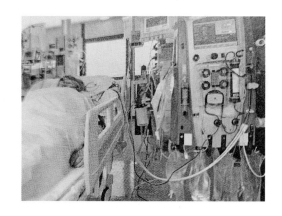

뇌전도(EEG)가 일정 시간 동안 균일한 모양을 나타낼 때 뇌사로 인정한다. 그러나 죽음에 대한 생물학적 기준은 생명의 기본적인 표시를 무한정 연장시킬 수 있는 의료장비의 발달로 인해 매우 복잡하게 되었다(사진 참조).

② 사회적 정의

죽음의 사회적 측면은 장례식과 애도의식 및 권리와 재산의 법적 재분배에 관한 것이다. 죽음의 사회적 측면의 상당 부분은 그 사회의 죽음 및 사후(死後)에 대한 견해를 반영하는 종교적 · 법적 규범에 의해 좌우된다.

예를 들어, 말레이 사회에서는 죽음을 점차적인 전이과정으로 본다. 따라서 사람이 죽으면 처음에 가매장을 하고, 유족들은 죽은 사람의 영혼이 육체를 떠나 영적 세계로 전입되었다고 믿을 때까지 애도의식을 계속한다(Kastenbaum & Aisenberg, 1972).

오늘날 방부제를 사용해서 시체를 보존하는 관습은 고대 이집트나 중국에서 향료나 향유를 사용하여 시체를 미라로 만들던 관습으로 거슬러 올라가는데, 시체보존은 영혼이 육체로 다시 돌아올 것이라는 믿음 때문이다(사진 참조).

유태인들의 전통 장례에서는 한순간도 고인을 혼자 있게 하지 않는데(Gordon, 1975; Heller, 1975), 그 이유는 악령이 죽은 사람 주위를 맴돌면서 그 사람의 육체 안으로 들어가려고 기회를 노린다는 믿음 때문이라고 문화인류학자들은 설명한다.

사진 설명: 기원전 14세기의 이집트 투탕카멘 왕의 석관(그의 시체는 미라로 보존되었다.)

③ 심리적 정의

죽음의 심리적 측면은 사람들이 다가오는 자신의 죽음에 대해서 그리고 가까운 사람의 죽음에 대해서 어떻게 느끼는가 하는 것이다. 전통사회에서는 애도의식을 통해서 유족들로 하여금 그들의 슬픔과 비탄을 자연스럽게 표현할 수 있는 인간적인 배출구를 마련해 주었다.

그러나 오늘날에는 옛날의 관습들이 사라지면서 유족들은 그들의 슬픔을 극복하는 데 도움이 될 수 있는 가치 있는 것들을 많이 잃어버렸다. 우리는 죽음의 실체를 자연스럽고 예정된 인생의 단계로 이해하여 좀더 긍정적으로 받아들일 필요가 있다.

(2) 발달단계와 죽음의 의미

사망심리학자들과 발달론자들 모두에게 똑같이 흥미 있는 주제는 인간이 각기 다른 발달단계에서 죽음에 대해 어떤 생각을 하고, 죽음의 의미는 무엇이며, 인지적·정서적·경험적 발달에 의해 어떤 영향을 받는가 하는 점이다.

① 아동기

대부분의 아동들은 죽음이 일시적인 상태라고 생각한다(사진 참조). 아동들이 죽음을 '돌이킬 수 없는 것'으로 이해하게 되는 것은 5세 내지 7세쯤 되어서야 가능하다. 이 무렵에 아이들은 죽음에 대한 또 다른 두 가지 중요한 개념을 이해한다. 첫째, 죽음은 보편적인 것이며(살아 있는 모든 것은 결국 죽는다), 둘째, 죽은 사람은 전혀 기능하지 못한다는 것이다(모든 생명의 기능은 죽음으로 끝난다). 그 이전에는 아이들은 특정한 사람들은 죽지 않으며, 똑똑하거나 운 좋은 사람은 죽음을 피할 수 있고, 그들 자신도 영원히 살 것이라고 믿는 경향이 있다(Lansdown & Benjamin, 1985; Speece & Brent, 1984, 1992).

"할아버지도 함께 오셨더라면 참 좋았을 텐데……."

이상의 세 가지 개념—비가역성, 보편성 및 기능의 정지—은 그 모두가, Piaget에 의하면 아동이 전조작기에서 구체적 조작기로 이동하는 때에 발달하기 때문에, 이 같은 인지적 성취는 죽음에 대한 성숙한 이해를 위한 토대를 마련하는 것으로 보인다.

② 청년기

청년들은 죽음에 관해 굉장히 낭만적인 생각을 하는 경향이 있다. 청년들은 죽음조차 두려워하지 않기 때문에 용감한 병사가 되며, 그만큼 강하고 명예롭게 되는 데에 열중한다(Pattison, 1977). 정체감을 찾고 그것으로 살아가고자 하는 열망에서 그들은 얼마나 오래 살 것이냐보다는 어떻게 살 것이냐를 생각한다.

많은 청년들이 여전히 자기중심적으로 생각하고 있으며 개인적 우화에 빠져 있다. 그들은 실제로 어떤 모험에 뛰어들어도 아무 위험이 없다고 생각한다(Elkind, 1985b). 자동차 편승여행을 하고, 거칠게 차를 몰며, 강한 약물을 시험삼아 복용해 봄으로써 자주 비극적인 결과를 낳는다.

사진 설명: 청년들의 죽음에 대한 생각은 매우 낭만적이고 극적이다.

③ 성년기

대다수의 성년들은 이제껏 준비해 온 삶을 사는 데 열심이다. 그들이 갑자기 병들거나 심하게 부상당했을 때 다른 어떤 인생시기에 있는 사람들보다 임박한 죽음에 대해 더 감정적이 되는 편이다(Pattison, 1977). 이들은 자신의 꿈을 이루지 못한다는 점 때문에 극도로 좌절한다. 그들은 끔찍히도 열심히 일해 왔지만 이제 모든 것이 헛되다고 생각한다. 그들의 좌절은 분노로 바뀌고, 분노는 종종 이들 성인들을 다루기 어려운 환자로 만든다.

④ 중년기

대부분의 사람들이 자신도 언젠가는 죽을 것이라는 사실을 진심으로 내면 깊숙히 깨닫게 되는 것은 중년기이다. 부모의 죽음으로 인해 그들은 집안에서 이제 가장 나이 많은 세대가 된다. 부고란을 읽을 때면 아는 이름들이 점점 더 많아진다. 육신도 이제 예전처럼 젊지도, 민첩하지도, 기운차지도 않다는 신호를 보내온다.

이러한 내면적인 인식과 함께 중년기 사람들은 시간을 지각하는 방법에서도 변화를 겪는다. 이전에는 출생 이후부터 살아온 햇수로 시간을 지각했으나 이제는 죽을 날까지 남은 햇수로 시간을 지각하며, 남은 세월을 어떻게 하면 최대한 뜻있게 살 수 있을까를 생각한다(Akhtar, 2010; Neugarten, 1967).

⑤ 노년기

일반적으로 노인들은 중년들보다 죽음을 덜 걱정한다(Bengtson, Cuellar, & Ragan, 1975). 살아가면서 친구와 친지를 잃으면서 노인들은 점차 자신의 죽을 운명을 받아들일 수 있

사진 설명: 장례식 참석은 노인들로 하여금 자신의 죽음을 준비할 수 있게 해 준다.

도록 생각과 느낌들을 재조정한다(Akhtar, 2010). 신체적 문제들과 노령의 몇 가지 다른 어려움 때문에 삶의 기쁨이 감소될지 모른다. 자신의 인생이 의미 있는 것이었다고 느끼는 사람들은 아직도 삶의 의미에 대해 방황하고 있는 이들에 비해 대체로 예상하고 있는 죽음을 더 쉽게 받아들일 수 있다.

(3) 죽음에 대한 태도

Freud에 의하면 죽음이란 누구에게나 자연스럽고, 부정할 수 없으며, 피할 수 없는 것이지만 사람들은 마치 그것을 다른 사람에게만 일어나는 일인 것처럼 행동한다고 한다. 공포와 부정(否定)이 우리 자신의 죽음, 무(無)로 돌아가는 것(nonexistence)에 대한 자연스러운 반응이다. 그래서 우리 사회에서 죽음은 금기시되는 주제이다(Kalish, 1985).

사진 설명: Chuck Powell(맨 왼쪽)이 동료교수들과 함께

죽음에 대한 공포가 선천적인 것인지 학습된 것인지는 확실하지 않다. 죽음에 대해 왜 그렇게 두려워하는지 물어보았을 때 사람들은 고통에 대한 두려움, 육신의 상실, 내세에 대한 두려움과 고통 그리고 사랑하는 사람과의 이별이 괴롭다고 답하였다.

일반적으로 사람들은 죽음 자체보다는 죽음 후의 세계에 대해 아무것도 알 수 없다는 무력감, 죽는 과정, 특히 고통 속에서 천천히 죽어 가는 과정을 두려워한다(Marshall & Levy, 1990; Thorson & Powell, 1988).

몇 가지 요인이 죽음에 대한 사회정서적인 반응에 영향을 미친다. 성과 연령이 그 요인 중 하나이다. 여성이 남성보다 죽음을 더 두려워하지만, 특히 통증과 육체의 해체 또는 부패를 두려워하지만, 남성보다 자신의 죽음을 더 인정하는 편이다(Keith, 1979; Thorson & Powell, 1988). 죽음불안에 대한 국내 연구(장휘숙, 최영임, 2007)에서도 성차가 유의한 것으로 나타났다. 즉, 여성이 남성보다 죽음불안을 더 많이 경험하고 있는 것으로 나타났다.

나이 든 사람이 젊은 사람보다 죽음에 대해 더 많이 생각하고, 더 많이 이야기하며, 자신의 죽음을 덜 두려워하는 편이다(Kalish, 1985; Stillion, 1985). 특히 Erikson의 8단계에서 이룩해야 할 발달과업인 자아통합감을 성취한 사람이라면, 인생의 회고를 성공적으로 마친 사람이라면, 죽음에 대한 갈등과 불안을 줄이고 자신의 죽음을 받아들일 수 있게 된다.

죽음에 대한 태도조사 연구에서 보면 젊은이들은 친구나 가족에게 슬픔을 가져다주는 상실을 제1위로 꼽았고, 40세 이상의 나이 든 사람들은 자녀를 돌보지 못하는 상실을 제일로 쳤다.

종교 또한 영향을 미치는 요인이다. 모든 연령집단에서 가장 신앙심이 깊은 사람이, 즉 내세에 대한 신념이 가장 큰 사람들이 죽음을 가장 덜 두려워한다. 종교적인 사람에게 죽음은 영생에 이르는 문이기 때문이다. 신앙심이 전혀 없는 사람들이 그 다음으로 죽음을 덜 두려워하고, 죽음에 대해 가장 큰 두려움을 나타낸 사람들은 신앙심이 약간 있는 경우였다(Downey, 1984; Kalish, 1985; Keller, Sherry, & Piotrowski, 1984).

우리나라 말기암 환자 30명을 대상으로 하여 죽음에 대한 태도를 면접조사한 윤은자와 김홍규(1998)의 연구에서 보면, 죽음을 눈앞에 둔 환자의 태도는 크게 3가지로 분류되었다. 분류된 비율은 종교의존형 40.0%, 과학신봉형 36.7%, 냉소주의형 23.3% 등의 순서로 집계되었다. 이들은 특히 종교나 학력, 성별, 연령에 따라 각기 다른 태도를 보였는데, 고학력일수록 종교에 의지하는 비율이 높았고, 저학력 남성일수록 현대의학을 믿는 과학신봉자가 많았다. 이에 대해 연구자들은 고학력자들의 경우 암이 말기에 이르러 죽음을 눈앞에 두게 되면 현대의학과 의사의 한계를 인정하는 데 반해, 저학력 환자들은 현대의학과 의사에게 지나치게 의지하고 신봉하는 태도를 갖게 되기 때문인 것으로 해석하고 있다. 또한 무신론자이면서 저학력일수록 죽음에 냉소적이었다. 일반적으로 노년층일수록 삶에 대해 애착적인 태도를 보이는 경향이 많은 데에 비해, 중년층의 말기암 환자들은 오히려 죽는다는 사실에 그다지 집착하지 않는 것으로 나타났다.

(4) 죽음 전의 심리적 변화

사람들은 다가오는 자신의 죽음에 어떻게 대응하는가? 인생이 곧 끝날 것이라는 사실을 어떤 과정으로 받아들이는가? 죽음이 임박했을 때 어떤 심리적 변화를 겪는가?

죽어가는 사람들을 연구하는 정신과 의사인 Elizabeth Kübler-Ross는 사망심리학에 대한 현재의 관심을 유발한 학자로 널리 인정받고 있다. 그녀는 대다수 환자들이 그들의 죽음에 임박한 상태에 대해 솔직하게 이야기할 수 있는 기회를 원하며, 자신의 죽음이 임박했음을 알고 있다는 것을 발견하였다.

Elizabeth Kübler-Ross

500명 정도의 불치병 환자와 이야기를 나눈 후 Kübler-Ross(1969, 1975, 1981)는 죽음과 타협하게 되는 다섯 단계를 제시하였

〈그림 13-12〉 자신의 죽음에 직면했을 때 나타나는 심리적 변화 5단계

출처: Kübler-Ross, E. (1975). *Death: The final stage of growth*. Englewood Cliffs, NJ: Prentice-Hall.

다. 부정, 분노, 타협, 절망 그리고 궁극적인 수용이 그것이다. 임박한 사별에 직면한 사람들도 비슷한 반응을 보인다(〈그림 13-12〉 참조).

자신의 죽음이 임박했을 때 다음과 같은 다섯 단계를 거치는 것으로 보이지만 여기에는 물론 개인차가 있다. 예를 들어, 어떤 이들은 제시된 순서대로는 아니지만 다섯 단계를 모두 경험하는가 하면, 어떤 이들은 특정의 단계를 건너뛰기도 한다. 또한 특정 단계에서 오래 머무르거나 한 단계에서 다음 단계로 진행하기를 주저하는 현상도 나타났다. 그리고 몇 개의 단계가 중복되는 경우도 있다. 그러나 이 모든 단계에서 기초가 되는 정서는 '희망'이다.

① 부정(Denial)

죽어가는 과정 중 첫 번째 단계는 부정의 단계이다. 자신의 죽음이 임박한 사실을 알았을 때 대부분의 사람들은 충격을 받고 그 사실을 부정하려고 든다.

"아니야, 나는 아니야. 그럴 리가 없어" "아마 검사결과가 잘못 나왔을 거야. 다른 의사에게 가봐야겠어" "나는 그렇게 아픈 것 같지 않아. 사실이 아닐거야"라는 반응이 보편적이다. 우리는 무의식적으로 우리의 불멸(immortality)을 믿기 때문에 자신이 죽을 것이라는 사실을 인정할 수 없는 것이다.

부정은 거의 모든 환자에게서 나타나는 현상인데, 초기의 불안한 상황에 대처하는 데 있어서 비교적 건강한 방법이다. 또한 환자들로 하여금 그들의 생각을 가다듬게 함으로써 예기치 못한 충격적인 사실에 대한 완충역할을 할 수도 있다.

② 분노(Anger)

분노의 단계에서는 자신의 죽음을 더 이상 부정할 수 없음을 깨닫고 분노하게 된다. 대체로 분노, 격분, 질투, 원한의 감정을 경험한다. 1단계에서 비극적인 소식에 대한 환자의 반응이 "아니, 사실이 아니야. 뭔가 착오가 있었을 거야"인 데 반해, 2단계에서는 "다른 사람이 아니고 왜 하필이면 나인가"라는 생각으로 의사나 간호사, 가족, 심지어 신에게까지 화를 내게 되고, 젊고 건강한 사람들을 부러워하게 된다.

부정의 단계에 비해 분노의 단계는 가족과 의료진으로 하여금 환자를 다루기 어렵게 만든다. 왜냐하면 환자의 분노가 아무에게나 투사되고 전이되기 때문이다. 가족과 병원관계자는 죽어 가는 환자에 대해 공감해 주고, 환자의 분노가 어디에서 연유하는지를 깨닫는 것이 중요하다. 이 단계에서 환자들은 모든 것에 대해 불평거리를 발견한다. 그러나 환자를 이해하고 따뜻한 관심을 가져주면 시간이 지나면서 그들의 분노도 감소한다. 이때 환자들은 자신이 보호받을 가치가 있는 귀중한 존재임을 깨닫게 된다.

③ 타협(Bargaining)

1단계에서 자신의 죽음을 인정할 수 없었던 환자나 2단계에서 분노했던 환자들은 이제 3단계에서 어떻게 해서든지 죽음이 연기되거나 지연될 수 있기를 바란다. 환자들은 착한 행동이 보상을 받고, 때로는 착한 행동 때문에 특별한 소원이 이루어진다는 사실을 과거 경험으로부터 알고 있다. 본질적으로 타협은 시간을 좀더 벌기 위한 시도이다. 이때 사람들은 신에게 다음과 같이 기도한다. "당신께서 제가 딸이 졸업하는 것을 볼 때까지 … 아들이 결혼할 때까지 … 손주가 태어날 때까지 살 수 있도록 허락해 주신다면 … 저는 더 좋은 사람이 되겠습니다 …" 또는 "더 이상 아무것도 바라지 않겠습니다 …" 또는 "제 운명을 받아들이겠습니다."

Phillips(1992)의 연구에서 사람들의 살고 싶은 소망이 실제로 잠시 동안이라도 죽음을 연장시키는 것으로 나타났다. 그는 중국 여성노인의 사망률이 축제일 동안이나 축제일 전에 감소하고, 그 후에 사망률이 증가하는 것을 발견하였다. 또한 유태인의 경우 사망률이 유월절 전에는 31% 감소하고, 그 이후에는 그만큼 증가하는 것으로 나타났다. Phillips는 이 결과에 대해 죽어가는 환자들이 어떤 상징적인 행사(예를 들면, 생일이나 결혼기념일)를 행할 때까지 자신의 생명을 연장시킬 수 있는 것은 의식적으로든 무의식적으로든 그 경우가 아니면 볼 수 없는 사람들을 모두 만나 축제 기분에 젖고, 작별인사를 할 기회를 갖기 때문인 것으로 해석하였다.

④ 절망(Depression)

절망의 단계에서는 말이 없어지고, 면회를 사절하며, 혼자서 울며 슬퍼하는 시간을 갖게 된다. 이 시점에서는 죽어 가는 사람을 위로하지 않는 것이 좋다고 Kübler-Ross 는 말한다. 왜냐하면 자신의 임박한 죽음에 대해 슬퍼할 시간이 필요하기 때문이다.

이 단계에서 사람들은 울며 생명을 잃는다는 것을 슬퍼할 필요가 있다. 왜냐하면 자신의 깊은 고뇌를 표현함으로써 슬픔을 감추려고 억누를 때보다 훨씬 빨리 좌절을 극복할 수 있기 때문이다.

⑤ 수용(Acceptance)

만일 환자가 충분한 시간을 가졌다면, 즉 죽음이 갑작스럽거나 예기치 못한 것이 아니라면 그리고 만일 앞의 네 단계를 통해 도움을 받았다면 이제 자신의 운명에 대해 우울해하지도 않고 분노하지도 않는 마지막 단계에 도달할 것이다.

수용의 단계에 있는 대부분의 환자들에게는 지금까지 그들의 감정을 표현할 기회가 있었다. 그들은 건강하고 살아 있는 사람들에게 부러운 감정을 나타내었고, 가까운 장래에 죽지 않아도 되는 사람들에 대해 분노와 원한의 감정을 표현하였다. 사랑하는 사람과 이별하는 슬픔도 함께 나누었다. 이제 자기 자신과 세상에 대해 평화로운 마음을 갖게 된다.

살아가는 것이 그러하듯 죽어 가는 것도 개인적인 경험이다. 어떤 사람에게는 부정이나 분노가 침착한 수용보다 죽음을 맞는 더 건강한 방법이 될 수 있다. 그러므로 Kübler-Ross의 모델이 인생의 종말을 맞는 사람들의 감정에 대한 우리의 이해를 돕는다는 점에서는 유용하지만, 이것을 건강한 죽음의 준거로 여길 필요는 없는 것으로 보인다.

(5) 호스피스 간호

불치의 병을 다루는 많은 사람들이 불치병 환자에게 병원은 적절한 장소가 아니라는 것을 깨닫게 되었다(Cousins, 1979). 병원은 일반적으로 사람들을 치료하고 무사히 집으로 돌려보내는 것을 목적으로 세워졌다. 이러한 목적은 환자가 죽을 병일 때 좌절하기 마련이다. 죽어 가는 환자는 보통 필요 없는 검사와 쓸데없는 치료를 받으며, 회복 가망이 큰 환자들보다 관심을 덜 받게 되고, 전혀 적절하지 못한 병원 규칙에 얽매인다.

Dame Cicely Mary Saunders

호스피스 운동은 이 같은 환자들을 위한 특별 시설과 보살핌의 요구 때문에 시작되었다. 병원(hospital)이나 환대(hospitality)와 동일한 어원에서 온 호스피스(hospice)라는 단어는 원래 중세기에 예루살렘으로 성지순례를 가는 사람들이 하룻밤 편히 쉬어 갔던 휴식처를 의미하는 말이었다. 그러다가 1967년 영국인 의사 Cicely Saunders가 런던 교외에 '성 크리스토퍼 호스피스'를 설립하면서 처음으로 죽어 가는 환자들을 위한 전문적인 간호용어로 사용되었다. 우리나라는 1980년대 후반 서울 강남성모병원에서 호스피스 간호가 시작되었다(사진 참조). 1988년에는 연세대학교 세브란스 병원 암센터에서도 가정 호스피스 간호를 시작하였으며, 1992년에는 이화여대 간호대학에서도 가정 호스피스 간호를 시작하였다. 2023년 현재 국내에서 활동하고 있는 호스피스 기관은 약 110개소에 달한다.

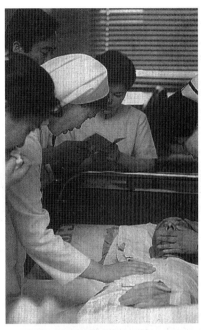

죽어 가는 환자를 하나의 인간으로 대우하고, 품위를 잃지 않고 평화스러운 마음으로 임종할 수 있도록 신체적·정신적·사회적 욕구를 충족시켜 주며, 아울러 가족들도 격려하고 지원해 주는 것이 호스피스 간호이다(Guo & Jacelon, 2014; Sokol, 2013; Thomas, 2013).

사진 설명: 강남성모병원의 호스피스 병동

호스피스 간호의 목적은 질병 그 자체에 초점을 두고 환자를 치료하는 것이 아니라 환자를 좀더 편안하게 하고, 남은 날들을 좀더 의미 있게 하고자 하는 것이다. 호스피스 간호는 병원이나 시설기관 또는 가정에서 이루어질 수 있다(사진 참조). 죽을 병을 앓는 사람들을 위한 따뜻하고도 인간적인, 환자와 가족 중심의 호스피스 간호는 다양한 연령대와 배경의 의사, 간호사, 사회봉사원, 심리학자, 성직자, 친구, 가족 및

사진 설명: 가정에서 이루어지고 있는 호스피스 간호

자원봉사자들이 함께 환자의 고통을 줄이고, 제증상을 치료하며, 가능한 한 평온한 가운데 죽음을 맞이하도록 배려해 준다. 환자뿐만 아니라 가족들에게도 관심을 가지고 가족들이 환자의 병과 죽음을 다루는 데 도움을 준다.

2) 사별과 비탄

상실은 우리 삶에서 다양한 형태로 나타난다. 그중에서 가장 큰 상실은 사랑하는 사

람과 사별하는 것이다. 죽음은 죽는 사람뿐만 아니라 남게 되는 사람들에게도 큰 고통을 안겨준다. 어쩌면 죽는 사람에게는 죽음이 고통의 끝이겠지만 남아 있는 사람들에게는 고통의 시작이 될 수 있다.

(1) 사별

"부모가 죽으면 산에 묻고, 자식이 죽으면 가슴에 묻는다"라는 말이 있다. 사별의 경험은 그 대상이 누구이냐에 따라 다를 수 있다. 여기서는 배우자, 자녀, 부모와의 사별에 관해 알아보기로 한다.

① 배우자와의 사별

배우자의 죽음은 스트레스 지수가 가장 높은 생활사건이다. 배우자와의 사별은 부부간에 강하고 오래된 유대관계를 가졌던 경우라면 더 큰 슬픔으로 다가온다.

사별이라는 스트레스가 젊은 성인들의 경우에 더 큰지 노인들의 경우에 더 큰지는 확실하지 않다. 언제 배우자를 잃느냐와는 상관없이 슬픈 것은 슬픈 것이다. 처음에는 젊은 성인들이 더 강렬한 비탄 반응을 보이지만 1년 반이 지나면 반대가 된다(Kastenbaum, 1991). 사별을 경험하는 연령층에 따라 비탄의 반응이 차이를 보이는 이유는 다음과 같다. 첫째, 젊은 배우자의 죽음은 예상치 못한 경우가 많다. 예상치 못한 죽음의 경우 상실감이 더 크다(DiGiulio, 1992). 둘째, 젊어서 사별하는 경우 같은 연령대의 모델이 적다. 셋째, 노년기 사별의 경우 오랜 결혼생활을 통해서 얻어진 동반의식이 손상받는다. 넷째, 젊어서 혼자된 경우 재혼의 기회가 더 많다.

사별이 남성에게 더 힘든 일인지 아니면 여성에게 더 힘든 일인지도 확실하지 않다. 사별한 여성이 남성보다 더 의기소침하고 심리적 곤란을 더 많이 겪는다는 연구도 있지만, 일반적으로 남녀 모두 사별로 인한 비탄수준은 비슷하다(Blieszner & Hatvany, 1996; Sasson & Umberson, 2014). 그러나 일반적으로 과부가 홀아비보다 경제적 문제, 법적 문제, 재혼 가능성에서 불리하다. 반면, 과부는 홀아비보다 다양하고 광범위한 우정망을 형성하고, 말년에 과부가 되는 것이 보편적인 현상이기 때문에(70세 이상이 되면 $2/3$ 이상이 과부가 되기 때문에 부부가 함께 사는 것이 오히려 드물다), 많은 과부들은 다른 과부들로부터 정서적 지원을 받을 수 있다(사진 참조). 이러한 정서적 지원은 남편과의 사별을 보상해 주고, 혼자서 살아가는 삶에 적응할 수 있게 도와준다.

우리나라 중년기 여성이 경험하는 배우자 사별 스트레스와 적응에 관한 연구(강인, 1988)에서 중년기 여성이 경험하는 중요한 스트레스는 배우자 상실로 인한 스트레스, 경제적 스트레스, 자녀관련 스트레스, 대인관계 스트레스로 구분되었다. 이 가운데 자녀교육, 자녀양육 등 자녀관련 스트레스를 가장 많이 경험하며,

다음으로는 경제적 스트레스, 배우자 상실감으로 인한 스트레스, 대인관계 스트레스의 순으로 나타났다. 또한 배우자 상실감으로 인한 스트레스가 높은 사별여성들은 생활만족도가 낮아지고, 우울증이 증가하는 것으로 보인다. 배우자 사별 스트레스와 우울의 관계를 살펴본 또 다른 연구(김승연, 고선규, 권정혜, 2007)에서 배우자 사별노인들은 상실감과 경제적 문제로 인한 어려움을 강하게 경험하고 있으며, 사회적 지지가 높을수록 우울 정도는 낮은 것으로 나타났다. 또한 경제적 문제로 인한 우울감에 사회적 지지의 조절효과가 있음이 밝혀졌다.

과부 대 홀아비의 비율은 5 : 1 정도이다(Lund, Caserta, & Dimond, 1993). 따라서 사별에 관한 대부분의 연구가 홀로 된 여자노인을 대상으로 하고 있다. 사별한 남자노인에 관한 연구는 별로 없지만, 대체로 남자노인들은 더 외로워하고 혼자된 것에 적응을 잘 하지 못하는 것으로 보인다(Bennett, Smith, & Hughes, 2005). 일생을 통해 가족참여도가 낮았고, 감정을 억제해 왔으며, 가정관리나 요리에 무관심했기 때문에 홀로 된 삶에 적응하기가 무척 어렵다. 또한 정서적 지원, 집안일, 가정의 대소사 등을 아내에게 의존해 왔기 때문에 재혼의 필요성이 여성보다 훨씬 더 절실하다(Martin-Matthews, 1988; Wister & Strain, 1986).

② 자녀와의 사별

어린 자녀의 죽음은 부모에게 말할 수 없는 아픔을 남긴다. 부모들은 자식의 죽음에 대해 격렬한 비탄 반응을 보인다(Cacciatore, 2010; Murphy, Johnson, & Wu, 2003; Rubin & Malkinson, 2001). Klass(1996)는 아동의 죽음은 사망의 유형 중 최악이라고 여긴다. 왜냐하면 부모가 죽기 전에 어린 자식이 죽으리라고는 상상도 하지 못하므로, 마치 자연을 거스르는 일로 간주되기 때문이다. 이처럼 뜻밖의 죽음은 주로 사고나 치명적인 질병으로 인한 것으로 부모들은 이로 인해 죄책감을 느끼게 된다(Granek et al., 2015). 자녀의 죽음으로 실의에 빠진 부모들은 자신의 감정이 이해받지 못할 때 더 큰 상처를 받

는다. 그들에게는 아픔을 겪은 사람들(부모, 조부모, 친구, 형제자매, 친척 등의 죽음을 경험한 사람들)로부터의 격려가 큰 힘이 된다.

노부모에게 성인자녀의 죽음 또한 견디기 힘든 일이다(사진 참조). 자녀의 죽음을 부모로서의 정체감 상실로 받아들이고 죄책감, 분노, 불안감, 고립감을 경험한다. 성인자녀의 죽음이 배우자나 부모의 죽음보다 아픔이 덜하다는 연구결과도 있는 반면, 오히려 가장 큰 비탄 반응(절망감, 죄책감, 분노, 불안, 신체적 이상)을 보인다는 연구결과도 있다(DeSpelder & Strickland, 1992).

③ 부모와의 사별

부모와의 사별(사진 참조)이 아동기든, 청년기든, 성인기든 어느 시기에 발생하든지 간에 오랜 기간 지속적인 영향을 미친다. 자녀들은 그들이 받아 온 사랑, 애착, 관심 등에서의 상실뿐만 아니라 부모와의 관계를 향상시킬 수 있는 기회도 사라진다(Buchsbaum, 1996). 살아 생전에 효도하는 것이 무엇보다 중요하다.

노부모의 죽음은 젊은 부모의 죽음보다 덜 고통스럽다는 연구가 있다. 왜냐하면 성인자녀는 시간이 지나면서 부모의 죽음에 대한 마음의 준비를 할 수 있기 때문이다(Moss & Moss, 1995; Norris & Murrel, 1990). 그러나 이 경우도 대부분의 자녀들은 자신의 부모가 천수를 누렸다고 생각하지 않는다(Moss & Moss, 1995).

(2) 비탄 과정

자신의 죽음에 직면했을 때 그것을 궁극적으로 수용하는 단계가 있듯이 사랑하는 이의 죽음을 받아들이는 데에도 단계가 있는 것으로 보인다. 여러 학자들은 이 단계를 여러 가지 다른 말로 표현하고 있지만(Bowlby, 1974; Parkes, 1972, 1991, 2006; Spangler & Demi, 1988), 여기에는 부정과 분노, 절망, 수용과 적응이라는 공통요소가 있다. 즉, 비탄의 단계는 Kübler-Ross가 제안한 자신의 죽음을 인정하는 5단계와 매우 유사하다.

① 충격

처음 얼마 동안은 격렬한 슬픔에 압도되어 충격과 의혹의 상태에 빠진다. 종종 당황하고, 넋을 잃으며, 혼란을 겪고, 숨이 가쁘며, 가슴이나 목이 답답하고, 메스껍고 공복감 등의 신체적 증상도 나타난다. 그리고 상실에 대한 분노와 고인의 생존 시 더 잘해 주지 못한 것에 대해 죄책감을 느끼기 시작한다. 이 단계는 Kübler-Ross의 부정과 분노의 단계와 유사하다. 그러나 상실에 대한 인식이 자리 잡으면서 초기의 마비증세는 걷잡을 수 없는 슬픔으로 바뀌며 종종 울음으로 표현된다.

② 그리움

고인에 대한 그리움으로 고인이 살아 있다는 느낌에 사로잡힌다. 고인과 대화하고, 신체적으로 접촉하며, 목소리를 듣고, 한방에 있음을 느끼며, 심지어 눈앞에 고인의 얼굴이 보이기까지 한다. 고인에 관한 생생한 꿈을 꾸다가 갑자기 깨어나 그가 죽었음을 다시 깨닫는다. 고인이 살아 돌아올 수만 있다면 무엇이든 하겠다는 타협의 마음이 생기는데, 이는 Kübler-Ross의 타협의 단계와 유사하다.

불면증, 극심한 슬픔, 불안 등의 증상을 보이고 심할 경우 사랑하는 사람과 다시 만나는 방법으로 자살을 생각하기도 한다. 그러나 이러한 격렬한 감정은 시간이 지나면서 점차 사라진다.

③ 절망

시간이 지나면서 고인에 대한 강렬한 그리움과 슬픔의 감정은 약해지지만, 이제 고인과 다시 만나는 것이 불가능하다는 사실을 깨달으면서 우울증, 절망감에 빠진다. 매사에 무관심하고, 냉담한 반응을 보이며, 심지어 패배감을 느끼기도 한다. 이 단계는 Kübler-Ross의 절망의 단계와 유사하다.

④ 회복

일상활동을 재개하게 되는 회복단계는 대체로 사별 후 1년 이내에 나타나며 Kübler-Ross의 수용의 단계와 유사하다. 이제 고인의 유품을 정리하면서(사진 참조) 심한 고통과 그리움보다는 평온한 감정으로 고인을 회상할 수 있게 되고, 따라서 사람들을 만나면서 인간관계를 회복하고, 새로운 취미활동을 하거나 새로운 사회적 관계를 형성한다.

(3) 장례: 애도의식

장례는 고인과 가깝게 지내던 사람들이 모두 한자리에 모여 고인의 명복을 빌어 주며, 고인의 죽음을 공식적으로 인정하는 의식이다. 이 의식은 슬픔을 자유롭게 표현하도록 함으로써 비탄 과정을 용이하게 해 준다.

장례 절차는 유가족의 문화적·종교적 환경에 따른다. 예를 들면, 천주교의 장례식은 천주교회에서 장엄한 의식으로 진행된다. 서구 여러 나라에서는 고인을 곱게 치장하여 관 뚜껑을 열어놓고 조문객들이 고인과 마지막 작별인사를 나누게 한다(사진 참조).

장례 절차에서 시신은 보통 매장하거나 화장을 한다. 이 또한 문화적·종교적 영향을 많이 받는다(〈그림 13-13〉 참조). 예를 들면, 유대교와 회교도는 매장을 선호하고, 힌두교와 불교에서는 화장을 권장한다. 우

(a) 싱가포르의 중국식 매장   (b) 한국의 장례식

(c) 네팔의 화장   (d) 하이티의 장례식

〈그림 13-13〉 다양한 문화에서의 장례의식

리나라의 경우 2021년 통계청 사회조사결과를 보면, 화장 후 봉안(납골당, 납골묘 등)이 34.6%로 가장 많고, 다음은 화장 후 자연장(수목장, 잔디장 등)이 33.0%, 화장 후 산이나 강 또는 바다에 뿌림 등이 22.3%로 나타났다. 그리고 매장이 9.4%로 나타나 2011년 이후 계속 감소 추세로 매장문화에 대한 의식이 크게 변한 것을 알 수 있다. 연령대별 장례 선호방법을 보면 모든 연령대가 매장보다는 화장을 더 선호하지만 매장은 60세 이상이 상대적으로 선호비율이 높은 것으로 나타났다.

장례의식에는 특별한 기능이 있다. 즉, 비탄의 과정을 용이하게 극복할 수 있도록 해 주고, 죽은 이와 남은 이들에게 각각 고인과 유족이라는 새로운 사회적 지위를 갖게 해 준다. 신판귀(1999)는 「한국의 상장례 문화에 관한 연구」에서 장례의식의 역할을 다음과 같이 정리하고 있다. ① 사회적 역할: 사람이 죽으면 그 죽음을 통지하고, 관청에 사망신고를 하고 호적에서 말소하며, 상속 등의 수속이 필요한데 이것이 사회적 역할이다. ② 물리적 역할: 사자(死者)의 시신(屍身)은 생명을 잃음에 따라 부패가 시작된다. 그러므로 시신을 땅에 묻든가(매장) 불에 태워(화장) 처리해야 할 필요가 있는데 이것이 물리적 역할이다. 그러나 시신을 처리하는 일은 인간과의 결별에 관계되는 일이므로 물리적 역할 이상의 의미를 지닌다. ③ 문화 · 종교적 역할: 사자의 영혼을 위로하고, 저승에서의 평안을 빌면서, 죽은 사람의 영혼을 이승에서 저승으로 보내주어야 한다. 이것은 이승에서의 삶을 초월한 것으로 여러 가지 종교적 의식으로 이루어진다. ④ 심리적 역할: 사랑하는 사람의 죽음은 주위 사람들에게 충격을 주고 비탄에 빠지게 한다. 비통한 심정은 표출을 해야 치유가 되는데, 이러한 감정을 표출하는 수단이 장례인 것이다.

3) 인생의 회고

우리들 대부분에게 죽음은 우리가 선택하지 않은 시간에 그리고 선택하지 않은 방법으로 찾아온다. 죽음의 도래는 수태의 순간부터 시작된 여로의 피할 수 없는 결말이다. 죽음이 다가올 때 사람들은 자신이 살아온 인생을 되돌아보게 된다. 그들은 스스로에게 삶의 목적과 죽음의 의미를 자문해 보고, 자신의 인생이 어떤 목적과 의미를 갖는지 정리하고자 한다.

(1) 삶과 죽음의 의미

톨스토이의 단편 『이반 일리치의 죽음』의 주인공은 자신이 죽을 병에 걸렸음을 알고 고통스러워한다. 절망 속에서 그는 자신의 고통에 어떤 의미가 있는가를 스스로에게 묻고 또 묻는다. 육체적 고통보다 훨씬 더 괴로운 것은 자신이 죽어가고 있고, 인생

Leo Tolstoy

을 헛되이 보냈다는 것, 즉 아무런 목적 없이 살았으며, 따라서 그의 죽음도 똑같이 무의미하다는 것이 점점 더 확실해짐에 따라 느껴지는 정신적 고통이었다. 그러나 마지막 순간에 그는 자아통합감을 이룰 수 있는 마지막 기회와 죽음에 대한 두려움을 극복할 수 있게 해 주는 영적 계시(spiritual revelation)를 경험한다.

톨스토이가 문학 속에서 극화한 것은 현실 속에서도 사실임이 현대 사회과학자들에 의해 밝혀지고 있다. Viktor Frankl(1965)은 제2차 세계 대전 동안 나치의 죽음의 수용소에서 살아남은 정신분석가로서, 사람들이 인생을 의미 있는 것으로 느끼려면 자기 자신의 죽음에서 의미를 찾아야 된다고 보았다. 다시 말하면, 인생에서 찾는 목적이 크면 클수록 죽음에 대한 두려움은 적어질 것이다(Durlak, 1973).

Kübler-Ross(1975)는 죽음에 대한 인식은 개인의 성장과 인간 잠재력의 발달에 대한 열쇠라고 하면서 죽음을 두려워할 필요가 없다고 다음과 같이 말한다.

사람들의 삶이 공허하고, 무의미한 삶이 되는 것은 부분적으로 죽음에 대한 부정 때문이다. 만약 영원히 살 것처럼 살아간다면 당연히 해야 할 일들을 미루기가 쉬워

귀천(歸天)

천상병

나 하늘로 돌아가리라.
새벽빛 와 닿으면 스러지는
이슬 더불어 손에 손을 잡고,

나 하늘로 돌아가리라.
노을빛 함께 단 둘이서
기슭에서 놀다가 구름 손짓하며는,

나 하늘로 돌아가리라.
아름다운 이 세상 소풍 끝내는 날,
가서, 아름다웠더라고 말하리라….

질 것이기 때문이다. 반면, 자리에서 일어나는 매일 아침이 마지막이 될 수도 있다는 것을 충분히 이해할 때, 하루하루를 진실로 자기 자신이 되고, 다른 사람에게로 가까이 다가가는 그런 사람으로 만들게 된다…. 인간의 존재에 대한 죽음의 의미를 이해할 때에야 비로소 정해진 운명에 따를 용기를 갖게 될 것이다(Kübler-Ross, 1975, pp. 164-165).

(2) 인생의 회고

이제는 고전이 된 Ingmar Bergman의 영화 〈산딸기〉의 주인공인 노의사는 그의 과거와 다가올 죽음에 대해 꿈을 꾸고 생각한다. 자신이 얼마나 이기적이고 몰인정한 사람이었던가를 깨닫고서, 말년에는 보다 따뜻한 심성을 가진 사람이 된다. 찰스 디킨스의 소설 『크리스마스 캐럴』에서 늙은 수전노 스크루지는 꿈속에 나타난 자신의 과거, 현재, 미래뿐만 아니라 자신의 죽음까지도 보고 나서 인색하고, 탐욕스러우며, 냉혹하던 성격을 바꾸게 된다.

Ingmar Bergman의 영화, 〈산딸기〉

〈산딸기〉의 의사와 『크리스마스 캐럴』의 스크루지는 모두 임박한 죽음에 앞서 자신의 인생의 의미를 깨닫게 해 주는 회상 과정인 '인생의 회고'를 통해서 그들의 인생을 좀더 의미 있는 것이 되도록 할 수 있었다. 자신의 생을 되돌아보는 것은 노년기에 특히 중요하다. 고독, 사랑하는 사람과의 이별 그리고 죽음에 직면한 노인들은 자주 과거로 도피해서 과거에 관한 회상을 한다. 노인학 학자인 Robert Butler(1963)는 이러한 심리적 과정을 '생의 회고(Life review)'라는 용어로 설명하였다.

노인들이 지난날의 친지들, 사건 및 감정에 대해 이야기하는 자연스러운 경향은 인생회고 과정의 중요한 부분이다. 인생을 되돌아봄으로써 사람들은 새로운 시각으로 자신의 경험과 행동을 해석해 볼 수 있을 것이다. 그들은 소원했던 가족이나 친구와의 화해 같은 미결의 과제를 끝낼 기회를 갖게 될 것이다. 이 같은 과제를 완수한 후의 완성감이 남은 여생을 마음 편하게 살아가도록 해 줄 수 있다. 인생 회고적인 치료가 이 과정을 좀더 의식적이고, 신중하며, 효과적이 되도록 도울 수 있다(Butler, 1961, 2002; Latorre et al., 2015; Lewis & Butler, 1974). 물론 인생의 회고가 인생을 낭비하였고

사진 설명: 『크리스마스 캐럴』의 스크루지(왼쪽)

Robert N. Butler

Myrna I. Lewis

남에게 상처를 주었으며, 이제는 과거를 보상하거나 혹은 개선할 기회가 없다는 생각을 하게 만드는 위험도 있다. 그럼에도 불구하고 사람들은 성공과 실패를 모두 인지하고, 그들의 가치를 이어나갈 수 있는 사람들에게 '전승'시키면서 균형 잡힌 평가를 할 수 있는 경우가 더 많다.

Butler의 인생의 회고와 Erikson의 통합감 대 절망감은 상당히 유사한 개념이다. 즉, 둘 다 죽음에 앞서 과거를 회고하는 과정을 통해 자신의 인생의 의미를 찾게 해 준다. Erikson은 노년기에 수행해야 할 발달과업 중에서 자신이 살아온 인생을 회고하면서 나름대로 정리해 보는 것이 중요한 과제라고 여겼다. 지금까지 살아온 자신의 삶에 의미를 부여하고, 지난날의 갈등과 죄책감을 해결해야 한다는 것이다. 여기서 갈등은 지금까지의 인생경험을 모두 통합하여 인정할 것인가 아니면 비참한 심정으로 노여워하고 절망감에 빠질 것인가 하는 것 사이에 있다. 이것이 바로 Erikson의 여덟 번째 위기인 자아통합감 대 절망감이다. 자아통합을 이룬 사람은 노년을 동요 없이 평온하게 보낼 수 있으며, 다가오는 죽음에 대해서도 의연하게 대처할 수 있다. 반면, 자아통합을 이루지 못하게 되면 인생을 낭비했다는 느낌, 이제 모든 것이 다 끝났다는 절망감을 경험하며 죽음의 공포에서 벗어나지 못한 채 불안한 죽음을 맞이하게 된다. 여기서 Erikson은 인생의 회고가 자아통합감에 기여하는 바가 크다고 보았다. 즉, 자신이 살아온 인생을 재평가하는 과정을 통해서 자아통합감이 촉진될 수 있다고 하였다.

(3) 에필로그

유한한 인생에서 어느 누구도 자신의 잠재력을 충분히 발휘하거나, 모든 욕망을 다 만족시키거나, 온갖 관심사를 다 추구하는 등 삶에서의 온갖 소망을 빠짐없이 모두 경험할 수는 없다. 무한한 성장 가능성과 이를 성취하기에는 한정된 시간 사이의 긴장이 인생을 시작부터 끝까지 규정짓는다. 어떤 가능성을 추구할 것인지를 선택하고, 주어진 시간 내에서 최대한 이를 추구함으로써, 우리는 좀더 알차고 의미 있는 삶을 살 수 있을 것이다.

강기숙·이경님(2001). 어머니의 양육행동과 유아의 사려성이 유아의 자기통제행동에 미치는 영향. 아동학회지, 22(4), 115-132.

강상화(1996). 4, 6, 8세 아동의 장독립-장의존 인지양식과 사회적 발달과의 관계. 경성대학교 대학원 석사학위논문.

강영숙(1981). 청년기에서 초기 성인기에 걸친 한국인의 도덕판단력의 발달양상에 관한 연구. 이화여자대학교 대학원 석사학위논문.

강 인(1988). 중년기 여성이 경험하는 배우자 사별 스트레스와 적응. 이화여자대학교 대학원 석사학위논문.

고상민·황보환·지용구(2010). 소셜네트워크서비스와 온라인 사회적 자본: 한국과 중국 사례를 중심으로. 한국전자거래학회지, 15(1), 103-118.

고윤주(1988). 아동의 물활론적 사고와 생명개념에 관한 연구. 연세대학교 대학원 석사학위논문.

고윤지·김명순(2013). 유아의 놀이성, 놀이주도성 및 의사소통능력 수준에 따른 놀이행동. 아동학회지, 34(1), 175-189.

고재천·김슬기(2013). 초등학생들이 인식하는 우수교사의 특성탐색. 한국초등교육, 24(3), 207-228.

곽금주·성현란·장유경·심희옥·이지연·김수정·배기조(2005). 한국영아발달연구. 서울: 학지사.

구본용(1997). 청소년의 집단따돌림의 원인과 대처방안. 청소년상담연구보고서. 29. 청소년대화의 광장.

구순주(1984). 청소년의 성역할 유형과 창의성과의 관계. 경북대학교 대학원 석사학위논문.

권경연(1980). 한국 아동의 구문발달(I). 한국교육개발원 연구보고 117집.

권복순(2000). 모자가족의 어머니와 자녀가 지각한 가족기능의 특성. 한국사회복지학, 제40호, 5-37.

권석만(2008). 긍정 심리학: 행복의 과학적 탐구. 서울: 학지사.

권오돈(1996). 예기. 서울: 홍신문화사.

권은주(1990). 인간(아동) 발달에 대한 불교 이론 연구. 인간발달 교수연구회 제4회 심포지엄 자료집, pp. 9-17.

권은주(1998). 불교아동학개론. 서울: 양서원.

김경신·김정란(2001). 중년기 기혼여성의 자아정체감 및 위기감이 삶의 질에 미치는 영향. 대한가정학회지, 39(4), 105-121.

김경은(2010). 어머니의 창의성과 긍정적인 양육태도와 유아의 창의성 간의 관계. 인간발달연구, 17(1), 15-32.

김광옥·하주용(2008). 지상파텔레비전 광고에 나타난 여성의 이미지: 고정관념지수(Stereotype Index)를 이용한 성별 스테레오타입 분석. 韓國言論學報, 51(2), 453-478.

김금주(2000). 영아-어머니의 상호작용 유형과 영아의 언어발달에 관한 연구-놀이·일상·책 읽어 주기 상황을 중심으로. 덕성여자대학교 대학원 박사학위논문.

김난실·조혜진(2007). 영아의 기질적 특성과 기질에 따른 놀이행동분석. 영유아교육학, 11(1), 237-256.

김두식(2000). 비행청소년의 심리적 가정환경과 비행성향 및 자살충동과의 관계. 서강대학교 교육대학원 석사학위논문.

김명순·성지현(2002). 1세 영아의 언어와 놀이의 관계. 아동학회지, 23(5), 19-34.

김명자(1991). 중년기 부부의 스트레스에 대한 대처양식과 위기감. 대한가정학회지, 29(1), 203-216.

김명자(1994). 대입 수험생 가족의 전반적 현황 및 문제. 한국가족학연구회(편). 자녀교육열과 대학입시. 서울: 하우.

김명자(1998). 중년기발달. 서울: 교문사.

김명희(2003). TV 만화영화에 나타난 성역할 연구. 원광대학교 행정대학원 석사학위논문.

김미진(2010). 아동의 다문화 수용성 척도개발에 관한 연구. 고려대학교 대학원 박사학위논문.

김미진·정옥분(2010). 아동의 다문화 수용성 척도개발과 타당화연구. 인간발달연구, 17(4), 69-88.

김보라·정혜정(2009). 대학생이 지각한 원가족 경험과 자아존중감 및 데이팅 폭력의 관계. 한국가족관계학회지, 14(2), 1229-5310.

김상윤(1990). 도덕 및 인습적 일탈행위에 관한 아동의 상호작용과 개념발달. 고신대학 논문집, 18, 185-200.

김선희(1995). 열린 교육 수업방식이 아동의 창의성과 학업성취에 미치는 효과. 건국대학교 대학원 석사학위논문.

김선희·김경연(1994). 우정관계 관련변인의 관계종결에 대한 영향. 아동학회지, 15(2), 181-194.

김성순(1990). 고령화 사회와 복지행정. 서울: 홍익재.

김성희·정옥분(2011). 아동이 지각하는 어머니의 과보호와 아동의 정서조절능력 및 또래관계: 정서조절능력의 매개효과를 중심으로. 인간발달연구, 18(3), 69-92.

김송이·박경자(2001). 또래 지위와 친구 관계에 따른 아동의 갈등 해결 방식. 아동학회지, 22(4), 69-84.

김숙경(2004). 유아의 다중지능 평가에 관한 연구. 인간발달연구, 11(4), 131-145.

김순덕·장연집(2000). 문학작품을 통한 읽기 지도 전략이 초등학교 아동의 문식성에 미치는 효과. 아동학회지, 21(4), 243-258.

김승권(2004). 한국사회의 저출산 원인과 정책적 함의. 저출산 시대의 신(新)인구정책. 한국인구학회 학술대회자료집.

김승연·고선규·권정혜(2007). 노인집단에서 배우자의 사별 스트레스와 우울의 관계: 사회적 지지와 대처행동의 조절효과. 한국심리학회지: 임상, 26(3), 573-596.

김애순(1993). 개방성향과 직업, 결혼, 자녀관계가 중년기 위기감에 미치는 영향-중년기 위기의 시기확인 및 발달과정의 역동성을 중심으로. 연세대학교 대학원 박사학위논문.

김연희·박경자(2001). 아동이 지각한 사회적 지지 및 귀인 성향과 아동의 자아존중감의 관계. 아동학회지, 22(2), 49-64.

김영희(1988). 한국 청소년의 성역할 정체감 유형과 학습된 무기력과의 관계. 숙명여자대학교 대학원 박사학위논문.

김유미·이순형(2014). 3, 4, 5세 유아의 공격행동에 대한 도덕판단 및 정당화 추론과 틀린 믿음 이해와의 관계. 아동학회지, 35(3), 49-69.

김은하·최해훈·이순행·방희정(2005). 12~18개월 영아의 애착 행동 특성 연구. 아동학회지, 26(4), 35-53.

김인경(1993). 청소년기 자아중심성과 관련된 변인 연구-가족관계, 분리개별화 및 자아개념을 중심으로. 연세대학교 대학원 박사학위논문.

김정옥·박경규(2002). 청소년의 가정폭력 경험과 학교폭력과의 관계 연구. 한국가족관계학회지, 7(1), 93-115.

김정희·이영주·이순희(2003). 중, 노년 남성의 갱년기 지식과 태도에 관한 연구. 간호과학, 15(2), 31-38.

김종권(1993). 사소절. 서울: 명문당.

김종의(2000). 마음으로 읽는 동양의 정신세계. 서울: 신지서원.

김주연·김정민·김경숙(2013). 공을 활용한 신체활동이 유아의 기초체력과 대근육 조작운동능력 향상에 미치는 효과.

생태유아교육연구, 12(3), 25-45.

김지영(2005). 동거를 통해 본 성별 관계의 지속과 변형: 20~30대 여성의 경험을 중심으로. 이화여자대학교 대학원 석사학위논문.

김진아·엄정애(2006). 유아의 도덕적 판단력, 도덕적 감정과 도덕적 행동과의 관계. 아동학회지, 27(2), 85-100.

김진이·정옥분(1998). 중년여성의 폐경에 대한 상태불안연구. 사대논집, 제22집, 85-100.

김태현(1994). 노년학. 서울: 교문사.

김헌우(1999). 아동의 지능과 귀인성향이 학업성적에 미치는 영향. 관동대학교 교육대학원 석사학위논문.

김혜경(1986). 청년·중년·노년 여성의 항목재인과 공간위치 기억에 관한 연구. 이화여자대학교 대학원 석사학위논문.

김 호(2010). 유아의 지능, 어머니의 양육행동, 교사의 창의성 교수효능감이 유아의 창의성에 미치는 영향. 어린이미디어연구, 9(1), 207-226.

김희강(1980). 새로운 성역할 개념에 관한 일 연구. 고려대학교 대학원 석사학위논문.

다음백과사전 https://100.daum.net/encyclopedia/view/47XXXXXb123

도현심(1996). 아동의 수줍음, 대인적응성 및 또래수용성과 외로움 간의 관계. 아동학회지, 17(2), 33-45.

류점숙(1989). 朝鮮時代의 人間發達 段階 및 그 敎育內容. 아동학회지, 10(2), 1-18.

류점숙(1990). 조선시대의 인간발달 단계 및 그 교육 내용. 인간발달교수연구회 제4회 심포지엄 자료집, pp. 3-8.

류점숙(1995). 조선시대 아동의 孝行敎育. 아동학회지, 16(1), 21-31.

문미옥·류칠선(2000). 소학에 나타난 아동교육론. 아동학회지, 21(1), 215-234.

문영경·민하영(2004). 부와 모의 창의적 역할수행에 따른 유아의 창의성. 인간발달연구, 11(2), 59-75.

문혁준(2000). 아동의 기질적 특성과 부모의 훈육방법. 대한가정학회지, 38(6), 29-41.

문화체육부(1996). 청소년백서. 서울: 문화체육부 청소년정책실.

문화체육부(1997). 청소년백서. 서울: 문화체육부 청소년정책실.

문화체육부(2017). 청소년백서. 서울: 문화체육부 청소년정책실.

민성혜·이민영·최혜영·전혜정(2009). 다문화 가정 유아기 자녀의 정서지능에 영향을 미치는 경로모형 분석. 대한가정학회지, 47(1), 55-63.

민하영·유안진(2003). 임신 및 출산 풍습에 관한 비교문화연구: 한국, 홍콩 및 미국의 어머니-할머니 세대를 중심으로. 대한가정학회지, 41(4), 157-168.

박경숙(1999). 왕따·학교폭력의 실태와 대처방안에 대한 토론. 일본 동경국제대학 T. Takuma 교수 초청 한·일 학술대회 자료집. 경희대학교 교육문제연구소.

박경아(2003). 학교폭력 피해자의 학교적응에 관한 연구: 보호요인을 중심으로. 연세대학교 대학원 석사학위논문.

박기열(2023). *Association of periodontitis with menopause and hormone replacement therapy: A hospital cohort study using a common data model*. 연세대학교 대학원 박사학위논문.

박대근(2001). 3, 4, 5세 유아의 대근육 운동발달경향 조사. 유아교육학논집. 5(2), 131-160.

박미령(2003). 출생가족 떠나기. 경운회보. 19.

박성옥 · 어은주(1994). 청소년의 자아정체감에 영향을 미치는 변인 연구. 대전대학교 자연과학 연구소 논문집, 제5집, 101-110.

박연정 · 정옥분(2003). 또래관계가 아동의 또래괴롭힘에 미치는 영향. 인간발달연구. 10(2), 75-92.

박영순 · 유안진(2005). 3세와 5세 유아의 혼잣말과 어머니의 비계설정. 인간발달연구. 12(3), 49-68.

박영애(1995). 부모의 양육행동, 형제관계와 아동의 자존감과의 관계. 고려대학교 대학원 박사학위논문.

박영옥(1986). 가족생활주기에 따른 부부갈등에 관한 조사. 건국대학교 대학원 석사학위논문.

박우철(2009). 청소년의 체질량지수, 자존감, 가족의 신체비관 및 미디어노출이 신체상에 미치는 영향. 연세대학교 대학원 석사학위논문.

박은숙(1982). 어머니의 양육차원이 한국 유아의 낯가림, 격리불안 및 대물애착 발달에 미치는 영향에 관한 연구. 이화여자대학교 대학원 석사학위논문.

박재간(1979). 노인문제와 대책. 서울: 이우사.

박재간 외(1995). 고령화 사회의 위기와 도전. 서울: 나남출판사.

박종효(1993). 아동의 정의개념 발달에 관한 연구. 서울대학교 대학원 석사학위논문.

박진희 · 이순형(2005). 공격행동에 대한 유아의 도덕판단과 추론: 공격행동의 의도와 결과 제시유무를 중심으로. 아동학회지. 26(2), 1-14.

박혜원 · 곽금주 · 박광배(1994). 한국형 유아지능검사(WPPSI-P)의 표준화: 예비연구. 한국심리학회지: 발달, 7(2), 38-52.

백경임(1986). 불교적 관점에서 본 受胎 · 落胎 · 出産. 아동학회지. 7(1), 49-65.

백남희(1987). 결혼적령기 남녀의 배우자 선정조건-서울을 중심으로. 이화여자대학교 대학원 석사학위논문.

백승화 · 강기수(2014). 그림책에 나타난 유아의 물활론적 사고의 교육적 기능. 미래유아교육학회지, 21(4), 21-40.

백종욱 · 김성오 · 김미양(2010). 노인들의 여가활동과 삶의 만족도와의 관계. 임상사회사업연구, 7(1), 37-58.

백혜리(1999). 현대 부모-자녀관계와 조선시대 부모-자녀관계의 관계. 아동학회지. 20(2), 75-89.

서명원(2009). 부와 모의 애착표상 일치와 유아의 인지 · 사회 · 정서능력. 숙명여자대학교 대학원 박사학위논문.

서문희 · 최윤경 · 신윤정 · 이세원(2010). 영유아양육비용에 관한 연구. 육아정책연구소.

서봉연(1988). 자아정체감의 정립과정. 이춘재 외, 청년심리학, 101-136. 서울: 중앙적성출판사.

서영석 · 안하얀 · 이채리 · 박지수 · 김보흠 · 성유니스(2016). 집단따돌림 피해자들의 극복 과정 유형. 상담학연구. 17(1), 39-64.

서 현 · 이승은(2007). 농촌지역의 국제결혼 자녀가 경험하는 어려움에 관한 연구. 열린유아교육연구, 12(4), 25-47.

설은정 · 정옥분(2012). 우리나라 부모의 양육행동이 아동의 다문화 수용성에 미치는 영향. 인간발달연구, 19(2), 91-113.

성미영(2003). 자유놀이 상황에 나타난 어머니의 대화 양식과 유아의 의사소통 의도. 아동학회지, 24(5), 77-89.

세계일보(2001년 6월 19일). [토픽] 스페인 아동, "엄마가 제일 싫다".

손유미(2000). 실직자의 직업전환 과정 연구. 서울대학교 대학원 박사학위논문.

손혜진 · 전귀연(2003). 미혼 남녀의 개인적, 관계적, 상황적 변인이 데이팅 폭력에 미치는 영향. *Family and Environment Research, 41* (2), 43-63.

손화희 · 정옥분(2000). 재가복지 수혜노인의 주관적 안녕감에 대한 생태학적 접근. 한국노년학, 19(1), 83-103.

송명자(1992). 도덕판단발달의 문화적 보편성: 영역구분 모형의 가능성과 한계. 한국심리학회지: 일반, 11(1), 65-80.

송유나 · 최인수(2008). 아동의 성격유형과 창의적 특성 및 창의적 문제해결력 간의 관계. 인간발달연구, 15(1), 49-71.

송현석(1996). 열린수업 방식과 전통수업 방식에 의한 초등학교 아동의 창의성과 학습태도 비교분석. 경성대학교 대학원 석사학위논문.

신경혜(1994). 아동용 수용검사 도구에 의한 학령 전 아동의 언어 발달 수준평가. 세종대학교 대학원 석사학위논문.

신성애(1980). 한국의 도시와 농촌 아동의 서열개념 발달에 관한 연구. 연세대학교 대학원 석사학위논문.

신수자(1995). 부자가정의 특성과 대책. 대구효성가톨릭대학교 대학원 석사학위논문.

신양재(1995). 朝鮮時代 敎訓書에 나타난 아동 年齡 期待에 관한 연구. 아동학회지, 26(1), 183-195.

신영희 · 이혜정(2009). 일 도시 노인의 성공적인 노화 관련 요인. 한국노년학, 29(4), 1327-1340.

신판귀(1999). 한국의 상장례문화에 관한 연구. 명지대학교 대학원 석사학위논문.

심응철(1996). 학교폭력: 현실과 대책. 한국청소년교육연구소 자료집 96-1. 한국청소년교육연구소.

심희옥(2000). 또래 지지와 대인관계 갈등 대처방법 및 사회적 기술과의 관계. 아동학회지, 21(1), 19-33.

양수진 · 임춘희(2012). 성인초기 개인이 지각한 가족기능과 자아분화가 혼전동거 의식에 미치는 영향. 인간발달연구, 19(4), 173-198.

양순미(2007). 농촌지역 다문화가족의 초등학생들의 학교생활 적응과 가족생활행복에 작용하는 요인. 한국심리학회지: 여성. 12(4), 559-576.

어주경 · 정문자(1999). 저소득층 가족의 경제적 어려움이 아동의 자존감에 미치는 영향. 아동학회지, 20(2), 21-40.

엄인하 · 조영아(2015). 초등학생의 학급응집력과 집단따돌림의 관계에서 방관태도의 매개효과. 청소년학연구, 22(10), 49-75.

여성을 위한 모임(1999). 제3의 성: 중년여성 바로보기. 서울: 현암사.

연진영·김선애(1991). 아동의 자기-지식의 발달. 아동학회지, 12(2), 18-36.

오선영(2001). 아동의 협력적 상호작용 과정에서 나타난 언어 유형 분석. 아동학회지, 22(3), 241-256.

오성배(2007). 국제결혼 자녀의 교육환경과 문제. 교육비평, 22, 186-213.

오현조(2013). 노인의 성생활이 노화인지도와 생활만족도에 미치는 영향. 교류분석상담연구, 13(1), 73-95.

위영희(1994). 영아의 사회적 참조행동과 관련변인에 관한 연구. 연세대학교 대학원 박사학위논문.

유안진(1995). 아동양육. 서울: 문음사.

유영주(1976). 한국 가족에 있어서 결혼연구. 인하대학교 인문과학대학 연구소 논문집.

유영주(1996). 신가족관계학. 서울: 교문사.

유은희·임미옥(2006). 부모의 정서표현성과 아동의 자기조절 능력과의 관계. 아동학회지, 27(6), 97-106.

유 현(2000). 청소년의 음주와 폭력성과의 관계에 관한 연구. 명지대학교 대학원 석사학위논문.

육미수(2001). 다중지능 이론 중심 통합교육과정 적용학습이 초등학교 아동의 다중지능 발달에 미치는 효과. 한국교원대학교 교육대학원 석사학위논문.

윤가현(1991). 노년기의 고독감 IV: 자녀와의 갈등에 대한 대처행동. 한국노년학, 11(2), 179-190.

윤경자(2007). 대학생들의 데이팅 폭력의 만연성과 만성적 측면: 피해자를 중심으로. 한국가족관계학회지, 12(1), 65-92.

윤경희(1998). 영아의 자아인식에 관한 연구. 성신여자대학교 대학원 석사학위논문.

윤은자·김홍규(1988). 죽음의 이해: 코오리엔테이션의 시각. 대한간호학회지 28(2), 270-279.

윤 진(1985). 성인·노인심리학. 서울: 중앙적성출판사.

윤호균(1999). 불교의 연기론과 상담. 최상진 외 편저. 동양심리학. 서울: 지식산업사.

이가옥·서미경·고경환·박종돈(1994). 노인생활실태분석 및 정책과제. 한국보건사회연구원.

이경님(2001). 아동의 자기통제와 관련변인과의 인과관계-아동의 사려성, 자아개념 및 어머니의 양육행동을 중심으로. 대한가정학회지, 38(2), 97-110.

이경렬(1989). 과제의 특성 및 제시방법이 유목-포괄 수행에 미치는 영향. 연세대학교 대학원 석사학위논문.

이경화·윤은정(2004). 유아의 지능과 창의성과의 관계. 영재와 영재교육, 3(1), 55-71.

이관형·김양현·안현미(2001). 초등학생의 집단따돌림 실태와 대처방안. 서울교육대학교 학생생활연구소, 학생생활연구, 27, 1-78.

이광규(1984). 정년자의 생활복지. 산업사회와 정년. 서울: 아산사회복지사업재단.

이귀애(2023). 자기통제가 유아와 아동의 적응과 부적응에 미치는 영향에 대한 다층메타분석. 충북대학교 대학원 박사학위논문.

이기석(1999). 소학. 서울: 홍신문화사.

이문희·정옥분(1994). 도시 청소년의 성의식 및 성문제와 성교육에 관한 조사연구-성교육 실시의 타당성과 성교육 지도방향 개선의 필요성을 중심으로. 한국가정과교육학회지, 6(2), 41-58.

이상욱, 이정화 (2023). 노인의 자원봉사활동 특성이 성공적 노화에 미치는 영향: 자원봉사활동 만족도의 매개효과와 성별 차이를 중심으로. 한국노년학, 43(3), 281-301.

이상은·이주리(2010). 어머니의 양육행동 및 유아의 놀이성과 유아의 또래유능성: 유아놀이성의 조절효과를 중심으로. 아동학회지, 31(6), 71-85.

이선옥(2003). 청소년의 성 의식에 관한 조사 연구-대전·부여 지역 중학생들의 성 의식의 비교를 중심으로. 대전대학교 경영행정·사회복지대학원 석사학위논문.

이신영(2009). 자녀 동거여부에 따른 여성노인과 남성노인의 생활만족도 영향요인. 젠더와 문화, 2(1), 125-149.

이연주(2008). 동거와 한국가족: 전국조사에서 나타난 동거자의 특성. 한국인구학, 31(2), 77-100.

이 영·나유미(1999). 유아의 애착 및 어머니-유아 상호작용과 또래 상호작용 간의 관계. 아동학회지, 20(3), 19-32.

이영주(2007). 국제 결혼한 여성의 자녀에 대한 심리사회적 적응에 영향을 미치는 보호요인에 관한 연구. 한국심리학회지: 여성, 12(2), 83-105.

이옥경(2002). 과제의 특성에 따른 유아와 아동의 친사회적 도덕추론과 친사회적 의사결정 및 어머니의 친사회적 도덕 추론의 관계. 서울대학교 대학원 박사학위논문.

이원호(1986). 태교. 박영문고 157. 서울: 박영사.

이윤숙(1990). 노인과 성: 노인문제 논문. 논설집. 서울: 교학사.

이윤정(1999). 가정환경이 청소년의 우울성향에 미치는 영향에 관한 연구. 서울신학대학교 상담대학원 석사학위논문.

이은해(1999). 아동의 친구관계에 관한 연구. 아동학회지, 20(3), 77-98.

이재창(1986). 청소년의 행동 성향에 관한 연구. 대한교육연합회.

이정연(2002). 고부관계 개선을 위한 긍정적 사고훈련 프로그램의 적용. 한국가족관계학회지, 7(1), 117-136.

이종경(1988). 상징놀이 훈련을 통한 취학전 아동의 보존개념 형성에 관한 연구. 연세대학교 대학원 석사학위논문.

이종형·진영선·박민(2001). 노년기의 미래기억: 연구경향과 이론적 전망. 한국노년학, 21(2), 225-245.

이종화(1993). 상황특성에 따른 아동의 감정조망수용능력 발달에 관한 연구. 동아대학교 교육대학원 석사학위논문.

이주혜(1981). 유아의 낯가림 및 격리불안과 어머니의 양육태도와의 관계. 성균관대학교 대학원 석사학위논문.

이지선·유안진(1999). 분노 및 슬픔 상황에서 아동의 정서조절 동기와 정서조절 전략. 아동학회지, 20(3), 123-138.

이지영·권예지·고예나·김은미·나은영·박소라(2016). 한국 청소년의 집단 따돌림에 대한 심층인터뷰 연구-따돌림의 유형화 및 소셜미디어의 역할을 중심으로. 언론정보연구. 53(1), 267-309.

이진숙(2001). 유아의 애착표상과 교사-유아관계 및 사회적 능력간의 관계. 경희대학교 대학원 박사학위논문.

이진숙(2007). 국제결혼가정의 자녀양육실태와 아버지의 양육참여에 관한 연구. 열린유아교육연구, 12(6), 21-42.

이창우 · 서봉연(1974). 한국판 WISC. 서울: 배영사.

이창호 · 성윤숙 · 정낙원(2012). 청소년의 소셜미디어 이용실태 연구. 한국청소년정책연구소 연구보고서 12-R05.

이춘재(1982). 과제의 친숙성 정도에 따른 조망수용능력발달. 피아제 연구. 한국심리학회 발달심리연구회 (편). 서울: 서울대학교 출판부.

이춘재 · 오가실 · 정옥분(1991). 사춘기 신체성숙시기와 심리사회적 발달. 한국심리학회지, 14(1), 89-102.

이하원 · 최경숙(2008). 혼자놀이에서 5~6세 '한국어-영어' 동시습득 이중언어아동의 한국어 조사습득분석. 아동학회지, 29(6), 147-161.

이혜자 · 김윤정(2004). 부부관계(사랑과 성)가 노년기 삶의 질에 미치는 영향. 한국노년학, 24(4), 197-214.

이화윤(2022). 중장년여성의 여가활동유형이 우울에 미치는 영향: 사회적 관계만족도와 주관적 건강의 이중 매개효과를 중심으로. 경기대학교 대학원 박사학위논문.

임승권(1994). 정신위생. 서울: 양서원.

임양미(1994). 어머니 양육방식의 관련요인. 연세대학교 대학원 석사학위논문.

임양미 · 박주희(2012). 다문화가정 유아의 어린이집 경험이 의사소통능력에 미치는 영향: 어머니 한국어능력의 조절효과. 대한가정학회지, 50(8), 65-77.

임영식(1997). 우울증이 가져오는 청소년기의 행위양태. 오늘의 청소년, 제117권, 8-13.

임정하 · 정옥분(1997). 아동이 지각한 또래관계와 사회적 능력과의 관계. 아동학회지, 18(1), 163-175.

임춘희 · 정옥분(1997). 초혼계모의 재혼가족생활 스트레스와 적응에 대한 경험적 연구. 대한가정학회지, 35(5), 73-102.

임희복(2003). 가정폭력 목격 및 경험과 학교폭력의 관계에 관한 연구. 대전대학교 교육대학원 석사학위논문.

장경섭(2001). 압축적 근대성과 노인문제의 재인식: 신세대로서의 노인. 가족과 문화, 13(1), 1-29.

장근영(1992). 분리-개별화 과정 및 역할취득 수준과 청소년기 자아중심성 간의 관계. 연세대학교 대학원 석사학위논문.

장병림(1985). 청년심리학. 서울: 법문사.

장재정(1988). 중년기 여성의 성역할 정체감과 심리적 건강. 고려대학교 대학원 박사학위논문.

장정순(1996). 열린 교육 시행학교 아동과 일반 학교 아동간의 창의성 비교 연구. 강원대학교 대학원 석사학위논문.

장하경 · 서병숙(1991). 성역할 정체감 척도개발에 관한 연구. 대한가정학회지, 29(4), 167-179.

장휘숙 · 최영임(2007). 대학생과 노인의 죽음공포와 죽음불안 및 생활만족의 관계. 인간발달연구, 14(4), 105-122.

전귀연(1984). 아동의 성역할 유형과 자아존중감과의 관계. 경북대학교 대학원 석사학위논문.

전혜정(1992). 노년기 형제자매관계의 특성에 관한 연구-결속과 갈등을 중심으로. 연세대학교 대학원 석사학위논문.

정동희, 심은정(2022). 대학생의 자살사고 및 행동경험에 대한 질적 연구. stress, 30(4), 204-212.

정성훈 · 진미경 · 정운선 · 임효덕(2006). 영아-어머니 애착과 관련 변인들에 대한 연구. 인간발달연구, 13(3), 21-37.

정옥분(1986). 한 · 미 양국 대학생의 성역할 정체감과 자존감에 관한 비교문화연구. 대한가정학회지, 24(2), 123-137.

정옥분 · Rubin, K. H., 박성연 · 윤종희 · 도현심(2003). 영아기 기질 및 부모의 양육행동에 따른 2~4세 아동의 행동억제에 관한 단기종단연구: 8개국 비교문화연구를 위한 기초 연구. 가정관리학회지, 21(3), 29-38.

정옥분 · Rubin, K. H. · 박성연 · 윤종희 · 도현심 · 김경은(2011). 영아기 정서와 기질, 유아기 어머니의 긍정적 양육태도와 4세 유아의 또래상호작용의 질. 인간발달연구, 18(1), 151-168.

정옥분 · 김광웅 · 김동춘 · 유가효 · 윤종희 · 정현희 · 최경순 · 최영희(1997). 전통 '효' 개념에서 본 부모역할 인식과 자녀 양육행동. 아동학회지, 18(1), 81-107.

정옥분 · 한성열 · 이숙자 · 이천희 · 정순화 · 김경은 · 엄세진(2008). 아동의 또래지위에 따른 사회적 능력, 정서적 능력과 우정관계의 질. 인간발달연구, 15(2), 17-52.

정 진 · 백혜리(2001). 조선 후기 풍속화를 통해 본 아동인식. 아동학회지, 22(1), 109-124.

정진경(1990). 한국 성역할 검사(KSRI). 한국심리학회지: 사회, 5(1), 82-92.

정해영 · 정옥분(2011). 우리나라 다문화가정 어머니의 양육스트레스와 양육행동이 아동의 학교준비도에 미치는 영향. 인간발달연구, 18(2), 277-297.

정현숙(1993). 부모의 이혼에 따른 자녀들의 적응. 아동학회지, 14(1), 59-75.

정혜정(2003). 대학생의 가정폭력 경험이 데이팅 폭력 가해에 미치는 영향. Family and Environment Research, 41(3), 73-91.

조명한(1982). 한국 아동의 언어획득 연구. 서울: 서울대학교 출판부.

조명한(1989). 언어심리학. 서울: 민음사.

조병은(1990). 조부모와 성인자녀 간의 결속도와 노부모의 인생만족도. 한국노년학, 10, 107-121.

조성규(1995). 아동의 인지양식과 지능의 하위요인과의 관계. 충남대학교 교육대학원 석사학위논문.

조성례(2001). 초등학교 아동의 우정개념과 사회적 조망수용능력과의 관계. 한국교원대학교 교육대학원 석사학위논문.

조성연(1988). 5세아의 창의성과 장독립성 인지양식과의 관계. 아동학회지, 9(1), 63-80.

조성윤(1992). 한국 유아의 언어습득과 그 발달 과정에 대한 고찰. 단국대학교 교육대학원 석사학위논문.

조현철(2000). 다면적 · 위계적 모델을 중심으로 본 초 · 중학생들의 자아개념 구조 분석. 아동학회지, 21(2), 99-118.

조혜정(1988). 한국의 여성과 남성. 서울: 문학과 지성사.

진미경(2006). 영아의 애착유형과 어머니의 애착 표상 유형에 대한 연구. 아동학회지, 27(6), 69-79.

청소년상담원(1996). 자녀의 힘을 복돋우는 부모. 청소년 대화의 광장.

최광현·심응철(1986). 비행청소년의 자아개념 연구. 행동과학연구, 8(1), 275-282.

최영희(1987). 5~8개월아의 기질조사연구. 아동학회지, 8(2), 1-15.

최영희(1993). 기질과 환경 간의 조화로운 합치 모델 검증 연구 (I): 조화로운 합치정도와 양육태도. 한국심리학회지: 발달, 6, 217-226.

최인희·김은지·이상림·정다은(2015). 무자녀 부부가족의 증가와 가족정책적 함의. 한국여성정책연구원 연구보고서-1.

최정혜(1991). 노부모가 지각하는 성인자녀와의 결속도 및 갈등에 관한 연구. 성신여자대학교 대학원 박사학위논문.

최현진(2005). 중년여성의 성형수술 경험을 통해 본 여성의 나이 듦. 여성건강, 6(1), 109-132.

최현진·김광웅(2010). 어머니와 아동의 기질 유사성이 어머니의 양육태도에 미치는 영향. 인간발달연구, 17(3), 73-88.

최회곤(2001). 청소년 흡연실태와 그 대책에 관한 연구. 한성대학교 행정대학원 석사학위논문.

최희영(1999). 초등학교 아동의 다중지능과 학습양식의 관계. 전주교육대학교 교육대학원 석사학위논문.

한국여성의전화(2016). 데이트 폭력 실태조사.

한국청소년개발원(1995). 청소년의 폭력에 관한 의식 및 실태조사 연구. 청소년 육성 관련 정책 개발 및 연구, 4.

한미선(1992). 중년기 부인의 자녀문제로 인한 스트레스 대처방안과 심리적 적응 간의 관계. 숙명여자대학교 대학원 석사학위논문.

한석실·이경민(2005). 유아의 지능과 창의성 간의 분석-K-ABC 지능과 TTCT창의성 검사를 중심으로. 아동학회지, 26(2), 75-89.

한종혜(1996). 아동의 사회적 관계망에 따른 역량 지각 및 자아존중감. 경희대학교 대학원 박사학위논문.

허수경·이경님(1996). 인지양식 유형과 보상의 제시형태에 따른 아동의 만족지연능력 발달. 아동학회지, 17(2), 221-233.

허재윤(1984). 청소년의 도덕성 발달과 가정환경과의 관계-13세 아동을 중심으로. 중앙대학교 교육대학원 석사학위논문.

현온강·조복희·도현심·박혜원·박경자·이귀옥·이숙·이옥·조성연·최보가(2001). 한국 아동발달의 현황. 2001년도 한국아동학회 추계학술대회 자료집, pp. 107-136.

홍강의(1996). 청소년기의 성문제. 대한의사협회지, 제39권 제12호, 1514-1518.

홍연애·정옥분(1993). 전형적·비전형적 성역할 VTR 프로그램이 유아의 성역할 고정관념에 미치는 효과. 아동학회지, 14(1), 39-57.

홍혜란·하지영·서소정(2008). 유아의 친사회적 행동발달에 관한 연구: 유아의 사회인구학적 특성 및 기질, 정서지능과 어머니의 양육신념 및 사회화 전략을 중심으로. 아동학회지, 29(6), 15-33.

황소연·방희정(2012). 유아의 애착과 기질이 정서조절 및 사회적 능력에 미치는 영향. 인간발달연구, 19(3), 147-165.

황정미·김이선·이명진·최현·이동주(2007). 한국사회의 다민족·다문화 지향성에 대한 조사연구. 한국여성정책연구원.

Abbott, B. D., & Barber, B. L. (2010). Embodied image: Gender differences in functional and aesthetic body image among Australian adolescents. *Body Image, 7*, 22-31.

Abel, E. (1991, June). Reversing the melanoma surge. *Patient Care*, 12-17.

Abootalebi, M., Vizeshfar, F., Heydari, N., & Azizi, F. (2020). Effect of education about andropause health on level of the knowledge and attitude of men referring to the education and training retirement center of Shiraz. *Aging Male, 23* (3), 216-221.

Achenbaum, W. A., & Orwoll, L. (1991). Becoming wise: A psychogerontological interpretation of the book of job. *International Journal of Aging and Human Development, 32*, 21-39.

Ackerman, J. P., Riggins, T., & Black, M. M. (2010). A review of the effects of prenatal cocaine exposure among school-aged children. *Pediatrics, 125* (3), 554-565.

Adams, C. (1991). Qualitative age differences in memory for text: A life-span developmental perspective. *Psychology and Aging, 6*, 323-336.

Adams, G. R., & Gullotta, T. D. (1989). *Adolescent life experiences*. Pacific Grove, California: Brooks/Cole.

Adams, G. R., Abraham, K. G., & Markstrom, C. A. (1987). The relations among identity devlopment, self-consciousness, and self-focusing during middle and late adolescence. *Developmental Psychology, 23*, 292-297.

Adams, G. R., Abraham, K. G., & Markstrom, C. A. (2000). The relations among identity development, self-consciousness, and self-focusing during middle and late adolescence. In G. Adams (Ed.), *Adolescent development: The essential readings*. Malden, MA: Blackwell.

Adams, G. R., Gullotta, T. P., & Markstrom-Adams, C. (1994). *Adolescent life experiences* (3rd ed.). Pacific Grove, California: Brooks/Cole.

Adams, R. G. (1987). An evaluation of color preference in early infancy. *Infant Behavior and Development, 10*, 143-150.

Adams, R. G. (1989). Newborns' discrimination among mid- and long-wavelength stimuli. *Journal of Experimental Child Psychology, 47*, 130-141.

Adams, R. S., & Biddle, B. J. (1970). *Realities of teaching*. New York: Holt, Rinehart, & Winston.

Adams, S. M., Ward, C. E., & Garcia, K. L. (2015). Sudden infant death syndrome. *American Family Physician, 91*, 778-783.

Agricola, E., Gesualdo, F., Carloni, E., DAmbrosio, A., Russo, L., Campagna, I., Pandolfi, E., & Tozzi, A. E. (2016). Investigating paternal preconception risk factors for adverse pregnancy outcomes in a population of internet users. *Reproductive Health, 13*, 37.

Ahadi, S. A., & Rothbart, M. K. (1994). Temperament, development, and the big five. In C. F. Halverson, Jr., G. A. Kohnstamm, & R. P. Martin (Eds.), *The developing structure of temperament and personality from infancy to adulthood* (pp. 189-207). Hillsdale, NJ: Erlbaum.

Ahmed, S., Mitra, S. H., Chowdhury, A. M. R., Camacho, L. L., Winikoff, B., & Sloan, N. L. (2011). Community kangaroo mother care: Implementation and potential for neonatal survival and health in very low-income settings. *Journal of Perinatology, 31*, 361-367.

Ahring, K. K., Lund, A. M., Jensen, E., Jensen, T. G., Brøndum-Nielsen, K., Pedersen, M., Bardow, A., Holst, J. J., Rehfeld, J. F., Møller, L. B. (2018). Comparison of glycomacropeptide with phenylalanine free-synthetic amino acids in test meals to PKU patients: No significant differences in biomarkers, including plasma Phe levels. *Journal of Nutrition and Metabolism, 2018*. PMCID: PMC5817308 DOI: 10.1155/2018/6352919

Ainsworth, M. (1973). The development of infant-mother attachment. In B. M. Caldwell & H. N. Ricciuti (Eds.), *Review of child development research* (Vol. 3). Chicago: University of Chicago Press.

Ainsworth, M. (1979). *Patterns of attachment*. New York: Halsted Press.

Ainsworth, M. (1983). Patterns of infant-mother attachment as related to maternal care: Their early history and their contribution to continuity. In D. Magnusson & V. L. Allen (Eds.), *Human development* (pp. 26-45). New York: Academic Press.

Akbulut, F. P., Ikitimur, B., & Akan, A. (2020). Wearable sensor-based evaluation of psychosocial stress in patients with metabolic syndrome. *Artificial Intelligence in Medicine, 104*, 101824.

Akhtar, S. (2010). *The wound of mortality: Fear, denial, and acceptance of death*. Lanham, MD: Jason Aronson.

Akpek, E. K., & Smith, R. A. (2013). Current treatment strategies for age-related ocular conditions. *American Journal of Managed Care, 19* (5, Suppl.), S76-S84.

Albert, M. S., & Heaton, R. K. (1988). Intelligence testing. In M. S. Albert & M. B. Moss (Eds.), *Geriatric neuropsychology*. New York: Guilford Press.

Alberts, A., Elkind, D., & Ginsberg, S. (2007). The personal fable and risk-taking in early adolescence. *Journal of Youth and Adolescence, 36*, 71-76.

Allen, J. P., & Bell, K. L. (1995, March). *Attachment and communication with parents and peers in adolescence*. Paper presented at the meeting of the Society for Research in Child Development, Indianapolis.

Allen, J. P., & Kuperminc, G. P. (1995, March). *Adolescent attachment, social competence, and problematic behavior*. Paper presented at the meeting of the Society for Research in Child Development, Indianapolis.

Allen, T. D. (2013). The work-family role interface: A synthesis of the research from industrial and organizational psychology. In I. B. Weiner & others (Eds.), *Handbook of psychology* (2nd ed., Vol. 12). New York: Wiley.

Al-Safi, Z. A., & Santoro, N. (2014). Menopausal hormone therapy and menopausal symptoms. *Fertility and Sterility, 101*, 905-915.

Altug, H., Gaga, E. O., Dogeroglu, T., Ozden, O., Ornektekin, S., Brunekreef, B., Meliefste, K., Hoek, G., & Van Doorn, W. (2013). Effects of air pollution on lung function and symptoms of asthma, rhinitis, and eczema in primary school children. *Environmental Science and Pollution Research International, 20* (9), 6455.

Alves Freire Ribeiro, A. C., Batista, T. H., Trujillo Rojas, V. C., Giusti-paiva, A., & Cardoso Vilela, F. (2020). Metabolic syndrome accentuates post-traumatic stress disorder-like symptoms and glial activation. *Behavioural Brain Research, 384,* 112557.

Amato, P. R., & Anthony, C. J. (2014). Estimating the effects of parental divorce and death with fixed effects. *Journal of Marriage and the Family, 76*, 370-386.

Ambron, S. R., & Irwin, D. M. (1975). Role-taking and moral judgment in five-and seven-year-olds. *Developmental Psychology, 11,* 102.

Andersen, I. G., Holm, J. C., & Homøe, P. (2019). Obstructive sleep apnea in children and adolescents with and without obesity. *European Archives of Oto-Rhino-Laryngology volume 276*, 871-878.

Anderson, C. A. (2000). Playing video games and aggression. *Journal of Personality and Social Psychology, 78*, 772-790.

Anderson, L. D. (1939). The predictive value of infant tests in relation to intelligence at 5 years. *Child Development, 10,* 202-212.

Angier, N. (1990, June). Scientists struggle to undo tanning's deadly damage. *New York Times,* 10.

Anglin, J. M. (1993). Vocabulary development: A morphological analysis. *Monographs of the Society for Research in Child Development, 58* (10, Serial No. 238), 1-186.

Anspaugh, D. J., Hamrick, M. H., & Rosato, F. D. (1991). *Wellness: Concepts and applications*. St. Louis: Mosby.

Antai-Otong, D. (2003). Suicide: Life span considerations. *Nursing Clinics of North America, 38,* 137-150.

Antonucci, T. C., Ajrouch, K., & Birditt, K. (2014). The convoy model: Explaining social relations from a multidisciplinary perspective. *Gerontologist, 54*, 82-92.

Apperley, L., Das, U., Ramakrishnan, R., Dharmaraj, P., Blair, J., Didi, M., & Senniappan, S. (2018). Mode of clinical presentation and delayed diagnosis of Turner syndrome: A single centre UK study. *International Journal of Pediatric Endocrinology, 4*.

Aptekar, L. (1983, Summer). Mexican-American high school students' perception of school. *Adolescence, 18*, 345-357.

Arbuthnut, J., Gordon, D. A., & Jurkovic, G. J. (1987). Personality. In H. C. Quay (Ed.), *Handbook of juvenile delinquency*. New York: Wiley.

Archer, S. L. (1989). The status of identity: Reflections on the need for intervention. *Journal of Adolescence, 12*, 345-359.

Archer, S. L. (Ed.). (1994). *Intervention for adolescent identity development*. Newbury Park, California: Sage.

Arking, R. (2006). *The biology of aging: Observations and principles* (3rd ed.). New York, NY: Oxford University Press.

Arlin, P. K. (1975). Cognitive development in adulthood: A fifth stage? *Developmental Psychology, 11*, 602-606.

Arlin, P. K. (1989). Problem solving and problem finding in young artists and young scientists. In M. L. Commons, J. D. Sinnott, F. A. Richards, & C. Armon (Eds.), *Adult development: Vol. 1. Comparisons and applications of developmental models*. New York: Praeger.

Arlin, P. K. (1990). Wisdom: The art of problem finding. In R. J. Sternberg (Ed.), *Wisdom: Its nature, origins, and development*. Cambridge, England: Cambridge University Press.

Arnold, K., Burke, M., Decker, A., Herzberg, E., Maher, M., Motz, K., Nandu, H., O'Donnel, L., Pirmohamed, A., & Ybarra, M. (2013). Fetal alcohol spectrum disorders: Knowledge and screening practices of university hospital medical students and residents. *Journal of Population Therapeutics and Clinical Pharmacology, 20* (1), e18-e25.

Artal, P., Ferro, M., Miranda, I., & Navarro, R. (1993). Effects of aging in retinal image quality. *Journal of the Optical Society of America, 10*, 1656-1662.

Ary, D., Jacobs, L. C., Sorensen-Irvine, C. K., & Walker, D. A. (2019). *Introduction to research in education* (10th ed.). Boston, MA: Cengage Learning.

Asher, S. R., & Dodge, K. A. (1986). Identifying children who are rejected by their peers. *Developmental Psychology, 22* (4), 444-445.

Askew, A. J., Peterson, C. B., Crow, S. J., Mitchell, J. E., Halmi, K. A., Agras, W. S., & Haynos, A. F. (2020). Not all body image constructs are created equal: Predicting eating disorder outcomes from preoccupation, dissatisfaction, and overvaluation. *International Journal of Eating Disorders, 53* (6), 954-963.

Aslin, R. N., & Lathrop, A. L. (2008). Visual perception. In M.

M. Haith & J. B. Benson (Eds.), *Encyclopedia of infant and early childhood development*. Oxford, UK: Elsevier.

Aslin, R. N., Pisoni, D. B., & Jusczyk, P. W. (1983). Auditory development and speech perception in infancy. In M. M. Haith & J. J. Campos (Eds.), *Handbook of child psychology* (Vol. 2). *Infancy and developmental psychobiology*. New York: Wiley.

Atchley, R. C. (1972). *The social forces in later life*. Belmont, CA: Wadsworth.

Atchley, R. C. (1976). *The sociology of retirement*. Cambridge, MA: Schenkman.

Atchley, R. C. (2003). Why most people cope well with retirement. In J. Ronch & J. Goldfield (Eds.), *Mental wellness in aging: Strengths-based approaches* (pp. 123-138). Baltimore, MD: Health Professions Press.

Athanasiadis, A. P., Michaelidou, A. M., Fotiou, M., Menexes, G., Theodoridis, T. D., Ganidou, M., Tzevelekis, B., Assimakopoulos, E., & Tarlatzis, B. C. (2011). Correlation of second trimester amniotic fluid amino acid profile with gestational age and estimated fetal weight. *Journal of Maternal-Fetal and Neonatal Medicine, 24* (8), 1033-1038.

Atkinson, J., & Huston, T. L. (1984). Sex role orientation and division of labor early in marriage. *Journal of Personality and Social Psychology, 46*, 330-345.

Atwater, E. (1996). *Adolescence* (4th ed.). New York: Prentice-Hall.

Ausman, L. M., & Russell, R. M. (1990). Nutrition and aging. In E. L. Schneider & J. W. Rowe (Eds.), *Handbook of the biology of aging* (3rd ed.). San Diego: Academic Press.

Auyeung, B., Baron-Cohen, S., Ashwin, E., Knickmeyer, R., Taylor, K., Hackett, G., & Hines, M. (2009). Fetal testosterone predicts sexually differentiated childhood behavior in girls and in boys. *Psychological Science, 20*, 144-148.

Avioli, P., & Kaplan, E. (1992). A panel study of married women's work patterns. *Sex roles, 26*, 227-242.

Axinn, W. G., Zhang, Y., Ghimire, D. J., Chardoul, S. A., Scott, K. M., & Bruffaerts, R. (2020). The association between marital transitions and the onset of major depressive disorder in a south asian general population. *Journal of Affective Disorders, 266*, 165-172.

Azar, B. (1999). Maternal emotions may influence fetal behavior. In K. L. Freiberg (Ed.), *Annual editions: Human development* 99/00 (27th ed., p. 36). New York: McGraw-Hill.

Bachevalier, J. (1991). Cortical versus limbic immaturity: Relationship to infantile amnesia. In M. R. Gunnar & C. A. Nelson (Eds.), *Minnesota symposia on child psychology: Vol. 24. Developmental behavioral neuroscience* (pp.

129-153). Hillsdale, NJ: Erlbaum.

Bäckman, L., Mantyla, T., & Herlitz, A. (1990). The optimization of episodic remembering in old age. In P. B. Baltes & M. M. Baltes (Eds.), *Successful aging: Perspectives from the behavioral sciences.* New York: Cambridge University Press.

Bagwell, C. L., Newcomb, A. F., & Bukowski, W. M. (1998). Pre-adolescent friendship and peer rejection as predictors of adult adjustment. *Child Development, 69*(1), 140-153.

Bahrick, H. P. (1984). Semantic memory content in permastore: Fifty years of memory for spanish learned in school. *Journal of Experimental Psychology: General, 113,* 1-26.

Bahrick, H. P., Bahrick, P. O., & Wittlinger, R. P. (1975). Fifty years of memory for names and faces: A cross-sectional approach. *Journal of Experimental Psychology: General, 104,* 54-75.

Bahrick, L. E. (2010). Intermodal perception and selective attention to intersensory redundancy: Implications for social development and autism. In J. G. Bremner & T. D. Wachs (Eds.), *Wiley-Blackwell handbook of infant development* (2nd ed.). New York: Wiley.

Balkwell, C. (1981). Transition to widowhood: A review of the literature. *Family Relations, 30,* 117-127.

Ball, J. W., Bindler, R. C., & Cowen, K. J. (2014). *Child health nursing* (3rd ed.). Upper Saddle River, NJ: Pearson.

Baltes, P. B. (1973). Prototypical paradigms and questions in life-span research on development and aging. *The Gerontologist, 13,* 458-467.

Baltes, P. B. (1987). Theoretical propositions of life-span development psychology: On the dynamics between growth and decline. *Developmental Psychology, 23* (5), 611-626.

Baltes, P. B. (2003). On the incomplete architecture of human ontogeny: Selection, optimization, and compensation as foundation for developmental theory. In U. M. Staudinger & U. Lindenberger (Eds.), *Understanding human development.* Boston: Kluwer.

Baltes, P. B., & Smith, J. (2008). The fascination of wisdom: Its nature, ontogeny, and function. *Perspectives in Psychological Sciences, 3,* 56-64.

Baltes, P. B., Reese, H. W., & Lipsitt, L. P. (1980). Life-span developmental psychology. *Annual Review of Psychology, 31,* 65-110.

Baltes, P. B., Smith, J., & Staudinger, U. M. (1992). Wisdom and successful aging. In T. B. Sonderegger (Ed.), *Nebraska Symposium on motivation: Vol. 39. Psychology and aging.* Lincoln: University of Nebraska Press.

Bamboa, M. (1990). Rx for avoiding sun damage. *NIH Healthline,* July.

Bammell, L. L. B., & Bammell, G. (1985). Leisure and recreation. In J. E. Birren & K. W. Schaie (Eds.), *Handbook of the psychology of aging* (pp. 848-863). New York: Van Nostrand Reinhold.

Bandura, A. (1964). The stormy decade: Fact or fiction? *Psychology in the Schools, 1,* 31-224.

Bandura, A. (1965). Influence of models' reinforcement contingencies on the acquisition of imitative responses. *Journal of Personality and Social Psychology, 1,* 589-595.

Bandura, A. (1977). *Social learning theory.* Englewood Cliffs, NJ: Prentice-Hall.

Bandura, A. (1981). Self-referent thought: A developmental analysis of self-efficacy. In J. H. Flavell & L. Ross (Eds.), *Social cognitive development: Frontiers and possible futures.* New York: Cambridge University Press.

Bandura, A. (1986). *Social foundations of thought and action: A social cognitive theory.* Englewood Cliffs, NJ: Prentice-Hall.

Bandura, A. (1989). *Social cognitive theory.* In R. Vasta (Ed.), *Annals of child development, Vol. 6* (pp. 1-60). Greenwich, CT: JAI Press.

Bandura, A. (1993). Perceived self-efficacy in cognitive development and functioning. *Educational Psychologist, 28,* 117-148.

Bandura, A. (1997). *Self-efficacy.* New York: W.H. Freeman.

Bandura, A. (2004, May). *Toward a psychology of human agency.* Paper presented at the meeting of the American Psychological Society, Chicago.

Bandura, A. (2009). Social and policy impact of social cognitive theory. In M. Mark, S. Donaldson, & B. Campell (Eds.), *Social psychology and program/policy evaluation.* New York: Guilford.

Bandura, A. (2010). Self-efficacy. In D. Matsumoto (Ed.), *Cambridge dictionary of psychology.* Cambridge, UK: Cambridge University Press.

Bandura, A. (2012). Social cognitive theory. *Annual Review of Clinical Psychology* (Vol. 8). Palo Alto, CA: Annual Reviews.

Bandura, A. (2016). *Moral disengagement: How people do harm and live with themselves.* New York: Worth.

Bandura, A. (2018). Toward a psychology of human agency: Pathways and reflections. *Perspectives on Psychological Science, 13* (2), 130-136.

Bandura, A., & Schunk, D. H. (1981). Cultivating competence, self-efficacy, and intrinsic interest through proximal self-motivation. *Journal of Personality and Social Psychology, 67,* 601-607.

Bandura, A., & Walters, R. H. (1959). *Adolescent aggression.* New York: Ronald Press.

Bandura, A., Grusec, J. E., & Menlove, F. L. (1967). Some

determinants of self-monitoring reinforcement systems. *Journal of Personality and Social Psychology, 5,* 449-455.

Bank, L., Forgatch, M., Patterson, G., & Fetrow, R. (1993). Parenting practices of single mothers: Mediators of negative contextual factors. *Journal of Marriage and the Family, 55* (2), 371-384.

Banks, M. S., & Salapatek, P. (1983). Infant visual perception. In M. M. Haith & J. J. Campos (Eds.), *Handbook of child psychology: Vol. 2. Infancy and developmental psychobiology.* New York: Wiley.

Barišie, L. S., Stanojević, M., Kurjak, A., Porović, S., & Gaber, G. (2017). Diagnosis of fetal syndromes by three-and four-dimensional ultrasound: Is there any improvement? *Journal of Perinatal Medicine, 45,* 651-665.

Barnes-Farrell, J. L. (1993). Contextual variables that enhance/inhibit career development opportunities for older adults: The case of supervisor-subordinate age disparity. In E. Demick & P. M. Miller (Eds.), *Development in the workplace.* Hillsdale, NJ: Erlbaum.

Barnett, R. C., Marshall, N. L., & Pleck, J. H. (1992). Men's multiple roles and their relationship to men's psychological distress. *Journal of Marriage and the Family, 54,* 358-367.

Bar-Or, O., Foreyt, J., Bouchard, C., Brownell, K. D., Dietz, W. H., Ravussin, E., Salbe, A. D., Schwenger, S., St. Jeor, S., & Torun, B. (1998). Physical activity, genetic, and nutritional considerations in childhood weight management. *Medicine & Science in Sports & Exercise, 30,* 2-10.

Barr, R. A., & Eberhard, J. W. (1991). Safety and mobility of elderly drivers. *Human Factors, 33*(5), 497-603.

Bar-Tal, D., Raviv, A., & Leiser, T. (1980). The development of altruistic behavior: Empirical evidence. *Developmental Psychology, 16,* 516-524.

Baruch, G. K., & Barnett, R. C. (1986). Father's participation in family work and children's sex-role attitudes. *Child Development, 57,* 1210-1223.

Basow, S. A. (1992). *Gender: Stereotypes and roles* (3rd ed.). Pacific Grove, CA: Brooks/Cole.

Basseches, M. (1984). *Dialectical thinking and adult development.* Norwood, NJ: Ablex.

Bates, E., Bretherton, I., & Snyder, L. (1988). *From first words to grammar: Individual differences and dissociable mechanisms.* New York: Cambridge University Press.

Bauer, P. J. (2018). Memory development. In J. Rubenstein & P. Rakic (Eds.), *Neural circuit development and function in the healthy and diseased brain* (2nd ed.). New York: Elsevier.

Bauer, P. J., & Mandler, J. M. (1992). Putting the horse before the cart: The use of temporal order in recall of events by one-year-old children. *Developmental Psychology, 28,* 441-452.

Bauland, C. G., Smit, J. M., Scheffers, S. M., Bartels, R. H., van den Berg, P., Zeebregts, C. J., & Spauwen, P. H. (2012). Similar risk for hemangiomas after amniocentesis and transabdominal chorionic villus sampling. *Journal of Obstetrics and Gynecology Research, 38,* 371-375.

Baumrind, D. (1973). The development of instrumental competence through socialization. In A. Pick (Ed.), *Minnesota symposium on child psychology* (Vol. 7). Minneapolis: University of Minnesota Press.

Baumrind, D. (1991). Effective parenting during the early adolescent transition. In P. A. Cowan & E. M. Hetherington (Eds.), *Advances in family research* (Vol. 2). Hillsdale, New Jersey: Erlbaum.

Baumrind, D. (2012). Authoritative parenting revisited: History and current status. In R. Larzelere, A. S. Morris, & A. W. Harist (Eds.), *Authoritative parenting.* Washington, DC: American Psychological Association.

Bayley, N. (1943). Mental growth during the first three years. In R. G. Barker, J. S. Kounin, & H. F. Wright (Eds.), *Child behavior and development.* New York: McGraw-Hill.

Bayley, N. (1970). Development of mental abilities. In P. H. Mussen (Ed.), *Carmichael's manual of child psychology.* New York: Wiley.

Baysinger, C. L. (2010). Imaging during pregnancy. *Anesthesia and Analgesia, 110,* 863-867.

Beal, M. A., Yauk, C. L., & Marchetti, F. (2017). From sperm to offspring: Assessing the heritable genetic consequences of paternal smoking and potential public health impacts. *Mutation, 773,* 26-50

Bear, D. R., Invernizzi, M., Templeton, S., & Johnston, F. (2020). *Words their way: Word study for phonics, vocabulary, and spelling instruction* (7th Ed.). Boston: Pearson.

Bearman, S. K., Presnall, K., Martinez, E., & Stice, E. (2006). The skinny on body dissatisfaction: A longitudinal study of adolescent girls and boys. *Journal of Youth and Adolescence, 35,* 217-229.

Beauchamp, G. K., Cowart, B. J., Mennella, J. A., & Marsh, R. R. (1994). Infant salt taste: Developmental, methodological, and contextual factors. *Developmental Psychobiology, 27,* 353-365.

Beck, A. (1976). *Cognitive therapy and the emotional disorders.* New York: International Universities Press.

Bedeian, A. G., Ferris, G. R., & Kacmar, K. M. (1992). Age, tenure, and job satisfaction: A tale of two perspectives. *Journal of Vocational Behavior, 40,* 33-48.

Begum, E. A., Bonno, M., Ohtani, N., Yamashita, S., Tanaka, S., Yamamoto, H., Kawai, M., & Komada, Y. (2008). Cerebral oxygenation responses during skin-to-skin care in low birth weight infants. *Pediatrics, 121* (Supplement 2), S136-S137.

Behrend, D. A., Rosengren, K. S., & Perlmutter, M. S. (1992). The relation between private speech and parental interactive style. In R. M. Diaz & L. E. Berk (Eds.), *Private speech: From social interaction to self-regulation* (pp. 85-100). Hillsdale, NJ: Erlbaum.

Behrman, R. E. (1992). *Nelson textbook of pediatrics* (13th ed.). Philadelphia: Saunders.

Beilin, H. (1996). Mind and meaning: Piaget and Vygotsky on causal explanation. *Human Development, 39,* 277-286.

Bell, M. A., & Cuevas, K. (2014). Psychobiology of executive function in early development. In J. A. Griffin, L. S. Freund, & P. McCardle (Eds.), *Executive function in preschool children.* Washington, DC: American Psychological Association.

Bellantoni, M. F., & Blackman, M. R. (1996). Menopause and its consequences. In E. L. Schneider & J. W. Rowe (Eds.), *Handbook of the biology of aging* (4th ed.). San Diego, CA: Academic Press.

Belmont, J. M., & Butterfield, E. S. (1971). Learning strategies as determinants of memory deficiencies. *Cognitive Psychology, 2,* 411-420.

Belsky, J. (1984). The determinants of parenting: A process model. *Child Development, 55,* 83-96.

Belsky, J. (1985). Exploring individual differences in marital change across the transition to parenthood: The role of violated expectations. *Journal of Marriage and the Family, 47* (4), 1037-1044.

Bem, S. L. (1974). The measurement of psychological androgyny. *Journal of Consulting and Clinical Psychology, 42,* 155-162.

Bem, S. L. (1975). Sex role adaptability: One consequence of psychological androgyny. *Journal of Personality and Social Psychology, 31,* 634-643.

Bem, S. L. (1981). Gender schema theory: A cognitive account of sex typing. *Psychological Review, 88,* 354-369.

Bem, S. L. (1985). Androgyny and gender schema theory: A conceptual and empirical investigation. In T. B. Sonderegger (Ed.), *Nebraska symposium on motivation, 1984: Psychology and gender.* Lincoln: University of Nebraska Press.

Bem, S. L., & Lenney, E. (1976). Sex typing and the avoidance of cross sex behavior. *Journal of Personality and Social Psychology, 33,* 48-54.

Bem, S. L., Martyna, W., & Watson, C. (1976). Sex typing and androgyny: Further explorations of the expressive domain. *Journal of Personality and Social Psychology, 34,* 1016-1023.

Bengtson, V. L. (1969). Cultural and occupational differences in level of present role activity in retirement. In R. J. Havighurst, J. M. A. Munnichs, B. L. Neugarten, & H. Thomas (Eds.), *Adjustment to retirement: A cross national study.* Assen, Netherlands: Van Gorkum.

Bengtson, V., Cuellar, J. A., & Ragan, P. (1975, October 29). *Group contrasts in attitudes toward death: Variation by race, age, occupational status, and sex.* Paper presented at the annual meeting of the Gerontological Society, Louisville, KY.

Benjuya, N., Melzer, I., & Kaplanski, J. (2004). Aging-induced shifts from a reliance on sensory input to muscle cocontraction during balanced standing. *Journal of Gerontology: Series A: Biological Sciences and Medical Sciences, 59,* 166-171.

Benn, P. A. (1998). Preliminary evidence for associations between second-trimester human chorionic gonadotropin and unconjugated oestriol levels with pregnancy outcome in Down syndrome pregnancies. *Prenatal Diagnostics, 18,* 319-324.

Bennett, K. M., Smith, P. T., & Hughes, G. M. (2005). Coping, depressive feelings, and gender differences in late life widowhood. *Aging and Mental Health, 9,* 348-353.

Benotsch, E. G., Snipes, D. J., Martin, A. M., & Bull, S. S. (2013). Sexting, substance use, and sexual risk in young adults. *Journal of Adolescent Health, 52* (3), 307-313.

Berenbaum, S. A., & Bailey, J. M. (2003). Effects on gender identity of prenatal androgens and genital appearance: Evidence from gilrs with congenital adrenal hyperplasia. *Journal of Clinical Endocrinology and Metabolism, 88,* 1102-1106.

Berg, C. A., & Sternberg, R. J. (1992). Adults' conceptions of intelligence across the adult life span. *Psychology and Aging, 7,* 221-231.

Berger, K. S. (1991). *The developing person through childhood and adolescence* (3rd ed.). Worth publishers.

Berglind, D., Ljung, R., Tynelius, P., & Brooke, H. L. (2018) Cross-sectional and prospective associations of meeting 24-h movement guidelines with overweight and obesity in preschool children. *Pediatric Obesity, 13,* 442-449.

Bergstrom, L. R. (1990). Retiring with security. *Security Management, 34,* 97-100.

Berk, L. E. (1992). Children's private speech: An overview of the theory and the status of research. In R. M. Diaz & L. E. Berk (Eds.), *Private speech: From social interaction to self regulation.* Hillsdale, NJ: Erlbaum.

Berk, L. E. (1996). *Infants, children, and adolescents* (2nd ed.). Needham Heights, MA: Allyn & Bacon.

Berk, L. E. (2000). *Child development* (5th ed.). Boston: Allyn & Bacon.

Berkow, R. (Ed.). (1987). *The Merck manual of diagnosis*

and therapy (15th ed.). Rahway, NJ: Merck, Sharp, & Dohme Research Laboratories.

Berndt, T. J. (2002). Friendship quality and social development. *Current Directions in Psychological Science, 11*, 7-10.

Berndt, T. J., & Bulleit, T. N. (1985). Effects of sibling relationships on preschoolers' behavior at home and at school. *Developmental Psychology, 21,* 761-767.

Berndt, T. J., Hawkins, J. A., & Hoyle, S. G. (1986). Changes in friendship during a school year: Effects on children's and adolescents' impressions of friendship and sharing with friends. *Child Development, 57,* 1284-1297.

Berscheid, E. (1988). Some comments on love's anatomy: Or, whatever happened to old fashioned lust? In R. J. Sternberg & M. L. Barnes (Eds.), *Anatomy of love.* New Haven, Connecticut: Yale University Press.

Berscheid, E. (2010). Love in the fourth dimension. *Annual Reviews of Psychology* (Vol. 61). Palo Alto, CA: Annual Reviews.

Bianchi, D. W. (2019). Turner syndrome: New insights from prenatal genomics and transcriptomics. *American Journal of Medical Genetics C: Seminars in Medical Genetics, 181* (1), 29-33.

Bickham, D. S., Blood, E. A., Walls, C. E., Shrier, L. A., & Rich, M. (2013). Characteristics of screen media use associated with higher BMI in young adolescents. *Pediatrics, 131,* 935-941.

Bielby, D., & Papalia, D. (1975). Moral development and perceptual role taking egocentrism: Their development and interrelationship across the life span. *Interrelational Journal of Aging and Human Development, 6* (4), 293-308.

Birren, J. E., Woods, A. M., & Williams, M. V. (1980). Behavioral slowing with age: Causes, organization, and consequences. In L. W. Poon (Ed.), *Aging in the 1980s.* Washington, DC: American Psychological Association.

Bishop, S. M., & Ingersoll, G. M. (1989). Effects of marital conflict and family structure on the self-concepts of pre and early adolescents. *Journal of Youth and Adolescence, 18,* 25-38.

Bjorklund, D. F. (1995). *Children's thinking: Developmental function and individual differences* (2nd ed.). Pacific Grove, CA: Brooks/Cole.

Bjorklund, D. F. (1997). In search of a metatheory for cognitive development (or, Piaget is dead and I don't feel so good myself). *Child Development, 68,* 144-148.

Black, J. E., & Greenough, W. T. (1986). Induction of pattern in neural structure by experience: Implication for cognitive development. In M. E. Lamb, A. L. Brown, & B. Rogoff (Eds.), *Advances in developmental psychology*

(Vol. 4). Hillsdale, NJ: Erlbaum.

Blair, C., & Raver, C. C. (2014). Closing the achievement gap through modification and neuroendocrine function: Result from a cluster randomized controlled trial of an innovative approach for the education of children in kindergarten. *PLoS One, 9* (11), e112393.

Blair, S. N., Goodyear, N. N., Gibbons, L. W., & Cooper, K. H. (1984). Physical fitness and incidence of hypertension in normotensive men and women. *Journal of the American Medical Association, 252* (4), 487-490.

Blake, J. S. (2020). *Nutrition and you* (5th ed.). Upper Saddle River, NJ: Pearson.

Blakemore, J. E. O., Berenbaum, S. A., & Liben, L. S. (2009). *Gender development.* Clifton, NJ: Psychology Press.

Blakemore, S-J., & Mills, K. (2014). The social brain in adolescence. *Annual Review of Psychology* (Vol. 65). Palo Alto, CA: Annual Reviews.

Blanck-Lubarsch, M., Dirksen, D., Feldmann, R., Sauerland, C., & Hohoff, A. (2019). 3D analysis of mouth, nose, and eye parameters in children with fetal alcohol syndrome (FAS). *International Journal of Environmental Research and Public Health, 16* (14), 2535.

Blasi, A. (1988). Identity and the development of the self. In D. Lapsley & F. C. Power (Eds.), *Self, ego, and identity: Integrative approaches.* New York: Springer-Verlag.

Bleeker, F. E., Hopman, S. M., Merks, J. H., Aalfs, C. M., & Hennekam, R. C. (2014). Brain tumors and syndromes in children. *Neuropediatrics, 45* (3), 137-161.

Blieszner, R. (1986). Trends in family gerontology research. *Family Relations, 35,* 555-562.

Blieszner, R., & Adams, R. (1992). *Adult friendship.* Newbury Park, CA: Sage.

Blieszner, R., & Hatvany, L. E. (1996). Diversity in the experience of late-life widowhood. *Journal of personal and Interpersonal Loss, 1,* 199-211.

Block, J. H. (1973). Conceptions of sex roles: Some cross-cultural and longitudinal perspectives. *American Psychologist, 28,* 512-526.

Block, J. H. (1978). Another look at sex differentiation in the socialization behaviors of mothers and fathers. In J. Sherman & F. Denmark (Eds.), *Psychology of women: Future directions of research.* New York: Psychological Dimensions.

Bloom, D. E., & Pebley, A. R. (1982). Voluntary childlessness: A review of the evidence and its implications. *Population Research and Policy Review, 1,* 203-234.

Blümel, J. E., Lavin, P., Vallejo, M. S., & Sarrá, S. (2014). Menopause or climacteric, just a semantic discussion or has it clinical implications?. *Climacteric, 17* (3), 235-241.

Blumenthal, H., Leen-Feldner, E. W., Babson, K. A., Gahr,

J. L., Trainor, C. D., & Frala, J. L. (2011). Elevated social anxiety among early maturing girls. *Developmental Psychology, 47* (4), 1133-1140.

Bodrova, E., & Leong, D. J. (2007). *Tools of the mind* (2nd ed.). Geneva Switzerland: International Bureau of Education, UNESCO.

Bodrova, E., & Leong, D. J. (2015). Vygotskian and post - Vygotskian views of children's play. *American Journal of Play, 12*, 371-388.

Bodrova, E., & Leong, D. J. (2019). Making play smarter, stronger, and kinder: Lessons from Tools of the Mind. *American Journal of Play, 12*, 37-53.

Boele S., Der Graaff J. V., De Wied M., Der Valk I. V., Crocetti E., & Branje S. (2019). Linking parent-child and peer relationship quality to empathy in adolescence: A multilevel meta-analysis. *Journal of Youth and Adolescence, 48* (6), 1033-1055.

Boers, E., Afzail, M. H., & Conrod, P. (2020). A longitudinal study on the relationship between screen time and adolescent alcohol use: The mediating role of social norms. *Preventive Medicine, 132*, 105992.

Bohannon, J. N. III, & Bonvillian, J. D. (1997). Theoretical approaches to language acquisition. In J. K. Gleason (Ed.), *The development of language* (4th ed.). Boston: Allyn & Bacon.

Bohannon, J. N. III, & Bonvillian, J. D. (2017). Theoretical approaches to language acquisition. In Gleason, J. B. & Ratner, N. B. (Eds.), *The development of language* (9th ed., pp. 158-195). Boston, MA: Pearson.

Bohannon, J. N. III, Padgett, R. J., Nelson, K. E., & Mark, M. (1996). Useful evidence on negative evidence. *Developmental Psychology, 32*, 551-555.

Bolger, N., DeLongis, A., Kessler, R. C., & Schilling, E. A. (1989). Effects of daily stress on negative mood. *Journal of Personality and Social psychology, 57,* 808-818.

Bond, Z. S., & Garnes, S. (1980). Misperceptions of fluent speech. In R. A. Cole (Ed.), *Perception and production of fluent speech*. Hillsdale, NJ: Erlbaum.

Bondareff, W. (1985). The neural basis of aging. In J. E. Birren & K. W. Schaie (Eds.), *Handbook of the psychology of aging* (2nd ed.). New York: Van Nostrand Reinhold.

Boneva, B., Quinn, A., Kraut, R., Kiesler, S., & Shklovski, I. (2006). Teenage communication in the instant messaging era. In R. Kraut & M. Brynin (Eds.), *Computers, phones, and the internet: Domesticating information technology*. New York, NY: Oxford University Press.

Booth-Laforce, C., & Kerns, K. A. (2009). Child-parent attachment relationships, peer relationships, and peergroup functioning. In K. H. Rubin, W. M. Bukowski, & B. Laursen (Eds.), *Handbook of peer interactions,* *relationships, and groups*. New York: Guilford.

Bootzin, R. R., & Acocella, J. R. (1988). *Abnormal psychology* (5th ed.). New York: Random House.

Bootzin, R. R., & Engle-Friedman, M. (1988). Sleep disturbances. In L. L. Carstensen & B. A. Edelstein (Eds.), *Handbook of clinical gerontology*. New York: Pergamon.

Bornstein, M. H. (1989). Senstive periods in development: Structural characteristics and causal interpretations. *Psychological Bulletin, 105*, 179-197.

Bornstein, M. H. (1995). Parenting infants. In M. H. Bornstein (Ed.), *Handbook of parenting* (pp. 3-41). Mahwah, NJ: Erlbaum.

Bornstein, M. H., Kessen, W., & Weiskopf, S. (1976). Color vision and hue categorization in young human infants. *Journal of Experimental Psychology: Human Perception and Performance, 2*, 115-129.

Botwinick, J. (1977). Intellectual abilities. In J. E. Birren & K. W. Schaie (Eds.), *Handbook of the psychology of aging*. New York: Van Nostrand Reinhold.

Botwinick, J. (1981). *We are aging*. New York: Springer.

Botwinick, J. (1984). *Aging and behavior* (3rd ed.). New York: Springer.

Bourassa, K. J., Ruiz, J. M., & Sbarra, D. A. (2019). Smoking and physical activity explain the increased mortality risk following marital separation and divorce: Evidence from the English Longitudinal Study of Aging. *Annals of Behavioral Medicine, 53* (3), 255-266.

Bouscaren, N., Yildiz, H., Dartois, L., Vercambre, M. N., & Boutron-Ruault, M. C. (2019). Decline in instrumental activities of daily living over 4 year: The association with hearing, visual and dual sensory impairments among non-institutionalized women. *Journal of Nutrition, Health and Aging, 23* (8), 687-693.

Bower, G. H. (1981). Mood and memory. *American Psychologist, 36*, 129-148.

Bower, T. G. R. (1979). *Human development*. San Francisco: Freeman.

Bower, T. G. R. (1982). *Development in infancy*. New York: W. H. Freeman.

Bowlby, J. (1969). *Attachment and loss* (Vol. 1). *Attachment*. New York: Basic Books.

Bowlby, J. (1973). *Attachment and loss* (Vol. 2). *Separation, anxiety, and anger*. New York: Basic Books.

Bowlby, J. (1974). Psychiatric implications in bereavement. In A. H. Kutscher (Ed.), *Death and bereavement*. Springfield, IL: Charles C. Thomas.

Bowlby, J. (1988). *A secure base: Parent-child attachment and healthy human development*. New York: Basic Books.

Bowlby, J. (1989). *Secure attachment*. New York: Basic

Books.

Boyd, D. M., & Ellison, N. B. (2008). Social network sites: Definition, history, and scholarship. *Journal of Computer -Mediated Communication, 13*, 210-230.

Braccio, S., Sharland, M., & Ladhani, S. N. (2016). Prevention and treatment of mother-to-child transmission of syphilis. *Current Opinion in Infectious Diseases, 29* (3), 268-274.

Bracken, B., & Lamprecht, M. (2003). Positive self-concept: An equal opportunity construct. *School Psychology Quarterly, 18*, 103-121.

Branden, N. (1969). *The psychology of self-esteem*. Los Angeles, California: Nash Publishing Corporation.

Brannon, L., & Feist, J. (1992). *Health psychology: An introduction to behavior and health*. Belmont, CA: Wadsworth.

Brant, L. J., & Fozard, J. L. (1990). Age changes in pure-tone hearing thresholds in a longitudinal study of normal aging. *Journal of the Acoustical Society of America, 88*, 813-820.

Braver, S. L., & Lamb, M. E. (2013). Marital dissolution. In G. W. Peterson & K. R. Bush (Eds.), *Handbook of marriage and the family* (3rd ed.). New York: Springer.

Bredberg, G. (1985). The anatomy of the developing ear. In S. E. Trehub & B. Schneider (Eds.), *Auditory development in infancy* (pp. 3-20). New York: Plenum Press.

Breedlove, G., & Fryzelka, D. (2011). Depression screening in pregnancy. *Journal of Midwifery and Women's Health, 56*, 18-25.

Bremner, A. J. (2017). Multisensory development: Calibrating a coherent sensory milieu in early life. *Current Biology, 27*, R305-R307.

Bremner, J. G., Slater, A. M., Johnson, S. P., Mason, U. C., & Spring, J. (2012). The effects of auditory information on 4-month-old infants' perception of trajectory continuity. *Child Development, 83* (3), 954-964.

Brenner, M. H. (1985). Economic change and the suicide rate: A population model including loss, separation, illness, and alcohol consumption. In M. R. Zales (Ed.), *Stress in health and disease*. New York: Brunner/Mazel.

Brenner, M. H. (1991). Health, productivity, and the economic environment: Dynamic role of socioeconomic status. In G. Green & F. Baker (Eds.), *Work, health, and productivity*. New York: Oxford University Press.

Bretherton, I. (1992). The origins of attachment theory: John Bowlby and Mary Ainsworth. *Developmental Psychology, 28*, 759-775.

Bretherton, I. (2012). Afterword. In K. H. Brisch (Ed.), *Treating attachment disorders* (2nd ed.). New York: Guilford.

Bridges, K. M. B. (1930). Genetic theory of emotions. *Journal of Genetic Psychology, 37*, 514-527.

Bridges, L., & Grolnick, W. (1995). The development of emotional self-regulation in infancy and early childhood. In N. Eisenberg (Ed.), *Social development: Review of child development research* (pp. 185-211). Thousand Lakes, CA: Sage.

Brislin, R. (1993). *Understanding culture's influence on behavior*. Fort Worth, Texas: Harcourt Brace.

Brocardo, P. S., Gil-Mohapel, J., & Christie, B. R. (2011). The role of oxidative stress in fetal alcohol spectrum disorders. *Brain Research Reviews, 67*, 209-225.

Brockie, J., Lambrinoudaki, I., Ceausu, I., Depypere, H., Erel, C. T., Pe'rez-Lo' pez, F. R., Schenck-Gustafsson, K., van der Schouw, Y. T., Simoncini, T., Tremollieres, F., & Rees, M. (2014). EMAS position statement: Menopause for medical students. *Maturitas, 78* (1), 67-69.

Brody, G. H., & Shaffer, D. R. (1982). Contributions of parents and peers to children's moral socialization. *Developmental Review, 2*, 31-75.

Bromley, D. B. (1974). *The psychology of human aging* (2nd ed.). Middlesex, England: Penguin.

Bronfenbrenner, U. (1979). *The ecology of human development: Experiments by nature and design*. Cambridge, Massachusetts: Harvard University Press.

Bronfenbrenner, U. (1986). Ecology of the family as a context for human development: Research perspectives. *Developmental Psychology, 22*, 723-742.

Bronfenbrenner, U. (1995). The bioecological model from a life course perspective. In P. Moen, G. H. Elder, & K. Luscher (Eds.), *Examining lives in context*. Washington, DC: American Psychological Association.

Bronfenbrenner, U. (2000). Ecological theory. In A. Kazdin (Ed.), *Encyclopedia of psychology*. New York: Oxford University Press.

Bronfenbrenner, U. (2004). *Making human being human*. Thousand Oaks, CA: Sage.

Bronstein, P. (2006). The family environment: Where gender role socialization begins. In J. Worell & C. D. Goodheart (Eds.), *Handbook of girls' and women's psychological health*. New York: Oxford University Press.

Brooker, R. J. (2015). *Genetics* (5th ed.). New York: McGraw-Hill.

Brooks, J. B. (1991). *The process of parenting* (3rd ed.). CA: Mayfield Publishing Company.

Brooks-Gunn, J. (1991). Consequences of maturational timing variations in adolescent girls. In R. M. Lerner, A. C. Petersen, & J. Brooks-Gunn (Eds.), *Encyclopedia of adolescence* (Vol. 2). New York: Garland.

Brooks-Gunn, J., & Graber, J. A. (1995, March). *Depressive affect versus positive adjustment: Patterns of resilience in adolescent girls.* Paper presented at the meeting of the Society for Research in Child Development, Indianapolis.

Brooks-Gunn, J., & Paikoff, R. (1993). Sex is a gamble, kissing is a game: Adolescent sexuality, contraception, and sexuality. In S. P. Millstein, A. C. Petersen, & E. O. Nightingale (Eds.), *Promoting the health behavior of adolescents.* New York: Oxford University Press.

Brooks-Gunn, J., Graber, J. A., & Paikoff, R. L. (1994). Studying links between hormones and negative affect: Models and measures. *Journal of Research on Adolescence, 4,* 469-486.

Brown, A. M. (1990). Development of visual sensitivity to light and color vision in human infants: A critical review. *Vision Research, 30,* 1159-1188.

Brown, E. F., & Hendee, W. R. (1989). Adolescents and their music. *Journal of the American Medical Association, 262,* 1659-1663.

Brown, L., Brown, V., Judd, F., & Bryant, C. (2018). It's not as bad as you think: Menopausal representations are more positive in postmenopausal women. *Journal of Psychosomatic Obstetrics and Gynecology, 39* (4), 281-288.

Brown, R. (1973). *A first language: The early stages.* Cambridge, MA: Harvard University Press.

Brown, R. (1986). *Social psychology* (2nd ed.). New York: Macmillan.

Brown, R., & Kulik, J. (1977). Flashbulb memories. *Cognition, 5,* 73-99.

Brownlee, S. (1999). Baby talk. In K. L. Freiberg (Ed.), *Annual editions: Human development* 99/00 (27th ed., pp. 58-64). New York: McGraw-Hill.

Brunell, P. A. (2014). Measles in pregnancy is not kid's stuff. *Clinical Infectious Diseases, 58* (8), 1093-1094.

Bruner, J. S. (1983). *Child talk.* New York: W. W. Norton.

Bruner, J. S. (1989, April). *The state of developmental psychology.* Paper presented at the meeting of the Society for Research in Child Development, Kansas City.

Bruner, J. S. (1997, April). *Discussant on symposium, social foundations of language development.* Paper presented at the meeting of the Society for Research in Child Development, Washington, DC.

Bryan, J. H. (1975). Children's cooperation and helping behaviors. In E. M. Hetherington (Ed.), *Review of child development research* (Vol. 5). Chicago: The University of Chicago Press.

Buchholz, D. (1988). Sleep disorders. *Treatment Trends, 3,* 1-9.

Buchsbaum, B. C. (1996). Remembering a parent who has died: A developmental perspective. In D. Klass, P. R. Silverman, & S. L. Nickman (Eds.), *Continuing bonds:*

New understandings of grief. Washington, DC: Taylor & Francis.

Buhling, K. J., Daniels, B. V., Studnitz, F. S., Eulenburg, C., & Mueck, A. O. (2014). The use of complementary and alternative medicine by women transitioning through menopause in Germany: Results of a survey of women aged 45-60 years. *Complementary Therapies in Medicine, 22* (1), 94-98.

Buhrmester, D., & Carbery, J. (1992, March). *Daily patterns of self-disclosure and adolescent adjustment.* Paper presented at the biennial meeting of the Society for Research on Adolescence, Washington, DC.

Buhrmester, D., & Furman, W. (1987). The development of companionship and intimacy. *Child Development, 58,* 1101-1113.

Buki, L. P., Ma, T., Strom, R. D., & Strom, S. K. (2009). Chinese immigrant mothers of adolescent: Self perceptions of acculturation effects on parenting. *Cultural Diversity and Ethnic Minority Psychology, 9* (2), 127-140.

Bukowski, W. M., & Hoza, B. (1989). Popularity and friendship: Issues in theory, measurement, and outcome. In T. J. Berndt & G. W. Ladd (Eds.), *Peer relationships in child development* (pp. 71-74). New York: Wiley.

Bukowski, W. M., & Kramer, T. L. (1986). Judgments of the features of friendship among early adolescent boys and girls. *Journal of Early Adolescence, 6,* 331-338.

Bukowski, W. M., Buhrmester, D., & Underwood, M. K. (2011). Peer relations as a developmental context. In M. K. Underwood & L. H. Rosen (Eds.), *Social development.* New York: Guilford.

Burns, C., Dunn, A., Brady, M., Starr, N., & Blosser, C. (2013). *Pediatric primary care* (5th ed.). New York: Elsevier.

Burstyn, I., Kuhle, S., Allen, A. C., & Veugelers, P. (2012). The role of maternal smoking in effect of fetal growth restriction on poor scholastic achievement in elementary school. *International Journal of Environmental Research and Public Health, 9,* 408-420.

Burton, L., Henninger, D., Hafetz, J., & Cofer, J. (2009). Aggression, gender-typical childhood play, and a prenatal hormonal index. *Social Behavior and Personality, 37,* 105-116.

Busch, C. M., Zonderman, A. B., & Costa, P. T., Jr. (1994). Menopausal transition and psychological distress in a nationally representative sample: Is menopause associated with psychological distress? *Journal of Aging and Health, 6,* 209-228.

Buss, A. H., & Plomin, R. (1984). *Temperament: Early developing personality traits.* Hillsdale, NJ: Erlbaum.

Busse, E. W. (1987). Primary and secondary aging. In G. L. Maddox (Ed.), *The encyclopedia of aging.* New York:

Springer.

Butler, R. N. (1961). Re-awakening interests. *Nursing Homes: Journal of American Nursing Home Association, 10,* 8-19.

Butler, R. N. (1963). The life review: An interpretation of reminiscence in the aged. *Psychiatry, 256,* 65-76.

Butler, R. N. (2002). The life review. *Journal of Geriatric Psychiatry, 35,* 7-10.

Buttermore, E. D., Thaxton, C. L., & Bhat, M. A. (2013). Organization and maintenance of molecular domains in myelinated axons. *Journal of Neuroscience Research, 91* (5), 603-622.

Cacciatore, J. (2010). The unique experiences of women and their families after the death of a baby. *Social Work in Health Care, 49,* 134-148.

Cacioppo, J. T., & Patrick, B. (2008). *Loneliness: Human nature and the need for social connection.* New York: W. W. Norton & Company.

Calabro, F. J., Murty, V. P., Jalbrzikowski, M., Tervo-Clemmens, B., & Luna, B. (2020). Development of hippocampal-prefrontal cortex interactions through adolescence. *Cerebral Cortex, 30* (3), 1548-1558.

Calfin, M. S., Carroll, J. L., & Schmidt, J. (1993). Viewing music-video-tapes before taking a test of premarital attitudes. *Psychological Reports, 72,* 485-481.

Calhoun, L. G., & Selby, J. W. (1980). Voluntary childlessness, involuntary childlessness, and having children: A study of social perceptions. *Family Relations, 29* (2), 181-183.

Calvert, S. L., & Tan, S. L. (1994). Impact of virtual reality on young adults' physiological arousal and aggressive thoughts. *Journal of Applied Developmental Psychology, 15,* 125-139.

Camarena, P. M., Sarigiani, P. A., & Petersen, A. C. (1990). Gender-specific pathways to intimacy in early adolescence. *Journal of Youth and Adolescence, 19,* 19-32.

Camp, C. J., & McKitrick, L. A. (1989). The dialectics of forgetting and remembering across the adult lifespan. In D. A. Kramer & M. Bopp (Eds.), *Transformation in clinical and developmental psychology.* New York: Springer-Verlag.

Campbell, A., Converse, P. E., & Rodgers, W. L. (1975). *The quality of American life: Perceptions, evaluations, and satisfactions.* New York: Russell Sage Foundation.

Campbell, F. L., Townes, B. D., & Beach, L. R. (1982). Motivational bases of childbearing decisions. In G. L. Fox (Ed.), *The childbearing decision: Fertility, attitudes, and behavior.* Beverly Hills, CA: Sage.

Campbell, S. B. (1983). Developmental considerations in child psychopathology. In T. H. Ollendick & M. Hersen (Eds.), *Handbook of child psychopathology* (pp. 13-40). NY: Plenum.

Campione-Barr, N. (2011). Sibling conflict. *Encyclopedia of Family Health.* Thousand Oaks, CA: Sage.

Campisi, J., & Robert, L. (2014). Cell senescence: Role in aging and age-related diseases. *Interdisciplinary Topics in Gerontology, 39,* 45-61.

Campos, J. J., Bertenthal, B. I., & Kermoian, R. (1992). Early experience and emotional development: The emergence of wariness of heights. *Psychological Science, 3,* 61-64.

Campos, J. J., Langer, A., & Krowitz, A. (1970). Cardiac responses on the visual cliff in prelocomotor human infants. *Science, 170,* 196-197.

Cantor, M. H. (1983). Strain among caregivers: A study of experience in the United States. *Gerontologist, 23* (6), 597-604.

Cao, Y., Lu, J., & Lu, J. (2020). Paternal smoking before conception and during pregnancy is associated with an increased risk of childhood acute lymphoblastic leukemia: A systematic review and meta-analysis of 17 case-controlled studies. *Journal of Pediatric Hematology and Oncology, 42,* 32-40

Capaldi, D. M., & Shortt, J. W. (2003). Understanding conduct problems in adolescence from a lifespan perspective. In G. R. Adams & M. D. Berzonsky (Eds.), *Blackwell handbook of adolescence.* Malden, MA: Blackwell.

Carey, S. (1977). The child as word learner. In M. Halle, J. Bresnan, & G. A. Miller (Eds.), *Linguistic theory and psychological reality.* Cambridge, MA: MIT Press.

Carlo, G., White, R. M. B., Streit, C., Knight, G. P., & Zeiders, K. H. (2018). Longitudinal relations among parenting styles, prosocial behaviors, and academic outcomes in U.S. Mexican adolescents. *Child Development, 89* (2), 577-592.

Carlson, K., & Cunningham, J. L. (1990). Effect of pencil diameter on the graphomotor skill of preschoolers. *Early Childhood Research Quarterly, 5* (2), 279-293.

Carlson, S. M., White, R., & Davis-Unger, A. C. (2014). Evidence for a relation between executive function and pretense representation in preschool children. *Cognitive Development, 29,* 1-16.

Carr, M., & Schneider, W. (1991). Long-term maintenance of organizational strategies in kindergarten children. *Contemporary Educational Psychology, 16,* 61-75

Carson, V., Kuzik, N., Hunter, S., Wiebe, S. A., Spence, J. C., Friedman, A., Tremblay, M. S., Slater, L., & Hinkley, T. (2015). Systematic review of sedentary behavior and cognitive development in early childhood. *Preventive Medicine, 78,* 115-122.

Carter, E. B. (1984, June). A teacher's view: Learning to be wrong. *Psychology Today, 18,* 35.

Carver, C. S., & Scheier, M. F. (2021). Self-regulation and control in personality functioning. In P. J. Corr & G. Matthews (Eds.) *Cambridge handbook of personality psychology* (2nd ed.). New York: Cambridge University Press.

Case, R. (1985). *Intellectual development: Birth to adulthood.* Orlando, Fl: Academic Press.

Case-Smith, J., Butcher, L., & Reed, D. (1998). Parent's report of sensory responsiveness and temperament in preterm infants. *American Journal of Occupational Therapy, 52,* 547-555.

Casey, B. J. (2015). The adolescent brain and self-control. *Annual Review of Psychology* (Vol. 66). Palo Alto, CA: Annual Reviews.

Cashdollar, N., Fukuda, K., Bocklage, A., Aurtenetxe, S., Vogel, E. K., & Gazzaley, A. (2013). Prolonged disengagement from attentional capture in normal aging. *Psychology and Aging, 28,* 77-86.

Caspi, A., & Silva, P. A. (1995). Temperamental qualities at age three predict personality traits in young adulthood: Longitudinal evidence from a birth cohort. *Child Development, 66,* 486-498.

Cassidy, J., & Asher, S. R. (1992). Loneliness and peer relations in young children. *Child Development, 63,* 350-365.

Cassidy, J., Woodhouse, S. S., Sherman, L. J., Stupica, B., & Lejuez, C. W. (2011). Enhancing infant attachment security: An examination of treatment efficacy and differential susceptibility. *Development and Psychopathology, 23* (1), 131-148.

Castles, S., & Miller, M. J. (2009). *The age of migration: International population movements in the modern world.* New York: Guilford Press.

Catalan, M. J., & de Pablo-Fernandez, E., Villanueva, C., Fernandez-Diez, S., Lapena-Montero, T., Garcia-Ramos, R., & Lopez-Valdes, E. (2013). Levodopa infusion improves impulsivity and dopamine dysregulation syndrome in Parkinson's disease. *Movement Disorders, 28,* 2007-2010.

Cate, R. M., & Lloyd, S. A. (1992). *Courtship.* Newbury Park, CA: Sage.

Catherwood, D., Crassini, B., & Freiberg, K. (1989). Infant response to stimuli of similar hue and dissimilar shape: Tracing the origins of the categorization of objects by hue. *Child Development, 60,* 752-762.

Cattell, R. B. (1965). *The scientific analysis of personality.* Baltimore: Penguin.

Cavallini, A., Fazzi, E., & Viviani, V. (2002). Visual acuity in the first two years of life in healthy term newborns: An experience with the Teller Acuity Cards. *Functional Neurology: New Trends in Adaptive & Behavioral Disorders, 17,* 87-92.

Cavanaugh, J. C., Grady, J., & Perlmutter, M. (1983). Forgetting and use of memory aids in 20- to 70-year olds' everyday life. *International Journal of Aging and Human Development, 17,* 113-122.

Chalan, P., van den Berg, A., Kroesen, B. J., Brouwer, L., & Boots, A. (2015). Rheumatoid arthritis, immunosenescence, and the hallmarks of aging. *Current Aging Science, 8,* 131-146.

Chall, J. S. (1979). The great debate: Ten years later with a modest proposal for reading stages. In L. B. Resnick & P. A. Weaver (Eds.), *Theory and practice of early reading.* Hillsdale, NJ: Erlbaum.

Chan, W. S. (1963). *A source book in Chinese philosophy.* Princeton, New Jersey: Princeton Books.

Chap, J. B. (1985-1986). Moral judgment in middle and late adulthood: The effects of age-appropriate moral dilemmas and spontaneous role taking. *International Journal of Aging and Human Development, 22,* 161-171.

Charness, N., & Campbell, J. I. D. (1988). Acquiring skill at mental calculation in adulthood: A task decomposition. *Journal of Experimental Psychology: General, 117,* 115-129.

Charpak, N., Ruiz-Peláez, J. G., & Figueroa, Z. (2005). Influence of feeding patterns and other factors on early somatic growth of healthy, preterm infants in home-based kangaroo mother care: A cohort study. *Journal of Pediatric Gastroenterology and Nutrition, 41* (4), 430-437.

Cherkes-Julkowski, M. (1998). Learning disability, attention deficit disorder, and language impairment as outcomes of prematurity: A longitudinal descriptive study. *Journal of Learning Disabilities, 31,* 294-306.

Chess, S., & Thomas, R. (1984). *Origins and evolution of behavior disorders.* New York: Brunner/Mazel.

Chiriboga, D. A. (1982). Adaptation to marital separation in later and earlier life. *Journal of Gerontology, 37,* 109-114.

Chiriboga, D. A. (1989). Mental health at the midpoint: Crisis, challenge, or relief? In S. Hunter & M. Sundel (Eds.), *Midlife myths: Issues, findings, and practical implications.* Newbury Park, CA: Sage.

Chitty, L. S., Khalil, A., Barrett, A. N., Pajkrt, E., Griffin, D. R., & Cole, T. J. (2013). Safe, accurate, prenatal diagnosis of thanatophoric dysplasia using ultrasound and free fetal DNA. *Prenatal Diagnosis, 33* (5), 416-423.

Chomitz, V. R., Cheung, L. W. Y., & Lieberman, E. (1999). The role of lifestyle in preventing low birth weight. In K. L. Freiberg (Ed.), *Annual editions: Human development*

99/00 (27th ed., pp. 23-33). New York: McGraw-Hill.

Chomsky, N. (1957). *Syntactic structures*. The Hangue: Mouton.

Chomsky, N. (1968). *Language and mind*. New York: Harcourt Brace Jovanovich.

Chomsky, N. (1978). On the biological basis of language capacities. In G. A. Miller & E. Lennenberg (Eds.), *Psychology and biology of language and thought* (pp. 199-220). New York: Academic Press.

Chomsky, N. (1991). Linguistics and cognitive science: Problems and mysteries. In A. Kasher (Ed.), *The Chomskyan turn*. Cambridge, MA: Blackwell.

Chomsky, N. (1999). On the nature, use, and acquisition of language. In W. C. Ritchie & T. J. Bhatia (Eds.), *Handbook of child language acquisition*. San Diego: Academic Press.

Chomsky, N. (2005). Editorial: Universals of human nature. *Psychotherapy and Psychosomatics [serial online], 74*, 263-268.

Choukas-Bradley, S., & Prinstein, M. J. (2013). Peer relationships and the development of psychopathology. In M. Lewis & K. D. Rudolph (Eds.), *Handbook of developmental psychopathology* (3rd ed.). New York: Springer.

Chown, S. M. (1977). Personality and aging. In J. E. Birren & K. W. Schaie (Eds.), *Handbook of the psychology of aging*. New York: Van Nostrand.

Christensen, L. B., Johnson, R. B., & Turner, L. A. (2015). *Research methods* (12th ed.). Upper Saddle River, NJ: Pearson.

Christensen, L. B., Johnson, R. B., & Turner, L. A. (2020). *Research methods, design, and analysis* (13th ed.). Upper Saddle River, NJ: Pearson.

Cicchetti, D. (1984). The emergence of developmental psychopathology. *Child Development, 55*, 1-7.

Cicchetti, D. (2013). Developmental psychopathology. In P. Zelazo (Ed.), *Oxford handbook of developmental psychology*. New York: Oxford University Press.

Cicchetti, D., & Banny, A. (2014). A developmental psychopathology perspective on child maltreatment. In M. Lewis & K. Rudolph (Eds.), *Handbook of developmental psychopathology*. New York: Springer.

Cicchetti, D., & Toth, S. (2015). A multilevel perspective on child maltreatment. In R. M. Lerner (Ed.), *Handbook of child psychology and developmental science* (7th ed.). New York: Wiley.

Cicirelli, V. G. (1977). Relationship of siblings to the elderly person's feeling and concerns. *Journal of Gerontology, 12*(3), 317-322.

Cicirelli, V. G. (1980, December). *Adult children's views on providing services for elderly parents*. Report to the Andrus Foundation.

Cignini, P., D'Emidio, L., Padula, F., Girgenti, A., Battistoni, S., Vigna, R., Franco, R., Rossetti, D., Giorlandino, M., & Giorlandino, C. (2010). The role of ultrasonography in the diagnosis of fetal isolated complete agenesis of the corpus callosum: A long-term prospective study. *Journal of Maternal-Fetal and Neonatal Medicine, 23* (12), 1504-1509.

Cimbalo, R. S., Faling, B., & Mousaw, P. (1976). The course of love: A cross-sectional design. *Psychological Reports, 38*, 1292-1294.

Clark, C. S. (1992, August 14). Work family and stress. *CQ Researcher*, 15-26.

Clark, M. S., Jansen, K. L., & Cloy, J. A. (2012). Treatment of childhood and adolescent depression. *American Family Physician, 86*, 442-446.

Clark, M. S., Powell, M. C., Ovellette, R., & Milberg, S. (1987). Recipient's mood, relationship type, and helping. *Journal of Personality and Social Psychology, 43*, 94-103.

Clarke, A. M., & Clarke, A. D. (1989). The later cognitive effects of early intervention. *Intelligence, 13*, 289-297.

Clarke-Stewart, A., Friedman, S., & Koch, J. (1985). *Child development*. New York: John Wiley & Sons.

Clausen, J. A. (1981). Men's occupational careers in the middle years. In D. H. Eichorn, J. A. Clausen, N. Haan, M. Honzik, & P. Mussen (Eds.), *Present and past in middle life*. New York: Academic Press.

Clausen, J. A. (1993). *American lives*. New York: Free Press.

Claussen, C. F., & Patil, N. P. (1990). Sensory changes in later life. In M. Bergener & S. I. Finkel (Eds.), *Clinical and scientific psychogeriatrics*. New York: Springer.

Clayton, V. P. (1975). Erikson's theory of human development as it applies to the aged: Wisdom as contradictory cognition. *Human Development, 18*, 119-128.

Clayton, V. P. (1982). Wisdom and intelligence: The nature and function o f knowledge in the later years. *International Journal of Aging and Development, 15*, 315-321.

Clayton, V. P., & Birren J. E. (1980). The development of wisdom across the life span: A reexamination of an ancient topic. In P. B. Baltes & O. G. Brim (Eds.), *Lifespan development and behavior* (Vol. 3). New York: Academic Press.

Cleal, K., Norris, K., & Baird, D. (2018). Telomere length dynamics and the evolution of cancer genome architecture. *International Journal of Molecular Sciences, 19*, 2

Clebone, B. L., & Taylor, C. M. (1992, February). Family and social attitudes across four generations of women or maternal lineage. *Psychological Reports, 70,* 268-270.

Cloud, J. (2010, January 18). Why genes aren't destiny. *Time,* 30-35.

Cobb, N. J. (1998). *Adolescence: Continuity, change, and diversity* (3rd ed.). Mayfield Publishing Company.

Coberly, S. (1991). Older workers and the older Americans act. *Generations, 15* (3), 27-30.

Cohan, C. L. (2013). The cohabitation conundrum. In M. A. Fine & F. D. Fincham (Eds.), *Handbook of family theories. A context-based approach.* New York, NY: Routledge.

Cohen, D. (1983). *Piaget: Critique and reassessment.* New York: St. Martin's Press.

Cohen, G. D. (1987). Alzheimer's disease. In G. L. Maddox (Ed.), *The encyclopedia of aging.* New York: Springer.

Coker, T. R., Elliott, M. N., Schwebel, D. C., Windle, M., Toomey, S. L., Tortolero, S. R., Hertz, M. F., Peskin, M. F., & Schuster, M. A. (2015). Media violence exposure and physical aggression in fifth-grade children. *Academic Pediatrics, 15* (1), 82-88.

Colby, A., & Damon, W. (1992). Gaining insight into the lives of moral leaders. *Chronicle of Higher Education, 39* (20), 83-84.

Colby, A., Kohlberg, L., Gibbs, J., & Lieberman, M. (1980). *A longitudinal study of moral judgment.* Unpublished manuscript, Harvard University, Cambridge, MA.

Cole, P. M. (1986). Children's spontaneous control of facial expression. *Child Development, 57,* 1309-1321.

Colligan, M. J., Smith, M. J., & Hurrell, J. J. (1977). Occupational incidence rates of mental health disorders. *Journal of Human Stress, 3,* 34-39.

Colombo, J., & Mitchell, D. W. (2009). Infant visual habituation. *Neurobiology of Learning and Memory, 92,* 225-234.

Conger, R. D., & Reuter, M. (1996). Siblings, parents, and peers: A longitudinal study of social influences in adolescent risk for alcohol use and abuse. In G. H. Brody (Ed.), *Sibling relationships: Their causes and consequences.* Norwood, NJ: Ablex.

Conger, R. D., Ge, X., Elder, G. H. Jr., Lorenz, F. O., & Simons, R. L. (1994). Economic stress, coercive family process, and developmental problems of adolescents. *Child Development, 65,* 541-561.

Connidis, I. (1988, November). *Sibling ties and aging.* Paper presented at the Gerontological Society of America, San Francisco.

Considine, R. V., Sinha, M. K., & Heiman, M. I. (1996). Serum immunoreactive-leptin concentrations in normal-weight and obese humans. *New England Journal of Medicine, 334,* 292-295.

Consoli, A., Peyre, H., Speranza, M., Hassler, C., Falissard, B., Touchette, E., Cohen, D., Moro, M., & Revah-Levy, A. (2013). Suicidal behaviors in depressed adolescents: Role of perceived relationships in the family. *Child and Adolescent Psychiatry and Mental health, 7* (1), 1-12.

Constantinople, A. (1973). Masculinity-femininity: An exception to a famous dictum? *Psychological Bulletin, 80,* 389-407.

Cooley, C. H. (1902). *Human nature and the social order.* New York: Scribner's.

Cooper, C. R. (2011). *Bridging multiple worlds.* New York: Oxford University Press.

Cooper, K. (1990). *Controlling cholesterol.* New York: Basic Books.

Cooper, R. P., & Aslin, R. N. (1990). Preference for infant directed speech in the first month after birth. *Child Development, 61,* 1585-1595.

Coopersmith, S. (1967). *The antecedents of self-esteem.* San Francisco: Freeman.

Cooperstock, M. S., Bakewell, J., Herman, A., & Schramm W. F. (1998). Effects of fetal sex and race on risk of very preterm birth in twins. *American Journal of Obstetrics and Gynecology, 179,* 762-765.

Copeland, W., Shanahan, L., Miller, S., Costello, E. J., Angold, A., & Maughan, B. (2010). Outcomes of early pubertal timing in young women: A prospective population-based study. *American Journal of Psychiatry, 167,* 1218-1225.

Coplan, R. J., & Arbeau, K. A. (2009). Peer interactions and play in early childhood. In K. H. Rubin, W. M. Bukowski, & B. Laursen (Eds.), *Handbook of peer interactions, relationships, and groups.* New York: Guilford.

Corah, N. L., Anthony, E. J., Painter, P., Stern, J. A., & Thurston, D. (1965). Effects of perinatal anoxia after seven years. *Psychological Monographs, 79* (3, Whole No. 596), 1-34.

Cordier, S. (2008). Evidence for a role of paternal exposure in developmental toxicity. *Basic and Clinical Pharmacology and Toxicology, 102,* 176-181.

Coren, S., & Girgus, J. S. (1972). Density of human lens pigmentation: In vivo measures over an extended age range. *Vision Research, 12,* 343-346.

Correa, P., Pickle, L. W., Fontham, E., Lin, Y., & Haenszel, W. (1983). Passive smoking and lung cancer. *The Lancet,* 595-597.

Corrow, S., Granrud, C. E., Mathison, J., & Yonas, A. (2012). Infants and adults use line junction information to perceive 3D shape. *Journal of Vision, 12,* 22-29.

Costa, P. T., Jr., & McCrae, R. R. (1980). Influence of extraversion and neuroticism on subjective well-being: Happy and unhappy people. *Journal of Personality and*

Social Psychology, 38, 668-678.

Costa, P. T., Jr., & McCrae, R. R. (1982). An approach to the attribution of age, period, and cohort effects. *Psychological Bulletin, 92,* 238-250.

Costa, P. T., Jr., & McCrae, R. R. (1984). Personality as a lifelong determinant of Wellbeing. In C. Malatesta & C. Izard (Eds.), *Affective processes in adult development and aging.* Beverly Hills, CA: Sage.

Costa, P. T., Jr., & McCrae, R. R. (1986). Personality stability and its implications for clinical psychology. *Clinical Psychology Review, 6,* 407-423.

Costa, P. T., Jr., & McCrae, R. R. (1988). Personality in adulthood: A six-year longitudinal study of self-report and spouse ratings on the NEO Personality Inventory. *Journal of Personality and Social Psychology, 54,* 853-863.

Costa, P. T., Jr., & McCrae, R. R. (1989). Personality continuity and the changes of adult life. In M. Storandt & G. R. VandenBos (Eds.), *The adult years: Continuity and change.* Washington, DC: American Psychological Association.

Costa, P. T., Jr., & McCrae, R. R. (1994). Set like plaster? Evidence for the stability of adult personality. In T. F. Heatherton & J. L. Weinberger (Eds.), *Can personality change?* Washington, DC: American Psychological Association.

Costa, P. T., & McCrae, R. R. (1998). Personality assessment. In H. S. Friedman (Ed.), *Encyclopedia of mental health* (Vol. 3). San Diego: Academic Press.

Costa, P. T., Jr., McCrae, R. R., & Arenberg, D. (1980). Enduring dispositions in adult males. *Journal of Personality and Social Psychology, 38,* 793-800.

Costello, M. A., Narr, R. K., Tan, J. S., & Allen, J. P. (2020). The intensity effect in adolescent close friendships: Implications for aggressive and depressive symptomatology. *Journal of Research on Adolescence, 30* (1), 158-169.

Costin, F., & Draguns, J. G. (1989). *Abnormal psychology: Patterns, isssues, and interventions.* New York: Wiley.

Coté, J. E. (2009). Identity formation and self-development. In R. M. Lerner & L. Steinberg (Eds.), *Handbook of adolescent psychology* (3rd ed.). New York: Wiley.

Cousins, N. (1979). *Anatomy of an illness as perceived by the patient.* New York: Norton.

Covey, H. A. (1981). A reconceptualization of continuity theory. *The Gerontologist, 21* (December), 628-633.

Cowan, C. P., Cowan, P. A., Heming, G., & Miller, N. B. (1991). Becoming a family: Marriage, parenting, and child development. In P. A. Cowan & M. Hetherington (Eds.), *Child family transitions.* Hillsdale, NJ: Erlbaum.

Cowgill, B. (2020). Back to the breast: An historical overview of the perceived connections between sudden infant death syndrome and breastfeeding. *Journal of Human Lactation, 36* (2), 310-317.

Craik, F. I. M., & Jennings, J. M. (1992). Human memory. In F. I. M. Craik & T. A. Salthouse (Eds.), *Handbook of aging and cognition.* Hillsdale, NJ: Erlbaum.

Crain, W. (2000). *Theories of development: Concepts and applications* (4th ed.). Pearson Education, Inc.

Cratty, B. J. (1986). *Perceptual and motor development in infants and children* (3rd ed.). Englewood Cliffs, NJ: Prentice-Hall.

Crespo, C., Kielpikowski, M., Jose, P. E., & Pryor, J. (2010). Relationships between family connectedness and body satisfaction: A longitudinal study of adolescent girls and boys. *Journal of Youth and Adolescence, 39,* 1392-1401.

Crick, N. R., & Bigbee, M. A. (1998). Relational and overt forms of peer victimization: A multiformant approach. *Journal of Consulting and Clinical Psychology, 66* (2), 337-347.

Crick, N. R., & Grotpeter, J. K. (1996). Children's treatment by peers: Victims of relational and overt aggression. *Developmental Psychopathology, 6,* 367-380.

Cristall, L., & Dean, R. S. (1976). Relationship of sex-role stereotypes and self-actualization. *Psychological Reports, 39,* 842.

Cronbach, L. J. (1970). *Essentials of psychological testing* (3rd ed.). New York: Harper & Row.

Crone, E. A. (2017). *The adolescent brain.* New York: Routledge.

Crook, C. K. (1987). Taste and olfaction. In P. Salapatek & L. Cohen (Eds.), *Handbook of infant perception: Vol. 1. From sensation to perception.* New York: Academic Press.

Crouter, A. C., & McHale, S. (2005). The long arm of the job revisited: Parenting in dual-earner families. In T. Luster & L. Okagaki (Eds.), *Parenting.* Mahwah, NJ: Erlbaum.

Crowther, M. R., Parker, M. W., Achenbaum, W. A., Larimore, W. L., & Koenig, H. G. (2002). Rowe and Kahn's model of successful aging revisited. *The Gerontologist, 42,* 613-620.

Crystal, S., & Shea, D. (1990). Cumulative advantage, cumulative disadvantage, and inequality among elderly people. *Gerontologist, 30* (4), 437-443.

Csikszentmihalyi, M., & Rathunde, K. (1990). The psychology of wisdom: An evolutionary interpretation. In R. J. Sternberg (Ed.), *Wisdom: Its nature, origins, and development.* Cambridge: Cambridge University Press.

Cummings, E., & Henry, W. (1961). *Growing old.* New York: Basic Books.

Cummings, M. (2014). *Human heredity* (10th ed.). Boston:

Cengage.

Curfman, G. D., Gregory, T. S., & Paffenbarger, R. S. (1985). Physical activity and primary prevention of cardiovascular disease. *Cardiology Clinics, 3,* 203-222.

Curran, J. M. (1997, April). *Creativity across the life-span: Taking a new perspective.* Paper presented at the meeting of the Society for Research in Child Development, Washington, DC.

Curtiss, S. (1977). *Genie: A psycholinguistic study of a modern-day wild-child.* New York: Academic Press.

Cushner, K. H., McClelland, A., & Safford, P. (2015). *Human diversity in education* (8th ed.). New York: McGraw-Hill.

Cyr, M., McDuff, P., & Wright, J. (2006). Prevalence and predictors of dating violence among adolescent female victims of child sexual abuse. *Journal of Interpersonal Violence, 21* (8), 1000-1017.

Czaja, S. J., & Sharit, J. (1993). Age differences in performance of computer-based work. *Psychology and Aging, 8,* 59-67.

Dalle Grave, R. (2020). Severe and enduring anorexia nervosa: No easy solutions. *International Journal of Eating Disorders, 53* (8), 1320-1321.

Daltro, P., Werner, H., Gasparetto, T. D., Domingues, R. C., Rodrigues, L., Marchiori, E., & Gasparetto, E. L. (2010). Congenital chest malformations: A multimodality approach with emphasis on fetal MR imaging. *Radiographics, 30* (2), 385-395.

Damon, W. (1988). *The moral child.* New York: Free Press.

Dancer, L. S., & Gilbert, L. A. (1993). Spouses' family work participation and its relation to wives' occupational level. *Sex Roles, 28,* 127-145.

Daniels, H. (Ed.). (1996). *An introduction to Vygotsky.* New York: Routledge.

Daniels, H. (2017). *Introduction to Vygotsky* (3rd ed.). New York: Routledge

Danish, S. J. (1983). Musings about personal competence: The contributions of sport, health, and fitness. *American Journal of Community Psychology, 11* (3), 221-240.

Darrach, B. (1992, October). The war on aging. *Life,* 33-43.

Davidson, E. S., Yasuna, A., & Tower, A. (1979). The effects of television cartoons on sex-role stereotyping in young girls. *Child Development, 50,* 597-600.

Davidson, J. K., & Moore, N. B. (1992). *Marriage and Family.* Dubuque, IA: Wm, C. Brown.

Davis-Kean, P. E., & Sandler, H. M. (2001). A meta-analysis of measures of self-esteem for young children: A framework for future measures. *Child Development, 72,* 887-906.

Davison, K. K., & Birth, L. L. (2001). Weight status, parent reaction, and self-concept in five-year-old girls.

Pediatrics, 107, 46-53.

Dawkins, R. (1976). *The selfish gene.* New York: Oxford University Press.

DeFrank, R., & Ivancevich, J. M. (1986). Job loss: An individual level review and model. *Journal of Vocational Behavior, 19,* 1-20.

Deleidi, M., Jaggle, M., & Rubino, G. (2015). Immune aging, dysmetabolism, and inflammation in neurological diseases. *Frontiers in Neuroscience, 9,* 172.

Dellas, M., & Jernigan, L. P. (1990). Affective personality characteristics associated with undergraduate ego identity formation. *Journal of Adolescent Research, 5,* 306-324.

DeLoache, J. S., & Todd, C. M. (1988). Young children's use of spatial categorization as a mnemonic strategy. *Journal of Experimental Child Psychology, 46,* 1-20.

Demaree, H. A., & Everhart, D. E. (2004). Healthy high-hostiles: Reduced parasympathetic activity and decreased sympathovagal flexibility during negative emotional processing. *Personality and Individual Differences, 36,* 457-469.

Dempster, F. N. (1981). Memory span: Sources of individual and developmental differences. *Psychological Bulletin,89,* 63-100.

Denham, S., Warren, H., von Salisch, M., Benga, O., Chin, J. C., & Geangu, E. (2011). Emotions and social development in childhood. In P. K. Smith & C. H. Hart (Eds.), *Wiley-Blackwell handbook of childhood social development* (2nd ed., pp. 413-433). New York: Wiley.

Denham, T. E., & Smith, C. W. (1989). The influence of grandparents on grand children: A review of the literature and resources. *Family Relations, 38,* 345-350.

Denney, N. W. (1982). Aging and cognitive changes. In B. B. Wolman (Ed.), *Handbook of developmental psychology.* Englewood Cliffs, NJ: Prentice Hall.

Denney, N. W., & Palmer, A. M. (1981). Adult age differences on traditional and practical problem-solving measures. *Journal of Gerontology, 36* (3), 323-328.

Dennis, W. (1953). Animistic thinking among college and university students. *Scientific Monthly, 76,* 247-249.

Dennis, W. (1966). Creative productivity between the ages of 20 and 80 years. *Journal of Gerontology, 21,* 1-8.

Dent, J. (1984, March). Laughter is the best medicine. *Reader's Digest,* p. 38.

Der, G., & Deary, I. (2006, March). Age, sex differences in reaction time in adulthood: Results from the United Kingdom health and lifestyle survey. *Psychology and Aging, 21* (1), 62-73.

Desai, M., Beall, M., & Ross, M. G. (2013). Developmental origins of obesity: Programmed adipogenesis. *Current Diabetes Reports, 13* (1), 27-33.

DeSpelder, L. A., & Strickland, A. L. (1992). *The last dance: Encountering death and dying* (3rd ed.). Mountain View, CA: Mayfield.

Devi, D., Creatura, C., & Devi-Chou, V. (2020). Hormone therapy in postmenopausal woman. *New England Journal of Medicine, 382* (24), e91.

DeWall, C. N., Anderson, C. A., & Bushman, B. J. (2013). Aggression. In I. B. Weiner & others (Eds.), *Handbook of psychology* (2nd ed., Vol. 5). New york: Wiley.

DeWall, C. N., Lambert, N. M., Slotter, E. B., Pond Jr, R. S., Deckman, T., Finkel, E. J., Luchies, L. B., & Fincham, F. D. (2011). So far away from one's partner, yet so close to romantic alternatives: Avoidant attachment, interest in alternatives, and infidelity. *Journal of Personality and Social Psychology, 101* (6), 1302-1316.

Diamond, A. (2013). Executive functions. *Annual Review of Psychology* (Vol. 64). Palo Alto, CA: Annual Reviews.

Diamond, A., Prevor, M., Callender, G., & Druin, D. (1997). Prefrontal cortex cognitive deficits in children treated early and continuously for PKU. *Monographs of the Society for Research in Child Development, 62* (4, Serial No. 252), 1-208.

Dietz, T. L. (1998). An examination of violence and gender role portrayals in video games: Implications for gender socialization and aggressive behavior. *Sex Roles, 38,* 425-442.

DiGiulio, J. F. (1992). Early widowhood: An atypical transition. *Journal of Mental Health Counseling, 14,* 97-109.

DiLalla, L. F., Kagan, J., & Reznick, J. S. (1994). Genetic etiology of behavioral inhibition among 2-year-old children. *Infant Behavior and Development, 17,* 405-412.

Dilley, J. S. (1965). Decision-making ability and vocational maturity. *Personal and Guidance Journal, 44,* 154-164.

Dillon, L. S. (1987). *The gene: Its structure, function, and evolution.* New York: Plenum.

Dixon, R. A., & Baltes, P. B. (1986). Toward life-span research on the functions and pragmatics of intelligence. In R. J. Sternberg & R. K. Wagner (Eds.), *Practical intelligence: Nature and origins of competence in the everyday world.* New York: Cambridge University Press.

Dobson, V., & Teller, D. Y. (1978). Visual acuity in human infants: A review and comparison of behavioral and electrophysiological studies. *Vision Research, 18,* 1469-1483.

Dodge, K. A., Coie, J. D., Pettit, G. S., & Price, J. M. (1990). Peer status and aggression in boys' groups: Developmental and contextual analyses. *Child Development, 61,* 1289-1310.

Doherty, W. J., & Jacobson, N. S. (1982). Marriage and the family. In B. Wolman (Ed.), *Handbook of developmental psychology.* Englewood Cliffs, NJ: Prentice-Hall.

Dolezal, S. L., Davison, G. C., & DeQuattro, V. (1996, March). *Hostile behavior, Type A, cardiac damage and neuroendocrine response in hostility provoking social interactions.* Paper presented at the meeting of the American Psychosomatic Society, Williamsburg, VA.

Dollaghan, C. (1985). Child meets word: "Fast mapping" in preschool children. *Journal of Speech and Hearing Research, 28,* 449-454.

Donnay, D. A. C., & Borgen, F. H. (1996). Validity, structure, and content of the 1994 Strong Interest Inventory. *Journal of Counseling Psychology, 43,* 275-291.

Donohugh, D. (1981). *The middle years.* Philadelphia: Saunders.

Dorn, L. D., Susman, E. J., & Ponirakis, A. (2003). Pubertal timing and adolescent adjustment and behavior: Conclusions vary by rater. *Journal of Youth and Adolescence, 32,* 157-167.

Dornbusch, S., Ritter, P., Leiderman, P., Roberts, D., & Fraleigh, M. (1987). The relation of parenting style to adolescent school performance. *Child Development, 58,* 1244-1257.

Dörrenbächer, S., Wu, C., Zimmer, H., & Kray, J. (2020). Plasticity in brain activity dynamics after task-shifting training in older adults. *Neuropsychologia, 136.*

Doty, R. L., & Shah, M. (2008). Taste and smell. In M. M. Haith & J. B. Benson (Eds.), *Encyclopedia of infant and early childhood development.* Oxford, UK: Elsevier.

Doussard-Roosevelt, J. A., Porges, S. W., Scanlon, J. W., Alemi, B., & Scanlon, K. B. (1997). Vagal regulation of heart rate in the prediction of developmental outcome for very low birth weight preterm infants. *Child Development, 68,* 173-186.

Douvan, E., & Adelson, J. (1966). *The adolescent experience.* New York: Wiley.

Dow-Edwards, D., MacMaster, F. P., Peterson, B. S., Niesink, R., Andersen, S., & Braams, B. R. (2019). Experience during adolescence shapes brain development: From synapses and networks to normal and pathological behavior. *Neurotoxicology and Teratology, 76,* 106834.

Downey, A. (1984). Relationship of religiosity to death anxiety of middle-aged males. *Psychological Reports, 54,* 811-822.

Downs, A. (1996, July/August). The wages of downsizing, *Mother Jones, 21,* 6-12.

Dreikurs, R. (1967). *Psychodynamics, psychotherapy, and counselling.* Chicago: Alfred Adler Institute.

Driscoll, R., Davis, K. E., & Lipetz, M. E. (1972). Parental interference and romantic love: The Romeo and Juliet effect. *Journal of Personality and Social Psychology, 24,* 1-10.

Du, T., Fernandez, C., Barshop, R., Guralnik, J., & Bazzano, L. A. (2020). Cardiovascular risk factors from childhood and midlife physical function: The Bogalusa Heart Study. *Experimental Gerontology, 136,* 110947.

Duck, S. (1991). *Human relationships.* Newbury park. CA: Sage.

Duczkowska, A., Bekiesinska-Figatowska, M., Herman-Sucharska, I., Duczkowski, M., Romaniuk-Doroszewska, A., Jurkiewicz, E., Dubis, A., Urbanik, A., Furmanek, M., & Walecki, J. (2011). Magnetic resonance imaging in the evaluation of the fetal spinal canal contents. *Brain Development, 33* (1), 10-20.

Dudovitz, R. N., Thomas, K., Shan, M. D., Szilagyi, P. G., Vizueta, N., Vangala, S., Shetgiri, R., & Kapteyn, A. (2022). School-age children's wellbeing and school-related needs during the COVID-19 pandemic. *Academic Pediatrics, 22* (8), 1368-1374.

Duijts, L., Jaddoe, V. W. V., Hofman, A., & Moll, H. A. (2010, June 21). *Prolonged and exclusive breastfeeding reduces the risk of infectious diseases in infancy.* Pediatrics; DOI: 10.1542/peds.2008-3256.

Duke-Duncan, P. (1991). Body image. In R. M. Lerner, A. C. Petersen, & J. Brooks-Gunn (Eds.), *Encyclopedia of adolescence* (Vol. 1). New York: Garland.

Dunne, R. G., Asher, K. N., & Rivara, F. P. (1992). Behavior and parental expectations of child pedestrians. *Pediatrics, 89,* 486-490.

DuPlessis, H. M., Bell, R., & Richards, T. (1997). Adolescent pregnancy: Understanding the impact of age and race on outcomes. *Journal of Adolescent Health, 20,* 187-197.

Duriez, B., Luyckx, K., Soenens, B., & Berzonsky, M. (2012). A process-content approach to adolescent identity formation: Examining longitudinal associations between identity styles and goal pursuits. *Journal of Personality, 80,* 135-161.

Durlak, J. A. (1973). Relationship between attitudes toward life and death among elderly women. *Developmental Psychology, 8* (1), 146.

Dutta, R., Yale, G. A., Schaie, K. W., Willis, S. L., O'Hanlon, A. M., & Yu, L. C. (1989). *Age difference patterns in primary mental abilities in China and the U.S.A.* Paper presented at the annual meeting of the Gerontological Society of America. Minneapolis, MN.

Duursma, S. A., Raymakers, J. A., Boereboom, F. T. J., & Scheven, B. A. A. (1991). Estrogen and bone metabolism. *Obstetrical and Gynecological Survey, 47,* 38-44.

Dweck, C. S. (1986). Motivational processes affecting learning. *American Psychologist, 41,* 1040 -1048.

Dweck, C. S. (1989). Motivation. In A. Lesgold & R. Glaser (Eds.), *Foundations for a psychology of education.* Hillsdale, New Jersey: Erlbaum.

Dworetzky, J. P. (1990). *Introduction to child development* (4th ed.). MN: West Publishing.

Eagly, A. H. (1987). *Sex differences in social behavior: A social-role interpretation.* Hillsdale, NJ: Erlbaum.

Eaker, E. D., Sullivan, L. M., Kelly-Hayes, M., D'Agostino, R. B., Sr., & Benjamin, E. J. (2004). Anger and hostility predict the development of atrial fibrillation in men in the Framingham offspring study. *Circulation, 109,* 1267-1271.

East, P. L. (1991). Peer status groups. In R. M. Lerner, A. C. Petersen, & J. Brooks-Gunn (Eds.), *Encyclopedia of adolescence* (Vol. 2). New York: Garland.

Easterbrooks, M. A., Bartlett, J. D., Beeghly, M., & Thompson, R. A. (2013). Social and emotional development in infancy. In I. B. Weiner & others (Eds.), *Handbook of psychology* (2nd ed., Vol. 6). New York: Wiley.

Eastman, P. (1984). Elders under siege. *Psychology Today, 18* (1), 30.

Eberly, M. B., Hascall, S. A., Andrews, H., & Marshall, P. M. (1997, April). *Contributions of attachment quality and adolescent prosocial behavior to perceptions of parental influence: A longitudinal study.* Paper presented at the meeting of the Society for Research in Child Development, Washington, DC.

Eckerman, C. D., Davis, C. C., & Didow, S. M. (1989). Toddlers' emerging ways of achieving social coordinations with a peer. *Child Development, 60,* 440-453.

Edelson, E. (1991). Aging. *The encyclopedia of health: The life cycle.* New York: Chelsea House.

Edwards, J. N. (1969). Familial behavior as social exchange. *Journal of Marriage and the Family, 31,* 518-526.

Edwards, S. L., & Coyne, I. (2020). *A nurse's survival guide to children's nursing* (updated 1st edition). New York: Elsevier.

Egan, S. K., & Perry, D. G. (1998). Does low self-regard invite victimization? *Developmental Psychology, 34* (2), 299-309.

Eichorn, D. H. (1979). Physical development: Current foci of research. In J. D. Osofsky (Ed.), *Handbook of infant development.* New York: Wiley.

Eiger, M. S. (1992). The feeding of infants and children. In R. A. Hoekelman, S. B. Friedman, N. M. Nelson, & H. M. Seidel (Eds.), *Primary pediatric care* (2nd ed.). St. Louis: Mosby Yearbook.

Einstein, G. O., & McDaniel, M. A. (1990). Normal aging and prospective memory. *Journal of Experimental Psychology: Learning, Memory, and Cognition, 6,* 717-

726.

Einstein, G. O., McDaniel, M. A., Richardson, S. L., Guynn, M. J., & Cunfer, A. R. (1995). Aging and prospective memory: Examining the influences of self-initiated retrieval processes. *Journal of Experimental Psychology: Learning, Memory, and Cognition, 21*, 996-1007

Eisdorfer, C. (1963). The WAIS performance of the aged: A retest evaluation. *Journal of Gerontology, 18,* 169-172.

Eisenberg, N. (1991). Prosocial development in adolescence. In R. M. Lerner, A. C. Petersen, & J. Brooks-Gunn (Eds.), *Encyclopedia of adolescence* (Vol. 2). New York: Garland.

Eisenberg, N., Fabes, R. A., Nyman, M., Bernzweig, J., & Pinuelas, A. (1994). The relations of emotionality and regulation to children's anger-related reactions. *Child Development, 65,* 109-128.

Eisenberg, N., Spinard, T., & Sadovsky, A. (2013). Empathy related responding in children. In M. Killen & J. G. Smetana (Eds.), *Handbook of moral development* (2nd, ed.). New York: Routledge.

Eisenberg, N., Spinrad, T. L., & Knafo-Noam, A. (2015). Prosocial development. In M. E. Lamb (Vol. Ed.) & R. M. Lerner (Ed.), *Handbook of child psychology and developmental science: Vol. 3. Socioemotional processes* (pp. 610-656). Hoboken, NJ: Wiley.

Eisenberg-Berg, N., & Hand, M. (1979). The relationship of preschoolers' reasoning about prosocial moral conflicts to prosocial behavior. *Child Development, 50,* 356-363.

Ekas, N. A., Braungart-Rieker, & Messinger, D. S. (2018). The development of infant emotion regulation: Time is of the essence. In P. M. Cole & T. Hollenstein (Eds.), *Emotion regulation*, New York: Routledge.

Elder, D. (2015). Reducing the risk of sudden infant death syndrome-A steady gain but still room for improvement. *New Zealand Medical Journal, 128,* 13-14.

Elder, G. H., Jr. (1994). Time, human agency, and social change: Perspectives on the life course. *Social Psychology Quarterly, 57,* 4-15.

Elder, G. H., Jr., & Caspi, A. (1988). Human development and social change: An emerging perspective on the life course. In N. Bolger, A. Caspi, G. Downey, & M. Moorehouse (Eds.), *Persons in context: Developmental processes*. New York: Cambridge University Press.

Elder, G. H. Jr., & Rockwell, R. C. (1978). Economic depression and postwar opportunities in men's lives. In R. A. Simmons (Ed.), *Research in community and mental health*. Greenwich, CT: JAI Press.

El-Farrash, R. A., Shinkar, D. M., Ragab, D. A., Salem, R. M., Saad, W. E., Farag, A. S., Salama, D. H., & Sakr, M. F. (2020). Longer duration of kangaroo care improves neurobehavioral performance and feeding in preterm infants: A randomized controlled trial. *Pediatric Research, 87*(4), 683-688.

Elkind, D. E. (1967). Egocentrism in adolescence. *Child Development, 38,* 1025-1034.

Elkind, D. E. (1978). Understanding the young adolescent. *Adolescence, Spring,* 127-134.

Elkind, D. E. (1985a). Reply to D. Lapsley and M. Murphy's developmental review paper. *Developmental Review, 5,* 218-226.

Elkind, D. E. (1985b). Egocentrism redux. *Developmental Review, 5,* 218-226.

Elks, C. E., & Ong, K. K. (2011). Whole genome associated studies for age of menarche. *Briefings in Functional Genomics, 2,* 91-97.

Ellsworth, C. P., Muir, D. W., & Hains, S. M. J. (1993). Social competence and person-object differentiation: An analysis of the still-face effect. *Developmental Psychology, 29,* 63-73.

Enright, R. D., Shukla, D. G., & Lapsley, D. K. (1980). Adolescent egocentrism, sociocentrism, and selfconsciousness. *Journal of Youth and Adolescence, 9* (2), 101-116.

Epstein, L. H., & Wing, R. R. (1987). Behavioral treatment of childhood obesity. *Psychological Bulletin, 101,* 331-342.

Erber, J. T. (1981). Remote memory and age: A review. *Experimental Aging Research, 1,* 189-199.

Erikson, E. H. (1950). *Childhood and society.* New York: Norton.

Erikson, E. H. (1963). *Childhood and society* (2nd ed.). New York: Norton.

Erikson, E. H. (1968a). *Identity: Youth and crisis.* New York: Norton.

Erikson, E. H. (1968b). Life cycle. *In International Encyclopedia of the Social Sciences, 9,* 286-292. New York: The Free Press.

Erikson, E. H. (1975). *Life history and the historical moment.* New York: Norton.

Erikson, E. H. (Ed.). (1978). *Adulthood.* New York: Norton.

Erikson, E. H. (1982). *The life cycle completed: A review.* New York: Norton.

Erikson, E. H. (1985). *The life cycle completed.* New York: Norton.

Eriksson, U. J. (2009). Congenital malformations in diabetic pregnancy. *Seminar in Fetal and Neonatal Medicine, 14,* 85-93.

Espirito Santo, J. L. Portuguez, M. W., & Nunes, M. L. (2009). Cognitive and behavioral status of low birth weight preterm children raised in a developing country at preschool age. *Journal of Pediatrics, 85,* 35-41.

Fabes, R., Eisenberg, N., Karbon, M., Bernzweig, J., Speer, A., & Carlo, G. (1994). Socialization of children's vicarious emotional responding and prosocial behavior. *Developmental Psychology, 30,* 44-55.

Fabre, B., Grosman, H., Mazza, O., Nolazco, C., Machulsky, N. F., Mesch, V., Schreier, L., Gidron, Y., & Berg, G. (2013). Relationship between cortisol, life events, and metabolic syndrome in men. *Stress, 16* (1), 16-23.

Fagot, B. I. (1977). Consequence of moderate cross-gender behavior in preschool children. *Child Development, 48,* 902-907.

Fagot, B. I., Rodgers, C. S., & Leinbach, M. D. (2000). Theories of gender socialization. In T. Eckes & H. M. Trautner (Eds.), *The developmental social psychology of gender.* Mahwah, NJ: Erlbaum.

Falbo, T., & Poston, D. L. (1993). The academic, personality, and physical outcomes of only children in China. *Child Development, 64,* 18-35.

Fantz, R. L. (1963). Pattern vision in newborn infants. *Science, 140,* 296-297.

Farasat, M., Watters, A., Bendelow, T., Schuller, J., Mehler, P. S. & Krantz, M. J. (2020). Long-term cardiac arrhythmia and chronotropic evaluation in patients with severe anorexia nervosa (LACE-AN): A pilot study. *Journal of Cardiovascular Electrophysiology, 31* (2), 432-439

Farber, H. (1996, Octocer 26). Corporate downsizing. *Economist, 341,* 79-81.

Farrell, M. P., & Rosenberg, S. D. (1981). *Men at midlife.* Boston: Aubum.

Featherman, D. L., Smith, J., & Peterson, J. G. (1990). Successful aging in a post-retired society. In P. B. Baltes & M. M. Baltes (Eds.), *Successful aging: Perspectives from the behavioral sciences.* New York: Cambridge University Press.

Feingold, A. (1993). Cognitive gender differences: A developmental perspective. *Sex Roles, 29,* 91-112.

Feinman, S., Roberts, D., Hsieh, K., Sawyer, D., & Swanson, D. (1992). A critical review of social referencing in infancy. In S. Feinman (Ed.), *Social referencing and the social construction of reality in infancy.* New York: Plenum.

Feldman, N. A., & Ruble, D. N. (1988). The effect of personal relevance on psychological inference: A developmental analysis. *Child Development, 59,* 1339-1352.

Feldman, S. S., & Elliott, G. R. (1990). Progress and promise of research on normal adolescent development. In S. S. Feldman & G. Elliott (Eds.), *At the threshold: The developing adolescent.* Cambridge, Massachusetts: Harvard University Press.

Feldman, S. S., Biringen, Z. C., & Nash, S. C. (1981). Fluctuations of sex-related self-attributions as a function of stage of family life cycle. *Developmental Psychology, 17,* 24-35.

Fernald, A., & Morikawa, H. (1993). Common themes and cultural variations in Japanese and American mothers' speech to infants. *Child Development, 64,* 637-656.

Ferrer-Wreder, L., & Kroger, J. (2020). *Identity in adolescence* (4th ed.). New York: Routledge.

Field, D., & Millsap, R. E. (1991). Personality in advanced old age: Continuity or change? *Journal of Gerontology: Psychological Sciences, 46* (6), 299-308.

Field, T. M. (1987). Affective and interactive disturbances in infants. In J. D. Osofsky (Ed.), *Handbook of infant development* (2nd ed.). New York: Wiley.

Field, T. M. (1990). *Infancy.* Cambridge, MA: Harvard University Press.

Field, T. M., Hernandez-Reif, M., Feijo, L., & Freedman, J. (2006). Prenatal, perinatal, and neonatal stimulation: A survey of neonatal nurseries. *Infant Behavior and Development, 29* (1), 24-31.

Fingerman, K. L., & Baker, B. (2006). Socioemotional aspects o f aging. In J. Wilmouth & K. Ferraro (Eds.), *Perspectives in gerontology* (3rd ed.). New York: Springer.

Fischer, K. W., & Rose, S. P. (1994). Dynamic development of coordination of components in brain and behavior: A framework for theory. In G. Dawson & K. W. Fishcher (Eds.), *Human behavior and the developing brain* (pp. 3-66). New York: Guilford.

Fisher, H. (1992). *Anatomy of love: The mysteries of mating, marriage, and why we stray.* New York: Ballantine Books.

Fisher, M., Golden, N. H., Katzman, D. K., Kreipe, R. E., Rees, J., Schebendach, J., Sigman, G., Ammerman, S., & Hoberman, H. M. (1995). Eating disorders in adolescents: A background paper. *Journal of Adolescent Health, 16,* 420-437.

Fitzpatrick, M. A. (1984). A topological approach to marital interaction-Recent theory and research. *Advances in Experimental Sociology, 18,* 1-47.

Flavell, J. H. (1971). Stage-related properties of cognitive development. *Cognitive Psychology, 2,* 421-453.

Flavell, J. H., Beach, D. R., & Chinsky, J. H. (1966). Spontaneous verbal rehearsal in a memory task as a function of age. *Child Development, 37,* 283-299.

Flavell, J. H., Friedrichs, A., & Hoyt, J. (1970). Developmental changes in memorization processes. *Cognitive Psychology, 1,* 324-340.

Flavell, J. H., Everett, B. H., Croft, K., & Flavell, E. R. (1981). Young children's knowledge about visual perception: Further evidence for the level 1-level 2 distinction.

Developmental Psychology, 17, 99-103.

Flavell, J. H., Green, F. L., & Flavell, E. R. (1986). Development of knowledge about the appearance reality distinction. *Monographs of the Society for Research in Child Development, 51* (serial No. 212).

Flegal, W. A. (2007). Blood group genotyping in Germany. *Transfusion, 47* (Suppl. I), S47-S53.

Flint, M. (1982). Male and female menopause: A cultural puton. In A. M. Voda, M. Dinnerstein, & S. R. O'Donnell (Eds.), *Changing perspectives on menopause.* Austin: University of Texas Press.

Flynn, J. R. (1999). Searching for justice: The discovery of IQ gains over time. *American Psychologist, 54,* 5-20.

Flynn, J. R. (2007). The history of the American mind in the 20th century: A scenario to explain gains over time and a case for the irrelevance of g. In P. C. Kyllonen, R. D. Roberts, & L. Stankov (Eds.), *Extending intelligence.* Mahwah, NJ: Erlbaum.

Flynn, J. R. (2011). Secular changes in intelligence. In R. J. Sternberg & S. B. Kaufman (Eds.), *Cambridge handbook of intelligence.* New York: Cambridge University Press.

Flynn, J. R. (2013). *Are we getting smarter?* New York: Cambridge University Press.

Flynn, J. R. (2018). Reflections about intelligence over 40 years. *Intelligence, 70,* 73-83.

Flynn, J. R. (2020). Secular changes in intelligence. In R. J. Sternberg (Ed.), *Cambridge handbook of intelligence* (2nd ed.). New York: Cambridge University Press.

Flynn, J. R., & Rossi-Case, L. (2012). IQ gains in Argentina between 1964 and 1998. *Intelligence, 40,* 145-150.

Forehand, R., Thomas, A. M., Wierson, M., Brody, G., & Fauber, R. (1990). Role of maternal functioning and parenting skills in adolescent functioning following parental divorce. *Journal of Abnormal Psychology, 99,* 278-283.

Foreman, J. (1994, May 16). Brain power's sliding scale. *Boston Globe, 25,* 49.

Fox, N. A., Rubin, K. H., Calkins, S. D., Marshall, T. R., Coplan, R. J., Porges, S. W., Long, J. M., & Stewart, S. (1995). Frontal activation asymmetry and social competence at four years of age. *Child Development, 66,* 1770-1784.

Fozard, J. L. (1990). Vision and hearing in aging. In J. E. Birren & K. W. Schaie (Eds.), *Handbook of the psychology of aging* (3rd ed.). New York: Academic Press.

Fragkiadaki, P., Nikitovic, D., Kalliantasi, K., Sarandi, E., Thanasoula, M., Stivaktakis, P. D., Nepka, C., Spandidos, D. A., Tosounidis, T., & Tsatsakis, A. (2020). Telomere length and telomerase activity in osteoporosis and osteoarthritis. *Experimental and Therapeutic Medicine,*

19 (3), 1626-1632.

Frank, D., & Zeisel, S. (1988). Failure-to-thrive. *Pediatric Clinics of North America, 35,* 1187-1206.

Frank, S. J., Avery, C. B., & Laman, M. S. (1988). Young adults' perception of their relationships with their parents: Individual differences in connectedness, competence, and emotional autonomy. *Developmental Psychology, 24,* 729-737.

Frank, S. J., Pirsch, L. A., & Wright, V. C. (1990). Late adolescents' perceptions of their relationships with their parents: Relationships among deidealization, autonomy, relatedness, and insecurity and implications for adolescent adjustment and ego identity status. *Journal of Youth and Adolescence, 19* (6), 571-588.

Frankel, K. A. (1990). Girls' perception of peer relationship support and stress. *Journal of Early Adolescence, 10,* 69-88.

Frankl, V. (1965). *The doctor and the soul.* New York: Knopf.

Franzago, M., Santurbano, D., Vitacolonna, E., & Stuppia, L. (2020). Genes and diet in the prevention of chronic diseases in future generations. *International Journal of Molecular Science, 21* (7), 2633.

Fraser, A. M., Padilla-Walker, L. M., Coyne, S. M., Nelson, L. J., & Stockdale, L. A. (2012). Association between violent video gaming, empathic concern, and prosocial behavior toward strangers, friends, and family members. *Journal of Youth and Adolescence, 41,* 636-649.

Frazer, D. W., Leicht, M. L., & Baker, M. D. (1996). Psychological manifestations of physical disease in the elderly. In L. L. Carstersen, B. Edelstein, & L. Dornbrand (Eds.), *The practical handbook of clinical gerontology.* Thousand Oaks, CA: Sage.

Freedman, D. G. (1974). *Human infancy: An evolutionary perspective.* NY: John Wiley.

Freud, A. (1946). *The psychoanalytic treatment of children.* London: Imago.

Freud, A. (1958). Adolescence. In *The psychoanalytic study of the child* (Vol. 13). New York: International Universities Press.

Freud, A. (1965). *The psychoanalytical treatment of children.* New York: International Universities Press.

Freud, A. (1969). Adolescence as a developmental disturbance. In G. Kaplan & S. Lobovici (Eds.), *Adolescence: Psychosocial perspectives.* New York: Basic Books.

Freud, A., & Dann, S. (1951). Instinctual anxiety during puberty. In A. Freud (Ed.), *The ego and its mechanisms of defense.* New York: International Universities Press.

Freud, S. (1925). Three contributions to the sexual theory. *Nervous and Mental Disease Monograph Series,* No. 7. New York: Nervous and Mental Disease Publishing Co.

Freud, S. (1933). *New introductory lectures in psychoanalysis.* New York: Norton.

Freud, S. (1938). *An outline of psychoanalysis.* London: Hogarth.

Freud, S. (1959). Analysis of a phobia in a 5-year-old boy. In A. Strachey & J. Strachey (Eds.), *Collected papers* (Vol. 3). New York: Basic Books.

Freud, S. (1960). *A general introduction to psychoanalysis.* New York: Washington Square Press. (Original work published 1935.)

Freud, S. (1961). *The ego and the id* (Standard ed. Vol. 19). London: Hogarth. (Originally published 1923.)

Friedman, K. S., & Pines, A. M. (1992). Increase in Arab women's perceived power in the second half of life. *Sex Roles, 26,* 1-9.

Friedman, M., & Rosenman, R. H. (1974). *Type A behavior and your heart.* New York: Knopf.

Friend, M., & Davis, T. (1993). Appearance-reality distinction: Children's understanding of the physical and affective domains. *Developmental Psychology, 29,* 907-913.

Frisch, R. E. (1991). Puberty and body fat. In R. M. Lerner, A. C. Petersen, & J. Brooks-Gunn (Eds.), *Encyclopedia of adolescence.* New York: Garland.

Frost, E. A., Gist, R. S., & Adriano, E. (2011). Drugs, alcohol, pregnancy, and fetal alcohol syndrome. *International Anesthesiology Clinics, 49,* 119-133.

Fuligni, A. J., & Eccles, J. S. (1993). Perceived parent-child relationships and early adolescents' orientation toward peers. *Developmental Psychology, 29,* 622-632.

Fultz, N. H., & Herzog, A. R. (1991). Gender differences in affiliation and instrumentality across adulthood. *Psychology and Aging, 6,* 579-586.

Funk, J. B., & Buchman, D. D. (1996). Playing violent video and computer games and adolescent self-concept.

Gabelle, A., & Dauvilliers, Y. (2010). Editorial: Sleep and dementia. *Journal of Nutrition, Health, and Aging, 14,* 201-202.

Galambos, N. L., Berenbaum, S. A., & McHale, S. M. (2009). Gender development in adolescence. In R. M. Lerner & L. Steinberg (Eds.), *Handbook of adolescent psychology.* New York: Wiley.

Gallatin, J. (1975). *Adolescence and individuality.* New York: Harper & Row.

Galvan, A., & Tottenham, N. (2016). Adolescent brain development. In D. Cicchetti (Ed.), *Developmental psychopathology* (3rd ed.). New York: Wiley.

Ganchrow, J. R., Steiner, J. E., & Daher, M. (1983). Neonatal facial expressions in response to different qualilties and intensities of gastatory stimuli. *Infant Behavior and Development, 6,* 189-200.

Ganzewinkel, C. J., Anand, K. J., Kramer, B. W., & Andriessen, P. (2014). Chronic pain in the newborn: Toward a definition. *Clinical Journal of Pain, 30* (11), 970-977.

Garber, J., Kriss, M. R., Koch, M., & Lindholm, L. (1988). Recurrent depression in adolescents: A follow up study. *Journal of the American Academy of Child and Adolescent Psychiatry, 27,* 49-54.

García-Ruiz, M., Rodrigo, M., Hernández-Cabrera, J. A., & Maiquez, M. (2013). Contribution of parents' adult attachment and separation attitudes to parent-adolescent conflict resolution. *Scandinavian Journal of Psychology, 54,* 459-467.

Gardner, H. (1983). *Frames of mind: The theory of multiple intelligences.* New York: Basic Books.

Gardner, H. (1993). *Multiple intelligences.* New York: Basic Books.

Gardner, H. (2002). Learning from extraordinary minds. In M. Ferrari (Ed.), *The pursuit of excellence through education.* Mahwah, NJ: Lawrence Erlbaum.

Gardner, H. (2016). Multiple intelligences: Prelude, theory, and aftermath. In R. J. Sternberg, S. T. Fiske, & J. Foss (Eds.), *Scientists making a difference.* New York: Cambridge University Press.

Garner, D. M., & Garfinkel, P. E. (1997). *Handbook of treatment for eating disorders.* New York: Plenum.

Gathwala, G., Singh, B., & Balhara, B. (2008). KMC facilitates mother-baby attachment in low birth weight infants. *Indian Journal of Pediatric, 75* (1), 43-47.

Gauvain, M. (2013). Sociocultural contexts of development. In P. D. Zelazo (Ed.), *Oxford handbook of developmental psychology.* New York: Oxford University Press.

Gazes, Y., Lee, S., Sakhardande, J., Mensing, A., Razlighi, Q., Ohkawa, A., Pleshkevich, M., Luo, L., & Habeck, C. (2020). fMRI-guided white matter connectivity in fluid and crystallized cognitive abilities in healthy adults. *NeuroImage, 215,* 116809.

Ge, X., Conger, R. D., & Elder, G. H. (2001). The relation between puberty and psychological distress in adolescent boys. *Journal of Research on Adolescence, 11,* 49-70.

Gelman, R., & Shatz, M. (1978). Appropriate speech adjustments: The operation of conversational constraints on talk to two-year-olds. In M. Lewis & L. A. Rosenblum (Eds.), *Interaction, conversation, and the development of language* (pp. 27-61). New York: Wiley.

Gelman, S. A. (2013). Concepts in development. In P. Zelazo (Ed.), *Oxford handbook of developmental psychology.* New York: Oxford University Press.

Gentile, D. A. (2011). The multiple dimensions of video game effects. *Child Development Perspectives, 5,* 75-81.

George, L. K. (1996). Social factors and illness. In R. H. Binstock & L. K. George (Eds.), *Handbook of aging and the social sciences* (4th ed). San Diego: Academic Press.

Gerbner, G. (1998). Cultivation analysis: An overview. *Mass Communication Research, 3-4*, 175-194.

Gergely, A., Petró, E., Oláh, K., & Topál1, J. (2019). Auditory-visual matching of conspecifics and non-conspecifics by dogs and human infants. *Animals, 9* (1), 17.

Gerstorf, D., Hoppmann, C. A., Löckenhoff, C. E., Infurna, F. J., Schupp, J., Wagner, G. G., & Ram, N. (2016). Terminal decline in well-being: The role of social orientation. *Psychology and Aging, 31*, 149-165.

Gesell, A. (1945). *The embryology of behavior.* New York: Harper & Row.

Gesell, A. (1954). The ontogenesis of infant behavior. In L. Carmichael (Ed.), *Manual of child psychology.* New York: Wiley.

Ghisletta, P., Rabbitt, P., Lunn, M., & Lindenberger, U. (2012). Two thirds of the age-based changes in fluid and crystallized intelligence, perceptual speed, and memory in adulthood are shared. *Intelligence, 40*, 260- 268.

Ghosh, S., Feingold, E., Chakaborty, S., & Dey, S. K. (2010). Telomere length is associated with types of chromosome 21 nondisjunction: A new insight into the maternal age effect on Down Syndrome birth. *Human Genetics, 127* (4), 403-408.

Giambra, L. M., Arenberg, D., Zonderman, A. B., Kawas, C., & Costa, P. T., Jr. (1995). Adult life span changes in immediate visual memory and verbal intelligence. *Psychology and Aging, 10*, 123-139.

Gibbs, J. C. (2014). *Moral development and reality: Beyond the theories of Kohlberg and Hoffman* (3rd ed.). Upper Saddle River, NJ: Pearson.

Gibson, E. J. (1969). *The principles of perceptual learning and development.* New York: Appleton-Century-Crofts.

Gibson, E. J. (1992). How to think about perceptual learning: Twenty-five years later. In H. L. Pick, P. Van den Brock, & D. C. Knoll (Eds.), *Cognitive psychology: Conceptual and methodological issues.* Washington, DC: American Psychological Association.

Gibson, E. J., & Walk, R. D. (1960). The "visual cliff." *Scientific American, 202*, 64-71.

Giedd, J. N. (2012). The digital revolution and the adolescent brain. *Journal of Adolescent Heath, 51*, 101-105.

Gilford, R. (1984). Contrasts in marital satisfaction throughout old age: An exchange theory analysis. *Journal of Gerontology, 39*, 325-333.

Gilford, R. (1986). Marriages in later life. *Generations, 10* (4), 16-20.

Gillies, W. E., & West, R. H. (1981). Timolol maleate and intraocular pressure in low-tension glaucoma. *Transactions of the Ophthamology Society, 33*, 25-33.

Gilligan, C. (1977). In a different voice: Women's conceptions of self and morality. *Havard Educational Review, 47* (4), 481-517.

Gilligan, C. (1982). *In a different voice: Psychological theory and women's development.* Cambridge, Massachusetts: Harvard University Press.

Gilligan, C. (1990). Teaching Shakespeare's sister. In C. Gilligan, N. Lyons, & T. Hanmer (Eds.), *Making connections: The relational worlds of adolescent girls at Emma Willard School.* Cambridge, Massachusetts: Harvard University Press.

Gilligan, C. (1993). Adolescent development reconsidered. In A. Garrod (Ed.), *Approaches to moral development: New research and emerging themes.* New York: Teachers College Press.

Gilligan, C. (1996). The centrality of relationships in psychological development: A puzzle, some evidence, and a theory. In G. G. Noam & K. W. Fischer (Eds.), *Development and vulnerability in close relationships.* Hillsdale, NJ: Erlbaum.

Gimovsky, A., Khodak-Gelman, S., & Larsen, J. (2014). Making chorionic villus sampling painless for both the patient and the physician. *Journal of Ultrasound Medicine, 33* (2), 355-357.

Ginzberg, E. (1951). *Occupational choice: An approach to a general theory.* New York: Columbia University Press.

Ginzberg, E. (1990). Career development. In D. Brown, L. Brooks, & Associates (Eds.), *Career choice and development.* San Francisco: Jossey-Bass.

Giovannini, M., Verduci, E., Salvatici, E., Paci, S., & Riva, E. (2012). Phenylketonuria: Nutritional advances and challenges. *Nutrition and Metabolism, 9* (1), 7-13.

Glina, S., Cohen, D. J., & Vieira, M. (2014). Diagnosis of erectile dysfunction. *Current Opinion in Psychiatry, 27*, 394-399.

Gnepp, J. (1983). Children's social sensitivity: Inferring emotions from conflicting cues. *Developmental Psychology, 19*, 805-814.

Gnepp, J., & Chilamkurti, C. (1988). Children's use of personality attributions to predict other peoples' emotional and behavioral reactions. *Child Development, 59*, 743-754.

Gnepp, J., & Hess, D. L. R. (1986). Children's understanding of display rules for expressive behavior. *Developmental Psychology, 22*, 103-108.

Gogtay, N., & Thompson, P. M (2010). Mapping gray matter development: Implications for typical development and vulnerability to psychopathology. *Brain and Cognition,*

72 (1), 6-15.

Golbus, M. S., & Fries, M. M. (1993). Surgical fetal therapy. In C. Lin, M. S. Verp, & R. E. Sabbagha (Eds.), *The high risk fetus: Pathophysiology, diagnosis, management*. New York: Springer-Verlag.

Goldberg, W. A., & Lucas-Thompson, R. (2008). Maternal and paternal employment, effects of. In M. M. Haith & J. B. Benson (Eds.), *Encyclopedia of infant and early childhood development*. Oxford, UK: Elsevier.

Goldenberg, R. L., & Culhane, J. F. (2007). Low birth weight in the United States. *American Journal of Clinical Nutrition, 85* (2), S584-S590.

Goldfield, B. A., & Reznick, J. S. (1990). Early lexical acquisition: Rate, content, and vocabulary spurt. *Journal of Child Language, 17*, 171-183.

Goldfield, G. S., Adamo, K. B., Rutherford, J., & Murray, M. (2012). The effects of aerobic exercise on psychosocial functioning of adolescents who are overweight or obese. *Journal of Pediatric and Adolescent Psychology, 37*, 1136-1147.

Gomez, S. H., Tse, J., Wang, Y., Turner, B., Millner, A. J., Nock, M. K. & Dunn, E. C. (2017). Are there sensitive periods when child maltreatment substantially elevates suicide risk? Results from a nationally representative sample of adolescents. *Depression and Anxiety, 34* (8), 734-741.

Good, T. L. (1979). Teacher effectiveness in the elementary school: What do we know about it now? *Journal of Teacher Education, 30*, 52-64.

Goodvin, R., Winer, A. C., & Thompson, R. A. (2014). The individual child: Temperament, emotion, self, and personality. In M. Bornstein & M. E. Lamb (Eds.), *Developmental science* (7th ed.). New York: Psychology Press.

Gorbach, S. L., Zimmerman, D. R., & Woods, M. (1984). *The doctors' antibreast cancer diet*. New York: Simon & Schuster.

Gorchoff, S. M., John, O. P., & Helson, R. (2008). Contextualizing change in marital satisfaction during middle age: An 18-Year longitudinal study. *Psychological Science, 19* (11), 1194-1200.

Gordon, A. (1975). The Jewish view of death: Guidelines for mourning. In E. Kübler-Ross (Ed.), *Death: The final stage of growth*. Englewood Cliffs, NJ: Prentice-Hall.

Gordon-Messer, D., Bauermeister, J. A., Grodzinski, A., & Zimmerman, M. (2013). Sexting among young adults. *Journal of Adolescent Health, 52* (2), 301-306.

Gorrell, S., & Le Grange, D. (2019). Update on treatments for adolescent bulimia nervosa. *Child and Adolescent Psychiatric Clinics of North America, 28* (4), 537-547.

Gorrell, S., Hail, L., Kinasz, K., Bruett, L., Forsberg, S., Delucchi, K., Lock, J., & Le Grange, D. (2019). A test of the DSM-5 severity specifier for bulimia nervosa in adolescents: Can we anticipate clinical treatment outcomes?. *International journal of eating disorders, 52* (5), 586-590.

Gorrese, A., & Ruggieri, R. (2012). Peer attachment: A meta-analytic review of gender and age differences and associations with parent attachment. *Journal of Youth and Adolescence, 41*, 650-672.

Gottlieb, G. (1991). Experiential canalization of behavioral development: Theory and commentary. *Developmental Psychology, 27*, 4-13.

Gottschalk, M. S., Eskild, A., Hofvind, S., Gran, J. M., & Bjelland, E. K. (2020). Temporal trends in age at menarche and age at menopause: A population study of 312, 656 women in Norway. *Human Reproduction, 35* (2), 464-471.

Graber, J. A. (2004). Internalizing problems during adolescence. In R. Lerner & L. Steinberg (Eds.), *Handbook of adolescent psychology*. New York: Wiley.

Graber, J. A., & Sontag, L. M. (2009). Internalizing problems during adolescence. In R. M. Lerner & L. Steinberg (Eds.), *Handbook of adolescent psychology* (3rd ed.). New York: Wiley.

Graber, J. A., Brooks-Gunn, J., & Warren, M. P. (2006). Pubertal effects on adjustment in girls: Moving from demonstrating effects to identifying pathways. *Journal of Youth and Adolescence, 35* (3), 391-401.

Graber, J. A., Nichols, T. R., & Brooks-Gunn, J. (2010). Putting pubertal timing in developmental context: Implications for prevention. *Developmental Psychobiology, 52*, 254-262.

Graber, J. A., Seeley, J. R., Brooks-Gunn, J., & Lewinsohn, P. M. (2004). Is pubertal timing associated with psychopathology in young adulthood? *Journal of the American Academy of Child and Adolescent Psychiatry, 43*, 718-726.

Graham, G., Holt/Hale, A., & Parker, M. (2020). *Children moving* (10th ed.). New York: McGraw-Hill.

Graham, K. L. (2020). Play. In B. Hopkins & others (Eds.), *Cambridge encyclopedia of child development*. New York: Cambridge University Press.

Graham, S., & Harris, K. R. (2020). Writing and students with learning disabilities. In A. Martin & others (Eds.), *Handbook of educational psychology and students with special needs*. New York: Rouledge.

Grambs, J. D. (1989). *Women over forty: Visions and realities* (Rev. ed.). New York: Springer.

Granek, L., Barrera, M., Scheinemann, K., & Bartels, U.

(2015). When a child dies: Pediatric oncologists' follow-up practices with families after the death of their child. *Psychooncology, 24,* 1626-1631.

Grant, T. M., Brown, N. N., Dubovsky, D., Sparrow, J., & Ries, R. (2013). The impact of prenatal alcohol exposure on addiction treatment. *Journal of Addiction Medicine, 7* (2), 87-95.

Graven, S. (2006). Sleep and brain development. *Clinics in Perinatology, 33*(3), 693-706.

Gravetter, F. J., & Forzano, L. B. (2019). *Research methods for the behavioral sciences* (6th ed.). Boston: Cengage.

Gravetter, F. J., Wallnau, L. B., Forzano, L. B., & Witnauer, J. E. (2021). *Essentials of statistics for the behavioral sciences* (10th ed.). Boston: Cengage.

Graziano, A. M., & Raulin, M. L. (2013). *Research methods* (8th ed.). Boston: Allyn & Bacon.

Graziano, A., & Raulin, M. (2020). *Research Methods* (9th ed.). Upper Saddle River, NJ: Pearson.

Grealish, K. G., Price, A. M., & Stein, D. S. (2020). Systematic review of recent pediatric Down Syndrome neuropsychology literature: Considerations for regression assessment and monitoring. *Journal of Developmental and Behavioral Pediatrics, 41* (6), 486-495.

Green, M. (1989). *Theories of human development: A comparative approach.* Englewood Cliffs, NJ: Prentice-Hall.

Greene, J. G. (1984). *The social and psychological origins of the climacteric syndrome.* Hants, England, & Brookfield, VT: Gower.

Gregory, R. J. (2011). *Psychological testing* (6th ed.). Upper Saddle River, NJ: Pearson.

Gregory, R. J. (2014). *Psychological testing* (7th ed.). Boston: Cengage.

Grewal, D. S., Schultz, T., Basti, S., & Dick, H. B. (2016). Femto second laser-assisted cataract surgery? Current status and future directions. *Survey of Ophthalmology, 61,* 103-131.

Grieser, D., & Kuhl, P. (1989). Categorization of speech by infants: Support for speech-sound prototypes. *Developmental Psychology, 25,* 577-589.

Gross, A. L., & Ballif, B. (1991). Children's understanding emotion from facial expressions and situations: A review. *Developmental Review, 11,* 368-398.

Grotevant, H. D., & Cooper, C. (1985). Patterns of interaction in family relationships and the development of identity exploration in adolescence. *Child Development, 56,* 415-428.

Guilford, J. P. (1967). *The nature of human intelligence.* New York: McGraw-Hill.

Gunnar, M. R., Malone, S., & Fisch, R. O. (1987). The psychobiology of stress and coping in the human neonate: Studies of the adrenocortical activity in response to stress in the first week of life. In T. Field, P. McCabe, & N. Scheiderman (Eds.), *Stress and coping.* Hillsdale, NJ: Erlbaum.

Guo, Q., & Jacelon, C. S. (2014). An integrative review of dignity in end-of-life care. *Palliative Medicine, 28* (7), 931-940.

Gutek, B. A., Searle, S., & Klepa, L. (1991). Rational versus gender role explanations for work-family conflict. *Journal of Applied Psychology, 76,* 560-568.

Gutmann, D. (1975). Parenthood: Key to the comparative psychology of the life cycle? In N. Datan & L. H. Ginsberg (Eds.), *Life span developmental psychology: Normative life crises.* New York: Academic Press.

Gutmann, D. (1987). *Reclaimed powers: Toward a new psychology of men and women in later life.* New York: Basic Books.

Guynn, M. J., McDaniel, M. A., & Einstein, G. O. (1998). Prospective Memory: When remainders fail. *Memory and Cognition, 26,* 287-298.

Gzesh, S. M., & Surber, C. F. (1985). Visual perspective-taking skills in children. *Child Development, 56,* 1204-1213.

Hachul, H., & Tufik, S. (2019). Hot flashes: Treating the mind, body and soul. *Menopause, 26* (5), 461-462.

Hagberg, B. (1991). Stability and chagne of personality in old age and its relation to survival. *Journal of Gerontology: Psychological Sciences, 46* (6), 285-292.

Haggerty, K. P., Skinner, M. L., McGlynn, A., Catalano, R. F., & Crutchfield, R. D. (2013). Parent and peer predictors of violent behavior of Black and White teens. *Violence and Victims, 28* (1), 145-160.

Hagman, J. O., & Frank, G. K. W. (2012). Developmental concerns in psychopharmacological treatment of children and adolescents with eating disorders. In J. Lock (Ed.), *Oxford handbook of child and adolescent eating disorders: Developmental perspectives.* New York: Oxford University Press.

Haidt, J., Koller, S. H., & Dias, M. G. (1993). Affect, culture, and morality, or is it wrong to eat your dog? *Journal of Personality and Social Psychology, 65,* 613-628.

Hains, A. A., & Ryan, E. B. (1983). The development of social cognitive processes among juvenile delinquents and nondelinquent peers. *Child Development, 54,* 1536-1544.

Hajek, A., Wolfram, C., Spitzer, M., & König, H.-H. (2021). Association of vision problems with psychosocial factors among middle-aged and older individuals: Findings from a nationally representative study. *Aging and Mental Health, 25* (5), 946-953.

Hakulinen, C., Jokela, M., Kivimäki, M., & Elovainiom, M. (2021). Personality traits and mental disorders. In P. J. Corr & G. Matthews (Eds.), *The Cambridge handbook of personality psychology* (2nd ed.). New York: Cambridge University Press.

Hale, L., Kirschen, G. W., LeBourgeois, M. K., Gradisar, M., Garrison, M. M., Montgomery -Downs, H., Kirschen, H., McHale, S. M., Chang, A. M., & Buxtonj, O. M. (2018). Youth screen media habits and sleep: Sleep-friendly screen-behavior recommendations for clinicians, educators, and parents. *Child and Adolescent Psychiatric Clinics of North America, 27* (2), 229-245.

Hales, D. (1992). *An invitation to health: Taking charge of your life.* Menlo Park, CA: Benjamin/Cummings.

Hall, C. S., & Lindzey, G. (1978). *Theories of personality* (3rd ed.). John Wiley & Sons.

Hall, C., Gregory, G., Billinger, E., & Fisher, T. (1988). Field independence and simultaneous processing in preschool children. *Perceptual and Motor Skills, 66,* 891-897.

Hall, G. S. (1904). *Adolescence: Its psychology and its relations to physiology, anthropology, sociology, sex, crime, religion, and education.* Englewood Cliffs, New Jersey: Prentice-Hall.

Hall, S. S., Hustyi, K. M., Hammond, J. L., Hirt, M., & Reiss, A. L. (2014). Using discrete trial training to identify specific learning impairments in boys with fragile X syndrome. *Journal of Autism and Developmental Disorders, 44* (7), 1659-1670.

Halliday, M. A. K. (1975). *Learning how to mean: Exploration in the development of language.* London: Arnold.

Hamilton, G. P. (1990). Promotion of mental health in older adults. In M. O. Hogstel (Ed.), *Geropsychiatric Nursing.* St. Louis: C. V. Mosby.

Hamner, T. J., & Turner, P. H. (1996). *Parenting in contemporary society* (3rd ed.). Needham Heights, MA: Allyn & Bacon.

Han, W-J., Hetzner, N. P., & Brooks-Gunn, J. (2019). Employment and parenting. In M. H. Bornstein (Ed.), *Handbook of parenting* (3rd ed.). New York: Routledge.

Hanna, G. P. (2016). Arts, health, and aging. In P. D. Lambert (Ed.), *Managing arts programs in healthcare.* New York, NY: Routledge.

Hansen, C. H., & Hansen, R. D. (1996). The influence of sex and violence on the appeal of rock music videos. *Communication Research, 17,* 212-234.

Hanson, G. M. B. (1999, June 28). The violent world of video games. *Insight on the News, 15,* 14.

Hardy, R., Eliot, J., & Burlingame, K. (1987). Stability over age and sex of children's responses to Embedded Figures Test. *Perceptual and Motor Skills, 64,* 399-406.

Harlow, H. F., & Zimmerman, R. R. (1959). Affectional responses in the infant monkey. *Science, 130,* 421-432.

Harper, K. M., Tunc-Ozcan, E., Graf, E. N., & Redei, E. E. (2014). Intergenerational effects of prenatal ethanol on glucose tolerance and insulin responses. *Physiological Genomics, 46* (5), 159-168.

Harrell, J. S., Gansky, S. A., Bradley C. B., & McMurray, R. G. (1997). Leisure time activities of elementary school children. *Nursing Research, 46,* 246-253.

Harrington, M. (2020). *The design of experiments in neuroscience.* New York: Cambridge University press.

Harris, G., Thomas, A., & Booth, D. A. (1990). Development of salt taste in infancy. *Developmental Psychology, 26,* 534-538.

Harrison, C., (2012). Aging: Telomerase gene therapy increases longevity. *Nature Reviews/Drug Discovery, 11,* 518.

Hart, D., & Chmiel, S. (1992). Influence of defense mechanisms on moral judgment development: A longitudinal study. *Developmental Psychology, 28,* 722-730.

Harter, S. (1990). Issues in the assessment of the self-concept of children and adolescents. In A. LaGreca (Ed.), *Through the eyes of a child* (pp. 292-325). Boston: Allyn & Bacon.

Harter, S., & Buddin, B. J. (1987). Children's understanding of the simultaneity of two emotions: A five-stage developmental acquisition sequence. *Developmental Psychology, 23,* 388-399.

Harter, S., & Whitesell, N. R. (1989). Developmental changes in children's understanding of single, multiple, and blended emotion concepts. In C. Saarni & P. Harris (Eds.), *Children's understanding of emotion.* Cambridge: Cambridge University Press.

Harter, S., Wright, K., & Bresnick, S. (1987). A developmental sequence of the emergence of self affects. Paper presented at the biennial meeting of the Society for Research in Child Development, Baltimore.

Hartshorn, K. (1998). *The effect of reinstatement on infant long-term retention.* Unpublished doctoral dissertation, Department of Psychology, Rutgers University, New Brunswick, NJ.

Hartup, W. W., & Overhauser, S. (1991). Friendships. In R. M. Lerner, A. C., Petersen & J. Brooks-Gunn (Eds.), *Encyclopedia of adolescence* (Vol. 1). New York: Garland.

Hassan, A., Heckman, M. G., Ahlskog, J. E., Wszolek, Z. K., Serie, D. J., Uitti, R. J., van Gerpen, J. A., Okun, M. S., Rayaprolu, S., & Ross, O. A. (2016). Association of Parkinson disease age of onset with DRD2, DRD3 and GRIN2B polymorphisms. *Parkinsonism & Related*

Disorders, 22, 102-105.

Hasselhorn, M. (1992). Task dependency and the role of category typicality and metamemory in the development of an organizational strategy. *Child Development, 63*, 202-214.

Hatfield, E., & Rapson, R. (1993). *Love, sex, and intimacy.* New York: Harper Collins.

Havighurst, R. J. (1972). *Developmental tasks and education* (3rd ed.). New York: David McKay.

Havighurst, R. J., Neugarten, B. L., & Tobin, S. S. (1968). Disengagement and patterns of aging. In B. L. Neugarten (Ed.), *Middle age and aging.* Chicago: University of Chicago Press.

Hay, D. F. (1994). Prosocial development. *Journal of Child Psychology and Psychiatry, 35*, 29-72.

Hay, P. (2013). A systematic review of evidence for psychological treatments in eating disorders: 2005-2012. *International Journal of Eating Disorders, 46*, 462-469.

Hay, P. (2020). Current approach to eating disorders: A clinical update. *Internal Medicine Journal, 50*, 24-29.

Hayflick, L. (1974). The strategy o f senescence. *Gerontologist, 14*(1), 37-45.

Hayflick, L. (1985). Theories of biological aging. *Experimental Gerontology, 20*, 145-159.

Hayflick, L. (1994). *How and why we age.* New York: Ballantine.

Hayflick, L. (2003). Living forever and dying in the attempt. *Experimental Gerontology, 38*, 1231-1241.

Hayflick, L. (2004). "Anti-aging" is an oxymoron. *Journal of Gerontology Series A: Biological Sciences*, 59A, 573-578.

Hayflick, L. (2007). Biological aging is no longer an unsolved problem. *Annals of the New York Academy of Sciences, 1100*, 1-13.

Hazan, C., & Shaver, P. (1987). Romantic love conceptualized as an attachment process. *Journal of personality and Social Psychology, 51*, 511-524.

Hefner, R., Rebecca, M., & Oleshansky, B. (1975). Development of sex-role transcendence. *Human Development, 18*, 143-158.

Heibeck, T., & Markman, E. M. (1987). Word learning in children: An examination of fast mapping. *Child Development, 58*, 1021-1034.

Heiman, G. W. (2014). *Basic statistics for the behavioral sciences* (7th ed.). Boston: Cengage.

Heiman, G. W. (2015). *Behavioral sciences STAT* (2nd ed.). Boston: Cengage.

Heller, Z. I. (1975). The Jewish view of dying: Guidelines for dying. In E. Kübler-Ross (Ed.), *Death: The final stage of growth.* Englewood Cliffs, NJ: Prentice-Hall.

Hellman, S. S., & Hellman, L. H. (1991). *Medicare and medigaps: A guide to retirement health insurance.* Newbury Park, CA: Sage.

Helson, R., & Wink, P. (1992). Personality change in women from the early 40s to the early 50s. *Psychology and Aging, 7*, 46-55.

Henderson, K. A., & Zivian, M. T. (1995, March). *The development of gender differences in adolescent body image.* Paper presented at the meeting of the Society for Research in Child Development, Indianapolis.

Hendrick, C., & Hendrick, S. S. (2019). Styles of romantic love. In R. J. Sternberg & K. Sternberg (Eds.), *The new psychology of love* (2nd ed.). New York: Cambridge University Press.

Hendrick, S. S., & Hendrick, C. (1992). *Liking, loving, and relating* (2nd ed.). Belmont, CA: Wadsworth.

Hendricks-Munoz, K. D., Li, Y. H., Kim, Y. S., Prendergast, C. C., Mayers, R., & Louie, M. (2013). Maternal and neonatal nurse perceived value of kangaroo mother care and maternal care partnership in the neonatal intensive care unit. *American Journal of Perinatology, 30* (10), 875-880.

Henggeler, S. W. (1989). *Delinquency in adolescence.* Newbury Park, CA: Sage.

Henker, F. O. (1981). Male climacteric. In J. G. Howells (Ed.), *Modern perspectives in the psychiatry of middle age.* New York: Brunner/Mazel.

Hennessy, K. D., Robideau, G. J., Cicchetti, D., & Cumming, E. M. (1994). Responses of physically abused and nonabused children to different forms of interadult anger. *Child Development, 65*, 815-828.

Herberman Mash, H. B., Fullerton, C. S., Shear, M. K., & Ursano, R. J. (2014). Complicated grief and depression in young adults: Personality and relationship quality. *Journal of Nervous and Mental Disease, 202*, 539-543.

Herda, A. A., & Mckay, B. D., Herda, T. J., Costa, P. B., Stont, J. R., & Cramer, J. T. (2021). Changes in strength, mobility, and body composition following self-selected exercise in older adults. *Journal of Aging and Physical Activity, 29* (1), 17-26.

Hermida, R. C., Ayala, D. E., Crespo, J. J., Mojón, A., Chayán, L., Fontao, M. J., & Fernandez, J. R. (2013). Influence of age and hypertension treatment-time on ambulatory blood pressure in hypertensive patients. *Chronobiology International, 30*, 176-191.

Heron, M. (2016). Deaths: Leading causes for 2013. *National Vital Statistics Reports, 65* (2), 1-95.

Heston, L. L., & White, J. A. (1983). *Dementia.* New York: Freeman.

Hetherington, E. M. (1981). Children of divorce. In R. Henderson (Ed.), *Parent-child interaction.* New York:

Academic Press.

Hetherington, E. M. (1999). Family functioning and the adjustment of adolescent siblings in diverse types of families. *Monographs of the Society for Research in Child Development, 64* (4), 26-49.

Hetherington, E. M. (2006). The influence of conflict, marital problem solving, and parenting on children's adjustment in nondivorced, divorced, and remarried families. In A. Clarke-Stewart & J. Dunn (Eds.), *Families count.* New York: Oxford University Press.

Hetherington, E. M., & Parke, R. D. (1993). *Child psychology* (4th ed.). New York: McGraw-Hill.

Hetherington, E. M., Anderson, E. R., & Hagan, M. S. (1991). Divorce: Effects of on adolescents. In R. M. Lerner, A. C. Petersen, & J. Brooks-Gunn (Eds.), *Encyclopedia of adolescence* (Vol. 1). New York: Garland.

Hetsroni, A. (2007). Sexual content on mainstream TV advertising: A cross-cultural comparison. *Sex roles, 57* (3-4), 201-210.

Hightower, E. (1990). Adolescent interpersonal and familial percursors of positive mental health at midlife. *Journal of Youth and Adolescence, 19,* 257-275.

Hill, J., & Palmquist, W. (1978). Social cognition and social relations in early adolescence. *International Journal of Behavioral Development, 1,* 1-36.

Hilliard, L., & Liben, L. (2012, April). *No boys in ballet: Response to gender bias in mother-child conversations.* Paper presented at the Gender Development Research conference, San Francisco.

Hinde, R. A. (1989). Ethological and relationship approaches. In R. Vasta (Ed.), *Annals of child development* (Vol. 6). *Theories of child development: Revised formulations and current issues.* Greenwich, CT: JAI Press.

Hines, M. (2011). Gender development and the human brain. *Annual Review of Neuroscience* (Vol. 34). Palo Alto, CA: Annual Reviews.

Hines, M. (2013). Sex and sex differences. In P. D. Zelazo (Ed.), *Handbook of developmental psychology.* New York: Oxford University Press.

Hinkley, T., Brown, H., Carson, V., & Teychenne, M. (2018). Cross sectional associations of screen time and outdoor play with social skills in preschool children. *PLoS One, 13* (4), [e0193700].

Hirsch, J. K., & Sirois, F. M. (2016). Hope and fatigue in chronic illness: The role of perceived stress. *Journal of Health Psychology, 21,* 451-456

Hirsh-Pasek, K., & Golinkoff, R. M. (2014). Early language and literacy: Six principles. In S. Gilford (Ed.), *Head Start teacher's guide.* New York: Teacher's College Press.

Hita-Yanez, E., Atienza, M., & Cantero, J. L. (2013).

Polysomnographic and subjective sleep markers of mild cognitive impairment. *Sleep, 36,* 1327-1334.

Hochanadel, G. A. (1991). Neuropsychological changes in aging: A process-oriented error analysis. *Dissertation Abstracts International, 52* (4-B), 2347.

Hochberg, C., Maul, E., Chan, E. S., Van Landingham, S., Ferrucci, L., Friedman, D. S., & Ramulu, P. Y. (2012). Association of vision loss in glaucoma and age-related macular degeneration with IADL disability. *Investigative Ophthalmology and Visual Science, 53* (6), 3201-3206.

Hochschild, A. (1975). Disengagement theory: A critique and proposal. *American Sociological Review, 40,* 553-569.

Hockenberry, M. J. & Wilson, D. (2019). *Wong's nursing care of infants and children* (11th ed.). New York: Elsevier.

Hoffman, L. W. (1989). Effects of maternal employment in two-parent families. *American Psychologist, 44,* 283-293.

Hoffman, M. L. (1970). Moral development. In P. H. Mussen (Ed.), *Manual of child psychology* (3rd ed., Vol. 2). New York: Wiley.

Hoffman, M. L. (1977). Moral internalization: Current theory and research. In L. Berkowitz (Ed.), *Advances in experimental social psychology* (Vol. 10). New York: Academic Press.

Hoffman, M. L. (1980). Moral development in adolescence, In J. Adelson (Ed.), *Handbook of adolescent psychology.* New York: Wiley.

Hoffman, M. L. (1987). The contribution of empathy to justice and moral judgment. In N. Eisenberg & J. Strayer (Eds.), *Empathy and its development.* Cambridge, UK: Cambridge University Press.

Hoffman, M. L. (1988). Moral development. In M. H. Bornstien & M. E. Lamb (Eds.), *Developmental psychology: An advanced textbook* (2nd ed.). Hillsdale, New Jersey: Erlbaum.

Hohls, J. K., Wild, B., Heider, D., Brenner, H., Böhlen, F., Saum, K. U., Schöttker, B., Matschinger, H., Haefeli, W. E., König, H. H., & Hajek, A. (2019). Association of generalized anxiety symptoms and panic with health care costs in older age-Results from the ESTHER cohort study. *Journal of Affective Disorders, 245,* 978-986.

Holahan, C., & Chapman, J. (2002). Longitudinal predictors of proactive goals and activity participation at age 80. *Journals of Gerontology: Series B: Psychological Sciences & Social Sciences, 57B,* P418-P425.

Hollams, E. M., de Klerk, N. H., Holt, P. G., & Sly, P. D. (2014). Persistent effects of maternal smoking during pregnancy on lung function and asthma in adolescents. *American Journal of Respiratory and Critical Care Medicine, 189,* 401-407.

Holland, J. L. (1973). *Making vocational choices: A theory of careers*. Englewood Cliffs, New Jersey: Prentice-Hall.

Holland, J. L. (1985). *Making vocational choices: A theory of vocational personalities and work enviornments* (2nd ed.). Englewood Cliffs, New Jersey: Prentice-Hall.

Holland, J. L. (1987). Current status of Holland's theory of careers: Another perspective. *Career Development Quarterly, 36,* 24-30.

Holland, J. L. (1997). *Making vocational choices: A theory of vocational personalities and environments* (3rd ed.). Odessa, FL: Psychological Assessment Resources.

Holliday, S. G., & Chandler, M. J. (1986). *Wisdom: Explorations in adult competence.* Basel, Switzerland: Karger.

Holmes, T. H., & Rahe, R. H. (1976). The social readjustment rating scale. *Journal of Psychosomatic Research, 11,* 213.

Holt, R. R. (1982). Occupational stress. In L. Goldberger & S. Breznitz (Eds.), *Handbook of stress.* New York: Free Press.

Holzman, L. (2017). *Vygotsky at work and play* (2nd ed.). New York: Routledge.

Homan, K. J., Greenberg, J. S., & Mailick, M. R. (2020). Generativity and well-being of midlife and aging parents with development or mental health problems. *Research on Aging,* 43, 95-104.

Hong, D. S., Hoeft, F., Marzelli, M. J., Lepage, J., Roeltgen, D., Ross, J., & Reiss, A. L. (2014). Influence of the X chromosome on neuroanatomy: Evidence from Turner and Klinefelter syndromes. *Journal of Neuroscience, 34,* 3509-3516.

Honzik, M. P. (1984). Life-span psychology. *Annual Review of Psychology, 35,* 309-333.

Honzik, M. P., MacFarlane, J. W., & Allen, L. (1948). The stability of mental test performance between two and eighteen years. *Journal of Experimental Education, 17,* 309-324.

Hooper, S. R., Hatton, D., Sideris, J., Sullivan, K., Ornstein, P. A., & Bailey, D. B. (2018). Developmental trajectories of executive functions in young males with Fragile X Syndrome. *Research in Developmental Disabilities, 81,* 73-88.

Hooyman, N. R., & Kiyak, H. A. (1996). *Social gerontology* (4th ed.). Allyn & Bacon.

Hops, H., Davis, B., Alpert, A., & Longoria, N. (1997, April). *Adolescent peer relations and depressive symptomatology.* Paper presented at the meeting of the Society for Research in Child Development, Washington, DC.

Horn, J. C., & Meer, J. (1987). The vintage years. *Psychology Today, 21* (5), 76-90.

Horn, J. L. (1967). Intelligence-Why it grows, why it declines. *Transaction, 5* (1), 23-31.

Horn, J. L. (1970). Organization of data on life-span development of human abilities. In L. R. Goulet & P. B. Baltes (Eds.), *Life-span developmental psychlogy: Theory and research.* New York: Academic.

Horn, J. L. (1982). The theory of fluid and crystallized intelligence in relation to concepts of cognitive psychology and aging in adulthood. In F. I. M. Craik & S. Trehub (Eds.), *Aging and cognitive processes.* New York: Plenum.

Horn, J. L., & Cattell, R. B. (1966). Age differences in primary mental ability factors. *Journal of Gerontology, 21,* 210-222.

Horn, J. L., & Donaldson, G. (1980). On the myth of intellectual decline in adulthood. *American Psychologist, 31,* 701-719.

Horne, R. S. C. (2018). Cardiovascular autonomic dysfunction in sudden infant death syndrome. *Clinical Autonomic Research, 23,* 535-543

Horne, R. S. C. (2019). Sudden infant death syndrome: Current perspectives. *Internal Medicine Journal, 49,* 433-438.

Howe, M. L., & Courage, M. L. (1993). On resolving the enigma of infantile amnesia. *Psychological Bulletin, 113,* 305-326.

Howe, N., Ross, H. S., & Recchia, H. (2011). Sibling relations in early and middle childhood. In P. K. Smith & C. H. Hart (Eds.), *The Wiley-Blackwell handbook of childhood social development* (2nd ed.). New York: Wiley.

Howell, D. C. (2014). *Fundamental statistics for the behavioral sciences* (8th ed.). Boston: Cengage.

Hower, J. T., & Edwards, K. J. (1979). The relationship between moral character and adolescent's perception of parental behavior. *Journal of Genetic Psychology, 135* (1), 23-32.

Howerton, C. L., & Bale, T. L. (2012). Prenatal programming: At the intersection of maternal stress and immune activation. *Hormones and Behavior, 62* (3), 237-242.

Hoyer, W. J., & Roodin, P. A. (2009). *Adult development and aging* (6th ed.). New York: McGraw-Hill.

Hoyt, K. B. (1987). The impact of technology on occupational change: Implications for career guidance. *The Career Development Quarterly, 35,* 269-278.

Huang, Y. P., Liu, W., Chen, S. F., Liu, Y. D., Chen, B., Deng, C. H., & Lu, M. J. (2019). Free testosterone correlated with erectile dysfunction severity among young men with normal total testosterone. *International Journal of Impotence Research, 31*(2), 132-138.

Hughes, D., Galinsky, E., & Morris, A. (1992). The effects of job characteristics on marital quality: Specifying linking mechanisms. *Journal of Marriage and the Family, 54,*

31-42.

Hull, J. G., & Young, R. D. (1983). Self-consciousness, self-esteem, and success-failure as determinants of alcohol consumption in male social drinkers. *Journal of Personality and Social Psychology, 44,* 1097-1109.

Hülür, G., Infurna, F. J., Ram, N., & Gerstorf, D. (2013). Cohorts based on decade of death: No evidence for secular trends favoring later cohorts in cognitive aging and terminal decline in the AHEAD study. *Psychology and Aging, 28,* 115-127.

Humphrey, L. L. (1986). Structural analysis of parent-child relationships in eating disorders. *Journal of Abnormal Psychology, 95* (4), 395-402.

Humphrey, T. (1978). Function of the nervous system during prenatal life. In U. Stave (Ed.), *Perinatal physiology* (pp. 651-683). New York: Plenum.

Hunt, B., & Hunt, M. (1974). *Prime time.* New York: Stein & Day.

Hunter, S. K., & Yankowitz, J. (1996). Medical fetal therapy. In J. A. Kuller, N. C. Cheschier, & R. C. Cefalo (Eds.), *Prenatal diagnosis and reproductive genetics.* St. Louis: Mosby.

Hutchinson, S., & Wexler, B. (2007, January). Is "raging" good for health? Older women's participation in the Raging Grannies. *Health Care for Women International, 28,* 88-118.

Hutson, J. R., Lubetsky, A., Eichhorst, J., Hackmon, R., Koren, G., & Kapur, B. M. (2013). Adverse placental effect of formic acid on hCG secretion is mitigated by folic acid. *Alcohol and Alcoholism, 48* (3), 283-287.

Huttenlocher, P. R. (1994). Synaptogenesis, synapse elimination, and neural plasticity in the human cerebral cortex. In C. A. Nelson (Ed.), *Threats to optimal development: Integrating biological, psychological, and social risk factors: Minnesota symposia on child psychology* (Vol. 27, pp. 35-54). Hillsdale, NJ: Erlbaum.

Hyde, J. S., & DeLamater, J. D. (2011). *Human sexuality* (11th ed.). New York: McGraw-Hill.

Hyde, J. S., & DeLamater, J. D. (2020). *Understanding human sexuality* (14th ed.). New York: McGraw-Hill.

Hyde, J. S., & Else-Quest, N. (2013). *Half the human experience* (8th ed.). Boston: Cengage.

Hyman, B. T., Van Hoesen, G. W., Damasio, A. R., & Barnes, C. L. (1984). Alzheimer's disease: Cell-specific pathology isolates hippocampal formation. *Science, 225,* 1168-1170.

Iams, H. M., & McCoy, J. L. (1991). Predictors of mortality among newly retired workers. *Social Security Bulletin, 54* (3), 2-10.

Ibanez, L., Lopez-Bermejo, A., Diaz, M., & de Zegher, F. (2011). Catch-up growth in girls born small for gestational age precedes childhood progression to high adiposity. *Fertility and Sterility, 96,* 220-223.

Inagaki, M. (2013). Developmental transformation of narcissistic amae in early, middle, and late adolescents: Relation to ego identity. *Japanese Journal of Educational Psychology, 61,* 56-66.

Indefrey, P. (2019). The relationship between semantic production and comprehension. In S-A. Rueschemeyer & M. Gareth Gaskell (Eds.), *Oxford handbook of psycholinguistics* (2nd ed.). New York: Oxford University Press.

Inhelder, B., & Piaget, J. (1958). *The growth of logical thinking.* New York: Basic Books.

Insel, K. C., Einstein, G. O., Morrow, D. G., Koerner, K. M., & Hepworth, J. T. (2016). Multifaceted prospective memory intervention to improve medication adherence. *Journal of the American Geriatrics Society, 64,* 561-568.

Insel, P., & Roth, W. T. (1998). *Core concepts in health* (8th ed.). Mountain view, California: Mayfield.

Iqbal, M., Audette, M. C., Petropoulos, S., Gibb, W., & Matthews, S. G. (2012). Placental drug transporters and their role in fetal protection. *Placenta, 33,* 137-142.

Ishak, S., Nfe, F., Zakaria, Sz. S, Adli, A., & Jaafar, R. (2019). Neonatal pain: Knowledge and perception among pediatric doctors in Malaysia. *Pediatrics International, 61* (1), 67-72.

Israel, A. C., & Shapiro, L. S. (1985). Behavior problems of obese children enrolling in a weight reduction program. *Journal of Pediatric Psychology, 10,* 449-460.

Izard, C. E. (1991). *The psychology of emotions.* New York: Plenum.

Izard, C. E. (1994). Innate and universal facial expressions: Evidence from developmental and cross-cultural research. *Psychological Bulletin, 115,* 288-299.

Izard, C. E., & Malatesta, C. Z. (1987). Perspectives on emotional development 1: Differential emotions theory of early emotional development. In J. D. Osofsky (Ed.), *Handbook of infant development* (pp. 494-555). New York: Wiley.

Jackson, M. A., Edmiston, A, M., & Bedi, R. (2020). Optimum refractive target in patients with bilateral implantation of extended depth of focus intraocular lenses. *Clinical ophthalmology, 14,* 455-462.

Jackson, S. L. (2015). *Research methods* (3rd ed.). Boston: Cengage.

Jacques, E. (1967). The mid-life crisis. In R. Owen (Ed.), *Middle age.* London: BBC.

Jacques, J. M., & Chason, K. J. (1979). Cohabitation: Its impact on marital success. *Family Coordinator, 28* (1), 35-39.

Jaffee, S., & Hyde, J. S. (2000). Gender differences in moral orientation: A meta-analysis. *Psychological Bulletin, 126* (5), 703-726.

Jagannathan, R., Patel, S. A., Ali, M. K., & Narayan, K. M. V. (2019). Global updates on cardiovascular disease mortality trends and attribution of traditional risk factors. *Current Diabetes Reports, 19* (7), 44.

Jain, A., & Yilanli, M. (2022). Bulimia nervosa. *Statpears*.

Janowsky, J. S., & Finlay, B. L. (1986). The outcome of perinatal brain damage: The role of normal neuron loss and axon retraction. *Developmental Medicine and Child Neurology, 28*, 375-389.

Jansen, S. W., van Heemst, D., van der Grond, J., Westendorp, R., & Oei, N. Y. (2016). Physiological responding to stress in middle-aged males enriched for longevity: A social stress study. *Stress, 19*, 28-36.

Jayson, S. (2010). Free as a bird and loving it. In K. Gilbert (Ed.), *Annual editions: The family* 10/11 (pp. 47-48). Boston: McGraw-Hill.

Jensen, A. R. (1969). How much can we boost IQ and scholastic achievement? *Havard Educational Review, 39*, 1-123.

Jerome, D. (1990). Intimate relationships. In J. Bond & P. Coleman (Eds.), *Aging in society: An introduction to social gerontology.* Newbury Park, CA: Sage.

Jiao, S., Ji, G., & jing, Q. (1996). Cognitive development of Chinese urban only children and children with siblings. *Child Development, 67*, 387-395.

Jiménez-Treviño, L., Saiz, P. A., García-Portilla, M. P., Blasco-Fontecilla, H., Carli, V., Iosue, M., Jaussent, I., López-Castroman, J., Vaquero-Lorenzo, C., Sarchiapone, M., Baca-García, E., Courtet, P., & Bobes, J. (2019). 5-HTTLPR-brain-derived neurotrophic factor (BDNF) gene interactions and early adverse life events effect on impulsivity in suicide attempters. *World Journal of Biological Psychiatry, 20* (2), 137-149.

Jindal, V. (2013). Glaucoma: An extension of various chronic neurodegenerative disorders. *Molecular Neurobiology.* doi: 10.1007/s12035-013-846-8.

Jinesh, S. (2015). Pharmaceutical aspects of anti-inflammatory TNF-blocking drugs. *Inflammopharmacology, 23*, 71-77.

Johansson, O., Andersson, J., & Rönnberg, J. (2000). Do elderly couples have a better prospective memory than other elderly people when they collaborate? *Applied Cognitive Psychology, 14*, 121-133.

Johnson, D. R., White, L. K., Edwards, J. N., & Booth, A. (1986). Dimensions of marital quality: Toward methodological and conceptual refinement. *Journal of Family Issues, 7*, 31-49.

Johnson, J., & Newport, E. (1989). Critical period effects in second language learning: The influence of maturational state on the acquisition of English as a second language. *Cognitive Psychology, 21,* 60-99.

Johnson, M. D. (2012). *Human biology* (6th ed.). Upper Saddle River, NJ: Pearson.

Johnson, M. H. (1998). The neural basis of cognitive development. In D. Kuhn & R. S. Siegler (Ed.), *Handbook of child psychology: Vol. 2. Cognition, perception, and language* (5th ed., pp. 1-49). New York: Wiley.

Johnson, M. H., & de Haan, M. (2015). *Developmental Cognitive neuroscience (*4th ed.) Moboken, NJ: Wiley Blackwell.

Johnson, M. H., Dziurawiec, S., Ellis, H., & Morton, J. (1991). Newborns' preferential tracking of face-like stimuli and its subsequent decline. *Cognition, 40,* 1-19.

Johnson, S. L., & Birch, L. L. (1994). Parents' and children's adiposity and eating styles. *Pediatrics, 94,* 653-661.

Johnson, S. P. (2012). Development of the visual system. In P. Rakic & J. Rubenstein (Eds.), *Developmental neuroscience-Basic and clinical mechanisms.* New York: Oxford university Press.

Johnson, S. P. (2013). Object perception. In P. D. Zelazo (Ed.), *Handbook of developmental psychology.* New York: Oxford University Press.

Johnson, S. P., & Hannon, E. H. (2015). Perceptual development. In R. M. Lerner (Ed.), *Handbook of child psychology and developmental science* (7th ed.). New York: Wiley.

Jones, B., & Duffy, J. (1982). An analysis of performance by preschool children on the KRISP and on a length discrimination task. *Acta Psychologica, 52,* 197-211.

Jones, G., & Dembo, M. (1989). Age and sex role differences in intimate friendships during childhood and adolescence. *Merrill-Palmer Quarterly, 35,* 445-462.

Jones, J. H. (1981). *Bad blood: The Tuskegee syphilis experiment.* New York: Free.

Jones, M. C. (1965). Psychological correlates of somatic development. *Child Development, 36,* 899-911.

Jones, W. H., Chernovetz, M. E., & Hansson, R. O. (1978). The enigma of androgyny: Differential implications for males and females? *Journal of Consulting and Clinical Psychology, 46,* 298-313.

Jonson-Reid, M., Kohl, P. L., & Drake, B. (2012). Child and adolescent outcomes of chronic child maltreatment. *Pediatrics, 129,* 839-845.

Jordan, A., Trentacoste, N., Henderson, V., Manganello, J., & Fishbein, M. (2007). Measuring the time teens spend with media: Challenges and opportunities. *Media Psychology, 9,* 19-41.

Jose, P. M. (1990). Just world reasoning in children's

immanent justice arguments. *Child Development, 61*, 1024-1033.

Josselson, R. (1994). Identity and relatedness in the life cycle. In H. A. Bosma, T. L. G. Graafsma, H. D. Grotevant, & D. J. De Levita (Eds.), *Identity and development*. Newbury Park, CA: Sage.

Juang, L. P., & Nyugen, H. H. (1997, April). *Autonomy and connectedness: Predictors of adjustment in Vietnamese adolescents*. Paper presented at the meeting of the Society for Research in Child Development, Washington, DC.

Juang, L. P., & Umana-Taylor, A. J. (2012). Family conflict among Chinese-and Mexican-origin adolescents and their parents in the U.S.: An introduction. *New Directions in Child and Adolescent Development, 135*, 1-12.

Judd, F. K., Hickey, M., & Bryant, C. (2012). Depression and midlife: Are we overpathologising the menopause? *Journal of Affective Disorders, 136* (3), 199-211.

Julius, S. (1990, July 18). The association of borderline hypertension with target organ change and higher coronary risk. *Journal of American Medical Association*, 24-27.

Jung, C. G. (1931). Marriage as a psychological relationship. In C. G. Jung, The collected works of C. G. Jung (Vol. xx). *The development of personality*. Princeton: Princeton University Press.

Jung, C. G. (1933). *Modern man in search of a soul*. New York: Harvest Book.

Jung, C. G. (1953). *The relations between the ego and unconscious*. In collected works (Vol. 7). Princeton: Princeton University Press (First German Edition, 1945).

Jung, C. G. (1961). *Memories, dreams, reflections* (A. Jaffe, Ed., R. & G. Winston, trans.) New York: Vintage Books.

Jung, C. G. (1966). Two essays on analytic psychology. In *Collected works* (Vol. 7). Princeton, NJ: Princeton University Press.

Jusczyk, P. W., & Hohne, E. A. (1997). Infants memory for spoken words. *Science, 277*, 1984-1986.

Jussim, L., & Eccles, J. S. (1993). Teacher expectations II: Construction and reflection of student achievement. *Journal of Personality and Social Psychology, 63*, 947-961.

Justice, E. M., Baker-Ward, L., Gupta, S., & Jannings, L. R. (1997). Means to the goal of remembering: Developmental changes in awareness of strategy use-performance relations. *Journal of Experimental Child Psychology, 65*, 293-314.

Juul, F., Chang, V. W., Brar, P., & Parekh, N. (2017). Birth weight, early life weight gain and age at menarche: A systematic review of longitudinal studies. *Obesity Reviews, 18* (11), 1272-1288.

Kagan, J. (1965). Impulsive and reflective children: Significance of conceptual tempo. In J. D. Krumboltz (Ed.), *Learning and the educational process*. Chicago: Rand McNally.

Kagan, J. (1992a). Yesterday's premises, tomorrow's promises. *Developmental Psychology, 28*, 990-997.

Kagan, J. (1992b). Behavior, biology, and the meanings of temperamental constructs. *Pediatrics, 90*, 510-513.

Kagan, J. (1999). Temperament and reactions to unfamiliarity. In K. L. Freiberg (Ed.), *Annual editions: Human development* 99/00 (27th ed., pp. 53-57). New York: McGraw-Hill.

Kahle, L. R. (1980). Stimulus condition self-selection by males in the interaction of locus of control and skill-chance situations. *Journal of Personality and Social Psychology, 38*, 50-56.

Kail, R. (1992). Processing speed, speech rate, and memory. *Developmental Psychology, 28*, 899-904.

Kail, R. (1997). Processing time, imagery, and spatial memory. *Journal of Experimental Child Psychology, 64*, 67-78.

Kalat, J. W. (1992). *Biological psychology* (4th ed.). Belmont, CA: Wadsworth.

Kalish, R. (1985). The social context of death and dying. In R. Binstock & E. Shanas (Eds.), *Handbook of aging and the social sciences* (2nd ed.). New York: Van Nostrand Reinhold.

Kalish, R. (1989). *Midlife loss: Coping strategies*. Newbury Park, CA: Sage.

Kan, P. F. (2014). Novel word retention in sequential bilingual children. *Journal of Child Language, 41* (2), 416-438.

Kanakis, G. A., & Niescholag, E. (2018). Klinefelter syndrome: More than hypogonadism. *Pediatric Reproductive Endocrinology, 86*, 135-144

Kantowitz, B. H., Roediger, H. L., & Elmes, D. G. (2015). *Experimental psychology* (10th ed.). Boston: Cengage.

Kart, C. S. (1990). *The realities of aging* (3rd ed.). Boston: Allyn & Bacon.

Kastenbaum, R. (1991). *Death, society, and human experience* (4th ed.). New York: Macmillan/Merrill.

Kastenbaum, R., & Aisenberg, R. (1972). *The psychology of death*. New York: Springer.

Kataoka, Y., Luo, Y., Chaimani, A., Onishi, A., Kimachi, M., Tsujimoto, Y., Murad, M. H., Li, T., Cipriani, A., & Furukawa, T. A. (2020). Cumulative network meta-analyses, practice guidelines, and actual prescriptions for postmenopausal osteoporosis: A meta-epidemiological study. *Archives of Osteoporosis, 15* (1), 21.

Katchadourian, H. (1987). *Fifty: Midlife in perspective*. New York: Freeman.

Kaufman, A. S., Kaufman, J. L., McLean, J. E., & Reynolds, C.

R. (1991). Is the pattern of intellectual growth and decline across the adult life span different for men and women? *Journal of Clinical Psychology, 47,* 801-812.

Kaufmann, K. (1987). *Parental separation and divorce during the college years.* Unpublished doctoral dissertation, Harvard University.

Kaur, A., & Phadke, S. R. (2012). Analysis of short stature cases referred for genetic evaluation. *Indian Journal of Pediatrics, 79* (12), 1597-1600.

Kawachi, I., Colditz, G. A., Stampfer, M. J., Willett, W. C., Manson, J. E., Rosner, B., Speizer, F. E., & Hennekens, C. H. (1993). Smoking cessation and decreased risk of stroke in women. *Journal of the American Medical Association, 269,* 232-236.

Kay, B., & Neelley, J. N. (1982). Sexuality and the aging: A review of current literature. *Sexuality and Disability, 5,* 38-46.

Keeney, T. J., Canizzo, S. R., & Flavell, J. H. (1967). Spontaneous and induced verbal rehearsal in a recall task. *Child Development, 38,* 953-966.

Keil, F. C. (1979). *Semantic and conceptual development.* Cambridge. MA: Harvard University Press.

Keith, P. (1979). Life changes and perceptions of life and death among older men and women. *Journal of Gerontology, 34,* 870-878.

Keith, P. M., & Schafer, R. B. (1991). *Relationships and wellbeing over the life stages.* New York: Praeger.

Keller, J. W., Sherry, D., & Piotrowski, C. (1984). Perspectives on death: A developmental study. *Journal of Psychology, 116,* 137-142.

Kellogg, R. (1970). Understanding children's art. In P. Cramer (Ed.), *Readings in developmental psychology today.* Delmar, CA: CRM.

Kelly, J. P., Borchert, J., & Teller, D. Y. (1997). The development of chromatic and achromatic sensitivity in infancy as tested with the sweep VEP. *Vision Research, 37,* 2057-2072.

Kelly, R. M. (1991). *The gendered economy: Work, careers, and success.* Newbury Park, CA: Sage.

Kemmler, W., Engelke, K., & von Stengel, S. (2016). Long-term exercise and bone mineral density changes in postmenopausal women-Are there periods of reduced effectiveness? *Journal of Bone and Mineral Research, 31,* 215-222.

Kennedy, R. E. (1991). Delinquency. In R. M. Lerner, A. C. Petersen, & J. Brooks-Gunn (Eds.), *Encyclopedia of adolescence* (Vol. 1). New York: Garland.

Kenney, R., Dooley, B., & Fitzgerald, A. (2013). Interpersonal relationships and emotional distress in adolescence. *Journal of Adolescence, 36,* 351-360.

Kerig, P. K. (2016). Family systems from a developmental psychology perspective. In D. Cicchetti (Ed.), *Developmental psychopathology* (3rd ed.). New York: Wiley.

Kermis, M. D. (1984). *The psychology of aging: Theory, research, and practice.* Boston: Allyn & Bacon.

Kerr, M., Lambert, W. W., Stattin, H., & Klackenberg-Larsson, I. (1994). Stability of inhibition in a Swedish longitudinal sample. *Child Development, 65,* 138-146.

Kim, E., Han, G., & McCubbin, M. A. (2007). Korean American maternal acceptance-rejection, acculturation, and children's social competence. *Family and Community Health, 30* (2), 33-45.

Kim, G., & Kwak, K. (2011). Uncertainty matters: Impact of stimulus ambiguity on infant social referencing. *Infant and Child Development, 20,* 449-463.

Kim, S. H., Park, M. J. (2012). Childhood obesity and pubertal development. *Pediatr Gastroenterol Hepatol Nutr, 15* (3), 151-159.

Kim-Fuchs, C., Le, C. P., Pimentel, M. A., Shackleford, D., Ferrari, D., Angst, E., Hollande, F., & Sloan, E. K. (2014). Chronic stress accelerates pancreatic cancer growth and invasion: A critical role for beta-adrenergic signaling in the pancreatic microenvironment. *Brain, Behavior, and Immunity, 40,* 40-47.

Kirk, R. E. (2013). *Experimental design: Procedures for the behavioral sciences* (4th ed.). Thousand Oaks, CA: Sage.

Kirkpatrick, D. (1989). Will you be able to retire? *Fortune, 120* (3), 56-59.

Kirpatrick, L., & Davis, K. (1994). Attachment style, gender, and relationship stability: A longitudinl analysis. *Journal of Personality and Social Psychology, 66,* 502-512.

Kirschenbaum, R. J. (1990). An interview with Howard Gardner. *The Gifted Child Today,* 26-32.

Kisilevsky, B. S., Hains, S. M., Brown, C. A., Lee, C. T., Cowperthwaite, B., Stutzman, S. S., Swansburg, M. L., Lee, K., Xie, X., Huang, H., Ye, H. H., Zhang, K., & Wang, Z. (2009). Fetal sensitivity to properties of maternal speech and language. *Infant Behavior and Development, 32* (1), 59-71.

Klahr, D. (1992). Information-processing approaches to cognitive development. In M. H. Bornstein & M. E. Lamb (Eds.), *Developmental psychology: An advanced textbook* (3rd ed., pp. 273-335). Hillsdale, NJ: Erlbaum.

Klass, D. (1996). The deceased child in the psychic and social worlds of bereaved parents during the resolution of grief. In D. Klass, P. R. Silverman, & S. L. Nickman (Eds.), *Continuing bonds: New understandings of grief.* Washington, DC: Taylor & Francis.

Kleemeier, R. W. (1962). Intellectual changes in the senium.

Proceedings of the American Statistical Association, 1, 181-190.

Klein, J. D., Brown, J. D., Childers, K. W., Olivera, J., Porter, C., & Dykers, C. (1993). Adolesents' risky behavior and mass media use. *Pediatrics, 92,* 24-31.

Kliegman, R. M., Stanton, B., St. Geme, J., & Schor, N. (2019). *Nelson textbook of pediatrics* (21st ed.). New York: Elsevier.

Klish, W. J. (1998, September). Childhood obesity. *Pediatrics in Review, 19,* 312-315.

Knickmeyer, R., & Baron-Cohen, S. (2006, December). Fetal testosterone and sex differences. *Early Human Development, 82,* 755-760.

Kobak, R. R. (1992, March). *Autonomy as self-regulation: An attachment perspective.* Paper presented at the Society for Research on Adolescence, Washington, DC.

Kobasa, S., Maddi, S., & Kahn, S. (1982). Hardiness and health: A prospective study. *Journal of Personality and Social Psychology, 42,* 168-177.

Kochanska, G. (1991). Socialization and temperament in the development of guilt and conscience. *Child Development, 62,* 1379-1392.

Kogan, N. (1982). Cognitive styles in older adults. In T. Field (Ed.), *Review of human development.* New York: Wiley.

Kogan, N. (1983). Stylistic variation in childhood and adolescence: Creativity, metaphor, and cognitive style. In P. H. Mussen (Ed.). *Handbook of child psychology* (Vol. 3, pp. 630-706). New York: Wiley.

Kogan, N. (1989). *A 15-year longitudinal analysis of the correlates of field dependence-independence.* Paper presented at the biennial meeting of the Society for Research in Child Development, Kansas City, Missouri.

Kohl, H. W., & Hobbs, K. E. (1998). Development of physical activity behaviors among children and adolescents. *Pediatrics, 101,* 549-554.

Kohlberg, L. A. (1966). Cognitive developmental analysis of children's sex-role concepts and attitudes. In E. E. Maccoby (Ed.), *The development of sex differences.* Stanford, California: Stanford University Press.

Kohlberg, L. A. (1973). Continuities in childhood and adult moral development revisited. In P. Baltes & K. W. Schaie (Eds.), *Life-span developmental psychology: Personality and socialization.* New York: Academic.

Kohlberg, L. A. (1976). Moral stages and moralization: The cognitive development approach. In T. Likona (Ed.), *Moral development and behavior: Theory, research, and social issues.* New York: Holt, Rinehart, & Winston.

Kokmen, E. (1984). Dementia Alzheimer type. *Mayo Clinic Proceedings, 59,* 35-42.

Kolb, B. (1995). *Brain plasticity and behavior.* Mahwah, NJ: Erlbaum.

Kolb, B., & Fantie, B. (1989). Development of the child's brain and behavior. In C. R. Reynolds & E. Fletcher-Janzen (Eds.), *Handbook of clinical child neuropsychology.* New York: Plenum Press.

Kong, A., Frigge, M. L., Masson, G., Besenbacher, S., Sulem, P., Magnusson, G., ... & Stefansson, K. (2012). Rate of *de novo* mutations and the importance of father's age to disease risk. *Nature, 488,* 471-475.

Kopp, C. B. (1987). The growth of self regulation: Caregivers and children. In N. Eisenberg (Ed.), *Contemporary topics in developmental psychology.* New York: Wiley.

Kopp, C. B. (1989). Regulation of distress and negative emotions: A development view. *Developmental Psychology, 25,* 343-354.

Koren, G., & Ornoy, A. (2018). The role of the placenta in drug transport and fetal drug exposure. *Expert Reviews of Clinical Pharmacology, 11,* 373-385.

Kossen, S. (1983). *The human side of organizations* (3rd ed.). New York: Harper & Row.

Kotre, J. (1984). *Outlining the self: Generativity and the interpretation of lives.* Baltimore: The Johns Hopkins University Press.

Krämer, M. D., & Rodgers, J. L. (2020). The impact of having children on domain-specific life satisfaction: A quasi-experimental longitudinal investigation using the Socio-Economic Panel (SOEP) data. *Journal of Personality and Social Psychology, 119* (6), 1497-1514.

Kramer, M., Aboud, F., Mironova, E., Vanilovich, I., Platt, R., Matush, L., et al. (2008). Breastfeeding and child cognitive development: New evidence from a large randomized trial. *Archives of General Psychiatry, 65,* 578-584.

Kranz, A. M., Steiner, E. D., & Mitchell, J. M. (2022). School-based health services in Virginia and the COVID-19 pandemic. *Journal of School Health, 92* (5), 436-444.

Kreutzer, M. A., Leonard, C., & Flavell, J. H. (1975). An interview study of children's knowledge about memory. *Monographs of the Society for Research in Child Development, 40* (1, Serial No. 159).

Krisnana, I., Rachmawati, P. D., Arief, Y. S., Kurnia, I. D., Nastiti, A. A., Safitri, I. F. N., & Putri, A. T. K. (2019). Adolescent characteristics and parenting style as the determinant factors of bullying in Indonesia: A cross-sectional study. *International Journal of Adolescent Medicine and Health, 33* (5), [20190019].

Kroger, J. (2012). The status of identity developments in identity research. In P. K. Kerig, M. S. Schulz, & S. T. Hauser (Eds.), *Adolescence and beyond.* New York: Oxford University Press.

Kronenberg, F. (1994). Hot flashes: Phenomenology, quality

of life, and search for treatment options. *Experimental Gerontology, 29,* 319-336.

Kubey, R., & Larson, R. (1990). The use and experience of the new video media among children and young adolescents. *Communication Research, 17,* 107-130.

Kübler-Ross, E. (1969). *On death and dying.* New York: Macmillan.

Kübler-Ross, E. (Ed.). (1975). *Death: The final stage of growth.* Englewood Cliffs, NJ: Prentice-Hall.

Kübler-Ross, E. (1981). *Living with death and dying.* New York: Macmillan.

Kuczynski, L., & Kochanska, G. (1990). Development of children's noncompliance strategies from toddlerhood to age 5. *Developmental Psychology, 26,* 398-408.

Kuhn, C. M., & Schanberg, S. M. (1998). Responses to maternal separation: Mechanisms and mediators. *International Journal of Developmental Neuroscience, 16,* 261-270.

Kuller, J. A. (1996). Chorionic villus sampling. In J. A. Kuller, N. C. Cheschier, & R. C. Cefalo (Eds.), *Prenatal diagnosis and reproductive genetics* (pp. 145-158). St. Louis: Mosby.

Kumar, P., Khare, M., Harrison, R. M., Bloss, W. J., & Lewis, A. C. (2015). New directions: Air pollution challenges for developing megacities like Delhi. *Atmospheric Environment, 122,* 657-661.

Kunzmann, U. (2019). Wisdom and successful aging: The Royal road to personality growth. In R. Fernandez-Ballesteros & others (Eds.), *Cambridge handbook of successful aging.* New York: Cambridge University Press.

Kupersmidt, J. B., & Coie, J. D. (1990). Preadolescent peer status, aggression, and school adjustment as predictors of externalizing problems in adolescence. *Child Development, 61,* 1350-1362.

Kurdek, L. A., & Fine, M. A. (1994). Family acceptance and family control as predictors of adjustment in young adolescents: Linear, curvilinear, or interactive effects? *Child Development, 65,* 1137-1146.

Kurdek, L. A., & Krile, D. (1982). A developmental analysis of the relation between peer acceptance and both interpersonal understanding and perceived social self-competence. *Child Development, 53,* 1485-1491.

Kurtines, W. M., & Gewirtz, J. (Eds.). (1991). *Moral behavior and development: Advances in theory, research, and application.* Hillsdale, New Jersey: Erlbaum.

Kwon, M., Seo, Y. S., Park, E., & Chang, Y. P. (2020). Association between substance use and insufficient sleep in U.S. high school students. *The Journal of School Nursing, 37* (6), 470-479.

Labouvie-Vief, G. (1986, August). *Modes of knowing and life-span cognition.* Paper presented at the meeting of the American Psychological Association. Washington, DC.

Labouvie-Vief, G. (1990a). Modes of knowledge and the organization of development. In M. L. Commons, L. Kohlberg, R. Richards, & J. Sinnott (Eds.), *Beyond formal operations: Models and methods in the study of adult and adolescent thought.* New York: Praeger.

Labouvie-Vief, G. (1990b). Wisdom as integrated thought: Historical and development perspectives. In R. J. Sternberg (Ed.), *Wisdom: Its nature, origins, and development.* Cambridge: Cambridge University Press.

Labouvie-Vief, G. (2006). Emerging structures of adult thought. In J. J. Arnett & J. L. Tanner (Eds.), *Emerging adults in America: Coming of age in the 21st century.* Washington, DC: American Psychological Association.

Labouvie-Vief, G., & Gonda, J. N. (1976). Cognitive strategy training and intellectual performances in the elderly. *Journal of Gerontology, 31,* 327-332.

LaForge, R. G., Spector, W. D., & Sternberg, J. (1992). The relationship of vision and hearing impairment to one year mortality and functional decline. *Journal of Aging and Health, 4* (1), 126-148.

Lagraauw, H. M., Kuiper, J., & Bot, I. (2015). Acute and chronic psychological stress as risk factors for cardiovascular disease: Insights gained from epidemiological, clinical, and experimental studies. *Brain, Behavior, and Immunity, 50,* 18-30.

Laird, R. D., Pettit, G. S., Bates, J. E., & Dodge, K. A. (2003). Parents' monitoring-relevant knowledge and adolescents' delinquent behavior. Evidence of correlated developmental changes and reciprocal influences. *Child Development, 74,* 752-768.

Lakatta, E. G. (1990). Changes in cardiovascular function with aging. *European Heart Journal, 11c,* 22-29.

Lamanna, M. A., & Riedmann, A. (1991). *Marriages and Families: Making choices and facing change* (4th ed.). Belmont, CA: Wadsworth.

Lamb, D. R. (1984). *Physiology of exercise: Response and adaptation* (2nd ed.). New York: Macmillan.

Lamb, M. E. (1988). Social and emotional development in infancy. In M. H. Bornstein & M. E. Lamb (Eds.), *Social, emotional, and personality development* (pp. 359-411). Hillsdale, NJ: Erlbaum.

Lamb, M. E., & Roopnarine, J. L. (1979). Peer influences on sex-role development in preschoolers. *Child Development, 50,* 1219-1222.

Lamb, M. E., & Sternberg, K. J. (1992). Sociocultural perspectives in nonparental childcare. In M. E. Lamb, K. J. Sternberg, C. Hwang, & A. G. Broberg (Eds.), *Child care in context.* Hillsdale, NJ: Erlbaum.

Lambiase, A., Aloe, L., Centofanti, M., Parisi, V., Mantelli, F., Colafrancesco, V., ⋯ Levi-Montalcini, R. (2009). Experimental and clinical evidence of neuroprotection by nerve growth factor eye drops: Implications for glaucoma. *Proceedings of the National Academy of Sciences of the United States of America, 106*, 13469-13474.

Lane, A., Harrison, M., & Murphy, N. (2014). Screen time increases risk of overweight and obesity in active and inactive 9-year-old Irish children: A cross sectional analysis. *Journal of Physical Activity and Health, 11* (5), 985-991.

Lange, G., & Pierce, S. H. (1992). Memory-strategy learning and maintenance in preschool children. *Developmental Psychology, 28,* 453-462.

Lansdown, R., & Benjamin, G. (1985). The development of the concept of death in children aged 5-9 years. *Child Care, Health, and Development, 11,* 13-30.

Lansdown, R., & Walker, M. (1991). *Your child's development from birth through adolescence.* New York: Knopf.

Lansford, J. E. (2012). Divorce. In R. J. R. Levesque (Ed.), *Encyclopedia of adolescence.* New York: Springer.

Lansford, J. E. (2013). Single- and two-parent families. In J. Hattie & E. Anderman (Eds.), *International handbook of student achievement.* New York: Routledge.

Lapsley, D. K. (1993). *Moral psychology after Kohlberg.* Unpublished manuscript. Department of Psychology, Brandon University, Manitoba.

Lapsley, D. K. (1996). *Moral psychology.* Boulder, CO: Westview.

Lapsley, D. K., & Murphy, M. N. (1985). Another look at the theoretical assumptions of adolescent egocentrism. *Developmental Review, 5,* 201-217.

Lapsley, D. K., & Power, F. C. (Eds.). (1988). *Self, ego, and identity.* New York: Springer-Verlag.

Lapsly D. K., & Rice, K. G., & F. FitzGerald, D. P. (1990). Adolescent attachment, identity, and adjustment to college: Implications for the continuity of adaptation hypothesis. *Journal of Counseling and Development, 68,* 561-565.

Larson, N. I., Wall, M. M., Story, M. T., & Neumark-Sztainer, D. R. (2013). Home/family, peer, school, and neighborhood correlates of obesity in adolescents. *Obesity, 21* (9), 1858-1869.

Latorre, J. M., Serrano, J. P., Ricarte, J., Bonete, B., Ros, L., & Sitges, E. (2015). Life review based on remembering specific positive events in active aging. *Journal of Aging and Health, 27,* 140-157.

Laursen, B., & Ferreira, M. (1994, February). *Does parent-child conflict peak at mid-adolescence?* Paper presented at the meeting of the Society for Research on Adolescence, San Diego.

Laursen, B., Coy, K. C., & Collins, W. A. (1998). Reconsidering changes in parnet-child conflict across adolescence: A meta-analysis. *Child Development, 69,* 817-832.

Leaper, C. (2013). Gender development during childhood. In P. D. Zelazo (Ed.), *Oxford handbook of developmental psychology.* New York: Oxford university Press.

Leaper, C., & Bigler, R. S. (2011). Gender. In M. K. Underwood & L. S. Rosen (Eds.), *Social development.* New York: Guilford.

Leaper, C., & Bigler, R. S. (2018). Societal causes and consequences of gender typing of children's toys. In E. S. Weisgram & L. M. Dinella (Eds.), *Gender typing of children's play.* Washington, DC: APA Books.

LeBourgeois, M. K., Hale, L., Chang, A. M., Akacem, L. D., Montgomery-Downs, H. E., & Buxton, O. M. (2017). Digital media and sleep in childhood and adolescence. *Pediatrics, 140* (2), S92-S96.

Lecours, A. R. (1982). Correlates of developmental behavior in brain maturation. In T. Bever (Ed.), *Regressions in mental development.* Hillsdale, NJ: Erlbaum.

Lee, G. R., & Shehan, C. L. (1989). Retirement and marital satisfaction. *Journal of Gerontology, 44,* 226-230.

Lee, K., Quinn, P. C., Pascalis, O., & Slater, A. (2013). Development of face processing ability in childhood. In P. D. Zelazo (Ed.), *Oxford handbook of developmental psychology.* New York: Oxford University Press.

Lee, L. C. (1992, August). *In search of universals: Whatever happened to race?* Paper presented at the meeting of the American Psychological Association, Washington, DC.

Lee, P. R., Franks, P., Thomas, G. S., & Paffenbarger, R. S. (1981). *Exercise and health: The evidence and its implications.* Cambridge, MA: Oelgeschlager, Gunn, & Hain.

Lee, S., Charles, S. T., & Almeida, D. M. (2021). Change is good for the brain: Activity diversity and cognitive functioning across adulthood. *Journals of Gerontology B: Psychological Sciences and Social Sciences, 76* (6), 1036-1048.

Lee, T. R., Mancini, J. A., & Maxwell, W. (1990). Sibling relationships in adulthood: Contact patterns and motivation. *Journal of Marriage and the Family, 52,* 431-440.

Lee, W. J., Peng, L. N., Lin, M. H., Loh, C. H., & Chen, L. K. (2020). Determinants and indicators of successful ageing associated with mortality: A 4-year population-based study. *Aging, 12* (3), 2670-2679.

Leedy, P. D., & Ormrod, J. E. (2013). *Practical research* (10th ed.). Upper Saddle River, NJ: Pearson.

Leedy, P. D., & Ormrod, J. E. (2016). *Practical research* (11th ed.). Upper Saddle River, NJ: Pearson.

LeFevre, N. M., & Sundermeyer, R. L. (2020). Fetal aneuploidy: Screening and diagnostic testing. *American Family Physician, 101*(8), 481-488.

Lehman, H. C. (1953). *Age and achievement.* Princeton, NJ: Princeton University Press.

Lehman, H. C. (1960). The age decrement in outstanding scientific creativity. *American Psychologist, 15,* 128-134.

Lei, T. (1994). Being and becoming moral in a Chinese culture: Unigue or universal? *Cross Cultural Research: The Journal of Comparative Social Science, 28,* 59-91.

Leitenberg, H., Detzer, M. J., & Srebnik, D. (1993). Gender differences in masturbation and the relation of masturbation experience in preadolesence and/or early adolescence to sexual behavior and adjustment in young adulthood. *Archives of Sexual Behavior, 22,* 87-98.

Lemann, N. (1986, June). The origins of the underclass. *The Atlantic,* 31-35.

LeMare, L. J., & Rubin, K. H. (1987). Perspective taking and peer interaction: Structural and developmental analysis. *Child Development, 58,* 306-315.

Lenhart, A. (2012). Teens, smartphones, and texting: Texting volume is up while the frequency of voice calling is down. Retrieved May 2, 2013, from http://pewinternet.org/~/medai/Files/Reorts/2012/PIP_Teens_Smartphones_and-Texting.pdf

Lenhart, A., Purcell, K., Smith, A., & Zickuhr, K. (2010, February 3). *Social media and young adults.* Washington, DC: Pew Research Center.

Lenneberg, E. (1967). *The biological foundations of language.* New York: Wiley.

Lenroot, R. K., & Giedd, J. N. (2006). Brain development in children and adolescents: Insights from anatomical magnetic resonance imaging. *Neuroscience and Biobehavioral Reviews, 30,* 718-729.

Lerner, R. M., & Von Eye, A. (1992). Sociobiology and human development: Arguments and evidence. *Human Development, 35,* 12-33.

Lerner, R. M., Jovanovic, J., & Lerner, J. (1989). Objective and subjective attractiveness and early adolescent adjustment. *Journal of Adolescence, 12,* 225-229.

Lerner, R. M., Tirrell, J. M., Dowling, E. M., Geldhof, G. J., Gestsdóttir, S., Lerner, J. V., King, P. E., Williams, K., Iraheta, G., & Sim, A. T. R. (2019). The end of the beginning: Evidence and absences studying positive youth development in a global context. *Adolescent Research Review, 4*(1), 1-14.

Lester, B. M., Kotelchuck, M., Spelke, E., Sellers, M. J., & Klein, R. E. (1974). Separation protest in Guatemalan infants: Cross-cultural and cognitive findings. *Developmental Psychology, 10,* 79-85.

Lever-Duffy, J., & McDonald, J. (2018). *Teaching and learning with technology* (6th ed.). Upper Saddle River, NJ: Pearson.

Levin, J. A., Fox, J. A., & Forde, D. R. (2014). *Elementary statistics in social research* (12th ed.). Upper Saddle River, NJ: Pearson.

Levin, R. J. (2007). Sexual activity, health and well-being-the beneficial roles of coitus and masturbation. *Sexual and Relationship Therapy, 22,* 135-148.

Levinson, D. J. (1978). *The seasons of a man's life.* New York: Knopf.

Levinson, D. J. (1980). Conceptions of the adult life course. In N. Smelser & E. H. Erikson (Eds.), *Themes of work and love in adulthood.* Cambridge, MA: Harvard University Press.

Levinson, D. J. (1984). The career is in the life structure, the life structure is in the career: An adult development perspective. In M. B. Arthur, L. Bailyn, D. J. Levinson, & H. Shepard (Eds.), *Working with careers.* New York: Columbia University School of Business.

Levinson, D. J. (1986). A conception of adult development. *American Psychologist, 41,* 3-13.

Levinson, D. J. (1990). A theory of life structure in adulthood. In C. N. Alexander & E. J. Langer (Eds.), *Higher stages of human development: Perspectives on adult growth.* New York: Oxford University Press.

Levinson, D. J. (1996). *The seasons of a woman's life.* New York: Knopf.

Lewanda, A. F., Matisoff, A., Revenis, M., Harahsheh, A., Futterman, C., Nino, G., Greenberg, J., Myseros, J. S., Rosenbaum, K. N., & Summar, M. (2016). Preoperative evaluation and comprehensive risk assessment for children with Down syndrome. *Pediatric Anesthesia, 26*(4), 356-362.

Lewis, J. P., & Allen, J. (2017). Alaska native elders in recovery: Linkages between indigenous cultural generativity and sobriety to promote successful aging. *Journal of Cross-Cultural Gerontology, 32*(2), 209-222.

Lewis, M. (2008). The emergence of human emotions. In M. Lewis, J. M. Haviland-Jones, & L. Feldman Barrett (Eds.), *Handbook of emotions* (3rd ed.). New York, NY: Guilford.

Lewis, M. (2010). The emergence of consciousness and its role in human development. In W. F. Overton & R. M. Lerner (Eds.), *Handbook of lifespan development.* New York: Wiley.

Lewis, M. (2015). Emotional development and consciousness. In W. F. Overton & P. C. M. Molenaar (Vol. Eds.) &

R. M. Lerner (Ed.), *Handbook of child psychology and developmental science: Vol 1. Theory and method* (pp. 407-451). Hoboken, NJ: Wiley.

Lewis, M. (2020). Selfhood. In B. Hopkins & others (Eds.), *Cambridge encyclopedia of child development*. New York: Cambridge University Press.

Lewis, M., & Brooks, J. (1978). Self-knowledge and emotional development. In M. Lewis & L. A. Rosenblum (Eds.), *The development of affect*. New York: Plenum, 205-226.

Lewis, M., & Brooks-Gunn, J. (1979). *Social cognition and the acquisition of self*. New York: Plenum Press.

Lewis, M., Alessandri, S. M., & Sullivan, M. W. (1992). Differences in shame and pride as a function of children's gender and task difficulty. *Child Development, 63*, 630-638.

Lewis, M., Stanger, C., & Sullivan, M. W. (1989). Deception in 3-year-olds. *Developmental Psychology, 25*, 439-443.

Lewis, M. I., & Butler, R. N. (1974). Life-review therapy: Putting memories to work in individual and group psychotherapy. *Geriatrics, 29*, 165-173.

Lewis, R. A., Volk, R. J., & Duncan, S. F. (1989). Stress on fathers and family relationships related to rural youth leaving and returning home. *Family Relations, 38*, 174-181.

Li, B. J., Jiang, Y. J., Yuan, F., & Ye, H. X. (2010). Exchange transfusion of least incompatible blood for severe hemolytic disease of the newborn due to anti-Rh17. *Transfusion Medicine, 20*, 66-69.

Li, H., Ji, Y., & Chen, T. (2014). The roles of different sources of social support on emotional well-being among Chinese elderly. *PLoS One, 9* (3), e90051.

Liben, L. S., & Signorella, M. L. (1993). Gender schematic processing in children: The role of initial interpretations of stimuli. *Developmental Psychology, 29*, 141-149.

Liben, L. S., Bigler, R. S., & Hilliard, L. J. (2014). Gender development: From universality to individuality. In E. T. Gershoff, R. S. Mistry, & D. A. Crosby (Eds.), *Societal contexts of child development*. New York: Oxford University Press.

Lieberman, M. A., & Peskin, H. (1992). Adult life crises. In J. E. Birren, R. B. Sloane, & G. D. Cohen (Eds.), *Handbook of mental health and aging* (2nd ed.). San Diego: Harcourt Brace.

Liebowitz, M. (1983). *The chemistry of love*. Boston: Little, Brown & Company.

Li-Korotky, H. S. (2012). Age-related hearing loss: Quality of care for quality of life. *The Gerontologist, 52*, 265-271.

Lin, C. (1993). Breech presentation. In C. Lin, M. S. Verp, & R. E. Sabbagha (Eds.), *The high risk fetus: Pathophysiology, diagnosis, and management*. New York: Springer-Verlag.

Lin, C. C., & Fu, V. R. (1990). A comparison of child-rearing practices among Chinese, immigrant Chinese, and Caucasian-American Parents. *Child Development, 61*, 429-433.

Lincourt, A. E., Hoyer, W. J., & Cerella, J. (1997, November). Aging and the development of instance-based automaticity. *Psychonomic Society Meetings*. Philadelphia, PA.

Lipschitz, J. M., Yes, S., Weinstock, L. M., & Spirito, A. (2012). Adolescent and caregiver perception of family functioning: Relation to suicide ideation and attempts. *Psychiatry Research, 200*, 400-403.

Lipsitt, L. P. (1990). Learning and memory in infants. *Merrill-Palmer Quarterly, 36*, 53-66.

Lipton, J., & Sahin, M. (2013). Fragile X syndrome therapeutics: Translation, meet translational medicine. *Neuron, 77*, 212-213.

Lissak, G. (2018). Adverse physiological and psychological effects of screen time on children and adolescents: Literature review and case study. *Environmental Research, 184*, 149-157.

Liu, H., Elliott, S., & Umberson, D. J. (2010). Marriage in young adulthood. In J. E. Grant & M. N. Potenza (Eds.), *Young adult mental health*. New York, NY: Oxford University Press.

Liu, Y., & Lachman, M. E. (2020). Education and cognition in middle age and later life: The mediating role of physical and cognitive activity. *Journals of Gerontology B: Psychological Sciences and Social Sciences, 75* (7), e93-e104.

Lloyd, A. B., Lubans, D. R., Plotnikoff, R. C., Collins, C. E., & Morgan, P. J. (2014). Maternal and paternal parenting practices and their influence on children's adiposity, screen-time, diet, and physical activity. *Appetite, 79*, 149-157.

Lloyd, M. A. (1985). *Adolescence*. New York: Harper & Row.

Lo, C. K. M., Ho, F. K., Wong, R. S., Tung, K. T. S., Tso, W. W. Y., Ho, M. S. P., Chow, C. B., Chan, K. L., & Ip, P. (2019). Prevalence of child maltreatment and its association with parenting style: A population study in Hong Kong. *International Journal of Environmental Research and Public Health, 16* (7), [1130].

Loehlin, J. O. (1995, August). *Genes and environment in The Bell Curve*. Paper presented at the meeting of the American Psychological Association, New York City.

Löchner, J., Sfärlea, A., Starman, K., Oort, F., Thomsen, L. A., Schulte-Körne, G., Platt, B. (2020). Risk of depression in the offspring of parents with depression: The role of emotion regulation, cognitive style, parenting and life events. *Child Psychiatry and Human Development, 51*

(4), 294-309.

London, M., & Greller, M. M. (1991). Demographic trends and vocational behavior: A twenty year retrospective and agenda for the 1990s. *Journal of Vocational Behavior, 38,* 125-164.

Lonner, W. J., & Malpass, R. (Eds.). (1994). *Psychology and culture*. Needham Heights, Massachusetts: Allyn & Bacon.

Loprinzi, P. D. (2015). Dose-response association of moderate-to-vigorous physical activity with cardiovascular biomarkers and all-cause mortality: Considerations by individual sports, exercise and recreational physical activities. *Preventive Medicine, 81,* 73-77.

Lorenz, K. Z. (1952). *King Solomon's ring*. New York: Crowell.

Lorenz, K. Z. (1965). *Evolution and the modification of behavior*. Chicago: University of Chicago Press.

Lowdermilk, D. L., Cashion, M. C., & Perry, S. E. (2014). *Maternity and women's health care: Text and simulation learning package* (10th ed.). New York: Elsevier.

Lowenthal, M. F., Thurnher, M., & Chiriboga, D. (1975). *Four stages of life*. San Francisco: Jossay-Bass Publishers.

Lowrey, G. H. (1978). *Growth and development of children* (7th ed.). Chicago: Year Book.

Ludemann, P. M. (1991). Generalized discrimination of positive facial expressions by seven-and ten-month-old infants. *Child Development, 62,* 55-67.

Ludemann, P. M., & Nelson, C. A. (1988). Categorical representation of facial expressions by 7-month-old infants. *Developmental Psychology, 24,* 492-501.

Ludington-Hoe, S. M., Lewis, T., Morgan, K., Cong, X., Anderson, L., & Reese, S. (2006). Breast and infant temperatures with twins during kangaroo care. *Journal of Obstetric, Gynecologic, and Neonatal Nursing, 35,* 223-231.

Lund, D. A., Caserta, M., & Dimond, M. (1993). The course of spousal bereavement in later life. In M. Stroebe, W. Stroebe, & R. Hanson (Eds.), *Handbook of bereavement*. Cambridge University Press.

Lundby, E. (2013). 'You can't buy friends, but...'Children's perception of consumption and friendship. *Young Consumers, 14,* 360-374.

Luo, Y., & Waite, L. J. (2014). Loneliness and mortality among older adults in China. *Journals of Gerontology B: Psychological Sciences and Social Sciences, 69* (4), 633-645.

Lustick, M. J. (1985). Bulimia in adolescents: A review. *Pediatrics, 76* (4), 685-690.

Lynch, G., & Gall, C. (1979). Organization and reorganization in the central nervous system. In F. Falkner & J. Tanner (Eds.), *Human growth*. New York: Plenum Press.

Lyytinen, P. (1995). Cross-situational variation on children's pretend play. *Early Child Development and Care, 105,* 35-41.

Maas, H. S. (1989). Social responsibility in middle age: Prospective and preconditions. In S. Hunter & M. Sundel (Eds.), *Midlife myths: Issues, findings, and practical implications*. Newbury Park, CA: Sage.

Maas, S., Plana, M. T., Castro-Fornieles, J., Gassó, P., Lafuente, A., Moreno, E., Martinez, E., Milà, M., & Lazaro, L. (2013). Common genetic background in anorexia nervosa and obsessive compulsive disorder: Preliminary results from an association study. *Journal of Psychiatric Research, 47* (6), 747-754.

Maccoby, E. E. (1959). The generality of moral behavior. *American Psychologist, 14,* 358.

Maccoby, E. E. (1980). *Social development: Psychological growth and the parent-child relationship*. New York: Harcourt Brace Jovanovich.

Maccoby, E. E. (1991, April). *Discussant, symposium on the development of gender and relationships*. Symposium presented at the biennial meeting of the Society for Research in Child Development, Seattle, Washington.

Maccoby, E. E. (2002). Gender and group process: A developmental perspective. *Current Directions in Psychological Science, 11,* 54-57.

MacFarlane, A. (1975). Olfaction in the development of social preferences in the human neonate. In *Parent-infant interaction* (CIBA Foundation Symposium No. 33), Amsterdam: Elsevier.

MacFarlane, A. (1977). *The Psychology of childbirth*. Cambridge, MA: Harvard University Press.

Madill, A. (2012). Interviews and interviewing techniques. In H. Cooper (Ed.), *APA handbook of research methods in psychology*. Washington, DC: American Psychological Association.

Madrasi, K., Li, F., Kim, M. J., Samant, S., Voss, S., Kehoe, T., Bashaw, E. D., Ahn, H. Y., Wang, Y., Florian, J., Schmidt, S., Lesko, L. J., & Li, L (2018). Regulatory Perspectives in Pharmacometric Models of Osteoporosis. *Journal of Clinical Pharmacology, 58* (5), 572-585.

Magnuson, K. A. & Duncan, G. J. (2019). Parents in poverty. In M. H. Bornstein (Ed.), *Handbook of parenting* (3rd ed.). New York: Routlege.

Mahn, H., & John-Steiner, V. (2013). Vygotsky and sociocultural approaches to teaching and learning. In I. B. Weiner & others (Eds.), *Handbook of psychology* (2nd ed., Vol. 7). New York: Wiley.

Main, M., & Solomon, J. (1986). Discovery of an insecure disorganized/ disoriented attachment pattern. In T. B.

Brazelton & M. W. Yogman (Eds.), *Affective development in infancy* (pp. 95-124). Norwood, NJ: Ablex.

Main, M., & Solomon, J. (1990). Procedures for identifying infants as disorganized/disoriented during the Ainsworth Strange Situation. In M. T. Greenberg, D. Cicchetti, & E. M. Cumming (Eds.), *Attachment in the preschool years: Theory, research, and intervention* (pp. 161-182). Chicago: University of Chicago Press.

Malizia, B. A., Hacker, M. R., & Penzias, A. S. (2009). Cumulative live-birth rates after in vitro fertilization. *New England Journal of Medicine, 360,* 236-243.

Maloy, R. W., Verock O'Loughlin, R-E., Edwards, S. A., & Woolf, B. P. (2014). *Transforming learning with new technologies* (2nd ed.). Upper Saddle River, NJ: Pearson.

Maloy, R. W., Verock, R. A., Edwards, S. A., & Trust, T. (2021). *Transforming learning with new technologies* (4th ed.). Upper Saddle River, NJ: Pearson.

Manard, M., Carabin, D., Jasper, M., & Collette, F. (2015). Age-related decline in cognitive control: The role of fluid intelligence and processing speed. *BMC Neuroscience, 15,* 88-97.

Mandler, J. M. (1988). How to build a baby: On the development of an accessible representational system. *Cognitive Development, 3,* 113-136.

Mandler, J. M. (1990). Recall of events by preverbal children. In A. Diamond (Ed.), *The development and neutral bases of higher cognitive functions.* New York: New York Academy of Sciences.

Mandler, J. M., & McDonough, L. (1995). Long-term recall of event sequences in infancy. *Journal of Experimental Child Psychology, 59,* 457-474.

Manganaro, L., Antonelli, A., Bernardo, S., Capozza, F., Petrillo, R., Satta, S., Vinci, V., Saldari, M., Maccioni, F., Ballesio, L., & Catalano, C. (2017). Highlights on MRI of the fetal body. *La Radiologia medica, 123* (4), 271-285.

Mange, A. P., & Mange, E. J. (1990). *Genetics: Human aspects* (2nd ed.). Sunderland, MA: Sinhauer Associates.

Mangelsdorf, S. C., Shapiro, J. R., & Marzolf, D. (1995). Developmental and temperamental differences in emotion regulation in infancy. *Child Development, 66,* 1817-1828.

Maratsos, M. P. (1989). Innateness and plasticity in language acquisition. In M. L. Rice & R. C. Schiefelbusch (Eds.), *The teachability of language.* Baltimore: Paul H. Brookes.

Marcia, J. (1980). Identity in adolescence. In J. Adelson (Ed.), *Handbook of adolescent psychology.* New York: Wiley.

Marcia, J. (1989). Identity and intervention. *Journal of Adolescence, 12,* 401-410.

Marcia, J. (1991). Identity and self-development. In R. M. Lerner, A. C. Petersen, & J. Brooks-Gunn (Eds.), *Encyclopedia of adolescence* (Vol. 1). New York: Garland.

Marcia, J. (1994). The empirical Study of ego identity. In H. A. Boston, T. L. G. Grotevant, & D. J. De Levita (Eds.), *Identity and development.* Newbury Park, CA: Sage.

Marcia, J. (2002). Identity and psychosocial development in adulthood. *Identity, 2,* 7-28.

Marcia, J. E., & Carpendale, J. (2004). Identity: Does thinking make it so? In C. Lightfoot, C. Lalonde, & M. Chandler (Eds.), *Changing conceptions of psychological life.* Mahwah, NJ: Erlbaum.

Marie, C., & Trainor, L. J. (2012). Development of simultaneous pitch encoding: Infants show a high voice superiority effect. *Cerebral Cortex.* bhs050.

Marinellie, S. A., & Kneile, L. A. (2012). Acquiring knowledge of derived nominals and derived adjectives in context. *Language, Speech, and Hearing Services in School, 43,* 53-65.

Markant, J. C., & Thomas, K. M. (2013). Postnatal brain development. In P. D. Zelazo (Ed.), *Oxford handbook of developmental psychology.* New York: Oxford University Press.

Markey, C. N. (2010). Invited commentary: Why body image is important to adolescent development. *Journal of Youth and Adolescence, 39,* 1387-1389.

Markman, E. M. (1978). Empirical versus logical solutions to part-whole comparison problems concerning classed and collections. *Child Development, 49,* 168-177.

Marmorstein, N. R., & Shiner, R. L. (1996, March). *The family environments of depressed adolescents.* Paper presented at the meeting of the Society for Research on Adolescence, Boston.

Marra, K. V., Wagley, S., Kuperwaser, M. C., Campo, R., & Arroyo, J. G. (2016). Care of older adults: Role of primary care physicians in the treatment of cataracts and macular degeneration. *Journal of American Geriatrics Society, 64,* 369-377.

Marsh, D. L. (1991). *Retirement careers: Combining the best of work and leisure.* Charlotte, VT: Williamson Publishing.

Marsh, H. W. (1990). The structure of academic self-concept: The Marsh/Shavelson model. *Journal of Educational Psychology, 82,* 623-636.

Marsh, H. W., & Cheng, J. H. (2012). Physical self-concept. *Measurement in Sport and Exercise Psychology,* 215-226.

Marshall, V., & Levy, J. (1990). Aging and dying. In R. Binstock & L. George (Eds.), *Handbook of aging and the social sciences* (3rd ed.). New York: Academic Press.

Martin, C. L., & Halverson, C. F., Jr. (1983). The effects of sex-typing schemas on young children's memory. *Child Development, 54,* 563-574.

Martinez-Frias, M. L. (2012). The thalidomide experience:

Review of its effects 50 years later. *MedicinaClinca, 139*, 25-32.

Martin-Matthews, A. (1988). Widowhood as an expectable life event. In V. Marshall (Ed.), *Aging in Canada: Social perspectives* (2nd ed.). Markham, Ont.: Fitzhenry & Whiteside.

Martino, S. C., Collins, R. L., Elliott, M. N., Strachman, A., Kanouse, D. E., & Berry, S. H. (2006). Exposure to degrading versus nondegrading music lyrics and sexual behavior among youth. *Pediatrics, 118* (2), e430-e441.

Martocchio, J. J. (1989). Age-related differences in employee absenteeism: A meta-analysis. *Psychology and Aging, 4*, 409-414.

Mash, C., Bornstein, M. H., & Arterberry, M. E. (2013). Brain dynamics in young infants' recognition of faces: EEG oscillatory activity in response to mother and stranger. *Neuroreport: For Rapid Communication of Neuroscience Research, 24*, 359-363.

Mash, E. J., & Wolfe, D. A. (2019). *Abnormal child psychology* (7th ed.). Boston: Cengage.

Maslow, A. H. (1965). A theory of human motivation. In D. E. Hamachek (Ed.), *The self in growth, teaching, and learning*. New Jersey: Prentice-Hall.

Maslow, A. H. (1970). *Motivation and Personality* (2nd ed.). New York: Harper.

Maslow, A. H. (1971). *The farther reaches of human nature*. New York: Viking Press.

Mason, J. O. (1993). The dimensions of an epidemic of violence. *Public Health Reports, 108*, 1-4.

Mason, K. A., Johnson, G. B., Losos, J. B., & Singer, S. (2015). *Understanding biology*. New York: McGraw-Hill.

Masoro, E. J. (1990). Animal models in aging research. In E. L. Schneider & J. W. Rowe (Eds.), *Handbook of the biology of aging* (3rd ed.). San Diego: Academic Press.

Masselli, G., Brunelli, R., Di Tola, M., Anceschi, M., & Gualdi, G. (2011). MR imaging in the evaluation of placental abruption: Correlation with sonographic findings. *Radiology, 259* (1), 222-230.

Masters, W. H., & Johnson, V. E. (1966). *Human sexual response*. Boston: Little, Brown.

Mather, K. A., Jorm, A. F., Parslow, R. A., & Christensen, H. (2011). Is telomere length a biomarker of aging? *A review. Journals of Gerontology. Series A, Biological Sciences and Medical Sciences, 66*, 202-213.

Mathews, G., Fane, B., Conway, G., Brook, C., & Hines, M. (2009). Personality and congenital adrenal hyperplasia: Possible effects of prenatal androgen exposure. *Hormones and Behavior, 55*, 285-291.

Matlin, M. W. (2012). *The psychology of women* (7th ed.). Belmont, CA: Wadsworth.

Matsukura, S., Taminato, T, Kitano, N., Seino, Y., Hamada, H., Uchihashi, M., Nakajima, H., & Hirata, Y. (1984). Effects of environmental tobacco smoke on urinary cotinine excretion in nonsmokers. *New England Journal of Medicine, 311* (13), 828-832.

Matteson, M. A. (1988). Age-related changes in the integument. In M. A. Matteson & E. S. McConnell (Eds.), *Gerontological nursing: Concepts and practice*. Philadelphia: Saunders.

Matthews, K. A. (1992). Myths and realities of the menopause. *Psychosomatic Medicine, 54*, 1-9.

Maurer, D., & Lewis, T. L. (2013). Sensitive periods in visual development. In P. D. Zelazo (Ed.), *Oxford handbook of developmental psychology*. New York: Oxford University Press.

Mayberry, R. I. (1994). The importance of childhood to language acquisition: Evidence from American sign language. In J. C. Goodman & H. C. Nusbaum (Eds.), *The development of speech perception: The transition from speech sounds to spoken words* (pp. 57-90). Cambridge, MA: MIT Press.

Maylor, E. A. (1996). Does prospective memory decline with age? In M. Brandimonte, G. O. Einstein, & M. A. McDaniel (Eds.), *Prospective memory theory and applications*. NJ: Lawrence Erlbaum Associates.

Maynard, S., Fang, E. F., Scheibye-Knudsen, M., Croteau, D. L., & Bohr, V. A. (2015). DNA damage, DNA repair, aging, and neurodegeneration. *Cold Spring Harbor Perspectives in Medicine, 5* (10).

McCall, R. B., Applebaum, M. I., & Hogarty, P. S. (1973). Developmental changes in mental performance. *Monographs of the Society for Research in Child Development, 38* (Serial No. 150).

McCann, I. L., & Holmes, D. S. (1984). Influence of aerobic exercise on depression. *Journal of Personality and Social Psychology, 46* (5), 1142-1147.

McCary, J. L. (1975). *Freedom and growth in marriage*. Santa Barbara, CA: Hamilton.

McCombs, A., & Forehand, R. (1989, Winter). Adolescent school performance following parental divorce: Are there family factors that can enhance success? *Adolescence, 24* (96), 871-880.

McCrae, R. R. (2021). The five-factor model of personality. In P. J. Corr & G. Matthews (Eds.), *Cambridge handbook of personality psychology* (2nd ed.). New York: Cambridge

McCrae, R. R., & Costa, P. T., Jr. (1984). *Emerging lives, enduring dispostions*. Boston: Little, Brown.

McCrae, R. R., & Costa, P. T., Jr. (2003). *Personality in adulthood: A five-factor theory perspective* (2nd ed.). New York, NY: Guilford Press.

McCrae, R. R., & Costa, P. T., Jr. (2006). Cross-cultural perspectives on adult personality trait development. In D. K. Mroczek & T. D. Little (Eds.), *Handbook of personality development*. Mahwah, NJ: Erlbaum.

McCrae, R. R., & Costa, P. T., Jr., & Busch, C. M. (1986). Evaluating comprehensiveness in personality system: The California Q-set and the five factor model. *Journal of Personality, 54*, 430-446.

McDougall, S., Riad, W. V., Silva-Gotay, A., Tavares, E. R., Harpalani, D., Li, G. L., & Richardson, H. N. (2018). Myelination of axons corresponds with faster transmission speed in the prefrontal cortex of developing male rats. *eNeuro, 5* (4).

McDuffie, A., Thurman, A. J., Hagerman, R. J., & Abbeduto, L. (2015). Symptoms of autism in males with fragile X syndrome: A comparison to nonsyndromic ASD using current ADI-R scores. *Journal of Autism and Developmental Disorders, 45* (7), 1925-1937.

McEvoy, G. M., & Cascio, W. F. (1989). Cumulative evidence of the relationship between employee age and job performance. *Journal of Applied Psychology, 74*, 11-17.

McGarrigle, J., Grieve, R., & Hughes, M. (1978). Interpreting inclusion. *Journal of Experimental Child Psychology, 26*, 528-550.

McHale, S. M., Updegraff, K. A., & Whiteman, S. D. (2013). Sibling relationships. In G. W. Peterson & K. R. Bush (Eds.), *Handbook of marriage and family* (3rd ed.). New York: Springer.

McLoyd, V. C. (1989). Socialization and development in a changing economy: The effects of paternal job and income loss on children. *American Psychologist, 44* (2), 293-302.

McLoyd, V. C., Cauce, A. M., Takeuchi, D., & Wilson, L. (1992). Marital processes and parental socialization in families of color: A decade review of research. *Journal of Marriage and the Families, 62* (4), 1070-1093.

McLoyd, V. C., Jayaratne, T. E., Ceballo, R., & Borquez, J. (1994). Unemployment and work interruption among African American single mothers: Effects on parenting and socioemotional functioning. *Child Development, 65*, 562-589.

McMillan, L. (1990). Grandchildren, chocolate, and flowers. *Australian Journal on Ageing, 9* (4), 13-17.

Meacham, J. A. (1982). Wisdom and the context of knowledge: Knowing that one doesn't know. In D. Kuhn & J. A. Meacham (Eds.), *On the development of developmental psychology*. Basel, Switzerland: Karger.

Meacham, J. A. (1990). The loss of wisdom. In R. J. Sternberg (Ed.), *Wisdom: Its nature, origins, and development*. Cambridge: Cambridge University Press.

Mead, G. H. (1934). *Mind, self, and society*. Chicago: University of Chicago Press.

Mead, M. (1935). *Sex temperament in three primitive societies*. New York: Morrow.

Mead, M. (1950). *Coming of age in Samoa*. New York: New American Library.

Mead, M. (1953). *Growing up in New Guinea*. New York: New American Library.

Mehler, J., Jusczyk, P. W., Lambertz, G., Halsted, N., Bertoncini, J., & Amiel-Tison, C. (1988). A precursor of language acquisition in young infants. *Cognition, 29*, 132-178.

Meilman, P. W. (1979). Cross-sectional age changes in ego identity status during adolescence. *Developmental Psychology, 15*, 230-231.

Meland, E., Breidablik, H. J., & Thuen, F. (2020). Divorce and conversational difficulties with parents: Impact on adolescent health and self-esteem. *Scandinavian Journal of Public Health, 48* (7), 743-751.

Mendelson, B. K., & White, D. R. (1985). Development of self-body-esteem in overweight youngsters. *Developmental Psychology, 21*, 90-97.

Mendle, J., & Ferrero, J. (2012). Detrimental psychological outcomes associated with pubertal timing in adolescent boys. *Developmental Review, 32*, 49-66.

Mendle, J., Harden, K. P., Brooks-Gunn, J., & Graber, J. A. (2010). Development's tortoise and hare: Pubertal timing, pubertal tempo, and depressive symptoms in boys and girls. *Developmental Psychology, 46*, 1341-1353.

Mennella, J. A., & Bobowski, N. K. (2015). The sweetness and bitterness of childhood: Insights from basic research on taste preferences. *Physiology & Behavior, 152*, 502-507.

Menon, R., Jones, J., Gunst, P. R., Kacerovsky, M., Fortunato, S. J., Saade, G. R., & Basraon, S. (2014). Amniotic fluid metabolomic analysis in spontaneous preterm birth. *Reproductive Sciences, 21* (6), 791-803.

Mensah, F. K., Bayer, J. K., Wake, M., Carlin, J. B., Allen, N. B., & Patton, G. C. (2013). Early puberty and childhood social and behavioral adjustment. *Journal of Adolescent Health, 53*, 118-124.

Merali, N. (2002). Perceived versus actual parent-adolescent assimilation disparity among hispanic refugee families. *International Journal for the Advancement of Counselling, 24* (1), 57-68.

Merewood, A. (1998). Sperm under siege: More than we ever guessed, having a healthy baby may depend on dad. In K. L. Freiberg (Ed.), *Annual editions: Human development 98/99* (26th ed., pp. 37-41). New York: McGraw-Hill.

Merrill, S. A. (1999). Roselawn: A community regaining its youth. *The Clearing House, 73*, 101-110.

Merva, M., & Fowles, R. (1992). *Effects of diminished economic opportunities on social stress: Heart attacks, strokes, and crime* [Briefing paper]. Washington, DC: Economic Policy Institute.

Mesch, G. S. (2012). Technology and youth. *New Directions in Youth Development, 135,* 97-105.

Messer, S. (1976). Reflection-impulsivity: A review. *Psychological Bulletin, 83,* 1026-1053.

Mestre, T. A., Teodoro, T., Reginold, W., Graf, J., Kasten, M., Sale, J., Zurowski, M., Miyasaki, J., Ferreira, J. J., & Marras, C. (2014). Reluctance to start medication for Parkinson's disease: A mutual misunderstanding by patients and physicians. *Parkinsonism and Related Disorders, 20* (6), 608-612.

Michalska-Malecka, K., Nowak, M., Gościniewicz, P., Karpe, J., Slowinska-Łożynska, L., Łypac-zewska, A., & Romaniuk, D. (2013). Results of cataract surgery in the very elderly population. *Clinical Interventions in Aging, 8,* 1041-1046.

Mick, P., Parfyonov, M., Wittich, W., Phillips, N., Guthrie, D., & Pichora-Fuller, M. K. (2018). Associations between sensory loss and social networks, participation, support, and loneliness: Analysis of the Canadian longitudinal study on aging. *Canadian Family Physician, 64* (1), e33-e41.

Mikkola, T. M., Polku, H., Portegijs, E., Rantakokko, M., Tsai, L. T., Rantanen, R., & Viljanen, A. (2016). Self-reported hearing is associated with time spent out-of-home and withdrawal from leisure activities in older community-dwelling adults. *Aging Clinical and Experimental Research, 28,* 297-302.

Milgram, S. (1974). *Obedience to authority: An experimental view.* New York: Harper & Row.

Miller, B. C., Norton, M. C., Curtis, T., Hill, E. J., Schvaneveldt, P., & Young, M. H. (1997). The timing of sexual intercourse among adolescents: Family, peer, and other antecedents. *Youth and Society, 29,* 54-83.

Miller, J. G., & Bland, C. G. (2014). A cultural perspective on moral development. In M. Killen & J. G. Smetana (Eds.), *Handbook of moral development* (2nd ed.). New York: Psychology Press.

Miller, J. G., Wice, M., & Goyal, N. (2020). Culture, parenting practices, and moral development. In D. J. Laible & others (Eds.), *Oxford handbook of parenting and moral development.* New York: Oxford University Press.

Miller, J. L., & Eimas, P. D. (1995). Speech perception: From signal to word. *Annual Review of Psychology, 46,* 467-492.

Miller, K. E. (1990). Adolescents' same-sex and opposite sex peer relations: Sex differences in popularity, perceived social competence, and social cognitive skills. *Journal of Adolescent Research, 5,* 222-241.

Miller, P. H. (1993). *Theories of developmental psychology* (3rd ed.). NY: W. H. Freeman and Company.

Miller, P. H. (2016). *Theories of developmental psychology* (6th ed.). New York: Worth.

Miller, P. H., & Aloise, P. A. (1989). Young children's understanding of the psychologicl causes of behavior: A review. *Child Development, 60,* 257-285.

Miller, R., Wankerl, M., Stalder, T., Kirschbaum, C., & Alexander, N. (2013). The serotonin transporter gene-linked polymorphic region (5-HTTLPR) and cortisol stress reactivity: A meta-analysis. *Molecular Psychiatry, 18* (9), 1018-1024.

Milne, E., & Greenop, K. R., Scott, R. J., Bailey, H. D., Attia, J., Dalla-Pozza, L., de Klerk, N. H., Armstrong, B. K. (2012). Parental prenatal smoking and risk of childhood acute lymphoblastic leukemia. *American Journal of Epidemiology, 175,* 43-53.

Milsum, J. H. (1984). *Health, stress, and illness: A systems approach.* New York: Praeger.

Mioni, G., Rendell, P. G., Stablum, F., Gamberini, L., & Bisiacchi, P. S. (2015). Test-retest consistency of Virtual Week: A task to investigate prospective memory. *Neuropsychological Rehabilitation, 25,* 419-447.

Mischel, W. (1970). Sex typing and socialization. In P. H. Mussen (Ed.), *Carmichael's manual of child psychology* (Vol. 2). New York: Wiley.

Mischel, W. (1974). Processes in the delay of gratification. In L. Berkowitz (Ed.), *Advances in experimental social psychology* (Vol. 7). New York: Academic.

Mischel, W. (1986). *Introduction to personality* (4th ed.). New York: Holt, Rinehart, & Winston.

Mishra, G. D., Cooper, R., Tom, S. E., & Kuh, D. (2009). Early life circumstances and their impact on menarche and menopause. *Women's Health, 5*(2), 175-190. DOI: 10.2217/17455057.5.2.175.

Mitchell, E. S., & Woods, N. F. (2015). Hot flush severity during the menopausal transition and early postmenopause: Beyond hormones. *Climacteric, 18,* 536-544.

Mitchell, V., & Helson, R. (1990). Women's prime of life: Is it the 50s? *Psychology of Women Quarterly, 16,* 331-347.

Mitsven, S., Messinger, D. S., Moffitt, J., & Ahn, Y. A. (2020). Infant emotional development. In J. J. Lockman & C. TamisLeMonda (Eds.), *Cambridge handbook of infant development.* New York: Cambridge University Press.

Moen, P. (1991). Transitions in mid-life: Women's work and family roles in the 1970s. *Journal of Marriage and the Family, 53*(1), 135-150.

Moen, P. (1992). *Women's two roles: A contemporary*

dilemma. New York: Auburn House.

Moen, P. (2009a). Careers. In D. Carr (Ed.), *Encyclopedia of the life course and human development.* Boston: Gale Cengage.

Moen, P. (2009b). Dual-career couples. In D. Carr (Ed.), *Encyclopedia of the life course and human development.* Boston: Gale Cengage.

Moerk, E. L. (1989). The LAD was a lady and the tasks were ill-defined. *Developmental Review, 9,* 21-57.

Moieni, M., Seeman, T. E., Robles, T. F., Lieberman, M. D., Okimoto, S., Lengacher, C., Irwin, M. R., & Eisenberger, N. I. (2021). Generativity and social well-being in older women: Expectations regarding aging matter. *Journals of Gerontology B: Psychological Sciences and Social Sciences, 76* (2), 289-294.

Mok, Y., Sang, Y., Ballew, S. H., Rebholz, C. M., Rosamond, W. D., Heiss, G., Folsom, A. R., Coresh, J., & Matsushita, K. (2018). American heart association's life's simple 7 at middle age and prognosis after myocardial infarction in later life. *Journal of the American Heart Association, 7* (4), e007658.

Mola, J. R. (2015). Erectile dysfunction in the older adult male. *Urologic Nursing, 35* (2), 87-93.

Money, J., & Ehrhardt, A. A. (1973). *Man and woman, boy and girl.* Baltimore and London: Johns Hopkins Press.

Monk, C., Webster, R. S., McNeil, R. B., Parker, C. B., Catov, J. M., Greenland, P., Bairey-Merz, C. N., Silver, R. M., Simhan, H. N., Ehrenthal, D. B., Chung, J. H., Haas, D. M., Mercer, B. M., Parry, S., Polito, L., Reddy, U. M., Saade, G. R., & Grobman1, W. A. (2020). Associations of perceived prenatal stress and adverse pregnancy outcomes with perceived stress years after delivery. *Archives of Women's Mental Health, 23* (3), 361-369.

Montemayor, R. (1982). The relationship between parent-adolescent conflict and the amount of time adolescents spend with parents, peers, and alone. *Child Development, 53,* 1512-1519.

Moore, C. A., & Boker, B. R. (2022). Anorexia nervosa. *Statpearls.*

Moradpour, F., Jahromi, M. K., Fooladchang, M., Rezaei, R., & Khorasani, M. R. S. (2020). Association between physical activity, cardiorespiratory fitness, and body composition with menopausal symptoms in early postmenopausal women. *Menopause, 27* (2), 230-237.

Morey, M. C. (1991). Two-year trends in physical performance following supervised exercise among community-dwelling older veterans. *Journal of the American Geriatrics Society, 39* (10), 986-992.

Morgan, B., & Gibson, K. R. (1991). Nutrition and environmental interactions in brain development. In K. R. Gibson & A. C. Petersen (Eds.), *Brain maturation and cognitive development: Comparative and cross-cultural perspectives* (pp. 91-106). New York: Aldine De Gruyter.

Morgan, J. L., & Demuth, K. (Eds.). (1995). *Signal to syntax.* Hillsdale, NJ: Erlbaum.

Morgane, P. J., Austin-La France. R., Brouzino, J., Toukiss, J., Diaz-Cintra, S., Cintra, L., Kemper, T., & Galler, J. R. (1993). Prenatal malnutrition and development of the brain. *Neuroscience and Biobehavioral Reviews, 17,* 91-128.

Morin, C. M., & Gramling S. E. (1989). Sleep patterns and aging: Comparison of older adults with and without insomnia complaints. *Psychology and Aging, 4,* 290-294.

Morris, B. H., McGrath, A. C., Goldman, M. S., & Rottenberg, J. (2013). Parental depression confers greater prospective depression risk to females than males in emerging adulthood. *Child Psychiatry and Human Development, 45* (1), 78-89.

Morrison, A. M., & Von Glinow, M. A. (1990). Women and minorities in management. *American Psychologist, 45,* 200-208.

Morrison, L. A., Brown, D. E., Sievert, L. L., Reza, A., Rahberg, N., Mills, P., & Goodloe, A. (2014). Voices from the Hilo Women's Health Study: Talking story about menopause. *Health Care for Women International, 35* (5), 529-548.

Morrow, D., Leirer, V., Altieri, P., & Fitzsimons, C. (1994). When expertise reduces age differences in performance. *Psychology and Aging, 9,* 134-148.

Morse, C. K. (1993). Does variability increase with age? An archival study of cognitive measures. *Psychology and Aging, 8,* 156-165.

Mortola, J., & Yen, S. S. (1990). The effects of oral dehydroepiandrosterone on endocrine-metabolic parameters in post menopausal women. *Journal of Clinical Endicrinology and Metabolism, 71,* 696-704.

Moshman, D. (2011). *Adolescent rationality and development: Cognition, morality, and identity* (3rd ed.). New York: Psychology Press.

Mosley, J. D., Gupta, D. K., Tan, J., Yao, J., Wells, Q. S., Shaffer, C. M., Kundu, S., Robinson-Cohen, C., Psaty, B. M., Rich, S. S., Post, W. S., Guo, X., Rotter, J. I., Roden, D. M., Gerszten, R. E., & Wang, T. J. (2020). Predictive accuracy of a polygenic risk score compared with a clinical risk score for incident coronary heart disease. *JAMA, 323* (7), 627-635.

Moss, M. S., & Moss, S. Z. (1995). Death and bereavement. In R. Blieszner & V. H. Bedford (Eds.), *Handbook of aging and the family.* Westport, CT: Greenwood Press.

Müller, T. D. (2012). Fat mass and obesity-associated gene

(FTO) in eating disorders: Evidence for association of the rs9939609 obesity risk allele with bulimia nervosa and anorexia nervosa. *Obesity Facts, 5* (3), 408-419.

Mulligan, T., & Moss, C. (1991). Sexuality and aging in male veterans: A cross-sectional study of interest, ability, and activity. *Archives of Sexual Behavior, 20,* 17-25.

Mullola, S., Ravaja, N., Lipsanen, J., Alatupa, S., Hintsanen, M., Jokela, M., & Keltikangas-Järvinen, L. (2012). Gender differences in teachers' perceptions of students' temperament, educational competence, and teachability. *British Journal of Educational Psychology, 82* (Pt2), 185-206.

Mumme, D. L., Fernald, A., & Herrera, C. (1996). Infants' responses to facial and vocal emotional signals in a social referencing paradigm. *Child Development, 67,* 3219-3237.

Munoz-Ramon, P. V., Hernandez Martinez, P., & Munoz-Negrete, F. J. (2020). New therapeutic targets in the treatment of age-related macular degeneration. *Archivos de la Sociedad Espanola de Oftalmologia, 95,* 75-83.

Munro, G., & Adams, G. R. (1977). Ego identity formulation in college students and working youth. *Developmental Psychology, 13* (57), 523-524.

Murphy, S., Johnson, L., & Wu, L. (2003). Bereaved parents' outcomes 4 to 60 months after their children's death by accident, suicide, or homicide: A comparative study demonstrating differences. *Death Studies, 27,* 39-61.

Murray, K. M., Byrne, D. C., & Rieger, E. (2011). Investigating adolescent stress and body image. *Journal of Adolescence, 34,* 269-278.

Murstein, B. I. (1970). Stimulus-value-role: A theory of marital choice. *Journal of Marriage and the Family, 32,* 465-481.

Murstein, B. I. (1976). *Who will marry whom? Theories and research in marital choice.* New York: Springer.

Murstein, B. I. (1986). *Paths to marriage.* Beverly Hills, CA: Sage.

Mussen, P. H., Honzik, M., & Eichorn, D. (1982). Early adult antecedents of life satisfaction at age 70. *Journal of Gerontology, 37,* 316-322. ·

Muuss, R. E. (1996). *Theories of adolescence* (6th ed.). McGraw-Hill.

Myrtek, M. (2007). *Type A behavior and hostility as independent risk factors for coronary heart disease.* Washington, DC: American Psychological Association.

Nagel, B. J., Bathula, D., Herting, M., Schmitt, C., Kroenke, C. D., Fair, D., & Nigg, J. T. (2011). Altered white matter microstructure in children with attention-deficit/hyperactivity disorder. *Journal of the American Academy of Child and Adolescent Psychiatry, 50,* 283-292.

Nagel, H. T., Kneght, A. C, Kloosterman, M. D., Wildschut, H. I., Leschot, N. J., & Vandenbussche, F. P. (2007). Prenatal diagnosis in the Netherlands, 1991-2000: Number of invasive procedures, indications, abnormal results, and terminations of pregnancies. *Prenatal Diagnosis, 27,* 251-257.

Naisbitt, J. (1984). *Megatrends.* New York: Warner Books.

Nasiri, S. (2015). Severity of menopausal symptoms and related factors among 40 to 60 year old women. *Nursing and Midwifery Studies, 4* (1), e22882.

Nazzari, S., & Frigerio, A. (2020). The programming role of maternal antenatal inflammation on infants' early neurodevelopment: A review of human studies: Special section on "Translational and neuroscience studies in affective disorders" section editor, Maria Nobile MD, PhD. *Journal of Affective Disorders, 263,* 739-746.

Negriff, S., & Susman, E. J. (2011). Pubertal timing, depression, and externalizing problem: A framework, review, and examination of gender differences. *Journal of Research on Adolescence, 21,* 717-746.

Negriff, S., Susman, E. J., & Trickett, P. K. (2011). The development pathway from pubertal timing to delinquency and sexual activity from early to late adolescence. *Journal of Youth and Adolescence, 40,* 1343-1356.

Neisser, U., Boodoo, G., Bouchard, T. J., Boykin, A. W., Brody, N., Ceci, S. J., Halpern, D. F., Loehlin, J. C., Perloff, R., Sternberg, R. J., & Urbina, S. (1996). Intelligence: Knowns and unknowns. *American Psychologist, 51,* 77-101.

Nelson, C. A., Zeanah, C., & Fox, N. A. (2007). The effects of early deprivation on brain-behavioral development: The Bucharest Early Intervention Project. In D. Romer & E. Walker (Eds.), *Adolescent psychopathology and the developing brain: Integration brain and prevention science.* New York: Oxford University Press.

Nelson, K. B. (1993). The psychological and social origins of autobiographical memory. *Psychological Science, 4,* 1-8.

Nelson, K. B. (1995). Cerebral palsy. In B. F. Sachs, R. Beard, E. Papiernik, & C. Russell (Eds.), *Reproductive health care for women and babies* (pp. 400-419). New York: Oxford University Press.

Nelson, K. B., & Ross, G. (1980). The generalities and specifics of long-term memory in infants and young children. In M. Perlmutter (Ed.), *New directions for child development: No. 10. Children's memory* (pp. 87-101). San Francisco: Jossey-Bass.

Neugarten, B. L. (1967). The awareness of middle age. In R. Owen (Ed.), *Middle age.* London: BBC.

Neugarten, B. L. (1977). Personality and aging. In J. E. Birren & K. W. Schaie (Eds.), *Handbook of the psychology of aging*. New York: Van Nostrand Reinhold.

Neugarten, B. L., Havighurst, R. J., & Tobin, S. S. (1968). Personality and patterns of aging. In B. L. Neugarten (Ed.), *Middle age and aging*. Chicago: University of Chicago Press.

Neulinger, J. (1981). *The psychology of leisure*. Springfield, IL: Charles Thomas.

Neuman, W. L. (2020). *Social science research methods* (8th ed.). Upper Saddle River, NJ: Pearson.

Neumann, C. G. (1983). Obesity in childhood. In M. D. Levine, W. B. Carey, A. C. Crocker, & R. T. Gross (Eds.), *Developmental behavioral pediatrics* (pp. 536-551). Philadelphia, PA: W. B. Saunders.

Newcombe, N. (1996). *Child development: Change over time* (8th ed.). Harper Collins College Publishers.

Newcombe, N., & Huttenlocher, J. (1992). Children's early ability to solve perspective-taking problems. *Developmental Psychology, 28*, 635-643.

Newcombe, N., Drummey, A. B., & Lie, E. (1995). Children's memory for early experience. *Journal of Experimental Child Psychology, 59*, 337-342.

Newkirk, L. A., Dao, V. L., Jordan, J. T., Alving, L. I., Davies, H. D., Hewett, L., Beaudreau, S. A., Schneider, L. D., Gould, C. E., Chick, C. F., Hirst, R. B., Rose, S. M. S., Anker, L. A., Tinklenberg, J. R., & O'Hara, R. (2020). Factors associated with supportive care service use among California Alzheimer's disease patients and their caregivers. *Journal of Alzheimer's Disease, 73* (1), 77-86.

Newman, B. M. (1982). Midlife development. In B. Wolman (Ed.), *Handbook of developmental psychlolgy*. Englewood Cliffs, NJ: Prentice-Hall.

Newman, J. (1995). How breast milk protects newborns. *Scientific American, 273*(6), 76-80.

Newman, L. F., & Buka, S. L. (1993). Clipped wings. In K. L. Freiberg (Ed.), *Annual editions: Human development 93/94* (21th ed., pp. 96-101). New York: McGraw-Hill.

Newnham, J. P., Evans, S. F., Michael, C. A., Stanley, F. J., & Landau, L. I. (1993). Effects of frequent ultrasound during pregnancy: A randomised controlled trial. *The Lancet, 342*, 887-891.

Newport, E. L. (1991). Contrasting conceptions of the critical period for language. In S. Carey & R. Gelman (Eds.), *The epigenesis of mind: Essays on biology and cognition* (pp. 111-130). Hillsdale, NJ: Erlbaum.

Ngantcha, M., Janssen, E., Godeau, E., Ehlinger, V., Le-Nezet, O., Beck, F., & Spilka, S. (2018). Revisiting factors associated with screen time media use: A structural study among school-aged adolescents. *Journal of Physical Activity and Health, 15* (6), 448-456.

Nielsen Media Research (1998). *1988 report on television.* New York: Author.

Nigro, G., Mazzocco, M., Mattia, E., Di Renzo, G. C., Carta, G., & Anceschi, M. M. (2011). Role of the infections in recurrent spontaneous abortion. *Journal of Maternal-Fetal and Neonatal Medicine, 24*, 983-989.

Nisan, M. (1987). Moral norms and social conventions: A cross-cultural comparison. *Developmental Psychology, 23*, 719-725.

Niu, K., Momma, H., Kobayashi, Y., Guan, L., Chujo, M., Otomo, A., Ouchi, E., & Nagatomi, R. (2016). The traditional Japanese dietary pattern and longitudinal changes in cardiovascular disease risk factors in apparently healthy Japanese adults. *European Journal of Nutrition, 55*, 267-279.

Nock, S. L., & Kingston, P. W. (1988). Time with children: The impact of couples' worktime commitment. *Social Forces, 67*, 59-85.

Nord, W. R. (1977). Job satisfaction reconsidered. *American Psychologist, 32*.

Norman, J., & Harris, M. W. (1981). *The private life of the American teenager.* New York: Rawson, Wade.

Norris, F. H., & Murrel, S. A. (1990). Social support, life events, and stress as modifiers of adjustment to bereavement by older adults. *Psychology and Aging, 5*, 429-436.

Notelovitz, M., & Ware, M. (1983). *Stand tall: The informed woman's guide to preventing osteoporosis.* Gainesville, FL: Triad.

Nucci, L. P., & Nucci, M. S. (1982). Children's social interactions in the context of moral and conventional transgressions. *Child Development, 53*, 403-412.

Nucci, L. P., & Turiel, E. (1978). Social interactions and development of social concepts in preschool children. *Child Development, 49*, 400-407.

Nyqvist, K., Anderson, G., Bergman, N., Cattaneo, A., Charpak, N., Davanzo, R., Ewald, U., Ludington-Hoe, S. M., Mendoza, S., Pallás-Allonso, C., Peláez, J., Sizun, J., & Widström, A. (2010). State of the art and recommendations Kangaroo mother care: Application in a high-tech environment. *Breastfeeding Review, 18* (3), 21-28.

O'Connor, D., & Wolfe, D. M. (1991). From crisis to growth at midlife: Changes in personal paradigm. *Journal of Organizational Behavior, 12* (4), 323-340.

O'Hanlon, A. M., Schaie, K. W., Haessler, S., & Willis, S. L. (1990, November). *Perceived intellectual performance change over seven years.* Paper presented at the annual meeting of the Gerontological Society of America, Boston, MA.

O'Hara, M. W., Hinrichs, J. W., Kohout, F. J., Wallace, R.

B., & Lemke, J. (1986). Memory complaint and memory performance in depressed elderly. *Psychology and Aging, 1*, 208-214.

O'Keeffe, G. S., & Clarke-Pearson, K. (2011). The impact of social media on children, adolescents, and families. *Pediatrics, 127* (4), 800-804.

Ofen, N., Tang, L., Yu, Q., & Johnson, E. L. (2019). Memory and the developing brain: From description to explanation with innovation in methods. *Developmental Cognitive Neuroscience, 36*, [100613]

Offer, D., & Offer, J. (1975). *From teenage to young manhood: A psychological study*. New York: Basic Books.

Offer, D., Ostrov, E., Howard, K. I., & Atkinson, R. (1988). *The teenage world: Adolescents' self image in ten countries*. New York: Plenum Medical Book Company.

Olafsdottir, E., Andersson, D. K., & Stefansson, E. (2012). The prevalence of cataract in a population with and without type 2 diabetes mellitus. *Acta Ophthalmologica, 90*, 334-340.

Oliver, B. R. (2017). Editorial: Genetically-informed approaches to the study of psychopathology. *Psychopathology Reviews, 4*, 1-3.

Olshansky, S. J., & Carnes, B. A. (2004). In search of the holy grail of senescence. In S. G. Post & R. H. Binstock (Eds.), *The fountain of youth: Cultural, scientific, and ethical perspectives on a biomedical goal*. New York, NY: Oxford University Press.

Olsho, L. W., Harkins, S. W., & Lenhardt, M. (1985). Aging and the auditory system. In J. E. Birren & K. W. Schaie (Eds.), *Handbook of the psychology of aging* (2nd ed.). New York: Van Nostrand Reinhold.

Olweus, D. (1993). *Bullying at school: What we know and what we can do*. Oxford, England: Blackwell.

Olweus, D. (2013). School bullying: Development and some important challenges. *Annual Review of Clinical Psychology, 9*, 751-780.

Omer, H., & Everly, G. S. (1988). Psychological factors in preterm labor: Critical review and theoretical synthesis. *American Journal of Psychiatry, 145*, 1507-1513.

Ong, K. K. (2010). Early determinants of obesity. *Adipose Tissue Development, 19*, 53-61.

Opfer, J. E., & Gelman, S. A. (2011). Development of the animate-inanimate distinction. In U. Goswami (Ed.), *Wiley-Blackwell handbook of childhood cognitive development* (2nd ed.). New York: Wiley.

Ortega-Montiel, J., Posadas-Romero, C., Ocampo-Arcos, W., Medina-Urrutia, A., Cardoso-Saldaña, G., Jorge-Galarza, E., & Posadas-Sánchez, R. (2015). *Self-perceived stress is associated with adiposity and atherosclerosis: The GEA Study*. BCM Public Health. 15, 780.

Orthner, D. K. (1981). *Intimate relationships*. Reading, MA: Addison-Wesley.

Ouwehand, C., de Ridder, D. T., & Bensing, J. M. (2007). A review of successful aging models: Proposing proactive coping as an important additional strategy. *Clinical Psychology Review, 43*, 101-116.

Owsley, C., Huisingh, C., Clark, M. E., Jackson, G. R., & McGwin, G. Jr. (2016). Comparison of visual function in older eyes in the earliest stages of age-related macular degeneration to those in normal macular health. *Current Eye Research, 41*, 266-272.

Ozudogru, G. (2021). Problems faced in distance education during COVID-19 pandemic. *Participatory Educational Journal, 8*, 321-333.

Pacala, J. T., & Yueh, B. (2012). Hearing deficits in the older patient: "I didn't notice anything." *JAMA, 307* (11), 1185-1194.

Paffenbarger, R. S., Hyde, R. T., Wing, A. L., Lee, I. Jung, D. L., & Kampert, J. B. (1993). The association of changes in physical-activity level and other life style characteristics with mortality among men. *New England Journal of Medicine, 328*, 538-545.

Pageon, H., Zucchi, H., Rousset, F., Monnier, V. M., & Asselineau, D. (2014). Skin aging by glycation: Lessons from the reconstructed skin model. *Clinical Chemistry and Laboratory Medicine, 52* (1), 169-174.

Paikoff, R. L., & Brooks-Gunn, J. (1990). Physiological processes: What role do they play during the transition to adolescence? In R. Montemayor, G. R. Adams, & T. P. Gulotta (Eds.), *From childhood to adolescence: A transitional period?* Newbury Park, CA: Sage.

Pallini, S., & Baiocco, R., Schneider, B. H., Madigan, S., & Atkinson, L. (2014). Early child-parent attachment and peer relations: A meta-analysis of recent research. *Journal of Family Psychology, 28* (1), 118-123.

Paneth, N. S. (1995). The problem of low birth weight. *The Future of Children, 5*, 19-34.

Panigrahy, A., Borzaga, M., & Blumi, S. (2010). Basic principles and concepts underlying recent advances in magnetic resonance imaging of the developing brain. *Seminars in Perinatology, 34*, 3-19.

Papalia, D. E., & Olds, S. W. (1995). *A Child's world: Infancy through adolescence* (3rd ed.). New York: McGraw-Hill.

Papalia, D. E., Camp, C. J., & Feldman, R. D. (1996). *Adult development and aging*. New York: McGraw-Hill.

Papalia, D. E., Olds, S. W., & Feldman, R. D. (1989). *Human development*. New York: McGraw-Hill.

Papini, D. R., Micka, J. C., & Barnett J. K. (1989). Perceptions of intrapsychic and extrapsychic funding as bases of adolescent ego identity status. *Journal of Adolescent*

Research, 4, 462-482.

Papini, D. R., Roggman, L. A., & Anderson, J. (1990). *Early adolescent perceptions of attachment to mother and father: A test of the emotional distancing hypothesis.* Paper presented at the meeting of the Society for Research on Adolescence, Atlanta.

Pardini, A. (1984, April-May). Exercise, vitality, and aging. *Aging, 344,* 19-29.

Parke, R. D., Leidy, M. S., Schofield, T. J., Miller, M. A., & Morris, K. L. (2008). Socialization. In M. M. Haith & J. B. Benson (Eds.), *Encyclopedia of infant and early childhood development.* Oxford, UK: Elsevier.

Parker, J. G., & Asher, S. R. (1987). Peer relations and later personal adjustment. *Psychological Bulletin, 102,* 357-389.

Parkes, C. M. (1972). *Bereavement: Studies of grief in adult life.* New York: International University Press.

Parkes, C. M. (1991). Attachment, bonding, and psychiatric problems after bereavement in adult life. In C. M. Parkers, J. Stevenson-Hinde, & P. Marris (Eds.), *Attachment across the life cycle.* London, UK: Tavistock/Routledge.

Parkes, C. M. (2006). *Love and loss. The roots of grief and its complications.* London, UK: Routledge.

Parkes, C. M., Benjamin, R., & Fitzgerald, R. A. (1969). Broken heart: A statistical study of increased mortality among widowers. *British Medical Journal, 1,* 740-743.

Parsons, T., & Bales, R. F. (1955). *Family, socialization, and interaction process.* New York: Free Press.

Parten, M. (1932). Social play among preschool children. *Journal of Abnormal and Social Psychology, 27,* 243-269.

Patrick, R. B., & Gibbs, J. C. (2012). Inductive discipline, parental expression of disappointed expectations, and moral identity in adolescence. *Journal of Youth and Adolescence, 41,* 973-983.

Patterson, C. J., Kupersmidt, J. B., & Vaden, N. A. (1990). Income level, gender, ethnicity, and household compositions as predictors of children's school-based competence. *Child Development, 61,* 485-494.

Patterson, G. R., & Stouthamer-Loeber, M. (1984). The correlation of family management practices and delinquency. *Child Development, 55,* 1299-1307.

Patterson, S. J., Söchting, I., & Marcia, J. E. (1992). The inner space and beyond: Women and identity. In G. R. Adams, T. P. Gullotta, & R. Montemayor (Eds.), *Adolescent identity formation.* Newbury Park, CA: Sage.

Pattison, E. M. (1977). The experience of dying. In E. M. Pattison (Ed.), *The experience of dying.* Englewood Cliffs, NJ: Prentice-Hall.

Paul, A. M. (1999). Do parents really matter? Kid stuff. In K. L. Freiberg (Ed.), *Annual editions: Human development*

99/00 (27th ed., pp. 128-130). New York: McGraw-Hill.

Paul, E. L., & White, K. M. (1990). The development of intimate relationships in late adolescence. *Adolescence, 25,* 375-400.

Paul, P. (2001, September). Getting inside Gen Y. *American Demographics, 23,* 42-49.

Paulhus, D. L. (2008). Birth order. In M. M. Haith & J. B. Benson (Eds.), *Encyclopedia of infant and early childhood development.* Oxford, UK: Elsevier.

Paulhus, D. L., & Shaffer, D. R. (1981). Sex differences in the impact of member of older and member of younger sibling on scholastic aptitude. *Social Psychology Quarterly, 44,* 363-368.

Paus, T., Zijdenbos, A., Worsley, K., Collins, D. L., Blumenthal, J., Giedd, J. N., Rappoport, J. L., & Evans, A. C. (1999). Structural maturation of neural pathways in children and adolescents: In vivo study. *Science, 283,* 1908-1911.

Pavlov, I. P. (1927). In G. V. Anrep (Trans.), *Conditioned reflexes.* London: Oxford University Press.

Paydar, M., & Johnson, A. A. (2020). Dietary intake, physical activity, and metabolic syndrome in African Americans, Hispanics, and Whites. *Journal of the American Medical Association,* 112, 215-224.

Pearson, J. C. (1996). Forty-forever years? Primary relationships and senior citizens. In N. Vanzetti & S. Duck (Eds.), *A lifetime of relationships.* Pacific Grove, CA: Brooks/Cole.

Peck, R. C. (1968). Psychological developments in the second half of life. In B. L. Neugarten (Ed.), *Middle age and aging.* Chicago: University of Chicago Press.

Pedersen, C. B., McGrath, J., Mortensen, P. B., & Pedersen, L. (2014). The importance of father's age to schizophrenia risk. *Molecular Psychiatry, 19* (5), 530-531.

Pederson, D. R., Gleason, K. E., Moran, G., & Bento, S. (1998). Maternal attachment representations, maternal sensitivity, and the infant-mother attachment relationship. *Developmental Psychology, 34,* 925-933.

Pedrick-Cornell, C., & Gelles, R. J. (1982). Elder abuse: The status of current knowledge. *Family Relations, 31,* 457-465.

Pegg, J. E., Werker, J. F., & McLeod, P. J. (1992). Preference for infant-directed over adult-directed speech: Evidence from 7-week-old infants. *Infant Behavior and Development, 15,* 325-345.

Peng, W., Li, Z., Guan, Y., Wang, D., & Huang, S. (2016). A study of cognitive functions in female elderly patients with osteoporosis: A multi-center cross-sectional study. *Aging & Mental Health, 20,* 647-654.

Penick, N. I., & Jepsen, D. A. (1992). Family functioning and adolescent career developmnet. Special section: Work and family concerns. *Career Development Quarterly, 40,* 208-222.

Penner, S. G. (1987). Parental responses to grammatical and ungrammatical child utterances. *Child Development, 58,* 376-384.

Perlmutter, B. F. (1987). Delinquency and learning disabilities: Evidence for compensatory behaviors and adaptation. *Journal of Youth and Adolescence, 16,* 89-95.

Perry, D. G., & Bussey, K. (1984). *Social development.* New Jersey: Prentice-Hall.

Perry, N. B., Nelson, J. A., Swingler, M. M., Leerkes, E. M., Calkins, S. D., Marcovitch, S., & O'Brien, M. (2013). *Early cardiac vagal regulation predicts the trajectory of externalizing behaviors across the preschool periods.* Unpublished manuscript, University of North Carolina-Greensboro.

Perry, W. G. (1970). *Forms of intellectual and ethical development in the college years.* New York: Holt, Rinehart, & Winston.

Perry, W. G. (1981). Cognitive and ethical growth: The making of meaning. In A. Chickering (Ed.), *The modern American college.* San Francisco: Jossey-Bass.

Perry-Jenkins, M., & Schoppe-Sullivan, S. (2019). The transition to parenthood in social context. In B. H. Friese (Ed.). *APA handbook of contemporary family psychology.* Washington DC: APA Books.

Peskin, H., & Livson, M. (1972). Pre-and postpubertal personality and adult psychological functioning. *Seminars in Psychiatry, 4,* 343-353.

Peters, K. F., & Petrill, S. A. (2011). Comparison of the background, needs, and expectations for genetic counseling of adults with experience with Down syndrome, Marfan syndrome, and neurofibromatosis. *American Journal of Medical Genetics Part A, 155* (4), 684-696.

Petersen, A. C. (1979, January). Can puberty come any faster? *Psychology Today,* 45-56.

Petersen, A. C. (1987, September). Those gangly years. *Psychology Today,* 28-34.

Petersen, A. C. (1993). Creating adolescents: The role of context and process in developmental trajectories. *Journal of Research on Adolescence, 3,* 1-18.

Petersen, A. C., & Crockett, L. (1985). Pubertal timing and grade effects on adjustment. *Journal of Youth and Adolescence, 14,* 191-206.

Peterson, B. E., & Klohnen, E. C. (1995). Realization of generativity in two samples of women at midlife. *Psychology and Aging, 10,* 20-29.

Peterson, C., Maier, S. F., & Seligman, M. E. P. (1993).

Learned helplessness: A theory for the age of personal control. New York: Oxford University Press.

Phillipou, A., Castle, D. J., & Rossell, S. L. (2019). Direct comparisons of anorexia nervosa and body dysmorphic disorder: A systematic review. *Psychiatry Research, 274,* 129-137.

Phillips, D. (1992). Death postponement and birthday celebrations. *Psychosomatic Medicine, 26,* 12-18.

Piaget, J. (1932). *The moral judgment of the child.* New York: Harcourt Brace Jovanovich.

Piaget, J. (1952). *The origins of intelligence in children.* New York: International Universities Press.

Piaget, J. (1954). *The construction of reality in the child.* New York: Basic Books.

Piaget, J. (1960). *Psychology of intelligence.* Paterson, NJ: Littlefield, Adams.

Piaget, J. (1962). *Play, dreams, and imitation in childhood.* New York: Norton.

Piaget, J. (1965). *The moral judgment of the child.* New York: Free Press. (Original work published 1932.)

Piaget, J. (1983). Piaget's theory. In P. H. Mussen (Ed.), *Handbook of child psychology* (Vol. 1, pp. 294-356). New York: Wiley.

Piaget, J., & Inhelder, B. (1956). *The child's conception of space.* London: Routledge & Kegan Paul.

Picherot, G., Cheymol, J., Assathiany, R., Barthet-Derrien, M. S., Bidet-Emeriau, M., Blocquaux, S., Carbajal, R., Caron, F. M., Gerard, O., Hinterman, M., Houde, O., Jollivet, C., Heuzey, M. F. L., Mielle, A., Ogrizek, M., Rocher, B., Samson, B., Ronziere, V., & Foucaud, P. (2018). Children and screens: Groupe de Pédiatrie Générale (Société française de pédiatrie) guidelines for pediatricians and families. *Archives de Pédiatrie, 25* (2), 170-174.

Picou, J. S., & Curry, E. W. (1973). Structural, interpersonal, and behavioral correlates of female adolescent's occupational choices. *Adolescence, 8,* 421-432.

Pine, J. M. (1994). The language of primary caregivers. In C. Gallaway & B. J. Richards (Eds.), *Input and interaction in language acquisition.* Cambridge, England: Cambridge University Press.

Pineo, P. (1961). Disenchantment in the later years of marriage. *Marriage and Family Living, 23,* 3-11.

Pinquart, M. (2017). Associations of parenting dimensions and styles with externalizing problems of children and adolescents: An updated meta-analysis. *Development Psychology, 53,* 873-932.

Pipes, P. (1988). Nutrition in childhood. In S. R. Williams & B. S. Worthington-Roberts (Eds.), *Nutrition throughout the life cycle.* St. Louis: Times Mirror/Mosby.

Pipp, S., Easterbrooks, M. A., & Harman, R. J. (1992). The

relation between attachment and knowledge of self and mother in one-year-old infants to three-year-old infants. *Child Development, 63,* 738-750.

Piscatella, J. (1990). *Don't eat your heart out cookbook.* New York: Workman.

Pittman, F. S. (1987). *Turning points: Treating families in transition and crisis.* New York: Norton.

Platt, B., Kadosh, K. C., & Lau, J. Y. (2013). The role of peer rejection in adolescent depression. *Depression and Anxiety, 30* (9), 809-821.

Pleck, J. H. (1985). *Working wives/working husbands.* Beverly Hills, CA: Sage.

Plomin, R. (1990). *Nature and nurture: An introduction to behavior genetics.* Pacific Grove, CA: Brooks/Cole.

Plomin, R. (1993, March). *Human behavioral genetics and development: An overview and update.* Paper presented at the biennial meeting of the Society for Research in Child Development, New Orleans.

Pomares, C. G., Schirrer, J., & Abadie, V. (2002). Analysis of the olfactory capacity of healthy children before language acquisition. *Journal of Developmental Behavior and Pediatrics, 23,* 203-207.

Poon, L. W. (1985). Differences in human memory with aging: Nature, causes, and clinical implications. In J. E. Birren & K. W. Schaie (Eds.), *Handbook of the psychology of aging* (2nd ed.). New York: Van Nostrand Reinhold.

Poon, L. W., & Fozard, J. L. (1978). Speed of retrieval from long term memory in relation to age, familiarity, and datedness of information. *Journal of Gerontology, 33,* 711-717.

Porges, S. W. (2003). Social engagement and attachment: A phylogenetic perspective. *Annals of the New York Academy of Sciences 1008,* 31-47.

Porges, S. W. (2004). Neuroception: A subconscious system for detecting threat and safety. *Zero to Three: Bulletin of the National Center for Clinical Infant Programs, 24* (5), 19-24.

Porter, R. H., & Laney, M. D. (1980). Attachment theory and concept of inclusive fitness. *Merrill-Palmer Quarterly, 26,* 35-51.

Porterfield, J. D., & Pierre, R. S. (1992). *Wellness: Healthful aging.* Guilford, CT: Dushkin.

Poulain, T., Peschel, T., Vogel, M., Jurkutat, A., & Kiess, W. (2018). Cross-sectional and longitudinal associations of screen time and physical activity with school performance at different types of secondary school. *BMC Public Health, 18* (1), 563.

Pratt, M. W., Golding, G., & Hunter, W. J. (1983). Aging as ripening: Character and consistency of moral judgment in young, mature, and older adult. *Human Development,*

26, 277-288.

Pratt, M. W., Golding, G., & Kerig, P. (1987). Lifespan differences in adult thinking about hypothetical and personal moral issues: Reflection or regression? *International Journal of Behavioral Development, 10,* 359-375.

Pratt, M. W., Golding, G., Hunter, W. J., & Norris, J. (1988). From inquiry to judgment: Age and sex differences in patterns of adult moral thinking and information-seeking. *International Journal of Aging and Human Development, 27,* 109-124.

Prediger, D. J., & Brandt, W. E. (1991). Project CHOICE: Validity of interest and ability measures for student choice of vocational program. *The Career Development Quarterly, 40,* 132-144.

Prinstein, M. J., & Giletta, M. (2020). Future directions in peer relations research. *Journal of Clinical Child and Adolescent Psychology, 49* (4), 556-572.

Prinz, P., Dustman, R. E., & Emmerson, R. (1990). Electrophysiology and aging. In J. E. Birren & K. W. Schaie (Eds.), *Handbook of the psychology of aging* (3rd ed.). New York: Academic Press.

Purves, D. (1988). *Body and brain.* Cambridge, MA: Harvard University Press.

Pushkar, D., Chaikelson, J., Conway, M., Etezadi, J., Giannopoulus, C., Li, K., & Wrosch, C. (2010). Testing continuity and activity variables as predictors of positive and negative affect in retirement. *Journals of Gerontology: Series B: Psychological Sciences and Social Sciences, 65B,* 42-49.

Qiao, S., Jiang, Y., & Li, X. (2020). The impact of health promotion interventions on telomere length: A systematic review. *American Journal of Health Promotion, 34* (6), 633-647.

Quay, H. C. (1987). Intelligence. In H. C. Quay (Ed.), *Handbook of juvenile delinquency.* New York: Wiley.

Radetsky, P. (1994, December 2). Stopping premature births before it's too late. *Science, 266,* 1486-1488.

Rai, R., Mitchell, P., Kadar, T., & Mackenzie, L. (2014). Adolescent egocentrism and the illusion of transparency: Are adolescents as egocentric as we might think? *Current Psychology: A Journal for Diverse Perspectives on Diverse Psychological Issues, 35,* 285-294.

Rakic, P. (1991). Plasticity of cortical development. In S. E. Brauth, W. S. Hall, & R. J. Dooling (Eds.), *Plasticity of development.* Cambridge, MA: Bradford/MIT Press.

Rallison, M. L. (1986). *Growth disorders in infants, children, and adolescents.* New York: Wiley.

Raloff, J. (1997). And music videos their image. *Science News, 152,* 111.

Ramey, C. T., & Ramey, S. L. (1990). Intensive educational intervention for children of poverty. *Intelligence, 14,* 1-9.

Randall, W. L. (2012). Positive aging through reading our lives: On the poetics of growing old. *Psychological Studies, 57,* 172-178.

Rasing, S. P. A., Braam, M. W. G., Brunwasser, S. M., Janssens, J. M. A. M., Creemers, D. H. M., & Scholte, R. H. J. (2020). Depression and anxiety symptoms in female adolescents: Relations with parental psychopathology and parenting behavior. *Journal of Research on Adolescence, 30* (1), 298-313.

Raskind, M. A., & Peskind, E. R. (1992). Alzheimer's disease and other dementing disorders. In J. E. Birren, R. B. Sloane, & G. D. Cohen (Eds.), *Handbook of mental health and aging* (2nd ed.). San Diego: Academic Press.

Rasmussen, S. A. (2012). Human teratogens update 2011: Can we ensure safety during pregnancy? *Birth Defects Research A: Clinical and Molecular Teratology, 94,* 123-128.

Raven, P. H., Johnson, G. B., Mason, K. A., Losos, J., & Singer, S. (2014). *Biology* (10th ed.). New York: McGraw-Hill.

Rebok, G. W., Ball, K., Guey, L. T., Jones, R. N., Kim, H., King, J. W., & Willis, S. L. (2014). Ten-year effects of the advanced cognitive training for independent and vital elderly cognitive training trial on cognition and everyday functioning in older adults. *Journal of the American Geriatrics Society, 62,* 16-24.

Reeb, B. C., Fox, N. A., Nelson, C. A., & Zeanah, C. H. (2008). The effects of early institutionalization on social behavior and understanding neural correlates. In M. de Haan & M. Gunnar (Eds.), *Handbook of social developmental neuroscience.* Malden. MA: Blackwell.

Reese, H. W. (1977). Imagery and associative memory. In R. V. Kail & J. W. Hagen (Eds.), *Perspectives on the development of memory and cognition* (pp. 113-116). Hillsdale, NJ: Erlbaum.

Rehman, S. N., & Reilly, S. S. (1985). Music videos: A new dimension of televised violence. *Pennsylvania Speech Communication Annual, 41,* 61-64.

Reichard, S. Livson, F., & Peterson, P. (1962). *Aging and personality: A study of 87 older men.* New York: Wiley.

Reiss, I. L. (1980). *Family systems in America* (3rd ed.). New York: Holt, Rinehart, & Winston.

Repacholi, B. M. (1998). Infants' use of attentional cues to identify the referent of another person's emotional expression. *Developmental Psychology, 34,* 1017-1025.

Rexroat, C. (1992). Changes in the employment continuity of succeeding cohorts of young women. *Work and Occupations, 19,* 18-34.

Reznick, J. S. (2013). Research design and methods: Toward a cumulative developmental science. In P. D. Zelazo (Ed.), *Oxford handbook of developmental psychology.* New York: Oxford University Press.

Rhodes, A. E., Boyle, M. H., Bethell, J., Wekerle, C., Goodman, D., Tonmyr, L., Leslie, B., Lam, K., & Manion, I. (2012). Child maltreatment and onset of emergency department presentations for suicide-related behaviors. *Child Abuse and Neglect, 36* (6), 542-551.

Rhodes, S. R. (1983). Age-related differences in work attitudes and behavior: A review and conceptual analysis. *Psychological Bulletin, 93,* 328-367.

Rhyne, D. (1981). Basis of marital satisfaction among men and women. *Journal of Marriage and the Family, 43,* 941-955.

Rice, M. L. (1990). Preschoolers QUIL: Quick incidental learning of words. In G. ContiRamsden & C. Snow (Eds.), *Children's language* (Vol. 7, pp. 171-195). Hillsdale, NJ: Erlbaum.

Rice, M. L., & Woodsmall, L. (1988). Lessons from television: Children's word learning when viewing. *Child Development, 59,* 420-429.

Rice, M. L., Huston, A. C., Truglio, R., & Wright, J. (1990). Words from " Sesame Street": Learning vocabulary while viewing. *Developmental Psychology, 26,* 421-428.

Rice, P. L. (1992). *Stress and health: Principles and practice for coping and wellness* (2nd ed.). Pacific Grove, CA: Brooks/Cole.

Richards, M. H., & Siegler, R. S. (1986). Children's understandings of the attributes of life. *Journal of Experimental Child Psychology, 42,* 1-22.

Richardson, M. S., & Schaeffer, C. (2013). From work and family to a dual model of working. In D. L. Blustein (Ed.), *Oxford handbook of the psychology of working.* New York: Oxford University Press.

Ridderinkhoff, K. R., & van der Molen, M. W. (1995). A psychophysiological analysis of developmental differences in the ability to resist interference. *Child Development, 66,* 1040-1056.

Rideout, V., Foehr, U. G., & Roberts, D. P. (2010). *Generation M2: Media in the lives of 8-to 18-year olds.* Menlo Park, CA: Kaiser Family Foundation.

Riegel, K. F. (1973). Dialectic operations: The final period of cognitive development. *Human Development, 16,* 346-370.

Riekkola, J., Rutberg, S., Lilja, M., & Isaksson, G. (2019). Healthcare professionals' perspective on how to promote older couples' participation in everyday life when using respite care. *Scandinavian Journal of Caring Sciences, 33* (2), 427-435.

Riley, K. P. (1999). Assessment of dementia in the older adult. In P. A. Lichtenberg (Ed.), *Handbook of assessment in clinical gerontology* (pp. 134-166). Hoboken, NJ: John Wiley & Sons, Inc.

Rimsza, M. E., & Kirk, G. M. (2005). Common medical problems of the college student. *Pediatric Clinics of North America, 52* (1), 9-24.

Rizzoli, R., Abraham, C., & Brandi, M. (2014). Nutrition and bone health: Turning knowledge and beliefs into healthy behaviour. *Current Medical Research and Opinion, 30*, 131-141.

Robbins, S. P. (1996). *Organizational behavior* (7th ed.). Upper Saddle River, NJ: Prentice-Hall.

Roberts, B. W., & Nickel, L. B. (2021). Personality development across the life course: A neo-socioanalytic perspective. In O. P. John & R. W. Robins (Eds.), *Handbook of personality: Theory and research*. New York: Guilford Press.

Roberts, P., & Newton, P. W. (1987). Levinsonian studies of women's adult development. *Psychology and Aging, 2*, 154-164.

Robins, R. H. (1968). *A short history of linguistics*. Bloomington: Indiana University Press.

Robinson, A. J., & Ederies, M. A. (2018). Fetal neuromaging: An update on technical advances and clinical findings. *Pediatric Radiology, 48*, 471-485.

Robinson, B., & Thurnher, M. (1981). Taking care of aged parents: A family cycle transition. *Gerontologist, 19* (6), 586-593.

Robinson, J. P. (1991). Quitting time. *American Demographics, 13* (5), 34-36.

Rodgers, R. F., Slater, A., Gordon, C. S., McLean, S. A., Jarman, H. K., & Paxton, S. J. (2020). A biopsychosocial model of social media use and body image concerns, disordered eating, and muscle-building behaviors among adolescent girls and boys. *Journal of Youth and Adolescence, 49* (2), 399-409.

Rodkey, E. N., & Phillai Riddell, R. (2013). The infancy of infant pain research: The experimental origins of infant pain denial. *Journal of Pain, 14* (4), 338-350.

Roff, M., Sells, S. B., & Golden, M. W. (1972). *Social adjustment and personality development in children*. Minneapolis: University of Minnesota Press.

Rogan, S. C., & Beigi, R. H. (2019). Treatment of viral infections during pregnancy. *Journal of Perinatology, 46*, 235-256.

Rogers, C. A. (1987). *Questions of gender differences: Ego development and moral voice in adolescence*. Unpublished manuscript, Department of Education, Harvard University.

Rogers, C. R. (1963). The actualizing tendency in relation to motives and consciousness. In M. R. Jones (Ed.), *Nebraska Symposium on Motivation*. Lincoln, NE: University of Nebraska Press.

Rogers, C. R. (1974). In retrospect: Forty-six years. *American Psychologist, 29*, 115-123.

Rohde, C., Mutze, U., Schulz, S., Thiele, A. G., Ceglarek, U., Thiery, J., Mueller, A. S., Kiess, W., Beblo, S., & Beblo, S. (2014). Unrestricted fruits and vegetables in the PKU diet: A 1-year follow-up. *European Journal of Clinical Nutrition, 68* (3), 401-403.

Rolf, J. E., Mastern, A., Cicchetti, D., Nuechterlein, K. H., & Weintraub, S (Eds.). (1987). *Risk and protective factors in the development of psychopathology*. New York: Cambridge University Press.

Roring, R. W., Hines, F. G., & Charness, N. (2007). Age differences in identifying words in synthetic speech. *Human Factors, 49*, 25-31

Roscoe, B., Dian, M. S., & Brooks, R. H. (1987). Early, middle, and late adolescents' views on dating and factors influencing partner's selection. *Adolescence, 22*, 59-68.

Rose, S. A., Gottfried, A. W., & Bridger, W. H. (1981). Cross-modal transfer and information processing by the sense of touch in infancy. *Developmental Psychology, 17*, 90-98.

Rosen, W. D., Adamson, L. B., & Bakeman, R. (1992). An experimental investigation of infant social referencing: Mothers' messages and gender differences. *Developmental Psychology, 28*, 1172-1178.

Rosenberg, L., Palmer, J. R., & Shapiro, S. (1990). Decline in the risk of myocardial infarction among women who stop smoking. *New England Journal of Medicine, 322*, 213-217.

Rosenman, R. H. (1983, June). *Type A behavior in corporate executives and its implications for cardiovascular disease*. Paper presented at a seminar-workshop, coping with corporate Stress: Avoiding a cardiovascular crisis. New York.

Rosenstein, D., & Oster, H. (1988). Differential facial responses to four basic tastes in newborns. *Child Development, 59*, 1555-1568.

Rosnow, R. L., & Rosenthal, R. (2013). *Beginning psychological research* (7th ed.). Boston: Cengage.

Ross, A. O. (1979). *Psychological disorders of children: A behavioral approach to theory, research, and therapy* (2nd ed.). New York: McGraw-Hill.

Ross, J. L., Roeltgen, D. P., Kushner, H., Zinn, A. R., Reiss, A., Bardsley, M. Z., McCauley, E., & Tartaglia, N. (2012). Behavioral and social phenotypes in boys with 47, XYY syndrome or 47, XXY Klinefelter syndrome. *Pediatrics, 129* (4), 769-778.

Rossi, A. S. (1980). Aging and parenthood in the middle years. In P. B. Baltes & O. G. Brim (Eds.), *Life-span development and behavior* (Vol. 3). New York: Academic Press.

Rossman, I. (1986). The anatomy of aging. In I. Rossman (Ed.), *Clinical Geriatrics* (3rd ed.). Philadelphia: Lippincott.

Rothbart, M. K., & Bates, J. E. (1998). Temperament. In N. Eisenberg (Ed.), *Handbook of child psychology: Vol. 3. Social, emotional, and personality development* (5th ed., pp. 105-176). New York: Wiley.

Rothbart, M. K., & Bates, J. E. (2006). Temperament. In W. Damon & R. Lerner (Eds.), *Handbook of child psychology* (6th ed.). New York: Wiley.

Rothbart, M. K., Derryberry, D., & Posner, M. I. (1994). A psychobiological approach to the development of temperament. In J. E. Bates & T. D. Wachs (Eds.), *Temperament: Individual differences at the interface of biology and behavior* (pp. 83-116). Washington, DC: American Psychological Association.

Rovee-Collier, C. K. (1987). Learning and memory. In J. D. Osofsky (Ed.), *Handbook of infant development* (2nd ed.). New York: Wiley.

Rowe, J. W., & Kahn R. L. (1998). *Successful aging.* New York: Pantheon.

Rubin, K. H., & Krasnor, L. (1980). Changes in the play behaviors of preschoolers: A short-term longitudinal investigation. *Canadian Journal of Behavioral Science, 12,* 278-282.

Rubin, K. H., Bukowski, W. M., & Bowker, J. (2015). Children in peer groups. In R. M. Lerner (Ed.), *Handbook of child psychology and developmental science* (7th ed.). New York: McGraw-Hill.

Rubin, K. H., Bukowski, W., & Parker, J. G. (1998). Peer interactions, relationships, and groups. In W. Damon & N. Eisenberg (Eds.), *Handbook of child psychology* (Vol. 3, pp. 619-700). New York: John Wiley & Sons.

Rubin, K. H., Fein, G., & Vandenberg, B. (1983). Play. In P. H. Mussen (Ed.), *Handbook of child psychology: Vol. 4. Socialization, personality, and social development.* New York: Wiley.

Rubin, K. H., Bowker, J. C., McDonald, K. L., & Menzer, M. (2013). Peer relationships in childhood. In P. D. Zelazo (Ed.), *Oxford handbook of developmental psychology.* New York: Oxford University Press.

Rubin, S. S., & Malkinson, R. (2001). Parental response to child loss across the life cycle: Clinical and research perspectives. In M. S. Stroebe, R. O. Hansson, W. Stroebe, & H. Schut (Eds.), *Handbook of bereavement research: Consequences, coping, and care* (pp. 169-197).

Washington, DC: American Psychological Association.

Ruchlin, H. S., & Morris, J. H. (1992). Deteriorating health and the cessation of employment among older workers. *Journal of Aging and Health, 4* (1), 43-57.

Ruff, H. A., & Lawson, K. R. (1990). Development of sustained focused attention in young children during free play. *Developmental Psychology, 26,* 85-93.

Runco, M. A., & Jaeger, G. J. (2012). The standard definition of creativity. *Creativity Research Journal, 24,* 92-96.

Runco, M. A., & Okuda, S. (1988). Problem discovery, divergent thinking, and the creative process. *Journal of Youth and Adolescence, 17,* 211-220.

Russell, R. W. (1942). Studies in animism: Animism in older children. *Journal of Genetic Psychology, 60,* 329-335.

Rutter, M. (1980). *Changing youth in a changing society: Patterns of adolescent development and disorder.* Cambridge, Massachusetts: Harvard University Press.

Rutter, M. (1986). The developmental psychopathology of depression: Issues and perspectives. In M. Rutter, C. Izard, & P. Read (Eds.), *Depression in young people: Developmental and clinical perspectives.* New York: Guilford Press.

Ryan, A. M., & Patrick, H. (1996, March). *Positive peer relationships and psychosocial adjustment during adolescence.* Paper presented at the meeting of the Society for Research on Adolescence, Boston.

Ryff, C. D. (1984). Personality development from the inside: The subjective experience of change in adulthood and aging. In P. B. Baltes & O. G. Brim (Eds.), *Life-span development and behavior.* New York: Academic Press.

Saarni, C. (1984). An observational study of children's attempts to monitor their expressive behavior. *Child Development, 55,* 1504-1513.

Saarni, C., Mumme, D., & Campos, J. (1998). Emotional development: Action, communication, and understanding. In W. Damon (Series Ed.) and N. Eisenberg (Vol. Ed.), *Handbook of child psychology: Vol. 3. Social, emotional, and personality development* (5th ed., pp. 237-309). New York: Wiley.

Saddler, T. W. (2015). *Langman's medical embryology* (13th ed.) Philadelphia: Wolters Kluwer.

Salkind, N. J. (1985). *Theories of human development.* New York: John Wiley & Sons.

Sallam, N., & Laher, I. (2016). Exercise modulates oxidative stress and inflammation in aging and cardiovascular diseases. *Oxidative Medicine and Cellular Longevity, 2016,* 7239639.

Salthouse, T. A. (1989). Age-related changes in basic cognitive processes. In P. T. Costa et al. (Eds.), *The adult years: Continuity and change.* Washington, DC: American

Psychological Association.

Salthouse, T. A. (1993). Speed mediation of adult age differences in cognition. *Developmental Psychology, 29,* 722-738.

Salthouse, T. A. (1996). Constraints on theories of cognitive aging. *Psychonomic Bulletin & Review, 3,* 287-299.

Salthouse, T. A. (2012). Consequences of age-related cognitive declines. *Annual Review of Psychology, 63,* 201-226.

Salthouse, T. A., & Maurer, T. J. (1996). Aging, job performance, and career development. In J. E. Birren & K. W. Schaie (Eds.), *Handbook of the psychology of aging* (4th ed.). San Diego, CA: Academic Press.

Salthouse, T. A., Pink, J., & Tucker-Drob, E. (2008). Contextual analysis of fluid intelligence. *Intelligence, 36,* 464-486.

Saltvedt, S., & Almstrom, H. (1999). Fetal loss rate after second trimester amniocentesis at different gestational ages. *Acta Obstetrica et Gynaecologica Scandinavia, 78,* 10-14.

Saltz, E., Dixon, D., & Johnson, J. (1977). Training disadvantaged preschoolers on various fantasy activities: Effects on cognitive functioning and impulse control. *Child Development, 48,* 367-380.

Salzinger, S., Feldman, R. S., Hammer, M., & Rosario, M. (1993). The effects of physical abuse on children's social relationships. *Child Development, 64,* 169-187.

Samaras, N. (2015). Diagnosing andropause. *Maturitas, 81* (1), 117.

Sameroff, A. J., & Chandler, M. J. (1975). Reproductive risk and the continuum of caretaking casualty. In F. D. Horowitz, M. Hetherington, S. Scarr-Salapatek, & G. Siegel (Eds.), *Review of child development research* (Vol. 4). Chicago: University of Chicago Press.

Samson, S. L., & Garber, A. J. (2014). Metabolic Syndrome. *Endocrinology and Metabolism Clinics of North America, 43*(1), 1-23.

Sanborm, M. D. (1965). Vocational choice, college choice, and scholastic success of superior students. *Vocational Guidance Quarterly, 13,* 161-168.

Sanders, E. (2008). Medical art and play therapy with accident survivors. In C. A. Malchiodi (Ed.), *Creative interventions with traumatized children*. New York: Guilford.

Sands, L. P., Terry, H., & Meredith, W. (1989). Change and stability in adult intellectual functioning assessed by Wechsler item responses. *Psychology and Aging, 4,* 79-87.

Sanfilippo, J. S., Lara-Torre, E., & Gomez-Lobo, V. (2020). *Sanfilippo's textbook of pediatric and adolescent gynecology* (2nd ed.). New York: Routledge.

Sanson, A. V., Pedlow, R., Cann, W., Prior, M., & Oberklaid,

F. (1996). Shyness ratings: Stability and correlates in early childhood. *International Journal of Behavioural Development, 19,* 705-724.

Santrock, J. W. (1975). Moral structure: Interrelations of moral judgment, affect, and behavior. *Journal of Genetic Psychology, 127,* 201-213.

Santrock, J. W. (1981). *Adolescence: An introduction.* Dubuque, Iowa: Wm. C. Brown.

Santrock, J. W. (1998). *Adolescence* (7th ed.). New York: McGraw-Hill.

Santrock, J. W. (2001). *Child development* (9th ed.). McGraw-Hill.

Sarason, S. B. (1977). *Work, aging, and social change.* New York: Free Press.

Sasson, I., & Umberson, D. J. (2014). Widowhood and depression: New light on gender differences, selection, and psychological adjustment. *Journals of Gerontology B: Psychological Sciences and Social Sciences, 69,* 135-145.

Sattler, F. A., Eickmeyer, S., & Eisenkolb, J. (2020). Body image disturbance in children and adolescents with anorexia nervosa and bulimia nervosa: A systematic review. *Eating and Weight Disorders, 25*(4), 857-865.

Sbarra, D. A., & Borelli, J. L. (2019). Attachment reorganization following divorce: Normative processes and individual differences. *Current Opinion in Psychology, 25,* 71-75.

Sbarra, D. A., Bourassa, K. J., & Manvelian, A. (2019). Marital separation and divorce: Correlates and consequences. In B. H. Fiese (Ed.), *APA handbook of contemporary family psychology, Vol. 2-Applications and broad impact of family psychology.* Washington, DC: APA Books.

Scarabino, D., Broggio, E., Gambina, G. & Corbo, R. M. (2017a). Leukocyte telomere length in mild cognitive impairment and Alzheimer's disease patients. *Experimental Gerontology, 98,* 143-147.

Scarabino, D., Broggio, E., Gambina, G., Pelliccia, F., & Corbo, R. M. (2017b). Common variants of human TERT and TERC genes and susceptibility to sporadic Alzheimers disease. *Experimental Gerontology, 88,* 19-24.

Schaffer, H. R. (1971). *The growth of sociability.* Baltimore: Penguin Books.

Schaffer, H. R., & Emerson, P. E. (1964). The development of social attachments in infancy. *Monographs of the Society for Research in Child Development, 29* (3, Serial No. 94), 1-77.

Schaie, K. W. (1977). Quasi-experimental research designs in the pychology of aging. In J. E. Birren & K. W. Schaie (Eds.), *Handbook of the psychology of aging.* New York: Van Nostrand Reinhold.

Schaie, K. W. (1989). Perceptual speed in adulthood:

Crosssectional and longitudinal studies. *Psychology and Aging, 4,* 443-453.

Schaie, K. W. (1994). The course of adult intellectual development. *American Psychologist, 49,* 304-313.

Schaie, K. W. (1996). *Intellectual development in adulthood: The Seattle longitudinal study.* New York: Cambridge University Press.

Schaie, K. W. (2008). Historical processes and patterns of cognitive aging. In S. M. Hofer & D. F. Alwin (Eds.), *Handbook on cognitive aging: An interdisciplinary perspective.* Thousand Oaks, CA: Sage.

Schaie, K. W. (2009). "When does age-related cognitive decline begin?" Salthouse again reifies the "cross-sectional fallacy." *Neurobiology of Aging, 30,* 528-529.

Schaie, K. W. (2010). Adult intellectual abilities. *Corsini encyclopedia of psychology.* New York: Wiley.

Schaie, K. W. (2011a). *Developmental influences on adult intellectual development.* New York: Oxford University Press.

Schaie, K. W. (2011b). Historical influences on aging and behavior. In K. W. Schaie & S. L. Willis (Eds.), *Handbook of the psychology of aging* (7th ed.). New York: Elsevier.

Schaie, K. W. (2012). *Developmental influences on adult intellectual development: The Seattle Longitudinal Study.* New York: Oxford University Press.

Schaie, K. W. (2013). *The Seattle Longitudinal Study: Developmental influences on adult intellectual development* (2nd ed.). New York: Oxford University Press.

Schaie, K. W. (2016). Theoretical perspectives for the psychology of aging in a lifespan context. In K. W. Schaie & S. L. Willis (Eds.), *Handbook of the psychology of aging* (8th ed.). New York: Elsevier.

Schaie, K. W., & Baltes, P. B. (1977). Some faith helps to see the forest: A final comment on the Horn-Donaldson myth of the Baltes-Schaie position on adult intelligence. *American Psychologist, 32,* 1118-1120.

Schaie, K. W., & Geitwitz, J. (1982). *Adult development and aging.* Boston: Little, Brown.

Schaie, K. W., & Parr, J. (1981). Intelligence. In A. W. Chickering & Associates (Eds.), *The modern American college.* San Francisco: Jossey-Bass.

Schaie, K. W., & Willis, S. L. (1993). Age difference patterns of psychometric intelligence in adulthood: Generalizability within and across ability domains. *Psychology and Aging, 8,* 44-55.

Schaie, K. W., & Willis, S. L. (1996). *Adult development and aging* (4th ed.). New York: Harper Collins.

Schaie, K. W., & Willis, S. L. (2000). A stage theory model of adult cognitive development revisited. In R. L. Rubinstein,

M. Moss., & M. H. Kleban (Eds.), *The many dimensions of aging.* Springer Publishing Company.

Schaie, K. W., & Willis, S. L. (2010). The Seattle Longitudinal Study of adult cognitive development. *International Society for the Study of Behavioral Development (ISSBD) Bulletin, 57*(1), 24-29.

Schaie, K. W., & Willis, S. L. (Eds.) (2016). *Handbook of the psychology of aging* (8th ed.). New York: Elsevier.

Schechtman, K. B., Barzilai, B., Rost, K., & Fisher, E. B. (1991). Measuring physical activity with a single question. *American Journal of Public Health, 81,* 771-773.

Scheibel, A. D. (1992). Structural changes in the aging brain. In J. E. Birren, R. B. Sloane, & G. D. Cohen (Eds.), *Handbook of mental health and aging.* San Diego. CA: Academic Press.

Scheier, M. F., & Carver, C. S. (1992). Effects of optimism on psychological and physical well-being: Theoretical overview and empirical update. *Cognitive Therapy and Research, 16,* 201-228.

Schickendanz, J. A., Schickendanz, D. I., Forsyth, P. D., & Forsyth, G. A. (1998). *Understanding children and adolescents* (3rd ed.). MA: Allyn & Bacon.

Schieber, F. (1992). Aging and the senses. In J. E. Birren, R. B. Sloane, & G. D. Cohen (Eds.), *Handbook of mental health and aging* (2nd ed.). San Diego: Harcourt Brace.

Schieber, F. (2006). Vision and aging. In J. E. Birren & K. W. Schaie (Eds.) *Handbook of the psychology of aging* (6th ed.). San Diego: Academic Press.

Schiff, E., & Koopman, E. J. (1978). The relationship of women's sex role identity to self-esteem and ego development. *Journal of Psychology, 98,* 299-305.

Schiff, W. J. (2014). *Nutrition essentials.* New York: McGraw-Hill.

Schiff, W. J. (2021). *Nutrition essentials* (3rd ed.). New York: McGraw-Hill.

Schiffrin, H. H., Liss, M., Miles-McLean, H., Geary, C. A., Erchull, M. J., & Tashner, T. (2014). Helping or hovering? The effects of Helicopter parenting on college students' well-being. *Journal of Child and Family Studies, 23,* 548-557.

Schlossberg, N. K. (1987). Taking the mystery out of change. *Psychology Today, 21*(5), 74-75.

Schmidt, S., & Hauser, M. A., Scott, W. K., Postel, E. A., Agarwal, A., Gallins, P., Wong, F., Chen, Y. S., Spencer, K., Schnetz-Boutaud, N., Haines, J. L., & Pericak-Vance, M. A. (2006). Cigarette smoking strongly modifies the association of LOC387715 and age related macular degeneration. *American Journal of Human Genetics, 78* (5), 852-864.

Schnall, P. L., Pieper, C., Schwartz, J. E., Karasek, R. A.,

Schlussel, Y., Devereaux, R. B., Ganau, A., Alderman, M., Warren, K., & Pickering, T. G. (1990). The relationship between job strain, workplace diastolic blood pressure, and left ventricular mass index: Results of a case-control study. *Journal of the American Medical Association, 263*, 1929-1935.

Schneider, A. L. C., & Ornstein, P. A. (2019). Determinants of memory development in childhood and adolescence. *International Journal of Psychology, 54*, 307-315.

Schneider, J. M., Gopinath, B., McMahon, C. M., Leeder, S. R., Mitchell, P., & Wang, J. J. (2011). Dual sensory impairment in older age. *Journal of Aging and Health, 23* (8), 1309-1324.

Schneider, W., & Bjorklund, D. F. (1997). Memory. In D. Kuhn & R. S. Siegler (Eds.), *Cognitive, language, and perceptual development* (Vol. 2). In B. Damon (General Ed.), *Handbook of child psychology* (pp. 467-521). New York: Wiley.

Schneider, W., & Bjorklund, D. F. (1998). Memory. In W. Damon (Series Ed.), D. Kuhn & R. S. Siegler (Vol. Eds.), *Handbook of child psychology: Vol. 2. Cognition, perception, and language* (5th ed., pp. 467-521). New York: Wiley.

Schneider, W., & Pressley, M. (1997). *Memory development between 2 and 20* (2nd ed.). Mahwah, NJ: Erlbaum.

Schoen, R., & Wooldredge, J. (1989). Marriage choices in North Carolina and Virginia, 1969-1971 and 1979-1981. *Journal of Marriage and the Family, 51*, 465-481.

Schonfield, D., & Stones, M. J. (1979). Remembering and aging. In J. F. Kihlstrom & F. J. Evans (Eds.), *Functional disorders of memory*. Hillsdale, NJ: Erlbaum.

Schooler, C., Caplan, L., & Oates, G. (1998). Aging and work: An overview. In K. W. Schaie & C. Schooler (Eds.), *Impact of work on older adults*. New York: Springer.

Schumm, W. R., & Burgaighis, M. A. (1986). Marital quality over the marital career: Alternative explanations. *Journal of Marriage and the Family, 48*, 165-168.

Schunk, D. H. (2012). *Learning theories: An educational perspective* (6th ed.). Upper Saddle River, NJ: Prentice-Hall.

Schunk, D. H. (2020). *Learning theories: An educational perspective* (8th ed.). Upper Saddle River, NJ: Prentice Hall.

Schutte, N. S., Malouff, J. M., Post-Gorden, J. C., & Rodasta, A. L. (1988). Effects of playing video games on children's aggressive and other behaviors. *Journal of Applied Social Psychology, 18*, 454-460.

Schuurmans, C., & Kurrasch, D. M. (2013). Neurodevelopmental consequences of maternal distress: What do we really know? *Clinical Genetics, 83*(2), 108-117.

Schwartz, D., Kelly, B. M., & Duong, M. T. (2013). Do academically-engaged adolescents experience social sanctions from the peer group? *Journal of Youth and Adolescence, 42* (9), 1319-1330.

Schwartz, P. D., Maynard, A. M., & Uzelac, S. M. (2008). Adolescent egocentrism: A Contemporary view. *Adolescence, 43*, 441-448.

Schwartz, S. J., & Petrova, M. (2019). Prevention science in emerging adulthood: A field coming of age. *Prevention Science, 20*, 305-309.

Schwenkhagen, A. (2007). Hormonal changes in menopause and implications on sexual health. *Journal of Sexual Medicine, 4* (Suppl. 3), 220-226.

Scialfa, C. T., & Kline, D. W. (2007). Vision. In J. E. Birren (Ed.), *Encyclopedia of gerontology* (2nd ed.). San Diego: Academic Press.

Sears, R. (1972). Attachment, dependency, and frustration. In Gewirtz (Ed.), *Attachment and dependency*. Washington, DC: Winston.

Seidel, R. W., & Reppucci, N. D. (1995). Organized youth sports and the psychological development of nine-year old males. *Journal of Child and Family Studies, 2* (3), 229-248.

Seligman, M. E. P. (1988, October). Baby boomer blues. *Psychology Today*, p. 54.

Seligman, M. E. P. (1989). *Why is there so much depression today?* In the G. Stanley Hall Lecture Series. Washington, DC: American Psychological Association.

Selkie, E. (2018). When age-based guidance is not enough: The problem of early puberty. *Pediatrics, 14*, 1.

Selman, R. (1980). *The growth of interpersonal understanding*. New York: Academic Press.

Selye, H. (1980). The stress concept today. In I. L. Kutash, L. B. Schlesinger, & Associates (Eds.), *Handbook on stress and anxiety*. San Francisco: Jossey-Bass.

Sentis, V., Nguyen, G., Soler, V., & Cassagne, M. (2016). Patients ages et glaucome. Elderly patients and glaucoma. *NPG Neurologie-Psychiatrie-Geriatrie, 16*, 73-82.

Seo, M. Y., Kim, S. H., Juul, A., & Park, M. J. (2020). Trend of menarcheal age among Korean girls. *Journal of Korean Medical Science, 35* (49):e406.

Serbin, M., Devine, B., Campbell, J., & Basu, A. (2020). Assessing health care burden in glaucoma patients with and without physical or mental comorbidities. *Journal of Managed Care and Specialty Pharmacy, 26* (3), 325-331.

Sethi, V., Tabbutt, S., Dimitropoulos, A., Harris, K. C., Chau, V., Poskitt, K., ... & McQuillen, P. S. (2013). Single ventricle anatomy predicts delayed microstructural brain development. *Pediatric Research, 73*, 661-667.

Shafer, H. H., & Kuller, J. A. (1996). Increased maternal age and prior anenploid conception. In J. A. Kuller, N. C. Cheschier, & R. C. Cefalo (Eds.), *Prenatal diagnosis and reproductive genetics* (pp. 23-28). St. Louis: Mosby.

Shaffer, D. R. (1994). *Social and personality development* (3rd ed.). California: Brooks/Cole.

Shaffer, D. R. (1999). *Developmental psychology: Childhood and adolescence* (5th ed.). Brooks/Cole.

Shah, N. (2015). More US Women are going childless. The Wall Street Journal, April 7.

Shang, X., Li, Y., Xu, H., Zhang, Q., Hu, X., Liu, A., Du, S., Li, T., Guo, H., Li, Y., Xu, G., Liu, W., Ma, J., & Ma, G. (2020). Healthy breakfast habits and changes in obesity-related cardiometabolic markers in children: A longitudinal analysis. *European Journal of Clinical Nutrition, 74*, 1685-1697.

Shannon, L. R. (1989). Computers in the corridors of power. *New York Times,* April 11, p 20.

Shantz, D. W. (1986). Conflict, aggression, and peer status: An observational study. *Child Development, 57,* 1322-1332.

Sharma, D., Murki, S., & Oleti, T. P. (2018). Study comparing "Kangaroo Ward Care" with "Intermediate Intensive Care" for improving the growth outcome and cost effectiveness: Randomized control trial. *Journal of Maternal-Fetal and Neonatal Medicine, 31* (22), 2986-2993.

Sharp, E. H., Coatsworth, J. D., Darling, N., Cumsille, P., & Ranieri, S. (2007). Gender differences in the self-defining activities and identity experiences of adolescents and emerging adults. *Journal of Adolescence, 30*, 251-269.

Shatz, M. (1983). Communication. In P. Mussen (Ed.), *Handbook of child psychology* (Vol. 4). New York: Wiley.

Shay, K. A., & Roth, D. L. (1992). Association between aerobic fitness and visuospatial performance in healthy older adults. *Psychology and Aging, 7,* 15-24.

Sheeber, L., Hops, H., Andrews, J. A., & Davis, B. (1997, April). *Family support and conflict: Prospective relation to adolescent depression.* Paper presented at the meeting of the Society for Research in Child Development, Washington, DC.

Sheiman, D. L., & Slomin, M. (1988). *Resources for middle childhood.* New York: Garland.

Sheingold, K., & Tenney, Y. J. (1982). Memory for a salient childhood event. In U. Neisser (Ed.), *Memory observed: Remembering in natural contexts.* San Francisco: W. H. Freeman.

Sheldon, W. H. (1949). *Varieties of delinquent youth.* New York: Harper and Brothers.

Shelton, B. A. (1992). *Women, men, and time: Gender differences in paid work, housework, and leisure.* Westport, CT: Greenwood Press.

Shen, Y., Wang, X., Guo, S., Qiu, M., Hou, G., & Tan, Z. (2020). Evolutionary genomics analysis of human nucleus-encoded mitochondrial genes: Implications for the roles of energy production and metabolic pathways in the pathogenesis and pathophysiology of demyelinating diseases. *Neuroscience Letters, 715,* [134600]

Sherman, B. L., & Dominick, J. R. (1986). Violence and sex in music videos: TV and rock 'n' roll. *Journal of Communication, 36,* 79-93.

Shimazu, A., Kubota, K., Bakker, A., Demerouti, E., Shimada, K., & Kawakami, N. (2013). Work-to-family conflict and family-to-work conflict among Japanese dual-earner couples with preschool children: A spillover-crossover perspective. *Journal of Occupational Health, 55* (4), 234-243.

Shiwach, R. (1994). Psychopathology in Huntington's disease patients. *Acta Psychiatrica Scandinavica, 90,* 241-246.

Shweder, R. A., Mahapatra, M., & Miller, J. G. (1990). Culture and moral development. In J. W. Stigler, R. A. Shweder, & G. Herdt (Eds.), *Cultural psychology: Essays on comparative human development.* Cambridge, England: Cambridge University Press.

Siegler, R. S. (1996). *Emerging minds: The process of change in children's thinking.* New York: Oxford University Press.

Sifaki, M., Calina, D., Docea, A. O., Tsioumas, S., Katsarou, M. S., Papadogiorgaki, S., Fragkiadaki, P., Branisteanu, D. E., Kouskoukis, K., Tsiaoussis, J., & Spandidos, D. A. (2020). A novel approach regarding the anti-aging of facial skin through collagen reorganization. *Experimental and Therapeutic Medicine, 19* (1), 717-721.

Silvern, S. B., & Williamson, P. A. (1987). The effects of video game play on young children's aggression, fantasy, and prosocial behavior. *Journal of Applied Developmental Psychology, 8,* 453-462.

Simmons, R. G., & Blyth, D. A. (1987). *Moving into adolescence: The impact of pubertal change and school context.* Hawthorne, New York: Aldine & de Gruyter.

Simonton, D. K. (1989). The swan-song phenomenon: Last works effects for 172 classical composers. *Psychology and Aging 4,* 42-47.

Simonton, D. K. (1991). Career landmarks in science: Individual differences and interdisciplinary contrasts. *Developmental Psychology, 27,* 119-130.

Simonton, D. K. (2009). Varieties of (scientific) creativity: A hierarchical model of domain-specific disposition, development, and achievement. *Perspectives on Psychological Science, 4,* 441-452.

Simpson, J. A. (1990). Influence of attachment styles on romantic relationships. *Journal of Personality and Social*

Psychology, 59, 971-980.

Sin, N. L., Sloan, R. P., McKinley, P. S., & Almeida, D. M. (2016). Linking daily stress processes and laboratory-based heart rate variability in a national sample of midlife and older adults. *Psychosomatic Medicine.*

Sinnott, J. D. (1989). Life-span relativistic postformal thought: Methodology and data from everyday problem-solving studies. In M. L. Commons, J. D. Sinnott, F. A. Richards, & C. Armon (Eds.), *Adult development, Vol. 1: Comparisons and applications of developmental models.* New York: Praeger.

Sinnott, J. D. (1997). Developmental models of midlife and aging in women: Metaphors for transcendence and for individuality in community. In J. Coyle (Ed.), *Handbook on women and aging.* Westport, CT: Greenwood.

Sinnott, J. D. (2003). Postformal thought and adult development: Living in balance. In J. Demick & C. Andreoletti (Eds.), *Handbook of adult development.* New York: Kluwer.

Sirven, N., & Debrand, T. (2008). Social participation and health aging: An international comparisons using SHARE data. *Social Science & Medicine, 67,* 2017-2026.

Skinner, B. F. (1953). *Science and human behavior.* New York: Macmillan.

Skinner, B. F. (1957). *Verbal behavior.* New York: Appleton-Century-Crofts.

Slater, A., Field, T., & Hernandez-Reif, M. (2007). The development of the senses. In A. Slater & M. Lewis, (Eds.), *Introduction to infant development* (2nd ed.). New York: Oxford University Press.

Slocum, W. L. (1974). *Occupational careers: A sociological perspective.* Chicago: Aldine

Slomkowski, C., Rende, R., Conger, K. J., Simons, R. L., & Conger, R. D. (2001). Sisters, brothers, and delinquency: Social influence during early and middle adolescence. *Child Development, 72,* 271-283.

Slusser, W., & Powers, N. G. (1997). Breast-feeding update 1: Immunology, nutrition, and advocacy. *Pediatrics in Review, 18* (4), 111-114.

Small, S., & Eastman, G. (1991). Rearing adolescents in contemporary society: A conceptual framework for understanding the responsibilities and needs of parents. *Family Relations, 40,* 455-462.

Smetana, J. G. (1983). Social-cognitive development: Domain distinctions and coordinations. *Developmental Review, 3,* 131-147.

Smetana, J. G. (2011). Adolescents' social reasoning and relationships with parents: Conflicts and coordinations within and across domains. In E. Amsel & J. Smetana (Eds.), *Adolescent vulnerabilities and opportunities:*

Constructivist and developmental perspectives. New York: Cambridge University Press.

Smetana, J. G. (2013). Moral development: The social domain theory view. In P. Zelazo (Ed.), *Oxford handbook of developmental psychology* (Vol. 1, pp. 832-866). New York: Oxford University Press.

Smetana, J. G., & Berent, R. (1993). Adolescents' and mothers' evaluations of justifications for disputes. *Journal of Adolescent Research, 8,* 252-273.

Smilansky, S. (1968). *The effects of sociodramatic play on disadvantaged preschool children.* New York: Wiley.

Smith, P. K., & Pellegrini, A. (2013). Learning through play. In R. E. Tremblay & others (Eds.), *Encyclopedia on early childhood development.* Montreal: Centre of Excellence for Early Childhood Development.

Smokowski, P. R., Bacallao, M. L., Cotter, K. L., & Evans, C. B. (2015). The effects of positive and negative parenting practices on adolescent mental health outcomes in a multicultural sample of rural youth. *Child Psychiatry and Human Development, 46,* 333-345

Snarey, J. R. (1985). Cross-cultural universality of social-moral development: A critical review of Kohlbergian research. *Psychological Bulletin, 97,* 202-232.

Snyder, J., & Patterson, G. R. (1987). Family interaction and delinquent behavior. In H. C. Quay (Ed.), *Handbook of juvenile delinquency.* New York: Wiley.

Sokol, E. W. (2013). National plan to address Alzheimer's disease offers hope for new home care and hospice provisions. *Caring, 32,* 24-27.

Sokolov, J. L. (1993). A local contingency analysis of the finetuning hypothesis. *Developmental Psychology, 29,* 1008-1023.

Solomon, J., Scott, L., & Duveen, J. (1996). Large scale exploration of pupils' understanding of the nature of science. *Science Education, 80,* 493-508.

Somerset, W., Newport, D., Ragan, K., & Stowe, Z. (2006). Depressive disorders in women: From menarche to beyond the menopause. In L. M. Keyes & S. H. Goodman (Eds.), *Women and depression: A handbook for the social, behavioral, and biomedical sciences.* New York, NY: Cambridge University Press.

Song, M. J., Smetana, J., & Kim, S. Y. (1987). Korean children's conceptions of moral and conventional transgressions. *Developmental Psychology, 32,* 557-582.

Sonnenschein, S. (1986). Development of referential communication skills: How familiarity with a listener affects a speaker's production of redundant messages. *Developmental Psychology, 22,* 549-555.

Sonnenschein, S. (1988). The development of referential communication: Speaking to different listeners. *Child*

Development, 59, 694-702.

Sørensen, A., Peters, D., Fründ, E., Lingman, G., Christiansen, O., & Uldbjerg, N. (2013). Changes in human placental oxygenation during maternal hyperoxia as estimated by blood oxygen level-dependent magnetic resonance imaging (BOLD MRI). *Ultrasound in Obstetrics and Gynecology, 42* (3), 310-314.

Sørensen, E. (1991). *Exploring the reasons behind the narrowing gender gap in earnings* (Urban Institute Report 1991-1992). Washington, DC: Urban Institute Press.

Soubry, A., Hoyo, C., Jirtle, R. L., & Murphy, S. K. (2014). A paternal environmental legacy: Evidence for epigenetic inheritance through the male germ line. *BioEssays, 36,* 359-371.

South, S. J. (1991). Sociodemographic differentials in mate selection preferences. *Journal of Marriage and the Family, 53,* 928-940.

Spangler, J., & Demi, E. (1988). *Bereavement support groups: Leadership manual* (3rd ed.). Denver, CO: Grief Education Institute.

Sparrow, P. R., & Davies, D. R. (1988). Effects of age tenure, training, and job complexity on technical performance. *Psychology and Aging, 3,* 307-314.

Spatz, C. (2012). *Basic statistics* (10th ed.). Boston: Cengage.

Spear, P. D. (1993). Neural bases of visual deficits during aging. *Vision Research, 33,* 2589-2609.

Speece, M. W., & Brent, S. B. (1984). Children's understanding of death: A review of three components of a death concept. *Child Development, 55,* 1671-1686.

Speece, M. W., & Brent, S. B. (1992). The acquisition of a mature understanding of three components of the concept of death. *Death Studies, 16,* 211-229.

Speicher, B. (1994). Family patterns of moral judgment during adolescence and early adulthood. *Developmental Psychology, 30,* 624-632.

Speidel, R., Wang, L., Cummings, E. M., & Valentino, K. (2020). Longitudinal pathways of family influence on child self-regulation: The roles of parenting, family expressiveness, and maternal sensitive guidance in the context of child maltreatment. *Developmental Psychology, 56* (3), 608-622.

Spelke, E. S., & Owsley, C. J. (1979). Intermodal exploration and knowledge in infancy. *Infant Behavior and Development, 2,* 13-28.

Spence, J. T., Helmreich, R. L., & Stapp, J. (1974). The personal attributes questionnaire: A measure of sex-role stereotypes and masculinity-femininity. *JSAS Catalog of Selected Documents in Psychology, 4* (43). (MS. NO. 617)

Spence, J. T., Helmreich, R. L., & Stapp, J. (1975). Ratings of self and peers on sex role attributions and their relation to self-esteem and conceptions of masculinity and femininity. *Journal of Personality and Social Psychology, 32,* 29-39.

Spence, M. J., & DeCasper, A. J. (1987). Prenatal experience with low-frequency maternal voice sounds influences neonatal perception of maternal voice samples. *Infant Behavior and Development, 10,* 133-142.

Sroufe, L. A. (1996). *Emotional development.* New York: Cambridge University Press.

Sroufe, L. A., Egeland, B., Carlson, E., & Collins, W. A. (2005). The place of early attachment in developmental context. In K. E. Grossman, K. Grossman, & E. Waters (Eds.), *The power of longitudinal attachment research: From infancy and childhood to adulthood.* New York: Guilford.

Staebler, R. (1991, June). Medicaid: Providing health care to (some of) America's poor. *Caring, 10* (6), 4-6.

Stangor, C. (2015). *Research methods for the behavioral sciences* (5th ed.). Boston: Cengage.

Stattin, H., & Magnusson, D. (1990). *Pubertal maturation in female development: Paths through life* (Vol. 2). Hillsdale, New Jersey: Erlbaum.

Staudinger, U. M., Smith, J., & Baltes, P. B. (1992). Wisdom-related knowledge in a life review task: Age differences and the role of professional specialization. *Psychology and Aging, 7,* 271-281.

Stefan, N. (2020). Causes, consequences, and treatment of metabolically unhealthy fat distribution. *Lancet, Diabetes, and Endocrinology, 8,* 616-627.

Stein, N. L., & Trabasso, T. (1989). Children's understanding of changing emotional states. In C. Saarni & P. L. Harris (Eds.), *Children's understanding of emotion.* Cambridge: Cambridge University Press.

Stein, P. J. (1981). *Single life: Unmarried adults in social context.* New York: St. Martin's Press.

Steinberg, L., & Silverberg, S. B. (1987). Influences on marital satisfaction during the middle stages of the family life cycle. *Journal of Marriage and the Family, 49,* 751-760.

Steinberg, L., Elmen, J., & Mounts, N. (1989). Authoritative parenting, psychosocial maturity, and academic success among adolescence. *Child Development, 60,* 1424-1436.

Steinberg, L., Lamborn, S. D., Darling, N., Mounts, N. S., & Dornbusch, S. M. (1994). Over-time changes in adjustment and competence among adolescents from authoritative, authoritarian, indulgent, and neglectful families. *Child Development, 65,* 754-770.

Steiner, J. E. (1979). Human facial expressions in response to taste and smell stimulation. In H. W. Reese & L. P. Lipsitt (Eds.), *Advances in child behavior and development* (Vol. 13). New York: Academic Press.

Steinhausen, H. C., Willms, J., & Spohr, H. L. (1993). Longterm psychopathological and cognitive outcome of children with fetal alcohol syndrome. *Journal of the American Academy of Child and Adolescent Psychiatry, 32,* 990-994.

Stephen, J., Fraser, E., & Marcia, J. E. (1992). Moratorium achievement, (Mama) cycles in life span identity development: Value orientations and reasoning systems' correlates. *Journal of Adolescence, 15,* 283-300.

Stereitmatter, J. (1993). Identity status and identity style: A replication study. *Journal of Adolescence, 16,* 211-215.

Sternberg, R. J. (1986). A triangular theory of love. *Psychological Review, 93,* 119-135.

Sternberg, R. J. (1990a). Wisdom and its relations to intelligence and creativity. In R. J. Sternberg (Ed.), *Wisdom: Its nature, origins, and development.* Cambridge, England: Cambridge University Press.

Sternberg, R. J. (Ed.). (1990b). *Wisdom: Its nature, origins, and development.* Cambridge, England: Cambridge University Press.

Sternberg, R. J. (2004). Individual differences in cognitive development. In P. Smith & C. Hart (Eds.), *Blackwell handbook of cognitive development.* Malden, MA: Blackwell.

Sternberg, R. J. (2006). A duplex theory of love. In R. J. Sternberg & K. Weis (Eds.), *The new psychology of love* (pp. 184-199). New Haven, CT: Yale University Press.

Sternberg, R. J. (2010). The triarchic theory of successful intelligence. In B. Kerr (Ed.), *Encyclopedia of giftedness, creativity, and talent.* Thousand Oaks, CA: Sage.

Sternberg, R. J. (2012). Intelligence in its cultural context. In M. J. Gelfand, C-Y. Chiu, & Y-Y. Hong (Eds.), *Advances in cultures and psychology,* Vol. 2. New York: Oxford University Press.

Sternberg, R. J. (2014). Human intelligence: Historical and conceptual perspectives. In J. Wright (Ed.), *International encyclopedia of the social and behavioral sciences* (2nd ed.). New York: Elsevier.

Sternberg, R. J. (2018). The triangle of intelligence. In R. J. Sternberg & J. C. Kaufman (Eds.), *The nature of human creativity.* New York: Cambridge University Press.

Sternberg, R. J. (2020). The concept of intelligence. In R. J. Sternberg (Ed.), *Cambridge handbook of intelligence.* New York: Cambridge University Press.

Stevens-Long, J. (1979). *Adult life: Developmental processes.* Palo Alto, CA: Mayfield.

Stevens-Long, J. (1990). Adult development: Theories past and future. In R. A. Nermiroff & C. B. Colarusso (Eds.), *New dimensions in adult development.* New York: Basic Books.

Stewart, L., & Pascual-Leone, J. (1992). Mental capacity constraints and the development of moral reasoning. *Journal of Experimental Child Psychology, 54,* 251-287.

Stiles-Shields, C., Hoste, R. R., Doyle, P. M., & Le Grange, D. (2012). A review of family-based treatment for adolescents with eating disorders. *Reviews on Recent Clinical Trials, 7,* 133-140.

Stillion, J. (1985). *Death and the sexes.* Washington, DC: Hemisphere Publishing.

Stipek, D. J. (2002). *Motivation to learn* (4th ed.). Boston: Allyn & Bacon.

Stipek, D. J., & MacIver, D. (1989). Developmental change in children's assessment of intellectual competence. *Child Development, 60,* 531-538.

Strachan, T., & Read, A. P. (1996). *Human molecular genetics.* New York: Wiley.

Strang, R. (1957). *The adolescent views himself.* New York: McGraw-Hill.

Strasburger, V. C. (1990). Television and adolescents: Sex, drugs, rock 'n' roll. *Adolescent Medical State Art Review, 1,* 161-194.

Strasburger, V. C. (1995). *Adolescents and the media: Medical and psychological impact.* Thousand Oaks, CA: Sage.

Streissguth, A. P., Barr, H. M., Sampson, P. D., Darby, B. L., & Martin, D. C. (1989). IQ at age 4 in relation to marternal alcohol use and smoking during pregnancy. *Developmental Psychology, 25,* 3-11.

Streitmatter, J. (1993). Identity status and identity style: A replication study. *Journal of adolescence, 16,* 211-215.

Strempel, E. (1981). Long-term results in the treatment of glaucoma with beta-adrenergic blocking agents. *Transactions of the Ophthalmology Society, 33,* 21-23.

Strom, R., & Strom, S. (1990). Raising expectations for grandparents: A three generational study. *International Journal of Aging and Human Development, 31* (3), 161-167.

Sturman, M. C. (2003). Searching for the inverted U-shaped relationship between time and performance: Meta-analyses of the experience/performance, tenure/performance, and age/performance relationships. *Journal of Management, 29* (5), 609-640.

Sullivan, H. S. (1953). *The interpersonal theory of psychiatry.* New York: Norton.

Summers, W. K., Majovski, L. V., Marsh, G. M., Tachiki, K., & Kling, A. (1986). Oral tetrahydro-aminoacridine in longterm treatment of senile demential, Alzheimer's type. *The New England Journal of Medicine, 315* (20), 1241-1245.

Sun, X., Li, Y., Cai, L., & Wang, Y. (2021). Effects of physical activity interventions on cognitive performance of overweight or obese children and adolescents: A systematic review and meta-analysis. *Pediatric Research, 89* (1), 46-53.

Sund, A. M., Larsson, B., & Wichstrom, L. (2011). Role of physical and sedentary activities in the development of depressive symptoms in early adolescence. *Social Psychiatry and Psychiatric Epidemiology, 46*, 431-441.

Suomi, S. J., Harlow, H. F., & Domek, C. J. (1970). Effect of repetitive infant-infant separations of young monkeys. *Journal of Abnormal Pshchology, 76*, 161-172.

Super, D. E. (1976). *Career education and the meanings of work*. Washington, DC: U. S. Office of Education.

Super, D. E. (1990). A life-span, Life-space approach to career development. In D. Brown, L. Brooks, & Associates (Eds.), *Career choice and development* (2nd ed.). San Francisco: Jossy-Bass.

Susman, E. J., & Dorn, L. D. (2013). Puberty: Its role in development. In I. B. Weiner & others (Eds.), *Handbook of psychology* (2nd ed., Vol. 6). New York: Wiley.

Sutton, M. J., Brown, J. D., Wilson, K. M., & Klein, J. D. (2002). Shaking the tree of knowledge for forbidden fruit: Where adolescents learn about sexuality and contraception. In J. D. Brown, J. R. Steele, & K. Walsh-Childers (Eds.), *Sexual teens, sexual media* (pp. 25-55). Mahwah, NJ: Lawrence Erlbaum.

Sweet, C. A. (1989). Healthy tan-A fast-fading myth. *FDA Consumer, 23*, 11-13.

Syed, M. (2013). Assessment of ethnic identity and acculturation. In K. Geisinger (Ed.), *APA handbook of testing and assessment in psychology*. Washington, DC: American Psychological Association.

Tager, I. B., Weiss, S. T., Munoz, A., Rosner, B., & Speizer, F. E. (1983). Longitudinal study of the effects of maternal smoking on pulmonary function in children. *The New England Journal of Medicine, 309*, 699-703.

Taler, S. J. (2009). Hypertension in women. *Current Hypertension Reports, 11*, 23-28.

Tamana, S. K., Ezeugwu, V., Chikuma, J., Lefebvre, D. L., Azad, M. B., Moraes, T. J., Subbarao, P., Becker, A. B., Turvey, S. E., Sears, M. R., Dick, B. D., Carson, V., Rasmussen, C., CHILD study Investigators, Pei, J., & Mandhane, P. J. (2019). Screen-time is associated with inattention problems in preschoolers: Results from the CHILD birth cohort study. *PLoS One, 14* (4), [e0213995].

Tamir, L. M. (1989). Modern myths about men at midlife: An assessment. In S. Hunter & M. Sundel (Eds.), *Midlife myths: Issues, findings, and practical implications*. Newbury Park, CA: Sage.

Tanaka, K., Kon, N., Ohkawa, N., Yoshikawa, N., & Shimizu, T. (2009). Does breastfeeding in the neonatal period

influence the cognitive function of very-low-birthweight infants at 5 years of age? *Brain & Development, 31*, 288-293.

Tanner, J. M. (1970). Physical growth. In P. H. Mussen (Ed.), *Carmichael's manual of child psychology* (Vol. 2, 3rd ed.). New York: Wiley.

Tanner, J. M. (1978). *Fetus into man: Physical growth from conception to maturity*. Cambridge, Massachusetts: Harvard University Press.

Tanner, J. M. (1990). *Fetus into man: Physical growth from conception to maturity* (2nd ed.). Cambridge, MA: Harvard University Press.

Tanner, J. M. (1991). Growth spurt, adolescent. In R. M. Lerner, A. C. Petersen, & J. Brooks-Gunn (Eds.), *Encyclopedia of adolescence*. New York: Garland.

Taylor, A. (2012). Introduction to the issue regarding research on age related macular degeneration. *Molecular Aspects of Medicine, 33* (4), 291-294.

Teddlie, C., Kirby, P. C., & Stringfield, S. (1989). Effective vs. ineffective schools: Observable differences in the classroom. *American Journal of Education, 97*, 221-236.

Temoshok, L., & Dreher, H. (1992). *The Type C syndrome*. New York: Random House.

Termine, N. T., & Izard, C. E. (1988). Infants' responses to their mothers' expressions of joy and sadness. *Developmental Psychology, 24*, 223-230.

Tessier, R., Cristo, M. B., Velez, S., Giron, M., Nadeau, L., de Calume, Z. F., Ruiz-Paláez, J. G., & Charpak, N. (2003). Kangaroo mother care: A method for protecting high-risk low birth weight and premature infants against developmental delay. *Infant Behavior and Development, 26*, 384-397.

Thavamani, A., Umapathi, K. K., Roy, A., & Krishna, S. G. (2020). The increasing prevalence and adverse impact of morbid obesity in paediatric acute pancreatitis. *Pediatric Obesity, 15* (8), [e12643].

Thelen, E. (1984). Learning to walk: Ecological demands and phylogenetic constraints. In L. P. Lipsitt & C. Rovee-Collier (Eds.), *Advances in infancy research* (Vol. 3). Norwood, NJ: Ablex.

Thomas, A., & Chess, S. (1977). *Temperament and development*. New York: Brunner/Mazel.

Thomas, A., Chess, S., & Korn, S. J. (1982). The reality of difficult temperament. *Merill-Palmer Quarterly, 28*, 1-20.

Thomas, S. A. (2013). Effective pain management of older adult hospice patients with cancer. *Home Healthcare Nurse, 31*, 242-247.

Thompson, J., & Manore, M. (2015). *Nutrition* (4th ed.). Upper Saddle River, NJ: Pearson.

Thompson, L., & Walker, A. J. (1989). Gender in families:

Women and men in marriage, work, and parenthood. *Journal of Marriage and the Family, 51,* 845-871.

Thompson, R. A. (1998). Early sociopersonality development. In W. Damon & N. Eisenberg (Eds.), *Handbook of child psychology* (Vol. 3, 5th ed., pp. 25-104). New York: John Wiley & Sons.

Thompson, R. A. (2013a). Attachment development: Precis and prospect. In P. Zelazo (Ed.), *Oxford handbook of developmental psychology.* New York: Oxford University Press.

Thompson, R. A. (2013b). Interpersonal relations. In A. Ben-Arieh, I. Frones, F. Cases, & J. Korbin (Eds.), *Handbook of child well-being.* New York: Springer.

Thompson, R. A. (2015). Relationships, regulation, and development. In R. M. Lerner (Ed.), *Handbook of child psychology* (7th ed.). New Yock: Wiley.

Thompson, R. A., & Waters, S. F. (2020). Development of emotion dysregulation in developing relationships. In T. P., Beauchaine & S. E. Crowell (Eds.). *Oxford handbook of emotion dysregulation.* New York: Oxford University Press.

Thompson, R., Proctor, L. J., English, D. J., Dubowitz, H., Narasimhan, S., & Everson, M. D. (2012). Suicidal ideation in adolescence: Examining the role of recent adverse experiences. *Journal of adolescence, 35* (1), 175-186.

Thompson, W. E., & Bynum, J. E. (2013). *Juvenile delinquency* (9th ed.). Upper Saddle River, NJ: Pearson.

Thorson, J. A., & Powell, F. C. (1988). Elements of death anxiety and meanings of death. *Journal of Clinical Psychology, 44,* 691-701.

Thorvaldsson, V., Hofer, S., Berg, S., Skoog, I., Sacuiu, S., & Johansson, B. (2008). Onset of terminal decline in cognitive abilities in individuals without dementia. *Neurology, 71,* 882-887.

Tietjen, A. M., & Walker, L. J. (1985). Moral reasoning and leadership among men in a Papua New Guinea society. *Developmental Psychology, 21,* 982-992.

Tincoff, R., & Jusczyk, P. W. (2012). Six-month-olds comprehend words that refer to parts of the body. *Infancy, 17* (4), 432-444.

Tirrell, J. M., Dowling, E. M., Gansert, P., Buckingham, M., Wong, C. A., Suzuki, S., Naliaka, C., Kibbedi, P., Namurinda, E., Williams, K., Geldhof, G. J., Lerner, J. V., King, P. E., Sim, A. T. R., Lerner, R. M. (2020). Toward a measure for assessing features of effective youth development programs: Contextual safety and the "big three" components of positive youth development programs in Rwanda. *Child and Youth Care Forum, 49* (2), 201-222.

Tobin-Richards, M. H., Boxer, A. M., & Petersen, A. C. (1983). The psychological significance of pubertal change: Sex differences in perceptions of self during early adolescence. In J. Brooks-Gunn & A. C. Petersen (Eds.), *Girls at puberty: Biological and psychosocial perspectives.* New York: Plenum.

Todd, J., Friedman, A., & Kariuki, P. W. (1990). Women growing stronger with age: The effect of status in the United States and Kenya. *Psychology of Women Quarterly, 14,* 567-577.

Toder, N., & Marcia, J. (1973). Ego identity status and response to conformity pressure in college women. *Journal of Personality and Social Psychology, 26,* 287-294.

Tomlinson-Keasey, C., & Keasey, C. B. (1974). The mediating role of cognitive development in moral judgment. *Child Development, 45,* 291-298.

Tonna, E. A. (2001). *Arthritis.* In G. L. Maddox (Ed.), *The encyclopedia of aging* (3rd ed.). New York: Springer Publishing Company.

Trace, S. E., Baker, J. H., Penas-Lledo, E., Bulik, C. M. (2013). The genetics of eating disorders. *Annual Review of Clinical Psychology* (Vol. 9). Palo Alto, CA: Annual Reviews.

Travis, J. (1993). Helping premature lungs breathe easier. *Science, 261,* 426.

Trehub, S. E., Schneider, B. A., Morrongiello, B. A., & Thorpe, L. A. (1988). Auditory sensitivity in school-age children. *Journal of Experimental Child Psychology, 46,* 273-285.

Trickett, P. K., & McBride-Chang, C. (1995). The developmental impact of different forms of child abuse and neglect. *Developmental Review, 15,* 311-337.

Trickett, P. K., Negriff, S., Ji, J., & Peckins, M. (2011). Child maltreatment and adolescent development. *Journal of Research on Adolescence, 21,* 3-20.

Troll, L. E. (1985). *Early and middle adulthood* (2nd ed.). Montery, CA: Brooks/Cole.

Troll, L. E. (1986). Parents and children in later life. *Generations, 10* (4), 23-25.

Trueswell, J. C., Medina, T. N., Hafri, A., & Gleitman, L. R. (2013). Propose but verify: Fast mapping meets cross situational word learning. *Cognitive Psychology, 66* (1), 126-156.

Truglio, R. T., & Kotler, J. A. (2014). Language, literacy, and media: What's the word on *Sesame Street?* In E. T. Gershoff, R. S. Mistry, & D. A. Crosby (Eds.), *Societal contexts of child development.* New York: Oxford University Press.

Tsitouras, P. D., & Bulat, T. (1995). The aging male

reproductive system. *Endocrinology and Metabolism Clinics of North America, 24,* 297-315.

Tudge, J. (1992). Processes and consequences of peer collaboration: A Vygotskian analysis. *Child Development, 63,* 1364-1379.

Turiel, E. (1983). *The development of social knowledge: Morality and convention.* Cambridge, England: Cambridge University Press.

Turiel, E. (1997). The development of morality. In N. Eisenberg (Ed.), *Handbook of child psychology* (Vol. 3, 5th ed.). New York: Wiley.

Turiel, E. (2014). Morality: Epistemology, development, and social judgments. In M. Killen & J. G. Smetana (Eds.), *Handbook of moral development* (2nd ed.). New York: Psychology Press.

Turiel, E. (2018). Reasoning at the root of morality. In K. Gray & J. Graham (Eds.), *Atlas of moral psychology.* New York: Guilford Press.

Turner, B. F. (1982). *Sex-related differences in aging.* In B. B. Wolman (Ed.), *Handbook of developmental psychology.* Englewood Cliffs, NJ: Prentice-Hall.

Turner, J. S., & Helms, D. B. (1994). *Contemporary adulthood* (5th ed.). Holt, Rinehart, & Winston.

Turner, J. S., & Rubinson, L. (1993). *Contemporary human sexuality.* Englewood Cliffs, NJ: Prentice-Hall.

Udry, J. R. (1971). *The social context of marriage* (2nd ed.). New York: Lippincott.

Uher, R., & Rutter, M. (2012). Classification of feeding and eating disorders: Review of evidence and proposals for ICE-11. *World Psychiatry, 11,* 80-92.

Uhlenberg, P., & Myers, M. A. P. (1981). Divorce and the elderly. *Gerontologist, 21* (3), 276-282.

Ulbrich, P. M. (1988). The determinants of depression in two-income marriages. *Journal of Marriage and the Family, 50,* 121-131.

Umana-Taylor, A., & Hill, N. E. (2020). Ethnic-racial socialization in the family. A decade's advance on precursors and outcomes. *Journal of Marriage and the Family, 82,* 244-271.

Umberson, D., Pudrovska, T., & Reczek, C. (2010). Parenthood, childlessness, and well-being: A life course perspective. *Journal of Marriage and Family, 72,* 612-629.

Umberson, D., Williams, K., Powers, D. A., Liu, H., & Needham, B. (2006). You make me sick: Marital quality and health over the life course. *Journal of Health and Social Behavior, 47,* 1-16.

Underwood, M. K., Rosen, L. H., More, D., Ehrenreich, S. E., & Gentsch, J. K. (2012). The BlackBerry project: Capturing the content of adolescents' text messaging. *Developmental Psychology, 48* (2), 295-302.

Underwood, M., Coie, J., & Herbsman, C. (1992). Display rules for anger and aggression in school-age children. *Child Development, 63,* 366-380.

Unger, R., & Crawford, M. (1992). *Women and gender: A feminist psychology.* Philadelphia: Temple University Press.

Usher, J. A., & Neisser, U. (1993). Childhood amnesia and the beginnings of memory for four early life events. *Journal of Experimental Psychology: General, 122* (2), 155-165.

Vaillant, G. E. (1977). *Adaptation to life: How the best and brightest came of age.* Boston: Little, Brown.

Vaillant, G. E. (2002). *Aging well.* Boston: Little Brown.

Valdez-Menchaca, M. C., & Whitehurst, G. J. (1992). Accelerating language development through picture book reading: A systematic extension to Mexican day care. *Developmental Psychology, 28,* 1106-1114.

Valkenburg, P. M., & Peter, J. (2011). Online communication among adolescents: An integrated model of its attraction, opportunities, and risks. *Journal of Adolescent Health, 48,* 121-127.

van den Boom, D. C. (1995). Do first-year intervention efforts endure? Follow-up during toddlerhood of a sample of Dutch irritable infants. *Child Development, 66,* 1798-1816.

van den Hooven, E. H., Pierik, F. H., de Kluizenaar, Y., Willemsen, S. P., Hofman, A., van Ratingen, S. W., et al. (2012). Air pollution exposure during pregnancy, ultrasound measures of fetal growth, and adverse birth outcomes: A prospective cohort study. *Environmental Health Perspectives, 120,* 150-156.

Van Rijn, S., de Sonneville, L., & Swaab, H. (2018). The nature of social cognitive deficits in children and adults with Klinefelter syndrome (47, XXY). *Genes, Brain, and behavior, 17.*

Van Ryzin, M. J., & Dishion, T. J. (2013). From antisocial behavior to violence: A model for the amplifying role of coercive joining in adolescent friendships. *Journal of Child Psychology and Child Psychiatry, 54* (6), 661-669.

Van Schie, G. M., & Wiegman, O. (1997). Children and video games: Leisure activities, aggression, social integration, and school performance. *Journal of Applied Social Psychology, 27,* 1175-1194.

Vanderlinden, J., Boen, F., & van Uffelen, J. G. Z. (2020). Effects of physical activity programs on sleep outcomes in older adults: A systematic review. *International Journal of Behavioral Nutrition and Physical Activity, 17,* 11.

Verbrugge, L. (1979). Marital status and health. *Journal of Marriage and the Family, 41,* 467-485.

Verbrugge, L. M., Lepkowski, J. M., & Konkol, L. L. (1991).

Levels of disability among U.S. adults with arthritis. *Journal of Gerontology: Social Sciences, 46* (2), 571-583.

Vernberg, E. M. (1990). Psychological adjustment and experience with peers during early adolescence: Reciprocal, incidental, or unidirectional relationships? *Journal of Abnormal Child Psychology, 18,* 187-198.

Vernberg, E. M., Ewell, K. K., Beery, S. H., & Abwender, D. A. (1994). Sophistication of adolescents' interpersonal negotiation strategies and friendship formation after relocation: A naturally occurring experiment. *Journal of Research on Adolescence, 4,* 5-19.

Vernon, L., Modecki, K. L., & Barber, B. L. (2018). Mobile phones in the bedroom: Trajectories of sleep habits and subsequent adolescent psychological development. *Child Development, 89,* 66-77.

Vinick, B. (1978). Remarriage in old age. *Family Coordinator, 27* (4), 359-363.

Vink, J., & Quinn, M. (2018). Chorionic villus sampling. In *Obstetric imaging: Fetal diagnosis and care* (2nd ed.). Philadelphia: Elsevier.

Virta, J. J., Heikkilä, K., Perola, M., Koskenvuo, M., Räihä, I., Rinne, J. O., & Kaprio, J. (2013). Midlife cardiovascular risk factors and late cognitive impairment. *European Journal of Epidemiology, 28* (5), 405-416.

Visher, E., & Visher, J. (1989). Parenting coalitions after remarrige: Dynamics and therapeutic guidelines. *Family Relations, 38* (1), 65-70.

Vissers, C. T. W. M., Tomas, E., & Law, J. (2020). The emergence of inner speech and its measurement in atypically developing children. *Frontiers in Psychology, 11,* 279.

Vissers, D., Hens, W., Taeymans, J., Baeyens, J. P., Poortmans, J., & Van Gaal, L. (2013). The effect of exercise on visceral adipose tissue in overweight adults: A systematic review and meta-analysis. *PLoS One, 8* (2), e56415.

Vitiello, M. V., & Prinz, P. N. (1991). Sleep and sleep disorders in normal aging. In M. J. Thorpy (Ed.), *Handbook of sleep disorders*. New York: Marcell Decker, 139-151.

Voigner, R., & Bridgewater, S. (1980). Allergies in young children. *Young Children, 35*(4), 67-70.

Volker, S. (2007). Infants' vocal engagement oriented towards mother versus stranger at 3 months and avoidant attachment behavior at 12 months. *International Journal of Behavioral Development, 31,* 88-95.

von Hofsten, C. (1983). Catching skills in infancy. *Journal of Experimental Psychology: Human Perception and Performance, 9,* 75-85.

Vondracek, F. W. (1991). Vocational development and choice in adolescence. In R. M. Lerner, A. C. Petersen, & J. Brooks-Gunn (Eds.), *Encyclopedia of adolescence* (Vol. 2). New York: Garland.

Voydanoff, P. (1987). *Work and family life.* Newbury Park, CA: Sage.

Voydanoff, P. (1990). Economic distress and family relations: A review of the eighties. *Journal of Marriage and the Family, 52,* 1099-1115.

Vygotsky, L. S. (1962). *Thought and language.* Cambridge, MA: MIT Press.

Wagner, S., Winner, E., Cicchetti, D., & Gardner, H. (1981). Metaphorical mapping in human infants. *Child Development, 52,* 728-731.

Walden, T. A., & Ogan, T. A. (1988). The development of social referencing. *Child Development, 59,* 1230-1241.

Waldman, D. A., & Avolio, B. J. (1986). A meta-analysis of age differences in job performance. *Journal of Applied Psychology, 71,* 33-38.

Walker, L. J. (1980). Cognitive and perspective taking prerequisites of moral development. *Child Development, 51,* 131-139.

Walker, L. J. (1989). A longitudinal study of moral reasoning. *Child Development, 60,* 157-166.

Walker, L. J. (2004). Progress and prospects in the psychology of moral development. *Merrill-Palmer Quarterly, 50*(4), 546-557.

Walker, L. J., & Frimer, J. A. (2011). The science of moral development. In M. K. Underwood & L. Rosen (Eds.), *Social development*. New York: Guilford Press.

Wallach, M. A., & Kogan, N. (1967). *Thinking in Young Children.* New York: Holt, Rinehart, & Winston.

Walsh, D. A., Till, R. E., & Williams, M. V. (1978). Age differences in peripheral perceptual processing: A monotropic backward masking investigation. *Journal of Experimental Psychology: Human Perception and Performance, 4,* 232-243.

Wang, B., Lunetta, K. L., Dupuis, J., Lubitz, S. A., Trinquart, L., Yao, L., Ellinor, P. T., Benjamin, E. J., & Lin, H. (2020). Integrative omics approach to identifying genes associated with atrial fibrillation. *Circulation Research, 126* (3), 350-360.

Wang, H., Lin, S. L., Leung, G. M., & Schooling, C. M. (2016). Age at onset of puberty and adolescent depression: "Children of 1997" birth cohort. *Pediatrics, 137* (6), e20153231.

Wang, L., Tracy, C., Moineddin, R., & Upshur, R. G. (2013). Osteoporosis prescribing trends in primary care: A population-based retrospective cohort study. *Primary Health Care Research and Development, 14,* 1-6.

Wang, S. S. (2010, March 30). Making cells live forever in quest for cures. *The Wall Street Journal*, p. D3.

Waterman, A. S. (1989). Curricula interventions for identity change: Substantive and ethical considerations. *Journal of Adolescence, 12,* 389–400.

Waterman, A. S. (1992). Identity as an aspect of optimal psychological functioning. In G. R. Adams, T. T. Gullotta, & R. Montemayor (Eds.), *Adolescent identity formation.* Newbury Park, CA: Sage.

Waters, E., Vaughn, B. E., Posada, G., & Kondo-Ikemura K. (Eds.). (1995). Caregiving, cultural, and cognitive perspectives on secure-base behavior and working models: New growing points of attachment theory and research. *Monographs of the Society for Research in Child Development, 60* (2-3, Serial No. 244).

Watson, D. (2012). Objective tests as instruments of psychological theory and research. In H. Cooper (Ed.), *APA handbook of research methods in psychology.* Washington DC: American Psychological Association.

Watson, J. B. (1927, March). What to do when your child is afraid (interview with Beatrice Black). *Children,* 25-27.

Watson, R. E. L. (1983). Premarital cohabitation vs. traditional courtship: Their effects on subsequent marital adjustment. *Family Relations, 32* (1), 139-147.

Wayler, A. H., Kapur, K. K., Feldman, R. S., & Chauncey, H. H. (1982). Effects of age and dentition status on measures of food acceptability. *Journal of Gerontology, 37* (3), 294–329.

Wechsler, D. (1958). *The measurement and appraisal of adult intelligence* (4th ed.). Baltimore: Williams & Wilkins.

Weg, R. B. (1987). Sexuality in the menopause. In D. R. Mishell, Jr. (Ed.), *Menopause: Physiology and pharmacology.* Chicago: Year Book Medical Publishers.

Wehren, A., DeLisi, R., & Arnold, M. (1981). The development of noun definition. *Journal of Child Language, 8,* 165-175.

Weinberg, R. A. (1989). Intelligence and IQ: Landmark issues and great debates. *American Psychologist, 44* (2), 98-104.

Weiner, Z. B. (1980). Psychopathology in adolescence. In J. Adelson (Ed.), *Handbook of adolescent psychology.* New York: Wiley.

Weintraub, W., & Aronson, H. (1968). A Survey of patients in classical psychoanalysis: Some vital statistics. *Journal of Nervous and Mental Disease, 146,* 98-102.

Weistein, S. (1991). Retirement planning should be done now. *The Practical Accountant, 24,* 28-35.

Wekerle, C., Leung, E., Wall, A. M., MacMillan, H., Boyle, M., Trocme, N., & Waechter, R. (2009). The contribution of childhood emotional abuse to teen dating violence among child protective services-involved youth. *Child Abuse and Neglect, 33* (1), 45-58.

Welch, A. A., & Hardcastle, A. C. (2014). The effects of flavonoids on bone. *Current Osteoporosis Reports, 12* (2), 205-210.

Welford, A. T. (1977). Motor performance. In J. E. Birren & K. W. Schaie (Eds.), *Handbook of the psychology of aging.* New York: Van Nostrand Reinhold.

Wellman, H. M., Ritter, K., & Flavell, J. H. (1975). Deliberate memory behavior in the delayed reactions of very young children. *Developmental Psychology, 11,* 780-787.

Weng, A., & Montemayor, R. (1997, April). *Conflict between mothers and adolescents.* Paper presented at the meeting of the Society for Research in Child Development, Washington, DC.

Wenger, N. K. (2014). Prevention of cardiovascular disease: Highlights for the clinician of the 2013 American College of Cardiology/American Heart Association guidelines. *Clinical Cardiology, 37* (4), 239-251.

Wentzel, K. R. (2013). School adjustment. In I. B. Weiner & others (Eds.), *Handbook of psychology* (2nd ed., Vol. 7). New York: Wiley.

Werner, L. A., & Marean, G. C. (1996). *Human auditory development.* Boulder, CO: Westview Press.

Werts, C. E. (1968). Parental influence on career choice. *Journal of Counseling Psychology, 15,* 48-52.

Wertsch, J. V., & Tulviste, P. (1992). L. S. Vygotsky and contemporary developmental psychology. *Developmental Psychology, 28,* 548-557.

Weston, M. J. (2010). Magnetic resonance imaging in fetal medicine: A pictorial review of current and developing indications. *Postgraduate Medicine Journal, 86,* 42-51.

Whitbourne, S. K. (1990, Summer). Sexuality in the aging male. *Generations, 14* (3), 28-30.

Whitbourne, S. K. (2001). *Adult development and aging: Biopsychosocial perspectives.* New York, NY: Wiley.

Whitbourne, S. K., & Weinstock, C. S. (1979). *Adult development: The differentiation of experience.* New York: Holt, Rinehart, & Winston.

Whitbourne, S. K., & Whitbourne, S. B. (2014). *Adult development and aging: Biopsychosocial perspectives.* (5th ed.). Hoboken, NJ: Wiley.

White, D. K., Neogi, T., Rejeski, W. J., Walkup, M. P., Lewis, C. E., Nevitt, M. C., Foy, C. G., Felson, D. T., & The Look Ahead Research Group (2015). Can an intensive diet and exercise program prevent knee pain among overweight adults at high risk? *Arthritis care and research, 67* (7), 965-971.

White, P., Mascalo, A., Thomas, S., & Shoun, S. (1986). Husbands' and wives' perceptions of marital intimacy and wives' stresses in dual-career marriages. *Family Perspectives, 20,* 27-35.

Whittle, M. J., & Conner, J. M. (1995). *Prenatal diagnosis in obstetric practice* (2nd ed.). Oxford, England: Blackwell.

Wich, B. K., & Carnes, M. (1995). Menopause and the aging female reproductive system. *Endocrinology and Metabolism Clinics of North America, 24,* 273-295.

Widom, C. S. (1989). Does violence beget violence? A critical examination of the literature. *Psychological Bulletin, 106,* 3-28.

Wijting, J. P., Arnold, C. T., & Conrad, K. A. (1978). Generational differences in work values between parents and children and between boys and girls across grade levels, 6, 9, 10 and 12. *Journal of Vocational Behavior, 12,* 245-260.

Wilcox, A. J., Weinberg, C. R., O'Connor, J. F., Baird, D. D., Schlatterer, J. P., Canfield, R. E., Armstrong, E. G., & Nisula, B. C. (1988). Incidence of early loss of pregnancy. *New England Journal of Medicine, 319,* 189-194.

Willett, W. C., Stampfer, M. J., Colditz, G. A., Rosner, B. A., & Speizer F. E. (1990). Relation of meat, fat, and fiber intake to the risk of colon cancer in a prospective study among women. *New England Journal of Medicine, 323,* 1664-1672.

Williams, G. (1991, October-November). Flaming out on the job: How to recognize when it's all too much. *Modern Maturity,* 26-29.

Williams, G. M. (1991). Causes and prevention of cancer. *Statistical Bulletin,* April/June, 6-10.

Williams, J. A. (1979). Psychological androgyny and mental health. In O. Harnett, G. Boden, & M. Fuller (Eds.), *Sex-role stereotyping*. London: Tavistock.

Williams, J. H. (1977). *Psychology of women: Behavior in a biosocial context*. New York: Norton.

Williams, R. B. (1989). Biological mechanisms mediating the relationship between behavior and coronary prone behavior. In A. W. Siegman & T. Dembrowski (Eds.), *In search of coronary -prone behavior: Beyond Type A*. Hillsdale, NJ: Erlbaum.

Williamson, M. L. (1997). Circumcision anesthesia: A study of nursing implications for dorsal penile nerve block. *Pediatric Nursing, 23,* 59-63.

Willis, S. L. (1989). Adult intelligence. In S. Hunter & M. Sundel (Eds.), *Midlife myths*. Newbury Park, CA: Sage.

Willis, S. L. (1991). Cognition and everyday competence. In K. W. Schaie (Ed.), *Annual review of gerontology and geriatrics* (Vol. 11). New York: Springer.

Willis, S. L., & Belleville, S. (2016). Cognitive training in later adulthood. In K. W. Schaie & S. L. Willis (Eds.), *Handbook of the psychology of aging* (8th ed.). New York: Elsevier.

Willis, S. L., & Dubin, S. (Eds.). (1990). *Maintaining professional competence*. San Francisco, CA: Jossey-Bass.

Willis, S. L., & Schaie, K. W. (1993). Everyday cognition: Taxonomic and methodological considerations. In J. M. Puckett & H. W. Reese (Eds.), *Mechanisms of everyday cognition*. Hillsdale, NJ: Erlbaum.

Willumsen, J., & Bull, F. (2020). Development of WHO guidelines on physical activity, sedentary behavior, and sleep for children less than 5 years of age. *Journal of Physical Activity and Health, 17,* 96-100.

Wilson, E. O. (1975). *Sociobiology: The new synthesis*. Cambridge, MA: Harvard University Press.

Wilson, G. T., & Zandberg, L. J. (2012). Cognitive-behavioral guided self-help for eating disorders: Effectiveness and scalability. *Clinical Psychology Review, 32,* 34.

Winsler, A., Diaz, R. M., & Montero, I. (1997). The role of private speech in the transition from collaborative to independent task performance in young children. *Early Childhood Research Quarterly, 12,* 59-79.

Wintre, M. G., & Vallance, D. D. (1994). A developmental sequence in the comprehension of emotions: Intensity, multiple emotions, and valence. *Developmental Psychology, 30,* 509-514.

Wise, T. (1978). Variations in male orgasm. *Medical Aspects of Human Sexuality, 12,* 72.

Wister, A. V., & Strain, L. (1986). Social support and well being: A comparison of older widows and widowers. *Canadian Journal on Aging, 5,* 205-220.

Witherington, D. C., Campos, J. J., Harriger, J. A., Bryan, C., & Margett, T. E. (2010). Emotion and its development in infancy. In J. G. Bremner & T. D. Wachs (Eds.), *Wiley-Blackwell handbook of infant development* (2nd ed.). New York: Wiley.

Witkin, H., & Goodenough, D. (1977). Field dependence and interpersonal behavior. *Psychological Bulletin, 84,* 661-689.

Wolf, D. (1990). Being of several minds: Voices and versions of the self in early childhood. In D. Cicchetti & M. Beeghly (Eds.), *The self in transition: Infancy to childhood* (pp. 183-212). Chicago: University of Chicago Press.

Wolf, R. (1996). *Marriages and families in a diverse society*. New York: Harper Collins.

Wood, K. C., Becker, J. A., & Thompson, J. K. (1996). Body image dissatisfaction in pre-adolescent children. *Journal of Applied Developmental Psychology, 17,* 85-100.

Wood, L. R., Blagojevic-Bucknall, M., Stynes, S., D'Cruz, D., Mullis, R., Whittle, R., Peat, G., & Foster, N. E. (2016). Impairment-targeted exercises for older adults with knee pain: A proof-of-principle study (TargET-Knee-Pain). *BMC Musculoskeletal Disorders, 17,* 47.

Wood, V. (1982). Grandparenthood: An ambiguous role.

Generations, 7 (2), 22-23.

Woolett, L. A. (2011). Review: Transport of maternal cholesterol to the fetal circulation. *Placenta, 32* (Suppl. 2), S18-S21.

Wright, W. E., & Shay, J. W. (2005). Telomere biology in aging and cancer. *Journal of the American Geriatrics Society, 53,* S292-S294.

Wrightsman, L. S. (1977). *Social psychology* (2nd ed.). Monterey, California: Brooks/Cole.

Wroolie, T., & Holcomb, M. (2010). Menopause. In B. L. Levin & M. A. Becker (Eds.), *A public health perspective of women's mental health.* New York, NY: Springer Science+Business Media.

Wu, R., & Rebok, G. W. (2020). Maximizing the impact of cognitive engagement. In A. K. Thomas & A. Gutchess (Eds.), *Cambridge handbook of cognitive aging.* New York: Cambridge University Press.

Yager, G. G., & Baker, S. (1979). *Thoughts on androgyny for the counseling psychologist.* Paper presented at the Annual convention of the American Psychological Association (Eric Document Reproduction service Nl. ED 186825).

Yan, J., Li, H., & Liao, Y. (2010). Developmental motor function plays a key role in visual search. *Developmental Psychobiology, 52,* 505-512.

Yankowitz, J. (1996). Surgical fetal therapy. In J. A. Kuller, N. C. Cheschier, & R. C. Cefalo (Eds.), *Prenatal diagnosis and reproductive genetics* (pp. 181-187). St. Louis: Mosby.

Yanof, J. A. (2013). Play technique in psychodynamic psychotherapy. *Child and Adolescent Psychiatric Clinics of North America, 22,* 261-282.

Yazdkhasti, M., Simbar, M., & Abdi, F. (2015). Empowerment and coping strategies in menopausal women: A review. *Iranian Red Crescent Medical Journal, 17* (3), e18944.

Yen, S., Weinstock, L. M., Andover, M. S., Sheets, E. S., Selby, E. A., & Spirito, A. (2013). Prospective predictors of adolescent suicidality: 6-month post-hospitalization follow-up. *Psychological Medicine, 43* (5), 983-993.

Yilmaz, G., Demirli Caylan, N., & Karacan, C. D. (2014). An intervention to preschool children for reducing screen time: A randomized controlled trial. *Child Care, Health, and Development, 41* (3), 443-449.

Yin, R. K. (2012). Case study methods. In H. Cooper (Ed.), *APA handbook of research methods in psychology.* Washington, DC: American Psychological Association.

Yin, Y., Buhrmester, D., & Hibbard, D. (1996, March). *Are there developmental changes in the influence of relationships with parents and friends on adjustment during early adolescence?* Paper presented at the meeting of the Society for Research on Adolescence, Boston.

Young, R. A., & Freisen, J. D. (1992). The intentions of parents in influencing the career development of their children. *The Career Development Quarterly, 40,* 198-207.

Youniss, J., & Smoller, J. (1986). *Adolescents' relations with mothers, fathers, and friends.* Chicago: University of Chicago Press.

Yuan, A. S. V. (2010). Body perceptions, weight control behavior, and changes in adolescents' psychological well-being over time: A longitudinal examination of gender. *Journal of Youth and Adolescence, 39,* 927-939.

Yussen, S. R., & Bird, J. E. (1979). The Development of metacognitive awareness in memory, communication, and attention. *Journal of Experimental Child Psychology, 28,* 300-313.

Zelazo, P. D., Helwig, C. C., & Lau, A. (1996). Intention, act, and outcome in behavioral prediction and moral judgment. *Child Development, 67,* 2478-2492.

Zeman, J., & Garber, J. (1996). Display rules for anger, sadness, and pain: It depends on who is watching. *Child Development, 67,* 957-973.

Zick, C. D., & McCullough, J. L. (1991). Trends in married couples' time use: Evidence from 1977-1978 and 1987-1988. *Sex Roles, 24,* 459-487.

Zillmann, D., & Mundorf, N. (1987). Image effects in the appreciation of video rock. *Communication Research, 14,* 316-334.

Zunker, V. G. (1990). *Career counseling: Applied concepts of life planning* (3rd ed.). Pacific Grove, CA: Brooks/Cole.

찾아보기

내용

저자 소개

정옥분(Ock Boon Chung)

〈약력〉
서울대학교 사범대학 가정학과 졸업
서울대학교 대학원 석사과정 졸업(아동학 전공 석사)
미국 University of Maryland 박사과정 졸업(인간발달 전공 Ph.D.)
고려대학교 사범대학 교수, 고려대학교 사회정서발달연구소 소장, 한국아동학회 회장, 한국인간발달학
　　회 회장, 미국 University of Maryland 교환교수, ISSBD 국제학술대회 조직위원회 위원장, 고려대학교
　　의료원 안암병원, 구로병원, 안산병원 어린이집 고문 역임
현재 고려대학교 사범대학 명예교수

〈저서〉
아동발달의 이해(제4판, 학지사, 2023), 청년심리학(제3판, 학지사, 2021)
성인·노인심리학(제3판, 학지사, 2019), 발달심리학(제3판, 학지사, 2019)
아동발달의 이해(제3판, 학지사, 2018), 영유아발달의 이해(제3판, 학지사, 2018)
사회정서발달(개정판, 학지사, 2017), 유아발달(학지사, 2016), 영아발달(개정판, 학지사, 2016)
영유아발달의 이해(개정판, 학지사, 2015), 전생애 인간발달의 이론(제3판, 학지사, 2015)
청년발달의 이해(제3판, 학지사, 2015), 청년심리학(개정판, 학지사, 2015)
발달심리학(개정판, 학지사, 2014), 성인·노인심리학(개정판, 학지사, 2013)
아동발달의 이해(개정판, 학지사, 2013), 아동심리검사(학지사, 2012), 영아발달(학지사, 2012)
아동연구와 통계방법(학지사, 2010), 성인·노인심리학(학지사, 2008), 아동학 연구방법론(학지사, 2008)
유아교육 연구방법(학지사, 2008), 청년발달의 이해(개정판, 학지사, 2008)
전생애 인간발달의 이론(개정판, 학지사, 2007), 사회정서발달(학지사, 2006)
청년심리학(학지사, 2005), 발달심리학(학지사, 2004)
영유아발달의 이해(학지사, 2004), 전생애발달의 이론(학지사, 2004)
아동발달의 이론(학지사, 2003), 아동발달의 이해(학지사, 2002)
성인발달과 노화(교육과학사, 2001), 성인발달의 이해(학지사, 2000)
청년발달의 이해(학지사, 1998)

〈공저〉
보육학개론(5판, 학지사, 2022), 보육교사인성론(학지사, 2021)
제4차 표준보육과정을 반영한 보육과정(학지사, 2020), 아동권리와 복지(2판, 학지사, 2020)
결혼과 가족(학지사, 2020), 예비부모교육(3판, 학지사, 2019), 부모교육(3판, 학지사, 2019)
보육학개론(4판, 학지사, 2019), 정서발달과 정서지능(개정판, 학지사, 2018)
예비부모교육(2판, 학지사, 2016), 노인복지론(2판, 학지사, 2016), 보육과정(3판, 학지사, 2016)
아동권리와 복지(학지사, 2016), 부모교육(2판, 학지사, 2016)

보육학개론(3판, 학지사, 2016), 보육교사론(학지사, 2015)

결혼과 가족의 이해(학지사, 2014), 생활과학 연구방법론(학지사, 2014)

보육과정(2판, 학지사, 2013), 보육학개론(2판, 학지사, 2012)

아동복지론(학지사, 2012), 보육과정(학지사, 2009)

애착과 발달(학지사, 2009), 노인복지론(학지사, 2008)

보육학개론(학지사, 2008), 부모교육(학지사, 2008)

예비부모교육(학지사, 2007), 정서발달과 정서지능(학지사, 2007)

Parenting beliefs, behaviors, and parent-child relations:
　　A cross-cultural perspective(공편, Psychology Press, 2006)

결혼과 가족의 이해(시그마프레스, 2005)

고등학교 인간발달(교육인적자원부, 2003)

배려지향적 도덕성과 정의지향적 도덕성: 아산재단 연구총서 제123집(집문당, 2003)

부모교육: 부모역할의 이해(양서원, 2000)

인간발달: 발달심리적 접근(개정판, 교문사, 1997)

사랑으로 크는 아이(계몽사, 1996)

유아의 심리(중앙적성출판사, 1994)

인간발달: 발달심리적 접근(교문사, 1989)

가족과 환경(교문사, 1986)

〈역서〉

학위논문작성법: 시작에서 끝내기까지(공역, 시그마프레스, 2004)

청년발달의 이론(공역, 양서원, 1999)

인간발달의 이론(교육과학사, 1995)

인간발달 II: 청년기, 성인기, 노년기(교육과학사, 1992)

부모교육 이론과 적용(공역, 국민서관, 1989)

〈논문〉

Sex-Role Identity and Self-Esteem among Korean and American College Students(University of
　　Maryland 박사학위논문, 1983)

전통 '효' 개념에서 본 부모역할인식과 자녀양육행동(1997)

영아기 기질 및 부모의 양육행동에 따른 2~4세 아동의 행동억제에 관한 단기종단연구: 8개국 비교문화
　　연구를 위한 기초연구(2003)

Behavioral Inhibition in Toddlers: Initial Findings from the International Consortium for the Study of
　　Social and Emotional Development(2004)

A Cross-Cultural Study of Behavioral Inhibition in Toddlers: East-West-North-South(2006)

A Mediated Moderation Model of Conformative Peer Bullying(2012) 외 논문 다수

제4판

발달심리학: 전생애 인간발달
Developmental Psychology (4th ed.)

2004년 6월 30일 1판 1쇄 발행
2014년 2월 20일 1판 13쇄 발행
2014년 8월 30일 2판 1쇄 발행
2018년 2월 20일 2판 5쇄 발행
2019년 1월 25일 3판 1쇄 발행
2023년 4월 20일 3판 5쇄 발행
2024년 2월 25일 4판 1쇄 발행

지은이 • 정옥분
펴낸이 • 김진환
펴낸곳 • ㈜**학지사**

04031 서울특별시 마포구 양화로 15길 20 마인드월드빌딩
대표전화 • 02-330-5114   팩스 • 02-324-2345
등록번호 • 제313-2006-000265호

홈페이지 • http://www.hakjisa.co.kr
인스타그램 • https://www.instagram.com/hakjisabook

ISBN 978-89-997-3074-0 93180

정가 34,000원

출판미디어기업 **학지사**

간호보건의학출판 **학지사메디컬** www.hakjisamd.co.kr
심리검사연구소 **인싸이트** www.inpsyt.co.kr
학술논문서비스 **뉴논문** www.newnonmun.com
교육연수원 **카운피아** www.counpia.com
대학교재전자책플랫폼 **캠퍼스북** www.campusbook.co.kr